edition roetzer

Franz Theuer

Schicksalsjahre Österreichs 1815 – 1914

Die großen Revolutionen und Kriege Europas

Dramatisch historische Erzählung

Edition Roetzer

Dieses Buch erscheint mit Unterstützung der bekannten Markt- und Tourismusgemeinde Podersdorf am See, der Geburtsgemeinde des Autors.

ISBN 3-85374-300-5
© by Edition Roetzer, Eisenstadt.
Printed in Austia by Rötzer-Druck Ges.m.b.H. & CO KG, Eisenstadt

Inhaltsverzeichnis

Seite

Der „Wiener Kongreß" -
Europa nach den Napoleonischen Kriegen -
Das Ende des „Heiligen Römischen Reiches Deutscher Nation" -
Die Ereignisse im Vormärz

Der „Wiener Kongreß" (vom 18. September 1814 bis 9. Juni 1815) war von Kaiser Franz I. von Österreich gemäß. Artikel 32 des ersten Pariser Friedens vom 30. Mai 1814 einberufen worden. Auf diesem Kongreß, der neun Monate gedauert hatte, waren fast 200 Staaten, Städte, Herrschaften und sonstige Gebietskörperschaften vertreten. Anwesend waren, außer Kaiser Franz, Zar Alexander I. von Rußland, König Friedrich Wilhelm III. von Preußen, die Könige von Bayern, Württemberg und Dänemark sowie die meisten deutschen Fürsten. Die Hauptdelegierten der Großmächte waren: Metternich und Gentz für Österreich, Hardenberg und Wilhelm von Humboldt für Preußen, Rasumovsky und Nesselrode für Rußland, Wellington und Castlereagh für England und Talleyrand und Dalberg für Frankreich. Der Papst, Pius VII., ließ sich durch Kardinal Consalvi vertreten. Die feierliche Eröffnung des Kongresses fand am 2. November 1814 statt. Den Vorsitz hatte Graf Klemens von Metternich, der Außenminister Österreichs. Auf diesem Kongreß wurde von den europäischen Fürsten und Staatsmännern über die Umgestaltung Europas nach den Napoleonischen Kriegen entschieden. Frankreichs Vertreter Charles Maurice Talleyrand verstand es, sein geschlagenes Land zum fast gleichberechtigten Vertragspartner der Siegermächte zu machen. Der Wiener Kongreß, berühmt durch seine zahlreichen Feste (Der Kongreß tanzt) leistete erhebliche Arbeit, jedoch vorwiegend im Sinne einer Politik, die die vorrevolutionären Verhältnisse wiederherzustellen, die neuen nationalen und freiheitlichen Bestrebungen aber zurückdrängen wollte. Den Ton gaben die Wortführer der alten Legitimität (Lehre von der Unabsetzbarkeit der angestammten Herrscher) an.

In der Schlußakte des Wiener Kongresses vom 9. Juni 1815 wurden für Österreich folgende wichtige Bestimmungen aufgenommen: 1. Österreich verzichtet, auf Wunsch Englands, auf Belgien, das mit Holland und Luxemburg zum Königreich der Niederlande unter dem Haus Oranien vereinigt wird. 2. Österreich verzichtet auf seine Vorlande (Vorderösterreich), die unter den drei süddeutschen Staaten Bayern, Württemberg und Baden aufgeteilt bleiben. 3. Österreich erhält Tirol, Vorarlberg, Salzburg, das Inn- und Hausruckviertel von Bayern zurück. 4. Die Lombardei und Venetien werden als lombardo-venezianisches Königreich mit Österreich vereinigt. 5. Die Gebiete der Illyrischen Provinzen, bestehend aus dem westlichen Kärnten, Krain, Triest, Istrien und Dalmatien werden Österreich zurückgegeben (Königreich Illyrien und Königreich Dalmatien). 6. Ostgalizien (der Kreis Tarnopol) wird mit Österreich wiedervereinigt. 7. Krakau wird als freie Stadt dem Schutz Rußlands, Österreichs und Preußens unterstellt. 8. Erzherzog Franz von Este erhält Modena, Reggio und Mirandola, Erzherzogin Marie Beatrice von Este erhält Massa und Carnam und Erzherzog Ferdinand III. von Toskana (Bruder von Kaiser Franz) bekommt sein Land zurück. Damit umfaßte Österreich nach dem Wiener Kongreß 670.000 Quadratkilometer.

Rußland erhielt den Großteil des Großherzogtums Warschau (Kongreßpolen). Preußen wurde mit der nördlichen Hälfte Sachsens, der Rheinprovinz, Westfalen, Schwedisch Pommern und Thorn bedacht. Preußen hatte ganz Sachsen beansprucht, weil der sächsische König Friedrich August, der noch in der Schlacht bei Leipzig auf der Seite Napoleons war, sein Thronrecht verwirkt hatte. König Friedrich August, der in der Völkerschlacht gefangengenommen und auf der Burg Preßburg gefangengehalten worden war, wurde vor die Wahl gestellt, sein Königreich zur Gänze zu verlieren oder sich mit der Teilung Sachsens abzufinden, für die Österreich, England und Frankreich eintraten. Sie machten das Aufhören der provisorischen Regierung der ihm zurückzugebenden Landstriche davon abhängig, daß Friedrich August die Teilung, wie sie am Wiener Kongreß festgelegt worden war, annehme. Man ging in den Verhandlungen am Wiener Kongreß vom Grundsatz aus, daß es dem Sieger in einem gerechten Kampf zustehe, den besiegten ungerechten Feind zu weiteren Feindseligkeiten unfähig zu machen. Sachsen aber verlor damit seine bisherige Bedeutung im europäischen Staatensystem. Gegen die Pläne Preußens und Rußlands, ganz Sachsen dem Königreich Preußen einzuverleiben, hatten sich Österreich, England und Frankreich am 3. Januar 1815 zusammengeschlossen und gegen Rußland und Preußen verbündet. Es schien zum Krieg zu kommen, doch man einigte sich schließlich auf die Teilung Sachsens, dessen nördlicher Teil Preußen zugeschlagen wurde. Preußen war durch die Gebietserwerbungen am Rhein dafür entschädigt worden, daß Rußland den Großteil der slawischen Gebiete Polens erhalten hatte. England mit seinem Königreich Hannover behielt Helgoland, Malta, das Kapland und Ceylon. Der Schweiz wurde „Ewige Neutralität" garantiert, der entthronten Kaiserin von Frankreich, Marie Luise wurde das Herzogtum Parma zugewiesen und das Königreich Piemont-Sardinien wurde um Savoyen vergrößert.

In der Bundesakte vom 8. Juni 1815, die der Kongreßakte beigeschlossen wurde, war die vom deutschen Komitee ausgearbeitete Verfassung des „Deutschen Bundes" angenommen worden. Die Hoffnungen vieler Deutscher auf die Wiedererrrichtung des Heiligen Römischen Reiches Deutscher Nation (HRRDN) scheiterten am Widerstand der Großmächte, die nicht bereit waren, ein solches Großreich in Zentraleuropa wieder entstehen zu lassen. So wurde der „Deutsche Bund", ein unauflöslicher Staatenbund der souveränen Fürsten und Freien Städte Deutschlands, gebildet, dem 41 Mitglieder angehörten. Österreich und Preußen gehörten dem Deutschen Bund nur mit ihren früheren Reichsteilen an. Zum Deutschen Bund gehörten auch der König von Großbritannien für das Königreich Hannover, der König von Dänemark für das Herzogtum Holstein und der König des vereinigten Königreiches der Niederlande für das Großherzogtum Luxemburg. Einziges Bundesorgan des Deutschen Bundes war die Bundesversammlung mit Sitz in Frankfurt am Main, die von Österreich präsidiert wurde. Der Deutsche Bund war ein Kompromiß, der sich aus dem österreichisch-preußischen Dualismus ergeben hatte. Die Entscheidung wer wegen dieser Gegensätzlichkeit die Führung übernehmen sollte, ob Österreich oder Preußen, wurde auf später (1866) vertagt. Frankreich aber war in den Grenzen von 1792 erhalten geblieben, also in den Grenzen der vornapoleonischen Zeit.

Im zweiten Pariser Frieden vom 20. November 1815 jedoch wurde Frankreich (nach der 100-Tage-Herrschaft Napoleons) auf die Grenzen von 1790 beschränkt, nachdem Napoleon von seinem Fürstentum, der Insel Elba, aus, Frankreich erneut in seine Gewalt gebracht und letztlich in der Entscheidungsschlacht bei Waterloo von den Engländern unter Wellington und den Preußen unter Blücher geschlagen worden war. Neben weiteren Gebietsverlusten hatte Frankreich eine Kriegsentschädigung in beträchtlicher Höhe zu leisten. Der Wunsch Österreichs, Erzherzog Karl, den Sieger von Aspern, an die Spitze eines aus Burgund, Lothringen und Elsaß zu bildenden neuen Staates zu stellen, scheiterte am Widerstand der anderen Großmächte.

Während der Verhandlungen über den zweiten Pariser Frieden schlossen der römisch-katholische Kaiser Franz I. von Österreich, der protestantische König Friedrich Wilhelm III. von Preußen und der orthodoxe Zar Alexander I. von Rußland am 26. September 1815 die „Heilige Allianz". In diesem Vertrag verpflichteten sich die drei Monarchen, die christlichen Gebote auch in der Politik als Richtschnur zu betrachten und erklärten Gott als obersten Souverän ihrer Völker. Die Staaten des Deutschen Bundes und die Schweiz traten dieser Allianz bei, während England, der Papst und Amerika den Beitritt ablehnten. Napoleon und seine Familie aber wurden von jeder Teilnahme an der Macht ausgeschlossen und die Verbündeten verpflichteten sich, während der Besetzung Frankreichs ihre gesamten Streitkräfte zu erhöhen. Frankreich konnte der Heiligen Allianz erst am Aachener Kongreß am 15. November 1818 beitreten.

Seit dem Wiener Kongreß nahm Österreich, unter der Leitung Metternichs, der seit 1821 Haus-, Hof- und Staatskanzler des Kaisers war, in Europa eine führende Position ein. In Deutschland war es die Präsidialmacht des Deutschen Bundes, in Italien unbestritten die Vormacht, der sich die habsburgischen Nebenlinien in der Toskana und Modena, die Bourbonen in Neapel - Sizilien, Parma - Piacenca und die Päpste im Kirchenstaat fügten. Metternich, der Feind aller politischen Neuerungen, wurde zum Vorkämpfer der Restauration, des politischen Systems, das sich in der Heiligen Allianz repräsentierte. Metternich verteidigte die europäische Ordnung, die am Wiener Kongreß geschaffen worden war, und die von allen Beteiligten am Kongreß schriftlich anerkannt und bestätigt worden war. Ebenso verteidigte er den Absolutismus der Monarchen gegen alle aufstrebenden liberalen und nationalen Ideen. Die Kongresse von Aachen (1818), Troppau (1820), Laibach (1821) und Verona (1822) zeigten Metternich im Zenit seiner Macht. In Deutschland wußte Metternich stets das Einvernehmen mit Preußen zu wahren, das er als gleichberechtigte Macht im Deutschen Bund achtete, denn auch Kaiser Franz I. fühlte sich nicht als Souverän des Deutschen Bundes, sondern als primus inter pares, als Erster unter Gleichen. Selbst die Auswirkungen der französischen Julirevolution von 1830 konnten Metternichs System nicht erschüttern. Metternichs politische Grundsätze, die von der übernationalen Monarchie der Habsburger ausgingen, richteten sich auf die Erhaltung der 1815 geschaffenen staatlichen Ordnung in Österreich und Europa, gegen alle revolutionären Bewegungen, die zur Erschütterung der Legitimität und damit des allgemeinen Friedens führen könnten und die Sicherung des Gleichgewichts der Mächte. Zur Erreichung dieser Ziele vertrat Metternich eine gemeinsame Intervention der Großmächte bei jeglicher Bedrohung des inneren und äußeren Friedens und der Ordnung, die Erhaltung und Kräftigung der legitimen fürstlichen Souveränitätsrechte. Mit der Ernennung zum Haus-, Hof- und Staatskanzler der Monarchie erhielt Metternich von Kaiser Franz unumschränkte Vollmachten und versuchte nun, so gestärkt, sein politisches System, das sich auf den Katholizismus und Polizei stützte, durchzusetzen.

Metternich, der zwar im Endkampf gegen Napoleon die diplomatische Führung und Regie übernommen hatte, war nicht in der Lage gewesen, den Zerfall des Heiligen Römischen Reiches Deutscher Nation zu verhindern, das sein Kaiser als Franz II. regiert hatte. Obwohl er 1806 bereits Botschafter in Paris gewesen war, unterzeichneten am 12. Juli 1806 in Paris 16 Reichsfürsten die „Rheinbundakte", sagten sich vom Heiligen Römischen Reich Deutscher Nation los und unterstellten sich dem Protektorat Napoleons, mit dem sie militärische Beistandspakte eingingen und sich damit mit dem Kaiser der Franzosen gegen Franz II., dem Kaiser des Heiligen Römischen Reiches Deutscher Nation, verbündeten. Diesen Verrat an Kaiser und Reich hatten sich diese 16 deutschen Fürsten vom französischen Usurpator mit Rangerhöhungen und der Vergrößerung ihrer Territorien bezahlen lassen. Diese Verräter waren: der König von Bayern, der König von Württemberg, der Kurfürst und Erzbischof von Mainz als Erzkanzler des Reiches, der Großherzog von Baden, der Herzog von Kleve und Berg, der Herzog von Arenberg, der Landgraf von Hessen-Darmstadt, der Fürst von Nassau-Usingen, der Fürst von Nassau-Weilburg, der Fürst von Hohenzollern-Sigmaringen, der Fürst von Hohenzollern-Hechingen, der Fürst von Salm-Salm, der Fürst von Salm-Kyburg, der Fürst von Isenburg-Birstein, der Fürst von Liechenstein und der Fürst von Leyen. Bayern und Württemberg wurden Königreiche, der Kurfürst und Erzbischof von Mainz, Dalberg, wurde Fürstprimas. Der Kurfürst von Baden, der Herzog von Berg und der Landgraf von Hessen-Darmstadt durften sich von nun an Großherzöge nennen. Der Chef des Hauses Nassau erhielt die Herzogswürde und der Fürst von Leyen wurde Prinz. Ihre Besitzungen wurden auf Kosten des Reiches erheblich vergrößert. Diesem Schacher fielen die freien Reichsstädte Nürnberg und Frankfurt am Main zum Opfer; alle nahmen und keiner dachte mehr an Kaiser und Reich. Dem „Rheinbund" traten nach und nach alle deutschen Einzelstaaten bei. Nur Österreich, Preußen, Dänisch-Holstein und Schwedisch-Pommern widerstanden Napoleon. Karl Theodor von Dalberg blieb, bis zur Auflösung des HRRDN., Erzkanzler des Reiches. Da er sich eng an Napoleon angeschlossen hatte, war er Fürstprimas des Rheinbundes geworden.

Am 1. August 1806 zeigten die Rheinbundfürsten dem Reichstag in Regensburg ihren Austritt aus dem Reichsverband an. Gleichzeitig ließ Napoleon erklären, daß er die Reichsverfassung nicht mehr anerkenne. Mit der Bildung des Rheinbundes und dem Austritt der ihm angehörenden Fürsten aus dem Reichsverband war das Ende des „Heiligen Römischen Reiches Deutscher Nation" gekommen. Kaiser Franz II. sah daher in der Kaiserkrone keinen Sinn mehr und ließ am 6. August 1806 durch den Herold des Reiches von der Balustrade der Kirche „Zu den neun Chören der Engel" am Hof in Wien seine Abdankung als Kaiser des „Heiligen Römischen Reiches Deutscher Nation" verlautbaren. Gleichzeitig erklärte er das römisch-deutsche Kaisertum für erloschen und das Reich für aufgelöst. Damit war auch das ideelle Weiterbestehen der „Kaiser- und Reichsidee" obsolet geworden. Die Niederlegung der römisch-deutschen Kaiserwürde durch Franz II. in einer schier ausweglosen Lage sollte es seinen Nachfolgern nicht mehr möglich machen, diese Würde dem Haus Habsburg wieder zurückzugewinnen. Das bestehende habsburgische Kaisertum hatten alle deutschen Fürsten in früherer Zeit schon akzeptiert, sie würden es, nach der Niederlage Napoleons I. auch weiter anerkannt haben, aber einem neuzuerrichtenden Kaisertum der Habsburger wollten sie sich nicht mehr fügen. Als Napoleon I. den Titel eines Kaisers von Frankreich annahm, veranlaßte dies Franz II. am 11. August 1804 den erblichen Titel eines „Kaisers von Österreich" (als Franz I.) anzunehmen. Nicht an den habsburgischen Königen und Kaisern ist das Heilige Römische Reich Deutscher Nation zugrunde gegangen, sondern am engstirnigen Egoismus und Verrat der deutschen Fürsten an Kaiser und Reich! Die oft tragische aber auch oft glanzvolle, fast 850 Jahre währende Geschichte des „Heiligen Römischen Reiches Deutscher Nation" war damit zu Ende. Kaiser Franz II. hatte den Kampf gegen das revolutionäre Frankreich aufnehmen müssen, doch die Französischen Revolutionskriege hatten Österreich große Gebietsverluste gebracht. Im Frieden von Campoformio (1797) die österreichischen Niederlande und die Lombardei, wofür es das Gebiet der Republik Venedig (Venetien, Istrien, Dalmatien) erhalten hatte. Auch in den fol-

Kaiser Franz I.

12

genden Koalitionskriegen hatte Österreich schwere Lasten zu tragen. Durch den Reichsdeputationsausschuß 1803 gewann es die Tiroler Hochstifte Trient und Brixen. Das staatsrechtliche Verhältnis Franz I. wurde durch die Annahme des Titels „Kaiser von Österreich" nicht geändert. 1805 erneuerte er im 3. Koalitionskrieg den Kampf gegen Frankreich, aber Napoleon besetzte Wien und siegte entscheidend bei Austerlitz. Im Preßburger Frieden hatte Österreich die Vorlande, Tirol, Dalmatien und Venetien abtreten müssen; es erhielt aber das säkularisierte Erzstift Salzburg. Die Gründung des „Rheinbundes" durch Napoleon hatte Franz II. veranlaßt die römisch-deutsche Kaiserwürde niederzulegen. Franz II. hatte 1809 Frankreich den Krieg erklärt, doch Österreich unterlag trotz des Sieges bei Aspern und der Erhebung Tirols und verlor in dem in der Niederlage bei Wagram abgeschlossenen Frieden von Schönbrunn am 14. Oktober 1809 das Innviertel und Salzburg, West- und einen Teil von Ostgalizien, Krain, Triest und Teile von Kärnten und Kroatien.

Besonders empfindlich mag Franz II. aber darauf reagiert haben, daß auch der Kurfürst Maximilian IV. Joseph (aus der Linie Pfalz-Zweibrücken der Wittelsbacher) Kaiser und Reich verraten hat. Zu den näheren Umständen: Im 2. Revolutionskrieg wurde München 1800 von den Franzosen besetzt; nach der Niederlage von Hohenlinden mußte Bayern im Frieden von Lunéville (1801) die Rheinpfalz und Jülich an Frankreich abtreten. Darauf vollzog Montgelas, der leitende Minister Max Josephs, im Vertrag vom 24. August 1801 den entscheidenden Umschwung in der bayerischen Politik auf die Seite Frankreichs. In der Gefolgschaft Napoleons wuchs Bayern zum größten deutschen Mittelstaat heran. Es wurde im Reichsdeputationshauptausschuß (1803) durch die Hochstifte Würzburg, Bamberg, Freising und Augsburg, Teile der Bistümer Eichstätt und Passau, 12 Abteien und 15 Reichsstädte (darunter Ulm, Nördlingen, Memmingen, Kaufbeuren, Kempten und Schweinfurt) entschädigt. Im 3. Revolutionskrieg und ebenso im Krieg Napoleons gegen Preußen kämpften die bayerischen Truppen auf französischer Seite. Durch den Frieden von Preßburg (1805) erhielt Bayern durch Napoleon die Königswürde mit der vollen Souveränität und gegen Rückgabe von Würzburg die Reichsstädte Augsburg und Lindau, Tirol, die Bistümer Brixen und Trient, Vorarlberg, die Grafschaft Burgau und den Hauptteil der Hochstifte Eichstätt und Passau, ferner durch den Vertrag von Schönbrunn (1805) die preußische Markgrafschaft Ansbach. Der Kurfürst nahm am 1. Jänner 1806 als Maximilian I. Joseph den Königstitel (von Napoleons Gnaden) an, obwohl zu dieser Zeit ja noch Franz II. der Kaiser des Heiligen Römischen Reiches Deutscher Nation gewesen war. Am 12. Juli 1806 mußte Bayern dem Rheinbund, den Napoleon geschaffen hatte, beitreten. König

Maximilian I. Joseph mußte auf Berg verzichten, gewann aber die Reichsstadt Nürnberg und die Staatshoheit über die Besitzungen zahlreicher reichsunmittelbarer Fürsten, Grafen und Reichsritter. Die Aufgabe, die buntscheckigen Erwerbungen in Franken und Schwaben mit Altbayern zu verschmelzen, löste Montgelas durch rücksichtslosen Zentralismus. Die Verfassung vom 1. Mai 1808 hob die Leibeigenschaft und die Steuerfreiheit des Adels auf. Im Krieg von 1809 besetzten die Österreicher München und gleichzeitig brach der Aufstand der Tiroler unter Andreas Hofer aus. Nach der Niederlage Österreichs gegen Franzosen und Bayern (Abensberg, Eggmühl, Wagram) erhielt Bayern durch den Wiener Frieden (1809) das Fürstentum Regensburg, die Markgrafschaft Bayreuth, Salzburg und Berchtesgaden, das Innviertel und einen Teil des Hausruckviertels; dafür trat es Südtirol an Italien, Ulm an Württemberg und einen Teil von Mainfranken an das Großherzogtum Würzburg ab. Obwohl 30.000 Bayern im Rußlandfeldzug Napoleons zugrunde gegangen waren, rüstete Max Joseph auch 1813 zunächst wieder für Napoleon. Aber noch eine Woche vor der Schlacht von Leipzig trat Bayern im Vertrag von Ried (8. Oktober) zu den verbündeten Russen, Österreichern und Preußen über. „König" Max Joseph gab Tirol, Vorarlberg, Salzburg, das Inn- und das Hausruckviertel an Österreich zurück. Auf dem Wiener Kongreß wurde er mit Würzburg, Aschaffenburg und der linksrheinischen Pfalz entschädigt. Mit einem Gebietsumfang von 75.000 (1802: 40.000 Quadratkilometer und 3,5 Millionen Einwohnern (1802:1 Million) trat Bayern 1815 dem Deutschen Bund bei. Montgelas wurde durch den Kronprinzen Ludwig 1817 gestürzt. Man sieht, der Verrat des Kurfürsten Maximilian IV. Joseph hatte sich gelohnt. Er konnte den ihm von Napoleon verliehenen Königstitel behalten und wurde für die Gebiete, die er an Österreich notgedrungen zurückgegeben hatte, noch entschädigt. So war es auch bei den anderen süddeutschen Staaten, die sich die Vorlande Österreichs behalten und weiter mit den ihnen von Napoleon verliehenen Titeln protzen konnten. Zu guter Letzt wurde noch König Maximilian I. Joseph, als Kaiser Franz I. von Österreich seine vierte Ehe einging, der Schwiegervater des Habsburgers, der am 10. Februar 1816 die Prinzessin Karoline Auguste Charlotte von Bayern heiratete. Der wetterwendische Bayernkönig hatte noch rechtzeitig begriffen, daß Napoleons Stern nach der vernichtenden Niederlage gegen die Russen, im Sinken gewesen war, nach einem Winterfeldzug, in dem auch 30.000 Bayern zugrundegegangen waren.

Als Kaiser Franz I. am 2. März 1835 starb, hatte die Julirevolution von 1830 bereits Paris erschüttert und ihre Brandfackeln in die anderen europäischen Staaten geschleudert und in diesen blutige Unruhen hervorgerufen. Nach dem Wiener Kongreß, der Österreich wieder zu einer europäischen

14

Großmacht gemacht hatte, war Kaiser Franz sehr auf die Erhaltung des Bestehenden nach den Grundsätzen der „Heiligen Allianz" und der Legitimität bedacht, ohne die römisch-deutsche Kaiserwürde wieder anzunehmen, die er jetzt geringer schätzte als die österreichische. Wegen seiner persönlichen wienerischen Leutseligkeit und Volkstümlichkeit wurde Kaiser Franz am Ende sogar noch geliebt.

Zu Staatskanzler Lothar Klemens von Metternich, dessen Familie 1813 in den österreichischen Fürstenstand erhoben worden war, hatte Kaiser Franz unbeschränktes Vertrauen, weshalb in Österreich Metternichs System mit Zensur und Polizeikontrolle wirksam geblieben war, bis 1825 Graf Kolowrat die Leitung der inneren Politik übernahm. 1835 wurde Fürst Metternich Mitglied der „Regentschaft" (der Geheimen Staatskonferenz). Sein starrer Konservativismus trug zur krisenhaften Entwicklung bei, die 1848 zur Revolution führte.

Der Wahlspruch des Kaisers: „Justitia regnorum fundamentum", Gerechtigkeit ist das Fundament der Königreiche, galt Zeit seines Lebens. Franz II./I. wurde am 12. Februar 1768 in Florenz geboren, am 6. Juni 1792 in Buda in der St. Martinskirche zum Apostolischen König von Ungarn, am

Kaiser Ferdinand

14. Juli 1792 in Frankfurt am Main zum römisch-deutschen Kaiser gewählt und gekrönt und am 9. August 1792 im St. Veits-Dom in Prag zum König von Böhmen gekrönt. Sein zweiter Wahlspruch: „Lege et fide" = Durch Gesetz und Glauben entsprach der Überzeugung des Kaisers. Kaiser Franz hat 43 Jahre regiert und war, als er starb, 67 Jahre alt. Metternich hatte den Kaiser darauf festgelegt, am Legalitätsprinzip (der gesetzlichen Erbfolge) festzuhalten, womit der Staatskanzler verhinderte, daß an Stelle des Kronprinzen Ferdinand die tüchtigeren Brüder des Kaisers, die Erzherzoge Karl und Johann, die gegen Napoleon gekämpft hatten, Kaiser Franz nachfolgen konnten. Beide Erzherzöge hätten Metternich von der Macht verdrängt. Mit dem geistig und körperlich behinderten ältesten Sohn des Kaisers, Erzherzog Ferdinand I., dem Gütigen, kam hingegen ein Herrscher auf den Thron, der den politischen Stürmen der Revolutionsjahre, die den Kontinent erschütterten, nicht gewachsen und daher Wachs in den Händen des Taktikers gewesen ist.

Obwohl beim Tod von Kaiser Franz, trotz der Unsummen, die die Napoleonischen Kriege verschlungen hatten, wieder ein gewisser Wohlstand gegeben war, steigerte sich in der Monarchie, und zwar in allen Kronländern, die Unzufriedenheit mit dem System Metternichs immer mehr, denn trotz der Regierungswechsel erfolgten keine Veränderungen, obwohl diese dringend notwendig geworden waren, auf die das Volk gehofft hatte. Militär und Geistlichkeit wurden weiter begünstigt, überall herrschte Protektion und in den Ämtern wurden die Bürger fast wie Leibeigene behandelt. Die Geheimpolizei wurde verstärkt, die Zensur verschärft und die Bürger sehnten sich nach Hilfe, nach Erlösung aber niemand wußte, von welcher Seite sie kommen sollte. Unter solchen Umständen war es natürlich, daß man das Studium der Geschichte für gefährlich hielt und daher an den Schulen vernachlässigte. Metternichs Devise war: „Alles für das Volk, aber nichts durch das Volk!"

Knapp vor seinem Tod unterzeichnete Kaiser Franz ein von Metternich inspiriertes politisches Testament, in dem er seinem Sohn Ferdinand, seinem Nachfolger, einschärfte: „Verändere nicht, stelle dich fest und unerschütterlich auf die Grundsätze, mittels deren steter Beachtung Ich die Monarchie nicht nur durch die schweren Stürme harter Zeit geführt, sondern derselben den ihr gebührenden hohen Stand gesichert habe, den sie in der Welt einnimmt!" Ferdinand I. trat am 2. März 1835, dem Todestag seines Vaters, die Herrschaft an. Aber schon am 12. Dezember 1836 wurde für den geistig und körperlich behinderten Monarchen eine „Staatskonferenz" eingerichtet, die für Ferdinand I. regierte. Ihr gehörten der Bruder des verstorbenen Kaisers Erzherzog Ludwig, der Bruder des regierenden Kaisers Erzherzog Franz Karl, der Staatskanzler Fürst Metternich und Graf Kolowrat als ständige Mitglieder an. Die talentierten und fortschrittlichen Brüder des verstorbenen Kaisers

Franz, Erzherzog Karl und Erzherzog Johann aber hatten vergeblich versucht in die Staatskonferenz aufgenommen zu werden. Die Arbeit der Staatskonferenz litt viele Jahre durch die immer wieder aufflammende Rivalität zwischen Kolowrat und Metternich. Dennoch wurde 1836 der „Österreichische Loyd" in Triest gegründet und 1837 die „Kaiser Ferdinand Nordbahn" auf der Strecke Floridsdorf - Deutsch-Wagram eröffnet.

Mit dem Tod König Friedrich Wilhelms III. von Preußen am 7. Juni 1840 verlor Metternich eine feste Stütze seiner Außenpolitik in Deutschland. Sein Nachfolger Friedrich Wilhelm IV. war in den Augen Metternichs ein Romantiker, weil er seinem Volk eine freiheitliche Verfassung geben wollte.

Ferdinand I. war schon als Kronprinz am 28.September 1830 in Preßburg in der St.-Martinskirche als Ferdinand V. zum Apostolischen König von Ungarn, am 2. März 1835 zum Kaiser von Österreich bestimmt und am 7. September 1836 in Prag im St. Veits-Dom als Ferdinand V. zum König von Böhmen gekrönt worden.

Kaiser Ferdinand I. wurde am 19. April 1793 in Wien geboren, litt seit seiner Kindheit an Epilepsie und war daher nur sehr eingeschränkt zur Erfüllung seiner Herrscherpflichten in der Lage. Der Volksmund, in seiner bösen Art, nannte ihn nur „Nanderl, das Trotterl". Etwas schonender nannte ihn die offizielle Historiographie „den Gütigen". Ferdinand vermählte sich am 28. September, schon als König von Ungarn, mit Maria Anna, Prinzessin von Sardinien-Piemont, der Tochter König Viktor Emanuels von Sardinien-Piemont und der Erzherzogin Maria Theresia von Österreich-Modena d´Este.

Auf außenpolitischem Gebiet kam es wegen des ägyptisch-türkischen Krieges am 15. Juli 1840 zu einem Vertrag in London, in dem sich die Großmächte Österreich, England, Rußland und Preußen zur militärischen Intervention entschlossen. Mehmed Ali, der Vizekönig von Ägypten, ein mächtiger Vasall der Pforte, war auf den Gedanken gekommen, die Oberhoheit der Türkei abzuschütteln. Sein Sohn Ibrahim, kriegerisch gesinnt und kriegserfahren, hatte die Türken bereits wiederholt geschlagen, als man in Europa anfing, sich mit der Sache ernstlich zu befassen. Während Frankreich Mehmed Ali unterstützte, wollten England und Österreich eine Schwächung der Türkei abwenden. Österreich rüstete, und seine kleine Flotte stieß zur englischen, die vor Kleinasien kreuzte. Erzherzog Friedrich, der dritte Sohn des alten Feldherrn Erzherzogs Karl, befehligte die Fregatte Guerriera. Österreicher und Engländer beschossen Beirut und schifften am 27. September 1840 ihre Landungstruppen aus, die in zwei Kolonnen vorrückten. Die österreichische, Erzherzog Friedrich an der Spitze, erstürmte das Kastell, und die Ägypter zogen sich zurück. Als sich auch das Bergland hinter Beirut unterwarf, fuhr die vereinigte Flotte vor Alexandria, das der britische Kommodore

Napier bombardieren ließ. Hierauf fand in Frankreich ein Ministerwechsel statt. Thiers, der Kriegsminister, mußte abtreten und da jetzt Mehmed Ali die Unterstützung Frankreichs verlor, unterwarf er sich der Pforte. Auf der zweiten Londoner Konferenz am 13. Juli 1841 kam es zu einem Friedensvertrag. Metternich, der das Gottesgnadentum der Herrscher vertrat, hatte dieses auch den Sultanen Mahmut II. (1808-1839) und Abd ul-Medschid I. (1839-1861) zuerkannt und sie daher unterstützt. Auf dieser Londoner Konferenz wurde, nachdem sich Mehmed Ali am 13. März 1841 mit den Friedensbedingungen einverstanden erklärt hatte, von den fünf europäischen Mächten mit der Türkei der Dardanellenvertrag geschlossen, der vorsah, daß die Meerengen Bosporus und Dardanellen für Kriegsschiffe aller Nationen gesperrt wurden.

Österreich zeigte schon seit 1830 in allen Balkanfragen eine ausgesprochene Passivität, denn Metternich hatte den Standpunkt vertreten, daß sich auch der Kampf der Griechen, der sich gegen die Legitimität des Sultans gerichtet, kein gerechter Kampf sein konnte und bestätigte damit die Souväränitätsrechte der Pforte über die Völker des Balkans. Österreich hatte damit die Gelegenheit versäumt, seine Stellung in Südosteuropa zu einer Zeit auszubauen, zu der dies ohne größere Schwierigkeiten möglich gewesen wäre und wurde von Rußland, das für die Balkanchristen eintrat, in den Hintergrund gedrängt.

Am 15. April 1846 kam es zur Eingliederung des Freistaates Krakau in die habsburgische Monarchie. Anlaß dazu gab ein Aufstand, der am 18. Februar 1846 in der Stadt Krakau ausgebrochen war. Die vom Adel dominierte „Bewegungspartei", die das Königreich Polen wiederherstellen wollte, hielt die Zeit für gekommen, den Aufruhr zu entfachen. Der Aufstand traf die Behörden völlig unvorbereitet, weshalb viel zu wenig Militär im Lande stand, um diesem mit Waffen begegnen zu können. Als aber die Insurgenten das Landvolk aufforderten, zu den Waffen zu greifen, wurden sie von diesem schlimm empfangen, denn lange genug waren die Bauern vom Adel sklavisch behandelt worden. Sie erklärten den Insurgenten, keine Polen mehr zu sein, sondern Galizier, erschlugen mehrere Edelleute und nahmen viele andere gefangen, die von den Bauern den Gerichten übergeben wurden. Es herrschte gegen die Grundherren noch von früher her ein so tiefer Groll, daß die Bauern nun anfingen, deren Besitzungen zu plündern und Grausamkeiten aller Art zu verüben, wodurch das Militär genötigt war, den furchtbaren Bauernaufstand zu unterdrücken, der doch zugunsten der Regierung begonnen hatte. Preußen und Rußland stimmten hierauf der Einverleibung des Freistaates Krakau in die Monarchie zu, weil sie befürchteten, ein abermaliger

Aufstand könnte von Kraukau aus auch auf die von ihnen besetzten Gebiete übergreifen. Der bisher behandelte Zeitabschnitt, beginnend mit dem „Wiener Kongreß" war der sogenannte „Vormärz", die der deutschen Märzrevolution von 1848 vorausgehende Zeit von 1815 bis 1848.

Die Revolutionen in Frankreich

Der Februarrevolution des Jahres 1848 in Paris waren sieben Jahrzehnte vorausgegangen, die einen der wichtigsten Zeitabschnitte der französischen Geschichte umfassen. Mit dem sogenannten Sturm auf die Bastille (die in Wahrheit kapituliert hat), einer am St. Antoine gelegenen achttürmigen Burg, dem berüchtigten Staatsgefängnis und Sinnbild königlicher Tyrannei durch das Volk am 14. Juli 1789, begann für Frankreich eine wahrhaft blutige Ära, deren Auswirkungen ganz Europa zu spüren bekam. Die Ereignisse rollten in drei Etappen, drei Revolutioen, ab. Erst wurde vom Bürgertum gemeinsam mit König Ludwig XVI. um eine Verfassung gerungen, dann um die liberale Republik gekämpft und schließlich verfiel das Land der radikalen Diktatur einer auf die angebliche Volksherrschaft gestützten Gruppe von Ideologen. Die erste Revolution endete mit dem Sturz des Königtums am 10. August 1792, die zweite, die den Krieg gegen Europa brachte, schloß mit der Ausmerzung der Gerondisten (Vertretern der intellektuellen, besitzenden und liberalen Bürger im Parlament), die, gemeinsam mit ihren schärfsten Gegnern, den Jakobinern, das Königtum gestürzt hatten. Die Führer der Gerondisten wurden am 2. Juni von der aufgehetzten Pariser Kommune verhaftet und hingerichtet. Die dritte Revolution, die Diktatur des Wohlfahrtsausschusses, dessen Herrschaft von den radikalen Jakobinern (deren Tagungsort das Dominikanerkloster St. Jakob war) von 1792 – 1794 währte, („Erste Republik") war durch blutigen Terror aufrechterhalten worden und endete mit der Hinrichtung Robespierres und der Seinen am 27. Juli 1794. Es zeigte sich durchgehend, daß es darauf ankam, die Macht in Paris zu besitzen, wo die Kommune den Gang der Ereignisse bestimmte. Die Konzentration der Verwaltung in einer Stadt, wie die Monarchie sie herbeigeführt hatte, deren Zentralisation also, machte den Staatsapparat gegen jede aufrührerische Bewegung empfindlich. Es genügte, in der Hauptstadt den Schlag zu führen, um den ganzen Bau der Verwaltung zum Einsturz zu bringen. Auf diese Weise ging der Kampf nur noch darum, die Stadtverwaltung von Paris und damit die Bevölkerung dieser riesigen Stadt oder, genauer gesagt, die Straße in die Hand zu bekommen.

Waren diese Revolutionen nun das Frühlingserwachen einer neuen Menschheit oder ein Hexensabbat an blinder Leidenschaft, Pöbelei und entfesselter Instinkte? Das Jahr 1793 mit der Hinrichtung König Ludwig XVI. und der Königin Marie Antoinette war der grausige Auftakt der Revolution und des Bürgerkrieges, denn in der Vendée und der Bretagne erhob sich der

Widerstand der konservativen Landbevölkerung unter Führung der Grundherren gegen die Pariser Kommune, deren Schreckensherrschaft fünf Jahre
dauerte. Es gab laufend willkürliche Verhaftungen, die fast alle mit dem
Todesurteil endeten. Überwachung, Spitzeltum und Denunziation waren an
der Tagesordnung und Tag für Tag arbeitete die Guillotine. Man konnte ihr
schon zum Opfer fallen, wenn man verdächtig war, verdächtig zu sein. In
Paris raste die „rote Messe" und selbst Greise, Frauen und Kinder wurden auf
Karren zur Hinrichtung gefahren.

Am 2. Juni griff die Kommune den im Parlament tagenden Konvent mit
Kanonen an und zwang ihn zum Ausschluß der Gerondisten, die hierauf
unter dem Fallbeil endeten. Die Revolution verschlang, wie Saturn, ihre eigenen Kinder und Robespierre verhinderte diktatorisch das Inkrafttreten der
neuen Verfassung. Das war sein Staatsstreich! Robespierre, der Rousseaus
Testament umsetzen wollte, war ein lebensfeindlicher Diktator, der zwar die
Gleichheit der Menschen anstrebte und um des Glückes der Menschheit willen bereit war, die ganze Menschheit auszurotten! Bedeutende Männer wie
Lafayette, Talleyrand, Marat, Fouché, Dante und Bonaparte standen mitten
im Geschehen an der Seite Robespierres, der Generäle, die Schlachten gegen
Österreich verloren hatten, köpfen ließ. Letztlich kam der Widerstand gegen
Robespierre von Abgeordneten, die sich bedroht wußten, vor allen von Talli-
en und Fouché, die die Führung übernahmen und nach heftigen Rededuellen
im Konvent Robespierre und seinen Anhang sofort liquidierten.

Auf diese Schreckensherrschaft folgte ein Direktorium, das von Graf Barras, dem Befehlshaber der Pariser Truppen, der entscheidend am Sturz Robespierres beteiligt war, beherrscht wurde. Er wurde Mitglied des Wohlfahrtsausschusses und Präsident des Konvents, dessen Schutz er dem jungen Artil-
lerieoffizier Bonaparte anvertraute, der dann auch den Aufmarsch der Put-
schisten gegen den Konvent mit seinen Kanonen niederkartätschte.

Nach dem Staatsstreich Bonapartes am 9. November 1799 wurde Graf
Barras von Paris verwiesen. Bonaparte hatte mit Hilfe des alten Sieyés, eines
Veteranen der Revolution, des Polizeiministers Fouché, des Außenministers
Talleyrand und seines Bruders Lucien die Regierung gestürzt, die Versammlung der „Fünfhundert" mit den Grenadieren Murats auseinandergejagt und
als „Erster Konsul" auf zehn Jahre die Macht übernommen. Bonaparte herr-
schte mit absoluter Macht und als er hörte, daß die Bourbonen wieder die
Einführung der Monarchie anstreben würden, ließ er den Herzog von Enghi-
en, der im badischen Ettenheim lebte, ergreifen, nach Paris entführen und in
Vincennes nach kurzem Prozeß, erschießen. Wieder einmal hatte Frankreich
der Welt den Kopf eines Fürsten vor die Füße geworfen. „Diese Leute", rief
Bonaparte aus, „wollen Unordnung nach Frankreich bringen und in meiner

Person die Revolution töten". Talleyrand, der Bonaparte zu diesem Mord geraten hatte, wusch seine schönen Bischofshände in Unschuld, wie unter Robespierre, bei dem er Außenminister war und sagte hinter dem Rücken Bonapartes: „Das war schlimmer als ein Verbrechen, das war ein Fehler".

Am 18. Mai 1804 wurde das Kaiserreich ausgerufen. Bonaparte hieß ab nun „Napoleon, Kaiser der Franzosen". Im folgenden Jahr brach der Krieg aus. Die Feldzüge, die Kaiser Napoleon von nun an ein Dezennium, bis zum Zusammenbruch seiner Herrschaft, führte, sind die Geschichte Europas ebenso wie die Frankreichs. Europa, das am Ende dieser Napoleonischen Kriege sein Antlitz völlig verändert hatte, warf Frankreich auf seine ursprünglichen Grenzen zurück, das in der Folgezeit vollauf damit beschäftigt war, die Republik wieder herzustellen. Ganz Europa hatte gegen den Eroberer gekämpft, der sich im sechsten Krieg auf französischem Boden verzweifelt wehrte. Österreich, Preußen und Rußland waren geschlagen worden, aber die französischen Flotten wurde bei Trafalgar vernichtet. Nach den Siegen bei Austerlitz, Jena, Friedland und Wagram war Napoleon in Madrid, in Wien und schließlich in Moskau gewesen. Aber das Europa, das die Vorherrschaft dieses gewaltigen Eroberers abschüttelte, war nicht mehr das Europa von 1792! Schon als Bonaparte Erster Konsul war, hatte die Umsetzung der Friedensschlüsse von Basel und Lunéville zur Neuordnung der deutschen Kleinstaaterei und praktisch zur Auflösung des alten Reiches geführt. Die Beschlüsse des Reichsdeputationshauptausschusses von Regensburg vom 25. Februar 1803 waren für Österreich sehr nachteilig. Da Kaiser Franz praktisch machtlos war, orientierten sich die deutschen Fürsten ab nun nach Frankreich. Das Römisch Deutsche Reich hatte damit praktisch aufgehört zu existieren. Der Friede von Preßburg vom 26. Dezember 1805, die Franzosen hatten am am November Wien kampflos besetzt, brachten Österreich den Verlust von Venetien, Istrien und Dalmatien. Tirol, Vorarlberg, die Bistümer Brixen, Trient, Burgau, Eichstädt, Passau und Lindau wurden mit Bayern vereinigt, ebenso die freie Reichsstadt Augsburg. Die übrigen Länder Vorderösterreichs wurden zwischen Württemberg und Baden aufgeteilt. Österreich anerkannte Napoleon als König von Italien und stimmte der Erhebung Bayerns und Württembergs zu Königreichen zu. Am 12. Juli 1806 erfolgte unter dem Protektorat Frankreichs die Errichtung des (Zweiten) Rheinbundes. 16 Fürsten West- und Süddeutschlands traten diesem Bund bei, der Frankreich im Kriegsfall 63.000 Mann Truppen zu stellen hatte. Am 1. August sagten sich die 16 Fürsten vom Deutschen Reich los. Napoleon forderte Kaiser Franz auf, die Krone des Römischen Deutschen Reiches niederzulegen, da er dieses nicht mehr anerkenne. Franz II. beugte sich den Drohungen Napoleons, legte am 6. August die römisch-deutsche Krone nieder und nahm den Titel „Kaiser Franz I. von

Österreich" an. Hunderten kleinen deutschen Staaten, Fürstentümern, Grafschaften, freien Städten und geistlichen Herrschaften war durch Napoleon ein Ende bereitet worden, während Bayern, Württemberg und Baden zu bedeutenden Staaten wurden. Damit hatte Napoleon aber auch den Weg Richelieus verlassen, der die Verewigung der deutschen Anarchie zu seinem Programm erhoben hatte und hatte damit, ungewollt, den Weg zur Wiederherstellung der deutschen Einheit frei gemacht, die später dann, unter Preußen, erfolgte. Napoleons Kaiserreich umfaßte auf dem Höhepunkt seiner Macht hundertdreißig Departements mit 60 Millionen Einwohnern. Aber seine Heirat mit der Erzherzogin Marie Louise, der „Österreicherin", gefiel den Franzosen nicht, denn sie rief zuviele historische Erinnerungen in ihnen wach.

Auf die Siege Napoleons folgten seine vernichtenden Niederlagen an der Beresina, bei Leipzig und Waterloo. Dem Eroberer waren die Schwingen gebrochen. „Die Genies", hatte er als Jüngling geschrieben, „sind Meteore, die verbrennen, um das Jahrhundert zu erleuchten". Wie wahr . . .

Auf Napoleon folgte die Restauration der Bourbonen. Ludwig XVIII. wurde König von Frankreich. An die Stelle des roten trat nun der weiße Terror, der Tausenden von Bonapartisten und Jakobinern das Leben kostete. Ludwig XVIII. war als Prinz Graf der Provence und das Haupt der Emigration in Koblenz.

Schon 1795 nahm er den Königstitel an und führte, von Napoleon verfolgt, ein Wanderleben. Seit 1809 lebte er in England. Nach Napoleons Abdankung zog Ludwig am 3. Mai 1814 als König in Paris ein und erließ am 4. Juni eine liberale Verfassung, die die Grundlage der konstitutionellen Monarchie wurde und regierte bis 1830. Auf König Ludwig XVIII. folgte sein Bruder, König Karl X. Als Prinz Graf von Artois, leitete er die Unternehmungen der Emigranten gegen die Französische Revolution. Karl war das Haupt der Ultraroyalisten. Seine „Ordonanzen" vom 26. Juli 1830 führten zur Julirevolution, die ihn am 2. August zur Abdankung zwang. Karl hatte noch kurz vorher mit der Eroberung Algeriens begonnen.

Louis Philippe, der Bürgerkönig, regierte von 1830 bis 1848. Er war der Sohn des Herzogs Louis Philippe von Orleans, seit 1785 Herzog von Chartres, schloß sich 1789 der Revolution an und focht 1792/93 als General in den Revolutionsheeren. Louis Philippe ging aber im April 1795 mit Dumouriez zu den Österreichern über und lebte in der Folge als Herzog von Orleans in Skandinavien, Hamburg, den USA (1796 – 1800) und England (1800 – 1808). Unter den Bourbonen gehörte Philippe zu den führenden Liberalen und stand stets in Opposition zum königlichen Hof. Nach der Julirevolution bestieg er auf Grund des Kammerbeschlusses von 7. August 1830 als „König der Franzosen" den Thron. Louis Philippe stützte sich auf das kapitalistische

Großbürgertum. Louis Philippe regierte zwar in liberalen Formen aber in reaktionärem Geist, der ihn seit 1844 dem System Metternichs annäherte. Louis Philippe, im Grund autoritär und selbstbewußt erweiterte seine politische Machtfülle, als sein allgewaltiger Minister Thiers zurücktrat, und konnte sich mit Hilfe von Guizot, seinem neuen Minister, der erklärte, daß man nur mit Vernunft, und Kanonen regieren könne, bis 1848 an der Macht halten. Der König demokratisierte das Wahlgesetz und wählte seine Minister aus den politischen Parteien. Seine Zeit war die Zeit der aufsteigenden Bourgeoisie, die sich im Rahmen des frühen Kapitalismus als Macht formierte. Guizot hat den Zuruf an diese Schicht „Bereichert euch!" zwar nie getan, aber er war gut erfunden, weil er seine Regierungspraxis beleuchtete. „Laßt uns regieren und macht eure Geschäfte!" lautete sie.

Vom 23. bis 24 Februar 1848 kam es in Paris wieder zur Revolution, in deren Verlauf König Louis Philippe zugunsten seines Enkels, des Grafen von Paris, abdankte und nach England floh. Diese Thronentsagung wurde jedoch von den Aufständischen nicht beachtet und am Abend des 24. Februar wurde die „Zweite Republik" ausgerufen. Louis Philippe hatte sich auf die Bourgeoisie gestützt und die sogenannten Reformbanketts der Intelligenz untersagt. Der Verlauf der Revolution: Die bürgerlichen Reformer planten eine neue Gesellschaftsordnung und knüpften an die Bewegung an, die Robespierre in der Französischen Revolution 1792 entfacht hatte. Durch die rapide Entwicklung der Presse, durch die liberalen Werbefeldzüge der Opposition erhielten plötzlich große Bevölkerungsteile eine Stimme und ein Bewußtsein von sich selbst. Mit der Ausstattung der Industrie mit Maschinen entstanden nicht nur mächtige Unternehmen, sondern auch ein Heer von Lohnarbeitern, das ohne jeden Schutz war und, sowohl was die Löhne als auch die Arbeitszeit anging, der bereits politisch organisierten Bourgeoisie ausgeliefert war. Trotzdem strömten die Bauernsöhne in die Städte und vermehrten das Proletariat, das sich als eigene Bevölkerungsgruppe zu betrachten begann. Utopisten wie Saint-Simon, Fourier und Proudhon („Eigentum ist Diebstahl") planten eine neue Ordnung, aber erst Blanqui und vor allem Louis Blanc schmiedeten ein brauchbares Instrument. In seiner Schrift „Organisation der Arbeit" (1840) proklamierte Blanc das Recht auf Arbeit und die Pflicht der Gesellschaft, Arbeit zu schaffen. Er wurde von Kreisen des Katholizismus unterstützt. Alexis de Tocqueville hielt es noch für möglich, „Freiheit und Religion" miteinander zu versöhnen. Aber der Priester Lamennais verließ die Kirche und schloß sich dem Sozialismus an, während der große Prediger Lacordaire und der Graf de Montalmbert im Rahmen des katholischen Glaubens blieben und eine Anpassung des religiösen Lebens an das soziale Bild anstrebten.

Gegen alle die gewaltigen Strömungen hatte sich König Louis Philippe teilnahmslos, ja blind erwiesen. Er hatte auf die unbestreitbare Tatsache vertraut, daß Frankreich unter seiner Herrschaft gediehen war und seinen Wohlstand gehoben hatte. Daß die Bevölkerung leidenschaftlich nach breiterer politischer Mitbestimmung strebte, wollte er nicht glauben, und Guizot war nicht der Mann, ihm in diesem Punkt die Augen zu öffnen. Guillaume Guizot, Staatsmann und Historiker, Professor an der Sorbonne, war konstitutioneller Royalist. Unter dem Bürgerkönigtum Louis Philippes wurde Guizot der führende Verteter des „Justemilieu", das die Herrschaft der konservativ gesinnten Bourgeoisie bedeutete. Er war zwar Mitglied der Académie Française, lehnte aber jede Wahlreform ab, was zur Februarrevolution geführt hatte. Die Februarrevolution von Paris hallte wie ein Donnerschlag durch die Welt. Wieder war Paris von Straßenkämpfen erfüllt, wieder bildete sich eine Kommune im Pariser Rathaus, und die siegreichen Liberalen hatten große Mühe, mit den nicht minder siegreichen Sozialisten eine Regierung zu bilden. Der König entkam mit knapper Not, die Menge stürmte die Tuilerien und das Palais Royal und plünderte beide Paläste mit solcher Gründlichkeit, daß in den folgenden Tagen 25000 kg „Schrott" von den Möbeln, dem Geschirr und der Ausstattung zum Verkauf kamen. „Louis Philippe hatte Frankreich einige der glücklichsten Jahre seiner Geschichte geschenkt, aber die Franzosen lebten nicht vom Glück". Lamertine und Blanc sollten nun dieses heikle Volk gemeinsam regieren. Mit Mühe konnte der Dichter, der sich plötzlich an der Macht sah, die Einführung der roten Fahne verhindern, Pressefreiheit, Versammlungsfreiheit und unterschiedsloser Zugang zur Nationalgarde wurden sogleich verfügt. Nach dem Plan Louis Blancs wurden zur sofortigen Arbeitsbeschaffung die Nationalwerkstätten eingerichtet. Ein großartiger, aber romantischer Hauch von Erneuerung und Reformen beugte die Geister und Einrichtungen wie Halme im Sturm. Die Zeitungen wurden dank der Abschaffung der Stempelsteuer auch den Ärmsten zugänglich, Volksvereine schossen aus dem Boden, die freie Diskussion ergriff alle Schichten.

Die größte Neuerung war die Einführung des allgemeinen Stimmrechts die das öffentliche Leben des Landes völlig veränderte. Die Zahl der Wähler stieg dadurch über Nacht von 200 000 auf 9 Millionen. Jeder Franzose war vom fünfundzwanzigsten Jahr ab wählbar. Aber was war die Folge? Die neue Waffe kehrte sich gegen ihre Schöpfer und brach die revolutionäre Allmacht der Stadt Paris. Bei den Wahlen vom 9. April triumphierte die Provinz und sandte eine überwältigende Mehrheit gemäßigter Republikaner ins Parlament, die Radikalen waren zurückgedrängt. Es zeigte sich, daß der politische Wille mit dem sozialen Willen nicht in der erwarteten Weise übereinstimmte. Die Republik war da, aber der Sozialismus war wieder in das Halbdunkel

der Klubs, der Vereinigungen und der Auflehnung gerückt. Die Nationalwerkstätten wurden sabotiert und erwiesen sich als Fehlschlag. Die in ihnen
beschäftigten Arbeiter gingen auf die Straße, „störten die Ordnung" und
drangen unter Führung von Blanc, Barbès und Blanqui in das Palais Bourbon
ein, um das Parlament zu verjagen und eine radikale Regierung zu bilden.
Darauf wurden die Nationalwerkstätten aufgelöst, die entlassenen Arbeiter
traten zum Straßenkampf an. Am 13. Juni bot die legale Regierung 20 000
Mann Truppen auf, um den Aufstand niederzuschlagen. Die Schlacht dauerte
vier Tage und war die blutigste, die Paris bisher erlebt hatte. Aber die Arbeiter unterlagen und zogen sich in ihre Erbitterung zurück. Frankreich war in
zwei Teile gespalten, der Klassenhaß begann.

Den Siegern war nicht wohl zumute. Man mußte von vorn anfangen. Wer
sollte nun Präsident dieser Zweiten Republik werden, die in einem solchen
Sturm hochherziger Brüderlichkeit begonnen hatte und nun bis zu den
Knöcheln im Blut stand? Man faßte den verhängnisvollen Entschluß, das
neue Oberhaupt nicht durch das Parlament, sondern durch Volksabstimmung wählen zu lassen. Es sollte also nicht aus dem erprobten Urteil einer
politischen Köperschaft, sondern aus der Gunst der Massen hervorgehen.
Lamartine glaubte sich der Wahl sicher, andere setzten auf General Cavaignac, der den Aufstand vom Juni gebändigt hatte. Ein dritter Bewerber, Louis
Napoleon, der bei Nachwahlen ins Parlament gekommen war und dort, außer
durch seinen Namen und durch seine verschwörerische Vergangenheit, keine
Aufmerksamkeit erregte, wurde nicht ernst genommen. Und doch wurde er
am 16. Dezember 1848 zum Präsidenten gewählt. Nicht der Überdruß gegen
die Revolution, sondern die Furcht vor dem Sozialismus hatte ihn emporge-
tragen. Am 2.Dezember 1851 stürzte er durch einen Staatsstreich die Republik. Ein Jahr darauf veranstaltete er eine Volksabstimmung und wurde als
Napoleon III. Kaiser der Franzosen.

Die Ursache der sozialen Unruhen in Frankreich und den anderen
europäischen Staaten, war, wie wir noch sehen werden, der mit der industriellen Technik und dem kapitalistischen Wirtschaftssystem hervorgerufene
Gegensatz von Kapital und Arbeit, das heißt zwischen dem im Besitz der
Produktionsmittel befindlichen Unternehmertum und dem davon ausge-
schlossenen Proletariat, der im Zuge der industriellen Revolution entstanden
war. Der dem freien Wettbewerb eigentümliche Zwang zur fortschreitenden
Kostensenkung wie das Gewinnstreben (Gewinnmaximierung) der Unternehmer führten im Beginn des Hochkapitalismus zur Ausbeutung der
Arbeitskraft der Besitzlosen. Damit entstand als Gegenbewegung der Sozialismus mit dem Ziel, die Arbeitnehmer gegen Ausbeutung zu schützen und
am „Mehrwert" zu beteiligen, also aus sozialen Ursachen, der aus dem Gegen-

satz von Besitz und Nicht-Besitz beruhenden Klassengesellschaft. Von dieser ausgehend erstrebte der Sozialismus die Befreiung des „vierten Standes" aus der Lage einer sozial entrechteten Schicht und appellierte an die Solidarität der Nichtbesitzenden. Im „Marxismus" steigerte sich dieses Klassenbewußtsein zum Dogma und Programm des „Klassenkampfs".

Die Märzrevolution 1848 in Wien und der Aufruhr in Prag

Es war am 28. Februar, als Fürst Metternich durch einen Kurier die Nachricht von der Revolution in Paris erhielt, die er aber für unbedeutend erachtete und selbst am darauffolgenden Tag, als man ihn von der Vertreibung des Königs Louis Philippe in Kenntnis setzte, erschrack er zwar, war aber verblendet genug, noch einige Tage auf eine Gegenrevolution zugunsten des Königs zu hoffen. Als aber nichts auf eine Gegenbewegung in Paris hindeutete, dachte man am Wiener Hof an ein bewaffnetes Eingreifen, um die Republik in ihren Anfängen zu vernichten. Dazu erwartete sich Metternich die Hilfe Preußens und Rußlands.

Mit der Erhebung des französischen Volkes brach eine andere Zeit an und überall, in Baden, Bayern, Württemberg, Nassau, Hessen und Sachsen forderten die Menschen die ihnen längst versprochenen Rechte, und eine freiheitliche Verfassung. In Berlin und Wien zeigten sich die gleichen Bestrebungen und in Ungarn nahm die Gärung von Stunde zu Stunde zu. Ludwig Kossuth, der Führer der ungarischen Opposition, führte am 3. März darüber Klage, daß „der erstickende Dampf des tödlichen Windes, der aus den Bleikammern des Wiener Regierungssystems, alles niederdrückend, lähmend, vergiftend einherwehe". Diese Rede Kossuths in Pest gilt als Taufrede für die Revolution in Wien. Am 12. März überreichten bürgerliche Vereine und Studenten Petitionen an die kaiserliche Regierung, in denen Teilnahme des Volkes an der Regierung, Öffentlichkeit der Gerichtsverfahren, Einführung von Geschworenengerichten, Pressefreiheit, eine neue Gemeindeverfassung, Befreiung der Bauernschaft von der Untertänigkeit, Festsetzung der staatsbürgerlichen Grundrechte, Gleichstellung der Konfessionen sowie Lehr- und Lernfreiheit gefordert wurden.

Bei Hof kam es zu einer Spaltung. Erzherzog Ludwig, stets am Alten haftend, war gegen jede Reform, ebenso Fürst Metternich, und zwar deshalb, weil sie jetzt als unfreiwillig erscheinen würde. An der Spitze der anderen Partei stand Erzherzogin Sophie. Klug und voll Energie erkannte sie die Gefahren, die auf die Regierung zukamen. Auf den Straßen Wiens kam es zu Demonstrationen wegen der bisher nicht erledigten Petitionen.

Erzherzogin Sophie war davon überzeugt, daß Metternich als Staatskanzler abdanken müsse. Sie behauptete, zur Rettung der Dynastie zur Bewahrung Österreichs vor einer allgemeinen Revolution sei diese Maßnahme notwendig, und sie verlangte, daß der Kaiser sich damit der ungeheuren Last, die ihn bald erdrücken müsse, entledige. Weiters forderte die Erzherzogin, daß Kaiser Ferdinand zugunsten ihres Sohnes, des Erzherzogs Franz Joseph, die Krone niederlege, damit Österreichs Umgestaltung auf friedlichem Wege möglich werde. Auch Erzherzog Johann, der alte Kriegsheld, bestand auf der Entfernung Metternichs aus der Regierung. Aber Ferdinand I. entschied sich weder für die eine noch für die andere Partei.

Überall herrschte Unzufriedenheit mit dem System Metternichs. Worin bestand dieses? Fürst Metternich hatte am Wiener Kongreß Österreichs Vormachtstellung im Deutschen Bund und in Italien gesichert. Seine politischen Grundsätze, die von der übernationalen Monarchie ausgingen, waren die Erhaltung der 1815 geschaffenen staatlichen Ordnung, der Kampf gegen alle revolutionären Bewegungen, die zur Erschütterung der Legitimität und damit des allgemeinen Friedens führen könnten, und die Sicherung des Gleichgewichtes der Mächte. Zur Erreichung dieser Ziele vertrat er eine gemeinsame Intervention der europäischen Großmächte bei jeglicher Bedrohung der inneren und äußeren Ordnung, die Erhaltung und Kräftigung der legitimen fürstlichen Souveränitätsrechte sowie eine enge Zusammenarbeit

Metternich

mit Preußen im Deutschen Bund und der konservativen Mächte Preußen, Österreich und Rußland im engen Bund der Heiligen Allianz. Sein starrer Konservativismus,der sich auf die geheime Staatspolizei, deren Spitzeldienst und eine harte Zensur stützte, führte letztlich in Wien 1848 zur Revolution.

Politische und soziale Spannungen waren schon seit dem Vormärz, dem Biedermeier, an der Tagesordnung gewesen. So hatte der Arbeiter im Durchschnitt 14 Stunden täglich für einen Lohn zu werken, der ihm kaum das Existenzminimum bot. Die Kinderarbeit war ein verbreitetes Übel. Durch die rasch fortschreitende Mechanisierung der Produktionsanlagen gab es zeitweise Massenarbeitslosigkeit, wie in Frankreich, und diese hatten Hungerdemonstrationen zur Folge. Besonders 1847, das Jahr vor der Revolution, brachte wegen einer katastrophalen Mißernte große Not über Millionen Menschen, vor allem die Arbeiterschaft. Die Bauern waren zwar durch das Untertanenpatent Josephs II. nicht mehr leibeigen, aber sie hatten trotzdem unter schweren materiellen Lasten (Robot, Zehent, Hand- und Zugdienste usw.) zu leiden. Doch auch das Bürgertum und die Intelligenz waren mit dem herrschenden System unzufrieden, aber vorwiegend aus politischen Gründen. Der Ruf nach persönlicher Freiheit und einer demokratischen Verfassung war in diesen Kreisen immer lauter geworden. Die Studentenschaft, der Juridisch-politische Leseverein, der Niederösterreichische Gewerbeverein und die Buchhändler wurden zu Trägern der Revolution, die sich vor allem gegen Metternich richtete. Diese „Bürgerliche Revolution" riß Teile der Arbeiterschaft mit in das revolutionäre Geschehen. Diese deutschliberalen Kreise, vielfach „großdeutsch" eingestellt, hatten die Beseitigung des Absolutismus zum Ziel, aber nicht den Sturz des Hauses Habsburg.

Metternich sah seine Stellung aufs höchste gefährdet und entschloß sich, Zugeständnisse zu machen. Er glaubte immer noch, das Volk am Gängelband zu haben und mit scheinbarer Nachgiebigkeit die gewohnte Ordnung herstellen zu können. Metternich berief den Landtagsmarschall Graf Montecuccoli am 12. März zu sich, um ihm zu erklären, daß sich die Regierung schon lange mit Reformplänen beschäftige, daß noch in derselben Nacht die kaiserlichen Handschreiben zur Einberufung der provinzial - ständischen Ausschüsse zu einem vereinigten Landtag in Wien abgehen würden. Zugleich forderte er den Grafen auf, dahin zu wirken, daß der Landtag Niederösterreichs sich versöhnlich zeige und das Volk beschwichtige. Was aber ein Dekret, das lediglich die schleunige Einberufung der Provinzialstände in Aussicht stellte, bedeutete, wußte man längst.

„Für das Vaterland darf euch kein Opfer zu groß sein", ermutigte der Universitätsprediger Anton Füster die Studenten am 12. März von der Kanzel herab, den eingeschlagenen Weg fortzusetzen. Als einer der wenigen freisinnigen Professoren hatte er schon vor der Revolution die Studenten für sich gewonnen. Anton Füster stammte aus dem Herzogtum Krain (dem heutigen Slowenien). Er studierte in Laibach Theologie und Philosophie und wirkte danach in Laibach, Triest und Görz als Religionsprofessor. Füster genoß zwar einen ausgezeichneten Ruf als Prediger, doch gab es bereits damals Kritik an seiner rationalistischen Auffassung. In Wien promovierte er 1843 zum Doktor der Theologie. 1847 wurde Füster für Religion und Pädagogik an die Universität Wien berufen, wo er auch die Aufgabe eines Predigers übernahm. Nach dem Ausbruch der Revolution wurde er einer der wichtigsten Führer der Studentenschaft.

Der 13. März brach an. Der Staatskonferenzrat war zu einer permanenten Sitzung zusammengekommen, denn es waren bedeutende Ereignisse vorauszusehen. In einem benachbarten Zimmer war die ganze kaiserliche Familie versammelt, denn die einlaufenden Nachrichten waren bedrückend genug. Die Studenten begaben sich mit einer großen Volksmenge vor das Ständehaus und um die Burg selbst wogten aufgeregte Haufen durcheinander.

Gegen neun Uhr drang die Volksmenge, meist anständig gekleidet und alle waffenlos, auf den Vorplatz des Niederösterreichischen Landhauses und die Stände verhandelten von den Saalfenstern herab zaghaft, wie es schien, und ohne Selbstvertrauen. Einer der Hauptführer dieser Aktion war der Sekundararzt des Allgemeinen Krankenhauses Dr. Adolf Fischhof, der mit den Ständevertretern verhandelte und, um die Erregung der Menge anzufachen, die revolutionäre Rede Ludwig Kossuths von Max Goldner verlesen ließ. Unklugerweise wurden die Tore geschlossen, und die Volksmenge, in hohem Grade erregt, sah darin eine hinterlistige Falle, bahnte sich mit Gewalt den Weg in den Saal der Stände und zertrümmerte dort Bänke und Stühle. Die Ständevertreter versprachen, sich zur Beantwortung der Volkswünsche sogleich mit ihrem Landmarschall in die Hofburg zu begeben und die Entscheidung des Kaisers den Versammelten zu verkünden. Indessen war Militär angerückt, ohne von einer Zivilbehörde angefordert worden zu sein. Erzherzog Albrecht hatte die Burg umstellen, und wollte auch die Herrengasse, die zum Ständehaus führte, absperren lassen, aber die Volksmenge, die eben im Sitzungssaal alles zerstört hatte, widersetzte sich. Es kam zum Tumult und die Soldaten feuerten in die Menge, wodurch 17 Personen tot am Platz blieben. Als die Nachricht von diesen Ereignissen in die Hofburg kam, traten sich die beiden Parteien in der Regierung schroffer denn je gegenüber und Erzherzog Ludwig und der Staatskanzler denen man den Befehl zum Feuern zuschrieb, mußten harte Vorwürfe anhören und selbst Kaiser Ferdinand rief betroffen: „Nein, nein, ich lasse auf meine Wiener nicht schießen!"

Wegen dem Erlaß vom 1. April. mit dem ein provisorisches Pressegesetz von der Regierung erlassen wurde, protestierten die Studentenkomitees, weil dieses Restriktionen enthielt. Aber die Uraufführung des Studentenschauspiels „Das bemooste Haupt" veranstalteten diese infolge der errungenen Freiheit. Die in diesem Schauspiel vorkommende „Katzenmusik" wurde zum Vorbild für lärmende politische Demonstrationen gegen mißliebige Personen, die zum typischen revolutionären Aktionismus wurde.

Am 2. April hißten die Studenten am Stephansdom die schwarz-rot-goldene Fahne und Kaiser Ferdinand zeigte sich mit einer schwarz-rot-goldenen Fahne an einem Fenster der Hofburg.

Die Deputation der Stände fand sämtliche permanente Mitglieder der Staatskonferenz und mehrere Personen des Staatsrates versammelt, die endlich den Ständen eröffneten, daß alles, was die Ereignisse erfordern, geprüft und dem Kaiser vorgelegt werden solle. Dieser nichtssagende Bescheid konnte natürlich die Aufregung nur vermehren, denn mit solchen Erklärungen war man schon zu hundertenmalen abgespeist worden.

Bei der Bestattung der Märzgefallenen hielt Anton Füster wieder eine seiner berühmten Reden vor der katholischen Trauergemeinde: „Heil ihnen! Sie opferten sich für eine große Idee! Sie verkünde die Herrlichkeit, die Siegeskraft der Ideen! Siegt, ihr heiligen Ideen! Es siege die Wahrheit, die Himmelstochter, bei deren Namen die Herzen im Hochgefühle schlagen! Es siege das Recht; das unveräußerlich, dem Menschen angeborene, von Gott geheiligte, das Recht, das feste Band der Gesellschaft. Es siege die Freiheit, die Schwester des Rechts, die Schwester des Friedens und der Liebe! Wahrheit, Recht, Freiheit, Liebe sollen siegen über unsere Feinde!" Dann trat Füster das Recht des Wortes an den israelischen Prediger Mannheimer ab, um die Intoleranz zu bekämpfen und die katholische Staatskirche zu beschämen.

Bei Aufstellung der Akademischen Legion wurde Füster deren Feldkaplan. Als die Regierung die Legion auflösen wollte, war es Füster, der die Studenten aufforderte, nicht nachzugeben. Im Mai wurde er Mitglied des von Doktor Fischhof geleiteten Sicherheitsausschusses. Auch für den Reichsrat kandidierte er und wurde in Mariahilf gewählt. Füster trat als Abgeordneter wenig hervor; er hielt bloß eine Rede, sonst stimmte er seiner Überzeugung gemäß immer mit der Linken mit. Wegen dieses Verhaltens wurde Füster als Theologe von konservativen Kräften scharf angegriffen und als Verführer der Jugend bezeichnet, dessen Haltung nicht im Einklang mit seinem Amt stünde. Seine Begeisterung für die Revolution war aber eine ehrliche.

Füster floh nach der Auflösung des Reichstags nach London und von dort in die Vereinigten Staaten.

Das Volk, zügellos geworden, verlangte Rache, denn seine Erbitterung erreichte den höchsten Grad. Es war mit allgemeinen Straßenkämpfen zu rechnen, sobald noch mehr Soldaten anrücken würden. Da erschienen der Rektor der Universität und der Universitätssenat vor Erzherzog Ludwig und forderten Waffen aus dem kaiserlichen Zeughaus für die Studenten, um Ordnung und Ruhe aufrecht zu erhalten. Die Bewaffnung der Studenten wurde bewilligt, denn die Regierung wollte dem Volk zeigen, daß sie ihm vertraute.

In der Hofburg waren nach und nach viele Menschen in die Gänge und Vorzimmer gedrungen und forderten Pressefreiheit. Fürst Metternich begab sich in ein Nebenzimmer, um die vom Kaiser zu erlassende Beschließung zu entwerfen. Doch während seiner Abwesenheit stellten die Wortführer der Deputation vor, daß es zur Beschwichtigung des Volkes unbedingt notwendig sei, daß der Fürst von seinem Posten abtrete. Kaiser Ferdinand ließ Metternich hierauf sagen, er möge es der allgemeinen Ruhe willen tun, damit das Herrscherhaus keinen weiteren Gefahren ausgesetzt sei.

Es war ein schwerer Schlag für den Stolz des Fürsten, doch er faßte sich und sagte, zu den Versammelten tretend: „Meine Herren, wenn Sie glauben, daß ich durch meinen Rücktritt dem Staat einen nützlichen Dienst erweise, so bin ich mit Freuden dazu erbötig". Einer, es soll Alexander Bach, der spätere Minister, gewesen sein, erwiderte Metternich: „Durchlaucht, wir haben nichts gegen ihre Person, aber alles gegen Ihr System, darum würden wir Ihren Rücktritt mit Freuden begrüßen".

Die Nachricht von der Abdankung des Haus-, Hof- und Staatskanzlers, der 39 Jahre das Staatsschiff gesteuert hatte, wurde mit ungeheurem Jubel aufgenommen.

Die Zensur war in Österreich jahrzehntelang (1817-1848) durch den Polizeiminister Sedlnitzky ausgeübt worden. Sie erstreckte sich auf die Briefpost, auf literarische Werke aller Art und Zeitungen, die nur amtliche Berichte veröffentlichen durften. Werke, die nach Ansicht der Zensurbehörden geeignet waren, Herrschergestalten oder die Kirche herabzusetzen, wurden verboten, auch wenn es sich um so berühmte Autoren wie Schiller, Goethe oder Grillparzer handelte. Tausende von Spitzeln oder Vertrauten waren Werkzeuge der Polizeiherrschaft. Klemens Lothar Graf Metternich (seit 1813 Fürst) wurde am 15. Mai 1773 in Koblenz am Rhein geboren. Er stammte aus einer alten rheinischen Adelsfamilie und bereits sein Vater Franz Georg stand in österreichischen Diensten. Metternich, der bereits den Wiener Kongreß, 1815, leitete, wurde auch der „Kutscher Europas" genannt. Er war am 13. März 1848 zurückgetreten. Am nächsten Morgen, den 14. März, trat die Stadtwehr zusammen.

Mit Befriedigung konnte man feststellen, daß sie überall die Ordnung aufrecht erhielt. Auf ihr Verlangen erhielt die Bürgerwehr den Namen „Nationalgarde" und FML. Oberst - Jägermeister, Graf Hoyos, wurde zu ihrem Kommandanten ernannt.

Daß die Bürgerwehr sich nicht mit dieser Bezeichnung begnügte, sondern eine gesetzlich anerkannte Nationalgarde sein wollte, hatte seinen Grund darin, daß für Erzherzog Albrecht Fürst Alfred Windischgrätz zum Kommandaten der Truppen ernannt wurde, der zwar nicht beliebt, aber dafür ein guter Soldat war. Ihm schrieb man die Äußerung zu, daß der Mensch erst beim Baron anfange Mensch zu sein. Eine Bürgerwehr hätte man stündlich auflösen können, eine Nationalgarde nicht.

Bei solcher politischer Unreife, in der die Regierung das Volk gewaltsam erhalten hatte, war es fast natürlich, daß dieses sich an Formeln klammerte die in Frankreich vorgegeben wurden. Auf Veranlassung des Erzherzogs Franz Karl trat die Staatskonferenz zusammen, der auch Erzherzog Franz Joseph beiwohnte. Man hielt es für ratsam, daß Kaiser Ferdinand aus eigenem Antrieb eine Konstitution gebe, denn für eine neue Verfassung sprach sich auch das Volk aus. Nur damit könne man die Ruhe des Landes wieder herstellen.

Am nächsten Tag, dem 15. März, erfuhr die Bevölkerung vom Beschluß des Kaisers, die Stände der deutsch-slawischen Provinzen sowie die Abgeordneten längstens bis zum 3. Juli um den Thron zu versammeln und mit ihnen über Anliegen der Gesetzgebung und der Verwaltung zu beraten. Auch diese Nachricht verbreitete ungeheuren Jubel.

Noch am Abend desselben Tages erschien der Palatin Ungarns, Erzherzog Stephan mit einer Deputation, um die Wünsche des ungarischen Landtages vorzutragen. Als man von der Pariser Revolution in Preßburg erfahren hatte, dies war am 4. März, hielt die Ständetafel eine Sitzung und faßte folgende Beschlüsse: „Ungarn erhält ein selbständiges, dem Landtag verantwortliches Ministerium. Ist der König nicht im Lande, vertritt der Palatin dessen Stelle als alter ego (zweites Ich), der ohne Verantwortung waltet. Alle Erlässe muß ein Minister mitunterzeichnen. Pest ist der Sitz des ungarischen Ministeriums, dem alle Geschäfte zukommen, die sonst in Wien von den Behdörden geleitet wurden. Der König oder sein Stellvertreter ernennt nur den Ministerpräsidenten, der dann die anderen Minister wählt." Dem Beschluß war die Bemerkung beigefügt: „Mit unversehrter Aufrechterhaltung der Einheit der Krone und des Monarchieverbandes und Rücksichtnahme auf die Beziehungen Ungarns zu den Erbländern." Diese Beifügung wurde bei Hof als lächerliche Phrase bezeichnet, wo doch durch diese Forderungen die Lostrennung Ungarns aus dem österreichischen Einheitsstaat angestrebt wurde.

Als diese Beschlüsse in Pest gefaßt wurden, die das Königreich Ungarn aus dem österreichischen Staatsverband lösen sollten, war Erzherzog Stephan in Wien und der Judex curiae, Georg Mailath, verweigerte zehn Tage lang die Sitzung der Magnatentafel. Als Palatin Stephan nach Pest zurückkam, erklärte Mailath, seine Würde als Landesoberrichter niederlegen zu wollen, wenn die Wiener Regierung die Beschlüsse der Ungarn nicht genehmigen sollte. Doch im Drange der Ereignisse in Wien genehmigte Kaiser Ferdinand die Forderungen der Ungarn.

Fürst Metternich, der sich seines Lebens nicht mehr sicher wähnte, floh nach England. Eine Reihe von höheren Beamten, die das System Metternichs exekutiert hatten, trat zur Freude der Bevölkerung zurück. Am meisten freute die Studenten, daß der gehaßte Polizeiminister Graf Sedlnitzky abdankte. Am 21. März erfolgte die Ernennung neuer Minister: Graf Kolowrat wurde Präsident, Graf Ficquelmont Außenminister, Freiherr von Pillersdorf Innenminister, Graf Taaffe Justizminister, Freiherr von Kübeck Finanzminister, FML. Zanini Kriegsminister und Freiherr von Sommaruga Unterrichtsminister. Zugleich wurden die Polizeihofstellen aufgelöst und alle Polizeibehörden dem Innenminister unterstellt. Die neue Regierung hatte keinen Bestand, denn schon am 5. April legten Kolowrat und Kübeck ihre Stellen nieder, einige Tage später auch Taaffe. Finanzminister wurde Krauß. Freiherr von Pillersdorf wäre in friedlichen Zeiten sehr am Platz gewesen, den revolutionären Stürmen aber war er nicht im entferntesten gewachsen. Er konnte sie weder überblicken noch beherrschen, denn es fehlte ihm an Festigkeit, weshalb er sich viele Zugeständnisse, die nicht am Platz waren, abringen ließ. Sein Pressegesetz, das die Pressefreiheit geradezu wieder aufhob, nahm er wieder zurück, ehe es noch in Kraft getreten war. Nicht besser erging es Pillersdorf mit seiner Verfassungsurkunde am 5. April. Das Volk wollte eine Verfassung, aber es sollte eine selbstgeschaffene und keine aufgedrungene sein, zu deren Durchsetzung übrigens die Kraft fehlte. In seinem Verfassungsentwurf herrschte das Zweikammersystem, aber der Großgrundbesitz war zu stark vertreten. Der allgemeinen Unzufriedenheit mit der Verfassung Pillersdorfs gaben vor allem die Studenten Ausdruck, in deren Händen bereits die ganze Macht lag, weil die meisten Männer der Regierung zu schwach, gleichgültig oder so vorsichtig waren, daß sie erst den Ausgang der Ereignisse abwarten wollten, um den Rücken frei zu haben. So nahm die feurige Jugend die Zügel in die Hände, und eben so natürlich war es auch, daß sie dabei viel zu weit ging und sich überschätzte, legte man ja doch alles in ihre Hände, erwartete alles von der Aula. Die akademische Legion zählte 8.000 Köpfe und wußte die Arbeiterschaft hinter sich. Die Nationalgarde, die ihre Stellung ebenfalls verkannte, erließ Petitionen an Pillersdorf, um eine andere Verfassung zu erlangen. Pillersdorf, sonst ein ständiger Tadler der früheren Staatsverwaltung, wodurch er in den Geruch großer Liberalität gekommen war, legte die Petition einfach ad acta, statt mit fester Entschiedenheit zu antworten.

In den ersten Maitagen kam es in Wien neuerlich zu Unruhen, die sich vor allem gegen den unpopulären Außenminister Franz Ficquelmont richteten, in dem man einen Fortsetzer Metternichschen Geistes sah. Durch fortgesetzte „Katzenmusiken" und Demonstrationen wurde er gezwungen, zurückzutreten. Die Demonstrationen richteten sich aber auch gegen verschiedene Mitglieder des Hofes und schließlich auch gegen die neue Verfassung, die Pillersdorf entworfen hatte, weil sie oktroyiert worden war. Als die Regierung ein Zentralkomitee der Nationalgarden aufhob, kam am 15. Mai der Sturm zum Ausbruch. Die Nationalgarden versammelten sich, die Arbeiter der Vorstädte rückten wieder gegen die Stadttore vor und erzwangen, im Bund mit den Nationalgarden, die Einberufung eines konstituierenden Reichstags und das Einkammersystem und errangen so die Grundlage für einen parlamentarischen Staat.

Nachdem zwei Deputationen in die mit Kanonen und Militär armierte Hofburg erst gar nicht eingelassen worden waren, wurde am 15. Mai eine Sturmpetition veranstaltet. Um Mittag riefen Trommeln die Bevölkerung zusammen und am Abend zogen an 15.000 Menschen vor die Hofburg. Gegenüber dieser Tatsache, die blutige Folgen erwarten ließ, gab Pillersdorf nach. Er wollte „sich lieber dem minderen Übel unterziehen, den Vorwurf der Schwäche über sich ergehen lassen, als die Unverletzlichkeit des Thrones bloßzustellen." Um elf Uhr nachts war alles, was das Volk forderte, bewilligt, unter anderem auch die Einberufung einer Kammer als konstituierender Reichstag und die Wahlordnung ohne Steuerberücksichtigung.

Durch diese Zugeständnisse war aber ein höchst gefährliches Beispiel gegeben worden, weil die Studenten glaubten, mit Sturmpetitionen alles erreichen zu können; sie hatten gesehen, daß die Regierung ratlos, daß sie schwächer als die Volksmenge sei. Ihr blieb nichts mehr übrig, als bei ähnlichen Gelegenheiten nachzugeben, oder bei der ersten die Kanonen reden zu lassen, ohne Rücksicht darauf, welche Ernte aus dieser blutigen Saat reifen mochte. Zum letzten konnte sich Kaiser Ferdinand nicht durchringen, ihm war sein Wien und seine Wiener zu lieb, und vielleicht dachte er, daß alles noch ins rechte Geleise gelenkt werden könne. Die Möglichkeit war vorhanden, denn in der Gärung mußten sich ja die gesunden Elemente sondern, und deren waren genug vorhanden, die Revolution wäre früher in sich zusammengesackt als es dann geschah und man hätte die Nichtswürdigkeit einer Reihe elender Menschen, wie Dr. Schütte, Thausenau, Hauenthal von Tausig, Fenneberg und dergleichen erkannt und unschädlich gemacht. Thausenau mußte ja vor seinen Anhängern flüchten, nachdem er mehrere Wagen mit Lebensmitteln gestohlen hatte, um sie zu seinen Gunsten zu verkaufen.

Da man in den Gang der Ereignisse weder auf die eine noch auf die andere Weise eingreifen wollte, so stellte man Kaiser Ferdinand vor, daß er und seine Familie gefährdet seien und beredete ihn, aus Wien zu fliehen. Tirol wurde für die sicherste und treueste Provinz gehalten, weshalb man Innsbruck für den weiteren Aufenthalt wählte. Die kaiserliche Familie fühlte sich so geängstigt, daß nicht die mindesten Reiseanstalten gemacht wurden. Die Kaiserin Maria Anna, eine Prinzessin von Sardinien - Piemont, stieg wie zu einer Spazierfahrt in die Kutsche und rief den Dienern zu: „Nach Schönbrunn", von dort aber fuhr man, ohne die Wagen zu verlassen, nach Purkersdorf, und bediente sich von da an der Post. Die jungen Erzherzöge fuhren getrennt. Die Reise war so übereilt, daß die Kaiserin sogar genötigt war, in Innsbruck von der Schloßverwalterin sich Nachtwäsche zu borgen.

Am anderen Tag, 18. Mai, ergriff Wien eine ungeheure Bestürzung über die Flucht der kaiserlichen Familie,wegen der Verleumdung, daß diese in ihrer Mitte nicht mehr sicher sein sollte. Eine Deputation begab sich eilends nach Innsbruck, um Ferdinand mit seiner Familie zur Heimkehr nach Wien zu bewegen.

Unter dem Grafen Montecuccoli, dem Landtagsmarschall der Niederösterreichischen Stände, bildete sich ein Komitee zur Aufrechterhaltung der Ordnung, und obschon einige halb verkommene Subjekte eine provisorische Regierung, dann die Republik ausrufen wollten, fanden sie aber auf keiner Seite Gehör und zwei von ihnen wurden sogar gefänglich eingebracht, doch ließ man sie wegen ihrer Erbärmlichkeit wegen schon nach einigen Tagen wieder laufen. Die Stimmung in Wien blieb sehr gedrückt, denn die Provinzen sprachen sich leidenschaftlich gegen die Residenzstadt aus, weil die kaiserliche Familie dort nicht mehr sicher gewesen war. Deputationen gingen nach Innsbruck und boten Kaiser Ferdinand an, seinen Sitz in ihrer Hauptstadt zu nehmen, oder einen Prinzen dahin zu senden. Die Gereiztheit der Provinzen trug sehr viel dazu bei, daß sich die Studenten in Wien ebenso wie die Nationalgarde zu noch mehr Macht über die Stadtbevölkerung aufwarfen. Pillersdorf hielt jetzt den Zeitpunkt für günstig, die akademische Legion aufzulösen, denn er glaubte, die Bürger würden sich auf seine Seite stellen. Graf Coloredo-Mansfeld, der Kommandant der Legion, war damit einverstanden. Er forderte am 25. Mai die Legion auf, sich aufzulösen und freiwillig auseinander zu gehen, um das Land zu beruhigen, und als die Studenten in ihrer Selbstüberschätzung dies entschieden verweigerten, legte der Graf seine Stelle nieder.

Da sich das Gerücht verbreitete, Fürst Windischgrätz rücke mit großer Waffenmacht gegen Wien vor, wurden überall Barrikaden gebaut und man rüstete sich zum Kampf. Da es aber blinder Lärm war, wurden die Barikaden nach einigen Tagen wieder abgebaut. Wie weit die Bewegung über ihren Ursprung bereits hinausgegangen war, bewies der Umstand, daß man Männer, die vor dem März noch für höchst freisinnig und volksfreundlich gegolten hatten, jetzt als Knechte der Reaktion bezeichnete, wodurch sich diese zur Flucht genötigt sahen.

Vom 26. Mai an war durch die Schwäche des Ministertums jedes obrigkeitliche Ansehen geschwunden, man anerkannte nur mehr die Volksherrschaft und es bildete sich ein „Sicherheitsausschuß", der aus Bürgern, Studenten und Nationalgarden zusammengesetzt war. Er bestand aus den Herren: Schuselka, Freund, Schiel, Goldmark, Roland, Schwarzer und Füster und wurde von Dr. Fischhof präsidiert. Eine ministerielle Verordnung vom 27. Mai unterstellte ihm alle Körperschaften und Institute der Residenz und übertrug ihm die Sorge für die öffentliche Ruhe. Er begann sein Walten damit, daß er den sogenannten Verrätern, dem früheren Kommandanten der Nationalgarde, Grafen Hoyos, den Professoren Hye und Endlicher, die gefangen saßen, die Freiheit gab und die Grafen Montecuccoli und Coloredo, denen man die Verfügung vom 25. Mai zuschrieb, ruhig laufen ließ, ohne ihnen ein Hindernis in den Weg zu legen.

Dieser Ausschuß war anfangs der Mittelpunkt der Bewegung; ihm ist es zu danken, daß die zahlreichen brotlosen Arbeiter beschwichtigt und von groben Exzessen abgehalten wurden. Bald jedoch wandte sich der Ausschuß einem politischen Wirken zu und versuchte auch, für die Provinzen maßgebend zu werden. Er stellte sogar ein demokratisches Programm für die Wahlen zum Reichstag auf, der im Juli in Wien zusammentreten sollte. Jeder Kandidat mußte dieses Programm annehmen, wenn er sich der Unterstützung des Ausschusses erfreuen wollte. Es war daher dem Ausschuß zu danken, daß eine große Zahl wirklich Freisinniger gewählt wurde.

Kaiser Ferdinand erklärte am 16. Juni, daß er Erzherzog Johann, den Bruder Franz I., als seinen Sellvertreter nach Wien senden werde. Der hochangesehene alte Feldherr wurde in der Residenzstadt freudig begrüßt. Aber sein Wirken war nur von kurzer Dauer, denn er wurde schon eine Woche später, am 29. Juni, in Frankfurt am Main zum „unverantwortlichen Reichsverweser" des Deutschen Bundes und damit zum Haupt des dem Bund verantwortlichen Ministeriums durch die Deutsche Nationalversammlung gewählt. Erzherzog Johann sollte versuchen, eine geregelte Stellung des Hauses Habsburg und Österreichs zu Deutschland anzubahnen, denn seit dem 6. August 1806, als Kaiser Franz die Würde eines deutschen Kaisers niedergelegt hatte, hatte das Haus Habsburg das Band, das es bis dahin an den Staatskörper des Deutschen Reiches gebunden, als gelöst angesehen und sich von allen übernommenen Pflichten dem Reich gegenüber verabschiedet. Mit diesem Tag endete somit das „Heilige Römische Reich Deutscher Nation". Österreich gehörte zwar noch zum Deutschen Bund, aber es nahm keine höhere Stellung mehr ein als Preußen oder Bayern. Erzherzog Johann, der alte General aus den Napoleonischen Kriegen, sollte nun Österreichs Stellung zu erhöhen versuchen.

Ausschreibungen von Notstandsarbeiten, vor allem von großen Erdbewegungen beim Bau der Semmeringbahn, sollten einerseits das Arbeitslosenproblem lösen und andererseits die Erdarbeiter fern von Wien halten. So sollte die darbende Arbeiterschaft zufriedengestellt werden. Diese hatte zum ersten Male aus eigenem Antrieb organisatorische Formen gefunden: Im Juni wurde in Wien der „erste Allgemeine Arbeiterverein" gegründet, der als erstes politisches Ziel die Erwählung von Arbeitern zu Wahlmännern hatte, kurze Zeit eine „Arbeiterzeitung" herausgegeben und auch auf sozialem Gebiet eine rege Tätigkeit entfaltet hat. Ein Zusammenstoß von demonstrierenden Notstandsarbeitern und Nationalgarde (nicht der kaiserlichen Truppen!) in der Nähe des Pratersterns am 23. August, der 22 Tote und 338 Verletzte auf beiden Seite forderte, beendete das bisherige Bündnis von Arbeitern und Bürgertum.

An der Beerdigung der Opfer nahm auch der am 27. August nach Wien gekommene Karl Marx teil, der wegen seines Vortrages über das „Kommunistische Manifest", das er mit Friedrich Engels geschrieben hatte, zu einer politischen Versammlung angereist war. Da aber Marx zu dieser Zeit selbst noch in Paris den Kommunismus studierte, hatten seine Thesen über die sozialistische Revolution auf die „bürgerliche Revolution" in Wien praktisch keinen Einfluß.

An der Universität Wien waren, wegen der Unruhen, die Sommerferien vorverlegt worden, so daß von den ansonsten 8000 Studenten, die sich in der Stadt aufhielten, nur mehr 1000 anwesend gewesen sind.

Trotzdem ging der „Wiener Sicherheitsausschuß" daran, die durch die Mairevolution erzwungene Wahl des österreichischen Reichstages zu verwirklichen. Es gelang dem Sicherheitsausschuß durchzusetzen, daß auch unselbstständige Arbeiter wahlberechtigt wurden, es gelang ihm aber nicht, wenigstens in Wien direkte Wahlen statt des im Wahlrecht der Regierung vorgesehenen Wahlmännersystems zu erwirken. Das Interesse an den Wahlen war daher recht gering, weil sich die einen von solchen Wahlen nichts versprachen und die anderen, denen eine demokratische Mitbestimmung völlig fremd war, sich für gar nichts interesssierten. In Wien mußten daher die Eintragungsfristen für die Urwählerlisten verlängert werden, weil die Anmeldungen sehr zäh erfolgten. Aber auch die Wahl der Wahlmänner, die vom 19. bis 21. Juni angesetzt war, wies nur eine sehr schwache Beteiligung auf. Die amtliche Mitteilung, daß in allen 15 Wiener Wahlbezirken die gesetzlich notwendige Zahl von zwei Dritteln der Wahlberechtigten abgestimmt habe, dürfte sich eher auf die in den Urwählerlisten Eingetragenen bezogen haben als auf die vorhandenen Wahlberechtigten. Der Sicherheitsausschuß hatte ein zentrales Wahlkomitee gebildet. Er empfahl, nur Kandidaten in den Reichstag zu wählen, die sich zu freisinnigen Grundsätzen, zu einem „innigen Anschluß an das große deutsche Mutterland", aber auch zur Gleichberechtigung der Nationalitäten der Habsburgermonarchie bekannten. Der Ausschuß nannte nach Prüfung der Kandidaten 15 Namen, für deren Wahl er sich einsetzte. Dies waren zumeist Männer, die schon in den ersten Tagen der Mairevolution um eine Verfassung gekämpft hatten.

Vom 6. bis 9. Juli trafen die Wahlmänner, für die sich die Wähler entschieden hatten, ihre Entscheidung. Diese brachte dem Sicherheitsausschuß eine herbe Enttäuschung. Von den 15 Männern, die er als fortschrittlich und demokratisch empfohlen hatte, öffneten sich nur für vier die Tore der neuen Volksvertretung, den Reichstag, und zwar für die Ärzte Dr. Adolf Fischhof und Dr. Josef Goldmark, den Seelsorger der Akademischen Legion und Theologieprofessor Anton Füster, und den Journalisten Ernst von Schwarzer. Zu diesen kam noch ein weiterer Mediziner, Dr. Adolf Purtscher, den der Ausschuß zwar nicht empfohlen hatte, aber diesem angehörte. Die übrigen Gewählten waren vor allem im Amt befindliche oder ehemalige Regierungsmitglieder, wie Pillersdorf. Doblhoff, Wessenberg und Dr. Alexander Bach. Die Wahlen hatten damit in Wien gezeigt, daß der Sicherheitsausschuß nur das Vertrauen einer Minderheit hatte; er war vor allem bei den Studenten und Arbeitern beliebt, wurde deshalb von der Wiener Bevölkerung akzeptiert und konnte eine Zeitlang das politische Wien repräsentieren. Aber als die Wiener selbst zu Wort kamen, entschieden sie gegen den Ausschuß. Beim Zusammentritt des Reichstages mußten Fischhof und seine Freunde erst recht zur Kenntnis nehmen, daß ihre Hoffnungen vergeblich gewesen waren dem Fortschritt Bahn zu brechen, denn die Mehrheit der Wähler im gesamten Reich war für die Aussöhnung mit dem Kaiserhof und zogen diese einer Fortführung der Revolution für eine echte Demokratie vor. Bei den Wahlen hatten Niederösterreich, Oberösterreich und Salzburg überwiegend demokratisch gewählt, überraschenderweise vor allem auf dem Land, während die Städte Linz, Steyr und Wiener Neustadt, wie auch die Mehrzahl der 15 Wiener Wahlbezirke eher konservative Honoratioren in den Reichstag entsandten. Die deutschen Alpenländer hingegen wählten konservativ, nur die Italiener des Trentino demokratisch. Völlig versagt hatten „in den Augen der Demokraten" die Deutschen Böhmens, Mährens und Schlesiens; sie wählten mehrheitlich konservativ.

Durch die Abgeordneten Galiziens aber ging ein unüberbrückbarer sozialer Riß. Aus dem polnischen Kleinadel und der Intelligenz kamen die fortgeschrittensten und konsequentesten Demokraten des Reichstags, denen an der Revolution nur eines mißfiel: die unentgeltliche Aufhebung der Robot, die durch die österreichische Verwaltung unter der Leitung des Grafen Stadion in Galizien mit 15. Mai in Angriff genommen worden war. Tiefer Haß trennte diese „Frackpolen" von den gewählten polnischen und ruthenischen Bauernvertretern. Vor zwei Jahren erst hatten die polnischen Bauern in Galizien die Schlösser des Adels niedergebrannt als der Adel die Bauern vor seinen Pflug spannen und zum Aufstand gegen Österreich aufhetzen wollte, sodaß die österreichische Armee letztlich den Adel gegen die für Österreich aufgestandenen Bauern in Schutz nehmen mußte, die unter der Ausbeutung durch den Adel schwer gelitten hatten.

In den vorbereitenden Sitzungen, als über die Geschäftsprache des Reichstags diskutiert wurde, entschied sich auch die Mehrheit der slawischen Abgeordneten für Deutsch. Ein polnischer Bauernvertreter, es war Safka, sagte in gebrochenem Deutsch, es habe keinen Sinn, wenn die polnischen Bauernvertreter hier sitzen, weil sie nichts verstehen, was geredet wird. Aber die Schuld daran hat der Adel, der von jeher und bis zum 15. Mai die Bauern in Galizien unterdrückt habe. Der Bauer in Galizien hat keine Wohnung, keine Kleidung, nichts. Alles hat ihm die Herrschaft weggenommen, er hat nichts zu leben und konnte daher keine Schule besuchen. Ein anderer galizischer Bauernvertreter sagte, sie hätten zwar viele in Galizien die deutsch verstünden, aber der Bauer habe sie nicht gewählt, weil er am Kaiserhaus festhalte, die Edelleute und Priester sich aber davon losreißen wollen. Die Bauern seien immer gegen die „Schlachta" gewesen, den polnischen Adel, dessen Geschlechter an der Königswahl teilgenommen haben und dafür von der Polnischen Krone mit hohen Ämtern und großen Grundbesitz, für den sie keine Abgaben zu entrichten brauchten, belohnt wurden.

Der böhmische Abgeordnete Rieger aber sagte, als ein Wiener Abgeordneter meinte es sei für ihn eine Zumutung im Reichstag anders als deutsch zu sprechen: „Ich könnte ebenso gut und mit mehr Recht anführen, daß es nur dem Slawen geboten werden kann, hinzunehmen, in diesem Staate die Herrschaft einer Nationalität, die sich in der Minorität befindet, zu dulden. Wir Slawen bilden bei weitem die größere Macht dieses Staates, der durch unser Geld und unser Blut erhalten wird. Er wird bestehen, solange wir es wollen, aber wir sind für diesen Staat."

Die Sprachendebatte warf auf dieses erste österreichische Parlament bereits ihre Schatten, ehe es am 22. Juli von Erzherzog Johann feierlich eröffnet wurde.

In Wien wurde indes die Regierung umgebildet. Baron Doblhof wurde mit der Aufgabe betraut. Außenminister wurde Freiherr von Wessenberg, Innenminister Baron Doblhof, Justizminister der Advokat Alexander Bach, bis dahin eifriger Revolutionär von stark aufgetragener Färbung, Kriegsminister Graf Latour, Handelsminister Hornbostel und Arbeitsminister der Literat Ernst von Schwarzer. Das Volk schenkte ihnen Vertrauen, womit die Wiener Revolution vorerst zum Stillstand kam.

Ob es den Fürsten Metternich in England überrascht hat, daß der Funke, der von der Revolution in Paris auf unser Land übersprang, ganz Österreich in Flammen setzte? Daß sich unter seinem Regiment soviel Sprengstoff angesammelt hatte, der nun die Monarchie zu zerreißen drohte?

Zu den Ereignissen in Böhmen: Am 11. März 1848, also noch vor dem Ausbruch der Revolution in Wien, fand in Prag eine Versammlung statt, an der hauptsächlich der böhmische Gewerbeverein teilnahm. Im Programm, das man zusammenstellte, wurde gefordert: Gleichberechtigung der Tschechen und Deutschen in Schule und Amt, die Vereinigung von Böhmen, Mähren und Schlesien durch eine ständische Vertretung, die abwechselnd in Prag und Brünn zusammentreten sollte, sowie eine Landesvertretung, die auf die Städte und Landbezirke erstreckt werden würde. Ferner deine freie Gemeindeverfassung, Wahl der ständischen Beamten, Pressefreiheit, Volksbewaffnung, Aufhebung der Feudallasten, der Roboten, der Patrimonialgerichte, der Verzehrsteuer und anderes. Diese Forderungen wurden als Petition an den Wiener Hof gerichtet, mit vielen Unterschriften versehen. Allein der Adel, der die Feudallasten genoß und die Robot, den Frondienst in Anspruch nahm, zog sich von dem Vorhaben zurück und distanzierte sich von den Betreibern. Als man in Prag vom Ausbruch der Revolution hörte, errichtete man, ohne die Wiener Regierung zu fragen, in Prag eine Bürgerwehr, sandte die Petition nach Wien, wo sie vom Staatsrat nach einigem Zögern genehmigt wurde.

Je mehr sich aber Österreich wieder Deutschland zuneigte, desto hartnäckiger stemmte sich Böhmen dagegen, das nun keine Provinz Österreichs mehr sein wollte und noch viel weniger in Deutschland aufzugehen wünschte. Fanatisierte Tschechen redeten wieder von der einstigen Größe des Königreiches Böhmen und träumten von einem großen Slawenreich, dessen Mittelpunkt Prag sein sollte. Franz Palacky, ein renommierter Historiker, erklärte, daß die Bestimmung Österreichs keine deutsche sei, nährte die Träume der Tschechen, und diese weigerten sich Vertreter in das Frankfurter Parlament, also zum Deutschen Bund, zu entsenden. An den Präsidenten der Deutschen Nationalversammlung, die am 18. Mai 1848 in der Paulskirche in Frankfurt am Main zusammentrat, schrieb Franz Palacky: „Ich bin Tscheche slawischer Herkunft und mit dem Wenigen, das ich besitze und das mir gehört, habe ich mich ganz und für immer dem Dienst meines Volkes gewidmet. Wohl ist dieses Volk klein, aber seit unvordenklichen Zeiten ist es ein unabhängiges Land mit eigenem Charakter gewesen; seine Herrscher haben seit alten Zeiten am Bund der deutschen Fürsten teilgenommen, aber dieses Volk fühlte sich deshalb niemals als Teil des deutschen Volkes und wurde von den anderen durch die Jahrhunderte hindurch niemals dafür gehalten. Die Verbindung der tschechischen Länder erst mit dem Heiligen Römischen Reich und dann mit dem Deutschen Bund war immer eine rein dynastische, von der die tschechische Nation, die tschechischen Stände nicht viel wissen wollten und die sie kaum beachteten. Der zweite Grund, der mich davon abhält, an Ihren Beratungen teilzunehmen, ist die Tatsache, daß Sie nach allem, was bisher öffentlich von Ihren Zielen und Absichten bekannt geworden ist, jetzt und künftig unwiderruflich danach streben, Österreichs Unabhängigkeit zu vernichten und sein Weiterbestehen unmöglich zu machen - ein Reich, dessen Erhaltung, Integrität und Festigung eine große und wichtige Angelegenheit nicht nur für meine eigene Nation, sondern für ganz Europa, sogar für die Menschheit und für die Kultur selbst ist und sein muß.

Wenn ich über die böhmischen Grenzen sehe, wende ich mich aus historischen und natürlichen Gründen nicht nach Frankfurt, sondern nach Wien, um dort den Mittelpunkt zu suchen, der geeignet wäre, den Frieden, die Freiheit und das Recht meines Volkes zu sichern und zu verteidigen. Um Europas willen darf Wien nicht zur Rolle einer Provinzstadt herabsinken. Wenn es in Wien selbst Leute gibt, die ihr Frankfurt haben wollen, dann müssen wir rufen: „Herr, vergib ihnen, denn sie wissen nicht, was sie verlangen!".

Endlich gibt es einen dritten Grund, weshalb ich es ablehne, an Ihrer Versammlung teilzunehmen; ich halte alle bisher gemachten Versuche, dem deutschen Volk eine neue, auf den Willen des Volkes begründete Verfassung zu geben, für undurchführbar und als nicht sicher genug für die Zukunft, solange Sie sich nicht wirklich für die Operation auf Leben oder Tod entscheiden, womit ich die Proklamierung einer deutschen Republik meine. Jedoch muß ich im voraus energisch und eindeutig jede Idee einer Republik innerhalb der Grenzen Österreichs zurückweisen. Denken Sie an ein in zahlreiche Republiken und Zwergrepubliken geteiltes Österreich - was für eine großartige Basis für eine russische Universalmonarchie."

Das tschechische National - Komitee rief die Slawen auf, am 31. Mai in Prag zusammenzukommen, um sich zu verständigen und ihre Absichten zu vereinigen. Die Bürgerwehr, die Svornos, wurde aktiviert und Ende Mai erschienen tatsächlich hundert Abgeordnete vieler slawischer Stämme, unter denen viele aus Rußland, Polen, Serbien und Montenegro waren. Aber um sich verständigen zu können, mußten die Mitglieder des künftigen Slawenreiches der französischen oder deutschen Sprache mächtig sein. Franz Palacky wurde zum Starosten gewählt, eröffnete am 2. Juni den Kongreß und am 5. wurde eine Erklärung an Europa beschlossen, die die politische Anerkennung der Slawen als selbständige Nation forderte.

Die Maiereignisse in Wien, die Flucht des Hofes und die Ernennung eines Sicherheitsausschusses erbitterten die Böhmen, die mit einem deutschen Wien nichts zu tun haben wollten und sie setzten deshalb eine eigene provisorische Regierung ein, deren Mitglieder Franz Palacky, Rieger und Brauner waren. Von Wien erfolgte der Befehl zur Auflösung dieser Regierung, und Fürst Windischgrätz, der seit Mai auch Kommandant in Prag war, bekam die Vollmacht, mit Waffengewalt gegen diese Übergriffe einzuschreiten. Da Windischgrätz ebenfalls gegen die revolutionäre Bewegung war wie der Gubernialpräsident, Graf Leo Thun, der mit ihm zusammenarbeitete, vollzog er den Befehl gerne.

Um den Reaktionären zu zeigen, daß man einig sei, feierten die Abgeordneten der verschiedenen Slawenstämme auf dem Roßmarkt in Prag ein großes Verbrüderungsfest. Diesen Tag, den 12. Juni, nützte aber auch Windischgrätz, um einen Schlag gegen die Revolutionäre zu führen. Als die Teilnehmer am Verbrüderungsfest auseinandergingen, demonstrierten sie vor den Häusern jener Bürger, die zur Wiener Regierung hielten und vor dem Generalkommando. Hierauf gingen Windischgrätzs Soldaten mit gefälltem Bajonett gegen die Demonstranten vor und es kam zum ersten Blutvergießen. Dies wieder veranlaßte die aufgebrachten Nationalisten zur Errichtung von Barrikaden. Straßenkämpfe setzten ein. Die Gemahlin des Fürsten ging neugierig ans Fenster und wurde erschossen. Hierauf wütete der Kampf nur noch heftiger und am Abend dieses Tages zählte man 600 Rebellen und 300 bis 400 Soldaten, die gefallen waren. Fürst Windischgrätz zog sich auf den Hradschin zurück und verhängte das Kriegsrecht über Prag. Er drohte, die Stadt am 17. beschießen zu lassen, falls sie sich bis dahin nicht ergeben und Geiseln gestellt haben würde. Als das Ultimatum verstrichen war, ließ Windischgrätz die Stadt bombardieren. Als schon viele Häuser brannten, ergab sich die Stadt. Die Truppen rückten wieder in die Stadt ein und Windischgrätz übte Gericht. Damit war die Ruhe in Böhmen wiederhergestellt. Der große tschechische Historiker Franz Palacky war kein offizieller Vertreter des tschechischen Volkes, aber tatsächlich trat er als Sprecher der slawischen Völker auf, die innerhalb der Grenzen des Deutschen Bundes lebten, vor allem der Tschechen in den böhmischen Ländern, aber auch der Slowenen in Krain, Südsteiermark und dem nördlichen Teil des österreichischen Küstenlandes. Dies geht auch aus seinem vorhin zitierten Brief vom 11. April 1848 hervor, in dem er die tschechische Teilnahme am „Vorparlament" und damit auch mittelbar an der geplanten Nationalversammlung des Deutschen Bundes abgelehnt hatte. In einem weiteren Sinn konnte Palacky nicht nur als Stimme des wiedererwachten österreichischen Slawismus betrachtet werden, sondern auch als Sprecher aller nichtdeutschen Völker eines tatsächlich bestehenden, wenn auch als solches nicht anerkannten multinationalen Reiches, dessen Struktur von einem deutschen politischen Umfeld bestimmt war. Palacky verneinte die rechtliche Bindung der Länder der böhmischen Krone zum Heiligen Römischen Reich und infolgedessen auch zum Deutschen Bund. Mit dieser Behauptung stand er zwar moralisch und national auf festem Boden, doch ihre rechtliche und historische Grundlage erschien zweifelhaft. Noch weniger konnte die Behauptung des konservativen böhmischen Sprechers überzeugen, daß eine Vereinigung von deutsch geführten monarchischen Herrschaftssystemen keine Aussicht auf Erfolg hätte und daß ein republikanisches an ihrer Stelle zum Zerfall des Habsburgerreichs führen müßte. Eine solche Beweisführung, ob sie nun richtig sein mochte oder nicht, beruhte auf Mutmaßungen. Entscheidend erwies sich jedoch Palackys dritte These, daß ein lebensfähiges Habsburgerreich eine wahre multinationale Vereinigung von Völkern mit gleichen Rechten werden müßte. Wenn es vom Druck des deutschen Nationalismus sowohl innerhalb seiner Grenzen als auch von außen befreit sein würde, könnte es ein Bollwerk gegen das Ausdehnungsbestreben Rußlands nach dem Westen werden.

Alfred Fürst zu Windischgrätz, aus ältestem Adel stammend, war seit acht Jahren Kommandant der kaiserlichen Streitkräfte in Böhmen gewesen. Gehorsam den kaiserlichen Befehlen, die ihn aus dem Hoflager in Innsbruck erreichten, hatte er bis zum 12. Mai 1848, dem Pfingstmontag, alles geschehen lassen, was in Prag geschah. Er hatte weder das Zustandekommen des „Nationalkongresses" noch den „Slawenkongreß" verhindert. Als aber an diesem Pfingstmontag der kaiserliche Gouverneur von Böhmen, Graf Thun, während einer Verhandlung mit den Revolutionären gefangengenommen und eingesperrt wurde, griff der Fürst ein. Nach drei Tagen heftiger Straßenkämpfe und dem Ablauf des Ultimatums wurde Prag achtundvierzig Stunden durch die Artillerie vom Hradschin aus bombardiert. Damit war der Aufstand niedergeschlagen, wenn auch der Widerstandsgeist der Nationalisten unter der Asche weiter glomm. Alfred Windischgrätz, der Mann der Stunde, wurde von Kaiser Ferdinand zum Befehlshaber aller kaiserlichen Truppen, ausgenommen jener in Italien, ernannt.

Politische Gewitterwolken über Italien

Papst Gregor XVI. starb am Morgen des Pfingstmontags, dem 1.Juni 1846 im 81. Lebensjahr und 16. Jahr seines Pontifikats. Sein bürgerlicher Name war Bartolommeo Cappelari. Gregor war ein theologisch und humanistisch gebildeter Förderer von Kunst und Wissenschaft, politisch jedoch ein scharfer Gegner alles Neuen. Die Lage des Kirchenstaates wurde durch seine reaktionäre Politik immer schwieriger. Kirchenpolitisch war sein Pontifikat durch die „Kölner Wirren", die Auseinandersetzung zwischen der katholischen Kirche und dem preußischen Staat einerseits und durch seine Zensurierung des Hermesianismus, dem bruchlosen Übergang von der Vernunftseinsicht zur katholisch verstandenen Offenbarung, die Immanuel Kant bestritt aber vom Dogmatikprofessor Georg Hermes versucht wurde, gekennzeichnet. Gregor hat den Versuch 1835 verurteilt. Es war die zu früh erfolgte Vorweg-

Pius IX.

nahme der neuscholastischen und vatikanischen Lehre von der Glaubwürdigkeit der Offenbarung, die damals von den Gegnern des Bonner Professors scharf bekämpft wurde. Papst Gregor XVI. wurde in seiner Todesstunde sogar von jenen verlassen, die während seines Pontifikats durch seine Gunst am meisten profitiert hatten. Der Kardinalkämmerer pochte an die Stirn des Toten, rief ihn dreimal mit Namen und zerbrach dann den Fischerring. Die Glocke des Kapitols verkündete die Erledigung des Apostolischen Stuhls.

Gregor XVI. folgte Johann Maria von Mastai-Feretti, der Bischof von Faenca, geboren am 13. Mai 1792, der am 17. Juni 1846 im Alter von 54 Jahren als „Pius IX" den Heiligen Stuhl bestieg. Als der neugewählte Papst hochgetragen auf den Schultern inmitten seines Hofstaates erschien, um nach altem Herkommen unter dem Kanonendonner der Engelsburg die Arme nach allen vier Himmelsrichtungen auszubreiten, um sie gleichsam in Besitz zu nehmen und das kniende Volk und die ganze Christenheit zu segnen, wußte die Welt noch nicht, was ihr dieser Papst an „Segnungen" bescheren würde. Eine der ersten Amtshandlungen seiner Regierung war die Amnestierung von 2000 wegen politischer Vergehen Gefangenen, Verbannten und in Untersuchung Befindlicher, die Papst Gregor bestraft hatte und die nun von Pius IX. wieder in ihre Ämter eingesetzt wurden, wodurch sich der Kirchenstaat zur Quelle entwickelte, von der die Revolution in Italien ihren Ausgang nahm, der aber Pius IX. nicht gewachsen war und deshalb in ihre Strudel hineingezogen wurde. Während Guizot, der Minister des Königs Louis Philippe mit der Amnestie einverstanden war, mißbilligte sie Metternich, weshalb bei Festen die Repräsentanten Frankreichs geehrt, die österreichischen aber von den Begnadigten verhöhnt wurden. Dazu kam noch die allgemeine Gärung, die durch die gegenwärtig drohende Haltung Österreichs hervorgerufen wurde. Man erwartete bereits das Einrücken der Österreicher in Rom und da man nicht zu unrecht vermutete, daß dabei die Gendarmerie und Polizei statt jene zu bekämpfen, sich eher an diese anschließen würden, ertönte sogleich das Geschrei nach der Errichtung einer Bürgerwehr (guardia civica), die mit ausdrücklicher Genehmigung des Papstes, auf Antrag des Fürsten Borghese, errichtet wurde.

Während der Vorbereitungen zur Jahresfeier der Amnestie wurde in Rom das Gerücht verbreitet, daß eine Verschwörung auszubrechen drohe, deren Ziel es sei, den Papst gefangenzunehmen. Als am 17. Juni 1847, wegen der feindseligen Stimmung gegen Österreich, 800 Kroaten und 60 ungarische Husaren mit drei Kanonen in Ferrara zur Verstärkung der österreichischen Besatzung in der Zitadelle einrückten und zwei Kasernen bezogen, erhob die Kurie Protest. Fürst Metternich aber schrieb im Dezember 1847 nach England: „Der Geist der Umwälzung, welche unter der Fahne der Reform in den einzelnen Staaten der italienischen Halbinsel zum Durchbruch gekommen ist, hat den Haß gegen die österreichische Macht zum Feldgeschrei gemacht. Die Ereignisse, zu deren Schauplatz heute die Schweiz dient (der Sonderbund war trotz auswärtiger Unterstützung erlegen), werden die Intensität der Bewegung in Italien vermehren und müssen so auf die Stellungen der Regierungen und der Parteien der Halbinsel, wie auf die materielle Lage des lombardo-venetianischen Königreiches Einfluß üben; daher verstärke Österreich hier seine Truppen". In den reservierten Depeschen, die sich jetzt zwischen Rom und Wien kreuzten, stützte sich Metternich gemäß der Festlegungen am Wiener Kongreß (1815) auf das Besatzungsrecht Österreichs, das diesem damals für die „place de Ferrare" eingeräumt worden war.

Da sich Pius IX. aber auch durch die Einheitsbestrebungen König Karl Alberts von Piemont-Sardinien bedroht glaubte, der ganz Italien befreien wollte, war im Golf von Neapel, zum Schutz des Papstes und des Kirchenstaates, eine französische Flotte vor Anker gegangen. England und Frankreich rieten Österreich zur Verständigung. Österreich war auch zu einem Übereinkommen bereit, wenn man nur, wie Metternich sich ausdrückte, keinen Selbstmord von ihm verlange. Aber auch Feldmarschall Graf Radetzky erklärte, daß er nur dann einem solchen Übereinkommen zustimmen könne, wenn dieses nicht gegen seine und die Ehre der Armee verstoße. Widrigenfalls würde er sein Kommando in Italien niederlegen.

In Rom steigerte sich indeß die Erbitterung gegen die Jesuiten, weil diese für die geheimen Häupter des gregorianischen Systems (2000 Inhaftierungen etc) und neuerdings für Verbündete Österreichs galten. Diese gehässige Gesinnung wurde durch Giobertis Buch „Gesuita moderno" welches mit glühendem Haß gegen diesen Orden und gegen Österreich geschrieben worden war, noch angefacht. Im Oktober 1847 sah man an den Straßenecken Roms einen Aufruf der Livornesen an den Papst und die Römer angeschlagen; sie sollten sich vom Schlaf erheben, ehe sie von den Schlangen der Jesuiten und der gregorianischen Polizei erwürgt seien. Delenda est Carthago! (Carthago ist zu zerstören). Auf Pius IX. machte diese Agitation einen zwiespältigen Eindruck, denn er sah, daß die Freiheit, die er seinem Volke gegeben zu einem Bürgerkrieg führen und als Sieg des Radikalismus über den Katholizismus dienen sollte. Man hatte, um das Lob Pius IX. zu mehren, ihm bei seinem Regierungsantritt nachgerühmt, er sinne darauf, Italien von Österreich zu befreien. Auf dieses Lob für den Papst gestützt, hatte Josef Mazzini, ein im Exil lebender italienischer Politiker, am 25. November 1847 von Paris aus den Papst aufgefordert, sich an die Spitze der nationalen Bewegung zu stellen, welche sich sonst vom Kreuz reißen und ihren eigenen Weg gehen würde. Er forderte auch König Karl Albert auf, Italien von der Fremdherrschaft zu befreien. Aber Mazzinis Traum war einzig und allein „die eine unteilbare Italienische Republik".

Als am 30. November 1847 in Rom die Nachricht vom ruhmlosen Untergang der Truppen des Schweizer Sonderbundes eintraf, in welchen Kämpfen sich die Österreicher energisch der Jesuiten angenommen hatten, zog eine aufgebrachte Volksmasse am Hauptquartier der Jesuiten, an St. Ignazio, vorbei und brüllte: „Tod den Jesuiten!" So war der 1. Januar 1848, des verhängnisvollen Jahres, herangekommen.

Am Abend des 1. Januar 1848 versammelten sich die Römer auf der „piazza del popolo" um Pius IX. mit einem Fackelzug zu feiern, der noch immer im Quirinalpalast wohnte. Während das Volk im Begriff war, sich mit Fahnen und Fackeln zu ordnen, traf die Nachricht ein, daß der päpstliche Palast mit Truppen umgeben und abgesperrt werde. Empört zogen die Römer zum Quirinalpalast, aber Pius IX. weigerte sich, sich dem Volk zu zeigen. Als sich die Entrüstung gefährlich zuspitzte, konnte der Senator Orsini den Papst bewegen, sich am nächsten Tag den Römern zu zeigen. Als Pius dies versprach, legte sich die Aufregung und Feretti wurde beschuldigt, die Truppen aufgestellt zu haben. Hierauf wurden Feretti und Savelli, der Polizeiminister wüst beschimpft. Aber auch die Nachrichten, daß das österreichische Heer in Italien verstärkt werde, lösten heftigen Unmut aus. In den Kirchen fanden antiösterreichische Volksversammlungen statt, denn man befürchtete den Einmarsch Radetzkys in den Kirchenstaat.

Die Verstärkungen, die Feldmarschall Radetzky wirklich erhalten hatte, betrugen kaum 30000 Mann, seine Gesamtmacht etwa 60000 Mann. Mit diesen an und für sich geringen Kräften sollte Radetzky nicht nur die Lombardei und Venetien von Revolutionen größeren Ausmaßes, sondern auch vor den regulären Armeen Piemonts schützen. Fürst Metternich dürfte geglaubt haben, daß man die aufrührerische Bewegung einschüchtern könne, wenn man auch nur zum Schein gegen sie etwas unternehme. Die österreichischen Festungen in der Lombardei waren mit Mund- und Kriegsbedarf elend versehen, denn man dachte in Wien nur vereinzelten Aufständen, gegen die ein paar Bataillone stark genug wären, zu begegnen, und plötzlich loderte die Revolution, von Piemont und Frankreich lange vorbereitet, ringsum in hellen Flammen auf. In Rom hatte man zwar von der Revolution in Paris längst gehört, aber den Sturm haben die Nachrichten von der Revolution in Wien, die am 18. März in Mailand eintrafen, heraufbeschworen. Die Kommune forderte auch hier Volksbewaffnung und zog mit dreifarbigen Bändern und Kokarden durch die Straßen. Als Haupt der fanatisierten Aufrührer zeigte sich der Podesta Casati, ihm zur Seite der Erzbischof von Mailand und dessen Klerus, für die die österreichische Regierung mehr als für irgend eine andere

Partei getan hatte. Das war der Dank des italienischen katholischen Klerus für die üppigen Benefizien, die er ständig erhalten hatte. Der an der Spitze der österreichischen Verwaltung stehende Graf O Donell, ein sonst guter Verwaltungsbeamter, war in der schwierig gewordenen Situation ratlos. Dies nützten die Aufrührer, stürmten das Regierungsgebäude und hoben den Sitz der Behörde auf.

Die Lage Pius IX. wurde nun immer schwieriger, denn alle seine Reformen in ungeschickten oder böswilligen Händen im Verein mit einer zügellos gehandhabten Presse, dienten nationalen Kreisen dazu, die Flammen im Inneren und nach außen zu schüren, die Einsetzung einer Laienregierung durch den Papst zu erhoffen und die Hoffnung zu nähren, der Papst werde sich an die Spitze des Kampfes für die nationale Unabhängigkeit stellen und so die Urteile Dantes und Macchiavellis über das Papsttum als das Unheil der italienischen Nationalität Lügen strafen. Dafür machten sich zunächst in Rom kommunistische Bewegungen stark. Als deren Quellen waren sowohl die im am meisten gelesenen Blatt der damaligen Zeit im „Contemporaneo" gegen die Besitzenden gerichteten Artikel und die durch Ciceruacchio im „circolo popolare" gehaltenen Reden zu betrachten. Der Herausgeber des Contemporaneo, war Sterbini, ein Hauptanstifter fortwährender Verschwörungen und deshalb seit 1831 verbannt. Bei Pius IX. Regierungsantritt machte er sich zum Haupt der römischen Demokratie und da die Publizisten der meisten ehrenhaft nationalen und freisinnigen Zeitungen in den Krieg gezogen waren und diese, weil sie nunmehr meist von Klerikern geschrieben wurden, nur einen geringen Kreis von Lesern hatten, so beherrschte er mit seinem kommunistischen Organ die öffentliche Meinung fast ausschließlich. Ciceruacchio erklärte dem Kardinal-Staatssekretär: „Geld zum Kriegführen muß gefunden werden; wenn dies schlimm für diejenigen sei, die keines hätten, so würde es noch schlimmer für diejenigen sein, die Geld hätten." Sterbini forderte in einem Artikel die Geldleute auf, eiligst aus dem Land zu fliehen. Hierauf umlagerten Pöbelhaufen unter dem Geschrei: „Nieder mit den Reichen!" - Nieder mit den römischen Fürsten!" die Paläste des Schatzmeisters und einiger Bankiers, bis die Nationalgarde vierzig bewaffnete Diebe verhaftete.

König Karl Albert hatte indessen die Sache der Lombardei und Venedigs zur seinen gemacht und stand bereits im Feld. Pius IX. hatte nun seinen vertrauten, nationalgesinnten Prälaten Corboli Rossi in das piemotesische Hauptquartier entsandt, der stets um die Person Karl Alberts bleiben, den Abschluß des italienischen Bundes, die Entsendung piemotesischer Abgeordneter nach Rom zu beschleunigen und Geld für die Ausgaben für das päpstliche Heer ausleihen sollte. Gleichzeitig erhielt der päpstliche General Durando auf seinem Marsch an die Grenze den Befehl des päpstlichen Kriegsministeriums, „sich mit Karl Albert in Korrespondenz zu setzen und in Übereinstimmung mit diesem zu operieren". Durando erließ hierauf am 5. April 1848 eine Proklamation an das päpstliche Heer, in der es unter anderem hieß: „Der Gottesmann Pius hat bis jetzt den Österreichern, die gleichfalls seine Kinder sind, Zeit zur Umkehr von ihrem meuchelmörderischen Weg gegeben, nachdem nun aber Radetzky alle göttlichen und menschlichen Gesetze mit Füßen getreten hat, mußte er einsehen, daß Italien, wenn es sich nicht zu verteidigen wüßte, von der österreichischen Regierung zur Plünderung, Schändung, Brand und Meuchelmord, zum vollständigen Ruin verdammt sei. Der Heilige Vater hat eure Schwerter gesegnet, die im Verein mit denen Karl Alberts zur Ausrottung der Feinde Gottes und Italiens, die Pius und die Kirche verhöhnen, sich in Bewegung setzen müssen". Zum Zeichen, daß es nicht bloß ein nationaler, sondern ein heiliger Krieg sei, sollten sie alle nach seinem Beispiel ein Kreuz über dem Herzen tragen. Diese Proklamation Durandos, welche das damals sich verbreitende Gerücht, der Papst habe einen Kreuzzug gegen Österreich gepredigt, erklärt, machte einen starken aber sehr verschiedenen Eindruck auf das Heer und auf Pius, den es kränkte, daß man ihm ungefragt vor der ganzen Christenheit solche Worte in den Mund legte und so seine Autorität usurpierte. Die Proklamation des Generals wurde daher auch in diesem Sinn in der offiziellen päpstlichen Zeitung für ungültig erklärt und der Papst wollte, wie billig die Entscheidung über die Verwendung seines Heeres in der Hand behalten, kam aber zu keinem selbständigen Entschluß, so oft er auch von Seiten seiner Minister um seine Willensmeinung gebeten wurde. Die Minister wollten die Verantwortung darüber auch nicht allein auf sich nehmen. Der Kriegsminister Aldobrandini erklärte, eher seine Stellung niederzulegen, als den Vorwurf auf sich zu laden, er hätte den nationalen Krieg verhindert. Diese Alternative konnte den Papst zu nichts weiter, als zum Ausspruch bewegen, die Minister sollten eben den Umständen gehorchen. Daraufhin bevollmächtigte der Kriegsminister General Durando, alles zu tun, was er für die Ruhe und das Beste für den Kirchenstaat für notwendig erachte. Auf einen abermaligen Bericht Durandos von der kaum zu bändigen Kampflust der Truppen, erfolgte die Anweisung, sich zum Übergang über die Grenze des Kirchenstaates zu rüsten, jedoch noch weitere Befehle abzuwarten.

Von den Freiwilligen war bereits ein großer Teil in das österreichische Gebiet eingefallen, weshalb sich die römischen Minister Durandos Poübergang nicht weiter widersetzten. Sie einigten sich hierauf, von der Überzeugung durchdrungen, daß sowohl der Nutzen wie die Würde des Papstes, das Heil Italiens und des Kirchenstaates es verlangen, daß der Papst Österreich den Krieg erkläre, dahin, sich mit der alleinigen Darstellung der Sachlage von der politischen Seite zu bescheiden, da er über die geistliche seine Inspiration von Gott und dem eigenen Gewissen nehmen werde. Seine Rede, die Pius im Konsistorium halten wollte, war gedruckt worden, ohne daß er die Kardinäle vom Inhalt informiert hatte. Zu Beginn seiner Allokution sprach Pius IX. seine tiefste Entrüstung darüber aus, daß es einige gäbe, die ihm nicht nur mit der Beschuldigung entgegenträten, er wäre von den heiligen Satzungen seiner Vorgänger abgegangen, sondern ihn auch noch als den Haupturheber der revolutionären Bewegungen bezeichneten, die gegenwärtig die meisten europäischen Staaten erschütterten. Der Papst fügte seiner Rechtfertigung noch hinzu, daß er mit den Reformen, die er im Kirchenstaat eingeführt, nur den längst ausgesprochenen Willen und Wünschen der europäischen Großmächte genüge getan hatte. Er räumte aber ein, daß er seine Truppen zur Verteidigung der Sicherheit und Integrität des Kirchenstaates wohl an die Grenze habe rücken lassen, verwahrte sich aber vor der ihm unterschobenen Absicht, gegen Österreich Krieg zu führen, obgleich die übrigen Fürsten Italiens es von ihm verlangten, da er der Aufforderung seiner apostolischen Würde entsprechend, alle Völker und Nationen mit gleicher Liebe umfasse.

Mit dieser Allokution war aber die Bedrängnis des Papstes nicht beendigt, denn noch bevor die Rede veröffentlicht wurde, waren bereits Tausende nicht nur von Freiwilligen, sondern auch von regularen päpstlichen Truppen in das österreichische Gebiet einmarschiert und Pius IX. konnte durchaus die Unkenntnis dieser Vorgänge zu seiner Entschuldigung anführen. Dazu kam noch, daß die Minister in ihrer Erklärung vom 25. April den Papst darauf aufmerksam machten, daß, im Falle er den Krieg gegen Österreich nicht erklären würde, die unter den päpstlichen Fahnen Fechtenden als außer dem Völkerrecht stehend, von den Österreichern als Banditen, Meuchelmörder und Räuber behandelt werden würden. Pius IX. wich diesen stichhaltigen Gründen aus, ohne sich festzulegen, womit er bestätigte, daß er der Welt ein apostolisches Theater vorspielte. Pius IX. führte gegen Österreich Krieg, ohne Österreich offiziell den Krieg zu erklären!

In Österreich, und besonders in Wien, durchschaute man Pius IX. feindselige Demonstrationen gegen Italien, den treulosen Papst und den Nuntius in Wien. Der Nuntius von Wien und der von München berichteten nach Rom: „Es droht Deutsch-Katholizismus im Großen mit Schisma und Losreißung von Rom!" Pius IX. tat nur so, als ob ihn sein Kosmopolitismus hindern würde, sich als Mittel oder Waffe verwenden zu lassen, um das Prinzip einer Nationalität gegen einen ihm ergebenen katholischen Staat, gegen eine der katholischen Großmächte, auszuspielen. Aber auch in Italien kam Pius mit seiner Art schlecht an. Seine Allokution vom 29. April wurde von den nationalen Kreisen nicht ohne Grund als der erste Schritt zur Reaktion in Italien bezeichnet. Diese Meinung sprach auch das in Italien viel gelesene Blatt „Der demokratische Abbate" 1856 mit den Worten aus: „Das erste Mal, daß der Papst sich offen äußerte, geschah es zu seiner Schmach und zum Schaden Italiens und ohne Gewissensbisse, da er als Papst kein Vaterland, als Fürst weder Vaterland noch Gewissen hatte".

Es war fast keine Familie aus den besseren Ständen, die nicht einen Angehörigen bei den Freischaren hatte. Besorgnis um ihre Familienmitglieder, die im Krieg, wenn sie gefangengenommen würden, keinen völkerrechtlichen Schutz hatten und glühender Patriotismus schlugen jetzt in einer Flamme empor. Vergebens traten die Fürsten Doria und der Senator Orsini sowie der Märtyrer der italienischen Nationalfreiheit, der Philosoph, Graf Mamiani aus Bologna in den Klubs auf, um die herrschende Aufregung und jene der Tageszeitungen zu beschwichtigen. Die Verstimmung gegen die Fürstenregierung wurde immer drohender und einzelnen Kardinälen schwur man den Tod. Pius, durchschaut, beschuldigte das Volk des Undanks, erklärte jedoch, er sei, sofern es ohne Widerspruch mit sich selbst geschehen könne, bereit zu beweisen, daß er durchaus nicht beabsichtige, die italienische Sache zu verlassen.

Graf Radetzky ließ indessen seine Truppen alarmieren und die einzelnen Korps auf die schon früher bezeichneten Plätze ausrücken, aber sie stießen überall auf starke Barrikaden und wurden mit bewaffneter Hand erwartet. O Donell war vom Podesta Casati gefangengenommen worden und wurde zur Unterschrift unter zwei Dekrete gezwungen, mit welchen die Polizei und Gendarmerie aufgelöst wurden. Radetzky nahm darauf natürlich keine Rücksicht, verhängte über Mailand den Belagerungszustand und eroberte mit Kanonen das Regierungsgebäude wieder zurück. In der Stadt war aber das Übergewicht der Aufständischen so groß, daß der greise Feldherr sich entschloß, sie zu räumen, um die Stadt von den Wällen und vom Kastell aus zu bezwingen. Beschießen wollte er die Stadt nicht, denn er hoffte, sie wieder zurückerobern zu können. Es stand aber das ganze Land auf, Radetzky sah seine Magazine bedroht und zog sich, nachdem keine Verstärkungen eingetroffen waren, zurück.

Bald erreichte Radetzky die Nachricht, daß Karl Albert, der stets so freigebig mit Friedensversicherungen war, mit 50000 Mann die Grenzen überschritten habe und Mailand zu Hilfe komme. In der Nacht zum 22. März zog Radetzky in voller Kriegsordnung mit 15000 Mann und einem großen Zug flüchtender Offiziers- und Beamtenfamilien der Adda zu. Der Soldat hatte nichts, als was er auf dem Leib trug. Selbst die Kassen mußte man aus Mangel an Transportmitteln zurücklassen.

Der Aufstand breitete sich immer mehr aus. Como nahm die Garnison gefangen, Brescia und Cremona gingen über und Welschtirol nahm am Aufstand teil. Radetzky mußte sich durch eine verhetzte Bevölkerung zurückziehen und selbst die kaiserlichen Offiziere fragten sich, ob es noch sinnvoll sei, sich für ein System zu schlagen, das längst unhaltbar geworden war, standen aber treu zu ihren Verpflichtungen. General d'Aspre hatte sich bei der ersten Nachricht, die ihm vom Aufstand zugekommen war, mit seinem Korps nach Verona zurückgezogen, um diesen wichtigen Platz zu besetzen. General Gorzkowski hatte Mantua gehalten und auch die kleine Festung Petschiera befand sich noch in kaiserlicher Hand. Zugleich aber mit diesen günstigen Nachrichten erfuhr Radetzky aber auch, daß von der österreichischen Armee 17 italienische Bataillone ganz oder zum größten Teil abgefallen waren. Ein geringerer Teil von ihnen ging zu den Feinden über, die Mehrheit ging einfach nach Haus. Dadurch fielen Padua, Udine, Treviso, Brescia, Cremona, Osopo und Palmanova in die Hände der Revolutionäre. In Cremona fielen den Aufständischen zugleich 30 Kanonen und 15000 Gewehre in die Hände.

Am wichtigsten war der Abfall Venedigs, auf das man sich noch am meisten verlassen hatte. Am 21. März fand ein Aufstand im Arsenal statt, das Militär weigerte sich auf das Volk zu schießen und die Marine benützte die Schiffe zur Verteidigung der Lagunen und Kanäle. Der seit langem vorbereitete Aufstand hatte die kostspielige Polizei auch hier völlig überrascht. Der Gouverneur, Graf Alois Palffy, und der Kommandierende, Graf Zichy, zogen mit den treu gebliebenen Truppen ab und gegen Ende März war Venedig mit seinen Festungswerken und seiner kostbaren Marine zur Republik erklärt und für Österreich verloren.

Trotz aller Anstrengungen erreichte der 82jährige Radetzky Verona, besetzte das Festungsviereck Mantua, Peschiera, Verona und Legnano, ließ den Belagerungszustand ausrufen, die Bevölkerung entwaffnen und richtete sich zur Verteidigung ein, weil er für einen Angriff nicht stark genug war. Auf dem alten Feldherrn lag eine große Verantwortung, denn erhielten die Kaiserlichen in Italien eine entschiedene Niederlage, so würde die Monarchie zerbrechen. Das Ministerium in Wien hatte wenig Macht und Ansehen. Kriegsminister Latour konnte unter FZM Graf Nugent dennoch ein Reservekorps von 17000 Mann aufbringen. Nugents Aufgabe war es, das venetianische Festland zu erobern, denn dann erst konnte Radetzky zum Angriff übergehen.

Karl Albert, der sich prahlerisch rühmte, Österreich in Wien den Frieden diktieren zu wollen, hatte an eigenen Truppen 50000 Mann und an Hilfstruppen von Neapel, dem Kirchenstaat, Parma und Modena 40000 Mann. Neapel hatte überdies einen Teil seiner Marine zur Verfügung gestellt und so konnte der Piemontese die Österreicher mit 90000 Mann bedrohen, die im Ganzen, das Reservekorps inbegriffen, kaum 75000 zählten.

Den Piemontesen glückte es, die österreichischen Vorposten in kleinen Gefechten zu werfen, was sie als wichtige Siege austrompeteten. Wichtiger war es, daß die italienische Hauptarmee unter Bava die Österreicher bei Goito schlug, wodurch Radetzky genötigt war, die Minciolinie aufzugeben und hinter Verona ein verschanztes Lager zu beziehen. Von da aus begann er die Freischaren zu verjagen, die sich oft sehr tapfer schlugen, aber von der Hauptarmee nicht unterstützt wurden. General Liechtenstein besiegte sie bei Montebello, Fürst Taxis bei Castelnuovo, Oberst Heinzel bei Bevilaqua, Major Martiniz bei Castellaro. FML. Welden besiegte die Freischaren Welschtirols bei Trient. Karl Alberts Hauptarmee hatte indessen auf beiden Seiten des Mincio sich ausgebreitet; sein linker Flügel reichte bis zum Gardasee, der rechte bis Curtatone. Am 26. April umschloß der König die Festung Peschiera und schnitt sie von Verona ab. Mit geringer Besatzung und schlecht versehen konnte sie nach Ankunft des Belagerungsgeschützes in Bedrängnis gebracht werden. Radetzky schickte die Brigaden Wohlgemuth und Taxis nach Pastrengo, um die Flanke der Festung in Händen zu haben. Am 27. wurden sie angegriffen und zurückgedrängt, ohne aber ihre Stellung aufzugeben. Am nächsten Tag aber wurde FML. Wocher in einem fünfstündigen Gefecht bei Sonnaz geschlagen und hätten die Piemontesen ihn verfolgt, so wäre das ganze Korps sicher gefangen worden, das sich mit einem Verlust von 600 Mann und 300 Gefangenen zurückziehen konnte. Durch diesen Sieg gerieten die Piemontesen in eine gewisse Sicherheit, die ihnen später verderblich wurde.

Der König griff am 6. Mai die österreichischen Vorposten an, deren Hauptstärke bei Santa Lucia stand. Nach einem hartnäckigen Gefecht, bei dem anfangs die Österreicher wichen, mußten die Piemontesen sich zurückziehen, was jedoch in ziemlicher Ordnung geschah. Es war der erste größere Erfolg, den die Kaiserlichen hatten, und der ihr Selbstvertrauen wieder hob. Dem Treffen hatten auch die Erzherzoge Franz Joseph und Albrecht beigewohnt.

Da am 25. Mai General Nugent mit nahezu 20000 Mann nach Verona kam, konnte Radetzky wieder angreifen.Um den König zu zwingen, das schwer bedrängte Peschiera freizulassen, unternahm er es, dessen Stellung bei Curtatone zu umgehen. Um des Königs Aufmerksamkeit abzulenken, wurde ein Scheinangriff unter General Zobel gegen den linken Flügel vorgenommen, den der König sogleich bedeutend verstärkte, so daß bei Curtatone nur mehr 8000 Mann standen, die Oberst Benedek nach heftiger Gegenwehr verjagte, nachdem alle Schanzen erstürmt waren. Nachdem Clam zweimal zurückgedrängt worden, eroberte er endlich doch Montanara. Es wurden 5 Kanonen erbeutet und 2000 Gefangene gemacht. Die Kaiserlichen drangen am 29. Mai vor, doch hinderten furchtbare Regengüsse die Bewegungen, während die Nachricht kam, das Peschiera, vom Hunger bezwungen, sich ergeben habe.

Radetzky sandte einen Teil der Armee nach Verona und ging mit 40000 Mann nach Vicenza, das der König, gut bewaffnet und mit Lebensmittel reich versehen, für stark genug hielt, sich 14 Tage gegen 100000 Mann zu halten, doch Radetzky eroberte es an einem Tag, am 10. Juni. Oberst Kopal hat zu diesem Sieg viel beigetragen, indem er mit dem 10. Jägerbataillon die wichtigen Schanzen von Verico erstürmte. Der päpstliche General Durando kapitulierte. Er zog am 11. mit seinen Truppen ab, die von den Siegern verhöhnt wurden. Bald darauf fielen Padua und Treviso, nachdem Welden schon früher Udine zurückerobert hatte. Damit war das ganze venetianische Festland unterworfen und die Verbindung mit Österreich wieder hergestellt. Die Armee konnte damit wieder ergänzt und verproviantiert werden.

In Neapel hatte indessen die Reaktion vollständig gesiegt, und als der König seinen Thron wieder gesichert sah, rief er seine Truppen nach Hause und Karl Albert verlor dadurch 12000 Mann, die er dringend gebraucht hätte, da Radetzky sich immer mehr verstärken konnte. Die Wiener Regierung forderte Radetzky auf, einen Waffenstillstand zu schließen, doch der Feldmarschall, der die Minister verachtete, setzte sich mit Kaiser Ferdinand selbst in Verbindung, um weiterkämpfen zu können, denn er hatte noch keinen entscheidenden Vorteil errungen. Radetzky wagte noch einen Schlag und der war entscheidend. Die Österreicher griffen am 23. Juli bei Sonna, Montebello, Giustino und Sommacampagna an, und der König verlor in wenigen Stunden seine ganze Stellung von Rivoli bis an den Mincio und sah sich genötigt, sein Heer bei Custozza zusammenzuziehen. Am 24. erlitten die Kaiserlichen bei Sommacampagna eine starke Niederlage, doch siegte ihre Überzahl am nächsten Tag über den König, der sich nach Villafranca zurückziehen mußte. Am 27. war er bereits bis Goito gedrängt und bot einen Waffenstillstand an. Doch der Feldmarschall stellte so harte Bedingungen, daß sie nicht anzunehmen waren. Am 28. entbrannte ein neuer Kampf, der Karl Albert bis Cremona trieb, wo er am 31. abermals verdrängt wurde. Dieses beständige Weichen verdarb jede Manneszucht in seinem Heer, und fast aufgelöst zog es am 15. August in Mailand ein.

Die Stadt hatte ihren Befreier von österreichischer Herrschaft einst mit ungeheurem Jubel empfangen, ihm Triumphe bereitet, ihn als Halbgott gefeiert, und jetzt? Undankbar und wetterwendisch, wie der Pöbel aller Klassen immer ist, wurde der König im Palast, wo er wohnte, verhöhnt und beschimpft! Mailand zählte 60000 Mann Nationalgarden, und hätte auch nur die Hälfte am Kampf teilgenommen, so hätte man den verfolgenden Feind aufgehalten, Zeit gefunden, neue Verstärkungen heranzuführen und wieder anzugreifen.

Endlich floh der König mit seinen Garden aus Mailand und befahl seiner Armee, mit Radetzky wegen der Übergabe der Hauptstadt zu verhandeln. Am 6. August zog der Feldmarschall wieder in Mailand ein, und jubelnd empfing ihn der Pöbel, der vier Monate früher seine Soldaten am Rückzug mit Kot und Steinen beworfen hatte. Mit diesem Sieg begnügten sich die Österreicher, denn eine Fortsetzung des Krieges auf piemontesischem Boden würden Frankreich und England nicht zugegeben haben. Peschiera ergab sich bald darauf den Kaiserlichen und nur Venedig verfolgte noch seinen eigenen Weg.

Als Radetzky Mailand wieder besetzt hatte, wurde Venedigs Lage schwierig. Als noch dazu Kommissäre König Karl Albrechts in der Stadt erschienen, um die Regierung in dessen Namen zu führen, stand das Volk gegen sie auf. Die Kommissäre legten hierauf ihre Stellen freiwillig nieder und die Nationalversammlung der Stadt bestellte Manin, Konteradmiral Graziani und Oberst Cavedalis zu Direktoren.

Radetzky

Die Freischaren versuchten, den Kampf fortzuführen. Ihr bedeutendster Führer war Josef Garibaldi, der aus Amerika heimgekehrt war, um am Befreiungskampf seines Volkes teilzunehmen. In seinem letzten Gefecht gegen ein österreichisches Korps bei Varese wurde er zum Rückzug gezwungen und zog sich in die Schweiz zurück. Papst Pius IX. hatte mit Karl Albert den Krieg gegen Österreich verloren.

In Rom aber hatte vorerst eine falsche Siegesbotschaft einen freudigen Alarm ausgelöst. Die Glocke des Kapitols wurde geläutet, die Stadt festlich beleuchtet und in allen Straßen und Gassen der Name Karl Alberts jubelnd genannt. Desto größer aber war die Enttäuschung, als am nächsten Tag die Hiobsbotschaft von der Niederlage des Königs von Piemont den Jubel erstickte. Nur jene radikalen Pessimisten, die alles und jedes als Wasser auf ihren Mühlen in ihrem Sinn deuten konnten, meinten, daß mit der Niederlage Karl Alberts erst der wahre Krieg, der Volkskrieg beginne. Der österreichische General, FML. Baron von Welden, der Chef des zweiten Reservekorps, rückte, während sich Karl Albert nach Mailand zurückzog, mit kaum 12000 Mann, nach Überschreitung des Po, im Kirchenstaat ein. Mit einer drohenden Proklamation vom 4. August rechtfertigte er diesen Schritt als nötig, um die frechen Banden (die Freiwilligen des Kirchenstaates) zu zerstreuen, die den Frieden und die öffentliche Ruhe störten. Während die Bürgergarde des Städtchens Cento sich Welden als „Ehrenwache" stellte, bedrohte der Kommandant der Zitadelle von Ferrara die Stadt mit einem Bombardement, wenn sie nicht von päpstlichen Truppen geräumt würde. Durch die Proklamation General Weldens wurden auch die in Bologna weilenden päpstlichen Truppen, die bei Vicenza kapituliert hatten, für den Fall des Widerstandes mit dem Tod bedroht. Sie räumten daher die Stadt, obgleich die Bürger Bolognas durch die frühere Proklamation des Papstes, in der Pius IX. erklärt hatte, vorkommenden Falls ihr Gebiet verteidigen zu wollen, begeistert gewesen waren. Da Karl Albert geschlagen war, mußte sich auch Bologna der Notwendigkeit fügen und erdulden, daß sich Weldens Truppen in der Umgebung der Stadt lagerten und auf Weldens Befehl von der Stadt mit allem versorgt werden mußten. Da die Eroberung des Kirchenstaates nicht als Kriegsziel vorgesehen war, schloß General Welden in Rovigo am 15. August mit den Päpstlichen einen Vertrag, nach dem sich alle seine Posten über die Grenze zurückziehen und dem Austausch der Gefangenen von beiden Seiten zustimmen würden. Ferner wurde garantiert, daß die österreichische und modenesische Grenze nicht mehr von Freischaren überschritten werde. Nach dem Abzug der österreichischen Truppen aus der Umgebung Bolognas, dem ein unbedeutendes Scharmützel in der Stadt vorangegangen war, terrorisierten Vagabunden, Räuber, Schmuggler und Reste der Freischaren die Stadt, rühmten sich als Sieger über General Welden und bezeichneten König Karl Albert als Verräter. In Rom aber kam es zu schweren Tumulten, die durch Weldens Einfall in den Kirchenstaat verursacht worden waren. Pius IX. fühlte sich so bedroht, daß er sich im Quirinalpalst nicht mehr sicher glaubte und man riet ihm, entweder in den festeren Vatikan zu übersiedeln oder nach Civitavecchia zu gehen, wohin, vorsichtshalber, Vizeadmiral Parker mit dem Kriegsdampfer Bulldogg von der französischen Flotte, die im Golf von Neapel lag, entsandt worden war, um den Papst aufnehmen und in Sicherheit bringen zu können.

General Welden hatte aber am 10. August auch Franz V. von Modena in sein Land zurückgeführt und Parma besetzen lassen. PiusIX. aber floh am 24. November, verkleidet, in das Königreich Neapel, nachdem auch dort die Rebellion gegen den König niedergeschlagen worden war. Pius IX. residerte in der Folge in Gaeta. Das Ministerium, welches zur Zeit seiner Flucht in Rom die Zügel in Händen hatte, erklärte der Papst als ein ihm aufgezwungenes und daher für ungültig, und übertrug die provisorische Regierung einigen im Kirchenstaat zurückgebliebenen Kardinälen und Konservativen. Diese weigerten sich aber aus Angst vor den rebellierenden Römern, die Ämter anzunehmen. Da dies ohnedies schwierig gewesen sein würde, wurde von den Kammern, den Republikanern zum Trotz, eine Regierungsjunta von Liberalen eingesetzt, weil ja Stadt und Land regiert werden mußten. Aber auch gegen diese Regierung protestierte der Papst von Gaeta aus und versuchte in der Folge, das Ausland zu einer Intervention zu seinen Gunsten zu bewegen.

Die Oktoberrevolution 1848 in Wien,
ihre Niederschlagung und der Krieg gegen Ungarn

In Ungarn hatten die Ereignisse einen ebenso gefährlichen Charakter angenommen, wie vordem in Böhmen und Italien. Noch im Jahr 1847 begannen entscheidende Beratungen auf dem ungarischen Reichstag, „die tiefgreifende Reformen im Auge hatten". Diese waren noch im Flusse, als das Jahr 1848 alles grundlegend änderte. Nach dem Ausbruch der Revolution in Paris forderte der Führer des Klein -und Landadels und des städtischen Bürgertums, der dem calvinischen Kleinadel angehörende Advokat Ludwig Kossuth am 3. März 1848 eine Verfassung für die ganze Monarchie und die Bildung eines eigenen ungarischen Ministeriums. Mit den am 11. April 1848 von König Ferdinand sanktionierten „Aprilgesetzen", unter denen sich die Gesetze über die Presse- und Religionsfreiheit, die Abschaffung der Vorrechte des Hochadels und die Aufhebung der Grunduntertänigkeit der Bauern befanden, gaben sich aber die nach Unabhängigkeit strebenden Madjaren nicht zufrieden, obwohl sie Meilensteine am Weg zur Gleichberechtigung mit Österreich darstellten. Die Wahlen im Frühjahr 1848 brachten eine Verschiebung der Macht vom Hoch- zum Kleinadel, und zwar zum begüterten Kleinadel und zum reicheren Bürgertum der Städte, aber keine Demokratisierung wie sie Kossuth vorschwebte und in Frankreich vor sich gegangen war. Am 11. Juni 1848 genehmigte Ferdinand als König von Ungarn am Landtag in Preßburg die neue Verfassung, der er im guten Glauben an die Treue der Ungarn zugestimmt hatte, und die nun an Stelle der achthundert Jahre alten getreten war. Graf Ludwig Batthyany wurde Ministerpräsident und Ludwig Kossuth Finanzminister. Kossuth hatte als Parteiführer so großen Einfluß, daß sich die anderen Minister an seine Weisungen hielten und selbst der Palatin des Königs, Erzherzog Stephan, sich mit seinen Anordnungen schwer tat. Noch klangen Fürst Metternich Kossuths Worte, die er im Reichstag in Ofen ausgerufen hatte, unheilvoll in den Ohren: „Der erstickende Dampf des tödlichen Windes, der aus den Bleikammern des Wiener Regierungssystems, alles niederdrückend, lähmend, vergiftet einher weht, muß ausgeschaltet werden!"

Als Österreich in Italien gegen König Karl Albert von Piemont - Sardinien, dem Schwager König Ferdinands und Pius IX. im Feld lag, und Graf Radetzky nach Verstärkungen rief, verweigerte die ungarische Regierung den Kaiserlichen jede Hilfe und Kossuth wollte selbst die in Italien stehenden ungarischen Regimenter zurückberufen, weil sich in Kroatien der Widerstand gegen die radikalen Madjarisierungsmaßnahmen formierte. Kossuth hatte wieder in zügellosem Chauvinisnus im Reichstag gefragt: „Wo liegt denn Kroatien? Auf der Landkarte finde ich es nicht!" - Er sollte bald erfahren, wo es lag...

Graf Ludwig Batthyany konstituierte am 23. März 1848 sein Kabinett und der Reichstag hatte eilends die Grundlagen der Konstitution geschaffen, die Ungarn in eine sich auf die Volksvertretung stützende konstitutionelle Monarchie verwandelten, die rechtlich unabhängig von der österreichischen Reichshälfte und nur durch die Person des Herrschers mit Österreich verbunden war. Im Gesetzesartikel III/1848 wurde bestimmt, daß der König die Exekutivgewalt nur in Wege des unabhängigen ungarischen Ministeriums ausüben könne.

Im Gesetzesartikel V/1848 wurde das Recht der Komitate, Deputierte zu entsenden, aufgehoben und das aktive und passive Wahlrecht zur Wahl der Abgeordneten zur unteren Tafel auf der Grundlage der Volksvertretung vorgenommen. Wählbar waren alle wahlberechtigten Männer ab dem 25. Lebensjahr, die der Sprache der Gesetzgebung, also der ungarischen Sprache, mächtig waren. Ungarn war (Siebenbürgen ausgenommen) in 377 Wahlbezirke eingeteilt worden und die Abgeordneten wurden auf drei Jahre gewählt. Die Gesetzesartikel VIII - XIV/1848 bezogen sich auf die gesellschaftlichen Veränderungen wie die Bauernbefreiung, Steuerfreiheit des Adels, Abgaben, Gerichtsbarkeit, Entschädigung der Grundherren, Aufhebung des geistlichen Zehents, das Recht der Städte etc.

Die Reformperiode, die mit dem Reichstag 1825 begonnen hatte, hatte ihr Ziel, die politische Umgestaltung Ungarns, erreicht; es gab Rechtsgleichheit, Volksvertretung (nach dem Zensuswahlrecht ca. 7%) und eine verantwortliche parlamentarische Regierung. Die nächsten Reichstage sollten die Details der prinzipiellen Einigung mit dem Monarchen ausarbeiten, doch kam es nicht mehr dazu, weil alles der Rebellion zutrieb. Nach der Bildung des ersten unabhängigen ungarischen Ministeriuns war Pest Sitz der Regierung und des Reichsrats geworden. Doch gerade als die ungarische Regierung ihre Tätigkeit begann, gelangte in Wien wieder die Militärpartei (Reaktionspartei) zur Macht, welche die soeben von König Ferdinand genehmigte Verfassung abzuschwächen bestrebt war. Dies erfolgte im kausalen Zusammenhang mit dem Inkrafttreten der „Pillersdorfschen Verfassung" am 25. April 1848, die als Gesamtstaatsverfassung konzipiert war und in deren Sinn die ungarische Verfassung als mißlungene Provinzialverfassung verstanden wurde. Aber Ungarn und Lombardo - Venetien blieben von der Pillersdorfschen Verfassung, die nur für die cisleithanischen Länder gelten durfte, ausgenommen und wurde auch für diese alsbald geändert.

Die neue ungarische Verfassung trug auch den Erwartungen des Volkes Rechnung, und Kossuth sagte von dieser: „Der Adel habe die Schlüssel seiner eigenen Zukunft in die Hand des Volkes gegeben". Das ungarische Ministerium hatte durch seine selbständige Exekutive eine ungemeine Macht. Der Palatin besaß in Abwesenheit des Königs alle Majestätsrechte, ausgenommen die Ernennung der Prälaten und der hohen Militärs, sowie der Verwendung des Heeres außerhalb Ungarns. Der Reichsrat sollte mit erweiterten Rechten jährlich in Pest zusammenkommen. Die Deputiertentafel bestand aus 377 Mitgliedern, aus dem freisinnigsten Wahlgesetz hervorgegangen. Steuervorrechte, Roboten und Feudallasten waren aufgehoben worden, die Religionsbekenntnisse gleichgestellt, ein freies Pressegestz geschaffen und eine Nationalgarde aufgestellt worden. Die Landeswappen traten an die Stelle der kaiserlichen, die Vereinigung Siebenbürgens mit Ungarn war beschlossen worden und Siebenbürgen hatte 69 Deputierte in den Landtag zu entsenden. Ungarn hatte in einer unblutigen Revolution viel erreicht.

In Berücksichtigung der Finanzlage sprach ein Handschreiben des Kaisers und Palatin Herzog Stephan die Erwartung aus, daß Ungarn den Teil der österreichischen Staatsschuld übernehmen werde, der auf das Königreich entfiele. Obwohl das Verlangen des Kaisers billig und gerecht war, erregte es den Unmut Kossuths. Er erklärte, nicht mehr als drei Millionen jährlich zu bezahlen und trennte als Finanzminister die Finanzen Ungarns förmlich von denen der Monarchie, gab 12 1/2 Millionen Papiergeld aus, vergleichbar mit verzinsbaren Schatzkammeranweisungen. Ebenso große Unzufriedenheit erregte die Heeresfrage. Die kaiserlichen Soldaten hatten fortwährend Streit mit den Nationalgardisten und ungarische Offiziere und Soldaten widersetzten sich den Weisungen des ungarischen Ministeriums. Von allen Seiten zogen unheilvolle Wetterwolken heran.

Zuerst erhoben sich die Serben in der Woiwodina und im Banat, die ihre Nationalität behaupten wollten und sich daher der „Magyarisierung" widersetzten. Da die Serben aber auch der griechisch-katholischen Religion angehörten, erhielt ihr Bestreben auch einen religiösen Charakter. Diese Entwicklung sah man am Wiener Hof mit Wohlwollen, bedeutete sie doch eine Schwächung des magyarischen Chauvinismus. Die Serben verlangten einen Woiwoden mit eigener Verwaltungsmacht und einen Patriarchen. Als ihr Anführer, Erzbischof Rajacic in Karlowitz erschien, wurde er zum Patriarchen, Oberst Suplikac zum Woiwoden gewählt und zugleich ging eine Deputation an den Kaiser ab, um die Genehmigung dieser eigenmächtig gefaßten Beschlüsse einzuholen. Die Ungarn betrachteten jedoch das von Serben bewohnte Gebiet als zu Ungarn gehörig und sandten Truppen in das Banat. Am Pfingstmontag wurde Karlowitz von den Ungarn unter Hrabowsky angegriffen und die Serben hätten unstreitig unterliegen müssen, wären nicht zur selben Zeit die Kroaten aufgestanden. Joseph Jellaćić zum Ban (Vizikönig) ernannt, grollte den Ungarn ebenfalls wegen der tyrannischen Unterdrückung Kroatiens und der radikalen Magyarisierungsbestrebungen, weigerte sich, deren neue Verfassung anzuerkennen und befahl den Behörden der von ihm verwalteten Königreiche Kroatien, Slavonien und Dalmatien so wie der Militärgrenze, die von Ungarn kommenden Verordnungen nicht zu befolgen.

Kroatien gehörte aber faktisch seit Jahrhunderten zu Ungarn, weshalb das Verfahren des Bans Empörung war, auch wenn er ihr den Mantel der Loyalität umhing. Ferdinand konnte als König von Ungarn nicht anders als dem Ban zu befehlen, sich dem ungarischen Ministerium zu fügen. Jellaćić kümmerte sich auch um den Befehl Ferdinands weiter nicht, weil er mit einiger Sicherheit durch die Wiener Regierung gedeckt worden ist. Der Ban berief für den 5. Juni eine Versammlung der Stände ein, obwohl sie vom König untersagt worden war und folgte der Aufforderung, binnen 24 Stunden nach Innsbruck zu kommen, erst nach 12 Tagen. Diese offene Widersetzlichkeit veranlaßte strenge Maßregeln des ungarischen Ministeriums. Der Ministerpräsident Graf Ludwig Batthyány forderte am 10. Juni persönlich die Absetzung des Bans. Hierauf wurde mit einem Manifest König Ferdinands der Ban aller seiner Ämter und Würden für verlustig erklärt und angeordnet, Jellaćić und seinem Anhang den Prozeß zu machen. Am 16. Juni wurde diese kaiserliche Anordnung in den ungarischen Zeitungen veröffentlicht. Jellaćić aber blieb dessen ungeachtet in allen seinen Ämtern und Funktionen und es wurde ihm auch kein Prozeß gemacht.

Ebenso wenig wie Kroatien wollte Siebenbürgen zu Ungarn gehören und die Walachen, die sich Romanen nannten, lehnten sich ebenfalls gegen Ungarn auf. Trotzdem gelang es der magyarophilen Partei am Landtag zu Klausenburg den Beschluß der Vereinigung mit Ungarn durchzusetzen.

Am 5. Juli 1848 eröffnete Palatin Erzherzog Stephan Viktor in Pest den Reichstag auf der Grundlage des Wahlergebnisses der Frühjahrswahlen in der Hoffnung, die Gegensätze zwischen Ungarn und Österreich ausgleichen zu können. Einer der strittigen Punkte war die Niederwerfung der Unruhen in Oberitalien an der sich Ungarn finanziell und mit Truppen beteiligen sollte. Da aber die Serben in der Woiwodina, ganz Kroatien und die Rumänen in Siebenbürgen sich von Ungarn trennen wollten, machte Kossuth die Unterstützung der Kaiserlichen in Oberitalien davon abhängig, daß zuerst die Nationalitäten entwaffnet werden müßten. Diese Schwächung der ungarischen Regierung durch die rebellierenden Nationalitäten verstärkte aber nur den Einfluß Kossuths und seiner Parteigänger, die eher gegen einen Ausgleich mit den Nationalitäten waren.

Während man in Wien glaubte, daß die Reformen in Ungarn die Einheit der Monarchie zerstören würden, sah sich Kossuth im Dienste einer abstrakt erhabenen Freiheitsidee und setzte sich über das Grundgesetz und die lebenswichtigen Interessen der Gesamtmonarchie hinweg. An Kossuth und der Militärpartei in Wien scheiterten die Bemühungen des Ministerpräsidenten Batthyány. Deshalb entzog König Ferdinand am 14. August dem Palatin die Statthaltervollmacht und erklärte, selber herrschen zu müssen, das heißt, daß der Kronrat in Wien, der für Ferdinand regierte, dies so festlegte.

Als die Nationalversammlung am 5. Juli in Pest zusammentrat, rief Kossuth das Land auf, sich gegen die Serben und Kroaten zu rüsten und überhäufte Wien mit Vorwürfen, weil er die kaiserliche Regierung beschuldigte, die Rebellen zu begünstigen. Das Land brachte durch freiwillige Opfer 4 1/2 Millionen Gulden in Silber zusammen und ebenso eine große Menge Naturallieferungen. Die Nationalgarde wurde feldmäßig als Reserve eingerichtet und am 16. August vom Reichstag die Aufstellung einer Armee von 200000 Mann beschlossen. Die Serben und Kroaten sollten als erste die Aufwertung Ungarns durch ein eigenes ungarisches Ministerium zu spüren bekommen, denn die ungarischen Chauvinisten betrieben einen Kahlschlag an Minderheitenrechten, um die ungarische Sprache als Staatssprache durchzusetzen. In den Gebieten der betroffenen Minderheiten führte dies zur offenen Empörung, denn sie setzten sich gegen die immer stärker werdenden Repressionen zur Wehr.

In Wien sah man wohl einen Krieg mit Ungarn voraus, doch da in Böhmen die Revolution erdrückt und in Italien die Gefahr vorüber war, glaubte man die militärische Konfrontation nicht scheuen zu müssen; dies auch deshalb weil Ungarn wegen seiner Magyarisierungspolitik ringsum von ihm feindlich gesinnten Nationalitäten umgeben war.

Eine kaiserliche Verordnung vom 14. August hatte dem Palatin wieder alle Majestätsrechte abgenommen; man rief eine Menge von Protestaktionen einzelner Offizierskorps, Garnisonen und Regimenter gegen das ungarische Gebahren ins Leben und bereitete so die Armee auf eine eventuelle Kraftprobe vor. Der noch immer abgesetzte Ban Joseph Jellaćić rief außer seinen Kroaten auch die Grenzer in Masse zu den Waffen, nährte den Haß gegen Ungarn durch aufreizende Proklamationen und nannte sich selbst „den Auserwählten, der die Interessen eines in seinen Tiefen aufgeregten Volkes zu wahren und den in letzter Zeit durch den mutwilligsten Eigensinn der herrschenden Partei in Ungarn nicht bloß gefährdeten, sondern bereits drohend erschütterten Bestand und Verband der österreichischen Monarchie zu erhalten habe".

Beide Seiten rüsteten. Das Ministerium Ungarns nahm die Festungen Komorn, Essek, Peterwardein, Leopoldstadt und Munkács in Besitz und forderte die ungarischen Regimenter auf, den Eid auf die neue Verfassung zu schwören. Die Inbesitznahme der Festungen Komorn und Munkacs war eine gegen die Slowaken gerichtete Maßnahme, die Inbesitznahme von Leopoldstadt war gegen die Siebenbürger und die Inbesitznahme von Essek und Peterwardein gegen Serben und Kroaten gerichtet. Die ungarischen Soldaten befanden sich in einer eigenartigen Lage, denn sie hatten dem Kaiser Treue, geschworen und sollten jetzt einen anderen Eid leisten. Aber das Königreich hatte nun einmal einen eigenen Kriegsminister, dem das Gesetz zu gehorchen befahl, und doch sagte wieder dasselbe Gesetz, daß diese neue Einrichtung getroffen sei „mit unversehrter Aufrechterhaltung der Einheit der Krone und des Monarchieverbandes und Rücksichtnahme auf die Beziehungen Ungarns zu den Erbländern". Das Verlangen des Kriegsministers war aber gegen die Aufrechterhaltung des Monarchieverbandes, worauf ein Teil der Armee den verlangten Eid auf die neue Verfassung leistete, der andere Teil aber nach Österreich ging.

Kossuth war überzeugt, daß die Reaktion, wie er die Wiener Hofpartei nannte, einen offenen Bruch mit Ungarn wollte, um dann mit Waffengewalt einzuschreiten. Kossuth träumte schon lange von der vollständigen Losreißung Ungarns von der österreichischen Monarchie und von einer ungarischen Republik, in der sein eigener Ehrgeiz ihm natürlich die erste Stelle einräumte. Er sagte in einer zündenden Rede am 4. September: „Entweder muß dieser Zustand bald ein Ende nehmen, oder die Nation wäre gezwungen, für eine vollziehende Gewalt zu sorgen, welche die Mittel zu ihrer Verfahrensweise nicht aus dem Gesetze, sondern aus der Gefahr des Vaterlandes schöpfen müßte. Die Nation wird außerordentlicher Gewalten bedürfen. Das Ministerium, das sich nur innerhalb gesetzlicher Schranken bewegen kann, vermag nicht, das Vaterland zu retten." Kossuth wollte daher nicht mehr das vom Kaiser Ferdinand als König von Ungarn genehmigte ungarische Ministerium, sondern die Revolution! Und das, obwohl er selbst diesem Ministerium als Finanzminister angehörte.

Eine zahlreiche Deputation wurde nach Wien gesandt, um über die Entwicklung in Ungarn Aufklärung zu geben. Doch am selben Tag an dem die Deputierten in Wien ankamen, erfuhren sie, daß der Kaiser das Manifest vom Juni, wodurch der Ban Jellačić abgesetzt worden war durch ein Handbillet an Jellačić widerrufen und dieser wieder in seine Ämter und Würden eingesetzt worden sei. Überflüssig hingegen war das Aufbegehren der Ungarn, daß der Kaiser diesen Schritt ohne die Gegenzeichnung durch einen ungarischen Minister unternommen hatte, also eine alleinige, absolute Entscheidung getroffen, denn in der vorrevolutionären Phase in Ungarn wäre die Gegenzeichnung durch einen ungarischen Minister wohl unsinnig gewesen. Die meisten Deputierten wollten sogleich heimkehren, aber die Besonneneren unter ihnen begaben sich nach Schönbrunn, wo Ferdinand jetzt wieder residierte, bekamen aber in bezug auf Jellačić eine ausweichende Antwort, was ihre Sorge noch vermehrte. Sie hatten auch allen Grund dazu, denn die serbische Erhebung wurde von Wien sichtlich begünstigt, Truppen wurden an der Grenze zusammengezogen, Russen rückten ebenfalls vor und Ban Jellačić begann damit, die Drau zu überschreiten, um in Ungarn einzufallen.

Als die unbefriedigende Antwort des Kaisers in Ungarn bekannt wurde, forderte das ganze Ministerium seine Entlassung. Doch als der Palatin, Erzherzog Stephan erklärte, die Regierung bis zur Aufstellung eines neuen Ministeriums allein führen zu wollen, sprach Kossuth dagegen und gab vor, einen Hinterhalt zu befürchten. Erzherzog Stephan betrachtete dies als Mißtrauen gegen seine Person und ernannte den Grafen Ludwig Batthyány wieder zum Präsidenten. Batthyány versicherte, nur unter der Bedingung den Auftrag annehmen zu wollen, daß man dem Ban befehle, mit seinen Truppen Ungarn zu verlassen, worauf der Erzherzog wieder nicht eingehen konnte. Der Graf

Lambergs Ermordung

wollte hierauf zurücktreten, aber die Nationalversammlung beschwor ihn zu bleiben. Batthyány gab nach und ernannte die Mitglieder des Ministeriums, ohne Kossuth, um Wien keinen Anlaß zu Mißtrauen zu geben. Der Palatin wurde gebeten, sich an die Spitze der Armee zu stellen, was er auch versprach und an den Plattensee zu gehen vorgab, eine Verständigung zu versuchen; er ging aber nach Wien und ließ schriftlich die Entsagung seiner Würde zurück.

Da sich inzwischen die Spannungen zwischen den Slawen Ungarns und Ungarn heftig gesteigert hatten, begann im August der erbitterte National-krieg der Serben, an dessen Spitze Stratinurovic getreten war. Kossuth, zur Revolution entschlossen, spielte ab nun die Hauptrolle. Seine Anträge auf die neue Ausgabe von Papiergeld, wie die beschleunigte Errichtung einer Honvedarmee, wurden im Reichstag mit größtem Beifall angenommen.

Noch hatte der Geheime Staatsrat in Wien nicht offen erklärt, Gewalt anwenden zu wollen. Aber am 22. und 25. September erschienen zwei Erläs-se, in denen schwere Anklagen gegen die Regierung in Ungarn erhoben wur-den, den Kroaten das Recht in ihrem Streit mit Ungarn zuerkannt, FML. Graf Lamberg zum Befehlshaber aller in Ungarn stehenden Truppen und bewaffneten Korps ernannt und das ungarische Militär zum Gehorsam aufge-fordert wurde. Die Ungarn schlossen aus diesen Erlässen, daß man sie ent-waffnen wolle und protestierten am 27. September gegen diese, erklärten deren Anordnungen für ungültig und Graf Lamberg, falls er den Oberbefehl annehmen würde, zum Verräter. Graf Lamberg, neuer Stellvertreter des Kai-sers in Ungarn, wußte um die Gefahren, die ihm drohten, doch war er Soldat und gehorchte. Am 27. September begab er sich nach Ofen, wo er den Gene-ral Hrabowsky gesprochen hatte und hierauf nach Pest, um vom Grafen Bat-thyány, dessen Abwesenheit ihm unbekannt war, seine Ernennung gegen-zeichnen zu lassen. Auf der Brücke jedoch wurde er erkannt (oder erwartet?) von einem Volkshaufen aus dem Wagen gezerrt und erschlagen. Sein ver-stümmelter Leichnam wurde, auf Sensen aufgespießt, in das Invalidenhaus getragen und dort zur Schau gestellt.

Kolossy, der den ersten Streich auf ihn geführt hatte, wurde ein Jahr spä-ter als Honved gefangen und am 23. Januar 1850 hingerichtet.

Im Geheimen Staatsrat in Wien erregte die Ermordung Lambergs die größte Bestürzung und Graf Johann Mailath begab sich zu Erzherzog Franz Karl und bat, wenn man wieder einen Kommissär nach Ungarn schicken wolle, ihn zu wählen, denn wenn auch sein Tod gewiß sei, so solle man doch nicht sagen, daß in der Zeit solcher Bedrängnis kein Ungar sein Leben für das Kaiserhaus in die Schanze geschlagen habe. Der Erzherzog aber antwortete ihm: „Wir wollen kein Leben mehr opfern".

Bereits am 3. Oktober 1848 war das kaiserliche Handschreiben unterzeichnet worden, das den ungarischen Reichstag auflöste, alle nicht sanktionierten Beschlüsse desselben für ungültig erklärte, das ganze Königreich Ungarn den Kriegsgesetzen unterwarf und den Banus Jellaćić zum bevollmächtigten Kommissär sowie zum Stellvertreter des Königs und zum Oberbefehlshaber aller in Ungarn, seinen Nebenländern und Siebenbürgen liegenden regulären und irregulären Truppen ernannte. Alle diese Schritte standen im Widerspruch zu den von König Ferdinand sanktionierten Bestimmungen der Aprilgesetze. Der ungarische Reichstag protestierte gegen dieses Reskript, erklärte Jellaćić zum Landesverräter und übertrug die exekutive Gewalt am 8. Oktober 1848 einem Landesverteidigungskomitee, an dessen Spitze Ludwig Kossuth als Präsident stand. Weiters sprachen alle Anzeichen dafür, daß man an der Grundentlastung nicht rütteln dürfe, wolle man nicht alle Bauerndörfer in Revolutionsherde verwandeln. Der Kabinetsrat in Wien erließ daher schon am 15. Oktober 1848 eine königliche Proklamation, die den Bauern ihre Entlastung von Roboten, Zehnten usw. verbürgte.

Nach der Kapitulation Wiens am 29. Oktober 1848 erschien ein königliches Manifest, welches ein bewaffnetes Einschreiten gegen die Länder der Stephanskrone ankündigte; abermals wurden alle nicht sanktionierten Gesetze kassiert, alle Beschlüsse des aufgelösten Reichstags für null und nichtig erklärt. Nur die Gesetze, die die Bauernbefreiung betrafen, blieben aufrecht.

In Ungarn wurde, nach dem Rechtsverständnis des Geheimen Staatsrats, gesetzeswidrig ein Landesausschuß gewählt und Kossuth, den man an dessen Spitze stellte, wurde dadurch tatsächlich der Herr von Ungarn, zugleich übernahm er wieder die Finanzen und die übrigen Minister traten ebenfalls in den Ausschuß ein. Man vertrat die Meinung, daß diese Sofortmaßnahmen nötig seien, weil Jellaćić mit 50000 Mann an der Drau stehe und vom österreichischen Kriegsminister Graf Latour mit Kanonen und allem Kriegsbedarf versehen werde. Der erste Zusammenstoß der Ungarn und Kroaten fand am 29. September auf dem Hügelland von Pákozd am Velencze - See, etwa drei Tagemärsche vor Pest statt, wo es zwischen den Armeen des FML und Banus von Kroatien, Josip Baron Jellaćić und des FML Móga zum Kampf kam. Beide Feldherren kämpften unter dem Feldzeichen der k. k. Armee. Feldmarschalleutnant Jellaćić zog im Auftrag des Kaisers Ferdinand gegen Pest, der Feldmarschalleutnant Móga aber verteidigte dasselbe Pest für den König Ferdinand. Hüben wie drüben Abteilungen desselben Herrschers, desselben Heeres, aufgewachsen in denselben Traditionen, ausgebildet nach demselben Reglement. Die Schlacht - im Wesentlichen eine heftige Kanonade auf einer langausgehnten Linie, ohne größere Verluste auf beiden Seiten, bedeutete für die ungarischen Truppen gewissermaßen das, was Valmy für die Heere der französischen Revolution gewesen war. Offiziere und Mannschaften widerstanden endgültig der Aufforderung, sich Jellaćić anzuschließen, und behaupteten sich - 16 000 Mann stark - gegenüber einer beträchtlichen Übermacht. Beide Heerführer waren nicht bereit, einen entscheidenden Waffengang zu erzwingen. Auf beiden Seiten war wohl die psychische Belastung für Offizierskorps und Soldaten, gegen ehemalige Kameraden derselben Armee kämpfen zu müssen zu groß. Jellaćić und Móga schlossen einen dreitägigen Waffenstillstand. Móga zog seine Truppen nach Martonvásar zurück, während Jellaćić, der eigentlich Pest besetzen wollte, in Richtung zur österreichischen Grenze weiterzog. Das königliche Reskript vom 3. Oktober brachte Banus Jellaćić die zu spät eingetroffene Autorisierung seiner Vorgangsweise in Ungarn. Hätte er sie früher den Offizieren Mógas vorweisen können, wären viele auf seine Seite getreten. Das Reskript dekretierte die Auflösung des ungarischen Reichstages und verhängte über das Königreich Ungarn das Kriegsrecht. Banus Jellaćić wurde zum königlichen Kommissar für Ungarn ernannt, alle Truppen wurden ihm unterstellt und er wurde mit diktatorischen Vollmachten ausgestattet. Diesen königlichen Befehlen hätten die Offiziere in Ungarn gehorcht, aber das Reskript kam zu spät und Jellaćić hatte es vorher den Offizieren nicht vorweisen können. Indessen hatte der ungarische Reichstag am 7. Oktober das Reskript als Kriegserklärung des Königs an sein Land zurückgewiesen, dieses als Bruch der Verfassung erklärt und im Widerstand eine Armee aufgestellt, die sich teils aus alten regulären Einheiten und teils aus Freiwilligen bildete und die Befehle der ungarischen Regierung befolgte.

Die kroatische Armee des Banus Jellaćić erreichte am 3. Oktober Raab und am 5. Oktober Ungarisch - Altenburg. Sein slawonisches Flankenkorps unter den Generälen Roth und Philippović, das er zur Rückendeckung zurückließ, wurde wegen der Plünderungen von der erbitterten Bevölkerung eingeschlossen und mußte von den ungarischen Offizieren Moritz Percel und Arthur Görgey mit starken Kräften in die Enge getrieben, am 7. Oktober bei Ozora die Waffen strecken. In dieser prekären Situation erreichte Jellaćić das Reskript vom 3. Oktober. Jellaćić blieb vorerst mit dem Gros seiner Armee in Ungarisch - Altenburg stehen und forderte vom österreichischen Kriegsminister Latour vier bis fünf Kavallerieregimenter, zehn bis zwölf Bataillone Linieninfanterie und Artillerie an, um baldigst gegen Ofen vorrücken zu können.

Latour hatte unterdessen seine geheime Kooperation mit Banus Jellaćić nicht länger vor der Öffentlichkeit verbergen können; sein kompromittierender Briefwechsel mit dem Banus war abgefangen und Anfang Oktober in Wiener und Pester Zeitungen veröffentlicht worden. Das Mißtrauen gegen den Kriegsminister, das in den Kreisen der Wiener radikalen Demokraten immer schon vorhanden war, schlug in erbitterten Haß um, als das königliche Manifest vom 3. Oktober bekannt wurde und Latour in Wien garnisonierende Truppen auf den ungarischen Kriegsschauplatz beorderte, um dort Jellačić von einem in Preßburg zu bildenden Brückenkopf aus zu unterstützen. In Banus Jellačić erblickten die Wiener Parteien, vor allem die Liberalen und revolutionären Radikalen ein Werkzeug der Gegenrevolution, die sich, nach der Niederwerfung Ungarns auch gegen Wien richten würde.

Die Verhinderung des Abmarsches der meuternden Grenadiere des Bataillons Richter, hatte zur Folge, daß Graf Latour das 15. Galizische Infanterieregiment Nassau zur Entwaffnung der Meuternden einsetzte. Das Bataillon Richter war dazu bestimmt worden am 6. Oktober 1848 an den ungarischen Kriegsschauplatz abzugehen, und das Heer des Banus Jellačić, das sich zu diesem Zeitpunkt bereits am Marsch zur österreichischen Grenze befand, zu unterstützen. Teile der Wiener Nationalgarde und die Akademische Legion fraternisierten mit den meuternden Truppen. Generalmajor Hugo von Bredy hatte vom Kriegsminister, Feldzeugmeister Graf Latour, den Befehl erhalten, den Abtransport der renitenten Grenadiere, die in Weinschenken der Taborgegend bereits über Gebühr dem Wein zugesprochen hatten, nötigenfalls mit Gewalt zu veranlassen. Generalmajor Bredy hatte mit dem Schießbefehl auf die meuternden Soldaten zulange zugewartet, weil sich auch Zivilisten unter diesen befanden. Erst als mehrere Zivilisten versuchten, die Kanonen des Regiments Nassau zu entwenden und diese bereits einige Geschütze wegbrachten, ließ Bredy schießen. Nationalgarden, Akademische Legion und die meuternden Grenadiere, die einen Teil des Bataillons ausmachten, erwiderten daraufhin das Feuer, womit der Kampf um die Taborbrücke begann. Generalmajor Bredy fiel durch einen Kopfschuß und zwei andere Offiziere starben später an den Folgen der Verwundungen. General Frank wurde gefangengenommen. Das Regiment und der Kampf zogen sich bis in die Stadt, wo Stadt- und Vorstadtgarden aufeinander schossen. Die Stadtgarde wurde in die Stephanskirche gedrängt, wo die Gardeoffiziere Ackermann und Dr. Drechsler schwer verwundet wurden. Am Graben wurde mit Kartätschen, jedoch hoch geschossen. Der Kampf forderte auf beiden Seiten etwa 30 Tote an Militär- und Zivilpersonen. Dieser Kampf um die Taborbrücke war das auslösende Moment für den Kampf um Wien im Oktober 1848. Teile der Revolutionäre wollten die Erhaltung des Konstitutionalismus und andere wieder den radikalen Umsturz der herrschenden Staatsform, also der Monarchie.

Die Truppen der Wiener Garnison unter Graf Karl Auersperg zogen sich aus den Kasernen in die Belvedere- und Schwarzenberggärten zurück. Das kaiserliche Zeughaus mit seinen großen Waffenvorräten war von den Revolutionären erstürmt und geplündert worden. Nachdem Banus Jellačić Nachricht von den dramatischen Ereignissen in Wien erhalten hatte, beschloß er, da seine Stellung infolge der Übergabe der wichtigen Festung Komorn an Kossuths Truppen unhaltbar geworden war, auf österreichisches Gebiet überzutreten und in Anlehnung an die Wiener Garnison den weiteren Verlauf der Ereignisse abzuwarten. Den kurzen Aufenthalt an der Grenze hatte der Banus genützt und die Musterung und Reorganisation seiner Truppen vorgenommen. Die weniger disziplinierten Verbände wurden unter Generalmajor Thodorović entlang der steiermärkisch - ungarischen Grenze nach Kroatien zur Deckung des Landes in Marsch gesetzt. Am 9. Oktober überschritt der Banus mit seinen verläßlichen Truppen die Leitha und nahm Verbindung mit den Truppen Graf Auerspergs auf, wo die Ankunft des Bans begeistert begrüßt wurde, denn in den unmittelbar auf den 6. Oktober folgenden Tagen war die Entschlossenheit der zwar bewaffneten aber eher führungslosen Massen der Wiener Aufständischen so groß, daß man sogar einen Angriff auf das Militärlager Auerspergs diskutierte.

Feldmarschall Alfred Fürst Windischgrätz, der von Kaiser Ferdinand zum Oberbefehlshaber aller kaiserlichen Truppen, ausgenommen jener in Italien, ernannt worden war, hatte die Gefahr, die der Monarchie von Seiten der Wiener Revolution in Kollaboration mit den Ungarn drohte, bestimmt nicht zu gering veranschlagt, deshalb sollte eine ansehnliche Truppenmacht (an die 80 000 Mann!), die er vor Wien versammeln wollte, im Hinblick auf weitere militärische Aktionen gegen das rebellierende Ungarn zusammengezogen werden. Durch Kundschafter wußte Windischgrätz, daß die Wiener Nationalgarde einschließlich neuformierter Mobilgarden und der Akademischen Legion ungefähr 20 000 Mann stark war. Davon dürfte ein Drittel der kaiserlichen Armee gleichwertig gewesen sein.

Robert Blum, Julius Fröbel und Moritz Hartmann kamen aus Frankfurt angereist, um ihre Wiener Gesinnungsgenossen ideell zu stärken. Ungarische Emissäre trieben ihr demagogisches Unwesen und hetzten die Wiener zum Kampf gegen die „Reaktion" (Bündnis zwischen Thron und Altar) auf.

Da sich in Ungarn „aus der Gefahr des Vaterlandes schöpfend", wie Kossuth sich ausdrückte, eine Regierung gebildet hatte, wurde durch die königliche Verordnung vom 3. Oktober FZM Baron Récsy von Récse zum ungarischen Ministerpräsidenten ernannt und mit dem Auftrag ausgestattet, ein Kabinett zu bilden. Baron Récsy hat die Verordnung des Geheimen Staatsrats gegengezeichnet, dem Pester Reichstag die Ermordung Lambergs zugeschrieben, diesen für aufgelöst erklärt, den Belagerungszustand über das Königreich verhängt und den von den Ungarn gehaßten Ban Jellačić zum königlichen Kommissär für Ungarn bestellt. Kossuths Landesausschuß erklärte hierauf die königliche Verordnung für ungültig, den Ban und alle, die ihm gehorchen würden, für Verräter und verhängte seinerseits über Baron Récsy den Anklagestand. Der Landesausschuß Kossuths aber erklärte sich in Permanenz, er hatte sich, durch seine Gegenmaßnahme, für den Krieg entschieden.

Vorgeschichte der Oktoberrevolution in Wien:

Am 22. Juli eröffnete Erzherzog Johann als Stellvertreter des in Innsbruck weilenden Kaisers, den konstituierenden Reichstag in Wien. Er vereinigte 383 Deputierte der deutsch - slawischen Länder (darunter 94 Bauern), die in nationale Gruppen zerfielen. Eine feste Parteibindung nach politischen Grundsätzen war nicht vorhanden. Die Wahlen für den konstituierenden Reichstag waren unter sehr geringer Beteiligung des Volkes vor sich gegangen. Sieger waren die Liberalen und gemäßigten Konservativen. Die revolutionäre Stimmung der bürgerlichen Kreise war bereits im Abklingen, weil man glaubte, die Ziele der Revolution erreicht zu haben und weitere Ausschreitungen nur Handel und Wandel geschadet haben würden. Auf Antrag des Wiener Studenten Hans Kudlich vom 26. Juli kam es am 7. September zur Aufhebung der Untertanenlasten (Bauernbefreiung). Die Bauern und die öffentliche Hand wurden aber verpflichtet, den Grundherren eine Ablöse zu bezahlen. Die Bauernschaft, die sich an den revolutionären Ereignissen so gut wie gar nicht beteiligt hatte, war damit zu einem großen sozialen Erfolg gekommen und für die Krone gewonnen. In der Eröffnungsrede des Reichstages hatte Erzherzog Johann erklärt, der Kaiser wünsche, daß sich alles zum Besten wenden möge. Für Italien wurde betont, daß der Krieg nicht gegen die Freiheitsbestrebungen der italienischen Völker gerichtet sei sondern „unter vollständiger Anerkennung der Nationalität nur die Ehre der österreichischen Waffen gegenüber den italienischen Mächten zu behaupten habe". Im Reichstag kam es jedoch zur Bildung von zwei Lagern. Das eine wollte die Zentralisation, die Errichtung eines einigen und freien Österreich auf Grundlage der freien Gemeinden. Das andere Lager wollte eine Art Bundesstaat, und zwar: Polnisch - Österreich, Tschechisch - Österreich, Italienisch - Österreich, Deutsch-Österreich und Ungarn - Kroatien als selbständige Gruppe. Diese zweite Version hätte wahrscheinlich ein friedliches Zusammenleben der Völker Österreichs bewirkt, aber ein besonderes Begünstigen der einen vor den übrigen, oder ein gewaltsames Verschmelzen mehrerer, würde allen zum Unheil gereichen.

Das Ministerium Pillersdorf war bereits zurückgetreten. Freiherr Johann Philipp von Wessenberg seit 1801 im diplomatischen Dienst, besorgte nun das Äußere, Latour Krieg, Kraus Finanzen, Bach Justiz, Hornbostel Handel, Doblhof das Innere und Unterricht und Schwarzer die öffentlichen Arbeiten. Auf Doblhof setzte man großes Vertrauen, denn er hatte die frühere Verwaltung oft schwer getadelt. Unter seinen ersten Beschlüssen war der, den Kaiser aufzufordern von Innsbruck nach Wien heimzukehren, was Ferdinand I. auch sogleich tat. Wien zeigte sich nun ruhiger und Wessenberg wurde im Juni zum Ministerpräsidenten ernannt und bildete ein liberales Kabinett, dem er bis November, also während der schwersten Zeit der Revolution, vorstand. Ernster wurde es erst wieder durch die große Totenfeier für die Märzgefallenen am 28. Juli, der mehrere Minister und ein Teil des Reichsrats beiwohnten. Am 6. August feierte man den Anschluß Österreichs an Deutschland, die Nationalgarde trug ebenso wie das deutschsprechende Militär die deutsche Kokarde. Am 12. August traf der Kaiser ein und wurde begeistert empfangen. Fest folgte auf Fest und die Feiern zur Heimkehr Ferdinand I. dauerten bis 19. August.

Um die Masse des Volkes vom Müssiggang und vom Demonstrieren abzuhalten, hatte die Kommune höhere Löhne für ihre Arbeiten bezahlt. Als sie das auf die Dauer nicht konnte und die Löhne wieder herabsetzte, waren die Arbeiter so erbittert, daß die Munizipalgarde mit Waffengewalt gegen sie vorgehen mußte; dabei gab es 22 Tote und 300 Verwundete. Freiherr von Doblhof benützte die Gelegenheit dazu, dem Staat wieder zu mehr Autorität zu verhelfen und erklärte in einer Verordnung vom 24. August, daß das Innenministerium fortan die Exekutivgewalt allein übe. Damit war faktisch die Auflösung des Sicherheitsausschusses ausgesprochen. Obwohl dieser nur provisorisch bestanden hatte, wurde dessen Beseitigung als Streich der Reaktion ausgerufen. Stürmisch wurde dessen Wiedereinsetzung gefordert und abermals mußte die bewaffnete Macht einschreiten.

Die Minister hatten sich im Hofkriegsratsgebäude versammelt und Latour hatte den Reichsratspräsidenten Strobach, Smolka und Fischhof beigezogen, um mit ihrer Hilfe den Sturm zu bewältigen. Wütend stürmte das rebellische Volk heran, um den Kriegsminister zu suchen. Bach und Wessenberg ergriffen sogleich die Flucht, während der Reichstag eine Deputation, an der Spitze den populären Abgeordneten Borrosch aus Prag, in das Hofkriegsratsgebäude schickte, um den Grafen zu schützen, der sich in einem dunklen Verschlag versteckt hatte. Die Rebellen durchsuchten bereits die Gänge und Zimmer nach ihrem Opfer, als Borrosch seinen Hut unter die wütende Menge warf und ausrief: „Nur über meine Leiche geht der Weg zu ihm!" Als die Menge sich zu beruhigen begann, entfernte sich Borrosch.

Offiziere und Deputierte redeten indeß dem Minister zu, sich zu verkleiden, mit dem Militär sich zu entfernen und auf einem Zettel seine Abdankung zu schreiben. Latour schrieb: „Mit Genehmigung Sr. Majestät bin ich bereit, meine Stelle als Kriegsminister niederzulegen. Wien am 6. Okt. 1848."

Baillet-Latour, FZM. (= Feldzeugmeister)

Mit dieser Schrift beruhigte Smolka die Menge. Da aber immer neue Haufen eindrangen, war die Gefahr wieder gestiegen. Der Graf stellte sich endlich unter den Schutz der Deputierten und wollte sich entfernen. Die Deputierten wurden aber von Latour weggedrängt und der Kriegsminister mit Fäusten mißhandelt. Graf Gondrecourt deckte ihn mit seinem Leib, doch man schlug den Gepeinigten mit einem Hammer auf den Kopf und bald erhielt er viele Säbelhiebe und Bajonettstiche. Endlich knüpfte man die Leiche an einem ebenerdigen Fenster auf, nahm sie jedoch nach zehn Minuten wieder ab und hängte sie mit einem Riemen auf den nächsten Laternenmast. Bald wurden ihm noch die Kleider vom Leib gerissen und die nackte schon unkenntlich gewordene Leiche noch weiter verstümmelt. Erst tief in der Nacht wurde sie abgenommen.

Die Grenadiere der Hauptwache des Hofkriegsratsgebäudes standen während dieser furchtbaren Szene ruhig „Gewehr bei Fuß", denn ihr Hauptmann, blind gehorsam, hielt sich streng an den Befehl des Grafen, nicht einzuschreiten. So endete Theodor Graf Baillet - Latour, der ein ruhmreiches Soldatenleben hinter sich hatte. Noch am selben Tag raubte das Volk aus dem Zeughaus die Waffen und rüstete sich, weil man nur zu gut wußte, daß dieses Verbrechen nicht ungesühnt bleiben würde. In der Nacht des 6. Oktober begab sich eine Deputation des Reichsrats in das Schloß Schönbrunn und bat, ein neues Ministerium bilden zu dürfen. Die Bitte wurde zwar genehmigt, aber niemand mit der Bildung desselben betraut. Am frühen Morgen des 7. Oktober verließ der Hof unter starker militärischer Bedeckung Schönbrunn und fuhr nach Olmütz.

In Wien brach, wie man voraussah, eine riesige Unordnung aus. Zwei Minister waren bereits geflohen, die anderen folgten dem Hof bis auf Krauß, den Finanzminister. Nun herrschten Reichstag, Gemeinderat, Zentralausschuß und das National - Oberkommando, die aber nur wenig Autorität besaßen.

Am 9. Oktober erfuhren die vorgenannten Stellen, daß Feldmarschalleutnant Baron Jellačić mit 24 000 Kroaten und Fürst Windischgrätz mit starker Macht aus Böhmen anrücken und Feldmarschalleutnant Graf Auersperg die Anhöhen südlich von Wien besetzt habe. Da Wien in wenigen Tagen eingeschlossen sein würde, boten die Aufrührer alles auf, sich zu rüsten. Freikorps entstanden, die allgemeine Volksbewaffnung wurde angeordnet, mobile Garden errichtet und zum Oberkommandierenden der Nationalgarde der frühere Leutnant Wenzel Cäsar Messenhauser am 12. Oktober bestellt. Messenhauser erhielt den Auftrag, die Residenz gegen die Militärdiktatur zu verteidigen, gerade so als ob die Diktatur des Pöbels keine solche gewesen wäre. Der Frankfurter Abgeordnete Robert Blum sprach dazu die unseligen Worte: „Zweihundert müssen noch latourisiert werden!"

Der Rumpfreichstag, der nur mehr aus der Fraktion der sogenannten „Linken" bestand, der sich aber anmaßte im Namen des ganzen Reichstags zu entscheiden, tagte in Permanenz; er sandte die Abgeordneten Bilinski und Prato am 10. Oktober in das Lager des Banus in Rothneusiedl und forderte ihn auf, sich nach Kroatien zurückzuziehen. Der Banus aber weigerte sich, Weisungen der Wiener Volksvertretung anzunehmen und sagte: „Die Beweggründe, welche mich veranlassen, den Marsch der mir untergeordneten Truppen hieher zu richten, sind die Pflichten, die mir sowohl als Staatsdiener im weitesten und Militär im engeren Sinne obliegen. Als Staatsdiener bin ich verpflichtet, nach meinen Kräften der Anarchie nach Möglichkeit zu steuern, als Militär an der Spitze meiner Truppen gibt mir der Donner der Geschütze die Marschdirektion. Von ungarischen Truppen werde ich nicht verfolgt, wenn sie aber k. k. Truppen auf österreichischem Gebiet angreifen sollten, werde ich Gewalt mit Gewalt zu vertreiben wissen. Auf österreichischem Grund und Boden kenne ich keine kroatischen und ungarischen, sondern bloß k. k. Truppen, denen anzugehören die meinigen die Ehre haben." An diesem 10. Oktober hatte der Bruder des Bans Graf Auerperg verständigt, daß die kroatische Armee vor Wien stehe. An diesem 10. Oktober stellte die Kavalleriebrigade Generalmajor Lederer beim Neugebäude, das bereits vorher von Auersperg gesichert worden war, den Kontakt mit der Wiener Garnison her, und die beiden Armeekorps Auersperg und Jellačić operierten von diesem Tag an gemeinsam. Die Divisionen des Banus lagerten am 10. Oktober in Inzersdorf, Ober- und Unterlaa und Rothneusiedl, wo die Wiener Abgeordneten vom Ban abgefertigt worden waren. Jellačić sperrte durch Geschütze, die in der Freudenau aufgestellt worden waren, sofort die Dampfschiffahrt auf der Donau und begann als erster, den Zernierungsring um Wien vom Südosten her aufzubauen. Erst nach einer Aussprache mit Jellačić in einem Gasthaus in der Ungarnstraße außerhalb von St. Marx fühlte sich Auersperg sicher genug, seine Stellungen im Belvedere- und Schwarzenberggarten aufzugeben und seine Truppen auf den Laaer- und Wienerberg zurückzuziehen. Die Korps Auersperg und Jellačić konnten außerdem einem ungarischen Angriff vereint besser begegnen als ein Korps allein. Von den etwa 28000 Mann Infanterie, die Jellačić befehligte, zählte nur ein Teil von etwa 7 bis 8 Bataillonen zu den Elitetruppen, der Rest waren kroatische Landsturmeinheiten. Nur die Kavallerie und die Artillerie, die Jellačić noch vom Kriegsminister zur Unterstützung gesandt worden waren, gaben seinem Armeekorps die Stärke, die eine erfolgreiche Defensive gegen die ungarische Armee gewährleistete. Gemeisam mit Auersperg erwog der Ban den Rückzug nach Krems für den Fall, daß die Stellungen bei Wien nicht gehalten werden könnten. Der Donauübergang bei Krems wurde zu diesem Zweck durch zwei dort bereits eingetroffene Infanteriebataillone gesichert. Windischgrätz empfahl Auersperg aber am 14. Oktober, die Stellungen auf dem Laaerberg so lange als möglich zu halten und einen eventuellen Rückzug nur bis zu der Verteidigungslinie Kahlenberg - Hermannskogel - Roßkogel - Wienfluß vorzunehmen. Auersperg räumte am 12. Oktober früh am Morgen mit seinem Korps die Stellungen im Schwarzenberggarten und zog sich durch die Favoritenlinie in Richtung Wiener- und Laaerberg zurück. Die Armeekorps Auersperg und Jellačić waren am 14. Oktober kampfbereit auf dem Wiener Kriegsschauplatz aufmarschiert und schlossen Wien im Halbkreis vom Osten und Süden her, von der Freudenau bis Ober St. Veit, ein. Die Angriffsrichtung der beiden Armeekorps war vorerst noch gegen den ungarischen Feind gerichtet, von dem die Armeeführer wußten, daß er am 11. Oktober bereits bei Nickelsdorf lagerte.

Da Messenhauser sich vom Gedanken, daß er kein Rebell, sondern ein treuer Untertan sei, nicht trennen konnte, wollte er Wiens Schicksal auch nicht mit der Revolution in Ungarn identifizieren. Doch Feldmarschalleutnant Móga gab sich in seinem Bericht an das ungarische Kriegsministerium optimistisch: „Es ist in den gegenwärtigen Verhältnissen nur zu gewiß, daß die Bewegungen der Armee nur von den politischen Rücksichten abhängen. Wie die Sachen jetzt stehen, wird unsere Armee über die österreichischen Grenzen rücken und ihr möglichstes tun, selbst wenn sich ihr die ganze österreichische Armee entgegenstellt." Móga gab die Stärke seiner Truppen mit 20700 Mann, 2710 Pferden und 60 Geschützen an. Wären die ungarischen Truppen am 11. Oktober in Österreich eingefallen, wäre Auersperg gewiß in Bedrängnis geraten. Aber sie taten es nicht, weil sich die ungarischen Offiziere weigerten, gegen die Österreicher zu kämpfen. Einer von ihnen sagte: „Bin ich ein Edelmann, will ich nicht stehen unter Schuster und Schneider, will ich nichts zu tun haben mit Wien. Bist du in Ungarn, bist du und Jellačić mein Feind, sonst bist du mein Kamerad. Hab ich auch getragen des Königs Rock, will ich nicht außer Ungarn fechten gegen seine Husaren."

Móga hatte Auersperg am 12. Oktober angezeigt, daß er Jellačić auf österreichischen Boden verfolgen werde, und forderte ihn zur Neutralität im bevorstehenden Kampf auf. Móga, der auch in der österreichischen Offizierstradition aufgewachsen war, war nur allzugern bereit, dem Widerstand in den eigenen Reihen gegen einen Krieg mit Österreich nachzugeben. Das altöster-reichische Offiziersbewußtsein war in diesem altgedienten Soldaten noch stärker lebendig als der ungarische Patriotismus, und ein Bündnis mit den revolutionären Kräften lag dem Feldmarschalleutnant völlig fern.

Unter diesen deprimierenden Umständen endete der geplante Einmarsch der ungarischen Armee in Österreich recht kläglich mit der Besetzung der Leithabrücke bei Bruck durch zehn Husaren; das Hauptlager auf der Parndor-fer Heide wurde gar nicht erst mobilisiert. Den Beobachtern des Banus blieb aber auch nicht verborgen, daß im ungarischen Lager, auf Drängen von Kos-suth, die Bereitschaft wuchs, die österreichischen Grenzen doch zu über-schreiten, um den Wienern, die für Ungarn am 6. Oktober aufgestanden waren, und denen er am 8. Oktober Hilfe versprochen hatte, zu Hilfe zu kom-men. Das Divisionskommando der zur Abwehr und Beobachtung der Ungarn bestimmten Verbände wurde Generalmajor Ottinger übertragen. Die Kaval-leriebrigaden Generalmajor Baltheser und Generalmajor Lederer wurden hin-tereinander gestaffelt an der Schwechat und an der Fischa konzentriert. Vor-posten wurden in Maria Elend, Arbesthal und Stixneusiedl und Trautmanns-dorf aufgestellt.

Am 16. Oktober rückten tatsächlich ungarische Husaren bis Göttles-brunn vor und besetzten diesen Ort. Nach einem Bericht des ungarischen Unterstaatssekretärs Pulszky an Messenhauser und General Bem besetzten ungarische Vorposten am Abend des 16. Oktober auch Petronell, wo sie den feindlichen Posten in Maria Elend gegenüber standen. Der äußerste Punkt, den die Ungarn an diesem Tag erreichten war der Ludwigshof bei Enzersdorf an der Fischa. Irreguläre ungarische Verbände - Bauern mit Sensen - und eini-ge Husaren kamen an diesem Tag auch nach Hainburg. Sie verteilten in Hainburg, Wolfsthal und Deutsch - Altenburg aber nur Flugblätter, mit denen sie die österreichische Bevölkerung zum Kampf gegen den Räuber - Häuptling Jellačić aufriefen, um Wien zu retten. „Wir kommen zu eurem Beistand! Gemeinsam wollen wir kämpfen, Deutsche und Ungarn, für unsere Freiheit, für unser gutes Recht! Hoch unser gnädiger Kaiser und König! Nie-der mit den feilen Dienern der Camarilla! Es lebe die konstitutionelle Frei-heit, Recht und Brüderlichkeit! Auf zu den Waffen! Auf nach Wien!" Aber schon am nächsten Morgen zogen sich die Ungarn wieder hinter die Leitha zurück. Wie der Regierungskommissär Csányi an Pulszky berichtete, hatte der Befehl des ungarischen Reichstags vom 14. Oktober, nur die Landesgren-zen zu verteidigen, der Offensivbewegung ein Ende bereitet. Am 17. und 18. Oktober wurde Generalmajor Ottinger mit der ungarischen Vorhut in kleine Gefechte an der Leithabrücke und am Bahndamm bei Bruck ver-wickelt.

Kossuth hoffte, daß die Wiener beim Angriff der Ungarn auf die kaiserliche Armee den Ungarn mit 10000 bis 20000 Mann und 24 Kanonen zuhilfe kommen und den Kaiserlichen und Kroaten in den Rücken fallen werden. Eine von Pázmándy, Móga unn Csanyi im Parndorfer Lager verfaßte Proklamation vom 19. Oktober sagte den Wienern die Hilfe für die folgenden Tage voraus: „Das ungarische Heer ist bereit, für die Gesamtinteressen zu leben und zu sterben." Kossuth selbst führte Móga anstatt der versprochenen 5000 wohlbewaffneten Streiter aber 15000 Sensenmänner zu, die man nur in der zweiten Linie verwenden konnte.

Feldmarschall Fürst Windischgrätz versuchte am 17. Oktober mit einem strikten Befehl an Generalmajor Móga zu erreichen, daß sich dieser ihm unterstelle. Móga tat dies nicht, aber seine Offiziere, die einem Krieg gegen Österreich sehr skeptisch gegenüber standen, schwankten in ihrer Haltung noch mehr. Am Abend des 20. Oktober rückten ungarische Truppen wieder in Hainburg ein. Am 21. Oktober setzte sich Móga mit einer etwas stärkeren Macht als beim ersten Versuch wieder über die Leitha in Richtung Fischamend in Bewegung. Diese Streitmacht bestand aus fünf Bataillonen Infanterie und Nationalgarde, drei Divisionen Husaren und einer Batterie. Die schwachen Vorposten der Österreicher zogen sich zurück. Die Ungarn konnten ohne große Mühe einen bedeutenden Terraingewinn erzielen. Dieses Vorrücken war durch lebhaftes Artilleriefeuer an der Leitha am 20. Oktober eingeleitet worden. Am 21. Oktober stießen Mógas Verbände in drei Kolonnen in Richtung Göttlesbrunn, Stixneusiedl und entlang der Trasse der Brucker Eisenbahn nach Westen vor. Die Chevauxlegers (leichte Reiterei) vom Regiment Kreß wurden in Rückzugsgefechte verwickelt. Móga war die Besetzung einer Linie gelungen, die durch die Ortschaften Regelsbrunn, Arbesthal, Stixneusiedl und Trautmannsdorf zu bezeichnen war. Schon der darauffolgende Tag brachte aber den abermaligen Rückzug hinter die Leitha. Damit hatte Feldmarschalleutnant Móga die letzte Chance auf eine wirksame Hilfeleistung für Wien vergeben. Der hastige Rückzug der Ungarn, ohne mit den österreichischen oder kroatischen Verbänden gekämpft zu haben, stand im Zusammenhang mit der militärischen Situation in Oberungarn. Fürst Windischgrätz hatte vom kommandierenden General in Galizien, Hammerstein, Truppen angefordert, um Preßburg vom Norden her bedrohen zu können. Die Brigade des Feldmarschalleutnants Simunić war im Laufe des Oktober in Eilmärschen aus Galizien in Ungarn eingefallen und bedrohte seit 20. Oktober bereits das Waagtal und das Trentschiner Komitat. Pulszky als politischer Kommissar und Oberst Klapka leiteten zu dieser Zeit die Arbeiten zur Befestigung des wichtigen Brückenkopfes Preßburg, dessen Gefährdung auch die Armee Mógas an der Leitha bedroht hätte. Dies scheint aber nicht zu stimmen, denn vor den Truppen rechtfertigte Móga den Rückzug damit, daß er auf Verstärkungen Kossuths warten wolle. Pulszky aber hatte am 20. Oktober den Wienern aus Preßburg geschrieben:„Wenn Wien morgen starken Kanonendonner hört, so möge es einen Ausfall machen, um die Kräfte des Feindes zu teilen. Übermorgen geschieht der Hauptangriff, wenn er nicht morgen durch den Feind provoziert wird." Nachdem er aber erfuhr, daß sich Móga abermals zurückgezogen hatte, erkannte er klar, daß der Fall Wiens nur mehr eine Frage von kurzer Zeit war.

Am 24. Oktober traf Kossuth bei Nickelsdorf ein. Auf Grund des Befehls von Windischgrätz vom 17. Oktober, der viele ungarische Offiziere verunsichert hatte, wurde nun diesen das weitere Verbleiben bei der ungarischen Armee freigestellt. In Gegenwart von Feldmarschalleutnant Móga und der Generäle Graf Teleky, Költsy, des zwölfköpfigen Landesverteidigungsausschusses, der im Pfarrhof Nickelsdorf Quartier bezogen hatte, sowie von hundert Abgeordneten des Pester Landtages wurden die unzuverlässigen Elemente, von denen Görgey sagte, sie würden diesseits der ungarischen Grenze aus Angst vor den Kommissaren für, jenseits aber gegen eine Vorrückung nach Österreich stimmen, aus den Führungsstellen entfernt. Noch in Nickelsdorf berief Kossuth das so gesäuberte Offizierskorps zu sich, tadelte das Unterlassen der Verfolgung von Jellaćić und setzte die Absendung eines Ultimatums an Windischgrätz durch. In diesem Schreiben, das Oberst Emmerich Ivánka und der Major der Preßburger Nationalgarde Dobay überbrachten, wurde von Windischgrätz nicht weniger als die Entwaffnung von Jellaćić, die Unterlassung von Feindseligkeiten gegen Ungarn und die Aufhebung der Belagerung Wiens gefordert. Daß Feldmarschall Windischgrätz auf dieses angesichts der Machtverhältnisse irreal anmutende Ansinnen antwortete, daß er mit „Rebellen" nicht verhandle, war selbstverständlich. Windischgrätz behielt Oberst Ivánka als Geisel zurück, womit er Kossuths Zorn zum Sieden brachte.

Ludwig von Kossuth

79

Der am 26. Oktober im Parndorfer Lager abgehaltene Kriegsrat bereitete die Entscheidung vor. Während der Wind aus der Ferne den Kanonendonner von Windischgrätz' Belagerungsgeschützen herübertrug, prallten die Meinungen der Politiker und Militärs hart aufeinander. Móga wies auf die strategischen Vorteile der Gegner hin, die seinen Kräften militärisch weit überlegen waren und meinte, daß die Komorner Sensenmänner (15000) im Gefecht eher ein Hindernis als eine Hilfe seien, und trat im übrigen für einen Zug gegen Simunić ein, statt nach Wien zu marschieren. Seine Sensenmänner hatte Kossuth teils durch anfeuernde Reden, teils durch Zwangsrekrutierung zusammengebracht, wie aus der Pfarrchronik von Frauenkirchen hervorgeht. Sie berichtet: Im Juni 1848 fand die Einberufung zur Nationalgarde statt. Da sich die Frauenkirchner Burschen weigerten, zu dieser einzurücken, fand im September eine Exekution statt. 13 Burschen wurden in das Lager bei Parndorf gebracht, machten die Schlacht bei Schwechat am 31. Oktober mit, warfen die Waffen (nach der Niederlage) weg und liefen am gleichen Tag nach Hause. Die durchziehenden Kroaten wurden bewirtet und richteten daher keinen Schaden an. Den Rabbiner aber schickten sie sich an aufzuhängen, gegen ein Lösegeld ließen sie ihn aber frei. Über die Stürme des Jahres 1848 klagte auch Pater Bernhard Greiner des Wirtschaftshofes der Zisterzienser in Mönchhof: „Die furchtbaren Ereignisse störten meinen Wirtschaftsplan auch dadurch, daß ich 10 Zugochsen ins kroatische Lager und 16 Ochsen ins ungarische Lager abliefern mußte. Dadurch geriet meine Wirtschaft," wie er selbst schrieb, „ganz ins Stocken". Kossuth wußte sehr wohl, daß nur auf die Linientruppen Verlaß war, während sein anderes Kriegsvolk nicht imstande war, ein Gewehr zu laden und noch weniger, damit zu schießen; die Herbstnächte sind kalt, die Verproviantierung im Ausland schwierig und ein Regen von 24 Stunden würde alles zunichte machen. Ein großer Teil der Pester Nationalgarde ist, da sie sich einen Spaziergang vorgestellt hatten kaum mehr im Lager zu halten, Pioniere haben wir keine, obwohl wir im Falle eines Vordringens zwei Flüsse zu passieren haben an Feldherren mangelt es und neue müssen erst aufgetrieben werden. Móga hatte auch Bedenken, daß seine Truppen bei Schwechat von den Kavalleriemassen der Österreicher überflügelt werden würden. Windischgrätz wird uns in die Donau drücken und mit den Wienern können wir unsere Aktionen nicht kombinieren. Trotz dieser ernüchternden Analyse Mógas entschied sich Kossuth am 27. Oktober für den Einfall in Österreich. Am 28. Oktober war die ungarische Armee auf dem Marsch nach Wien. Die politischen Erwägungen hatten über die Bedenken des Feldmarschalleutnants Johann Móga gesiegt.

Zur Lage auf der österreichischen Seite: Die Verteidiger Wiens erkannten zu diesem Zeitpunkt offenbar, daß sich das k. k. Heer vor dem Eintreffen der

Armee Windischgrätz mehr in einer Defensivstellung den Ungarn gegenüber als in einer Offensivstellung der Stadt gegenüber befand, womit sie recht hatten, denn der Ban wollte noch am 17. Oktober nur eine Schlacht annehmen, wenn er sich hinter dem schützenden Wiener Neustädter Kanal verschanzen könne. Am 14. Oktober hatte der am 12. Oktober gewählte neue Oberkommandant der Wiener Nationalgarde, Wenzel Cäsar Messenhauser als strategischen Führer den polnischen Generalleutnant Joseph Bem, einen vazierenden Revolutionär, angeworben. Bem muß als der leitende Kopf der Verteidigung Wiens im Oktober 1848 angesehen werden. Zugleich war Bem auch der Verbindungsmann zur ungarischen Armee, zu der er ursprünglich hatte gehen wollen. In Bems strategischem Konzept waren Ausfälle der Verteidiger, Vorpostengefechte und Artillerieduelle zur Beunruhigung der Gegner ebenso eingeplant wie Umgehungen der gegnerischen Stellungen. Ihm waren die Elitetruppen der Verteidiger, die mobilen Garden, unterstellt, mit denen er die wenigen, schließlich aber doch erfolglosen Gegenstöße an den Linien unternahm. Messenhauser und sein Stab waren aber, in Übereinstimmung mit dem Wiener Gemeinderat gegen jeden Versuch, zur Offensive überzugehen, getreu dem Vorsatz, konstitutionelle Rechte zu verteidigen aber nicht gegen eine konstitutionelle Institution, die Armee, anzukämpfen. Trotzdem versuchten die Nationalgarden am 13., 14. und 15. Oktober Ausfälle aus der St. Marxer Linie gegen Simmering und den Laaerberg, denen jeweils längere Artillerieduelle vorausgingen, wie es Bem wollte.

Tatsache ist, daß Bem am 14. Oktober dem ungarischen Regierungskommissär in Landesverteidigungsangelegenheiten, Ladislaus Csanyi, bekanntgab, daß die mobilen Garden in der darauffolgenden Nacht auf den Wällen von Wien zur Vereinigung mit den Ungarn bereitstünden. Am 18. Oktober, einen Tag nach dem von Jellaćić erwarteten ungarischen Angriff, unternahmen Landstraßer Garden bei St. Marx einen weiteren Ausfall. Hier war, das ist offensichtlich, ein Kommandant am Werk, der die Offensive bevorzugte und mit den Absichten der ungarischen Führung gut vertraut gewesen sein mußte. Der Großteil der Verteidiger war jedoch ängstlich bemüht, den Boden der Legalität nicht zu verlassen; ein Boden, der sie schließlich auch in der reinen Devensive zu „Insurgenten" deklassierte.

Hilfe erwarteten die aufständischen Wiener einerseits von den Ungarn, dann aber von der Bauernschaft, die bisher als einziger Stand praktische Vorteile aus der Revolution gezogen hatte. Kudlich wurde ausersehen, die Bauernschaft Nieder- und Oberösterreichs zur Unterstützung der Wiener aufzurufen. Mit zwei Gefährten zog er durch das Tullner Feld, wäre bei Krems von Truppen, die den Brückenkopf besetzt hielten, beinahe gefangengenommen worden und fuhr dann mit dem Schiff nach Melk, um nach Oberösterreich weiterzureisen. Dort mußte sich Kudlich aber überzeugen, daß die Bauernschaft wohl die Freiheit freudig begrüßte, von der „Landsturmidee" aber nicht begeistert war. Durch das Fiasko tief gedemütigt, kehrte der Feuerkopf nach Niederösterreich zurück, wäre in Amstetten bald neuerlich verhaftet worden, konnte aber mit Umgehung St. Pöltens glücklich nach Wilhelmsburg gelangen, wo er von Gesinnungsfreunden im Gasthaus „Zum Krebsen" versteckt gehalten wurde.

Hans Kudlich wurde am 23. Oktober 1823 in Lobenstein (Österreichisch Schlesien) geboren und war 1848 Mitglied des österreichischen Reichstags. Kudlichs Antrag auf Aufhebung der bäuerlichen Untertänigkeit und Lasten wurde am 7. September 1848 Gesetz. Er nahm an der Märzrevolution und den Unruhen im Mai in Wien teil, wurde nach der Niederschlagung der Oktoberrevolution in Abwesenheit zum Tod verurteilt und lebte später als Arzt in den Vereinigten Staaten, wo er am 11. November 1917 in Hoboken bei New York starb.

Der in Olmütz weilende Hof, dem die meisten Minister dorthin gefolgt waren, lehnte hinfort aber jede Vermittlung mit den „Rebellen" ab und der Reichstag wurde von Wien in das mährische Städtchen Kremsier verlegt.

Noch am 8. Oktober ließ Windischgrätz, nachdem er die Gewißheit über die Ermordung des Kriegsministers Graf Latour und über die Vorfälle in Wien erhalten hatte, alle in seinem Generalkommando in Böhmen entbehrlichen Truppen in Marschbereitschaft versetzen. Die Heeresmacht, über die er unter diesen Umständen verfügen konnte, bestand allerdings nur aus 13 2/6 Bataillonen Infanterie, 18 Schwadronen Kavallerie, 54 Geschützen und 4 Brückenequipagen. Der Befehl von Windischgrätz lautete: Die böhmischen Truppen haben in größtmöglicher Stärke, mit Feldrequisiten und Kriegsmu-

Feldmarschall Alfred Fürst
zu Windischgraetz (Gemälde)

nition ausgerüstet, unter Zurücklassung aller unnötigen Gepäckstücke, jedoch mit Feldkessel und Kasserole abzumarschieren. Die mährischen und galizischen Generalkommandanten stellten, entsprechend den mit Windischgrätz im Sommer getroffenen Abmachungen, Truppen zur Verfügung. Die Organisierung des Aufmarsches der böhmischen Armee sowie der schlesischen und der mährischen Truppen war von Windischgrätz dem äußerst rührigen Generalmajor Franz von Wyss übertragen worden, der die einzelnen Armeeabteilungen bei Lundenburg sammeln und von dort ins Marchfeld führen sollte. Gleichzeitig erging an den Befehlshaber der mährischen Garnison Budweis, Tabor und Pisek die Order, in Eilmärschen nach Krems zu marschieren, die hier zur Sicherung der Donauübergänge stehenden zwei Infanteriebataillone an sich zu ziehen und donauabwärts vorzurücken. Feldmarschalleutnant Georg von Ramberg, der diese Aufgabe freiwillig übernommen hatte, erschien am 21. Oktober mit diesen Truppen auf dem Kahlenberg und besetzte sofort das Kahlenbergerdorf, um das Nußdorfer Defilee abzusperren. Inzwischen waren auf dem gegenüberliegenden Ufer der Donau zwischen Stammersdorf und Langenzersdorf auch schon die ersten böhmischen Truppen erschienen; eine ganz außerordentliche Leistung des Organisators Generalmajor Wyss, nicht minder aber der Mannschaften, die acht bis zehn Tage nach Erhalt des Ausrückungsbefehles vollkommen kampffertig das Marchfeld erreicht hatten! Schwierigkeiten bei der Truppentransferierung bereitete vor allem das Bahnpersonal, das auf Befehl des Reichstags hin passive Resistenz leistete. Eine rasche Dislozierung der Truppen, wie sie die gefährliche Lage des Korps Auersperg und Jellačić nun einmal erforderlich machte, war nur mit Hilfe der Eisenbahn möglich. Einer der ersten Befehle von Windischgrätz bezog sich daher auf die Besetzung der Eisenbahnlinie von Prag über Olmütz und Lundenburg nach Floridsdorf sowie auf die Sicherung der Telegraphen. General Schütte mußte einem Bahnhofsvorstand die Erschießung androhen, daß dieser eine Lokomotive zur Verfügung stellte. Feldmarschalleutnant Ramberg stellte dann mit einigen Bataillonen, die bereits auf einer vom Klosterneuburger Pionierkorps unter Oberst Schön zusammengesetzten Pontonbrücke die Donau übersetzt hatten, die Verbindung mit den vereinigten Armeekorps Auersperg und Jellačić her und schloß zusammen mit der Brigade Chizzola am 23. Oktober den Zernierungsring um Wien. Die Ungarn hatten es durch ihre mehrmaligen Rückzüge hinter die Leitha verabsäumt, die Kommunikation der k. k. Armee vor Wien zu verhindern. Man hatte aber auch im Wiener Gemeinderat und im Hauptquartier der Nationalgarden darauf bestanden, Wien allein, und zwar als Symbol des Konstitutionalismus, zu verteidigen und nicht wie Kossuth in Ungarn den Sturz der herrschenden Dynastie zu betreiben, obwohl es auch in Wien solche Bestrebungen gab. Die

Zernierungsmaßnahmen griffen aber auch über den Wiener Belagerungsraum hinaus in die Provinz, wo das Militär Widerstandsnester entwaffnete.

Feldmarschall Windischgrätz war am 23. Oktober mit seinem Stab auf zwei Dampfern bei Stammersdorf über die Donau gekommen und unter Bedeckung über den Wienerwald in sein Hauptquartier, Schloß Hetzendorf geritten, wo ihn Auersperg und Jellačić zu einer ersten Aussprache erwarteten. Windischgrätz fühlte sich mit seiner ansehnlichen Heeresmacht nun sicher und stark genug, den „betörten" Wienern eine Unterwerfungsfrist von achtundvierzig Stunden zu gewähren, und dies selbst auf die Gefahr hin, zwischen zwei Feuer zu geraten. Doch lagen der mit dem Manifest vom 19. Oktober in Ludenburg von Windischgrätz verhängte Belagerungszustand und die Forderung der bedingungslosen Unterwerfung wie ein untragbares Joch auf dem Nacken der Wiener. Die Proklamation des Belagerungszustandes hatte folgenden Wortlaut: „1. Die Stadt Wien, ihre Vorstädte und Umgebungen in einem Umkreis von zwei Meilen werden in Belagerungszustand erklärt, das ist: alle Localbehörden für die Dauer dieses Zustandes nach der im § 9 enthaltenen Bestimmung der Militärbehörden unterstellt.
2. Die akademische Legion und Nationalgarde, letztere jedoch mit Vorbehalt ihrer Reorganisation, sind aufgelöst.
3. Die allgemeine Entwaffnung, falls sie noch nicht vollständig durchgeführt worden wäre, ist durch den Gemeinderat binnen 48 Stunden von der Kundmachung gegenwärtiger Proclamation an gerechnet, zu beendigen...
4. Alle politischen Vereine werden geschlossen, alle Versammlungen auf Straßen und öffentlichen Plätzen von mehr als 10 Personen sind untersagt, alle Wirths- und Kaffehäuser sind in der inneren Stadt um 11 Uhr, in den Vorstädten und Umgebungen um 10 Uhr Abends zu schließen.
7. Wer überwiesen wird:
a) unter den k. k. Truppen einen Versuch unternommen zu haben, dieselben zum Treuebruch zu verleiten,
b) wer durch Wort oder Tat zum Aufruhr aufreitzt, oder einer solchen Aufforderung werktätige Folge leistet,
c) wer bei einer etwaigen Zusammenrottung auf die erste Aufforderung der öffentlichen Behörde sich nicht zurückzieht, und
d) wer bei einer aufrührerischen Zusammenrottung mit Waffen in der Hand ergriffen wird - unterliegt der standrechtlichen Behandlung. Alle Barrikaden in der Stadt und den Vorstädten sind durch den Gemeinderath alsogleich spurlos wegräumen zu lassen..."

Noch am 28. Oktober sprach sich Messenhauser im Gemeinderat für die Kapitulation unter „annehmbaren Bedingungen" aus, die sich mit der Ehre der Verteidiger vertrügen, und fand schließlich Zustimmung in diesem

Kreis. Die Unterwerfungsfrist blieb seitens des Militärs nicht ungenützt. Wohl war den Truppen jedes offensive Vorgehen gegen die Verteidiger Wiens untersagt, doch wurde der Zernierungsring enger gezogen. Die Truppen sollten jedoch immer außer der Reichweite des feindlichen Feuers bleiben, um Verluste zu vermeiden. Dann aber gab Windischgrätz den Befehl, die Verteidiger bis hinter die Linienwälle zurückzudrängen, wozu er sich durch dauernde Störaktionen und Plänkeleien der Verteidiger, ja sogar durch einen vermutlich von Bem befehligten Ausfall gegen die Vorposten der Brigade Parrot genötigt sah. So kam es am 24. Oktober zu jener Aktion des Militärs, die am 26. Oktober mit der Eroberung des Praters sowie der ganzen Brigittenau und der Leopoldstadt bis zu den Barrikaden der Jägerzeile und der Taborstraße endete. Die Division Ramberg, die bei der Nußdorfer Linie stand, wurde von Bem vom Brigittenauer Spitz und dem Linienwall her am 23. Oktober bedroht, weshalb Ramberg, unterstützt von Truppen des Generalmajors Wyss am 24. diese Positionen angriff und die Verteidiger nach hartem Kampf, unter Einsatz schwerer Artillerie, bis zum Jägerhaus in der Brigittenau zurückwarf, die sich aber in der Folge bis zum kaiserlichen Augarten und zum Tabor zurückzogen. Am 25. Oktober wurde der ganze Augarten und am 26. von kroatischen Truppen der Prater angegriffen und beide Angriffsziele erobert. Dabei kam es im Prater zwischen den Kroaten und den Verteidigern zu schweren Kämpfen. Am 26. Oktober morgens zogen sich die Verteidiger auf eine Linie innerhalb der Barrikaden am Praterstern und an der Taborstraße zurück. Hier entwickelte sich im Laufe des 26. Oktober ein mehrstündiges Artillerieduell, da aber die Kroaten noch nicht soweit vorgedrungen waren kam es zu keinem entscheidenden Sturm auf die Barrikaden. Wyss ließ eine im Nordbahnhof eingeführte zwölfpfündige Batterie konzentriert auf die sogenannte „Sternbarrikade" feuern, um den Sturm auf diese vorzubereiten, doch die Verbindung der Brigade Wyss mit der vom Prater her kommenden Brigade Gramont des Armeekorps Jellačić gelang erst am späten Abend. Die Verteidiger hatten gegen 6 Uhr abends ihre Geschütze aus der Sternbarrikade zurückgezogen und die Barrikade selbst fast völlig entblößt. Der Grund dafür dürfte in einer totalen Erschöpfung der Wachmannschaften zu suchen sein. Kurz nach 18 Uhr erschien eine Ordonnanz der Leopoldstädter Nationalgarde im Gemeinderat, der in Permanenz tagte, und meldete, daß die Leopoldstadt vom Schüttel bis-zum Nordbahnhof ein Flammenmeer sei. Die Verteidiger hätten in allen Kompanien Tote und Verwundete zu beklagen, die Mannschaft sei erschöpft und entmutigt. Widerstand sei nicht mehr möglich, die Vorstadt nicht zu retten, es sei denn, daß so schnell als möglich ein sehr starkes Armeekorps detachiert werde. Bereits um 8 Uhr abends wimmelte es in der Jägerzeile wieder von Verteidigern, die eilends aus anderen Verteidigungsbezirken herangeführt worden waren. Sie hatten den Auftrag, die Leopoldstadt unter allen Umständen zu halten. Viele von ihnen blieben am 28. Oktober, dem Tag des Generalangriffs auf Wien, auf dem Pflaster der Jägerzeile! Dramatisch gestaltete sich auch der Kampf um die Sophienbrücke. Die Verteidiger konnten die Brücke zwar an diesem Tag halten, jedoch nicht verhindern, daß die Kroaten am linken Ufer des Donaukanals bis zur Dampfmühle vordrangen und diese erstürmten. Rundherum brannten Häuser und Fabriksanlagen bis auf die Grundmauern nieder. Am 27. Oktober war die Zernierung Wiens im großen und ganzen abgeschlossen. Windischgrätz hatte durch die Kämpfe vom 24. bis 26. Oktober mehr Geländegewinne erzielt als er ursprünglich vor hatte und die Verteidiger über die Linienwälle zurückgedrängt. Am 27. Oktober gewährte Windischgrätz der Stadt eine weitere Unterwerfungsfrist von 24 Stunden. Die taktischen Positionen der Belagerungsarmee waren so günstig, daß sich die Stadt einem gezielten, wirkungsvollen Generalangriff gegenüber unmöglich längere Zeit halten konnte. Windischgrätz hoffte, daß man auf Seiten der Verteidiger die Sinnlosigkeit jedes weiteren Widerstandes einsehen würde, und versuchte noch zusätzlich, durch eine Proklamation an die „Gutgesinnten" einzuwirken. Dabei hatte er aber die Mentalität des radikalen Teils der Verteidiger, der mit seiner Auffassung den übrigen, weitaus größeren Teil der Nationalgarde, einschließlich ihres wankelmütigen Kommandanten Messenhauser, förmlich terrorisierte, falsch eingeschätzt. Umgekehrt war aber auch das Urteil, das sich Messenhauser von Windischgrätz gebildet hatte, eine ebensolche Fehleinschätzung, denn der Fürst agierte als „Retter der Monarchie" und war zu keinen Zugeständnissen bereit.

In der Nacht vom 25. auf den 26. Oktober hatten sich die Anzeichen dafür gemehrt, daß die ungarische Armee, die schon zweimal die Leitha überschritten, aber sich danach wieder nach Parndorf zurückgezogen hatte, nun endgültig zum Entsatz von Wien heranrücke. Am 27. Oktober wurden vom Korps Jellačić fieberhafte Anstrengungen unternommen, um einem Angriff der Ungarn begegnen zu können. Windischgrätz erteilte aber schon am 27. Oktober die Disposition für den am nächsten Tag stattfindenden Angriff auf Wien. Er verfügte: „Der Angriff auf Wien hat morgen, den 28. Oktober, stattzufinden. Die hiebei zunächst zu lösende Aufgabe ist: 1. Sich in Besitz der Vorstadt Leopoldstadt zu setzen.

2. Durch einen Angriff auf den zwischen der St. Marxer Linie und dem Donaukanal liegenden Teil der „Linie" womöglich in den Besitz der Vorstädte Landstraße, Erdberg und Weißgärber zu kommen. Hiedurch wird eine Aufstellung im nächsten Bereich der Inneren Stadt gewonnen, aus der man nach Umständen durch Geschützfeuer auf dieselbe einwirken oder einen anderen

Angriff, sei es nun gegen die Stadt selbst oder die nächst gelegenen Vorstädte unternehmen kann. "Aus seinen Anordnungen ist noch zu entnehmen, daß Scheinangriffe gegen die Nußdorfer, Währinger, Hernalser, Lerchenfelder, Mariahilfer, Hundsturmer und Matzleinsdorfer Linie durchzuführen sind, um die Verteidiger so lange als möglich über den eigentlichen Angriffspunkt im unklaren zu lassen. Der Angriff auf die Leopoldstadt sollte Punkt 11 Uhr vormittags mit aller Kraft einsetzen. Der Feldmarschall selbst wollte bei der Spinnerin am Kreuz sein, von wo aus er die Kampfhandlungen am besten überblicken könne. Als Hauptangriffspunkt hatte Windischgrätz außer strategischen Gründen deshalb die östlichen Vorstädte gewählt, weil er glaubte, daß die Bewohner der Landstraße sowie die von Erdberg und den Weißgärbern die ihm Bestgesinnten seien, eine Annahme, die sich dann auch wirklich bewahrheitete. Wenn auch nicht kampflos, so doch ohne große Verteidigungsanstrengungen waren diese Vorstädte von den Verteidigern aufgegeben worden.

Nach der Ordre de bataille der k. k. Truppen standen Feldmarschall Alfred Fürst Windischgrätz für den Kampf um Wien am 28. Oktober 3 Armeekorps zur Verfügung. Das Armeehauptquartier befand sich im Schloß Hetzendorf. Das 1. Armeekorps wurde von Feldmarschalleutnant und Banus von Kroatien Josip Baron Jellačić befehligt und hatte das Korpshauptquartier in Rothneusiedl. Chef des Generalstabs des 1. Armeekorps war Generalmajor Zeisberg. Das 2. Armeekorps wurde von Feldmarschalleutnant Karl Graf Auersperg befehligt und hatte das Korpshauptquartier in Inzersdorf. Chef des Generalstabs des 2. Armeekorps war Major Junghauer. Das 3. Armeekorps befehligte Feldmarschalleutnant Ferdinand Serbelloni, Duca di San Gabrio hatte das Korpshauptquartier in Breitensee. Chef des Generalstabs des 3. Armeekorps war Hauptmann Drechsler.

Die Summe der Streitkräfte, die Feldmarschall Windischgrätz zur Verfügung standen, also aller drei Armeekorps, betrug 59 2/6 Bataillone Infanterie, 67 Schwadronen Kavallerie und 219 Geschütze, zusammen mehr als 80000 Mann.

Der Angriff auf Wien erfolgte am 28. Oktober 1848 um 10 Uhr 30 vormittags mit Geschützfeuer bei der Mariahilfer und der Lerchenfelder Linie und den befohlenen Scheinangriffen auf diese Abschnitte, wobei die angriffslustigen k. k. Truppen beinahe zuviel des Guten taten und von ihren Kommandanten in Zaum gehalten werden mußten. Die Brigade Colloredo des Korps Auersperg erstürmte den vor der Matzleinsdorfer Linie liegenden Hundsturmer Friedhof, der von den Verteidigern stark besetzt war, gab ihn jedoch wieder auf, da er gegenüber dem Linienwall zu ungenügende Deckung bot. Teilen des Infanterieregiments Nr. 28 gelang es im Laufe des Vormittags die Hundsturmer Linie zu erstürmen und trotz heftigen Feuers der Verteidiger diese Stellung zu behaupten. Als die Ablöse dieser Truppen am frühen Nachmittag zu zögernd vonstatten ging, nahmen die Verteidiger die Hundsturmer Linie erneut in Besitz, verloren sie jedoch bald wieder an das 3. Bataillon des Infanterieregiments Nr. 21. Ein Befehl des Oberkommandos verbot an diesem Tag jedes weitere Vordringen in die Vorstädte Wieden und Margareten. So hielt die Brigade Colloredo den Linienwall, die Gärten und Häuser der Johannesgasse und den Hundsturmer Friedhof besetzt und verblieb hier die nächsten zwei Tage. Auch der Bahndamm und der Gloggnitzer Bahnhof (Südbahnhof) waren von den Verteidigern mit Plänklerketten und Geschützen stark besetzt und in erhöhte Verteidigungsbereitschaft gebracht worden. Feldmarschalleutnant Csorich, der am 31. Oktober das Burgtor und die Innere Stadt unter Beschuß nehmen und erstürmen sollte, war die Aufgabe zugedacht, diesen Abschnitt der Vorstadt Matzleinsdorf einzunehmen. Auch hier war es der Armee gelungen, gegen 1 Uhr nachmittags bis zur Matzleinsdorfer Hauptstraße vorzudringen und Geschütze gegen die dort aufgebauten Barrikaden in Stellung zu bringen. Vorher wurde besonders um den Besitz des Eisenbahndammes äußerst erbittert gekämpft, wobei sich mancher Offizier aber auch mancher Feldwebel und Korporal durch Tollkühnheit und Mut auszeichneten. Als Linienwall und Eisenbahndamm genommen waren, ließ Csorich durch einen Teil seiner Artillerie, die zwischen Linienwall und Eisenbahndamm aufgefahren war, den Gloggnitzer Bahnhof unter Beschuß nehmen, um den Angriff der Brigade Sanchez gegen diesen zu unterstützen. Ein entscheidender Erfolg gegen die Verteidiger des Bahnhofs, der von insgesamt drei Bataillonen angegriffen wurde, war trotz dieses großen militärischen Aufwands erst nach mehreren Stürmen bei Anbruch der Abenddämmerung möglich. Bei diesen Kampfhandlungen ging der Bahnhof in Flammen auf, doch meldete der Direktor der Südbahn am 30. Oktober dem Gemeinderat, daß nach Aussage einiger Zeugen die Bahnhofsgebäude von Mobilgardisten mit Pechkränzen in Brand gesteckt worden wären.

Den Erfolg an der Hundsturmer und an der Matzleinsdorfer Linie wollte Windischgrätz ausnützen, um die angrenzenden Vorstädte, vor allem Gumpendorf und Mariahilf, zur Unterwerfung zu zwingen. Eine schwere Mörserbatterie, die rasch aus dem Neugebäude herbeigeholt worden war, eröffnete noch am Abend südlich des Matzleinsdorfer Linientores das Feuer auf die beiden Vorstädte. Obwohl diese Schüsse nur Schreckschüsse waren, man hatte die Brandröhren verkürzt, um die Geschoße hoch über den Häusern zur Explosion zu bringen, kapitulierten die Vorstädte Gumpendorf und Mariahilf schon nach zwölf Bombenwürfen. Die Einnahme der Vorstädte Landstraße, Erdberg und Weißgärber erfolgte durch die Brigaden Neustädter und Karger der Division des Feldmarschalleutnants Hartlieb, der seine Truppen durch persönlichen Einsatz und durch eine rasch durchdachte Reaktion auf dem Landstraßer Kirchenplatz (heute Hauptplatz) vor einer Einkreisung bewahrte. Das 4. Bataillon Oguliner war hier nämlich von allen Häusern und Dächern herab ins Kreuzfeuer genommen worden. Die Landstraße leistete wenig Widerstand. Bereits die Erstürmung der sehr massiven Hauptbarrikade an der Linie bereitete dank hervorragender Offiziere, die an der Spitze ihrer Truppen stürmten, einigen Kompanien Serezanern und Ogulinern wenig Schwierigkeiten. Generalmajor Karger war mit seinen Truppen über den Rennweg bis zum Schwarzenbergplatz vorgerückt und trat gegen 18 Uhr 30 mit der Angriffskolonne Hartliebs in Verbindung. Hartlieb war mit seinen Ogulinern, Otočanern und Serežanern bis zum Zollamtsgebäude und zum Invalidenhaus gekommen, hatte längs des Wienflusses Vorposten aufgestellt und sich mit der gewonnenen Stellung, die der Angriffsdisposition Windischgrätz' entsprach, festgesetzt. Aber die wohl schwierigste Aufgabe im Angriffsplan war Feldmarschalleutnant Ramberg zugeteilt: Die Einnahme der Leopoldstadt. Der Kampf um die sogenannte „Sternbarrikade" und die Einnahme der Jägerzeile samt ihren Seitengassen sind für die Verteidiger ein Monument aufopferungsvoller Bereitschaft, die eigene Sache bis zum Letzten

Die Sternbarrikade in der Jägerzeile, erobert am 28. Oktober 1848.

zu verteidigen, ebenso wie für die Angreifer ein Zeugnis unbedingten Vertrauens auf die Intelligenz und den Mut ihrer Truppenführer ablegen. Daß diese Truppenführer Vorbild für ihre Mannschaft waren und dem Vertrauen, das ihnen entgegengebracht wurde, gerecht wurden, beweist die Gefallenenliste der Brigaden Frank und Gramont, die die Hauptlast des Angriffs auf die beiden Barrikaden in der Jägerzeile beziehungsweise auf die Franzensbrückenbarrikade zu tragen hatten. Die Jägerzeile war am Eingang durch die Sternbarrikade und bei der Johanneskirche durch eine zweite Barrikade gesperrt. Die Häuser der Jägerzeile waren auf beiden Seiten durch ausgesuchte Scharfschützen stark besetzt. Die Leitung der Verteidigung in der Leopoldstadt hatte am 28. Oktober General Bem übernommen. Das Vorrücken durch die Jägerzeile (die heutige Praterstraße) bedeutete für die k. k. Truppen eine Art von Spießrutenlaufen. Die Erstürmung der Sternbarrikade gelang nach fast einstündiger Beschießung durch Sechs- und Zwölfpfünder noch verhältnismäßig leicht. Auch die Scharfschützen in den Eckhäusern der Sternbarrikade konnten durch gezielten Beschuß bald ausgeschaltet werden. Ein weiteres rasches Vordringen durch die Jägerzeile machte jedoch die zweite Barrikade bei der Johanneskirche (St. Johann von Nepomuk Kirche), wo Bem selbst mit größter Kaltblütigkeit befehligte, unmöglich. Hier setzten die Verteidiger achtzehnpfündige Kanonen ein!

Wenzel Dunder beschrieb den Kampf um die Barrikade bei der Johannesgasse (der heutigen Nepomukgasse) und somit um die ganze Leopoldstadt mit dramatischer Anschaulichkeit, die das tatsächliche Geschehen sicherlich nicht übertrieb: „Eine Batterie (der k. k. Truppen) rückte im Galopp gegen die Barrikade an, die Kanoniere stellten ihre Stücke hinter den Schießlöchern auf und eröffneten ein heftiges Feuer, welches volle zwei Stunden ohne Unterbrechung fortdauerte. Es wurde hier meist mit Granaten und Kartätschen geschossen. Das Feuer war gegen die große Barrikade gerichtet, welche auf dieser Seite den Angreifern das letzte Hindernis entgegenstellte. Das Anrücken der Grenadiere wurde aus den fünf Kanonen bei der Johanneskirche furchtbar begrüßt. Bem kommandierte. Aus den Häusern, die außerhalb der Barrikade standen, wurde fortwährend gefeuert, von den innerhalb derselben Stehenden auf die Steinwände, der Kampf wurde auf der Straße und von den gegenüberstehenden Stockwerken fortgeführt, fort und fort donnerten die Geschütze, knatterten die Gewehre, dazu das Prasseln der Flammen, das Krachen der stürzenden Balken und Mauern der Häuser, das Geschrei der Kämpfenden, das Geheul der Verwundeten und Sterbenden - es war furchtbar! Die Kugeln bestrichen die Praterstraße der ganzen Länge nach. Der hartnäckigen Tapferkeit, die hier die Verteidiger zeigten, zollen alle Augenzeugen die gerechte Anerkennung. Hinter der Barrikade standen gegen hundert

Mann, gemischt aus Überläufern, Nationalgardisten und Proletariern. In den Häusern der Jägerzeile war ein großer Teil des Freikorps postiert, welche von Zeit zu Zeit aus den Fenstern schossen... Alle Versuche, die Barrikade in der Front anzugreifen, mißlangen. In den Nebenstraßen wütete inzwischen der Kampf mit größter Heftigkeit ..." Generalmajor Frank befahl, in die Häuser zu Anfang der Jägerzeile einzudringen und die Wände zu durchbrechen, um sich auf diese Weise bis zur Johannesgasse vorzuarbeiten. Das Unternehmen brachte aber nicht den erhofften Erfolg und ging vor allem zu langsam vor sich. Major Schneider, der Kommandant des 1. Bataillons des Infanterieregiments Schönhals Nr. 29, umging schließlich durch die Fuhrmanngasse die Barrikade bei der Johanneskirche und führte die Angreifer in den Rücken der Verteidiger. General Bem floh in einem Fiaker in die Stadt zurück, die Barrikadenkämpfer fielen oder stoben nach allen Seiten auseinander. Zur gleichen Zeit war es der zweiten zum Angriff auf die Leopoldstadt bestimmten Sturmkolonne, der Brigade Gramont, gelungen, sich kämpfend über die Franzensbrücke gegen die Jägerzeile durchzuschlagen. Auch diese Truppen (Kroaten) gelangten, und zwar durch die Czerningasse, in den Rücken der Verteidiger der Kirchenbarrikade und trugen wesentlich zur Einnahme der ganzen Leopoldstadt bei. Schließlich waren Abteilungen der Brigade Wyss, die den westlichen Teil der Leopoldstadt zu erobern hatten, nach langen, schweren Kämpfen, in denen die Verteidiger starken Widerstand leisteten, durch die Taborstraße bis zum Donaukanal vorgerückt. Zwischen 6 und 7 Uhr abends befand sich die gesamte Leopoldstadt in den Händen der k. k. Truppen.

Während Windischgrätz am Abend des 28. Oktober zur Abwehr der bereits bis Fischamend vorgerückten Ungarn 25 3/4 Bataillone, 37 Schwadronen und 99 Geschütze zusammenzog, zum Teil aus Brigaden, die siegreich in die Vorstädte eingedrungen waren, resümierte Messenhauser vor dem Wiener Gemeinderat die Ereignisse des Tages und die Position, die die Verteidiger Wiens nach den Kämpfen des Tages einnahmen. Das schlechte Abschneiden an diesem Tag zwinge die dezimierten Verteidiger, mit dem Feind zu „parlamentieren". Messenhauser wollte anschließend dem Reichstagsausschuß dasselbe vortragen. Eine gemischte Deputation sollte zum Fürsten geschickt werden, um ihm den Antrag zu machen, solche Bedingungen zu stellen, die sich mit der Ehre der Verteidiger vertragen. Bei annehmbaren Bedingungen wolle man kapitulieren. Sollte der Fürst solche nicht gewähren, so werde es am folgenden Tag zu einem Verzweiflungskampf kommen, „und die Flammen, die ringsum auflodern, werden viele zu einem Grimm aufstacheln, der große Taten erzeugen kann." Der Gemeinderat schloß seine Versammlung am Abend um 8 Uhr und hatte dem Entschluß zur Kapitulation unter annehmbaren Bedingungen zugestimmt. Aber die Deputation der Wiener Nationalgarden und des Gemeinderates, die am 29. Oktober vor Windischgrätz auf dem Laaerberg erschien, konnte nur die Erklärung des Fürsten, daß er auf der unbedingten Unterwerfung der Stadt bestehen müsse, mitnehmen. Messenhauser setzte es schließlich in einer stürmischen Sitzung aller Vertrauensmänner der Nationalgarde, der Akademischen Legion und der Mobilgarden durch, daß Windischgrätz die totale Kapitulation der Stadt angeboten wurde, um weiteres Blutvergießen zu verhindern. Eine weitere Deputation aus Wien überbrachte diesen Entschluß dem Fürsten noch in der Nacht vom 29. auf den 30. Oktober in Hetzendorf. Die sehr erwünschte Entlastung der k. k. Armee war durch die Waffenstreckung der Wiener Verteidiger fürs erste erreicht, und Windischgrätz konnte, nachdem er alle Vorkehrungen für einen ungarischen Angriff getroffen hatte - zahlenmäßig und an Artillerie war das erste Armeekorps des Banus Jellačić den Ungarn gleichwertig, getrost dem kommenden Tag, dem Tag der Schlach von Schwechat, entgegensehen. Er ahnte aber nicht, daß ihm noch eine schwere Stunde bevorstand: der Bruch der Kapitulation Wiens durch eine Gruppe Radikaler in der nächsten Umgebung Messenhausers. Diese hinterhältige Art der Radikalen sollte diesen, das sei vorweggenommen, teuer zu stehen kommen!

Während dieser Ereignisse in Wien rückten die Ungarn gegen die Fischa vor. Die bis zur Leitha vorgeschobenen Vorposten des Banus Jellačić zogen sich gegen Rauchwart zurück. Die Meldung über den Anmarsch der Ungarn hatte Windischgrätz am 28. Oktober erhalten. Die ungarische Armee besetzte Enzersdorf an der Fischa und Neusiedl und schob Patrouillen bis Schwadorf vor. Ihre Gesamtstärke betrug nach der Ordre de bataille Mógas 24 Bataillone, 26 Schwadronen und 71 Geschütze. Aber diese Angaben sind zu gering, wenn auch Abteilungen zur Sicherung von Preßburg abgegeben worden waren. Wegen des verspäteten Anrückens der Ungarn hatte Jellačić am 28. Oktober einen Teil seiner Truppen nach Wien abgeben können, wo sich diese besonders bei der Eroberung der heiß umkämpften Leopoldstadt mit größter Tapferkeit schlugen. Nach der Kapitulation Wiens konnten diese Truppen wieder zum Kampf gegen die Ungarn eingesetzt werden. Die Brigade Oberst Gramont wurde bei Rannersdorf postiert. Die zum Kampf um Wien nicht mehr benötigte Kavalleriereserve - 33 Schwadronen, zwei Kavalleriebatterien und sechs Raketengeschütze - wurde unter Generalmajor Liechtenstein beim Schutzengelkreuz aufgestellt. Feldmarschalleutnant Csorich übernahm das Kommando über die Reservedivision auf dem Laaerberg, bestehend aus neun Bataillonen. Diese Aufstellung war am 29. Oktober vollendet. Die Ungarn trafen auf keinen unvorbereiteten Feind. Die Schlacht um Wien und das Schicksal der Stadt waren zu dieser Zeit aber schon entschieden. Die kaiserlichen Truppen befanden sich am Abend des 28. Oktober im Besitz aller wichtigen Positionen. In der Nacht vom 28. auf den 29. Oktober biwakierte die ungarische Armee auf dem rechten Ufer der Fischa in einer weitgehenden Aufstellung von Fischamend bis Margareten am Moos. Durch Raketensignale vom Königsberg aus wurde versucht, Kontakt mit Wien herzustellen. Sehr zögernd erfolgte am darauffolgenden Tag der Vormarsch über die Fischa. Noch um 4 Uhr nachmittags passierten ungarische Verbände Schwadorf und Enzersdorf und bezogen auf der Rauchwarter Platte Stellung. In Unkenntnis der wahren Situation schrieb Kossuth am Vorabend des Kampfes an den Landesverteidigungsausschuß: „Alles deutet darauf hin, daß sich Wien noch nicht ergeben hat. Wir wollen alles aufbieten, um bei unserer morgigen Unternehmung im Einklang mit Wien vorzugehen. Von den Türmen Wiens sehen sie uns, und wenn Gott mit uns ist, was wir bei der Gerechtigkeit unserer Sache nicht bezweifeln können, so werden wir unseren morgigen Bericht aus dem Hauptquartier in Wien datieren." Diese Fehleinschätzung der Lage sollte verhängnisvolle Folgen haben. Der 29. Oktober war in Wien ohne Kämpfe verlaufen. Messenhauser befand sich mit seinem Stab wie so oft in den vergangenen Tagen auf dem Stephansturm. Man glaubte, das Lager der Ungarn bei Schwechat zu erblicken. Es waren aber nicht die Ungarn, die an diesem Tag nur zögernd vorgerückt waren, sondern die Umgruppierungen der kaiserlichen Truppen, welche die Beobachter gesehen hatten. Das Observationskorps auf dem Stephansturm wurde aufgelöst, selbst die Fernrohre wurden abgebaut. In tiefer Resignation sagte Messenhauser: „Alles ist aus, jeder kann hingehen wohin er will. Da morgen früh die Übergabe der Stadt erfolgt, ist jede weitere Observation nutzlos."

Die Aufstellung der Ungarn versuchte, den Bataillonen der Freiwilligen und Nationalgarden durch Anlehnung an geschulte Truppenkörper Halt und Festigkeit zu geben. Der Versuch mit solcherart gemischten Verbänden zum Angriff überzugehen, sollte verhängnisvoll werden. An wichtigen Punkten der Schlachtlinie kommandierten entschlossene Führer, wie Major Guyon auf dem äußersten rechten Flügel und Görgey in linken Zentrum. Den gefährdeten linken Flügel deckte Oberst Repassy mit starken Artillerie- und Kavallerieabteilungen. Der ungarische Schlachtplan sah vor, auf dem rechten Flügel den Angriff zu beginnen, darauf sollte das Zentrum über Schwechat nach Simmering vordringen und hier dem mit Sicherheit erwarteten Ausfall der Wiener die Hand reichen. Dem linken Flügel war als wichtigste Aufgabe die Abwehr der Bedrohung durch feindliche Kavallerie zugedacht.

Windischgrätz, der schon am 29. Oktober den Aufmarsch der Ungarn von der Höhe des Laaerberges aus beobachtet hatte, erwartete den linken Flügel der Ungarn in der Gegend von Himberg, rechnete also ursprünglich mit einem weit stärkeren Feind, als es tatsächlich der Fall war. Als der Generalstab mit Sicherheit erfahren hatte, daß auf dieser Seite mit keiner weiteren Entfaltung des Feindes zu rechnen sei, wurde die Schlacht, die ursprünglich als Abwehrschlacht angelegt war, als Vernichtungsschlag geplant. Man wollte den Ungarn in ihrem Vordringen an der Schwechat nicht allzustarken Widerstand entgegensetzen und das Schwergewicht der Attacke auf die Überflügelung durch die gewaltige Reitermasse unter Generalmajor Fürst Franz Liechtenstein legen. Windischgrätz und Jellačić erwarteten so als Kampfziel, die Ungarn an die Donau zu drängen und einkesseln zu können. Die Voraussetzungen für dieses Konzept waren äußerst günstig. Dem Banus standen am Morgen des 30. Oktober nach den beschriebenen Umgruppierungen der Belagerungsarmee 23 3/6 Bataillone Infanterie, 40 Schwadronen Kavallerie und 99 Geschütze voll zur Verfügung. Neun Bataillone standen an der Schwechat von Kaiserebersdorf bis Rannersdorf. Das Gros der Infanterie war beim Neugebäude und auf dem Laaerberg aufgestellt, die Masse der Kavallerie stand unter Liechtenstein beim Schutzengelkreuz.

Die Ungarn eröffneten das Gefecht auf ihrem rechten Flügel durch den Kampf um Mannswörth. Die vom Major Guyon geführten Abteilungen waren auf ihrem Vormarsch am raschesten vorangekommen und griffen gegen 6 Uhr morgens die schwachen kaiserlichen Truppen an, die dieses Dorf mit seinem militärisch bedeutungslosen Schloß besetzt hielten. Das 2. Bataillon Gradiskaner und eine Abteilung Serezaner standen hier einem Bataillon Szekler und dem 2. Pester Freiwilligen - Bataillon gegenüber. Die Ungarn schossen mit ihrer Artillerie die dem Ort gegen Osten hin vorgelagerten Scheunen in Brand und setzten der Besatzung, die sich im Dorf verbarrikadiert hatte, schwer zu. Die Kroaten wurden auf der rechten Seite von der Kavallerie, auf der linken von der Infanterie der Ungarn bedrängt und mußten, als Guyon zwischen 9 und 10 Uhr seine Truppen im Tirailleurgefecht und Bajonettangriff zum Sturm führte, den Ort auch wegen Mangels an Munition räumen. Der gebürtige Engländer Guyon führte, die Trikolore in der rechten Hand, sein Regiment zum Sturm auf Mannswörth, und der kleine Mann mit dem großen blonden Bart schlug sich dabei wie ein Löwe. Die Verteidiger mußten sich aus dem teilweise brennenden Ort hinter den Kalten Gang zurückziehen. Das vier Stunden dauernde Gefecht um Mannswörth hatte auf ihrer Seite 11 Tote und 28 Verwundete gefordert. Die Ungarn büßten 14 Soldaten ein. Trotz dieses Anfangserfolges war ein weiteres Vordringen infolge des Zurückbleibens des Zentrums und des rechten Flügels nicht möglich. Die Kroaten setzten sich in der Thurn- und der Neumühle fest. Letztere wurde für kurze Zeit von den Ungarn genommen, fiel aber durch die Aktion des Leutnants Zagitsch, der drei Kanonen auf ihre Flanke führte, wieder in die Hände der kaiserlichen Truppen.

Im Mitteltreffen drängte Görgey auf eine energische Attacke. Er hatte beim Vorrücken die Avantgarde des Zentrums gebildet und stellte mit seinen gut mit Artillerie versehen Verbänden das linke Zentrum der ungarischen Schlachtordnung, dessen Aufgabe es war, die Abhänge vor Schwechat in Besitz zu nehmen. Der dichte Nebel, der in den Morgenstunden das Schlachtfeld bedeckte, hatte sich bereits gelichtet, als im Mitteltreffen die Kampfhandlungen begannen. Das Vortreffen des kaiserlichen Zentrums wurde von Oberst Rastić kommandiert. Auf dem rechten Flügel der Aufstellung stand das 2. Bataillon des italienischen Regiments Ceccopieri auf den Anhöhen gegenüber von Rannersdorf. Links davon schloß sich das 4. Bataillon vom 2. Banalregiment über dem Dorf Neurettenhof an. An der Brucker Straße stand das Likaner Reservebataillon. In dem von der Preßburger und der Brucker Straße gebildeten Zwickel war das 4. Bataillon des Ottocaner Grenzregiments aufgestellt, das zwei Sechspfünderbatterien vorgeschoben hatte. Diese Schlüsselstellung, die durch das Kugelkreuz an der Straßengabelung markiert wurde, sollte für die Begegnung im Zentrum von großer Bedeutung werden. Links von den Ottocanern sollte die 3. Division des Wiener Freiwilligen - Jägerkorps die Verbindung zum Kalten Gang herstellen, während das Landbataillon des 1. Banalregiments zur Behauptung der Thurn- und der Neunühle abgestellt wurde. Schon die Erstürmung von Mannswörth durch die Ungarn hatte diese Abteilungen in Mitleidenschaft gezogen. Die Ottocaner waren in den Rückzug hineingerissen worden. Zwei ihrer Kompanien wurden dann gegen die Neumühle, zwei weitere zum Schwechater Brauhaus detachiert. Auch die übrigen auf dem Rand der Uferterasse der Schwechat exponiert postierten Abteilungen mußten dem Angriff der Ungarn weichen. Mit den Likanern zogen sich auch die übrigen vorgeschobenen Abteilungen vor den Ungarn, die ihren Angriff mit starkem Artilleriefeuer einleiteten, zurück. Unter der Führung Görgeys kommandierte Major Pusztelnik, der den bedächtigen Generalstabschef Mógas, Kohlmann, vertrat, die ungarischen Batterien, die nun nach dem Weichen der Gegner die vorteilhafte Position beim Kugelkreuz einnahmen und die Beschießung des Marktes Schwechat, in den sich die kaiserlichen Truppen zurückgezogen hatten, begannen. Einzelne Häuser und Scheunen gerieten durch den Beschuß in Brand, auch der Kirchturm wurde beschädigt. Um die Mittagszeit war eine Pause im Gefecht eingetreten, die beiden Seiten einen klaren Überblick über die Lage ermöglichte.

Die Ungarn hatten zwar lokale Erfolge erkämpft, ohne sie jedoch für einen Entscheidungsschlag ausnützen zu können. Mógas Konzept beruhte ja nach wie vor auf der irrtümlichen Voraussetzung des Eingreifens der Wiener im Rücken des Gegners. Dieses Zögern gab den Befehlshabern auf der kaiserlichen Seite Gelegenheit, manche in den Einleitungsgefechten aufgetretenen

Schwächen zu korrigieren und vor allem auf ihrem rechten Flügel wirksame Maßnahmen zu treffen. Tatsächlich war hier der kritische Punkt, sollte ja nach den ursprünglichen Vorstellungen von hier aus durch die Reiterei der entscheidende Schlag geführt werden. Aber das distanzierte Verhältnis zwischen Windischgrätz und Jellačić war der Grund für die schlechte Koordinierung der Bewegungen des rechten Flügels. Jellačić hatte den Feldmarschall um Instruktionen für den Fürsten Liechtenstein gebeten, der mit der Führung der Kavallerie eine überaus verantwortungsvolle Aufgabe übernommen hatte. Windischgrätz war diesem Verlangen des Bans nicht nachgekommen, weil er meinte, Liechtenstein, „ein Fürst", würde über ein hinreichendes Feldherrntalent verfügen und habe es nicht notwendig, Befehle vom Banus entgegenzunehmen. Liechtenstein konnte diesen Vertrauensvorschuß aber auf keine Weise rechtfertigen. Nur zögernd setzte er am späten Vormittag die Massen seiner Kavallerie vom Lager beim Schutzengelkreuz aus in Bewegung. Beim Vormarsch, auf dem immerhin eine Strecke von sechs Kilometern zurückzulegen war, kam es infolge des Morgennebels und der Enge der Brücken über den Wiener Neustädter Kanal, die Schwechat und den Kalten Gang zu zeitraubenden Stockungen. Erst um 1 Uhr nachmittags war der Übergang über diese Wasserläufe bei Maria Lanzendorf abgeschlossen. Noch

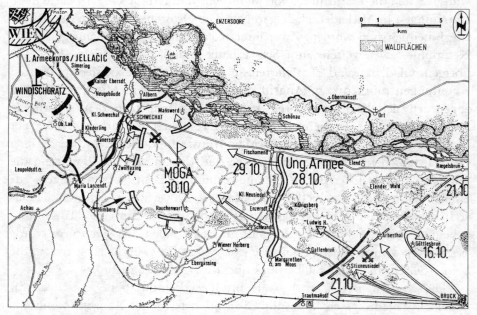

Marschbewegungen der Österreicher und der Ungarn
vom 15. bis 30. Oktober 1848.
Nachzeichnung einer historischen Karte aus dem Jahre 1847.

am Vormittag hatte Jellačić fest mit dem rechtzeitigen Eingreifen der Kavallerie Liechtensteins gerechnet. Generalmajor Freiherr Johann von Kempen (von 1849-1859 Generalinspektor der Gendarmerie), der auf dem linken Flügel die Schwechat - Linie zu behaupten hatte, berichtet in seinem Tagebuch, daß er schon um 9 Uhr vormittags mit dem Eingreifen der Kavallerie vom rechten Flügel her gerechnet habe. Jellačić gab ihm in diesem Sinne die Order: „Halten Sie fest! Die Kavallerie marschiert gerade dem Feind in die Flanken. Wien hat sich ergeben. Machen Sie das den Truppen bekannt. Wir hoffen, den Feind nicht allein zu paralysieren, sondern zu vernichten." Windischgrätz ließ sich überdies durch die Falschmeldung täuschen, daß Abteilungen der Ungarn nach Wiener Neustadt marschierten; er schickte Verstärkungen in diese Richtung, was den ohnehin zaghaften Liechtenstein noch mehr verunsicherte. Mit einer raschen Entscheidung des Treffens von dieser Seite her war, wie um die Mittagszeit klar wurde, jedenfalls nicht zu rechnen. Damit war für die Kaiserlichen die Notwendigkeit gegeben, einen Angriff im Zentrum vorzubereiten. Windischgrätz, der vom Laaerberg aus

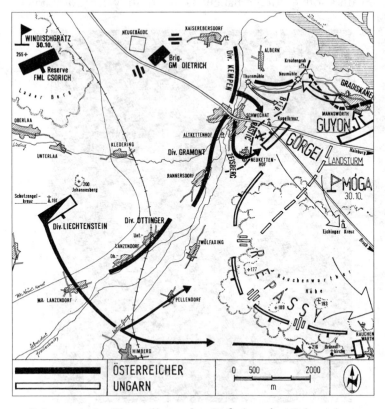

Schematische Darstellung des Gefechtes bei Schwechat.

mittels eines großen Tubus den Geschützkampf beobachtete, ordnete um 11Uhr das Abrücken von zwei Bataillonen Khevenhüller - Infanterie nach Schwechat an, um 12 Uhr wurden als weitere Verstärkungen Artillerie und Grenadiere, die der Sohn des Feldmarschalls führte, vom Neugebäude aus ebenfalls dorthin in Marsch gesetzt.

Zu dieser Zeit begab sich Jellaćić zu seinem Korps nach Schwechat, um die für einen Ausfall notwendigen Maßnahmen vorzubereiten. In dieser kritischen Situation, als sich eine entscheidende Wendung im Gefechtsverlauf anbahnte, mußte Windischgrätz seine Aufmerksamkeit Wien zuwenden. Der Fürst, der seinen Unwillen über das Versagen Liechtensteins nun nicht mehr länger zügeln konnte, sagte zu seinen Stabsoffizieren: „Man sieht, daß wir lange keinen Krieg geführt haben." Er machte sich eben bereit, zum rechten Flügel zu reiten, als ihm die Nachricht überbracht wurde, daß Teile der Wiener Radikalen, deren Entwaffnung für diesen Tag vorgesehen war, wieder zu den Waffen gegriffen hätten. Das Herannahen der Ungarn hatte ein letztesmal den Kampf aufflammen lassen. Windischgrätz mußte sich nun der Stadt zuwenden und soll geäußert haben: „Nun muß Wien bombadiert werden,

Banus Josef Jellaćić

und Messenhauser wird wahrscheinlich hängen." Auf kaiserlicher Seite standen gegen die Ungarn nur noch fünf Bataillone in Reserve; damit war die Notwendigkeit gegeben, nach zwei Seiten hin die Entscheidung herbeizuführen. Den Ungarn aber wurde, wie aus ihren Berichten hervorgeht, gar nicht bekannt, daß die Wiener wieder zu den Waffen gegriffen hatten. Infolge der fortdauernden Artilleriekämpfen bei Schwechst, dürfte ihnen das Feuer der Belagerungsgeschütze gegen die Vorstädte, das wieder begonnen hatte, entgangen sein. Ein Durchbruch der Ungarn wäre aber zu dieser Zeit schon völlig unmöglich gewesen, denn sie befanden sich zur Zeit der Kanonade auf Wien bereits auf allen Linien in der Defensive beziehungsweise auf dem Rückzug, denn der Angriff Görgeys war auf den Höhen von Schwechat schon vor dem Ort zum Stillstand gekommen. Einzelne verwegene Husaren waren wohl zum Angriff auf die sich zurückziehenden Gegner übergegangen, aber da traf der Haltebefehl Mógas ein. Vergeblich hatte sich Görgey zu Kossuth und Móga begeben, um eine Änderung des Befehls zu erreichen; als er zu seiner Truppe zurückkehrte, hatte sich die Lage von Grund auf geändert. Der Stabschef des Banus, Generalmajor Zeisberg, hatte schließlich die Geduld verloren, wollte nicht mehr länger auf den Angriff Liechtensteins warten und bereitete seinerseits eine Attacke im Zentrum vor. Er sammelte in Schwechat frische Truppen, zwei Bataillone Khevenhüller - Infanterie und drei Schwadronen vom Kürassierregiment Wallmoden, mit denen ihm der Durchbruch auf die Anhöhe hinter Neukettendorf gelang. Zeisberg führte eine Zwölfpfünder- und eine Sechspfünderbatterie auf die Anhöhe und eröffnete von hier aus ein vernichtendes Feuer auf das ungedeckte ungarische Zentrum; in wenigen Minuten wurde auch die Artillerie der Ungarn beim Kugelkreuz weitgehend zum Schweigen gebracht. Dieser Angriff, der gegen 2 Uhr nachmittags stattfand, hatte verheerende Wirkung auf die Kampfmoral der ungarischen Verbände. Die Gömörer und die Honter Nationalgarden, die gegen Zwölfaxing zu aufgestellt waren, ergriffen zuerst die Flucht. Der nur mit Sensen bewaffnete Landsturm von Komorn, der ursprünglich außerhalb des Artilleriebereiches im zweiten Glied gestanden war, geriet nun auch unter den Beschuß und verließ fluchtartig das Schlachtfeld. Vergeblich versuchte Görgey, die Attacke durch einen Gegenangriff abzufangen. Er rief das 1. Pester Freiwilligen - Bataillon zum Sturm gegen den Feind. Hauptmann Gózon schritt dem Bataillon mit der ungarischen Fahne voran, stand aber schon nach wenigen Augenblicken von seiner ganzen Mannschaft verlassen allein da. Nur die Geschützmannschaften des Pester Artillerieregiments hielten im Feuer aus. Görgey berichtete, daß er einen böhmischen Batteriekommandanten, der nicht vom Platz weichen wollte, ehe er nicht seine ganze Munition verschossen habe, zum Rückzug auffordern mußte, um die Kanonen zu retten. Auch

Generalmajor Johann von Kempen ergriff nun auf dem linken Flügel der Kaiserlichen die Offensive, wo die Terraingewinne der Ungarn vom Beginn des Schlachttages zunichte wurden. Die Nationalgarden und die Landsturmbataillone rissen auf ihrer Flucht auch die noch standhaltenden Truppen mit; eine Katastrophe des ungarischen Zentrums zeichnete sich ab. Der Angriff Zeisbergs hatte nicht zuletzt deshalb so verheerende Folgen für die Ungarn, weil gerade im Augenblick des Angriffs eine Neugruppierung der Front vorgenommen werden sollte. Infolge der Gefährdung der linken Flanke sollten Zentrum und rechter Flügel zurückgenommen und Verstärkungen in Richtung Rauchwart abgegeben werden. Die wenig oder gar nicht geübten Verbände waren allerdings für die Ausführung des Manövers, das durch den unerwarteten Angriff der Kroaten durchkreuzt wurde, nicht geeignet. Während sich also im Zentrum die Lage der Ungarn gefährlich zuspitzte, hielt ihr linker Flügel stand und verhinderte einen katastrophalen Ausgang des Treffens, der durch eine unmittelbare Verfolgung des aufgelösten Zentrums durch den Feind unvermeidlich geworden wäre. Oberst Repassy, der die ungarische Kavallerie und vier Batterien, größtenteils Zwölfpfünder, befehligte, hatte es hervorragend verstanden, das Terrain für sich zu nützen und seine Stellung gegen einen zahlenmäßig weit überlegenen Gegner zu behaupten. Repassy, ein alter, erfahrener Offizier, bildete mit seinen Truppen einen Haken gegen den von Zwölfaxing her drohenden Angriff Liechtensteins, besetzte mit der Infanterie Rauchwart und postierte sein schweres Geschütz vorteilhaft auf der Anhöhe gegen Zwölfaxing. Seine Husaren waren plänkelnd vor den Schwadronen Liechtensteins zurückgewichen und nahmen nun im Schutz der Artillerie Stellung. Generalmajor Zeisberg, der seine vorgenannte Offensive voll Zorm über das Zaudern Liechtensteins begann, als er sah, daß der Tag nutzlos vergehen und der Feind in dieser so gefährlichen Nähe Wiens verharren würde, war später der schärfste Kritiker des Versagers Liechtenstein. Repassy gelang es wegen der Fehler Liechtensteins die Stellung zu halten - er hatte die weittragenden Geschütze und den Vorteil der erhöhten Stellung auf seiner Seite - und damit die ungarische Armee zu retten. Auf österreichischer Seite war es lediglich dem tapferen Unterführer Generalmajor Ottinger zu danken, daß die so großartig geplante Kavallerieattacke nicht mit einem blanken Debakel endete. Ottinger brachte seine Raketenbatterie bei der Brünndlkirche nahe Rauchwart in Stellung; die ungarischen Batterien mußten sich, in der Flanke bedroht, zurückziehen. Auch jetzt noch bedurfte es eines entschiedenen Befehls von Jellačić, um Liechtenstein zum offensiven Vorgehen zu bringen. Sogar im offiziösen Bericht wurde das Zögern Liechtensteins gerügt: „Daß er sich auf eine bloße Bedrohung beschränkte, muß allerdings bedauert werden, weil ein kräftiger Angriff von seiner Seite eine vollkommene Niederlage der Ungarn zur notwendigen Folge gehabt haben würde." Der linke Flügel der Ungarn hatte sich einem weit überlegenen Feind gegenüber geschlagen. Ohne verfolgt zu werden, zogen sich die Truppen Répássys durch den Schwadorfer Wald zurück. Beim Rückzug der Armee Mógas bildeten sie das Rückgrat, das eine völlige Auflösung der Ordnung verhinderte. Görgeys Resümee: „Nächst Gott war an diesem Tag auch der Feind uns gnädig, denn er verfolgte uns nicht."

In Wien hatte sich am 30. Oktober zwischen 9 und 10 Uhr vormittags rasch die Nachricht verbreitet, daß die Ungarn in ansehnlicher Stärke schon vor St. Marx stünden. Bereits in der vorhergehenden Nacht waren auf dem Höhenzug zwischen Rauchwart und Donau angelegten ungarischen Lager Signalraketen abgeschossen worden, die in Wien vom Stephansturm aus erwidert wurden. Studenten und Mobilgarden und vor allem der radikale Flügel der Nationalgarde, der von Ferdinand Fenner von Fenneberg, dem Chef der „Sicherheitsbehörde" in Wien, angeführt wurde, setzten nun alle agitatorischen Mittel ein, um die Verteidiger zur Wiederaufnahme der Waffen zu bewegen. In Gumpendorf und in Mariahilf bedrängten Studenten, die mit „Stürmern" und „rothen Kappen" angetan seien, die Leute. Auch polnische Legionäre verbreiteten das Gerücht, daß die Ungarn gegen Wien im Vormarsch seien. Befehle des Oberkommandanten der Nationalgarde, die jedoch nicht von Messenhauer unterzeichnet waren, wurden in Mariahilf vorgewiesen, in denen die Wiederaufnahme des Kampfes gegen die kaiserliche Armee gefordert wurde.

Auf dem Höhepunkt der Schlacht von Schwechat, gerade als sich Windischgrätz anschickte, vom Laaerberg herab persönlich einzugreifen, um die Umfassung der von der Schwechat zurückflutenden Ungarn durch die Kavallerie des Generalmajors Liechtenstein zu erwirken, wurde von der Gumpendorfer und Mariahilfer Linie her Kanonen- und Gewehrfeuer auf die kaiserlichen Truppen eröffnet. Der Bruch der geschlossenen Kapitulation durch die aufständischen Wiener trug ebenfalls zur Rettung der ungarischen Armee bei, die so aus dem „Sack von Schwechat" entkommen und sich hinter die Leitha zurückziehen konnte. Der lakonische Kommentar des Beobachters auf dem Stephansturm lautete: „.... Das Kanonenfeuer der ungarischen Armee ist nicht mehr wahrzunehmen. Auf der ganzen Linie herrscht Stille ..."

Am Tag darauf, dem 31. Oktober, war der Kampf um Wien faktisch ausgetragen. Windischgrätz erwartete in der Vorstadt Wieden noch härteren Widerstand, weshalb er hier die Brigaden Jablonowski, Colloredo und Sanchez direkt gegen den Wienfluß und auf die Basteien der Inneren Stadt sowie die Truppen des Feldmarschalleutnants Hartlieb transveral dazu vorrücken ließ. Statt Widerstand traf man in der Vorstadt nur weggeräumte

Barrikaden; weiße Fahnen und eine neugierige, wenn auch abwartende Bevölkerung an. Die letzten Aufständischen hatten sich innerhalb des Basteienringes der Inneren Stadt zurückgezogen und massierten sich vor allem im Widmerviertel um das Burgtor. Alle Stadttore waren geschlossen; auf den Wällen waren Geschütze aufgeführt und die Brustwehren zur Deckung der Bedienungsmannschaften angebracht. Zu diesem Zeitpunkt bemühte sich Messenhauser sehr entschieden, die Entwaffnung der Nationalgarde, soweit sie auf den Wällen der Inneren Stadt stand, durchzuführen; oft unter Einsatz seines Lebens. Der Kampf um das Burgtor dauerte noch bis zum Abend. Mehrmals wurden Kapitulationsangebote der Verteidiger durch hinterhältige Schüsse von den Wällen herab zunichte gemacht. Feldmarschalleutnant Csorich mußte schließlich die Beschießung dieses Stadtviertels anordnen. Eine etwas zu weit fliegende Brandrakete setzte dabei das Dach der kaiserlichen Burg in Brand, worauf sich das Feuer rasch zur Michaelerkirche hin ausbreitete. Eine städtische Feuerlöschmannschaft und das Bürger Scharfschützenkorps verhinderten das Ärgste. Die Scharfschützen hatten freiwillig die Bewachung der Burg gegen einen Haufen Arbeiter und Studenten übernommen.

Lange Zeit hindurch gelang es den Grenadieren und Zimmerleuten der Brigade Jablonowski mit ihrem Kommandanten an der Spitze nicht, das überaus feste Burgtor einzuschlagen. Erst der mehrstündige Beschuß durch schwere Geschütze, die vor den Hofstallungen aufgefahren waren, und der Brand der beiden Flügel des Burgtores schlugen die Bresche, durch die die Truppen Csorichs in die Innere Stadt fluteten. Der eine Teil von ihnen sicherte die Burg und half bei den Löscharbeiten mit, der andere trieb die Aufständischen durch die Straßen und Gassen der Inneren Stadt vor sich her.

Man erzählte sich, daß die Verteidiger nichts Dringenderes zu tun hatten, als die Barbierstuben zu stürmen und sich Bart und Haare eilends abschneiden zu lassen! Mit der Haartracht fiel das Symbol der Revolution!

Am 31. Oktober hatte Messenhauser folgende Kundmachung anschlagen lassen:

„Kundmachung.

Um den verschiedenen Parteien, welche in dem kritischen Augenblicke des Verhängnisses der belagerten Stadt über die hochwichtige Frage, ob ein Verzweiflungskampf gegen eine faktische Übermacht geschlagen werden solle oder nicht, Rechnung zu tragen; um uns von den Übeln der Anarchie und eines brudermörderischen Zwiespalts im Innern zu bewahren, von welchem unser militärischer Gegner keinen Augenblick säumen würde Vorteil zu ziehen, finde ich mich veranlaßt, den Herrn Hauptmann Fenneberg als

Vertrauensmann des mobilen Korps, sowie den Hauptmann Redel als Vertrauensmann der akademischen Legion, zu meinen Stellvertretern zu ernennen. Ich lasse diese beiden Herren sogleich zum Kriegsrat zu mir entbieten, um nochmals die Frage über die absolute Notwendigkeit der bereits eingeleiteten Konvention mit dem Herrn Feldmarschall in Beratung zu ziehen.

Der kampflustige Teil der Bevölkerung wird daraus ersehen, daß das Oberkommando zur traurigen aber unabwendbaren Notwendigkeit der Unterwerfung unter eine physische Übermacht mit feierlicher Verwahrung unserer heiligen und unveräußerlichen Rechte weder überreden noch erschleichen wolle.

Nicht aus Verrat soll die Stadt dem Herrn Feldmarschall übergeben werden. Die klarsten Beweise müssen im Kriegsrate mit meinen neu ernannten Herren Stellvertretern Fenneberg und Redel vorliegen, daß die Stadt ohne gewisse Aussicht eines Entsatzes von Seiten der Ungarn, gegen die großen Kräfte des Herrn Feldmarschalls bei allem Mute der Bevölkerung nicht gehalten werden könne, daß wir nach dem Bombardement von einigen Stunden aus Mörsern und Zwölfpfündern auf demselben Punkte stehen würden, wie jetzt, und bloß härteren und unversöhnlicheren Bedingungen entgegen zu sehen hätten.

Wien, am 31. Oktober 1848.

Messenhauser
prov. Ober - Kommandant."

Aus Haß und Mutwillen wurden die Häuser der Rebellenführer geplündert und in Brand gesteckt, wobei am gefürchtetsten die Kroaten und Polen waren.

Die Revolution war niedergeworfen und Strick und Kugel begannen ihre Herrschaft! Es fanden sich viele Denunzianten und diese waren den Kriegsgerichten willkommen. Die wichtigsten Rädelsführer hatten sich zwar im letzten Augenblick, aber noch rechtzeitig absetzen können. Messenhauser konnte sich nicht zur Flucht entschliessen und stellte sich, nachdem er sich einige Tage versteckt hatte, dem Kriegsgericht. Er wurde ohne Rücksicht auf seine freiwillige Stellung und der Fürsprache des Reichsrates und der Gemeinde am 16. November im Stadtgraben, nächst dem Neutor, erschossen. Wenige Tage vorher, am 9. November, war auch Blum erschossen worden. Zu den 2000 Gefallenen der Kämpfe kamen die Opfer der 24 Hinrichtungen und hunderte Verhaftungen. Fröbel wurde begnadigt, Bem flüchtete nach Ungarn, wo wir ihm als Heerführer wieder begegnen werden.

Noch in der Nacht zum 31. Oktober faßte Kossuth seinen Bericht über die verlorene Schlacht an den Landesverteidigungsausschuß ab. Er würdigte darin besonders die Leistungen Guyons und Görgeys und sprach davon, daß schon während des Gerfechtes, als Móga und Kohlmann für den Rückzug votierten, Görgey den Oberbefehl hätte übernehmen sollen. Er gab der Panik unter den Sensenmännern von Komorn, die er selbst Móga zugeführt hatte, die Schuld, daß der Zwecks Neuformierung der Flügel angeordnete Rückzug in eine Fluchtbewegung ausartete. Letzten Endes belastete Kossuth aber in Unkenntnis des wahren Sachverhalts die Wiener mit der Verantwortung für den Ausgang des Treffens: „Der Feind hatte uns noch nirgends geschlagen, unsere Truppen drangen sogar überall, wo sie angriffen, siegreich vor. Ich muß es jedoch mit Bedauern erwähnen, daß Wien obwohl sich die Schlacht sozusagen vor seinen Augen abspielte, nicht nur keinen Ausfall versuchte, sondern seit zwei Tagen hörten wir nicht einen einzigen Kanonenschuß, durch den Wien den Feind belästigt hätte ... Wir haben unsere Schuld Wien gegenüber redlich beglichen. Wien half uns nicht, sich selbst zu retten." Das Gefecht bei Schwechat war keine totale Niederlage der Ungarn. Einzelne Abteilungen hatten sich tapfer geschlagen und Fürst Windischgrätz hatte sein Kampfziel, die Vernichtung der „Rebellen" keineswegs erreicht. Ungarn und Österreicher hätten Schwäche in Leitung und Ausführung der geplanten Operationen gezeigt.

Messenhausers Tod am 16. November 1848.

Der erste Schritt zur Reorganisation der ungarischen Armee an der oberen Donau wurde sofort getan: Móga, der beim nächtlichen Rückzug gestürzt war und krank im Schloß Kittsee lag, erklärte seinen Rücktritt. Der designierte Nachfolger, Görgey, trat - am 1. November zum General ernannt - an seine Stelle. In den Notspitälern aber brach der Typhus aus. Allein in der Brucker Kaserne, die als Lazarett eingerichtet worden war, starben von 2000 Verwundeten 800.

Die ungarische Armee hatte sich als Gegner erwiesen, der nicht ohne weiteres in einem Blitzfeldzug niederzuringen war. Jellačić hatte seine Truppen, die er am 31. Oktober bei Tagesanbruch noch in Schlachtstellung konzentriert hatte, langsam nach Osten vorrücken lassen. Die leichte Reiterei der Ungarn zog sich bei Annäherung des Feindes kampflos über die Leitha zurück. Die Orte Maria Elend, Arbesthal, Stixneusiedl, Trautmannsdorf, Wilfleinsdorf und Sommerein ließ Windischgrätz durch starke Vorposten besetzen, die Vedettenkette (berittene Vorposten) wurde bis an die Leitha vorgeschoben. Das Gros der Armee stand hinter der Fischa bei Schwadorf, mit dem linken Flügel an die Donau gelehnt.

Aber auch die Ungarn hatten zur Kenntnis nehmen müssen, daß Baron Jellačić und seine Truppen, die bei Schwechat Vergeltung für das Gefecht bei Pákozd am Velencze - See am 29. September übten, ein ernstzunehmender Gegner war.

Im Revolutionsjahr 1848 war auch das ererbte kriegerische Talent der „Warther Madjaren" wieder aufgeflackert, als unter der Führung des streitbaren lutherischen Oberschützener Pfarrers Gottlieb August Wimmer, eines um die evangelischen Schulen verdienten Mannes, dessen „Bauernarmee" sich zum Ziele setzte, die Truppen des Banus Jellačić, die für den katholischen Kaiser kämpften, zu besiegen und zu vertreiben. Wimmer irrte mit seiner Bauernarmee wochenlang vergeblich in der Gegend herum, ohne auf den Feind zu stoßen. Es handelte sich um jene Truppen, die der Banus nach Kroatien zurückschickte, ehe er mit den regulären Verbänden nach Wien marschierte. Nach der Niederschlagung der Rebellion in Ungarn floh auch Wimmer ins Ausland.

Der politische Liberalismus aber hatte zu der Zeit, als die „Linien" fielen, bereits ausgespielt. Fast mutet es symbolhaft an, daß zur selben Zeit, als die Partei des Großbürgertums ihre führende Stellung im Staat aufgeben mußte, auch jenes Monument fiel, das am Anfang der bürgerlichen Revolution stand. Die Großbürger der zweiten Hälfte des 19. Jahrhunderts waren die bürgerlichen und befugten Handwerksmeister, Geschäftsinhaber und Kaufleute des Sturmjahres. Sie waren die eigentlichen Träger der Revolution von 1848! Von den über vierhundert Gefallenen unter den Verteidigern Wiens entfielen zweihundert auf diesen Stand. Das Sturmjahr hatte auch die Nationalitäten- und die Arbeiterfrage radikal zur Diskussion gestellt; eine Diskussion, die in den nachfolgenden Jahren wohl zum Schweigen gebracht, aber nicht für immer unterdrück werden konnte. Zur Zeit, als es mit dem Linienwall zu Ende ging, hatte sich auch die Auseinandersetzung um diese beiden Probleme hochgradig erregt. Es ging im Grunde genommen um harte Realitäten, die im gnadenlosen Kampf zweier Parteien um die Macht im Staat offenbar wurden. Es war der Kampf um die Grund- und Freiheitsrechte, dessen hohe Ziele durch die blutige Volksjustiz entstellt wurden (Graf Latour!), und der Kampf der Dynastie, die von sich sagte, daß sie auf der Gnade Gottes beruhe, um ihre Existenz. Es steht uns wohl nicht zu, wenn man die Geschehnisse von 1848 mit den Augen der heutigen Zeit betrachtet, Schuldsprüche zu fällen.

Auch nicht über die „Akademische Legion", die Schulter an Schulter mit dem Bürgertum auf Barrikaden und Wällen kämpfte. An sie erinnert noch ein Gedicht von Ludwig August Frankl, erschienen im „Ersten zensurfreien Blatt" aus der Josef Stöckholzer von Hirschfeldschen Buchdruckerei, das Frankl schrieb, während er Wache stand:

Die Universität

Was kommt heran mit kühnem Gange?
Die Waffe blinkt, die Fahne weht,
Es naht mit hellem Trommelklange
Die Universität.

Die Stunde ist des Lichts gekommen;
Was wir ersehnt, umsonst erfleht,
Im jungen Herzen ist's entglommen
Der Universität!

Das freie Wort, das sie gefangen
Seit Joseph, arg verhöhnt, geschmäht,
Vorkämpfend sprengte seine Spangen
Die Universität.

Zugleich erwacht's mit Lerchenliedern,
Horcht, wie es dythirambisch geht!
Und wie die Herzen sich erwidern:
Hoch die Universität!

106

Und wendet ihr euch zu den bleichen
Gefallnen Freiheitsopfern, seht:
Bezahlt hat mit den ersten Leichen
die Universität.

Doch wird dereinst die Nachwelt blättern,
Im Buche der Geschichte steht
Die lichte That mit goldnen Lettern:
Die Universität.

Viele Menschen sahen in der Kirche 1848 eine eng mit dem Staat verbundene Institution. So wurde bei der ersten Revolution im März, am 13., in einem Atemzug mit der Vertreibung Metternichs „unter polterndem Getümmel des Volkes" auch die Ausweisung der Jesuiten als jener „Werkzeuge, womit man das Volk verdummen will", gefordert. In Mariahilf versuchte ein aufgebrachter Haufen in die Kirche einzudringen; am folgenden Tag wurde die Pfarrkanzlei gestürmt. In zahlreichen neuen Zeitungen, Flugschriften und Broschüren, die nun erscheinen konnten, finden sich massive Angriffe auf die katholische Kirche und ihre Einrichtungen: man wetterte gegen den „Müßiggang in den Klöstern", plädierte für die Einziehung der Kirchen- und Klostergüter zur Deckung der Staatsschulden und forderte - im Namen der Freiheit - die Abschaffung des Zölibats. Am 6. April wurden die Redemtoristen aus ihrem Kloster bei Mariahilf am Gestade vertrieben, dasselbe Schicksal traf in der folgenden Nacht auch die Redemtoristinnen auf dem Rennweg.

Erzbischof von Wien war im Revolutionsjahr Vinzenz Eduard Milde (1832-1853). Er hatte sich im josephinischen Staatskirchentum in vielen Funktionen bewährt und war 1832 als erster Bürgerlicher Erzbischof von Wien geworden. Dem Reformkreis um Klemens Maria Hofbauer war er ferngeblieben. Milde vertrat einen vollkommen staatstreuen Kurs. So brachte er 1848 kein Verständnis für die Forderungen des jüngeren Klerus nach Befreiung der Kirche aus den „goldenen Fesseln des Staatskirchentums" auf. Entsprechend erließ der Erzbischof am 17. März folgende Anordnung: „Die Priester sind nicht dazu bestimmt, die irdischen Angelegenheiten der Menschen zu beraten oder zu regieren, sondern das innere, das ewige Heil der Seele zu fördern. Deswegen wünschen und hoffen seine fürsterzbischöfliche Gnaden, daß alle Priester sich in politische Angelegenheiten nicht mischen, sondern sich darauf beschränken, zu Gott zu beten, daß er alles zum wahren zeitlichen und ewigen Wohle der Menschen leiten möge."

Vor allem dem jüngeren Klerus war diese Empfehlung viel zu wenig. Schon zwei Tage später erschien eine, vermutlich vom Hofkaplan Dr. Michael Häusle verfaßte Broschüre: „Fragen an den Herrn Fürsterzbischof von Wien. Im Namen seines mundtoten Klerus." Darin wurde der Erzbischof daran erinnert, daß der Priester auch Staatsbürger sei, seine innere Freiheit nicht aufgeben dürfe und sich daher auch um weltliche Dinge kümmern müsse, und daß es neben der weltlichen Politik auch noch eine kirchliche gäbe. Vor allem gehe es nun um die Freiheit der Kirche: „Die Kirche liegt in Österreich noch in den schmählichen Banden des Bürokratismus, und der erste Erzbischof der deutschen Erblande beginnt seinen Ausschritt in die neue Ordnung der Dinge damit, daß er seinen Klerus zu der altgewohnten Zahmheit auffordert! ... Wir wollen für die Kirche nur diejenige Freiheit, welche ihr von Gott und von Rechts wegen gebührt, die Freiheit von aller bürokratischen Bevormundung von Seiten des Staates, die freie und unverkürzte Autonomie der Kirche auf ihrem Gebiete, Schutz und Garantie für ihre äußeren Rechte ... Neben dem neuen Staat muß eine neue Kirche erblühen." Am 5. April um 11 Uhr nachts erschien eine große Volksmenge vor dem erzbischöflichen Palais und brachte dem Erzbischof eine der üblichen „Katzenmusiken" dar: das Volk lärmte und tobte, um so den greisen Erzbischof sein Mißfallen auszudrücken. Als diese Katzenmusiken sich in der Nacht vom 27. auf den 28. April wiederholten, verließ Erzbischof Milde Wien und suchte im erzbischöflichen Schloß Kranichberg Zuflucht und Stille. Nach seiner Ankunft im Schloß schreibt Milde am 30. April 1848: „Wir sind glücklich angekommen, nur der Kammerdiener ist sehr verschwollen im Bette. Hier ist wenigstens etwas Ruhe, daß mein Kopf nicht noch mehr leidet, aber Mein Herz ist vom Kummer und Schmerz erfüllt." Milde ließ es sich aber nicht nehmen, wenigstens zur Fronleichnamsprozession wieder nach Wien zu kommen.

Im Juli dankte Milde seinem Kanzleidirektor aus Kranichberg für dessen Glückwünsche zum 25. Jahrestag seiner Weihe zum Bischof: „Ich danke Ihnen für Ihre, wie ich gewiß weiß, herzlichen Glückwünsche zu Meinem Consecrationsfest. Ich habe durch 25 Jahre nicht sowohl die Würde als die Bürde eines Bischofs empfunden und getragen! Mich hat der Glanz nicht geblendet, das Wohlleben nicht erfreutet. Kummer und Sorgen, Schmerz und Verdruß waren Mir zu Theil geworden. Ich habe viel gearbeitet. Gott gebe nur, daß Meine Arbeit nicht fruchtlos sey! Jetzt wünsche Ich aber das Ende Meiner Laufbahn! Gott soll einen anderen, stärkeren, und weiseren Mann an Meine Stelle setzen!"

Die Verfassung vom 25. April 1848 gewährte allen Staatsbürgern das Vereins- und Petitionsrecht. Auch die Katholiken sollten diese Rechte nutzen. Am 15. Mai 1848 wurde der „Wiener Katholikenverein für Glaube, Freiheit und Gesittung" gegründet. Führend in diesem war der Domprediger von St. Stephan Johann Emanuel Veith tätig. Vereinszwecke waren: „Aufrechterhaltung der katholischen Glaubenswahrheit, freie Religionsausübung auf der Grundlage konstitutioneller und bürgerlicher Freiheit, gesetzliche Wahrung kirchlicher und religiöser Rechte, Belehrung über die staatsbürgerliche Stellung, sowie über Rechte, Pflichten, Überwachung und Aufzeigung von Glaubensbehinderung. Der Verein trug auch den neuen sozialen Herausforderungen der Zeit Rechnung und bemühte sich um die Sorge um Jugendliche und Verwahrloste. Hohes soziales Engagement zeichnete vor allem den auch im Jahr 1848 gegründeten „Katholischen Frauenverein" aus. Politisch war der Katholikenverein in jeder Hinsicht offen: „Der Katholikenverein trägt so wenig eine reaktionäre, eine schwarzgelbe Fahne, daß in demselben nach der politischen Überzeugung der Mitglieder gar nicht gefragt wird, daß neben als schwarzgelb bezeichneten Ehrenmännern wieder andere Ehrenmänner als Leiter des Vereines sitzen, die das Programm des „Ausschusses zur Wahrung der Volksrechte" ganz vorne an unterzeichnet haben." Während sich also der aktive Teil des Klerus vor allem für die Freiheit der Kirche engagierte, ist nur ein Pfarrer bekannt, der die Revolution auch politisch sah. So verglich der Pfarrer von Wienerherberg in einer Predigt die „Staasverwaltung mit einer Kegelbahn, auf welcher das Volk die Kegel, die Scheiber die Minister sind und lobte Amerika als „einen Staat, wo es keinen Kaiser keine Könige gibt."

„Des Winters eisige Decke lastete über unserem Vaterlande; da wehte der laue Odem des Frühlings und die Decke brach, sie schmolz zu befruchtendem Gewässer. Der Boden, befreit von der Erstarrung, wurde gepflüget, besäet und segensvolle Saaten entsprossen ihm zu unserer Freude. Der starre eisige Winter der Tyrannei wich von unserem Vaterlande, in den Märztagen brach die Winterdecke, in den Maitagen erwuchs die Saat der Freiheit und prangt im Hoffnungsgrün." Mit diesen heute recht pathetisch anmutenden Worten leitete Anton Füster, Feldkaplan der Wiener Akademischen Legion, am 28. Juli 1848 seine Gedenkrede für die Opfer der Wiener Märzrevolution ein.

In wenigen Tagen war das alte System Metternichs mit den Polizeimethoden Joseph Graf Sedlnitzkys und seiner allgegenwärtigen Zensur hinweggefegt worden: am 13. März 1848 mußte Metternich abdanken und fliehen. Am folgenden Tag gewährte Kaiser Ferdinand I. die Pressefreiheit und versprach am 15. März die ersehnte Verfassung, die „Konstitution". Sedlnitzky mußte den Ausbruch einer Revolution besonders fürchten. Als sie nun tatsächlich ausbrach, tauchte er sofort unter. Seiner Aufgaben entledigt, zog er sich nach Troppau zurück; er starb aber nach den Turbulenzen später in Baden bei Wien.

Kossuth aber, zu dem wir jetzt zurückkehren, zog vor dem Reichstag in Pest am 9. November das militärisch - politische Resümee aus den Erfahrungen von Schwechat. Er betonte, daß die Unterscheidung zwischen Linienregimentern, Husaren und Honvéd - Truppen aufgehört habe: „Unsere Truppen sind jetzt nichts als Honvéds." Kossuth verhehlte nicht, daß es noch Niederlagen geben werde. Die feindlichen Truppen, so sagte er, würden besiegt werden, falls sie „es versuchen, an der Leitha einzufallen, wenn nicht dort, dann bei Raab, wenn nicht hier, dann bei Komorn oder Pest oder an der Theiß."

Kossuth hat nach Schwechat nie mehr direkt in die Entscheidungen über rein militärische Probleme eingegriffen. In der Folge zeigte sich aber, daß er die Führung des revolutionären Kampfes als politische Strategie zu handhaben verstand. Er hat sich durch die Anfangsniederlagen nicht entmutigen lassen, sondern sie zum Anlaß genommen, die Ursachen der aufgetretenen Schwächen radikal zu beseitigen und neue Konzepte zu entwickeln.

Von der Schlacht bei Schwechat gehen mehrere Entwicklungen aus, die zu verfolgen für das Verständnis des komplexen Gefüges der Habsburgermonarchie bedeutsam ist. Die Tatsache, daß sich hier - sieht man vom Vorspiel bei Pákozd ab - erstmals in einer strategisch bedeutsamen Auseinandersetzung kaiserliche und ungarische Truppen feindlich gegenüberstanden, enthüllte vor der europäischen Öffentlichkeit schlagartig, wie viele Risse dieses alte, scheinbar so festgefügte Staatsgebäude und seine Hauptstütze, die Armee, durchzogen. Die alte Politik des „divide et impera" war 1848/49 noch einmal durchgezogen worden, geriet aber im hier behandelten Konflikt außer Kontrolle. Die nationalen Auseinandersetzungen innerhalb der Habsburgermonarchie waren in ein neues, für den Bestand des Gesamtreiches gefährliches Stadium getreten. Diese Probleme waren mit den traditionellen Mitteln nicht mehr zu bewältigen und verlangten vom Wiener Hof und seinen wechselnden Regierungen ein vollkommenes Umdenken, das leider nach dem Sieg über die revolutionären Bewegungen in Böhmen und Ungarn nicht mehr erfolgte.

Weiters blieb es eine offene Frage, ob Windischgrätz, wenn die Kapitulation vom 29./ 30. Oktober zur Durchführung gelangt wäre, der Stadt Wien mildere Bedingungen gewährt hätte. Seine auch in Böhmen bewiesene harte Haltung läßt einer solchen Vermutung nicht viel Spielraum. Man wird aber doch festhalten können, daß der neuerliche Erhebungsversuch, der Kossuths Truppen entlasten sollte, den Feldmarschall, der wohl auf Glaube und Treue die Kapitulation angenommen hatte, in seinem persönlichen und militärischen Stolz schwer verletzte und damit seine Maßnahmen gegen die Wiener radikalen Kräfte, die sogar Messenhauser kompromittiert hatten, heraufbeschwor. Wurde in Prag die Frau des Fürsten Windischgrätz von Aufständischen erschossen, so hatte seine Armee vor Wien, durch den Kapitulationsbruch Verluste hinzunehmen, mit denen der Feldmarschall nicht mehr zu rechnen glaubte. Von Rache kann da nicht die Rede sein. Das Resümee: Nein zum Haß! - Ja zur Toleranz!

Ein neues Ministerium wurde aufgestellt: Fürst Felix Schwarzenberg, ein entschlossener Charakter, löste Ministerpräsident Wessenberg ab und übernahm auch das Außenministerium. Er hatte schon früher für eine Gegenrevolution gesprochen. Franz Stadion wurde Innenminister und Unterrichtsminister: Freiherr von Cordon Kriegsminister, Krauß weiter Finanzminister, Bruck Handels- und Bautenminister, Theinfeld war für Landeskultur und Bergwesen zuständig und Alexander Bach, der aus jedem Ministerwechsel standhaft hervorging, Justizminister.

Am 27. November erschien das neue Regierungsprogramm, das die Sprache einer gemäßigten Reaktion führte. Es hieß in diesem unter anderem: „Wir wollen die konstitutionelle Monarchie aufrichtig und ohne Rückhalt; wir wollen sie begründen auf der gleichen Berechtigung und der unbehinderten Entwicklung aller Nationalitäten, sowie auf der Gleichheit aller Staatsbürger vor dem Gesetz, gewährleistet durch Öffentlichkeit in allen Zweigen des Staatslebens, getragen von der freien Gemeinde und der freien Gestaltung der Länderteile in allen inneren Angelegenheiten, umschlungen von dem gemeinsamen Bande einer kräftigen Zentralgewalt". Das Programm versprach ein freisinniges Gemeindegesetz, Vereinfachung der Staatsverwaltung, zeitgemäße Regelung der Behörden, Umgestaltung der Rechtspflege, landesfürstliche statt der Patrimonial- und Kommunal - Gerichte, Trennung der Verwaltung von der Justiz, Begegnung des Pressemißbrauches durch Regreßmaßregeln, Vereinsrecht, Nationalgarde und einen gesicherten Rechtszustand.

Ministerpräsident Felix Fürst zu Schwarzenberg

Nichts wies darauf hin, daß man den früheren Absolutismus wieder herbeiführen wollte, am wenigsten wollten das Stadion und Schwarzenberg. Allein die günstigen Erfolge der Armee brachten eine Hofpartei hervor, die sich sehr zu Macchiavellis Staatslehre, der absoluten Fürstenmacht, hingezogen fühlte. Dies aber setzte einen Thronwechsel mit einem starken Fürsten voraus, nicht einen Herrscher wie Ferdinand I., für den der Geheime Staatsrat regierte. Der nächste Thronanwärter war Erzherzog Franz Karl, der Bruder Ferdinands.

Am 2. Dezember 1848 versammelte sich der Wiener Hof im Erzbischöflichen Palais in Olmütz. Nach der Volljährigkeitserklärung des kaiserlichen Neffen Franz Joseph verzichtete Erzherzog Franz Karl, der Vater Franz Josephs, auf sein Thronfolgerecht. Sodann verlas Kaiser Ferdinand I. seine Abdankungsurkunde und verzichtete zugunsten seines Neffen Franz Joseph auf den Thron. Den Thronwechsel hatte Erzherzogin Sophie, die Frau Franz Karls und Mutter Franz Josephs, durchgesetzt, weil sie auch ihrem eigenen Mann nicht zutraute ein besserer Herrscher als Ferdinand zu sein. Als der 18jährige Kaiser Franz Joseph vor seinem Onkel das Knie beugte, bemerkte Ferdinand I. schlicht: „Sei nur brav, es ist gerne geschehen."

Erzherzogin Sophie, die Schwägerin Kaiser Ferdinands I. war, nach dem Ausscheiden des Fürsten Metternich, die dominierende Persönlichkeit bei Hof. Sie brachte es, mit vieler Mühe, zuwege, daß der Kaiser sich bereit erklärte abzudanken und ihr Mann Erzherzog Franz Karl auf den Thron verzichtete. Franz Joseph I. war nun, ohne gekrönt zu werden, Kaiser von Österreich und Inhaber aller Titel seines Vorgängers, also auch apostolischer König von Ungarn, was aber von den Ungarn nicht anerkannt wurde. Das Manifest des jungen 18jährigen Kaisers glich im wesentlichen dem Regierungsprogramm, das die Minister am 27. November erlassen hatten.

Der Thronwechsel paßte in das gegen die Sonderstellung Ungarns gerichtete Regierungsprogramm des österreichischen Ministerpräsidenten Fürst Felix Schwarzenberg, weil ja Franz Joseph im Gegensatz zu Ferdinand sich weder an die vormärzliche Verfassung noch an die Aprilgesetze 1848 gebunden fühlen mußte. Der ungarische Reichstag hat den Thronwechsel auch als Anschlag gegen die Freiheit und Selbständigkeit Ungarns betrachtet und damit protestiert, daß ohne Einwilligung der Ungarn über den ungarischen Thron nicht verfügt werden darf, daß selbst der Thronfolger erst durch Inauguraldiplom und Krönung legitimer König von Ungarn wird. So wurde in Ungarn konsequent bis zum Reichstagsbeschluß von Debrezin am 14. April 1849, als sich Ungarn von den Habsburgern losriß, im Namen König Ferdinands regiert.

Im Patent vom 2. September 1848, das die Thronbesteigung Franz Josephs verkündete, war von einer Sonderstellung Ungarns nicht mehr die Rede. Ein zweites Patent vom gleichen Tag verkündete den Beginn des Feldzuges gegen Ungarn, sprach von Frieden und Wohlfahrt, nicht aber von der Herstellung der Verfassung und Integrität Ungarns. Es hielt die Verfügungen vom 6. und 7. November 1848 aufrecht, wies alle Behörden bei strenger Verantwortung zu deren unerläßlicher Befolgung an und bestätigte den Fürsten Windischgrätz als Oberbefehlshaber der k. k. Truppen zur Bewältigung des Aufruhrs.

In dem Maße, wie die Armee vorrückte, wurden die ungarischen Dreißigstämter aufgehoben und mit kaiserlichen Zollämtern vereinigt und damit der erste Schritt zur Einverleibung Ungarns in den Gesamtstaat gesetzt.

Am 4. März 1849 erging das Manifest, das den österreichischen Reichstag von Kremsier auflöste, weil er die Aufgaben nicht erfüllt hatte. Das Manifest verkündete eine Verfassung für das einige und unteilbare Kaiserreich Österreich, welche die Begründung einer kräftigen Verwaltung, die Schaffung eines sparsamen Budgets der Monarchie, die Durchführung der Entlastung des Grundbesitzes und die Sicherung der Freiheit versprach. Gleichzeitig wurde mit diesem Manifest das „Königreich Ungarn" zu einem „Kronland" degradiert. Die ungarische Verfassung wurde nur in jenen Bestimmungen in Geltung gelassen, die mit der „Reichsverfassung" in Einklang standen. Der Reichstag siechte indes dahin und die tschechischen Deputierten, mit Palacky und Riegler an der Spitze, die im Oktober Wien verlassen und gegen alle Beschlüsse während ihrer Abwesenheit protestiert hatten, arbeiteten der Reaktion, der konservativen Hofpartei, in die Hände. Im Januar 1849, als man im Reichstag die Grundrechte beriet, begann man mit der Phrase: „Alle Gewalten gehen vom Volke aus," gegen die Graf Stadion feierlich protestierte und sie ein revolutionäres, unfruchtbares Possenspiel nannte. Das kam einer Niederlage des Reichstags gleich, der sich am 23. Januar selber eine zweite einhandelte als er beschloß, der Armee in Italien ausnahmsweise zu gestatten, einige Deputierte in den Reichstag nach Kremsier zu schicken. Man wollte damit offenbar der Armee ein Kompliment machen und der Reaktion damit gleichzeitig das Schwert aus der Hand schlagen. Die Armee in Italien jedoch sandte am 8. Februar eine Demonstration an den Reichstag, die von Graf Radetzky als Oberbefehlshaber, von sämtlichen Offizieren, Feldwebel und Wachtmeister, von den Kompagnien je zwei Chargen und 16-20 einfachen Soldaten unterzeichnet war. Dieser scharfe Protest der 80000 Mann starken Armee wirkte für den Reichstag vernichtend. Es war der bedeutendste Versuch österreichischer Volksvertreter gewesen, das Nationalitätenproblem verfassungsrechtlich einvernehmlich zu lösen. Die Gegenrevolution war stärker.

Am 7. März 1849 ließ der von Kaiser Franz Joseph I. ernannte neue Ministerpräsident Fürst Felix Schwarzenberg den seit 22. Februar tagenden Reichstag auflösen, den Sitzungssaal mit Militär umstellen und die Deputierten, die zur Sitzung gehen wollten, zurückweisen. Das hierauf Bezug habende Manifest schloß mit den Worten: „Indem die Völker Österreichs von dem Kaiser eine Verfassung erwarten, welche nicht bloß die in Kremsier vertretenen Länder, sondern das ganze Reich im Gesamtverbande umschließen solle, sei das Verfassungswerk über die Grenzen des Berufs dieser Versammlung hinausgetreten." Zugleich wurde eine neue Verfassung gegeben, die eigentlich nie ins Leben trat, aber manches schätzenswerte Material enthielt. Die Kronländer wurden nicht als selbständige politische Gruppen, sondern als „Provinzen des Reiches" dargestellt, und um größere Kronländer zu schmälern, stellte man Salzburg, Schlesien und die Bukowina als eigene Kronländer auf, die bis dahin nur Teile von solchen waren. Jedem Kronland war ein eigener Landtag zugesagt worden, zu dem auf je 100000 Seelen ein Deputierter mit direkter Wahl kam. Der Krone zur Seite sollte ein „Reichsrat" stehen. Öffentliches und mündliches Gerichtsverfahren wurde zugesagt, Schwurgerichte vorgesehen. Ein Reichsgericht sollte Streitsachen zwischen dem Reich und den einzelnen Provinzen entscheiden. Im großen und ganzen lebte ein freisinniger Geist in dieser Verfassung, obwohl sie nicht vom Volk und dem Selbstbestimmungsrecht der Nationen hervorgegangen, sondern diesen vom Thron gegeben worden waren. Franz Joseph I. und seine Regierung waren auf dem Weg zum Absolutismus.

Zu den Ereignissen in Ungarn:

Als in Ungarn die Nachricht von Kaiser Ferdinands Thronentsagung einlangte, verbreitete der Anhang Kossuths das Gerücht, daß diese erzwungen worden sei und Kossuth selber verbreitete die Lüge, daß Franz Joseph den Bauern wieder die Urbariallasten aufbürden wolle, um sich selber in den Vordergrund zu spielen. Dazu kam noch der Umstand, daß Ferdinand die Krone ohne Zustimmung des ungarischen Landtages niedergelegt hatte, was ein Verstoß gegen die alte ungarische Verfassung war; so konnte man Franz Joseph, der die ungarische Krone nicht von den Ungarn erhalten hatte, die Anerkennung als König von Ungarn verweigern. Die Nationalversammlung protestierte daher gegen den Thronwechsel und wollte nur Ferdinand als rechtmäßigen König anerkennen, der am 28. September 1830 in Preßburg in der St. Martins Kirche als Ferdinand V. zum Apostolischen König von Ungarn gekrönt worden war. Fürst Schwarzenberg aber verlor weder Zeit noch Mühe, um einen Ausgleich anzubahnen, denn Ungarn sollte, wie andere Kronländer auch, Provinz werden, wie es ja die Proklamation seiner Regierung vorsah, und aufhören, ein selbständiges Königreich zu sein.

Anfang Dezember 1849 setzten sich die kaiserlichen Truppen gegen das Königreich Ungarn in Bewegung. Fürst Alfred Windischgrätz, der die Aufstände in Prag und Wien mit seinen Truppen niedergeworfen hatte, führte den Oberbefehl. Er stellte zwei Korps zu beiden Seiten der Donau auf. General Simunich sollte von Mähren aus in Ungarn einfallen, General Götz von Schlesien, General Schlick von Galizien. General Puchner sollte von Siebenbürgen her in Ungarn einrücken und sich mit den Serben im Banat und dem Ban Jellačić vereinigen. 80000 Mann sollten so von allen Seiten her gegen Ofen und Pest vorrücken und die Rebellion im eigenen Land ersticken.

Ein erbitterter Feind Österreichs, A. C. Wiesner, dem Namen nach ein Deutscher, publizierte noch 1849 in der Buchdruckerei C. Köhler in Zürich unter dem Titel „Ungarns Fall und Görgeys Verrat - Mit mehreren Aktenstücken" eine Hetzschrift gegen Österreich. Er schreibt im Kapitel I.: „Waren auch die politischen Parteien in Ungarn gegen den bewaffneten Aufruhr und Einfall der Kroaten vom Gesichtspunkt ihrer angegriffenen Nationalität fast durchaus einig, so gestaltete sich jedoch die Lage der Dinge, als die österreichische Camarilla die Maske zu Gunsten Jellačićs abwarf, wesentlich anders. Szechenyis After - Politik und sein mit aristokratischer Schminke bestrichener Constitutionalismus hatte im Lande besonders unter dem hohen Adel, dessen politischer Horizont über seinen Nationalitätsstolz nicht weit hinausreichte, einen ziemlichen Anhang zurückgelassen. Görgey zählte unzweifelhaft zu dieser Partei, mit ihm die Männer der sogenannten gemäßigten Seite: Deak, Batthyany, Pazmandy, Szentkiralyi. - Görgey versuchte im Auftrage dieser Partei um den Preis der vormärzlichen Institutionen Ungarns schon mit Windischgrätz eine Unterhandlung anzuknüpfen, welche jedoch dieser dummstolze Aristokrat mit der bekannten Floskel: „daß er mit Rebellen nicht unterhandle", zurückwies. Von dieser Zeit her wurden erst Görgey und sein Anhang der erbitterte Feind der österreichischen Regierung, denn er sah nun ein, daß Ungarn, im Falle es bezwungen werde, auch nicht auf einen Schatten der ehemaligen Institutionen zu hoffen habe. Die österreichische Camarilla konferierte zwar mit dieser Partei gleichfalls schon zur Zeit Windischgrätz's, ohne denselben davon zu unterrichten; allein der ungeheure Einfluß Kossuths auf die ungarische Nation und die Antwort Windischgrätz: „er unterhandle nicht", machten dieselbe stutzig und ließen sie zu nichts Entscheidendem. kommen.

Da die Magyaren nun einsahen, daß sie unter der perfiden Politik des österreichischen Kabinetts gar keine Garantie für die Zukunft zu hoffen hatten, so vereinigten sich die Parteien in den Rüstungen gegen Österreich; allein die Altkonstitutionellen wollten nur den günstigen Augenblick abwarten, ihrem Unterhandlungs - Projekte neuerdings Raum zu geben, und dieser günstige Augenblick konnte nichts anderes, als mehrere entscheidende Siege der ungarischen Waffen sein, welche dieser Partei als Grundlage der Wieder-eröffnung ihres Manövers dienen sollten.

Dieser Partei gegenüber hatte Kossuth eine feste Stütze in dem minder begüterten Adel, in der Intelligenz, den zahlreichen Polen und Deutschen, sowie im eigentlichen Volke, welche mit ihm die europäische Bedeutung des Kampfes einsahen, während sich Görgeys Anhang nur die egoistische Grenz-linie des Nationalkrieges zog; schon beim Ausbruche des Kampfes kamen diese beiden Prinzipienträger in Konflikt, denn die aristokratisch - altkonsti-tutionelle und zugleich fanatisch - nationale Partei wolte von fremden Generälen und Offizieren durchaus nichts wissen und glaubte mit dem Durchbruch des magyarischen Elements alles gewonnen zu haben. So befaßte sich dieselbe mit den lächerlichen Lappalien, wie z. B. mit der Einführung des magyarischen Kommandos bei der Armee, was bei dem Umstande, da diesel-be unter Österreich nur an das deutsche gewöhnt war, bei der Schlacht von Schwechat, so wie in den Gefechten bei Preßburg eine heillose Verwirrung hervorbrachte und den Verlust dieser Treffen nach sich zog. Allgemein fingen die Leute an einzusehen, daß es ihnen, trotz ihrer nationalen Arroganz, doch nicht gelingen konnte, tüchtige, erfahrene und zugleich magyarische Führer an die Spitze der Armee zu stellen, denn die treu gebliebenen Stabs- und Oberoffiziere, welche nach der schlechten österreichischen Kriegsschule ihre militärische Bildung erhielten, waren zu allem geeignet, nur nicht zur Führung einer Revolutions - Armee. Man machte also gute Miene zum bösen Spiel und engagierte die berühmten, polnischen Generäle Bem und Dem-binski. Was diese beiden unvergleichlichen, militärischen Genies in kurzer Zeit geleistet haben, ist weltbekannt. Im December des Jahres 1848 ging General Bem nach Siebenbürgen, und stampfte, sozusagen, in kurzer Zeit eine Armee von 20000 Mann aus der Erde hervor, mit welcher er 40000 Rus-sen und 20000 Österreicher in alle Winde trieb. Auf welche Weise dieser herrliche Führer den Geist im Volke anzufachen und sich selbst bei seinen Gegnern beliebt zu machen verstand, davon gaben mehrere Zeitungsartikel selbst schwarzgelber Journale, - die früher von dem „Rebellenchef" nicht genug Greueltaten zu erzählen wußten, - einen unumstößlichen Beweis. Von vielen solchen Artikeln, welche dem kühnen Generale das unparteiische Lob spendeten, führen wir zum Beleg nur jenen von seinem Einzug in Kronstadt an. Darin heißt es: „Die russisch - österreichische Besatzung verließ die Stadt in großer Eile, so daß man nicht einmal alle Vorräte wegbringen konnte. Die städtischen Behörden entsandten eine Deputation an Bem, der in Weiden-bach stand, mit der Bitte, in die Stadt zu rücken und das Eigenthum, so wie das Leben der Bürger zu schonen. Bem nahm die Deputation sehr freundlich auf und beruhigte sie mit der Versicherung, es würde Niemandem Uebles geschehen' etc. Der Einzug Bem's war glänzend, und es machte einen eigenthümlichen Eindruck, die verschiedenen Nationalitäten in den Reihen der Krieger vertreten zu sehen, neben der ungarischen Fahne die polnische und die deutsche zu erblicken. Zu den zahlreich versammelten Bürgern Kronstadts sprach Behm die folgenden Worte: „Man hat Euch vorgeredet, ich würde mich an Eurem Eigenthume vergreifen. Sehet! in meinen Reihen fechten Deutsche, Slaven, Polen, Magyaren und Böhmen. Wir kämpfen nicht für das Interesse Einer Nation, wir wollen nicht, daß eine Nation über die andere herrsche, - wir fechten für die Freiheit und gleiche Berechtigung aller Völker, unser Sieg ist der Sieg der Freiheit Deutschlands, der slavischen Völker und Ungarns. Wir schwören Euch, daß wir unsere Waffen nicht eher aus der Hand legen, bis die Sache aller Völker, die Sache der Freiheit gesiegt hat. Diese (auf die deutsche Legion zeigend) in Trauer gehüllten Söhne Deutschlands, sie geben Zeugnis, wessen Sache ich hier mitvertrete. Die gefallenen Opfer in Wien, in Lemberg, Prag, Krakau und in Italien sollen gerächt werden. Nehmet meine tapferen Waffenbrüder freundlichst auf, ich versichere Euch, Jeder von Ihnen ist ein Held." Diese kurze Anrede wirkte magisch - die ganze Jugend Kronstadts trat sofort in die Reihen Bems. „Sein Corps gleicht einer Lawine, es vergrößert sich mit jedem Schritt und es zeichnet sich durch seine Manneszucht aus." Bem hat in Siebenbürgen das Unglaubliche geleistet; er schlug in elf mörderischen Schlachten, nämlich bei Piski, Bistritz, Maros Vasahely, Szamos Uivar, Udvarhely, Hermannstadt, Kronstadt, Klausenburg, Dees, Hatzeg und Rothenthurm die Russen und Österreicher aufs Haupt und versprengte die Trümmer dieser Armee in die Walachei."

Soweit die Schilderung Wiesners über die Tätigkeit des polnischen Generals Bem den wir schon von den Kämpfen um Wien kennen, von wo er nach Ungarn geflohen ist, im Kapitel I. seiner Hetzschrift.

Wiesner hat uns aber (absichtlich?) nicht verraten, woher der Pole General Bem seine schwungvollen Ideen genommen hat. Des Rätsels Lösung: Bem hatte einen Adjutanten, und der hieß Petöfi Sándor (Alexander), den bekannten ungarischen Dichter, der im März 1848 an die Spitze der Pester Jugend, die durch die zwölf Nationalforderungen zum Ausbruch der Revolution beitrug, getreten war. Petöfis Gedicht „Talpra magyar" (Auf, Magyare!), war das erste zensurfreie Druckwerk des Landes, bestimmte die Richtung dieser Bewegung, die er durch zündende Revolutionslieder steigerte. Als Adjutant Bems, unter dessen Kommando Petöfi focht, fiel er am 31. Juli 1849 im Gefecht bei Schäßburg in Siebenbürgen. Petöfi ist der genialste und eigenartigste ungarische Lyriker. Seine volksliedhaften Dichtungen spiegeln die ungarische Volksseele wider.

Sandor Petöfi wurde in Kiskörös am 1. Januar 1823 als Sohn des Fleischhauers Stephan Petrovics geboren, besuchte das Gymnasium, vollendete aber seine Studien nicht, sondern verbrachte seine wechselvolle Jugend teils als einfacher Soldat, teils als Mitglied einer wandernden Schauspielertruppe. Schon 1842 erschienen seine ersten Gedichte in Zeitschriften, 1844 die erste Sammlung, die sofort außerordentlichen Beifall fand. Das Jahr 1846 brachte ihm das tiefste Erlebnis, die leidenschaftliche Liebe zu Julia von Szendrey, die er 1847 heiratete.

Also: Aus Petöfis Feder flossen die Reden, die Wiesner General Bem halten ließ; kein Wunder, daß sie zündeten!

Der heute burgenländische Grenzraum hatte 1848 einige Bedeutung: Als im Spätherbst 1848 vom Wiener Hof beschlossen wurde, gegen Ungarn militärisch vorzugehen, standen der Bevölkerung des zum Komitat Wieselburg gehörenden Bezirkes Neusiedl am See und der zum Komitat Ödenburg gehörenden Bezirke Eisenstadt und Mattersburg schwere Zeiten bevor. War der Bezirk Neusiedl am See als Aufmarschgebiet für die kaiserlichen Truppen in Richtung Raab gedacht, so waren es die Bezirke Eisenstadt und Mattersburg für den Angriff auf Ödenburg. Besonders aber galten die Beschwernisse für die Bevölkerung jener Gemeinden, die an den Vormarschstraßen lagen. Während in Bruck an der Leitha und in Wiener Neustadt kaiserliche Verbände zusammengezogen wurden und Stellungen bezogen, ergriffen Nationalgarden und Einheiten der Honvéd auf ungarischer Seite Maßnahmen gegen den bevorstehenden Einmarsch. In Neudörfl wurde die Leithabrücke abgerissen, Straßensperren errichtet und Schanzen aufgeworfen. Nach Krensdorf und Sauerbrunn kamen Husarenabteilungen, die die Bevölkerung arg belasteten. Diese mußte nicht nur Einquartierungen in Kauf nehmen, sondern auch Fuhrwerke, Vorspanndienste leisten und Lebensmittel bereitstellen. Weiters mußten die Krensdorfer die Brücke über den Hirmer Bach (Edelsbach) abtragen und ebenfalls Schanzen aufwerfen.

Am Abend des 15. Dezember 1848 überschritten die bei Wiener Neustadt zusammengezogenen kaiserlichen Truppen bei Neudörfl die Leitha und stießen noch während der Nacht bis Ödenburg vor.

Am 16. Dezember um 12 Uhr rückte Oberst Horvath, der mit seiner kroatischen Brigade, über Weisung von Windischgrätz, das Artilleriedepot in Wiener Neustadt gesichert hatte, in Ödenburg ein. Die Hauptkolonne marschierte über Krensdorf und Draßburg. Die Seitenkolonne unter Major Graf Schaffgotsch, die zur Bewachung der ungarischen Grenze zwischen Ebenfurth und Wimpassing eingesetzt und durch eine starke Abteilung des Oguliner Regiments und zwei Eskadronen Wrbna Chevauxlegers verstärkt war, rückte über Großhöflein nach Ödenburg vor. Die Orte Krensdorf und Zillingtal wurden von den dort lagernden Husarenabteilungen in Stärke von 80 Mann unter dem ehemaligen Leutnant Desevffy gesäubert. Zwischen Klingenbach und Ödenburg stieß man auf ein Husarenpiquett (Feldwache), mit dem es zu einem blutigen Scharmützel kam. Die Seitenkolonne traf in Wulkaprodersdorf auf eine kleine Husarenabteilung von 28 Mann, darunter zwei Offiziere, die gefangengenommen werden konnten.

Der Einmarsch in Ödenburg erfolgte ohne Widerstand. Die Ungarn, etwa 500 Mann, darunter circa 80 Mann der sogenannten deutschen „Totenlegion" hatten die Stadt beim Anrücken der kaiserlichen Truppen geräumt und sich bereits nach Kapuvár, in Richtung Raab abgesetzt.

Am gleichen Tag, dem 16. Dezember, überschritten kaiserliche Truppen die Leitha und schlugen im Gefecht bei Parndorf Görgey, worauf die Ungarn den ganzen Bezirk Neusiedl am See räumten. Der Banus verfolgte mit dem 1. Armeekorps die Ungarn und besetzte am 17. und 18. Dezember Ungarisch - Altenburg und Wieselburg, während Fürst Windischgrätz mit den freiegewordenen Truppen am 18. Dezember Preßburg besetzte.

In Neufeld wurde 1848 eine Nationalgarde aufgestellt. Die Pfarrchronik berichtet darüber: „Als es aber von der Idee zur That kommen sollte, flüchteten diese Helden vor dem nahenden Ausmarsch ad lares et penates, das ist zum Weibervolk ins nahe Österreich, um später für das einige Österreich zu schwärmen ..." Geistesgegenwart zeigte damals der Ortsrichter von Neufeld Joseph Leeb. Als die Vorhut des ungarischen Landsturmes, mit Sensen und Gabeln bewaffnete Bauern, heranrückten, um sich einer von Ebenfurth anmarschierenden österreichischen Heeresabteilung entgegenzustellen, bewog er die Bauern im letzten Augenblick zur Umkehr und verhinderte so ein Blutbad.

Am 25. September 1848 erhielt das Nationalgarde - Kommando in Gschieß (Schützen am Gebirge) vom Bataillonskommando in Eisenstadt über Weisung des Regierungskommissärs Alexander von Niczky den Befehl, bis 28. September sämtliche Nationalgardisten zum Abmarsch nach Steinamanger bereitzustellen. Es dürfte eine größere Anzahl gewesen sein, die sich zu den Nationalgardisten gemeldet hatte, weil die Gschießer, wie die Purbacher, in ihrem Freiheitstaumel sogar auf ihre eigenen Pfarrer losgingen. Die Gemeinde Gschieß hatte am 10. und 12. Oktober 1848 an die ungarischen Feldposten des Königlichen Württembergischen 6. Husarenregiments in Winden, am 11. Oktober nach Bruck an der Leitha an die längs der Leitha stehenden Nationalgardisten des Borsoder Komitats (436 Mann) Verpflegung zu liefern und für fremde mitgenommene Vorspannwagen, für Ochsen und Pferde, Hafer und Heu aus dem fürstlichen Magazin bereitzustellen. Am 11. Oktober war auch an die Feldposten des Borsoder Komitats und 23 Mann

Alexander - Husaren, am 24. Oktober für das Kaiser - Nikolaus - Husarenregiment Nr. 19 (132 Mann), am 27. Oktober wieder für 11 Mann Alexander - Husaren und am 4. November für die 1. und 2. Eskadron der Honved - Husaren zu liefern.

Im Herst 1848 mußte auch Fürst Paul III. Anton Esterházy, der, wie die Vorfahren seiner Linie, treu zum Haus Habsburg - Lothringen stand, von Eisenstadt nach Österreich fliehen. Dies scheint riskant gewesen zu sein, denn die Flucht gelang ihm nur mit Hilfe des Eisenstädter Pfarrers Pichler, eines gebürtigen Wulkaprodersdorfers, dem Fürst Paul Anton später zum Dank die Propstei in Eisenstadt und die reiche Pfründe Rátot zukommen ließ. Fürst Paul Anton war im Revolutionsjahr ungarischer Minister am kaiserlichen Hof für die Regierung Batthyány gewesen. Als Kossuth einen habsburgerfeindlichen Kurs zu steuern begann, trat Paul Anton von seinem Amt zurück und wurde, weil er Kossuths Rebellion ablehnte, verfolgt. Anhänger Kossuths hatten vor der Flucht des Fürsten aus Eisenstadt schon die kaiserlichen Fahnen von der Franziskanerkirche, der Pfarrkirche und dem Rathaus heruntergerissen.

Sie wurden nach der Rebellion verhaftet und nach Preßburg gebracht, wo man sie nach einer ordentlichen Prügelstrafe wieder laufen ließ. Auch auswärtige Honveds waren während der Rebellion in Eisenstadt und rückten einmal nach Hornstein aus, dessen junge Männer sich ebenso wenig rekrutieren lassen wollten wie die in Neufeld. Das zweitemal rückten sie nach Breitenbrunn aus, wo der Banus Jellačić gewesen sein soll. Beide Ausmärsche endeten als Groteske. Im Spital der barmherzigen Brüder befanden sich 1848 unter den Patienten 9 Nationalgardisten. Man sieht aus diesen Aufzeichnungen, daß die ungarische Regierung Truppen zur Grenzsicherung nach Westen vorgeschoben hatte.

Der Vormarsch der Truppen des Feldmarschalls Windischgrätz brachte die aufständischen Ungarn vorerst in erhebliche Schwierigkeiten. Sie räumten Pest und Ofen und zogen sich hinter die Sümpfe der Theiß zurück. Der ungarische Landtag nahm die Kostbarkeiten, darunter die Stephanskrone, mit sich und verlegte seinen Sitz nach Debrecen. Es war aber auch die Absicht der Ungarn, die Kaiserlichen, die für die beiden Städte bedeutende Besatzungen brauchten, zu schwächen und den Winter hindurch zu ermüden. Die von den Ungarn besetzten Festungen Munkacs, Leopoldstadt, Komorn, Peterwardein und Esseg waren mit Kriegsbedarf und Verproviantierung reichlich versehen und hoch motiviert.

General Arthur Görgey erhielt 15000 Mann, mit denen er die Festung - Leopoldstadt von der Belagerung frei machen, dann Komorn verstärken, im ungünstigsten Fall aber nach Oberungarn gehen und General Schlick im Rücken angreifen sollte. Mit den Honved und dem Freikorps hatten die

Ungarn allerdings 100000 Mann, zur Hälfte Rekruten, in Festungen und einzelnen Stellungen zerstreut, so daß sie im freien Feld nie über 50000 Mann verfügen konnten. Anfangs begünstigte das Glück die Kaiserlichen. Windischgrätz besetzte im Januar 1849 Ofen, Schlick rückte bis Kaschau vor und zwang sogar den ungarischen Kriegsminister Meszaros, der ihn von dort vertreiben wollte, nach blutigen Kämpfen zum Rückzug hinter die Theiß. Hierauf verdrängten aber die Generäle Görgey und Klapka die Österreicher von Kaschau und zwangen General Schlick bis Rima - Zsombath zurückzuweichen, worauf Görgey Eperies und Kapka Kaschau besetzte. Die erst einzeln operierenden Korps der Ungarn hatten sich nun hinter der Theiß versammelt und hielten Verbindung zu Kossuths Regierung in Debrecen. Die ungarischen Korps hatten einzelne Führer aber keinen Oberfeldherrn, wodurch natürlicherweise Eifersucht, Neid und Zersplitterung entstehen mußten. Kossuth, der diesen Übelstand beseitigen wollte, ließ durch Graf Ladislaus Teleki, seinem Gesandten in Paris, dem polnischen General Dembinski das Oberkommando antragen. Dembinski nahm den Antrag an, ging nach Ungarn, bildete einen Kriegsrat, zu dem außer ihm die Generäle Bem, Vetter, Klapka und Görgey gehörten. Doch die Eifersucht unter den Generälen blieb bestehen, was dem Ganzen schadete. Der Landtag in Debrecen wurde darüberhinaus, von den Generälen wenig geschätzt.

Unter solchen Umständen war es nicht verwunderlich, daß Dembinski am 26. und 27. Februar bei Kapolna die Schlacht gegen Windischgrätz und Schlick verlor. Daß er nicht vollkommen aufgerieben wurde, hatte er nur dem Umstand zu danken, daß der Fürst jede Verfolgung unterließ, wodurch er auf der Flucht sogar noch einen glücklichen Handstreich ausführen konnte. Die Festung Leopoldstadt konnte von den Kaiserlichen erobert werden, aber die Eroberung von Komorn gelang Windischgrätz nicht mehr.

Die Operationspläne der Ungarn, von Tirza - Fured bis Gödöllö, entwarf der Chef des ungarischen Generalstabes, General Vetter, der seine Ausbildung zum Offizier an der Militärakademie in Graz erhalten und dort als Lehroffizier das Exerzier - Reglement und die Fortifikation lehrte. Dembinski, der Oberkommandierende, operierte nach seinen Plänen. General Dembinski fügte in 6 Schlachten den Österreichern schwere Verluste zu, die in denselben, nach ungarischen Berichten, 10000 Tote und Verwundete hatten, 218 Geschütze, 59 Fahnen und zahlloses Kriegsgerät verloren. Besonders hervorgehoben wird die Schlacht von Gödöllö, die über den Besitz der Hauptstadt entschied. Dembinski berichtete am 27. April an Kossuth: „Nach der furchbaren Niederlage, die ein feindliches Armeekorps bei Erlau erlitt, zogen sich die Österreicher über Gyöngyös gegen Pest zurück. In Gyöngyös versuchte die feindliche Nachhut den in eine völlig ordnungslose Flucht ausgearteten Rückzug vor unserer auf dem Fuße nachdringenden Kavallerie zu decken. Aber schon beim ersten Angriff wurde die feindliche Nachhut auf das Gros der Armee zurückgeworfen, wobei unseren Truppen 16 Geschütze, 2 Fahnen, 21 Munitionswagen und 1200 Gefangene in die Hände fielen. Die Straße von Erlau bis Gyöngyös war mit Kriegsgerät aller Art übersät. Am 4. d. M. kampierten meine siegreichen Truppen in einem großen Halbkreis vor Gyöngyös, wo ich mein Hauptquartier aufgeschlagen hatte und noch in der nämlichen Nacht ein Streifkorps gegen Gödöllö vorrücken ließ, das den Feind forwährend beunruhigte. Mein rechter Flügel vor Gyöngyös stand mit dem Armeekorps des General Görgey, mein linker mit dem Korps des Generals Vetter in Verbindung und so rückten wir gemeinsam gegen die Metrpole vor. In der Nacht vom 4. auf den 5. April erhielt ich die Meldung, daß der Feind bei Gödöllö 12 Bataillone aus Pest an sich gezogen hatte. Daraus schloß ich, daß der Feind bei Gödöllö die Schlacht annehmen wolle. Nachdem ich mich ebenfalls mit 8 Bataillonen Infanterie und 6 Schwadronen Kavallerie verstärkt hatte, brach ich nach Gödöllö auf und traf nach einigen lebhaften Nachhutgefechten mit dem Feind am 5. abends vor Gödöllö ein, wo sich zwei Stunden vor mir die feindliche Armee in einer ziemlich festen Stellung verschanzt hatte. Am 6., um 5 Uhr früh, begann unsererseits der Angriff auf den linken Flügel des Feindes, der, durch ein scheinbares Zurückweichen unserer Truppen, in ein furchtbares Kreuzfeuer von acht Batterien geriet und nach schweren Verlusten gegen Paszto zurückgeworfen wurde. Gleichzeitig begann auch der Angriff auf den rechten Flügel und das Zentrum, wobei das letztere schon beim zweiten Sturm, den die polnische 8., die deutsche 2. Legion das Regiment Zriny und die Husaren mit beispielloser Bravour ausführten, durchbrochen wurde, und in völliger Auflösung gegen Pest floh. Hiebei geriet der rechte Flügel des Feindes unter dem Kommando von Jellaćić so weit rechts ab, daß er, vom Zentrum abgeschnitten, gegen Saroksar gedrängt wurde, wo er auf das Korps von General Vetter stieß, das einen großen Teil der Feinde teils gefangennahm, teils in die Donau trieb. Der Kroatenführer Jellaćić soll unter den Gefangeren sein, jedoch kann ich diese Nachricht nicht verbürgen, so viel jedoch steht fest, daß sein Korps gänzlich vernichtet ist. Acht feindliche Karres, größtenteils aus Kroaten bestehend, wurden von unserer Kavallerie gänzlich aufgerieben. 26 Geschütze, 7 Fahnen, 38 Munitionswagen und 3200 Gefangene waren die Trophäen dieser glorreichen Schlacht. Die Gesamtverluste des Feindes belaufen sich auf 6000 Tote und Verwundete, die eigenen Verluste dürften sich auf 2000 Tote und Verwundete belaufen. Die eroberten Fahnen hoffe ich in Pest auf dem Altar des Vaterlandes niederlegen zu können. Es lebe Ungarn! Es lebe die Freiheit!" Soweit die Siegesmeldung von General Dembinski an Kossuth.

Windischgrätz hatte in dieser Schlacht folgende Aufstellung: Bei Waitzen die Generale Götz, Jablonowsky, Csovich - Hauptarmee und Hauptquartier in Gödöllö, Schlick'sches Armeekorps auf der Pußta von Hatvan und Jellaćić zwischen Issaszeg und Jaszbereny. Vom 4. bis 7. April hatten die Ungarn insgesamt 10000 Tote und Verwundete, die Österreicher verloren 15000 Mann und soviele Waffen, daß die Ungarn zehn neue Honvedbataillone ausrüsten konnten. In Pest lagen 14000 Verwundete und Kranke aus den Gefechten bei Szibokház, Szolnok, Czegléd, Abony und von der Kapolnaer Schlacht.

Windischgrätz hatte nur noch 45000 Mann. Der Fürst wurde vom Kommando abberufen und an seiner Stelle General Welden mit der Armeeführung betraut. Er kam mit bedeutendcn Verstärkungen.

Komorn wurde indessen noch immer von den Österreichern belagert. Um den Entsatz der Festung durch Görgey zu verhindern, stand General Wohlgemuth mit 50000 Mann an der Gran. Görgey war aber nach Schemnitz gegangen und von dort zog er südwestlich gegen Komorn. Wohlgemuth mußte seine Granstellung aufgeben und sich den Ungarn entgegenwerfen. Und nun wurde die blutigste Schlacht und die entscheidenste, die bei Nágy Sárló und Mallas, geschlagen. Görgey war es am Weg von Waitzen nach Schemnitz und von dort nach Nagy Sárló trotz der der schlechten Straßen durch die Gebirge gelungen, 30 Achtzehnpfünder mit sich zu führen. Diese Achtzehnpfünder wüteten bei Nágy Sárló in den Reihen der Österreicher, die nur mit Sechspfündnern antworten konnten. Der linke Flügel Wohlgemuths wurde von den Ungarn umzingelt und erlitt schwere Verluste. Hierauf zog sich Wohlgemuth mit dem Zentrum und den rechten Flügel nach Mállás zurück, wo seinen rechten Flügel dasselbe Schicksal ereilte. Wohlgemuth verlor 8000 Tote und Verwundete, 4000 Gefangene, sämtliche Geschütze, die ganze Munition und Bagage. In dieser furchtbaren Schlacht erbeuteten die Ungarn so viele Bärenmützen, daß 2 Bateillone Ungarn damit ausgerüstet wurden und so viele Waffen, daß sie 12 Bataillone bewaffnen konnten.

Nach diesem Sieg zog Görgey im Sturmschritt nach Komorn, zersprengte die Belagerungstruppen und erbeutete das ganze Belagerungsgeschütz. Damit war ganz Ungarn, bis auf Preßburg von den Österreichern geräumt und nur die Burgbesatzung von der Festung Ofen leistete ihnen noch Widerstand. Görgey ging hierauf nach Ofen, um die Festung zu erobern, die von Generalmajor Hentzy verteidigt wurde. Am 4. Mai brachten die Ungarn am kleinen Schwaben- und Kavallerieberg Sechspfünder und Haubitzen in Stellung und zerstörten zwei Wasserleitungen. In der Mittagszeit erwiderte man von der Festung das Feuer; als Görgeys Sturmkolonne gegen die Pallisaden der Burg vorrückte, wurde sie von mörderischem Kartätschen- und Gewehrfeuer empfangen. Der Angriff brach zusammen, er hatte Görgey 600 Tote und Verwundete gekostet. An der Donauzeile standen etwa 10000 Menschen, die dem schaurigen Schauspiel zusahen und die Husaren, die sich am Blocksberg formierten mit einem zehntausendstimmigen Eljen begrüßten. Die Antwort vom Festungsberg kam prompt: betäubender Donner - Kartätschen, Granaten, Zwölfpfünder schlagen in die Zuschauermenge! 100 Tote am Platz! Der Rest flieht schreiend in die innere Stadt.

Die Ungarn führten unterdessen Geschütze auf dem Blocksberg auf und unterhielten von dort ein wohlgezieltes Feuer. Bald stand ein Haus in der Nähe des Pulvermagazins in Flammen, die die Österreicher bis gegen 8 Uhr abends löschen konnten. Ab 9 Uhr, also eine Stunde später, begann das Bombardement der Stadt Pest wieder und dauerte bis 1 Uhr nachts. Diesmal ließ Henzy 12 Pfund - Bomben und Raketen auf Pest niederprasseln. Es war ein furchtbares Artilleriefeuer, die schwersten Gebäude erzitterten in ihren Grundfesten, entsetzlich heulten die feurigen Geschosse über Pest. Alles flüchtete inmitten herabprasselnder Dächer, Schornsteine und platzender Granaten. Über 300 Menschen gingen in dieser Nacht zugrunde. In dieser Nacht brannten in Ofen die Palatinalstallungen und mit ihnen die Heuvorräte. Am folgenden Tag erschien ein Plakat Hentzys, auf dem er behauptete, er sei von Pest aus angegriffen worden. Bis jetzt habe er schonend geantwortet, wenn aber jene Fraktion, die das Land ins Verderben führe, weiter die Wasserstadt zerstöre, so möge der Fluch der Nachwelt sie treffen, denn er ließe dann keinen Stein auf dem anderen und würde Pest zermalmen. Österreicher und Ungarn beschossen sich vom 5. bis 8. Eine Straße in der Wasserstadt und zwei Häuser in der Raizenstadt brannten nieder. Pest war von der Bevölkerung verlassen worden, die im Stadtwäldchen unter freiem Himmel lagerte.

Am 9. Mai, um 3 Uhr morgens begann Henzy wieder mit dem Bombardement, das bis 1/2 6 Uhr währte. Dabei wurden das Redoutengebäude, das Cassino, das Donaubad und das Ullmann'sche Haus in Trümmerhaufen verwandelt. Die Häuser der Donauzeile waren durchsiebt. Das Trattner - Karoly'sche Palais mit der Post brannte bis auf die Grundmauern nieder. An Löschen war nicht zu denken, denn unablässig feuerten die Achtzehn- und Vierundzanzig-Pfünder in die Stadt. Am 9. und 10. wurden die schweren Belagerungsgeschütze, die Görgey bei Komorn erbeutete, auf die Höhen gebracht und begannen am Abend des 10. Mai mit der Beschießung der Festung. Hentzy aber bombardierte die Stadt ganze Nacht weiter, wobei das Salzamt und Dreißigstamt zerstört wurden und in der Theresienstadt brannte ein ganzes Häuserviertel ab. In der Festung brannten die Burg und die Garnisonskirche. In der Nacht vom 12. auf den 13. ging das Feuer auf die Stadt weiter. In der Inneren- und Leopoldstadt standen viele Häuser in Flammen.

Der erste Sturm auf die Festung erfolgte am 17. Mai. Er wurde blutig zurückgeschlagen. Der zweite Sturm erfolgte in der Nacht vom 20. auf den 21. Mai. Die Ungarn drangen beim Wiener Tor in die Festung ein. Dabei kam Görgey der Verrat zu Hilfe. Das Bataillon Ceccopiere hatte teilweise seine Gewehre über die Mauer geworfen, teilweise kehrte es sich gegen die Kroaten. Die Hauer und Holzfäller der Vorstädte beteiligten sich am Sturm. Im Nahkampf mit Görgeys Truppen und den Vorstädtern, die mit Spießen und Sensen wüteten, fielen alle 2500 Kroaten, die sich bis zum letzten Mann wehrten. Generalmajor Hentzy wurde in diesen Kämpfen schwer verwundet. Er verschied an der Brust Görgeys, der den tapferen Mann vor dem rasenden Volk in Schutz genommen hatte.

Nach dem Hinausdrängen der österreichischen Truppen aus Ungarn kam es zwischen General Dembinski und Kossuth einerseits und General Görgey andererseits zu schweren Differenzen. Im Vertrag, den Kossuth mit Dembinski geschlossen hatte, war, damit er das Oberkommando übernehme, vereinbart worden, daß nach der Befreiung Ungarns der Einmarsch in Galizien zur Befreiung Polens erfolgen würde. Als Dembinski dies jetzt einforderte, weigerten sich Görgey und seine Offiziere die Grenzen zu überschreiten, denn sie wollten nur für Ungarn kämpfen. Da Kossuth sich gegenüber Görgey nicht durchsetzen konnte, legte Dembinski enttäuscht das Oberkommando nieder. Inzwischen hatten auch die Alt-Konstitutionellen, der Hochadel, ihren Vertrauten, Lonovitz, dem die österreichische Regierung heimlicherweise freies Geleit garantiert hatte, an den Wiener Hof geschickt, um Friedensmöglichkeiten zu sondieren. Kossuth und Dembinski hatten aber den Krieg nach Österreich und Polen tragen wollen und geglaubt, gegen Rußland siegreich zu bleiben. Dieses Vorhaben lehnte Görgey ab und es ist deshalb schwer ihm Verrat vorzuwerfen, denn er wußte, daß dies aussichtslos sein würde. Vom Augenblick dieser Zwietracht an schien die Kraft Ungarns wie gelähmt. Während die Zwietracht immer heftiger entbrannte und Dembinski zu einer Konferenz mit Kossuth eingeladen wurde, übernahm Görgey von seinen Freunden unterstützt, das Oberkommando über die ungarische Armee. Der Honvedmajor, Graf Julius (Gyula) Andrassy war sein Adjutant.

Während der Kämpfe um die Festung in Ofen trafen am 21. Mai Kaiser Franz Joseph und Zar Nikolaus I. in Warschau zusammen, um die ungarische Lage zu besprechen, denn Kossuth hatte, trotz der ernsten Warnungen Görgeys und der anderen Generäle am 14. April im ungarischen Reichstag durchgesetzt, daß Ungarn samt allen zu ihm gehörenden Teilen und Provinzen in seine unentfremdbaren Naturrechte eingesetzt, der Reihe der selbständigen europäischen Staaten wieder angeschlossen und das Haus Habsburg - Lothringen vor Gott und der Welt des Thrones verlustig erklärt werde. Am

Tag darauf wurde dieser Antrag zum Beschluß erhoben. Dieser Schritt Kossuths, der davon träumte, der Präsident einer ungarischen Republik werden zu können, machte jedwede Versöhnung und jedweden Ausgleich unmöglich. Kossuth zwang Österreich, das die Ungarn nicht mehr allein bezwingen konnte, dazu, es mit russischer Hilfe zu behaupten, denn die Italienarmee konnte nicht aus der unruhigen Lombardei abgezogen werden. Mehrere Wochen mußten die Österreicher, die wieder ein stattliches Heer auf die Beine gebracht hatten, untätig bei Preßburg lagern, bis Feldmarschall Paskiewitsch mit 65000 Russen und 200 Kanonen in Ungarn, Grotenhielm mit 40000 Mann in die Moldau und Lüders mit 20000 Mann in Siebenbürgen einmarschierten. Das waren mit 80000 Österreichern über 200000 Mann, denen allerdings 175000 Ungarn gegenüber standen, von denen aber die Hälfte keine regulären Truppen waren. Feldmarschall Baron Welden war am 30. Mai 1849 durch Baron Haynau ersetzt worden.

Kossuth, der nach dem Fall Ofens triumphierend in Pest eingezogen war, fühlte sich trotz der Siege seiner Generäle, nicht mehr sicher. Der Staat, den er plante, war durch den Streit der Generäle und ihren Widerstand gegen den Thronraub tief erschüttert. Bei Görgeys Anwesenheit in Pest kamen die Anhänger der altkonstitutionellen Partei aus allen Gegenden Ungarns zusammen und hielten in der Wohnung Görgeys geheime Versammlungen, weil sie selbst einen Frieden um jeden Preis der vormärzlichen Verfassung vorzogen. Vor allem aber waren sie alle gegen Kossuths Demokratie. Als Kossuth zwei Deputierte seiner demokratischen Partei an Görgey sandte und ihm drohen ließ, ihn seines Oberkommandos zu entheben, wenn er im Ungehorsam fortfahre, wollte Görgey die Deputierten verhaften und vor ein Kriegsgericht stellen lassen! Kossuth aber fing an seine Sache für verloren zu halten und ging soweit, die Krone Ungarns einem russischen Prinzen anzubieten, doch General Lüders wies ihn kurzweg ab.

General Haynau schlug indessen die Ungarn bei Raab und Kaiser Franz Joseph, der sich nach seiner Rückkehr aus Warschau zu seinen Truppen begeben hatte, zog am 13. Juni als Sieger in die Stadt ein, obwohl in einzelnen Straßen noch gekämpft wurde.

Als Kossuth jetzt darangegangen war, Görgey das Oberkommando zu entziehen und Meszaros mit dem Oberkommando betraute, erklärten die Generäle, zu keinem anderen soviel Vertrauen zu haben als zu Görgey, worauf man ihm das Kommando über die obere Donauarmee beließ. Görgey fühlte sich tief verletzt. Bald erlitt er bei Komorn eine Niederlage und wurde von der Regierung und den anderen Korps abgeschnitten. Um seine Bewegungen zu erleichtern, rückte Dembinski von Szolnok nach Hatvan vor, wurde aber von den Russen wieder zurückgeworfen. Das Bacser Komitat beherrschte

Jellaćić, während sich Arad, ausgehungert, den Ungarn ergeben mußte. General Klapka, den Verteidiger von Komorn, gelang es vorübergehend, die Kaiserlichen zurückzudrängen. Von da an erfochten die Ungarn keinen Sieg mehr. General Bem schlug sich zwar noch mit gewohnter Tapferkeit gegen Russen und Österreicher, doch als er am 5. August beim Rothenthurmpaß eine schwere Niederlage erlitt, ging er in den Banat. Am selben Tag schlug Haynau die Ungarn bei Szöregh und zwang sie zum Rückzug nach Temesvár, wo am 9. August der letzte blutige Kampf stattfand und 50000 Mann unter Perczel und Dembinski vollständig geschlagen und versprengt wurden. Damit wurde der Entsatz von Temesvár herbeigeführt.

Die durch vierfache Übermacht erreichten Erfolge der russischen Waffen, zu der sich noch die verräterische Untätigkeit Görgeys gesellte, entfremdete die Partei der Alt - Konservativen vollends von der der Demokraten, die den Kampf um jeden Preis fortführen wollten. Görgey antwortete auf die bittersten Vorwürfe Kossuths über seine Untätigkeit, daß er bei dem Umstand, oft wochenlang durch die unsichere Kommunikation auf die Befehle der Regierung warten müssen, nicht anders handeln könne. Zugleich erhoben die Anhänger Görgeys lautstark die Forderung nach einem Militär - Diktator, weil das Land in großer Gefahr sei. Dieser Forderung schloß sich auch die Armee an, bei der Görgey beliebt war. Der größte Teil von Kossuths Anhängern war teils mit seinen Aufträgen im Lande unterwegs, teils in den vom Feind eroberten Städten neutralisiert worden. Um der Forderung nach einer Militär - Diktatur mehr Nachdruck zu verleihen, schickte Görgey eine mit Unterschriften seines Anhangs bedeckte Adresse an Kossuth und den Reichstag, der zu dieser Zeit seinen Sitz aus der Hauptstadt nach Orschowa verlegt hatte. Diese Adresse verursachte im Repräsentantenhaus einen unbeschreiblichen Tumult und eine große Aufregung. Nach einer äußerst stürmischen Debatte erklärte Kossuth, daß er, wenn es dem Vaterland zur Rettung dienen würde, gerne bereit sei, seine Stelle als Diktator niederzulegen. Unter fortwährendem Tumult wurde die Forderung Görgeys von seinem Anhang im Parlament zum Antrag erhoben, und darüber eine neunstündige Debatte geführt. Kossuth wußte,daß, wenn die Forderung Görgeys nicht durchgehen würde, der völlige Bruch der schroff gegeneinander stehenden Parteien unausbleiblich sein würde. Überdies wollte Kossuth an der Ehre und dem Charakter des Generals noch nicht ganz verzweifeln und hoffte zugleich den maßlosen Ehrgeiz Görgeys durch die Erhebung zum Militär - Diktator zu beschwichtigen. So wurde Görgey nach einem neunstündigen parlamentarischen Kampf, dessen Heftigkeit keinem anderen in der bisherigen magyarischen Parlamentsgeschichte gleich kam, am 10. August 1849 zum Zivil- und Militär - Diktator von Ungarn ausgerufen. Eine Viertelstunde später ging eine Estafette an Görgey mit dieser Ernennung ab, der damals mit seinem Armeekorps bei Vilagos stand.

Nach der Flucht der ungarischen Regierung aus Pest nach Orschowa besetzte General Haynau am 11. und 12. Juli Ofen und Pest. Am 31. Juli wurde General Bem bei Schäßburg vom russischen General Lüders geschlagen. Siebenbürgen fiel darauf in die Hände des russischen Befehlshabers, der, von der Walachei aus, mit einem zweiten Heer in Ungarn einmarschierte. Am 5. August erlitten die Ungarn bei Groß - Scheuern eine weitere Niederlage und am 9. August hatte General Haynau das große ungarische Heer von 50000 Mann, das unter Dembinski und Perczel kämpfte in der bisher blutigsten Schlacht um Ungarn, vernichtet, Tausende Tote und Verwundete bedeckten das Schlachtfeld und alle Geschütze, Munitionswagen und alles Kriegsgerät fielen in Haynaus Hände. Der Rest der ungarischen Armee floh, zersprengt, in alle Richtungen. Nach dieser Schlacht bei Temesvar gab es nur mehr eine intakte ungarische Armee, die Görgeys.

Görgey verhandelte indessen seit geraumer Zeit schon mit dem russischen Feldmarschall Paskiewitsch und ihre Parlamentäre gingen ununterbrochen hin und her. Ein Offizier des Görgey'schen Korps, der die dreitägige Schlacht bei Szeged, wie C.A. Wiesner schreibt, mitmachte, sagte über den General: „Nur Görgey, dem Verräter, ist der Sturz meines armen Vaterlandes zuzuschreiben, denn als unsere Truppen die Hauptstadt zum zweiten Mal verließen, trennte sich die Armee in zwei Teile, unter dem Kommando von Görgey und Perczel. Görgey ging nach Komorn, Perczel nach Czegledt und schon damals wußte die Regierung, daß Görgey ihre Befehle nicht befolgen würde. Als Görgey Militär - Diktator wurde, überbrachten ihm die Minister Szemere und Batthyány selber diese Auszeichnung mit der Bitte, daß er die Gnade haben möge, sich mit der anderen Armee zu vereinigen. Er versprach es und wir erwarteten ihn. Unterdessen lieferten die Generäle Dembinski und Perczel bei Szeged eine Schlacht, mußten sich aber zurückziehen, Szeged preisgeben, uns es hieß, daß die entscheidende Schlacht zwischen der Theiß und der Maros stattfinden werde. Görgey sollte sich schon bei Szeged(in) anschließen. Dembinski schlug sich indessen 3 1/2 Tage heldenmütig; ich war zugegen, bei tausend Österreicher fielen. Dembinski, Guyon und alle hielten sich tapfer, und wäre Görgey damals gekommen, so wäre der Feind vernichtet worden. Er hat uns hintergangen. Er zwang die Regierung abzutreten. Heute wurde er Diktator, und morgen streckte er so schändlich die Waffen. Unser armes Vaterland ist nicht mehr!"

Am Morgen des 12. August wurde eine Proklamation Görgeys an seine Truppen verteilt. Sie lautete, wie folgt: „Ungarn! Eine so eben eingehende Depesche aus dem Hauptquartier des russischen F. M. Paskiewitsch bringt uns die ungeahnte, erfreuliche Kunde, daß die russische Armee sich von Österreich losgesagt, und mit uns Ungarn vereinigt gegen dasselbe die Waffen ergreifen werde. 12000 Magyaren befinden sich bereits am Weg in das russische Lager, und in wenigen Tagen wird das vereinigte russisch - magyarische Heer nach der Residenzstadt unseres Feindes, Wien, ziehen. - Ich erwarte daher, daß ihr euch mit der tapferen russischen Armee vereinigen, und dadurch zur gänzlichen Befreiung des Vaterlandes beitragen werdet. Jede Weigerung wäre nutzlos und verderblich, da wir dadurch unseren neuen Verbündeten von Freunden wieder zu Feinden machen würden, gegen deren furchtbare Übermacht wir notwendig erliegen müßten. Soldaten, vertraut mir daher! Ich habe euch von Sieg zu Sieg, von Triumph zu Triumph geführt, sechzehn Schlachtfelder sind die Zeugen unserer glorreichen Taten, und mein innigstes Bestreben war stets das Wohl und die Befreiung des Vaterlandes. Weigert ihr euch aber diesen Befehl eures Feldherrn zu vollziehen, so werde ich allein, begleitet von meinen Getreuen, jenen Weg gehen, der nach meiner festen Überzeugung zum Frieden und Wohl unseres Vaterlandes führt.

Nochmals spreche ich die Hoffnung aus, daß ihr meiner Stimme Gehör schenken, und jenen Einflüsterungen das Ohr verschließen werdet, mit welchen meine persönlichen Feinde mich seit Monaten bei euch vergebens zu verdächtigen suchten. Friede und Heil über Ungarn. Gegeben im Lager bei Vilagosch am 12. August 1849. Der Militär- und Zivil - Diktator Arthur Görgey."

Den Eindruck, den diese Proklamation bei der Armee verursachte, war die furchtbarste Verzweiflung, die sich hier unbewußt in die Arme des Verrats warf. Am 13., vormittags, kam Paskiewitsch mit seinem Generalstab in das ungarische Lager, wo Görgey diesen eine glänzende Tafel gab. Mit dem Champagner der russischen Offiziere wurde auf das Wohl Ungarns getrunken. Die armen, betrogenen Leute wußten sich dieses Benehmen nicht zu erklären und gingen in die schlau gestellte Falle. Am Nachmittag führte Görgey sein Korps, das aus 35000 Mann bestand, wovon aber 12000, den Verrat witternd, sich schon am vorigen Tag zerstreut hatten, in die Hände der Feinde. Diejenigen, die sich dem Übergang in das feindliche Lager entzogen, wurden von den Russen entwaffnet, oder nach allen Richtungen auseinander gejagt. Jenen Truppen aber, die Görgey freiwillig folgten, wurden größtenteils die Waffen und das Gepäck gelassen.

Görgeys Versprechungen waren Lüge. Die Mannschaft wurde zum Standrecht nach Großwardein geführt. General Bem, der den Kampf hatte fortführen wollen, ging nach der Kapitulation Görgeys in die Türkei. Die einzelnen Führer mußten die Waffen niederlegen und zuletzt, am 2. Oktober 1849, übergab General Klapka unter ehrenvollen Bedingungen Komorn an

Haynau. F. M. Paskiewitsch aber schrieb an Zar Nikolaus I.: „Ungarn liegt zu Eurer Majestät Füßen". Kossuth, Bem, Dembinski und andere flohen in die Türkei. Görgey wurde auf Fürsprache des Zaren Nikolaus bei Kaiser Franz Joseph von diesem begnadigt und lebte noch viele Jahre in Klagenfurt. Am 6. Oktober aber wurden, nach dem „Arader Blutgericht", dem General Haynau vorsaß, 14 Führer der Revolution hingerichtet. Im ganzen Land wurden noch weitere 114 Todesurteile vollstreckt und der Honvedmajor Graf Julius (Gyula) Andrassy, der Adjutant Görgeys, der im Auftrag der Debrecener Regierung in Istanbul weilte, symbolisch gehenkt. Andrassy, der sich nach dem Zusammenbruch der Revolution nach Frankreich begab, erhielt dort politisches Asyl. Graf Ludwig Batthyany wurde erschossen. Über 2000 Personen wurden in die Gefängnisse geworfen. General Haynau hatte das eroberte Ungarn mit Strick und Kugel zur Ruhe gebracht.

Zur Person von Ludwig Kossuth: Ludwig von Kossuth, Führer der ungarischen Unabhängigkeitsbewegung von 1848/49, ist am 19. September 1802 in Monok geboren worden und am 20. März 1894 in Turin gestorben. Kossuth war Advokat, nahm an den ungarischen Landtagen von 1825-27 und 1832-35 teil. 1837 wurde er wegen Hochverrats verurteilt, 1840 amnestiert; bis 1844 leitete er dann die „Pesti Hirlap", die als Organ der nationalen Reformpolitik die öffentliche Meinung beherrschte. Im Reichstag von 1847/48 forderte er mit hinreißender Rednergabe die Beseitigung der Privi-

Arthur Görgen überliefert sein Korps den Russen.

legien der oberen Stände und der bäuerlichen Lasten, Pressefreiheit und konstitutionelle Regierung. 1848 wurde er Finanzminister in der Regierung Batthyány. Kossuth organisierte die Honved und wurde 1849 nach der Thronentsetzung der Habsburger zum Präsidenten (Reichsverweser) gewählt, mußte aber nach dem Zusammenbruch des ungarischen Widerstandes abdanken und außer Landes gehen. Als Haupt der ungarischen Emigranten agierte er in England und in den Vereinigten Staaten für Ungarns Unabhängigkelt. In Italien organisierte Kossuth eine ungarische Legion, die unter Garibaldi gegen Österreich kämpfte. Gegen den österreich - ungarischen Ausgleich von 1867 legte er, das sei vorweggenommen, Protest ein und blieb in Italien, obwohl er wiederholt zum Abgeordneten gewählt worden war. Ludwig Kossuth gilt, wegen seines Kampfes gegen Österreich, als Nationalheld.

Ungarn wurde als „Kronland" zuerst unter militärische, dann zivile, jedoch absolute Verwaltung gestellt. Mit Erlaß des Ministeriums des Inneren vom 25. Oktober 1849 wurde der provisorische Verwaltungsapparat für Ungarn eingerichtet, der jedoch dem Kriegsrecht, das weiterhin in Geltung blieb, Rechnung trug. Der Befehlshaber der kaiserlichen Armee Freiherr Julius Jakob von Haynau handhabte als Feldmarschall die vollziehende Gewalt. Zu seinem Wirkungsbereich gehörten insbesondere die Maßnahmen zur Wiederherstellung und Aufrechterhaltung der öffentlichen Ordnung, der Ruhe und Sicherheit und die Handhabung der Ausnahmebestimmungen, welche der Belagerungszustand und das Kriegsrecht mit sich brachten. Freiherr Julius Jakob von Haynau war der uneheliche Sohn des Kurfürsten Wilhelm I. von Hessen - Kassel; er trat bereits 1801 in die österreichische Armee ein, wurde aber wegen ständiger Querelen aus der Armee entlassen. 1848 wurde Haynau wieder in den Armeedienst aufgenommen und nach Italien geschickt, wo er zwar als tüchtiger aber auch rücksichtsloser Heerführer agierte. Seine Strafmaßnahmen in Brescia brachten ihm den Titel „Hyäne von Brescia" ein, weil er Rebellenführer und Priester, die mit den Rebellen zusammenarbeiteten im Ornat erschießen und Frauen für Zuträgerdienste für die Rebellen öffentlich auspeitschen ließ. Nach dem „Blutgericht von Arad" wurde Haynau, weil sich der Wiener Hof durch seine Strafmaßnahmen in Verlegenheit sah, abermals aus der Armee entlassen. Haynau übernahm eine Kommandostelle in Kurhessen, seiner Heimat, starb aber 1853 in Wien. Haynau zur Seite stand der für die Ziviladministration bevollmächtigte kaiserliche Kommissär für Ungarn, Freiherr Karl von Geringer, der unmittelbar dem Ministerrat in Wien unterstand. Seine Tätigkeit bestand hauptsächlich in der Organisation der Verwaltung und Reformen in Ungarn.

Fünf große Verwaltungsgebiete wurden als Militärdistrikte gebildet, die in je zwei oder drei Zivildistrikte unterteilt wurden, darunter z. B. auch der

Distrikt Ödenburg mit den Komitaten Eisenburg, Ödenburg, Zala und Veszprem; wie aus dem Landesgesetz und Regierungsblatt für das Königreich Ungarn Nr. 18/1850 hervorgeht. In jedem Militärdistrikt war die Leitung der gesammten Verwaltung dem Distriktskommandanten übertragen. Für die Besorgung der laufenden Zivilgeschäfte war ihm ein Ministerialkommissär beigegeben. Die politische Verwaltung eines Zivildistrikts leitete der Distriktsoberkommissär mit dem Titel Distriktualobergespan. Diese Zivildistrikte zerfielen in mehrere Regierungsbezirke; an deren Spitze ein Regierungskommissär mit dem Titel Komitatsvorstand stand. Die Amtsgebiete der Regierungskommissäre waren in Bezirke unterteilt, in welchen die Bezirkskommissäre mit dem Titel Administrierende Stuhlrichter die Geschäfte der politischen Verwaltung zu besorgen hatten.

Den Verwaltuntsbehörden wurde aufgetragen, allen Organen, welche für die Rechtspflege, für das Steuer- und Gefällswesen, für die Kameral-, Montan und Postverwaltung, für öffentliche Bauten usw. bestellt werden, die angemessene Unterstützung zu gewähren. Weiters wurden sie besonders darauf hingewiesen, in Amtsgebieten mit gemischter Bevölkerung jedem Volksstamm den gleichen Schutz seiner Rechte und die Pflege seiner sprachlichen und sonstigen Interessen im Sinne der Reichsverfassung vom 4. März 1849 angedeihen zu lassen. Vor allem sollte verfügt und überwacht werden, daß jeder Sprachzwang in Kirche und Schule beseitigt und die Gleichstellung der landesüblichen Sprachen praktisch durchgeführt wird, daß alle Kundmachungen und Erlässe der öffentlichen Organe und Behörden in den in ihrem Distrikt oder Bezirk üblichen Landessprachen veröffentlicht werden und daß bei allen politischen Behörden die Geschäfte mit den Parteien in den im Amtsgebiet üblichen Landessprachen verhandelt, folglich sowohl schriftliche Eingaben als auch mündliche Bitten und Beschwerden in jeder im Amtsgebiet üblichen Sprache angenommen und ebenso die Bescheide und Erlässe an die Parteien in der bezüglichen Sprache hinausgegeben werden. Dafür hatten alle Nationalitäten in den Ländern der Stephanskrone bisher vergeblich gekämpft. Die politische Verwaltung unterstand dem Innensinisterium in Wien, das von Alexander Bach geleitet wurde.

Die fünf Militärdistrikte, in die Ungarn eingeteilt worden war, hießen nach ihren Hauptorten Ofen-Pest, Preßburg, Ödenburg, Kaschau und Großwardein (LG.-RBl. Nr. 346/1850). Nach diser Neueinteilung vom 13. September 1850 gehörten zum Ödenburger Distrikt 9 Komitate, und zwar: Wieselburg, Ödenburg, Eisenburg, Raab, Veszprem, Zala, Sümegh, Tolna und Baranya. An der Spitze der gesamten Verwaltung in Ungarn stand der Statthalter, der in Ofen/Pest seinen Sitz hatte.

Nachdem Haynau im Juli 1850 des Kommandos enthoben worden war, stand Geringer ab Ende 1850 als „interimistischer Chef der k. k. Statthalterei in Ungarn", bis Ende 1851 an der Spitze der Verwaltung. Geringer wurde dann von Erzherzog Albrecht, dem Onkel des Kaisers, der den Titel „Militär- und Zivilgouverneur" führte, abgelöst. Damit war die Revolution, zumindest äußerlich, niedergeschlagen, Ungarn hatte jäh seine staatliche Einheit und altüberlieferten Verfassungsrechte verloren und wurde mit den österreichischen Erbländern zu einer Einheit zusammengeschlossen. Es wurde nach österreichischen Gesetzen regiert, Deutsch als Amtssprache eingeführt und strengste Zensur verhängt. An Stelle der Komitate waren k. k. Bezirkskommissariate getreten, denen nunmehr auch im Gebiete des heutigen Burgenlandes die Verwaltung der neugebildeten Verwaltungseinheiten oblag, die von Organen der Wiener Zentralregierung ausgeführt wurden. Von den Errungenschaften des Jahres 1848 (Aprilgesetze) blieben nur die Beseitigung der Vorrechte des Adels und - was für den burgenländischen Raum mit seiner damals fast rein bäuerlichen Bevölkerung von besonderer Bedeutung war - die Aufhebung der Grundherrschaften (Grundentlastung) bestehen. Danach waren die Bauern nicht mehr verpflichtet, Dienstleistungen und Abgaben für den Grundherrn zu vollbringen, bzw. zu leisten, Haus und Grund gingen in den Besitz der Bauern über, und die „Herrenstühle" als grundherrliche Gerichte wurden abgeschafft. Die Grundherren erhielten dafür vom Staat eine Entschädigung in der Höhe des 20fachen Betrages des jährlichen Nutzungswertes in Form von Staatsschuldverschreibungen. Daneben mußten die Bauern den Grundherren für Lasten, die an den übernommenen Gründen hafteten, eine Ablöse entrichten. Infolge der politischen Ereignisse zog sich die Regelung dieser Frage durch Jahre hinaus und wurde erst durch das kaiserliche Patent von 1853/54 geordnet. Die Leistungen und Abgaben (Giebigkeiten) an die Pfarrgemeinden wurden hiedurch jedoch nicht berührt und blieben aufrecht. Mit dem Beginn der Amtswirksamkeit der neuorganisierten Stuhlbezirksbehörden, die für den 1. Mai 1854 vorgesehen war, wurde auch der Belagerungszustand im „Kronland Ungarn" aufgehoben.

Das ungarische Revolutionsheer, das sich 1849 auflöste, hatte aus neun Armeekorps bestanden. An der Spitze dieser Korps standen mehrere Ausländer: General Richard Guyon kam aus England, die Generäle Joseph Bem und Henrik Dembinsky aus Polen, General Carl Graf Leiningen - Westerburg aus Norddeutschland und die Generäle Ernst Ritter Pölt von Pöltenberg und Anton Vetter von Doggenfeld aus Österreich. Auch die Regimentskommandanten waren zum Teil Ausländer gewesen und die Kommandosprache des Revolutionsheeres war deutsch, weil niemand von den ausländischen Offizieren die ungarische Sprache beherrschte.

Die Revolutionen in den Ländern des Deutschen Bundes - Die Frankfurter Nationalversammlung

Die französische Februarrevolution von 1848 warf ihre Brandsätze auch in die Staaten des Deutschen Bundes, wobei sich die deutsche Revolution von der französischen durch ihren vorwiegend bürgerlichen Charakter unterschied, vor allem aber dadurch, daß ihr nicht nur das Ziel der politischen Freiheit, sondern auch das Ziel der nationalen Einheit zur Aufgabe wurde. Pressefreiheit, Schwurgerichte und Volksbewaffnung wurden zuerst in Baden und dann sofort in allen anderen Mittel- und Kleinstaaten gewährt. In Bayern wurde König Ludwig I. am 20. März gezwungen, zugunsten seines Sohnes Maximilian II. Joseph abzudanken. Der Bundestag in Frankfurt nahm am 9. März Schwarz - Rot - Gold als deutsche Nationalfarben an. Als aber die Revolution im März auch auf Österreich und Preußen übergriff, brach auch das System des Deutschen Bundes sowie der in Frankfurt tagende Bundestag zusammen. Dessen Zusammensetzung wurde zunächst durch den Eintritt liberaler Vertreter der Einzelstaaten wesentlich verändert; er setzte einen Ausschuß von 117 Vertrauensmännern ein, die den Entwurf einer neuen deutschen Verfassung ausarbeiten sollten. In Wien hatte indessen die Revolution vom 13. - 15. März Entlassung und Exil Metternichs erzwungen und Ungarn, Tschechen und Italiener hatten sich gegen Österreich erhoben. Nach dem Sturz des Reichskanzlers Fürst Metternich versprach König Friedrich Wilhelm IV. von Preußen in dem am 18. März 1848 veröffentlichten Patent ebenfalls Pressefreiheit, Einberufung des Vereinten Landtages zum 2. April une eine auf einen deutschen Bundesstaat zielende Politik.

Am 31. März trat in Frankfurt das „Vorparlament" zusammen, auf dem im wesentlichen Vertreter des deutschen Südwestens anwesend waren. Es setzte einen Fünfzigerausschuß ein, der die Wahl einer Nationalversammlung beschloß. Die Wahlen fanden nach allgemeinem und gleichem Wahlrecht im Gebiet des Deutschen Bundes, in Österreich und in den östlichen Provinzen Preußens statt.

In Preußen trat indessen Ludolf Camphausen, einer der bedeutendsten Führer der Liberalen, der schon 1843 in den rheinischen Provinziallandtag und 1847 in den Vereinigten Landtag gewählt worden war, vom König unter dem Druck der Revolution berufen, an die Spitze der preußischen Regierung und schrieb Wahlen zur Nationalversammlung in Preußen aus. Die Frage einer deutschen Reichsverfassung wurde jedoch nicht von Preußen, sondern von der Frankfurter Nationalversammlung in die Hand genommen.

Am 18. Mai 1848 wurde die „Deutsche Nationalversammlung", die sich nach demokratischen Prinzipien konstituterte, in der Paulskirche in Frankfurt eröffnet und daher vielfach selbst als „Paulskirche" bezeichnet. Die österreichischen Vertreter für das Vorparlament waren schon seit 9. April in Frankfurt. Es waren dies die Abgeordneten Schuselka, Freiherr von Adrian - Berburg, Kuranda, Giskra und Graf Anton Auersperg. Die Tschechen und Slowenen hatten ihre Teilnahme abgesagt. Die Deutsche Nationalversammlung wählte den darmstädter Freiherrn Heinrich von Gagern zu ihrem Präsidenten. Man sagte, daß die Mitglieder der Deutschen Nationalversammlung zur geistigen Elite des Volkes gehören würden, weil viele Professoren gewählt worden waren. Dagegen fehlten Handwerker, Bauern und Arbeiter fast völlig. Die große Mehrheit der Frankfurter Nationalversammlung gehörte dem gemäßigten liberalen Lager an. Unter den 115 Vertretern Österreichs waren, außer den schon genannten Abgeordneten des Vorparlaments Anton Ritter von Schmerling, Theodor von Karajan, Karl Moring, Megerle von Mühlfeld, Perthaler, Kalchberg, Kaiserfeld, Mareck, Schreiner, Beda Weber, Laube, Hartmann, Beidtel und Trampusch.Die radikalen Gruppen, die sich Demokraten nannten, vertraten hingegen nur selten bewußt republikanische Tendenzen und die ausgesprochen konservativ - dynastischen Kreise waren in der Versammlung überhaupt nicht vertreten.

Die Aufgabe der Deutschen Nationalversammlung sollte es sein, eine Verfassung auszuarbeiten, die an die Stelle des Deutschen Bundes einen Deutschen Bundesstaat setzte. Da dafür aber keine Einigung unter den einzelnen staatlichen Regierungen zustande kam, mußte die Frankfurter Nationalversammlung aus eigener Kraft handeln. Sie begann, über Betreiben von Heinrich von Gagern, ihrem Präsidenten, damit, daß am 29. Juni eine „vorläufige Centralgewalt" geschaffen und Erzherzog Johann von Österreich zum „Reichsverweser" gewählt wurde. Eine „Reichsregierung" entstand, der aber jeder verwaltungsmäßige Unterbau fehlte. So zeigte sich bald, daß sich die „Centralgewalt" gegen die größeren Einzelstaaten nicht durchsetzen konnte.

Heinrich Freiherr von Gagern, geboren am 20. August 1799 in Bayreuth, entstammte einem Uradelsgeschlecht auf Rügen, zuerst 1290 erwähnt; ein Stamm wurde als Reichsfreiherren 1731 in die Oberrheinische Reichsritterschaft aufgenommen; dieser gehörten sein Vater Hans Christoph und er an. Ein anderer Zweig (seit 1903 freiherrlich) übersiedelte nach Ungarn. Heinrich von Gagern trat 1821 in hessisch-darmstädtischen Dienst, mußte diesen aber als Liberaler 1833 quittieren. 1848 trat er für kurze Zeit an die Spitze des hessischen Ministeriums, wurde aber am 19. Mai 1848 mit großer Mehrheit zum Präsidenten der Frankfurter Nationalversammlung gewählt. Gagern unterstützte in dieser Eigenschaft, seinem Konzept eines deutschen Staatenbundes entsprechend, die Wahl Erzherzog Johanns von Habsburg zum „Reichsverweser", der nach Gagerns Überzeugungsarbeit mit 436 von 521 Stimmen gewählt wurde. Der Repräsentant der „Centralgewalt", Erzherzog Johann, wurde von Heinrich von Gagern mit den Worten zur Wahl vorgeschlagen: „Aus der höchsten Sphäre müssen wir den künftigen Reichsverweser nehmen, nicht weil, sondern obgleich er ein Fürst ist", womit es ihm gelang, die einer Wahl des Erzherzogs ablehnend gegenüberstehende Linke ebenfalls zu befriedigen, der er klar machen konnte, daß der Erzherzog ein Feind Metternichs war. In seinem politischen Programm verfocht Gagern gleichermaßen die Freiheit des Bürgers von obrigkeitlicher, nicht zuletzt klerikaler Bevormundung, die Einheit Deutschlands im Sinne des vormärzlichen Liberalismus, Gleichheit vor dem Gesetz, öffentliche Gerichtsverfahren, Rede und Pressefreiheit,sowie nationale Selbstbestimmung der Völker.

Die hervorragenden Tugenden des österreichischen Erzherzogs und seine von Vernunft getragenen Eigenschaften unterschieden diesen sehr wohltuend von den beiden großen Antagonisten des Frankfurter Parlaments Bismarck und Metternich, die Repräsentanten der konservativ preußischen, beziehungsweise absolutistischen Lösung durch den regierenden österreichischen Monarchen. In den ersten Wochen, die Erzherzog Johann als Reichsverwesen agierte, ließ sich tatsächlich alles so an, als würde dieses ersehnte Großdeutsche Reich, unter Habsburgs Szepter geeint, historische Wirklichkeit werden. Der Erzherzog war sich der Schwere bewußt, daß, sollte es ihm nicht gelingen, die österreichische Lösung der deutschen Frage, um die sich alles drehte, herbeizuführen, Hohenzollern Deutschland - gewaltsam - einigen würde.

Da überstürzten sich die Ereignisse: Am 13. März 1848 zogen 6000 Berliner Handwerker und Arbeiter mit einer „Adresse an den König" um bürgerliche Freiheiten und soziale Verbesserungen für die Arbeiter vom Bezirk Tiergarten zum Brandenburger Tor und wollten zum Schloß vordringen. Da die Polizeikräfte nicht ausreichten, um den Marsch der 6000 anzuhalten, forderte der Polizeipräsident Kavallerie an, die vor dem Brandenburger Tor mit flacher Klinge auf die aufgebrachten Bürger einschlug und diese zurücktrieb. Hierauf kam es, weil durch die vielen Verletzten der Volkszorn kochte, am 18. März abermals zu einem Marsch von Bürgermassen zum Brandenburger Tor, die ebenfalls zum Schloß vordringen wollten. Im Verlauf dieser Revolution, in der auch die Gefängnisse gestürmt wurden, kam es auch zur Befreiung inhaftierter Polen, die sich teilweise der Revolution anschlossen. Wilhelm, der „Prinz von Preußen", wollte die Revolution niederschlagen, ließ vor dem

Brandenburger Tor Artillerie auffahren und mit Kartätschen in die andringende Volksmenge feuern. Dabei wurden 183 der rebellierenden Bürger getötet und hunderte verletzt. Die Massen stoben zwar auseinander, aber die Revolution, der Volkszorn, loderte weiter und der „Kartätschen Prinz", wie Wilhelm jetzt genannt wurde, mußte, um das Volk zu beruhigen, nach England fliehen. Nach diesem Blutbad vor dem Brandenburger Tor zog der König, obwohl die Revolution niedergeschlagen war, die Truppen aus Berlin ab, um so neuen Unruhen bei den Begräbnissen der vielen Toten vorzubeugen. Unter den 183 Toten waren auch viele jüdische Mitbürger. Die meisten Toten wurden im Bezirk Friedrichshain beigesetzt, unter diesen auch 16 Juden. Die anderen gefallenen Juden wurden im jüdischen Friedhof an der Schönhauser Allee beigesetzt.

Erzherzog Johann ging der verheerenden Wirkung der Feuerkraft der preußischen Truppen nach und erfuhr, daß Preußen schon 1840 das von Johann Nikolaus von Dreyse 1836 entwickelte „Zündnadel-Hinterlader-Gewehr" bei seiner Armee eingeführt hatte, erkannte die Bedeutung dieser neuen Waffe und machte den österreichischen Generalstab auf diese aufmerksam. Feldzeugmeister Vinzenz Augustin, der Chef des österreichischen Generalstabes, fällte jedoch, blind für den waffentechnischen Fortschritt, ein vernichtendes Urteil über die neue Waffe. So kam es, daß die preußische Armee als einzige Europas mit dieser neuen Waffe ausgerüstet blieb und alle Gegner, dank der fünffachen Feuerkraft ihrer Infanterie, vernichtend schlagen konnte. Es ist leider müßig zu spekulieren, wie zum Beispiel die Schlacht bei Solferino 1859 ausgegangen wäre, hätte das österreichische Heer, mit dem Zündnadel-Hinterlader-Gewehr ausgerüstet, die fünffache Feuerkraft entfalten können. Aber in Österreich hat man den waffentechnischen Fortschritt auch während der nächsten zwanzig Jahre verschlafen, wie die Kriege von 1866 zeigen werden.

In der preußischen konstituierenden Nationalversammlung, am 22. Mai, die Camphausen in der Hoffnung, daß seine liberale Partei die Wahlen gewinnen würde, ausschrieb, überwog aber die Linke, so daß sich in den folgenden Monaten der Konflikt zwischen dem Parlament und der Regierung Camphausens immer mehr zuspitzte. Da, wie überall in den deutschen Ländern, auch in Preußen die Revolution zum Stillstand kam und die Kräfte der Monarchie, des Militärs und der staatstreuen Beamtschaft sich indessen gesammelt und im Volk, vor allem in der Provinz, einen starken Rückhalt gefunden hatten (Konservative Partei) berief König Friedrich Wilhelm IV. ein konservatives Ministerium unter General Brandenburg, ließ Militär in Berlin einrücken und löste die preußische Nationalversammlung Ende November - Anfangs Dezember 1848 auf. Eine konstitutionelle Verfassung

wurde oktroyiert, Reformgesetze erlassen (Aufhebung der Patrimonialge-
richtsbarkeit und Einführung einer neuen Gerichtsverfassung mit Schwurgerichten und öffentlichen Verfahren).

Die Auseinandersetzung um die „deutsche Frage", die im Herbst 1848
begann und im Januar 1849 ihren Höhepunkt erreichte, wurde unheilvoll
dadurch beeinflußt, daß in den beiden deutschen Großmächten, in Österreich
und Preußen, im Herbst 1848 die konservativen Kräfte (die Reaktion -
Bündnis zwischen Thron und Altar) siegten und daß daher an eine Auflösung
des habsburgischen Staates nicht mehr zu denken war. Die österreichische
Regierung unter Feldmarschalleutnat Fürst Felix zu Schwarzenberg, den
Franz JosephI. zu seinem Ministerpräsidenten ernannt hatte, verteidigte die
führende Stellung Österreichs im Deutschen Bund mit Energie gegen die
kleindeutschen Bestrebungen. Seine Regierung hatte bei der Niederwerfung
der Revolution in Wien, den Vertreter der Linken der Frankfurter Nationalversammlung erschießen lassen. Schwarzenberg betonte immer schärfer, daß
das deutsche Verfassungswerk sich den Bedürfnissen des österreichischen
Gesamtstaates unterzuordnen habe, daß dessen Bestand erhalten bleiben
müsse, und daß keinerlei Konzessionen an liberale und freiheitliche Forderungen gemacht werden dürften. Auf Grund dieser Lage vollzog sich in der
Frankfurter Nationalversammlung eine völlig neue Gruppierung. Während
die Linke jetzt entschieden gegen eine monarchische Lösung eintrat, bildeten
sich aus der bisherigen Mehrheit die politischen Gruppen, für die sich seit
Januar 1849 die Bezeichnung „kleindeutsch" und „großdeutsch" einzubür-
gern begann. Während die Mehrzahl der Kleindeutschen, die sich selbst „Erb-
kaiserliche" nannten, eine Aufnahme Gesamtösterreichs mit seinen nichtdeutschen Teilen aus nationalen Beweggründen ablehnten und in wachsendem
Maße bei der durch Österreichs Haltung bestehenden Zwangslage an die
Schaffung eines vorläufig kleindeutschen Bundesstaates mit dem preußischen
König an der Spitze dachten, bekämpfte die in ihrer politischen Zusammensetzung keineswegs einheitliche Gruppe der Großdeutschen, zum Teil aus
innenpolitischen und partikularischen Gründen, eine „preußische Spitze". Auf
beiden Seiten wirkten dabei auch die konfessionellen Gegensätze mit.

Im Dezember 1848 wurde der Österreicher Anton Ritter von Schmerling,
der in der Frankfurter Nationalversammlung Führer der Österreicher sowie
der Großdeutschen und im Juli 1848 Innenminister geworden war, Ministerpräsident. Als Gegner der Erbkaiserlichen trat er am 15. Dezember zurück,
weil ihm durch die Haltung der österreichischen Regierung alle Möglichkeiten genommen wurden, die deutsche Frage großdeutsch zu lösen. Am
18. Dezember übernahm Freiherr Heinrich von Gagern die Leitung des
Reichsministeriums. An seine Stelle wurde Eduard Simson, ein Jurist aus

Königsberg, Parlamentspräsident. Schmerling blieb aber österreichischer Bevollmächtigter in der Frankfurter Nationalversammlung und unterstützte Heinrich von Gagern, der vergeblich versuchte, die Gegensätze durch das Programm des „Engeren" und „Weiteren Bundes" zu versöhnen, das heißt er wollte einen Kleindeutschen Bundesstaat mit preußischer Spitze und daneben einen weiteren Bund dieses kleindeutschen Staatenbundes mit der österreichischen Gesamtmonarchie schaffen. Aber die habsburgische Politik machte durch ihre Gesamtstaatsverfassung diese Lösung unmöglich. Eine Mehrheitsbildung der Kleindeutschen war erst möglich, als in den innenpolitischen Fragen, unter anderem in der Frage des Wahlrechts, eine Reihe Konzessionen an eine Gruppe der Linken gemacht worden waren.

Am 28. März 1849 wurde, auf Betreiben von Eduard Simson (eines konvertierten Juden), König Friedrich Wilhelm IV. von Preußen mit 290 Stimmen bei 248 Enthaltungen zum erblichen Kaiser gewählt. Simson als Parlamentspräsident leitete als führendes Mitglied der „Erbkaiserlichen" im April 1849 die Abordnung, die Friedrich Wilhelm die Kaiserkrone Deutschlands anbot. Aber König Wilhelm lehnte empört das Angebot der „vom Volk gewählten Nationalversammlung" ab, weil diesem „der Ludergeruch der Revolution" anhing. Das Verfassungswerk der Frankfurter Nationalversammlung war damit zwar abgeschlossen und wurde von 28 von 41 deutschen Staaten angenommen, war aber gleichzeitig ein Affront, eine Kränkung Österreichs.

Fürst Schwarzenberg, der als Ministerpräsident Kaiser Franz Josephs I. durch die oktroyierte Verfassung vom 4. März 1849 die Einheit und Unteilbarkeit der gesammten Habsburgermonarchie vorweggenommen hatte, protestierte energisch gegen eine Unterordnung Österreichs unter einen anderen deutschen Fürsten und berief die Abgeordneten aus der „Paulskirche" ab. Hierauf hat die Mehrheit der deutschen Einzelstaaten, unter ihnen die Königreiche Bayern, Württemberg, Sachsen und Hannover, die die Reichsverfassung ebenfalls abgelehnt hatten, ihre Abgeordneten aus dem Frankfurter Parlament heimberufen, in dem die „Linke" letztlich unter sich blieb. Das verbleibende Rumpfparlament wurde von Frankfurt nach Stuttgart verlegt und dort von württembergischem Militär am 18. Juni 1849 aufgelöst.

In Sachsen, in der Pfalz und in Baden brachen hierauf Aufstände aus, weil die Demokraten jener Länder, im Gegensatz zu ihren Regierungen, die Reichsverfassung in ihren Ländern durchzusetzen versuchten. War während der Märzrevolution von 1848 Berlin der Brennpunkt der Ereignisse, so wurde im Juni 1849 Dresden der Schauplatz blutiger Ausschreitungen, die ein solches Ausmaß annahmen, daß preußische Truppen zur Unterstützung der sächsischen ins Land gerufen werden mußten, um der Unruhen Herr zu werden.

Gleichzeitig waren auch in der Pfalz und in Baden Aufstände ausgebrochen. In Baden traten die beiden Rechtsanwälte Friedrich Hecker und Gustav Struve an die Spitze der Rebellion, oder, wenn man es so sehen will, an die Spitze des revolutionären Freiheitskampfes dieses Landes. Beide Anwälte wurden die Anführer der radikalen Linken und forderten zu Beginn der Revolution von 1848 die Abschaffung der Monarchie und die Ausrufung der Republik. Als es Hecker nicht gelang, das Frankfurter Vorparlament für seine Ziele zu gewinnen, begann er am 12. April im Südwesten Deutschlands einen Aufstandsversuch, der aber bereits am 20. April im Gefecht bei bei Kandern scheiterte. Danach floh er in die Schweiz und später von dort in die Vereinigten Staaten. Im Sezessionskrieg kämpfte er dort als Oberst der Unionstruppen und wurde zum Bewunderer des deutschen Aufstiegs unter Bismarck.

˥Die Aufstände in der Pfalz und in Baden wurden von preußischen Truppen unter dem Kommando des „Prinzen von Preußen", der mittlerweile aus England zurückgekehrt war, ebenso blutig niedergeworfen, wie 1848 der Aufstand in Berlin. Mit der Übergabe der Festung Rastatt durch die badischen Republikaner am 23. Juli 1849 endete auch diese Revolution. Tiefe Resignation breitete sich aus. Allein in Baden wanderten 80000 politisch Verfolgte (solche hatte es auch damals schon gegeben!), ein Fünftel der Bevölkerung, aus.

Der „Prinz von Preußen" wurde hierauf von König Friedrich Wilhelm IV. zum Generalgouverneur der Rheinlande (1849-1854) mit Sitz in Koblenz eingesetzt. Dort aber geriet der Prinz unter den Einfluß seiner liberalen Gemahlin Augusta von Sachsen Weimar.

Im Pfälzer Aufstand hatte auch Friedrich Engels, der mit Karl Marx das „Kommunistische Manifest" geschrieben hatte, mitgekämpft und mußte nach der Niederwerfung des Aufstandes der radikalen Linken, der Republikaner, nach England fliehen, wo er die Filiale seines Vaters, eines Fabrikanten, leitete und den in Not geratenen Karl Marx finanziell unterstützte.

Die Preußen aber waren in den Rheinlanden schon seit 1856 verhaßt, weil die preußische Regierung in den „Kölner Wirren" damals den Erzbischof von Köln Klemens August Freiherr von Droste zu Vischering (1773-1845), der wegen seines Kampfes gegen den „Hermesianismus" und das kirchliche Mischeherecht bekannt war, 1837 in Köln verhaftet und bis 1839 auf der Festung Minden gefangengehalten hat. Erzbischof Droste wurde nach seiner Freilassung von der Regierung des Erzbistums ausgeschlossen. Diese Maßnahmen der „protestantischen Regierung in Preußen" gaben in der Folge dem Katholizismus in den „katholischen Rheinlanden" einen gewaltigen Auftrieb und verfestigten nur noch die antipreußische Stimmung der Katholiken, mit der sich der Prinz von Preußen jetzt erst recht konfrontiert sah. Der „Hermesianismus" war der Versuch des katholischen Theologen Georg Hermes die

140

Philosophie als Grundlage der Theologie heranzuziehen, um den von der „strengen Philosophie" erzwungenen bruchlosen Übergang von der Einsicht der Vernunft zur katholisch verstandenen Offenbarung Jesu nachzuweisen. Die Lehre des Georg Hermes wurde aber von Papst Gregor XVI. 1835/36 verurteilt, weswegen ihn der Erzbischof von Köln bekämpft hatte.

Die Ereignisse der Revolution und deren Überwindung waren erheblich außenpolitisch beeinflußt worden. So wurde Preußen am 26. August 1848 im Krieg gegen Dänemark um Schleswig - Holstein durch die europäischen Mächte, besonders Rußland, zum Waffenstillstand von Malmö gezwungen, auf den nach neuem Kampf 1850 der Friede von Berlin (wiederum unter Beteiligung Rußlands und Englands) geschlossen wurde. Der Druck Rußlands war auch maßgebend, als Preußen, geleitet durch den Ministerpräsidenten Radowitz, das Ziel einer kleindeutschen Union unter Führung Preußens verfolgte. Die Spannung gegenüber Österreich drohte zum Krieg zu führen, doch Rußland nötigte Preußen, vor Österreich 1850 in der Olmützer Punktation, in der es auf seine Unionspolitik verzichtete, zu kapitulieren. Damit war der Weg frei zur Wiederherstellung des Deutschen Bundes, in dem aber der friedliche Dualismus zwischen Preußen und Österreich nur mehr bis 1866 aufrechterhalten werden konnte. In der Zwischenzeit eröffnete Österreich am 1. September 1850 den Deutschen Bundestag von neuem. Damit hatten, bis zur Olmützer Punktation, das Fürstenkollegium unter der Führung Preußens und der Bundestag in Frankfurt unter der Führung Österreichs bestanden. Am 23. Dezember 1850 erfolgte auf der Konferenz in Dresden die vollständige Wiederherstellung des Deutschen Bundes. Damit hatte Österreich seinen Standpunkt in der deutschen Frage vorerst durchgesetzt.

Und Freiherr von Gagern? Das Jahr 1850 sah ihn als Major im schleswig-holsteinischen Krieg gegen Dänemark. Seit 1859 wandte er sich aber von Preußen ab, das Gagern beschuldigte, während des Krieges in Italien seine Pflicht gegenüber Österreich nicht erfüllt zu haben und trat 1862 offen auf die Seite Österreichs und der damaligen Großdeutschen über, obwohl er, nach dem Scheitern seiner Vermittlung zwischen Preußen und Österreich, am Zustandekommen der „kleindeutschen Verfassung" mitgewirkt hatte. Gagern vertrat dann das Großherzogtum Hessen als Gesandter in Wien und München. Heinrich von Gagern gebührt nicht nur die Anerkennung als Führer der Liberalen von 1848/ 49, sondern auch als der eigentliche Vertreter des im „Dritten Deutschland" wurzelnden freiheitlichen Einheitsstrebens, der den Dualismus der beiden deutschen „Vormächte" Preußen und Österreich zu überwinden suchte. Er war der Mann zwischen Bismarck und Metternich! Viele Ideen unserer Grund- und Freiheitsrechte gehen auf diesen großen Denker zurück. Heinrich von Gagern starb am 22. Mai 1880 in Darmstadt.

1848 war die erste politische Massenbewegung von nahezu gesamteuropäischer Dimension; für ihr Zustandekommen war ein ganzes Bündel sozialer, politischer, wirtschaftlicher und kultureller Faktoren notwendig, die von Land zu Land verschiedenartig zur Wirkung gelangten. Sollte man das allen Gemeinsame nennen, wären dies wohl das Verlangen nach wirtschaftlicher Existenzsicherung, nach politischer Mitwirkung an allen Entscheidungen, die das Gemeinwohl betreffen, nach Beseitigung unhaltbarer Privilegien, der Ruf nach Rechtsstaatlichkeit und der Beseitigung krasser gesellschaftlicher Ungleichheit, der Wille zu nationaler Einheit und Selbstbestimmung.

Bei den Barrikadenkämpfen in Paris, Wien und Berlin zündete der soziale Sprengstoff im Gefolge der frühen Industrialisierungsphase; den großen und kleinen Bürgern hingegen ging es um Zolleinheit, Handelsfreiheit, Budget - Kontrolle, Einfluß auf die staatliche Gesetzgebung, aber durchaus auch um die Rede- und Pressefreiheit. In Italien und Deutschland stand die Forderung nach nationaler Identität zusätzlich auf der Tagesordnung. Die deutsche Sonderfrage aber hieß, wie wir schon gesehen haben, groß- oder kleindeutsch? Ein Reich aller Deutschen - mit oder ohne Österreich? Mit einem Habsburger oder Hohenzollern auf dem Thron? Diese deutsche Frage überlagerte 1848 alles.

1848 gab es aber auch, was wenige registriert haban werden, einen Wilhelm Emanuel von Ketteler, der als katholischer Kaplan von einem mehrheitlich protestantischen Wahlkreis in die Pauluskirche entsandt wurde. Er möge, so die altpreußisch - westfälischen Honoratioren, dort dafür sorgen, daß „ein Preußen bis zur Mainlinie" errichtet werde. Der junge Priester ging im Mai 1848 nach Frankfurt, forderte in seiner ersten Rede die Abschaffung der Adelstitel, mit der Begründung, Aristokratie und König seien von ihren Idealen und Pflichten abgefallen. Seine Predigt im Frankfurter Dom trat für eine Besserstellung der Arbeiterschaft ein. Er forderte Gewissensfreiheit und stellte sich gegen einen sich abzeichnenden Macht- und Militärstaat unter preußischer Dominanz.

Seine letzte Rede hielt der junge Ketteler auf dem Friedhof, bei der Bestattung zweier Abgeordneter, die von einer linksextremen verhetzten Volksmenge ermordet worden waren. Wie meist kam auch hier die revolutionäre Freiheit als Willkür und Terror: „Ein Leichenzug, wie ihn Frankfurt noch nie gesehen hatte, bewegte sich vom Roßmarkt zur Eschenheimer Straße. Die ganze Nationalversammlung, Heinrich von Gagern an der Spitze, folgte dem Trauerwagen, gefolgt von einer unübersehbaren Menschenmenge aus ganz Deutschland. Ketteler hielt eine ergreifende Rede über die Ursachen solchen Verbrechens: Die Untergrabung des religiösen Glaubens, das Anstacheln der niedrigen Leidenschaften, das Verbreiten von Aufruhrtheorien, die sich nichts als unablässige Veränderung aller Verhältnisse zum Ziel gesetzt hätten. Diese Greuel seien die Folge, die nicht zuletzt geschehen wären, weil durch die Niedertracht einer gewissen Presse zuvor bereits Rufmord verübt worden sei."

Die Ereignisse des Jahres 1848 spiegeln jene großen Fluchtlinien wider, auf denen sich die politischen und sozialen Entwicklungstendenzen und Probleme der europäischen Moderne bewegen: Liberalismus und Kapitalismus als dynamisch - schöpferische Zerstörung des Alten - Reaktion, Anarchismus, Sozialismus, Kommunismus und schließlich massendemokratischer Cäsarismus als Antwort darauf, beide sich nährend aus den kulturellen Ressourcen der beiden Christentümer, getragen von zwei gesellschaftlichen Substraten, zwei Menschentypen, die seit der Aufklärung entstanden waren: dem Bürgertum und dem Proletariat, beide offenbar ausweglos aufeinander bezogen. Wer die revolutionären Ereignisse des Jahres 1848 mit dem heute erreichten vergleicht, kommt zu einem durchaus zwiespältigen Ergebnis; zwar sind die Grund- und Freiheitsrechte in den Verfassung der meisten Staaten verankert und formal garantiert, doch die Praxis sieht oft anders aus.

Wilhelm Emanuel Freiherr von Ketteler wurde 1811 in Harkotten, Westfalen, geboren, war zuerst Jurist und wurde 1844 Priester. 1848/49 war Ketteler Abgeordneter zum Frankfurter Parlament, 1850 wurde er Bischof von Mainz. Berühmt waren seine Predigten, Reden und Schriften, in denen er für die deutsche Kirche Autonomie forderte. 1871/72 war Ketteler Abgeordneter des deutschen Reichstags und hat den politischen Katholizismus mitgeschaffen. In sozialer Hinsicht hat Ketteler die Ideen Kolpings mitverarbeitet und sehr früh die Bedeutung der sozialen Frage erkannt. Auf dem Vatikanum war er 1870 ein Gegner der Unfehlbarkeitserklärung, unterwarf sich aber dann dem Konzilsbeschluß. Ketteler ist am 13. Juli 1877 in Burghausen, Oberbayern, gestorben, nachdem er, im „Kulturkampf" eine bedeutende Rolle gespielt hatte.

Radetzkys Sechs - Tage - Krieg in Italien

Wir haben den Verlauf des Kampfes in Ungarn gesehen, und wollen den Blick nun wieder nach Italien wenden.

Nachdem im März die Piemontesen aus der Lombardei geworfen waren, dachte wohl niemand daran, den Waffenstillstand in einen dauernden Frieden zu verwandeln. Der Großherzog von Toskana war, obwohl er mit der Bewegung gegen Österreich mitmachte, verjagt worden, weil man ihm als österreichischen Prinzen mißtraute. Pius IX. war nach Gaeta entflohen und Rom war unter Mazzini zur Republik erklärt worden. Sardinien war der Herd der Revolution und wenn auch König Karl Albert einen ehrenvollen Frieden wünschte, so konnte er diesen doch nicht ohne vorausgehende Waffenerfolge erlangen. Frankreich und England waren, wie viele andere europäische Staaten auch, für die italienische Bewegung.

In Mailand weilte Radetzky und empfing bis zum Oktober 1848 eine schlimme Nachricht nach der anderen aus Wien. Die Mailänder schienen sich ihres Undankes gegen Sardinien zu schämen und setzten der österreichischen Verwaltung überall passiven Widerstand entgegen. Es fanden sich keine Beamte, niemand wollte für Österreich Dienst leisten. Weder Strenge noch Milde halfen. Die vielen Flüchtlinge kamen trotz der Amnestie des Feldmarschalls nicht zurück. Silber war keines vorhanden, österreichisches Papiergeld nahm niemand und Radetzky war gezwungen Tresorscheine auszugeben, an denen 20 Prozent verloren wurden. Dazu kam der ungeheure Krankenstand in der Armee, denn im August lagen 24000 Mann, ein Drittel der Armee, krank darnieder.

Piemont rüstete mit aller Anstrengung, denn jetzt leitete Gioberti die Politik und mit ihm die kriegerisch gesinnte Pertei. Den Oberbefehl übernahm der Pole Chrzanowski, ein General von Talent und Tapferkeit. Am 16. Mai 1849 traf die Kündigung des Waffenstillstandes in Mailand ein, und die Armee brach in Jubel aus. Alle Musikkapellen zogen vor den Palast Radetzkys und spielten frohe Weisen. Die Österreicher zählten 70000 Mann, die Piemontesen zwar 90000, aber darunter sehr viele Rekruten. Radetzky hielt eine Ansprache an die Armee, seinen Tagesbefehl, mit den Worten: „Vorwärts Soldaten, nach Turin, dort finden wir den Frieden, um den wir kämpfen. Es lebe der Kaiser! Es lebe das Vaterland!"

Am 18. März 1849 brach Radetzky auf und schon am 20. mittags, als der Waffenstillstand abgelaufen war, überschritten die Österreicher Piemonts Grenzen. Nun trat aber die besondere Situation ein, daß keine Armee die

Stellungen der anderen kannte, und am 21. befanden sich 50000 Österreicher in den Linien der Piemontesen, ohne daß diese es nur ahnten. Am selben Tag fand bei Vigevano ein Gefecht statt, wobei das österreichische Korps weichen mußte und in Gefahr geriet, seine Kanonen zu verlieren. Glücklicher war General d'Aspre, der mit 15000 Mann bei Mortara auf 24000 Piemontesen stieß, die von General Durando, der nach der Flucht des Papstes in die Dienste Piemonts getreten war und vom Herzog von Savoyen geführt, die taktisch falsch aufgestellt waren und nach mattem Kampf bei einbrechender Nacht sich in die Stadt warfen. Oberst Benedek jagte ihnen mit seinem Bataillon nach und trieb sie durch die Stadt. Plötzlich hörte er hinter sich sardinische Trommeln. Es waren mehrere Bataillone und Artillerie, die General La Marmora der Stadt zu Hilfe führte. Benedek wäre verloren gewesen, wenn der Feind angegriffen hätte, doch er benützte die Verwirrung und die Finsternis, ließ die Mannschaft in weiten losen Gliedern auf die Ankommenden vordringen und rief ihnen zu, sich zu ergeben, indem seine Regimenter sonst alles vernichten würden. Das Glück war dem kühnen Benedek hold. Die Piemontesen ergaben sich wirklich und der Oberst machte 2000 Gefangene mit 66 Offizieren, erbeutete 6 Kanonen, Pulverkarren, Wagen und den Marstall des Herzogs. La Marmora floh und entging in der Dunkelheit der Gefangen-

Die Schlacht bei Novara am 23. März 1849.

nahme. Durch diese Waffentat Benedeks war die Linie der Piemontesen durchbrochen, ein Korps von 20000 Mann am Po abgeschnitten und dieses sah sich genötigt, sich nach Novara zurückzuziehen.

Radetzky ließ einen Teil seiner Truppen nach Novara marschieren, während er selbst mit der Hauptmacht nach Vercelli vorging, wo er mit der ganzen Stärke des Feindes zusammentreffen und die entscheidende Schlacht führen wollte. Bei Novara standen aber 50000 Piemontesen unter Chrzanowski in sehr guter Stellung, gegen die am 23. März vormittags General d'Aspre mit ungefähr 15000 Mann anrückte, in der Meinung, das Gros der Piemontesen stünde bei Vercelli. Bei Olengo stieß er auf den linken Flügel, den er für die Nachhut hielt und sogleich angriff. Bald aber erkannte d'Aspre, daß er es mit der Hauptmacht zu tun hatte, war aber zu stolz, Verstärkungen anzufordern. Die Kaiserlichen schlugen sich mit großer Tapferkeit, der vierte Teil von ihnen war bereits gefallen, ihre Kräfte erschöpft, da ihnen Chrzanowski immer neue Regimenter entgegenwarf, da rückten, im Augenblick der höchsten Verzweiflung österreichische Regimenter in die Schlachtreihe, denn Radetzky hatte den Kanonendonner gehört und erkannte schnell, wo die Hauptstellung des Feindes war. Gegen Abend war die Schlacht für die Piemontesen verloren. König Karl Albert, der den Krieg wieder begonnen hatte, suchte im Kampf persönlich den Tod, wurde aber von seiner Leibgarde aus dem Gefahrenbereich gebracht. Hätte der Zufall das Anrücken der Österreicher auch nur um eine Stunde verzögert, so wäre Karl Albert als Sieger vom Schlachtfeld gezogen, denn Radetzky langte im letzten Augenblick an.

König Karl Albert, der die Revolutionen in Österreich und in Ungarn nützen wollte, um in Italien zu triumphieren, scheiterte am alten Feldmarschall und den Truppen Österreichs, die man trotz aller Bedrängnisse nicht aus Italien abgezogen hatte. Karl Albert legte die Krone Piemonts nieder und ging nach Portugal, wo er bald darauf starb. Sein Sohn Viktor Emanuel bestieg den Thron des Königreiches Sardinien - Piemont und lud Feldmarschall Radetzky zu einer Unterredung nach Pignale, die am 24. März zu Mittag stattfand. Dort wurden erneut die Bedingungen zur Waffenruhe festgesetzt und Radetzky bewies, daß er nicht nur ein erprobter Soldat, sondern auch ein tüchtiger Staatsmann war, denn seine Forderungen waren mäßig, obwohl ihm der Weg nach Turin völlig offen war, das er in drei Stunden hätte erreichen können. Somit war der notwendig gewordene Feldzug in nur sechs Tagen beendet worden. Einzelkämpfe fanden noch statt, wie zum Beispiel bei Brescia, wohin sich zersprengte Einheiten geflüchtet hatten. Dort befanden sich aber auch jene Flüchtlinge, die die Lombardei gegen die österreichische Herrschaft aufgewiegelt hatten und Brescia verteidigten. General Haynau eroberte die Stadt am 31. März im Sturm und ließ alle Rädelsführer der Aufständischen liquidieren.

Der Aufstand in der Toskana und in Modena wurde bald unterdrückt. Livorno, der Herd der Revolution, wurdo von General de Aspre am 12. Mai erstürmt und General Wimpfen schlug die Romagnolen und Freischaren, die Bologna zu Hilfe kamen, worauf sich die Stadt ergab. Ankona ergab sich nach neun Tagen.

Venedig wurde schon seit einem Jahr von den Kaiserlichen bedrängt. Jetzt, wo Piemont seine Flotte zurückgezogen, konnte man die Stadt auch von der Seeseite her einschließen und ihr die Lebensmittelzufuhr abschneiden. Obwohl Radetzky selbst bei Marghera erschien und die Belagerungsarbeiten leitete und in der Nacht zum 26. Mai dieses mächtige Fort erstürmt hatte, konnte er, wegen verheerenden Krankheiten unter seinen Regimentern nicht mehr angreifen. Venedig blieb aber blockiert. Die Stadt war der Cholera, dem Hunger ausgeliefert und Anarchie machte sich breit, denn täglich starben 400 bis 800 Menschen. Am 29. Juli ließ Radetzky Venedig abermals durch seine schwere Artillerie beschießen und das Bombardement 19 Tage fortsetzen. Am 22. August kapitulierte Venedig. Alle fremden Offiziere und Zivilisten erhielten freien Abzug. Weitere 40 Personen die Radetzky persönlich bezeichnete, hatten Venedig ebenfalls zu verlassen, den übrigen Venezianern erteilte er Amnestie.

Am 6. August erfolgte der Friedensschluß zwischen Piemont und Österreich in Mailand durch den Handelsminister Bruck. Die Grenzen der beiden Monarchien blieben die bisherigen. Piemont hatte nur einige Landstriche bei Pavia an Österreich abzutreten. Seine Kriegsschulden wurden nach und nach auf 75 Millionen Franken vermindert.

In Italien herrschte vorerst Ruhe, doch war sie nicht von langer Dauer, weil Louis Napoleon, der Präsident Frankreichs, in Italien festen Fuß fassen wollte. Er ließ Rom durch französische Truppen belagern, um dieses letzte Bollwerk der Revolution zu nehmen und Papst Pius IX. wieder nach Rom zu führen. Rom wurde von Garibaldi hartnäckig verteidigt, aber das „republikanische Rom" mußte sich letztlich der „Republik Frankreich" ergeben. Womit die Herrschaft des Papstes wieder begann.

Die tragenden Ideen der blutigen Unruhen in Europa

Politische Ursache der sozialen Unruhen, vorerst in Frankreich, war die politische Machtlosigkeit der Arbeitermassen während des beginnenden Industriezeitalters und ihr Wille, eine neue Wirtschafts- und Sozialverfassung im Kampf gegen die Interessen bevorrechtigter oder besitzender Schichten in Arbeiterbewegungen, durchzusetzen. Die Formen der Zielsetzung des Sozialismus waren verschieden. Der religiöse Sozialismus sah in der sozialistischen Wirtschafts- und Gesellschaftsordnung die Verwirklichung der Nächstenliebe. Hauptvertreter war in Frankreich Graf Saint - Simon (Nouveau Christianisme, 1825). In den Staaten des Deutschen Bundes führten im 19. Jahrhundert ähnliche Ansichten zur Gründung Christlich sozialer Bewegungen beider Konfessionen. Der utopische Sozialismus der vor - marxistischen Zeit war, angesichts der sozialen Verelendung breiter Massen, von der Idee einer allgemeinen Weltverbesserung und Weltbeglückung bestimmt. Er nährte sich von chiliastischen Hoffnungen auf ein „irdisches Himmelreich", (dem Glauben an ein Friedensreich, das, nach Christi Wiederkunft, 1000 Jahre dauert), das mit dem Umsturz der gesellschaftlichen Ordnung heraufziehen werde. Er fand sich während der französischen Revolution bei Babeuf, später in den Staaten des Deutschen Bundes in der frühkommunistischen Bewegung Weitlings. Manche seiner Züge gingen in die anarcho - syndikalistische Bewegung Frankreichs, Spaniens und Italiens über und arteten in Anarchismus aus. Sie finden sich auch im wissenschaftlichen Sozialismus, im Marxismus, in der Utopie der klassenlosen Gesellschaft, während der humanitärethische Sozialismus im sozialistischen Wirtschaftssystem die Verwirklichung sittlicher Grundsätze, besonders der sozialen Gerechtigkeit erblickt. Die dem feudalen wie dem kapitalistischen System eigentümliche soziale Ungleichheit erscheint dem humanitär - ethischen Sozialismus als Verletzung des Sittengesetzes, das gleiches Recht für alle sowie Schutz und Förderung der Schwächeren gebiete. In Frankreich setzten sich in dieser Richtung (Organisation genossenschaftlicher Selbsthilfe, z. B. Nationalwerkstätten) vor allem Charles Fourier und Louis Blanc ein, ebenso der spätere Proudhon, während in England Robert Owen und in deutschen Landen Ernst Abbe auftraten. Von entscheidender weltgeschichtlicher Bedeutung aber wurde der „internationale revolutionäre Sozialismus". Eine selbständige Form dieser Art entwickelte Lassalle in Preußen, die sich aber auf Dauer nicht gegen den Marxismus behaupten konnte.

Unter „Sozialismus" versteht man die innerhalb der modernen Industrie- und Klassengesellschaft entstandene Bewegung, die die individualistische, liberalkapitalistische Gesellschafts- und Wirtschaftsordnung durch eine neue, am wirtschaftlichen Gesamtwohl orientierte Sozialgesinnung in gemeinwirtschaftliche Formen umgestalten will, und zwar durch soziale Reform (Reformsozialismus) oder durch Revolution (revolutionärer Sozialismus).

Hauptpunkte des sozialistischen Programms sind: 1) die Umgestaltung der Eigentumsverfassung durch Beseitigung des arbeitslosen Einkommens aus Grundrente und Kapitalzins, durch Beseitigung oder Beschränkung des Erbrechts, durch allgemeine Güterverteilung (utopischer Sozialismus) oder durch Vergesellschaftung des Eigentums an den Produktionsmitteln. 2) die Umgestaltung der Arbeitsverfassung durch Schutz der Arbeiter gegen Ausbeutung und soziale Not, durch Überwindung der Gefahr der Arbeitslosigkeit und Gewährleistung industrieller Vollbeschäftigung, durch Bildung von Arbeiter - Produktivgenossenschaften, durch Einführung der Mitbestimmung von Betriebsräten, Gewerkschaften oder beiden in Einzelunternehmen und in der Gesamtwirtschaft, zum Teil durch Gewinnbeteiligung oder Miteigentum der Arbeitnehmer. 3) die Umgestaltung der Wirtschaftsverfassung durch staatliche Aufsicht über Monopolunternehmen, durch Entwicklung staatseigener Unternehmen, durch Entwicklung gemeinwirtschaftlicher Unternehmensformen, ferner, und zwar bei den einzelnen Formen des Sozialismus in unterschiedlichem Grade, durch Planung und Lenkung der gesamten Gütererzeugung und Güterverteilung durch den Staat (Planwirtschaft). 4) der Kampf gegen Bildungsprivilegien herrschender Schichten (gleicher Zugang zu den höheren Schulen auch für Unbemittelte; Föderung von Volksbildungseinrichtungen etc.). 5) die Umgestaltung der Staatsordnung, sei es durch konsequente Durchführung der staatsbürgerlich - politischen Gleichheit (demokratischer Sozialismus), sei es durch gewaltsame Aufrichtung der Herrschaft der nichtbesitzenden Klasse (Diktatur des Proletariats).

Sozialistische Programmpunkte sind durch Teilnahme an oder Übernahme der Regierungsverantwortung seitens sozialistischer Parteien (Sozialdemokratie, Kommunismus) in unterschiedlicher Weise verwirklicht worden.

Das Wort „Kommunismus" findet sich zuerst bei Etienne Cabet (1788-1856), einem französischen utopischen Kommunisten. Der in Dijon geborene Advokat war ein führendes Mitglied des Karbonaribundes, gründete 1833 das Blatt „Le Populaire", wurde 1834 zu Gefängnis verurteilt, floh nach London und entwickelte sich dort zum utopischen Sozialisten. Er schrieb den kommunistischen Staatsroman „Voyage en Icarie im Jahr 1842 (Eine Reise nach Ikarien). Die Verwirklichung seiner Ideale, die Cabet nach der Niederwerfung des Juniaufstandes 1848 in Paris in kommunistischen Gemeinden in

Texas und der Mormonenstadt Nauroo versuchte, mißlang. Cabet starb 1856 in St. Louis.

Nach Karl Marx ist der Kommunismus eine Wirtschafts- und Gesellschaftsordnung, in der es nur Gemeinbesitz gibt und alle Menschen sozial gleichgestellt sind. Karl Marx sah im Kommunismus das Endstadium der wirtschaftlich - sozialen Entwicklung, das über die Diktatur des Proletariats herbeigeführt werden sollte. Im 19. Jahrhundert wurden die Begriffe „Kommunismus" und „Sozialismus" noch nicht scharf unterschieden. In der späteren bolschewistischen Ideologie bedeutet Kommunismus die auf den Sozialismus folgende Gesellschaftsform. Politisch waren die Kommunisten der radikale Flügel des revolutionären Marxismus. 1847 wurde in Brüssel der Bund der Kommunisten gegründet, der Stützpunkte in Paris und London hatte. Für ihn verfaßten Marx und Engels das Kommunistische Manifest. Die Niederlage der Revolution 1848/49 trieb die Führer in die Emigration. 1851 fand in Köln der erste Prozeß gegen die Kommunisten statt. Nach dem Zusammenbruch der Pariser Kommune, 1871, lebte der Gedanke eines ethischen Kommunismus der Gewaltlosigkeit bei Kropotkin und anderen Strömungen fort. Die Streitigkeiten zwischen den radikalen und gemäßigten Richtungen des Sozialismus kamen in den sozialistischen Parteien, die sich mit der 2. Hälfte des 19. Jahrhunderts in fast allen Industrieländern bildeten, zum Austrag. Der Name Kommunismus trat hinter den des Sozialismus zurück.

Auf die französischen Revolutionen von 1789, 1830 und 1848/49 haben die Ideen von Marx und Engels, die erst 1847 das Kommunistische Manifest verfaßten, noch keinen Einfluß gehabt. Erst im 20. Jahrhundert kamen ihre revolutionären Vorstellungen in den kommunistischen Staaten zum Tragen, in denen die individuellle Freiheit aufgehoben und in der Wirtschafts-, Sozial- und Kulturpolitik durch einen radikalen Kollektivismus ersetzt wurden.

Karl Marx

150

Karl Heinrich Marx, der Begründer des Marxismus, wurde am 5. Mai 1818 in Trier geboren und ist am 14. März 1883 in London gestorben. Er war der Sohn des Justizrates Heinrich Marx (eigentlich Marx Levi, alter jüdischer Familienname Mardochai), der 1824 mit seiner Familie zur protestantischen Kirche übertrat. Karl Heinrich Marx studierte Staatswissenschaften, Philosophie und Geschichte in Bonn und Berlin wo er sich der junghegelianischen Bewegung anschloß. 1842/43 war Karl Marx der Redakteur der liberalen Rheinischen Zeitung in Köln. 1843 heiratete er Jenny von Westphalen und übersiedelte, da er die Redaktion wegen seines Radikalismus niederlegen mußte, nach Paris, um mit Arnold Ruge zusammen die „Deutsch - Französischen Jahrbücher" herauszugeben (die Fortsetzung zu den verbotenen „Deutschen Jahrbücher").

In Paris studierte Marx den Sozialismus und Kommunismus. Dort begann auch die engere Zusammenarbeit mit Friedrich Engels. Auf Verlangen der preußischen Regierung wurde Marx aus Frankreich ausgewiesen und zog nach Brüssel, wohin auch Engels folgte. Hier veröffentlichte er 1847 die Schrift „Misere de la Philosophie" gegen den „Bourgeois - Sozialismus" Proudhons und stellte die Grundzüge seiner an D. Ricardo anknüpfenden Arbeitswert- und Mehrwertlehre dar. Mit Engels gründete Marx 1847 in Brüssel den „Deutschen Arbeiter-Bildungsverein" und die „Association democratique", die ihrerseits mit dem von Weitling gegründeten kommunistischen Londoner „Bund der Gerechten" in Verbindung trat. Von diesem Bund erhielt er 1847 den Auftrag, zwecks Umgründung in den „Bund der Kommunisten" eine Programmschrift zu schreiben, die er gemeinsam mit Engels ausarbeitete. Diese wurde das „Kommunistische Manifest", das grundlegende Dokument des Sozialismus wie des Kommunismus. Es formuliert eindrucksvoll die Grundzüge des historischen Materialismus. Das Programm der internationalen Weltrevolution wird mit dem Ruf „Proletarier aller Länder vereinigt euch!" verkündet.

Friedrich Engels

Friedrich Engels, geboren am 28. November 1820, in Barmen, gestorben am 5. August 1895 in London, war der Sohn eines Fabrikanten, schloß sich als junger Mann erst dem „Jungen Deutschland" und dann in Berlin der radikalen „Hegelschen Linken" an. 1842 begegnete er Karl Marx in Köln. Während seiner Tätigkeit im väterlichen Zweiggeschäft in Manchester lernte Engels die Arbeiterfrage und die sozialen Verhältnisse in England kennen. Seit 1844 war Engels, der zum Kreis um Owen gehörte, Mitarbeiter an den „Deutsch - Französischen Jahrbüchern" und vollzog mit Karl Marx den Bruch mit dem Linkshegelianismus. Engels und Marx schlossen sich danach dem „Bund der Kommunisten" an, in dessen Auftrag beide 1847 das „Kommunistische Manifest" verfaßten. Während der Revolution von 1848 redigierte Engels mit Marx die neue „Rheinische Zeitung" in Köln. 1849 beteiligte sich Engels am Pfälzer Aufstand. Nach dessen Scheitern kehrte Engels in das väterliche Geschäft in Manchester zurück und unterstütze seitdem Marx finanziell und förderte ihn bei seinen Auseinandersetzungen zwischen den verschiedenen sozialistischen Richtungen.

Engels verstand den Dialektischen Materialismus als Ausbau des Historischen Materialismus zu einem umfassenden System und entwickelte Ansätze zu einer Erkenntnistheorie und Naturphilosophie, einem Realismus. Dialektik war und ist die Disputierkunst, die schon von den Sophisten ausgebildete Kunst der Gesprächsführung, die von Sokrates und Platon zur Philosophie erhoben wurde. Die neuere Dialektik führt das Denken methodisch auf Widersprüche zurück und durch sie hindurch, die sie als Schein zu entlarven oder in Synthesen aufzuheben versucht.

Hegel, in dessen System eine Entwicklung der Begriffe auseinander derart erfolgt, daß jeder Begriff als „Thesis" einen entgegengesetzten, die „Anithesis" enthält und aus sich erzeugt. Aus beiden Begriffen geht wieder die „Synthesis" hervor, als die höhere Form, in welche die Widersprüche nunmehr aufgegangen, in der sie aber auch aufbewahrt sind.Karl Marx übernahm Hegels dialektische Methode in seinen Historischen Materialismus.

Georg Wilhelm Friedrich Hegel, Philosoph, wurde am 27. August 1770 in Stuttgart geboren und ist am 14. November 1831 in Berlin an Cholera gestorben. Er studierte in Tübingen Philosophie und Theologie und war später Professor an der Universität Heidelberg. Hegel wollte, über sämtliche Gebiete der Wirklichkeit hin die Einheit von Sein und Denken nachweisen. Philosophie ist für Hegel die systematische Wissenschaft von der Entfaltung des absoluten Geistes in allen Bereichen der Gegenwart und Vergangenheit. Der Gang der Philosophie in seiner logischen Entwicklung ist eine Wiederholung des Schöpfungsprozesses sowie der Geschichtlichkeit des Seins selbst. Ist so der Begriff der „selbstbewußten Idee" oder zu Gott geworden, so entfaltet sich die Idee „in der Form des Andersseins" (nämlich als neuer Widerspruch) zur Natur, oder Gott zum Sohne. Auch diese Entäußerung wird wieder aufgehoben und schließlich bezeichnen Kunst, Religion und Philosophie die Stufen des Sichbewußtwerdens Gottes im Menschen und zugleich die Entfaltung der Geschichtlichkeit des menschlichen Bewußtseins durch die Zeiten. Schon 1799 ist der Grundgedanke formuliert, die Geschichte der Religionen als eine Ausgestaltung der verschiedenen Standpunkte des menschlichen Geistes in der Wirklichkeit aufzufassen. Die Grundbegriffe Entfremdung, These und Antithese, Synthese und Negativität werden entwickelt. In der Endform ist das Sichwissen des Menschen in Gott das Selbstbewußtsein Gottes. Die überall festgehaltene Grundanschauung, daß etwas Objektives, zuhöchst die Idee Gott, durch seine Selbstentzweiung hindurch zu sich selbst kommt, erscheint in jedem der großen Werke Hegels. Wichtig wurde für die Hegelianer, die Anhänger oder Schüler Hegels, vor allem für ihren linken Flügel, auf dem sich der theologische Radikalismus entfaltete. Durch eine atheistische Umdeutung, die an die Stelle der Idee das Selbstbewußtsein als historische Größe setzte, vollzog sich eine radikale Historisierung des Systems, die dann Karl Marx mit der naturalistischen Umdeutung durch Ludwig Feuerbach verschmolz, dessen Werk in folgender psychologischen Kritik der Religion gipfelt: Gott und alle religiösen Inhalte sind Projektionen menschlicher Ideale, Nöte und Wünsche, der Mensch „entfremdet" sich in der Religion von sich selbst und hat sich gegen sie zurückzugewinnen. Feuerbachs Einfluß auf die Hegelsche „Linke", insbesonders auf Engels und Marx war entscheidend. Selbst Gottfried Keller hing um 1848 Feuerbachs Lehre an.

Ludwig Feuerbach, Philosoph, geboren am 28. Juli 1804, gestorben am 13. September 1872 in Rechberg bei Nürnberg, studierte bei Hegel. Feuerbach nannte seine Philosophie „Anthropologie" und war, nach seiner Loslösung von Hegel ein sensualistischer Materialismus, der auf dem Menschen als sinnlichem Wesen sowohl die Erkenntnistheorie wie auch die Ethik und Religionstheorie begründete.

Grundlage der Geschichte des Marxismus ist der aus dem historischen Materialismus entwickelte dialektische Materialismus, den schon der junge Marx durch Übernahme der Hegelschen Dialektik, aber in Ausrichtung auf den Materialismus entwickelte. Danach formen nicht die Ideen das gesellschaftliche Dasein, vielmehr bestimmen die jeweiligen ökonomischen Bedingungen die geistige Verfassung von Mensch und Gesellschaft. Es ist nicht das Bewußtsein der Menschen, das ihr Sein, sondern umgekehrt ihr gesellschaftliches Sein, das ihr Bewußtsein bestimmt (Milieutheorie). Die Ideen sind nicht wesenhafte Substanz, sondern nur Reflexe der jeweiligen Produktionsverhältnisse, die auf einer bestimmten Entwicklungsstufe entsprechend den gegebenen Produktionskräften als Gesamtheit der Produktionstechnik (menschliche Arbeitskraft, Maschinen, Rohstoffe etc.) die reale Basis abgeben für den ideologischen Überbau. Da die ökonomisch - technischen Verhältnisse sich nicht in statischer Ruhe, sondern in einem dialektischen Prozeß befinden, vollzieht sich der Umschlag der Sozialordnung aus einer Entwicklungsstufe in die nächste, bis endlich in der letzten Stufe in der klassenlosen Gesellschaft die Besitzunterschiede aufgehoben sind. Wie der Feudalismus (These) durch den Kapitalismus (Antithese) überwunden worden ist, so wird dieser durch den Kommunismus (Synthese) überwunden. Die bestehende bürgerliche Gesellschaft ist gekennzeichnet durch den neuen Klassengegensatz von Bourgeoisie, die die Herrschaft über die Produktionsmittel an sich gebracht hat (bürgerliche Revolution), und industriellem Proletariat. Sie ist eine notwendige Vorstufe der proletarischen Revolution, in der die nichtbesitzende Klasse die Herrschaft über die industriellen Produktionsmittel ergreift. Die der bürgerlichen Gesellschaft innewohnende ökonomische Ungleichheit macht die politische Gleichheit der bürgerlichen Demokratie zur bloßen Fiktion. Erst die mit der proletarischen Revolution entstehende Gleichheit stellt in der klassenlosen Gesellschaft die wirtschaftliche Freiheit und die Würde des Menschen wieder her. Das gleiche dialektische Schema liegt der Anthropologie des Marxismus zugrunde: Der wesentliche Mensch verwirklicht sie durch seine Arbeit, die ihm gegenständlichen Besitz am Arbeitserzeugnis verschafft (Selbstverwirklichung). Besonders auf der Stufe des Kapitalismus erfährt er durch die Trennung von Arbeit und Eigentum am Arbeitsprodukt eine Selbstentfremdung, die erst in der klassenlosen Gesellschaft mit der Wiedervereinigung von Werkschöpfer und Werk durch Reintegration (Rückkehr des Menschen in sich) aufgehoben wird. Von diesem anthropologischen Ansatz ausgehend hat besonders der französische Existenzialismus eine Hegel - Marx - Interpretation versucht und als Quintessenz des Marxismus einen „revolutionären Humanismus" entwickelt (A. Kojeve, J. P. Sartre).

Die Wirtschaftslehre des Marxismus geht von der Arbeitswerttheorie aus, die vom Marxismus übernommen aber umgeformt wird. Die menschliche Arbeitskraft ist die einzige, allen Waren (Tauschobjekten) gemeinsame Größe und damit Maßstab des Tauschwertes, der sich nach der gesellschaftlich notwendigen Arbeitszeit bestimmt, die für ein Erzeugnis aufgewandt wird. In der kapitalistischen Wirtschaft besitzt der Arbeiter kein Eigentum an den Produktionsmitteln, lediglich seine Arbeitskraft, die er als Ware dem Eigentümer der Produktionsmittel (dem Kapitalisten) zur Nutzung verkaufen muß, und zwar zum Reproduktionswert der Ware Arbeit, der geringer ist als der Wert des Arbeitsergebnisses. Aus der Differenz ergibt sich der „Mehrwert"; er fällt dem Kapitalisten zu, so daß die kapitalistische Erzeugungsweise auf der Aneignung unbezahlter Arbeit, auf der Ausbeutung des Arbeiters beruht. Die Vermehrung des Mehrwertes bewirkt eine zunehmende Vergrößerung des Produktionsapparates (Maschinen, Gebäude etc.), die zur Folge hat, daß ständig Arbeitskräfte freigesetzt werden und die „industrielle Reservearmee" (Arbeitslose) entsteht, die durch das Überangebot an freier Arbeitskraft einen ständigen Druck auf den Arbeitsmarkt ausübt und die Lohnhöhe auf dem Stand des Existensminimums des Arbeiters und seiner Familie hält. So entsteht eine zunehmende Verelendung der Massen (Verelendungstheorie). Zugleich erfolgt eine ständig wachsende Anhäufung von Kapital. Damit kommen Großbetriebe auf, die mehr und mehr die Klein- und Mittelbetriebe aufsaugen und den selbständigen Mittelstand vernichten. Infolge des scharfen Wettbewerbs ballt sich das Kapital bei einer immer geringer werdenden Zahl von Kapitalisten zusammen. Damit wird einerseits der Produktionsumfang ständig gesteigert, andererseits die Konsumkraft der ausgebeuteten Massen herabgesetzt. Aus diesem Mißverhältnis von Überproduktion und Unterkonsumtion (Überfüllung der Märkte und Unabsetzbarkeit der Waren) entstehen Krisen, die sich dauernd verschärfen. Der Widerspruch zwischen dem Wachstum des Reichtums auf der einen, der Zunahme des Elends auf der anderen Seite führt zwangsläufig zum Zusammenbruch des kapitalistischen Systems. Hier setzt der entscheidende revolutionäre Umschlag ein; die kapitalistischen Betriebe werden durch das klassenbewußte Proletariat übernommen. Der Kapitalismus geht kraft innerer Gesetzmäßigkeit durch Selbstzerstörung zugrunde.

Nach der marxistischen Staats- und Gesellschaftslehre ist der Staat ein bloßes Machtwerkzeug der herrschenden Klasse zur dauernden Unterdrückung der beherrschten Klasse. Das gilt auch vom Bürgerlich - demokratischen Staat als dem Instrument der bourgeoisen Klassenherrschaft; er verspricht zwar politische Freiheit und Gleichheit, sorgt aber nicht für die ökonomische Freiheit und Gleichheit aller. Versuche des Staates, durch soziale Interventionen die Lage der ausgebeuteten Klasse zu verbessern (Sozialpolitik, Arbeitsbeschaffungspolitik, Lohnpolitik) genügen nicht, die soziale Frage zu lösen; sie verschleiern nur den gegebenen Gesamtzustand und verzögern den notwendigen ökonomisch - gesellschaftlichen Prozeß. Nicht durch den Anspruch auf Sozialreformen sondern nur durch die soziale Revolution kann die beherrschte Klasse im Kampf gegen ihre Unterdrücker ihre Freiheit und Gleichheit erringen. Da Lage und Ziel des Proletariats in allen Ländern die gleichen sind, ergibt sich die Forderung internationaler Solidarität der Arbeiter aller Völker, die durch das gemeinsame Klassenschicksal verbunden sind. Das Endziel des Marxismus wird so die Weltrevolution.

In der proletarischen Revolution ergreift die beherrschte Klasse zunächst die staatliche Macht in der Form der „Diktatur des Proletariats". So entsteht als Übergangsphase an Stelle des bürgerlichen Klassenstaates der proletarische Klassenstaat, dessen Aufgabe die volle Überführung des Eigentums an den Produktionsmitteln in die Hand der Gesellschaft, die endgültige Liquidierung aller Reste feudaler und bourgeoiser Klassenherrschaft und die planvolle Neuordnung ist. Diese Übergangsphase wird durch die klassenlose Gesellschaft als Endzustand abgelöst. Sie ist eine freie Assoziation der Individuen, in der die höchste Entwicklung der Produktionskraft der Gesellschaft und die allseitige Entwicklung der Einzelnen gleichermaßen gewährleistet sind. Der Staat, der nur eine Form der Klassenherrschaft ist, wird in der klassenlosen Gesellschaft beseitigt sein. Mit dieser Voraussage eines „irdischen Paradieses" nimmt der Marxismus den Charakter einer die rationalwissenschaftlichen Grenzen sprengenden Prophetie und einer von aller Erfahrung gelösten Utopie, ja den Charakter eines Mythos an. Obwohl von bürgerlichen Denkern (Marx und Engels) geschaffen, ist der Marxismus zur Befreiungs- und Aufstiegsideologie der Arbeiterschaft geworden, doch war sein Einfluß auf die Arbeiterbewegung der verschiedenen Länder unterschiedlich. In Großbritannien und den Vereinigten Staaten hat er trotz der hochindustriellen und hochkapitalistischen Struktur nicht Fuß fassen können und in anderen Ländern hat er eine starke Abwandlung erfahren. In keinem der hochindustrialisierten Länder ist es bisher zu einem selbstgesetzlichen Umschlag aus dem Kapitalismus in die Kollektivwirtschaft gekommen; und wo ein revolutionärer Umschlag in neuerer Zeit erfolgte, haben die brutalen Praktiken der neuen Herrscher die Idee des Marxismus ad absurdum geführt.

Das nach dem „Kommunistischem Manifest", das Marx und Engels entworfen haben, wichtigste Werk von Karl Marx war „Das Kapital". Marx erlebte nur mehr die Publikation des 1. Teiles. Die Teile 2 und 3 wurden von Friedrich Engels nach dem Tod von Marx, 1867 publiziert. Erwähnenswert ist noch das revolutionäre Kampflied der Marxisten, das mit den Worten beginnt: „Völker hört die Signale, auf zum letzten Gefecht...", und der schon genannte Kampfruf: „Proletarier aller Länder vereinigt euch!" - Die Arbeiterbewegungen in den westeuropäischen Staaten haben, nachdem sich der Lebensstandard der arbeitenden Massen entgegen den Voraussagen des Marxismus ständig hob, entscheidende Punkte der marxistischen Ideologie aufgegeben.

In schroffem Gegensatz zu den sozialistischen (marxistischen) Denkrichtungen stand der „Liberalismus", der die freie Entfaltung des Individuums forderte und staatliche Eingriffe auf ein Minimum beschränkt sehen wollte. Die liberale Staats-, Wirtschafts- und Gesellschaftslehre, die von der freien

Entfaltung der Anlagen und Kräfte des Einzelnen den ständigen Fortschritt in Gesittung, Kultur, Recht, Wirtschaft und Sozialordnung erhofft und deshalb für die Gestaltung der Gesamtordnung in freiheitlichem Geist eintritt. Sie wurde im 18. Jahrhundert geformt und im 19. Jahrhundert im Kampf des Bürgertums gegen Legitimismus (Lehre von der Unabsetzbarkeit des angestammten Herrscherhauses), Feudalismus, Klerikalismus und kirchliche Orthodoxie, Traditionalismus und Obrigkeitsstaat der entscheidende Träger des freiheitlich demokratischen Verfassungsstaats und der kapitalistischen Wirtschaftsentwicklung. Der Liberalismus wurzelt mit seinen geistesgeschichtlichen Grundlagen im Individualismus, der naturrechtlichon Staatsauffassung, dem Rationalismus der Aufklärung, der englischen und französischen Staatstheorie des 18. Jahrhunderts (Locke, Montesquieu, Rousseau) der reformatorischen Vorstellung der Gewissensfreiheit, dem deutschen Neuhumanismus und Idealismus (Kant, Schiller, Wilhelm von Humboldt) und der Wirschaftstheorie der klassischen Nationalökonomie (A. Smith, Ricardo).

John Locke, Philosoph, geboren am 29. August 1632 in Wrington bei Bristol, gestorben am 28. Oktober 1704 in Oates (Essex), ging in seiner Staatslehre von einem vorstaatlichen Naturrecht auf Eigentum aus, das der Staat zu schützen hat, dem folglich auch keinerlei Gewalt über Leben und Tod zusteht. Er formulierte den Grundsatz der Volkssouveränität, der monarchischen Exekutive, auch in der Außenpolitik, und des Repräsentativsystems. Seine Gedanken hierzu wurden für die Theorie der englischen Demokratie klassisch, sie beeinflußten über Voltaire und Montesquieu das europäische Denken und einige seiner Formulierungen gingen in die amerikanische Unabhängigkeitserklärung ein. In der Wirtschaftstheorie entwickelte er den Eigentumsbegriff aus der Arbeit und wurde so zum Vorläufer von A. Smiths.

Charles de Secondat Montesquieu, Baron de la Brede, französischer Schriftsteller und Staatsdenker, wurde am 18. Jänner 1869 auf Schloß La Brede bei Bordeaux geboren und starb am 10. Februar 1755 in Paris. Mit seinem Hauptwerk „L'Esprit des Lois" (Der Geist der Gesetze) erschienen 1748, das von weltkundiger Weisheit und einer an Tacitus gemahnenden Sprachkunst erfüllt ist, hat Montesquieu die Staatswissenschaft auf den Rang einer umfassenden Kulturphilosophie erhoben. Ausgehend von der antiken Lehre der drei Staatsformen Demokratie, Monarchie und Despotie, untersucht Montesquieu - ebenfalls in Fortbildung einer antiken Lehre - jede dieser Formen in ihrer Abhängigkeit von natürlichen, besonders geographischen und klimatischen Bedingunen. Seine eigentliche Leistung besteht darin, daß er den Staat nicht bloß als politisches System auffaßt, sondern in Verbindung bringt mit allen gesellschaftlichen, rechtlichen, wirtschaftlichen und moralischen Eigentümlichkeiten einer Nation. Neben seinem wissenschaftlichen

Denken gehörte sein Herz der Demokratie antiken Stils; doch wünscht er mit seinem realpolitischen Sinn, lediglich eine Beseitigung des Absolutismus, dessen Gesellschaftsstruktur er in einer noch heute unübertroffenen Weise durchleuchtet hat, durch die nach englischem Vorbild entworfene konstitutionelle Monarchie. Mit seiner Lehre von der Gewaltenteilung hat Montesquieu großen Einfluß auf die Französische Revolution bis 1791 und auf die Verfassung der Vereinigten Staaten ausgeübt. Montesquieus Gewaltenteilung (Gewaltentrennung) sieht die Zuweisung der drei Hauptaufgaben der Staatsgewalt (Gesetzgebung, Vollziehung, Rechtsprechung) an drei unterschiedliche, voneinander unabhängige Staatsorgane (Legislative, Exekutive und Justiz). Montesquieu gab in seinem Eingangs zitierten Hauptwerk dieser Lehre ihre politische Tragweite, indem er die Forderung aufstellte, daß die drei Gewalten nur geteilt verwaltet werden dürfen, damit durch gegenseitige Hemmungen und Beschränkungen ein Gleichgewicht entstehe, in dem der Einzelne Schutz gegenüber der sonst schrankenlosen Staatsmacht finde. In konstitutionellen und parlamentarischen demokratischen Verfassungen wird die Gewaltenteilung als Kernprinzip des Rechtsstaates anerkannt. In konstituionellen Staaten dominiert die Exekutive (Verwaltungsstaat), in demokratischen Staaten die Legislative (Gesetzesstaat), in manchen Staaten die richterliche Gewalt (Justizstaat). Ein System der Gewaltenteilung ist nur dann gegeben, wenn an der Gesetzgebung eine von der Regierung unabhänige Volksvertretung teilnimmt, wenn die Verantwortung bei einer gegenüber dem Parlament selbständigen Beamtenschaft liegt und wenn die Justiz von unabhängigen Gerichten ausgeübt wird.

Jean Jacques Rousseau, französischer Schriftsteller, ist am 28. Juni 1712 in Genf geboren und am 2. Juli 1778 in Ermenonville bei Paris gestorben.Er ist durch eine Preisfrage der Akademie Dijon, ob der Fortschritt der Kultur die Menschheit gebessert habe, über Nacht berühmt geworden. Er verneinte die Frage und wies in seiner Arbeit darüber darauf hin, daß die Menschheit von einem glücklichen naturhaften Urzustand, den er konstruierte, durch Vergesellschaftung und Wissenschaft ins Verderben gestürzt worden sei. Die durch ihren Kulturhaß einflußreich gewordene Schrift will kein „Zurück zur Natur" (diese Formel ist von Rousseau nie gebraucht worden), sondern mündet in die Mahnung, durch Erinnerung an die jenem Urzustand zugeschriebenen Werte (Freiheit, Unschuld, Tugend) die gegenwärtigen Verhältnisse vor noch Schlimmerem zu bewahren. Später lehnt Rousseau nur die (angeblich historische) Entwicklung von einem ersten glücklichen Gesellschaftszustand zur Rechtsungleichheit ab. Folgerichtig begründet er darauf die nunmehr revolutionäre Forderung nach der Wiederherstellung der „natürlichen" Rechtsgleichheit aller. In seinem Werk „Contrat sozial" (1762) setzt Rousseau an die Stelle des einst gepriesenen freien Naturmenschen den politisch mündigen Bürger, der durch willentliche Abtretung seiner Naturfreiheit (die Rousseau jetzt als Anarchie auffaßt) an einen Kollektivwillen den idealen Staat schafft (Gemeinwille, Vertagslehre). Das scharfsinnige Werk, im Gegensatz zum absolutistischen Machtstaat stehend, ist ein Grundbuch der modernen Demokratie.

Die naturrechtliche Lehre, daß der Staat auf einem Gesellschaftsvertrag freier Individuen beruhe, entwickelte sich im Liberalismus zu der Auffassung, daß der Staat nur ein Mittel sei, um Sicherheit und Glück der Einzelnen zu gewährleisten (das größte Glück der größten Zahl). Die Beschränkung der Staatsgewalt durch Gewaltenteilung und Grundrechte zur Sicherung einer staatsfreien Sphäre wie der Anspruch der Einzelnen auf Teilnahme an der Bildung des Staatswillens (Wahlen) und der Ausübung der Staatsgewalt wurden liberale Grundforderungen (Demokratie). Mit dem Absolutismus, dem Merkantilismus (Wirtschaftspolitik des Absolutismus) und dem Polizeistaat wurde auch der die Einzelnen bevormundende Wohlfahrtsstaat (die Obrigkeit bestimmt, was für die Untertanen gut ist) verworfen. Vom „freien Spiel der Kräfte" erhoffte man allen Fortschritt. Als erste Verwirklichung des Liberalismus gilt die englische Bill of Rights (1688), dann vor allem die Verfassung der Vereinigten Staaten von 1787, schließlich in der Französischen Revolution die Erklärung der Menschen- und Bürgerrechte von 1789. Hauptziel des politischen Liberalismus war die Überwindung des Absolutismus (Alleinherrschaft) durch den Verfassungsstaat, der durch eine Verfassungsurkunde die Rechte der Einzelnen sichert, und zwar durch Wahl einer Volksvertretung, die als Repräsentativkörperschaft an der staatlichen Willensbildung (besonders der Gesetzgebung und Budgetgestaltung) und an der Kontrolle der Staatsgewalt (Ministerverantwortlichkeit) teilnimmt sowie durch Gewährleistung der Individualrechte durch Gewaltenteilung, Grundrechte, Gesetzmäßigkeit der Verwaltung, Gleichheit vor dem Gesetz und geordneten Rechtsschutz durch Unabhängigkeit der Gerichte, Garantie des gesetzlichen Richters, Verbot rückwirkender Strafgesetze, Einführung von Schwurgerichten etc. Während das liberale Repräsentativsystem in England und Frankreich in der Form des Parlamentarismus verwirklicht wurde, konnte der Liberalismus in den Staaten des Deutschen Bundes bis 1918 nur das konstitutionelle Regierungssystem durchsetzen.

Hinsichtlich des Wahlsystems verfocht der Liberalismus anfänglich überwiegend ein Wahlrecht, das den gebildeten und besitzenden Schichten Vorrechte einräumte (Zensuswahlrecht). Nur der radikale (demokratische) Flügel des Liberalismus verfocht von Anfang an die Wahlgleichheit, die sich nicht nur in Österreich, sondern auch im Deutschen Bund nur langsam durchsetzte. Einig waren aber alle liberalen Richtungen darin, daß die fundamentalen Freiheitsrechte die Grundlage der Staatsverfassung sein müssen. Zu den Hauptforderungen des Liberalismus gehörte auch die Selbstverwaltung der Gemeinden, die Befreiung bisher gebundener Stände und Lebensordnungen von staatlichem und korporativem Zwang (Bauernbefreiung, Aufhebung des Unterschiedes zwischen Stadt und Land, Beseitigung des Zunftwesens, freier Zugang zu allen Berufen und Ämtern, Beseitigung religiöser und rassischer Diskrimierungen (Judenemanzipation). Die dem Liberalismus ursprünglich innewohnende Staatsablehnung hat sich im Lauf der Zeit in ein positives Verhältnis zum Staat gewandelt. Je mehr der Liberalismus als Träger der bürgerlichen Revolution, als Vorkämpfer staatlicher und gesellschaftlicher Reformen und als Träger der nationalen Einigungsbewegungen an der Ausübung der Staatsgewalt teilzunehmen vermochte und in die staatlichen führenden Schichten (Offizierskorps, Beamtentum, Parlament) Eingang fand, umso stärker wurde er zum Vertreter einer liberalen Staatsidee, die auf der Grundlage des Freiheitsgedankens neugeformten und neubelebten Staat einen Eigenwert, eine neue Autorität und Legitimität vermittelte. Der in seinen geistigen Grundlagen dem Liberalismus verwandte Anarchismus konnte in den eigentlich liberalen Schichten nicht Fuß fassen, da sich im Liberalismus mit dem Freiheitsstreben in wachsendem Maße das bürgerliche Sicherheitsbedürfnis und der bürgerliche Rechts- und Ordnungsgedanke verbanden. Ursprünglich als Feind der Freiheit betrachtet, wurde der Staat mehr und mehr als Hüter der Freiheit angesehen, besonders aber als Mittel, die liberalen Forderungen durch Gesetzgebung, Verwaltung und Rechtsprechung zu verwirklichen. Auch im Liberalismus wurde die Vorstellung der natürlichen Freiheit (Rousseau) von der gesetzlichen Freiheit verdrängt (Freiheitssicherung „nach Maßgabe der Gesetze"). Entscheidend wurde für diese Verbindung des Liberalismus mit dem Staat der liberale Nationalstaatsgedanke. Schon die Französische Revolution hatte durch die Gleichsetzung von Nation und Staat die Möglichkeit einer Verbindung des Freiheits- und des Machtprinzips geschaffen, aber auch in Italien wurde mit der nationalen Einigungsbewegung das liberale Bürgertum mit dem Staat verschmolzen. Während der ältere Liberalismus des Vormärz die „stehenden Heere" bekämpfte, entwickelte sich, wenigstens im gemäßigten Liberalismus, mit dem Übergang zum liberalen Nationalstaat eine spezifische Wehrgesinnung. Während am linken Flügel des Liberalismus die weltbürgerlichen Ideen sich bis zum Pazifismus steigerten, trat der nationale Flügel des Liberalismus für Machtentfaltung nach außen ein (Eroberung der Weltmärkte, Kolonialpolitik, Seegeltung, Weltgeltung). In allen Staaten wurde diese machtpolitische Richtung zum Verfechter imperialer Ideen, in Preußen zur Stütze der Bismarckschen Realpolitik.

Der Liberalismus sieht die Grundkraft der Wirtschaft im ökonomischen Eigeninteresse der Einzelnen, die sich im freien Wettbewerb begegnen, ungehindert durch staatliche Wirtschaftslenkung und ausschließlich durch den Preismechanismus gesteuert. Der Freihandel soll dieses wirtschaftliche Kräftespiel auch in den weltwirtschaftlichen Beziehungen herstellen. Dem wirtschaftlichen Interventionismus wird daher das Programm des „laissez faire, laissez aller" (Wahlspruch gegen staatliche Einflußnahme: Duldung, Gewährung, Sich - gehen - lassen) entgegengestellt. Gegenüber dem Prinzip einer planwirtschaftlichen Bedarfsdeckung wird geltend gemacht, daß gerade der freie Wettbewerb zu einer optimalen Bedarfsbefriedigung führe, da sich aus ihm zwangsläufig eine natürliche Auslese der Tüchtigen, die gerechte Verteilung der Wirtschaftsgüter und seine innere Harmonie ergebe. Auch die Lösung der sozialen Frage wird in erster Linie von voller Wettbewerbsfreiheit erwartet, da sie dem Einzelnen den sozialen Aufstieg nach seinen Leistungen und Kräften möglich mache (freie Bahn dem Tüchtigen). Die Voraussetzung eines solchen Gleichgewichtssystems ist die vollständige Konkurrenz einer unbeschränkten Vielzahl unabhängiger Unternehmer im störungsfreien Wettbewerb der Leistungen. Das Manchestertum ist die wirtschaftliche Richtung des Liberalismus, die für unbedingten Freihandel und für schrankenlose Wirtschaftsfreiheit eintritt. Der Name geht auf die Stadt Manchester zurück, deren Handelskammer erfolgreich gegen die Getreidezölle kämpfte. Als treibende Kraft kennt die Manchesterdoktrin nur den Egoismus des Einzelnen.

An der modernen Sozialpolitik nahm der Liberalismus durchweg entscheidenden Anteil. Doch konnte damit nicht verhindert werden, daß die Arbeiterbewegung, die in ihren Anfängen überwiegend im Lager der demokratisch - liberalen Parteien stand, sich bald entschieden vom Liberalismus abwandte und überwiegend in den sozialistischen Parteien, zum Teil auch in den christlichen, die Verwirklichung ihrer Interessen und Ziele suchte.

Die liberalen Parteien wurden seit dem 19. Jahrhundert die Träger des Liberalismus. Sie erlangten nicht nur in den Volksvertretungen, sondern auch durch ständigen Einfluß auf die öffentliche Meinung große Wirkung. Die innere Kraft des Liberalismus war im 19. Jahrhundert so stark, daß er auch Einfluß auf die konservative Lehre und den Sozialismus gewann. Es entwickelte sich ein liberaler Konservativismus und ein liberaler Sozialismus. Auch der politische Katholizismus blieb von liberalen Einwirkungen nicht unberührt. Der Kommunismus aber hatte auf die extrem linksgerichteten Teile des Liberalismus nur geringe Anziehungskraft.

Im Gegensatz zum Sozialismus, Marxismus und Liberalismus standen die „konservativen" Parteien in ganz Europa. Konservativ im politischen Sinn ist eine geistige, soziale und politische Anschauung, die die altüberkommene

Ordnung und die in ihr verkörperten Werte, das Gewachsene und Geworde-ne, bewahren und festigen will. Sie betont das höhere Recht der überlieferten Einrichtungen und Werte gegenüber fortschrittlichen, insbesonders revolu-tionären Bestrebungen. Wo Änderungen unabdingbar sind, soll das Gewor-dene im Werdenden fortgesetzt werden. Staat, Recht und Kultur in ihrer geschichtlichen Vielfältigkeit gelten als organisch gewachsene Gebilde, die nur nach ihrem Wesensgesetz fortentwickelt, nicht aber nach Theorien, Pro-grammen oder rationalen Zweckmäßigkeitsforderungen geändert oder umge-stürzt werden dürfen. Gefördert werden alle Einrichtungen, die die Konti-nuität der überlieferten Ordnung verbürgen, vor allem: Monarchie, Kirche, ständische Ordnung, Familie und Eigentum. Sie gelten als Sicherung gegen Vermassung, Nivellierung und gesellschaftliche Auflösung.

Die konservativen Parteien nahmen eine traditionsgebundene Haltung ein, die sich zur Festlegung auf alles überkommene Recht -(das „gute alte Recht") steigern konnte; sie ist legitimistisch und verteidigt das erbliche Königtum, weil sie es als unantastbar historisch gerechtfertigt sieht. Weiters betrachteten die konservativen Kräfte die Autorität nicht als Unterwürfig-keit, sondern als freie Einordnung in das hierarchisch gestufte Ganze. Der Einzelne gilt als Glied einer mannigfach gestuften Gesellschaftsordnung, die als Gemeinschaft verstanden wird. Der Individualismus (der Liberalen) wird ebenso verworfen wie der Kollektivismus. Die Staatsallmacht wird abgelehnt. Die konservativen Parteien haben die altständische Ordnung und Freiheit gegenüber dem Absolutismus verteidigt. Im Zeitalter der bürgerlichen Revo-lutionen traten die Konservativen gegen Liberalismus und Demokratie auf. Sie bekannten sich zur Gegenrevolution und zur Wiederherstellung der alten Ordnung und bekämpften die Verfassungsbewegungen des 19. Jahrhunderts, weil das gewachsene Recht, nicht erklügelte Schriftsätze den Staat tragen soll-te. Innerhalb der konstitutionellen Verfassungen verteidigten sie die Vorrech-te der Krone und der Ersten Kammer gegen die Machtansprüche der gewähl-ten Volksvertretung, besonders gegen den Übergang zum Parlamentarismus.

Mit dem Föderalismus waren die Konservativen in den Staaten des Deut-schen Bundes stets eng verbunden. Das Eigenrecht der Gliedstaaten galt ihnen als notwendiges Element auch im Bund oder im Reich. Mit dem „Nationalismus" konnten die konservativen Ideen aber nicht gleichgesetzt werden, weder nach ihrem Ursprung noch nach ihrem Wesen. Der Nationa-lismus wurde vielmehr von den demokratisch - liberalen Parteien getragen. Die religiösen Bindungen werden von den Konservativen voll anerkannt, Autorität, Ordnung und Recht gewinnen ihre innere Kraft nur als „göttlich verordnet." Daher finden sich unter den Konservativem immer wieder über-zeugte Katholiken und Lutheraner.

Zur inneren Schwäche kann das Festhalten am Überlieferten werden, wenn eine Weiterentwicklung unabdingbar wird, weil es zur Erstarrung führen und revolutionäre Entladungen verursacht. Mit dem „guten Alten" kann ein System von Privilegien verewigt werden, deren innere Rechtfertigung längst passé ist, und eine den Wandlungen angepaßte Entwicklung neuer Rechte verhindert werden. Der Glaube an Autoritäten kann zum blinden Obrigkeitsdenken werden, das jede Kritik erstickt. Die Bewahrung bestimmter religiöser Bindungen kann zur starren Orthodoxie, die Verteidigung der gewohnten kulturellen Werte zur geistigen Sterilität führen. In der Staats- und Sozialordnung wird die konservative Verhaltensweise leicht zur „Reaktion", womit sie sich selbst verleugnet, indem sie das organische Wachsen verhindert, die veraltete und überholte Einrichtungen aufrechterhält. Die Ablehnung neuer Kräfte und Ideen kann auch zur kastenmäßigen Abschottung privilegierter Gruppen werden und damit gerade die Werte, die gehütet werden sollen, in Frage stellen. Auf diesen innerlichen Gegensätzen gründen die verschiedenen Richtungen, so der reaktionäre, restaurative und evolutionäre Konservativismus. Im 19. Jahrhundert gab es in den deutschen Staaten, also auch in Österreich, neben der altkonservativen eine liberale und soziale Richtung. Aber zu einem bewußt konservativen Programm ist es erst in der Abwehr der „Ideen von 1789" gekommen. In seiner Polemik gegen die Französische Revolution vertrat der Engländer Edmund Burke (geboren am 12. Januar 1729 in Dublin, gestorben am 8. Juli 1797 in Beaconsfield) die „geschichtliche Kontinuität" als Grundgesetz konservativer Gesinnung. Er war ein Gegner der rationalistischen Aufklärungsideale. In Frankreich entwickelten de Maistre Joeseph Marie, Comte (geboren am 1. April 1753 in Chambery, gestorben am 26. Februar 1821 in Turin) und Louis Gabriel Bonald, Vicomte de (geboren am 2. Oktober 1754 in Le Mouna, gestorben am 23. November 1840 in Paris) die konservativen Grundgedanken der kirchlichen Autorität und monarchistischen Legitimität und der altständischen Ordnung. Maistre, französischer Staatsphilosoph, hat als Verwalter der Großkanzlei des Königreiches Piemont - Sardinien versucht, den Absolutismus und die feudale Gesellschaftsordnung zu rechtfertigen und sah im Katholizismus und päpstlichen Primat die Grundlage des staatlichen und sozialen Lebens. 1817 Staatsminister Piemonts war de Maistre ein Hauptvertreter des gegenrevolutionären Royalismus und neben Bonald ein Ideologe der Restauration. Bonald, ein französischer Staatstheoretiker und Philosoph, war ein klerikaler Legitimist. Er verteidigte als Deputierter der Bourbonen Monarchie und Kirche gegen die Tendenzen der Französischen Revolution und begründete den Traditionalismus, der die Philosophie aus der Offenbarung herleitete.

Die Bedrohung durch die Liberalen, demokratischen und nationalen Kräfte führte die verschiedenen konservativen Richtungen: Königtum, Aristokratie, Armee, Bürokratie und Klerus bald zu einem Verteidigungsbündnis für „Thron und Altar" zusammen. In Österreich festigte Staatskanzler Metternich sein konservatives System durch die Heilige Allianz, durch das monarchische Prinzip aber auch durch polizeiliche und militärische Maßnahmen. Die Revolution von 1848 führte schnell zur Mobilisierung und organisatorischen Festigung der zunächst tiefst erschütterten konservativen Kräfte in Österreich, Preußen und anderen deutschen Staaten, die in der Folge meist bis 1918 ihre Herrschaft behaupten konnten. Mit dieser Festigung ging unverkennbar ein Versiegen der schöpferischen Kraft einher. Die Konservativen wurden zu Verfechtern bestimmter Interessen, vor allem der agrarischen. Im neuen Deutschland, nach 1871, standen sie der Reichsgründung, die Bismarck arrangierte, reserviert, wenn nicht gar ablehnend gegenüber, nahmen aber in steigendem Maß den nationalstaatlichen Gedanken in sich auf.

Ein Problem, mit dem sich der Sozialismus, Marxismus und auch der Liberalismus in steigendem Maße auseinandersetzen mußten, war das umsichgreifende Nationalbewußtsein der Völker, das Nationalgefühl, das Zusammengehörigkeitsempfinden der Glieder einer Nation. Der einzelne weiß sich in die kulturelle und politische Gemeinschaft eingeordnet und ist bereit, sich für diese einzusetzen. Das Nationalbewußtsein innerhalb der abendländischen Völker hat sich seit dem 15. Jahrhundert, dem Mittelalter, neben der Reichsidee entwickelt. Bestätigt finden wir es auch in der Formel: Heiliges Römisches Reich Deutscher Nation. Seit dem Dreißigjährigen Krieg festigte sich das Nationalbewußtsein stärker und fand immer mehr Eingang in die Staatstheorien der einzelnen Völker. Aber durch die territoriale Zersplitterung war die Entwicklung eines modernen Nationalbewußtseins in Italien und in den Ländern des Deutschen Bundes lange gehemmt, denn dem universalen Reichsgedanken und den weltbürgerlichen Ideen der Aufklärung stand das wachsende Verbundenheitsgefühl mit dem kleinstaatlichen Vaterland entgegen, an dem die Menschen in den Ländern des Deutschen Bundes besonders hingen. Man war zuerst Österreicher, Preuße, Bayer, Hesse, Sachse oder Schwabe, dann Deutscher. Erst unter dem Eindruck der Französischen Revolution wurde auch in Italien und den deutschen Staaten der auf politische Gestaltung gerichtete Wille stärker, zu dessen Entfaltung Klopstock, Herder und andere beigetragen hatten. Die Romantik, vertreten durch Schiller, Wilhelm von Humboldt und besonders durch Johann Gottlieb Fichte (geboren am 19. Mai 1762 in Rammenau, Lausitz, gestorben am 29. Jänner 1840 in Berlin), trug wesentlich zur Vertiefung und Ausbreitung des Nationalbewußtseins in den deutschen Ländern bei. Fichtes erste Schriften waren radikal aufklärerisch mit jakobinischem Einschlag, so die Zurückforderung der Denkfreiheit von den Fürsten Europas, die diese bisher unterdrückt haben. Seine Wissenschaftslehre ist eine der folgenreichsten Konsequenzen der neueren Philosohie, die bei Hegel, Feuerbach und Marx weiterwirkte. In seiner Religionsphilosophie setzte Fichte Gott mit der sittlichen Weltordnung gleich und 1813 sprach er dem Staat das alleinige Recht auf das Grundeigentum zu. Von 1806 an stellte sich Fichte in den Dienst der Erhebung gegen Napoleon.

In den bürgerlichen Bewegungen der Demokratie und des Liberalismus fand das Nationalbewußtsein, nach französischem Vorbild, breite Beachtung, was sich nicht nur in Italien, sondern vor allem in den beiden Reichshälften der österreichisch - ungarischen Monarchie in blutigen Unruhen äußerte. Für das moderne Nationalbewußtsein sind neben dem Streben nach staatlich-politischer Festigung vor allem auch die durch Philosophie, Sprachwissenschaft, Literatur und Geschichtswissenschaft entwickelten Kulturideen sowie die vom Ringen um nationalwirtschaftliche Entfaltung und soziale Wohlfahrt wirksamen Kräfte bestimmend geworden. Das Bewußtsein der nationalen Sonderart und das Streben, diese zu erhalten und zu pflegen, bedeuten als solche keine Störung des internationalen Friedens, wohl aber gefährdet ihn die Zuspitzung zum Nationalismus, die übersteigerte, intolerante Erscheinungsform des Nationalgedankens und des Nationalbewußtseins. Während ein maßhaltender, die gegenseitige Anerkennung und Achtung der Nation nicht ausschließender Patriotismus eine unentbehrliche Voraussetzung jeder Staatlichkeit ist, gefährdet der Nationalismus, besonders in seiner schärfsten Form, dem Chauvinismus, den internationalen Frieden, indem er das nationale Eigeninteresse (sacro egoismo) über alle anderen Werte erhebt. Dieser Nationalismus trat zuerst in der Französischen Revolution hervor und entflammte sich in Frankreich immer wieder. Er wurde im 19. Jahrhundert in vielen anderen Völkern (denken wir vorerst nur an die Tschechen und Ungarn) entwickelt und fand zunächst in bürgerlichen Gruppen Eingang, während die konservative Idee erst später nationalistisches Gedankengut aufnahm. Der Sozialismus war, seiner anfänglichen internationalen Prägung gemäß, der entschiedenste Gegner des Nationalismus. Sowohl das Nationalbewußtsein wie auch der Nationalismus hängen mit dem Begrif der „Nation" zusammen. Nation, lateinisch natio, Volk, Volksstamm, kommen von „nasci", geboren werden und sind seit dem 14. Jahrhundert gebräuchlich für das in einem Land geborene Volk. Die durch Einheit der Sprache und Kulturüberlieferung bestimmte Kulturnation ist von staatlichen Grenzen unabhängig, während die Staatsnation durch die gemeinsame staatlich - politische Entwicklung geformt ist. Seit dem 18. Jahrhundert entwickelte sich die

Nation zum Kernbegriff des staatlich - politischen Denkens; anfänglich noch in enger Zuordnung zur Humanität; das in sich einheitliche Menschengeschlecht galt als von Natur in eine Vielzahl von Völkern gegliedert. Die deutschen Denker der klassischen und romantischen Epoche (Herder,Fichte) betonten die volkhaft - kulturelle, vorstaatliche Nation. Demgegenüber sehen die Franzosen seit 1789 in der Nation eine historisch geformte, durch die „volonté génerale" bestimmte Willensgemeinschaft, die in der Einheit des Staatswesens hervortritt. Nach vorherrschender deutscher Auffassung gehört zur Nation, wer in sie geboren ist, nach vorherrschender französischer Auffassung, wer sich zu ihr bekennt. Nach deutscher Auffassung schließt Nation die innere Gliederung in selbständige Stammes- oder Territorialeinheiten nicht aus. Nationalstaat und Föderalismus gelten als vereinbar. Der französische Begriff dagegen zielt auf eine Gleichartigkeit und damit auf den Einheits- und Zentralstaat. In der Schweiz bilden Bürger deutscher, farnzösischer, italienischer und räteromanischer Sprache eine einheitliche Staatsnation. Die französische Idee des Nationalstaats hat sich überwiegend durchgesetzt, ebenso der Grundsatz, daß jede Nation ein Recht darauf habe, einen Staat nach ihrem Willen zu bilden (Selbstbestimmungsrecht). Dieses Ziel wird von Nationalbewegungen verfochten. Die nationalen Befreiungs- und Einigungskämpfe des 19. Jahrhunderts in Europa wurden von den liberalen und demokratischen Ideen getragen.

Und heute? - Der B o u r g e o i s ist auferstanden!!!

Österreich und der Deutsche Bund

Nach den napoleonischen Kriegen wurde am Wiener Kongreß die deutsche Frage geregelt, die Landkarte Europas neu gestaltet und zur Regelung der deutschen Frage der „Deutsche Bund" gegründet. Dieser Gründung, die am 8. Juni 1815 erfolgt war, gehörten 39 souveräne deutsche Staaten an. Die Regierung sollte vom Bundestag, mit Sitz in Frankfurt am Main, ausgeübt werden. Die „Bundesakte" der Gründung wurden als Artikel 15 bis 64 in die Schlußakte des Wiener Kongresses aufgenommen. Da auch die Könige von England, Dänemark und Holland auf deutschem Gebiet Länder besaßen (Hannover, Holstein und Luxemburg), stand ihnen im Bundestag ebenfalls Sitz und Stimme zu.

Von den österreichischen Ländern gehörten sämtliche Alpenländer, Krain, Görz, Triest, Inner - Istrien, Böhmen, Mähren, Schlesien, ferner die Gebiete von Sator und Auschwitz in Galizien zum Deutschen Bund.

Die Errichtung des Deutschen Bundes war der Versuch, nach den Napoleonischen Kriegen einen Ausweg aus der tristen Situation des Reiches zu finden, die aus dem Gegensatz zwischen Österreich und Preußen resultierte, die nach der Beseitigung der Gefahr durch den Korsen sofort offen aufbrach. Nachdem Kaiser Franz II. am 6. August 1806 die Krone des Heiligen Römischen Reiches Deutscher Nation niedergelegt hatte, gab es kein gemeinsames Reichsoberhaupt mehr, und nun standen sich Österreich und Preußen fast gleich stark gegenüber. Es war aber 1848/49 unmöglich eine neue deutsche Kaiserwürde zu schaffen, da diese eine Unterordnung des einen der beiden Fürsten unter das Szepter des anderen erfordert hätte. So war denn nichts anderes übrig geblieben als einen Bund zu bilden, in dem alle Mitglieder gleichberechtigt waren. Auch die Tatsache, daß Österreich im Deutschen Bund den Vorsitz führte, bedeutete keine Anerkennung eines Vorranges. Der österreichische Kaiser war lediglich „primus inter pares" der erste unter gleichen.

Die Masse des deutschen Volkes wollte nach der zwanzigjährigen Kriegszeit nichts anderes als Ruhe und Frieden und kümmerte sich wenig um staatsrechtliche Fragen. Um so mehr interessierten sich dafür die gebildeteren Kreise, vor allem die Hochschuljugend und ihre Lehrerschaft sowie die Turnerbewegung (Turnvater Jahn). Die Studentenschaft beseelte infolge des Einflusses der Romantik und des Erlebens der „Befreiungskriege" ein ausgeprägtes deutsches Nationalbewußtsein. Sie gaben sich nicht damit zufrieden, einen Deutschen Bund zu besitzen, sondern verlangten nach einem Deutschen Reich. Nur war man sich anscheinend nicht darüber im klaren, welche

Form dieses Reich haben und wer sein Herrscher sein sollte. Fürst Metternich erblickte in dieser nationalen „schwarz-rot-goldenen" Bewegung eine große Gefahr für die unter seinem Einfluß zustande gekommene Ordnung. Er bekämpfte sie daher mit allen ihm zu Gebote stehenden Mittel vom Anfang an. Doch nicht nur die deutschnationale Bewegung war ihm verhaßt, er schritt auch gegen alle nationalen Regungen in anderen Staaten ein, soweit er dazu imstande war.

In der Schlußakte des Wiener Kongresses vom 9. Juni 1815 waren für Österreich folgende Bestimmungen maßgebend gewesen:

1. Österreich verzichtet auf Belgien, das mit Holland und Luxemburg zum Königreich der Niederlande unter dem Haus Oranien vereinigt wurde (Belgien machte sich 1830 selbständig).

2. Österreich verzichtet auf die Vorlande (Vorderösterreich), die unter den drei süddeutschen Staaten Bayern, Württemberg und Baden aufgeteilt wurden.

3. Österreich erhielt Tirol, Vorarlberg, Salzburg, das Inn- und Hausruckviertel von Bayern zurück.

4. Die Lombardei und Venetien wurden als Lombardo - Venezianisches Königreich mit Österreich vereinigt.

5. Die Gebiete der Illyrischen Provinzen (der Villacher Kreis in Kärnten, Krain, Triest, Friaul, ein Teil Kroatiens, Istrien und Dalmatien), die Frankreich an sich gerissen hatte.

6. Ostgalizien wird mit Österreich wieder vereinigt.

7. Krakau wird als Freie Stadt dem Schutz Rußlands, Preußens und Österreichs unterstellt.

8. Erzherzog Franz von Este erhält Modena, Reggio und Mirandola, Erzherzogin Marie Beatrice von Este Massa und Carnam und Erzherzog Ferdinand III. von Toskana, der Bruder des Kaisers Franz I., bekam sein Land zurück. Österreich umfaßte somit nacn dem Wiener Kongreß ein Gebiet von 670.000 Quadratkilometern.

Diese Neuordnung der Landkarte Europas hatte Fürst Metternich, der Kutscher Europas, am Wiener Kongreß durchgesetzt.

Welche Stellung nahm Österreich nun zu Deutschland ein? Seine deutsche Bevölkerung hatte sich vom Parlament in Frankfurt am Main erwartet, daß es ein großes mächtiges Deutschland schaffen werde, während seine nichtdeutsche Bevölkerung, die Tschechen an der Spitze, dagegen agitierten. Der Zweck des Parlaments in Frankfurt war, dem Deutschen Reich eine Verfassung zu geben, und statt des ineffizienten Bundestages, der nichts weiter brachte, eine neue Zentralgewalt zu schaffen. Das konnte Österreich nicht gleichgültig sein, das bis dahin im Bundestag das Präsidium geführt und mehr als jede andere Macht ihren Einfluß geltend gemacht hatte.

Um zu retten, was für Österreich noch zu retten war, hatte man Anton von Schmerling zum Präsidenten des Bundestages ernannt, einen tüchtigen Juristen und geschäftskundigen Mann von großer Begabung, der als liberal bekannt war. Ungeachtet aller Anstrengungen des Bundestages, eine Liberalität vom reinsten Wasser zu zeigen, wurde er doch für tot erklärt und die höchste Gewalt im Reich in die Hände des Erzherzog Johann gelegt, der am 12. Juli 1848 die Stelle eines „Reichsverwesers" angetreten und Schmerling zu seinem ersten Minister ernannt hatte. Damit blieb Österreichs Einfluß vorerst erhalten.

Am 27. November 1848 erklärte Fürst Schwarzenberg vor dem österreichischen Reichstag in Kremsier, daß erst dann, wenn das verjüngte Österreich und das verjüngte Deutschland zu neuen und festen Formen gelangt sind, es möglich sein werde, ihre gegenseitigen Beziehungen staatlich näher zu bestimmen.

Die österreichische Frage führte zur Spaltung der deutschen Nationalversammlung. Auf der einen Seite hielten die „Großdeutschen" an einem Eintritt des deutschsprachigen Bundesgebietes der österreichischen Monarchie in den neuzuschaffenden deutschen Bundesstaat fest, während auf der anderen Seite die „Kleindeutschen" ein Ausscheiden Österreichs aus Deutschland und einen engeren Bund unter preußischer Führung anstrebten.

Anton Ritter von Schmerling

Das Ministerium Schwarzenberg arbeitete gegen die Absicht der Frankfurter Nationalversammlung, die einen „Bundesstaat" mit preussischer Leitung und eine „Union mit Österreich" anstrebte. Das Kabinett Schwarzenberg protestierte im Februar 1849 gegen jede Unterordnung Kaiser Franz Josephs unter was immer für eine Gewalt. Die sogenannte kleindeutsche Partei, die den Ausschluß Österreichs verfocht, gewann durch die aufgenötigte Verfassung vom 4. März aber noch an Anhang. Der badische Abgeordnete Welker beantragte, den König von Preußen zum deutschen Kaiser zu erheben, nachdem man am 27. die Erblichkeit der Krone beschlossen hatte. Erzherzog Johann, der Bruder des verstorbenen Kaisers Franz I., berief als Reichsverweser nun sein Ministerium, die Vorsitzenden und Schriftführer des Parlaments zu sich und erklärte, daß er seine Würde unter diesen Umständen niederlege. Damit verschaffte er aber der Partei, die einen deutschen Kaiser wünschte, einen Vorteil, denn würde der König von Preußen, Friedrich Wilhelm IV., zum Reichsverweser ernannt werden, so hätte er nur mehr einen Schritt zur Erlangung der Kaiserkrone zu tun. Simson, der Präsident der Nationalversammlung, bot jedoch alle Beredsamkeit auf, den Erzherzog von seinem Entschluß abzubringen und wurde dabei von Heckscher und Schmerling kräftig unterstützt. Hierauf erklärte der Erzherzog doch, sich seines Amtes erst dann als entledigt zu betrachten, „wenn es ohne Nachteil für die öffentliche Ruhe und Wohlfahrt Deutschlands geschehen könne."

Am 2. April 1849 ging eine Deputation der Nationalversammlung nach Berlin und bot König Friedrich Wilhelm IV. die Kaiserkrone Deutschlands an. Der König aber verwies am 3. April auf ein notwendiges Einverständnis der „gekrönten Häupter", einschließlich des Kaisers von Österreich, ohne das er „keinen Entschluß von solcher Bedeutung für alle deutschen Staaten fassen könne." Die endgültige Ablehnung Friedrich Wilhelms erfolgte am 28. April. Am 5. April hatte Fürst Schwarzenberg indessen die österreichischen Abgeordneten bei der Deutschen Nationalversammlung in Frankfurt zurückberufen, denn er sah, daß die Nationalversammlung in den Händen Preußens war. Die Deputierten, die zu Friedrich Wilhelm gepilgert waren, wurden in Berlin angewiesen, die Regierungen der deutschen Staaten aufzufordern, sich durch Bevollmächtigte über den Beitritt zum Bundesstaat und über das Verhältnis zu jenen Regierungen zu erklären, die nicht dem Bundesstaat beitreten würden. Preußen verleugnete zwar noch die Absicht der Nationalversammlung in Frankfurt zuzustimmen, regte aber an, daß die deutschen Regierungen Abgeordnete zur Beratung einer Verfassung nach Berlin entsenden sollten.

Als die Nationalversammlung Deutschland aufrief, seine Verfassung anzuerkennen, kam es zu Revolutionen in Sachsen, in der Pfalz und in Baden.

Preußen unterdrückte die Aufstände mit seiner Armee, ohne den Reichsverweser zu fragen und brachte sich damit um den Rest seines Ansehens in Deutschland.

Die Paulskirche in Frankfurt, wo das Parlament tagte, wurde immer leerer, weil immer mehr deutsche Staaten ihre Abgeordneten zurückriefen. Am 30. Mai entschloß man sich als Rumpfparlament nach Stuttgart zu übersiedeln und sich als Zentralgewalt zu konstituieren. Es ernannte als „Reichsregentschaft" die Herren Raveaux, Voigt, Simon, Schüler und Becher, dekretierte ein Volksheer, schrieb eine Anleihe von 5 Millionen aus und trieb dieses Spiel fort, bis endlich die württembergische Regierung am 18. Juni erklärte, keine Sitzungen mehr zu dulden. Das alles, obwohl der Reichsverweser, Erzherzog Johann, noch amtierte, und durch ihn zeigte sich Österreich noch immer als Haupt des deutschen Länderknäuels, freilich ohne Macht und Ansehen, aber es hinderte wenigstens jede andere Macht, an die Spitze zu treten. Preußen trachtete nun mit allen Kräften nach der Zentralgewalt und sandte Abgeordnete zum Erzherzog mit dem Ansinnen, dieselbe abzutreten, doch sie wurden vom Reichsverweser energisch zurückgewiesen. Noch nicht entmutigt, schloß Preußen am 26. Mai mit Sachsen und Hannover den sogenannten „Dreikönigsbund" zur Errichtung eines deutschen Bundesstaates und Preußen sollte mit der „erblichen Vorstandschaft" betraut werden. Österreich ließ sich auf keine Verhandlungen mit Preußen ein, während Bayern seinen Beitritt unter der Bedingung zusagte, wenn ein „Reichsrat" geschaffen würde, so müßte das Präsidium zwischen Preußen und Österreich wechseln.

Preußen ging in seinen offenen Machtansprüchen nun so weit, Erzherzog Johann mit 20. Juni die weitere Anerkennung zu verweigern, um dadurch den Bruch mit Österreich vollständig zu machen. Um die öffentliche Anerkennung für den Dreikönigsbund und seine Verfassung in Deutschland zu gewinnen, luden die Häupter der früheren deutschen Kaiserpartei ihre Freunde nach Gotha zu einer Besprechung, die am 26. Juni stattfand und die offene Erklärung für den preußischen Bundesstaat zur Folge hatte.

Obwohl man in Berlin ständig mit Wien zu verhandeln suchte, zeigte sich Minister Schwarzenberg gleichgültig, weil er wußte, auf diese Weise dem ehrgeizigen Preußen eine Niederlage zu bereiten. Die Revolutionen im Bereich der Monarchie waren niedergeschlagen, das Heer ermutigt und kriegsgeübt, stark und verdient, weshalb man wohl in der Regierungskanzlei in Berlin sich zum Nachgeben gezwungen sah, wollte man nicht sämtliche Streikräfte Österreichs in Preußen stehen haben. Man begann auf einer neuen Basis zu verhandeln und es kam wirklich am 30. September ein Vertrag zustande, dessen Hauptpunkte waren: „Österreich und Preußen sollten die Ausübung der Zentralgewalt für den Deutschen Bund" bis zum 1. Mai 1850 provisorisch übernehmen. Während dieser Zeit bleibt die deutsche Verfassungsangelegenheit dem freien Übereinkommen der deutschen Staaten überlassen. Alle Angelegenheiten, welche bisher die Zentralgewalt geleitet, sind einer Bundeskommission zu übertragen, zu der Österreich wie Preußen zwei Mitglieder ernennen, und können sich diese nicht einigen, so sollen drei Bundesregierungen entscheiden. Haben die deutschen Regierungen diesem Vertrag zugestimmt, so soll der Reichsverweser „die ihm übertragenen Rechte und Pflichten des Bundes in die Hände des Kaisers von Österreich und des Königs von Preußen niederlegen."

Das Ministerium Schwarzenberg, das keinen Staatenbund, sondern eine Bundesversammlung wollte, hatte sein Ziel erreicht. Erst Mitte Dezember trafen die Bundeskommissare in Frankfurt ein. Österreich sandte den Freiherrn von Kübeck und FML von Schönfels, Preußen den Generalleutnant von Radowitz und den früheren Oberpräsidenten Bötticher. Der Vertrag vom 30. September trat in Kraft und Erzherzog Johann legte seine Stelle in die Hände der Kommission. Der Kampf um ein großes einiges Deutschland war zu Ende, das Jahr 1848 hatte seinen Abschluß gefunden. Damit endete auch das „Dreikönigsbündnis".

Fürst Schwarzenberg und Kaiser Franz Joseph begannen nun, Österreich neu zu gestalten. Da zwar alles für das Volk, aber nichts durch das Volk geschaffen werden sollte, wurde die Verfassung abgeschafft und der alte Absolutismus wieder hergestellt. Der Ministerrat verwandelte sich wieder in eine Ministerkonferenz und war nur dem Monarchen verantwortlich. Dem Ministerium des Inneren wurde eine oberste Polizeibehörde beigegeben und die Geschäfte des aufgelösten Kriegsministeriums übernahm ein neu errichtetes Armee - Oberkommando. Die einzelnen Kronländer wurden von Statthaltern verwaltet, die zwar weitreichende Vollmachten hatten, aber vom Ministerium abhängig waren. Unter diesen Statthaltern standen die Kreispräsidenten, und da alle wichtigen Gegenstände erst dem Ministerium vorgelegt werden mußten, so liefen dort alle Fäden zusammen. Einige Errungenschaften der letzten Zeit blieben doch erhalten. Dies waren die Entlastung von Grund und Boden (obwohl Hans Kudlich, der geflüchtet war, in Abwesenheit zum Tod verurteilt worden war), die Abschaffung der Feudallasten und der Vorrechte des Adels. Das Gemeindegesetz vom 17. März 1849, das Graf Stadion entworfen hatte und das auf konstitutionellem Weg die Gemeindeangelegenheiten ordnete und vom Einfluß der politischen Behörden befreite, wurde durch den neu ernannten Minister Bach, der sich seit März 1848 vom Saulus zum Paulus gewandelt hatte, beseitigt. Bach erklärte, daß man mit der Durchführung des Gesetzes bis zur Einführung der neuen Behörden zu warten habe, da in dieser Zeit des Überganges die politischen Behörden mit dringenderen Arbeiten überhäuft seien. Nicht besser erging es dem Schwurgericht, das Minister Schmerling eingeführt hatte, denn es fiel ebenfalls Bach zum Opfer, der sich vom Revolutionär zum Monarchisten gewandelt hatte.

Die Finanzlage der Monarchie war denkbar schlecht, die Preise waren um das Dreifache gestiegen. Fürst Schwarzenberg berief Karl Ludwig Bruck, einen Bürgerlichen und Protestanten, der sich in der Privatwirtschaft bewährt hatte, zum Handelsminister. Sein Wirtschaftsprogramm wurde zum Mittelpunkt des ganzen neuösterreichischen Systems. Bruck war auf allen Gebieten erfolgreich und wurde für seine Verdienste um die Monarchie im Dezember 1849 in den Freiherrenstand erhoben. Sein Hauptaugenmerk hatte Bruck auf die Errichtung von Eisenbahnen und den Bau von Dampfschiffen, auf eine Steuerreform und die Verbesserung des Zollwesens gerichtet.

In Berlin hatte man indes eingesehen, daß Preußen in Deutschland alle Sympathien zugunsten Österreichs eingebüßt hatte. Noch hielt man dort an den Gedanken an einen Bundesstaat fest und hatte in Berlin einen Verwaltungsrat geschaffen, aber Fürst Schwarzenberg wirkte in Wien dagegen und auf seine Einflußnahme hin erklärten plötzlich Sachsen und Hannover, nicht früher beitreten zu wollen, bevor es alle deutschen Staaten getan, Österreich ausgenommen. Damit war Preußen in seinen Absichten gelähmt. Als aber Preußen weiter an seinen Absichten festhielt und die Einberufung eines Reichstages der Union beschloß, protestierten Sachsen und Hannover abermals, und Fürst Schwarzenberg sandte eine Note nach Berlin, in der er gegen die Einberufung eines preußisch - deutschen Reichstages nach Erfurt herbe Kritik übte.

Das Ministerium Manteuffel in Berlin verlor den Mut, ordnete aber dennoch Wahlen zum Erfurter Parlament an, das am 20. März 1850 zusammentreten sollte. Manteuffel hatte im eigenen Land aber viele Gegner und hatte sich durch seine reaktionären Bestrebungen bei der Volkspartei verhaßt gemacht, dafür aber ein übermütiges Junkertum an die Spitze gestellt. Die Demokraten wählten nicht, und so kam ein Abgeordnetenhaus zustande, dem das Volk von vornherein mißtraute. Fürst Schwarzenberg schürte das Mißtrauen und Bayern, Sachsen und Württemberg kamen am 27. Februar 1850 in München überein, eine aus sämtlichen deutschen Staaten bestehende Nationalversammlung vorzuschlagen, um dem preußischen Regime Schwierigkeiten zu bereiten.

Friedrich Wilhelm IV. aber wollte einen Fürstenkongreß zu Berlin, um aus Fürstenhänden seine angemaßte Größe zu empfangen und sich so, wie im Mittelalter, an die Spitze eines Vasallenstaates zu stellen. Am 20. März 1850 wurde das Erfurter Parlament eröffnet, obwohl die Könige von Sachsen und Hannover aus dem Dreikönigsbündnis mit Preußen ausgetreten waren, womit die interimistische Bundesregierung bewußt ignoriert wurde. Die „Unionsverfassung", die man sich gab, wurde von jenen deutschen Staaten beschlossen, die am Vertrag vom 26. Mai 1849 festhielten. Sie sollte aber erst in Kraft treten, wenn ihre Annahme durch die Regierungen der einzelnen Unionsmitglieder erfolge. Österreich protestierte gegen die Einberufung des Erfurter Parlaments und lud am 26. April die Vertreter der deutschen Staaten zu einer außerordentlichen Plenarversammlung des alten Deutschen Bundes nach Frankfurt am Main, um die vorläufige deutsche Zentralgewalt durch ein endgültiges Bundesorgan zu ersetzen. Am 29. April vertagte sich das Erfurter Parlament, um nie wieder zusammenzutreten, denn Fürst Schwarzenberg hatte bereits Sachsen, Hannover, Kurhessen und Hessen - Darmstadt an seine Seite gezogen. Aber auch auf dem vom 9. bis 16. Mai tagenden Fürstenkongreß in Berlin kam es nicht zu der von Friedrich Wilhelm erhofften Einigung.

In Österreich erfolgte indessen am 26. Juni 1850 die „Provisorische Neuordnung Ungarns". Es wurde die Abtrennung Siebenbürgens, Kroatiens und Slavoniens sowie der Wojwodina (Bácska und Banat) von Ungarn, die eigene Kronländer wurden, beschlossen. Die Einteilung des übrigen Ungarn, unter Aufhebung der Verfassung, erfolgte in fünf Statthaltereien (Distrikte), die 45 Komitate umfaßten. Generalgouverneur wurde Baron Haynau, der aber seine Stelle schon im September 1851 an Erzherzog Albrecht übergab, weil er in Kurhessen eine Kommandostelle zu übernehmen hatte.

Am 19. Juli erließ das Ministerium Schwarzenberg, auf Vorschlag der in Frankfurt versammelten Delegierten der Plenarversammlung und bestärkt durch die Uneinigkeit der Unionsfürsten eine Note zur Wiedereröffnung des Deutschen Bundestages, gegen die aber jetzt Preußen Einspruch erhob, das sich gegen die Wiederbelebung des aufgehobenen Bundestages aussprach. Trotz des Einspruchs Preußens wurde am 1. September von Österreich der Deutsche Bundestag von neuem eröffnet. Damit standen sich, ohne allgemeine Anerkennung, zwei Bundesregierungen gegenüber: das Fürstenkollegium unter der Führung Preußens und der Bundestag unter der Führung Österreichs.

Am 21. September gewährte der Deutsche Bundestag dem Kurfürsten Friedrich Wilhelm von Kurhessen den Schutz des Bundes, weil ihm sein Landtag die ausgeschriebenen Steuern verweigert hatte. Da aber der Kurfürst Mitglied der Union war, versuchte König Friedrich Wilhelm IV. von Preußen die Bundesexekution zu verhindern, weil er sonst den Bundestag anerkannt hätte. Der Kurfürst verließ Kassel und ging auf das Schloß Wilhelmsbad, während sein Minster Haßenpflug den Belagerungszustand über das ganze Land verhängt hatte. General Freiherr von Haynau, den der Kurfürst zum Oberkommandierenden seiner Truppen angeworben hatte, versuchte den

Belagerungszustand durchzusetzen, doch forderte das Offizierskorps seine Entlassung, weil es seinen Eid, den es auf die Verfassung geschworen hatte, nicht brechen wollte und Haynaus Stolz, Überheblichkeit und zu große Härte nicht akzeptieren wollte.

Am 11. Oktober konferierte Kaiser Franz Joseph mit den Königen von Bayern und Württemberg in Bregenz. Die Monarchen beschlossen, dem Aufruhr in Kurhessen entgegenzutreten und am 28. Oktober kam es zu einer zweiten Zusammenkunft Kaiser Franz Josephs mit Zar Nikolaus I. von Rußland in Warschau. Rußland trat in der deutschen Frage wieder auf die Seite Österreichs. Hierauf überschritt am 1. November ein aus Österreichern und Bayern bestehendes Bundes - Exekutionsheer unter der Führung von Thurn und Taxis die Grenzen Kurhessens. Tags darauf, am 2. November, drangen preußische Truppen unter Graf von der Gröben von Thüringen, Westfalen und Wetzlar in Kurhessen ein und besetzten Kassel, worauf es am 8. November bei Bronzell, unweit von Fulda, zu Vorpostengefechten zwischen österreichisch - bayerischen und preußischen Truppen kam. Es kam aber nicht zum Krieg, weil Köntg Friedrich Wilhelm unter russischem Druck in Verhandlungen mit Österreich eintrat. General von der Gröben zog sich nach Hersfeld zurück und Kurhessen wurde vom Bundes - Exekutionsheer gezwungen, den landesherrlichen Anordnungen Folge zu leisten.

Minister Radowitz, der in Preußen Außenminister war, mußte hierauf abdanken. König Friedrich Wilhelm erklärte am 15. November die Union für aufgelöst und Manteuffel folgte Radowitz. Am 25. November forderte Fürst Schwarzenberg in einem Ultimatum die vollständige Räumung Hessens durch die preußischen Truppen binnen 48 Stunden. Schwarzenberg wollte den Kampf mit den Rivalen endlich zu Ende bringen. Es sollte sich entscheiden, wer in Deutschland die Oberhand behielte, wenn nicht anders, dann eben durch das Schwert. Der Fürst scheute auch den Krieg nicht, um Österreich seine frühere Stelle wieder zu erringen, die es zur Zeit von Franz II. hatte, ehe dieser die Krone des Heiligen Römischen Reiches niederlegte.

Preußen gab nach und zog seine Truppen aus Kurhessen zurück. Am 29. November konferierten hierauf die Minister Schwarzenberg und Manteuffel in Olmütz und Preußen erklärte sich bereit, „der Aktion der von dem Kurfürsten von Hessen herbeigerufenen Truppen kein Hindernis in den Weg zu legen". Zur Klärung der deutschen Angelegenheiten wurden Konferenzen mit allen deutschen Regierungen in Dresden vereinbart. Nach der Konferenz von Olmütz besetzten österreichisch - bayerische Bundestruppen am 21. Dezember Kassel und am 23. Dezember kam es zur Eröffnung der Konferenz in Dresden zur Regelung der deutschen Bundesverhältnisse. Das Ergebnis dieser Konferenzen war die „vollständige Wiederherstellung des Deutschen Bundestages". Damit hatte Österreich seinen Standpunkt in der deutschen Frage gegenüber Preußen durchgesetzt und Preußen gedemütigt.

Preußen kam hierauf den Schleswig - Holsteinern zu Hilfe, marschierte in Jütland ein, wurde aber durch die diplomatische Intervention Rußlands, das sich mit der französischen Regierung verständigt hatte, zum Waffenstillstand von Malmö gezwungen,in dem die Provisorische Regierung fallen gelassen wurde.

Jetzt aber benutzte Dänemark die inneren Wirren in Deutschland und kündigte den Malmöer Waffenstillstand. Nun begann der Kampf um Schleswig - Holstein aufs neue. Die Eckernförder Strandbatterien nahmen die dänischen Kriegsschiffe unter Feuer und zielten so trefflich, daß das Kriegsschiff „Christian VIII." in die Luft flog und die Fregatte „Gefion" erobert wurde. Doch ließ König Friedrich Wilhelm IV., um Rußland nicht zu reizen, einen Einmarsch in Jütland nicht zu. Im darauffolgenden Berliner Waffenstillstand wurde eine preußisch - dänisch - englische Verwaltung der Elbherzogtümer vorgesehen, ebenso eine dreifache Besatzung durch Schweden, Dänemark und Preußen. Natürlich war es kein Wunder, daß die Schleswig - Holsteiner, mit einer solchen Lösung unzufrieden, allein weiterkämpften, bis sie, unter dem preußischen General Willisen, den sie sich trotzdem zu ihrem Feldherrn erkoren hatten, nach dem blutigen Kämpfen bei Idstedt, Missunde und Friedrichstadt 1850 unterlagen, weil General Willisen, ohne ersichtlichen Grund am 25. Juli bei Idstedt den Dänen das Schlachtfeld überlassen hatte, was sonderbar genug war.

Die Vorgeschichte des Streites: Die Stände von Schleswig und Holstein hatten im Jahr 1460 Christian I. von Dänemark unter der Bedingung zu ihrem Herzog gewählt, daß die beiden Herzogtümer „up ewig ungedeelt" bleiben sollen. Seitdem waren fast alle dänischen Könige auch Herzoge von Schleswig - Holstein. Als aber König Christin VII. von Dänemark am 22. Marz 1848 in einem „Offenen Brief" die Einverleibung des Herzogtums Schleswigs in den dänischen Staatsverband aussprach, erhoben sich am 24. März, also nur zwei Tage später, die Schleswig - Holsteiner und bildeten unter dem Präsidenten Beseler eine provisorische Landesregierung, die sofort die Lostrennung der Herzogtümer von Dänemark forderte.

Im Deutschen Bund aber hatte Preußen wegen der Preisgabe der beiden Herzogtümer im Frieden mit Dänemark vom 2. Juli 1850 an Ansehen eingebüßt und in den Herzogtümern war die Preisgabe ihrer Unabhängigkeit durch Friedrich Wilhelm IV. als Verrat eingestuft worden.

Auf der Olmützer Konferenz der Minister Schwarzenberg und Manteuffel wurde beschlossen, daß Österreich und Preußen in den Konflikt eingreifen. Schleswig - Holstein unterwarf sich hierauf einer von Österreich und Preußen im Namen des wiederhergestellten Deutschen Bundes ergangenen Aufforderung, in der die sofortige Einstellung der Feindseligkeiten gegen Dänemark verlangt wurde. Die schleswig - holsteinische Armee wurde aufgelöst und Holstein durch österreichische Truppen besetzt, die General Legeditsch befehligte. Dänemark versprach dafür, die Rechte der Herzogtümer zu wahren.

Nach Rendsburg war eine österreichisch - preußische Besatzung gelegt worden, die Festungswerke der Stadt wurden geschleift und das Kronenwerk ging an die Dänen über, die durch ihre Beamten und Soldaten die vom deutschen Mutterland abgerissene deutsche Bevölkerung in furchtbarster Weise tyrannisierte, übermütig gemacht durch die Hilfe deutscher Mächte, die jetzt selbst nicht mehr imstande waren, die traurigen Verhältnisse des Landes zu ordnen, das sie aufgegeben hatten.

Bei den Dresdener Konferenzen, die infolge der Olmützer Vereinbarungen geführt wurden, strebte Österreich zwar die Wiederherstellung der Exekutivgewalt der alten Bundesverfassung an, als es jedoch die Teilnahme an der Bundes - Exekution der 39 deutschen Staaten begrenzen und auf die mächtigeren Mitglieder beschränken wollte, traten die kleineren Staaten an Preußens Seite und stimmten gegen Österreich, so daß Schwarzenberg nicht einmal den Eintritt der Gesamtmonarchie in den Deutschen Bund mehr durchsetzen konnte. Ebenso wurden die vom Wiener Minister Bruck vorgeschlagenen handelspolitischen Reformen zurückgewiesen, womit man wieder bei der alten Eifersucht zwischen Österreich und Preußen angelangt war, wo ein Staat den anderen nach besten Kräften zu behindern bemüht war.

Rückkehr zum Absolutismus -
Das Londoner Protokoll

Durch die Macht der Kanonen war in der ganzen Monarchie die Ruhe wiederhergestellt worden. Die natürliche Folge davon war, daß man der Armee und diese sich selbst mehr Wichtigkeit beimaß, als sie in einem ordentlich eingerichteten Staat haben soll. Ihre übermäßige Stärke entzog der Wirtschaft hauptsächlich die Jüngeren Kräfte und ihre ständige Begünstigung verstimmte die Bevölkerung gegen das Heer. Dies hatte zur Folge, daß auch die Soldaten die Zivilbevölkerung gering schätzten und rücksichtslos gegen diese auftraten. Zivil und Militär standen sich oft feindlich gegenüber, aber die Regierung sah in einer starken Armee ein Mittel, um die Zentralgewalt herbeizuführen. Die Regierung hielt dies für möglich, weil sie glaubte, stark genug zu sein, das Auseinanderbrechen der einzelnen Teile der Monarchie verhindern zu können. Der Regierung zur Seite stand auch der Klerus, indem er zur Verbundenheit aller Kronländer die Kirche als geistliche Klammer hinstellte. Das halbprotestantische Ungarn wurde hiebei gar nicht berücksichtigt, denn es wurde nur als erobertes Land behandelt. Die dritte Klammer, die die Monarchie zusammenhalten sollte, war eine angestrebte gemeinsame Sprache. Man sollte in allen Kronländern in den Schulen, neben der eigenen Muttersprache, die deutsche Sprache erlernen. Es war aber für nirgends vorgesehen, daß man nur deutsch unterrichte, also die Völker der Morlarchie germanisiere. Daß man sich in Österreich für die deutsche Sprache als Verbindungselement der Völker der Monarchie entschieden hatte, hing auch damit zusammen, daß in den Erbländern der Habsburger deutsch gesprochen wurde, das Herrscherhaus selbst deutschstämmig war und in der Armee alle Kommandos in deutscher Sprache gegeben wurden. In den nicht deutschsprechenden Ländern war die deutsche Sprache als Zweitsprache zu unterrichten. Niemand in Österreich aber dachte daran, einzelne Idiome gewaltsam auszumerzen. Was lebensfähig war würde erhalten bleiben, was es nicht war, zerfalle in sich, ohne fremdes Zutun. Die Kenntnis mehrerer Sprachen hielt auch Handelsminister Bruck für einen Vorteil für Handel und Verkehr.

Am 14. April 1851 wurde der „Reichsrat" für Österreich errichtet. Er war eine beratende Körperschaft zur Begutachtung wichtiger Gesetze und Verordnungen. Der Reichsrat sollte einen Ersatz für die nichtbestehende Volksvertretung sein. Erster Vorsitzender dieses aus sechs Österreichern und zwei Ungarn bestehenden Organs wurde Freiherr von Kübeck, der damit eine dem

Ministerpräsidenten Schwarzenberg beinahe gleichwärtige Stellung einnahm. Der nächste Schritt war, daß Fürst Schwarzenberg mit Preußen einen geheimen Allianzvertrag abschloß, der am 16. Mai zustande kam und in welchem sich Österreich und Preußen gegenseitig den Besitzstand ihrer Länder garantierten, mit Einschluß der italienischen Provinzen Österreichs.

Am 20. August erfolgte dann die Festlegung der Verantwortung der österreichischen Minister gegenüber der Person des Kaisers. Franz Joseph baute damit seine absolute Regierungsgewalt entscheidend aus. Vier Monate später, am 31. Dezember 1851, unterzeichnete der Kaiser das sogenannte „Sylvesterpatent". Durch dieses wurde die nie in Kraft getretene oktroyierte Verfassung vom 4. März 1849 aufgehoben und die absolute Monarchie wieder eingeführt. Von den Errungenschaften der Revolution blieben lediglich die Gleichheit der Bürger vor dem Gesetz und die Beseitigung der Untertanenlasten erhalten, während die Pressefreiheit, das öffentliche Gerichtsverfahren, die Geschworenengerichte und die Gemeindeverfassung abgeschafft wurden. Im Gerichtsverfahren blieben lediglich die Schlußverhandlungen öffentlich. Die Bezirkshauptmannschaften und die Bezirksgerichte wurden in den „Bezirksämtern" vereinigt. In dem von Alexander Bach und Kübeck in 56 Paragraphen ausgearbeiteten System, dem „Bach'schen System", waren die Grundsätze für den Neubau des absoluten Staates niedergelegt. Die Kundmachung des „Sylvesterpatents" erfolgte am 1. Januar 1852. Als Minister Bruck, wegen Unstimmigkeiten in der Regierung zurücktrat, folgte ihm bald darauf auch Minister Schmerling, der sah, daß von seiner Verfassung vom 4. März 1849 nichts mehr umgesetzt werden sollte. Bach aber, der alle Umstürze wie ein Stehaufmännchen überstanden hatte, blieb und wurde zum Träger des Bürokratismus. Der Reichsrat war zu einem Rat der Krone geworden.

Die Freiheit der Presse war eingeschränkt worden und die Zensur unterdrückte die alten Freiheitslieder von Schenkendorf und Arndt, deren Nachhall man fürchtete. Zur selben Zeit wurden Grundrechte, die den deutschen und slawischen Länlern gewährt worden waren, außer Kraft gesetzt. Ausgenommen von den Maßnahmen waren nur die Kirchen und anerkannten Religionsgemeinschaften in den Kronländern in der unabhängigen Verwaltung ihrer Angelegenheiten und im Besitz ihrer Anstalten. Aus dem Erbadel wurden Grundbesitzer. Die Nationalgarde, die nur noch dem Namen nach bestand, wurde am 22. August aufgelöst, doch ließ man den einzelnen Städten ihre jahrhundert alten Bürger- und Schützenkorps.

Als Ministerpräsident Fürst Felix Schwarzenberg am 5. April 1852 starb, verlor der junge, strebsame Kaiser, Franz Joseph I. seine stärkste Stütze. Der erfahrene Fürst hatte für den noch unerfahrenen Monarchen die Entscheidungen vorbereitet, die Österreich wieder zu Ansehen und Macht verholfen hatten. Fürst Schwarzenberg war dem Hof von Fürst Windischgrätz 1848 empfohlen worden und hatte seine großen politischen Aufgaben mit Bravour gemeistert. Nach dem Tod Schwarzenbergs übernahm der Kaiser selbst die oberste Gewalt, doch blieb Alexander Bach als Innenminister, zwar nicht nominell aber faktisch, das Haupt der Regierung. Außenminister wurde Graf Buol-Schauenstein, der sich als Gesandter in Turin, Petersburg und als Bevollmächtigter auf den Dresdener Konferenzen um die Monarchie verdient gemacht hatte. Der Graf hatte bei seinen bisherigen Verwendungen reichlich Gelegenheit gehabt, Erfahrungen zu sammeln, die ihm jetzt zugute kamen.

Das „Bach'sche System" wurde während der nächsten acht Jahre ausgebaut. Die Stellung Bachs festigte sich nach dem bald erfolgten Tod seines Konkurrenten und Gesinnungsgenossen, des Freiherrn von Kübeck. Bach verstand es auch, mit der Kircne ein gutes Einvernehmen herzustellen. Die einflußreichsten Berater des Kaisers waren zu dieser Zeit, neben seiner Mutter, der Erzherzogin Sophie, der Kardinal von Wien, Otmar Rauscher, und der Generaladjutant Graf Grünne.

Am 25. April 1852 erfolgte die Errichtung der „Obersten Polizeibehörde", der die nachgeordneten Dienststellen in den Kronländern unterstellt waren. Dem Auf- und Ausbau dieser Behörde wird ein eigenes Kapitel gewidmet.

Im „Londoner Protokoll" vom 8. Mai 1852 erklärten die fünf Großmächte Österreich, Rußland, England, Frankreich und Preußen, daß Dänemark ungeteilt bleiben und Prinz Christian von Holstein- Glücksburg, der Nachfolger des kinderlosen Königs Friedrich VII. und Erbe des Gesamtstaates (Dänemark und Schleswig - Holstein) sein sollte. In diesem Protokoll wurde die Unverletzbarkeit der Souveränität Dänemarks festgelegt. Zar Nikolaus I., ein Verwandter des dänischen Königshauses, sicherte sich für den Fall, daß Prinz Christian und seine beiden Söhne keine rechtmäßigen Erben haben sollten, die Erbfolge im Gesamtstaat und England unterzeichnete das Protokoll, unter dem Einfluß Rußlands, um die Ausbreitung Preußens an der Nordsee zu verhindern. Russische Kriegsschiffe erschienen vor Kiel und Stettin, um den Absichten des Protokolls Nachdruck zu verleihen, worauf Preußen sich aus Schleswig - Holstein zurückzog. Dieses Londoner Protokoll wurde am 8. Mai 1852 in einen Vertrag umgewandelt, der eigentlich gar keiner war, und wenn auch Österreich und Preußen diesen unterzeichnet hatten, so geschah dies ohne den Auftrag des Deutschen Bundes, womit der „Vertrag" für Deutschland weder bindend war, noch Gültigkeit hatte. Nur hatten sich Österreich und Preußen über den von Österreich wieder zum Leben erweckten Deutschen Bund hinweggesetzt, was zwar für Preußen kein Problem, aber für Österreich, das selbst seinen Bund düpierte, eine recht böse Sache war. Das wäre unter Fürst Schwarzenberg nicht so leicht passiert. Buol - Schauenstein hat damit das Werk des Fürsten, die Wiederbelebung des Deutschen Bundes, abgewertet. Mußte das „einem so erfahrenen Diplomaten" passieren, oder war es Absicht?

Am 27. Mai wurde das „Österreichische Strafgesetzbuch" mit einem Patent Franz Josephs erlassen und mit 1. September 1852 in Kraft gesetzt.

Am 2. Dezember 1852 wurde, wie schon im Kapitel „Die Revolution in Frankreich" erwähnt, nach einer Volksabstimmung, Louis Napoleon als „Napoleon III." zum Kaiser der Franzosen ausgerufen. Mit Louis Napoleon trat für Kaiser Franz Joseph ein Mann auf die politische Bühne Europas, der ihm noch viele Sorgen bereiten sollte, denn Napoleon III. wollte sich, vorerst in Italien, auf Kosten Österreichs, außenpolitisch profilieren.

Einführung und Organisation der Gendarmerie in den einzelnen österreichischen Provinzen und die Geschichte ihrer Gründung

Als Österreich durch den Wiener Kongreß, der die europäischen Verhältnisse nach der Niederwerfung Napoleons I. neuordnete, alle ihm von Napoleon entrissenen Gebiete zurückerhielt, fand es im Jahr 1815 in der Lombardei und in Südtirol ein Gendarmerieregiment vor, das unter der Befehlsgewalt und Inspizierung eines Feldmarschalleutnants stand, der seinen Sitz in Mailand hatte.

In Venetien befand sich an Stelle der Gendarmerie ein Polizeiwachkorps, in den übrigen Provinzen Österreichs verblieben als Landessicherheitswache die Kreisdragoner als bewaffneter Arm der obrigkeitlichen Behörden.

Da das vorerwähnte Gendarmerieregiment in der Lombardei und in Südtirol gewissermaßen die Keimzelle darstellt, aus der die österreichische Gendarmerie hervorging, und seine Organisation grundlegend für die gesamte Organisation der Gendarmerie war, soll diese hier im Detail erörtert werden.

Dieses Gendarmerieregiment bestand aus 5 1/2 Eskadronen und war ein Regiment der (französischen) Armee, welches aus den unter der früheren Regierung in der Lombardei bestandenen Gendarmen gebildet wurde. Im Krieg konnte es wie jedes andere vor dem Feind oder zur Handhabung der Armeepolizei gebraucht werden, im Frieden aber war es für die öffentliche Sicherheit in allen ihren Zweigen zuständig. Jede der neun Provinzen der Lombardei war von einer halben Eskadron (einem Flügel) besetzt. Eine halbe Eskadron war insbesonders zur Besetzung des südlichen Tirols (des Trientiner und Rovereoter Kreises) bestimmt, und eine halbe Eskadron bildete die Reserve und diente zugleich zum Unterrichtsdepot (Schule) der neu zuwachsenden Leute, die Eleven (Allievi) genannt wurden.

Inspekteur der Gendarmerie war ein Feldmarschalleutnant, dem zur Besorgung seiner Dienstgeschäfte 3 Offiziere und 5 Unteroffiziere beigegeben waren.

Der Stab des Regiments bestand außer dem Generalinspekteur aus: 1 Oberst und Regimentskommandanten, 1 Major, 1 Adjutanten, 1 Rechnungsführer, 6 Furieren, 1 Monturaufseher, 1 Oberschmied, 4 Privatdienern und 1 Portier.

Der Stand der Eskadron betrug 5 erste, 6 zweite Rittmeister,12 Ober, 10 Unterleutnants, 16 Furiere, 31 Wachtmeister beritten, 21 Wachtmeister zu Fuß, 25 Korporale beritten, 38 Korporale zu Fuß, 10 Trompeter, 11 Tamboure, 278 berittene, 457 unberittene Gendarmen, 33 Privatdiener; zusammen 1012 Köpfe.

Der Flügel bestand aus 2 Zügen, jeder Zug aus mehreren Sektionen, jede Sektion aus 2 oder 5 Brigaden von ungleicher Stärke. Der erste oder zweite Rittmeister, der einem Flügel vorgesetzt war, kommandierte diesen im Frieden (mit Ausnahme der Zusammenziehung der ganzen Eskadron, was nur bei außerordentlichen Umständen geschah ganz unabhängig und führte dessen Ökonomie. Der Oberleutnant kommandierte den einen, der Unterleutnant den zweiten Zug, der Wachtmeister die Sektion, ein Korporal oder Vizekorporal eine Brigade von 4 bis 5 Mann. Die Gendarmerieinspektion und das Regimentskommando waren in Mailand, der Major in Como.

Die Gendarmen konnten von niemandem in Ausübung ihrer Dienstverrichtung gestört oder abgeschafft werden. Es mußte ihrer Aufforderung, als im geheiligten Namen des Landesfürsten geschehend, von jedermann Folge geleistet werden. Ihre Person war unverletzlich. Gendarmen, vom Wachtmeister abwärts, hatten das Recht, Offiziere zu verhaften, nur dann, wenn diese in ihrer Gegenwart ein Verbrechen begangen hatten. Es war jedoch jeder Offizier bis zum Major verpflichtet, ihnen auf Verlangen Name Charge, Regiment und Aufenthaltsort schriftlich anzugeben, ferner über ergangene Aufforderung den Ort, Platz etc., wo er sich außerdienstlich befand, augenblicklich zu verlassen. Der Gendarm, der für seine Amtshandlung streng verantwortlich blieb, war in einem solchen Fall ebenfalls verpflichtet, über Verlangen des Offiziers diesem seinen Namen und die Station seiner Brigade schriftlich bekanntzugeben.

Jeder Befehl, der von einer Militärbehörde an die Gendarmerie erging, durfte von dieser nur dann befolgt werden, wenn er schriftlich erlassen wurde. Mündliche Befehle erhielt der Gendarm nur von seinem eigenen Obersten. Eine Militärperson, die sich an einem in Ausübung des Dienstes begriffenen Gerdarmen vergriff, wurde kriegsrechtlich und ebenso behandelt, als ob sie sich an einer auf dem Posten stehenden Schildwache vergriffen hätte. Es wurde auf sie der neunte Kriegsartikel angewendet.

In Kriegsfällen konnten mit der bei der Armee befindlichen Gendarmerie nur jene Offiziere befehlen, denen sie unmittelbar unterstellt war. Jeder Offizier, der sie in ihren Amtsverrichtungen störte, wurde kriegsrechtlich behandelt und kassiert. Jeder Gemeine oder Unteroffizier, der sich an einem Gendarmen vergriff, konnte von diesem auf der Stelle niedergemacht werden; sollte dies dem Gendarmen selbst nicht möglich gewesen sein, so wurde ein solcher Verbrecher, wenn er handfest gemacht worden war, standrechtlich behandelt und erschossen. Von einer Truppe, die der Aufforderung eines Gendarmen nicht Genüge leistete, wurden die Schuldtragenden nach Beschaffenheit der Umstände nach dem 9., 10. oder 17. und 26. Kriegsartikel behandelt. Waren jedoch Tätlichkeiten vorgefallen, so wurde jeder zehnte Mann erschossen.

Es konnte niemand zur Gendarmerie transferiert oder assentiert werden, der nicht im lombardo - venetianischen Königreich geboren, 24 oder doch wenigstens 22 Jahre und nicht über 35 Jahre alt war. Er mußte dabei von starkem und gesundem Körperbau sein. Der Gendarmerieanwärter mußte mindestens 5 Schuh, 5 Zoll messen (1 Schuh= 25-34 cm; 1 Zoll = ca. 2,5 cm), lesen und schreiben können und durfte weder eine Regimentsstrafe erhalten haben, noch in Kriminaluntersuchung gewesen sein. Er durfte weiters nie desertiert sein und mußte überhaupt eine ausgezeichnete Konduite (Führung) haben. Jeder von einem Regiment zur Gendarmerie überstellte Mann konnte nicht eher wirklich in das Korps aufgenommen werden, bis er nicht ein halbes Jahr zur Probe gedient und für den Gendarmeriedienst als vollkommen geeignet angesehen wurde. Auch Unteroffiziere konnten meist nur als Gemeine aufgenommen werden. Sie hatten sich aber nur auf drei Monate beim Depot des Reserveflügels einzuschulen lassen. Soviel zur Organisation des lombardischen Gendarmerieregiments.

Kaiser Franz Josef I.
zur Zeit der Gründung
der österreichischen Gendarmerie

Von Ministerpräsident Fürst Felix Schwarzenberg ging die Idee aus, nach dem Muster der lombardischen Gendarmerie ein Gendarmeriekorps für den gesamten Kaiserstaat zu bilden. Über Auftrag des Ministerpräsidenten wurde beim Innenministerium mit Vertretern des Kriegs-, Finanz- und Justizministeriums, des Wiener Stadthauptmannes Noe von Nordberg, der niederösterreichischen Regierung und des Majors des lombardischen Gendarmerieregiments Francois Beratungen über die Errichtung eines Gendarmeriekorps für die ganze Monarchie gepflogen. Auf Grund der Beratungen erstattete Minister Dr. Alexander Bach dem Kaiser am 8. Juni 1849 in einem Vortrag seinen Bericht, in dem er die durch die Organisation der Verwaltungs- und Gerichtsbehörden dringende Notwendigkeit der Errichtung einer Gendarmerie für das ganze Gebiet der Monarchie eingehend begründete, die Grundsätze für die Organisation der Gendarmerie und deren Wirkungskreis darlegte und schließlich einen Voranschlag der Kosten der Aufstellung erläuterete.

Auf Grund dieses Antrages bewilligte Kaiser Franz Joseph mit Allerhöchster Entschließung vom 8. Juni 1849 die Errichtung einer Gendarmerie für die ganze Monarchie nach den beantragten Grundzügen und beauftragte den Innenminister die hiezu nötigen Verhandlungen im Einvernehmen mit den beteiligten Ministerien zu führen und entsprechende Vorschläge zu erstatten. In Durchführung dieser kaiserlichen Verordnung wurde eine Kommission

Minister des Innern
Alexander Bach

unter dem Vorsitz des Unterstaatssekretärs Dr. Pipitz eingesetzt, die aus Mitgliedern der vorgenannten Ministerien bestand. Am 2., 4., 7. und 10. Juli 1849 trat sie zusammen, um die näheren Bestimmungen, nach denen die Gendarmerie zu organisieren wäre, zu entwerfen. Das Ergebnis der Beratungen bildete die Ausarbeitung eines Entwurfes für ein organisches Gesetz der Gendarmerie. Dieses Gesetz wurde über Antrag des Ministerrates mit Allerhöchster Entschließung vom 18. Jänner 1850 (RGBl.Nr.19/1850) als provisorisches Gendarmeriegesetz allgemein kundgemacht.

Bereits im Juli 1849 war Feldmarschalleutnant Johann Kempen von Fichtenstamm, der sich schon in der Schlacht bei Schwechat ausgezeichnet hat, einer der einflußreichsten Generäle der kaiserlichen Armee, als Organisator der österreichischen Gendarmerie von Kaiser Franz Joseph ausersehen worden. Nachdem in den Beratungen im Juli 1849 die Aufstellung von 16 Gendarmerieregimentern beschlossen worden war, nahm Freiherr von Kempen sogleich diese Aufstellung in Angriff. Er wandte sich am 15. November 1849 an das Kriegsministerium und bat, das Erfordernis für die aufzustellende Gendarmenrie (12000 Mann für die Regimenter zu Fuß und 2000 Mann für jene zu Pferd) gleich aus der aktiven Armee durch Auswahl geeigneter Leute durch die Brigadiere und Nachweisung der sich freiwillig zur Gendarmerie meldenden Soldaten an die Gendarmeriegeneralinspektion zu überweisen. Da aber der Kriegsminister, Graf Gyulay, am

Der Organisator
der österreichischen
Gendarmerie
Feldmarschalleutnant
Johann von Kempen,
Generalgendarmerie-
inspektor
(1849 bis 1859)

7. Dezmeber 1849 dem Kaiser referierte, dem Ansuchen des Freiherrn von Kempen erst nach Einstellung neuer Rekruten als Ersatz für die Abgänge entsprechen zu können, wurden der Gendarmerie vorerst nur die bereits ausgedienten Soldaten und Unteroffiziere zum freiwilligen Eintritt überlassen. Franz Joseph genehmigte den Vorschlag seines Kriegsministers, doch wurden, da sich nur wenige der aus der Armee austretenden Unteroffiziere zur Gendarmerie meldeten, über dringendes Ansuchen Kempens im Einvernehmen mit Graf Gyulay im März 1850 von jeder Infanterie- und Jägerkompanie 3 und von jeder Eskadron 2 Mann der Gendarmerie zugewiesen. Den Regimentakommandanten wurde aufgetragen, die besten Unteroffiziere auszuwählen, da ihnen diese sonst, wenn sie sich für die Gendarmerie nicht eignen, auf ihre Kosten! zum Regiment zurückgesendet würden. So erhielt die Gendarmerie tatsächlich nur moralisch einwandfreie und tüchtige Unteroffiziere zugewiesen. Ende April 1850 war ein beträchtlicher Teil der Gendarmen für die 16 Regimenter sichergestellt. FML. Kempen stellte zunächst in den einzelnen Provinzen des Kaiserreichs die Regiments, sodann die Flügelkommanden auf und wies diesen schließlich eine entsprechende Anzahl von Offizieren und Unteroffizieren zur Aufstellung der Korporalschaften, Posten, Sektionen und Züge zu. Die Errichtung der Regiments- und Flügelkommanden erfolgte in den letzten Monaten des Jahres 1849. Die Gendarmerie nahm ihre Tätigkeit in den einzelnen Regimentern in der Zeit vom November 1849 bis Juni 1850 auf. Zur Zeit der Kundmachung des provisorischen Gendarmeriegesetzes hatte FML. von Kempen also bereits einen Teil der Gendarmerie beisammen. 16 mehr oder weniger komplette Regimenter, die sich auf die einzelnen Gebiete der Monarchie wie folgt verteilten: Nr. 1 für Nieder-, Oberösterreich und Salzburg in Wien, Nr. 2 für Böhmen in Prag, Nr. 3 für Mähren und Schlesien in Brünn, Nr. 4 für Galizien und die Bukowina in Lemberg, Nr. 5, 6 und 7 für Ungarn in Kaschau, Budapest und Großwardein, Nr. 8 für Siebenbürgen in Hermannstadt, Nr. 9 für die Wojwodina in Temesvar, Nr. 10 für Kroatien und Slavonien in Agram, Nr. 11 für Illyrien in Laibach, Nr. 12 für Steiermark in Graz, Nr. 13 für Tirol und Vorarlberg in Innsbruck, Nr. 14 für die Lombardei in Mailand, Nr. 15 für Venetien in Padua und Nr. 16 für Dalmatien in Zara.

Die Zentralleitung des ganzen Korps führte der Gendarmeriegeneralinspektor, der in seiner Eigenschaft als Militärangehöriger dem Kriegsministerium, rüchsichtlich der Verwendung der Gendarmerie und der ihm übertragenen Verwaltungsgeschäfte aber gleich der gesamten Gendarmerie dem Ministerium des Inneren unterstellt war.

Als Waffe trug der Gendarm ein kurzes, gezogenes Kapselgewehr, System Lorenz (Extrakorpsgewehr), mit aufgepflanztem Bajonett und einen Säbel.

Dem großen Organisator FML. Freiherr von Kempen war es gelungen, den Stand der Gendarmerie bis zum Jahr 1853 auf folgende Stärke zu bringen: 522 Offiziere, 18125 Gendarmen und 2307 Pferde.

Da die Gendarmerie, straff diszipliniert, den Militärgesetzen unterstehend, mit weitgehenden Befugnissen und Rechten ausgestattet war, waren alle Voraussetzungen für eine gedeihliche Entwicklung des Korps gegeben. Die Gendarmerie (Landes - Sicherheitswache) wurde für alle Kronländer des österreichischen Kaiserstaates als ein militärisch organisierter Wachkörper errichtet. Sie war bestimmt, die öffentliche Sicherheit, Ruhe und Ordnung nach jeder Richtung hin aufrecht zu erhalten, drohenden Störungen derselben und Gesetzesübertretungen jeder Art nach Möglichkeit zuvor zu kommen, sie zu verhindern, oder wenn sie dennoch stattfänden, die Wiederherstellung des gesetzlichen Zustandes und die Zustandebringung der Ruhestörer oder Gesetzesübertreter zu bewirken; endlich die Vollziehung der obrigkeitlichen Anordnungen zu unterstützen und überhaupt alle jene Sicherheitsmaßregeln zur Ausübung zu bringen, welche in diesem Gesetze und der Dienstinstruktion der Gendarmerie als ihre besonderen Obliegenheiten bezeichnet sind (§ 1 Gendarmeriegesetz vom Jahre 1850).

Leider aber wurde die Gendarmerie im Laufe ihrer ersten Entwicklungsphase schon ihrem gesetzlichen Auftrag entfremdet. Mit der Umgestaltung der Monarchie zum modernen Rechtsstaat waren weite Kreise des alten konservativen Adels nicht einverstanden gewesen und hatten den jungen Monarchen dazu gebracht, die sogenannte „oktroyierte Verfassung" mit dem Sylvesterpatent vom 31. Dezember 1851 wieder aufzuheben und den absoluten Staat wieder einzuführen, womit der maßgebende Einfluß im Staat wieder in die Hände der früheren Machthaber geriet. Solange an der Spitze der Regierung der tatkräftige und einsichtsvolle Fürst Schwarzenberg stand, hatte diese Aufhebung der Verfassung, die zwar nie in Kraft getreten, aber praktiziert worden war, auf die inneren Verhältnisse der Monarchie nur geringen Einfluß, denn durch diese Aufhebung waren weder die Wirksamkeit der neugeschaffenen Verwaltungs- und Gerichtsbehörden, noch die erfolgte Umgestaltung der wirtschaftlichen Verhältnisse berührt worden. Als aber der Fürst am 5. April 1852 verstorben war, wollte der junge Monarch zunächst den fähigen Minister Dr. Alexander Bach an seine Stelle setzen. Dem Generaladjutanten des Kaisers, Graf Grünne, und seinem Anhang gelang es jedoch, nicht nur die Berufung Dr. Bachs zu verhindern, sondern auch noch eine Schmälerung seiner Befugnisse durchzusetzen, indem die oberste Leitung der Polizei aus dem Ministerium des Inneren ausgeschieden und einer besonderen Stelle übertragen wurde, die den Namen "Oberste Polizeibehörde" erhielt, am 25. April 1852 gegründet worden war und der alle Polizeibehörden in den Kronländern unterstellt wurden. An die Spitze dieser Obersten Polizeibehörde wurde FML. Johann von Kempen gestellt, der nicht nur Gendarmeriegeneralinspektor, sondern seit 1851 auch Militärgouverneur von Wien war und so eine so große Machtfülle in sich vereinigte, daß er mit Recht als einer der einflußreichsten Persönlichkeiten der Monarchie angesehen wurde. Aber die Vereinigung der Gendarmerie mit der Leitung der Staatspolizei geriet dem Gendarmeriekorps nicht zum Vorteil. Der konservative Adel und die Militärpartei faßten den Entschluß, sich des Gendarmeriekorps als Werkzeug zur Durchsetzung ihrer Pläne zu bedienen, der Wiedererrichtung der absoluten Herrschaft, um den Einfluß der demokratischen Kräfte auszuschalten. Die Gendarmerieregiments- kommandanten in den Kronländern erhielten vielfach Befehle, über die politische Gesinnung und Wirksamkeit von Statthaltern zu berichten und selbst Flügel und Sektionskommandanten hatten über die Haltung der Bezirkshauptleute, Richter, Lehrer, Geistlicher etc. zu relationieren. Die Gendarmen, die diesem politischen Treiben meist verständnislos gegenüberstanden,waren daher auf die Mitteilungen ihrer Konfitenten angewiesen, die vielfach aus trüben Quellen schöpften. Oft erhielten sie auf diese Weise unzutreffende Relationen, die von den Gendarmen dann im besten Glauben weitergeleitet wurden. Da derartige Rapporte oft energische Maßnahmen gegen die zur Anzeige gebrachten Funktionäre zur Folge hatten, wurde diese Tätigkeit der Gendarmerie von den Zivilbehörden bald als unerträglicher Eingriff in den Verwaltungsapparat des Staates empfunden. Durch diese Zweckentfremdung der Gendarmerie wurde das Verhältnis zwischen den militärischen Vorgesetzten der Gendarmen und den Zivilbehörden nachhaltig gestört, besonders wenn einzelne Beamte auf Umwegen erfuhren, daß sie eine Zurücksetzung in der Beförderung oder eine Versetzung den Anzeigen der Gendarmen zu verdanken hatten. Schließlich kam es so weit, daß man selbst in Armeekreisen der Gendarmerie mißtraute. Selbst die Bevölkerung mißtraute der Gendarmerie, als bekannt wurde, daß auf deren Anzeigen hin Lehrer und Geistliche wegen harmloser Äußerungen gemaßregelt wurden. Der „Staatspolizei", die zu solchen Diensten verpflichtet war, nahm man Anzeigen dieser Art nicht übel, wohl aber der Gendarmerie, die andere Aufgaben zu erfüllen hatte.

Somit übte die „Oberste Polizeibehörde", ähnlich wie in den Fünfzigerjahren Methoden aus, wie zu Zeiten Metternichs. Es blühten Naderertum, Pressezensur und die Einschränkung der persönlichen Freiheit. Eine Folge davon war das Überhandnehmen von Anschlägen, wie der Mordversuch des Ungarn Janos Libény auf Kaiser Franz Joseph am 18. Februar 1853 in Wien und Verschwörungen,wie zum Beispiel am 26. Februar 1853 in Mailand, wo bei einem Aufstand zehn österreichische Soldaten in den Straßen der Stadt ermordet wurden. Die Gendarmerie, die sich in ihrem eigensten Aufgabenbereich sehr bewährt hatte, kam infolge der Weisungen der neuen Machthaber, ohne eigene Schuld, in Verruf. Die liberalen Kreise verlangten hierauf sogar die Auflösung der Gendarmerie, der aber Franz Joseph nicht zustimmte.

Im Jahre 1854 wurden drei weitere Gendarmerieregimenter errichtet, die die Nummern 17, 18 und 19 hatten und in Krakau, Preßburg und Ödenburg stationiert wurden.

Es dauerte mehrere Jahre, bis es der Führung der Gendarmerie gelang, das entstellte Ansehen der Gendarmerie wieder herzustellen und das Korps wieder auf seinen ursprünglichen Auftrag zurückzuführen.

Die Führung der Gendarmerie bis zum Ersten Weltkrieg:

FML	Johann von Kempen, Generalgendarmerieinspektor	1849-1859
FML	Karl Freiherr von Steiniger, Gendarmeriegeneralinspektor	1859-1865
FML	Baron Schönberger, Gendarmeriegeneralinspektor	1865-1868
GM	Johann Ritter von Greipel, Gendarmeriegeneralinspektor	1868-1871
FZM	Heinrich Giesl Freiherr von Gieslingen, Gendarmerieinspektor	1872-1894
GM	Johann Edler von Horrak, Gendarmerieinspektor	1894-1903
FML	Josef Döller von Wolframsberg, Gendarmerieinspektor	1903-1907
FML	Michael Tisljar von Lenduli, Gendarmerieinspektor	1907-1917

Der Krimkrieg und seine bitteren Lehren

Nach der Niederschlagung der Revolutionen in Frankreich, Deutschland, in den habsburgischen Erblanden und den Revolutionskriegen in Ungarn und Italien war Rußland die stärkste Macht des Kontinents. Zar Nikolaus I. dachte nun daran, seine Macht auch über die Balkanhalbinsel auszudehnen. Er rechnete dabei auf das Verständnis des jungen Monarchen Franz Joseph, dem er schon zweimal bei der Niederwerfung des Aufstandes in Ungarn und bei der Durchsetzung der österreichischen Interessen im Deutschen Bund gegen Preußen geholfen hatte.

Unvorsichtig hatte der Zar dem englischen Gesandten seine Vorstellungen und politischen Absichten preisgegeben, in denen er die Schutzherrschaft über die Donaufürstentümer Moldau und Walachei, und in panslawistischem Geist die Herrschaft über Serbien und Bulgarien, kund tat. Der englische Gesandte, der Lord Palmerston, der nach kurzer Unterbrechung wieder erster Minister in London war, hievon unterrichtet hatte, betonte das europäische Interesse an der Integrität des Osmanischen Reiches aus Gründen des machtpolitischen Gleichgewichts. Zar Nikolaus I. aber meinte von den durch Revolutionen geschwächten Festlandmächten keinen Widerstand besorgen zu müssen und nahm die Ausgrabung eines 1740 Frankreich zugestandenen Protektorats über die Katholiken im Heiligen Land durch Napoleon zum Vorwand, durch seinen Sondergesandten Menschikow im März 1853 ein gleiches Vorrecht für die griechisch - orthodoxen Christen im Osmanischen Reich für sich zu beanspruchen und gleichzeitig eine beträchtliche „Entschädigung" für die einseitige Bevorzugung Frankreichs zu fordern. Sultan Abd ul Medschid I. (1839-1861) lehnte ab. Dazu kam, daß Österreich am 11. Februar 1853 mit einem Ultimatum die Türkei aufgefordert hatte, ihre Feindseligkeiten gegen Montenegro einzustellen, worauf Abd ul Medschid seine Truppen aus Montenegro zurückgezogen hatte.

Die Weigerung des Sultans, die Schutzherrschaft Rußlands über alle orthodoxen Christen in der Türkei anzuerkennen, wurde der unmittelbare Anlaß zum Krieg, denn Abd ul Medschid betrachtete dies als Einmischung des Zaren in die inneren Angelegenheiten des Osmanischen Reiches. Als auf diese Weigerung der Pforte hin russischen Truppen am 7. Juli 1853 in die türkischen Donaufürstentümer Moldau und Walachei einmarschierten, um, wie Zar Nikolaus I. in seinem Manifest vom 2. Juli erklärte, ein materielles Pfand bis zur Befriedigung seiner Ansprüche in der Hand zu haben, fühlte sich Österreich an den Grenzen seines Kronlandes Siebenbürgen bedroht und sah auch seine Donauschiffahrt gefährdet. Außerdem war das österreichisch - russische Verhältnis durch die Intervention Österreichs für Montenegro belastet. Doch auch die anderen europäischen Mächte hatten ein Interesse daran, die russischen Hegemoniepläne über den Balkan hintanzuhalten. So versuchten Österreich, England, Frankreich und Preußen zunächst zu vermitteln. Die Gesandten dieser Großmächte traten in Wien zusammen und ersuchten Sultan Abd ul Medschid in der am 31. Juli 1853 an die Pforte gerichteten „Wiener Note", den Forderungen Rußlands mit gewissen Einschränkungen zuzustimmmen. Zar Nikolaus war bereit, diesen Kompromiß anzunehmen, doch legte er es als eine volle Gewährung seiner Ansprüche aus. Dagegen protestierte aber Lord Palmerston und der Sultan lehnte ab. Gestützt auf die Sympathien der Westmächte, richtete Abd ul Medschid am 4. Oktober 1853 an Zar Nikolaus ein Ultimatum, in dem er die Räumung der türkischen Donaufürstemtümer forderte. Als der Zar das Ultimatum ablehnte, erklärte der Sultan am 23. Oktober 1853 Rußland den Krieg.

Inzwischen hatte Zar Nikolaus I. am 24. September mit Kaiser Franz Joseph in Olmütz konferiert und kurze Zeit später König Friedrich Wilhelm in Berlin besucht. Zar Nikolaus hatte beiden Monarchen zugesichert, die Donau nicht zu überschreiten und dafür deren bewaffnete Neutralität zugesagt erhalten. Noch einmal, auf der Wiener Konferenz vom 5. Dezember 1853, versuchten die vier Großmächte den russisch - türkischen Konflikt beizulegen. Hiebei war Graf Buol - Schauenstein, der österreichische Außenminister, federführend. Da Rußland sich nicht abgeneigt zeigte, wurden am 28. Dezember von ihm den drei Mächten und dem russischen Gesandten, Fürst Gorschakow, eine Demarche mit folgenden vier Punkten übergeben:

1. Ihre Regierungen (der vier Mächte) halten es für notwendig, das ausschließliche Protektorat (über die Christen der Türkei) aufzuheben, welches Rußland über die Moldau, Walachei und Serbien geübt, die Privilegien, welche diese von der Pforte haben, sollten künftig unter der Gewährleistung der fünf Mächte stehen.

2. Damit die Donauschiffahrt sich in aller Freiheit entwickeln könne, soll der untere Lauf derselben, von da an, wo die beiden Uferstaaten gemeinschaftlich, der Territorialhoheit enthoben werden, die seit dem Friedensschluß von Adrianopel auf ihm lastete.

3. Eine Revision des Vertrages - vom 13. Juli 1841 - und zwar zu dem Zwecke, die Türkei mehr mit dem europäischen Gleichgewichte zu verbinden und Rußlands Übergewicht im Schwarzen Meere zu beenden.

4. Rußland verzichtet auf den Anspruch, die christlichen Untertanen des Sultans vom orientalischen Ritus mit amtlichem Protektorat zu schützen, eben so darauf irgend einen dahin einschlagenden Artikel früherer Verträge

wieder aufleben zu lassen. Indem die drei Mächte sich unterstützen, um der romanischen Regierung Anerkennung der religiösen Privilegien der christlichen Gemeinschaft ohne Unterschied des Kultus zu erwirken, werden sie doch die größte Sorgfalt darauf verwenden, die Würde und Unabhängigkeit der Pforte vor jeder Beeinträchtigung zu bewahren.

Fürst Gortschakow suchte, trotz der Warnungen Buol-Schauensteins, Ausflüchte. Der Zar lehnte die Bedingungen der Westmächte, die Garantierung der Unverletzlichkeit der Türkei und die Räumung der Donaufürstentümer, ab. Darauf schlossen Frankreich und England am 12. März 1854 ein Bündnis mit der Türkei und erklärten am 27. März 1854 Rußland den Krieg.

Unterdessen kämpften die russischen Truppen unter Gortschakow nur mit geringen Erfolgen an der Donau gegen die Türken, denn der Sultan hatte, unter Omer Pascha, ein großes Heer nach dem Norden des Balkans gesandt. Die Russen zerstörten die türkischen Schiffe im Hafen von Sinope. Am 21. März 1854 überschritten russische Truppen die untere Donau und besetzten die Dobrutscha. Die Türken zogen sich langsam zurück, hielten aber die Festung Silistria, deren Belagerung die Russen aber am 21. Juli aufgeben mußten. Da außerdem österreichische Truppen in Siebenbürgen, an der Grenze zu den Donaufürstentümern, eine drohende Haltung einnahmen, war Fürst Gortschakow genötigt, die russischen Truppen hinter den Pruth zurückzunehmen. Zar Nikolaus sprach erzürnt von der „Perfidie ohnegleichen" seines jungen Freundes Franz Joseph.

Der Bruch des Versprechens des Zaren, die Donau nicht zu überschreiten, bewog Österreich und Preußen am 20. April 1854 zur Verlängerung ihres dreijährigen geheimen Schutz- und Trutzbündnisses vom 16. Mai 1851 für die Dauer dieses Krieges. In einem Zusatzvertrag vom 28. April 1854 verpflichteten sich beide Mächte außerdem, Rußland mit Waffengewalt entgegenzutreten, falls es die Donaufürstentümer annektieren oder seine Heere über den Balkan führen sollte. Österreich ging aber noch einen Schritt weiter: es verlangte am 3. Juni 1854 die sofortige Räumung der Donaufürstentümer durch Rußland; außerdem schloß Österreich am 14. Juni mit der Türkei einen Vertrag, durch den es das Recht erhielt, nach einer allfälligen Räumung der Donaufürstentümer durch Gortschakow, diese Gebiete zu besetzen. Unter diesem Druck erklärte sich der Zar schließlich am 21. Juni 1854 bereit, die Moldau und Walachei zu räumen, verlangte aber, daß sich Österreich verpflichten sollte, dafür die Garantie zu übernehmen, daß auch die Gegner Rußlands die Feindseligkeiten gegen Rußland einstellen. Doch der österreichische Außenminister Buol - Schauenstein forderte am 20. August die „bedingungslose Räumung", und österreichische Truppen begannen mit dem

Einmarsch in die Donaufürstentümer. Hierauf zogen sich die russischen Truppen „aus strategischen Gründen" zurück. Österreich hatte zwar sein Ziel erreicht, aber die hundertjährige österreichisch - russische Freundschaft war zerstört, ohne daß es Buol - Schauenstein gelungen wäre, das volle Vertrauen der Westmächte zu gewinnen. Österreich hatte, den Verträgen mit den Westmächten zufolge, 500000 Mann in Siebenbürgen stehen. Buol-Schauenstein wollte zwar Rußland aus dem Balkan verdrängen, aber doch auch die Türkei von Frankreich und England unabhängig wissen. Er verweigerte daher auch den Westmächten, die ihre Angriffsabsichten auf Beßarabien richteten, den militärischen Beistand, wodurch sich diese genötigt sahen, den ungünstigeren Kampfplatz, die Krim, zu wählen, was Napoleon III. gegen Österreich aufbrachte.

Im Sommer 1854 begannen die Feindseligkeiten zwischen Rußland und den Westmächten. Eine englisch - französische Flotte unter dem Admiral Charles Napier versuchte die Seefestung Kronstadt (bei St. Petersburg) zu erobern, wurde aber von den Russen auf die See zurückgeworfen. Lediglich die kleine Festung Bomarsund auf den Aalandsinseln wurde am 16. August von dem vereinigten Flottengeschwader erobert.

Inzwischen wurde in Gelibolu (Gallipoli), einer Hafenstadt in der Meerenge der Dardanellen, also auf der Halbinsel Chersones, ein starkes englisch - französisches Heer gesammelt, das unter dem Schutz der verbündeten Flotte zwischen dem 1. und 14. September von der Hafenstadt Varna, wohin das Heer bereits marschiert war, auf die Krim übersetzte wo es in Eupatoria, an der Westküste der Krim mit dem Marschziel Sebastopol an Land ging. Am 20. September wurden die Russen unter dem Fürsten Menschikow in der Schlacht an der Alma besiegt und mit der Belagerung von Sebastopol begonnen, die vom Oktober 1854 bis zum 11. September 1855 währte. Während ein erster kombinierter See- und Landangriff am 17. Oktober scheiterte, gelang es den Russen, den Engländern am 25. Oktober bei Balaklawa große Verluste beizubringen. Am 5. November 1854 griff Menschikow die Verbündeten bei Inkerman an, doch wurde er in einer blutigen Schlacht zurückgeworfen.

Am 2. Dezember 1854 trat Österreich, nachdem alle seine Friedensbemühungen gescheitert waren, dem Bündnis der Westmächte bei und ließ seine beträchtliche Streitmacht an die russische Grenze vorrücken. Wenn es auch zu keinen offenen Feindseligkeiten zwischen den österreichischen und russischen Truppen kam, so war Rußland wegen der drohenden Haltung Österreichs doch gezwungen, etwa zwei Drittel seiner Armee im Westen in Bereitschaft zu halten. Dadurch wurden die Streitkräfte Menschikows auf der Krim außerordentlich geschwächt, was die Erfolge der Alliierten überhaupt erst möglich machte, die ja nur einem Drittel der russischen Armee gegenüber standen.

Preußen blieb im Krimkrieg neutral, aber König Viktor Emanuel von Sardinien - Piemont, der Todfeind Österreichs in Italien, trat am 15. Januar 1855 dem Bündnis der Westmächte bei und entsandte, unter General Lamarmora ein Korps von 15000 Mann nach dem Kriegsschauplatz auf der Krim, eine Hilfe, die den Verbündeten vor Sebastopol gerade recht kam, in deren Verbänden Krankheiten wüteten. Diese Waffenhilfe Viktor Emanuels sollte ihm Napoleon III. später reichlich vergelten, zum Schaden Österreichs, das nicht aktiv in den Krimkrieg eingegriffen und die Westmächte genötigt hatte, nicht in Beßarabien, sondern ohne Österreich auf der Krim zu schlagen.

Am 2. März 1855 starb Zar Niko1aus I. von Rußland. Sein Nachfolger, Alexander II. (1855-1881), nahm die Forderungen der Westmächte während der Wiener Friedensverhandlungen nicht an und setzte den Krieg fort. Er übertrug den Oberbefehl über die russischen Truppen dem Fürsten Gortschakow.

Nach fast einjähriger Belagerung der Festung Sebastopol, deren Verteidiger unter General Totleben alle Stürme der Verbündeten abgeschlagen hatten, wurde seitens der Verbündeten für den 8. September 1855, 12 Uhr mittags, der Generalsturm angesetzt. Nach fünfstündigem Kampf gelang es französischen Truppen, die Mac - Mahon befehligte, das Hauptwerk der Festung, den Malakowturm, zu nehmen und damit den Fall Sebastopols zu besiegeln. Drei Tage später erfolgte, nach weiteren hartnäckigen Gefechten, die Besetzung der Stadt durch die Verbündeten.

Nach dem Verlust des Malakoff - Turmes sprengten die Russen alle Außenwerke der Festung und versenkten ihre Flotte. Fürst Gortschakow wurde freier Abzug aus der Stadt gewährt.

Kaiser Franz Joseph aber hatte durch seine verworrene Außenpolitik, die Rußland hinderte die in der Türkei liegenden Meerengen in seine Gewalt zu bringen, sich einen freien Zugang zum Mittelmeer zu verschaffen und alle seine Truppen gegen die auf der Krim gelandeten Westmächte zu werfen, maßgeblich an der Niederlage Rußlands mitgewirkt, das zwei Drittel seiner Streitmacht zur Sicherung vor einem österreichischen Angriff in den Moldaufürstentümern hatte bereitstellen müssen. Bei einer rußlandfreundlicheren Haltung Franz Josephs hätten die Russen ihre gesamte Armee auf der Krim einsetzen und die Franzosen, Engländer und Piemontesen aufreiben können.

Am 16. Dezember 1855 übermittelte der österreichische Außenminister Graf Buol - Schauenstein an Rußland die Forderungen der Alliierten nach Beendigung des Krieges, die Zar Alexander II. am 10. Januar 1856 annahm. Am 26. Februar trat hierauf der Friedenskongreß in Paris zusammen und am 30. März erfolgte der Friedensschluß. Die russische Flotte war in den fortwährenden Kämpfen um Sebastopol fast vernichtet worden, Sebastopol gefallen und Graf Buol - Schauenstein hatte die Neutralisierung des Schwarzen Meeres verlangt, das heißt, es sollte kein Kriegsschiff, von was immer für einer Macht dasselbe befahren, noch See Arsenale an seinen Ufern angelegt werden.Rußland hat die Pariser Friedensverträge mit finsterem Groll gegen Österreich unterzeichnet und auch die Westmächte fühlten sich Österreich gegenüber, wegen seiner schwankenden Haltung im Krimkrieg, in keiner Weise zum Dank verpflichtet. Graf Buol - Schauenstein war es gelungen, Österreich überall verdächtig zu machen. Aber Frankreich hatte durch diesen Krieg den ersten Rang unter den Großmächten errungen, hatte durch die Macht seiner Waffen Englands Ruhm verdunkelt, Rußland tief gedemütigt und Österreich, das ihm beigestanden, verpflichtet, den russischen Einfluß von der Donau fern zu halten. Dazu stieg das Königreich Sardinien-Piemont im Ansehen und eröffnete ihm die Aussicht, ebenfalls eine Großmacht zu werden. Napoleon III. aber hatte seine Stellung im eigenen Land gefestigt, denn der Ehrgeiz der Franzosen hatte reichlich Nahrung gefunden.

Das Ziel Zar Alexanders II. und seiner Nachfolger blieb jedoch, ohne Rücksicht auf persönliche Freundschaften, seit Peter dem Großen, unverändert, der Vorstoß Richtung Balkan und Dardanellen, die Eroberung Polens und Ostpreußens und ihr Mitspracherecht im strategischen Vorfeld Mitteleuropa. Der einzige Vorteil, den Österreich aus dem Krieg hatte, war, daß sich das Mißtrauen, das man ihm in Deutschland entgegengebracht hatte, etwas verringerte. Das Bestreben Österreichs, das Protektorat über die Donaufürstentümer zu erlangen, scheiterte am Widerspruch der Westmächte, die von sich sagen konnten, die Russen von der Donaumündung verdrängt zu haben. Franz Joseph aber war mit seiner Regierung völlig im Abseits, denn er hatte die Freundschaft Rußlands verloren, ohne die des Westens gewinnen zu können.

Einen gemeinsamen Krieg der Westmächte Frankreich und England gegen Rußland hatte es bisher noch nie gegeben. Als Zar Nikolaus I. mitten im Krieg starb, kondolierte Napoleon III. seinem Sohn Zar Alexander II. und erhielt von Nesselrode, dem Kanzler des Zaren, die Antwort, in der es hieß: „Zwischen Frankreich und Rußland besteht ein Krieg ohne Feindschaft". Daß aber aus dem „Krimkrieg" kein europäischer Krieg entstand, war nur dem Umstand zu danken, daß die deutschen Mächte Österreich und Preußen bei ihrer bewaffneten Neutralität blieben. Sie blieben es wohl, weil Preußen nichts zu gewinnen, Österreich aber viel zu verlieren hatte. Die Besetzung der Donaufürstentümer durch österreichische Truppen erfolgte im Einvernehmen mit den Westmächten und nur für die Dauer des Krieges. Der Gegensatz aber, den Östereichs Schaukelpolitik zwischen den Herrscherhäusern der

Habsburger und Romanow aufbrach, sollte die Beziehungen zwischen beiden Herrscherhäusern bis zum Untergang ihrer Kaiserreiche im Weltkrieg 1914-1918 und den Verlust der Kronen beider Häuser belasten.

Das Königreich Sardinien - Piemont aber hatte sich aus freien Stücken den Westmächten angeschlossen und ein Expeditionskorps auf den Kriegsschauplatz auf der Krim entsandt. Der Ministerpräsident König Viktor Emanuels, Camillo Graf Bendo di Cavour, war, im Hinblick auf die von ihm beabsichtigte Auseinandersetzung mit dem „Koloß des Nordens, dem schlimmsten Feind aller Kultur", für die Teilnahme des Königreiches am Krimkrieg eingetreten, um sich für den geplanten Krieg gegen Österreich die Freundschaft Frankreichs und Englands zu sichern. Graf Cavour lebte dafür, Italien von Österreich zu befreien.

Die Absicht der Westmächte war auch, aus den Fürstentümern Moldau und Walachei den Staat „Rumänien" entstehen zu lassen. Ihre Unabhängigkeit von der Türkei erlangten Rumänien und Serbien aber erst 1878.

Der Krimkrieg soll insgesammt, also auf beiden Seiten, mehr als 50000 Tote gefordert haben, von denen die meisten aber an Seuchen zugrunde gingen. Rußland hat zwar die Schlacht um Sebastopol verloren, aber es war weiterhin eine europäische Großmacht. Noch während der Verhandlungen am Pariser Kongreß rückten Frankreich und Rußland näher aneinander und man wußte, daß Rußland in Zukunft Österreich nicht mehr schützen würde, wie 1849, und Preußen nicht mehr hindern, wie 1850, wenn es Österreich die Vormachtstellung im Deutschen Bund streitig machte.

Rußland mußte im Pariser Frieden auf die Einverleibung der Donaufürstentümer verzichten, seine angemaßte Schutzmachtrolle über die griechisch - orthodoxen Christen in der Türkei aufgeben, ein Stück Beßarabien abtreten und der freien Schiffahrt auf der Donau zustimmen. Weiters durfte Rußland die Aalandsinseln nicht mehr befestigen und sogar seine Eroberungen in Asien aufgeben. Die Türkei, deren Unabhängigkeit von den Westmächten und von Österreich garantiert wurde, trat als gleichberechtigte Macht in das politische Konzert der europäischen Mächte ein, während der Zar, der „Gendarm Europas" doch in die Schranken verwiesen worden war.

Der wahre Triumphator des Krimkrieges war Kaiser NapoleonIII., der jetzt, zu Englands Ärger, energisch seine Kolonialpolitik aufnahm.

Die Rückkehr Pius IX. nach Rom -
Das Konkordat Österreichs mit dem
Heiligen Stuhl

Papst Pius IX. residierte nach seiner Flucht aus Rom in Gaeta im König-reich Neapel. Von dieser nunmehrigen Residenz des Papstes wurde alles unternommen, um der Behauptung des römischen Revolutionärs Mazzini und der römischen Radikalen entgegenzuwirken, nur eine durch das allge-meine Stimmrecht gewählte mit unumschränkter Gewalt versehene konstitu-ierende Versammlung könne den aus allen Fugen geratenen Staat, könne Ita-lien zurecht bringen und Anhang verschaffen. Im allergünstigsten Falle hätte Pius IX. aus den Händen dieser Versammlung die weltliche Macht kraft der Volkssouveränität wieder erhalten können, was ein Umsturz des ganzen Kuri-alsystems gewesen wäre nach welchem der Papst all sein Recht und alle seine Gewalt unmittelbar von Gott hat. Ungleich wahrscheinlicher aber war, daß von der Konstituierenden (Verfassungsgebenden) die Republik ausgerufen und der Papst eingeladen würde, mit allen Ehren und Gewalten eines Nach-folgers Christi im Geistlichen, auch in Zukunft seinen Sitz an den Gräbern der Apostel zu haben. Damit wäre ein Jahrtausend der Gestaltung des Papst-tums für ungeschehen erklärt worden. Deshalb neigte der Hof in Gaeta immer mehr dazu, im Ausland militärische Hilfe zu suchen, und zwar durch einen gemeinsamen Kreuzzug der größeren katholischen Mächte, besonders aber Frankreichs und Österreichs, denen man die alleinige Ausführung gönn-te. Indes wollte man versuchen, die in der Romagna stehenden päpstlichen Schweizertruppen zu sammeln und mit ihnen einen Schlag gegen Rom zu wagen. Dieser Versuch mißlang aber im Januar 1849.

Pius IX. mahnte hierauf durch ein feierliches Monitorium alle und jeden seiner Untertanen unter Androhung der schwersten Kirchenstrafen, beim Fluch der Kirche an den, von der Gewaltregierung in Rom ausgeschriebenen Wahlen zur konstituierenden Versammlung sich zu beteiligen. Es war eine moralische Niederlage der Kirche, daß die Wahl dennoch eine ziemliche Beteiligung erbrachte. Die Folge der Drohungen des Papstes war nur, daß sich die konservativ - liberale Partei auflöste, so daß meistens Radikale gewählt wurden.

Auf dieses Wahlergebnis und das Bedenken Österreichs, ohne vorherge-hende Verständigung mit Frankreich im Kirchenstaat einzurücken, war Pius

IX. fast geneigt auf Giobertis, des piemontesischen Ministers Anerbieten, hinsichtlich einer Intervention seines Königs, einzugehen. Gioberti fühlte sich in seinen Ansichten deshalb bestärkt, weil die spanische Regierung am 21. Dezember 1848 die katholischen Staaten Frankreich, Österreich, Neapel, Piemont, Toskana, Bayern und Portugal mit einer Depesche zu einem Kongreß nach Madrid oder Barcelona eingeladen hatte, um dem Papst die baldige Rückkehr nach Rom und die ihm als Haupt der Kirche nötige Unabhängigkeit entweder durch gütliche Mittel, im Notfall aber mit Gewalt zu ermöglichen. Gioberti beantwortete die Depesche mit der Versicherung, daß König Karl Albert und die Regierung von Piemont von nicht minderem Eifer für die Wiedereinsetzung des Papstes beseelt seien, fügte aber hinzu, der Ansicht der spanischen Depesche nicht beistimmen zu können, daß der Kongreß sich bloß mit den geistlichen Angelegenheiten befassen werde, weil der Papst durch bürgerliche Unruhen zur Flucht aus Rom bewogen worden sei. Gioberti schrieb auch an Manzzini, den Präsidenten der römischen Regierung und machte ihm Vermittlungsvorschläge. Doch die kirchenstaatliche verfassungsgebende Versammlung, die am 5. Februar 1849 eröffnet wurde, erklärte sich sofort für das allgemeine Stimmrecht, für den Bund der Völker Italiens und verwarf die „konstitutionellen Lügen".

Indes wurde aber auch Piemont bei Pius IX. verdächtigt, sich Teile des Kirchenstaates einverleiben zu wollen. Diese Verdächtigung ging von Neapel aus, das, ohne die Kongreßvorschläge abzuwarten, Schritte zur Restauration des Papstes unternommen hatte. Hierauf verlangte der französische Botschafter vom päpstlichen Hof Bescheid, ob der Papst, wenn Österreich allein oder auch im Einverständnis mit Neapel und Spanien interveniere, dagegen protestieren würde. Er deutete an, daß Frankreich nur dann eine Intervention dulden werde, wenn auch eine französische angerufen würde. So war denn Frankreich durch die Konkurrenz mit Österreich bereits auf den Weg der militärischen Intervention gedrängt.

Am 4. Januar 1849 war Graf Moritz Esterházy als österreichischer Gesandter in Gaeta eingetroffen. Auch er erklärte, daß Österreich zur Intervention bereit sei, aber nur unter der Bedingung, daß darüber eine Verständigung mit Frankreich vorausgehe. Durch Beschluß des Kardinalkollegiums vom 7. Februar wurden Frankreich, Österreich, Spanien und Neapel ermächtigt, auch ohne gegenseitige Konsultationen dem Papst Hilfe zu leisten. Da Piemont, dem Pius IX. nicht traute, nicht in diese Ermächtigung einbezogen worden war, fühlte sich König Karl Albert nicht nur als italienischer Fürst in seiner Ehre und seinen Interessen, sondern auch als Katholik tief gekränkt. Einen ebenso schweren Rückschlag erlitt auch Giobertis Versöhnungspolitik durch den am 2. Februar, 2 Uhr nachts von der Konstituierenden in Rom verkündeten Beschluß, daß der Papst faktisch und rechtlich die zeitliche Regierung des römischen Staates verloren habe. Der römische Pontifex wird alle nötigen Bürgschaften der Unabhängigkeit in Ausübung seiner geistlichen Gewalt haben, die Regierungsform des römischen Staates aber wird die reine Demokratie sein und wird den glorreichen Namen „Römische Republik" annehmen. Die römische Republik wird zum übrigen Italien diejenigen Beziehungen haben, die die gemeinsame Nationalität verlangen. Damit war Pius IX. als weltlicher Herrscher abgesetzt worden. Diese Ausrufung der römischen Republik aber verfestigte im Papst nur den Entschluß, sich Rom durch Waffengewalt fremder Mächte, durch einen Kreuzzug der katholischen Staaten zur Befreiung des Grabes Petri unterwerfen zu lassen. Am 18. Februar wurden die entsprechenden Aufforderungen zur militärischen Intervention den Gesandten der angesprochenen Mächte in Form einer Note, die sie an ihre Regierungen weiterleiten sollten, überreicht. In dieser Note hieß es, „nachdem der Papst alle friedlichen Mittel erschöpft, werde er zu diesem Beschluß genötigt durch die Pflicht, welche er angesichts der ganzen katholischen Welt habe, das Erbe der Kirche und die damit verknüpfte Souveränität zu erhalten, welche zur Behauptung seiner vollen Freiheit und Unabhängigkeit, als dem Haupt der katholischen Kirche unentbehrlich sei.

Da Österreich, wegen der Revolution in Ungarn, nicht in der Lage war dem Papst Beistand zu leisten und sogar Kontingente von seinen Truppen in der Lombardei hatte abziehen und nach Ungarn verlegen müssen, Haynau, sah Kardinal Antonelli, der Chef der päpstlichen Regierung, der Landung französischer republikanischer Bataillone mit großem Mißtrauen entgegen, denn auch Neapel und Spanien ließen es nur bei guten Ratschlägen bewenden, anstatt Truppen aufzubieten. Antonelli erkannte wohl, daß Louis Napoleon, der republikanische Präsident Frankreichs, wenig Lust haben würde, die junge römische Republik zum Vorteil der österreichischen Reaktion zu unterdrücken oder seine Truppen als Karyatiden, als Gebälkträger der österreichischen Herrschaft, abzuwerten. Napoleon war aber letztlich bereit, unter Beiziehung Piemonts, auch militärisch einzugreifen. Aber auch die verfassunggebende Versammlung der kirchenstaatlichen Republik rief die Hilfe Frankreichs und Englands gegen die Wiederaufrichtung des Priesterregiments an, als einer mit der Freiheit und Zivilisation, mit der Wiedergeburt Italiens unverträglichen Regierungsform. Ihre größte Hoffnung setzte sie dabei auf Paris, von dessen Regierung die Konstituierende aber am meisten enttäuscht werden sollte.

Der französische Minister des Äußeren Druin de Lhuys, das Haupt der in Frankreich überwiegenden konservativen Partei, wirkte im Sinne des Klerus, mit dem er eng zusammenarbeitete und fand in Oudinot, dem Oberbefehlshaber der für die römische Expedition bestimmten Truppen ein geeignetes Werkzeug. Und der neue Präsident der französischen Republik, Louis Napoleon, der bereits geheime dynastische Pläne hegte, und in der konservativen Partei dafür dienstwillige Elemente zu entdecken glaubte, ließ es geschehen. Oudinot landete demnach am 26. April 1849 mit seinen Truppen in Civitavecchia und rückte am 30. bis unter die Mauern von Rom. Er erwartete hier, nach den Versicherungen der Päpstlichen eine Erhebung in der Stadt zugunsten von Pius IX., doch wurde dazu nicht einmal ein Versuch gemacht. Die Römer, von Garibaldi befehligt, schlugen sich tapfer an den Toren. Einige unvorsichtig vorgeführte französische Kompanien wurden abgeschnitten und gefangengenommen. Nachdem noch weitere 300 Franzosen verwundet ausfielen, zog sich Oudinot mit 6000 Mann Wieder nach Civitavecchia zurück, wo er Waffenruhe hielt, um die von ihm verlangten Verstärkungen abzuwarten. Eine Abteilung spanischer Truppen war gleichfalls an der Tibermündung gelandet, hielt sich aber stets außer Schußweite. Garibaldi benützte seinerseits die Waffenruhe Oudinots dazu, sich auf die über Frosinone angerückten Neapolitaner zu werfen, die er vor Palestrina schlug. Garibaldi wandte sich hierauf gegen Veletri, wo König Ferdinand von Neapel Posten bezogen hatte und zwang auch diesen zum Rückzug.

Indessen eroberten die Österreicher am 16. Mai Bologna in harten Kämpfen. Hierauf warnte Oudinot die Österreicher, nicht über Perugia hinaus vorzurücken, um Frankreich nicht zu beleidigen. Oudinot rückte, mit den inzwischen eingetroffenen Verstärkungen, abermals vor Rom und stürmte mehrere Male. Nachdem aber, unter Wundern von Tapferkeit, die Besatzung allmählich zusammengeschmolzen war, stürmten die Franzosen in der Nacht vom 29. auf den 30. Juni die südlich vom Pankratiustor gelegenen Bastionen, eroberten sie und zwangen damit Garibaldi zur Erklärung, daß jeder weitere Widerstand fruchtlos geworden sei. Er überließ dem Municipalrat die Übergabe der Stadt an Oudinot. Während die Franzosen schweigend in Rom einzogen, zog Garibaldi mit 4000 Mann an der Ostseite der Stadt hinaus, um sich nach Venedig durchzuschlagen. Allein seine Truppen erlagen der Übermacht der Franzosen und Österreicher, die Garibaldis letzte Haufen, aufgriffen, die mit Schiffen schon vor Venedig angelangt waren. Eine Anzahl Garibaldianer wurde erschossen, darunter auch der Barnabitermönch Hugo Passi. Garibaldi ging, nachdem er im Gebiet von Ravenna gelandet war und seine Gattin Aeita, eine Brasilianerin, die hier an Entkräftung starb, begraben hatte, über Genua nach Nordamerika, wo er wieder Schiffskapitän wurde, bis ihn der Sohn Karl Alberts wieder unter die Waffen rief.

Am 4. April 1850 kehrte Pius IX. durch die Spaliere französischer Soldaten segnend nach Rom zurück und der Klerus feierte den Triumph, daß

Frankreich den Papst wieder, ohne Vorbedingungen, als Fürsten eingesetzt hatte. Mit dieser Wiederkehr nach Rom schien PiusIX. seine politische Rolle zu Ende gespielt zu haben, denn durch die Anforderung der französischen Intervention, durch die Beibehaltung der französischen Garnison in der Stadt auch für die fernere Zeit und das neuerlich ausgeübte Besatzungsrecht der Österreicher in Bologna und den Legationen legte Pius IX. gleichsam ein Bekenntnis seiner Unfähigkeit zur selbständigen weltlichen Herrschaft ab. Am 10. September 1850 stellte Kardinal Antonelli einen Staatsrat aus 15 Mitgliedern auf. Er selbst aber blieb Staatssekretär und erster Minister des Heiligen Stuhls. Hierauf erfolgte eine neue administrative Einteilung des Kirchenstaates in die vier Legationen Bologna, Ankona, Perugia und Benevent. Rom blieb aber unter einer besonderen Regierung. In der kirchlichen Gerichtsbarkeit wurde nichts geändert und die angebahnten materiellen Verbesserungen wurden suspendiert. Das Bemühen Pius IX. galt, nach außen hin, zwar der Befestigung der nach seiner Meinung arg bedrängten Kirche Christi, doch vermochte diese Ägide das verborgene Streben des Papstes nach stets weiterer Ausdehnung der weltlichen Herrschaft nicht zu verbergen. In dieser unruhigen Zeit, deren politische Ereignisse den ganzen Kontinent erschütterten, gab es dennoch keine veraltete, verlorene Position, die nicht bis zum bitteren Ende verteidigt wurde, keinen Lärm um nichts, den man sich ersparte und kein hoffnungsloses Rückzugsgefecht, das nicht stattfand, obwohl es auch damals gescheite, hochstehende Geister gegeben hat.

Durch die aus der Synode 1849 hervorgegangene Befreiung der Kirche durch Kaiser Franz Joseph von Österreich, wodurch vornehmlich die Geistlichkeit außerhalb der Gewalt jeder weltlichen Gerichtsbarkeit gestellt wurde, geschah der erste Schritt zu dem 1855 zwischen Österreich und dem Papst abgeschlossenen Konkordat, das am 13. November 1855 ins Leben trat und mit vollem Recht als ein Vorbote der Inquisition gelten konnte. Durch das auch hier bewiesene politische Uvermögen Kaiser Franz Josephs, wie im Krimkrieg, waren denn die letzten Früchte der Bemühungen des großen Kaisers Joseph II. mit einem Schlag vernichtet, und Gewissenszwang, Aufhebung der Mischehen zwischen Katholiken und Protestanten, das Edikt, das hinfür die Glieder der verschiedenen christlichen Konfessionen auch in eigenen getrennten Friedhöfen zu beerdigen seien, brachen nun, gleich einer restaurativen Sturmflut, herein. Dazu dräuten im Hintergrund die furchtbaren kirchlichen Strafen des Mittelalters, die man voreilig schon in das Reich der Sagen verwiesen hatte. Das Ganze mußte auf aufgeklärte Menschen um so vernichtender wirken, je mehr sie bereits in einer gewissen Atmosphäre der Freiheit hinsichtlich kirchlicher und weltlicher Angelegenheiten geatmet hatten.

Kaiser Joseph II. hatte von mehr als 2000 Klöstern nur ungefähr 700 übriggelassen. Von den Nonnenkongregationen fanden nur die unmittelbar nützlichen bei ihm Gnade, und auch die, welche er verschonte, riß er von ihrer Verbindung mit Rom los. Die päpstlichen Dispensationen sah er an wie ausländische Ware und ließ kein Geld dafür aus dem Land gehen. Kaiser Joseph II. erklärte sich öffentlich für den Administrator der Weltlichkeit der Kirche. Von den Klosteraufhebungen waren zuerst die Bettelorden der Franziskaner und Dominikaner und in der Folge die Orden der Benediktiner, Zisterzienser und Prämonstratenser betroffen. „Da ich den Aberglauben verabscheue", schrieb Kaiser Joseph II. an Kardinal Herzan, „so will ich mein Volk von ihm erlösen. Statt Mönchen sollen Priester predigen, nicht über Heiligengeschichten, sondern über das Evangelium und die Moral". Joseph wollte Herr im eigenen Lande sein und wies daher alle römischen Anmaßungen zurück. „Seine Majestät", erklärte sein Staatskanzler Kaunitz dem päpstlichen Nuntius, „werde niemals fremde Einmischungen in Angelegenheiten dulden, die in das Reich der weltlichen Macht gehören." Der Landesfürst allein habe das Recht, im Staat zu befehlen, und seine Gewalt umfasse alles, was in der Kirche nicht von göttlicher, sondern von menschlicher Einsetzung ist." Papst Pius VI., der damals in Rom regierte, sah in einer persönlichen Begegnung mit dem Kaiser das einzige Mittel den Kaiser von äußersten Schrittten, vielleicht auch in dogmatischer Hinsicht, zurückzuhalten und begab sich nach Wien. Böse Zungen redeten von einem „umgekehrten Canossagang", doch nach vierwöchigem Aufenthalt in Wien mußte Pius VI. sich zuletzt entschließen, die Besetzung der bischöflichen Stellen nicht nur in Deutschland, sondern auch im habsburgischen Italien dem Kaiser zu überlassen. Arg schmerzte den Papst auch die Einführung der Zivilehe. Die geistlichen Kurfürsten des Reiches stellten sich an die Seite des Kaisers und sprachen sich „gegen die Verschleppung der Opfergelder nach Rom" aus. Nach ihrer Erklärung von Ems, „geschrieben mit einer Feder", sagte ein römischer Prälat, „die in die Galle Paul Sarpis getaucht war", sollte sich der römische Primat in Zukunft mit jenen Rechten begnügen, die ihm in den ersten Jahrhunderten zustanden. Der Moraltheologe Paul Sarpi war ein absoluter Gegner der „weltlichen Herrschaft" der Päpste.

Kaiser Josef II. hatte den Vorrang des Staates vor der Amtskirche schon von seiner Mutter Maria Theresia übernommen. Maria Theresia war stolz darauf, daß die katholische Religion in ihren Landen die blühendste war. Sie vergriff sich aber unentschuldbar in den Mitteln, wenn sie in ihrem Eifer und der mütterlichen Sorge um das Seelenheil ihrer Untertanen mit Andersgläubigen nicht gerade zimperlich umging. Streng trennte sie ihren Glauben von der Amtskirche, mit der sie unerbittlich ins Gericht ging. Sie forderte förmlich dazu auf, der Kirche keine Geschenke zu machen. Geschenke an die Kirche hielt sie für einen sträflichen Leichtsinn. Ebenso hielt sie Geschenke an Geistliche für höchst überflüssig, da sie dessen nicht bedürfen und von dem, was sie einmal besitzen, nicht so Gebrauch machen, wie es sein sollte. Auch in den Klöstern schaffte Maria Theresia Ordnung, da ihr dort zu viele Müßiggänger saßen. Von ihren landesfürstlichen Rechten der Amtskirche gegenüber machte sie vollen Gebrauch. Jede Verlautbarung der Bischöfe oder Anordnungen aus Rom durften erst dann den Gläubigen zur Kenntnis gebracht werden, wenn Maria Theresia ihr „placet" gegeben hatte. Sie verbat sich jegliche römische Einmischung und Visitation in einheimische Ordensangelegenheiten. Das ganze Schulwesen erklärte sie zu einer Angelegenheit, die ausschließlich den Staat angehe. Als ihr Sohn Leopold als Großherzog die Regierung in der Toskana antrat, ermahnte ihn Maria Theresia, der Kirche und dem Heiligen Vater treu zu sein, aber niemals zu dulden, daß Rom oder die Kirche seine landesfürstlichen Rechte beeinträchtige. Wenn Maria Theresia auch der Aufklärung abhold war, so darf sie doch als Wegbereiterin des josephinischen Staatskirchentums angesehen werden. Die Kaiserinwitwe Maria Theresia, Herzogin von Österreich und Königin von Ungarn und Böhmen, wahrte, im Einvernehmen mit ihrem Staatskanzler Wenzel Anton Graf Kaunitz die Rechte des Staates. Kaunitz setzte diesen Kurs auch unter Joseph II. fort und rückte die Rechte des Herrschers noch mehr in den Vordergrund. Am 13. Oktober 1781 erließ Joseph II. das zum Kernstück seiner kirchenpolitischen Maßnahmen gewordene Toleranzpatent, mit dem jeder Gemeinde mit mehr als 100 nichtkatholischen Christen die Errichtung eines Gotteshauses und die freie Religionsausübung gestattet wurde. Die Bischöfe von Laibach und Seckau unterstützten hiebei den Kaiser. 1782 erfolgte die Toleranz für die Wiener Juden. Das Vermögen der aufgelösten Klöster wurde einem Religionsfonds zugeführt, der zum Bau von Schulen und zur Bezahlung der Geistlichen herangezogen wurde. Und Kaiser Franz Joseph I. ?

Am 18. August 1855 wurde zwischen dem Heiligen Stuhl und Österreich das Konkordat abgeschlossen. In diesem wurde der Kirche die Selbstverwaltung ihres Vermögens, Gerichtsbarkeit in Ehesachen, Aufsicht über das Volksschulwesen, Leitung des Religionsunterrichtes in öffentlichen Schulen sowie das Recht zur Zensur jener Bücher zugesichert, deren Inhalt sich mit religiösen Dingen beschäftigt. Außerdem war den Bischöfen bereits durch die kaiserlichen Verordnungen vom 18. April und 23. April der freie Verkehr mit dem Papst, die ausschließliche Gerichtsbarkeit über den Klerus und die Leitung der Priesterseminare gewährt worden. Dem Jesuitenorden wurde die Errichtung eigener Lehranstalten gestattet. Aber auch die Belegung katholischer Friedhöfe mit Leichen von Protestanten wurde verboten.

Die katholische Kirche erhielt durch dieses Konkordat einen weitgehenden Einfluß auf das öffentliche Leben.

Kaiser Franz Joseph hat, trotz des Krieges, den Pius IX. gegen Österreich geführt hatte, diesem Papst auf allen Linien nachgegeben, ohne nennenswerte Vorteile für die Monarchie eingetauscht zu haben. Pius IX. hatte an Franz Joseph I. eine feste Stütze gefunden, zum Nachteil der Völker der Monarchie.

Der Klerus ließ es nicht an Mitteln fehlen, die zerstreuten Lämmlein herbeizulocken, und sie von der heilsamen Wohltätigkeit dieser neuen kirchlichen Maßnahmen zu überzeugen. Und schon ein Jahr später erfolgte die Promulgierung eines neuen Dogmas: Die Lehre von der unbefleckten Empfängnis der Jungfrau Maria und ihrer

Freiheit von der Erbsünde. Sie erfolgte in Zeiten der hierarchischen Allgewalt, obwohl sie von den angesehensten Lehrern, denen die Kirche folgte, verworfen worden war. Pius IX. unternahm die Promulgierung kraft seiner eigenen Autorität und erhob sie zur Kirchenlehre. Nie war die päpstliche Unfehlbarkeit, obgleich nicht dogmatisch bestimmt, ubedingter erschienen als im Schutze der französischen und österreichischen Truppen, die in den Legationen willfährige Vollstrecker der päpstlichen Anordnungen waren. Weniger glücklich war der Papst mit der französischen Garnison deshalb, weil die französischen Soldaten in ihrem Gepäck gleichsam ihre Gesinnung mit sich trugen, die sie auch in Rom verbreiteten: Es waren die Ideen, die seit 1789 zum Erbe ihrer Nation gehörten, die Volkssouveränität, Gleichheit vor dem Gesetz, Gewissensfreiheit und Achtung der persönlichen Freiheit.Sie erkannten gar wohl die Rechte des Bürgers, und ihr gesunder Verstand lehrte sie, daß die Dinge in ihrem Dorf einen ganz anderen Verlauf nehmen würden, wenn der Pfarrer zugleich Maire (Bürgermeister) sein wollte. Eine französische Armee konnte so leicht zu einer Gefahr für eine geistliche Regierung werden, wie sie Pius IX. praktizierte.

Der „Josephinismus" aber, die vom Geist der Aufklärung beherrschte Staatskirchenpolitik Kaiser Josephs II. die bis zum Konkordat von 1855 nachgewirkt hatte, war von Kaiser Franz Joseph I. mit Patent vom 18. August 1855 aufgehoben worden. Mit dieser krassen Fehlentscheidung, die noch schwerer wog als sein Verhalten im Krimkrieg, hat Franz Joseph die nachfolgenden Generationen der Völker der Monarchie bis zum heutigen Tag belastet.

Kaiser Franz Joseph I. und Kaiserin Elisabeth

Kaiser Franz Joseph I. wurde am 18. August 1830 in Wien-Schönbrunn geboren und ist am 21. November 1916, nach 68jähriger Herrschaft, in Wien - Schönbrunn gestorben. Franz Joseph war der Sohn Erzherzogs Franz Karl von Habsburg - Lothringen und der Erzherzogin Sophie Friederike, Prinzessin von Bayern a. d. H. Pfalz-Zweibrücken - Birkenfeld. Kaiser Franz Joseph I. vermählte sich am 24. April 1854 mit Prinzessin Elisabeth Amalie Eugenie, der Tochter des Herzogs Maximilian von Bayern und der Ludovika, Prinzessin in Bayern, Tochter Maximilian I. Joseph, König von Bayern. Prinzessin Elisabeth Amalie Eugenie wurde am 24. Dezember 1837 in München geboren und starb nach einem Attentat am 10. September 1898 in Genf.

Kaiser Franz Joseph kam durch die erzwungene Abdankung seines Onkels, Kaiser Ferdinand I., am 2. Dezember 1848 zur Regierung und war

Franz Joseph I.

seit diesem Tag nicht gekrönter Kaiser von Österreich und nicht gekrönter Apostolischer König von Ungarn. Erst nach dem Ausgleich mit Ungarn wurde Franz Joseph am 8. Juni 1867 in Budapest zum Apostolischen König von Ungarn gekrönt. Gegen den ungarischen Aufstand 1849, bei dem das Haus Habsburg der Krone verlustig erklärt wurde, rief Franz Joseph die Hilfe der Russen an und ließ die härteste Bestrafung der Rebellen zu. Unter dem Einfluß seines ersten Ministerpräsidenten, des Fürsten Felix Schwarzenberg, begann Franz Joseph ein absolutistisches und zentralistisches Regiment. In der auswärtigen Politik suchte er die Vorherrschaft Österreichs in Italien und Deutschland wiederherzustellen. Das gute Verhältnis zu Rußland zerstörte er durch seine schwankende Politik im Krimkrieg. 1855 schloß Franz Joseph das Konkordat mit Papst Pius IX., obwohl ihn dieser vorher bekriegt hatte. Mit diesem Konkordat verzichtete Franz Joseph unverständlicherweise auf den Einfluß des Staates auf die röm.-kath. Kirche, der mit der Kaiserinwitwe Maria Theresia, der Königin von Ungarn und Böhmen und Erzherzogin von Österreich begonnen und unter deren Sohn, dem großer Kaiser Joseph II.

Kaiserin Elisabeth

vollends zum Durchbruch kam, der als Landesfürst für sich das alleinige Recht in Anspruch nahm, im Staat zu befehlen, und dessen Herrschaftsgewalt alles umfaßte, was in der Kirche nicht von göttlicher, sondern von menschlicher Einsetzung war (Josephinismus). Mit diesem Konkordat ließ es Franz Joseph zu, daß die römisch - katholische Kirche es den Protestanten untersagte, ihre Toten auf katholischen Friedhöfen zu bestatten. Kaiser Joseph II., der eher eine „heilige deutsche Kirche" im Auge hatte, hätte da wohl anders reagiert!

Das System der Reaktion und Polizeiherrschaft Franz Josephs brach im italienischen Krieg von 1859 zusammen. Es folgte zunächst eine Zeit verfassungsrechtlicher Versuche, die nach der Niederlage bei Königgrätz zum Ausgleich von 1867 und zur Krönung Franz Josephs in Budapest führten. Mit diesem Augleich mit Ungarn ließ es Franz Joseph aber auch zu, daß die nationalen sprachlichen Minderheiten in Ungarn von den Ungarn rücksichtslos madjarisiert wurden, was abermals das Verantwortungsbewußtsein des Kaisers schmälert.

Nachdem sich Franz Joseph seit 1871 mit der Existenz eines kleindeutschen Reiches abgefunden hatte, schloß er mit diesem 1879 ein Bündnis, an dem er bis zu seinem Tod festhielt. Seit 1867 wandelte sich Franz Joseph immer mehr zu einem konstitutionellen Monarchen. Er hielt am dualistischen Aufbau der Donaumonarchie fest, nur an der Einheit der Armee ließ er nicht rütteln. Dieses System erwies sich angesichts des wachsenden Gegensatzes der in der Monarchie lebenden Nationalitäten als kaum durchführbar. Dennoch war Franz Joseph ein Pragmatiker. Er widerstand der Versuchung, sich 1870/71 im Deutsch - Französischen Krieg auf die Seite Frankreichs zu schlagen, um Revanche für den 1866 gegen Preußen verlorenen Krieg zu nehmen. Wohl auch deshalb, weil er sich zeit seines Lebens als „deutscher Fürst" fühlte. Die lange Friedensperiode von 1866 bis 1914 förderte zwar den wirtschaftlichen und kulturellen Autstieg der Völker der Monarchie, aber ihre Loyalität galt in den letzten Jahren des Bestandes des Reiches eher dem alten Kaiser als dem gemeinsamen Staat.

Franz Joseph hatte schweres persönliches Leid zu ertragen: 1867 wurde sein Bruder Maximilian in Mexiko erschossen, 1889 endete sein einziger Sohn, Kronprinz Rudolf, durch Selbstmord, 1898 wurde seine Gemahlin, Kaiserin Elisabeth in Genf ermordet und 1914 sein Thronfolger, Erzherzog Franz Ferdinand in Sarajewo erschossen. Nur zögernd entschloß sich der greise Kaiser zum Krieg gegen Serbien, der sogleich in einen Weltkrieg ausuferte und den Zusammenbruch der österreichisch - ungarischen Monarchie und das Ende des 700jährigen Habsburgerreiches brachte.

Kaiserin Elisabeth, die Gemahlin Franz Josephs, zählte zu den schönsten und sensibelsten Frauen ihrer Zeit. Sie hatte aber nicht das Format, ihren Platz als Kaiserin einer Großmacht an der Seite ihres Gemahls, dem Repräsentanten eines der ältesten Fürstenhäuser Europas, auszufüllen. Elisabeth hätte, ehe sie dem jungen Monarchen ihr Jawort zur Ehe gab, wissen müssen, welche Aufgaben sie am Wiener Hof erwarten. Wenn sie die Rolle, Kaiserin von Österreich und Königin von Böhmen und Ungarn zu sein auch nicht liebte, so hätte sie doch bereit sein müssen, in diese hineinzuwachsen. Elisabeth war aber nicht bereit, der Monarchie, oder ihrem Gemahl und Kindern gegenüber jene Aufgabe zu erfüllen, die man von ihr als Kaiserin zu recht erwarten durfte, denn sie liebte vor allem sich selber. Da ihre Schwiegermutter, Erzherzogin Sophie, die Art Elisabeths nur allzubald durchschaute, entfloh sie, das war wohl die Ausrede, dem „spanischen Hofzeremoniell" so oft sie nur konnte; dabei geriet sie in eine selbstgewählte Isolation. Da die Kaiserin eine starke Zuneigung zu den Ungarn entwickelte, schreibt ihr die Legende zu, daß sie am Zustandekommen des Ausgleichs mit Ungarn „maßgeblich mitgewirkt" hätte. Nur durfte man von Elisabeth gar nicht voraussetzen, daß sie dabei auch das Schicksal der nationalen Minderheiten in Ungarn bedenken würde. Sie schrieb zwar Gedichte, aber der politische Weitblick fehlte ihr vollends. Später, namentlich nach dem Selbstmord ihres Sohnes Rudolf, führte Kaiserin Elisabeth ein ruheloses Reiseleben, bis sie 1898 durch den italienischen Anarchisten Luigi Lucheni in Genf ermordet wurde.

Kaiserin Elisabeth schenkte ihrem Gatten die Kinder Erzherzogin Sophie Friederike, Erzherzogin Gisela, Erzherzog und Kronprinz Rudolf und Erzherzogin Marie Valerie.

Der Feldzug von 1859 und seine Folgen

Joseph Wenzel Graf Radetzky von Radetz, österreichischer Feldmarschall, wurde am 2. November 1766 in Trzebnitz in Böhmen geboren und bewährte sich seit 1787 in den Kriegen Österreichs. Radetzky wurde Lehrer des Offiziersnachwuchses in Wels und zu Beginn der Freiheitskriege gegen Napoleon I. Generalstabschef Fürst Schwarzenbergs. Am Feldzugsplan von 1813 hatte Radetzky entscheidenden Anteil und forderte nach der Völkerschlacht von Leipzig die sofortige Verfolgung der fliehenden Franzosen, stieß aber im Hauptquartier der Alliierten auf Widerstand. Von 1815 bis 1831 war Radetzky in Ödenburg, Ofen und Olmütz als General der Kavallerie stationiert. Er bekam dann das Generalkommando im Lombardisch - Venezianischen Königreich, wo sein Ausbildungssystem bald europäischen Ruf erlangte. Nach dem Ausbruch des italienischen Aufstandes in Mailand am 18. März 1848 nahm Radetzky seine Truppen in das Festungsviereck zurück, schlug aber dann König Karl Alberts Truppen bei Custozza am 25. Juli und Novarra am 25. März 1849 und festigte damit Österreichs Stellung in Norditalien. Graf Radetzky, einer der volkstümlichsten Heerführer der österreichischen Armee, blieb hierauf bis 1857 österreichischer Generalgouverneur im Lombardisch-Venezianischen Königreich und starb am 5. Januar 1858 in Mailand. Mit Graf Radetzky verlor Kaiser Franz Joseph seinen zuverlässigsten Heerführer, und das in einer Zeit, die nichts Gutes für Österreich verhieß.

Am 20. Juli 1858 kam es zu einer geheimen Zusammenkunft Kaiser Napoleons III. mit Graf Cavour, dem Ersten Minister König Viktor Emanuels von Piemont - Sardinien in Plombiéres, einem Badeort in den Vogesen. Cavour, ein fanatischer Vertreter des italienischen Einheitsgedankens, erhielt von Napoleon III. für seine Bestrebungen, Italien unter der Führung Piemonts zu einigen, die Zusicherung französischer Waffenhilfe. Cavour versprach Napoleon dafür die Abtretung Savoyens und Nizzas an Frankreich. Dieses Abkommen mußte im Falle seiner Realisierung zum Krieg mit Österreich führen, da die Lombardei und Venetien österreichische Provinzen waren. Bald darauf begannen zwischen Frankreich und Österreich Verhandlungen, die Italien betrafen, wo Napoleon Reformen, besonders im Kirchenstaat einführen wollte und das österreichische Kabinett aufforderte, in dieser Richtung in Rom und Neapel Einfluß zu nehmen. Er selbst wolle seine Truppen aus Rom heimberufen, wenn Österreich die von ihm besetzten Plätze ebenfalls räume. In Wien fühlte man dazu aber keine Lust und man erkannte bald, daß Frankreich die Absicht habe, einen lang vorbereiteten Plan gegen Österreich in die Tat umzusetzen und Piemont nur den Vortrab bilden würde. Es hatte schon auf den Pariser Konferenzen, nach dem Krimkrieg, erklärt, daß das Grundübel Italiens der Druck sei, den Österreich auf die Halbinsel ausübe und Napoleons Außenminister, Graf Walewski, hatte hinzugefügt, daß eine Regierung, die zu ihrer Erhaltung fremde Truppen nötig habe, damit meinte er den Kirchenstaat, sich in einer unnatürlichen Situation befinde.

Napoleon schürte auf der Halbinsel mit allem Eifer. Der zum Tod verurteilte Orsini, der ein Attentat auf Napoleon unternommen hatte, hatte Napoleon vor seiner Hinrichtung einen Brief geschrieben und dem Kaiser ans Herz gelegt, die Hoffnungen Italiens zu erfüllen und es groß und frei zu machen. Dieser Brief wurde nun in Paris veröffentlicht, was nur mit Wissen und Billigung der französischen Regierung geschehen sein konnte. Österreich versuchte den hierauf hell auflodernden Haß in Italien zu mildern und Franz Joseph sandte seinen Bruder, Erzherzog Ferdinand Maximilian, von dem er wußte, daß er Italien immer liebte, als Generalgouverneur in das Lombardisch - Venezianische Königreich. Das Manifest, das der Erzherzog ergehen ließ, atmete auch Freisinnigkeit, versprach auch, die Härte der Militärherrschaft zu mildern und auch anderweitige Verbesserungen eintreten zu lassen. Doch geriet Erzherzog Maximilian, wie er üblich genannt wird, wegen seiner Zusagen im Manifest mit der Wiener Militärpartei in scharfen Gegensatz. Aber auch die Bevölkerung im Lombardisch - Venezianischen Königreich verharrte in ihrem Haß gegen Österreich, obwohl sie den Erzherzog schätzte.

So kam der Neujahrstag 1859 und nachdem Napoleon die Glückwünsche der Gesandten entgegengenommen, sagte er zu Freiherrn von Hübner, dem Bevollmächtigten Österreichs: „Ich bedaure, daß die Verhältnisse mit ihrer Regierung nicht so gut sind, wie in der Vergangenheit, aber ich bitte Sie, dem Kaiser zu sagen, daß meine persönlichen Gefühle für ihn sich nicht ver-

Napoleon III.

ändert haben." Daß diese Worte von großer Bedeutung waren, erkannten Italien und Österreich. Österreich schickte sogleich 30000 Mann in die Lombardei zur Verstärkung und Generalgouverneur Maximilian ging auf Urlaub. Am 10. Januar 1859 eröffnete König Viktor Emanuel die Kammer mit einer sehr kriegerischen Rede, in deren Folge Österreich neue Verstärkungen in Marsch setzte und gleichzeitig Kriegsmaterial im Ausland ankaufte. Aber hier zeigte sich, wie tief der Kredit der Monarchie bereits gesunken war, denn als man in London eine Anleihe von sechs Millionen Pfund auflegte, fand man kaum Abnehmer für eine Million. Das piemontesische Ministerium legte hierauf seinerseits eine Anleihe von 50 Millionen Franken auf und begründete dies mit den Rüstungen Österreichs.

Wenige Tage vorher hatte die Vermählung der piemontesischen Prinzessin Klotilde mit dem Vetter des Kaisers Prinzen Hieronumus Napoleon stattgefunden, der beständig zum Krieg drängte, als die Neigung Frankreichs, die Neigung Napoleons dafür im Sinken war. Auch Kaiser Napoleon III. hatte am 7. Februar die Kammer eröffnet und seine Rede klang, in Bezug auf Österreich, äußerst feindlich. England suchte zu vermitteln und wirklich bot sich jetzt auch ein Anhaltspunkt, der bisher gefehlt, weil noch keine Macht irgendeine Forderung ausgesprochen hatte. Papst Pius IX. hatte nämlich durch seinen Staatssekretär Kardinal Antonelli dem französischen Gesandten anzeigen lassen, daß er sich stark genug fühle, den Kirchenstaat allein und selbst zu regieren, und er wünsche, Frankreich und Österreich möchten ihre Besatzungstruppen aus dem Kirchenstaat zurückziehen. Die Verhandlungen sollten unter der Vermittlung Englands und Preußens nur zwischen Frankreich und Österreich stattfinden, damit nicht Nebenfragen hineingemischt werden. Doch plötzlich wurden die Verhandlungen auf Vorschlag Rußlands in einen Kongreß der Mächte umfunktioniert, zu dem Österreich seinen Beitritt von der Bedingung abhängig machte, daß man nach den Grundsätzen des Aachener Kongreßprotokolls vom 15.November 1818 zusammentrete, nach denen die Großmächte die besonderen Angelegenheiten anderer Staaten nur auf deren Antrag und nachdem man ihre Vertreter gehört, ordnen können. Dieses Vorgehen überraschte Turin und Minister Graf Cavour begab sich sogleich nach Paris, um die Interessen Piemont - Sardiniens zu wahren und es dahin zu bringen, daß es gleichberechtigt mit den anderen Mächten eine Stimme am Kongreß erhalte. Dies gelang aber Graf Cavour nicht.

Die Verhandlungen begannen am 7. April in Paris. Österreich verlangte die Entwaffnung Piemont - Sardiniens und Frankreich schlug vor, für dessen Entwaffnung zu sorgen, wenn das Königreich Piemont - Sardinien und alle anderen Staaten Italiens zur Teilnahme am Kongreß eingeladen würden. Dazu konnte sich aber das Wiener Kabinett nicht entschließen. Hierauf erbot sich Piemont - Sardinien selbst zur Entwaffnung, wenn es auf den Kongreß zugelassen werde. Wolle Österreich aber seine Kriegsrüstungen aufgeben, keine neuen Truppen mehr in die Lombardei schicken, so würde es auch seine Rüstungen einstellen. So war die Sachlage, als Erzherzog Albrecht am 12. April nach Berlin ging. Preußen sollte darüber wachen, daß in Italien das Gleichgewicht nicht zum Nachteil Deutschlands gestört werde. Das konnte es als europäische Großmacht, konnte aber den Zeitpunkt zum Eingreifen ganz nach seinem Ermessen wählen. Verbunden mit ganz Deutschland konnte Preußen Frankreich vom Krieg abhalten, dann aber bedurfte es noch eines Bündnisses mit England, weil die deutschen Seeküsten ungedeckt waren, und dann noch der Neutralität Rußlands. Beides war nicht mit Sicherheit zu erreichen, denn Rußland ließ in letzter Zeit wissen, daß es nicht bloß zusehen werde und England war Piemont - Sardinien geneigter als Österreich, was auf die Beteiligung Piemont - Sardiniens am Krimkrieg zurückging. Preußen konnte daher nur vermitteln. Süddeutschland war für Österreich und forderte dringend ein Eingreifen, wenn es zum Krieg kommen sollte. Preußen war aber nur dann zum Eingreifen gezwungen, wenn Frankreich und Österreich ihre Klingen zwar auf italienischen Schlachtfeldern kreuzen, aber deutsches Bundesgebiet verletzen würden.

Erzherzog Albrecht brachte die Nachricht nach Berlin, daß Österreich entschlossen sei, ein Ultimatum an Piemont - Sardinien zu stellen, binnen drei Tagen zu entwaffnen und wünschte hierbei die Unterstützung des Berliner Kabinetts. In Berlin riet man vom Ultimatum ab, da es sich schon in wenigen Tagen zeigen müsse, ob Frankreich es aufrichtig mit der Erhaltung des Friedens meine. Preußen habe zu Frankfurt beantragt, die Bundesarmee auf den Kriegsfuß zu setzen und habe es bereits für seine drei Armeekorps angeordnet. Kaum hatte der Erzherzog Berlin verlassen, so lief die Nachricht ein, Österreich habe das Ultimatum am 22. April nach Turin gesandt. Preußen fürchtete nun, verdächtigt zu werden, als habe es nur vermittelt, um Österreich Zeit zu verschaffen, seine ganze Streitmacht aufzubieten und protestierte gegen jenes Dokument wie es England und Rußland ebenfalls taten. Am 26. April beantwortete Cavour das Ultimatltm mit Nein und am 29. erließ Österreich sein Kriegsmanifest, das Frankreich damit beantwortete, daß eine französische Armee in Italien eindrang, um König Viktor Emanuel zu helfen. Napoleon III. hatte erklärt, Italien bis zur Adria unabhängig zu machen. Österreich hatte das Schwert erhoben, aber wie sah es in seinem Inneren aus? Die Staatsfinanzen waren völlig zerrüttet und das Volk litt und schwieg, denn es hatte keine Presse, durch die es reden konnte; es sah den Beamten, den Geistlichen und Soldaten sich feindlich gegenüberstehen. Und dennoch, als die Stunde der Gefahr neuerlich schlug, der Krieg mit ehernen

Fäusten an die Tore der Monarchie pochte, als man Geld und Blut forderte, da gab das Volk sein Geld und scharenweise eilten Freiwillige unter die Fahnen, um für das Land und den Kaiser zu fechten, obschon Tausende sich fragten, was nach dem Sieg mit ihnen geschehen werde. Jubelnd eilten sie zur Armee nach Italien. Die Österreicher überschritten am 29. und 30. April 1859 den Tessin und drangen auf Novarra, von dort auf Vercelli an der Sesia vor. Graf Gyulai, ein tüchtiger General, um anderer Befehle auszuführen, aber nichts weniger als ein Feldherr und Stratege, aber leider für das Oberkommando ausersehen, schlug sein Hauptquartier in Mortara auf. Die Piemontesen zogen sich in kleineren Gefechten zurück und blieben zwischen Casale und Alessandria gänzlich ungestört von den Österreichern, die vor Kampflust brannten aber nicht angreifen durften. Gyulai blieb stehen und verlor alle Vorteile, denn inzwischen trafen 70000 Franzosen teils zu Schiff über Genua, teils über dem Cenis bei ihren Bundesgenossen an. Gyulai hatte zehn Tage verstreichen lassen und sah sich jetzt den vereinigten feindlichen Heeren gegenüber. Kaiser Napoleon traf am 12. Mai in Alessandria ein.

Um die Stellung des Feindes, der sich vor dem linken österreichischen Flügel zusammenzog, zu erkunden, schickte Gyulai eine starke Streifabteilung unter Graf Stadion gegen den rechten Flügel der Franzosen. Bei Montebello kam es zu einem hartnäckigen blutigen Gefecht, aus dem die Österreicher mit schweren Verlusten wichen. Am anderen Tag machte Cialdini einen ungestümen Angriff bei Vercelli und trieb die Kaiserlichen bis Orfengo, wo endlich Verstärkungen eintrafen und die Front wieder herstellten. Da erschienen plötzlich Josef Garibaldi, jetzt piemontesischer Generalmajor, mit einem starken Freikorps in der Lombardei und brachte das Land bis an den Lago Maggiore zum Aufstand. Graf Gyulai in der Meinung, man wolle seine Kräfte zersplittern, verstärkte sein Zentrum und schickte

General Urban, der erst bei Montebello sich ausgezeichnet hatte, mit einer starken Schar gegen den kühnen Freibeuter. Lächerlich genug wurde auf dem Zug wiederholt besprochen, ob man Garibaldi, falls er gefangen würde, hängen könne, und ob dann nicht Piemont das Recht habe, es mit österreichischen Offizieren ebenso zu machen. Überhaupt herrschten die sonderbarsten Begriffe, woran die geknechtete Presse viel Schuld hatte, die nur mit Hohn und Spott von den Franzosen und Piemontesen sprach, die man in kurzer Zeit vernichtet haben werde.

General Urban ließ Varese besetzen und plündern, brachte es aber nicht weiter. Dann jagte ihn und sein ausgehungertes Korps der freibeuterische Bandit unaufhaltsam vor sich her, und er fand nicht eher Rettung, als bis ihn die ebenfalls geschlagene Armee wieder aufnahm. Am 20. Mai schlug Viktor Emanuel die Österreicher bei Vinzoglio, am anderen Tag erlagen sie der

Übermacht der Franzosen bei Palestro, nachdem sie sich trefflich geschlagen, doch konnten sie in ihrer Schwerfälligkeit den beweglichen, freien Angriffen der Zuaven (französische Soldaten in maurischer Tracht) nicht widerstehen. Am selben Tag mußten die Österreicher auch bei Novara weichen und die Straße nach Mailand stand den Franzosen offen.

So brach der Tag von Magenta an. Dort standen bereits am 2. Juni die Korps Liechtenstein, Zobel und Schwarzenberg, und zwar zur Verteidigung der Eisenbahnbrücke. Ihnen gegenüber befanden sich wohl 200000 Franzosen und alle verfügbaren österreichischen Truppen wurden dorthin beordert, während der Oberbefehlshaber, Graf Gyulai, sich daselbst für überflüssig hielt und in Mailand Pferde probierte. Seine Reserven kamen wie immer so auch diesmal zu spät, und zwar bis zur Erschöpfung ermüdet, vor Hunger und Durst verschmachtend. Außer an der Unfähigkeit des Oberbefehlshabers litt die Armee auch noch an der elendesten Verpflegung, die man sich nur denken konnte, verursacht durch Veruntreuung und Verrat.

Napoleon führte seine durch Reserven sehr gut gedeckte Armee über den Tessin und die Österreicher mußten bei Turbigo und Robechetto den Turcos weichen. Am 4. Juni standen sie ungünstig genug zwischen dem Tessin, der Sesia und Kanälen, kaum halb so stark wie die Franzosen, als das Korps Clam - Gallas in die Schlachtlinie rückte. Um Mittag entspann sich der wütendste Kampf gegen Mac - Mahon, gegen Canrobert, und die Soldaten schlugen sich mit außerordentlicher Tapferkeit, während Graf Gyulai in Mailand ruhig an der Tafel saß, den Kanonendonner hören mußte und unbegreiflicher Weise die Depeschen seiner Generäle gar nicht beachtete.

Als er endlich doch zur Einsicht kam, daß in seiner Nähe eine Hauptschlacht geschlagen werde, ritt er mit seinem Stabe hinaus, wo er den bejammenswerten Anblick genoß, eine Armee in voller Flucht zu sehen, nach allen Seiten, ohne von einem Sammelplatz etwas zu wissen.

Um acht Uhr abends war Magenta erobert. Die Kaiserlichen hatten 14000 Tote und 7000 von ihnen waren in Gefangenschaft. Die Franzosen schätzten ihren Verlust auf 3000 Mann, er hat aber wenigstens das dreifache betragen. Graf Gyulai versuchte die Schuld an dieser Niederlage von sich abzuwälzen und gab an, daß einzelne Korps ohne sein Wissen sich vom Kampfplatz entfernt hätten. Warum gab er ihnen dann keine Ordre, warum war er nicht auf seinem Platz, wie er überhaupt fast nie die Stellung seiner Korps kannte, und er bei seiner größeren Truppenzahl auf dem Schlachtfeld sich immer in der Minderheit befand! Dem alten Zopfsystem gemäß, mußten seine Soldaten einen mit ganzem Gepäck vollgepackten Tornister und Mantel bei der furchtbaren Hitze in den Kampf schleppen und er lernte nie seinen Leuten die Last abzunehmen, wie er es bei seinen leichten beweglichen Feinden sah. Endlich sah man aber die Unfähigkeit Gyulais ein, und er mußte den Oberbefehl dem Kavallerie - General Schlick abtreten, der nebst Heß und Benedek bei der Armee am beliebtesten war.

Die Österreicher mußten Mailand räumen, und am 8. Juni zog Viktor Emanuel in die Stadt ein, als Retter und Befreier Italiens mit ungeheurem Jubel begrüßt.

Am 18. Juni war der Rückzug der Österreicher beendet, die sich bis in das Festungsviereck zurückziehen mußten, nur um eine sichere Basis für neue Operationen zu gewinnen.

Kaiser Franz Joseph ging nun selbst zur Armee und übernahm den Oberbefehl. Es wurde beschlossen, zum Angriff überzugehen. Der Mincio sollte in einer Linie von 180000 Mann überschritten, der Feind überrascht werden. Fände man ihn gerüstet, so sollte die Schlacht vermieden werden. An Überraschung jedoch war nicht zu denken, denn um die Kaiserlichen war ein dichtes Netz von Spionen gezogen worden, so daß der Feind immer rechtzeitig genaue Berichte über alle Vorhaben erhielt. So kam es dazu, daß die Armee am 23. Juni, als sie den Mincio überschritten und in den frühen Morgenstunden beim Abkochen war, selbst von Napoleon mit 200000 Mann überrascht wurde. Feldzeugmeister Heß riet zum Rückzug, um der Schlacht auszuweichen. Doch Franz Joseph befahl die Schlachtlinie aufzustellen, die sich auf mehr als zwei Meilen ausdehnte und deshalb an manchen Punkten schwächer war. Den rechten Flügel führte Benedek, den linken Wimpfen, das Zentrum stand bei Solferino und dort befehligten der Kaiser und Schlick. Die beiden Flügel waren weit auseinander gezogen, wodurch man den Feind zu erdrücken hoffte. Diese Absichten der Österreicher erkennend, beschäftigte Napoleon den rechten Flügel durch die Piemontesen, den linken durch französische Truppen und drang mit seiner Hauptmacht gegen das verhältnismäßig schwache Zentrum der Österreicher vor, denn bei dem steil gelegenen Dorf Solferino mußte sich die Schlacht entscheiden. Mac - Mahon griff mit zwei Divisionen Franzosen an und trieb die Österreicher in das Dorf, wo sich ein furchtbarer Straßenkampf entwickelte und das Regiment Reischach wie die Kaiserjäger von Hecken hervor und aus den Fenstern der Häuser den Franzosen schwere Verluste zufügten. Drei Stunden schon hatte der blutige Kampf gewährt, und vielleicht wären die Franzosen vertrieben worden, doch sie erhielten Verstärkungen und zugleich begannen sie von einem Hügel her das Dorf mit ihren weittragenden gezogenen Kanonen unter Feuer zu nehmen. Am Nachmittag sah man, daß das blutgetränkte Solferino nicht mehr zu halten war. Das fünfte Armeekorps, die Brigaden Koller, Gaal, Bils und Puchner waren im Kampfe, ebenso die Reserven. Man hatte drei Stürme abgeschlagen, aber die links gelegenen Höhen verloren, und als jetzt neue feindliche Truppen von Le Grolle anrückten, konnte man nur mehr an Rückzug denken. Nur den Kirchhof und den steilen Hügel hielt noch das Regiment Reischach, mußte aber endlich den Sturmkolonnen der Franzosen weichen, nachdem es sich mit größter Tapferkeit geschlagen hatte. Nun erschien zwar Verstärkung, aber es war zu spät. Ein furchtbares Unwetter, das zur gleichen Zeit tobte, hat auf den Verlauf der Schlacht, die ohnedies verloren war, keinen nennenswerten Einfluß mehr gehabt. Die Soldaten die seit beinahe 24 Stunden nichts gegessen hatten, zogen sich nach Cavrina zurück. Der linke Flügel unter Wimpfen hatte indeß mit Ausdauer die Angriffe Canroberts und ein äußerst blutiges Gefecht bei Robecchetto bestanden, doch um 4 Uhr erhielt Wimpfen den Befehl zum Rückzug und ging nach Guidizzolo, blieb dort bis zehn Uhr abends stehen und zog sich dann zum Mincio zurück. Benedek war siegreich gegen die Piemontesen, obwohl sich diese bei St. Martino mit großer Tapferkeit schlugen. Benedek hatte den Sieg erfochten, als auch er den verhängnisvollen Befehl zum Rückzug erhielt und ging, von Zorn und Trauer erfüllt, nach Pozzolengo. Am 25. Juni ging die ganze Armee über den Mincio zurück.

Verwundete nach der Schlacht von Solferino in Berona.

Die Schlacht bei Solferino ging durch die Schwäche des Zentrums der Österreicher verloren. Wäre das Zentrum um nur zwei Brigaden stärker gewesen, wäre die Schlacht gewonnen worden, und das trotz der Schwerfälligkeit der österreichischen Regimenter und der weittragenden Kanonen der Franzosen. Die österreichische Armee hatte einen Verlust an Toten und Verwundeten von 4 Generälen von denen 3 wieder dienstfähig wurden, 630 Offizieren, 19311 Mann, 891 Pferden, 19 Kanonen, 19 Munitionswagen und eine Fahne. Die französisch - italienische Armee verlor 8 Generäle, von denen 6 nach kurzer Zeit starben, 965 Offiziere und 17305 Mann. Nimmt aber an, daß die Verluste auf beiden Seiten geringer angegeben worden sind, was üblich war, so kann man annehmen, daß in der Schlacht bei Solferino etwa 50000 Menschen umgekommen sind oder verwundet wurden.

Die Schwerverwundeten wurden in der Nähe des Schlachtfeldes untergebracht, die Übrigen in entfernteren Orten, doch litten sie am Transport durch Hitze und Mangel. Ärzte und Spitäler waren nicht ausreichend, Wäsche und andere Hiltsmittel oft noch in entfernten Depots. In mehreren Orten wurden die Verwundeten durch mildtätige Bewohner betreut. Auf Wagenkolonnen wurden die Verwundeten in der Folge nach Verona gebracht.

Die Zusammenkunft der beiden Kaiser in Villafranta am 1. Juli 1859.

Die Franzosen überschritten am 27. Juni den Mincio und es schien, daß sie Verona angreifen würden. Aber Napoleon ersuchte plötzlich um einen Waffenstillstand, der am 8. Juli in Villafranca auf fünf Wochen abgeschlossen wurde. Kaum aber war das geschehen, lud Napoleon Kaiser Franz Joseph zu einer Besprechung nach Villafranca ein, weil man mündlich in einer halben Stunde mehr verhandeln könne, als sonst in hundert Briefen.

Mehrere hundert Kanonenschüsse verkündeten am 11. Juli die Zusammenkunft der beiden Kaiser. Nachdem sich die beiden Monarchen begrüßt, und ihr Gefolge gegenseitig vorgestellt hatten, begaben sie sich in ein einsames Gemach zum vertraulichen Gespräch, das einige Stunden dauerte, worauf Napoleon sagte: „Umarmen wir uns, mein Vetter!" Die Welt wurde durch diesen Friedensschluß überrascht. Aber auch der Adjutant des Zaren Alexander II. hatte am 4. Juli, also eine Woche vor der Zusammenkunft der beiden Kaiser, Kaiser Napoleon in dessen Hauptquartier einen Brief des Zaren überreicht, der Napoleon in diesem Schreiben aufforderte, die Feindseligkeiten gegen Österreich sofort zu beenden. Da auch Preußen anscheinend bereit war, an der Seite Österreichs in den Krieg einzutreten, hätte Napoleon, bei einer Fortführung der Feindseligkeiten gegen Österreich, einen europäischen Krieg riskiert. Das aber lag nicht in seiner Absicht, denn ganz Deutschland wollte er auch nicht am Halse haben.

Österreich trat die Lombardei an Napoleon ab, der sie wieder Viktor Emanuel überließ. Österreich behielt aber das venetianische Gebiet und hatte durch Venedig und durch die Sekundogenituren Toskana und Modena noch festen Fuß in Italien. Parma wurde mediatisiert (der Landeshoheit unterworfen).

Am 4. Mai 1859 war indessen Graf Buol - Schauenstein, der österreichische Außenminister, zurückgetreten. Er hatte durch seine verfehlte Außenpolitik, die ihm seit 1852 anvertraut gewesen war, Österreich in die Wirren des Krimkrieges verwickelt und jetzt, 1859, in einen politisch und militärisch schlecht vorbereiteten Krieg gestürzt. Kaiser Franz Joseph ernannte hierauf den Grafen Johann Bernhard Rechberg - Rothenlöwen zum neuen Außenminister. Die Minister Bach und Bruck blieben vorläufig im Amt. Innenminister Bach mußte aber am 21. August abtreten. An seine Stelle trat Graf Agenor Goluchowski, der Graf Grünne und FZM Kempen, den Organisator der Gendarmerie in Österreich, entließ.

Am 10. November 1859 wurde in Zürich der Friede zwischen Österreich, Frankreich und Piemont - Sardinien geschlossen. Seine Hauptbestimmungen waren:

1. Österreich tritt die Lombardei mit Ausnahme der Festungen Mantua und Peschiera an Napoleon III. ab, der das Land an Piemont - Sardinien übergibt.
2. Italien soll einen Staatenbund unter dem Ehrenvorsitz des Papstes bilden.

3. Die vertriebenen Herzoge von Toskana, Modena und Parma sollen wieder eingesetzt werden, sofern ihre Untertanen dies wünschen; da dies nicht geschah, wurden alle drei Herzogtümer, ebenso wie der Kirchenstaat, mit Ausnahme des Gebietes um Rom, auf Grund von Volksabstimmungen mit Piemont - Sardinien vereinigt (18. bis 22. März 1860).

4. Savoyen und Nizza wurden von Piemont - Sardinien an Frankreich abgetreten (24. März 1860). Das war Napoleons Verrat!

Im Krieg des Jahres 1859 hatte sich neben der Unfähigkeit der meisten österreichischen Heerführer (man sagte Löwen wurden von Eseln geführt) herausgestellt, daß höhere Beamte an Betrügereien von Kriegsmater:allieferanten beteiligt waren. Auch der Selbstmord von Finanzminister Bruck am 22. April 1860 stand im Zusammenhang mit dem Unterschleifprozeß gegen den Feldmarschalleutnant von Eynatten, der ebenfalls Selbstmord beging.

Der Krieg in Norditalien hatte auch gravierende Folgen für den Kirchenstaat. Als die Österreicher am 11. Juni 1859 Bologna geräumt hatten, erhob sich die Bevölkerung der Stadt gegen Österreich. Ihrem Beispiel folgten Imola, Forli, Faenza, Ferrara und Ravenna.Die Legationen, die stets mit der päpstlichen Regierung unzufrieden waren, wurden frei, ohne daß ihrer Unabhängigkeitserklärung ein Hindernis in den Weg gelegt worden wäre. Nur Kardinal Antonelli legte am 15. Juni gegen diese Revolution einen feierlichen Protest ein und nannte diese Manifestation des Volkswillens einen Verrat, welcher die ganze Welt mit Abscheu erfüllen müsse. Der Verlust der Legationen konnte eben nicht dazu beitragen, die päpstliche Regierung, die bisher eine strikte Neutralität bezeugt hatte, mit dem italienischen Unabhängigkeitskrieg zu versöhnen. Bei jeder Nachricht vom Kriegsschauplatz geriet die Bevölkerung im Kirchenstaat in Aufregung. Die Folgen des Waffenstillstandes von Villafranca und des Friedens von Zürich sind bekannt. Die Provinzen (Toskana, Modena und Parma) weigerten sich, mit der Zustimmung Frankreichs, beharrlich, ihre vertriebenen Fürsten wieder aufzunehmen, obwohl dies in den Verhandlungen zwischen Kaiser Napoleon und Kaiser Franz Joseph in Villafranca stipuliert, also abgemacht worden war. Parma, Modena und Florenz sprachen sich für die Absetzung ihrer alten Fürsten und den Anschluß an Piemont aus. Die Bevölkerung der Romagna tat dasselbe. Kaiser Napoleon hatte am 14. Juli Pius IX. geschrieben, um ihn zu bitten, mit den Reformen nicht weiter zu zaudern und die Bevölkerung der Romagna dadurch wieder zu gewinnen, daß er sie unter eine „weltliche Administration" setze. Pius IX. begnügte sich aber, gegen die Losreißung der Romagna zu protestieren, die sich indeß wenig darum kümmerte, sondern in der Versammlung vom 28. August unumwunden erklärte, daß sie nicht unter dem weltlichen Regiment des Heiligen Stuhls stehen wolle. Unter den Deputationen, welche die mittelitalienischen Staaten an Viktor Emanuel schickten, um den Wunsch auszusprechen, unter Piemont vereinigt zu sein, war auch die der Romagna. Viktor Emanuel, dem durch die französische Regierung die Hände gebunden waren, antwortete freundlich aber zurückhaltend, besonders was die Romagna betraf. Er versprach einfach die Wünsche dieser Provinzen im Verein mit den Großmächten zu fördern. Hierauf brach der Heilige Stuhl alle Beziehungen mit dem Turiner Kabinett ab.

Pius IX., der schon gegen die Losreißung der Romagna protestiert hatte, erließ in einem geheimen Konsistorium am 26. September abermals eine Allokution (Rede), in der er sich in lebhaften Klagen über die Ereignisse zum Nachteil der kirchlichen Rechte ergoß. Er erklärte alles, durch seine aufständischen Untertanen Geschehene für null und nichtig, und fügte hinzu, daß diejenigen, die sich an diesen Bewegungen beteiligten, dem Strafgericht der Kirche anheimfallen sollten.

Eine gegen Ende des Jahres 1859 in Paris erschienene Broschüre unter dem Titel „Der Papst und der Kongreß", machte großes Aufsehen. Sie bewies auf historischem Wege die Notwendigkeit, dem Papst die weltliche Gewalt zu entwinden. Die Broschüre machte den Kongreß, den der Papst damals eben einzuberufen im Sinn hatte, geradezu ohnmächtig und Pius konnte in seiner Allokution an General Gyon vom 1. Jänner 1860 kaum Worte finden, die stark genug gewesen wären, die Broschüre zu verdammen. Indes war ein Brief von Napoleon eingelangt, durch welchen die römische Frage, wenn auch nicht dem Geiste, so doch den Worten nach auf den Standpunkt dieser Broschüre gestellt worden war. Am 11. und 12. März 1860 erfolgte der Anschluß der Romagna an Piemont. Pius IX. und Österreich protestierten gegen die Annexion, wie gegen die Besetzung Mittelitaliens durch Piemont, allein ihre Proteste fanden kein Gehör. Die Beziehungen des Heiligen Stuhls mit Frankreich erkalteten hierauf zusehends.

Österreich hatte den Krieg von 1859 von Zaun gebrochen und war tief gedemütigt worden, während Graf Cavour, der Erste Minister König Viktor Emanuels seine Ziele erreicht hatte, zu deren Vorbereitung er für die Teilnahme Piemonts am Krimkrieg eingetreten war. Vergebens hatten England, Preußen und Rußland gegen das Ultimatum, das Österreich an Piemont richtete, protestiert. Franz Joseph aber hatte seinen Außenminister Graf Buol - Schauenstein das Desaster anrichten lassen.

Der 28jährige Kaiser Franz Joseph hat im Feldzug von 1859 persönlich das Grauen auf den Schlachtfeldern, das Elend der Sterbenden und Schwerverwundeten kennengelernt und war von diesen Erlebnissen tief erschüttert. Er wollte keinen Krieg mehr. Aber auch der 31jährige Zivilist Henri Dunant, ein Schweizer, sah als Geschäftsreisender die von Leichen und Pferdekadavern übersäten Schlachtfelder von Solferino, wo man die Schwerwerwundeten kaum notdürftig versorgen konnte. Von Entsetzen ergriffen, schrieb er das Buch „Erinnerungen an Solferino" und warb mit großen Engagement für eine gesetzlich verankerte und international anerkannte Pflicht, die Verwundeten zu schonen und diesen Hilfe zu leisten. Am 22. August 1864 wurde auf seine Initiativen in Genf das „Rote Kreuz" gegründet und die „Genfer Konvention zum Schutz der Verwundeten und Kranken im Krieg" von den meisten europäischen Staaten angenommen.

Österreich am Weg
zur konstitutionellen Monarchie

Es mußte eine neue Zeit anbrechen, und sie wurde aus dem Blut geboren, das in den Schlachten in Italien vergossen wurde. In Wien trat ein Ministerwechsel ein. Graf Rechberg hatte statt Buol-Schauenstein das Ministerium des Auswärtigen übernommen und im August 1859 war Graf Agenor Goluchowski an die Stelle von Innenminister Dr. Alexander Bach getreten. Das neue Ministerprogramm hatte eine ziemlich liberale Färbung, sprach von liberaler Regierung, einem System, das mehr konstitutionell sein sollte als früher, besonders in Bezug auf die Finanzen der Monarchie. Ein Reichsrat sollte nach Wien berufen werden. Gewerbefreiheit wurde verheißen und am 20. Dezember 1859 wurde die neue österreichische Gewerbeordnung, die auch Vorschriften über den Arbeiterschutz enthielt, in Kraft gesetzt. Endlich brachte am 5. März 1860 ein kaiserliches Patent die Grundzüge der seit zehn Jahren versprochenen Verfassung. Die Monarchie sollte streng einheitlich bleiben, doch jedes Kronland durch eine Landesvertretung eine gewisse Selbstverwaltung (Autonomie) haben. In jedem dritten Jahr sollte in Wien ein neugewählter Reichsrat zusammentreten und die Zentralisation, die Einheit des Reiches vertreten. Den am 5. März einberufenen, durch neue Mitglieder und durch 38 Vertreter der Landtage „verstärkten Reichsrat" eröffnete Kaiser Franz Joseph am 31. März 1860. Unter den 38 Vertretern der Landtage befanden sich Ungarn, Slawen, Rumänen, Deutsche und Italiener. Erzherzog Rainer präsidierte den Vorsitz. Es war der erste Schritt zu einer Verfassungsreform in der österreichischen Monarchie.

Das Volk hatte die Anfänge der Verfassung gleichgültig zur Kenntnis genommen, doch wurde dessen Teilnahme schon nach den ersten Sitzungen im Reichsrat angeregt, denn kaum waren die ersten Berechnungen der Einnahmen und Ausgaben vorgelegen, so entspann sich die Sprachenfrage und es zeigte sich eine heftige Opposition gegen die bisherige Verwaltung. Zu Anfang Juni wurde der Reichstag vertagt, und zwar auf so lange, als das gewählte, aus 24 Mitgliedern bestehende Komitee die Finanzvorlagen geprüft und mit seinem Bericht zu Ende sein würde. Man wartete gespannt auf die Wiedereröffnung. Indes hatten sich in diesem Komitee drei Parteien herausgebildet: die Ungarn, die ihre alte Verfassung aus der Zeit vor 1848 wollten, die Aristokraten mit ihrer starken Neigung nach alten ständischen gutsherrlichen Gerechtsamkeiten, und endlich Liberale und Unschlüssige, die zwar die Einheit der Monarchie wollten, aber die Entwicklung der Verfassung zu mehr Freiheit und Gemeindeselbständigkeit anstrebten. Die Stimmführer der Ungarn waren die Magnaten Szechény, Barkoczy, Apponyi, Mailath und Szögyenyi, die der Aristokraten hatte den Grafen Clam - Martinitz an der Spitze und die Liberalen und Unschlüssigen die Herren Dr. Hein, Dr. Straßer und Freiherr von Lichtenfels.

Am 10. September wurden die Sitzungen wieder eröffnet und bis zum 27. die einzelnen Posten im Staatshaushalt durchleuchtet, worauf das Komitee die nötigen Anträge stellte. Aber im Reichsrat, wie bei jedem Gebildeten in Österreich, herrschte die Überzeugung vor, daß die elende Finanzlage in den politischen Übelständen ihre Wurzeln habe, und daß man vor allem da aufräumen müsse. Als die Vorlagen des Kultusministeriums geprüft wurden, beleuchtete Karl Maager, der Präsident der Kronstädter Handelskammer, die Lage der österreichischen Protestanten offen und freisinnig. In allgemeinen Umrissen legte er die religiösen Mißbräuche an den Tag und forderte zum Schluß eine Revision des Konkordats. Nach einigen Tagen erst erwiderte Erzbischof Rauscher, daß ein solches Verlangen töricht und verwegen sei.

Als es sich um den Etat des Polizeiministertums handelte, war es abermals Maager, der dem allgemeinen Volkswunsch Ausdruck verlieh und für die freie Presse sprach. Aristokraten, Klerikale und selbst die Ungarn stimmten aber nur für eine Regelung der Presseverhältnisse, die Graf Clam angeregt hatte. Was aber dem Reichstag besondere Wichtigkeit und wirkliches Interesse verlieh, waren die Berichte der Majorität und Minorität, nämlich die Grundsätze, nach welchen die Monarchie am besten und zweckmäßigsten zu regieren wäre. Die Majorität meinte, daß die gedeihliche Zukunft Österreichs durch das jetzt bestehende System der inneren Organisation der Monarchie weder gesichert, noch gefördert werde. Innerhalb dieses Systems ließen sich keine erheblichen Einsparungen erzielen. Um solche zu erreichen, müssen die verschiedenen Länder an der Verwaltung ihrer Angelegenheiten selbst teilnehmen. Dabei betonte die Majorität, daß man die Kräftigung und Sicherung des Verbandes der Länder der österreichischen Monarchie und ihrer politischen Einheit nicht in der Nichtbeachtung der historisch - politischen Individualität ihrer einzelnen Bestandteile, oder in der Beseitigung aller historischen Anknüpfungspunkte suchen dürfe. Eine Beteiligung der Länder an ihren öffentlichen Angelegenheiten könne aber nur dann erfolgen, wenn man sie an früher bestandene Institutionen binde. Aus diesem farbenschillernden Programm geht deutlich das Streben der Adelspartei für ihre eigenen Interessen hervor. Sie wollte nur die alten Stände moderner darstellen, sie wollte die alte Herrschaft über das Volk üben, das im Adel seinen Wohltäter und Beschützer sehen sollte.

Der Antrag der Minderheit des Komitees bat, daß Seine Majestät aus eigener Machtvollkommenheit jene Institutionen einrichte, durch die bei möglichster Entwicklung des freien Selbstverwaltungsrechts in allen Kronländern und bei vollständiger Wahrung der Einheit des Reiches und der Gesetzgebung, sowie der Vollziehung durch die Regierung, dann bei wirksamer und unabhängiger Kontrolle des Staatshaushaltes aller Interessen der Bevölkerung in den Kommunen, den Landtagen und im Reichsrat durch geeignete Vertretungen Rechnung getragen werde. Man sieht, der Antrag erging sich im Allgemeinen, ohne etwas Bestimmtes festzulegen. Er wurde auch bald angegriffen. Graf Szecheny, einer der besten Redner, sprach für die Selbständigkeit Ungarns, für die Berechtigung der verschiedenen Nationalitäten und des historischen Länderbegriffes. Das würde, nach seiner Meinung, Österreich kräftigen, und Kraft gibt Recht. Ein zweiter Redner, Graf Clam, sprach über die historisch - politische Individualität, die nicht ausschließlich Eigentum der Ungarn, sondern allen österreichischen Ländern eigen sei. Um Österreichs innere Gestaltung zu fördern, meinte Clam, müsse man besonders die Vorrechte des Volks wieder anerkennen.

Dr. Hein sprach für den Minderheitenantrag, doch als man ihm vorwarf, er befürworte nur eine Repräsentativ - Verfassung, da verteidigte er sich und seine Partei, als hätte man ihm Hochverrat vorgeworfen. Im nutzlosen Kampf zwischen Mehrheit und Minderheit, die beide mehr bemäntelten als offen darlegten, war es abermals Maager, der ohne Umschweife folgenden Antrag stellte: „Seine Majestät der Kaiser geruhe aus eigener Machtvollkommenheit seinen Völkern eine Repräsentativ - Verfassung zu geben, durch welche bei möglichster Entwicklung des freien Selbstverwaltungsrechts in allen Kronländern, bei möglichster Berücksichtigung geschichtlicher Überlieferungen und munizipaler Einrichtungen in den einzelnen Ländern, bei möglichster Wahrung der Gleichberechtigung alle Interessen der Bevölkerung in der Kommune, im Landtag und im Reichstag durch frei gewählte Abgeordnete ihre eigene Vertretung finden". Das hatte Klang und Farbe, das war ein offenes Manneswort! Es zündete und fand in den Herzen von Millionen einen kräftigen Widerhall. Maager war die Lösung, er war der Mann des Tages geworden. Weniger glänzend war sein Los im Reichsrat selbst. Alles erhob sich gegen ihn, Fürst Salm nannte, höchst unparlamentarisch, sein Verlangen nach einer Repräsentativ - Verfassung eine Rottek - Welkersche Straßenpolitik, Graf Nostiz glaubte dadurch sogar die Monarchie gefährdet, während es doch nur verstaubte, verrottete Privilegien waren, die sie verteidigten. Nur Freiherr von Lichtenfels allein trat dem Antrag bei, aber auch das nur mit Vorbehalten.

Am 27. September, als die Abstimmung erfolgte, fiel der Minoritätsantrag durch. Maagers Antrag gelangte gar nicht zur Besprechung. Da er aber dem heißen Wunsch von Millionen Worte verliehen, hatte er ein zerschmetterndes Gewicht erlangt. Am 29. September schloß der Kaiser den Reichstag, auf dem viel geredet, viel kritisiert aber kein einziger brauchbarer Vorschlag zur Neugestaltung Österreichs erarbeitet worden war.

Das Volk lebte in gespannter Erwartung, welchen Anträgen die Regierung Rechnung tragen werde, ob denen der Mehrheit oder jenen der Minderheit des Reichstages. Mag es auch vielen nicht klar gewesen sein, was nötig sei, so war doch jeder tief von dem Gedanken durchdrungen, daß etwas geschehen müsse, um Österreich vom Rand des Abgrunds wegzuführen, an den es durch eine verfehlte Politik, den verlorenen Krieg und die miese Finanzlage gekommen war.

Kaiser Franz Joseph sollte nach Warschau reisen, und man erwartete seine Entscheidung nach seiner Heimkehr, doch als er am 21. Oktober die Residenz verließ, da erschienen die Urkunden, vom Tage zuvor datiert, welche die Wiederherstellung Österreichs bewirken sollten.

Ein kaiserlicher Erlaß begleitete ein Diplom, das seine Grundlage in der pragmatischen Sanktion hatte. Es sollte bindende Kraft für die künftigen Regenten haben und bei jedem Thronwechsel neu ausgestellt und in die Landesgesetze eingetragen werden. Die gesetzgebende Gewalt wird künftig nur unter Mithilfe der Landtage und des Reichsrates geübt. Der Kompetenz des Reichsrates werden die Finanzen des Gesamtreiches zugeteilt und seine Befugnisse bedeutend erweitert. An seine Zustimmung sind die neuen Anleihen, die Umwandlung bereits bestehender, die Belastung und Veräußerung unbeweglichen Staatseigentums gebunden. Fortan können auch das Zoll-, Münz-, Geld- und Kreditwesen, die Post, Telegraphen und Eisenbahnangelegenheiten nur mit dem Reichsrat verhandelt werden. Was die übrige Gesetzgebung betrifft, so gehört sie in den Bereich der einzelnen Landtage, und zwar für Ungarn ohne alle Ausnahme. In Bezug auf die anderen Kronländer jedoch werden einzelne Angelegenheiten durch die Regierung oder aus Verlangen der Landtage dem Reichsrat zugewiesen, an dessen Sitzungen sich die ungarischen Mitglieder dann nicht beteiligen.

Zugleich hörten die Ministerien des Kultus, des Innern und der Justiz auf, allgemeine Zentralstellen zu sein und die ungarische wie siebenbürgische Hofkanzlei wurden wieder eingeführt und der ungarische Hofkanzler wurde Mitglied des Ministerrates. Das Justizwesen der nichtungarischen Länder wird durch den Präsidenten des Kassationshofes, die volkswirtschaftlichen und Handelsinteressen werden durch den Handelsminister im Ministerrat vertreten. Weiters trat ein Rat des öffentlichen Unterrichts ins Leben, der dem Ministerrat und den administrativen Behörden zu dienen hatte.

Die Mitglieder des Reichsrates wurden mit hundert festgesetzt, die auf einzelne Länder nach Maßgabe der Bevölkerung und Besteuerung verteilt waren. Bei den Landtagen wurde allen Klassen und Interessen Vertretung versprochen, so wie die ehestmögliche Vorlage der Landesordnungen und die Einberufung der Landtage zugesagt.

Zum Staatsminister (Regierungschef) wurde Graf Goluchowski ernannt, General von Degenfeld zum Kriegsminister, Graf Szechény zum Minister ohne Portefeuille, Freiherr von Mecséry zum Polizeiminister, Baron Nikolaus Vay zum ungarischen Hofkanzler, Szögöny zum zweiten Hofkanzler, General Benedek zum Armeekommandanten in Italien. Sektionschef Lasser übernahm einstweilen die Leitung der Justizangelegenheiten.

Der Wiener Hof war vorzugsweise bedacht, Ungarn zufrieden zu stellen; seine Selbstverwaltung war so weit als nur möglich auf die alte Verfassung zurückgeführt; nur die auswärtigen Angelegenheiten, Armee und Finanzen, waren dem Gesamtstaat geblieben.

Im allgemeinen befriedigten die Patente wenig, und die Bevorzugung Ungarns erregte in den anderen Kronländern ein bitteres Gefühl. Zugleich ersahen die Kronländer aus den Patenten, daß ihre neuen Landtage kaum etwas anderes als ihre alten Postulatlandtage sein würden, der Reichsrat nur ein bloßer Ausschuß der verschiedenen Landtage, doch sah man mit einem Anflug von Neugierde dem verheißenen Erlaß entgegen, um zu erfahren, wie weit die Befugnisse der Landtage und des Reichsrats sich erstrecken würden. Ebenso wenig befriedigten die Landesstatuten und bei niemandem fanden die Schöpfungen des Ministeriums Anklang. Man hatte nur die ersten vier Landesstatuten kundgemacht und wollte erst deren Wirkung abwarten.

Es regte sich jedoch bald passiver Widerstand. In Salzburg und Hallein erklärten die Gemeindevertreter sich nicht für berechtigt, Wahlen vorzunehmen, da sie, aus Minister Bachs Willkürverwaltung hervorgegangen, nicht als wirkliche Vertreter der Gemeinde gelten könnten. Sie forderten Graf Stadions freisinniges und deshalb von Bach unterdrücktes Gemeindegesetz. Zugleich sprach man sich vielerorts für einen deutsch - slawischen Reichstag aus, der ein Gegengewicht des ungarischen Landtages sein sollte. Etwas mußte geschehen, und so erschien am 26. November vom Staatsministertum eine liberale Verordnung für die Vornahme von Neuwahlen für die Gemeindevertretungen, von der aber Ungarn und Galizien ausgenommen waren. Da aber Graf Goluchowski solange mit dieser Verordnung gezaudert hatte, erntete er dafür wenig Dank. Auch trat der Unterschied zwischen der freien Gemeindewahl und der Wahl der ständischen Landesvertretungen zu kraß hervor. Sollte Österreich einer gedeihlichen Entwicklung entgegengehen, so mußte das ganze Bach'sche System über Bord geworfen werden. Dazu aber war die Umgestaltung des Ministerrates erforderlich. Freiherr von Schmerling besaß allein soviel Achtung und Vertrauen, daß man ihm diese Umgestaltung zutraute. Von ihm erwartete man das schier Unmögliche.

Am 13. Dezember 1860 wurde der Staatsminister, Graf Goluchowski seiner Stelle enthoben und die Ernennung Schmerlings erfolgte unmittelbar darauf. Im Programm vom 20. Oktober wollte man kein „beständiges, unwiderrufliches" Staatsgrundgesetz mehr erblicken, sondern nur einen Anfang, der entwickelt, auf dem fortgebaut werden müsse. Die Fähigkeit, das zu können, so wie den Willen dazu, glaubte man einzig beim neuen Staatsminister zu finden. Um alle diese Erwartungen befriedigen zu können, hatte Schmerling nicht genug Spielraum. Es befanden sich noch zu viele Männer von Einfluß am Ruder, die dem alten System anhingen und der Neuzeit nicht Rechnung tragen wollten.

Von diesem Gesichtspunkt aus beurteilte man auch das Rundschreiben, das Schmerling am 23. Dezmeber an die Statthalter erließ. Man lobte zwar die Offenheit Schmerlings, doch sprach im allgemeinen zu wenig aus dem Rundschreiben, was die brennenden Fragen der Gegenwart betraf. Die Grundrechte sollten gewährt werden, aber das Wie war nicht angegeben. Freie Religionsausübung war zugestanden, und hing wieder die Befähigung zu Ämtern vom Religionsbekenntnis, wenn auch nicht mehr von der Geburt ab. Ebenso wenig Trost fand die Presse im Rundschreiben, denn alle Schrecknisse, wie Konzessionswesen, Warnungen der Verwaltungsbehörden blieben und machten eine wirklich unabhängige Presse unmöglich. Es wurde die Trennung der Justiz von der Verwaltung, Öffentlichkeit und Mündlichkeit des Gerichtsverfahrens zugesagt, aber von Schwurgerichten, die man so nachhaltig wünschte, erfuhr man nichts. Auch über die Verfassungsangelegenheiten, das Höchste und Wichtigste, wurde nichts Bestimmtes gesagt, kaum mehr, als was das Oktoberdiplom ausgesprochen.

Am 5. Januar 1861 kam eine neue Wahlordnung heraus. Sie war zwar freisinniger als die frühere, doch der zu hohe Steuerzensus schloß das eigentliche Volk beinahe von der Wahl aus. Um diese Zeit erfolgte auch eine Änderung des Kabinetts. Graf Rechberg schied am 4. Februar aus dem Ministerium, um seine ganze Tätigkeit dem Ministerium des kaiserlichen Hauses widmen zu können. Zum Präsidenten des Ministerrates wurde Erzherzog Rainer ernannt, dem zwar ein guter Ruf vorausging, doch würde man lieber die Ernennung Schmerlings gesehen haben, weil man auf die Ministerverantwortlichkeit hoffte, die sich aber in den Augen der Liberalen mit der Ernennung eines kaiserlichen Prinzen nicht vereinbaren ließ. Schmerling übertrug man die Leitung der inneren Angelegenheiten, nach dem alle Geschäfte ausgeschieden worden waren, die in den Bereich der ungarischen wie siebenbürgischen Hofkanzlei und des kroatisch - slavonischen Hofdikasteriums gehörten. Dem Staatsministerium wurden nun alle Angelegenheiten zugewiesen, die die organische Gestaltung und Wirksamkeit der politischen Vertretung berührten, so wie die Sache der ehemaligen Kultus und Unterrichtsverwaltung, ebenso die oberste Leitung der Institute für Künste und Wissenschaften. Die übrigen Geschäfte der politischen Verwaltung, die bisher das Staatsministerium besorgte, wurden einem Amt zugeteilt, dem Minister Lasser vorstand, der vom Justizressort abgezogen wurde. Justizminister wurde Freiherr von Pratobevera, Handelsminister Graf Wickenburg.

Mit Erwartung sah man der Verfassung entgegen, die alle Ungewißheit, allen Zweifel beenden sollte und am 27. Februar 1861 erschienen die vom Tag zuvor (20. Februar) datierten Urkunden.

Das kaiserliche Patent lautete:

„Wir Franz Joseph der Erste, von Gottes Gnaden Kaiser von Österreich, König von Ungarn und Böhmen, König der Lombardei und Venedig, von Dalmatien, Kroatien, Slawonien, Galizien, Lodomerien Illirien, König von Jerusalem etc.; Erzherzog von Österreich, Großherzog von Toskana und Krakau; Herzog von Lothringen, von Salzburg, Steier, Kärnthen, Krain und der Bukowina; Großfürst von Siebenbürgen; Markgraf von Mähren; Herzog von Ober- und Nieder-Schlesien, von Modena, Parma, Piacenza und Guastalla, von Auschwitz und Zator, von Teschen, Friaul, Ragusa und Zara; gefürsteter Graf von Habsburg und Tirol, von Kyburg, Görz und Gradiska; Fürst von Trient und Brixen; Markgraf von Ober- und Nieder - Lausitz und in Istrien; Graf von Hohenems, Feldkirch, Bregenz, Sonnenberg etc.; Herr von Triest, Cattaro und der windischen Mark, Großwoiwod der Woiwodschaft Serbien etc.

Nachdem Wir in Unserem zur Regelung der staatsrechtlichen Verhältnisse der Monarchie am 20. Oktober 1860 erlassenen Diplome, auf Grundlage der pragmatischen Sanktion und kraft Unserer Machtvollkommenheit, zu Unserer eigenen und so auch zur Richtschnur Unserer gesetzlichen Nachfolger in der Regierung, zu beschließen und zu verordnen befunden haben, daß das Recht, Gesetze zu geben, abzuändern und aufzuheben, nur unter Mitwirkung der Landtage, beziehungsweise des Reichsrathes ausgeübt werden wird, und in Erwägung, daß dieses Recht, um ins Werk gesetzt werden zu können, einer bestimmten Ordnung und Form der Ausübung bedarf, erklären, verordnen und verkünden Wir nach Anhörung Unseres Ministerrathes:

I. Rücksichtlich der Zusammensetzung des zur Reichsvertretung berufenen Reichsrathes und des ihm in Unserem Diplome vom 20. Oktober 1860 vorbehaltenen Rechtes der Mitwirkung bei der Gesetzgebung, genehmigen Wir das beiliegende Gesetz über die Reichsvertretung und verleihen ihm hiemit für die Gesamtheit Unserer Königreiche und Länder die Kraft eines Staats-Grundgesetzes.

II. In Bezug auf Unsere Königreiche Ungarn, Kroatien und Slawonien, sowie auf Unser Großfürstentum Siebenbürgen, haben Wir in Absicht auf die Wiederherstellung der früheren Landesverfassungen im Einklange mit Unserem erwähnten Diplome und innerhalb der in demselben festgesetzten Gränzen, mittelst Unserer Handschreiben vom 20. Oktober 1860 bereits die geeigneten Verfügungen getroffen.

III. Für unsere Königreiche: Böhmen, Dalmatien, Galizien und Lodomerien mit den Herzogthümern Auschwitz und Zator und dem Großherzogtum Krakau;

Unsere Erzherzogthümer: Österreich unter der Enns und Österreich ob der Enns;

Unsere Herzogthümer: Krain, Bukowina;

Unsere Markgrafschaft: Mähren;

Unser Herzogthum: Ober- und Niederschlesien;

Unsere Markgrafschaft Istrien sammt den gefürsteten Grafschaften Görz und Gradiska und der Stadt Triest mit ihrem Gebiete; und für das Land Vorarlberg finden Wir, um die Rechte und Freiheiten der getreuen Stände dieser Königreiche und Länder nach den Verhältnissen und Bedürfnissen der Gegenwart zu entwickeln, umzubilden, und mit den Interessen der Gesamtmonarchie in Einklang zu bringen, die beiliegenden Landesordnungen und Wahlordnungen zu genehmigen und verleihen jeder einzelnen für das betreffende Land die Kraft eines Staats - Grundgesetzes.

Jedoch kann, nachdem Wir über die staatsrechtliche Stellung Unseres Königreiches Damatien zu Unseren Königreichen Kroatien und Slawonien noch nicht endgültig entschieden haben, die für Unser Königreich Dalmatien erlassene Landesordnung dermal noch nicht vollständig in Wirksamkeit treten.

IV. Um die, mit den Patenten vom 20. Oktober 1860 für Unsere Herzogthümer Steiermark, Kärnten und Salzburg, dann für Unsere gefürstete Grafschaft Tirol erlassenen Statute mit jenen Bestimmungen in Einklang zu bringen, welche in den am heutigen Tage von Uns genehmigten Landesordnungen grundsätzlich aufgenommen sind; um den Landesvertretungen der Eingangs erwähnten Länder jene ausgedehnten Befugnisse zu gewähren, die Wir den Vertretern der übrigen Kronländer zu bewilligen Uns bestimmt gefunden haben; um endlich Unsere unterm 5. Januar 1861 über das Wahlrecht erlassenen Verfügungen auch in Steiermark, Kärnten, Salzburg und Tirol gleichmäßig zur Ausführung zu bringen; haben Wir in Erweiterung und Umänderung der bereits erlassenen Landesstatute die beiligenden neuen Landesordnungen für Steiermark, Kärnten, Salzburg und Tirol zu genehmigen befunden.

V. Indem Wir betreffs Unseres lombardisch - venetianischen Königreiches Unserem Staatsminister zugleich den Auftrag ertheilen, Uns eine auf gleichen Grundsätzen ruhende Landesverfassung im geeigneten Zeitpunkte vorzulegen, übertragen Wir mittlerweile den Congregationen des Königreiches, als seiner dermal bestehenden Vertretung, das Recht, die bestimmte Zahl von Mitgliedern in den Reichsrath zu entsenden.

VI. Nachdem theils durch die voräusgängigen Grundsätze, theils durch die wieder ins Leben gerufenen, theils durch die mittelst der neuen Grundgesetze geschaffenen Verfassungen das Fundament der staatsrechtlichen Verhältnisse Unseres Reiches festgestellt, und insbesondere die Vertretung Unserer Völker gegliedert, auch ihre Theilnehmung an der Gesetzgebung und Verwaltung geordnet ist, so verkünden Wir hiemit diesen ganzen Inbegriff von Grundgesetzen als die Verfassung Unseres Reiches, wollen und werden unter dem Schutze des Allmächtigen diese hiemit feierlich verkündeten und angelobten Normen, nicht nur selbst unverbrüchlich zu befolgen, zu halten, sondern verpflichten auch Unsere Nachfolger in der Regierung, sie unverbrüchlich zu befolgen, zu halten, und dies auch bei ihrer Thronbesteigung in dem darüber erlassenen Manifeste anzugeloben. Wir erklären hiemit auch den festen Entschluß sie mit all' Unserer kaiserlichen Macht gegen jeden Angriff zu schirmen und darauf zu sehen, daß sie von Jedermann befolgt und gehalten werden.

VII. Wir befehlen, daß dieses Patent sammt den mittelst desselben verkündeten Staats - Grundgesetzen über die Reichs- und Landesvertretungen in Form kaiserlicher Diplome ausgefertigt, in Unserem Haus-, Hof- und Staatsarchive, sowie auch seiner Zeit das Grundgesetz über die Reichsvertretung nebst den für jedes Land bestimmten besonderen Grundgesetzen in den Archiven Unserer Königreiche und Länder niedergelegt und aufbewahrt worden.

Gegeben in Unserer Haupt- Residenzstadt Wien am sechsundzwanzigsten Februar im Eintausend achthundert einundsechzigsten, Unserer Reiche im dreizehnten Jahre.

Franz Joseph m.p. (L.S.)

Erzherzog Rainer m. p.	Lasser m. p.
Rechberg m. p.	Szécsen m. p.
Mecséry m. p.	Plener m. p.
Degenfeld m. p.	Pratobevera m. p.
Schmerling m. p.	Auf Allerhöchste Anordnung
Ransonnet m. p."	

Mit diesem Patent trat endlich Österreich in die Reihe konstitutioneller Staaten. Der „Reichsrat" bestand aus dem Herren- und Abgeordnetenhaus. Im Herrenhaus befanden sich der Adel, der Klerus und die vom Kaiser auf Lebensdauer ernannten Reichsräte.

Im Abgeordnetenhaus versammelten sich die aus den verschiedenen Landtagen entsendeten (gewählten) Mitglieder (insgesamt 343 Abgeordnete, davon 120 aus der ungarischen Reichshälfte. Ein sogenannter „engerer Reichsrat" (205 Abgeordnete) sollte die Gesetzgebung für die österreichische Reichshälfte ausüben. Damit war das „Zweikammer System" in der Monarchie eingeführt worden. Der „Reichsrat" war als „Zentralparlament" für ganz Österreich also für die ganze Monarchie gedacht und sollte vor allem für das Heer- und Finanzwesen zuständig sein. Die Landtage wurden von vier Kurien (Interessengruppen) beschickt: Großgrundbesitz, Handels- und Gewerbekammern, Städte und Märkte, Landgemeinden. Wahlberechtigt war, wer 5 Gulden Steuer zahlte. Mit diesem Steuerzensus wurde aber der Großteil der Bevölkerung automatisch vom Wahlrecht ausgeschlossen. Der Reichsrat sollte alljährlich einberufen werden, die Reichsgesetze beraten und neue beantragen, die aber nur durch Übereinstimmung der beiden Häuser und mit Genehmigung des Kaisers in Kraft treten konnten. Der Reichsrat hatte zugleich die Aufgabe, die Krone und das Ministerium mit seinen Ratschlägen zu unterstützen.

Mit all diesen gesetzlichen Bestimmungen erhielten die einzelnen Kronländer eigene Vertretungen, die, dem Charakter nach, einander ziemlich ähnlich waren und deren Mitglieder aus direkten Wahlen in den Landtagen hervorgegangen waren. Ausgenommen waren nur Persönlichkeiten, welche die Geistlichkeit und Universität entsendete. Gewählt konnte jeder Landesangehörige werden, der das dreißigste Jahr überschritten hatte, seiner bürgerlichen Rechte nicht verlustig geworden war und einer Wählerklasse angehörte. Und dennoch wurden alle diese Maßnahmen nur als erster Schritt in die richtige Richtung gewertet.

Die Durchführung oder Umsetzung der Verfassungsrechte stieß zunächst auf zahlreiche Widerstände. Die Anhänger des Absolutismus in Adel, Klerus und Bürokratie waren ebensowenig zufrieden wie die Ungarn und Slaven, die jeden Zentralismus ablehnten. Die Verfassung Schmerlings sollte zur Befriedigung der konstitutionellen Ansprüche aller Völker in gleicher Weise dienen. Doch daß dies nicht so gelang, wie es sich die Wiener Regierung vorstellte, beweist der Umstand, daß Schlesien, Galizien und Tirol nur widerstrebend in den Reichsrat eintraten. Wurde man mit diesen drei Kronländern noch fertig, so gelang dies mit Ungarn nicht. In Wien glaubte man noch immer nicht, daß es nötig sei, mit Ungarn, das 1849 unterworfen wurde, einen besonderen Ausgleich zu schließen. Ungarn wurde daher ebenso, wie die übrigen Provinzen, eingeladen, in den Reichsrat einzutreten, womit man glaubte, die „ungarische Frage" nicht weiter erörtern zu müssen. Der ungarische Kanzler wurde daher angewiesen, den ungarischen Reichsrat zur Beschickung des österreichischen Reichsrates aufzufordern. Wer aber die Einstellung der Ungarn kannte, durfte vorhersagen, daß Ungarn sich nie auf die Basis des Oktober - Diploms und des Februar - Patentes stellen werde, weil diese die Einheitlichkeit der Reichsvertretung festsetzten, ohne die Sonderstellung und Unabhängigkeit Ungarns zu berücksichtigen und den Dualismus nur insoferne anerkannten, daß sie einen Unterschied machten zwischen den Angelegenheiten, die nur Ungarn, und jenen, welche Ungarn und die übrigen Kronländer betrafen. Daß Ungarn sich auf diese Weise nicht in den österreichischen Reichsrat eingemeinden lassen wollte, ergab sich schon aus den Adressen der Komitate, die auf die Wiederherstellung der ungarischen Verfassung drängten, weil eine Aussöhnung mit Österreich nur auf diesem Wege möglich sei. Die Unruhe wurde durch die „orientierenden Aufklärungen", die der geflüchtete Kossuth und seine Gefährten heimlich in Ungarn verbreiten ließen, geschürt und durch den versuchten bewaffneten Einfall von Emigranten in Siebenbürgen, der aus der Walachei erfolgte, um den Freiheitskampf zu erneuern, verstärkt. Die Emigranten wurden zwar schnell wieder vertrieben, aber die allgemeine Unruhe, die die nationalen Kreise ergriffen hatte, konnte nicht gelöscht werden. Die Stimmung in Ungarn war daher eher alles andre als friedlich.

Trotzdem gab es eine, an Zahl zwar geringe, Partei, die gegen die Sicherung der Verfassung und Unabhängigkeit Ungarns bereit war, bis zur äußersten Grenze der Möglichkeit zur Versöhnung mit Österreich gehen wollte. Franz Deák stand an der Spitze dieser Partei, die aber die nationalen Kreise erst für ihren Standpunkt gewinnen mußte. Franz Deák faßte die Forderungen Ungarns in folgenden Punkten zusammen: „Unversehrte Erhaltung unserer konstitutionellen Unabhängigkeit; Gebiets- und politische Integrität des Landes; Herstellung der Einheit des Landes durch Vertretung der zur heiligen Krone gehörigen Länder im Abgeordnetenhause; Wiedereinsetzung der parlamentarischen Regierung und des verantwortlichen Ministeriums, zugleich Beseitigung aller Überreste der unumschränkten Alleinherrschaft. Diese Vorbedingungen sind es, ohne welche kein Ausgleich abgeschlossen werden kann." Die Grundbedingungen, welche die gemäßigte Partei in Ungarn aufstellte, bewiesen, daß der Gegensatz zwischen Ungarn und dem kaiserlichen Februar - Patent nicht ausgeräumt werden konnte, denn während im Entwurf Schmerlings nur von einem einheitlichen Österreich die Rede war, wollte Franz Deák, den die Deutschen damals als „das Gewissen Ungarns" bezeichneten, nur von „Österreich - Ungarn" wissen.

Der Judex Curiae Georg Apponyi eröffnete als königlicher Kommissär am 6. Mai 1861 den ungarischen Reichstag, dem er den Gruß des Monarchen und die Weisung übermittelte, die Inauguration, Krönung, das Inauguraldiplom und die Wahl des Palatins zum Gegenstand der Beratung zu machen. Der Reichstag war, wie schon so oft in der ungarischen Geschichte, in zwei Lager gespalten. Die habsburgfreundliche Partei wünschte den Ausgleich mit Österreich, aber unter der Bedingung der vollständigen Herstellung der Rechte der Nation. Das nationale Lager wollte auch jetzt nichts von Ausgleich hören, sondern abermals die Entscheidung der Waffen anrufen, um Ungarn wieder ins Chaos zu stürzen, wie es ihnen Kossuth empfahl.

Zur Partei, die für den Ausgleich mit Österreich eintrat, gehörten: Graf Julius Andrássy, Baron Eötvös, Gabriel Kazinczy, Baron Sigismund Kemény, Anton Forgách, Moriz Esterházy und andere, die Franz Deák als Führer verehrten und dessen vorhin genanntes Programm zur Ausführung bringen wollten. Der Führer des nationalen, habsburgfeindlichen Lagers, war Graf Ladislaus Teleki, an dessen Stelle, auf Wunsch Kossuths, Paul Nyári trat. Zu seinem Lager gehörten noch Coloman Tisza, Maurus Jókai und Emmerich Révész. Beide Parteien standen demnach in Opposition zur Wiener Regierung.

Kaum war der Reichstag eröffnet und die heftigen Debatten entbrannt, als das nationale Lager einen schweren Verlust erlitt. Graf Ladislaus Teleki beging am 8. Mai Selbstmord, weil ihn, glaubte man, die kaiserliche Regierung an die Bedingung erinnerte, unter welcher ihn Kaiser Franz Joseph nach der Revolution begnadigt hatte. Hierauf übernahm Coloman Tisza die Führung der Partei.

Die Debatten im Reichsrat drehten sich um die Frage, ob der Reichstag nur eine Adresse oder einen Beschluß fassen solle, der dem Wiener Hof vorgelegt werden sollte. Die heftigen Auseinandersetzungen währten drei Wochen. Deáks Partei wurde daher die Adress-, und Tiszas Partei die Beschlußpartei genannt. In diesen Debatten wurden vom nationalen Lager nicht nur das unumschränkte Regierungssystem sondern auch das Erb- und Thronfolgerecht Franz Josephs angegriffen, weil die Thronentsagung Kaiser Ferdinands

234

zu Gunsten Franz Josephs dem Reichstag nicht mitgeteilt wurde und dieser Akt daher nicht als legaler anerkannt und Franz Joseph nicht als rechtmäßiger, sondern nur als tatsächlicher Herrscher angesehen werden konnte. Das war die Grundidee des entbrennenden Kampfes, der endlich nach drei Wochen zur Annahme der Adresse mit 165 Stimmen gegen 152 führte. Die Abfassung der Adresse übertrug man Franz Deák, der am 3. Juni durch seine überzeugenden Argumente diese Majorität zustande gebracht hatte.

In der Adresse, die, nach ungarischer Ansicht, ein treues Bild der Geschichte Ungarns in den letzten 300 Jahren entwarf, sammelte Franz Deák die ganze große Masse der Landesbeschwerden und hob die Rechtskontinuität hervor, welche die Gewalt so häufig unterdrückte, aber nie zu unterbrechen vermochte. Diese drei Jahrhunderte seien schwere Zeiten für die Nation gewesen, die mehr als einmal an den Rand des Abgrunds geraten war, aber immer wieder zu neuer Kraft gelangt wäre. In diesen jahrhundertelangen Kämpfen der Nation für ihre Verfassung und nationale Existenz wären nicht nur staatsrechtliche Fragen angegriffen, sondern auch der Sinn einzelner Gesetze, ja selbst das Wesen der ungarischen Konstitution in Zweifel gezogen worden. Deák hielt fest: „Wir wollen keine oktroyierte Konstitution, wir fordern unsere avitische Verfassung zurück, welche kein Geschenk war, sondern sich aus dem Leben der Nation entwickelte. An unserer Seite stehen Recht und Gesetz, die Heiligkeit der Verträge; entgegen steht uns nur die materielle Gewalt." Diese Argumente erwähnte die Adresse nicht, um alte Wunden aufzureißen, sondern nur, wie Deák meinte, um rasch die noch bestehenden Ungerechtigkeiten, die Verletzung der durch die pragmatische Sanktion gewährleisteten Gebietsintegrität, die Beeinträchtigung der Unabhängigkeit des Landes durch die Zentralisation der Finanz-, Kriegs- und Handelsangelegenheiten, die ungesetzlichen Steuererhebungen der Wiener Regierung, die Unterdrückung der Pressefreiheit und die Verfolgung der Besten, vor allem der Rebellen, durch die österreichischen Behörden, rückgängig zu machen.

Verdrängt hat Franz Deák, wie viele Prominente vor ihm, daß Ungarn, das durch ungarische Mithilfe (Verrat an König Ludwig II.) 150 Jahre in türkische Sandschake (Militärbezirke) aufgeteilt und seit 1541 dem Osmanischen Reich eingegliedert war und in dieser Zeit nur als Restgebiet in der Slowakei und westlich der Raab existierte, nur auf Grund der unablässigen Anstrengungen der Habsburger wieder als Ungarn erstanden ist. Verdrängt die Tatsache, daß nach der Befreiung Ungarns von den Türken, die vor allem mit deutschem Blut, deutschen Waffen und deutschem Geld erfolgt war, die nationale Partei der Ungarn, geführt von einem Emmerich Tököly, Franz Rákoczy, Stephan Bocskay, Gabor Bethlen, Ludwig Kossuth und anderen Größen, aus Dankbarkeit für die Befreiung aus dem türkischen Staatsverband allen Habsburgern dieser Zeit, in französischem Sold, in den Rücken gefallen sind. Tisza und die chauvinistischen Kreise lebten mit dieser unbewältigten Vergangenheit der Magyaren, ohne irgendwelche Bedenken, verblendet vom Haß gegen Österreich. Sie wollten einfach nicht daran erinnert werden und in ihrer nationalen Eitelkeit zur Kenntnis nehmen, wem sie ihre nationale Existenz zu verdanken hatten, wer ihr tragisches Schicksal zum Besseren gewendet hatte. Sie wollten nicht wahrhaben, daß jene Habsburgerkaiser, mit dem Säbel in der Hand, die türkischen Sandschake auf einst ungarischem Boden erobert hatten und daher, nach damaliger Rechtsauffassung, als ihr Eigentum betrachten durften. Verdrängt wurde, daß es in den türkischen Sandschaken auf einst ungarischem Boden weder eine ungarische Verfassung gab, noch daß die Sultane die Unabhängigkeit Ungarns respektiert hätten. Diese haben ihnen habsburgische Heeresverbände wieder errungen! Doch sie verdrängten, daß es die Armeen Leopold I., Joseph I. und Karl VI. waren, die gegen die Türken kämpften, daß der Herzog von Lothringen Ofen und Pest 1685 zurückeroberte und Prinz Eugen von Savoyen die Türken aus dem Lande warfen! Verdrängt wurde, daß ein Emmerich Tököly und ein Johann Zapolya mit dem Türken gemeinsame Sache machten, ohne Rücksicht darauf, daß mit den Osmanen der Islam in Europa vordrang! Sie verdrängten auch, daß der ungarische Reichstag erst 1849 den Habsburgern die Krone Ungarns aberkannt und Franz Joseph des ungarischen Thrones für verlustig erklärt hatte! Das und noch viel mehr gehört auch zu den 300 Jahren ungarischer Geschichte, auf die Franz Deák verwiesen hatte!

Für die Habsburgerkaiser und ihre großen Heerführer, die Ungarn wieder aus dem Osmanischen Reich herausgebrochen haben, haben die Ungarn keine Denkmäler errichtet, dafür aber stehen auf dem „Millenniumsplatz" in Budapest die „Helden der Nation", man könnte auch sagen, nur Feinde Österreichs!

Doch in der Adresse Deáks hieß es weiter: „Der ungarische König wird nur durch die Krönung gesetzlicher ungarischer König. Die Krönung aber hat im Gesetze vorgeschriebene Bedingungen, deren vorhergehende Erfüllung unbedingt notwendig ist. Die unversehrte Erhaltung unserer konstitutionellen Selbständigkeit, die Gebiets- und politische Integrität des Landes, die Ergänzung des Reichstages die vollständige Wiederherstellung unserer Fundamentalgesetze, die Wiedereinsetzung der parlamentarischen Regierung und unseres verantwortlichen Ministeriums, die Abschaffung aller noch bestehenden Folgen des absoluten Systems sind jene Vorbedingungen, ohne deren Erfüllung jede Beratung, jeder Vergleich unmöglich ist."

Um aber der Antwort vorzubeugen, daß die vollständige Herstellung der Verfassung das Ansehen des Thrones untergraben und die verknüpfenden Bande des Reiches lockern würde, fuhr Franz Deák noch folgendermaßen fort:

„Wir wollen keineswegs den Bestand des Reiches gefährden und sind bereit, was uns zu tun möglich ist und was wir ohne Verletzung unserer Selbständigkeit und konstitutionellen Rechte tun dürfen, auf Grund der Billigkeit, aus Rücksichten der Politik zu tun, damit unter den schweren Lasten, welche das verkehrte Vorgehen des bisher bestandenen absoluten Systems anhäufte, ihre Prosperität und zugleich auch unsere nicht zusammenbreche und die schädlichen Folgen der verflossenen schweren Zeiten von ihnen und von uns abgewendet werden. Wir wollen aber nur als selbständiges, unabhängiges, freies Land mit ihnen als selbständigen Ländern in Berührung stehen und weisen jede Unterordnung, jede Verschmelzung auf dem Gebiet der Gesetzgebung oder der Verwaltung entschieden zurück." Weiters schrieb Deák: „Wir wollen auf der Grundlage vollkommener Rechtsgleichheit unser Verfassungsleben entwickeln und sichern. Wir wollen, daß hinsichtlich des vollen Genusses der Bürgerrechte weder die Religion, noch die Nationalität zwischen den Bürgern des Landes einen Unterschied bilde, und alle Verfügungen unserer Gesetze, welche die vollständige Rechtsgleichheit beschränken, wünschen wir noch im Verlaufe dieses Reichstages den Anforderungen der Gerechtigkeit und Billigkeit gemäß zu modifizieren."

Die von Franz Deák verfaßte Adresse, die der Reichstag am 6. Juni 1861 annahm, läßt den krassen Gegensatz zwischen der kaiserlichen Regierung und dem ungarischen Reichstag hervortreten. Mit dem Oktober - Diplom und dem Februar - Patent stand die das Grundprinzip der Adresse bildende Rechtskontinuität, mit dem Prinzip der Gesamtmonarchie die Sonderstellung Ungarns, der zwischen der Real- und Personalunion gähnende unüberbrückbare Abgrund in direktem Widerspruch. Es war daher eine große Frage, ob Kaiser Franz Joseph bei den Traditionen seines Herrscherhauses verharren oder mit denselben, in Anbetracht der mahnenden Ereignisse, brechen werde.

Die von Franz Deák verfaßte Adresse überreichten die Präsidenten Georg Apponyi und Coloman Ghiczy dem Kaiser am 8. Juli. Es gelang jedoch Schmerling, der zwischen den Reden der Adreß- und Beschlußpartei einen zu geringen Unterschied fand und schon nach den Reden Franz Deáks und Joseph Eötvös' erklärt hatte, daß an den Ausgleich gar nicht zu denken sei, den Kaiser zu der Ansicht zu bringen, daß den Ungarn gar nichts am Ausgleich gelegen sei und, da sie durch die Revolution ihre früheren Rechte verloren hätten, Ungarn - ganz so wie die übrigen Reichsprovinzen - nur auf der Grundlage der zwei Diplome stehen könne, wozu man aber die widerstrebenden Ungarn nur durch Geltendmachung der Autorität des Herrschers zwingen könne.

Den in der Adresse Franz Deáks bezeichneten Standpunkt nahmen auch Vay und Szécsen nicht ein; aber sie verwarfen ebenso die Behauptungen Schmerlings. Einen Mittelweg einschlagend, wollten die beiden Minister erklären lassen, der Kaiser gedenke den österreichischen Reichsrat den Ungarn nicht aufzuzwingen, müsse aber beim Prinzip der Realunion verharren und daher die Ungarn auffordern, behufs weiterer Verhandlungen den Reichsrat in Wien zu beschicken. Franz Joseph aber nahm den Rat Schmerlings an, worauf die ungarischen Minister Vay und Szécsen ihre Demission einreichten, die der Kaiser annahm und für sie die Grafen Anton Forgách und Moriz Esterházy zu Ministern ernannte. Die Ernennung dieser zwei Minister war für die Adresse des ungarischen Reichstages kein gutes Omen. Jedem war klar, daß Franz Joesph die Wünsche der Ungarn nicht erfüllen werde. Im Kreise Deáks sagte man, daß man von einem Anton Forgách, der die Russen 1849 nach Ungarn geführt hatte und seit der Niederwerfung der Revolution stets im Dienst der absoluten Regierung - zuletzt als Statthalter von Böhmen - stand, keine Mitwirkung an der Wiederherstellung der Verfassung von 1848 zu erwarten habe. Die Ernennung Esterházys, der ebenfalls der Wiener Regierung als Vertreter derselben bei Papst Pius IX. gedient hatte, bedeute ein Aufgeben der auf religiösem Gebiet befolgten Politik des Protestanten Vay. Niemand in der Umgebung Deáks zweifelte daran, daß die zwei neuernannten Minister dem Vorschlag Schmerlings beipflichten würden. Bald darauf kam ein mit 21. Juli datiertes und vom neuen Kanzler, Grafen Anton Forgách kontrasigniertes Reskript aus Wien nach Ungarn, in welchem die kaiserliche Regierung, im Widerspruch mit der Adresse Franz Deáks, zu beweisen trachtete, daß sich Ungarn immer in einer Realunion mit den österreichischen Erbländern befunden habe, die Verfassung von 1848 aber gerade die Auflösung dieser Realunion zum Ziele hatte, und diese, sobald sie zustande gekommen, die Ursache aller überstandenen Gefahren gewesen. Der Kaiser, führte das Reskript aus, wolle Ungarn und dessen Nebenländer nicht dem Reiche einverleiben, fordere aber die Aufrechterhaltung der zum Bestande der Gesamtmonarchie unumgänglich nötigen Institutionen solange, bis an deren Stelle auf konstitutionellem Wege neue treten würden.

Als Folge dieses Reskripts erklärte Franz Deák sofort, daß damit der Faden der Unterhandlungen abgerissen sei. Dennoch beantwortete Franz Deák das kaiserliche Reskript im Auftrag des Reichstags mit einer zweiten Adresse, die noch vollständiger war als die erste und versuchte, die einzelnen Behauptungen des Reskripts zu widerlegen. Sie schloß mit den Worten: „Wir sehen schmerzerfüllt, daß Euer Majestät durch das allerhöchste königliche Reskript jede gegenseitige Vereinbarung zur Unmöglichkeit machen. Das Reskript steht nicht auf der Basis der ungarischen Verfassung, sondern schreibt als oberstes Gesetz das kraft absoluter Gewalt erlassene und dem Wesen unserer Konstitution zuwiderlaufende kaiserliche Diplom und Patent vor, während uns die Pflicht des Patriotismus und unsere Überzeugung fest mit der Konstitution verknüpfen, so daß wir nur auf Grundlage der letzteren beraten konnten. Diese zwei von einander abweichenden, ja einander entgegengesetzten Richtungen können nicht zur erwünschten Einigung führen. Möglicherweise werden kritische Zeiten für unser Vaterland anbrechen, wir dürfen sie aber nicht um den Preis der verletzten Bürgerpflichten abwenden. Die konstitutionelle Freiheit des Landes ist kein Eigentum, über das wir frei verfügen könnten; unserer Treue hat die Nation dessen sorgsame Wahrung anvertraut, und wir sind dafür dem Vaterland und unserem Gewissen verantwortlich. Wenn die Nation dulden muß, so wird sie dulden, um der Nachwelt die von den Vorfahren ererbte konstitutionelle Freiheit zu retten. Sie wird dulden, ohne zu verzagen, wie die Vorfahren duldeten und litten, um die Rechte des Vaterlandes zu verteidigen; denn was die Gewalt und Übermacht entreißt, das kann die Zeit, die Gunst der Umstände wiederbringen; wenn aber die Nation, vor den Leiden zurückschreckend, eine Sache selbst preisgibt, so ist die Wiedergewinnung immer schwer, immer zweifelhaft. Die Nation wird dulden in der Hoffnung einer besseren Zukunft und im Vertrauen auf die Gerechtigkeit ihrer Sache."

Hierauf entschloß sich die kaiserliche Regierung am 21. August zur Auflösung des ungarischen Reichstages, gegen die das Parlament feierlich protestierte, ohne aber dadurch den Entschluß der kaiserlichen Regierung abändern zu können. Trotzdem waren die Ungarn überzeugt, daß dieser Reichstag in die Zukunft wirken werde. Ein Resultat konnte er zwar nicht aufweisen, aber die moralische Wirkung, die besonders die zweite Adresse hinterließ, war nachhaltig und wurde, auch ohne königliche Sanktion als lebendes Gesetz betrachtet, das der geduldig wartenden Nation Stärke verlieh.

Ähnlich beurteilte auch Ludwig Kossuth die Lage, als er an Nikolaus Josika schrieb: „Deák hat als Mann der Legalität die Rechte der Nation auf gesetzlichem Gebiet mannhaft verteidigt. Wie auch die Würfel fallen, wird nach dieser (zweiten) Adresse niemand in Europa sagen können, Ungarn habe es unterlassen, jeden Versuch einer friedlichen Einigung zu erschöpfen, oder es habe auch nur eines Haares Breite mehr verlangt, als wozu es sein gesetzliches Recht unwiderlegbar nachweisen konnte. Wenn es nach dieser Adresse zum Bruch kommt, fällt die Verantwortung vor Gott, und der Welt und Geschichte nur auf das Haus Österreich. Ich rechne es Deák als großes Verdienst an, daß er mit so viel männlicher Würde die Unversehrtheit der historischen Rechte der Nation als Minimum der Ausgleichsbedingungen hinzustellen wußte und dadurch die ganze Masse der Nation hinriß, sich vor Gott und der Welt zu verpflichten, von diesem Minimum nichts zu erlassen. Es gibt Situationen, die nur vorwärts zu schreiten gestatten, nicht zurückweichen. Deák brachte die Nation in eine solche Situation."

Nach der Auflösung des Reichstages konnten auch die Komitatskongregationen, wo derselbe Geist herrschte, und auch die von ähnlichem Geist durchdrungenen Behörden nicht weiter bestehen. Ein kaiserliches Handschreiben an den Kanzler Anton Forgách löste das Pester Munizipium, den Ofner Statthaltereirat und die Komitatskongregationen auf. Die Verwaltung der Komitate mußten die Obergespane kaiserlichen Kommissaren übergeben und die gewaltsame Rekrutierung und Steuereinhebung wurde wieder zur Tagesordnung. Doch das war nicht alles. Fürstprimas Johann Scitovsky, der im vorigen Jahr so oft seine nationale Gesinnung geäußert hatte, wurde nach Wien vor Franz Joseph berufen, der ihm sein allerhöchstes Mißfallen über sein Verhalten ausdrückte. Zugleich wurde General Moriz Palffy mit Vollmacht zum Statthalter Ungarns ernannt. Palffy setzte in den Komitaten und aufgelösten Munizipien (Städten) neue Beamtenkörper ein, beschränkte die Pressefreiheit und stellte die Beurteilung der politischen Pressedelikte der militärischen Gerichtsbarkeit anheim. Doch auch diese neue Strenge vermochte das zähe Festhalten der Ungarn an ihrer Verfassung und den avitischen Rechten nicht zum Wanken zu bringen. Das Land ergab sich zwar nicht, aber bedeutende Denker beschäftigten sich während der Regierungsjahre des Grafen Palffy mit der Lösung der wichtigsten Frage, wie man die staatsrechtliche Stellung Ungarns mit der Großmachtstellung der Monarchie vereinbaren und sichern könne. Dem Hof erschien eine Lösung auf der Grundlage Deáks unmöglich. Die ungarischen Altkonservativen wollten auf die Basis vom Jahr 1847 zurückkehren und die gemeinsamen Angelegenheiten der absoluten Gewalt anvertrauen. Doch dem widersetzte sich Franz Deák ebenso wie Graf Julius Andrassy und dessen Freunde mit großer Heftigkeit und wiesen, obwohl sie hinsichtlich der zukünftigen Regierungsform Ungarns sich noch nicht im Reinen waren, jeden Vorschlag zurück, der darauf abzielte, die wichtigsten Interessen des Landes in unverantwortliche Hände zu legen.

1863 legten die jüngeren Konservativen dem Hof einen Plan vor. Graf Georg Apponyi übergab auch Franz Deák ein dem Hofe vorgelegtes Memorandum, in dem als Grundprinzip die vollständige Parität der österreichischen Erbländer und Ungarns ausgesprochen und der Vorschlag gemacht wurde, die Leitung der gemeinsamen Angelegenheiten des Reiches Reichsministern anzuvertrauen und behufs solcher Angelegenheiten, Delegationen beider Parlamente zu entsenden, welchen die Reichsminister dem Prinzip des Dualismus gemäß verantwortlich sein würden. Dieses Programm verwarf der

Hof gerade wegen der Prinzipien, die es enthielt, worauf Graf Georg Apponyi seine Würde als Judex Curiae niederlegte. Aber auch Franz Deák nahm dieses Programm nicht an, da er eine Verletzung des ungarischen Staatsrechtes darin erblickte, daß die gemeinsamen Angelegenheiten Reichsangelegenheiten, die Leiter derselben Reichsminister genannt wurden und Apponyi zu den gemeinsamen Reichsangelegenheiten auch die Finanzen, das Kredit-, Handels- und Verkehrswesen aufnahm. Obwohl weder Deák noch Julius Andrassy dieses Elaborat annahmen, hatte es doch den Nutzen, daß es die Idee der Delegationen angeregt hatte. Von dieser Idee ausgehend, hoffte man, jene Regierungsformen finden zu können, die einerseits die Großmachstellung Österreich - Ungarns berücksichtige und andererseits die staatsrechtliche Sonderstellung Ungarns keiner Gefährdung aussetzen würde. Sowohl Franz Deák als auch Julius Andrassy arbeite-ten einen Entwurf aus, jedoch auf ganz verschiedene Art, und als der Entwurf Deáks zur Kenntnis Andrassys gelangte, erklärte sich dieser gegen denselben ebenso, wie es beim Entwurf Apponyis der Fall war, weil er die Ansicht Franz Deáks hinsichtlich der gemeinsamen Angelegenheiten und der konstitutionellen Behandlung derselben, nicht teilen, nicht annehmen konnte.

Der staatsmännische Scharfblick des Grafen Andrassy verlieh ihm bald jenes Ansehen, dessen ein weitblickender Politiker bedarf, wenn die Nation ihr Schicksal in seine Hände legen wollte. Die Prophezeiung Széchenyis: „Das Großmachtsinteresse Österreichs mit den ungarischen Interessen zu vereinbaren und der Dynastie den Wert des Ausgleichs zu beweisen; was nur die Aufgabe eines ungarischen Ministers des Äußeren sein kann, dazu wirst Du, Andrassy, einst berufen sein", schuf dem Grafen eine Ambition, ein Glaubensbekenntnis, ein Lebensziel, das er mit seiner ganzen Geistesgröße und unbeugsamer Willenskraft verwirklichen wollte. Selbst Deák fand es ratsam, sich Andrassy zu nähern. „Da Du," so sagte er zu Andrassy, „meine Ideen nicht annehmen willst, muß ich voraussetzen, daß Du eine bessere Modalität kennst. Ich bitte Dich daher, komm zu mir und teile mir Deine Ideen mit." Deák und Andrassy einigten sich weitgehend und dem Wunsch Andrassys gemäß nahm Deák in seinen Verfassungsentwurf den Punkt auf, daß die Hofhaltung, insoweit sie Ungarn betreffe, Pflicht des ungarischen Reichstages sein solle. Die gemeinsame Versammlung der gedachten österreichischen und ungarischen Delegation und die den Abgeordneten zu erteilenden Instruktionen ließ Deák fallen. Dem Plan Andrassys entsprechend sollten die ungarischen und österreichischen Delegierten ohne jede Instruktion, abgesondert voneinander, beraten, und die Resultate ihrer Beratungen sich gegenseitig durch Gesandte mitteilen, was der staatsrechtlichen Sonderstellung Ungarns besser entsprechen würde. Nur in einem Punkt erzielten die beiden Staatsmänner keine Einigung. Deák wollte nämlich eine gemeinsame Sitzung in dem Fall, wenn die Delegationen zu keinem Einvernehmen gelangen sollten. Andrassy war dagegen, weil er davon überzeugt war, daß beide Delegationen gleichberechtigt sein müßten und daher die eine nicht die andere überstimmen könne. Soweit die Rechtsphilosophie der beiden Staatsmänner.

Inzwischen war am 1. Mai 1861 in Wien der „Reichsrat" eröffnet worden. Er nannte sich „Engerer Reichsrat", weil er von den Ungarn nicht beschickt wurde. Diesen bildeten die Tschechen, Slowenen und Polen gemeinsam mit den Deutsch - Konservativen (Klerus). Eine Gruppe, die als „Föderalisten" bezeichnet wurde, mit 73 Abgeordneten, bildete die Minderheit und wurden als „Rechte" bezeichnet. Ihnen stand die Mehrheit von 130 von 203 Abgeordneten gegenüber, zumeist Deutsch - Liberale und Anhänger Schmerlings, die als „Linke" galten. Da auch die zweite Sitzung des österreichischen Reichstags in Wien weder von den Ungarn, noch von den Südslawen beschickt wurde und auch die Tschechen diesen kurz nach der Eröffnung verließen, blieb nur noch ein Rumpf - Reichsrat übrig, der bald darauf mit der Sistierung des Februar - Patentes endete.

Das politische Intermezzo in Ungarn

Mit dem Patent vom 5. März 1860 wurde mit Ende dieses Monats Erzherzog Albrecht von seinem Posten als Generalgouverneur Ungarns abberufen. Mit dem Handschreiben Kaiser Franz Josephs vom 19. April 1860 wurde General Ludwig August Ritter von Benedek, ein gebürtiger Ödenburger, der sich 1859 in der Schlacht bei Solferino ausgezeichnet und im Januar 1860 Chef des Generalstabs geworden war, zum neuen Generalgouverneur Ungarns ernannt. General Benedek gelang es, daß die Zerstückelung des Landes aufgehoben und die bestehenden fünf Statthaltereien zu einer, mit dem Sitz in Ofen, vereinigt werden konnten. Auch das frühere Komitatswesen mit seinen Komitatsvollversammlungen sollte wiederhergestellt werden, damit das in allen Kronländern einzuführende Prinzip der Selbstverwaltung durch die Orts-, Bezirks- und Komitatsgemeinden durch Landtage und Landtagsbeschlüsse auch in Ungarn zur Geltung gebracht werden könne.

Mit Verordnung des Ministeriums für Inneres vom 5. März 1860 wurde die Einstellung der bisherigen Tätigkeit der fünf Statthaltereien mit 30. Juni und die Aufnahme und der Beginn der zentralen Statthalterei in Ofen mit 1. Juli 1860 verfügt. Die bisherigen Komitatsbehörden und Stuhlrichterämter wurden vorläufig beibehalten. Mit kaiserlichem Handschreiben vom 20. Oktober (Oktoberdiplom) zur Regelung der inneren staatsrechtlichen Verhältnisse der Monarchie wurden die Ministerien für Justiz, Kultus-und Inneres mit der Zuständigkeit für Ungarn entlastet und dafür die Wiederherstellung je einer Hofkanzlei für Ungarn und Siebenbürgen sowie das Amt des Judex curie (Landesoberrichters) beschlossen. Baron Nikolaus Vay wurde von Kaiser Franz Joseph zum Hofkanzler bestellt und beauftragt, mit dem Primas von Gran (Esztergom) eine Konferenz mit vertrauenswürdigen Proponenten nach Gran zu berufen, die ein provisorisches Wahlgesetz für den nächsten Landtag konzipieren sollten. Ebenso war vorgesehen, das Ungarische als Amtssprache wieder einzuführen, wobei die freie Wahl der Geschäftssprache in Gemeinden, Kirchen und Schulen weiterbestehen sollte. Damit hatte General Benedek als neuer Gouverneur eine bemerkenswerte Lockerung des bisherigen Absolutismus erreicht. Er sollte sich dessen aber nicht lange erfreuen können, denn wegen der Maßnahmen, die Innenminister Alexander Bach während des letzten Dezenniums verfügt hatte, kam es in Ungarn, wo die Unzufriedenen beständig gegen Österreich schürten, wieder zu Unruhen. In verschiedenen Orten kam es zur Vertreibung von Beamten und Lehrern, zur Vernichtung von Grundbüchern und Gerichtsakten. Um diesem chaoti-

schen Zustande Herr zu werden, sah man in der Wiederherstel-lung der
Komitatsversammlungen den besten Ausweg, doch gerade diese Komitatskongregationen mit ihrer österreichfeindlichen Einstellung erschwerten in
der Folge die Verständigung zwischen Wien und Ofen erst recht.

Am 30. Oktober 1860 ernannte Kaiser Franz Joseph die Obergespane,
ohne ihnen ihre politische Vergangenheit nachzutragen, und am 26. November erteilte ihnen Hofkanzler Vay jene Instruktionen, die zur Einschränkung
der Autonomie der Komitate gedacht waren, daß also jene Behörden, denen
die Steuereintreibung und Rekrutierung oblag, nicht von den Komitatsversammlungen bestellt werden durften. Diese Aufgaben sollten dem Staat vorbehalten bleiben. Allein, aller Orten waren die Komitatsversammlungen
zusammengetreten, um die kompletten Beamtenkörper zu wählen und diese
an Stelle der k. k. Behörden einzusetzen. Zum Festhalten an der Rechtskontinuität wurden auf diesen „Restaurationen" genannten Komitatsversammlungen ehemalige Mitglieder der Ausschüsse und Behörden von 1848 gewählt.
Selbst die Graner Konferenz schlug am 18. Dezember 1860 die Wiederherstellung des Wahlgesetzes von 1848 vor. Die neu installierten ungarischen
Übergangsbehörden versuchten nun alles, was „österreichisch" war, abzu-
schaffen, so die Gewerbeordnung usw.

Diese Vorgänge sowie insbesondere die Kundmachungen der Komitate,
die zu Steuer- und Rekrutierungsverweigerungen aufriefen, solange kein
ungarischer „Reichstag" und kein „ungarisches Ministerium" im Sinne der
Verfassung von 1848 die Abgaben und Mannschaften bewilligen würden, liefen abermals, wie 1848/49 auf die Losreißung Ungarns von der Monarchie
hinaus. Hofkanzler Vay ordnete, um diesen Bestrebungen entgegenzuwirken,
in seinem Reskript vom 16. Januar 1861 an:
1. Alle Wahlen, bei denen man im Ausland lebende Hoch- und Landesverräter in die Komitatsausschüsse wählte, sind nichtig;
2. alle Beschlüsse sind aufzuheben, die darauf abzielen, die Eintreibung der
Steuern zu hemmen oder neue Abgaben selbständig auszuschreiben;
3. alle Beschlüsse sind nichtig, welche die Wirksamkeit der bestehenden
Justizbehörden oder Gesetze stören;
4. jedem Versuche, die Artikel von 1848, deren Revision dem Landtag vorbehalten bleibt, auf eigene Faust ins Leben zu rufen, wird entgegengetreten, da
eine überstürzte Lösung die Interessen der Erbländer gefährden müßte. Wo
die Komitatsausschüsse Widerstand leisten sollten, sind die Sitzungen zu sus-
pendieren, die Kongregationen aufzulösen und es ist nötigenfalls zur Anwendung materieller Gewalt zu schreiten.

Auf diese Anordnungen des Hofkanzlers reagierten die Komitate feindselig oder gar nicht. Inzwischen kam das „Februarpatent" von 1861, RGBl. Nr.

20/1861, heraus, das das Oktoberdiplom, das nachfolgende Reichsratsstatut und die gleichzeitig erlassenen Landesverfassungen als die Verfassung des Gesamtreiches proklamierte. Für den ungarischen Landtag hatte die Wiener Regierung gleich nach Neujahr eine provisorische Wahlordnung auf der Grundlage des Gesetzartikels V/1848 erlassen, nach der dann auch gewählt wurde. Das Repräsentantenhaus bestand demnach aus 335 Deputierten. Der gewählte Landtag wurde für den 2. April 1861 nach Ofen/Pest einberufen. Das Oktoberdiplom hatte den ganz spezifischen Zweck, Ungarn in den Gesamtstaat einzubauen, aber gleich am ersten Landtag zeigten sich die Schwierigkeiten dieses Vorhabens. Der Landtag verlangte in einer Resolution an Kaiser Franz Joseph die vollständige Herstellung der von Kaiser Ferdinand als König von Ungarn 1848 genehmigten Verfassung und des durch diese geschaffenen parlamentarischen Systems. Das hieß: die staatsrechtliche Unabhängigkeit und territoriale Einheit Ungarns. Dieser Antrag wurde vom Kaiser mit der Begründung abgelehnt, daß die ungarische Verfassung nicht auf Grund der Gesetze von 1848, sondern auf Grund des Oktoberdiploms und Februarpatents mit den Gesamtreichsinteressen in Einklang gebracht werde. Da der ungarische Landtag damit nicht einverstanden war, blieb dem österreichischen Ministerpräsidenten Anton Schmerling keine andere Möglichkeit als den ungarischen Landtag aufzuheben, der seine Session damit am 22. August 1861 beendete.

Als aber auch die Komitate weiterhin opponierten, wurden von der Wiener Regierung Regierungskommissäre eingesetzt. Durch das von Schmerling geschaffene Provisorium für Ungarn wurden alle noch bestehenden Komitatskongregationen aufgelöst, ebenso die Distriktsausschüsse und Gemeinderepräsentanzen. Für ganz Ungarn wurde die Einsetzung von Militärgerichten zur Aburteilung von Delikten gegen die öffentliche Ordnung und gegen die Sicherheit der Personen und des Eigentums angeordnet. Damit wurde Ungarn wieder, wie nach der Revolution, absolut regiert. Damit waren aber auch die Bemühungen des Generalgouverneurs General Benedek, die ungarische Verfassung wenigstens teilweise wiederherzustellen, gescheitert und die Militärgerichte walteten ihres Amtes. Dieser Zustand währte von 1861-1865.

Erst der am 14. November 1864 in Wien eröffnete Reichsrat sprach sich unter anderem auch für die ehestmögliche Einberufung des ungarischen Landtags aus. Um in der ungarischen Frage einer Lösung näherzukommen, hat Kaiser Franz Joseph am 20. September 1865 das Grundgesetz über die Reichsvertretung sistiert. Die Sistierung währte von 1865-1867. Am 14. Dezember 1865 trat der ungarische Landtag, nach viereinhalb Jahren,wieder zusammen. Als er aber kurzweg Oktoberdiplom und Februarpatent verwarf und parlamentarische Regierung, dem Parlament verantwortliches Ministerium und die verfassungsgemäße Wiederherstellung der Munizipien verlangte, wurde dies von Kaiser Franz Joseph abgelehnt. Der Kaiser stimmte aber zu, daß am 1. März 1866 auf den Antrag des Advokaten Franz Deák eine aus 52 Ungarn und 15 Siebenbürgern bestehende Siebenundsechziger - Kommission eingesetzt wurde, die Möglichkeiten der Koordinierung der gemeinsamen Reichsangelegenheiten erarbeiten sollte.

Die mit dem Diplom vom 20. Oktober 1860 herbeigeführten politischen Veränderungen machten auch die Umgestaltung des gesamten Justizwesens erforderlich, die der Judex curie, der Landesoberrichter Ungarns, vorzubereiten hatte.

Der Kampf um die Elbherzogtümer –
Das Vorspiel zum deutschen Bruderkrieg

Friedrich Wilhelm IV., König von Preußen, war der älteste Sohn von König Friedrich Wilhelm III. Friedrich Wilhelm IV. wurde am 15. Oktober 1795 in Berlin geboren und ist am 2. Jänner 1861, nach 20jähriger Regierungszeit (1840-1861) im Schloß Sanssouci gestorben. Er war als „Romantiker auf dem Thron" der einzige Hohenzoller, der für das Militär kein Interesse hatte; er war aber hochbegabt, gebildet, geistvoll, ein eindrucksvoller Redner, aber unstet, widerspruchsvoll und realistischen oder machtpolitischen Erwägungen unzugänglich. Dafür verkehrte er mit Alexander von Humboldt, Ludwig Tieck, Peter von Cornelius und dem Dichter Chr. F. Scherenberg, den bedeutendsten Geistesgrößen seiner Zeit, mit denen er auf Schloß Sanssouci und im Charlottenhof disputierte. Stark von mystischen Gedankengängen beeinflußt, lebte Friedrich Wilhelm IV. in den Vorstellungen des Gottesgnadentums und des fürstlichen Absolutismus und stand dem Gedanken eines ständischen Staatsaufbaus nahe, den er mit der Berufung des Vereinigten Landtags (1847) eher zu verwirklichen hoffte als mit der von den Liberalen gewünschten Demokratie. Seine Haltung zur Revolution von 1848 war schwankend. Nachdem der König Ende 1848 Preußen eine Verfassung oktroyiert hatte, lehnte er 1849 die ihm von der Frankfurter Nationalversammlung angebotene Kaiserkrone als „Halsband der Revolution" ab. Hinter dem Rücken seiner Minister hielt Friedrich Wilhelm gute Kontakte zu Kaiser Franz Joseph, konnte aber schließlich nicht verhindern, daß die von seinem Freunde Radowitz geführte Politik mit der Olmützer Punktation 1850 endete, in der Preußen unter dem Druck Österreichs und des auf seine Seite getretenen Rußland seine Unionspolitik aufgeben und der Vollstreckung der Bundesexekution in Kurhessen und in Holstein zustimmen mußte. Die Regierungszeit Friedrich Wilhelms IV. stand in den fünfziger Jahren innen- und außenpolitisch im Zeichen der Reaktion. 1853 schuf er nach englischem Muster ein „Herrenhaus", nachdem die Revolution niedergeschlagen worden und seine liberale Verfassung in Kraft getreten war. Er hob die Zensur auf und beendete den Streit mit der katholischen Kirche. Außerdem versprach er, sich an die Spitze der deutschen nationalen Einigungsbewegung zu stellen. Beraten von Bismarck, Moltke und Roon schwenkte Friedrich Wilhelm nach der Niederschlagung der revolutionären Bewegungen in Europa wieder auf einen absolutistischen Kurs ein und trat außenpolitisch für Bismarcks „kleindeutsche Lösung", das heißt für die Vereinigung Deutschlands, ohne Österreich, ein. 1858 aber erkrankte König Friedrich Wilhelm IV. an einem Gehirnleiden, worauf sein Bruder Wilhelm, der den Titel „Prinz von Preußen" führte, zunächst als Stellvertreter Friedrich Wilhelms und ab 1858 als „Prinzregent" die Regierung führte. Prinz Wilhelm war von seinem kinderlosen Bruder als Thronfolger bestimmt worden. König Friedrich Wilhelm IV. starb am 2. Jänner 1861 im Schloß Sanssouci.

Wilhelm I., Deutscher Kaiser (1871-88) und König von Preußen (1858/61-88), wurde am 22. März 1797 in Berlin geboren und starb am 9. März 1888. Wilhelm war der zweite Sohn König Friedrich Wilhelms und der Königin Luise. 1848 schlug Wilhelm die Berliner Märzrevolution nieder („Kartätschenprinz"), mußte jedoch wegen der Volksstimmung fliehen. Wilhelm ging nach England, wo er für einige Zeit unter dem bürgerlichen Namen Lehmann untertauchte. Wilhelm war in erster Linie Offizier. Nach seiner Rückkehr kommandierte er jene Bundestruppen, die 1849 den republikanischen Aufstand in der Pfalz und in Baden niederschlugen. Von 1849 bis 1854 war Wilhelm Gouverneur des Rheinlandes und lebte in Koblenz. In dieser Zeit zeigte er unter dem Einfluß seiner Gemahlin Augusta von Sachsen - Weimar Verständnis für den Liberalismus, der auch in seiner Regierungspolitik als Regent für seinen geisteskranken Bruder (ab 1858) einen Niederschlag fand. Sein Kurs, die neue Ära, ein gemäßigter Liberalismus, begann Ende 1858 und währte bis 1861. Wilhelm bestieg am 2. Jänner 1861, dem Todestag des Königs Friedrich Wilhelm IV., den preußischen Thron als Wilhelm I. und krönte sich selber am 18. Januar 1861 in Königsberg. Wilhelm I. geriet bald nach seiner Thronbesteigung wegen der Heeresreform in Konflikt mit der liberalen Opposition und schlug hierauf wieder einen konservativen Regierungskurs ein. Hatte er 1861 Graf Bernstorff mit der Bildung eines

Kaiser Wilhelm I.
(* 1797, † 1888)

liberalen Ministeriums betraut, so bestellte er, als Antwort auf die Gegnerschaft der Liberalen, 1862 Otto von Bismarck - Schönhausen am 23. September zum Ministerpräsidenten und am 8. Oktober auch zum Minister des Äußeren .

Schon in der Zeit, als Wilhelm noch als Prinzregent regierte, war ihm der Landtagsabgeordnete Otto von Bismarck - Schönhausen durch seine von Geist, Witz und großem Wissen zeugenden royalistischen Reden aufgefallen. Im Erfurter Dreikönigs - Parlament hatte Bismarck gegen die Politik des damaligen preußischen Ministerpräsidenten Radowitz opponiert und war dann dennoch, auf den Wunsch Wilhelms 1850 als preußischer Gesandter in den Deutschen Bundestag nach Frankfurt entsandt worden. Acht Jahre widersetzte sich Bismarck in Frankfurt der österreichischen Politik und kämpfte für die Gleichberechtigung Preußens mit Österreich. Als 1859 sein persönliches Verhalten zum Bundespräsidium so konträr wurde, daß eine weitere Arbeit Bismarcks unmöglich erschien, wurde er als Gesandter nach St.Petersburg versetzt und ehrenhaft kaltgestellt. Am Zarenhof aber gelang es Bismarck, ein gutes Verhältnis zu wichtigen Persönlichkeiten der russischen Politik aufzubauen, das ihm bei seiner späteren Politik, ein starkes Preußen zu schaffen, zugute kommen sollte.

Prinzregent Wilhelm hatte 1859 bei der Mobilisierung der preußischen Armee die starke Rückständigkeit des Kriegsministeriums gesehen. Sein Hauptaugenmerk war daher auf eine durchgreifende Heeresreform gerichtet. An seinem Kriegsminister Albrecht von Roon hatte Wilhelm einen kenntnisreichen und gleichgesinnten Helfer. Um Geld zu bekommen, sollte die Grundsteuer auch auf den Adelsbesitz ausgedehnt werden. Aber das Herrenhaus, wo der Adel das Sagen hatte, dachte nicht daran, Opfer zu bringen, genau so wenig wie das Volk. Wofür auch? Seit 1815 war eigentlich kein Krieg gewesen. Um wenigstens die Jahresstärken von 42.000 auf 63.000 Mann zu bringen und an Stelle der ineffizienten Zusammensetzung von Linie und Landwehr eine zweckmäßigere Einteilung in Linienkorps und Landwehrdivisionen zu erreichen und durch Neurekrutierung die jüngere Landwehr in eine Linienreserve umzugestalten, waren neun Millionen Taler nötig, die mit Ach und Krach 1860 bewilligt wurden. So konnte man 39 neue Infanterie- und 10 Kavallerieregimenter formieren.

Gegen die Heeresverstärkung gründeten die Liberalen, nach dem Tod Friedrich Wilhelms, die „Fortschrittspartei", ohne zu bedenken, daß zu Zeiten auch Fortschritt reaktionär sein kann. Die Selbstkrönung König Wilhelms in Königsberg am 18. Januar 1861 mit Krone und Purpur, fiel den Liberalen natürlich auf die Nerven. Wilhelm bildete das Ministerium Bernstorff, weil ihm der Heißsporn Bismarck, vorerst, noch zu gefährlich schien.

Die Wahlen von 1861 brachten einen eklatanten Sieg der „Fortschrittspartei". Die vom König beabsichtigte Herrenhausreform und die Gelder für die Reorganisation der Armee wurden abgelehnt. Hierauf wurde von König Wilhelm das liberale Ministerium aufgelöst und Hohenlohe - Ingelfingen mit der Bildung eines ausgesprochen konservativen Ministeriums betraut. Aber das Abgeordnetenhaus hoffte durch die Ablehnung des Etats die von ihm geforderte Herabsetzung der Militärdienstzeit auf zwei Jahre durchzusetzen. Mit aggressiv aufgeladener Stimmung wurde auch die Heereserhöhung in dritter Lesung mit 308 gegen 11 Stimmen abgelehnt. Damit war König Wilhelm am Ende.

Als Bismarck, der seit 1862 als Gesandter in Paris weilte, von den Vorgängen in Berlin hörte, eilte er nach Sanssouci, um sich für den König zur Verfügung zu halten. Am 28. September 1862 fragte ihn König Wilhelm kurz im Park von Babelsberg, ob er es riskieren wolle, ohne Portefeuille das Ministerium zu übernehmen. Bismarck sagte zu und das schon aufgesetzte Abdankungsbrouillon Wilhelms verschwand. Als das Abgeordnetenhaus die bereits vom Herrenhaus akzeptierte Etatsvorlage wieder glatt ablehnte, schloß Bismarck, der neue Ministerpräsident, den Landtag. Einen seltenen Bundesgenossen erhielt der „bestgehaßte Mann Preußens" im radikalen Ferdinand Lassalle, einem ungewöhnlich begabten Breslauer Juden, der die Arbeiter aus der Sklaverei des Lohnzwanges der Bourgeoisie befreien wollte und dies am besten durch ein Bündnis mir der Krone zu erreichen hoffte. Der „Volkstribun", dessen Ehrgeiz Bismarck rasch durchschaute, gründete 1863 den „Allgemeinen deutschen Arbeiterverein", der besonders gegen die Konsumgenossenschaften des kleinbürgerlichen Schulze - Delitzsch agitierte.1864 fiel Lassalle im Duell wegen Helene von Döniges in Genf.

Bismarck war entschlossen, den Verfassungskonflikt für seinen König durchzufechten und ließ es, nach einem vergeblichen Verhandlungsversuch zum Bruch mit der Mehrheit des Abgeordnetenhauses kommen. Er regierte ohne Budget, ergriff scharfe Maßnahmen gegen die Presse- und Versammlungsfreiheit und hatte sich, um die Macht der Fortschrittspartei zu brechen mit dem Gedanken getragen, das allgemeine, gleiche Wahlrecht einzuführen.

König Wilhelm I. ließ sich in allen wichtigen Fragen von Bismarck, dem er voll vertraute, leiten und reformierte die Armee, gegen den Widerstand der Liberalen. Bismarcks Ära begann. Sein Ziel war, Preußen die Vormacht in Deutschland zu verschaffen.

Bismarck setzte nicht auf das Parlament, sondern auf den Staatsapparat: die Armee, die Justiz und die Bürokratie. Vier Jahre herrschte in Preußen ein verfassungswidriges Regiment, indem nicht bloß die Regierung Geld ausgab, das das Abgeordnetenhaus nicht bewilligt hatte, sondern auch Staatsbeamten

ihr politisches Verhalten als ein mit Entlassung zu bestrafendes Vergehen auf-
bürdete. Die Presse war geknebelt und die Staatsmacht gegen die öffentliche
Meinung eingesetzt worden. Die sozialen Verhältnisse in Preußen zu verän-
dern, lag, trotz seiner Freundschaft mit Ferdinand Lassalle, nicht wirklich in
seinem Sinn, denn er sah die sozialen Unterschiede zwischen arm und reich als
„gottgewollte Abhängigkeiten". Bismarck war ein mit allen Wassern gewa-
schener Politiker, Royalist und Rebell, aggressiv und machthungrig, furcht-
los, geistreich, kampf- und lobensfreudig, hochmütig und jederzeit bereit, so
es seine politischen Zwecke erforderten, jedermann zu täuschen. Bismarck
hatte beschlossen, auch ohne Budget zu regieren. Er verstand es, die alte
Herrschaftsklasse in Preußen mit dem vorwärtsdrängenden Nationalismus zu
einem Gespann zu vereinen und sich selber auf den Kutschbock zu schwingen, um die gar nicht zusammenpassenden Rosse im Zaum zu halten.
„Ansichten", spottete er, „müsse er sich erst anschaffen".

Indessen hatte Kaiser Franz Joseph am 4. August 1863 alle deutschen Bundesstaaten zu einem Fürstentag nach Frankfurt am Main eingeladen, um über
den Entwurf einer neuen Bundesverfassung zu beraten. Der Fürstentag begann
am 16. August, unter dem Vorsitz von Franz Joseph, und währte bis 1. September. Der am 1. September 1863 angenommene österreichische Verfassungsentwurf für den Deutschen Bund sah als oberstes Bundesorgan ein fünfgliedriges
Direktorium vor, in dem Österreich, ebenso wie im Bundesrat, den Vorsitz
führen sollte. Außerdem war eine gesetzgebende Volksvertretung (Kammer),
bestehend aus den Delegierten der einzelnen Landtage geplant. Zurecht glaubte Bismarck, daß Kaiser Franz Joseph versuche, die Herrschaft über Deutschland, die 1806 mit der Niederlegung der Krone des Heiligen Römischen Reiches Deutscher Nation durch Kaiser Franz II. (I.) erloschen war, wiederzugewinnen, dem Haus Habsburg - Lothringen quasi abermals zu verschaffen. Der
Fürstentag beschloß auch die Einrichtung eines Reichsgerichtshofes, der sich
auch in Angelegenheiten einzelner (unbotmäßiger) Fürsten einmischen durfte.
Die neue Bundesverfassung trat in Kraft, obwohl Preußen opponierte und Bismarck sehr wohl ein Jahr später Österreich dazu überredete, gemeinsam mit
Preußen gegen Dänemark militärisch vorzugehen.

Österreichs Außenminister Graf Johann Bernhard Rechberg-Rothenlöwen aber traute Bismarck schon lange nicht mehr über den Weg, weil dieser
kurz nach seinem Amtsantritt, am 30. September 1862 in der Budgetkom-
mission des preußischen Abgeordnetenhauses die Notwendigkeit der Reform
der Armee damit begründet hatte, daß „nicht durch Reden und Majoritätsbe-
schlüsse die großen Fragen der Zeit entschieden werden - das ist der Fehler
von 1848 und 1849 gewesen -, sondern durch Eisen und Blut". Diese Äußerung Bismarcks war gegen Österreichs deutsche Politik gerichtet gewesen.

Indessen brach (1863) in Polen ein Aufstand gegen die russische Fremdherrschaft aus und die Kammer des Deutschen Bundes erklärte ihre Neutralität. Nicht so Preußen, denn Bismarck lehnte den liberalen Kreuzzug gegen
Rußland mit aller Schärfe ab. Er verpflichtete sich das Zarenreich sogar, bei
diesem zweiten großen Aufstand der Polen gegen Rußland seit 1815 dem
Zarenreich zu Hilfe zu kommen. Was in Polen vorging, veranlaßte Frankreich, England und sogar Österreich, in St.Petersburg zu protestieren. Bismarck aber drängte Zar Alexander II. einen Vertrag auf, dem zufolge beide
Staaten den Kampf gegen die polnische Revolution notfalls gemeinsam
führen und preußische Truppen berechtigt sein sollten, die Grenzen zu Rus-
sisch-Polen zu überschreiten. Eine tiefsitzende, gnadenlose Feindschaft des
preußischen Gutsbesitzers gegen das polnische Volk war hier wirksam. Eben-
sosehr der Wunsch, sich Rußland zu verpflichten. Von Preußen gedeckt, wies
der Zar die Einsprüche der westeuropäischen Mächte zurück und ebenso
deren Forderung, Polen eine Automie und eigene Armee zu gewähren. Nach
eineinhalb Jahren mörderischer Kämpfe war der Aufstand der Polen, die um
ihre Freiheit kämpften, blutig unterdrückt.

Wegen des Zusammengehens Bismarcks mit dem Zaren forderte die
Majorität im preußischen Abgeordnetenhaus König Wilhelm auf, Bismarck
abzusetzen und einen anderen Minister zu bestellen. Der König aber dachte
gar nicht daran, seinen Ministerpräsidenten zu wechseln und verwahrte sich
dagegen, daß das Abgeordnetenhaus in sein verfassungsmäßiges Recht hin-
einrede. Die anhaltenden Hetzereien brachten Bismarck dazu, die politische
Zensur wieder einzuführen.

Otto von Bismarck - Schönhausen wurde am 1. April 1815 als Sohn des
Rittergutsbesitzers Ferdinand von Bismarck und der Wilhemine, Tochter des
friderizianischen Kabinettsrats Menken geboren und ist am 30. Juli 1898 auf
seinem Gut Friedrichsruh bei Hamburg gestorben. Seine bürgerliche Mutter
ließ ihm eine gediegene Schulbildung angedeihen. Nach Abschluß seiner
juridischen Studien in Berlin, 1835, überzeugten ihn seine Erfahrungen beim
dortigen Gericht und als Regierungsreferendar in Aachen, 1836-39, daß er
sich für Büroarbeiten nicht eigne. 1839 zog er sich daher auf den Kniephof in
Pommern zurück, aber auch die Gutsverwaltung füllte ihn nicht aus. Im
Kreis der Pietisten, dem er bald angehörte, lernte er Johanna von Puttkamer
kennen, die er 1847 als Ehefrau heimführte. 1845, nach dem Tod seines
Vaters, übersiedelte Bismarck nach Schönhausen, wo er als Gutsherr und
Deichhauptmann Ansehen erlangte und bald von seinen Standesgenossen als
Abgeordneter in den Provinzlandtag entsandt wurde. Nachdem Bismarck
während der Revolution 1848/49 mit den Revolutionären sympathisierte,
machte er sich, nach der Niederschlagung der Revolution, zum Sprecher für

die Sache der Monarchie. Im Vereinigten Landtag von 1847 verdiente sich Bismarck die parlamentarischen Sporen, und zwar auf der äußersten Rechten. Leidenschaftlich, wie er in den Märztagen die Nachgiebigkeit des Königs Friedrich Wilhelm beklagte, bekämpfte er die Unionspolitik des Ministers von Radowitz. Als Abgeordneter in der Zweiten Kammer und im Erfurter Parlament kehrte er in seinen anschaulichen, ironischen Reden den „Stockpreußen" hervor. So sahen die Häupter der konservativen Partei am Hofe, besonders die Brüder von Gerlach, in Bismarck den geeigneten Vertreter Preußens in Frankfurt. Den weiteren Weg Bismarcks kennen wir bereits. Im Verfassungskonflikt erhielt Albrecht von Roon Gelegenheit, König Wilhelm den agilen Bismarck als Ministerpräsidenten vorzuschlagen.

1863 legten die Eiderdänen dem geistesscnwachen König Friedrich VII. von Dänemark nahe, unter Mißachtung der Rechte Holsteins und entgegen dem alten Grundgesetz Schleswig zu annektieren.Friedrich VII. starb aber und es folgte ihm der Gatte seiner Nichte Christian IX. (1863-1906). Er wurde dazu überredet, die Urkunde zu unterzeichnen. Die Drohung des Deutschen Bundes mit „Reichsexekution" durch Sachsen und Hannover machte keinen Eindruck auf die Dänen! Der Erbprinz Friedrich von Schleswig - Holstein - Augustenburg konnte, da er den Verzicht seines Vaters nicht unterschrieben hatte, seine Ansprüche auf die Herzogtümer geltend machen, und wurde von den thüringischen Staaten unterstützt. Nun forderte Bismarck, dem an einem neuen Kleinstaat an der Nordseeküste nichts lag, die Bundesexekution, die der Deutsche Bundestag, von dem Bismarck noch vor kurzem nichts wissen wollte, am 1. Oktober 1863 beschloß.

Der dänische Reichstag hatte trotzdem am 13. November eine neue Verfassung angenommen, durch die Schleswig mit Dänemark vereinigt werden sollte. Am 16. Januar 1864 schlossen hierauf Österreich und Preußen einen Vertrag und forderten die dänische Regierung auf, binnen 48 Stunden die am 1. Januar in Kraft getretene neue Verfassung zurückzunehmen. Zwei Tage später, am 18. Januar, lehnte Dänemark das österreichisch - preußische Ultimatum ab und es kam zum deutsch - dänischen Krieg.

Am 20. Januar 1864 marschierten 20.000 Österreicher unter dem Befehl von FML. von Gablenz und 31.000 Preußen, die das Bundeskontingent verstärken sollten, unter Feldmarschall von Wrangel in Holstein ein. Die verbündeten Truppen überschritten die Eider und am 6. Februar kam es zur Schlacht bei Oeversee. Die Österreicher besiegten die Dänen und besetzten am 7. Februar Flensburg. Preußische Truppen unter Prinz Friedrich Karl erstürmtean am 18. April die Düppeler Schanzen und zwangen die Dänen zum Rückzug auf die Insel Alsen. Mit der Eroberung der Düppeler Schanzen durch sechs preußische Sturmkolonnen war der Krieg entschieden.

Auf einer nach London einberufenen Konferenz der europäischen Mächte, die vom 25. April bis 25. Juni währte und die Wiederherstellung des Friedens zum Ziel hatte, wurde keine Einigung erzielt. Noch während der Konferenz kam es am 9. Mai zu einer Seeschlacht vor Helgoland zwischen einem österreichisch-preußischen Geschwader und der dänischen Flotte. Admiral Tegetthoff, dessen Flaggschiff in der Schlacht in Brand geraten war, mußte das Treffen abbrechen. Es war erstmalig, daß sich die österreichische Flotte, die aus den Häfen der Adria auslief, nach einer Fahrt durch das westliche Mittelmeer, den Atlantik, den Ärmelkanal in die Nordsee begab und dort, weit von den Heimathäfen, eine Seeschlacht lieferte und die überlegene dänische Flotte in Schach halten konnte. Nachdem die Londoner Konferenz am 25. Juni ergebnislos geendet hatte, setzten preußische Truppen am 29. Juni auf die Insel Alsen über und eroberten sie. Christian IX., der Dänenkönig, mußte nun Friedensangebote machen und es kam am 30. Oktober zum Frieden von Wien. Christian IX. trat seine Rechte auf die Herzogtümer Schleswig - Holstein und Lauenburg an den Kaiser von Österreich und den König von Preußen ab. Er erklärte sich gleichzeitig mit allen Dispositionen einverstanden, die hinsichtlich dieser Herzogtümer von Österreich und Preußen künftig getroffen würden. Für die drei Herzogtümer wurde eine vorläufige österreichisch - preußische Verwaltung (Kondominium) eingerichtet, die die Herzogtümer regieren sollte. Der Sitz dieser Regierung war die Stadt Schleswig. Es kam jedoch bald zu schweren Differenzen zwischen Österreich und Preußen wegen der Verwaltung der gemeinsamen Territorien.

Die Friedensverhandlungen in Wien hat für Österreich aber nicht mehr der Außenminister Graf Rechberg - Rothenlöwen geführt, der am 27. Oktober zurückgetreten war, sondern der von Franz Joseph zum neuen Minister des Äußeren ernannte General Graf Mensdorff - Pouilly, der damit dem Kabinett des Ministerpräsidenten Schmerling angehörte. Der Rücktritt Rechberg - Rothenlöwens hatte einen ursächlichen Zusammenhang mit den schwerwiegenden Folgen des Krieges gegen Dänemark, von dem Graf Bismarck offen sagte, er habe für diesen Krieg Österreichs Hilfe nur gemietet. Auf die Frage eines Diplomaten, zu welchem Zweck denn da Österreich mitmache, antwortete Bismarck: „Elle travaille pour le roi de Prusse". Das war der französische Ausdruck „für den König von Preußen arbeiten" und stammte aus dem 18. Jahrhundert und bedeutete soviel wie sich betrügen lassen, ohne Lohn im Interesse eines anderen arbeiten. Der Krieg gegen Dänemark war charakteristisch für die Verwilderung der Epoche. Er wäre so, in seiner lokal beschränkten, zweckentsprechenden Form weder früher noch später möglich gewesen, denn Bismarck dachte gar nicht daran, die „Dardanellen des Nordens" auf die Dauer mit Österreich zu teilen. Bismarck hatte den ganzen Deutschen Bund überspielt.

In diesem Vorgefühl hatte sich, vor diesem Krieg, eine große Zahl deutscher Regierungen gegen diesen Kriegszug ausgesprochen, und in Österreich hatte man im allgemeinen, zum Teil auch aus instinktivem Widerwillen gegen eine, wenn auch vorübergehende Verbindung mit Preußen, geringe Sympathien für die Sache, zu deren Verfechtung zwar nur ein kleiner Teil seines Heeres Ende 1863 nach dem fernen Norden zog. Doch die Regierung Schmerlings hatte ihre Gründe, trotz des Widerspruches der ihr näherstehenden deutschen Bundesregierungen, und trotz der Bedenken, die sich im eigenen Volk erhoben, Hand in Hand mit Preußen ans Werk zu gehen. Es ging ja vor allem um ein deutsches und gerechtes Unternehmen, und Österreich war ja von jeher der erste und ausdauerndste Kämpfer für deutsche Ehre und deutsches Recht gewesen. In dieser rein deutschen Frage, die leicht Einwände des Auslands herbeiführen konnte, sollten wenigstens die beiden ersten Staaten des Deutschen Bundes sich im Angesicht der Welt einig zeigen.

Preußen, das schon 1848 und 1849 im Verein mit anderen deutschen Bundestruppen einen glücklosen Versuch zu demselben Zweck unternommen hatte, nahm sich diesmal mit solcher Leidenschaftlichkeit des wieder aufgeflammten Streites an, daß Österreich sich diesem geradezu feindselig hätte entgegenstellen müssen, um es von der Ausführung seiner Pläne abzuhalten. So zogen denn Ende 1863 österreichische Truppen im Verein mit preußischen aus, um Schleswig - Holstein von der dänischen Herrschaft zu befreien.

Richtig wäre es von der Seite Österreichs gewesen, sich vor dem Beginn dieses Krieges mit seinem Verbündeten hinreichend über die politische Stellung zu verständigen, die dem befreiten Land nach dem Krieg zu geben sein würde. Immerhin hätte Außenminister Graf Rechberg - Rothenlöwen darauf gefaßt sein müssen, daß Bismarck sich nach dem Krieg leicht versucht fühlen könnte, das Preußen nahe, Österreich aber fern gelegene Land seinen eigenen Zwecken in der einen oder anderen Weise dienstbar zu machen. Doch diese so wichtige Verständigung erfolgte nicht, und so ging Österreich bedingungslos, im guten Glauben an die Redlichkeit seines Verbündeten, in den Kampf. Die Konvention vom 16. Januar 1864 enthält, diesbezüglich, nur folgenden Passus, der die vertragsmäßige Gundlage aller späteren Beziehungen zwischen Preußen und Österreich geblieben ist: „Für den Fall, daß es zu Feindseligkeiten in Schleswig käme, und also die zwischen den deutschen Mächten und Dänemark bestehenden Vertragsverhältnisse hinfällig würden, behalten die Höfe von Preußen und Österreich sich vor, die künftigen Verhältnisse der Herzogtümer nur im gegenseitigen Einverständnis festzustellen. Zur Erzielung dieses Einverständnisses würden sie eintretenden Falls die sachgemäßen weiteren Abreden treffen".

Der Artikel III des Wiener Vertrages lautete wörtlich: „Seine Majestät der König von Dänemark entsagt allen seinen Rechten auf die Herzogtümer Schleswig - Holstein und Lauenburg zu Gunsten Ihrer Majestäten des Kaisers von Österreich und des Königs von Preußen, und verpflichtet sich, die Dispositionen anzuerkennen, welche die genannten Majestäten in Bezug auf die Herzogtümer treffen werden".

Die Ratifikationen dieses Vertrages wurden am 16. November in Wien ausgewechselt, und am 29. November ward der Vertrag in Frankfurt dem Deutschen Bundestag vorgelegt worden.

Hierauf, ungefähr ein Jahr nachdem sie zum Krieg ausgezogen waren, kehrten die österreichischen und preußischen Truppen wieder in ihre Heimat zurück.

In den Herzogtümern blieben zurück: von Seite Österreichs die Brigade GM. Ritter von Kalik, 5 Bataillone, 9 Eskadronen und 1 Batterie. Von Seiten Preußens: 2 Infanterie - Brigaden, bestehend aus 18 Bataillonen, 1 Kavallerie - Brigade zu 18 Eskadronen und 3 Batterien. Die königlich sächsischen und hannoveranischen Bundeskontingente, die während des Krieges das Herzogtum Holstein als deutsches Bundesland besetzt gehalten hatten, verließen gleichfalls, auf Andringen Österreichs und Preußens, in Folge eines Bundesbeschlusses vom 5. Dezember, das Land.

Die Regierung der Herzogtümer sollte bis zur definitiven Regelung der politischen Stellung derselben eine gemeinschaftliche sein, mit dem Sitz in der Stadt Schleswig. Österreich delegierte hiezu als kaiserlichen Regierungskommissär den Freiherrn von Lederer, dem jedoch bald Baron Halbhuber folgte, - Preußen als Regierungskommissär den Freiherrn von Zedlitz.

Es hätte wohl mehr als menschlicher Voraussicht bedurft, um zu jener Zeit schon zu ahnen, daß schon nach kaum anderthalb Jahren die gesammten Streitkräfte Österreichs und Preußens sich in einem Kampfe auf Tod und Leben gegenüberstehen würden, in einem Kampf, in dem beide Mächte und mit ihnen alle übrigen Staaten Deutschlands, ohne Ausnahme, ihre ganze politische Existenz einzusetzen hätten. Wohl aber war leicht vorherzusehen, daß der alte zwischen Österreich und Preußen herrschende Antagonismus endlich einmal zu einem über die ganze Zukunft dieser beiden Staaten entscheidenden Konflikt führen würde; doch daß dieser so nahe bevorstehe, nachdem Österreich seinem Rivalen noch eben vor kurzem zu einem echt nationalen Werk ehrlich und ohne Anspruch auf eigenen Vorteil die Hand gereicht - und nur aus dem Grund, weil Österreich in dieser verhältnismäßig kurzen Zeit sich nicht hatte entschließen können, Preußen den Alleinbesitz der gemeinschaftlich erworbenen Länder zuzugestehen, - war wohl nur von jenen anzunehmen, die in die geheimen Absichten des preußischen Kabinetts eingeweiht waren.

Aus heutiger Sicht kann freilich kaum ein Zweifel darüber bestehen, daß Graf Bismarck, der Leiter der auswärtigen Angelegenheiten Preußens, der bald nach seinem Amtsantritt, zu nicht geringem Erstaunen der Welt, verkündet hatte, der Leib Preußens sei zu schmal, und seine Politik werde eine Politik von Blut und Eisen sein, den Krieg gegen Dänemark nur unternommen hat, um die Herzogtümer für Preußen zu gewinnen, und daß er Österreichs Hilfe nur deshalb angestrebt, um es für den Krieg vor dem übrigen Europa mitverantwortlich zu machen und sich dabei gleichzeitig den Rücken gegen dasselbe zu decken.

Bismarck mag sogar den Ausbruch eines großen Krieges, der aus dem Gegensatz der beiderseitigen Interessen notwendig resultieren mußte, vorausgesehen haben und entschlossen gewesen sein, diese Gegensätze zum Ausgangspunkt für Ereignisse zu nehmen, die Preußen endlich Machtvergrößerung und eine weitaus prädominierende Stellung in Deutschland auf Kosten der ihm widerstrebenden kleinen deutschen Staaten und unter Hinausdrängung Österreichs aus dem Deutschen Bund geben konnten. Graf Rechberg, der als Minister des Auswärtigen in Österreich sich zu der mit Preußen gemeinschaftlichen Aktion gegen Dänemark entschlossen hatte, war von Bismarck regelrecht übertölpelt worden. Rechberg trat, nachdem er den Friedensvertrag noch mitunterzeichnet hatte, von seinem Ministerposten ab, den er seit 1859 innegehabt hatte, und übergab die Leitung der auswärtigen Angelegenheiten dem FML. Alexander Graf Mensdorff - Pouilly. Es fiel somit diesem Staatsmann die verantwortungsvolle und keineswegs leichte Aufgabe zu, sich über die durch den Krieg geschaffene Situation, über die zukünftige Gestaltung der Herzogtümer mit Preußen zu verständigen. Die Schwierigkeiten dieser Aufgabe sollten sich nur zu bald in ihrer ganzen Größe fühlbar machen.

Österreich und Preußen hatten während des Krieges auf der Londoner Konferenz in Gegenwart der Vertreter anderer Mächte in der Sitzung vom 28. Mai übereinstimmend die vollständige Trennung der Herzogtümer von Dänemark und deren Vereinigung als selbständigen Staat unter dem Erbprinzen von Schleswig-Holstein-Sonderburg-Augustenburg verlangt und erklärt, daß der Prinz nicht nur in den Augen Deutschlands die meisten Erbrechte geltend machen könne und der Anerkennung durch den Bundestag gewiß sei, sondern daß derselbe auch die unzweifelhafte Mehrheit der Stimmen der Bevölkerung dieser Länder besitze.

Auch nach dem Friedensschluß blieb Graf Mensdorff dieser Anschauung treu. Graf Bismarck jedoch wies dieselbe entschieden von sich, verneinte jeden Anspruch des Prinzen Friedrich von Augustenburg auf die Regierung in den Herzogtümern, steuerte mit immer größer werdender Klarheit auf die

Gewinnung dieser Länder für die preußische Krone los, und ließ sich in der Verfolgung dieses Zieles weder durch den Widerstand Österreichs, noch durch jenen des Deutschen Bundes, der in der Mehrheit seiner Vertreter den österreichischen Standpunkt einnahm, irre machen. In der Bundestagssitzung vom 5. Dezember 1864 hatten Bayern, Sachsen, Württemberg sich dafür ausgesprochen, daß die Regelung der Erbfolge in den Herzogtümern dem Bunde zustehe. Graf Bismarck äußerte sich hierauf am 13. Dezember nach Dresden und München, daß, wenn dieser Ausspruch am Bunde angenommen worden wäre, wozu nur zwei Stimmen gefehlt, „die politische Selbständigkeit Preußens gefährdet worden, und Preußen dadurch in die Lage gekommen sein würde, dem zu Unrecht gefaßten Beschlüssen gegenüber, von der durch die Verletzung der Verträge erwachsenden Freiheit des Handelns zur Wahrung seiner Rechte den vollen Gebrauch zu machen".

Österreich gegenüber erklärte Graf Bismarck gleichfalls am 13. Dezember: Preußen könne sich über die Successionsfrage in den Herzogtümern nicht äußern, bevor seine Stellung zu diesem künftigen Staat genau stipuliert wäre. Der Vorschlag in Betreff des Prinzen von Augustenburg könne nicht angenommen werden, da ein solcher Akt den Ansprüchen anderer Prätendenten vorgreifen und von den Höfen von Hannover, Oldenburg und St.Petersburg übel aufgenommen werden würde. Ferner: daß die Annexion der Herzogtümer an Preußen, obgleich ohne Österreichs Zustimmung nicht möglich, den deutschen Interessen in hohem Grade förderlich, den österreichischen aber nicht entgegen wäre.

Auf diese Depesche konnte Graf Mensdorff am 21. Dezember nur antworten: Österreich habe die Lösung der Frage in deutschem Interesse unternommen und wolle sie auch in deutschem Interesse zu Ende führen; Hannover mache keine Ansprüche, äußere nur Ansichten, - Oldenburgs Ansprüche werde auch das österreichische Kabinett prüfen, - Rußland habe aber neuerdings erklärt, daß es die Entscheidung des Bundes als maßgebend betrachten werde. Hätte Preußen Erbansprüche auf die Herzogtümer machen wollen, so hätte es diese zur Geltung bringen müssen, bevor es in London am 28. Mai die gemeinsame Erklärung mit Österreich abgab. Österreich könne in die Einverleibung der Herzogtümer in Preußen nur gegen das Äquivalent einer ihm selbst gewährenden Vergrößerung seines deutschen Besitzes (natürlich auf Kosten Preußens) willigen. Österreichisches Blut sei nicht geflossen, um das Gleichgewicht der beiden deutschen Großmächte durch einseitige Vergrößerung zu stören. Die Kontroverse ruhte nun einige Zeit, ohne daß aber Preußen bezüglich seiner Pläne mit den Herzogtümern anderen Sinnes geworden war.

Indessen bemächtigte sich auch die schleswig - holsteinische Bevölkerung der Diskussion über das Schicksal ihres Landes. Die Masse der Bevölkerung sprach sich, ihrer alten Gesinnung getreu, für die Selbständigkeit ihres Landes als deutsches Bundesland unter der Regierung des Erbprinzen Friedrich von Augustenburg aus. Auf ein am 7. Dezember durch die Zivilkommissäre Österreichs und Preußens an die schleswig - holsteinische Beamtenschaft und Geistlichkeit gerichtetes Verlangen zur Ausstellung eines Reverses, die Erbfolge nicht präjudizieren zu wollen, lief allgemein die Antwort ein, daß die Beamten und die Geistlichkeit die vom Land an den Tag gelegte Überzeugung hinsichtlich der verfassungsmäßigen Landesrechte vollkommen teilen. Nur eine Fraktion von wenigen Großgrundbesitzern, unter der Führung des Barons Scheel - Plessen, richtete Ende Dezember eine Adresse an die verbündeten Souveräne, in der der Wunsch nach Einverleibung des Landes in Preußen ausgesprochen wurde, doch rief diese gegen die allgemeine Ansicht lautende Erklärung massenhafte Gegenerklärungen und Adressen hervor. Am 12. Januar 1865 sprach der Ausschuß der schleswig - holsteinischen Vereine zu Rendsburg in der sogenannten Vierziger Erklärung - einer von 60800 freien und selbständigen Männern unterzeichneten Adresse - aus, daß das Land die sittlichen Bande, welche zwischen ihm und dem Erbprinzen geknüpft seien, als unzerreißbar betrachte der Versuch, auch nur einen Teil des Landes einem anderen Herrscher aufzudringen, als Treuebruch aufgefaßt werden und beim Volke jenen zähen Widerstand herausfordern würde, den es im Kampf gegen die Dänen gelernt. Ähnlich dachten auch die Kaufleute und Industriellen.

In einer Erklärung vom 26. März 1865 formulierten mehrere Abgeordnete der schleswig - holsteinischen Landesvertretung die Zugeständnisse, die der einstige Herzog unter Wahrung der Interessen der Herzogtümer zu machen berechtigt sei, und wiesen einen großen Teil der Forderungen, die mittlerweile in einer preußischen, am 21. Februar nach Wien gerichteten Depesche ausgesprochen worden waren, mit Entschiedenheit zurück. Dieser Erklärung trat am 19. April eine Versammlung Delegierter von 117 schleswig - holsteinischen Vereinen bei.

Bei den verschiedenartigen Absichten der Kondominat-Regierungen mußte es notwendigerweise früher oder später auch zu Differenzen im Schoße der gemeinschaftlichen Landesregierungen kommen. Bei aller Rücksicht für Preußen mußte das Verhalten des österreichischen Regierungskommissärs den Kundgebungen des Volkes gegenüber ein anderes sein, als jenes des preußischen Kommissärs, der in diesen eine Bedrohung der Absichten und Vorhaben seiner Regierung sah. Bismarcks Absichten hatten indessen teils in den Noten an Österreich, teils in den Erklärungen am Bundestag, immer mehr an Entschiedenheit und Präzision gewonnen.

In der schon erwähnten Depesche vom 21. Februar 1865 sprach Graf Bismarck die Bedingungen aus, deren Erfüllung das preußische Kabinett in den Herzogtümern zur Sicherstellung der Interessen Preußens und Deutschlands verlangen müsse:

„1. Ewiges und unauflösliches Schutz- und Trutzbündnis der Herzogtümer mit Preußen, durch welches sich Preußen zum Schutz und zur Verteidigung gegen jeden Angriff verpflichte. Dagegen stellen die Herzogtümer ihre ganzen Streitkräfte, die dem König von Preußen den Fahneneid leisten, letzterem zur Verfügung.

2. Die Bundespflicht des Souveräns der Herzogtümer bleibt dieselbe wie bisher.

3. Rendsburg wird Bundesfestung und bleibt bis dahin von Preußen besetzt.

4. Behufs des Schutzes der Herzogtümer werden an Preußen folgende Territorien mit voller Souveränität abgetreten:

a) die Stadt Sonderburg mit entsprechendem Gebiet auf beiden Seiten des Alsen-Sundes;

b) zum Schutze Kiels die Festung Friedrichsort mit entsprechendem Gebiet;

c) an den Mündungen des von der Ost- in die Nordsee anzulegenden Kanals das zur Anlegung von Befestigungen notwendige Terrain, ferner Bestimmung über die Richtung und Leitung des Baues und die Oberaufsicht.

5. Die Herzogtümer treten mit ihrem ganzen Gebiet dem preußischen Zollsystem bei.

6. Das Post- und Telegraphenwesen der Herzogtümer wird mit dem preußischen vereinigt.

Die Übergabe der Herzogtümer an den künftigen Souverän erfolgt nach Sicherstellung und Ausführung aller vorstehenden Bedingungen. Kämen solche nicht zur Ausführung so trete Preußen in die aus dem Wiener Frieden ihm zustehenden Rechte wieder ein, und behalte sich dasselbe die Geltendmachung aller sonstigen in Betreff der Herzogtümer ihm zustehenden Ansprüche vor."

Graf Mensdorff beantwortete diese Forderungen am 5. März dahin, daß jede derselben dem Bundesrecht und der Selbständigkeit des neuen Bundeslandes widerspräche, und verlangte erneut Selbständigkeit für das letztere und Regelung seines künftigen Verhältnisses zu Preußen innerhalb der Grenzen der Bundesgesetzgebung.

Mittlerweile war die Angelegenheit auch beim Bund wieder zur Sprache gebracht worden. In der 10. Sitzung, vom 27. März, stellten die Regierungen von Bayern, Sachsen und dem Großherzogtum Hessen, mit dem Zusatz, es möge über denselben binnen 8 Tagen abgestimmt werden, den Antrag:

„Die Bundesversammlung wolle unter Vorbehalt weiterer Beschlüsse die vertrauensvolle Erwartung aussprechen, die Regierungen von Österreich und Preußen würden dem Erbprinzen von Schleswig-Holstein-Sonderburg-Augustenburg das Herzogtum Holstein in eigene Verwaltwung nunmehr übergeben, bezüglich der wegen des Herzogtums Lauenburg aber unter ihnen getroffenen Vereinbarungen der Bundesversammlung Eröffnung zugehen lassen. Die erwähnten drei Regierungen begründen den Antrag damit:

1. daß zur Zeit kein Gerichtshof bestehe, welcher kompetent wäre, ein prozessuales Verfahren einzuleiten, somit die Bundesversammlung berechtigt sei, über den bestberechtigten Prädententen zu entscheiden;

2. daß es notwendig erscheine, die suspendierte Stimme nicht mehr länger ruhen zu lassen;

3. durch Hinweisung auf die durch die Seitens der deutschen Großmächte in der Londoner Konferenz gegebene Erklärung;

4. endlich, daß durch die Einsetzung des Erbprinzen dem rechtlichen Verfolge anderer Ansprüche der Weg nicht abgeschnitten, ja vielmehr dieser erst rechtlich möglich wäre, da für die Mitprätendenten das Beschreiten des Austrägal-Verfahrens offen stehen würde."

Österreichs Gesandter am Bunde, Baron Kübek, stimmte diesem Antrag bei. Der Gesandte Preußens, Herr von Savigny, bemerkte jedoch sogleich, daß ihm der Antrag, ohne Prüfung im Ausschuß, übereilt erscheine. Als dennoch beschlossen wurde, am 6. April über denselben abzustimmen, erklärte Herr von Savigny: „er müsse in dem eben gefaßten Beschluß mit Bedauern eine Überstürzung erkennen die der Sache nicht förderlich sein würde. Zugleich sei er schon jetzt beauftragt, zu erklären, daß die königliche Regierung, da sie die Ansprüche des Erbprinzen von Augustenburg als nachgewiesen nicht erachten kann, ihr Votum gegen den vorliegenden Antrag abgeben werde, und daß sie sich im voraus gegen einen beschlußmäßigen Ausspruch der Bundesversammlung über bestrittene Fragen verwahre. Die königliche Regierung dürfe vielmehr von der Bundesversammlung insbesondere verlangen und erwarten, daß, bevor bei einem Bundesbeschluß eine Formulierung der Ansichten festgestellt wird, diese eine Prüfung nicht nur der Augustenburg'schen, sondern aller konkurrierenden Ansprüche vornehmen werde, namentlich der Seitens des Großherzogs von Oldenburg erhobenen Rechte und derjenigen Rechte, welche Preußen selbst, sowohl aus der Zession Königs Christian IX. als aus den alten Ansprüchen des brandenburgischen Hauses herzuleiten habe."

In der über den eingebrachten Antrag am 6. April erfolgten Abstimmung präzisierte der preußische Gesandte die eben angeführte Erklärung dahin, daß die preußische Regierung die Erbansprüche des Erbprinzen von

Augustenburg nicht nur nicht nachgewiesen, sondern nicht nachweisbar erachte, und was die im Punkt 3 der Begründung des Tripel-Antrages erörterte Haltung und Erklärung Preußens in London anbelangt, so sei sie lediglich nur ein Mittel zur Lösung der kriegerischen Komplikationen gewesen. Dieser Vorschlag habe mit seiner definitiven Ablehnung jede weitere Bedeutung umso mehr verloren, als seitdem durch die mehrfache Geltendmachung von Ansprüchen die rechtliche und faktische Lage eine andere geworden sei.

Der Antrag wurde trotz der Einsprüche des preußischen Gesandten mit Stimmenmehrheit zum Beschluß erhoben; doch trat selbst Österreich demselben nur insoweit bei, als dies „ohne Störung des zwischen Preußen und dem Kaiserstaat bestehenden Einverständnisses möglich wäre". Der preußische Gesandte aber erklärte kurzweg, daß seitens seiner Regierung die Erfüllung dieses Beschlusses nicht in Aussicht stehe, er übrigens auch gegen die Auffassung Verwahrung einlegen müsse, daß mit der Forderung einer gleichmäßigen Prüfung der Ansprüche dem Bunde auch ein Recht auf die endgültige Entscheidung zuerkannt worden sei.

Das Recht zu dieser Entscheidung wollte die preußische Regierung allein haben, und sie bewies diesen Willen bald, indem sie, alle Rücksichten gegen Österreich beiseite schiebend, den Weg der Tatsachen betrat. Am 3. April erklärte der preußische Regierungskommissär Herr von Zedlitz der Landesregierung, der König von Preußen habe die Verlegung der preußischen Ostsee-Marinestation von Danzig nach Kiel und die Befestigung dieses Hafens anbefohlen. Gegen diese Erklärung des preußischen Kommissärs legte Freiherr von Halbhuber Protest ein, und die österreichische Regierung ließ, um wenigstens ihr Mitbesitzrecht auf Kiel zu konstatieren, zwei in Geestemünde liegende k.k. Kriegsschiffe ebenfalls in Kiel Station nehmen. Später, um den Konflikt nicht zu verschärfen, willigte Österreich in die Etablierung der preußischen Marine in Kiel, unter der Bedingung, daß die preußischen Landtruppen, die den Bedarf im Frieden ohnehin weit überstiegen, um die Zahl der in Kiel unterzubringenden preußischen Marinemannschaft vermindert würden.

Zu dieser Zeit fand auf dem früheren Kriegsschauplatz eine besondere Feier statt, zu der auch kaiserliche Offiziere als Gäste eingeladen wurden. Am 20. und 21. April 1865 wurden nämlich an den Düppeler Schanzen und auf der Insel Alsen die Grundsteine zu Denkmälern in Gegenwart preußischer Truppen gelegt. „Der König habe befohlen, hieß es in der Stiftungsurkunde, den tapferen Gefallenen auf dem Schauplatz ihres Ruhmes ein Denkmal zu errichten, um den Dank des Vaterlandes zu verkünden und das Andenken der Gefallenen zu ehren, deren Heldenmut in den Erinnerungen unserer Krieger leben wird, wenn sie die Frucht jenes Sieges einst mit dem Schwert zu schützen haben werden."

Die Sache war wirklich jetzt schon auf die Spitze des Schwertes gestellt, und nur die Langmut und Nachgiebigkeit Österreichs, die auch nur bei dessen völliger Uneigennützigkeit möglich war, verhinderte, daß beide Staaten nicht schon jetzt das Schwert gegen einander zückten. Preußen fuhr fort, sich immer unabhängiger und selbständiger auf dem Boden zu bewegen, der ihm nicht allein gehörte. Es drang mit Entschiedenheit auf die Entfernung des Erbprinzen von Augustenburg aus dem Land. Die sogenannte „offizielle Mitregierung" dieses Prätendenten wurde als eine unter der Ägide Österreichs stehende dauernde Bedrohung der preußischen Interessen dargestellt. Da sich die Anschauungen der kaiserlichen Regierung der vollen Zustimmung der Bevölkerung erfreuten, und alle Volksversammlungen Zeugnis davon ablegten, so wurden diese Versammlungen und die namhafteren Wortführer derselben zu Opfern preußischer Verfolgung. Die willkürlichen Verfügungen auf der einen Seite riefen Proteste und Gegenmaßnahmen auf der anderen Seite hervor; es konnte nicht ausbleiben, daß die Animosität hier und dort wuchs, so daß endlich ein ernstlicher Schritt zur Verständigung notwendig wurde, wenn dem Umsichgreifen der feindlichen Stimmung und ihren Folgen Einhalt geboten werden sollte. Das Resultat dieser Bemühungen war der sogenannte „Gasteiner Vertrag" vom 14. August 1865, dessen wesentliche Bestimmung darin bestand, daß die beiden Herzogtümer nicht mehr gemeinschaftlich, sondern jedes für sich, und zwar Holsteim - nicht ohne Beschränkungen - durch Österreich, und Schleswig durch Preußen bis zur endgültigen Austragung der Sache besetzt und regiert werden sollten; eine Bestimmung, die auf das Deutlichste die eingetretene Unverträglichkeit der beiden Kabinette manifestierte. Seines Mitbesitzrechtes auf Lauenburg begab sich Österreich in diesem Vertrag zu Gunsten Preußens gegen eine Geldentschädigung von 2,500.000 dänischen Reichstalern. Der Vertrag wurde am 14. August preußischerseits durch Graf Bismarck, österreichischerseits durch Graf Blome abgeschlossen und von Kaiser Franz Joseph und König Wilhelm I., die sich persönlich in Salzburg trafen, am 20. August ratifiziert.

In Ausführung des Gasteiner Vertrages ernannten beide Regierungen Statthalter für die einzelnen Länder. Preußen für Schleswig den Generalleutnant Freiherr von Manteuffel, und Österreich den Feldmarschall - Leutnant Freiherrn von Gablenz für Holstein. Die bisherigen Zivilkommissäre blieben den Statthaltern zur Seite. Baron Halbhuber wurde aber bald durch Herrn von Hoffmann ersetzt. Die Einsetzung der neuen holsteinischen Landesregierung mit dem Sitz in Kiel erfolgte am 15. September 1865; am gleichen Tag ließ König Wilhelm in Ratzeburg das Besitzergreifungspatent für Lauenburg veröffentlichen und den Akt der Besitzergreifung durch den Staatsminister Graf Arnim-Boytzenburg vollziehen.

Die Regierungen von Bayern, Sachsen und dem Großherzogtum Hessen, anknüpfend an ihre Erklärung vom 27. März, sprachen den Wunsch aus:

1. Die Regierungen von Österreich und Preußen mögen dem Bund die Erfolge und weiteren Absichten ihrer Verhandlungen zur Lösung der Elbherzogtümerfrage, und weiters bekannt geben, ob dieselben gesonnen wären, eine aus freien Wahlen hervorgegangene Vertretung des Herzogtums Holstein in Gemeinschaft mit einer gleichen Vertretung des Herzogtums Schleswig zur Mitwirkung bei jener Lösung zu berufen, und für welchen Zeitpunkt diese Einberufung, deren Beschleunigung sich aus den angeführten Gründen als in hohem Grade wünschenswert darstelle, in Aussicht genommen werden könne; weiters: daß dieselben die Aufnahme des Herzogtums Schleswig in den Deutschen Bund betreiben möchten, und endlich, daß dieser die Bereitwilligkeit zum Verzicht auf den Ersatz der Exekutionskosten bezüglich Schleswig erklären möge, sei es daß derselbe in seiner Gesamtheit für die Kriegskosten einstehe, oder daß ein verhältnismäßiger Anteil von denjenigen Bundesstaaten, welche an der Kriegführung nicht beteiligt waren, übernommen werde.

Als Antwort hierauf wurde dem Bundestag am 24. August der Vertrag von Gastein vorgelegt, mit der Erklärung, die Bundesversammlung möge die Überzeugung gewinnen, daß die Regierungen von Österreich und Preußen ernstlich bestrebt seien, die Herzogtümerfrage einer definitiven Lösung zuzuführen und, daß dieselben die Zuversicht hegten, die Verhandlungen zu einem allseitig befriedigenden Ergebnis zu führen; die Bundesversammlung wolle diesem Ergebnis mit Vertrauen entgegensehen.

Doch im Direktorium des Bundes gab man sich mit diesen Erklärungen nicht zufrieden: die drei Regierungen, die schon früher die Herzogtümerfrage angeregt hatten - nämlich Bayern, Sachsen und Hessen - fanden, daß das mittlerweile eingetretene Provisorium vom Grundsatz der unteilbaren Zusammengehörigkeit beider Herzogtümer abgewichen, und daß von der Beteiligung der Bevölkerung und ihrer Vertreter an der endgültigen Regelung weder in der Konvention vom 20. August, noch in den Erklärungen vom 24. August die mindeste Erwähnung geschehen sei; diese stellten daher den Antrag, die Regierungen von Preußen und Österreich zu ersuchen:

„1. daß diese baldigst eine aus freien Wahlen hervorgehende allgemeine Vertretung des Herzogtums Holstein berufen und zur definitiven Lösung der bezüglich der Elbherzogtümer noch schwebenden Fragen mitwirken lassen;

2. daß sie auf die Aufnahme des Herzogtums Schleswig in den Deutschen Bund hinwirken mögen."

Bei der geschäftsmäßigen Behandlung dieses Antrages in der Sitzung des Direktoriums vom 18. November gaben die Vertreter Preußens und Österreichs zusammen die Erklärung ab, daß „bereits früher die beiden Regierungen die Absicht ausgesprochen hätten, auf die Berufung der Ständeversammlung des Herzogtums Holstein Bedacht zu nehmen. Es sei in diesen Intentionen auch jetzt keine Änderung eingetreten, nachdem die Asübung der Souveränitätsrechte im Herzogtum Holstein an Seine Majestät den Kaiser von Österreich übergegangen sei, jedoch müsse die Wahl des Zeitpunktes für die Berufung der Stände noch weiterer Erwägungen vorbehalten bleiben, und könne der gegenwärtige Augenblick nicht als dazu geeignet erscheinen. Seinerzeit würden die beiden Regierungen gerne bereit sein, sobald die Sache soweit gediehen, weitere Mitteilung zukommen zu lassen. Auf den unter 2 gestellten Antrag erklärten dieselben aus maßgebenden Gründen derzeit nicht eingehen zu können.

Dies veranlaßte die drei Regierungen, die die Anträge gestellt hatten, zur Erklärung, daß sie den Beschluß der Mehrheit der Bundesversammlung, - welche gewillt sei, sich bei der Lösung der Herzogtümerfrage ohne Geltendmachung der Stimme des erbberechtigten Fürsten, der Herzogtümer selbst und des Deutschen Bundes stillschweigend zu verhalten, wohl achten, daß sie aber auch, sofern und solange nicht dem Bund zu einer von der Grundlage des Rechts ausgehenden Beratung und Beschlußfassung Aussicht geboten werde ihre Aufgabe und Tätigkeit innerhalb der Versammlung als geschlossen betrachten, und sich auf eine laute und entscheidende Verwahrung gegen jede dieser Grundlage fremde Abmachung beschränken müßten.

Die Erklärung, mittelst welcher der gegebene Anspruch Bayerns, Sachsens und Hessens provoziert wurde, war auch der letzte Schritt, den Österreich gemeinsam mit Preußen tat. Seitdem war keine Gemeinsamkeit mehr zwischen den beiden Kabinetten möglich. Für die österreichische Regierung wurde es immer klarer, daß Preußen den offenen Bruch nicht scheue, sondern absichtlich alles tue, um diesen herbeizuführen.

Im Verlauf des Monats Oktober veröffentlichte die preußische Regierung das langerwartete, von seinem Kronsyndikat verfaßte Rechtsgutachten über die Erbfolgeansprüche in den Elbherzogtümern. Das Gutachten lief im Wesentlichen darauf hinaus, daß alles Recht auf die Herzogtümer aus dem Wiener Frieden datiere, und daß durch diesen Frieden jedes Erbrecht des Prinzen von Augustenburg hinfällig geworden wäre, wenn überhaupt ein solches je bestanden hätte.

Das kaiserliche Kabinett erhielt von diesem Gutachten, auch späterhin, keinerlei offizielle Mitteilung.

In den Herzogtümern bemühte sich mittlerweile die augustenburgische Partei mit allen Mitteln der Presse und der Vereine, den Zusammentritt der Landesvertretung zu erwirken. Gegen diese Versuche die keinerlei besondere

Wichtigkeit hatten, verfuhr Generalleutnant von Manteuffel mit der ganzen Strenge seiner Gewalt. Dem Erbprinzen von Augustenburg waren gelegentlich einer Reise von Seite seiner Anhänger in Eckernförde Huldigungen dargebracht worden. General Manteuffel richtete hierauf am 18. Oktober ein Schreiben an den Prinzen, worin er dessen Verhalten während der Huldigung tadelte und die Ergreifung unliebsamer Maßregeln im Wiederholungsfalle in Aussicht stellte.

Freiherr von Gablenz trat zwar der allgemeinen Agitation auch entgegen, doch nicht mit der Schonungslosigkeit des preußischen Gouverneurs, sondern mit Rücksicht, die das schwergeprüfte Land verdiente. Wiederholt sprach sich FML von Gablenz dahin aus, daß er den Bestrebungen zu einer beschleunigten Einberufung der Stände keine Unterstützung gewähren könne. Als die Landesregierung Kenntnis erhielt, daß am 23. Januar 1866 eine Versammlung der schleswigholsteiner Vereine in Altona stattfinden sollte, verfügte die Landesregierung mit Erlaß vom 21. Januar 1866 , sich auf die Erklärung des Statthalters beziehend, in Kiel die Erwartung aus, daß derlei Agitationen, die nur geeignet wären, neue Gefahren heraufzubeschwören, unterbleiben müssen. Die Versammlung fand aber dennoch am 23. Januar in Altona statt, da deren Vorstand das Versprechen gegeben hatte, sich jeder Resolution zu enthalten, und die holsteinische Landesregierung hierauf innerhalb der Grenzen ihrer Kompetenz sich nicht mehr verpflichtet glaubte, der Versammlung entgegenzutreten. Dieser geringfügige Vorfall erregte den Unwillen des preußischen Kabinetts, welches zur selben Zeit die erneuerten Huldigungen der Partei Scheel-Plessen empfing und wohlgefällig annahm.

Schon am 20. Januar hatte Graf Bismarck, der von einer Reise nach Paris und Biarritz, der man allgemein das Motiv die Verständigung mit dem Tuilerienkabinett in der Herzogtümerfrage beilegte, zurückgekehrt war, sich gedrängt gefühlt, in einer an den königlichen Gesandten in Wien gerichteten Note hervorzuheben, wie sehr das Verhalten der holsteinischen Verwaltung Österreichs die Beziehungen der beiden Staaten im allgemeinen trüben müsse. Nun wurde das Altoner Ereignis von Bismarck zum Anlaß genommen, den eben ausgesprochenen Anklagen einen verschärften Ausdruck zu geben. In der Note vom 26. Januar 1866 erinnerte Graf Bismarck an die Tage von Gastein und Salzburg; er habe sich damals dem Glauben hingegeben, daß Preußen und Österreich nicht bloß in der Überzeugung von der Notwendigkeit des Kampfes gegen die Revolution, sondern auch über den Plan des Kampfes gegen dieselbe einig seien. Dieser schöne Glaube sei zwar schon durch das Verfahren der österreichischen Regierung in Sachen der Noten an den Frankfurter Senat ein wenig erschüttert worden, jetzt aber nähmen die Dinge eine noch besorgniserregende Wendung. Das Verhalten der holsteinischen Regierung müsse geradezu als ein aggressives bezeichnet werden. Die kaiserliche Regierung stehe nicht an, genau dieselben Mittel der Agitation gegen Preußen ins Feld zu führen, welche sie mit diesem Staat in Frankfurt bekämpfen wolle. Wenn man auch in Wien der revolutionären Umwandlung des durch seinen konservativen Sinn ausgezeichneten holsteinischen Volksstamm ruhig glaube zusehen zu dürfen, so sei doch Preußen entschlossen, dies nicht zu tun. Der Gasteiner Vertrag habe zwar provisorisch die Verwaltung der beiden Herzogtümer geteilt, aber Preußen habe das Recht zu fordern, daß Holstein von Österreich während des Provisoriums in status quo erhalten werde, ebenso wie Preußen verpflichtet sei, diesen status in Schleswig zu erhalten. Die königliche Regierung halte es für ein Leichtes, den Umtrieben, Schmähungen und der Schädigung des monarchischen Prinzips in den Herzogtümern ein Ende zu machen. Die preußische Regierung bitte das Wiener Kabinett, das Verhältnis zu erwägen und danach zu handeln. Sollte eine verneinende oder ausweichende Antwort erfolgen, so würde Preußen die Überzeugung gewinnen, daß Österreich, von seinem traditionellen Antagonismus beherrscht, nicht auf die Dauer mit ihm gehen wolle. Diese Überzeugung würde schmerzlich sein, aber Preußen müsse endlich klar sehen. Sei es ihm unmöglich gemacht, mit Österreich zu gehen, so müsse es die volle Freiheit für seine Politik gewinnen, um von derselben den seinen Interessen entsprechenden Gebrauch zu machen.

Auf diese Note erklärte Österreich, am 7. Februar 1866, daß es sich sehr wohl bewußt sei, über die Zukunft der Herzogtümer nicht einseitig verfügen zu können. Seien es auch nicht Ansprüche Preußens, sondern Rechte des Deutschen Bundes und Rechte der Herzogtümer gewesen, die das Motiv zum Krieg gegeben, so habe es doch die kaiserliche Regierung als der Stellung der beiden deutschen Großmächte angemesser erachtet, die neuen politischen Gestaltungen, die aus dem Krieg hervorgehen würden, an die Bedingung einer freien Vereinbarung zwischen den beiden Höfen zu knüpfen. Der Wiener Hof habe auch nie verkannt, daß eine solche Vereinbarung dem preußischen Staatsinteresse eine gerechte Befriedigung gewähren müsse. In der Verwaltung von Holstein sei aber die kaiserliche Regierung keiner Kontrolle unterworfen. Die derselben durch den Gasteiner Vertrag auferlegte Pflicht beziehe sich augenscheinlich nur auf die ungeschmälerte Erhaltung der Substanz, involviere dieselbe eine Kontrolle der Handlungen, so erscheine ja eben der Gasteiner Vertrag unnütz. Was die Beschuldigung der Umwandlung des konservativen Sinnes des holsteinischen Volksstammes betreffe, so könne sich die kaiserliche Regierun ruhig auf das Urteil des geamten Europa berufen, „welches wisse, daß die Bestrebungen, die heute in Holstein vorherrschen, dieselben seien, die zur Zeit der Konvention von Gastein und längst vor dieser Epoche bestanden, und aus welchen der Widerstand der Herzogtümer gegen Dänemark seine Kraft schöpfte".

Mit der Beschwerde über die Altoner Vorgänge habe sich Preußen der naheliegenden Entgegnung ausgesetzt, daß ja gerade Preußen sich geweigert habe, ein Verbot solcher Versammlungen für das ganze Bundesgebiet zu beantragen. Weiters richtete die Depesche Preußens Blick auf die augenblicklichen Verhältnisse und zeigte, wie Österreich stets als Preußens Bundesgenosse, selbst zum eigenen Nachteil gegenüber den Mittelstaaten, gehandelt habe, wonach von einer Enttäuschung kaum die Rede sein könne.

Kurze Zeit nach Empfang dieser Depesche erklärte Graf Bismarck dem österreichischen Gesandten, daß nun für Preußen der zu Ende seiner Note vom 26. Januar ins Auge gefaßte Zustand eingetreten sei. Mit diesen Worten war die Brücke der Verständigung, die Möglichkeit weiterer freundlicher Beziehungen zwischen Österreich und Preußen abgebrochen. Obgleich Österreich um jeden Preis vermeiden wollte, als provozierender Teil zu erscheinen, so war doch jetzt die Notwendigkeit eingetreten, sich ernstlich für den Krieg vorzubereiten, um so mehr, als seine Heeresorganisation nur eine langsamere Mobilmachung als in Preußen zuließ.

Was Graf Bismarck vom Deutschen Bund und vom deutschen Volk hielt, geht aus einem Artikel hervor, den er 1865 in der englischen Zeitung „Publizist" veröffentlichte. Darin sagte er: „Es gibt kein deutsches Volk. Unsere Politik ist das Aufgehen Deutschlands in Preußen und damit die Umgestaltung Preußens zu Deutschland"

Die österreichische Note vom 7. Februar hatte Außenminister FML Graf Mensdorff - Pouilly verfaßt und Graf Bismarcks Vorwürfe energisch zurückgewiesen. Ein Angebot Italiens, Venetien gegen eine Entschädigung von einer Milliarde Lire an Italien abzutreten, wurde von Graf Mensdorff ebenfalls abgelehnt.

Am 28. Februar entschied sich der preußische Ministerrat, unter dem Vorsitz von Graf Bismarck, für den Krieg gegen Österreich. Nur der Kronprinz, Friedrich Carl, der noch am 15. Januar von Kaiser Franz Joseph mit dem Kommandeurkreuz des Maria - Theresienordens für seine Tapferkeit im Dänischen Krieg ausgezeichnet worden war, mißbilligte den Entschluß des Ministerrates in Berlin, indem er eine bewaffnete Auseinandersetzung mit Österreich als „Bruderkrieg" bezeichnete!

Preußen kannte nun keine Rücksichten mehr. Es hatte sich für den beabsichtigten Bruch mit seinen Bundesgenossen die Chancen des Erfolges möglichst zurechtgelegt. Die Neutralität aller übrigen Großmächte war Bismarck zugesichert worden und über Vermittlung Kaiser Napoeons III. hatte er ein Kriegsbündnis mit Italien so gut wie abgeschlossen, und konnte die Maske abwerfen. Von nun an war der diplomatische Verkehr beider Staaten nur jener, wie er dem Krieg vorherzugehen pflegt.

Am 3. März hielt es der kaiserliche Gesandte in Berlin, Graf Károly, für seine Pflicht, in einer Konferenz zu erklären, daß Österreich sich keine Änderungen des Provisoriums zu seinen Ungunsten gefallen, kein Definitivum, das seiner Ehre, seinen Interessen und seiner Stellung in Deutschland zuwiderlaufe, abtrotzen lassen werde. Ähnliche Erklärungen wurden an den Höfen von Frankreich und England abgegeben.

Am 11. März, wie als eine herausfordernde Antwort hierauf, erließ König Wilhelm I. von Preußen eine Verordnung, durch welche er alle Unternehmungen in Schleswig-Holstein, die darauf hinzielten Seine und des Kaisers von Österreich Souveränitätsrechte in den Herzogtümern zu untergraben, mit schweren Zuchthausstrafen belegte. Zu dieser Verordnung, soweit sie Holstein betraf, hatte König Wilhelm kein Recht. Auf diesen Eingriff in ihre Hoheitsrechte erließ die kaiserliche Regierung am 16. März eine Zirkulardepesche vertraulichen Inhalts an ihre Vertreter bei den deutschen Regierungen, die diesen das künftige Verhalten Österreichs für den Fall, daß Preußen einen offenen Bruch herbeiführen sollte, auseinandersetzte. Der Gesandte in Berlin, Graf Károly, hatte die direkte Anfrage an die dortige Regierung zu stellen, ob Preußen sich wirklich mit dem Gedanken trüge, die Gasteiner Konvention mit gewaltsamer Hand zu zerreißen. Bismarck antwortete mit „Nein", ohne auf nähere Erörterungen einzugehen. Für ihn handelte es sich offenbar nicht mehr um die Verträge bezüglich des kleinen Stückes Erde, das den Streit gebar. Wer in ganz Deutschland nun für oder gegen ihn im Kampfe mit Österreich gehen wollte, das war jetzt die Frage, um die es sich für ihn handelte. Bismarck stellte diese Frage mit der ganzen Entschiedenheit die ihm das Bewußtsein gab, daß er die Situation möglichst beherrsche und alles getan habe, was in seinen Kräften stand, um im bevorstehenden großen und verhängnisvollen Kampf seinem Land den Erfolg zu sichern.

Am 24. März richtete Graf Bismarck an sämtliche Gesandtschaften bei den deutschen Höfen eine Zirkularnote, in der er den Standpunkt Preußens gegenüber den österreichischen Rüstungen bezeichnete und die daraus hervorgehende Notwendigkeit zu Gegenrüstungen, sowie das Bedürfnis Preußens, die notwendigen Garantien seiner Sicherheit nunmehr in Deutschland zu suchen, hervorhob. Auf dem Boden der deutschen Nationalität werde Preußen immer zuerst versuchen, die Sicherheit der nationalen Unabhängigkeit zu finden. Hiebei dränge sich, äußerte Graf Bismarck, auch von Neuem die Erkenntnis auf, daß der Bund in seiner gegenwärtigen Gestalt für jenen Zweck und eine aktive Politik nicht geeignet sei. Preußen sei gegenüber den Rüstungen Österreichs in der Lage, an die Bundesgenossen die Frage zu richten, ob und in welchem Maß es auf ihren guten Willen zählen könne; aber auch bei vorhandenem gutem Willen ergebe die Lage des Bundes keine Beruhigung. Aus diesen Gründen fühle er die Notwendigkeit, eine den realen Verhältnissen des Bundes Rechnung tragende Reform demgemäß zu beantragen, -einstweilen aber erbitte er sich die Beantwortung der früher angedeuteten Frage.

Am 28. und 29. März ordneten bereits königliche Dekrete die Aufstockung von 75 Bataillonen um je 150 Mann, die Versetzung von 4 1/2 Artillerieregimentern auf vollen Kriegsfuß und die Armierung der schlesischen und Elbbefestigungen an.

Graf Károly beantwortete am 31. März die an die deutschen Höfe gerichtete Zirkularnote vom 24., den Weisungen seiner Regierung entsprechend, wie folgt:

„Es ist zur Kenntnis des kaiserlich österreichischen Kabinetts gekommen, daß die Regierung Sr. Majestät des Königs von Preußen, um die Verantwortlichkeit für die entstandenen Besorgnisse einer Gefährdung des Friedens von sich abzulenken, dem kaiserlichen Hof feindselige Absichten beigemessen, ja sogar auf die Eventualität einer Bedrohung der preußischen Monarchie durch eine Offensive Österreichs hingewiesen habe. Wiewohl die Grundlosigkeit einer solchen Unterstellung in Europa notorisch ist, muß die kaiserliche Regierung dem ungeachtet Wert darauf legen, gegenüber dem königlichen Kabinett sich ausdrücklich gegen eine mit der Evidenz der Tatsachen so vollkommen unvereinbare Beschuldigung zu verwahren. Der Unterzeichnete hat demgemäß den Auftrag erhalten Sr. Exzellenz dem Grafen Bismarck in aller Form zu erklären, daß den Absichten Sr. Majestät des Kaisers nichts ferner liege, als ein offensives Auftreten gegen Preußen.

Nicht nur die so vielfach durch Wort und Tat erwiesenen freundschaftlichen Gesinnungen Sr. Majestät des Kaisers für die Person Sr. Majestät des Königs, wie für den preußischen Staat, schließen jede solche Absicht entschieden aus, - sondern der Kaiser erinnert sich auch der Pflichten, welche Österreich sowohl, als Preußen, feierlich durch den deutschen Bundesvertrag übernommen haben.

Seine Majestät der Kaiser ist fest entschlossen, seinerseits sich nicht in Widerspruch mit den Bestimmungen des Artikels XI der Bundesakte zu setzen, welche es den Mitgliedern des Bundes verbie ten, ihre Streitigkeiten mit Gewalt zu verfolgen.

Indem der Unterzeichnete dem königlichen Herrn Ministerpräsidenten ersucht, dem König, seinem erhabenen Herrn, die gegenwärtige Note vorzulegen, hat er den Ausdruck der Hoffnung hinzuzufügen: das königliche Kabinett werde sich bewogen fühlen, ebenso bestimmt und unzweideutig, wie er solches Namens seiner Allerhöchsten Regierung getan, den Verdacht, eines beabsichtigten Friedensbruches zurückzuweisen, und dadurch jenes allgemeine Vertrauen auf die Erhaltung des inneren Friedens Deutschlands, welches niemals sollte gestört werden können, wieder herzustellen."

Die meisten deutschen Regierungen gaben etwas später insoferne eine ähnliche Antwort, als sie in der Bundestagssitzung vom 9 April die königliche Regierung von Preußen gleichfalls auf den Artikel XI der Bundesakte verwiesen.

Auf die letzterwähnte Note vom 31. März übergab der preußische Gesandte von Werther in Wien dem österreichischen Minister des Äußeren, Graf Mensdorff, am 6. April die Antwort des preußischen Kabinetts mit dem Inhalt, daß die Besorgnisse einer Gefährdung des Friedens in Folge der österreichischerseits seit 13. März begonnenen Rüstungen, deren Umfang und Lokalität der Aufstellung keineswegs bloßen Ruhestörungen in Böhmen gelten könnte, entstanden wären. Würde Österreich sich von Preußen bedroht geglaubt haben, so wäre anzunehmen gewesen, daß die kaiserliche Regierung dies mit Bezug auf Artikel XI dem Bund angezeigt hätte. Das Geheimnis aber und die Versuche, die eingeleiteten Rüstungen in kleinerem Umfang darzustellen, hätten die preußische Regierung gezwungen, den 28. vorigen Monats Maßregeln zum Schutze des Landes anzuordnen. Wenn die kaiserliche Regierung nicht die Absicht habe, Preußen anzugreifen, so vermöchte die königliche Regierung nicht einzusehen, weshalb Österreich jene Maßregeln ergriff. Der Absicht des Königs liege nichts ferner, als ein Angriffskrieg.

Zwei Tage darauf, am 8. April, schloß Graf Bismarck mit einem in Berlin weilenden italienischen Unterhändler das Bündnis zum Angriff auf Österreich und den Deutschen Bund ab.

Die preußische Regierung lebte schon seit längerer Zeit mit jener des sardinischen Hofes auf einem ziemlich befreundeten Fuß. Dieser Hof trachtete schon seit dem Jahr 1848 mit Beharrlichkeit, den norditalienischen Besitz Österreichs sich anzueignen, dessen politischen Einfluß auf der Halbinsel gänzlich zu brechen und die nationale Einigung Italiens unter seinem eigenen Szepter durchzuführen. Solche Bestrebungen, die auf eine Schädigung der Macht Österreichs ausgingen,haben nie das Mißfallen Preußens erregt. Unterstützte es diesen auch nicht tatsächlich, so stand es doch mit seinen Sympathien an der Wiege des werdenden italienischen Staates und registrierte wohlgefällig dessen Wachstum, denn wenn es dem König von Piemont gelang, seine Einigunsbestrebungen durchzusetzen so entstand in Italien eine neue politische Macht, die im höchsten Grad der Beachtung Preußens wert war.

Die Ereignisse der Jahre 1859 und 1860 hatten den neuen Staat rasch formiert: die Lombardei, Toskana und die Herzogtümer, - das ganze Königreich beider Sizilien und ein großer Teil des Kirchenstaates waren in diesem aufgegangen, und in der Folge einer mit Frankreich abgeschlossenen Konvention am 3. Januar 1865 von Turin nach Florenz übersiedelte Hof hätte sich befriedigt sagen können: L'Italia è fatta, wenn nicht noch der Papst in Rom, und wenn nicht das venetianische Gebiet noch immer eine Provinz Österreichs gewesen wäre.

Es fand sich nun gut zusammen, daß der Hof von Florenz noch immer Grund zu Klagen gegen Österreich hatte, zur Zeit, als der Hof von Berlin in die gleiche Lage kam. Und so wurde denn die Verständigung beider Höfe rasch erzielt. Der Abschluß eines Handelsvertrages zwischen dem Zollverein und Italien sollte die Wege zum intimen Bündnis ebnen. Die Mehrzahl der deutschen Regierungen, die dem Zollverein angehörten, und denen schon im Mai 1865 von Seite Preußens das betreffende Ansinnen gestellt wurde, widerstrebten zwar dem Abschluß dieses Vertrages, weil die Regierung von Florenz als Bedingung für den Abschluß von sämtlichen Mitgliedern des Zollvereines die Anerkennung der in letzter Zeit in Italien geschaffenen Tatsachen gefordert hatte, doch gelang es der preußischen Regierung, die Bedenken der übrigen deutschen Staaten auszuräumen. Die meisten deutschen Staaten anerkannten gegen Ende des Jahres 1865 das Königreich Italien, und am 31. Dezember schlossen Preußen, Bayern, Sachsen und Baden im Namen des Zollvereins den demselben sehr nützlichen Vertrag mit Italien ab. Während Preußen im Verein mit den genannten Regierungen den Handelsvertrag mit dem Hof in Florenz verhandelte, suchte es auch sich allein mit dem Hof Viktor Emanuels über den höheren Zweck der Annäherung beider Staaten, nämlich über die militärische Allianz derselben mit Rücksicht auf die allernächste Zukunft zu verständigen.

Die Verhandlungen in dieser Richtung gingen derart von statten, daß auf Verlangen Preußens schon anfangs März der italienische General Govone über Paris nach Berlin abging, um dort die letzten Abmachungen des Bündnisses mit der preußischen Regierung zu pflegen. In einer Note vom 9. März 1866 des Ministers Lamarmora an den italienischen Gesandten Graf Barral in Berlin wurde General Govone als ein Mann bezeichnet, der das vollste Vertrauen seines Königs besitze, und dessen Sendung den Zweck habe, sich mit der von beiden Staaten zur gemeinschaftlichen Verteidigung zu treffenden militärischen Maßregeln zu versichern. General Govone kam Mitte März in Berlin an und verständigte sich rasch mit dem preußischen Kabinett.

In einer Depesche vom 3. April an Graf Barral wurde General Govone durch den sardinischen Minister des Auswärtigen, General Lamarmora, ermächtigt, ein Bündnis mit Preußen zu folgendem Zweck abzuschließen:

„1. Entstehenden Falls durch Waffengewalt die Vorschläge aufrecht zu halten, welche von Sr. preußischen Majestät bezüglich der Reform der Bundesverfassung in einem den Bedürfnissen der Nation entsprechenden Sinne gemacht worden;

2. die Abtretung der Österreich unterworfenen italienischen Gebiete an das Königreich Italien zu erwirken."

Piemont begann, heißt es in der Depesche, 1859 das Werk der Befreiung der italienischen Erde mit dem edlen Beistand Frankreichs. Wir wünschen, daß dieses Werk in nicht zu ferner Zukunft von Italien vollendet werde, vielleicht in einem Unabhängigkeitskrieg, der an der Seite derjenigen Macht gekämpft würde, welche die Zukunft des deutschen Volkes vertritt, im Namen eines identischen Nationalitätsprinzips. Unter den Lösungen, welche zumal in diesen letzten Zeiten für die venetische Frage vorgeschlagen wurden, würde diese besser als jede andere uns gestatten, in der Logik unserer politischen und internationalen Lage zu verbleiben und unsere natürlichen Allianzen, auch die entferntesten, zu wahren. Wir werden überdies erfreut sein, Preußen im Widerstand gegen die Pläne des österreichischen Kaisertums zu unterstützen, indem dasselbe sich entschieden an die Spitze der deutschen Nationalpartei stellt, jenes Parlament einberuft, das seit so vielen Jahren Gegenstand der Wünsche der Nation war und für Deutschland, so wie es in Italien geschah, den Fortschritt der freisinnigen Institutionen mittels Ausschließung Österreichs sichert."

Wenn Deutschland dieses Ziel erreichte, so hatte also der Beistand Italiens einen entscheidenden Anteil daran.

Am 8. April (wie erwähnt zwei Tage darauf, nachdem Graf Bismarck erklärt hatte, der Absicht des Königs von Preußen läge nichts ferner als ein Angriffskrieg) wurde der Vertrag abgeschlossen.

In der Folge eines königlichen Dekretes vom 11. März rückten zu dieser Zeit schon die Mannschaften der 2. Kategorie des Jahres 1844 - dann auf Weisung des Kriegsministers Roon vom 25. März die Mannschaften der neuen Aushebung, die binnen 20 Tagen bereit zu sein hatten - im Ganzen über 100.000 Mann - zu den Fahnen des preusischen Heeres ein.

Nun beeilte sich die preußische Regierung, auch die Angelegenheiten am Deutschen Bund zur Reife zu bringen. Schon am 9. April stellte Preußen in Frankfurt den Antrag: „Die Bundesversammlung wolle die Einberufung einer aus direkten Wahlen und allgemeinem Stimmrechte der ganzen Nation hervorgehenden Versammlung für einen noch näher zu bestimmenden Tag beschließen, um die Vorlagen der deutschen Regierungen über eine Reform der Bundesverfassung entgegenzunehmen und zu beraten, in der Zwischenzeit aber, bis zum Zusammentritt derselben, durch Verständigung der Regierungen unter einander diese Vorlagen feststellen".

Die Motivierung dieses Antrages hob hervor, die Erfahrungen der letzten Reformversuche hätten gelehrt, daß weder die einseitigen Verhandlungen der Regierungen, noch die Debatten und Beschlüsse einer gewählten Versammlung, allein im imstande wären, eine Neugestaltung des nationalen Verfassungswerkes zu schaffen, und daß damit eine Teilnahme beider Faktoren hiezu notwendig erschiene.

Graf Mensdorff suchte das immer rascher ins Rollen geratene Rad der Ereignisse möglichst aufzuhalten. Auf die am 6. April übergebene preußische Antwort, deren Inhalt einen beruhigenden Charakter hatte, richtete auch Graf Mensdorff am 7. April versöhnliche Worte nach Berlin, in denen er erklärte, daß in Österreich keine erheblichen Truppenkonzentrationen, keine ungewöhnlichen Ankäufe von Pferden, keine Einberufungen nennenswerten Umfanges, überhaupt keine Maßregeln erfolgt wären, die nach der militärischen Organisation Österreichs als Vorläufer eines großen Krieges gelten könnten. Seine Majestät habe in Seinem Vertrauen ihm selbst die Ermächtigung erteilt, ohne jeden Rückhalt dem preußischen Gesandten die tatsächlich erfolgten Truppenbewegungen bekannt zu geben. Jede Diskussion über die Priorität von Rüstungen sei nun des weiteren überflüssig gemacht durch die Erklärung des Kaisers, daß er nie einen Angriff auf Preußen beabsichtigt habe. Das Wiener Kabinett habe nur eine gleiche Erklärung seitens des Königs Wilhelm gewünscht - jetzt liege eine solche vor - und da in Österreich gar keine Kriegsvorbereitungen stattgefunden hätten, so käme es nur noch darauf an, daß Preußen die Rüstungen rückgängig mache, welche es zugestandener Maßen seit 28. März in Gang gebracht habe.

Diese Erklärungen Graf Mensdorffs erregten aber nur den Unglauben und den Unwillen des preußischen Kabinetts. Am 15. April antwortete Bismarck: „Während Österreich die Zurücknahme seiner bisherigen militärischen Maßnahmen als überflüssig erachtet, weil der Kaiser sein Wort verpfändet, daß Österreich keinen Angriff im Sinne habe, verlange man von Preußen, dessen König in gleicher Weise sein Wort verbürgt, die hervorgerufenen Vorsichtsmaßnahmen rückgängig zu machen; diese könnten nicht rückgängig gemacht werden, ehe der Anlaß hiezu behoben wäre. An der kaiserlichen Regierung sei es, die Initiative zu ergreifen und eingestandene Rüstungen abzustellen, wenn ein Gleiches von Preußen erwartet werde."

Hierauf wurde Graf Kàoly am 18. April ermächtigt, in Berlin zu deponieren, „daß Seine Majestät der Kaiser sich bereit erkläre, durch einen mit 25. dieses Monats zu erlassenden Befehl die, wie die königliche Regierung glaubt, eine Kriegsbereitschaft gegen Preußen fördernden Dislokationen rückgängig zu machen, so wie die darauf bezüglichen Maßregeln einzustellen, wenn Seine Majestät vom Berliner Hof die bestimmte Zusage erhalte, daß an demselben oder doch am nachfolgenden Tag eine königliche Ordre den früheren regelmäßigen Friedensstand derjenigen Heeresteile wieder herstellen werde, welche seit dem 27. v. M. einen erhöhten Stand angenommen haben."

Auf diesen Antrag erwiderte die königliche Regierung am 21. April, daß sie denselben mit Genugtuung entgegennehme. Die Ausführung werde sie in demselben Maß und in denselben Zeiträumen bewirken lassen, in welchen die entsprechende Verminderung der Kriegsbereitschaft der österreichischen Armee tatsächlich vor sich gehen werde. Über das Maß und die Fristen sehe die königliche Regierung weiteren Mitteilungen entgegen.

Die Wertlosigkeit dieser Eröffnungen sollte sehr bald zu Tage treten. Die letzterwähnte Note traf zu einer Zeit in Wien ein, in der die offen betriebenen Rüstungsvorbereitungen in Italien schon weit gediehen waren, und die Regierung in Florenz, gedrängt durch die im ganzen Land herrschende kriegerische Aufregung, kaum mehr Herrin des eigenen Willens war. Durch Einberufungen, Rekrutierung und massenhaftes freiwilliges Einrücken beurlaubter Soldaten, war der Mannschaftsstand des italienischen Heeres schon nahezu auf die systemisierte Kriegsstärke gebracht.

Unter solchen Umständen sah sich die österreichische Regierung veranlaßt, am 26. April Berlin zu erklären, wie sehr die vereinbarte Abrüstung Sr. Majestät den Kaiser mit Befriedigung erfüllt habe, und daß dieselbe bereit sei, das Erforderliche ungesäumt zu verfügen, das ist die zur Verstärkung der Garnisonen nach Böhmen verlegten Truppen zurückzuziehen. Zur Vermeidung jeder Mißdeutung sei es jedoch nötig, der königlichen Regierung Mitteilung zu machen, daß Österreich sich gezwungen sehe, sein italienisches Heer auf den Kriegsfuß zu setzen und sowohl zum Schutz der Po - Grenze, als der bedrohten Küsten umfassende Maßregeln zu treffen. Diese Vorbereitungen seien nur Vorkehrungen für den Fall eines Kampfes gegen die Italiener, und die kaiserliche Regierung werde mit der Abrüstung augenblicklich beginnen, sobald sie versichert sei, daß die königliche Regierung den Maßregeln im Süden keinen Einfluß auf die verabredete Herstellung des normalen Standes zwischen den beiden Staaten gestatten werde.

Die preußische Regierung antwortete hierauf am 30. April in naiver Weise, daß sie sehr enttäuscht wäre. Sie habe gehofft, daß die Herstellung des normalen status quo sich auf die Gesamtheit der Kriegsbereitschaft fördernden Erwägungen erstrecken werde, die kaiserliche Regierung erwähne aber nur die Truppenbewegungen in Böhmen und lasse die in Schlesien, Mähren und Westgalizien geschehene unberührt. Auch die Begründung der Rüstung in Italien könne sie nicht anerkennen, da nach übereinstimmenden Nachrichten im Königreich Italien keine Rüstungen stattgefunden. Sollten solche aber in der letzten Zeit in Ausübung gebracht worden sein, so könnten sie nur in den österreichischen Rüstungen ihren Grund haben.

Seinen wahren Hohn dem Kaiserstaat ins Gesicht schleudernd, führte Graf Bismarck weiter aus: die preußische Regierung hoffe, daß sich Österreich sowohl alle in den nördlichen Provinzen getroffenen Maßregeln rückgängig machen, als auch sich demnächst von der Grundlosigkeit der im Süden veranlaßten Rüstungen überzeugen, und demnach zur gesamten Herstellung des Friedensfußes in der k. k. Armee schreiten werde; erst dann würde es für die königliche Regierung möglich sein, den kommenden Verhandlungen anders als unter der Festhaltung des Gleichgewichtes in der Kriegsbereitschaft beider Mächte entgegenzutreten.

Hierauf war von Seite Österreichs nur mehr die Antwort möglich, die Graf Károly am 4. Mai an den preußischen Minister übergab: „Eure Exzellenz begreifen, daß wir Angesichts dieser Erklärung die Verhandlungen über eine gleichzeitige Zurücknahme der von Preußen gegenüber Österreich, und Österreich gegenüber Preußen angeordneten militärischen Vorbereitungen für erschöpft halten müssen. Durch die von uns in Berlin wie in Frankfurt erteilten feierlichen Versicherungen steht fest, daß Preußen von uns keine Offensive, Deutschland keinen Bruch des Bundesfriedens zu besorgen habe. Ebensowenig beabsichtigt Österreich Italien anzugreifen, obwohl die Losreißung eines Teiles des österreichischen Staatsgebietes das bei der Gelegenheit offen ausgesprochene Programm der Florentiner Regierung bildet. Dagegen ist es unsere Pflicht, für die Verteidigung der Monarchie zu sorgen, - und wenn die Regierung Preußens in unseren Defensivmaßregeln gegen Italien ein Motiv erblickt, ihre eigene Kriegsbereitschaft aufrecht zu erhalten, so bleibt uns nur übrig, dieser Pflicht, die keine fremde Kontrolle zuläßt, Genüge zu leisten, ohne uns in fernere Erörterungen über die Priorität und den Umfang einzelner militärischer Vorkehrungen einzulassen. Daß wir übrigens nicht blos die Integrität unseres Reiches, sondern auch das Gebiet des Deutschen Bundes gegen eine Offensive Italiens sicherzustellen haben, wird man sich in Berlin nicht verhehlen können, und wir dürfen und müssen im Interesse Deutschlands die ernste Frage stellen, wie Preußen das Verlangen, daß wir die deutschen Grenzen unbewacht lassen sollten, mit den Pflichten einer deutschen Macht vereinbar finden könne?“

In der Zwischenzeit, ebenfalls am 26. April, hatte die österreichische Regierung noch, um die Diskussion wieder auf jene Ebene zurückzuführen, von der sie ausgegangen, in sehr versöhnlichem Ton die preußische Regierung aufgefordert, gleichzeitig mit Österreich in Frankfurt zu erklären, daß sie beschlossen hätten, die durch den Wiener Frieden erworbenen Rechte auf denjenigen Prätendenten weiter zu übertragen, welchem der Bund die überwiegende Berechtigung zur Erbfolge im Herzogtum Holstein zuerkennen würde. Weiters hieß es in der Note: „Bietet die königliche Regierung hiezu die Hand, so machen wir dagegen uns anheischig, überall, wo dies nötig sein wird, dazu mitzuwirken, daß dem preußischen Staat diejenigen speziellen Vorteile bleibend gesichert werden, mit deren Gewährung wir uns im Laufe der gepflogenen Verhandlungen einverstanden gezeigt haben, und über welche, was Holstein betrifft, bereits in den Artikeln 2-7 der Gasteiner Konvention provisorische nähere Feststellungen enthalten sind. - Preußen wird hienach definitiv die militärischen Stellungen von Kiel, Rendsburg und Sonderburg erwerben. - Kiel wird zwar Bundeshafen, Rendsburg Bundesfestung werden, aber die königliche Regierung wird uns bereit finden, in den diesfalls nach Artikel 2 und 3 der Gasteiner Konvention im Einverständnis mit ihr in Frankfurt zu stellenden Anträgen jedem ihrer billigen Wünsche entgegenzukommen. Nicht weniger bereit sind wir, die von Preußen behufs der Befestigung von Düppel und Alsen gewünschten Territorialabtretungen gemeinschaftlich mit der königlichen Regierung, falls sie dies verlangt, gegenüber dem künftigen Landesherrn auszubedingen. Ebenso werden sich die Leistungen, welche die Herzogtümer bis zu einer allgemeinen Regelung der Marinefrage am Bund für die preußische Flotte zu übernehmen haben, ohne Schwierigkeit durch eine Konvention zwischen Preußen und Schleswig - Holstein regeln lassen. Und dasselbe gilt von den Bestimmungen, welche die Gasteiner Konvention zu Gunsten Preußens in den Artikeln 4, 5, 6 und 7 hinsichtlich der Kommunikation durch Holstein, des Eintritts der Herzogtümer in den Zollverein und der Anlage eines Kanals zwischen der Nord- und Ostsee getroffen hat."

Graf Bismarck beantwortete diesen Antrag am 7. Mai. In seiner Note erklärte er auf das Bestimmteste Preußens Willen, am Wiener Frieden und Gasteiner Vertrag festzuhalten, daß aber dadurch jede Einmischung eines Dritten, somit auch des Deutschen Bundes ausgeschlossen wäre, ferner, daß Preußen keine Neigung habe, auf seine auf Schleswig-Holstein erworbenen Rechte zu Gunsten eines Dritten zu verzichten, daß es aber dagegen immer bereit sein werde, mit Österreich über die Bedingungen zu verhandeln, unter welchen dasselbe auf seinen Anteil an dem durch den Wiener Frieden Erworbenen verzichten wolle. Durch diese Antwort waren also die Dinge wieder auf den Standpunkt zurückgeführt.

Auch die Frage der Bundesreform nahm gleichzeitig eine bedenkliche Wendung. Der preußische Antrag zur Reform war am 21. April an einen zu wählenden Ausschuß von 9 Mitgliedern verwiesen worden. In der Sitzung von diesem Tag hatten die meisten der den Bundesstandpunkt einnehmenden Regierungen den von Österreich ausgesprochenen Verhandlungen zugestimmt, daß Preußen positive Vorschläge, welche die Ziele und Tragweite der angestrebten Reform erkennen lassen, stellen möge. Dieses Verlangen wies Graf Bismarck brüsk ab, indem er am 27. April in einer Zirkularnote erklärte, daß er an eine Verständigung der Regierungen über Text und Inhalt der Vorschläge ohne vorangegangene Bestimmung des Termines für die Parlamentseröffnung; das ist ohne eine selbstauferlegte Nötigung der einzelnen Regierungen nicht glaube, und daß somit die Bestimmung dieses Termines als der Kern des Antrages vom 9. April zu betrachten sei. Mit der Ablehnung dieser Frage bestünde für die ernstliche Behandlung der Bundesreform keine Möglichkeit; doch werde er in den Ausschußberatungen die Gebiete des Staatslebens bezeichnen, auf welche sich die preußischen Vorschläge erstrecken würden. Dies erfolgte am 11. Mai.

Mittlerweile hatte die preußische Regierung Anlaß gefunden, die sächsische ihrer Kriegsvorbereitungen wegen zur Rede zu stellen indem sie am 27. April nach Dresden erklärte, daß die militärische Lage Sachsens ihr nicht gestatte, dessen Vorbereitungen gleichgültig zuzusehen, umsomehr, als die bisherige Haltung Sachsens vermuten lasse, daß dieselben gegen Preußen gerichtet seien, daher die preußische Regierung, falls keine befriedigenden Erklärungen erfolgen sollten, zur Anordnung entsprechender militärischer Maßregeln sich bemüßigt sehen würde. Die sächsische Regierung erwiderte hierauf am 29. April, daß, wie sehr sie auch den von ihr präzisierten Standpunkt festhalte, sie sich doch nicht der Betrachtung entziehen könne, daß der zunächst vom Seperatkrieg bedrohte Staat sich in solchem Falle vor allem selbst in die notwendige Verfassung setzen müsse, um vor dem von ihm anzurufenden Bund nicht als ein wehrloses, sondern als ein gerüstetes Glied zu erscheinen.

Die bisherigen Rüstungen Sachsens bestanden übrigens nur in geringfügigen Vorbereitungen und Standeserhöhungen; es rüstete erst ernstlich, als Preußen selbst die Mobilisierung aller seiner Streitkräfte anordnete.

Erst nachdem die preußische Regierung zwischen dem 3. und 12. Mai die auf die Mobilisierung ihrer gesamten Armee abzielenden Ordres erlassen hatte, mobilisierte Sachsen seine Armee. Am 6. Mai erfolgte die Einberufung sämtlicher Urlauber, am 7. jene der Kriegsreservisten, und am 9. erging die Anordnung zum öffentlichen Pferdekauf.

Erst jetzt schritt auch Österreich zur vollständigen Mobilisierung jener Truppen seiner Armee, die die Aufgabe hatten, sich dem preußischen Heer entgegenzustellen. Vielen, die berufen waren, auf die Führung des kaiserlichen Heeres Einfluß zu nehmen, schien es, daß Österreich viel zu spät rüstete.

Am 5. Mai brachte Sachsen seine mit Preußen entstandene Kontroverse vor den Bund, legte die Noten vom 27. und 29. April bei und stellte den

Antrag: die Bundesversammlung wolle ungesäumt beschließen, die königlich preußische Regierung aufzufordern, daß durch geeignete Erklärungen dem Bund mit Rücksicht auf Artikel XI der Bundesakte, die Besorgnis Sachsens betreffend, volle Beruhigung gewährt werde. Einstweilen aber erachte sich die sachsische Regierung für vollkommen berechtigt und verpflichtet, alle zur Verteidigung erforderlichen Maßregeln zu treffen.

Der preußische Gesandte erklärte bei dieser Gelegenheit namens seiner Regierung, daß nach dem Zirkular vom 24. März und dessen für die Sicherheit ungünstigem Bescheid, ferner nach der Erfolglosigkeit der Unterhandlungen mit Österreich und Sachsen, die preußische Regierung nicht entschlossen sein könne, die ihrerseits getroffenen Maßregeln zurückzunehmen, sie vielmehr ihrerseits von der Bundesversammlung erwarte, daß diese Österreich und Sachsen zur Rückgängigmachung der eingestandenen Rüstungen ehestens veranlassen werde. Sollte jedoch der Bund in dieser Hinsicht Anstand nehmen, oder ihm die nötige Kraft fehlen, so würde sich Preußen gezwungen sehen, das Bedürfnis seiner Sicherheit und Erhaltung der europäischen Machtstellung als maßgebend zu betrachten und sein Verhältnis zum Bund den gebieterischen Forderungen der Selbsterhaltung unterzuordnen.

Da zu dieser Zeit die Rüstungen in Österreich und Sachsen ebenso weit fortgeschritten waren wie in Preußen, stellten Bayern, Württemberg, Baden, Großherzogtum Hessen, die großherzoglich und herzoglich sächsischen Häuser, sowie Braunschweig und Nassau, nachdem sie sich Mitte Mai in einer Konferenz in Bamberg zu gleichmäßigen Schritten geeinigt hatten, am 19. Mai beim Bund folgenden Antrag: „Die Bundesversammlung wolle an alle diejenigen Bundesglieder, welche militärische, über den Friedensstand hinausgehende Maßnahmen oder Rüstungen vorgenommen haben, das Ersuchen richten, in der nächsten Sitzung der Bundesversammlung zu erklären, ob und unter welchen Voraussetzungen sie bereit wären, gleichzeitig, und zwar von einem in der Bundesversammlung zu vereinbarenden Tag an, die Zurückführung ihrer Streitkräfte auf den Friedensstand anzuordnen." Dieser Antrag wurde am 24. Mai angenommen, und am 1. Juni sollte über diesen abgestimmt werden.

In der Bundestagsitzung vom 1. Juni konnte der österreichische Gesandte mit voller Wahrheit erklären, daß Österreich mit ruhigem Gewissen auf seine langmütigen, trotz mancher Verkennung beharrlich fortgesetzten Bestrebungen, ein Einverständnis mit Preußen zu erzielen, zurückblicken könne, daß aber Preußen die schließliche Lösung der Verhandlung als eine Frage der Macht behandelt habe und selbst nicht vor dem beklagenswerten Entschluß zurückgetreten sei, sich auf auswärtige Gegner des Kaiserstaates (Italien) zu stützen, daß Österreich, so von zwei Seiten gefährdet, und ungewiß, ob der erste Angriff im Süden oder im Norden erfolgen werde, sich in Verteidigungszustand habe setzen müssen. Ferner eröffnete er, daß er beauftragt wäre „der hohen Bundesversammlung unter Bezugnahme auf die Erklärung Österreichs und Preußens vom 24. August vorigen Jahres die Anzeige zu erstatten, daß die kaiserliche Regierung ihre Bemühungen, einen definitiven bundesgemäßen Abschluß der Herzogtümerfrage durch ein Einverständnis mit Preußen vorzubereiten, für jetzt als vereitelt betrachte, und daß sie in dieser gemeinsamen deutschen Angelegenheit alles Weitere den Entschließungen des Bundes anheimstelle, welchen von Seite Österreichs die bereitwilligste Anerkennung gesichert sei"; ferner, daß der kaiserliche Statthalter in Holstein gleichzeitig die erforderliche Spezialvollmacht zur Einberufung der holsteinischen Ständeversammlung erhalte, damit diese gesetzliche Vertretung nicht länger behindert werde, ihre Ansichten vorzulegen, ein Recht, welches ihr nach Artikel I der Gasteiner Konvention zustand.

Dagegen gab der preußische Gesandte der bekannten Auffassung über die Priorität der Rüstungen neuerdings Ausdruck und bemerkte zum Schluß, daß die preußische Regierung noch bereit wäre, auf den Friedensfuß zurückzukehren, wenn der Bund Österreich und Sachsen zur Abstellung ihrer den Frieden bedrohenden Rüstungen bewege, und wenn der königlichen Regierung Bürgschaften gegen die Wiederkehr derartiger Beeinträchtigungen des Bundesfriedens gewährt würden. Sollte der Bund hiezu nicht die Macht haben, oder sich der solchen Eventualitäten vorbeugenden Einführung der Reform widersetzen, so werde Preußen seinen weiteren Entschließungen nur seine rechtliche Überzeugung zu Grunde zu legen haben.

Die preußische Regierung sah im Vorgehen Österreichs, in seiner Appellation an den Bund, in der Einberufung der holsteinischen Stände einen Bruch des Gasteiner Vertrages. Graf Bismarck richtete am 3. Juni einen Protest nach Wien, in dem er erklärte, daß Preußen sich nunmehr berechtigt halte, wieder auf den Boden des Wiener Vertrages zurückzutreten, und daß die Regierung diesfalls die Wahrung ihrer Kondominatsrechte in die Hände des Generals von Manteuffel gelegt habe. Außerdem erließ Graf Bismarck an die preußischen Vertreter an den außerdeutschen Höfen ein Zirkular, welches das Vorgehen Österreichs als direkte Provokation und als den Wunsch, die Sachen zum gewaltsamen Bruch zu bringen, bezeichnete. Das Schriftstück wimmelte von den gehässigsten Anklagen und von den gewagtesten Verdrehungen, wie sie wohl selten ein Staat dem anderen vor dem Forum der Öffentlichkeit ins Gesicht schleudert.

Indessen gingen die Dinge ihren unaufhaltsamen Gang fort und waren durch die Verfügungen der preußischen Regierung schon jetzt nahe daran, im äußersten Norden Deutschlands zum Blutvergießen zwischen jenen Truppen zu führen, die 1864 gemeinschaftlich für die Erwerbung und Befreiung der Elbherzogtümer gekämpft und geblutet hatten.

FML. Freiherr von Gablenz erließ am 5. Juni das Patent, das die Stände für den 11. des Monats nach Itzehohe einberief. Hierauf verständigte General Manteuffel am 6. den Statthalter von Holstein, daß er sich in Folge des Befehls seiner Regierung zum Einrücken in Holstein gezwungen sehe, um durch Besetzung der nicht von österreichischen Truppen okkupierten Teile des Landes die Rechte zu wahren, die durch die Einberufung der holsteinischen Stände verletzt worden wären.

FML. Freiherr von Gablenz protestierte gegen diesen Bruch des Gasteiner Vertrages, worauf vom 7. Juni ab die Preußen von Schleswig her in Holstein einmarschierten. Es waren dies das 11., 25., 36. und 39. Infanterieregiment (à 3 Bataillone zu 1.000 Mann) - das 5. und 6. Dragonerregiment (à 4 Eskadrons zu ca. 150 Pferden) und 4 Batterien; Truppen, die größtenteils auf der Straße über Hohenwedstet gegen Itzehoe vorrückten.

Die österreichische Brigade, die viel zu schwach war, um sich den preußischen Kolonnen mit Gewalt zu widersetzen, und die von Wien aus Befehl hatte, sich, im Falle die Preußen Miene machten Gewalt zu gebrauchen, über die Elbe zurückzuziehen, wurde gleichzeitig um Altona konzentriert. Die Brigade bezog am 8. und 9. Juni folgende Stellungen: Brigadestab in Altona; das 22. Jägerbataillon in Stetting, Langenfelde, Eidelstet, Kollau, Lockstedt und Niendorf; das Infanterieregiment Khevenhüller Nr. 35 in Altona; das Infanterieregiment Ramming Nr. 72 in Altona, Klein Flottbeck, Nienstedten, Schenefeld, Osdorf, Dokenhuben und Blankenese; die 5 pfündige Fußbatterie 3/I in Bahrenfeld und Ottmarschen; von der 2. Division Windischgrätz-Dragoner Nr. 2: die 5. Eskadron in Eidelstedt, Relling und Halstenbeck, die 6. Eskadron in Schnelsen, Burgwedel, Ellerbeck und Ottensen. Das Infanterieregiment Ramming hatte Beobachtungsposten gegen Uetersen, die Windisch-Dragoner gegen Quickborn und Pinneberg aufgestellt. Von Altona aus richtete FML. Freiherr von Gablenz, gemäß dem Auftrag seiner Regierung, die folgende Erklärung an GLt. von Manteuffel: „Das k. k. Kabinett ist nicht in der Lage, die von der königlich preußischen Regierung angenommene Anschauung, wie sie sich sowohl in den Eröffnungen des Freiherrn von Werther (Botschafter) an Graf Mensdorff, als auch in geschätzten Eröffnung Euer Exzellenz an mich entwickelt findet, als rechtens anzuerkennen. Indem hierüber gleichzeitig die entsprechenden Aufträge an Graf Károly ergangen sind, habe ich den Befehl erhalten, im Anschluß an meinen am 6. dieses Monats Euer Exzellenz gegenüber ausgesprochenen Protest, den status quo im Herzogtum Holstein auf den durch den Gasteiner Vertrag geschaffenen, von der k. k. Regierung als der allein gesetzlich anerkannten Stand zurückzuführen. Ich bin demgemäß veranlaßt, bei Euer Exzellenz anzufragen, ob Hochdieselben im Falle sind, infolge dieser mir übertragenen Aufgabe die königlich preußischen Truppen wieder zurückzuziehen, und ob ich der Anwendung militärischer Gewalt begegnen werde, wenn ich die nötigen Maßregeln wegen Wiederherstellung des gesamten durch den Gasteiner Vertrag begründeten politischen und militärischen Zustandes im Herzogtum Holstein ergreife. Indem ich Euer Exzellenz ersuche, die gegenwärtige Anfrage entweder präzise bejahen oder verneinen zu wollen, habe ich die Ehre etc."

Die preußischerseits an Generalleutnant Manteuffel erteilten Instruktionen waren völlig rücksichtslos. Altona war mit bedeutender Übermacht zu zernieren, der Rückzug der österreichischen Brigade durch die in der Elbe stationierten Kanonenboote zu verhindern. Die preußische Übermacht hatte dann, Gewehr im Arm, in Altona einzurücken, bis der erste österreichische Schuß erfolgte, und als dann mit möglichster Schonung die Überwältigung der k. k. Brigade durchzuführen. Während Preußen in dieser Weise in den Herzogtümern vorging, protestierte es in der Bundestagssitzung vom 9. Juni gegen die erfolgte Überweisung der Herzogtümerangelegenheiten an die Verfügungen des Bundes, indem es erklärte, vergebens nach Argumenten zu diesem Bruch früherer Vereinbarungen zu suchen. Es wäre auch jetzt noch zu einer nationalen Lösung bereit, aber nur in Verbindung mit der Bundesreform, damit ihm die Bürgschaft gegeben werde, daß die von ihm gebrachten Opfer nur dem Vaterland und nicht dynastischen Interessen zugute kämen. Bei den augenblicklichen Verhältnissen sei es nicht bereit, im Geringsten von seinem Recht abzuweichen. Um diese Zeit traf, durch Seine Majestät den König von Preußen persönlich abgesandt, der Bruder des FML. Freiherr von Gablenz, Baron Gablenz in Wien mit Propositionen ein, welche die Abtretung Holsteins an Preußen gegen eine Geldentschädigung, dann die Teilung des Präsidiums in Deutschland nach Nord und Süd zwischen Preußen und Österreich zum Gegenstand hatten.

Österreich wies den Vorwurf des Vertragsbruchs zurück und betonte, daß es sich bereit erklärt habe, die Gasteiner Konvention bis zur Entscheidung des Bundes fortdauern zu lassen. In derselben Sitzung wurde auf Antrag Bayerns beschlossen, zur Vermeidung von Konflikten die österreichischen und preußischen Truppen aus den Garnisonen Frankfurt, Mainz und Rastatt zurückzuziehen und durch andere Kontingente zu ersetzen. Am nämlichen Tag, den 9. Juni, richtete endlich Graf Mensdorff als Antwort auf die preußische Depesche vom 3. Juni, - sowie in Folge der mittlerweile im Norden eingetretenen Verhältnisse eine Note nach Berlin, in der der österreichische Außenminister erklarte:

„1., daß die Vereinbarungen zwischen Österreich und Preußen die Rechte des Deutschen Bundes nicht ateriren könnten noch sollten, und daß ein Bundesglied, welches erklärt, die verfassungsmäßigen Beschlüsse des Bundes anerkennen zu wollen, hiedurch nicht die Rechte eines anderen Mitverbündeten beeinträchtigen könne;

2. daß die königlich preußische Regierung ihrerseits längst die bindende Kraft jener Vereinbarungen sowohl durch Handlungen, wie durch ausdrückliche Erklärungen verleugnet, daher das Recht verloren habe, sich gegenüber Österreich auf Verbindlichkeiten, welche sie selbst nicht geachtet habe, zu berufen; - und

3. daß die kaiserliche Regierung gegen die Selbsthilfe durch das Einrücken in Holstein, wodurch Preußen den Artikel XI der Bundesakte verletzt und den Fall des Atikels XIX der Wiener Schlußakte herbeigeführt habe, protestire“. Der Artikel XIX lautet: „Wenn zwischen Bundesgliedern Tätlichkeiten zu besorgen, oder wirklich ausgeübt worden sind, so ist die Bundesversammlung berufen, vorläufige Maßregeln zu ergreifen, wodurch jeder Selbsthilfe vorgebeugt, und der bereits unternommenen Einhalt getan werde. Zu dem Ende hat sie vor allem für Aufrechterheltung des Besitzstandes Sorge zu tragen.“ Graf Mensdorff führte weiter aus: „Die kaiserliche Regierung behalte sich übrigens alle ferneren Schritte und Entschließungen vor, da ihr nichts mehr übrig bleibe, als für die Wahrung ihrer Würde und Ehre und für den Schutz mißachteter Rechte Sorge zu tragen.“

Schon in den nächsten Tagen wurde die kaiserliche Brigade in Holstein gezwungen, das Land zu verlassen. Am 11. Juni widersetzte sich Generalleutnant Manteuffel dem Zusammentritt der Ständeversammlung in Itzehoe und ließ den kaiserlichen Zivilkommissär Regierungsrat Lesser verhaften. Am Abend dieses Tages hatte die Spitze der preußischen Truppen, 1 Eskadron und 2 Kompagnien, bereits Relling bei Eiderstedt erreicht. Für den folgenden Tag hatte Manteuffel seinen Einmarsch in Altona angekündigt. Die österreichische Brigade übersetzte nun in der Nacht zum 12. die Elbe, wobei FML Freiherr von Gablenz dem preußischen Kommandanten durch einen Offizier die Erklärung überbringen ließ: „daß er von der in Aussicht gestellten Anwendung der Gewalt Akt nehme, mit seinen Truppen ihr entgegenzutreten nicht die Macht habe, und daher den Boden des Herzogtums verlasse“.

Die kaiserliche Regierung glaubte sich nun im vollsten Maß in der am 11. Juni einberufenen außerordentlichen Bundestagssitzung zu folgendem Antrag berechtigt:

1. „Die Mobilmachung des 1., 2., 3., 7., 8., 9. und 10. Bundesarmeekorps anzuordnen und an die betreffenden Regierungen das Ersuchen zu stellen, ihre Bundes-Kontingente nach der angenommenen Kriegsformation, in der

Stärke des Haupt- und Reserve-Kontingents, ungesäumt auf den Kriegsstand zu setzen und selbes den innehabenden oder einzunehmenden Standquartieren binnen 14 Tagen derart marsch- und schlagfertig aufzustellen, daß es auf ergehende Aufforderung innerhalb 24 Stunden mit allem Kriegsbedarf abmarschieren könne.

2. Dieselben Regierungen zu ersuchen, auf die Bildung der Ersatz-Kontingente zu achten.

3. Dieselben Regierungen zu ersuchen, in möglichst kurzer Frist, jedenfalls innerhalb der nächsten 14 Tage, bei der Bundesversammlung den Vollzug dieser Anordnung anzuzeigen.

4. Dieselben Regierungen zu ersuchen, die nötigen Einleitungen zu treffen, damit die Bundesversammlung im Sinne des § 46 der Bundeskriegsverfassung baldigst wegen des Oberbefehls Beschluß fassen könne, und weiter die im VII., VIII. und X. Abschnitt der Bundeskriegsverfassung vorgesehenen Ernennungen und Aufstellungen zu bewirken, respektive zu vereinbaren.

5. Den Ausschuß für Militärangelegenheiten anzuweisen, sich mit der Militär-Kommission wegen Durchführung dieses Beschlusses ins Einvernehmen zu setzen."

Nach der Bundesverfassung hatten zu stellen: Das 1., 2. und 3. Bundesarmeekorps Österreich, das 7. Bayern, das 8. Württemberg Baden und das Großherzogtum Hessen, das 9. Sachsen, das Kurfürstentum Hessen, Nassau, Limburg, Luxemburg, das 10. Hannover, Braunschweig, Holstein, Lauenburg, Mecklenburg, Oldenburg, Lübeck, Bremen und Hamburg.

Auf diesen Antrag Österreichs antwortete Preußen zunächst, indem es den deutschen Regierungen einen Reformvorschlag vorlegte und diese zu dessen unverweilter Annahme einlud. Der Reformvorschlag enthielt zehn Artikel und gipfelte in der Ausschließung Österreichs aus dem Bund, Konstituierung eines gesetzgebenden Körpers für den Bund, bestehend aus dem Bundestag und einer periodisch zu berufenden Nationalvertretung.

Die Abstimmung über den österreichischen Antrag erfolgte am 14. Juni. Der preußische Gesandte protestierte gegen jede geschäftsmäßige Behandlung desselben.

Die Mehrzahl der mit Österreich gehenden Regierungen stimmten zwar den Motiven des Antrags, wie sie in der früher angeführten österreichischen Depesche nach Berlin, vom 9. Juni, Punkt 3, des näheren auseinandergesetzt sind, nicht bei, der Antrag selbst wurde jedoch mit 9 gegen 6 Stimmen zum Beschluß erhoben. Für den Antrag stimmten: Österreich, Bayern, Württemberg, Sachsen, Hannover, Kurhessen, Großherzogtum Hessen; ferner die 16. Kurie, das war Liechtenstein, Waldeck, die beiden Reuss, Lippe, Lippe-Schaumburg, Hessen-Homburg; von der 12. Kurie Sachsen-Meiningen, von der 15. Kurie Nassau, von der 17. Kurie Frankfurt. In der Minorität blieben: Preußen, Niederlande, die sächsischen Herzogtümer, mit Ausnahme Sachsen-Meiningens, die beiden Mecklenburg, Braunschweig, Oldenburg, Anhalt, die beiden Schwarzburg, endlich die freien Städte mit Ausnahme Frankfurts.

Baden, das immer eine gewisse zweifelhafte Haltung beobachtet und sich auch auf der Bamberger Konferenz für die Neutralität der Mittel- und Kleinstaaten ausgesprochen hatte, enthielt sich der Stimme. Herr von Savigny, der preußische Bundestagsgesandte, erklärte nun: Nachdem die Bundesversammlung, ungeachtet des eingelegten Protests, zur Beschlußfassung geschritten sei, nunmehr die erste Pflicht erfüllen zu müssen und die Entschließungen kund zu geben, zu welchen seine Regierung zur Wahrung ihrer Rechte jetzt zu schreiten gezwungen sei. Die Einbringung des österreichischen Antrags sei mit der Bundesverfassung im offenen Widerspruch - von preußischer Seite als Bundesbruch anzusehen. Das Bundesrecht kenne nur die Bundes - Exekution. Österreichs Stellung in Holstein sei nicht unter dem Schutz der Bundesverträge, und der Kaiser von Österreich sei nicht als Bundesglied für Holstein zu betrachten. Dem königlichen Kabinett habe die Abweisung des Antrags, wegen seines widerrechtlichen Charakters, von vornherein als das allein gebotene Verfahren erschienen.

Durch die nach dem Bundesrecht unmögliche Kriegserklärung gegen ein Bundesglied, welche durch den Antrag Österreichs und das Votum derjenigen Regierungen, welche ihm beigetreten sind, ausgesprochen ist, - sieht das königliche Kabinett den Bundesbruch als vollzogen an. In Namen und auf allerhöchsten Befehl Sr. Majestät des Königs erklärt der Gesandte daher hiemit, daß Preußen den bisherigen Bundesvertrag als gebrochen und deshalb nicht mehr verbindlich ansieht. Indes will Se. Majestät der König mit dem Erlöschen des bisherigen Bundes nicht zugleich die nationalen Grundlagen, auf denen der Bund aufgebaut gewesen, als zerstört betrachten.

Savigny legte nun den Reformantrag, den Preußen mit Zirkular vom 10. Juni den deutschen Regierungen bereits hatte zukommen lassen, neuerdings vor und erklärte die Bereitwilligkeit seiner Regierung, auf den alten, durch eine solche Reform modifizierten Grundlagen einen neuen Bund mit jenen deutschen Regierungen zu schließen, welche ihr dazu die Hand reichen wollen. Hiemit sehe er aber auch seine bisherige Tätigkeit als beendet an. Hierauf replizierte der österreichische Präsidial - Gesandte Baron Kübek: „Der deutsche Bund ist nach Artikel I der Bundesakte ein unauflöslicher Verein, auf dessen ungeschmälerten Fortbestand das gesammte Deutschland, sowie jede einzelne Bundesregierung ein Recht hat, und nach Artikel V der Wiener Schlußakte kann der Austritt aus diesem Verein keinem Mitglied desselben freistehen. Indem das Präsidium sich gegenüber der vom königlich preußischen Gesandten eben erfolgten beklagenswerten Erklärung auf den gefaßten, kompetenzmäßigen Beschluß bezieht, Namens der hohen Bundesversammlung auf obige Grundsätze hinweist und die Motive der preußischen Erklärung als rechtlich und faktisch unbegründet erklärt, muß dasselbe in förmlicher und nachdrücklicher Weise alle Rechte und Zuständigkeiten des Bundes wahren, welcher in vollkommen bindender Kraft fortbesteht."

Die Versammlung schloß sich dem Protest Kübeks an. Österreich zeigte nun an, daß seine drei Armeekorps, die es als Kontingent der deutschen Bundesarmee zu stellen habe, marsch- und schlagfertig seien.

Am 16. Juni wurde an die Vertreter der außerdeutschen Großmächte am Bunde die vorhin präzisierte Erklärung des Bundes-Präsidiums mittels Noten bekannt gegeben und bemerkt, daß die gefaßten Entschlüsse auch für Preußen fortwährend gültig wären.

Wir stehen damit an der Schwelle eines Krieges, der für Österreich und seine Verbündeten einen so unerwartet unglücklichen Ausgang nehmen sollte.

Bevor wir an die Darstellung der Ereignisse des Krieges von 1866 gehen, haben wir noch zu bemerken, daß zur Zeit, als die Rüstungen Preußens und Österreichs schon im vollen Gang waren, das Ausland Schritte zu einer Verständigung versuchte. Frankreich, England und Rußland hatten sich nämlich damals zu einem Konferenzvorschlag geeinigt und zur Teilnahme auch Österreich, Preußen und Italien, sowie den Deutschen Bund eingeladen. Die diesbezüglichen am 27. und 28. Mai in Frankfurt von den Geschäftsträgern der drei neutralen Großmächte überreichten Einladungsschreiben bezeichneten als Gegenstände der Verhandlung:

1. die Herzogtümerfrage;

2. die Maßregeln zur Beruhigung Italiens und

3. die Angelegenheiten der Bundesreform, soweit dieselben das europäische Gleichgewicht berührten.

Der Bund hatte die Einladung angenommen und bestimmte den königlich bayerischen Staatsminister Freiherr von der Pforten als seinen Vertreter bei der beabsichtigten Konferenz, hob jedoch in seiner Antwortnote hervor, daß die holsteinische Frage, abgesehen von Schleswig, sowie die Reform der Bundesverfassung, abgesehen von den internationalen Beziehungen des Bundes, von jeher als innere Fragen des Bundes angesehen worden wären.

Auch Preußen und Italien waren dem Vorschlag beigetreten. Als jedoch Österreich, das zwar seinen Beitritt nicht ablehnte, wohl aber seine Zusage an die bestimmte Voraussetzung knüpfte, daß das öffentliche europäische Recht und die bestehenden Verträge den Ausgangspunkt dieser Vermittlungsversuche bilden, und die teilnehmenden Mächte kein Sonder - Interesse zum Nachteil des europäischen Gleichgewichts und der Rechte Österreichs verfolgen würden, zerfloß das Nebelgebilde des Kongresses. Damit lag offenkundig für die Wiener Regierung, die Bestätigung vor, wie wenig die neutralen Großmächte in Wirklichkeit die Absicht gehabt haben, dem Recht seine Anerkennung zu verschaffen. Der Kongreß wäre nur ein Mittel gewesen, Österreichs Besitzrechte zu schmälern. Die österreichische Regierung war sich dessen ebenso bewußt, wie daß die von ihr gestellte Bedingung ihres Beitritts zum Kongreß diesen selbst zum Scheitern bringen müßte. Der Kongreß kam auch nicht zustande.

Wie wenig Rücksicht Österreich von diesem Kongreß zu erwarten gehabt hätte, lassen die beiden folgenden Schriftstücke deutlich sehen. In einem der Öffentlichkeit übergebenen Schreiben an den Minister der auswärtigen Angelegenheiten Frankreichs, vom 11. Juni, äußerte sich Kaiser Napoleon III. folgendermaßen über seine Kongreßidee: „Wir hätten, soweit es uns betrifft, für die Mittelstaaten des Deutschen Bundes eine engere Einigung, eine mächtigere Organisation und eine bedeutendere Rolle, für Preußen größere Gleichartigkeit und mehr Macht im Norden, und für Österreich die Erhaltung seiner großen Stellung in Deutschland gewollt. Wir hätten außerdem gewollt, daß Österreich mittels billiger Kompensation Venetien an Italien abtreten könnte, denn wenn es im Einverständnis mit Preußen, und ohne sich um den Vertrag von 1852 zu kümmern, mit Dänemark im Namen der deutschen Nationalität einen Krieg geführt hat, so erschiene es nur gerecht, daß es in Italien dasselbe Prinzip anerkenne und die Unabhängigkeit der Halbinsel vervollständige."

Der italienische Gesandte am Tuilerienhof hatte an den Minister Larmamora am 16. Mai über diesen Gegenstand folgendermaßen geschrieben: „Eine Lösung wird für die in Rede stehenden Fragen nicht vorgeschlagen werden, was aber Venetien angeht, so ist es klar, daß das Aufwerfen der Frage dem Hinweis auf ihre Lösung gleichkommt, die keine andere sein kann, als die Zession desselben seitens Österreichs an Italien. Die vom kaiserlich französischen Minister der auswärtigen Angelegenheiten bei mir geführte Sprache stimmt mit dieser Anschauungsweise überein."

Napoleon III. konnte seine Aussage, Venetien betreffend auch deshalb machen, weil am 12. Juni 1866 der Neutralitätsvertrag zwischen Österreich und Frankreich abgeschlossen worden war. Die Hauptbestimmungen dieses Vertrages waren:

1. Österreich verpflichtet sich, auch im Falle eines Sieges über Preußen, zur Abtretung Venetiens an Napoleon III.

2. Aufrechterhaltung der weltlichen Herrschaft Papst Pius IX.

3. Entschädigung der früheren habsburgischen Fürsten von Toskana und Modena in Deutschland für den Fall eines günstigen Kriegsausganges.

4. Österreich verspricht, in Deutschland keine Gebietsveränderungen ohne Zustimmung Frankreichs vorzunehmen.

Die Neutralität Frankreichs war von Franz Joseph I. teuer erkauft worden. Das hätte er billiger haben können, denn die Italiener wollten Venetien um eine Milliarde Lire von Österreich kaufen; außerdem hätte sich Franz Joseph einen Zweifrontenkrieg ersparen können und Österreichs gesamte Streitmacht, auch die Truppen der Südarmee, gegen Preußen in Marsch setzen können. In diesem Fall hätte Österreich an der Nordfront statt 270.000 ca. 370.000 Mann aufbieten können, denen die 300.000 Preußen gegenüberstanden wären. Franz Joseph und seine Diplomatie hatten jetzt wieder, wie im Krimkrieg, versagt, in dem eine jahrhundert alte Freundschaft mit Rußland in Brüche ging. Der Traum, der Dynastie die Krone des Heiligen Römischen Reiches Deutscher Nation zurückzugewinnen, sollte bald endgültig verblassen. Er scheiterte an Graf Bismarcks üblen Ränkespielen, einer rücksichtslosen preußischen Machtpolitik, die sich durch die erworbene Freundschaft Rußlands den Rücken freihielt, Franz Joseph stand, ohne auswärtige Verbündete, allein einem Zweifrontenkrieg gegenüber.

1866 - Der Zweifrontenkrieg Österreich – Ungarns: Custozza – Königgrätz (Sadowa) – Lissa – Die Kriege in Deutschland – Bismarcks Landraub

Gegen Mitte Juni 1866 stand die k. k. Armee ziemlich vollzählig mit 6 Armee - Korps, 4 Kavallerie - Divisionen und einer aus 16 Batterien beste-henden Armee - Geschützreserve in Mähren und Schlesien, und mit 1 Armee-Korps und 1 Kavallerie - Division in Böhmen. Es fehlten nur noch einige Tausend Mann an Ergänzungen, ferner die Brigade Procházka, die indessen am 18. Juni beim 3. Korps, und die Brigade Abele, die am 20. aus Holstein, in Prag einrückte. Am selben Tag langten auch die in Holstein gestandenen beiden Eskadrons Windischgrätz-Dragoner und jene des Kürassier - Regi-ments Prinz von Preußen aus Frankfurt und Mainz bei ihren Regimentern an. Das Eintreffen mehrerer noch fehlender Kolonnen Magazine war ebenfalls in den nächsten Tagen zu erwartem; sämtliche Nachschub-Magazine konnten jedoch erst am 21. und 22. Juni aus ihren Aufstellungsorten in Marsch gesetzt werden. Somit zählte die Nord-Armee insgesamt 203 Bataillone (ohne technische und Stabstruppen), 155 Eskadrons (ohne Stabs-Kavallerie), und 736 Geschütze, mit einem streitbaren Stand von 192.089 Mann Infante-rie, 23.832 Mann Kavallerie und 23.288 Mann Artillerie und technische Truppen.

Das königlich sächsische Armee-Korps, das sich beim Einmarsch der Preußen in Sachsen vereinbarungsgemäß mit den kaiserlichen Truppen in Böhmen vereinigen konnte, zählte 20 Bataillone Infanterie, 16 Eskadrons und 58 Geschütze; insgesamt einen streitbaren Stand von 18.841 Mann Infanterie, 2.574 Mann Kavallerie und 2.044 Mann Artillerie und technische Truppen.

Somit zählten sämtliche auf dem Kriegsschauplatz gegen Preußen verfüg-baren Streitkräfte: 223 Bataillone Infanterie, 171 Eskadrons Kavallerie und 794 Geschütze, mit einem streitbaren Stand von 210.930 Mann Infanterie, 25.406 Mann Kavallerie und 25.332 Mann Artillerie und technischen Trup-pen, zusammen 261.668 Mann, und einem Verpflegsstand von 309.449 Mann und 74.407 Pferden.

Die zunächst gegen Sachsen und Österreich aufgestellte königlich preußische Hauptarmee zählte, einschließlich des I. Reserve-Armee-Korps: 226 Bataillone Infanterie, 206 Eskadrons Kavallerie, 840 Geschütze, mit einem streitbaren Stand von 227.564 Mann Infanterie, 32.039 Mann Kavallerie, 32.145 Mann Artillerie und technische Truppen, zusammen 291.738 Mann.

Beim Vergleich der Gesamtstärken ergibt sich auf der Seite der preußischen Armee eine numerische Überlegenheit von 30.070 Mann Kampftruppen und 46 Geschützen. Die preußische Armee war in 3 Heeresgruppen gegliedert, die anfänglich an der sächsisch-österreichischen Grenze zwischen Torgau und Waldenburg aufmarschierten.

Das kaiserliche Armee-Kommando, das über den Aufmarsch der preußischen Armee informiert war, hatte den Plan, die eigene Armee, nachdem sie in Mähren vollzählig eingetroffen, nach Böhmen in Marsch zu setzen. Zu diesem Zweck wurden am 9. Juni Vorarbeiten für die engere Konzentrierung der Armee bei Olmütz gemacht und in den folgenden Tagen die Marschpläne für den Abmarsch der Armee nach Böhmen entworfen. Zur Ausführung kamen sie erst, als die preußische Armee ihre Operationen mit der Okkupation Sachsens eröffnete.

Die preußische Elbe- und I. Armee erhielten noch in der Nacht vom 15. auf den 16. Juni von Berlin den Befehl, in Sachsen einzumarschieren. Damit begann der Krieg an der Nordfront. Die sächsische Armee zog sich, wie vereinbart, ohne Widerstand zu leisten, zur österreichischen Armee zurück. Sobald das Königreich Sachsen okkupiert war, hatte das preußische Armee-Oberkommando, das König Wilhelm I. selbst führte, den Entschluß gefaßt, ohne Zeitverlust die Operationen gegen Böhmen zu beginnen. Es ergingen daher schon am 19. Juni die Befehle, wie sich die Heeresteile an der Grenze zu konzentrieren hatten. Am 20. Juni erhielten die Armeekommandanten den Text der Kriegserklärung, die sie ganz gegen alles Herkommen, erst beim Überschreiten der Grenze an die österreichischen Vorposten abzugeben hatten. Diese Erklärung lautete: „Der kaiserlich österreichische Bevollmächtigte hat aus Anlaß eines von dem königlich sächsischen Gesandten gestellten Antrages in der Sitzung des in Frankfurt tagenden Bundes vom 16. d. Mts. im Auftrage der kaiserlichen Regierung amtlich erklärt: Seine Majestät der Kaiser werde mit seiner vollen Macht den Maßregeln entgegentreten, welche die königlich preußische Regierung gegen die mit ihr im Kriege begriffenen Regierungen von Sachsen, Hannover und Hessen genommen hat, und werde demgemäß mit Aufbietung aller militärischen Kräfte unverzüglich Handeln." In dieser Erklärung Österreichs ist die amtliche Verkündigung des Kriegszustandes zwischen Preußen und Österreich enthalten und hat der

Unterzeichnete die Ehre dem dortseitig kommandierenden k. k. General zu eröffnen, daß die königlichen Streitkräfte Befehl haben, demgemäß zu verfahren." Diese Erklärung wurde am 21. und 22. Juni überreicht.

Am 22. erging endlich an die preußischen Heerführer das folgende Telegramm: „Seine Majestät befehlen, daß beide Armeen in Böhmen einrücken und die Vereinigung in der Richtung auf Jićin aufsuchen."

Ein Schreiben des Chefs des preußischen Generalstabs Freiherrn Helmut von Moltke, der alle Operationen leitete, vom selben Tag enthielt folgende nähere Erklärungen: „In des soeben abgesandten Chiffre - Telegramme von heute ist mit Rücksicht auf Entfernungen, Strassenverbindungen und Eisenbahnen die Richtung auf Jićin behufs Vereinigung beider Armeen bezeichnet worden. Es ist damit natürlich nicht gemeint, dass dieser Punkt unter allen Umständen erreicht werden müsste; vielmehr hängt die Vereinigung ganz von dem Gange der Begebenheiten ab. Nach allen hier vorhandenen Nachrichten ist es durchaus wahrscheinlich, dass die Hauptmacht der Österreicher in den allernächsten Tagen schon im nördlichen Böhmen concentriert stehen könnte. Die von uns ergriffene Initiative dürfte leicht Gelegenheit geben, den Gegner im getheilten Zustande mit überlegenen Kräften anzugreifen und den Sieg in anderer Richtung zu verfolgen. Die Armee - Commandos haben von dem Augenblicke an, wo sie dem Feinde gegenübertreten, nach eigenem Ermessen und Erforderniss zu handeln, dabei aber stets die Verhältnisse der Nebenarmee zu berücksichtigen. Durch fortgesetztes Vernehmen untereinander wird die gegenseitige Unterstützung ermöglicht sein."

Da die Elbe- und I. Armee schon dicht an der böhmischen Grenze standen, konnten diese sofort auf österreichischen Boden einbrechen. Die Vortruppen der Elbe - Armee überschritten auch in der Tat noch am 22. Nachmittags die Grenze und am nächsten Tag marschierte das Gros beider Armeen in Böhmen ein. Die Heeresgruppe I. befehligte der Prinz Friedrich Carl, die Heeresgruppe II. der Kronprinz Friedrich Wilhelm von Preußen.

Am 26. Juni erließ der Kronprinz folgende Proklamation: „Bewohner des Königreichs Böhmen!

Nachdem S. M. der König mein allergnädigster Herr die Erklärung des Kriegszustandes zwischen der Krone Preußens und der S. M. des Kaisers von Österreich ausgesprochen haben, bin ich heute über die Grenzen Eures Landes mit meinen Truppen geschritten.

Wir kommen nicht als Eure Feinde, die Euch vernichten wollen, sondern folgen dem Befehl unseres Kriegsherrn, der uns gegen Eueren Kaiser und dessen Heer zu Felde ziehen lässt.

Der Schutz Eures Eigentums bleibt gesichert und soll Euch kein Unbill widerfahren, so lange Ihr Euch den zur Ernährung meiner Truppen nothwendigen Requisitionen nicht widersetzt und keine feindlichen Handlungen unternehmt.

Hauptquartier Braunau, 26. Juni 1866.

Der Oberbefehlshaber der II. Armee:

gez. Friedrich Wilhelm,

Kronprinz von Preussen".

Die kaiserlichen Armeen in Böhmen wurden von Feldzeugmeister Ludwig August, Ritter von Benedek, einem kriegserfahrenen General, der sich 1859 in der Schlacht bei Solferino ausgezeichnet hatte, auf Befehl des Kaisers, befehligt, weil er nur widerwillig das Kommando der Süd-Armee in Italien an Erzherzog Albrecht abgegeben hatte.

Die Kräfteverhältnisse an der Südfront:

Die italienische Armee gliederte sich in zwei Heeresgruppen, von welchen die stärkere in der Lombardei, die schwächere am unteren Po zwischen Bologna und Ferrara sammelte. Gleichzeitig mit der Armee sammelten auch die Freiwilligenverbände General Garibaldis am linken Flügel des Hauptheeres zwischen Brescia und Rocca d'Anfo in der Stärke von 36 - 37.000 Mann mit 40 Geschützen.

Die Heeresgruppe in der Lombardei, die direkt unter dem Befehl König Viktor Emanuels stand, gliederte sich in 3 Armeekorps und zählte, einschließlich der Stabstruppen, 190.783 Mann Infanterie, 21.530 Mann Kavallerie und 282 Geschütze. Die Heeresgruppe am Po, die unter dem Befehl des Generals der Artillerie Cialdini stand, zählte einschließlich der Stabstruppen 123.548 Mann Infanterie, 11.573 Mann Kavallerie und 168 Geschütze. Von der Gesamtstärke gehörten zu den Kampftruppen 270.680 Mann Infanterie, 10.080 Mann Kavallerie und 450 Geschütze. Dazu kamen die Truppen General Garibaldis mit 36.000 Mann Infanterie, 665 Mann Kavallerie und 40 Geschütze. Die Heeresgruppe in der Lombardei umfaßte 216 Bataillone, 41 Kompagnien, 60 Eskadrons und 47 Batterien. Die Heeresgruppe am Po 144 Bataillone, 22 Kompagnien, 30 Eskadrons und 28 Batterien.

Diesen italienischen Streitkräften stand die von Feldmarschall Erzherzog Albrecht befehligte österreichische Süd-Armee gegenüber. Sie gliederte sich in die Armeekorps 5, 7 und 9, die mit den Infanterie- und Kavalleriereserven, dem Armee - Munitionspark, Pionieren, Genie-Truppen und dem Train die operierende Armee bildeten. Sie zählte insgesamt 95 .458 Mann Infanterie, 15.269 Mann Kavallerie und 168 Geschütze. Dazu kam die mobile Streifbrigade mit 7.616 Mann Infanterie, 498 Mann Kavallerie und 8 Geschützen. Die Süd - Armee (ohne Streifbrigade) zählte 63 Bataillone, 28 Kompanien, 25 Eskadrons und 22 Batterien. Nicht miteingerechnet sind die Festungs-,

Besatzungs- und die Truppen im Küstengebiet Dalmatiens, die Truppen in Tirol, Kärnten und Friaul, sowie die in Kroatien stehenden Einheiten.

Im österreichischen Hauptquartier verfolgte man die Bewegungen der italienischen Armeen mit großer Aufmerksamkeit. Anfangs schien es, als wollte sich die italienische Armee größtenteils am Po sammeln, bis in der zweiten Hälfte des Monats Mai die schon angeführte Teilung des italienischen Heeres stattfand. Während die Heeresgruppe General Cialdinis Venetien vom Süden bedrohte, sollte sich der Angriff der Hauptarmee des Königs (die in der Lombardei am Oglio sammelte) gegen die Westgrenze Venetiens richten. Feldmarschall Erzherzog Albrecht brachte diese festgestellte Situation am 29. Mai Kaiser Franz Joseph telegraphisch zur Kenntnis.

Die dem kleinen kaiserlichen Heer dreimal überlegene feindliche Armee, die vereint die österreichische hätte erdrücken müssen, auf welchem Platz immer die Konfrontation stattgefunden hätte, hatte sich in zwei große Massen geteilt, um, weit voneinander getrennt, in das österreichische Gebiet einzufallen: die eine von Süden über den unteren Po, die andere von Westen über den Micio. Erzherzog Albrecht erkannte nicht nur den Vorteil, den ihm die Operationsweise des Gegners gab, sondern brachte unter diesen schwierigen Verhältnissen sogar noch den Mut auf, diesen Vorteil zu nützen, und zwar mit aller Energie und mit dem großen Ziel, seinem kleinen Heer, wenn überhaupt möglich, den Sieg zu ermöglichen. Die Aufgabe, die sich der Feldmarschall stellte, war keine geringe. Die feindlichen Massen, die mit dem Einfall von Süden her drohten, waren dem kaiserlichen Heer allein schon zahlenmäßig gewachsen. Jene, die sich anschickte, von Westen direkt in das Festungsviereck (Peschiera-Mantua-Verona-Legnano) einzudringen, sich dann über die Etsch mit den anderen zu verbinden und mit diesen das ganze Venezianische zu überschwemmen, die kaiserliche Armee in ihren Festungen und verschanz-

Feldmarschall
Erzherzog Albrecht

ten Lager zu bannen, ihr alle Verbindungen mit dem Inneren des Reiches zu nehmen und sie endlich zur Kapitulation zu zwingen, waren dem kaiserlichen Heer beinahe um das Doppelte überlegen.

Unter solchen Verhältnissen kämpfen zu wollen, nicht nur der Waffenehre wegen, sondern mit dem Willen zu siegen, war gewiß ein heroischer Entschluß, der an die schönsten Beispiele der Kriegsgeschichte von Feldherrnmut erinnert. Die Süd - Armee war am 21. April auf Kriegsfuß gesetzt worden und war am 10. Juni in allen Teilen komplettiert und operationsfähig.

Feldmarschall Erzherzog Albrecht hatte am 9. Mai das Kommando der Armee übernommen und aus diesem Anlaß den folgenden Armeebefehl erlassen: „Mit dem Armee-Befehl Nr. 17 vom 8. d. M. hat der Feldzeugmeister von Benedek den Allerhöchsten Befehl Seiner Majestät des Kaisers verlautbart, kraft dessen er für eine andere Bestimmung berufen und das Kommando der k. k. Armee in Italien Meinen Händen anvertraut wird.

In erhebenden Worten hat der Feldzeugmeister von dieser Armee Abschied genommen, und indem Ich das Kommando hiemit antrete, fühle Ich Mich verpflichtet, es aus dem Grunde Meines Herzens auszusprechen, dass Ich es vollkommen zu ermessen weiss, wie schmerzlich Alle: Generale, Officiere und Mannschaft einen mit Recht so verehrten Führer scheiden sehen, der stets Vater seiner Soldaten, zu Jeder Zeit den altösterreichischen Geist in der Armee zu nähren und, auf jedem Schlachtfelde ein Feldherrnvorbild, das Glück an unsere Waffen zu fesseln gewusst hat. Im Namen Euer Aller, Soldaten der k. k. Armee in Italien! rufe Ich somit dem geliebten Führer ein warmes, dankbares Lebewohl zu; in Meinem eigenen Namen aber dem treuen Freunde und Waffengefährten ein herzliches „Glück auf" zu seiner neuen großen Aufgabe.

Dasselbe Gefühl treuer Waffenbrüderschaft ist es ferner auch, mit dem Ich die k. k. Armee in Italien herzlich und mit Freuden begrüsse. Fast Alle, Führer und Truppen, sind Mir bekannt; mit den Meisten verbinden Mich überdies die ruhmreichen Erinnerungen an unsere Kämpfe von 1848 und 1849 auf diesem blutgetränkten Boden. Die Kenntnis des vollen Werthes derselben erhöht Meine Zuversicht, dass wir den Erwartungen unseres Allergnädigsten Kaisers und Kriegsherrn unter allen, auch den schwierigsten Umständen entsprechen werden.

Soldaten! Seine Majestät haben Mich beauftragt, Euch Seinen kaiserlichen Gruss zu bringen! Mit Stolz werdet Ihr fühlen, dass des Kaisers Auge auf uns ruht und Sein edles Herz mit uns ist; wir werden daher freudig in Tapferkeit und Hingebung eintreten für Sein heiliges Recht, für die ungeschmälerte Erhaltung unseres Gesammt - Vaterlandes; wir werden beweisen, dass wir gleich unseren Vätern die würdigen Söhne sind von Österreich an Ehren und an Siegen reich.

Mit festem Vertrauen auf Gott, mit unserer vollsten Zuversicht auf Euch, trete Ich an Eure Spitze - wiederhole Euch, als den wahren Ausdruck Meiner eigenen Überzeugung, des Feldzeugmeisters Benedek erhebende Abschiedsworte: „Des Kaisers Soldaten Alle, im Süden wie im Norden, bilden doch nur Eine Armee, stets bereit in gleicher Treue, in gleicher Hingebung, in gleicher Ehre für ihren geliebten Kriegsherrn zu leben und zu sterben." - Und so hoffe Ich zu Gott, Ich werde als das höchste Ziel, den schönsten Lohn Eurer Treue und Tapferkeit, Eurer Ausdauer und Standhaftigkeit Euch stets verkünden können: Der Kaiser ist mit Euch zufrieden.

Eh. Albrecht m./p."

Generalstabs - Chef der Armee war GM. Baron John; Chef der Operations-Kanzlei Oberst v. Pürcker; Chef der Detail - Kanzlei Oberst v. Stubenrauch; Artillerie - Chef GM. v. Hutschenreiter; Génie - Chef GM. v. Radó; Armee - Intendant GM. v. Arbter.

Zu den Verteidigungsmaßnahmen: Die Festungen Petschiera, Mantua, Verona und Legnano waren in vollem Verteidigungszustand. Das 5. Armeekorps war mit seinen 3 Brigaden zu Villafranca, San Bonifacio und in der nächsten Umgebung Veronas stationiert. Das 7. Armeekorps im Raum Padua, Rovigo, Este und Montagnana. Das 9. Armeekorps in Bassano, Tiene, Lonigo, Cologna und Camposampiero. Die noch nicht vereinigte Kavallerie befand sich einstweilen mit dem 1. Husarenregiment und dem 13. Ulanenregiment in Verona, das 3. und 13. Husarenregiment in Padua und Rovigo und das 11. Hußaren- und 12. Ulanenregiment in Vicenza und Cittadella. Die mobile Brigade mit dem Stabsquartier in Conegliano hatte die Beobachtung der Bellunesischen und Friauler Gebirge und der Meeresküste zwischen der Piave und dem Tagliamento zur Hauptaufgabe und hatte 1 Bataillon in Treviso stehen. Das Küstenkorps deckt Friaul bis zum Tagliamento und Istrien mit Hilfe der Gemeindewachen bis Pola. Die Truppen in Tirol endlich waren nach ihren natürlichen Verteidigungsabschnitten in Halb - Brigaden unter eigenen Kommandanten in die verschiedenen Täler vorgeschoben, eine kräftige Reserve, über die Hälfte der tiroler Streitmacht war im Etschtal zwischen Bozen und Trient für jeden bedrohten Punkt verfügbar.

Diese in ihren Hauptumrissen skizzierte Aufstellung gab dem Erzherzog die Möglichkeit, die Vereinigung der 3 mobilen Armeekorps und der Kavalleriebrigade (des Oberst Pulz) in längstens zwei Märschen zu bewältigen. Es mußte jetzt des Gegners nunmehrige neue Stellung und dessen mutmaßliche Absichten zu reiflicher Erwägung der eigenen Maßnahmen drängen, um zu erfahren, auf welchem Punkt bei etwaigem Kriegsausbruch die Vereinigung der eigenen Kräfte am zweckmäßigsten sein würde. Der Generalstab wußte, daß die in der Lombardei stehenden 100.000 Mann nur zwei, höchstens drei Tagemärsche vom eigenen Haupt - Depotplatz und Schlüsselpunkt des eigenen Verteidigungsystems Verona entfernt waren, und daß, wenn man die eigenen Kräfte teilen würde, um dem am unteren Po stehenden Feind ebenfalls massiver entgegenzutreten, das Risiko tragen müßte, beim ungünstigen Ausgang eines Gefechts, zwischen beide feindlichen Heeresgruppen eingekeilt zu werden. Ebenso war vorauszusehen, daß ein gelungenes widerstandsloses Überschreiten des unteren Po dem Gegner in kürzester Zeit die eigenen Verbindungen in die Hände spielen und der im Lande angehäufte, bisher schlummernde Zündstoff der revolutionären Elemente ihn die Mittel finden lassen werde, alle Ressourcen zu seinem eigenen Vorteil auszunützen und sich in diesen Provinzen mehr und mehr festzusetzen. Unter diesen Umständen konnte der Generalstab, um beide Gegner gleichzeitig im Auge und in Schach zu halten sich nur eine Zentralstellung an der Etsch zwischen Montagagna und Lonigo vorstellen, weil von dieser aus, teils von Verona, teils von der unteren Etsch bei Badia, es nur eines schnellen Marsches bedurfte, um den nächst sich eine Blöße gebenden Gegner mit mehr oder minderer Chance des Erfolges zu fassen. Weiters wurde in Erfahrung gebracht, daß auch am unteren Po, von Finale abwärts gegen die Niederungen, in den nächsten drei Tagen ungefähr 30.000 Mann hart an die österreichische Grenze vorgeschoben, und die Eisenbahnfahrten zwischen Bologna und Pontelagoscuro deshalb für den Privatverkehr geschlossen bleiben sollen. Außerdem sei ein Pontontrain von 42 Barken nächst Ferrara angelangt. Aus dieser Schilderung geht hervor, daß der Erzherzog, bedroht von zwei Seiten, die Absicht hatte, seine mobilen Korps bei Beginn des Krieges an der Etsch in der Nähe des Festungsviereckes zu konzentrieren und von hier aus über den einen und im Falle des Gelingens auch über den anderen der beiden Gegner herzufallen. Das Terrain am Mincio war für dieses Vorhaben wie geschaffen. Wenn man es rechtzeitig besetzen konnte, war in diesem Gelände der ganze Angriffsmarsch des Feindes, der auf den Straßen im Tal hauptsächlich erfolgen mußte, wirksam zu flankieren. Stand die Armee auf dem Höhen - Terrain vereinigt, Front gegen Süden, während der Gegner erst in getrennten Kolonnen über die Grenze ging, so hätte sie die Chance, entweder unter günstigen Verhältnissen auf den Höhen selbst den Kampf zu führen oder von diesen niederzusteigen und die einzelnen Kolonnen des Feindes im Marsche anzugreifen und zu werfen.

Das Terrain am unteren Po, vom Po, der Etsch und zwei Kanälen durchzogen und nur mit wenigen Brücken versehen, war leichter zu halten. Würden die Brücken über die Kanäle gesprengt und die Übergänge über die Etsch zerstört, so wären die Straßen unterbrochen. Wenn an wichtigen Stellen Überschwemmungen eingeleitet werden, so hätte die Armee Cialdinis am

Marsch die größten Schwierigkeiten zu überwinden. Eine verhältnismäßig geringe, aber gut geführte Truppe, die sich auf einen befestigten Punkt, wie hier Rovigo, stützt, kann ein weit überlegenes Heer belästigen und dessen Marsch stören, und selbst ohne Kampf wird dieses mehrere Tage brauchen, um mit Macht nördlich der Etsch aufzutreten. Gelänge es der kaiserlichen Armee, in der Zeit, in der Cialdini behindert war, den König zu schlagen, so bestand Aussicht, auch Cialdini zu besiegen. Der Erzherzog beschloß daher gegen Cialdini nur so viele Truppen einzusetzen, als zur Beobachtung seiner Bewegungen und zur Niederhaltung der insurrectionssüchtigen Bevölkerung unumgänglich notwendig waren. Die Bewegungen des Königs scharf im Auge zu behalten und den eigenen Plan solange als möglich geheim zu halten waren daher die zunächst wichtigsten Erfordernisse der Strategie des kaiserlichen Generalstabs.

Franz Joseph I.

In der Nacht vom 11. auf den 12. Juni, nachdem die königlich preußische Regierung ihren ersten militärischen Gewaltakt gegen das von kaiserlichen Truppen besetzte Herzogtum Holstein ausgeführt hatte, erhielt das Armeekommando in Italien durch den General-Adjutanten des Kaisers telegraphisch die Verständigung, daß am nächsten Tag die diplomatischen Beziehungen zu Preußen abgebrochen werden würden. Wenige Tage darauf, am 17. Juni 1866, erließ Kaiser Franz Joseph folgendes Manifest an seine Völker:

„An meine Völker!

Mitten in dem Werke des Friedens, das Ich unternommen, um die Grundlagen zu einer Verfassungsreform zu legen, welche die Einheit und Machtstellung des Gesamtreiches festigen, den einzelnen Ländern und Völkern aber ihre freie innere Entwicklung sichern soll hat Meine Regentenpflicht Mir geboten, Mein ganzes Heer unter die Waffen zu rufen.

An den Grenzen des Reiches, im Süden und Norden, stehen die Armeen zweier verbündeter Feinde, in der Absicht, Österreich in seinem europäischen Machtbestande zu erschüttern.

Keinem derselben ist von Meiner Seite ein Anlaß zum Kriege gegeben worden.

Die Segnungen des Friedens Meinen Völkern zu erhalten, habe Ich, dessen ist Gott der Allwissende Mein Zeuge, immer für eine Meiner heiligsten Regentenpflichten angesehen und getreu sie zu erfüllen getrachtet.

Allein, die eine der beiden feindlichen Mächte bedarf keines Vorwandes; lüstern auf den Raub von Theilen Meines Reiches, ist der günstigste Zeitpunkt für sie der Anlass zum Kriege.

Verbündet mit den preussischen Truppen, die uns als Feinde nunmehr entgegenstehen, zog vor zwei Jahren ein Teil Meines treuen und tapferen Heeres an die Gestade der Nordsee.

Ich bin diese Waffengenossenschaft mit Preussen eingegangen, um vertragsmäßige Rechte zu wahren, einen bedrohten deutschen Volksstamm zu schützen, das Unheil eines unvermeidlichen Krieges auf seine engsten Grenzen einzuschränken, und in der innigen Verbindung der zwei mitteleuropäischen Gross - Mächte - denen vorzugsweise die Aufgabe der Erhaltung des europäischen Friedens zu Theil geworden - zum Wohle Meines Reiches, Deutschlands und Europas eine solche dauernde Friedensgarantie zu gewinnen.

Eroberungen habe Ich nicht gesucht; uneigennützig beim Abschlusse des Bündnisses mit Preussen, habe ich auch im Wiener Friedens-Vertrage keine Vortheile für Mich angestrebt. Österreich trägt keine Schuld an der trüben Reihe unseliger Verwicklungen, welche bei gleicher uneigennütziger Absicht

Preussens nie hätten entstehen können, bei gleicher bundestreuer Gesinnung augenblicklich zu begleichen wären.

Sie wurden zur Verwirklichung selbstsüchtiger Zwecke hervorgerufen und waren deshalb für Meine Regierung auf friedlichem Wege unlösbar.

So steigerte sich immer mehr der Ernst der Lage.

Selbst dann aber noch, als offenkundig in den beiden feindlichen Staaten kriegerische Vorbereitungen getroffen wurden, und ein Einverständnis unter ihnen, dem nur die Absicht eines gemeinsamen feindlichen Angriffes auf Mein Reich zu Grunde liegen konnte, immer klarer zu Tage trat, verharrte Ich im Bewußtsein meiner Regentenpflicht, bereit zu jedem mit der Ehre und Wohlfahrt Meiner Völker vereinbaren Zugeständnisse, im tiefsten Frieden.

Als ich jedoch wahrnahm, dass ein weiteres Zögern die wirksame Abwehr feindlicher Angriffe und hiedurch die Sicherheit der Monarchie gefährde, musste Ich Mich zu den schweren Opfern entschliessen, die mit Kriegsrüstungen unzertrennlich verbunden sind.

Die durch Meine Regierung gegebenen Erklärungen Meiner Friedensliebe, die wiederholt abgegebenen Erklärungen Meiner Bereitwilligkeit zu gleichzeitiger gegenseitiger Abrüstung erwiderte Preussen mit Gegenansinnen, deren Annahme eine Preisgebung der Ehre und der Sicherheit Meines Reiches gewesen wäre.

Preussen verlangte die volle vorausgehende Abrüstung nicht nur gegen sich, sondern auch gegen die an der Grenze Meines Reiches in Italien stehende feindliche Macht, für deren Friedensliebe keine Bürgschaft geboten wurde und keine geboten werden konnte.

Alle Verhandlungen mit Preussen in der Herzogtümerfrage haben immer mehr Belege zu der Thatsache geliefert, dass eine Lösung dieser Frage, wie sie der Würde Österreichs, dem Rechte und den Interessen Deutschlands und der Herzogtümer entspricht, durch ein Einverständniss mit Preussen bei seiner offen zu Tag liegenden Gewalts- und Eroberungspolitik nicht zu erzielen ist.

Die Verhandlungen wurden abgebrochen, die ganze Angelegenheit den Entschliessungen des Bundes anheimgestellt und zugleich die legalen Vertreter Holsteins einberufen.

Die drohenden Kriegsaussichten veranlassten die drei Mächte, Frankreich, England und Russland, auch an Meine Regierung die Einladung zur Teilnahme an gemeinsamen Berathungen ergehen zu lassen, deren Zweck die Erhaltung des Friedens sein sollte.

Meine Regierung, entsprechend Meiner Absicht, wenn immer möglich den Frieden für Meine Völker zu erhalten, hat die Theilnahme nicht abgelehnt, wohl aber ihre Zusage an die bestimmte Voraussetzung geknüpft, dass das öffentliche europäische Recht und die bestehenden Verträge den Ausgangspunkt dieser Vermittlungs-Versuche zu bilden haben, und die theilnehmenden Mächte kein Sonderinteresse zum Nachtheile des europäischen Gleichgewichtes und der Rechte Österreichs verfolgen.

Wenn schon der Versuch von Friedensverhandlungen an diesen natürlichen Voraussetzungen scheiterte, so liegt darin der Beweis, dass die Berathungen selbst nie zur Erhaltung und Festigung des Friedens hätten führen können.

Die neuesten Ereignisse beweisen es unwiderleglich, dass Preussen nun offen Gewalt an die Stelle des Rechtes setzt.

In dem Rechte und der Ehre Österreichs, in dem Rechte und der Ehre der gesammten deutschen Nation erblickte Preussen nicht länger eine Schranke für seinen verhängnissvoll gesteigerten Ehrgeiz. Preussische Truppen rückten in Holstein ein, die von dem kaiserlichen Statthalter einberufene Ständeversammlung wurde gewaltsam gesprengt, die Regierungsgewalt in Holstein, welche der Wiener Friedens-Vertrag gemeinschaftlich auf Österreich und Preussen übertragen hatte, ausschliesslich für Preussen in Anspruch genommen, und die österreichische Besatzung genöthigt, zehnfacher Übermacht zu weichen.

Als der deutsche Bund, vertragswidrige Eigenmacht hierin erkennend, auf Antrag Österreichs die Mobilmachung der Bundestruppen beschloss, da vollendete Preussen, das sich so gerne als Träger deutscher Interessen rühmen lässt, den eingeschlagenen verderblichen Weg. Das Nationalband der Deutschen zerreissend, erklärte es den Austritt aus dem Bunde, verlangte von den deutschen Regierungen die Annahme eines sogenannten Reformplanes, welcher die Theilung Deutschlands verwirklicht, und schritt mit militärischer Gewalt gegen die bundesgetreuen Souveräne vor. So ist der unheilvollste, ein Krieg Deutscher gegen Deutsche - unvermeidlich geworden.

Zur Verantwortung all' des Unglückes, das er über Einzelne, Familien, Gegenden und Länder bringen wird, rufe Ich Diejenigen, die ihn herbeigeführt, vor den Richterstuhl der Geschichte und des ewigen allmächtigen Gottes.

Ich schreite zum Kampf mit dem Vertrauen, das die gerechte Sache gibt, im Gefühle der Macht, die in einem grossen Reiche liegt, wo ein Fürst und Volk nur von einem Gedanken - dem guten Rechte Österreichs - durchdrungen sind, mit frischem vollem Muthe beim Anblicke Meines tapferen kampfgerüsteten Heeres, das den Wall bildet an welchem die Kraft der Feinde Österreichs sich brechen wird, im Hinblick auf Meine treuen Völker, die einig, entschlossen, opferwillig zu Mir emporschauen.

Die reine Flamme patriotischer Begeisterung lodert gleichmässig in den weiten Gebieten Meines Reiches empor; freudig eilten die einberufenen Krieger in die Reihen Meines Heeres; Freiwillige drängen sich zum Kriegsdienste; die ganze waffenfähige Bevölkerung einiger zumeist bedrohter Länder rüstet sich zum Kampfe, und die edelste Opferwilligkeit eilt zur Linderung des Unglückes und zur Unterstützung der Bedürfnisse des Heeres herbei.

Nur ein Gefühl durchdringt die Bewohner Meiner Königreiche und Länder: das Gefühl der Zusammengehörigkeit, das Gefühl der Macht in ihrer Einigkeit, das Gefühl des Unmuthes über eine so unerhörte Rechtsverletzung.

Doppelt schmerzt es Mich, dass das Werk der Verständigung über die inneren Verfassungsfragen noch nicht so weit gediehen ist, um in diesem ernsten, zugleich aber erhebenden Augenblicke die Vertreter aller Meiner Völker um Meinen Thron versammeln zu können.

Dieser Stütze für Jetzt entbehrend, ist Mir jedoch Meine Regentenpflicht um so klarer, Mein Entschluss um so fester, dieselbe Meinem Reiche für alle Zukunft zu sichern.

Wir werden in diesem Kampfe nicht allein stehen.
Deutschlands Fürsten und Völker erkennen die Gefahr, die ihrer Freiheit und Unabhängigkeit von einer Macht droht, deren Handlungsweise durch selbstsüchtige Pläne einer rücksichtslosen Vergrösserungssucht allein geleitet wird; sie wissen, welchen Hort für diese ihre höchsten Güter, welche Stütze für die Macht und Integrität des gesammten deutschen Vaterlandes sie an Österreich finden.

Wie wir für die heiligsten Güter, welche Völker zu verteidigen haben, in Waffen stehen, so auch unsere deutschen Bundesbrüder.

Man hat die Waffen uns in die Hand gezwungen. Wohlan! jetzt, wo wir sie ergriffen, dürfen und wollen wir sie nicht früher niederlegen, als bis Meinem Reiche, so wie den verbündeten deutschen Staaten die freie innere Entwiklung gesichert und deren Machtstellung in Europa neuerdings befestigt ist.

Auf unserer Einigkeit, unserer Kraft ruhe aber nicht allein unser Vertrauen, unsere Hoffnung; Ich setze sie zugleich noch auf einen Höheren, den allmächtigen gerechten Gott, dem Mein Haus von seinem Ursprunge an gedient, der die nicht verlässt, die in Gerechtigkeit auf Ihn vertrauen.

Zu Ihm will Ich um Beistand und Sieg flehen, und fordere Meine Völker auf, es mit Mir zu thun.

Gegeben in Meiner Residenz- und Reichs - Hauptstadt Wien, am siebenzehnten Juni Eintausend achthundert sechs und sechzig.

Franz Joseph m/p.“

Am 20. Juni um 8 Uhr früh erschien der italienische Oberst Bariola, ein ehemaliger k. k. Offizier, der an der Mitlitärakademie Wiener Neustadt ausgebildet aber 1848 in die piemontesische Armee übergetreten und dort nach steilem Aufstieg Sous'Chef des Generalstabes im königlichen Hauptquartier geworden war, an den k. k. Vorposten bei Grazie, vor Mantua, mit einem Schreiben des italienischen Generalstabs - Chef La Marmora, um dasselbe Sr. k. Hoheit dem FM. Erzherzog Albrecht persönlich zu überreichen. Der Festungskommandant von Mantua, FML. Baron Sztankovios, ließ das Schreiben an den Vorposten übernehmen, und um 1 Uhr Nachmittags traf dasselbe im Hauptquartier in Verona ein. Es enthielt die Kriegserklärung des Königs Viktor Emanuel, deren Wortlaut der folgende war: „Vom Oberkommando der italienischen Armee: Armee-Hauptquartier Cremona, am 2O. Juni 1866. Der österreichische Kaiserstaat hat mehr als jeder andere Staat dazu beigetragen, Italien zerstückt und unterdrückt zu erhalten, und war die hauptsächliche Ursache der unberechenbaren materiellen und moralischen Nachteile, welche Italien seit vielen Jahrhunderten zu erdulden hatte. Heute noch, nachdem 22 Millionen Italiener sich zu einer Nation vereinigt, verweigert Österreich allein von allen Staaten der civilisierten Welt deren Anerkennung. Indem es noch immer eine unsere edelsten Provinzen, die es in ein ungeheures befestigtes Lager verwandelt hat, unterjocht hält, bedroht es von dort aus unsere Existenz und verhindert unsere innere und äußere Entwicklung.

Vergeblich blieben in den letzten Jahren die Versuche und Ratschläge befreundeter Mächte, um diesem unerträglichen Zustand abzuhelfen. Es ward daher unvermeidlich, daß Italien und Österreich bei der ersten europäischen Verwicklung sich als Gegner fänden.

Die neuerliche Initiative Österreichs mit den Rüstungen und dessen Widerstand gegen die friedlichen Vorschläge dreier Großmächte, machten es der Welt offenbar, wie feindselig dessen Absichten seien, und regten Italien von einem Ende zum anderen auf.

Seine Majestät der König, als eifersüchtiger Hüter der Rechte seines Volkes und Verteidiger der nationalen Integrität, erachtet es daher als seine Pflicht, dem Kaiserstaat Österreich den Krieg zu erklären.

Ich setze demgemäß auf Befehl meines erlauchten Souveräns Eure kaiserliche Hoheit, als Befehlshaber der österreichischen Truppen im Venezianischen, in Kenntniß, daß die Feindseligkeiten drei Tage nach dem Datum dieses Schreibens beginnet werden, es wäre denn, daß Eure kaiserliche Hoheit diesem Vertrag nicht zustimmen wollen, für welchen Fall ich mir dies mitzuteilen bitten werde.

Alfons La Marmora m/p."

Erzherzog Albrecht hat dieses Schreiben nicht beantwortet, das den Beginn der Feindseligkeiten mit 23. Juni festlegte, Am 21. Juni erließ Feldmarschall Erzherzog Albrecht an seine Truppen nachstehenden Befehl:

„Soldaten! der längst erwartete Augenblick ist endlich gekommen; der Krieg beginnt!

Von Neuem streckt der räuberische Nachbar die Hand nach diesem schönen Juwel in der Krone unseres Monarchen aus, welches Eurem Schutz anvertraut ist.

Die Ehre der Armee, die Ehre jedes Einzelnen unter uns ist an die Behauptung dieses Pfandes geknüpft. Ich kann Euch keinen kräftigeren Beweis Meines Vertrauens geben, als indem Ich Euch offen sage, daß der Feind mächtig gerüstet und uns an Zahl bedeutend überlegen ist.

Schwer mag unsere Aufgabe sein, aber sie ist Eurer würdig. Mit entschlossener Tapferkeit im Kampfe, mit unermüdlicher Ausdauer in Anstrengungen aller Art, mit alt - österreichischer Zähigkeit, die noch nie an sich selbst gezweifelt, werden wir sie mit Gottes Hilfe auch diesmal ruhmvoll lösen, denn unser ist das heilige Recht, welches zuletzt siegen muß.

Was immer auch sich ereignen möge, nichts wird Euren feurigen Mut, nichts das feste Vertrauen auf den endlichen Triumph in Euch erschüttern.

Verblendet durch leichte Erfolge, die unser Gegner im Bunde mit Verrat, Treubruch und Bestechung anderwärts gefunden, kennt er in seiner Anmaßung, seiner Raubsucht keine Grenzen, vermeint er seine Fahne auf dem Brenner und auf den Höhen des Karstes aufpflanzen zu können; doch diesmal gilt es offenen Kampf mit einer Macht welche fühlt, daß es sich jetzt um Sein oder Nichtsein handelt, welche entschlossen ist, zu siegen oder ruhmvoll zu fallen, wenn es sein muß.

Mögt Ihr den Feind erneut daran erinnern, wie oft schon er vor Euch geflohen ist!

Auf denn Soldaten! Erwartungsvoll sehen Kaiser und Vaterland mit begeisterter Teilname Eure Mütter, Eure Frauen und Brüder auf uns! Auf denn zum Kampfe in Gottes Namen und mit den weithin schallenden Ruf: Es lebe der Kaiser!"

Noch am 20. nachmittags hatte das Armee-Kommando die erfolgte Kriegserklärung Sr. Majestät dem Kaiser gemeldet, die Festungskommanden, die Landesgeneralkommanden in Udine, Zara und Agram, die Truppenkommanden von Tirol und Istrien und durch dieses letztere auch das Escadre-Kommando in Pola von dem nahe bevorstehenden Beginn der Feindseligkeiten verständigt und die Räumung der Distrikte am rechten Po-Ufer, sowie die Beobachtung des Stromes in dieser Strecke durch Belassung der von der Festungsbesatzung Legnanos detachierten Einheit in Massa und Ostiglia angeordnet. Gleichzeitig wurde das Generalkommando in Udine angewiesen, nötigenfalls nach Laibach zurückzugehen; dem Truppenkommando in Istrien wurde eine verschärfte Beobachtung des Friaulischen aufgetragen und der Belagerungszustand über das lombardisch-venezianische Königreich publiziert.

Nach der Darstellung der militärischen Situation in Italien vor Ausbruch der Feindseligkeiten, wollen wir nun den Blick auf die militärischen Verhältnisse bei den Verbündeten Österreichs richten. Aus den Konflikten am Deutschen Bund in Frankfurt haben wir gesehen, in welchem Verhältnis Österreich und Preußen zu den übrigen deutschen Staaten standen. Bayern, Sachsen, Hannover, Württemberg, die beiden Hessen, Baden und Nassau hatten stets mit Österreich den Bundesstandpunkt gewahrt. Man durfte wohl vermuten, daß die Regierungen dieser Staaten auch in der Stunde der Prüfung auf die Seite Österreichs treten würden, denn sie wußten genau, daß König Wilhelm I. und sein Ministerpräsident Graf Otto von Bismarck vorhatten, den „zu schmalen Leib Preußens" durch Gebietserweiterungen auf ihre Kosten durchzuführen. Bismarck, der Kriegstreiber, mußte erst das mächtige Österreich in die Knie zwingen, um dann freie Hand für den Landraub in Westdeutschland zu haben. Um Österreich in die Knie zwingen zu können, war es Bismarck, „dem großen Deutschen", nicht zu schäbig, mit Italien einen geheimen Angriffskrieg gegen Österreich zu vereinbaren. Er getraute sich nicht allein die Großmacht Österreich und die anderen deutschen Souveräne anzugreifen und hat daher, alle verratend, Österreich eine zweite Front aufgezwungen. Verdrängt hatten Wilhelm I. und Otto von Bismarck, daß Preußen seine „Königswürde", auf die es so stolz war, vom Habsburgerkaiser Leopold I. erhalten hat.

Vor allem das Königreich Sachsen hatte sich von jeher in den großen Konflikten Österreichs und Preußens, ohne viel zu zögern, als Avantgarde Österreichs betrachtet. So auch jetzt. Wenn auch die königlich sächsische Regierung durch politische Rücksichten genötigt war, ihr Zusammengehen mit Österreich von gewissen Vorbehalten abhängig zu machen, so konnte sich Kaiser Franz Joseph doch auf die Loyalität König Johanns (Familie der Wettiner) verlassen. Um die letzten Bedenken zu beseitigen, war Obstlt. Beck, von der General-Adjutantur des Kaisers, nach Dresden entsandt worden und das Resultat dieser letzten Verhandlungen war, daß sich die königlich sächsische Regierung mit Bestimmtheit zum Krieg gegen Preußen entschloß, sobald ein direkter Angriff oder auch nur eine Überschreitung der Grenzen Sachsens durch preußische Truppen erfolgen oder ein diesbezüglicher Bundesbeschluß vorliegen würde.

Leider nicht so entschieden in ihren Entschlüssen waren die übrigen Regierungen, auf deren tatkräftige Allianz Franz Joseph hoffen mußte. Es machten sich Rücksichten und Strömungen geltend, die der gemeinsamen Sache wenig förderlich sein konnten und hemmend und lähmend in alle Verhältnisse eingriffen. Dadurch wurde das Bündnis, welches wenn zeitgerecht gepflegt und mit Energie zum Ausdruck gebracht - mit entscheidendem Gewicht in die Waagschale hätte fallen müssen, zu einer wenig willenskräftigen und für alle Teile verhängnisvollen Haltung verurteilt.

Noch in den Sitzungen der bayerischen Kammer am 8. und 9. Juni erklärte der Staatsminister von der Pforten: Bayern würde diejenige der beiden Großmächte bekämpfen, welche zuerst zu den Waffen griffe. Eine gedrückte, unentschiedene Stimmung beherrschte überhaupt die maßgebenden Kreise Münchens. Äußerungen, wie der Wunsch, daß es trotz Rüstungen und Kriegslärm zu Nichts komme, - daß Bayern, wenn nicht mit Österreich, so doch auch nicht gegen dasselbe sein werde, waren aus dem Mund der einflußreichsten Persönlichkeiten zu hören.

Die Mobilisierung der bayerischen Armee wurde indessen doch am 10. Mai angeordnet. Es wurde beschlossen, die bayerischen Truppen in einem Armeekorps zu 4 Divisionen unter dem Kommando des Feldmarschalls Prinz Carl aufzustellen. Bei Schweinfurt, Bamberg und Augsburg sollten Lager errichtet werden. Diese Aufstellung wurde damit begründet, daß sie die volle Ausnützung des bayerischen Eisenbahnnetzes für spätere Truppenbewegungen, sei es nach rechts gegen die obere oder mittlere Elbe, oder nach links gegen Westfalen und die Rheinlande, begünstige.

Württemberg, Hessen-Darmstadt, Baden und die anderen folgten in ihren Kriegsvorbereitungen mehr oder minder dem tonangebenden Beispiel Bayerns. Baden trachtete nach Kräften, sich selbst möglichst von jedem Konflikt fern zu halten, nachdem es bei seinem Versuch, auf der Bamberger Konferenz den ganzen Süden und Westen Deutschlands zu neutralisieren, gescheitert war.

Um die einzelnen, so disparaten Teile, die das 8. Bundes-Armeekorps bilden sollten, sobald als tunlich zu vereinigen, designierte Kaiser Franz Joseph den k. k. FML. Prinz Alexander von Hessen zur Übernahme des Kommandos über dieselben. Baden erhob nun selbst gegen diese Wahl Bedenken, und Prinz Alexander konnte die ihm zugedachte Stellung erst übernehmen, nachdem er seines österreichischen Fahneneides entbunden worden war. Prinz Wilhelm von Baden und auch Prinz Friedrich von Württemberg traten nur ungerne von ihrer eigenen Bewerbung um diesen Kommandoposten zurück. Die Haltung Badens wurde erst nach einem Anfang Juni vom Großherzog am sächsischen Hof zu Pillnitz abgestatteten Besuch eine dezidierte. Der Großherzog gab noch von Pillnitz die ersten Befehle zur Vorbereitung der Mobilisierung, und es schien nun, daß weder verwandtschaftliche noch anderweitige Rücksichten ihn mehr abhalten würden, sich gegen Preußen zu erklären.

Am 1. Juni versammelten sich in München Militärabgeordnete der südlichen und südwestlichen Staaten, unter dem Vorsitz des königlich bayerischen GL. von der Tann, zu einer Konferenz, in der beschlossen wurde, daß sämtliche Streitkräfte der beteiligten Staaten bis 15. Juni marschbereit und entsprechend konzentriert zu sein hätten.

Die mobilen Streitkräfte (außer den Festungs- und anderen Besatzungen) wurden wie folgt angegeben:

Bayern: 40 Bataillone, 60 Eskadrons, 200 Geschütze, mit ungefähr 46.000 Mann, die im Laute einiger Wocnen noch um 16 Bataillone = 14.000 Mann vermehrt werden könnten.

Württemberg: (binnen 14 Tagen): 13 Bataillone, 15 Eskadrons, 48 Geschütze, ungefähr 20.000 Mann, die binnen 6 Wochen noch durch 5 Bataillone, 4 Eskadrons und 8 Geschütze vermehrt werden könnten.

Baden (binnen 14 Tagen): 13 Bataillone, 12 Eskadrons, 24 Geschütze, ungefähr 12.000 Mann.

Großherzogtum Hessen: 9 Bataillone, 8 Eskadrons, 24 Geschütze, 12.700 Mann (standen bereits in der Linie Worms-Darmstadt-Offenbach).

Nassau (binnen 14 Tagen): 5 Bataillone, 16 Geschütze, 5.400 Mann.

Sachsen: 20 Bataillone, 16 Eskadrons, 58 Geschütze, 31.000 Mann bereits bei Dresden konzentriert.

Es wären somit von Seite der eben genannten Staaten binnen 14 Tagen, abgesehen von den später möglichen Verstärkungen, ungefähr 100.000 Mann (ohne die Kurhessen) als VII. und VIII. Bundes-Armeekorps für Operationen verfügbar gewesen, während sich bei 32.000 Mann der Sachsen unmittelbar an die österreichische Armee anschließen konnten.

Das Oberkommando über die westdeutsche Armee (VII. und VIII. Bundesarmeekorps) übernahm FM. Prinz Karl von Bayern am 28. Juni, während Prinz Alexander von Hessen den Befehl über das VIII. Bundesarmeekorps nicht vor dem 18. Juli antreten konnte, da das bezügliche Dekret erst am 16. Juni für ihn vom König von Württemberg ausgestellt worden war. Was jedoch die Kontingente des VIII. Bundesarmeekorps betrifft, so konnte Württemberg am 17. Juni bloß eine Brigade, ein Reiterregiment und 2 Batterien nach Frankfurt senden, während die 2. Brigade am 28. Juni und die letzte erst am 5. Juli zum Korps stieß. In Baden war erst am 17. Juni mit der Einberufung der Urlauber begonnen worden.

Die großherzogliche hessische Division war im großen und ganzen Mitte Juni marschbereit. Die hessischen und nassauischen Truppen gehörten zum IX. Bundesarmeekorps, sammelten am 22. Juni bei Hanau und wurden dem Prinzen Alexander unterstellt. Dieses Kontingent stieß mit 4.600 Mann Infanterie, 10 Eskadrons und 24. Geschützen zum VIII. Korps, wurde jedoch zur Verstärkung der Besatzung von Mainz abkommandiert.

Die in Folge des Bundesbeschlusses vom 9. Juni aus den Bundesfestungen Mainz und Rastatt abgezogenen österreichischen Besatzungstruppen wurden in eine Brigade unter dem Kommando des GM. Hahn formiert und dem VIII. Bundeskorps zugewiesen, wo sie im Verein mit der nassauischen Brigade eine Division formierten, die der k. k. FML. Graf Neipperg befehligte.

Welche Aufgaben das VII. und VIII. Bundesarmeekorps in nächster Zeit übernehmen sollten, war bis Mitte Juni noch nicht klar definiert, und als dies später endlich erfolgte, geschah es nicht so sehr im Sinne der getroffenen Vereinbarungen, als der eingetretenen Ereignisse, die rasche Entscheidungen notwendig machten.

Am 9. Juni traf der bayerische Generalstabs-Chef GL. v. d. Tann in Wien ein, um in Betreff der eventuellen gemeinschaftlichen Operationen der süddeutschen Armee und der kaiserlichen Nord-Armee eine vorläufige Verständigung herbeizuführen. Am 14. Juni wurden in Olmütz zwischen GL. a. d. Tann und dem österreichischen Generalstabs-Chef FML. Baron Henikstein, für den Fall, daß aus der jetzigen politischen Lage ein Zusammenwirken der militärischen Kräfte Österreichs und Bayerns gegen Preußen hervorginge, „Militärische Punktationen" abgeschlossen, welche im Entwurf vom 1. Generaladjutanten des Kaisers, FML. Graf Crenneville, dem FML. Baron Henikstein zur weiteren Beschlußfassung übergeben worden waren. Das Aktenstück wörtlich:

„Militärische Punktationen

für den Fall, daß aus der jetzigen politischen Lage ein Zusammenwirken der militärischen Kräfte Österreichs und Bayerns gegen Preußen hervorginge.

Nachdem Se. Majestät der Kaiser von Österreich wiederholt und feierlich hat erklären lassen, daß dem Gedanken Allerhöchst-desselben Nichts ferner liege alls ein Angriff auf Preussen, und daß die k. k. Regierung die Vorschriften des Artikels XI der Bundesakte strenge zu beobachten entschlossen sei, mithin die gemeinschaftliche Anwendung militärischer Kräfte gegen Preussen nur auf Grund eines legalen Bundesbeschlusses, oder im Falle eines gewaltsamen Angriffes Preussens auf einen Bundesgenossen Platz greifen kann, sind die Unterzeichneten, erhaltenem Auftrages ihrer höchsten Regierungen gemäss, für den bezeicnneten Fall über nachstehende Punktationen übereingekommen.

1. Die königlich bayrische Armee, in der Stärke von 40.000 bis 50.000 Mann, bleibt fortwährend selbständig unter ihrem eigenen Oberfefehlshaber, dem Feldmarschall Prinzen Carl von Bayern, königliche Hoheit.

2. Unter dem bayrischen Ober-Befehlshaber stehen auch die Contingente des Königreiches Württemberg, der Grossherzogtümer Baden und Hessen und des Herzogtums Nassau in Gemässheit der von den Regierungen getroffenen Vereinbarungen.

3. (der abgeänderte, verbindliche Artikel) Der bayrische Ober-Befehlshaber wird die Operationen der unter ihm stehenden vereinigten Armee nach einem gemeinschaftlichen und einheitlichen Operationsplane, sowie nach den hierauf gegründeten Directiven anordnen und leiten, welche ihm hiefür von dem k. k. österreichischen Ober-Commando mitgetheilt werden.

Bei der Festlegung des Operationsplanes wird in gleicher Weise darauf Rücksicht zu nehmen sein, dass die Operationen stets im Einklange mit den Landes-Interessen der Staaten der vereinigten Armeen bleiben, und dass ebenso auf Deckung der eigenen Gebiete ihrer Kriegsherren Rücksicht genommen werde, als auf Erreichung der Hauptzwecke des Krieges durch möglichste Vereinigung der Streitkräfte.

4. Um die gegenseitigen Beziehungen noch zu vermehren und den Vollzug der Operationen zu erleichtern, wird ein österreichischer General oder Oberst das bayrische Hauptheer stets begleiten, sowie zu demselben Zwecke ein bayrischer General oder Oberst dem österreichischen Hauptquartier beigegeben wird.

5. Die königlich bayrische Armee wird bis zum 15. Juni l. J. in Franken und in der Nähe von Eisenbahnen eine Aufstellung genommen haben, von welcher aus es ihr möglich wird, je nach den Verhältnissen ihre Bewegungen dem verabredeten Kriegsplane entsprechend einzurichten.

6. Da die militärischen Operationen auf Grund des Bundesrechtes stattfinden, wird auch der Friedensschluss in bundesgemässer Weise erfolgen, und die k. k. österreichische Regierung verpflichtet sich insbesondere, keine einseitigen Friedensverhandlungen mit Preussen zu führen, vielmehr solche Verhandlungen unter der Theilnahme eines Bevollmächtigten der königl. bayrischen Regierung einzuleiten und im Einverständnis mit dieser abzuschliessen.

7. Für den Fall dass die nicht vorzusehenden Wechselfälle des Krieges es unvermeidlich machen sollten, dass bei dem Friedensschlusse Territorial-Veränderungen in Frage kämen, verpflichtet sich die k. k. österreichische Regie-

rung, aus allen Kräften dahin zu wirken, dass Bayern vor Verlusten bewahrt werde, jedenfalls aber nur im gleichen Verhältnisse zu allen verbündeten Staaten mit solchen belastet und für etwaige Abtretungen demgemäss entschädigt werde.

8. Die Ratification gegenwärtiger Punctationen durch die Allerhöchsten Souveräne bleibt vorbehalten. Dieselbe soll binnen 8 Tagen erfolgen, und es sollen dadurch gegenwärtige Punctationen die Natur und Kraft eines förmlichen Staatsvertrages erhalten.

Olmütz, am 14. Juni 1866

<table>
<tr><td>Freiherr von der Tann m. p.</td><td>Baron Henikstein m. p.</td></tr>
<tr><td>GL. und Chef des Generalstabes.</td><td>FML. und Chef des Generalstabes."</td></tr>
</table>

Der vorstehende Entwurf, der nur geringe Modifikationen erlitt, war dem FML. Baron Henikstein mit der folgenden Bemerkung des kaiserlichen Ministers Grafen Mensdorff eingehändigt worden:

„Hauptsache wäre, unsererseits darauf hinzuwirken, daß sich die bayerischen Truppen in operativer Hinsicht mehr dem kaiserlich österreichischen Armeekommando unterordnen, mit der gehörigen Rücksicht auf die in der Korrespondenz mit dem Prinzen Carl von Bayern zu beobachtende Form und mit weniger Rücksicht auf die Deckung des eigenen Gebietes der vorstehenden Regierungen. Letztere können auch nicht besser gedeckt werden, als durch ein Auftreten mit Übermacht und eine beschleunigte Herbeiführung der Niederlage des Feindes.

Auf jeden Fall könnte Bayern bei einem Friedensschluß nicht ausgeschlossen werden und würde in dem Maße seiner Leistungen ein gewichtiges Wort mitzureden haben."

Bei den Verhandlungen zu Olmütz war jedoch in dem vom Grafen Mensdorff angeregten Punkt nichts mehr als eine wenig bedeutende formelle Änderung zu erreichen, und FML. Baron Henikstein äußerte sich in einer Note an den Minister, daß, falls die ursprüngliche Fassung des Punktes 3, 2. Absatz beibehalten werden würde, auf eine ersprießliche militärische Kooperation noch weniger zu rechnen wäre, als dies schon ohnehin der Fall sei, weil die verschiedenen Regierungen die direkte (aber ihren Zweck gewiß verfehlende) Deckung der eigenen Gebiete höchstwahrscheinlich immer für dringend notwendig halten wuürden.

„Allerdings", schrieb FML. Baron Henikstein, „hilft keine punctative und keine verbesserte Fassung einzelner Paragraphe, wenn die betreffenden Regierungen überhaupt nicht den ernsten Willen haben, mit allen Kräften zur Erreichung des Hauptzweckes mitzuwirken."

Als Pedant zu den „militärischen Puncationen" wurde durch die Generäle Baron Henikstein und v. d. Tann noch eine weitere Vereinbarung abgeschlossen, die den unmittelbaren Anschluß der Armee des Prinzen Carl von Bayern an die österreichische Nord-Armee in Böhmen zum Gegenstand hatte, und welche folgendermaßen lautete:

1. Die k. k. österreichische Nord-Armee wird - unvorhergesehene Ereignisse abgerechnet - mit Ende Juni oder in den ersten Tagen des Juli im nordöstlichen Böhmen zwischen der oberen Elbe und der Iser - das Riesengebirge vor der Front concentriert sein.

Nachdem eine Operation mit getheilten Kräften unter Umständen mit Wagnissen verbunden ist, weil der Gegner mit Benützung der centralen Stellung an der Elbe die getrennten Armeen einzeln schlagen kann, während hingegen die erwähnte Aufstellung zwischen Elbe und Iser mit vereinter Kraft, sowohl für eine etwaige anfängliche Defensive, als auch für eine energische Offensive alle Bedingungen erfüllt, so erachtet man es von höchster Wichtigkeit, dass die unter dem Oberbefehle des Feldmarschalls Prinzen Carl von Bayern, Königliche Hoheit, stehenden Streitkräfte in möglichster Stärke und möglichst bald mit der k. k. Nord-Armee in mehrgedachter Stellung in unmittelbaren Anschluss treten.

2. Zu diesem Behufe wird sich die königlich bayrische Armee, möglichst bald, in der Richtung Bayreuth-Schwandorf, sowie an sonstigen passenden Orten längs der Eisenbahn zusammenziehen, um im geeigneten Zeitpunkte mit den noch beizuziehenden Truppen des VIII. deutschen Bundes-Armeekorps oder sonstigen Contingenten den Marsch zur Vereinigung mit der k. k. Nord-Armee anzutreten.

3. Zur Erleichterung und Förderung dieser Bewegung wird die böhmische Westbahn mit möglichster Ausnutzung ihrer Leistungsfähigkeit zur Verfügung gestellt, und werden die entsprechenden Fahrdispositionen bis Prag, nach vorhergegangener Vereinbarung, von der k. k. Eisenbahn-Centralleitung getroffen werden.

4. Bezüglich der Unterkunft und Verpflegung, dann der Anlage von Magazinen, Depots und Spitälern, werden von Seite der k. k. Militärverwaltung alle Erleichterungen geboten werden, und hiebei die Bestimmungen des Bundes-Verpflegs-Reglements als massgebend zu betrachten sein.

Zu diesem Behufe sollen auch schon vor Eintritt der wirklichen Cooperation, auf Verlangen die nöthigen Einleitungen im Wege der Vereinbarung getroffen werden.

5. Sollte die oben angedeutete Operation zur Vereinigung beider Armeen in Folge von militärischen oder politischen Ereignissen nicht mehr rechtzeitig ausgeführt werden können, so werden, auf Grundlage des Punktes 3 der

oben erwähnten militärischen Punctationen, weitere Maßnahmen neuer Vereinbarungen vorbehalten.

Der Generalstab der k. k. österreichischen Armee wird dem königlich bayrischen Armee-Commando die nöthige Anzahl von Exemplaren der Special- und Generalkarte des Königreiches Böhmen nach dem Massstabe, in welchem die Betheilung in der k. k. Armee üblich ist, beistellen.

Olmütz, 14. Juni 1866

Freiherr von der Tann m. p.   Baron Henikstein m. p.
GL. und Chef des Generalstabes   FML. und Chef des Generalstabes."

Diese Vereinbarung, die einen der Hauptgedanken der österreichishnen Kriegführung klar darlegte, hatte offenbar die lauterste Loyalität auf Seite der Verbündeten zur Voraussetzung.

Am 18. Juni wußte man in Wien bereits, und wurde FZM. Benedek verständigt, daß die königlich bayerische Regierung nicht gesonnen wäre, ihre Truppen nach Böhmen abrücken und vereint mit der Nord-Armee agieren zu lassen.

Der in das bayerische Hauptquartier delegierte k. k. FML. Graf Huyn, der am 19. nach München abreiste, versuchte zwar im Sinne der ihm erteilten Weisungen, den Marsch der bayerischen Armee nach Böhmen oder wenigstens in nördlicher Richtung und in einer Weise, daß dadurch die Nord-Armee indirekt unterstützt würde, zu befürworten, - doch diese Bestrebungen scheiterten an politischen Einflüßen, obgleich schon am Tag, nachdem die militärischen Vereinbarungen Österreichs und Bayerns konzipiert worden waren, die preußische Regierung dem König von Hannover, dem Kurfürsten von Hessen und dem König von Sachsen den Krieg erklärt hatte.

Im Westen des preußischen Staates hatten 3 einzelne bei Altona, Minden und Wetzlar stehende preußische Divisionen unter dem Oberbefehl des Generals der Infanterie Vogel von Falckenstein, später Main (West-) Armee genannt die Bestimmung, Hannover und Kurhessen zu okkupieren, falls sich diese Staaten nicht an Preußen anschließen würden. Diese Armee war etwa 50.000 Mann stark. Gegen sie standen das Hannoveranische Korps mit 20.000 Mann, die Kurhessische Division mit 6.000 Mann und die Nassauische Brigade mit 5.000 Mann, die eben mobilisiert wurden, zusammen also sollten es 31.000 Mann sein.

Dann: Das VIII. Bundes-Armeekorps (zu formieren aus den Großherzogtümern Hessen und Baden und dem Königreich Württemberg mit zusammen 50.000 Mann und das VII. Bundes-Armeekorps (des Königreiches Bayern) mit 40.000 Mann. Zusammen wollten die mit Österreich verbündeten deutschen Regierungen etwa 121.000 Mann aufbringen.

Die Truppen General Vogels von Falckenstein standen bereits am 14. Juni unter Waffen und marschbereit. Dieser 14. Juni war der Tag, an dem im deutschen Bundestag zu Frankfurt die Abstimmung über die Mobilmachung der Bundeskontingente gegen Preußen, die auf Antrag Österreichs erfolgt war. Die preußische Regierung ging hierauf, ohne Zeitverlust und mit außerordentlicher Energie zuerst gegen Hannover, Kurhessen und Sachsen vor. Schon am Tag darauf, am 15. Juni richtete Graf Bismarck Sommationen (Aufforderungen zur Klärung der zwischenstaatlichen Beziehungen) an die genannten drei Staaten. Diese Sommationen enthielten die Aufforderung zum Abschluß eines Bündnisses mit Preußen unter den Bedingungen:

1. Daß die Truppen sofort auf den Friedensstand vom 1. März d. J. gesetzt würden.

2. Daß die Regierungen der Berufung des deutschen Parlaments zustimmen und die Wahlen dazu ausschreiben, sobald dies von Preußen geschehen würde.

3. Daß Preußen dagegen den betreffenden Souveränen ihr Gebiet und ihre Souveränitätsrechte nach Maßgabe der Reformverschläge vom 14. d. M. gewährleisten würde.

Die Entscheidung wurde, wie wir bereits wissen, im Verlauf desselben Tages gefordert. Sollte dies nicht oder ablehnend erfolgen, so würde Preußen die betreffenden Länder als im Kriegszustand gegen sich befindlich betrachten. Die Antworten der Bundesmitglieder lauteten insgesamt ablehnend, und es erfolgte sonach noch am Abend desselben Tages die Kriegserklärung Preußens an Hannover, Kurhessen und Sachsen, an Österreich aber erst am 21. Juni, sei es, daß Preußen die zwischen den verschiedenen Kriegserklärungen liegende Frist zur Ausführung seiner gegen die erwähnten Staaten gerichteten Annexionsabsichten möglichst ungestört benützen wollte, oder auch um Österreich selbst zur Kriegserklärung zu verleiten und dadurch vielleicht noch im letzten Augenblick die ohnehin nicht sehr festen süd- und südwestdeutsche Regierungen in ihren Entschlüssen wankend zu machen.

Die königlich sächsische Regierung stellte infolgedessen am 16. Juni zu Frankfurt den Antrag:

„Die Bundesversammlung wolle, nachdem durch das Vorgehen der königlich preußischen Regierung, sowohl dem Völkerrechte entgegen als im Widerspruch mit dem Bundesrecht und dessen unzweideutigen Bestimmungen in den Artikeln II und XI der Bundesakte, sowie im Artikel I der Wiener Schlußakte, die öffentliche Sicherheit und der Besitzstand innerhalb des Bundes beeinträchtigt wird, unverweilt die geeigneten Maßregeln auf Grund der Artikel XVIII und XIX der Wiener Schlußakte treffen, damit der vorhandenen Störung Einhalt getan werde, insbesondere aber die höchsten Regierungen von Österreich und Bayern ersuchen, die von der königlich preußischen Regierung ergriffenen Maßregeln, dafern nötig, mit Gewalt zurückzuweisen und zu einem solchen Vorgehen ohne Aufschub das Nötige vorzukehren. Einstweilen wird die königliche Regierung, ihrer Bundespflichten eingedenk, dasjenige tun, was ihr innerhalb der eigenen Kräfte obliegt."

Dieser Antrag wurde zum Beschluß erhoben. Fünf Kurien enthielten sich der Abstimmung.

Hierauf erklärte der Gesandte Österreichs: „Seine Majestät der Kaiser wird mit seiner vollen Macht der gegen seine Bundesgenossen geübten Gewalt entgegentreten und demgemäß mit Aufbietung aller militärischen Kräfte unverzüglich handeln. Kaiser Franz Joseph erwartet ein gleiches Einstehen für die gemeinsame Sache, für Deutschlands Recht und Freiheit von allen bundesgetreuen Regierungen."

Am 18. Juni protestierte auch die kurfürstlich hessische Regierung am Bunde gegen die Verletzung des Friedens durch Vergewaltigung von Seite Preußens. Dem daran geknüpften Antrag auf Bundeshilfe trat dann endlich auch Hannover in Folge der Vorgänge in seinem Lande bei. Weiters wurde in dieser Bundessitzung, anknüpfend an die Beschlüsse vom 14. und 16. Juni, festgesetzt, alle in der Versammlung vertretenen Regierungen zu ersuchen, mit Beschleunigung den bedrängten bundestreuen Regierungen militärische Unterstützung zu bringen.

Die preußische Regierung hatte zur Invasion in Sachsen, Kurhessen und Hannover alle Maßregeln im Vorhinein getroffen. Ursprünglich zählte das Invasionskorps General Vogels von Falkenstein 50.000 Mann mit 78 Geschützen. Die Division Goeben stand am 15. Juni bei Minden, die Division Beyer bei Wetzlar, und die Division Manteuffel in und nächst Altona.

Hannover hatte sich weder an den Konferenzen der Mittelstaaten in Augsburg, noch an jenen in Bamberg beteiligt; es bevorzugte stets eine isolierte Stellung, um jede Provokation Preußens zu vermeiden, und unterließ demnach auch jede auf die rechtzeitige Verstärkung seines Heeres abzielende Maßregel, während alle übrigen Staaten von gleicher politischer Tendenz doch Einiges für ihre Kriegsvorbereitungen getan hatten. Vielleicht fühlte sich auch die hannoversche Regierung durch die eigene Kammer gelähmt, die noch am 15. Juni auf Benningens Antrag mit einer Mehrheit von 8 Stimmen sogar die Nichtausführung des Bundestagsbeschlusses vom 14. Juni und die Entlassung der Minister verlangte. Erst jetzt, wurde, natürlich zu spät, die Mobilisierung der hannoveranischen Armee angeordnet. Zwischen dieser Verfügung und dem wirklichen Ausbruch der Feindseligkeiten lagen nur mehr wenige Stunden, und alle Anstrengungen, die nun gemacht wurden, um der durch Unentschlossenheit heraufbeschworenen Lage zu entgehen, wurden in der Folge durch eine neuerliche Unentschiedenheit vollends vergeblich.

Ganz ähnlich handelte der Kurfürst von Hessen, und auch der kurhessische Landtag verweigerte mit großer Mehrheit noch am 15. Juni die Mittel zur Mobilisierung der Truppen und verlangte strikte Neutralität. Nur mit Not glückte es dem Kurfürsten, seine Truppen vor einer Katastrophe zu retten, indem er sie am 16. Juni in aller Eile gegen Fulda und Hanau abrücken ließ. Viele Landeskinder eilten freiwillig zu den Fahnen und verstärkten den Stand der Regimenter, die hierauf ihre Verwendung beim VIII. Bundes-Armeekorps, respektive als Besatzung der Bundesfestung Mainz fanden. Der Kurfürst blieb in seiner Residenz Wilhelmshöhe zurück.

Schon am 13. Juni hatte König Wilhelm von Preußen folgenden Befehl an GL Vogel von Falckenstein gerichtet: „Sollte das Verhalten Hannovers bei der morgigen Abstimmung am Bundestage über den österreichischen Antrag Mich zur Kriegserklärung gegen das Königreich Hannover veranlassen, so werden Sie Meinen Befehl zum Einrücken in dasselbe auf telegraphischem Wege erhalten. Ich lege in diesem Falle die weiteren Operationen vertrauensvoll in Ihre Hand. Für diese Operationen steht zu Ihrer Verfügung die 13. Division, welche Sie den Umständen gemäß und nach eigenem Befinden durch disponible Landwehrtruppen aus dem Bereiche Ihres General-Commandos verstärken können. Ferner steht am 15. d. M. bei Altona eine Division von etwa 14.000 Mann aller Waffen unter dem General-Major von Manteuffel bereit, um mit Ihnen zu cooperiren.

Die Nachrichten über den Stand der hannoverschen Armee ergeben, dass dieselbe noch nicht in voller Kriegsstärke und nicht völlig vorbereitet ist, sich auf höchstens 15.000 Mann aller Waffen beläuft und sich theils bei Stade und Lüneburg, theils bei Hannover, Burgdorf und Celle versammelt. Ausserdem scheint aber auch die etwa 4-5.000 Mann starke österreichische Brigade Kalik bei Harburg verblieben zu sein. Es muss Ihnen überlassen bleiben, genauere Nachrichten über diese Verhältnisse einzuziehen.

Bei den von Ihnen zu übernehmenden Operationen wird es weniger auf die Besetzung gewisser Punkte, als vielmehr darauf ankommen, die hannoverschen Truppen durch Entwaffnung oder durch Angriff auf dieselben ausser Wirksamkeit zu setzen. - Sollte Ihnen bei Beginn der Operationen über eine Kriegserklärung zwischen Preussen und Österreich noch Nichts bekannt sein, so haben Sie den etwa im Königreich Hannover verbliebenen commandierenden österreichischen Officier von dem Kriegsfall zwischen Preussen und Hannover in Kenntnis zu setzen, damit er in der Lage ist, sich mit seinen Truppen dem thätlichen Confict entziehen zu können. Sollte derselbe demungeachtet in Verbindung mit hannoverschen Truppen sich an deren Operationen gegen Sie betheiligen, so haben Sie auch ihn als Feind zu behandeln.

Sie haben eintretenden Falles bei Ihren Operationen den Gesichtspunkt festzuhalten, dass durch ein schnelles Agieren Ihre Truppen so bald als möglich für Operationen auf einem anderen Kriegsschauplatze verwendbar werden.
Berlin, den 13. Juni 1866   gez. Wilhelm."

General von Falckenstein, der sich bei der Division Goeben befand, befahl dieser am 16. morgens gegen Hannover aufzubrechen; gleichzeitig erließ er folgenden Armee-Befehl: „Hannover, Kurhessen und Sachsen, mit denen wir bis jetzt in Frieden und Freundschaft lebten, haben auf Ansuchen Österreichs beschlossen, eine Exekutionsarmee gegen Preussen ins Feld zu stellen. Es ist nicht unsere Sache, die Gründe dafür zu erforschen; aber selbstverständlich ist dieserhalb Sr. Majestät unserm Allergnädigsten Könige Nichts übrig geblieben, als den übermütigen Regierungen jener Kleinstaaten den Krieg zu erklären. Heute rücken wir nun als Feinde ein. Nichtsdestoweniger wollen wir es uns angelegen sein lassen, den ruhigen Landes-Einwohnern gegenüber, denen diese Vorgänge gar nicht lieb sind, auch unsererseits zu zeigen, wie wir es beklagen, zu einem brudermörderischen Kriege herausgefordert zu sein. Soldaten des westphälischen Armee-Corps! In diesem Sinne lasst uns den bevorstehenden Krieg durchkämpfen, wir wollen unseren gegenwärtigen Feinden zeigen, dass eine mehr denn fünfzigjährige Freundschaft in uns eine zu schöne Erinnerung zurückgelassen hat, um uns sofort zu rücksichtslosen Feinden umstimmen zu können.

Der commandierende General
gez. v. Falckenstein."

Es rückten nun die preußischen Divisionen Manteuffel und Goeben, die eine von Altona, die anderen von Minden im Königreich Hannover ein, während die Division Beyer von Wetzlar aus das Kurfürstentum Hessen okkupierte.

Proklamation des seit 1833 erblindeten Königs von Hannover an sein Volk:

„An mein getreues Volk!

Seine Majestät der König von Preussen hat mir den Krieg erklärt. Das ist geschehen, weil Ich ein Bündnis nicht eingehen wollte, welches die Unabhängigkeit meiner Krone und die Selbständigkeit meines Königreiches antastete, die Ehre und das Recht meiner Krone demütigte und die Wohlfahrt meines getreuen Volkes erheblich zu verletzen geeignet war.

Eine solche Erniedrigung war gegen Mein Recht und wider Meine Pflicht, und weil ich sie zurückwies, brach der Feind in Mein Land.

Ich verliess die augenblicklich gegen feindlichen Überfall nicht zu schützende Residenz, die Königin und Meine Töchter, die Prinzessinen, als theure Pfänder Meines Vertrauens zu den getreuen Bewohnern Meiner Hauptstadt dort zurücklassend, und begab mich mit dem Kronprinzen, wohin Meine Pflicht Mich rief, zu meiner treuen, auf Mein Geheiss im Süden Meines Königreiches rasch sich sammelnden Armee.

Von hier aus richte Ich an Mein getreues Volk Meine Worte; bleibt getreu Eurem Könige auch unter dem Drucke der Fremdherrschaft, harret aus in den Wechselfällen der kommenden Zeiten, halte fest wie Eure Väter, die für ihr Welfenhaus und für ihr Vaterland in nahen und fernen Ländern kämpften und endlich siegten, und hoffet mit Mir, dass der Allmächtige Gott die ewigen Gesetze des Rechtes und der Gerechtigkeit unwandelbar durchführt zu einem glorreichen Ende!

Ich, in der Mitte Meiner treu ergebenen, zu jedem Opfer bereiten Armee, vereinige mit dem Kronprinzen Meine Bitten für Euer Wohl. Meine Zuversicht stehet zu Gott, Mein Vertrauen wurzelt in Eurer Treue.
Göttingen, den 17. Juni 1866   G e o r g R e x "

Armee-Befehl des hannoverschen General-Leutenants von Arentsschildt bei Übernahme des Kommandos: „Soldaten! Aus vorstehender Proclamation seht Ihr, dass das Wohl und die Zukunft des Vaterlandes, die Sicherheit unseres königlichen Herrn in Euren Händen ruht.

Seine Majestät der König hat in dieser drohenden Lage mir den Oberbefehl über Euch übertragen, den ich freudig übernommen habe, in dem festen Vertrauen auf die gerechte Sache, auf die altbewährte Tapferkeit der Hannoveraner und deren Liebe für König und Vaterland.

Welche Anforderungen an Euch gestellt werden, Entbehrungen und Mühen, Ihr werdet sie mit Festigkeit ertragen, vor Allem aber werdet Ihr freudig in einen Kampf gehen, der in der gerechten Sache das Wohl Eures Königs und des Vaterlandes Rechte zu wahren bestimmt ist.
Göttingen, den 18. Juni 1866

Der commandierende General-Lieutenant
v. Artentsschildt."

Die Schwierigkeiten, die Armee nur einigermaßen mobil zu machen, waren groß. Viel Material konnte in Folge des überraschend schnellen Einmarsches der Preußen gar nicht mehr herangezogen werden; der Mangel an Pferden bot unüberwindliche Hindernisse bei der Mobilisierung des Armee-Trains; die Bespannung der Infanterie-Fuhrwerke war gar nicht mehr zu beschaffen. Die beim Artillerie-Depot befindlichen 10 Geschütze mußten, um sie mitnehmen zu können, mit Pferden des königlichen Marstalles bespannt werden. Die Intendantur und das Medizinalwesen konnte man nur sehr mangelhaft einrichten, für Feldspitäler blieben fast keine Mittel. Indessen wurde geleistet, was nur immer für die rasche Verwendbarkeit der Armee geschehen konnte, und es bleibt ein beachtliches Verdienst dieses in so mißlicher Lage befindlichen Heeres, daß es, treu und gehorsam seinem König folgend, sich auf dessen Geheiß mutig mit dem Feind schlug und selbst einen Sieg über General Vogels Truppen zu erkämpfen wußte. Am 18. Juni hatte die hannoversche Armee bei Göttingen eine Stellung bezogen, die so angelegt war, sowohl gegen einen Angriff von Norden (Division Goeben und Manteuffel), als von Süden (Division Beyer in Kassel) Front machen zu können. Man war sich aber im Hauptquartier Artentschildts nicht ganz klar, ob man in der Stellung bei Göttingen den Angriff der Preußen erwarten, oder sich in den Harz, wo eine längere Verteidigung möglich schien, zurückziehen, oder endlich, ob man gegen Süden weitermarschieren und die Verbindung mit den Bundestruppen suchen sollte. Nach dem man sich endlich zum Marsch zu den Bundestruppen entschieden hatte, schwankte man wieder zwischen dem zu nehmenden Weg, ob durch Hessen über Witzenhausen, oder über Eisenach. Da der letztere Weg durch Thüringen weniger Schwierigkeiten und günstigere Gefechts-Chancen versprach, entschloß man sich für diesen, änderte aber den Marschplan und marschierte mit den Brigaden Knesebeck und de Vaux nach Langensalza, währen die Brigade Bülow im Raum Gotha und die Brigade Bothmer nach Groß-Gottern marschierte.

GL. Vogel von Falckenstein war bloß die Konzentrierung der Hannoveraner bei Göttingen bekannt. Er mußte zu diesem Zeitpunkt noch annehmen, daß König Georg vor allem die Verbindung mit den

Bayern oder dem VIII. Bundes-Korps anstrebe und daher beschleunigt nach Süden abrücken würde. Andererseits war es GL. Vogel von Falckenstein aber bereits bekannt, daß sich das Korps des Prinzen von Hessen noch in der Formierung befand, sowie daß die Bayern weder Miene machten, in eine Kooperation mit dem österreichischen Hauptheer zu treten, noch bisher selbständig die Offensive ergriffen hätten. Sein Ziel blieb daher vorerst die hannoversche Armee, die noch immer isoliert sein mußte, anzugreifen und deren Vereinigung mit anderen Bundestruppen zu verhindern. Von der Hauptstadt des Königreiches, Hannover, die inzwischen besetzt worden war, schickte Vogel von Falckenstein die Division Goeben in den Raum Hildesheim vor. Am 22. Juni stellte die Division Manteuffel die Verbindung mit der Division Goeben her, während die Division Beyer gegen die Werra vorzurücken und die Flußübergänge zu besetzen hatte, um ein Entkommen der Hannoveraner in diese Richtung zu unterbinden. Diese Aufsplitterung der

Kräfte Vogels von Falckenstein wäre, nachdem der König Eisenach nicht besetzt hatte, die letzte Möglichkeit für die Hannoveraner gewesen, noch nach Süden durchzubrechen. Erst am 23. nahm die Division Beyer ihren Weg nach Eisenach und von Berlin war angeordnet worden, Truppen aus Kassel raschest gegen Eisenach zu entsenden. Noch am 24. hätten die Hannoveraner nach Eisenach oder Gotha durchbrechen können, weil die preußischen Kräfte noch nicht stark genug waren, dies in diesem Raum zu verhindern. Am 23. erschien der preußische Parlamentär Hauptmann von Zielberg, angeblich im Auftrag Generalleutnants Moltke, im Hauptquartier König Georgs und forderte diesen auf, daß seine Armee, da sie umstellt sei, die Waffen strecken solle. Da sich der Hauptmann nicht genügend legitimieren konnte, schickte der König seinen Major Jacobi zu Herzog Ernst von Coburg nach Gotha, damit dieser sich in Sachen Waffenstillstand mit Berlin verständige. Major Jacobi stellte nun von Gotha aus telegraphisch an GL. v. Moltke das Verlangen, daß der hannoverschen Armee ein Weg nach dem Süden geöffnet werde, wo dieselbe längere Zeit den Feindseligkeiten fern bleiben würde. Nach Langensalza zurückgekehrt, meldete Major Jocobi, daß Gotha bereits von bedeutenden preußischen Kräften besetzt sei, und daß gerüchteweise auch die Division Goeben aus Hannover mittels Eisenbahn daselbst eingetroffen sei. Es schien nun im Hauptquartier König Georgs unter solchen Umständen der Weitermarsch der Armee sehr gefährdet, und da man auch noch auf einen günstigen Ausgang der mit Berlin begonnenen Unterhandlungen hoffte, wurde die für den nächsten Tag beabsichtigte Vorrückung über Eisenach sistiert. Am 24., in den Morgenstunden, traf Major Jacobi, der mit dem Generaladjutanten des Königs zur Fortsetzung der Verhandlungen in Gotha gewesen war, wieder im Hauptquartier in Langensalza ein, wo Oberst Dammer dem König meldete, daß die Verhandlungen abgebrochen worden seien. Aber im Verlauf desselben Tages kam König Georg ein Telegramm des Grafen Bismarck zu, laut welchem den Hannoveranern freier Abzug nach dem Süden gegen die Verpflichtung gewährt werden sollte, während eines Jahres nicht gegen Preußen zu kämpfen, und unter dem Vorbehalt, daß durch König Georg Garantien abgegeben werden sollten, zu deren näheren Präzisierung der General-Adjutant König Wilhelms, GL. von Alvensleben, unter einem nach Eisenach abgehe. Dieses Telegramm war auf den Vermittlungsversuch des Herzogs von Gotha zurückzuführen. Aber König Georg antwortete dem Herzog, daß er auf solche Bedingungen nicht einzugehen vermöge und von den Verhandlungen darüber nicht den Fortgang der Operationen seiner Truppen abhängig machen könne, denn durch weitere Verzögerungen würde er nur Nachteile zu gewärtigen haben. Mit dem General-Adjutanten König Wilhelms hingegen, wolle er jederzeit verhandeln.

Die hannoversche Armee hatte sich indessen in Marsch gesetzt. Die Brigade Bülow, die die Avantgarde bildete, ging sogleich gegen Eisenach vor, besetzte Mechterstedts, zerstörte Eisenbahn und Telegraph und warf die preußische Infanterieeinheit zurück, auf die sie getroffen war. In diesem wichtigen Augenblick kam dem Brigadekommandanten Bülow ein Telegramm Major Jocobis zu, das lautete: „Feindseligkeiten wären zu vermeiden, da die in den Verhandlungen von Hannover gestellten Bedingungen preussischerseits Annahme gefunden hätten". Die Feindseligkeiten wurden nun infolgedessen sowohl bei Mechterstedt als auch bei Eisenach eingestellt, und Bülow schloß gegen 7 Uhr Abends, um seine Truppen die folgende Nacht nicht unnützer Weise zu ermüden, auf dieses Telegramm hin, ohne Vorwissen des Oberbefehlshabers, mit dem preußischen Oberst von Osten-Sacken einen partiellen Waffenstillstand bis zum nächsten Morgen um 8 Uhr, mit 3stündiger Kündigungsfrist, ab. Ohne diese Depesche wäre Eisenach am 24. im Besitz der Hannoveraner gewesen, und das Schicksal der Armee König Georgs hätte sodann sicher kein so tragisches Ende genommen, wie dies später der Fall war. Bemerkenswert ist, daß Major Jacobi dieses Telegramm über direkte Veranlassung des Herzogs Ernst von Coburg erlassen hatte. Major Jacobi war nach der Abreise des Obersten Dammer zum Empfang des aus Berlin erwarteten GL. von Alvensleben in Gotha zurückgeblieben, hatte jedoch noch vor der Absendung des besprochenen Telegramms, welches die Einstellung der Feindseligkeiten bei Eisenach zur Folge hatte, alle Verhandlungen abzubrechen und in das hannoversche Hauptquartier zurückzukehren. Trotzdem ließ er sich durch den Herzog von Coburg dazu bewegen, das genannte Telegramm abzusenden. Als GL. Arentsschildt Abends vor Eisenach eintraf, im Glauben, die Stadt wäre bereits von den Hannoveranern genommen, erhielt er die Meldung von dem Vorgefallenen und konnte in die nun einmal gegebenen Tatsachen nicht mehr eingreifen.

Am 25. blieb die hannoversche Armee in ihrer bisherigen Aufstellung. Man konnte sich immer nocht nicht zu einem Entschluß aufraffen und es verging wieder kostbare Zeit, die die Preußen nützten. GL. von Falckenstein war nämlich vom Plan, vor allem die hannoversche Armee unschädlich zu machen, abgegangen und hatte für den 24. den Vormarsch der Division Goeben und der Division Manteuffel auf Kassel angeordnet, um von hier aus die Operationen gegen die Bundestruppen zu eröffnen. Bloß die Division Beyer sollte den Hannoveranern folgen und sie festzuhalten suchen. Falckenstein traf diese Verfügungen auf Basis der allerdings richtigen Annahme, daß die Hannoveraner ihre Vereinigung mit den Bayern endlich doch mit größter Beschleunigung durchführen würden, und daß dies absolut nicht zu verhindern wäre. Als es sich aber herausstellte, daß die hannoversche Armee mit dieser einzig richtigen Operation unbegreiflicherweise noch immer zögerte, beschloß General Falckenstein, infolge einer aus Berlin erhaltenen Anweisung, diese nun mit aller Energie anzugreifen.

An diesem 25. Juni traf auch der General-Adjutant König Wilhelms im Hauptquartier König Georgs ein. Es zeigte sich aber bald, daß die Preußen Bedingungen stellten, die König Georg nicht zugestehen konnte. Die Verhandlungen mit Alvensleben führten daher bloß zu einem Waffenstillstand „bis auf Weiteres", und der König behielt sich vor, bis 26. 10 Uhr morgens eine definitive Antwort auf die ihm überbrachten Vorschläge nach Berlin gelangen zu lassen.

Indessen gingen, über Weisung von Berlin, die Truppenverschiebungen der Preußen rasch vonstatten, sodaß General von Falckenstein den Hannoveranern mit 33 Bataillonen, 9 Eskadrons und 9 1/2 Batterien gegenüberstand.

König Georg sandte noch am 25. nachmittags Obstlt. Rudorff mit seiner Antwort auf die von GL. von Alvensleben überbrachten Propositionen über Eisenach nach Berlin. Rudorff wurde jedoch in Eisenach durch GL. Vogel v. Falckenstein zurückgewiesen, und Rudorff erfuhr hier, daß der preußische Oberbefehlshaber, von dem durch GL. von Alvensleben geschlossenen Waffenstillstand nicht unterrichtet war und diesen deshalb nicht anerkannte. GL. von Arentsschildt machte sich nun gefaßt, trotz aller Verständigungsversuche angegriffen zu werden. Doch um 5 Uhr morgens überbrachte ein preußischer Parlamentär die Nachricht, daß GL. Vogel von Falckenstein den ihm nunmehr von Berlin aus offiziell notifizierten Waffenstillstand respektieren werde, worauf die Hannoveraner in ausgedehnte Ruheräume um Langensalza abrückten.

Während die Hannoveraner - nach deren Angabe - glaubten, der „bis auf Weiteres" abgeschlossene Waffenstillstand müßte bis zu einer förmlichen Kündigung währen, nahm man in Berlin und bei der preußischen Armee an, der Waffenstillstand ende am 26. 10 Uhr vormittags, bis wohin das Eintreffen der definitiven Antwort des Königs von Hannover angekündigt worden war. Dabei hatte jedoch GL. Vogel von Falckenstein den Überbringer dieser Antwort am 25. von Eisenach nicht weiter reisen lassen, und als Rudorff am 26. Vormittags versuchte über Gotha nach Berlin zu gelangen, verweigerte auch der mittlerweile in Gotha eingetroffene und dort befehligende preußische GM. Fliess diesem die Weiterfahrt. GM. Fliess erklärte den Waffenstillstand schon seit 10 Uhr für abgelaufen und gab an, den Befehl zum Vorrücken erhalten zu haben. Obstlt. Rudorff kehrte hierauf in das Hauptquartier zurück und GL. von Arentsschildt begann sofort mit Verteidigungsmaßnahmen.

Es gibt keinen Zweifel darüber, daß die Drohung, die Hannoveraner angreifen zu wollen, nur eine preußische Finte war, um den König von Hannover zum raschen Eingehen in die von Preußen gestellte Bedingungen zu bestimmen.

Es ist wenigstens ein sehr merkwürdigen Zusammentreffen, daß, während angeblich GL. von Falckenstein im Begriff war vorzurücken, der preußische Oberst Döring eine Depesche des Grafen Bismarck, welche den Antrag zu einem Bündnis unter den am 15. Juni vorgeschlagenen Bedingungen enthielt, dem König präsentierte und vorlas, und daß der preußische Oberst, als König Georg nicht auf die gestellten Bedingungen eingehen zu können erklärte, nun zugab, daß die Annahme derselben auch nichts genützt haben würde, da die preußischen Truppen schon vorrückten. Die Drohung mit der Vorrückung sollte also den König vor allem einschüchtern, erreichte jedoch diesen Zweck nicht, und König und Armee durften wohl nicht mehr hoffen, daß sich die Lage zu ihren Gunsten ändern würde. Freilich hatte man es im königlichen Hauptquartier nicht verstanden, sich rechtzeitig der preußischen Machtsphäre zu entziehen, wozu sich doch so oft und so lange die Gelegenheit dargeboten hatte. Im Süden Deutschlands befanden sich ja bei 100.000 Mann, nicht sehr weit von jenem verhängnisvollen Stück Erde, auf dem das hannoversche Heer nun vom Feind umringt stand und auf Befreiung harrte.

Wenn das VII. und VIII. Bundes-Armeekorps gegen Eisenach und Gotha heranmarschierten, so konnten plötzlich leicht die Rollen wechseln, und aus dem jetzigen Bedränger der hannoverschen Armee ein selbst hart Bedrängter werden. Im hannoverschen Hauptquartier hielt man es nicht für wahrscheinlich, daß sich Bayern und die übrigen Staaten bereits in eine strategische Kooperation mit der österreichischen Hauptarmee eingelassen hätten, um nicht eine wirksame Unterstützung gewähren zu können. König Georg von Hannover durfte daher mit vollem Recht auf Hilfe aus dem Süden Deutschlands hoffen. Er hatte sich am 19. und 21. Juni sowohl an Prinz Alexander von Hessen, als auch an Prinz Carl von Bayern um Unterstützung in seiner bedrängten Lage gewandt, und erwartete zuversichtlich das Herankommen der süddeutschen Bundesarmee, wie GL. von Falckenstein Grund hatte, deren Erscheinen zu befürchten. Es erfolgten auch in der Tat einige Bewegungen sowohl vom Korps des Prinzen Alexander von Hessen, als von jenem des Prinzen Carl von Bayern gegen die mit Gefangenschaft bedrohte hannoversche Armee hin. Doch diese wurde etwas zu spät und mit zuwenig Energie ausgeführt. Prinz Alexander sandte am 22. Juni bloß ein Streitkorps (1 Bataillon, 1 Eskadron und 2 Geschütze) mit der Eisenbahn bis Gießen, während von den Bayern am 23. die in Schweinfurt stehende Division in Richtung Fulda vorgeschoben wurde. Am 25. und 26. machten die 4 bayerischen Divisionen eine Bewegung gegen Könighofen, Lauringen, Münner-stadt und Nellstadt an der Sale. In der Nacht zum 27. gelangte das Gros der 1. bayerischen Kavalleriebrigade nach Meiningen. Im preußischen Haupt-quartier trafen in Folge dessen von allen Seiten Meldungen vom Vormarsch der bayerischen Armee über Fulda ein, ja, daß deren Vorausabteilungen schon bei Vacha stünden (was aber nicht der Fall war).

GL. Vogel von Falckenstein war inzwischen von dem durch GL. von Alvensleben abgeschlossenen Waffenstillstand offiziell verständigt worden; andererseits erhielt Falckenstein in der Nacht zum 26. von König Wilhelm aus Berlin die positive telegraphische Nachricht, daß die Hannoveraner am 25. Nachmittags den Marsch in nördlicher Richtung (gegen Mühlhausen) angetreten hätten, und gleichzeitig den Befehl, denselben ungesäumt nach-zurücken, jedoch mit einer entsprechenden Macht bei Eisenach die Bayern zu beobachten. Ohne Rücksicht auf den Waffenstillstand wurde GM. Flies am Morgen des 26. angewiesen, den Hannoveranern zu folgen, während GM. Schachtmayer mit seinen Truppen den Gegner längst der Werra begleiten sollte. GM. von Manteuffel ging mit seinem Korps indessen von Eisenach nach Göttingen ab, während GL. von Goeben bei Eisenach stehen blieb. Auch die Kräfte von GL. Beyer wurden in Marsch gesetzt. In der Nacht zum 27. erging an GL. von Falckenstein der Befehl, alle seine Kräfte zu konzentrieren und gegen die Hannoveraner zu führen, da diese in der Absicht über Tenn-stedt-Sömmerda durchzubrechen, bereits von Langensalza abgerückt seien. GM. von Manteuffel aber sollte den Hannoveranern den Weg in den Harz verlegen. Die Hannoveraner jedoch nahmen in der Nacht vom 26. auf den 27. ihre Verteidigungsstellung an der Unstrut ein. König Georg hatte wirklich die Absicht, am 27. über Gotha durchzubrechen, stand jedoch aus Rücksicht auf die Ermüdung seiner Truppen von diesem Vorhaben ab. Er hoffte, daß die Bayern, die seit 25. in Vacha standen, endlich in den Kampf eingreifen und ihn aus seiner schlimmen Lage befreien würden. Am 27. als die Hannoveraner eben beim Abkochen waren, erhielt GL. von Arentsschildt die Meldung, daß die Preußen aus Richtung Gotha nach Langensalza vorrücken. Der plötzlich Entschluß, die Hannoveraner an diesem Tag doch anzugreifen, war von GM. Flies selbständig gefaßt worden, während GL. von Goeben bei Eisenach Stel-lung gegen einen Angriff der Bayern bezog. Während die Truppen von GM. Flies auf die Hannoveraner stießen, war jedoch GM. Manteuffel noch zu weit entfernt, um sich an den Kämpfen beteiligen zu können. Aus einem vom Herzog Ernst von Sachsen-Coburg-Gotha stammenden Promemoria geht deutlich hervor, daß sowohl Falckenstein wie auch Flies von Berlin den Befehl erhalten hatten, die Hannoveraner coute qui coute anzugreifen und zur Kapi-tulation zu zwingen, ohne jede Rücksicht auf die Reichsarmee. So kam es am

27. Juni 1866 zur Schlacht bei Langensalza. Das Hauptquartier König Georgs war in Merxleben, GM. Flies hatte 8200 Mann Infanterie, 240 Mann Kavallerie und 200 Mann Atillerie mit 22 Geschützen zur Verfügung und bezog auf den festen Örtlichkeiten umgebenen Jüdenhügel Stellung, wurde jedoch von GL. von Arentsschildt angegriffen und in die Defensive gedrängt. Ohne auf alle Details einzugehen, sei aber erwähnt, daß sich die Schwerpunkte der Kämpfe am Jüdenhügel, dem Kirchberg, dem Badewäldchen und der Unstrut befanden. In diesen erbitterten Kämpfen gelang es GL. von Arentsschildt GM. von Flies zu schlagen und auf der ganzen Front zum Rückzug zu zwingen. Die Kavallerie verfolgte die in alle Richtungen versprengten Preußen bis 6 Uhr Abends.

Die Hannoveraner hatten ihren Sieg mit bedeutenden Verlusten erkauft. Es fielen 2 Offiziere, 80 weitere wurden verwundet. Von den Mannscnaften fielen 556 Mann und 971 wurden verwundet.

Die Verluste der Preußen waren (nach deren Angaben) 179 Tote, darunter 11 Offiziere, 643 Verwundete, darunter 30 Offiziere und 33 Vermißte. Verschwiegen haben die Preußen, daß die Hannoveraner 907 Mann, darunter 10 Offiziere, gefangengenommen, 2 Geschütze und 2000 Gewehre erbeutet haben.

Befehlsschreiben des Königs von Hannover an den GL. von Arentsschildt nach der Schlacht von Langensalza: „An meinen General-Lieutenant von Arentsschildt, commandirenden General Meiner im Felde stehenden Truppen. Indem Ich Ihnen, Mein General-Lieutenant von Arentsschildt, Meine warme Anerkennung für die Führung Meiner Armee in der heutigen Schlacht, der Ich den Namen der Schlacht von Langensalza beilege, ausspreche und dem Stabe, den Generälen, den Commandeuren der einzelnen Abtheilungen, so wie überhaupt dem ganzen Officierscorps Meiner Armee für das schöne Beispiel, mit welchem sie in der Schlacht vorangingen, Meinen innigen Dank bezeuge, befehle Ich Ihnen, folgenden Erlass an Meine Truppen bekannt zu machen.

Hauptquartier Langensalza, den 27. Juni 1866.

Ihr, Mein tapferes Kriegsheer, habt mit einer in der Geschichte beispiellosen Begeisterung und mit einer noch nie dagewesenen Willigkeit Euch auf meinen Ruf und freiwillig in den südlichen Provinzen Meines Königreiches, ja selbst als Ich bereits, von Meinem theu'ren Sohne, dem Kronprinzen, begleitet, an der Spitze von Euch nach dem südlichen Deutschland zog, noch auf dem Marsche um Eure Fahnen versammelt, um die heiligsten Rechte Meiner Krone und die Selbständigkeit und Unabhängigkeit unseres theuren Vaterlandes zu bewahren, und heute habt Ihr, in Meiner und Meines theuren

Sohnes und Nachfolgers Gegenwart mit dem Heldenmuthe Eurer Väter kämpfend, unter dem gnädigen Beistand des Allmächtigen für unsere gemeinsame geheiligte Sache, an dem Schlachtentage zu Langensalza, einen glänzenden Sieg erfochten.

Die Namen der todesmuthig gefallenen Opfer werden in unserer Geschichte mit unauslöschlichen Zügen prangen, und unser göttlicher Heiland wird ihnen dort oben den himmlischen Lohn dafür verleihen. Erheben wir vereinigt die Hände zu dem dreieinigen Gott, ihn für unseren Sieg zu loben und zu preisen, und empfanget Ihr treuen Krieger alle den nie erlöschenden Dank Eures Königs, der mit seinem ganzen Hause und Euch den Herrn um Jesu Christi Willen anfleht, unserer Sache, welche die seinige, weil sie die Sache der Gerechtigkeit, seinen Segen zu verleihen.

Georg V. Rex."

Die Armee König Georgs war im großen und ganzen intakt, während die Brigade vom GM. von Flies fast aufgelöst war. Nur die in der Nähe stehende preußische Übermacht hat die Hannoveraner daran gehindert, ihren schönen Sieg zu nützen.

Nach dieser Niederlage von GM. Flies konzentrierte GL. von Falckenstein alle Truppen seiner Armee um Langensalza und umstellte die Armee der Hannoveraner mit überlegenen Kräften. Da aber weder die Bayern noch die Hessen Anstalten trafen, um die hannoversche Armee zu unterstützen und in ihren nur etwas nach Norden vorgeschobenen Positionen verharrten, blieb den Hannoveranern nur mehr die Möglichkeit, eine ehrenvolle Kapitulation zu erreichen. Die maßgebende Offiziere der Armee einigten sich zu folgender Erklärung an König Georg: „Wir Unterzeichneten erklären hiedurch auf unsere militärische Ehre und den unserem König und Kriegsherrn geleisteten Eid vor Gott und unserem Gewissen:

1. Daß Mannschaften und Pferde der hannoverschen Armee durch die seit dem 19. d. M. mit ursprünglich mangelhafter Ausrüstung, ununterbrochenen grossen Marschstrapazen, bei meistens mangelhafter Verpflegung, sowie durch den gestern stattgehabten hartnäckigen Kampf, welcher einen die Diensttauglichkeit beeinträchtigenden Verlust von Offizieren und Unteroffizieren herbeigeführt hat, in hohem Grade erschöpft sind, so dass ohne vorhergegangene Ruhe eine Fortsetzung der Operationen nicht zulässig ist;

2. dass die Munition bei gänzlichem Ausschluss alles weiteren Ersatzes nur noch zu etwa einem ernstlichem Gefechte ausreicht;

3. dass es nach den gemachten Erfahrungen und nach den Mitteilungen der Intendantur unmöglich ist, die nöthigen Lebensmittel in ausreichender Weise herbeizuschaffen;

4. dass an mehreren Seiten feindliche Truppen in bedeutender Übermacht herangezogen sind, die hannoversche Armee umzingelt haben, und auf eine baldige Änderung der militärischen Lage durch Succurs befreundeter Truppen nicht zu rechnen ist.

Unter diesen Umständen müssen wir jeden Kampf und Widerstand für gänzlich unnützes und erfolgloses Blutvergiessen halten und können nach pflichtgemässer Überzeugung Seiner Majestät dem Könige nur anrathen, den Widerstand aufzugeben und eine Capitulation anzunehmen. Langensalza, den 28. Juni 1866. v Arentsschildt, General-Lieutnant; v. Wrede, General-Major; v. d. Knesebeck, General-Major; v. Bothmer; General-Major; und weiters: v. Bülow-Stolle, Oberst; de Vaux, Oberst; Dammers, Oberst; Grl.-Adj.; v. Stotzenberg, Oberst; v. Geyso, Oberst; Cordemann,Oberst."

Hierauf wurde GL. von Arentsschildt von König Georg ermächtigt, eine Kapitulation einzugehen und der preußische Brigdaekommandant GM. von Flies hievon verständigt. Die hannoversche Armee, die noch in den Stellungen vom 28. Juni stand, wurde mit Armee-Befehl von der Absicht des Königs, zu kapitulieren, benachrichtigt. Am 29. Juni bezogen die Hannoverianer, nachdem sie vorher ihre Waffen und das Kriegsmaterial an die Preußen übergeben hatten, im Raum Langensalze Gotha, Quartiere. Am 30. Juni begann der Rücktransport der einzelnen Einheiten der hannoverschen Armee per Eisenbahn über Magdeburg nach Hildesheim und Celle. Am 4. Juli trat GL. vom Artensschildt in Hannover ein und entließ sein Hauptquartier. Am 5. Juli war die Auflösung der hannoverschen Armee abgeschlossen.

Schreiben des preußischen GL. von Falckenstein, bezüglich der hannoverschen Kapitulation, an den königlich hannoverschen GL. von Arentsschildt: „Euer Exellenz an den Generalmajor von Flies gerichtetes gefälliges Schreiben vom heutigen Tage hat mir derselbe zur Entscheidung vorgelegt. Euer Exellenz beehre ich mich dengemäss mitzutheilen, dass auf Grund Allerhöchster Instructionen ich berechtigt bin, eine Capitulation mit Euer Exellenz unter denselben Bedingungen abzuschliessen, welche Seine Majestät der König den kurfürstlich-hessischen Truppen bekannt zu machen mir befohlen haben.

Diese Bedingungen bestehen darin, dass die Mannschaften - selbstredend ohne Waffen und Kriegsausrüstung - in ihre Heimat entlassen, die Officiere unter Beibehalt ihrer Waffen mit vollem Gehalt und Competenzen bis auf Weiteres beurlaubt werden.

Falls Euer Exellenz die Berechtigung haben, unter diesen Bedingungen die Capitulation abzuschließen, ersuche ich Wohldieselben, mich hievon schriftlich durch den Überbringer dieses Schreibens, den königlichen Major Wiebe von meinem Generalstabe, in Kenntnis setzen zu wollen. Mir erübrigt nur noch zu bemerken, dass wegen der Übergabe der Waffen und des Kriegs-Materials der Major Wiebe von mir beauftragt worden ist, mit Euer Exellenz das Nähere meinen Instrctionen gemäss zu besprechen. Hauptquartier Gross-Behringen, den 28. Juni 1866,

der königlich preussische commandierende General

gez. von Falckenstein."

Zusatzbestimmungen des GM. Manteuffel zu den angeführten Kapitulations-Bedingungen: „Seine Majestät der König, mein Allergnädigster Herr, hat zu der von dem General der Infanterie, Freiherrn von Falckenstein und dem commandierenden General der königlich hannoverschen Truppen, General-Lieutenant von Arentsschildt, heute Morgen geschlossenen Capitulation folgende Zusätze und Erläuterungsbestimmungen gegeben.

Vor allem haben Seine Majestät der König mir befohlen, Allerhöchst Seine Anerkennung der tapferen Haltung der königlich hannoverschen Truppen auszusprechen. Dann stelle ich die nachfolgenden Punkte auf:

1. Seine Majestät der König von Hannover können mit Seiner königlichen Hoheit dem Kronprinzen und einem durch Seine königlich hannoversche Majestät auszuwählenden Gefolge Allerhöchst ihren Aufenthalt nach freier Wahl ausserhalb des Königreiches Hannover nehmen. Seiner Majestät Privat-vermögen bleibt zu Allerhöchst dessen Verfügung.

2. Die Herren Officiere und Beamten der königlich hannoverschen Armee versprechen auf Ehrenwort, nicht gegen Preußen zu dienen, behalten Waffen, Gepäck und Pferde, sowie demnächst Gehalt und Competenzen (Gesammt-bezüge) und treten der königlich preussischen Administration des Königreiches Hannover gegenüber in dieselben Rechte und Ansprüche, welche ihnen bisher königlich hannoverschen Regierung gegenüber zustanden.

3. Unterofficiere und Soldaten der königlich hannoverschen Armee liefern Waffen, Pferde und Munition an die von Seiner Majestät dem Könige von Hannover zu bezeichnenden Officiere und Beamten ab und begeben sich in den von Preussen zu bestimmenden Echelons (Sammelplätze) mittelst Eisenbahn in ihre Heimat mit dem Versprechen, gegen Preussen nicht zu dienen.

4. Waffen, Pferde und sonstiges Kriegsmateriale der königlich hannoverschen Armee werden von besagten Offizieren und Beamten an preussische Commissäre übergeben.

5. Auf speciellen Wunsch Seiner Exellenz des Herrn commandierenden Generals von Arentsschildt wird auch die Beibehaltung des Gehalts der Unterofficiere der königlich hannoverschen Armee speciell zugesagt.
Langensalza, den 29. Juni 1866.

gez. von Arentsschildt,	gez. Freiherr von Manteuffel,
GL. commandierender General	Gouverneur in den Elbe-Herzog-
der hannoverschen Armee.	tümern, GM. und General-Adjutant
	Seiner Majestät des Königs von
	Preussen."

Der König von Hannover, Georg V. und der Kronprinz Herzog Ernst August begaben sich anfänglich auf ein Schloß in der Nähe von Jena, später in das Altenburgische, zuletzt nach Wien. Die Königin blieb mit den Prinzessinen in Hannover.

Niemand wird zwar der kleinen aber tapferen Armee Hannovers ihren Sieg über die Brigade des GM. von Flies streitig machen wollen, aber das Zögern des Generalstabes und die Versäumnis nach Süden zu den anderen Reichstruppen durchzubrechen oder schon vorher dorthin abzumarschieren, waren schwere strategische Fehler, denn schon bei den Schwierigkeiten bei der Mobilmachung der Truppen hätten König Georg V. und sein Feldherr erkennen müssen, daß sie allein einem preußischen Angriff nicht gewachsen sein würden. Dazu kam das seltsame Verhalten der Bayern, die die Hanoveraner im Stich gelassen haben.

König Georg V., der der Cellischen Linie des jüngeren welfischen Hauses (Haus Welf-Este) angehörte, fühlte sich, wie aus seinem Aufruf an seine Armee hervorgeht, als Nachkomme des alten, mächtigen deutschen Fürstengeschlechtes, das jahrhundertelang den Verlauf der deutschen Geschichte mitbestimmt hatte. Daß ihm jetzt, 1866, König Wilhelm I. von Preußen, ein Hohenzoller, Land und Krone raubte und Hannover, so wie Kurhessen, dem Königreich Preußen einverleibte, geht auf den Initiator des Land- und Kronenraubes, Graf Otto von Bismarck, zurück.

König Georg V. regierte von 1851-1866. Er stand in der dänischen Frage 1863/64 gegen Preußen. Durch Patent Wilhelms I. vom 3. Oktober 1866 ergriff Preußen vom Königreich Hannover Besitz und machte es zur Provinz, nachdem es 1814, am Wiener Kongreß, zum Königreich erhoben worden war.

Gleichzeitig mit Kurhessen und Hannover wurde auch das Königreich Sachsen durch preußische Truppen besetzt. Sachsen lag territorial innerhalb der Operationssphäre der beiden deutschen Hauptarmeen. Glücklicherweise erlitt die königlich sächsische Armee nicht dasselbe Schicksal, wie jene Hannovers, der Entschiedenheit, mit welcher die königliche Regierung schon seit

Langem ihre Wahl zu treffen und ihre Truppen für den Ernst der Ereignisse vorzubereiten gewußt hat. Mit der Besetzung Sachsens durch preußische Truppen war vorerst das Schicksal dieses Staates ebenso wenig entschieden, wie jenes Hannovers, trotz der Kapitulation von Langensalza. Die preußischen Okkupationen waren vorerst ephemere (kurzfristige) Erfolge, so lange nicht bei den hauptsächlichen Verfechtern der künftigen Geschicke Deutschlands, bei der preußischen und österreichischen Hauptarmee, die Entscheidung gefallen war.

Schon standen sich diese gewaltigen Massen im Kampfe gegenüber. Doch vergessen wir über den ernsten Ereignissen, die im Norden ihrer Erfüllung zueilten, nicht, daß Preußen weit im Süden einen großen Verbündeten hatte, der bestimmt war, Österreich in den Rücken zu fallen, während dieses in seiner deutschen Front kämpfen sollte, um ganz Deutschland vor der preußischen Vergewaltigung zu schützen. Dieser Verbündete, der einen lockenden Kampfpreis vor sich hatte, löste sein an Preußen gegebenes Bundeswort pünktlich. Am selben Tag, an dem der König von Preußen Wilhelm I. dem Kaiserstaat Österreich den Krieg erklärte, warf auch Viktor Emanuel seinen Fehdehandschuh hin.

Lassen wir die großen Aktionen dieser 250.000 Italiener, die Österreich im Süden angriffen, den Vorrang in unserer Darstellung der Ereignisse, denn die Entscheidung fiel hier früher als im Norden.

Alle Meldungen über die Bewegungen des italienischen Gegners, insbesondere jene, die am 20. Juni, beim Armeekommando Erzherzog Albrechts einliefen, ließen voraussehen, daß unmittelbar nach Ablauf der in der Kriegserklärung angegebenen Frist der feindliche Einfall in das kaiserliche Gebiet von mehreren Seiten zugleich mit Nachdruck erfolgen würde. Nach den Meldungen der an den Mincio vorgeschobenen Brigade Pulz vom 20. Juni, besetzte der Feind an diesem Tag bei Ferri das rechte Flußufer mit starken Infanterievorausabteilungen und postierte in Goito größere Infanterieverbände und technische Truppen. Eine Infanteriekolonne von ca. 3000 Mann bewegte sich am Morgen des 20. Juni von Goito flußaufwärts gegen Borghetto und bei Casa-Caselli befand sich ein großes Infanterielager, ebenso bei Monzambano. Nach all diesen Nachrichten schien das feindliche 1. Korps mit seinem Gros im Hügelland am rechten Mincio-Ufer zu stehen. Gleichzeitige Berichte aus Tirol machten klar, daß auch dorthin größere feindliche Truppenmassen, insbesondere die Freiwilligen, dirigiert wurden. Man wußte überdies, daß bei

Rocca d'Anfo reguläre Infanterie und 20 Kanonen sich befänden, daß Freischarenabteilungen längs des westlichen Ufers des Garda-Sees aufgestellt und daß bei Maderno und Gargnano Strandbatterien errichtet wurden. Es stand daher auch eine Landung feindlicher Kräfte auf dem östlichen Ufer des Sees, so wie der Versuch, die Verbindung zwischen Verona und Tirol zu erschweren, in Aussicht. Zur Sicherung der Verbindung mit Verona und um das Einsickern von Freischaren in die venezianischen Gebirge möglichst zu verhindern, erhielt GM. Baron Kuhn am 21. den Befehl, Brentonico mit einer Kompanie Landesschützen zu besetzen. Vom mittleren Po meldete man das schon Mitte Juni erfolgte Eintreffen einer italienischen Truppendivision in Mirandola. Vom unteren Po berichtete GM.Scudier telegraphisch am 20. Juni, daß bei Francolinetto eine große Truppenansammlung stattfände, die Po-Insel vom Gegner besetzt wäre, und Flußfahrzeuge zur Insel geschafft würden.

Indessen konnte die Trennung der italienischen Armee in zwei Heeresgruppen noch immer als gegeben angenommen werden, und Erzherzog Albrecht beschloß daher, diesen günstigen Umstand zu benützen, um dem am Mincio stehenden stärkeren Teil des Feindes mit dem größten Nachdruck und so rasch als tunlich entgegenzutreten. Um König Viktor Emanuel vollends zu täuschen und zu überraschen, sollte nach erfolgter Kriegserklärung die kaiserliche Armee bis zum 22. ruhig in der Stellung hinter der Etsch bleiben, dann aber mittels einer rasch und geheim geführten Bewegung auf das Hügelterrain am Mincio versetzt werden und den Gegner anfallen, wo sie ihn findet. Es wurde daher die Konzentrierung der Armee für den 23. bei Verona eingeleitet.

Die strenge Handhabung der Grenzsperre und eine scharfe Bewachung der Etsch zwischen Verona und Legnano durch die beim Armeekorps eingeteilte Kavallerie, zur Verhinderung der Kommunikation zwischen beiden Etsch-Ufern, sollte die Geheimhaltung der Angriffsbewegungen verbürgen. Um für den entscheidenden Schlag nicht eines Mannes zu entbehren, der nicht unumgänglich notwendig auf anderen Punkten war, wurde auch das Gros der Brigade Scudier per Bahn zur Armee gezogen. Es blieb am unteren Po, gegenüber einer beinahe 90000 Mann starken Armee, die den Rücken der kaiserlichen Armee bedrohen, ihre Verbindungen mit Istrien, Dalmatien und der Flotte zu unterbrechen und zu diesem Zweck direkt auf Vicenza zu marschieren bestimmt war, nur ein einziges Bataillon und vier Eskadrons unter Oberst Graf Szapáry zur Beobachtung des Stromes zurück. Als Rückhalt für diese schwache Beobachtungstruppe, namentlich aber zur Deckung der Eisenbahn, Niederhaltung aufrührerischer Versuche auf den Hauptkommunikationen u. dgl., wurde das bisher bei Conegliano stehende Gros der Streifbrigade Zastavniković nach Padua disponiert.

Am 23. Juni um 18. 45 Uhr abends wurden die Dispositionen für den 24. an die Korpskommandanten ausgegeben. Der Aufmarsch zur Schlacht erfolgte in der Zeit von 3 Uhr bis 8 Uhr früh. In dieser Zeit setzten sich, ihren Dispositionen zustrebend, alle Teile der Armee in Bewegung. Das 5. Armeekorps (GM. Baron Rodich) hatte den Marsch nach S. Rocco di Palazzolo, das 7. Armeekorps (FML. Baron Maroičić) gegen Sona und das 9. Armeekorps (FML. Hartung) nach Sommacampagna angetreten.

Die Marschbewegungen der italienischen Armee: Das I. Korps erreichte den Monte della Croce, das II. Korps Goito. Das Kommando der italienischen Armee hatte die Absicht gehabt, am 24. mit den am Mincio konzentrierten Streitkräften in der Ebene von Villafranca und im Hügelland bei Sommacampagna, Sona und Castelnovo eine feste Stellung einzunehmen. Es waren demgemäß folgende Befehle für den 24. ausgegeben worden: Das I. Armeekorps (Durando) sollte sein Hauptquartier nach Castelnovo verlegen und am linken Mincio-Ufer die Höhen von Sona und S. Giustina besetzen, das III. Armeekorps (della Rocca) sollte die Linie des I. Armeekorps über Sommacampagna bis Villafranca verlängern, das II. Armeekorps (Chucchiari) sollte mit drei Brigaden Mantua angreifen, eine Brigade vor Borgoforte belassen, mit den anderen Brigaden bei Goito den Mincio überschreiten und Roverbella besetzen. Das Armeehauptquartier war nach Valeggio, dem natürlichen Mittelpunkt dieser Aufstellung, verlegt worden. Die permanente Brücke von Goito und die am 23. geschlagenen Brücken bei Molini della Volta, Bonati und Derri und eine am 24. geschlagene Brücke bei Torre Gotto sollten durch Verschanzungen gedeckt werden; die beiden Brücken bei Monzambano und Valeggio schienen durch die Besetzung des Hügellandes gesichert zu sein. Es wurde dem II. Korps zwar befohlen, mit der vor dem Feinde notwendigen Vorsicht zu marschieren; da aber beim Überschreiten des Mincio kein Widerstand geleistet wurde und die Bevölkerung nichts von der österreichischen Armee wußte, nahm man im italienischen Hauptquartier an, daß die kaiserliche Armee hinter der Etsch stehe und nicht die Absicht habe, sich vor diesem Fluß zu schlagen. Die Bewegungen auf österreichischer Seite vom 24. Juni wurden daher nur für einfache Dislokationsveränderungen gehalten. König Viktor Emanuel machte, den nahen Schlag, der gegen ihn geführt werden sollte, nicht ahnend, kurz vor dem Beginn der Kämpfe sogar noch einen Spazierritt.

FM. Erzherzog Albrecht hatte sich mit seinem Stab um 4 Uhr früh von S. Massimo auf die Höhe von Montebello begeben, um dort den Aufmarsch der Armee abzuwarten. Gegen 6 Uhr 30 waren von den meisten Korps und Brigaden die Rapporte über die bezogenen Aufmarschräume eingelangt.

Das Kampfgebiet, auf dem die Schlacht von Custaza am 24. und 25. Juni tobte, läßt sich in etwa so abstecken: An den Flußläufen des Mincio und Tione, den Höhen von Sommacampagna, dem Monte della Croce, dem Monte Vento, beide Höhen wechselten mehrmals den Besitzer, den Höhen von Fontana, dem Hügelland am Mincio, den Höhen von Feniletto, den Höhen südlich von Jese und bei Capellino, den Höhen von S. Rocco di Palazzole, den Monte Molimenti und den erbittert umkämpften Höhen des Monte Torre und Monte Belvedere, die ebenfalls mehrmals den Besitzer wechselten. Die wichtigsten Orte des Kampfgebietes: Sommacampagna, die Schlüsselstellung der Österreicher, S. Lucia, Custozza, Villafranca, Valeggio, die Brücken von Monzampano, sowie die Orte Casazze, Cerchie, Volta, Busetta, Oliosi und der schwerumkämpfte Monte Cricol, der ebenfalls mehrmals den Besitzer wechselte. Die Kämpfe wogten zwei Tage hin und her, doch im Ganzen gesehen, war die Strategie Erzherzogs Albrecht vom Erfolg gekrönt.

Wenn auch auf die Details der einzelnen Gefechte nicht eingegangen wird, weil diese allein ein ganzes Buch füllen würden, so steht doch fest, daß der Feind, durch das unerwartete Erscheinen der kaiserlichen Armee auf der ganzen Linie überrascht wurde. Wenn die Italiener auch tapfer kämpften, so agierten sie, von der ganzen Wucht des Angriffes unerwartet getroffen, doch planlos und ohne Zusammenhang, verloren einen Teil des Schlachtfeldes nach dem anderen und überließen dasselbe endlich völlig dem kaiserlichen Feldherrn, der sein kleines Heer so mutig zum Sieg zu führen verstanden hatte. Am 25. Juni um 17 Uhr 30 war die Schlacht von Custozza an der ganzen Front gewonnen, Custozza erstürmt und die Italiener im vollen Rückzug über den Mincio.

Erzherzog Albrecht meldete den Sieg dem Kaiser und Franz Joseph versagte der Südarmee seine Anerkennung nicht. Der Erzherzog erließ folgenden Armee-Befehl: „Seine Majestät unser Allergnädigster Kaiser geruthen Mir heute folgende Worte zu telegraphieren: „Dir und meinen Truppen Meinen wärmsten Dank."

Waffenbrüder! Es ist der schönste Augenblick Meines Lebens, Euch diese Allerhöchste Anerkennung bekannt geben zu können.

Den uns vom Feinde frevelhaft aufgedrungenen Krieg habt Ihr mit dem herrlichen Siege von Custozza eröffnet, - auf denselben Höhen, wo wir bereits vor 18 Jahren entscheidend gesiegt.

Ich war Zeuge Euerer überwältigenden Tapferkeit, trotz der Übermacht und den ungestümen Angriffen des Gegners.

Kanonen wurden erbeutet und zahlreiche Gefangene gemacht.

Jeder von Euch hat als Held gestritten, keine Waffe ist der anderen nachgestanden, jede hat in ihrer Eigenschaft das Äusserste geleistet.

Ihr waret der schweren Aufgabe würdig, wie Ich es Euch vorausgesagt.

Wir gehen neuen Anstrengungen, aber so Gott will, neuen Siegen entgegen. Hauptquartier Zerbare, am 25. Juni 1866.

Erzherzog Albrecht m. p."

Der Chef des Generalstabes, GM. Baron John, der Kommandant des 5. Armeekorps, GM. Baron Rodich, der Kommandant der Reserve-Division, GM. von Rupprecht, wurden zu Feldmarschalleutnants, die Oberste v. Pürcker, Chef der Operationskanzlei, Pulz, Kommandant der Kavalleriereserve, Bujanovics, Kavalleriebrigadier zu Generalmajoren befördert, und zahlreiche, weitere Beförderungen, Auszeichnungen und Anerkennungen bewiesen dem Heer die Zufriedenheit ihres kaiserlichen Kriegsherrn und ihres ruhmgekrönten Führers.

Verluste in der Schlacht. Die beiderseitigen Verluste waren bedeutend. Sie betrugen bei der österreichischen Armee 7956 Tote und Verwundete, wovon 1500, zum Teil verwundet, in Gefangenschaft gerieten. Die italienische Armee verlor 8145 Mann, darunter über 4000 Verwundete, die gefangengenommen wurden. Der größere Verlust der österreichischen Armee an Toten und Verwundeten erklärt sich daraus, daß dieselbe überall angriffsweise auftrat, während die Italiener ihre festen Positionen verteidigten und sich defensiv verhielten und das Feuer ihrer Infanterie geschickt ausnützten.

An Material wurden bei der österreichischen Armee drei 4pfdge Geschützrohre und fünf 4pfdge Lafetten unbrauchbar. Dagegen hatte sie an Siegestrophäen 14 Kanonen, 16 Protzen, 4 teilweise beladene Munitionswagen, 1 Genie-, 4 Ambulanzwagen, 2 Feldschmieden und über 5000 Gewehre.

Der physische Zustand der kaiserlichen Armee, vor allem der Kavallerie, war am Morgen des 25. Juni kein derartiger, um eine energische Verfolgung des Feindes zu unternehmen. Der Erzherzog mußte sich entschließen, einen Rasttag einzulegen und nur Aufklärungstruppen auszusenden.

Erzherzog Albrecht ließ die Armee bis an den Mincio vorrücken. Die Italiener hatten die Brücke bei Borghetto in Brand gesteckt und die Brücken bei Molini della Volta, Bonati und Ferri abgebrochen. Das 5. Armeekorps lagerte bei Ripa, S. Lucia und am Monte Vento, das 7. Armeekorps blieb in seinen Stellungen zwischen Custozza und dem Monte Godi, das 9. Armeekorps besetzte Villafranca. Die Armee befand sich also im Hügelland am linken Mincio-Ufer, wo die in der Schlacht erlittenen Verluste möglichst ersetzt, Waffen und Material wieder völlig instandgesetzt und die Armee für weitere Kämpfe vorbereitet wurde.

Die italienische Armee hatte den Rückzug angetreten. Das I. Korps erhielt den Befehl zum Rückmarsch nach Cremona, der am 26. angetreten wurde; das III. Korps hatte den Marsch nach Piacenza anzutreten und das II. Korps hatte, einschließlich der vor Mantua liegenden Brigaden gleichfalls nach Cremona abzurücken. Als General Cialdini von der Niederlage der Armee des Köpigs hörte, ging er auch mit seinem IV. Korps nach Modena zurück und räumte am 27. das linke Po-Ufer.

Erzherzog Albrecht ließ am 30. Juni den Oberst Pulz mit 4 Eskadrons bei Goito den Mincio überschreiten, um wieder Fühlung mit dem Feind zu erhalten. Nachdem bei Salionze eine Kriegsbrücke geschlagen und die vom Feind zerstörte Brücke bei Valeggio wieder hergestellt war, ließ der Erzherzog, nachdem er durch Kundschafter wußte, daß der Feind hinter dem Oglio stehe, am 1. Juli die Armee den Mincio überschreiten. Die Armee hatte auf die Linie S. Martino-Rondotto-Castellaro-Olfino vorzurücken. Gleichzeitig erließ Erzherzog Albrecht an die Korpskommandanten eine besondere Instruktion, in der es hieß: „Es liegt wohl nahe, daß es nicht meine Absicht sein kann, in dem zu besetzenden Terrain Gefechte ernsterer Natur zu führen, denen die numerische Stärke der Armee kaum gewachsen wäre. Die Occupierung des feindlichen Gebietes hat nur den Zweck, den vielleicht im Zuge begriffenen Operationen des Gegners eine andere Richtung zu geben, oder denselben einen nachtheiligen Aufenthalt zu bereiten; ferner soll die Armee aus der mephitischen Luft eines blutigen Schlachtfeldes auf einige Zeit entfernt und dies durch eine Bewegung nach vorwärts, welche uns nicht weit von unserem vorbereiteten Schlachtfelde entfernt, erzielt werden. Wir müssen unsere Kräfte schonen und für die nächste Schlacht zusammen halten, welche - wenn zu unseren Gunsten wahrscheinlich das Schicksal dieses Feldzuges entscheiden dürfte. Diese Schlacht wollen wir, wenn thunlich, abermals auf unserem Ehrenfelde von Custozza liefern.

Sollten Verhältnisse uns dennoch zwingen, einen Kampf auf dem rechten Mincio-Ufer einzugehen, so will Ich, dass er mit dem linken Flügel-Stützpunkte „Valoggio" in der Linie der Höhen von Olfino, dann über Castellaro, Rondotto, und S. Martino geschlagen werde, in welcher Linie, auf der die Gros der Armee-Corps ohnehin stehen, somit die vorpoussierten Abtheilungen unter leichter Fühlung mit dem nachdrängenden Gegner sich zurückzuziehen haben werden. Die nähreren Details hierüber behalte Ich mir vor."

Nachdem auch die die Brücke von Monzampano ebenfalls wieder hergstellt war, erreichte die Armee am 1. Juli die zugewiesenen Räume.

Ein anderer Befehl gab den Korpskommandanten bekannt, daß das Überschreiten der Grenze nicht die Besitzergreifung oder dauernde Besetzung des feindlichen Landes zum Zweck habe; die Truppenkommandanten seien daher zu belehren, nach dieser Andeutung das Benehmen gegen die Behörden und Bewohner einzurichten, besonders aber Demonstrationen, die Veranlassung zur Vermutung geben könnten, als wollte sich Österreich zum Herrn des Landes machen, mit Entschiedenheit zu verhindern.

Erzherzog Albrecht hatte Kenntnis von den ersten nachteiligen Gefechten der Nord-Armee erhalten und war am Abend des 1. Juli von Kaiser Franz Joseph beauftragt worden, mit Vorsicht zu operieren und keine weitreichenden und gewagten Bewegungen zu unternehmen. Hierauf wurde die Armee am 3. Juli wieder auf das linke Mincio-Ufer zurückgenommen. Am 3. Juli, um 10 Uhr 35 traf ein erschütterndes Telegramm des Kaisers im Armee-Hauptquartier ein, das den Erzherzog davon in Kenntnis setzte, die Nord-Armee hätte am 3. Juli die Schlach bei Königgrätz angenommen und wäre in derselben völlig unterlegen. Ich befehle, daß Du die Armee auf das linke Mincio-Ufer ziehst und dort eine solche konzentrierte Stellung einnimmst, um etwaige feindliche Angriffe zurückzuschlagen, oder wenn ein solcher nicht erfolgen sollte, Meine weiteren Befehle erwarten zu können."

Erzherzog Albrecht antwortete hierauf mit dem folgenden Telegramm an den Kaiser: „Bereits gestern die Armee auf das linke Mincio-Ufer zurückgeführt. Die Niederlage der Nord-Armee ist ein großes Unglück, aber deswegen doch noch nichts verloren. 1809 erfolgte auf die Niederlage bei Regensburg der schönste Sieg bei Aspern. Auch diesmal steht ein Gleiches in Aussicht, wenn man weder bei der Armee noch im Volke Kleinmuth aufkommen lässt."

Ein am Abend desselben Tages einlangender telegraphischer Befehl Kaiser Franz Josephs ordnete die Absendung eines aus 4 Brigaden zusammengesetzten Armeekorps und zweier Kavallerieregimenter mittels Eisenbahn nach Wien an. Auf die Vorstellung des Erzherzogs, daß nach einer solchen Verminderung die Süd-Armee nicht mehr in der Lage wäre, das freie Feld zu behaupten, während dieselbe zur bloßen Verwendung in den Festungen zu stark bliebe, - andererseits durch die Heranziehung eines einzigen Armeekorps an die Donau die Verhältnisse der Nord-Armee nicht wesentlich gebessert würden, wurde bald darauf der Abmarsch des größeren Teiles der Süd-Armee an die Donau beschlossen, nachdem es sich herausgestellt hatte, daß die von Kaiser Napoleon III., nach Abtretung Venetiens an Frankreich, versuchte Vermittlung weder bei Preußen noch bei Italien die Einstellung der Feindseligkeitem zu erreichen vermochte. Bis der mit Ungeduld erwartete Befehl zum Abmarsch der Süd-Armee eintraf, suchte Erzherzog Albrecht die Armee vor jedem größeren Zusammenstoß mit dem Feind zu bewahren, andererseits aber alles vorbereiten, was nach Erhalt des Befehles den Transport der Armee nach Norden beschleunigen konnte. Das 5. Armeekorps hatte den Abmarsch des 7. und 9. Korps zu decken und beim vorgesehenen Rückzug hinter die Etsch alle Brücken, Magazine und dergleichen Einrichtungen zu zerstören, damit sie dem Feind nicht in die Hände fallen würden. Die Festungskom-

mandanten von Verona, Venedig, Mantua, Peschiera, Legnano und Palmanuova waren schon am 5. Juli angewiesen worden, sich für einen vierten
Monat mit allem zu verproviantieren. Sollte die Armee-Intendanz den Bedarf
nicht zu decken vermögen, so wäre dieser im Wege der Requisition zu veranlassen. Nach Räumung der vorgesehenen Gebiete entschloß sich Erzherzog
Albrecht aber das 5. und 9. Armeekorps an die Donau zu führen und das
7. Korps zur Deckung Tirols, Istriens und der Küstenlande in Italien zu
belassen. Mit dem Kommando der restlichen Süd-Armee wurde FM. Baron
Maroicić betraut, dem auch alle Truppen in den benachbarten Provinzen
unterstellt wurden.

Feldmarschall Erzherzog Albrecht erließ noch die nötigen Dispositionen
für den Eisenbahntransport der Truppen und begab sich am 12. Juli, in
Begleitung seines Genralsstabs-Chef, des FML. John, nach Wien. Bei seinem
Abgehen erließ der Erzherzog noch nachstehenden Armee-Befehl:

„Soldaten der Süd-Armee!

Unsere Waffen im Norden waren bei den ersten Kämpfen vom Glücke
nicht begünstigt, doch vermochte der Unfall, der sie betroffen, das Vertrauen
unseres erhabenen Monarchen auf Gott, unser gutes heiliges Recht und unsere
Kraft nicht zu erschüttern, und unerschütterlich wie Er, ist die ganze Armee,
ist ganz Österreich zum Kampfe auf das Äusserste entschlossen, so lange kein
ehrenvoller, Österreichs Machtstellung sichernder Friede erreicht wird.

Durch den im kaiserlichen Manifeste vom 10. Juli verkündeten Allerhöchsten Entschluss wird uns eine veränderte Aufgabe zu Theil. Während die
notwendigen Kräfte zurückbleiben, um die hierländigen Festungen zu
behaupten und im Vereine mit der treuen und muthigen Bevölkerung die
Grenzen Tirols, Inner-Österreichs und der Küste zu schützen, ziehe Ich mit
dem Reste der Armee zur Verstärkung unserer Streitmacht nach Norden, wo
die Entscheidung liegt.

Waffengefährten! Ich weiss, Ihr könnt den Schauplatz Eures jüngsten Tri-
umphes nur mit schweren Herzen verlassen; doch möge hiefür die Hoffnung
auf neue Siege, Euren freudigen Muth, Eure Kraft auch neu beleben. Ihr seid
berufen, im Norden zu vollenden, was Ihr im Süden so glänzend begonnen!
Soldaten der Besatzungen der venezianischen Festungen, in Tirol und im
Küstenlande! Euch mache Ich zu Erben unseres Sieges von Custozza; Euch
lasse Ich als die treuen und tapferen Hüter des begonnenen Werkes zurück.
Haltet das ruhmvolle Vermächtnis mit unerschütterlicher Zähigkeit fest.
Was auch kommen möge, haltet mit der Ausdauer Eurer Vorfahren die Fah-
nen unseres theuren Österreichs hoch! Eure Aufgabe ist so notwendig im
Süden, als die unsere im Norden; Allen wird gleiche Ehre, gleiche Aner-

kennung zu Theil werden. Voll ruhigen Vertrauens rufe Ich Euch in Meinem und im Namen aller Scheidenden ein herzliches Lebewohl zu, doch gleichzeitig auch auf Wiedersehen!

Und Ihr, die Ihr mit Mir nach Norden zieht, lasst uns im Vereine mit unseren dortigen tapferen Waffenbrüdern der Welt zeigen, dass Österreichs Kraft noch ungebrochen, lasst uns zum Entscheidungskampfe gehen mit dem Vertrauen auf Gott und unsere Kraft, welche uns bereits die grössten Schwierigkeiten siegreich überwinden gelehrt!"

Bei den nahezu auf das Höchste gesteigerten Anforderungen, welche um diese Zeit an alle Bahnlinien der Monarchie gestellt werden mußten, war es nicht zu vermeiden, daß der Betrieb vielfache Hemmnisse erlitt und daß die gegebenen Dispositionen nicht strikt ausgeführt werden konnten. Der Transport der Truppen nach Norden zog sich länger hinaus als berechnet, hauptsächlich weil die leeren Waggons nicht rechtzeitig wieder in die Aufnahmsstationen zurückkehren konnten.

Die Ereignisse an der Nord-Front: Der Operationsplan des österreichischen Generals Krismanić, Generalstabs-Chef FZM Benedeks, war von allem Anfang an auf Defensive eingestellt. Es wurde aber verabsäumt, die Vorteile der natürlichen Gebirgsgrenze in den Sudeten entsprechend auszunutzen. Während das Gros der österreichischen Armee nach und nach aus dem Raum Olmütz in Böhmen einrückte, überschritten die preußischen Armeen zwischen dem 22. und 25. Juni, von Sachsen und Schlesien hervorbrechend, fast gleichzeitig die Grenzen des Kronlandes Böhmen. Den Oberbefehl führte

Ludwig von Benedek

König Wilhelm von Hohenzollern persönlich, sein Generalstabs--Chef Freiherr Helmut von Moltke, der seine Kriegserfahrungen in der türkischen Armee gemacht hatte, leitete die Gesamtoperationen. Das Zentrum der preußischen Angriffsfront bildete die I. Armee unter dem Prinzen Friedrich Carl (Lausitz), den linken Flügel die II. Armee unter dem Kronprinzen Friedrich Wilhelm (Schlesien) und den rechten die Elbearmee unter dem General Herwarth von Bittenfeld. Moltke plante, die drei Armeen getrennt marschieren zu lassen, sie aber dann zu vereinigen, wenn die Möglichkeit bestand, die österreichische Hauptmacht anzugreifen.

Der Vormarsch der preußischen Heeresgruppen ging rasch vor sich. Die Elbearmee warf die Österreicher unter Clam-Gallas und die Sachsen unter dem Kronprinzen Albert am 26. Juni bei Hühnerwasser zurück und die I. Armee schlug die Österreicher in der Nacht zum 27. bei Podol in einer verlustreichen Schlacht und am 28. bei Münchengrätz. Am 29. Juni wurden die Österreicher und Sachsen nach schweren Kämpfen bei Gitschin (Jičin) von den Truppen der I. Armee und der Elbe-Armee zum Rückzug gezwungen. Inzwischen war auch die II. preußische Armee erfolgreich vorgedrungen. Sie siegte am 27. Juni bei Nachod über das 6. österreichische Armeekorps unter FML. Baron Ramming in einem blutigen Nachtgefecht und am 28. bei Skalitz über das 8. Armeekorps unter Erzherzog Leopold. Das 10. Armeekorps unter FML. von Gablenz vermochte zwar am 27. Juni die Preußen bei Trautenau zurückzuschlagen, doch wurde es bereits am 28. bei Soor zu einem verlustreichen Rückzug gezwungen. Am 29. Juni wurde auch das 4. österreichische Armeekorps unter FML. Tassilo Graf Festetics de Tolna bei Schweinschädel von Truppen der II. preußischen Armee aus einer starken Position gedrängt. Am gleichen Tag erreichte das preußische Gardekorps die Elbe bei Königinhof.

Die Gefechte der letzten Junitage hatten der österreichischen Armee etwa 30.000 Mann gekostet, und der moralische Halt der Truppen war bedenklich ins Wanken geraten. Die so schweren Verluste der österreichischen Armee, die in ihren farbenprächtigen Uniformen mit klingendem Spiel, wie am Exerzierplatz, vorging, waren auf die überlegene Feuerkraft der preußischen Infanterie, die mit den für die damalige Zeit hochmodernen Dreyse-Gewehren, mit Zündnadeln versehenen Hinterladern, die fünf Schüsse in der Minute abgeben konnten, zurückzuführen. Die österreichische Heeresleitung hatte es verabsäumt, diese modernen Gewehre auch in der kaiserlichen Armee einzuführen, die mit ihren veralteten Vorderladern, Marke Lorenz, Baujahr 1852, die in der Minute höchstens einen Schuß abgeben konnten, der preußischen Infanterie hoffnungslos unterlegen war. Aber auch die Kavallerieattacken der kaiserlichen Reiterei brachen in diesem konzentrierten Schnellfeuer der

Preußen zusammen und verursachten ihr schwerste Verluste. Die Versuche der kaiserlichen Brigade- und Regimentskommandanten, die überlegene Feuerkraft der preußischen Infanterie durch den Nahkampf mit gefälltem Bajonett auszugleichen, mußte natürlich im Anrennen gegen die preußischen Stellungen im konzentrierten Abwehrfeuer, das verheerend wirkte, scheitern.

Am 1. Juli telegraphierte FZM von Benedek an Kaiser Franz Joseph: „Bitte Eure Majestät dringend, um jeden Preis den Frieden zu schliessen. Katastrophe für die Armee unvermeidlich." Von Kaiser Franz Joseph war vorher noch ein Telegramm eingelangt, das an FZM von Benedek gerichtet war: „Obschon seit Ihren Berichten vom 27. und 28. v. M. aus Josefstadt, dann der telegraphischen Meldung vom 29. aus Dubenec das Resultat der Operetionen Mir unbekannt ist, so habe Ich - trotz der Nachricht bezüglich des auf Königgrätz nöthig gewordenen Rückzuges - das feste Vertrauen, dass Ihre energische Führung demnächst günstige Erfolge erzielen und Ihre Kraft die Ordnung erhalten wird." Doch konnten auch diese großherzigen Worte des Kaisers den gesunkenen Mut des unglücklichen Feldherrn nicht aufrichten. Der Kaiser hatte auf den Rat seines Armeekommandanten, um jeden Preis Frieden zu schließen, nicht eingehen können. Mochte Benedek die Verhältnisse der Armee nach allen Niederlagen, die die einzelnen Korps erlitten, noch so ungünstig betrachten, so rechtfertigte doch nichts, mit dem Feind in Unterhandlungen zu treten, bevor eine Schlacht geschlagen worden und dieselbe über das Schicksal des Heeres und des Staates entschieden hatte. Auch mußte es jedem Unbefangenen, der den unmittelbaren Eindrücken des Schauplatzes entrückt war, undenkbar erscheinen, daß die Armee völlig kampfunfähig und eine Katastrophe unvermeidlich sei. Ebenso schienen Verhandlungen mit dem Gegner zwecklos und ungerechtfertigt zu sein. Um 2 Uhr nachmittags traf vom Kaiser folgendes Telegramm beim Armeekommandanten ein: „Einen Frieden zu schließen unmöglich. Ich befehle, - wenn unausweichlich - den Rückzug in größter Ordnung anzutreten. Hat eine Schlacht stattgefunden?" Hierauf meldete FZM. von Benedek noch am 1. Juli, um 11 Uhr nachts, dem Kaiser telegraphisch: „Euer Majestät Telegramme Nr. 3016 und 3020 erhalten, Chiffren verstanden. - 6. und 10. Corps haben ausserordentlich, 8. Corps sehr stark gelitten; 1. Corps, wie ich mich heute persönlich überzeugt, und sächsisches Corps theilweise ebenfalls ausserordentlich hergenommen, und brauchen mehrere Tage, um sich zu sammeln; auch 4. Corps hat Verluste gehabt. Von 8 Corps sind mithin, ohne Schlacht, bloß nach partiellen Gefechten, nur 2 ganz intact, aber auch diese, so wie die Cavallerie- und Artillerie Reserve sehr fatiguiert; brauchen alle notwendig Erholung und Beschuhung und sonstige Bedürfnisse, 10. Corns insbesondere auch Kochgeschirre. Die grossen Verluste entstanden hauptsächlich durch Zündnadelgewehrfeuer, von dessen mörderischer Wirkung Alle ohne Unterschied impressioniert bleiben, die im Gefechte waren.

Alles dieses zwang mich, nach gestrigen Erfahrungen und telegraphisch gemeldetem débàcle des 1. und sächsischen Corps hierher zu replieren. Auf dem Wege fand ich den massenhaften Train der Armee, der nicht mehr weit genug zurück disponiert werden konnte, und wenn unter solchen Umständen ein energischer Angriff des Gegners erfolgt wäre, oder noch erfolgt, bevor das 1. Corps und die Sachsen wieder geordnet und die Armee sich einigermassen erholt haben, wäre Katastrophe unvermeidlich. Glücklicherweise drängte der Feind heute bis zur Stunde nicht; ich lasse daher morgen die Armee ruhen und den Train zurückdisponieren; kann aber nicht länger hier bleiben, weil bis übermorgen Mangel an Trinkwasser in den Lagern eintreten wird, und setze am 3. den Rückzug gegen Pardubic fort.

Werde ich nicht überflügelt, kann ich auf die Truppen wieder zählen, und ergibt sich die Gelegenheit zu einem Offensivstosse, so werde ich ihn machen, sonst aber trachten, die Armee so gut wie möglich wieder nach Olmütz zu bringen, und Euer Majestät Allerhöchste Befehle, so weit es nur immer in meinen Kräften steht, gewiß aber mit unbedingter Aufopferung, auszuführen.“

Am nächsten Tag, 2. Juli, 11 Uhr 25 vormittags, telegraphierte der Generalsstabs-Chef der Armee, FML. Baron Henikstein noch folgendes an den General-Adjutanten des Kaisers: „Hoffe, Oberstlieutenant Becks Eindrücke (dieser war zur Armee geeilt, um sich von der Lage ein Bild zu machen) sind durch das Telegramm des Feldzeugmeisters von heute Nacht bedeutend modifiziert worden. Bitte in diesem Sinne zu wirken. Er war gerade im unglücklichsten Momente eingetroffen, - kann sich Alles noch besser gestalten.“

Bevor diese Depesche einlangte, hatte der Kaiser die Abberufung sowohl des FML. Baron Henikstein, wie des GM. Krismanić und des G. d. C. Graf Clam angeordnet. Die von der Armee abberufenen Generäle erfuhren ihre Bestimmung erst am 3. Juli Morgens und der zum Generalstabs-Chef der Armee neu ernannte GM. Baumgarten traf gleichfalls erst am 3. Juli Morgens im Armee-Hauptquartier ein. Bis zum Abend des 1. Juli hatte der Armeekommandant eine ruhigere Anschauung, und er sah, wie es die früher gegebenen Telegramme andeuten, die Lage der Armee nicht mehr so verzweiflungsvoll an, wie am Morgen dieses Tages. Bereits um 2 Uhr nachmittags hatte das Armeekommando Patrouillen nach allen Seiten zur Beobachtung des Feindes ausgesandt und den Train der Armee zurückbeordert, um die Bewegungen der Kampftruppen nicht zu beeinträchtigen. Der Feind drängte am 1. Juli nicht nach. Für den 2. Juli, 12 Uhr, beorderte FZM Benedek sämtliche

Korpskommandanten und die ihnen zugeteilten Generäle, alle Kavallerie - Divisionäre und Generalsstabs-Chefs, dann die Kommandanten der Geschütz-Reserve und des Armee-Munitionsparks in das Hauptquartier. Bei der schwierigen Lage in der sich die Armee befand, erwarteten alle in das Armee-Hauptquartier Berufenen wichtige Eröffnungen von Seite des Feldherrn über die weiteren Operationen. Doch Benedek besprach mit den Versammelten nur den inneren Dienst betreffende Angelegenheiten. Er forderte vor allem die Aufrechterhaltung der Disziplin und die Hebung des durch die laufenden Niederlagen erschütterten Vertrauens bei den Truppen, betonte die Notwendigkgit, unnütze Gefechte zu vermeiden, verlangte von den Unterbefehlshabern Klarheit und Bündigkeit in den Dispositionen (Anordnungen) und empfahl ein emsiges Recognoscieren (Aufklären). Alle Anwesenden wurden noch befragt, ob nicht in den bezogenen Biwaks Wassermangel herrsche, so daß das Beziehen einer anderen Stellung ratsam erschiene. Dies wurde allgemein verneint. Schließlich sprach der Feldzeugmeister die Absicht aus, der Armee in der von ihr nun eingenommenen Stellung einige Tage Ruhe zu geben. GM. Baron Edelsheim äußerte hierauf, daß die Armee schwerlich die erwartete Ruhe haben, sondern schon heute abends angegriffen werden dürfte. Der Feldzeugmeister ging jedoch auf diese Bemerkung nicht weiter ein, sondern befahl nur nochmals die Entsendung weit streifender Aufklärungspatrpouillen. Die Korpskommandanten verließen das Hauptquartier, ohne erfahren zu haben, ob und in welcher Weise der Armeekommandant Willens sei, dem Feind noch vor der Elbe eine Schlacht zu liefern.

Indessen hatte FZM. Benedek seine Wahl getroffen, und telegraphierte um 3 Uhr 50 Nachmittags an Seine Majestät den Kaiser: „Die Armee bleibt morgen in ihrer Aufstellung bei Königgrätz; die eintägige Ruhe, die reichliche Verpflegung haben gut gewirkt. Hoffe einen weiteren Rückzug nicht nothwendig zu haben."

Für den Fall eines feindlichen Angriffs von Norden her war schon am Abend des 1. Juli dem Genie-Chef der Armee der Befehl erteilt worden, zwischen Nedelist und Lipa einige Befestigungen anzulegen. Oberst Baron Pidoll hatte hierauf die Stellung recognoscirt und am 2. Juli um 8 Uhr 45 vormittags gemeldet, „daß er zwischen den Höhen von Chlum und Nédelist 5 Batterien ermittelt und deren Bau durch 4 Kompagnien Pioniere habe beginnen lassen; die Stellung werde durch jene von Maslowed beherrscht und sei besonders am rechten Flügel nicht gut. Auf dem linken Flügel (bei Chlum) sei sie aber gut, doch wäre eine Verstärkung der Genie-Truppen notwendig". Bis zum Morgen des 3. Juli wurden noch Stellungen für zwei weitere Batterien errichtet, sowie Stellungen westlich von Lipa und am westlichen Ortsrand von Chlum aufgeworfen. Ebenso wurden in den Dörfern Nieder-

Prim und Problus sowie an der West- und Südlisiere (Waldrand) des Brizer-Waldes Verteidigungsstellungen gebaut. Bei der Befehlsausgabe um 4 Uhr nachmittags wurde die Armee verständigt, daß sie am nächsten Tag (3. Juli) im Lager bleiben werde. Als Übergangspunkte über die Elbe wurden den Korps die ober- und unterhalb der Festung Königgrätz befindlichen Brücken bezeichnet, darunter die beiden zwischen Opatowic und Bukowina geschlagenen Kriegsbrücken. Der Durchzug durch die Festung Königgrätz wurde verboten. Die großen Bagagen der Armee waren in der Nacht vom 2. zum 3. Juli zurückzuschaffen. Aber Anordnungen, welche die Korpskommandanten in die eigentlichen Absichten des Feldzeugmeisters eingeweiht und diese in den Stand gesetzt hätten, für den Fall einer Schlacht auch ihrerseits die nötigen Vorkehrungen zu treffen, erfolgten jedoch bis zum späten Abend nicht. Diesem Haupterfordernis der Armee, welche - wenn sie sich gegen den bisher siegreichen und nun versammelten Feind mit einiger Aussicht auf Erfolg schlagen sollte - nicht das Geringste vernachlässigen und keinen Fehler mehr, weder in der Wahl der Stellung, noch in der Richtung ihrer etwaigen Angriffsbewegungen begehen durfte, wurde erst in ungenügender Weise entsprochen, als Meldungen von allen Seiten keinen Zweifel mehr zuließen, daß der preußische Angriff am nächsten Tag zu erwarten sei. Um 11 Uhr vormittags meldete das Festungskommando von Josefstadt, daß bereits ein preußisches Korps, es waren Vorausabteilungen, in Kukus, Slnei, Schurz und Schlotten stünde. Auch Prinz Albert von Sachsen meldete um 19 Uhr 30, daß sich der Feind von Sucha her Nechanic nähere, und daß er für die Morgenstunden mit Kampfhandlungen rechne.

Inzwischen waren die Batteriestellungen noch durch Jägergräben (Schützengräben) gesichert worden. Ein Blick auf die Lagerstellungen der österreichischen Armee zeigt, wie dringend für das Heer eine Schlacht-Disposition gewesen wäre.

Das 2. Armeekorps (FML. Graf Thun) stand, nachdem es unter tags neue Lagerplätze bezogen hatte, südlich des Trotinka-Baches, das 4. Armeekorps (FML. Graf Festetic) östlich von Nedélist, mit Vorposten am Bistritz-Bach bis nach Benatek und Horenowes. Das 3. Armeekorps (FML. Erzherzog Ernst) stand hinter Sadowa, in Lipa und bis zum Hola-Wald mit Vorposten im Swiep - Wald, westlich von Maslowed. Erzherzog Ernst bestimmte, daß die Brigaden Prochazka und Kirchberg die Gegend bei Sadowa, die Brigaden Benedek und Appiano jene nördlich von Cistowes zu besetzen und zu verteidigen hatten. Eine Anordnung die er, gleich allen anderen Korpskommandanten, ohne in die Pläne des Hauptquartiers eingeweiht zu sein, zur Sicherung seiner eigenen Korps getroffen hatte und die, wie sich in den Morgenstunden des nächsten Tages zeigte, nicht ohne Einfluß auf die ersten Kämpfe waren. Das 10. Armeekorps (FML. Baron Gablenz) biwakierte südlich von Lipa und bei Chlum. Das 6. Armeekorps (FML. Baron Ramming) konzentriert bei Wsestar, das 1. Armeekorps (FML. Graf Gondrecourt) in der Nähe von Kuklena und mit einer Brigade südlich von Plotist, nahe dem Königgrätzer Bahnhof. Das sächsische Korps (Prinz Albert von Sachsen) in und östlich von Lubno und mit der Reiterei nördlich von Hradek und eine Division bei Nieder-Prim.

Die kaiserliche Reiterei stand mit der 1. leichten Kavallerie-Division (GM. Baron Edelsheim) zwischen Stezer und Kuklena; mit der 2. leichten Kavallerie-Division (GM. Prinz Taxis) nördlich Trotina bei der gleichnamigen Mühle vor dem 2. Korps; mit der 1. Reserve-Kavallerie-Division (FML. Prinz Friedrich von Holstein) bei Lochenic; mit der 2. Reserve-Kavallerie-Division (GM. von Zaitsek) südlich von Wsestar bei den Ziegelöfen des Ortes; mit der 3. Reserve-Kavallerie-Division (GM. Graf Coudenhove) in der Niederung des Bistritz-Baches südlich von Unter-Dohalic, mit der Vorhut in Stracow; die Armee-Geschütz-Reserve (Oberst von Tiller) östlich des Ortes Nedelist und der Armee-Munitionspark wurde nach Bejst zurückgezogen.

Eine allgemeine Schlacht-Disposition wurde erst am 2. Juli um 11 Uhr Nachts im Armee-Hauptquartier verfaßt und am 3. Juli um 2 Uhr Früh durch Kuriere an alle Korpskommandanten, Kavallerie-Divisionäre und die Armee-Geschütz-Reserve abgesendet. Diese Disposition lautete wörtlich:

„Königgrätz, 2. Juli, 11 Uhr Nachts. Heute eingelaufene Meldungen besagen, dass stärkere feindliche Truppenmassen in der Gegend von Neu-Bydzow, Smidar gegen Horic stehen; zwischen unseren und den feindlichen Vortruppen haben bei Kobylic und Sucha bereits Scharmützel stattgefunden.

Nach der Stellung des Feindes dürfte morgen möglicherweise ein Angriff erfolgen, der zunächst gegen das königlich sächsische Korps gerichtet ist.

Für diesen Fall befehle ich Folgendes:

Das königlich sächsische Korps besetzt die Höhen von Popowic und Tresowic, den linken Flügel etwas zurückgebogen und durch die eigene Cavallerie gedeckt. Vor die Front dieser Stellung sind nur Vortruppen vorzuschieben.

Links von dieser und etwas zurück auf dem äussersten linken Flügel bei Problus und Prim hat sich auf einem geeigneten Terrain die 1. leichte Cavallerie-Division aufzustellen.

Das 10. Corps fasst Stellung rechts vom sächsischen Corps, und endlich rechts vom 10. Corps das 3. Corps, welches die Höhen von Lipa und Chlum besetzt.

Das 8. Corps hat zunächst dem sächsischen Corps zur Unterstützung zu dienen und sich hinter demselben aufzustellen.

Die hier nicht genannten Truppen haben, so lange der Angriff auf unseren linken Flügel beschränkt bleibt, sich nur in Bereitschaft zu halten. Sollte aber der feindliche Angriff grössere Dimensionen annehmen und auch gegen unsere Mitte oder den rechten Flügel gerichtet werden, dann tritt die ganze Armee in Schlachtordnung und es hat Folgendes zu geschehen:

Das 4. Corps marschiert rechts vom 3. Corps auf den Höhen zwischen Chlum und Nedélist auf, und auf dem äussersten rechten Flügel neben dem 4. das 2. Corps; die 2. leichte Cavallerie-Division rückt hinter Nedelist und bleibt dort in Bereitschaft.

Das 6. Corps sammelt sich auf den Höhen von Wsestar, das 1. Corps rückt nach Rosnic, beide Corps in conzentrierter Aufstellung.

Die 1. und 3. Reserve-Cavallerie-Division rücken nach Sweti, die 2. nach Briza.

Bei der zweiten Annahme eines allgemeinen Angriffes bilden das 1. und 6. Corps, die fünf Cavallerie-Divisionen, endlich die Armee-Geschütz-Reserve, welche hinter dem 1. und 6. Corps Aufstellung nimmt, die Reserve der Armee zu meiner ausschliesslichen Verfügung.

Morgen Früh muss die ganze Armee einer Schlacht gewärtig sein. Das zuerst angegriffene Corps theilt dies unverweilt den nach dieser Disposition zunächst stehenden Corps mit, welche ihrerseits die erhaltene Meldung weiter senden.

Das 8. Corps bricht unverzüglich aus seinem dermaligen Lager auf; es sendet in das Hauptquartier des sächsischen Corps einen Officier voraus, welcher je nach der Sachlage, wenn der Kampf schon ausgebrochen oder bevorstehend wäre, dem 8. Corps entgegeneilt und es in die bestimmte Aufstellung hinter dem sächsischen Corps führt.

Sollte aber ein feindlicher Angriff nicht in Aussicht stehen, dann hat das 8. Corps das für dasselbe bestimmte Lager bei Charbusic zu beziehen.

Ich werde mich, wenn nur der linke Flügel der Armee angegriffen wird, bei diesem, im Falle einer allgemeinen Schlacht aber auf der Höhe von Chlum aufhalten.

Sollte die Armee zum Rückzug gezwungen werden, so erfolgt dieser auf der Strasse über Holic gegen Hohenmauth, ohne die Festung zu berühren.

Das 2. und 4. Corps haben sich gleich nach Erhalt dieses Befehles Pontonbrücken über die Elbe herstellen zu lassen, u. z. das 2. Corps zwei Brücken zwischen Lochenic und Predmeric, das 4. Corps gleichfalls zwei Brücken bei Placka. Das dazu noch fehlende Material ist von den Equipagen des 6. Bataillons beizustellen.

Sollte die Herrichtung von Communikationen an den Brückenstellen nothwendig sein, so hat dies gleichfalls zu geschehen.

Das 1. Corps lässt durch seine Pioniere sogleich eine Brücke bei Swinar über die Adler schlagen.

Der Befolg dieser Anordnung ist durch Officiere mündlich und schriftlich anzuzeigen und sind die gewählten Brückenpunkte anzugeben.

Die Disposition für den eventuellen Rückzug wird morgen nachfolgen."

Gleichzeitig erging an das Kommando des Armee-Munitionsparks der Befehl, mit den ersten drei Hauptkolonnen in Bejst zu verbleiben, und dort den Munitionsersatz zu leisten, aber mit den anderen 5 Hauptkolonnen nach Holic abzurücken.

Hinter der Elbe zwischen Josefstadt und Königsgrätz, gedeckt durch die beiden Festungen, dann die Aupa und Adler, hätte die Armee gewiß eine stärkere Verteidigungsstellung beziehen können, obwohl sie auch dort, gerade wegen der guten Stellung, wahrscheinlich ebenfalls umgangen worden wäre. Ganz anders hätten sich die Verhältnisse bei Pardubic gestaltet. Dort wäre die kaiserliche Armee nicht nur außer Gefahr gewesen, umfaßt zu werden, sondern hätte an jenem Flußwinkel, den die Elbe dort in scharfer Wendung gegen Westen macht, die Möglichkeit gefunden, den Feind unter sehr günstigen Bedingungen bei dessen Übergang über die Elbe, der dann wohl in der Gegend bei Prelauc-Elbeteynic hätte stattfinden müssen, zu bekämpfen. Es befanden sich auch die Verpflegsmagazine in dieser Gegend. Die Armee hätte für den Fall eines weiteren Rückzuges die Wahl gehabt, sich auf Olmütz oder Wien zurückzuziehen. Die Gegend von Pardubic war auch diejenige, über welche die feindliche Armee, teils um die starken Positionen an der oberen Elbe zu umgehen, teils um die kürzeste Richtung auf Wien und in Flanke und Rücken des kaiserlichen Heeres zu gelangen, notwendig vorgehen mußte.

Es hatte auch im Plan des Armee-Kommandanten gelegen, die Armee über Pardubic zurückzuführen. Dieser Plan war aber bald aufgegeben und beschlossen worden, es nötigenfalls im Terrain vor der Elbe, zwischen diesem Fluß und dem Bistritz-Bach, entlang der Chaussee Jicin-Königgrätz, zur Schlacht kommen zu lassen. Die Armee geriet dadurch in die gefährliche Lage, einen Defensivkampf nach drei Seiten führen zu müssen.

Der Bistritz-Bach, nicht leicht ohne Brücken zu passieren, und an jenen Tagen durch vorhergegangene starke Regengüsse zu einem ziemlich bedeutendem Marschhindernis gemacht, deckte die Front der von FML. Baron Henikstein und GM. Krismani'c gewählten Stellung gegen Westen. Nördlich war der Zugang nur in einem ungefähr 3/4 Meilen breiten Raum zwischen der Bistritz bei Benatek und dem Trotinkabach bei Racic offen. Gegen die Zugänge an der Elbe konnte der Trotinkabach, der in einer sumpfigen Niederung floß, auch als gute Deckung betrachtet werden. Ein sanftes, von zahlreichen Ortschaften bedecktes, nach allen Richtungen für alle Waffen

344

gangbares Höhenterrain füllt den Raum zwischen den genannten Wässern aus. Dieses Höhenterrain hat seine höchsten Erhebungen in der Linie Hradek-Problus, Lipa und Chlum, Maslowed und Horenowes, von denen es gegen West und Nord kürzer und schärfer abfällt, während es sich gegen die Elbe in sanften Höhenzügen abflacht. Der Raum zwischen der Elbe und den Orten Charbusic, Rosnic, Wsestar, Sweti und Nedélist ist vollkommen eben. Zwischen Lipa und Wsestar zieht die Chaussee durch eine sanfte, von allen Seiten dominierte Mulde. Bei einer richtigen Besetzung dieser Gegend war ein Kampf der kaiserlichen Armee in derselben nicht ganz ohne Aussicht auf Erfolg. Da alle Verteidigung an der Bistritz und bei Sadowa fruchtlos bleiben mußte, wenn es den Preußen gelang, aus den Flanken gegen die Königgrätzer-Chaussee vorzudringen, so war es vor allem notwendig, auf einen kräftigen Schutz dieser Flanken zu denken und ausreichende Kräfte mußten dorthin disponiert werden, wo dieselben nach den Terrainverhältnissen die günstigsten Bedingungen für den Kampf finden konnten. Die Linie der Trotinka von der Elbe bis Racic, dann das Rideau über Horenowes nach Benatek hätten im Norden, der Punkt Nehanic an der Bistritz im Süden diese günstigen Bedingungen geboten.

Wie aus der Schlacht-Disposition hervorgeht, war jedoch die Armee nicht in der vorbezeichneten Weise, bei welcher sie gute Kampfplätze und freien Spielraum für ihre Bewegungen gefunden hätte, aufgestellt worden. Diese Disposition vernachlässigte gänzlich den wichtigen Punkt Nehanic, ebenso den noch wichtigeren Aufgang in die Position bei Horenowes, sah von jeder hartnäckigen Verteidigung der Tiefenpunkte auf der ganzen Linie ab, und schob die Armee auf einem unverhältnißmässig kleinen Raum nächst der Chaussee zusammen, in einen rechtwinkligen, nach West und Nord gerichteten Haken, auf dem innersten Höhenkranz der Stellung, so daß die Armee, durch den geringfügigsten Erfolg, den der Feind auf was immer für einem Punkt ihrer Schlachtordnung erreichte, in allen ihren Teilen auf das Gefährlichste bedroht werden mußte, und im Falle des Rückzuges nur unter den schwierigsten Verhältnissen das andere Elbe-Ufer erreichen konnte. Die Armee hatte mit einem Wort nach der Disposition von Henikstein und Krismanic eine Stellung einzunehmen, welche ihr eigentlich nur nach einem Rückzug aus der Schlacht die letzte Verteidigungsposition hätte bieten können. Die Disposition gab auch den Korps wohl Linien zur Besetzung, aber nicht die geringsten Direktiven über die Kampfzwecke an, die von diesen im Verlauf der Schlacht anzustreben waren, woraus Unzukömmlichkeiten aller Art entstanden. Es konnte so nicht anders kommen, als daß ohne Not Punkte aufgegeben wurden, deren hartnäckigste Verteidigung notwendig, andere wieder mit einem Aufwand von Kräften angegriffen wurden, dessen sie nicht

wert waren. Unzeitgemäße und überhaupt falsche Verwendung der Kräfte waren die Folge und machte sich im wichtigsten Augenblick der Schlacht nur zu fühlbar. Die in jeder Beziehung mangelhafte Disposition legte somit selbst den Hauptgrund zu dem für die kaiserlichen Waffen traurigen Ergebnis der Schlacht, deren gesamte Darstellung in allen ihren Einzelheiten in dieser Arbeit weder möglich noch beabsichtigt ist.

Das Hauptquartier des Königs von Preußen kam am Morgen des 2. Juli nach Jicin. Der Generalstab König Wilhelms war nicht in Kenntnis, daß die ganze österreichische Armee am rechten Elbe-Ufer stand, sondern vermutete, daß sich das Gros derselben hinter der Elbe zwischen der Adler und Aupa, mit den beiden Flügeln an den Festungen Josefstadt und Königsgrätz, befände. Es lag nun in der Absicht des preußischen Armee-Hauptquartiers, die Armee am 2. Juli ruhen zu lassen, am 3. mit dem rechten Flügel der Armee in die Linie Chlumec - Neu-Bydzow - Horic zu rücken, dabei gegen die Elbe zu recognoszieren und sich der Übergänge bei Pardubic zu versichern. Die II. Armee sollte am 3. gegen die Aupa und Mettau aufklären. Ergaben die Recognoszierungen die Möglichkeit, die kaiserliche Armee in ihrer supponierten Stellung in Front und Flanke anzugreifen, so sollte dies dann im Laufe der nächsten Tage geschehen. Erwiese sich die Position zu stark, so sollte dieselbe mittels eines über Pardubic gerichteten Flankenmarsches der gesamten preußischen Armee umgangen werden.

Die zu Cerekwic stehende Vorhut des 27. Infanterieregiments hatte nachmittags die Anwesenheit bedeutender österreichischer Truppenmassen bei Lipa gemeldet. Ausgesendete Aufklärungsabteilungen bestätigten die Richtigkeit dieser Meldung und ließen schließen, daß an der Bistritz ungefähr vier österreichische Armeekorps stünden. Prinz Friedrich Carl beschloß nun sogleich, diese Korps am nächsten Tag anzugreifen, beauftragte den Kommandanten der Elbe-Armee, mit allen disponiblen Truppen möglichst früh auf Nechanic vorzurücken und gab den Divisionen der I. Armee den Befehl, bis 2 Uhr Morgens auf den beiden, von Horic über Sadowa und Cerekwic nach Königgrätz führenden Chausseen sich „zum Gefecht gegen die Position an der Bistritz" bereit zu stellen. Der Prinz glaubte den Angriff mit seiner und der Elbe-Armee allein ausführen zu können, und verlangte, besorgt, aus der Richtung von Josefstadt in seiner linken Flanke belästigt zu werden, sozusagen nur nebenher eine Unterstützung von Seite des Kronprinzen Wilhelm durch ein oder das andere Korps.

Prinz Friedrich Carl sandte, nachdem die entsprechenden Anordnungen getroffen waren, seinen Generalstabs-Chef GL. v. Voigts-Rhetz nach Jicin, um im Hauptquartier die Sachlage zu melden und sich die Genehmigung der getroffenen Anordnungen zu erbitten. In einem dort sofort zwischen 11 und

12 Uhr nachts abgehaltenen Kriegsrat wurde beschlossen, sich ohne Verzug zu einer Schlacht bereit zu machen. König Wilhelm und sein Generalstabs-Chef v. Moltke nahmen die Dinge offenbar nicht so leicht, wie Prinz Friedrich Carl. Man konnte sich die Anwesenheit bedeutender Kräfte der kaiserlichen Armee vor der Elbe nur mit der Absicht eines Angriffes auf das preußischen Zentrum erklären, setzte diesen Angriff schon für die Morgenstunde des nächsten Tages voraus und gab daher dem Kronprinzen Wilhelm den Befehl, ohne Aufschub mit allen seinen Kräften zur Unterstützung der Armee des Prinzen Friedrich Carl in die rechte Flanke des kaiserlichen Heeres vorzudringen.

Diese Befehle wurden so spät erlassen oder expediert, daß auf das Eintreffen der entfernt stehenden Armee-Flügel auf dem voraussichtlichen Kampfplatz, namentlich des linken, der beinahe die Häfte des preußischen Heeres in sich schloß, bis gegen 12 Uhr des nächsten Tages kaum zu rechnen war. Bis gegen Mittag konnten demnach von der II. Armee kaum mehr als das Garde-Korps und die Avantgarde der übrigen an Ort und Stelle sein. Auf das I. und V. Korps war vor Nachmittag nicht zu rechnen. Bis zu Mittag konnte aber das preußische Zentrum, sei es, daß es angegriffen würde oder selbst angriff, in eine schwierige Situation geraten. Die Armee des Prinzen Friedrich Carl geriet auch in der Tat, als sie am frühen Morgen allein gegen die österreichische Position vorstürmte, in die Gefahr sich völlig aufzureiben, und die Korps des Kronprinzen kamen in Folge der Entfernungen, die diese auf schlechten, durchweichten Wegen zurückzulegen hatten, so vereinzelt und teilweise so spät an der Schlachtlinie an, daß nur Zufälle aller Art, auf die doch voraussichtlich nicht gerechnet werden konnte, dem preußischen Heer einen wider alles Erwarten großen Erfolg zuwenden konnten.

Am 3. Juli, um 6 Uhr früh, erhielt Prinz Friedrich Carl die Meldung, daß die Elbe-Armee mit 56 Bataillons zwischen 7 und 9 Uhr früh bei Nechanic eintreffen werde, und gab nun den Befehl zur Vorrückung des Zentrums an die Bistritz. Die in erster Linie vorrückenden Truppen der I. Armee hatten sich, den Dörfern Mokrowous, Dohalicka, Dohalic und Sadowa gegenüber, hinter den Höhen von Dub, Mzan und Sucha zu formieren. Das II. Korps rückte über Zawadilka querfeldein gegen Mzan vor. Das III. Korps, zur Reserve bestimmt, marschierte bei Klenic auf, und zwar nördlich und südlich der Chaussee. Die Armeekorps des Kronprinzen setzten sich erst gegen 8 Uhr aus ihren entfernten Standorten in Bewegung, weshalb deren Eingreifen in die Schlacht erst nach mehreren Stunden zu erwarten war. Um 8 Uhr traf König Wilhelm auf der Höhe von Dub ein und gab der I. Armee den Befehl zur Forcierung der Bistritz-Linie.

Der österreichische Armeekommandant FZM. von Benedek war, sobald die ersten Kanonenschüsse hörbar wurden, um 7 Uhr 30 in der Prager Vorstadt von Königgrätz, wo sich das Hauptquartier befand, zu Pferde gestiegen, und im scharfen Trabe auf der Straße gegen Sadowa vorgeritten. Kurz vor seinem Abreiten war der neuernannte Generalstabs-Chef der Armee, GM. von Baumgarten im Hauptquartier eingetroffen. Baumgarten begleitete den Armee-Chef auf das Schlachtfeld, und hatte erst dort Gelegenheit, sich von den von FML. Henikstein und GM. Krismanic getroffenen Anordnungen zu informieren und das Terrain zu besichtigen, auf welchem die Armee eben ihre Aufstellung nahm. Ungefähr um 8 Uhr 30 traf FZM. von Benedek mit seinem Stab, in welchem sich auch noch die abgesetzten Henikstein und Krismanić befanden, auf der Höhe zwischen Chlum und Lipa ein, wo sich der Armeekommandant während des ganzen Verlaufes der Schlacht aufhielt, weil diese Höhe im Zentrum der Schlachtlinie lag und die beste Übersicht bot. Der Himmel blieb den ganzen Tag verschleiert. Es regnete, dichte Nebel erfüllten die Niederungen, und die Pulverdämpfe hingen sich gleich schweren Wolken an die Höhen. Der Zustand des Bodens, die grundlosen Straßen, die aufgeweichten Äcker mit ihren durchnäßten, niedergedrückten und die Bewegung von Mann, Pferd und Geschütz hemmenden Feldfrüchten, der Regen und Nebel, die jede Aussicht hinderten, alles wirkte zusammen, um beiden Heeren ihre Kampftätigkeit so schwierig wie möglich zu machen. Von den höchsten Punkten des Schlachtfeldes war es in den ersten Stunden des Kampfes nicht möglich, die Massen zu unterscheiden, die sich da bekämpften. Das österreichische Heer allein zählte, als es in die Schlacht ging, 192 1/2 Bataillons, 150 Eskadrons und 91 Batterien mit einem Stand von 156.654 Mann Fußtruppen, 21.224 Mann Kavallerie und 712 Geschütze. Hiezu kam noch das königlich sächsische Korps mit 18.248 Mann Fußtruppen, 2.574 Mann Kavallerie und 48 Geschütze, wodurch die Gesammtarmee an Streitbaren eine Stärke von 174.902 Mann Fußtruppen, 23.798 Mann Kavallerie mit 770 Geschützen erreichte. Hievon kämpften im Zentrum 43.276 Mann Infanterie, 642 Reiter und 134 Geschütze. Am linken Flügel 52.952 Mann Infanterie, 7600 Reiter und 140 Geschütze. Am rechten Flügel 51.361 Mann Infanterie, 4.121 Reiter und 176 Geschütze. Die Reserve betrug 47.313 Mann Infanterie, 11.435 Reiter und 320 Geschütze.

Das preußische Heer zählte (nach dem preußischen Generalstabswerk) am Schlachttag im Zentrum (I. Armee) 84.830 Kobattanten, an seinem rechten Flügel (Elbe-Armee, ohne die Garde-Landwehrdivision) 39.088 Streiter und am linken Flügel (II. Armee) 97.064 Kobattanten, im ganzen also 220.982 Mann.

Demnach war das preußische Heer nur um 6.000 Mann der kaiserlichen Armee überlegen gewesen, eine Zahl, die eigentlich keine Rolle spielen durfte, weil ja die II. Armee erst in den Nachmittagsstunden am Kampfplatz eintraf. Allerdings war das preußische Heer, dank der enormen Feuerkraft seiner Infanterie (Schnellfeuergewehre) bisher siegreich. Es hatte den Wert seiner modernen Waffe kennengelernt und ging stolz und mit Zuversicht in die Entscheidungsschlacht.

Aber auch das österreichische Heer, zusammengefügt aus den vielen Völkern der Monarchie, war trotz seines bisherigen Mißgeschickes, wenn auch enttäuscht und erschüttert, noch voll intakt und durchaus noch imstande, die Schlacht zu schlagen.

Besondere Schwerpunkte der Kämpfe: Um etwa 7 Uhr 50 trat das Zentrum des preußischen Heeres an der Bistritz und die Elbe-Armee vor Nechanic zum Angriff an. Hiebei ging die preußische Infanterie beinahe ohne Widerstand über die Bistritz. Doch eben dieser Erfolg brachte die Preußen in eine sehr schwierige Lage. Sie hatten jetzt die Bistritz im Rücken und vor sich die österreichischen Geschützmassen bei Langenhof und Lipa, die gegen die 1 1/2 Korps, die auf den Plan traten, ein vernichtendes Feuer eröffneten. Es waren 17 Batterien mit 136 Geschützen, die unter beteubendem Donner ihre Granaten in das Tal hinabschleuderten. Gegen 11 Uhr waren es aber bereits 20 Batterien mit 160 Geschützen die den drei preußischen Divisionen schwere Verluste zufügten. Die mörderische Wirkung des österreichischen Geschützfeuers bewog mehrere preußische Infanterieeinheiten zum Sturm auf die Höhe von Langenhof. Aber der Versuch, gegen die Batteriestellungen anzulaufen, brach im Feuer der Geschütze und der diese Stellungen deckenden Infanterie zusammen und die anstürmenden Kompagnien erlitten sehr schwere Verluste. Das preußische Zentrum war in arge Schwierigkeiten geraten, obwohl sich um diese Zeit bereits 132 preußische Geschütze mit den 160 österreichischen duellierten. Aber man wußte nicht, ob der linke Flügel sich schon dem Schlachtfeld nähere oder nicht. Auch auf der linken Flanke, im Swiep-Wald, gestaltete sich die Lage der 7. preußischen Division ungünstig und das preußische Armeekommando erlebte bange Stunden. Das war die Folge, weil Prinz Carl, ohne das Eintreffen der Armee des Kronprinzen Wilhelm abzuwarten, im Alleingang vorgerückt war. Während man sich im österreichischen Generalstab um die Mittagszeit mit dem Gedanken trug, selbst anzugreifen und das feindliche Zentrum zu durchbrechen, befürchtete man im preußischen Generalstab, daß sein Zentrum im österreichischen Geschützfeuer verbluten würde, wenn nicht bald die II. Armee am Kampfplatz erscheinen würde.

Als aber der österreichische Oberst Binder sich verleiten ließ, mit dem Regimente Heß den Hola-Wald anzugreifen, glaubte das Regiment Erzherzog Albrecht, daß ein allgemeiner Angriff befohlen worden sei und griff ebenfalls an. Der Wald war jedoch zu stark besetzt und der Angriff der beiden

Regimenter brach im mörderischen Feuer der Preußen, die mit ihren Schnell-feuergewehren ein Blutbad unter den Angreifern anrichteten, zusammen.

Den Rückzug, den man auf der Höhe von Dub, wo König Wilhelm, sein Stabschef Moltke und Kriegsminister Roon weilten, für die I. Armee des Prinzen Carl bereits in Erwägung zog, blieb den Preußen erspart, denn gegen 2 Uhr nachmittags erschien endlich doch die II. Armee des Kronprinzen Wilhelm auf dem Schlachtfeld und griff die österreichische Armee in der Flanke an. Hierauf wich die bedrückte Stimmung einem Siegesgefühl.

Ein weiterer Schwerpunkt waren die Kämpfe um den Swiep-Wald, wo die Verwirrung in diesem erbitterten Waldgefecht so groß war, daß die preußi-schen und österreichischen Bataillons häufig aneinder vorbei stießen und bunt durcheinander gemengt fochten. Der Swiep-Wald kostete viel Blut, weil das 4. und 2. österreichische Korps, gegen die Intentionen des Armee-kommandos und gegen die Schlachtdisposition immer mehr die Front nach Norden verloren und jene gegen Westen nahmen und im Kampfe um diesen Wald sich desorganisierten und verbluteten. Wohl kam der Wald endlich in den Besitz dieser Korps, doch um welche Opfer, um welchen Preis! Als der Wald endlich für die preußische Division verloren ging, kam der Kronprinz von Preußen mit seinen ersten Divisionen in der Nähe des Schlachtfeldes an, und fand den Zugang in den Rücken der kaiserlichen Armee von Horenowes bis nach Trotina beinahe offen. Es wäre jedoch unbillig, die beiden Komman-danten des 4. und 2. Korps für ihre Angriffe auf den Swiep-Wald allein ver-antwortlich zu machen. Kommandanten von Armeekorps, welche so bar aller Instruktionen über die Richtung und Tendenz, in der eine Schlacht zu schla-gen, gelassen werden, wie die Kommandanten der österreichischen Korps an diesem Tag, können unmöglich die Wichtigkeit und Bedeutung einzelner Objekte des Kampffeldes für das große Ganze beurteilen, und es wäre daher vor allem Sache des Armeekommandos gewesen, beide Korps in der Richtung

Stabschef Moltke

Norden zu erhalten, die für den möglichst erfolgreichen Gang der Dinge im allgemeinen notwendig war. Die eine Zeile in der Schlachtdisposition, daß beide Korps nebeneinander zwischen Chlum und der Elbe aufzumarschieren hätten, war zur Instruktion derselben offenbar ungenügend.

Als das Armeekommando zu seiner Bestürzung erfuhr, daß beide Korps nicht in der zugewiesenen Stellung, sondern weiter nordwärts bei Maslowed und Horenowes aufmarschierten, hätten diese entweder sofort zurückberufen oder angewiesen werden müssen Front nach Norden zu nehmen, das Terrain aufzuklären, und wenn ein feindlicher Angriff von Norden her erfolgte, diesem auf das Äußerste und mit aller Aufopferung zu begegnen. Diese Anordnungen wurden aber von der Armeeleitung nicht getroffen. Die beiden Armeekorps wurden in ihrer Vorrückung belassen und als sich diese immer mehr westwärts wandten und sich endlich in den hartnäckigen mörderischen Kampf um den Swiep-Wald verloren, äußerte das Armeekommando zwar Zeichen des Mißfallens darüber, ließ aber dennoch die Korps ihr Beginnen um so mehr fortsetzen, als der Kampf, wenn auch unter schweren Opfern, zum Ziele zu führen schien. Als die beiden Korps endlich gegen 12 Uhr zurückbeordert wurden, war dies zu spät. Das 4. Korps erlitt dazu noch während seines Aufmarsches einen herben Verlust. Gegen 9 Uhr 30 explodierte ein feindliches Geschoß, in der Nähe des Korpskommandanten FML. Graf Festetics, und riß ihm den linken Vorfuß weg. Das Korps sah seinen schwerverwundeten Kommandanten forttragen, eben als sich seine Kolonnen westwärts entwickelten, um den vom Feind so hart verteidigten Wald an sich zu reißen. Dabei gerieten sie in das verheerende Feuer der mit Schnellladegewehren, ausgerüsteten Preußen. Es war Mittag vorüber, als die preußische 7. Division den Wald verlor, nachdem sie diesen nach mehreren Stunden tapferen Widerstandes aufgab. Die Division wäre nach diesen Anstrengungen beinahe kampfunfähig gewesen, wenn sie nicht durch die II. Armee unterstützt worden wäre. Aber auch die kaiserlichen Truppen hatten ihren endlichen Erfolg an dieser Stelle nicht nur mit den furchtbarsten Opfern an Gefallenen, sondern auch, was noch schwerer wog, mit einem schweren strategischen Preis bezahlt, mit dem nicht mehr zeitgerecht zu verhindernden Einbruch der Armee des Kronprinzen in die österreichischen Stellungen. Von den 59 Bataillons, die am Schlachttag den rechten Flügel der kaiserlichen Armee bildeten, hatten 49 bei Maslowed und Horenowes gesammelt. Von diesen waren nur mehr 13 intakt und weitere 8 Bataillons, wenn auch geschwächt, wieder verwendbar. Der Rest, 38 Bataillons, war mit 30 Bataillons noch in Kämpfe verwickelt und die anderen 8 durch die Kämpfe so geschwächt, daß mit ihnen wenig mehr zu rechnen war. 49 Bataillons hatten Front nach Westen statt nach Norden gemacht und so blieben zur Verteidigung des 3/4 Meilen breiten Raumes Horenowes-Racic-Trotina, durch welchen die Zugänge von Norden her in den Rücken der Armee führten, im ganzen nur 9 Bataillons, die diese 4000 Schritte breite Stellung verteidigen sollten. Dabei hatte man im Hauptquartier von FZM. von Benedek schon vor längerer Zeit die Meldung erhalten, daß größere feindliche Heereskörper von Norden her im Anmarsch wären. In aller Eile wurde hierauf die 2. leichte Kavalleriedivision und in deren Schutz eines der Reservekorps nach Norden geworfen und das 4. und 2. Korps angewiesen, sich zu rallieren und unter Festhaltung des Swiep-Waldes und der dortigen Artilleriestellung Front nach Norden zu nehmen. Im Hauptquartier wußte man, daß ein bedeutender Stoß von Norden her zu erwarten war. Aber es dauerte zulange, bis die Anordnungen GM. Baumgartens umgesetzt wurden. Wenn nur ein einziges kaiserliches Armeekorps in der Position bei Horenowes zeitgerecht gestanden hätte, so wäre dort dem feindlichen Angriff stundenlang ein erfolgreicher Widerstand möglich gewesen. Doch wie aus dem bisherigen Bericht bekannt ist, standen dort nur ganz geringe Kräfte und die Spitze der II. preußischen Armee konnte sich mit Leichtigkeit dieser wichtigen Position bemächtigen.

FZM. von Benedek hatte gegen 9 Uhr morgens unwillig die Meldung gehört, daß das 4. und 2. Korps nicht von Chlum über Nedelist bis an die Elbe stünden, und nach 10 Uhr war auch, über Vorschlag des Generalstabs-Chef der Armee, GM. von Baumgarten, an das 4. Korpskommando der Befehl zur Rückkehr in die Stellung zwischen Chlum und Nedelist ergangen. Doch dieser Befehl war zu dieser Zeit nicht mehr leicht auszuführen, und als gegen 11 Uhr das 4. Korps noch immer in Kämpfe im Swiep-Wald verwickelt war, mußte man ernstlich befürchten, daß bei einem Eingreifen neuer feindlicher Heereskörper von Norden her, das 4. und 2. Korps nicht mehr Truppen genug erübrigen würden, um noch geordnet und widerstandsfähig in die erwähnte Stellung zurückzugelangen. GM. von Baumgarten sandte mit Zustimmung Benedeks einen Offizier des Hauptquartiers zum 6. Korps, um dem FML. von Ramming die Ordre zu überbringen, „daß der Armeekommandant befohlen habe, das 6. Korps solle sofort hinter das 4. und 2. Korps möglichst in die Stellung Chlum-Nedelist einrücken". Als FML. Baron Ramming sich mit seinem Korps kaum in Bewegung gesetzt hatte, widerrief FZM. von Benedek persönlich den Befehl und wies das 6. Korps an, in seiner bisherigen Stellung zu verbleiben. Dieser ohne Wissen und in Abwesenheit Baumgartens gegebene Befehl war ein großer Fehler und hatte schwerwiegende Folgen, denn der Rückzug des 4. und der 2 Brigaden des 2. Korps konnte nur mehr unter schwierigen Umständen erfolgen, während die II. Armee bereits in Lochonis eindrang und sich Nedelist näherte und ihre Artillerie auf Horenowes vorschob.

Am linken Flügel der österreichischen Armee war die Lage bei den sächsischen Truppen und dem 8. Korps um die Mittagszeit noch günstig.

Es war der 1. preußischen Gardedivision beschieden, durch verwegenes Vorgehen das meiste zur Verwirrung beizutragen, deren Schauplatz, die Gegend von Chlum, gegen 14 Uhr 30 werden sollte. Diese Division der Armee des Kronprinzen bemächtigte sich in überraschender Weise der mitten in der österreichischen Aufstellung gelegenen Orte Rozberic und Chlum und gab damit den Anstoß zu einer energischen Vorrückung der übrigen Divisionen der II. Armee bis hart an die Rückzugslinie des kaiserlichen Heeres. Zwei Batterien, die mit Kartätschenfeuer die Preußen zurückwarfen und dann abfuhren, blieben im Morast hinter den Stellungen stecken und verloren durch das feindliche Gewehrfeuer ihre Bespannungen. Nur zwei Geschütze konnten gerettet werden, die anderen fielen den Preußen in die Hände. Die Preußen waren von der Ostseite her in Chlum eingedrungen. Die im mittleren Teil des Ortes stehenden Österreicher wurden überrumpelt, geworfen und den Einheiten der Rückzug abgeschnitten. Vom hier überraschten Bataillon entkamen nur wenige und der Kommandant Oberstleutnant Baron Schimmelpennig wurde schwer verwundet von den Preußen gefangengenommen. Ein Gegenangriff der Österreicher mißlang. Der Armeekommandant FZM. von Benedek hatte sich zur Zeit als die überraschenden Ereignisse bei Chlum eintraten, unweit dieses Ortes auf der Höhe von Lipa befunden. Er konnte es nicht fassen, daß der Feind bereits in Chlum stehe. Als der Feldzeugmeister, gefolgt von seiner Suite sogleich gegen Chlum ritt, geriet er in heftiges Gewehrfeuer, das mehrere Offiziere seiner Suite niederstreckte. Bei einem weitere Gegenangriff drang ein Bataillon in den südlichen Teil von Chlum ein, geriet aber in schweres Feuer der Schnellfeuergewehre, erlitt ungeheure Verluste und der Rest der Überlebenden wurde gefangengenommen. Inzwischen eroberten die Preußen auch den Ort Rozberic. Als das 3. Korps nach schweren und wechselvollen Kämpfen auch die Gegend von Lipa räumte, mußten auch das 10. Korps und die 1. Reserve-Kavalleriedivision des Prinzen von Holstein den Rückzug antreten.

Hierauf erhielt Baron Ramming den Befehl, mit dem 6. Korps zum Gegenangriff anzutreten und Rozberic und Chlum zurückzuerobern. Rozberic konnte tatsächlich in harten Kämpfen genommen werden, wobei einige hundert Preußen in Gefangenschaft gerieten und 3 Geschütze erbeutet wurden, aber der Angriff auf Chlum brach im Feuer der Schnelladegewehre zusammen und letztlich mußte auch Rozberic, nach einem preußischen Gegenangriff wieder geräumt und die Gefangenen und erbeuteten Geschütze zurückgelassen werden. Mittlerweile hatte sich das österreichische 1. Korps zum Angriff entwickelt und machte, als es die Anstrengungen des 6. Korps

scheitern sah, einen letzten Versuch, Rozberic und Chlum zu nehmen. Unter
dem Feuerschutz ihrer am Hang südöstlich von Rozberic stehenden Batterie
rückte die Brigade Poschacher gegen Rozberic vor, drang in harten Kämpfen
in den Ort ein und warf die Preußen abermals. aber beim Sturm auf Chlum
erlitt die Brigade so schwere Verluste, daß der Angriff abgebrochen werden
mußte. Das 1. Korps büßte in dem geschilderten Kampf der etwa 20 Minuten dauerte, von seinen 20.000 Mann, 279 Offiziere, 10.000 Mann und
23 Geschütze ein. Bei der kaiserlichen Armee war zu dieser Zeit der rechte
Flügel und das Zentrum im Rückzug auf Königgrätz, ebenso das zur Armee-
reserve gehörige 6. Korps. Nur die Batterien der Geschützreserve des
6. Korps mit Teilen der I. und II. Division der Armee-Geschützreserve standen noch zwischen Wsestar und Swety in ihren Stellungen und deckten mit
ihrem Feuer den Rückzug der Infanterie. Die feuernden Batterien deckte am
rechten Flügel die leichte Kavalleriedivision Taxis und am linken jene des
GM. Baron Edelsheim mit der zweiten sächsischen Reiterbrigade. Auf dem
linken Flügel hatten noch die Brigade Wöber und die 1. sächsische Brigade
das Hervorbrechen der Preußen aus dem Britzer Walde eine zeitlang verhindert. Als aber eine feindliche Batterie in einer sehr günstigen Position auffuhr
und in deren Feuerschutz der Feind zu einem neuen Angriff überging, folgten
auch diese Brigaden den übrigen Truppen des linken Flügels in Richtung auf
Königgrätz, wobei sie durch das Feuer der Batterien des 8. Korps, die auf den
Höhen südlich von Rozenic aufgefahren waren, gedeckt wurden. Ein Gegenangriff der Karl-Uhlanen, die die preußische Infanterie attackierten, zwang
den Feind, der im österreichischen Artilleriefeuer lag, zum Rückzug in den
Britzer Wald. Damit war dem Nachdrängen der Preußen Einhalt getan.

Neben dem 8. Korps ging in fester Ordnung das königlich sächsische
Armeekorps zurück. Es war somit auch der linke Flügel des kaiserlichen Heeres bereits im vollen Rückzug, als gegen 4 Uhr 30 (nachmittags) die preußische Kavallerie in größeren Massen auf dem Schlachtfeld zur Verfolgung
erschien. Die österreichische 1. Kavalleriedivison war bereits bis Wsestar
zurückgegangen, und die 3. Reserve-Kavalleriedivision (GM. Graf Coudenhove) befand sich im Rückmarsch etwa 2000 Schritte östlich von Stresetic, als
die feindliche Kavallerie, in getrennten Massen, teils südlich Stresetic,teils an
der Chaussee zwischen Lipa und Rozberic sichtbar wurde. Es warfen sich
ihnen nun die kaiserlichen Reserve-Kavalleriedivisionen entgegen und
bewahrten durch ihre Aufopferung das Heer vor den verhängnisvollsten Folgen, die in diesem Augenblick das sich zurückziehende Heer hätten treffen
müssen. GM. Graf Coudenhove gab auf die erste Meldung vom Anmarsch der
preußischen Kavalleriemassen ohne Schwanken und Zögern den Befehl zum
Umkehrtschwenken und zur Attacke. Hiezu entwickelte er seine Division

wie folgt: an der Spitze die Brigade Windischgrätz mit Preußen-Kürassieren im 1., Wrangel-Kürassieren im 2. Treffen; die Brigade Mengen mit den Regimentern Bayern-Kürassiere rechts, Neipperg-Kürassiere links (beide in Regiments-Kolonnen), die Flügel der Brigade Windischgrätz deckend. Vom Regiment Alexander-Uhlanen bildete die 1. und 4. Eskadron links vorwärts der Brigade Windischgrätz eine Offensivflanke, während die anderen Eskadronen als Reserve folgten. Unter heftigem Feuer der im Britzer-Wald, bei Problus und Stresetic aufgestellten preußischen Infanterie und Artillerie rückte die Division zum Angriff vor.

Die in diesem Augenblick allein voraus befindlichen 5 preußischen Dragoner-Eskadrons wollten sich auf den ungleichen Kampf nicht einlassen, machten Kehrt und ritten langsam bis in die Höhe von Stresetic zurück; als sie jedoch dort die von allen Seiten anrückenden Verstärkungen erblickten, wandten sie sich wieder und trabten den kaiserlichen Reitern entgegen. Diese sprengten trotz empfindlicher Verluste, die sie durch das feindliche Feuer erlitten, in größter Ordnung und geschlossen an. Der rechte Flügel des Regiment Preußen-Kürassiere traf auf die mittlere (2.) Dragoner-Eskadron, durchbrach diese, warf sich dann auf die dahinter sichtbaren Eskadrons Blücher-Husaren, und wurde dabei durch die 3. Dragoner-Eskadron und das preußische Uhlanen-Regiment Nr. 11 im Rücken angefallen, die aber ihrerseits wieder vom Regiment Wrangel-Kürassiere von rückwärts gefaßt wurden. Während der hartnäckigen Reiterschlacht feuerte die preußische Infanterie in Freund und Feind hinein.

Mittlerweile stießen auch noch die 1. Division Alexander-Uhlanen und das 2. preußische Garde-Dragoner-Regiment weiter südlich zusammen. Die Dragoner wurden durchbrochen; hierauf die Alexander-Uhlanen von 2 Eskadrons Blücher-Husaren und von den Spitzen der Division Alvensleben (1. Garde-Dragoner-Regiment) im Rücken gefaßt und teilweise eingeschlossen. Das nun folgende erbitterte Handgemenge wurde endlich durch einen Stoß des Regiment Neipperg-Kürassiere (Brigade Mengen) gelöst. Die preußische Kavallerie floh hierauf gegen die Bistritz, verfolgt von den kaiserlichen Reitern. Als die Eskadronen der Alexander-Uhlanen zwischen Problus und Stresetic anlangte, sah man keinen preußischen Kavalleristen mehr. Da in dem Augenblick als der Kampf südlich Stresetic zu Gunsten der österreichischen Kavallerie sich entschied, auch nördlich dieses Ortes, näher an Langenhof hin preußische Kavallerie-Massen sichtbar wurde, so schwenkte das Regiment Bayern-Kürassiere rechts heraus, kam jedoch nicht zum Gefecht. Bei der Verfolgung der so bravourös geschlagenen preußischen Reiterei geriet die Division Coudenhove in das Feuer der aus dem Bistritztal vorrückenden preußischen Infanterie, erlitt durch dasselbe sehr schwere Verluste, und kehrte deshalb um. Ein Teil des Regiments der Alexander-Ulanen, der im Reiter-kampf eingeschlossen worden war, konnte sich aber nicht mehr befreien und geriet in Gefangenschaft. Die übrigen Eskadrons ritten beiderseits Stresetic dann teilweise durch die Einheiten der Brigade Abele zurück, und erlitten während ihres Rückzuges noch erhebliche Verluste durch das Feuer der bei Stresetic, Problus und Bor befindlichen Preußen. Von der feindlichen Kaval-lerie, die nächst der Chaussee vorging, hatte das 12. Thüringische Husaren-Regiment kurz vorher die österreichische Brigade Leiningen attackiert; es stießen dann noch 2 Eskadrons Neumärkische-Dragoner dazu und diesen folgte von hinten kommend, das 4. Ulanen-Regiment. Gegen diese Truppen ritt die österreichische Kavallerie-Brigade Schindlöcker unter dem heftigen Flankenfeuer der bei Chlum befindlichen preußischen Artillerie an.Durch die Intervalle der eigenen Artillerie vorbrechend, entwickelten sich die Regimen-ter der Brigade nördlich der Chaussee. Die Stadion-Kürassiere im 1., Kaiser Franz Joseph-Kürassiere im 2. Treffen; Front gegen Nordwest. Das Regiment Nikolaus-Husaren (vom 1. Armeekorps) war aus seiner Stellung rechts der Brigade Abele durch seinen Kommandanten Oberst von Schemel schon etwas früher längs der Chaussee vorgeführt worden, schwenkte dann rechts und warf sich auf die Flanke der preußischen Kavallerie im selben Moment, als die Brigade Schindlöcker in der Front einbrach. Die beiden preußischen Treffen wurden durchbrochen und im Handgemenge, durch welches besonders die Neumärkischen Dragoner sehr starke Verluste erlitten, bis weit hinter Lan-genhof zurückgetrieben. Bei der Verfolgung der auch in diesem Reiterkampf geschlagenen preußischen Kavallerie gerieten aber die kaiserlichen Reiter in das Feuer der bei Langenhof stehenden preußischen Infanterieregimenter und mußten umkehren. Preußische Reiterei zeigte sich noch einige Male, wagte aber keinen Kampf mehr.

Die beiden kaiserlichen Kavallerie-Divisionen Prinz Holstein und Graf Coudenhove hatten sich nicht umsonst geopfert. Das retirierende Heer konn-te unbelästigt durch die feindliche Reiterei seine Bewegung gegen und über die Elbe fortsetzen.

Auch die österreichische Artillerie duellierte sich mit der preußischen bis zum Einbruch der Dunkelheit. Mit den Kämpfen bei Rosnic und Britza ende-ten auch die Gefechte der Infanterie und der allmählich erlöschende Geschützkampf bezeichnete die Neige des Schlachttages.

Die preußischen Armeeteile rückten nicht über die durch die Orte Swety, Britza-Charbusic markierte Linie und es hatte daher das kaiserliche Heer im Raum zwischen den erwähnten Orten und der Elbe vom Feind nichts mehr zu erleiden. Gleichwohl lösten sich gerade erst hier bei den meisten Armeekorps, welche ziemlich geordnet aus der Schlachtlinie gewichen waren, die Bande taktischer Ordnung. Dem wirren Strom von Menschen, Pferden und Fuhrwerken fehlten genügende Abflußtore, da die auf eine Stunde im Umkreis ausgedehnten Überschwemmungsgebiete der Elbe vor der Festung Königgrätz nur auf den durch die vorangegangenen Fuhrwerkskolonnen bereits gänzlich ruinierten Straßen und Dämmen fortzukommen gestattete. Dazu blieben die Tore der Festung infolge der vom Armeekommando ergangenen Weisungen längere Zeit verschlossen und der ganze ungeheure Strom des Heeres, der sich gegen die Festung ergoß, mußte sich seitwärts der Festung mühsam den weiteren Weg durch das Überschwemmungsterrain suchen.

Das Überschwemmungsgebiet der Elbe wurde dem Heer verderblicher als die Schlacht; hier löste sich die Ordnung; Massen von Fuhrwerken und Geschützen konnten nicht weiter gebracht werden und mußten in den versumpften Feldern und Gräben stehen bleiben. Größere Teile der Armee wandten sich auch, das Gewirr vor sich erblickend, südwärts gegen Opatowic und Pardubic. Erst spät am Abend wurden die Festungstore geöffnet und löste sich allmählich das Gewirr und die Armeekorps sammelten und biwakirten hinter der Elbe.

Die entscheidende Schlacht der kaiserlichen Armee an der Nordfront endete, trotz aller Tapferkeit der Truppen, die sich aus allen Völkern der Monarchie rekrutiert hatten, in einer bitteren Niederlage. Die Verluste des kaiserlichen Heeres in der Schlacht bei Königgrätz waren außerordentlich groß und betrugen an Gefallenen: 330 Offiziere, 5.328 Mann und 2.743 tote Pferde; an Verwundeten: 431 Offiziere, 7.143 Mann und 739 Pferde; an Vermißten: 43 Offiziere, 7.367 Mann und 2.149 Pferde; an Verwundeten, die in Gefangenschaft gerieten: 307 Offiziere, 8.984 Mann und 273 Pferde; unverletzt gerieten in Gefangenschaft: 202 Offiziere, 12.677 Mann und 106 Pferde. In Summe: 1.313 Offiziere, 41.499 Mann und 6.010 Pferde. Außerdem gingen 187 Geschütze, 641 Fuhrwerke und 211 Brückenwagem verloren.

Das königlich sächsische Armeekorps verlor an Toten: 15 Offiziere und 120 Mann; an Verwundeten: 40 Offiziere und 900 Mann und an Vermißten: 426 Mann.

Die Verluste des königlich preußischen Heeres wurden wie folgt angegeben: an Gefallenen: 100 Offiziere und 1.835 Mann; an Verwundeten: 260 Offiziere und 6.699 Mann; an Vermißten: 278 Mann. Über Pferde und Kriegsmaterial wurden keine Angaben aufgezählt.

In der Schlacht bei Königgrätz hatten sich 215.000 Österreicher und 221.000 Preußen auf engstem Raum, etwa 10 Kilometer Breite und 5 Kilometer Tiefe, gegenübergestanden. Die so schweren Verluste der kaiserlichen Armee waren auf die ungeheure Feuerkraft der preußischen Infanterie (Zündnadelgewehre) zurückzuführen. Dazu kam, daß dem Armeekommdanten

Ludwig Ritter von Benedek, Feldzeugmeister, am Schlachttag, am Morgen, seine Generalstabsoffiziere FML. Baron Henikstein und GM. von Krismanic, die die Anordnungen für die Schlacht ausgearbeitet hatten, verloren gingen, weil sie vom Kaiser abgesetzt worden waren und GM. von Baumgarten, der auf die Übernahme der Aufgaben der abgestzten Offiziere überhaupt nicht vorbereitet war, ebenso überraschend auf deren Posten berufen wurde.

Als die österreichische Nordarmee am 3. Juli das Schlachtfeld von Sadova räumte, war man sich im preußischen Hauptquartier noch nicht ganz im klaren über den Umfang des errungenen Sieges. „War das nun ein Magenta oder Solferino?" grübelte Moltke. Aber Feldzeugmeister Benedek, der Kommandant der k. k. Nordarmee, sah sich nicht mehr in der Lage, mit den Trümmern der Armee den eventuell nachdrängenden Preußen im offenen Feld Widerstand zu leisten. Er entschloß sich daher, seine Truppen in das befestigte Lager von Olmütz zurückzuführen, vom dem er, vor gut zwei Wochen erst, den Preußen entgegengezogen war. Dieser durch die Niederlage erzwungene Entschluß bedeutete jedoch, daß Benedek den preußischen Armeen den Weg nach Wien, der Reichshaupt- und Residenzstadt, freigab. Die Kaiserstadt zu schützen war daher das Ziel aller von österreichischer Seite getroffenen Maßnahmen. Die ersten traf der Feldzeugmeister selbst, indem er sich entschloß, die ganze schwere Reiterei seiner Armee, nämlich die drei Reservekavalleriedivisionen, und die 1. leichte Kavalleriedivision zur Deckung der durch seinen Ostabmarsch nun unverteidigten Operationslinie auf Wien einzusetzen. Unter dem Kommando des Feldmarschalleutnants Prinz Friedrich von Holstein zum „Kavalleriekorps Holstein" zusammengefaßt, hatten diese vier Kavalleriedivisionen den Auftrag, die momentane Schwäche der Donauverteidigung möglichst lange zu verschleiern, den preußischen Vormarsch, soweit es diesen schwachen Kräften möglich war, zu behindern und in ständiger Fühlung mit dem Feind langsam an die Donau zurückzuweichen. Zur unmittelbaren Sicherung Wiens, vor allem zur Besetzung eines um Floridsdorf angelegten Brückenkopfes, detachierte Benedek außerdem das X. Korps des Feldmarschalleutnants Gablenz von seiner Armee. Dieses Korps, mit Ausnahme der Korpskavallerie, wurde ab 9. Juli, von Lettowitz aus, im Bahntransport nach Wien dirigiert. Die Spitzenbrigade dieses Korps, die Brigade des Oberst Mondel, waggonierte allerdings noch am gleichen Tag in Lundenburg wieder aus, da sie den Auftrag hatte, die Eisenbahnlinie Olmütz-Lundenburg-Wien, die ja die einzige Bahnverbindung zwischen der Nordarmee und der Residenzstadt darstellte, bis zum 16. Juli zu schützen. Dann sollte die Brigade, unter Belassung des 12. Jägerbataillons in Lundenburg, mit der Bahn nach Floridsdorf abgehen, um die allgemeine Reserve der Brückenkopfbesatzung zu bilden. Dies alles waren aber höchst ungenügende Maßnahmen, die nur dazu dienen sollten, zu verhindern, daß die Preußen durch handstreichartige Unternehmungen sich in den Besitz strategischer Vorteile setzen konnten, bevor noch die Voraussetzungen zu einem ernsthaften Widerstand im Raum Wien geschaffen waren.

Darüber war sich auch Erzherzog Albrecht, der Sieger in der Schlacht von Custozza, im klaren. Am 10. Juli zum neuen Armee-Oberkommandanten „der gesamten operierenden Streitkräfte" ernannt, beabsichtigte er, alle verfügbaren Kräfte, sowohl der k. k. Südarmee als auch der Nordarmee, an der Donau zu versammeln und hier zu einem neuen Entscheidungskampf anzutreten. Am Tag seiner Betrauung mit dem Kommando über sämtliche Streitkräfte begann bereits der Antransport von zwei Armeekorps der Südarmee, wie wir schon gesehen haben. Das V. Korps wurde von Verona per Bahn durch Tirol, das IX. Korps vom Isonzo aus, auf der Südbahn, nach Wien in Marsch gesetzt, wo das V. Korps am 17. Juli und das IX. am 20. Juli versammelt war. Auch an die Nordarmee in Olmütz erging der Befehl, so schnell als möglich zunächst das III. Korps und dann das königlich Sächsische Korps mit der Bahn nach Wien abzuschieben. Der Abtransport des III. Korps verlief auch in der Zeit vom 11. bis 13. Juli ohne Zwischenfälle. Am 14. Juli folgten bereits erste Teile des Sächsischen Korps. Da meldet am 15. Juli ein Telegramm von Oberst Mondel aus Lundenburg, daß starke preußische Kräfte in Anmarsch auf die Stadt seien und die Transporte unterbrochen werden müßten. Mit diesem Erscheinen preußischer Truppen an der Nordgrenze Niederösterreichs wird bereits das Konzept sichtbar, welches vom preußischen Generalstab seit der Schlacht von Sadova (Königgrätz) verfolgt wurde. Von dem Augenblick an, wo es im Hauptquartier König Wilhelms klar wurde, daß Benedek sich zur Neuordnung seiner Verbände mit der Masse seiner Armee nach Olmütz zurückzog, schied die k. k. Nordarmee als Hauptoperationsziel aus den preußischen Überlegungen - zumindest vorläufig - aus. Es wurde daher zur ihrer Verfolgung nur die 2. Armee angesetzt. Das preußische VI. Armeekorps wurde zur Beobachtung der österreichischen Elbefestungen Königgrätz und Josephstadt zurückgelassen und die Garde-Landwehrdivision zur Besetzung Prags in Marsch gesetzt. Mit der 1. Armee und der Elbearmee aber traten die Preußen den Vormarsch über Brünn und Iglau an. Es kam General Moltke hiebei vor allem darauf an, wenn möglich, die Donau und damit die Reichshauptstadt Wien zu erreichen, bevor Erherzog Albrecht noch die Bildung einer neuen Kräftegruppe in diesem Raum gelungen war.

Der überraschend schnelle Antransport der k. k. Truppen vom italienischen Kriegsschauplatz in den Wiener Raum und auch die in Wien selbst getroffenen Maßnahmen ließen jedoch dieses Operationsziel bald als unerreichbar erkennen. Umsomehr war nun der preußische Generalstab darauf bedacht, zwischen die k. k. Nordarmee bei Olmütz und der neu sich bildenden Verteidigungsarmee an der Donau einen Keil zu treiben und sie sodann, wenn möglich, getrennt zu schlagen. Um für diese Entscheidungsuchenden Operationen auch die 2. Armee näher an der Hand zu haben, erhielt diese die Weisung, mit Ausnahme des 1. Armeekorps, das zur Beobachtung von Olmütz zurückgelassen wurde, sich auf die Linie Nikolsburg-Lundenburg zu sammeln und sich dem Vorgehen der 1. Armee anzuschließen, die aus dem Raum von Brünn auf den Straßen Eibenschütz-Laa an der Thaya-Ernstbrunn, Dürnholz-Ladendorf und Muschau-Nikolsburg-Gaunersdorf (heute Gaweinstal), unter Abzweigung eines Detachements auf Lundenburg, vorzugehen hatte. Auf dem rechten Flügel sollte die Elbearmee unter General Herwarth von Bittenfeld aus dem Raum Znaim auf den Straßen Jetzelsdorf-Oberhollabrunn (heute Hollabrunn) und Joslowitz-Enzersdorf im Tal vorrücken, wobei von der Armee ein Detachement gegen Maissau zu entsenden war, das in der rechten Flanke gegen die Donau zwischen Tulln und Krems aufklären und sichern sollte. Es war geplant, beide Armeen, nämlich die 1. unter Prinz Friedrich Karl und die Elbearmee so zu versammeln, daß sie am 17. Juli die Thaya überschreiten konnten. Tatsächlich ging jedoch der preußische Vormarsch schneller vor sich, sodaß die preußischen Spitzen schon am 15. Juli niederösterreichischen Boden betraten. Sie bewirkten damit jene schon erwähnte Unterbrechung der Transportbewegung des Sächsischen Armeekorps, dessen Reste nun den Fußmarsch an die Donau antreten mußten, wo sie sich erst am 30. Juli im Raum von Wien mit den übrigen Korps vereinigen konnten. Erzherzog Albrecht war aber bestrebt, auch noch die restlichen Teile der bei Olmütz befindlichen Nordarmee an sich zu ziehen. Zu diesem Zweck war Benedek angewiesen worden, sich durch das Marchtal an die Donau zurückzuziehen.

Diese Marschbewegung sollte in zwei großen Staffeln erfolgen: Die 1. Staffel, mit dem II., IV. Korps und der Sächsischen Kavalleriedivision, sollte am 17. Juli, die 2. Staffel mit dem Armeehauptquartier, dem I. und VIII. Korps und der 2. leichten Kavalleriedivision, am 18. Juli die March bei Göding überschreiten und entlang des linken Ufers Preßburg am 21. beziehungsweise 22. Juli erreichen. Jedoch auch diese Bewegung gelang nur teilweise, denn mittlerweile war das preußische I. Armeekorps bei Proßnitz, südwestlich von Olmütz eingetroffen und hatte seinerseits mit den Unternehmungen auf dem linken Marchufer begonnen. Am 14. Juli war es bei Kralitz und Biskupitz, am 15. bei Tobitschau und Rokenitz zu Gefechten mit der Spitze der 2. Marschstaffel gekommen, deren für die Österreicher unglücklicher Ausgang die Fortsetzung des Marsches in der bisherigen Richtung unmöglich machte. Benedek sah sich daher gezwungen, mit der

2. Marschstaffel in die kleinen Karpaten auszuweichen. In vier Kolonnen wurden diese über den Wlaw-, Hrosenkau- und Stranypaß sowie über den Miave-Sattel überschritten und dann durch das Waagtal der Marsch auf Preßburg fortgesetzt. Während all dieser Marschbewegungen stand zur Deckung der im Raum Wien sich sammelnden Verbände an der böhmischen Grenze nur das Kavalleriekorps Holstein und die Infanteriebrigade Mondel zur Verfügung.

Der Rückzug der österreichischen Kavallerieverbände aus Mähren nach Niederösterreich erfolgte planmäßig. Während das Gros dieser Verbände unbehelligt seinen Abmarsch nach Wien bewältigte, blieben deren Nachhuten in loser Fühlung mit den preußischen Armeespitzen. Die Nachhuten bildeten auftragsgemäß einen Kavallerie-Schleier, dessen Aufgabe es war, den preußischen Vormarsch zu verlangsamen und den Feind über die wahren Kräfteverhältnisse zu täuschen. Hiebei kam es, weil die Nachhuten auch kleinere Gegenstöße unternahmen zu vielen Scharmützeln mit den Spitzen der preußischen Verbände, vor allem mit der Avantgarde Schöller der Elbe-Armee. Auf niederösterreichischem Boden kam es in der Zeit vom 15. bis 20. Juli bei Jetzelsdorf, Seefeld, Groß-Harras, Guntersdorf, Zellerndorf, Rausenbrück, Grund, Schrick, Gaunersdorf, Ladendorf, Lassee, Weikersdorf und Deutsch-Wagram zu kleineren und heftigeren Patrouillengefechten, während sich das Gros des Kavalleriekorps Holstein am 17. Juli allmählich den Donauübergängen näherte. Am 18. Juli überschritten dann die drei schweren Kavalleriedivisionen des Korps bei Stadlau die Donau und biwakierten im Prater, wo sie noch am gleichen Tag sowohl von Kaiser Franz Joseph und König Johann von Sachsen inspiziert wurden. Die noch nördlich der Donau bei Korneuburg zurückgebliebenen Nachhuten der 2. und 3. Reservekavalleriedivisionen, die von Korneuburg aus noch gegen Spillern, Stockerau, Harmannsdorf und Stetten aufzuklären hatten, wurden am Tag darauf, dem 19. Juli über die Donau zurückgenommen.

Indessen wurden von der Genie-Abteilung der Brigade Mondel die Brücken über die drei Thaya-Arme, die Brücke bei Bernhardsthal sowie die Straßenbrücken über die March bei Hohenau und St. Johann an der March unbrauchbar gemacht. Ebenso wurden alle Rampen und Brunnen in den Bahnstationen zwischen Ludenburg und Gänserndorf zerstört. In Gänserndorf erhielt Oberst Mondel die Weisung, in Marchegg auszuwaggonieren, die Eisenbahnbrücke von Theben-Neudorf zu bewachen und für die nun auf die Bahn ostwärts der March umgeleiteten Truppentransporte der Nordarmee offenzuhalten. Ferner sollten seine Genie-Truppen bei Angern die Brücke zerstören. Noch am Nachmittag des 16. Juli waren alle diese Aufträge ausgeführt, und die Brigade hatte Stellung auf den Höhen zwischen dem Bahnhof

Marchegg und dem Ort Breitensee bezogen, um von hier aus den Abschub des Eisenbahnbetriebsmaterials nach Preßburg zu decken. Nachdem auch dies geschehen war, wurden die noch restlichen Marchbrücken zur Zerstörung hergerichtet. Es waren dies die steinerne Eisenbahnbrücke bei Marchegg und die hölzerne Jochbrücke bei Schloßhof. Am Abend des 17. Juli waren alle diese Vorbereitungen beendet. Gleichzeitig mehrten sich aber auch die Gerüchte über die Annäherung starker feindlicher Verbände. Da die Stellung der Brigade auf dem rechten Marchufer sehr isoliert erschien, entschloß sich Oberst Mondel, auf das linke Ufer zu übersetzen. Er benützte dazu die Brücke bei Schloßhof und bezog sodann eine gegen Norden gerichtete Stellung, aus der er die etwa notwendige Zerstörung der beiden noch intakten Brücken decken konnte. Da erreichte ihn der Befehl, mit dem Gros seiner Brigade den Ort Blumenau im Einschnitt zwischen den Kleinen Karpaten und dem Thebener Kogel zu besetzen, und unter allen Umständen zu halten und nur im äußersten Notfall auf Preßburg auszuweichen. In Durchführung dieser Weisung wurden am 18. Juli die Marchbrücken gesprengt, und die Brigade trat den kurzen Marsch in die Stellung Blumenau-Kaltenbrunn an. Die Truppen bezogen dann ihre Lagerplätze, und zwar das Feldjägerbataillon Nr. 12, das Infanterieregiment Nr. 24 und die Brigadeartillerie knapp südlich Blumenau, das Infanterieregiment Nr. 10 links davon in gleicher Höhe, jedoch westlich der Eisenbahnlinie.

Auf preußischer Seite stellte die Nachricht, daß die Österreicher aus dem Raum Olmütz mit dem Abtransport ihrer Verbände nach Wien begonnen hätten, den Generalstab vor neue Entscheidungen. Denn nun kam viel darauf an, jenen Teilen der Nordarmee, die bei Proßnitz an der 2. Armee des Kronprinzen Friedrich Wilhelm bereits vorbeimarschiert waren, mit der ersten Armee des Prinzen Friedrich Karl sowohl die Straße nach Wien als auch jene nach Preßburg abzuschneiden, und wenn möglich, Preßburg noch vor den von Olmütz zurückmarschierenden Österreichern zu erreichen. Das bedingte aber, daß vorerst ein direktes Vorgehen gegen die Donau bei Wien, wie es ursprünglich befohlen worden war, aufgegeben und die preußischen Kräfte mehr ostwärts, also beiderseits der March, konzentriert wurden. Für die Elbe-Armee des Generals Herwarth von Bittenfeld bedeutete dies eine Linksziehung ihrer Verbände, während auf dem anderen Flügel der Heeresfront das Oberkommando der 2. Armee angewiesen wurde, die zunächst stehenden Verbände, nämlich das I. und V. Armeekorps, nunmehr auf Kremsier und Napajedl zu dirigieren, um, dem Gegner folgend, die Verbindung mit der 1.Armee herzustellen. Die 1. Armee erhielt daher den Befehl, nach Lundenburg zu marschieren, während die Elbe-Armee über Laa an der Thaya gegen Wilfersdorf vorrücken sollte, um so die Flanke dieser Linksschwenkung

Der Brückenkopf bei Wien

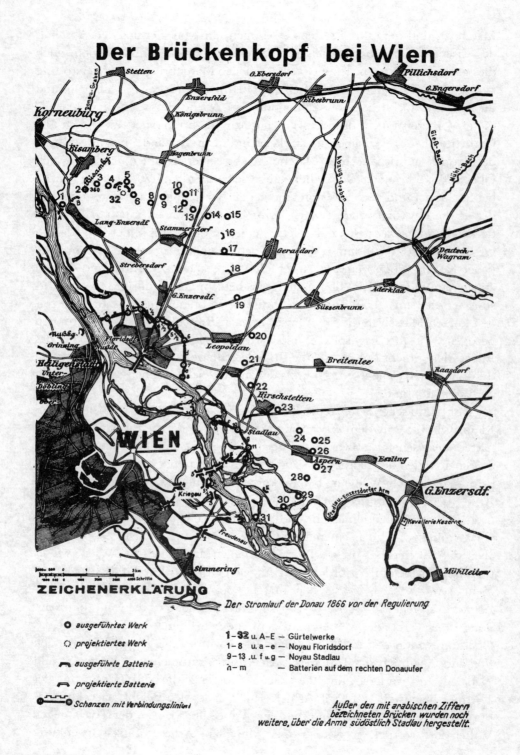

gegen Wien hin zu sichern. Am 17. Juli verkeilten sich Truppen der 1. Armee und der Elbe-Armee im Raum Poysdorf-Staats derart ineinander, daß es bis zum 18. Juli dauerte, den Durcheinander, der durch ungenaue Marschdispositionen entstanden war, zu entwirren. Am 20. Juli schob sich dann die preußische Armee in voller Gefechtsbereitschaft und unter Zurücklassung der großen Bagage gegen den Rußbach vor. Diese Linie gedachte man bei einem etwaigen österreichischen Angriff aus dem Wiener Raum zu halten und in den Orten an Taschelbach und an der Zaya Stützpunkte einzurichten. Die dort stehenden preußischen Husaren hatten den Ostabmarsch der Armeen mit einem Kavallerie-Schleier gedeckt und der Aufmerksamkeit der Österreicher entzogen. Das preußische Armee-Oberkommando befand sich bald darauf in Pyrawarth. Am 21. Juli blieb die Elbe-Armee in ihren Bereitstellungsräume, aber ihre Patrouillen streiften bereits bis in das Weichbild der kaiserlichen Reichshaupt- und Residenzstadt.

Da zu dieser Zeit nur zwei hölzerne Jochbrücken bei Floridsdorf Wien mit dem nördlichen Donauufer verbanden, nämlich die Taborbrücke und die unweit davon stromabwärts gelegene Eisenbahnbrücke der Kaiser Ferdinand-Nordbahn, war die Anlage einer Befestigung um Floridsdorf eine der ersten Notwendigkeiten für die Verteidiger von Wien. Da aber diese Übergänge im Kriegsfall nicht ausreichten, hatte man südlich von Stadlau über die damals sehr verzweigte Donau zusätzlich mehrere Kriegsbrücken geschlagen, die nun ebenfalls durch ein Befestigungswerk gedeckt werden mußten. Diese zwei Brückenköpfe bei Floridsdorf und Stadlau hatte man klugerweise schon im April zu bauen begonnen, vor die nun auch noch eine Gürtellinie gelegt werden sollte.

Der Brückenkopf von Floridsdorf, der die Orte Jedlersee (heute Jedlesee), Groß Jedlersdorf und Floridsdorf umfaßte, sollte aus 8 Haupt- und 8 Zwischenwerken bestehen, die durch Brustwehren und Verhaue untereinander verbunden waren. Der Stadlauer Brückenkopf umfaßte nur Stadlau. Für ihn waren 5 Haupt- und zwei Zwischenwerke vorgesehen, die gleich denen des Floridsdorfer Brückenkopfes untereinander verbunden werden sollten. Mit dem Bau der beiden Brückenköpfe hatte man im Mai begonnen. Anfang Juni befand sich die Bautätigkeit dann in voller Entwicklung, sodaß mit der Armierung der Objekte am 2. Juli - einen Tag vor Königgrätz - begonnen werden konnte. Am 11. Juli war dieselbe in den Brückenköpfen und zwischen dem 12. und dem 27. Juli in der Gürtellinie vollendet. Das heißt, daß zu der Zeit, als die Preußen vor Wien erschienen, die Ausrüstung, die im Enstadium 431 Geschütze umfassen sollte, noch nicht beendet war. Neben dem Bau der erwähnten Werke wurden auch der Tuttenhof und der Donaugraben nächst der Stockerauerstraße sowie der Post Rendezvous an der Brün-

Geplante Bereitstellung der preußischen Armee am 27. und der österreichischen am 28. Juli 1866

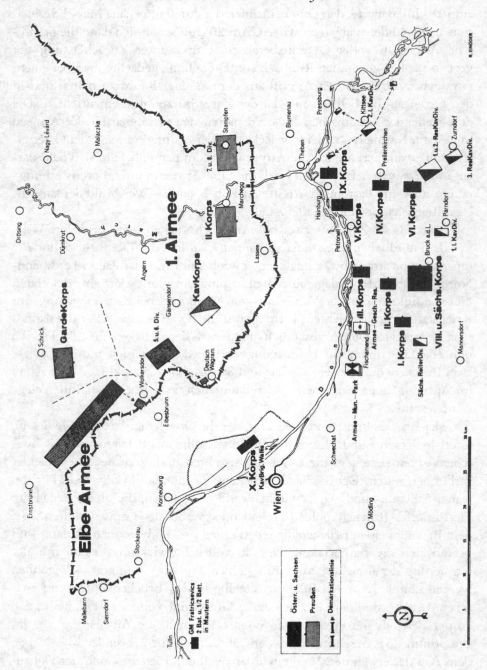

nerstraße zur Verteidigung eingerichtet. Am südlichen Donauufer wurden 12 Batterien zur Unterstützung der Brückenköpfe und Gürtelwerke in Stellung gebracht. Das Kommando über den Brückenkopf Floridsdorf war am 3. Juli dem ehemaligen Kriegsminister Feldzeugmeister Graf Degenfeld-Schonburg übertragen worden, der bis zum Eintreffen Erzherzog Albrechts den Befehl über sämtliche an der Donau konzentrierten Streitkräfte führte. Im Brückenkopf waren Anfang Juli die Brigaden Anthoine und Lebzeltern eingesetzt, bis sie durch das X. Korps abgelöst wurden. Vom X. Korps langten am am 9. Juli die Brigaden Knebel und Grivićić bei Wien an. Die erste Brigade besetzte mit 14 Kompanien die Werke des Floridsdorfer Brückenkopfes, der Rest lagerte da als Reserve. Die Brigade Grivićić, deren Kommando am 9. Juli Generalmajor Baron Lebzeltern übernahm, bildete anfangs die Besatzung des Brückenkopfes Stadlau und wurde am 17. ins Lager nach Strebersdorf verlegt, mit der Aufgabe, das Gürtelwerk 1 und den Tuttenhof zu verteidigen. Insgesamt gab es 32 Gürtelwerke. Am 10. Juli traf bei Stadlau die ebenfalls zum X. Korps gehörige Brigade Wimpffen ein. Sie bekam am 12. Juli den Auftrag die Besatzung der Werke des Bisamberges zu bilden und rückte nach Stammersdorf und Strebersdorf ab. Am 17. Juli wurde jedoch die Ausdehnung ihres Besatzungsrayons auf die Werke 2 bis 14 beschränkt und am gleichen Tag auch die Brigaden Lebzeltern und Wimpffen nebst einer halben Batterie der Korpsgeschützreserve Generalmajor Koller unterstellt, der als Kommandant der Besatzung des Bisamberges im Magdalenenhof Quartier nahm. Der Kommandant des X. Korps Feldmarschalleutnant Gablenz, hatte sein Quartier in Floridsdorf aufgeschlagen, wohin am 18. Juli Feldzeugmeister Degenfeld auch den Sitz des Brückenkopfkommandos verlegte.

Die ebenfalls per Bahn in Floridsdorf eingetroffenen Teile des königlich Sächsischen Heeres wurden zur Besetzung des Stadlauer Brückenkopfes herangezogen und erhielten die Gürtelwerke 22 bis 51 zugewiesen. Die nicht in den Werken eingeteilten Abteilungen bezogen Lager bei Hirschstetten, wo auch Kronprinz Albert von Sachsen Quartier nahm. Der Train fuhr in der Kriau auf. Am 20. Juli jedoch wurden die Sächsischen Truppen wieder aus dem Brückenkopf zurückgezogen und in Kantonierungen an der Südbahn, zwischen Wien und Baden mit dem Hauptquartier in Hetzendorf, verlegt. Die Befestigungen im Brückenkopf Stadlau wurden durch die Brigade Kirchberg, die von Floridsdorf durch die Brigade Knebel und das Gelände des Bisambergs durch die Brigade Lebzeltern besetzt. Eine weitere Verstärkung der Donauverteidigung bedeutete die Ankunft des von Olmütz nach Wien beförderten III. Korps mit den Brigaden Prochaska, Manger von Kirchberg, Benedek und Appiano. Das Korps erhielt den Auftrag, in das Tulner Feld abzugehen und die Sicherung der Donau von Klosterneuburg aufwärts gegen

Linz zu übernehmen. Die Infanterie des Korps wurde auf Dampfschiffen, die Batterien und Fuhrwerke auf der Westbahn, letztere bis St. Pölten befördert. Die Brigade Kirchberg erreichte am 13. Juli Krems und bezog zwischen Mautern und Palt ein Lager; 4 Kompanien des 3. Jägerbataillons mit 2 Geschützen besetzten Mautern, je 1 Kompanie Hollenburg und Stollhofen. Bei Krems und Stein wurden Vorposten aufgestellt. Die Brigade Prochaska rückte am 14. Juli in die Kantonierung bei Langenrohr; die Brigade Appiano in den Raum Tulln; die Brigade Benedek nach Judenau. Korpsgeschütze und Sanitätskompanie nach Sieghartskirchen. Durch eine Postenkette und zahlreiche Patrouillen auf beiden Flußufern wurde die dem III. Korps aufgetragene Beobachtung der Donau zwischen Melk und Nußdorf besorgt, von Melk aufwärts durch fahrende Patrouillen. Das Korps hatte den Auftrag, jeden Übergangsversuch zurückzuweisen, falls dies aber nicht möglich sei, die Übergänge des Wienerwaldes zu besetzen und dort äußersten Widerstand zu leisten. Zur Verteidigung der aus dem Tullner Feld gegen Wien führenden Straßen und der Bahnlinie wurden vom 14. Juli an Stellungen für zwei Batterien bei Königstetten, zwei auf dem Flachberg zwischen Tulln und Ried und fünf bei Sieghartskirchen, im ganzen 96 Geschütze, erbaut. Weiters wurden Beobachtungsstationen Telegraphenanlagen und Briefordonnanzen eingerichtet und die Zivilbevölkerung in den Nachrichtendienst eingebunden. Bei Marbach-, Grein und Mauthausen wurde der Verkehr der Rollfähren eingestellt. Um feindliche Übersetzungsversuche über die Donau außerdem noch zu erschweren, wurden vom 1. Pionierbataillon, von Klosterneuburg aus, Detachements nach Eferding, Melk, Rossatz, Traismauer etc. entsandt, die alle auf der Donau befindlichen Schiffe und Schiffsmühlen versenkten oder auf das rechte Ufer brachten oder zu den Mündungen der Traun und Enns sowie nach Preßburg schafften. Zwei Kompanien des 1. Pionierbataillons durchstreiften zusätzlich noch die Auen am linken Donauufer zwischen Stockerau und Krems, um alles zu beseitigen, was für einen feindlichen Flußübergang dienlich sein konnte.

Unzerstört blieb nur die Donaubrücke in Linz, während die hölzerne Jochbrücke zwischen Stein und Mautern, nachdem am 13. Juli durch Selbstentzündung der bereits angebrachten Sprengladung die Brückenbahn gehoben worden war, am 15. und 17. Juli teilweise abgebrannt wurde, so daß sich eine 50 Klafter breite Öffnung ergab.

Die unmittelbare Bedrohung der Reichshaupt- und Residenzstadt Wien hatte aber nicht nur militärische Verteidigungsmaßnahmen erforderlich gemacht, sondern auch die Frage akut werden lassen, inwieweit Vorsorge getroffen werden müsse, um auch weiterhin das klaglose Funktionieren des Staatsapparates zu gewährleisten. Am 12. Juli verfügte der Staatsminister

Graf Belcredi, daß mit Ausnahme des Justitzministeriums alle Ministerien, mit dem unumgänglichen notwendigen Personal, das gesamte Kriegsministerium und die drei Hofkanzleien, im Notfalle nach Ofen abzugehen, während die niederösterreichische Statthalterei, sämtliche Zentralstellen und sämtliche Gerichte im Invasionsfalle im Lande zu verbleiben hätten. Für diesen Fall wäre das Staatsministerium als Kommission des Staatsministeriums für die laufenden Geschäfte der politischen Verwaltung für die Fortsetzung der wichtigsten Agenden verantwortlich gewesen.

Besonders bewährt hat sich in diesen Tagen Oberstleutnant Heinrich Giesl, Freiherr von Gieslingen, der am 20. Mai 1865 zum Kommandanten des Wiener Militär-Polizeiwachkorps ernannt worden war, mit dem er sich jetzt, 1866, durch die Beistellung geeigneter Kundschafter, Förderung der Feldbefestigungen am linken Donauufer bei Floridsdorf, Bewachung der Tabor-Jochbrücke, der großen Fouragevorräte im Prater, der Feldtelegraphenleitung zum Leopoldsberg und weiter nach Greifenstein und beim Abtransport des Barschatzes der Nationalbank aus Wien sehr verdient machte.

Der am 30. August 1866 zum Oberst ernannte Giesl von Gieslingen wurde, nach der Auflösung des Militärpolizeiwachkorps am 29. Oktober 1870 zum Kommandanten des Infanterieregiments Nr. 16 bestellt und kehrte damit zum Truppendienst, aus dem er gekommen war, zurück.

Die Unruhe in der Bevölkerung der Stadt veranlaßte den Wiener Bürgermeister Andreas Zelinka, in einer Audienz beim Kaiser die Bitte auszusprechen, er möge Wien nicht den Gefahren einer Belagerung preisgeben und die Stadt zur offenen Stadt zu erklären. Franz Joseph versicherte Zelinka, daß die Schanzen, die im Marchfeld zur Dekung des Donauüberganges aufgeführt wurden, die Hauptstadt in so weitem Kreis umzögen, daß diese selbst durch einen Kampf nicht betroffen werden könne. Ungeachtet dieser Beschwichtigung ordnete Bürgermeiste Zelinka, unter dem Druck der öffentlichen Meinung am 17. Juli die Errichtung einer nichtuniformierten Stadtwache - neben der Polizeiwache - an, und es bestand die Absicht, auch eine bewaffnete Bürgerwehr, falls alle kaiserlichen Truppen von Wien abgezogen werden sollten, aufzustellen. In Wien lagen bis zum 19. Juli 4146 Freiwilligenmeldungen vor. Zahlreiche Aufrufe an die Zivilbevölkerung, sich nicht nur zur Aufrechterhaltung von Ruhe, Ordnung und Sicherheit zu örtlichen Bürgerwehren zu melden, sondern sich auch auf Kriegsdauer zu Freiwilligenverbänden rekrutieren zu lassen, fanden starken Widerhall.

Unberührt von diesen lokalen Vorbereitungen schritten die großen Heeresbewegungen auf beiden Seiten ungehindert weiter. Während auf österreichischer Seite, südlich der Donau zwischen Krems und Hainburg, schließlich 4 Armeekorps und 4 Kavalleriedivisionen versammelt waren, rückte auf preußischer Seite, nach Durchführung der anbefohlenen Schwenkung nach Südosten die 1. Armee entlang der March nach Süden. Sie war es, der nunmehr die Hauptaufgabe zufiel, der Nordarmee den Rückmarsch abzuschneiden, um die von den Österreichern angestrebte Vereinigung der Nord- mit der Südarmee an der Donau zu vereiteln. Ohne Widerstand zu finden, konnte die 7. Division am 16. Juli Lundenburg besetzen. Die 8. Division besetzte, allerdings erst nach Kämpfen, Göding und Holics. Damit befanden sich die wichtigsten Eisenbahnknotenpunkte in den Händen der Preußen. Die Kavalleriedivision Hann ging in den Raum Feldsberg-Schrattenberg vor, zwischen ihr und der 7. Division die Avantgarde des Herzogs von Mecklenburg. In zweiter Linie folgten hinter der 8. Division die 5. im Raum Czeich, hinter der 7. die Reserveartillerie im Raum Auspitz. Die 6. Division stand bei Bergen südlich Muschau, das II. Armeekorps und die Kavalleriebrigade Rheinbaben im Raum Dürnholz-Unter-Tannowitz. Ulanen des 9. Ulanenregiments waren an diesem Tag bereits bis Poysdorf geritten. Am 17. Juli schob sich die Armee weiter vor, wobei das Kavalleriekorps den Raum Hohenau erreichte. Das Hauptquartier der Armee wurde nach Feldsberg verlegt. Am 18. Juli zeigten die Bewegungen bereits deutlich an, wohin sich das Schwergewicht der Operation verlagert hatte. Die Avantgarde Mecklenburg war bis Spannberg vorgeschoben worden, die 6. Division hielt bei Zistersdorf und das Kavalleriekorps im Raum Götzendorf-Dürnkrut; ihm folgte die 7. Division entlang der Bahnlinie Drösing-Hohenau, wo sich jetzt auch das Hauptquartier der Armee befand. Östlich der March stand die 8. Division bei Morva-St. Janos (St. Johann an der March), die 5. bei Holics. Das II. Armeekorps und die Reserveartillerie waren bis in den Raum Herrnbaumgarten-Feldsberg-Bernhardsthal vormarschiert.

Obwohl die 2. preußische Armee hinter der 1. Armee noch stark zurückhing, wurde der Vormarsch der letzteren auch am 19. Juli fortgesetzt. An diesem Tag erreichte die Avantgarde Mecklenburg Gänserndorf, die Kavalleriedivision Hann Zwerndorf und somit den Weidenbach. Die 6. Division rückte bis Ollersdorf, die Kavalleriebrigade Rheinbaben bis Stilfried, die 7. Division bis Dürnkrut vor, wohin auch das Hauptquartier der Armee verlegt wurde. Am anderen Marchufer ging die 8. Division bis Nagy-Lévárd (Groß-Schützen) vor. Die 5. Division sicherte im Raum Kuti-Msrva-St. Janos gegen Norden und Osten. Das II. Armeekorps und die Reserveartillerie hielten bei Zistersdorf. Angelehnt an den linken Flügel der Elbe-Armee, erreichte die 1. Armee mit der Avantgarde Mecklenburg am 20. Juli Schönkirchen und schob auf der Linie Unter-Gänserndorf-Weikendorf-Oberweiden-Baumgarten ihre Vorposten vor. Das Kavalleriekorps lag im Raum Welkendorf, die 7. Division dahinter, zwischen Stilfried und Angern. Die 6. Division marschierte zwischen

Matzen und Prottes auf, die 3. im Raum Windisch-Baumgarten-Zistersdorf-Spannberg, die Reserveartillerie bei Götzendorf, die 4. Division um Dürnkrut. Am weitesten vorgeschoben und zugleich am östlichsten lag die 8. Division, zur Zeit von General Bose befehligt, welche nach der Armeedisposition nur bis Malaczka gelangen sollte, aber von Prinz Friedrich Karl den Befehl erhalten hatte, bis Stampfen vorzufühlen, um Nachrichten über die bei Preßburg stehenden österreichischen Kräfte einzuziehen. Die Brücken bei Angern und Dürnkrut waren inzwischen von den Preußen wieder instandgesetzt worden.

Die 5. Division war von Morva-St. Janos aus bis Gajár (Gayring) vorgedrungen. Das Hauptquartier der Armee befand sich am 20. Juli in Ebenthal. Am 21. Juli stand General von Fransecky mit der 7. und 8. Division bei Bisternitz und Stampfen, mit einer Flankenstellung gegen Marchegg, wobei der Kavalleriedivision Hann die Aufgabe zufiel, die Gruppe Fransecky zu verstärken. Die anderen Armeeteile, nämlich die Avantgarde Mecklenburg, die 6. Division und die Kavalleriedivision Alvensleben, befanden sich in Weidenbach, während die 5. Division bis Stillfried und Ollersdorf nachgezogen wurde. Die Avantgarde Mecklenburg klärte gegen die Rußbachstrecke, Groß-Engersdorf, Deutsch-Wagram und Markgrafenneusiedl auf. Detachements des Jägerbataillons Nr. 4, der Kürassierregimenter 6. und 7 requirierten in Leopoldsdorf, Markgrafenneusiedl, Obersiebenbrunn und Glinzendorf, solche vom Kürassierregiment Nr. 2 in Breitensee, Lassee und Groissenbrunn.

Die preußische 2. Armee, die bekanntlich am 15. Juli die Verfolgung der Nordarmee aufnahm, folgte in zweiter Linie der 1. Armee über Brünn ins Marchtal. Sie hatte den Befehl über Lundenburg-Nikolsburg weiterzumarschieren, und man rechnete damit, daß das Garde- und das VI. Armeekorps am 21. Juli zur eventuellen Unterstützung der 1. und der Elbe-Armee, auf der Linie Drösing-Wilfersdorf eintreffen würden. Das VI. Armeekorps erreichte am 20. Juli Poysbrunn und Drassenhofen, während das Gardekorps bis in den Raum Lundenburg-Kostel und das V. Armeekorps bis Ungarisch-Hradisch vorgingen. Am 21. Juli gelangte die Armee auf ihrem Marsch nach Süden mit dem VI. Armeekorps und dem Gardekorps bis Wilfersdorf und Drösing, stand somit also nun knapp hinter der 1. Armee. Das im Marchtal vorgehende V. Korps und die Kavalleriedivision Hartmann waren bis in die Gegend von Straßnitz und Holics gelangt.

Während sich so die beiden feindlichen Heere zu einem neuen Waffengang gruppierten, waren - wie wir noch sehen werden - bereits Verhandlungen über einen Waffenstillstand im Gang, und am 20. Juli wurde auch eine Einigung über eine vorläufige fünftägige Waffenruhe erzielt. Aber noch in den letzten Stunden, bevor die Waffenruhe in Kraft treten sollte, machten die Preußen den Versuch, sich Preßburgs zu bemächtigen, um für den Fall, daß die Friedensverhandlungen scheitern sollten, schon im Besitz des wichtigen Donauübergangs zu sein. Wie schon aufgezeigt, hat die Brigade Mondel beiderseits der nach Preßburg führenden Straße bei Blumenau Stellungen bezogen. Es lag in der Absicht des preußischen Generals Fransecky, in der Front zunächst nur ein hinhaltendes Gefecht zu führen, die Stellung der Österreicher mit einer Kolonne unter General von Bose (15. Infanteriebrigade) von Bistritz und Mariental über die Höhen und durch das Weidritztal zu umgehen, um unerwartet am Gemsenberg aufzutauchen. Das Gefecht in der Front wurde durch die Kavallerie eröffnet, und bald darauf trat auch die Artillerie in den Kampf. Das auf dem Gemsenberg postierte österreichische Bataillon wurde von den Preußen überraschend angegriffen und gegen Preßburg zurückgedrängt. Die Preußen versuchten bis zum Bahnhof von Preßburg vorzudringen, wo sie jedoch auf drei von Preßburg herangeeilte Brigaden stießen, von denen nun sie teilweise im Rücken umgangen wurden. Bei diesem Entsatz handelte es sich um die Spitze des II. Korps der k. k. Nordarmee, das auf seinem Marsch an die Donau gerade rechtzeitig Preßburg erreicht hatte und nun zur Unterstützung der Brigade Mondel herangezogen wurde. So gelang es zum Beispiel der österreichischen Brigade Württemberg, die Kolonne des Generals von Bose von den übrigen preußischen Truppen zu trennen. Auch die Brigade Schütte entsandte zur Unterstützung des linken Flügels der Brigade Mondel 2 Bataillone, verstärkt durch 2 Kavalleriebatterien. Neben diesen Truppen beorderte Feldmarschalleutnant Graf Thun, der Kommandant des II. Korps, auch das Regiment Roßbach nach Blumenau, während das Regiment Jellačić von der Brigade Thom am Kalvarienberg eine Aufnahmestellung bezog. Inzwischen war die 15. preußische Infanteriebrigade ins Weidritztal gelangt und hatte sich des Gemsenberges bemächtigt. Bald jedoch kam das weitere Vordringen der Preußen in Richtung auf Preßburg an den rasch herbeigeeilten österreichischen Verstärkungen zum Stehen. Daher versuchte Generalmajor von Bose, die Brigade Mondel zu umgehen, wobei ein Bataillon die linke Flanke gegen Preßburg zu decken hatte. Da jedoch auch zwei andere Bataillone der Kolonne Bose in dem unübersichtlichen Waldterrain die südliche Marschrichtung eingeschlagen hatten, hätten die drei verbleibenden Bataillone keine Entscheidung herbeizuführen vermocht. Der Kampf in der Front ging inzwischen weiter. General von Fransecky, der bereits kurz nach Beginn des Gefechts die Nachricht erhalten hatte, daß ab 12 Uhr mittags Waffenruhe zu herrschen habe, wollte unter allen Umständen, noch im letzten Augenblick, einen Waffenerfolg erzwingen. Durch die beunruhigenden Nachrichten über die Kolonne des Generals Bose sah er einen solchen jedoch in Frage gestellt. So wurde der Kampf nicht mehr bis zur Entscheidung weitergeführt.

Zum Waffenstillstand: Schon unmittelbar nach der Schlacht bei Sadowa (Königgrätz) hatte Feldzeugmeister Benedek, der Kaiser Franz Joseph den „Eintritt der Katastrophe" gemeldet hatte, Verhandlungen mit dem preußischen Oberkommando eingeleitet, um den Abschluß eines Waffenstillstandes zu erreichen. Feldmarschalleutnant Gablenz, der am 4. Juli in das preußische Hauptquartier entsandt worden war, konnte zwar die Unterbrechung der Feindseligkeiten nicht durchsetzen, gleichwohl aber wurde ihm bedeutet, daß man preußischerseits geneigt wäre, gegen Verpfändung der Festungen Josephstadt, Königgrätz und Theresienstadt auf Waffenstillstandsverhandlungen einzugehen. Der am 5. Juli im Hauptquartier Benedeks eingetroffene Minister des Auswärtigen, Feldmarschalleutnant Graf Mensdorff-Pouilly, aus französisch-lothringischem Uradel stammend, war 1850-1852 Bundeskommissar in Holstein, 1862-1864 Statthalter von Galizien und danach, bis 1866 Außenminister der Monarchie; er empfahl jetzt Benedek, nachdem er sich über den Zustand der Armee informiert hatte, in einem Telegramm nach Wien, die Forderungen der Preußen unter der Bedingung anzunehmen, daß die Einstellung der Feindseligkeiten auch auf den westlichen Kriegsschauplatz ausgedehnt werde. Am 6. Juli begab sich Feldmarschalleutnant Gablenz neuerdings in das preußische Hauptquartier, wurde jedoch von König Wilhelm nicht empfangen, sondern nur schriftlich in Kenntnis gesetzt, daß Preußen nur mehr solche Verhandlungen zu führen gedenke, die einen dauerhaften Frieden zur Folge haben würden. Man war sich nämlich auf preußischer Seite inzwischen über die Größe des bei Sadowa errungenen Erfolges klargeworden und daher nicht mehr gewillt, die Verhandlungen auf Grund von Andeutungen vom 4. Juli zu führen.

Am 4. Juli hatte auch Kaiser Napoleon III. in einem Schreiben an König Wilhelm seine Vermittlung angeboten. Preußen nahm das Angebot zwar offiziell an, gab aber erst am 7. Juli in sehr unbestimmter Form die etwaigen Bedingungen für einen Waffenstillstand bekannt, und da auch Italien Schwierigkeiten machte, zog sich die Vermittlungsaktion in die Länge.

Der in Berlin beglaubigte französische Botschafter Graf Benedetti hatte in Wien Verhandlungen wegen einer dreitägigen Waffenruhe geführt. Die preußischen Vorschläge sahen folgende Bedingungen vor:

1. Das zwischen der jetzigen Stellung des preußischen Heeres und der Thaya liegende Gebiet wäre sofort von den österreichischen Truppen zu räumen;

2. außer dem im Punkt 1 vorgesehenen Fall würden alle preußischen Truppen, alle österreichischen Truppen der Nord- und Südarmee und die sächsischen Truppen sowie ihre Artillerie und Kriegszufuhren an dem Orte stehenbleiben, an dem sie sich am Tage der Unterzeichnung der unmittelbaren Vereinbarung befinden würden;

3. die preußischen Truppen würden sich bis zum Ablauf der vereinbarten Frist in einer Entfernung von drei Meilen von Olmütz halten; 4. die Eisenbahn zwischen Dresden und Prag hätte für die Proviantzufuhren des preußischen Heeres offen zu bleiben.

Dazu hatte Österreich den Gegenvorschlag gemacht, zwischen dem österreichisch-sächsischen Heere einerseits und dem preußischen Heere andererseits eine Demarkationslinie zu ziehen, die weder von der einen noch von der anderen Seite während dieser drei Tage überschritten werden durfte, hinter welcher aber beide Armeen vollständige Freiheit der Bewegung haben sollten. Die österreichische Regierung schlug als Demarkationslinie den Thayafluß vor, von seiner Quelle bis zu einem Punkt zwei Meilen östlich von Lundenburg. Dieser Vorschlag wurde von preußischer Seite nicht angenommen, weil man verhindern wollte, daß die österreichische Südarmee, die, wie erwähnt, nach Wien in Marsch gesetzt war, dieses Ziel erreiche. So kam es zu keiner Einigung. Erst am 19. Juli wurde endlich, namentlich durch die Bemühungen des französischen Botschafters in Wien, eine Verständigung angebahnt. Die preußische Regierung erbot sich, bei Gegenseitigkeit, für fünf Tage sich aller Feindseligkeiten zu enthalten, in welcher Zeit Österreich endgültig seine Verhandlungsbasis bekanntzugeben hätte.Österreich gab dazu am 20. Juli seine Zustimmung, wobei die vorläufige fünftägige Waffenruhe am 22. Juli mittags beginnen und am 27. Juli zu gleicher Zeit enden sollte. Hierzu war am 22. Juli, um 10 Uhr, in Eibesbrunn, im Hause Nr. 33, durch den preußischen Generalquartiermeister General von Podbielski und dem österreichischen Generalstabschef Feldmarschalleutnant Baron John die Demarkationslinie festgelegt worden. Sie verlief von Krems, dem Donaulauf folgend, bis zum Einfluß des Göllersbaches in die Donau bei Stockerau; den Göllersbach aufwärts zum Schloß Schönborn, dieses als neutral betrachtend, weiter östlich der Linie über die gleichfalls neutralen Ortschaften Bruderndorf, Wetzleinsdorf, dem Rußbach bis Leopoldsdorf folgend, und dann auf dem Feldweg bis Lassee, Breitensee, in gerader Linie über die Eisenbahnbrücken auf das linke Marchufer sich erstreckend. Auf diesem Ufer folgte die Demarkationslinie von Bisternitz der Chaussee nordwärts bis Lozorno. Weiters bildete der östliche Rand des Föhrenwaldes am Rudavabach bis an die Chaussee von Wl. Suroviny nach Szenitcz die Grenze. Szenicz durfte von österreichischen Truppen nicht betreten werden. Für die anderen Armeeteile, namentlich für die Festungen, wurde die Vereinbarung einer Demarkationslinie den beiderseitigen Kommandanten überlassen. Das Übereinkommen von Eibesbrunn galt sonach für die beiden Hauptarmeen. Da man jedoch in beiden Lagern nicht wußte, ob die Waffenruhe mit einem endgültigen Friedensschluß enden würde, bereitete man sich sich ungeachtet derselben mit allen Mitteln auf den Entscheidungskampf an der Donau vor.

Die preußische Armee benützte die Zeit der Waffenruhe, um die Befestigungen des Brückenkopfes Wien zu erkunden und Vorbereitungen für einen etwaigen Donauübergang bei Preßburg zu treffen. Hierzu konzentrierte man die Armeen dichter, und zwar die Elbe-Armee westlich, die 1. Armee östlich der Straße Wien-Brünn, während die Armee des Kronprinzen dicht an die 1. Armee aufschloß, sodaß das preußische Heer mit seinen Spitzen um den 26. Juli entlang der gesamten Demarkationslinie stand und einen streitbaren Stand von 160.000 Mann, 19.700 Pferden und 744 Geschütze umfaßte.

Auf österreichischer Seite rückte die aus dem Waagtal kommende Nordarmee zwischen dem 24. und dem 27. Juli durch Preßburg auf das rechte Donauufer, um sich im Wiener Becken mit den Streitkräften Erzherzog Albrechts zu vereinigen. Das II. Armeekorps deckte den Donauübergang und brach am 27. Juli die Schiffsbrücke bei Preßburg ab. Da man hier nicht nur den voraussichtlichen Übergang, sondern auch durch die Ostverschiebung des preußischen Heeres eine Offensive auf das Südufer der Donau erwartete, marschierte die österreichische Armee entlang des südlichen Donauufers auf, wodurch sich eine Westverschiebung des III., V. und IX. Korps ergab. Das III. Korps stand nunmehr im Raum Regelsbrunn-Wildungsmauer, das V. zwischen Petronell und Deutsch-Altenburg und das X. Korps im Raum Hainburg. Zur Überwachung der Donau von Klosterneuburg bis Mautern blieben die unter Generalmajor Fraticsevics nur das Husarenregiment Nr. 8 und die Brigade Kirchberg zurück. Es waren dies 5.300 Mann, 500 Reiter und 16 Geschütze. Zur weiteren Verstärkung rückten aus dem Süden noch die Brigade Tölpy aus Görz und die Kavalleriebrigade Pulz aus Villach an.

Der Ausbau des Brückenkopfes und dessen Armierung wurden während der Waffenruhe mit aller Beschleunigung fortgesetzt. Das die Brückenkopfbesatzung bildende I. Korps umfaße 21.000 Mann, 1500 Reiter und 80 Geschütze, ohne die permanente Armierung. Sonach verfügte die österreichische Donauverteidigung im ganzen über einen Gefechtsstand von 231.000 Mann, 19.000 Reitern und 1.350 Geschützen.

Die Bestimmung der Demarkationslinie brachte es mit sich, daß bei dem nicht ausreichenden und ungenauen Kartenmaterial Verletzungen des geschlossenen Übereinkommens stattfanden, die während der Tage der Waffenruhe zu einer Reihe kleinerer Scharmützel führten. Auch der empfindliche Verpflegsmangel, der bei den in vordester Linie stehenden preußischen Truppen herrschte, war Ursache gelegentlicher Übergriffe auf fremdes Gebiet, da die Preußen durch Requisitionen den Unterhalt gewinnen wollten. So wurde zum Beispiel der südlich der Demarkationslinie gelegene Ort Leopoldsdorf am 24. Juli von Abteilungen der Kavalleriedivision Alvensleben besetzt. Als man österreichischerseits gegen diesen Übergriff protestierte, entschuldigte sich das Oberkommando der 1. preußischen Armee damit, daß Leopoldsdorf auf den preußischen Karten zu beiden Seiten des Rußbaches eingezeichnet sei und man nur die Belegung des nördlichen Ortsteiles angeordnet habe. Leopoldsdorf wurde am 28. Juli von den Preußen wieder geräumt.

Auch im Stromabschnitt abwärts Wien führten die Preußen vor der Demarkationslinie Requisitionen durch; so am 22. und 23. Juli in Mannsdorf und Orth. Vor allem am Tag der geschlossenen Waffenruhe waren noch preußische Reiterpatrouillen in Unkenntnis der Demarkationslinie über diese vorgedrungen, und zwar gegen Süßenbrunn, Franzensdorf, Groß-Enzersdorf, Eßling und Breitensee. Bei Ulrichskirchen kam es am 25. Juli zu einem Patrouillenzusammenstoß, bei dem ein Reiter des Dragonerregiments Nr. 1 den Tod fand. Bei der Elbe-Armee war am 22. Juli angeordnet worden, daß die Requisitionskommanden bis zum 26. Juli auswärts bleiben sollten, da man ein Kantonierungsmagazin bei Ernstbrunn füllen wollte. Diese Requisitionen hatten sich im Westen bis zur Schmida, im Norden bis zur Pulka auszudehnen. Die Klagen von Seiten der Bevölkerung führten zu Reklamationen und, als diese begreiflicherweise nicht sofortige Abhilfe brachten, zur Vorschiebung österreichischer Abteilungen an die Demarkationslinie zum Schutz gegen preußische Requisitionen. Vom Brückenkopf Wien aus ging eine Kompanie des Jägerbataillons Nr. 16 nach Würnitz, kleinere Patrouillen des Dragonerregiments Nr. 1 gegen Stockerau, Harmannsdorf, Eibesbrunn, Raasdorf und Butzendorf, und im Ostabschnitt, nördlich der Donau, standen 4 Kompanien des Jägerbataillons Nr. 9 und 1 Division des Ulanenregiments Nr. 9. Eine weitere Kompanie des Jägerbataillons Nr. 9 stand bei Theben und eine bei Theben-Neudorf.

Da ein eventuelles Vorgehen der Preußen auch westlich der bekannten Hauptmarschrichtungen durchaus im Bereich der Möglichkeit lag, hatte Erzherzog Albrecht schon am 14. Juli die bereits formierten 6 Kompanien des steiermärkischen Alpenjägerkorps, die am 7. Juli in den Brückenkopf eingerückt waren, nach Linz abgehen lassen. Am 18. Juli war dann noch, wie bereits erwähnt, das Husarenregiment Nr. 5 der Brigade Fratricsevics von Wien aus nach Linz in Marsch gesetzt worden, um das Gebiet nördlich der Donau, zwischen Krems und Linz, zu beobachten. Die 5 Eskadronen des Regiments, verstärkt durch die 1. Kompanie des Alpenjägerkorps und 2 Geschütze, brachen nach Norden auf, um die Vorgänge südlich der Thaya und vor allem auf der Linie Znaim-Krems zu beobachten und Erkundungsvorstöße zu unternehmen. Aus dem Raum Raabs an der Thaya und Zwettl unternahmen die Radetzky-Husaren Streifzüge in das Pulkatal; die 6. Eskadron einen Vorstoß auf der Straße Horn-Maissau-Weikersdorf. Am 24. Juli befanden sich die 1. und 2. Eskadron in Jamnitz, die halbe Alpenjägerkompanie in Schaffa, wo sie Requisitionsvorräte der Preußen beschlagnahmen konnten. Die 4. und 5. Kompanie standen im Pulkatal, der Kommandant mit dem Rest des Streifkommandos in Raabs. Am 25. Juli traf in Pulka die Nachricht ein, daß der Feind in Retz requiriere. So kam es am gleichen Tag bei Mitterretzbach zu einem Zusammenstoß zwischen Angehörigen der 5. Eskadron und dem preußischen Requisitionskommando, der dem Feind 1 Toten und 3 Verwundete kostete, während auf der eigenen Seite nur 1 Mann verwundet wurde. Die österreichischen Husaren konnten 1 Offizier und 18 Mann mit 16 Pferden gefangennehmen und schoben diese über Mautern ab. Am 26. Juli wurden die 4. und 5. Eskadron nach Drosendorf, die 1. und 2. nach Teltsch disponiert, die Alpenjäger und die Geschütze nach Linz zurückgeschickt. Die Streifzüge der Radetzky-Husaren in die Gegend von Znaim erweckten auf preußischer Seite den Eindruck, daß es sich dabei um größere Truppenbewegungen handle, und so rechnete man nach dem Ablauf der Waffenruhe mit einer Überrumpelung der Znaimer Garnison. Daher räumten die Preußen am 27. Juli die Stadt Znaim unter Zurücklassung von 200 Kranken. Als dies die Österreicher erfuhren, wurde Znaim von der 4. Eskadron besetzt, wobei die Anzahl der preußischen Gefangenen (versprengte) auf 94 Mann anstieg.

Als das Hauptquartier der Elbe-Armee in Ladendorf von den Vorgängen bei Znaim erfuhr, nahm man fälschlicherweise an, daß es sich bei den aufgetauchten österreichischen Abteilungen um die Spitze einer Armee handle, und schritt zu Gegenmaßnahmen. Die preußische 16. Division wurde daher aus dem Raum Eichenbrunn-Schletz über Stronsdorf und Groß-Harras nach Jetzelsdorf dirigiert und ihre Kavallerie sogleich auf Retz und Schrattental vorausgesandt, um die österreichischen Truppen von der abgeschlossenen Waffenruhe in Kenntnis zu setzen und sie zu veranlassen, hinter die Demarkationslinie zurückzugehen. Aber erst am 28. Juli erhielt der Kommandant des Husarenregiments Nr. 5 die offizielle Nachricht vom Abschluß des Waffenstillstandes. Am folgenden Tag räumten die Radetzky-Husaren Znaim. Die mangelhafte Übermittlung der Befehle für den Beginn und die spätere Verlängerung der Waffenruhe hatten es mit sich gebracht, daß die Zusammenstöße gerade in die Zeit der vereinbarten Einstellung der Feindseligkeiten fielen und es gänzlich unbeabsichtigt die Abmachungen von Eibesbrunn und Nikolsburg, wo König Wilhelm im Schloß Quartier genommen hatte, verletzt wurden. Bereits am 26. Juli war die 6. Eskadron von Maissau über Wetzdorf nach Baumgarten gerückt, hatte am 27. Stranzendorf erreicht und am 28. bei Stockerau die Verbindung mit der Besatzung des Wiener Brückenkopfes hergestellt.

Am 25. Juli war die Verlängerung des Waffenstillstandes bis zum 2. August beschlossen worden. Schon am folgenden Tag erfolgte die Unterzeichnung der Friedenspräliminarien zu Nikolsburg. König Wilhelm verließ daraufhin Schloß Nikolsburg am 29. Juli um über Brünn und Prag nach Preußen zurückzukehren. Er wolte indes seine Armee nicht verlassen, ohne sie vorher noch einmal gesehen und ihr gedankt zu haben. In Ausführung dieses Wunsches wurden drei große Paraden veranstaltet, und zwar über die Elbe-Armee, über die 1. Armee und über das V. Korps, gewissermaßen in Vertretung für die 2. Armee. Die Elbe-Armee war am 30. Juli zwischen Ladendorf und dem Stockerauer Wald in 5 Treffen aufgestellt und wurde von General Herwarth von Bittenfeld kommandiert. Um 11 Uhr erschien der König in Begleitung der Prinzen Friedrich Karl und Gefolge, darunter der russische Militärbevollmächtigte Graf Kutusow und der italienische General Govone. Nach dem Vorbeimarsch der Truppen ritt König Wilhelm nach Schloß Ladendorf zurück und begab sich am anderen Tag zur Armee des Prinzen Friedrich Karl nach Groß-Gänserndorf, um hier die Parade über den größten Teil der 1. Armee abzunehmen. Es waren dies 62.000 Mann mit 240 Geschützen. Nach dem Vorbeimarsch der Truppen und nachdem auch hier der König Dank und Anerkennung ausgesprochen hatte, ritt der König nach Schönkirchen. Die dritte Parade, die König Wilhelm bereits auf seiner Heimreise abnahm, galt dem V. Armeekorps des Kronprinzen Friedrich Wilhelm und fand am 2. August auf dem Feld von Austerlitz statt. Unmittelbar im Anschluß an diese Heerschau erfolgte der Abzug der preußischen Truppen teils im Landmarsch, teils im Eisenbahntransport über Mähren und Böhmen in ihre Heimat. Den Beginn machte am 30. Juli die 2. Armee mit dem I., V., VI., dem Gardekorps und der Kavalleriedivision. Am selben Tag folgte auch das II. Armeekorps der 1. Armee. Am 31. Juli begann der Rückmarsch der Elbe-Armee nach Böhmen, und zwar auf der Straße Stockerau-Horn und durch das Waldviertel, der bis zum 2. August andauerte. Der Rest der Armee mit der Reiterei und Artillerie rückte ab 1. August in die neuen Kantonements nach Böhmen und Mähren.

Erst viel später als der Rückmarsch des preußischen Heeres erfolgte dann jener, der an der Seite Österreichs kämpfenden verbündeten sächsischen Truppen, die bis zum Abmarsch im Raum südlich von Wien untergebracht waren. In der Zeit vom 3. bis 12. November kehrten diese mittels Bahntransports, teils mit der Nordbahn über Böhmen, teils mit der Westbahn über Bayern, nach Sachsen zurück.

Die Verluste durch die Cholera im preußischen Heer betrugen 6427 Mann und waren höher als die Zahl der im Krieg Gefallenen, nämlich 4450 Mann. Das österreichische Heer war von der Seuche zwar weniger betroffen, doch liegen keine Angaben über Zahlen vor. Sehr gelitten unter der Seuche hat aber auch die Bevölkerung in Böhmen, Mähren und Niederösterreich, denn die Cholera war von den preußischen Truppen eingeschleppt worden.

Während der tragischen Ereignisse an der Nordfront in den ersten Julitagen suchten auch die beiden Bundeskorps im Westen Deutschlands, deren Spitzen bei Ruppertenrod und Ober-Katza noch 15 Meilen voneinander entfernt standen, sich zu vereinigen.

Die preußischen Streitkräfte, die der General der Infanterie von Falckenstein befehligte, nahmen nach der Schlacht bei Langensalza den Namen „Main-Armee" an und waren bereit, die noch nicht vereinigten Korps anzugreifen. Sie hatten in der Umgebung von Langensalza, Eisenach und Gotha Lager bezogen und waren bis 30. Juni in diesen verblieben. Sie zählten 42 Bataillons, 22 Eskadrons, 16 Batterien Artillerie mit 97 Geschützen und 2 Pionierkompagnien, zusammen circa 45.000 Mann. General Falckenstein, dem schon früher die Weisung erteilt worden war, die Operationen gegen die Bundes-Armee in der Richtung auf Fulda zu eröffnen und dann gegen Schweinfurt vorzugehen, kam derselben rasch nach, ordnete den Marsch der Divisionen und brach mit diesen am 1. Juli aus den Lagern auf.

In den dem G. d. I. von Falckenstein durch den Chef des Generalstabes G. d. I. Freiherr Helmut von Moltke schon früher mitgeteilten Direktiven war hervorgehoben, daß, wie für den ganzen Krieg der Schwerpunkt des Widerstandes in der österreichischen Armee liege, so Bayern den Kern der süddeutschen Koalition bilde. Bei einer Offensivbewegung über Kassel, direkt auf Frankfurt, stehe zu besorgen, daß sich das VIII. Korps nach Mainz werfe und man keinen Gegner im Felde vor sich haben werde. Es sei daher ratsamer, den Weg über Fulda nach Schweinfurt einzuschlagen. Man könne sicher sein, die bayerische Armee zu treffen, wenn man sie im eigenen Land aufsuche und dürfe hoffen, durch die gewählte Richtung die Vereinigung des VII. und VIII. Korps zu verhindern.

Am 3. Juli war die Armee König Ludwigs II. von Bayern in der Nähe von Kalten-Nordheim versammelt. Vom VIII. Korps gelangte an diesem Tag, in der Bewegung auf Fulda, die hessische Division von Ruppertenrod über Ulrichstein bis in die Höhe von Rixfeld (3 Meilen von Fulda), die württembergische Division, die König Karl I. Friedrich Alexander von Württemberg entsandt hatte, nach Ruppertenrod, Oberrohmen und Schotten, mit Spitzen in Lauterbach. Die badische Division hatte den Befehl Gießen und Wetzlar besetzt zu halten, während die österreichisch-nassauische Division bis Friedberg gelangte. Zum ersten Gefecht kam es am 4. Juli bei Rossdorf und Zella. Hiebei wurde um den Nebelberg, der mehrere Male den Besitzer wechselte, erbittert gekämpft.

In Zella wurde um den Lottersberg und die Taufsteinhöhe gefochten und in Siedorf eine bayerische Kompagnie, die den Rückzug deckte,eingeschlossen und als sie sich mit dem Bajonett durchzuschlagen versuchte, völlig aufgerieben. Prinz Carl, der seit Mittag am Kampfplatz anwesend war, erteilte, in der Annahme die ganze preußische Armee vor sich zu haben, seinen beiden im Gefecht gewesenen Divisionen den Befehl zum Rückzug auf die Position Kalten-Nordheim und Kalten-Sundheim. Es erschien ihm überhaupt nicht mehr ratsam, die Vereinigung mit dem VIII. Korps im Sinne des festgesetzten Planes nördlich der Rhön anzustreben und mittlerweile die bayerische Armee isolierten Kämpfen auszusetzen.

Das bayerische Kavalleriekorps hatte an diesem Tag in der Nähe von Fulda schwere Ausfälle erlitten. Fürst Taxis hatte den Befehl erhalten, die Konzentrierung der bayerischen Armee bei Kalten-Nordheim durch Demonstrationen gegen Vacha zu unterstützen und rückte am 4. Morgens, mit seiner schweren Brigade gegen über Hünfeld gegen Rasdorf vor, wurde aber aus dem Wald zwischen beiden Orten, wo bereits die Vorausabteilungen der preußischen Division Beyer standen, beschossen. Fürst Taxis griff mit dem 1. Kürassierregiment an, erlitt aber so schwere Verluste, das er unkehren mußte und beim Rückzug das inzwischen nachkommende 2. Kürassierregiment mit sich fortriß. Hierauf erließ Prinz Carl von Bayern den Befehl, die Reserve-Kavallerie habe sich auf Brückenau zurückzuziehen und von dort über Hammelburg oder Kissingen die Verbindung mit den anderen Teilen des Korps herzustellen. Am Weg dorthin verfügte GM. Rummel, daß die halbe schwere Brigade, gefolgt von der 2. leichten Brigade im Marsch auf Hettenhausen verblieb, während er selber mit der anderen halben schweren Brigade auf einen Seitenweg abbog, um schneller weiterzukommen. Da wurden plötzlich, nach Mitternacht, die nach Hettenhausen marschierenden Einheiten durch das Alarmblasen und Karabinerschüsse so erschreckt, daß sie, von den vorhergehenden Ereignissen entmutigt, umkehrten. Sie rissen die leichte Brigade mit sich und alles jagte in regelloser, panikartiger Flucht bis hinter die Saale, und mit einigen Teilen sogar bis hinter den Main zurück, ohne mit dem Feind in Berührung gekommen zu sein. Die sich wieder sammelnde Brigade wurde nach Kissingen verlegt.

Das VIII. Korps bewegte sich, mit Ausnahme der Division Neipperg, welche im Sinne der Armeekommando-Disposition die Richtung gegen die untere Saale einschlug und Ranstadt erreichte, an diesem Tag nicht. Auch Fulda wurde nicht besetzt, obwohl dies den Hessen möglich gewesen wäre.

Prinz Alexander von Hessen, General der Infanterie und Oberbefehlshaber der großherzoglich hessischen Truppen, der Kommandant des VIII. Bundesarmee-Korps, ließ seine Truppen einen Rasttag halten, weil sein Generalstabs-Chef, der königlich württembergische Generalleutnant von Baur erklärt hatte, daß die Truppen völlig erschöpft seien. Das VIII. Armeekorps setzte sich aus der württembergischen Division, Kommandant GL. von Hardegg, der großherzoglich badischen Division, Kommandant GL. Prinz Wilhelm von Baden, der großherzoglich hessischen Divisiont Kommandant GL. Freiherr von Perglas, der österreichisch-nassauischen Division, Kommandant k. k. FML. Graf Neipperg, der Reserve-Kavallerie, Kommandant der königlich württembergische GL. von Entress-Fürsteneck und der Artillerie-Reserve, Kommandant der großherzoglich hessische Major Scholl, zusammen.

Beim VII. Bundesarmee-Korps lagen die Kommandoverhältnisse einfacher. Prinz Carl von Bayern, Feldmarschall, war Kommandant des Korps, sein Generalstabs-Chef war GL. und General-Adjutant Freiherr von der Tann. Das VII. Bundesarmee-Korps (Bayerns Armee) bestand aus 4 Infanteriedivisionen, die von den Divisionären GM. Stephan von Unsleben, GL. von Feder, GL. Freiherr von Zoller und GL. Ritter von Hartmann befehligt wurden. Die Reserve-Infanterie-Brigade kommandierte Oberst Bijot, das Reserve-Kavallerie-Korps General der Kavallerie Fürst Thurn und Taxis und die Reserve-Artillerie GM. Graf Bothmer.

Feldmarschall Prinz Carl von Bayern war Oberbefehlshaber beider Bundesarmee-Korps.

Am 5. Juli erwartete sowohl Prinz Carl, als auch der G. d. I. von Falckenstein, der Befehlshaber aller preußischen Truppen, angegriffen zu werden. Falckenstein stand mit der Division Göben bei Dermbach und Öchsen, mit der Division Beyer bei Geysa und mit der Division Manteuffel bei Lengsfeld.

Prinz Alexander erhielt am 5. Juli aus Kissingen folgende Weisung: „Wegen des allseitigen Vordringens der preussischen Colonnen über die Werra, ist eine Vereinigung des VII. und VIII. Corps nördlich der Rhön nicht mehr thunlich; ich werde deshalb auf die Höhe Neustadt-Bischofsheim zurückgehen und stelle an das VIII. Corps die Anforderung, sich in gleicher Höhe zu halten und möglichst rasch die Verbindung über Brückenau und Kissingen herzustellen. Unmöglich weitere Massnahmen jetzt schon zu treffen. Am 7. stehe ich auf den Höhen von Neustadt. (gez.) Prinz Carl von Bayern."

Gleichzeitig kam Prinz Alexander telegraphisch die Meldung zu, daß eine preußische Kolonne im Ulstertal vorrücke und setzte seine Truppen weisungsgemäß in Marsch. Als er aber die telegraphische Nachricht erhielt, daß die österreichische Armee bei Königgrätz geschlagen wurde und Frankreich Waffenstillstandsvermittlungen betreibe, faßte er den Entschluß, vor allem nun auf die direkte Deckung der Heimatländer seiner Kontingente bedacht zu nehmen und seine über den ganzen Vogelsberg zerstreuten Truppen bei Frankfurt, das er zu befestigen angeordnet hatte, zu sammeln. Er erstattete dem Oberkommando die Anzeige über seinen Beschluß und proponierte gleichzeitig, die Vereinigung beider Korps anstatt in Franken, nun auf der über 10 Meilen weiter rückwärts gelegenen Linie Hanau-Aschaffenburg. Die badische Division, die eigenmächtig den Rückzug Richtung Frankfurt angetreten hatte und teilweise schon über den Main gegangen war, wurde von Prinz Alexander aufgefordert, ungesäumt auf ihren Platz am Zusammenfluß der Wetter und Nidda bei Assenheim zurückzukehren. Prinz Wilhelm von Baden kam diesem Befehl nur deshalb widerwillig nach, weil sein Generalstabs-Chef Oberst Keller ihm gedroht hatte, seine Charge niederzulegen und Prinz Carl, auf Veranlassung des Bundestagsausschusses, ihn zurechtwies.

Während Prinz Carl mit seinen Truppen die von ihm bezeichnete Linie einnahm, erreichte ihn am 7. Juli morgens die Meldung des Prinzen Alexander über den Rückzug des VIII. Korps auf Frankfurt. Prinz Carl drückte dem Prinzen Alexander sofort telegraphisch seine Mißbilligung aus, welcher am selben Tag schriftlich folgender Befehl folgte: „Nachdem ich den Oberbefehl über die westdeutsche Bundesarmee angetreten, können Abänderungen des von mir festgesetzten Operationsplanes nur dann ohne meine Genehmigung geschehen, wenn unerwartet eingetretene Verhältnisse auf dem unmittelbaren Kriegsschauplatze sofortige abweichende Massnahmen bedingen. Wenn ich auch den seinerzeitigen Einfluss der nunmehrigen militärischen Situation in Böhmen und Mähren auf die Verhältnisse des westlichen Kriegsschauplatzes anerkenne, so kann ich darin in keinerlei Weise Veranlassung finden, dass Eure Hoheit ohne meine Genehmigung von den Bestimmungen abweichen, welche ich in Betreff der zu vollziehenden Vereinigung des VIII. Bundes-Armee-Corps mit der bayerischen Armee bereits mitzutheilen die Ehre hatte, und wenn ich mich auch im Allgemeinen jetzt entschlossen habe, zunächst die Verteidigung der Mainlinie in's Auge zu fassen, so soll dieselbe doch zunächst nicht in directer Weise an oder hinter dieser Linie, sondern so weit als nur immer thunlich, mit vereinten Kräften vor derselben geschehen. Ich erwarte daher, daß Eure Hoheit die bereits ohne meine Zustimmung angeordnete Rückwärtsbewegung einstellen und mit allen Kräften auf die befohlene Verbindung mit der bayerischen Armee hinwirken. Zu diesem Zwecke habe ich die Ehre Euer Hoheit mitzutheilen, dass sich die bayerische Armee an der Saale bei Neustadt, Kissingen und Hammelburg concentrirt und Spitzen nach Mellrichstadt, Bischofsheim und Brückenau vorschiebt. Im Einklang damit wollen Euere Hoheit auf der Fulder Strasse möglichst weit gegen Schlüchtern vorgehen und die Defileen halten. Indem ich daher erwarte, dass das VIII. deutsche Bundes-Armee-Corps eine starke Entsendung in die Defileen, welche auf der Strasse Gelnhausen, Schüchtern liegen, vorrücken lasse, befehle ich zugleich, dass eine Brigade dieses Corps sich möglichst schnell per

Eisenbahn nach Gemünden verfüge, und mir ihre Ankunft melde." (Defileen = Enggässe)

Doch mittlerweile hatte Prinz Alexander folgendes Schreiben an FML. Graf Huyn, der von der k. k. Armee beim VII. Korps attachiert war, gerichtet: „Ortenburg, 7. Juli Abends. Durch gestern abgeschickten Courier dürften Sie erfahren haben, warum ich nach Frankfurt zurückgehe und die Vereinigung bei Bruckenau und Kissingen, dem über die Fulda vorrückenden Feinde Flanke und Rücken preisgebend, unmöglich anstreben konnte. Ich halte die Mainlinie wichtiger als eine Gesammtstellung auf der unwirthsamen Rhön, daher VIII. Corps bei Höchst, Friedberg, Hanau, VII. bei Aschaffenburg, Gemünden. Von dort können wir uns vereint in einem Zuge nach rechts oder links bewegen, oder nach vorwärts stossen, statt den Gegner, wie bis nun in unserer Mitte eingekeilt zu lassen und in den Defileen en detail geschlagen zu werden. Stellen Sie dies Prinz Carl vor; übermorgen bin ich in der obigen Aufstellung. Baldige Antwort, ob man sich dieser Idee anschliesst, nach Frankfurt, in dessen Nähe ich Hauptquartier nehme. Morgen bin ich in Nieder-Wöllstadt."

Prinz Alexander ging auf den früher erwähnten Befehl des Armeekommandanten, den er am 8. vormittags erhielt, nicht ein, sondern setzte seinen Rückzug auf Hanau und Frankfurt fort. Nachmittags trafen im bayerischen Hauptquartier, sowie beim Kommando der Kavallerie-Reserve Fürst Taxis in Hammelburg, Nachrichten von der Vorrückung der Preußen gegen Brückenau ein, und obwohl man diesen nicht vollen Glauben schenkte, sondern das Gros der preußischen Armee im Marsch auf Frankfurt wähnte, so ließ Fürst Taxis doch 2 Kompanien des Regiment Geroda in Richtung Brückenau und 2 Kompanien des 14. Regiments Hammelburg besetzen.

Die Fühlung mit der preußischen Armee war völlig verloren gegangen, weil man die bisher in der Richtung auf Fulda stehenden Kavallerieposten zu weit zurückgenommen hatte.

Das VIII. Korps stand am 9. Juli über 20 Meilen weit links vom Gros der bayerischen Armee, während Prinz Carl zur Verteidigung der Saaleübergänge bei Kissingen und Hammelburg rüstete. Die Preußen aber setzten ihren Vormarsch fort, ohne behindert zu werden. Prinz Alexander aber, der den Anordnungen Prinz Carls nicht gehorchte, hatte sich indessen sogar an den General-Adjutanten des Kaisers gewendet, um seine Widerspenstigkeit zu rechtfertigen, war aber auf die Anordnungen Prinz Carls verwiesen worden.

Am 10. Juli stand die preußische Armee an der Saale, und zwar: Die Division Beyer vor Hammelburg, die Division Göben vor Kissingen und die Division Manteuffel rückte der Division Göben nach. GL. von Göben, der Nachricht davon erhielt, die Bayern schon an der Saale zu treffen, ließ seine Brigaden in Gefechtsformation vorrücken. Er verfügte über 10 Bataillons mit 25 Geschützen und 3 1/2 Eskadrons Husaren. Die Bayern zogen ihre Vorposten über die Saale zurück und die Preußen besetzten, trotz des Artilleriefeuers der Bayern, die am rechten Ufer der Saale gelegene Vorstadt Kissingens und setzten sich am Alten Burgberg (Alte Burgberge) fest, während preußische Batterien, die sich am Hang des Staffelberges positioniert hatten, den Geschützkampf mit den Bayern aufnahmen. GL. von Göben erkannte, daß die direkte Wegnahme Kissingens nur unter großen Opfern möglich sein würde und wies daher seine Brigade Wrangel an, die Stadt im Süden zu umgehen und die Saale zu überschreiten, während seine Brigade Kummer sich um die besetzte Vorstadt formierte und, um die Bayern abzulenken, den Feuerkampf fortsetzte. Auf einem nicht ganz zerstörten Steg gelang der Übergang über die Saale. Bayerischerseits bemerkte man zwar dieses Unternehmen, doch die am Stationsberg stehenden Jäger und die am linken Flügel befindlichen Schützen waren zu weit entfernt, um durch ihr Feuer den Gegner an dessen Durchführung zu hindern. Sobald die preußische Kompagnie über den Fluß gelangt war, eilte sie nach der wenige Schritte entfernten Chaussee, sammelte sich und eröffnete das Feuer aus ihren Zündnadelgewehren. Während dessen wurde der Steg notdürftig überdeckt und 3 Bataillons nachgezogen. Alle über die Saale gelangten preußischen Truppen wurden nun gegen die Bodenlauben und den Stationsberg dirigiert, und eröffneten, hiebei durch die am Alten Burgberge mittlerweile aufgefahrene schwere Batterie unterstützt, ein heftiges Tirailleurfeuer (Heckenschützen); bald waren sie im Besitz der Bodenlauben.

Die Bayern hatten zwar inzwischen den nunmehr gefährdeten südlichen Zugang der Stadt in aller Eile mit 2 Kompanien besetzt, doch gleichzeitig mit dem Angriff auf die Bodenlauben waren auch schon preußische Abteilungen gegen den südlichen Teil Kissingens vorgedrungen, und hatten sich bald in einigen Häusern eingenistet. Jetzt erst, um 12 Uhr 15, als die Verteidiger der Stadt sich bereits in einer nachteiligen Lage befanden, erging seitens des Oberkommandos an die bei Münnerstadt stehende Division Stephan von Unsleben der Befehl, gegen Kissingen vorzurücken. Vor mehreren Stunden konnte man aber nicht mit deren Eintreffen rechnen. Vielen der in Kissingen fechtenden Abteilungen, die seit 9 Uhr im Kampfe standen, war die Munition ausgegangen und mußten nach und nach verstärkt oder abgelöst werden, so daß gegen 1 Uhr (mittags) nur mehr 8 1/2 bayerische Kompanien in zweiter Linie standen. Leutnant Halder, der mit seinen beiden Geschützen schon früher an der Hauptstraße auf einige hundert Schritte zurückgegangen war, sah sich durch die Überlegenheit der preußischen Artillerie nun auch gezwungen, zwischen dem Stationsberg und der Winterleite Aufstellung zu nehmen. Gegen 1 Uhr entspann sich ein heftiger Kampf um den Besitz Kissingens. Der Häuser- und Straßenkampf entbrannte immer mehr. Trotz einer wahrhaft heldenmütigen Gegenwehr sahen sich die Bayern gezwungen, den südlichen Teil der Stadt zu räumen und als die Preußen gegen die Mitte der Stadt gelangten, begannen auch schon die am rechten Ufer zurückgelassenen Schützen und das Bataillon Lippe auf dem Gitterwerk der abgetragenen Parkbrücke, Abteilungen des 53. Regiments über die verbarrikadierte Hauptbrücke in der Front Kissingens einzudringen. Eine detaillierte Schilderung des preußischen Angriffes ist unmöglich, denn jede einheitliche Leitung hatte aufgehört und die einzelnen Truppenteile, bis zu den Zügen und Halbzügen, bahnten sich, je nach der momentanen Lage und dem Ermessen ihrer Kommandanten, selbständig ihren Weg und griffen dort ein, wo ihre Mitwirkung eben nottat.

Die Bayern kämpften zwar mit höchster Ausdauer und Bravour, sahen sich aber, nachdem auch die letzte Munition ausgegeben war, schließlich gezwungen, die Stadt zu räumen. Zwei Kompanien zogen sich auf den Stationsberg zurück. Zwei andere Kompanien mußten sich schon mit der blanken Waffe einen Ausweg bahnen, wurden aber dabei völlig aufgerieben. Der Rest der Verteidiger, der die Richtung gegen den nördlichen Stadtteil eingeschlagen hatte, erreichte von dort aus auf Umwegen den Friedhof. Noch behaupteten 2 Kompanien die nördlich des Straßendammes gelegenen Häuser, wurden aber bald von allen Seiten eingeschlossen. Während sich eine Kompanie mit geringen Verlusten zum Friedhof durchschlagen konnte, wurde die andere fast aufgerieben. Ganz Kissingen befand sich im Besitz der Preußen. Bald mußten die Bayern auch den Stationsberg aufgeben und sich auf die Winterleite zurückziehen. Die Preußen schritten nun zum Sturm auf den Friedhof, der von den Bayern mit unvergleichlicher Tapferkeit gehalten wurde. Erst als jeder weitere Widerstand aussichtslos geworden war, bahnten sich die Verteidiger mit dem Bajonett den Weg durch die feindlichen Reihen und entkamen, wenn auch mit schweren Verlusten. Während die Bayern von der preußischen Infanterie verfolgt wurden, eroberten andere Einheiten auch die Winterleite. Nach dem Verlust Kissingens (gegen 2 Uhr) hatte GL. von Zoller auch den Rückzug der nächst Friedrichshall und Hausen stehenden Abteilungen in Richtung Nüdlingen angeordnet. Bald darauf eroberten die Preußen auch Friedrichshall und dessen Salinen.

GL. von Göben begann um ca. 2 Uhr, nachdem er seine Truppen wieder geordnet hatte, die Verfolgung der Bayern, wobei es zu Kämpfen um den Schlegelsberg und Sinnberg kam. Im Kampf um Kissingen verloren die Bayern an Toten 9 Offiziere, darunter GL. Freiherr von Zoller, 92 Mann und 33 Pferde. Die Preußen, an Toten 10 Offiziere, 133 Mann und 22 Pferde. An

Verwundeten hatten die Bayern 37 Offiziere, 554 Mann und 66 Pferde, die Preußen 25 Offiziere, 673 Mann und 3 Pferde. In Gefangenschaft gerieten von den Bayern 6 Offiziere, 559 Mann und 8 Pferde, von den Preußen 1 Offizier, 37 Mann und 1 Pferd.

Gleichzeitig mit Kissingen ging auch Hammelburg nach schweren Kämpfen mit der preußischen Division Beyer, verloren. Besonders hart wurde dabei um den Lottersberg gekämpft, doch die beiderseitigen Verluste waren weit geringer als beim Kampf um Kissingen.

Nach den Gefechten an der Saale hatte Prinz Carl den Entschluß gefaßt, bis an den Main zurückzugehen und die bayerische Armee bei Schweinfurt zu konzentrieren. Auf die Meldung, daß die Preußen bereits auf der Schweinfurter Chaussee vorrücken, mußte er weiter ausweichen und bei Haßfurt den Main überqueren und von dort nach Schweinfurt abrücken. Prinz Carl, welcher am Vormittag des 11. Juli sein Hauptquartier nach Schweinfurt verlegt hatte, verfügte in der Nacht zum 12. noch über 29 Bataillons, 17 Eskadrons und 60 Geschütze, mit denen er am 12. den Angriff der Preußen über den Main zurückzuschlagen hoffte.

Vom VIII. Armeekorps setzte sich, früheren Weisungen entsprechend, das Gros der württembergischen Division nach Gelnhausen in Marsch. Da Meldungen eintrafen, daß sich feindliche Abteilungen in der Richtung von Gießen zeigten, erhielt die 2. badische Division den Befehl, 1 Bataillon und 2 Geschütze per Bahn dorthin zu entsenden. Dieses in der Nacht zum 11. Juli entsandte Detachement gelangte jedoch nur bis Butzbach, und kehrte kurz darauf zurück, weil bei diesem Ort die Gleise zerstört waren.

Prinz Alexander mußte auch am 11. die nassauische Brigade, auf wiederholtes Drängen ihres sich von einer Invasion aus dem Rheingau bedroht haltenden Landesherrn, momentan nach Höchst und Wiesbaden entsenden. Tatsächlich waren die Preußen mit 5 Bataillons, 1 Eskadron und 8 Geschützen, ungefähr 4.000 Mann, unter General von Röder von Koblenz in das Herzogtum eingefallen, hatten erst Ems und Nassau an der Lahn besetzt und waren am 10. bis in die Gegend von Holzhausen vorgerückt.

Endlich richteten die Regierungen von Württemberg, Baden und Hessen an Prinz Carl die kollektive Aufforderung, „er möge, wenn möglich, Frankfurt und die Mainlinie nicht unmittelbar vor dem nahen Waffenstillstand preisgeben."

Die Lage des Prinzen Alexander als Kommandant so vieler Kontingente, deren Herren jeder einen anderen Wunsch hatte, wurde eine sehr mißliche, umsomehr, weil der Oberbefehlshaber Prinz Carl begreiflicherweise darauf bestand das VIII. Bundeskorps in entgegengesetzter Richtung an sich heranzuziehen. Die Voraussicht des Prinzen Carl, betreffend die weiteren Operationen des Feindes, bewährte sich, denn schon am 10. Abends war im preußischen Hauptquartier beschlossen worden, tags darauf die Main-Armee gegen Schweinfurt in Marsch zu setzen. Ein aus dem Hauptquartier König Wilhelms eingetroffenes Telegramm sprach zum wiederholten Male aus, daß einem Sieg über die Bayern der höchste Wert beigelegt werde, da dann den Preußen die Länder nördlich des Main zufielen, ohne daß sie dieselben zu betreten brauchten. Die Exzentrizität (Absonderlichkeit) des Rückzuges der Bayern und der Umstand, daß sowohl nächst Münnerstadt als bei Örlenbach noch starke Abteilungen derselben standen, ließ das preußische Hauptquartier in Ungewißheit darüber, wo die Hauptmacht des Gegners stünde. Um in Erfahrung zu bringen, welche Richtung das Gros der Bayern eingeschlagen habe, beorderte General von Falckenstein den GL. Manteuffel, dessen Division sich an den bisherigen Gefechten nur in geringem Grad beteiligt hatte, bis zur Münnerstadt-Schweinfurter Straße vorzugehen und dem Gegner je nach dem Resultat der eingezogenen Nachrichten zu folgen. Die Division Beyer hatte über Euerdorf und Ramsthal auf die Schweinfurter Chaussee zu marschieren und die Division Göben einstweilen bei Kissingen zu verbleiben.

GL. von Manteuffel gelangte am 11. mit der Avantgarde um 5 Uhr nachmittags bis Maibach, eine Meile vor Schweinfurt. Er erhielt dort den Befehl, mit seiner Division westwärts gegen Gemünden zu marschieren. Im Hauptquartier Falckensteins war nämlich, um 1 Uhr ein am 9. Juli auf Veranlassung des Ministers Bismarck abgesandtes, also schon zwei Tage altes chiffriertes Telegramm eingetroffen, dessen erster Teil unverständlich, dessen dechiffrierbarer Schluß aber folgenden Satz enthielt: „Factische Occupation der Länder nördlich des Mains für voraussichtliche Verhandlungen auf status quo jetzt politisch wichtig." Bekanntlich waren am 9. Juli die Friedenspropositionen Preußens, welche Prinz Reuß dann nach Paris überbrachte, im Hauptquartier des Königs festgesetzt worden.

Es handelte sich also, nach den von den Preußen am Hauptkriegsschauplatz in Böhmen errungenen Erfolgen nicht mehr um partielle Siege über die Bundestruppen, sondern vor allem um den faktischen Besitz der Länder nördlich des Mains, um diesen als fait accompli bei den Verhandlungen verwerten zu können. Wie weit Letztere gediehen, war General Falckenstein völlig unbekannt. Er durfte demnach keinen Moment versäumen, um noch rechtzeitig die Okkupation durchzuführen und erteilte somit augenblicklich den Befehl zum Rechtsabmarsch der Armee. Die Division Göben rückte um 3 Uhr nachmittags in Richtung auf Gmünden bis Hammelburg und bildete somit bei dieser Operation wieder die Spitze des Heeres. GL. von Manteuffel setzte seine Truppen über Poppenhausen nach Greßtal in Marsch. Die Division Beyer wurde zur Unterstützung der Division Manteuffel bestimmt und biwakierte an der Straße zwischen Arnshausen und Örlenbach.

Nach heftigen Gefechten bei Laufach und Frohnhofen am 13. und bei Aschaffenburg am 14. Juli, waren auch diese Positionen in die Hände der Preußen gefallen. In den Kämpfen um Aschaffenburg wurden auch die österreichischen Truppen, die dem VIII. Korps angehörten, zum Rückzug gezwungen. Am 25. Juli kam es zu einem Gefecht bei Helmstadt und Üttingen. Bayerischerseits verfügte man zwar über eine Macht, die in jener Gegend genügte, um den Gegner abzuweisen. Doch der Mangel an einer einheitlichen Leitung - die Truppen waren von verschiedenen Divisionen und Brigaden und niemand übernahm den Befehl - war Ursache, daß die Preußen auch hier keinen ernsten Widerstand fanden. Unbedeutende Gefechte gab es nur um den Hausacker-Wald, den Heergrund-Wald, die Höhen südlich von Üttingen, an der Üttinger Chaussee und der Lange Höhe

Am gleichen Tag, 25. Juli, kam es auch bei Gerchsheim zum Gefecht zwischen der preußischen Division Beyer und der Division Göben, die beide auf Würzburg vorrückten mit dem VIII. Bundeskorps. Aber schon nach kurzem Kampf gab Prinz Alexander die Stellung bei Gerchsheim auf und beim Rückzug geriet auch die österreichische Brigade Hahn in das heftige Feuer der preußischen Batterien. Am heftigsten war noch um den Hachtel-Wald, den Heuberg, das Jäger-Hölzle und den Irtenberger-Wald gekämpft worden, wobei die Artillerie auf beiden Seiten die Hauptlast des Kampfes trug.

Am 26. Juli kam es bei Rossbrunn abermals zu Gefechten, in denen die Kavallerie auf beiden Seiten besonders zum Einsatz kam, und beide Seiten versuchten, die Artillerie der jeweils anderen Seite zum Schweigen zu bringen. Nachdem das VIII. Bundeskorps bereits über den Main zurückgegangen war, ordnete nun auch Prinz Carl den Rückzug seiner sämtlichen Truppen hinter den Main an und ließ die Kriegsbrücken über den Main zerstören.

Die westdeutsche Bundesarmee stand in den Morgenstunden des 27. Juli konzentriert innerhalb des zwischen Würzburg und Kitzingen gelegenen Mainbogens und ihr gegenüber die preußische Main-Armee bei Rossbrunn, Mädelhofen und Gerchsheim. Auf dem linken Ufer des Mains war nur noch die Festung Marienberg im Besitz der Verbündeten. Einige auf dem Nikolausberg, zu deren Verstärkung, begonnene Verschanzungen waren noch unvollendet. Die Besatzung der Festung hatte eine Stärke von 3700 Mann, darunter 1100 Rekruten, die erst ausgebildet wurden. Die Armierung betrug 158 Geschütze, von denen 86 ins Feuer gebracht werden konnten.

Am Morgen des 27. Juli rückte die preußische Armee gegen Würzburg vor, die Division Flies nach den Hettstädter Höhen, die Division Beyer nach Waldbüttelbrunn und die Division Göben bis Höchberg, wobei Sicherungskräfte gegen Heidingsfeld vorgeschoben wurden. Als die Avantgarde-Brigade der Division Göben Höchberg von den Truppen des VII. Bundesarmeekorps verlassen fand, setzte sie den Marsch fort, bis ihre Spitzen durch das Geschütz-feuer der Festung aufgehalten wurden.

Die auf dem Hexenbruch und dem Nikolausberg stehenden bayerischen Vorposten verließen die Höhen bei Annäherung der Preußen, und steckten dabei das bereits früher geleerte Pulvermagazin in Brand. Hierauf ließ GL. von Göben die Höhen besetzen und 1600-1800 Schritte von der Festung ent-fernt, 5 Batterien beim Hexenbruch und auf dem Nordwestabhang des Niko-lausberges auffahren. Diese Batterien eröffneten sofort das Feuer und schossen binnen kurzer Zeit das Arsenal in Brand, der jedoch von der Festungsbesat-zung wieder gelöscht werden konnte. Auf Seite der Bundesarmee wurde das Feuer aus der Festung und vom Südausgang des Main-Viertels (Burkader Tor), wo bayerische Batterien in Stellung waren, erwidert und die preußi-schen Batterien gezwungen, weiter zurückzugehen. Auch 24 Geschütze des VII. Korps, darunter 2 österreichische Batterien, griffen in den Kampf ein und beschossen die preußische Infanterie. Da die preußischen Batterien kei-nen Erfolg erzielten, beorderte GL. von Manteuffel seine Truppen in rückwär-tige Lagerplätze.

Prinz Carl von Bayern knüpfte noch am Nachmittag mit GL. von Man-teuffel Verhandlungen an, um den weiteren Beschuß von Würzburg ein Ende zu setzen. Manteuffel wollte sich zur Schonung der Stadt nur dann bequemen, wenn sie ihm bis 7 Uhr früh des nächsten Tages übergeben werde. Dies lehnte Prinz Carl aber ab und entschied sich für die Fortsetzung der Kämpfe. Auch die Preußen errichteten neue Batteriestellungen und die Divisionen erhielten Befehl, sich für den folgenden Tag für weitere Operationen bereit zu halten. Doch sollte es zu keinem Kampf mehr kommen.

Noch am 27. Juli, abends, hatte Prinz Carl vom bayerischen Ministerprä-sidenten, Freiherrn von der Pforten, die telegraphische Verständigung erhal-ten, daß der Waffenstillstand zwischen Preußen und Bayern abgeschlossen worden sei. Dieser sollte am 2. August beginnen und bis dahin Waffenruhe herrschen. GL. von Manteuffel hatte zwar zu dieser Zeit noch keine Mittei-lung von der preußischen Regierung erhalten, erklärte sich jedoch zum Abschluß einer achttägigen Waffenruhe gegen Übergabe der Stadt Würzburg bereit. Am 28. Juli begab sich der Generalstabs-Chef der Bundesarmee, GL. von der Tann, zur Weiterführung der Verhandlungen persönlich ins preußi-sche Hauptquartier nach Eisingen und kehrte bald in Begleitung des preußi-schen Chefs des Generalstabes, Oberst von Kraatz-Koschlau nach Rottendorf zurück, wo Prinz Carl erklärte, den Waffenstillstand abschließen und Würz-burg, mit Ausnahme der Feste Marienberg - vorbehaltlich der Genehmigung seines Königs, Ludwig II. an die Preußen übergeben zu wollen. Marienberg sollte neutral bleiben. Da unmittelbar darauf ein Telegramm des General-stabs-Chefs König Wilhelms I. General der Infanterie Freiherr Helmut von Moltke mit der Weisung eintraf, daß schon am 24. Juli die Friedenspräliminarien mit Österreich unterzeichnet, und auch mit Bayern ein Waffenstillstand - der am 2. August zu beginnen hätte vereinbart worden sei, so kam man schließlich überein, gegen eine 24stündige Kündigungsfrist die Feindseligkeiten einzustellen, wobei Prinz Carl im Besitz von Würzburg verblieb. Preußischerseits war man aber bemüht, aus der momentanen Lage den möglichst großen politischen Vorteil zu ziehen. Am 29. erhielt GL. von Manteuffel ein vom 26. datiertes Telegramm des G. d. I. von Moltke, welches die Mitteilung über den mit Österreich und Sachsen auf 4 und mit Bayern auf 3 Wochen abgeschlossenen und am 2. August beginnenden Waffenstillstand, ferner die Ermächtigung enthielt, mit Baden, Württemberg und Darmstadt, falls diese Staaten darum ansuchten, keineswegs aber mit den norddeutschen Kontingenten einen Waffenstillstand einzugehen. GL. von Manteuffel wurde ferner angewiesen, behufs der späteren, auf Basis des Besitzstande einzuleitenden Verhandlungen noch so viel Terrain als möglich zu okkupieren, ohne es jedoch mehr auf größere Waffengänge ankommen zu lassen. In einer anderen Depesche, welche GL. von Manteuffel am 30. vormittags erhielt, wurde ihm aufgetragen, auch württembergisches Gebiet zu okkupieren.

Inzwischen wurden die Verhandlungen mit Bayern, wegen der Demarkationslinie während des Waffenstillstandes, fortgesetzt und am 30., am Abend, abgeschlossen. Diese zog sich von der württembergischen Grenze nach Großmannsdorf an den Main und sodann längs dieses Flusses bis Gemünden, wo die Sinn und die Saale, zwischen welchen Flüssen das Terrain als neutral galt, die beiderseitige Grenze bildeten. Der Festungsrayon des Marienbergs am linken Mainufer verblieb im Besitz der Bayern. Durch diese Festsetzungen gelangte GL. von Manteuffel, bezüglich der ihm aufgetragenen Besitzergreifung württembergischen Gebiets, in den Besitz der Straße von Heidingfeld über Giebelstadt nach Mergentheim. Doch nur wenige Stunden nach Abschluß der Waffenruhe kündigte plötzlich GL. von Manteuffel die Waffenruhe und erklärte am 1. August um 6 Uhr früh die Feindseligkeiten zu eröffnen, falls ihm bis dahin Würzburg nicht übergeben würde, denn er hatte zuvor das folgende vom 28. August datierte Telegramm des G. d. I. von Moltke erhalten: „Volle Freiheit des Handelns bis zum 2. August" und daher beschlossen, noch am letzten Tag vor Eintritt des Waftenstillstandes sich der Stadt Würzburg zu bemächtigen. Er verlegte sein Hauptquartier nach Eisingen zurück und erteilte seiner Armee den Befehl, am 1. August um 5 Uhr früh auf den Höhen vor Würzburg zu weiteren Operationen gestellt zu sein.

Es kam aber deshalb zu keinem weiteren Konflikt, weil König Ludwig von Bayern am 31. Juli dem Prinzen Carl die Ermächtigung erteilte, Würzburg den Preußen zu überlassen. Nun gab sich GL. von Manteuffel zufrieden und besetzte am 2. August Würzburg und einen Rayon von einer halben Meile um die Stadt.

Alle Verhandlungen Manteuffels bezogen sich nur auf Bayern. Was die Kontingente des VIII. Korps betraf, wollte König Wilhelm nur mit den Souveränen von Baden, Hessen und Württemberg selbst verhandeln. Die Ergebnisse wurden an die Kommandanten der Truppen weitergegeben.

Die Festung Mainz wurde erst am 26. August, nach vorangegangener Waffenruhe, an Preußen übergeben.

Noch vor Ratifikation des Friedens mit Österreich schloß Preußen am 13. August mit Württemberg, am 17. mit Baden, am 22. mit Bayern Frieden - und gleichzeitig auch jene Schutz- und Trutzbündnisse ab, welche diese Staaten verpflichteten, dem Nordbunde im Falle eines Krieges Heerfolge zu leisten. Mit Hessen-Darmstadt kam es erst am 3. September zur Verständigung. Preußen erwarb durch diesen Frieden von Hessen-Darmstadt, das mit seinen nördlich des Mains gelegenen Gebietsteilen sich dem norddeutschen Bund anschliessen mußte, die Markgrafschaft Hessen-Homburg und die Kreise Biedenkopf und Vöhl, sowie einige kleinere in Preußen gelegene Gebietsteile, wogegen das Großherzogtum mit einigen vormals kurhessischen, nassauischen und Frankfurter Distrikten entschädigt wurde. Die Bayern mußten das Bezirksamt Gersfeld, einen Bezirk von Orb und die Enklave Caulsdorf abtreten.

Über die Nordostgrenze Bayerns war das preußische II. Reserve-Armeekorps, das unter dem Befehl des Großherzogs von Mecklenburg-Schwerin stand, mit 23 Bataillons Infanterie, 1 Bataillon Jäger, 14 Eskadrons und 64 Geschützen am 23. Juli vor Hof erschienen und in Bayern eingerückt. Am 28. besetzten die Preußen Bayreuth und setzten, nach kurzen Kämpfen mit bayerischen Sicherungstruppen den Vormarsch Richtung Nürnberg fort. Am 31. Juli, in den Nachmittagstunden wurden wirklich Nürnberg, am 1. August Fürth und Erlangen besetzt und erst am 4. August genehmigte der Großherzog von Mecklenburg-Schwerin, der sich nicht an den Waffenstillstand zwischen Prinz Carl und Manteuffel gehalten hatte, seinerseits den Waffenstillstand. Die Bayern hatten aber keine, außer den erwähnten, Gebietsabtretungen hinzunehmen.

Bayern hatte eine Geldkontribution von 30, Württemberg 8, Baden 6 und Hessen-Darmstadt von 3 Millionen Gulden zu leisten. Nach erfolgtem Friedensschluß erfolgte der Rückmarsch der preußischen Divisionen in ihre Heimatgarnisonen. Auch das II. preußische Reserve-Armeekorps begann mit der Räumung Bayerns am 6. September und beendete diese am 10. September.

Des Schicksals der übrigen Bundesgenossen Österreichs nördlich der Mainlinie ist bereits gedacht worden.

Ganz anders hätte der Ausgang des Krieges für die in Rede stehenden Staaten Deutschlands sein können, wenn sie, nachdem sie einmal Partei ergriffen, vor allem der ersten Forderungen des Krieges sich erinnert und in raschen, tätigen, vereinten Wirken den Erfolg und somit ihr Heil gesucht hätten. Aber der Verlauf der Verhältnisse stand dem entgegen, und so mußten sie es erleben, daß sie, die über hunderttausend Mann stark waren, gegen einen nur halb so starken und dazu noch immer ganz zersplittert operierenden Feind in wiederholten und heldenmütigen Gefechten den Kürzeren zogen und im Ganzen ohne Gewinn für sich und ohne Nutzen für die allgemeine Sache kämpften. Vor allem die Bayern, die sich geweigert hatten, ihre Truppen dem österreichischen Armeekommando zu unterstellen, mußten sich jetzt damit abfinden, ihre Truppen bei einem künftigen Krieg Preußens dem preußischen Oberkommando zu unterstellen. Während das VII. Armeekorps, aus Bayern bestehend, noch vollkommen intakt war, löste sich das VIII. Arrneekorps praktisch auf.

Die Mediation des Kaisers der Franzosen hatte bis zu dieser Zeit noch immer zu keinem Resultat geführt. Das Kommando über das in Italien verbleibende 7. Armeekorps übernahm FML. Erzherzog Heinrich, während FML. Baron Maroicic, der bisherige Kommandant des 7. Korps mit dem Oberbefehl im Süden betraut wurde. Seine Aufgabe war, die Abfahrt des 9. Armeekorps zu decken, das 7. Armeekorps an den Isonzo zurückzuführen, dort Stellung zu nehmen und dem Vordringen des italienischen Heeres möglichst Schranken zu setzen, wozu ihm nebst dem 7. Korps noch die Truppen-Division in Istrien und die Brigade Böck in Kärnten untergeordnet wurden. Aber auch Erzherzog Heinrich wurde nach Wien berufen und das Kommando des FML. Baron Maroicic hatte fortan den Titel: „7. Armee-Corps und Truppen-Commando für Istrien, Kärnten, Krain, Küstenland, Görz und Triest" zu führen.

Diese Truppen betrugen alles in allem 42.000 Mann mit ca. 2.300 Pferden; hievon entfielen aber 14.000 Mann, 1540 Pferde an Depots und Besatzungen, 3400 Mann mit 350 Pferden für die Verteidigung von Kärnten, die Brigade Wagner, 6000 Mann, war in Triest, so daß im Moment des Eintreffens am Isonzo eigentlich nur die beiden Brigaden Hayduk und Dahlen, denn drei Eskadrons des Regiments Württemberg-Husaren, mit einer streitbaren Stärke von ca. 12-13.000 Mann, 300 Pferden und 40 Geschützen zur Verfügung standen. Diesem Korps und den in Titol stehenden k. k. Truppen gegenüber, überschwemmte nach und nach die ganze italienische Armee das Venezianische.

G. d. A. Cialdini hatte sich nach dem Überschreiten des Po gegen Rovigo in der Absicht gewendet, das Fort Boara anzugreifen und zu zerstören. Während des Marsches dahin ließ er bei Portelagoscuro zwei Kriegsbrücken schlagen, um die direkte Verbindung zwischen Bologna und Rovigo herzustellen. Am 11. Juli war Cialdini in Rovigo eingerückt. Am 12. wurden mehrere Kriegsbrücken über die Etsch geschlagen, auf welchen am 13. der Übergang erfolgte. Am 14. wurde Padua, am 15. Vicenza besetzt.

Indessen hatte sich am 10. auch die Armee des Königs vom Oglio gegen Ferrara in Bewegung gesetzt. Das II. Korps und die Linien-Kavallerie-Division deckten den Abmarsch, machten die Brücke unbrauchbar, und folgten dann der Armee nach Ferrara. Die Infanterie wurde sämtlich mit der Eisenbahn nach Ferrara befördert; die Kavallerie und der Train passierten den Po bei Casalmaggiore und marschierten über Guastala, Mirandola und Bondeno. Schon am 12. Juli überschritt das I. Armeekorps den Po bei Pontelagoscuro und am 15. war das III. Korps bei Ferrara veveinigt.Die ganze Bewegung war in acht Tagen durchgeführt. Auch das Hauptquartier König Viktor Emanuels war am 12. nach Ferrara gekommen. Der neue Operationsplan, der diesen Bewegungen zugrunde lag, war der folgende: Das um einige Divisionen verstärkte Korps Cialdini sollte so schnell als tunlich den Isonzo zu erreichen suchen, um von dort nach Umständen über die Alpen vorzudringen, während das II. Korps (Cucchiari) und III. Korps (Della Roca) die Festungen zu belagern, und die Operationslinie Cialdinis zu sichern hatten. Die Flotte sollte in jeder Weise eine Begegnung mit der österreichischen suchen, diese schlagen, und sich dann der Stadt Triest bemächtigen, um das Korps Cialdini zu unterstützen und dessen Verproviantierung zu vermitteln. Am 14. Juli fand in Ferrara unter dem Vorsitz des Königs ein großer Kriegsrat statt, an welchem außer den Generälen La Marmora und Cialdini auch der Ministerpräsident und die Minister des Krieges, der Marine und des Äußeren teilnahmen. Es wurde die Fortsetzung des Krieges zu Wasser und zu Land bis aufs Äußerste beschlossen. Die Flotte sollte Lissa angreifen, um sich dieses wichtigen Punktes zu bemächtigen und wenn möglich die österreichische Flotte auf offener See heranlocken.

Corvetto in „La Campagna del 1866 in Italia" bemerkt dazu: „Ungeachtet all dieser energischen Entschlüsse, sah die Regierung wohl ein, daß der Tag nicht mehr ferne sei, an welchem der Friede unterschrieben werden würde. Preußen drängte zu dreisten und beschleunigten Operationen, und beinahe machte uns Bismarck Vorwürfe, daß unsere Kolonnen noch nicht die Grenzen des Kaisertums Österreich überschritten hatten. Aber man begriff wohl, daß dieses Drängen jetzt nur noch dahin zielte, die Unterwerfung Österreichs unter die harten Bedingungen des Siegers zu beschleunigen. Der Friede von

Nikolsburg war damals schon so zu sagen, vereinbart. Mit einem Worte alles, was geschah, war nur noch Rüstzeug für die Diplomatie."

Von gutem Einfluß auf das Selbstvertrauen des durch die Schlacht von Custozza sehr erschütterten Kampfwillens der Armee wurde die zwei Tage später erfolgte Zerstörung des Brückenkopfes von Borgoforte. Der österreichische Brückenkopf bestand aus 4 selbständigen halbpermanenten Werken, von welchen Rocchetta, Bocca di Ganda und das Zentralwerk den Ort Borgoforte am linken Po-Ufer auf drei Seiten umgaben, während das 4. Werk, Noyau genannt, am rechten Ufer des Po, gegenüber dem Ort erbaut war. Das dem feindlichen Angriff zunächst ausgesetzte Werk Noyau bestand aus einer stark profilierten Erd-Enveloppe mit einer crennelierten, freistehenden Eskarpemauer und hatte im Inneren ein stockhohes, gemauertes und gewölbtes Reduit als Kern der Festung. Es war mit 32 Geschützen verschiedenen Kalibers armiert. Rocchetta und Bocca di Ganda waren geschlossene Erdwerke mit crennelierten Grabenmauern und ebenerdigen Kreuzblockhäusern im Inneren. Rocchtta hatte 13, Bocca di Ganda 11 Geschütze. Das Zentralwerk war ein Achteck, hatte gleichfalls eine crennelierte freistehende Eskarpemauer, ein stockhohes Reduit und war mit 19 Geschützen armiert. Alle 4 Werke hatten Wassergräben, ausreichende Besatzungen und Munition.

Die Bekämpfung der Befestigungen von Borgoforte war schon bei Ausbruch des Krieges im italienischen Hauptquartier beschlossen worden; man war der Meinung, sich der Werke durch eine bloße Beschießung ohne Belagerungsanstrengungen bemächtigen zu können. Der für 25. Juni geplante Angriff unterblieb jedoch wegen der Niederlage bei Custozza. Am 5. Juli versuchte General Cialdini durch eine heftige Beschießung den Brückenkopf zum Fall zu bringen. Gedeckt durch die Division Mignano und Truppen der Division Medici fuhren 11 Batterien mit fast 100 Geschützen am rechten Po-Ufer auf und eröffneten gegen die Werke Noyau, Rocchetta und Bocca di Ganda das Feuer, das sie vom Anbruch des Tages bis gegen 10 Uhr vormittags fortsetzten. Aber die Artillerie der drei Forts beantwortete mit Umsicht und außerordentlichen Erfolg das feindliche Feuer. Hierauf war der italienische Kommandant der Meinung, daß die Forts kaum gelitten, dafüir aber seine frei stehenden Batterien beträchtliche Verluste erlitten hatten, weil sie dem sicheren Feuer der Geschütze der Forts ausgesetzt gewesen waren, und gab vorerst die Beschießung auf. Cialdini ließ 54 16pfder abziehen, die verbleibenden Geschütze aber am Zarabach in Stellungen, die ausgebaut wurden, in Stellung gehen und per Geschütz mit 500 Schuß versehen. Bis zum Morgen des 17. waren alle acht Batterien schußbereit. Auf österreichischer Seite waren indessen die durch den Beschuß entstandenen Schäden ausgebessert worden. Die Munition wurde aus Mantua ergänzt und alle Vorkehrungen zur Abwehr des zu erwartenden Angriffs getroffen. Auf eine vom Festungskommandanten von Mantua am 14. Juli ergangene Anfrage, ob der auf die Dauer nicht haltbare Brückenkopf noch weiter verteidigt werden solle, war vom Feldmarschall Erzherzog Albrecht der Befehl gegeben wordien: „Borgoforte hat noch auszuharren." Am 17. entspann sich ein weiteres heftiges Artillerieduell, bei dem die Werke mit einem sehr gut gezielten Feuer antworteten. Von 10 Uhr an aber wurde das Feuer aus dem Fort Noyau langsamer, denn es hatte bereits arg gelitten. Die Bonnetierungen waren abgekämmt, der rechte Flügel des Reduits war so zusammengeschossen, daß mehrere Mannschaftszimmer einzustürzen drohten und drei Geschütze ausfielen. Das Fort Rocchetta setzte, unterstützt vom Zentralwerk, bis gegen 4 Uhr 30 am Nachmittag das Feuer fort, glich aber auch zu dieser Zeit nur mehr einem Trümmerhaufen. Ähnlich waren die Verhältnisse in Bocca di Ganda, wo die ganze Brustwehr und das Reduit nur mehr einen Schutthaufen bildeten. Nur das Zentralwerk war noch kampffähig. Die Italiener hatten aber von der Größe der angerichteten Zerstörungen keine Ahnung. Der Festungskommandant von Mantua FML. Baron Sztankovic richtete um 8 Uhr abends an den Brückenkopfkommandanten die Frage, ob die Werke in ihrem jetzigen Zustand noch gehalten werden könnten. Die um 9 Uhr erfolgte Antwort lautete: „Die Werke in dem jetzigen Zustande, bei dem Mangel an Munition, nicht weiter haltbar." Ein in Mantua versammelter Kriegsrat beschloß hierauf die Einstellung der Verteidigung des Brückenkopfes und befahl telegraphisch die Sprengung aller vier Werke und den Rückzug während der Nacht. Die Sprengung gelang nur in den Flügelwerken, in Noyau nur teilweise und im Zentralwerk gar nicht, weil ein Zivilist die Zündung unterbrach. Die zurückgehenden Abteilungen wurden bei Cappeletta durch zwei Bataillons der Mantuaner Besatzung aufgenommen. Die Werke, obgleich gut verteidigt, litten doch in kurzer Zeit sehr.

Die Armee Cialdinis organisierte sich zum Vormarsch auf Udine.

FML. Baron Maroicic hatte daran denken müssen, seine nicht mehr als 12-13.000 Mann Infanterie, 300 Pferde und 40 Geschütze zählenden Streitkräfte zu verstärken und daher möglichst viele Truppen aus Istrien und Dalmatien an sich zu ziehen, was glücklicherweise nach dem Sieg der kaiserlichen Flotte bei Lissa (heute: Vis) am 20. Juli, welcher die Gefahr einer Landung feindlicher Streitkräfte in den Küstenländern und die Bedrohung der Flanke und des Rückens der Aufstellung am Isonzo, beseitigte, möglich geworden war. Durch die herangezogenen Streitkräfte erlangte das Korps am Isonzo den Stand von circa 25.000 Mann, von denen 20.000 Mann Infanterie, 350 Mann Kavallerie mit 48 Geschützen streitbar waren. Die Brücken über den Isonzo bei Görz und Sagrado, dann jene über den Torre und Judrio bei Versa, wurden zum Verbrennen und Sprengen hergerichtet. In der Nacht zum

25. Juli überfielen Lanciers von der Avantgarde der italienischen Brigade La Forest, die sich gemeinsam mit 6 Bersaglieri-Bataillons und 3 Batterien der Brücke bei Versa bemächtigen sollten, den nach Visco vorgeschobenen Husaren-Posten. Da mit der Meldung hierüber sogleich die Nachricht eintraf, daß der Feind mit 5000 Mann San Giorgio di Nogaro besetzt habe, eine größere Macht mit einem Belagerungspark gegen Palma im Anmarsch sei und alles auf den Vorstoß der feindlichen Armee gegen den unteren Isonzo deutete, ließ FML. Baron Maroicic die Vorposten bei Romans auf 2 Bataillons Infanterie, 2 1/2 Eskadrons Württemberg-Husaren und 2 Kavalleriegeschütze verstärken und übertrug das Kommando dieser Truppen dem Oberst Török ab Erdöd von den Württemberg-Husaren mit dem Auftrag, Versa angemessen zu besetzen, an den wichtigsten Übergangsstellen (Furten) des Torre und Natisone Posten aufzustellen und mit Palmanuova durch Streifkommanden tunlichst die Verbindung aufrecht zu erhalten. Romans und Versa waren in Verteidigungszustand zu setzen. Im Falle eines überlegenen feindlichen Angriffes sollte sich Oberst Török nach Sagrado zurückziehen und dort durch die Brigade Hayduk aufgenommen werden. Das in Cormon stehende Bataillon sollte im Falle eines weiteren Vordringens des Feindes in dessen linke Flanke vorgehen, nötigenfalls aber auf der Chaussee zur Eisenbahnbrücke bei Görz zurückweichen und diese verteidigen. Bei einem ernsthaften feindlichen Angriff hatten sich die Brigaden vorerst bei Görz, Sagrado und Monfalcone zu konzentrieren.

FML. Baron Maroicis hatte schon am 24. Kenntnis erhalten, daß Waffenstillstandsverhandlungen im Gange seien und wurde am 25. spät am Abend telegraphisch vom Abschluß dieser Verhandlungen benachrichtigt. Es war aber nicht möglich, zeitlich genug die am weitesten vorgeschobenen Einheiten hievon zu verständigen und auch dem italienischen Armeekommando gelang es nicht, seine am linken Tagliamento-Ufer stehenden Truppen rasch genug von der eingetretenen Waffenruhe in Kenntnis zu setzen. Es kam deshalb am 26. noch zu einem letzten hartnäckigen Zusammenstoß, dem Gefecht bei Versa. Oberst Török, von dessen Truppen drei Kompanien und ein Zug in Versa standen, der Rest bei Romans, erhielt am Abend des 25. durch Kundschafter die Nachricht, daß am 26. feindliche Truppen in Topogliano, Ajello, Crauglio und den umliegenden Ortschaften eintreffen sollten und bedeutende feindliche Abteilungen bereits in Strassoldo und Cervignano stehen. Oberst Török beschloß hierauf eine größere Streifung durchzuführen, dabei mit der Festung Palmanuova in Verbindung zu treten und einen eben angelangten, für die Besatzung der Festung bestimmten Ergänzungstransport in diese zu werfen. Dabei sollte Crauglio, wo man italienische Quartiermacher vermutete, überfallen werden. Sämtliche Truppen setzten sich am 26. um

2 Uhr Morgens gegen Visco, teils auch gegen Crauglio in Marsch,Crauglio war jedoch feindfrei ebenso die Gegend nördlich der Chaussee. Oberst Török brachte die Ergänzungen unangefochten in die Festung, hielt dort eine kurze Rast und wollte wieder zum Torre zurückmarschieren.

Allen in der Festung erhaltenen Nachrichtungen zufolge, sollten vom Feind 30-40.000 Mann von San Giorgio di Nogaro und Castello di Porpetto über Cervignano in Bewegung gegen den Isonzo sein; es wurde ferner erzählt, daß 5000 Mann auf dem Marsch von San Maria la longa nach Porpetto seien, wo der gegen Pamanuova bestimmte Belagerungspark von 30 schweren Cavalli-Kanonen eingetroffen gewesen sein soll. Der Rückmarsch des Streifkommandos erschien sonach sehr gefährdet und Oberst Török wählte daher für diesen die Straße über Jalmicco und Nogaredo, von welcher man im Notfalle noch weiter nördlich ausweichen und einen Übergang über den Torre und Judrio gewinnen konnte. Der Rückmarsch wurde um 9 Uhr 45 angetreten, und die Kolonne erreichte in gefechtsbereiter Ordnung Jalmicco. Von hier aus detachierte Oberst Török eine Kompanie und eine Eskadron gegen Viscone, während das Gros direkt auf Nogaredo rückte. Einige feindliche Bersaglieri, die sich bereits im Ort befanden, wurden niedergemacht. Indessen war die andere Kolonne vor Viscone am Torre angekommen und deren Husarenpatrouillen fanden 7-800 Schritte nördlich des Weges, an der Chaussee nach Udine gleichfalls den Feind. Dort brach sofort eine Abteilung Lancieri vor. Aber die hinter Gräben postierte Infanterie, die hinter Hecken stand, bildete an der Chaussee eine Feuerlinie und empfing die italienische Reiterei mit zwei Salven, die Husaren attackierten und warfen die Lancieri auf die weiter rückwärts befindliche Infanterie, die, wie es scheint, keinen Angriff gewärtigte und von den Husaren ebenfalls zum Teil durchbrochen wurde.Der Feind stand hier mit beiläufig zwei Bersaglieri-Bataillons, einem Lancieri-Regiment und mehreren Geschützen. Oberst Török, hievon in Kenntnis gesetzt, hielt angesichts einer solchen Macht das Übersetzen des Torre für zu gewagt und entschloß sich, gegen die Chaussee-Brücke von Versa vorzurücken die zur Zeit noch offen schien. Die zweite Kolonne hatte dahin zu folgen und wehrte am Marsch mehrere Angriffe der Lancieri ab. Indessen war die Vorhut des Gros in die Nähe der Torre-Brücke gelangt und war auch hier auf den Feind gestoßen. Die dort zurückgelassene Kompagnie Nagy war um 10 Uhr angegriffen und verdrängt worden. Nun meldete eine Husarenpatrouille, daß auch auf der Chaussee von Vico her, eine starke feindliche Kolonne im Anmarsch sei. Das Streifkommando war somit von drei Seiten her durch überlegene feindliche Truppen eingeschlossen und befand sich in einer sehr kritischen Situation, aus welcher nur Umsicht und Kühnheit führen konnten. Oberst Török beschloß, durch einen Sturm die Brücke zu öffnen und dem vom Norden und Westen drohenden Angriff inzwischen mit seinen Husaren-Eska-drons, die an der Chaussee-Abzweigung östlich San Vito aufgestellt wurden, zu begegnen. Sie wurden bald, von Nogaredo und Visco her durch nicht weniger als 2 Lancieri-Regimenter, deren vorgeschobene Eskadrons viele Male auf der Chaussee vorrückten, aber immer wieder durch die Husaren zurückgeworfen wurden, bedrängt. Indessen ging das 4. Bataillon Erzherzog Ludwig Viktor in Kolonnen auf beiden Seiten der Chaussee gegen die Brücke vor. Der Damm am rechten Torre-Ufer war mit einer dichten Kette Bersaglie-ri in der Ausdehnung von 2-300 Schritten besetzt; südlich davon stand eine Kavallerieabteilung. Die Stärke des Gegners auf diesem Punkt schien etwa 1/2 Bataillon Infanterie und 2-3 Lancieri-Eskadrons. Ungefähr 200 Schritte vor der feindlichen Aufstellung angelangt, wurden die auf der Chaussee vor-gehenden Kolonnen von einer schwächeren Abteilung der italienischen Kavallerie attackiert. Aber Töröks Infanterie empfing die Italiener in fester Haltung, gab auf 30-40 Schritte die Dechargen und schlug den Angriff ab. Kurz darauf aber ging die ganze Reiterei von der Brücke her vor und es gelangten die mittlerweile vorgenommenen und etwa 700 Schritte vor der feindlichen Aufstellung plazierten Geschütze in große Gefahr, weil diese noch nicht schußbereit waren als die feindliche Kavallerie auf der Chaussee vor-prellte und die Geschütze erreichte. Doch auch dieser gefährliche Angriff wurde zurückgeschlagen. Zunächst warf sich die Geschütz-Bedeckung (30 Husaren) mit Aufopferung dem Feind entgegen und brachte ihn - vereint mit dem verzweifelten Widerstand der Artilleriemannschaft, die mit den Ladestöcken die Geschütze verteidigte - zum Stehen. Das Bataillon Erzherzog Ludwig Viktor und die Kompanie Nagy hatten unterdessen in den Chaussee-gräben dichte Schützenlinien beiderseits der Straße gebildet und beschossen mit einem mörderischen Feuer die feindliche Reiterei, welche im Defilee zusammengepreßt und unfähig sich zu bewegen oder zu wenden, außeror-dentliche Verluste erlitt. Endlich ließ auch noch Oberst Török durch eine rasch herangezogene Husaren-Eskadron angreifen. Die Toten und Verwunde-ten der feindlichen Kavallerie bedeckten im vollsten Sinn des Wortes die Straße. Nun rückten die Bataillons Erzherzog Ludwig Viktor und Nagy gegen die Brücke umfassend vor, warauf die Italiener diese räumten. Die kai-serlichen Truppen, die sich den Übergang so tapfer erstritten, passierten die Brücke, raliierten (vereinigten) sich und gingen dann gedeckt durch eine Halb-Eskadron, die noch einige Zeit am rechten Ufer des Torre blieb, und eine Kompanie Nagy, welche die Brücke hielt, auch über den Judrio zurück, an dessen Brücke bei Versa das 4. Bataillon des kaiserlichen Regimentes Toskana eingetroffen war. Die erwähnte halbe Eskadron, welche zuletzt den Rückmarsch antrat, wurde, in der Nähe der Brücke angelangt, von Visco her wieder attackiert; sie warf jedoch die feindliche Kavallerie zurück und verfolgte sie einige hundert Schritte weit.

Noch jenseits des Judrio wurde der Rückzug des Streifkommandos durch eine starke feindliche Kavalleriemasse (1 bis 2 Regimenter), welche bei Ruda den Torre passiert haben dürfte, über Villesse bedroht. Doch kam es hier zu keinem Zusammenstoß mehr, da der Feind zurückging, sobald ihm von Romand her Oberst Török mit den Husaren und Geschützen entgegenging.

Die Vorgänge an der Brücke von Versa waren Ursache geworden, daß FML. Baron Maroicic nachmittags die Brigaden Wagner und Hayduk in die Stellung von Sagrado, - die Brigade Dahlen von Görz gegen Romans und Fratta disponierte. Nach dem Gefecht bei Versa und da mittlerweile kein Zweifel mehr über den Abschluß der Waffenruhe herrschen konnte, wurden alle Truppen wieder in die früheren Dislokationen zurückbeordert.

Mit dem geschilderten Gefecht von Versa fanden die Feindseligkeiten zwischen den Truppen des FML. Baron Maroicic und jenen der italienischen Armee am Isonzo ihren Abschluß. Auf die Notifikation der Waffenruhe, welche am 26. durch Oberstleutnant Kopfinger bei der italienischen Avantgarde abgegeben wurde, erfolgte italienischerseits erst am 29. Juli eine Antwort mit dem Inhalt, daß der Generalstabs-Chef des gegen den Isonzo vorrückenden Heeresteiles sich zum Zweck der Verhandlungen über die Feststellung der Demarkationslinie an der Judriobrücke einfinden werde. FML. Baron Maroicic entsandte seinen Generalstabs-Chef Oberst Baron Rueber dahin und es kam am 29. Juli eine Militär-Konvention zustande, in welcher nachstehende Demarkationslinie festgesetzt wurde: Der Torrente Judrio von seinem Ursprung bis 1000 Meter abwärts der Brücke von Versa; von hier einerseits eine gerade Linie nach Topogliano, dann der über Perteole, Saciletto, Cervignano, Pradiziolo laufende Wassergraben bis zu seiner Mündung in die Ausa; endlich dieser Fluß bis zum Meer; - andrerseits der Torre und weiter der Isonzo bis zu des letzteren Mündung. Das zwischen liegende Terrain wurde neutral erklärt. Oberhalb der Judrioquelle sollte die politische Grenze zwischen den Erbprovinzen und dem Venetianischen die Demarkationslinie bilden.

General Cialdini war nicht bereit, den Bestimmungen der Konvention gemäß, in die am 24. am Abend innegehabten Stellungen zurückzugehen, sondern behauptete das besetzte Terrain. Die kaiserlichen Truppen blieben während der Waffenruhe im allgemeinen in ihren Stellungen. Während Cialdini gegen den Isonzo vordrang, war von der Armee des Königs das III. Armeekorps nach Vicenza, das II. nach Badia marschiert. Das Hauptquartier des Königs Viktor Emanuel war zuletzt in Padua.

Zum Leidwesen Kaiser Franz Josephs hat der glänzende Feldzug des Feldmarschalls Erzherzog Albrecht im Süden, den noch der Heldenmut der kaiserlichen Flotte so außerordentlich verherrlichte, dem Kaiserstaat die Provinz Venetien nicht erhalten können, denn bei der Nord-Armee, dort, wo alles auf dem Spiel gestanden, war alles verloren worden. Doch so düster das Schicksal dieser Armee war, der Glanz des Feldzuges der kaiserlichen Armee im Süden schien noch immer groß genug zu sein, um einen Schimmer auf die Unglücksstätten Böhmens werfen zu können. Das so ungleiche Kampfresultat der kaiserlichen Armeen auf den beiden Kriegsschauplätzen war nicht nur die waffentechnische Überlegenheit der preußischen Infanterie, die mit Schnellfeuergewehren ausgerüstet gewesen war, sondern auch die Folge ungleicher Führung. Die Armee selbst war im Glück und Unglück, im Süd und Nord wie immer tapfer, todesmutig und brav. Kühn und mit Selbstvertrauen geführt, besiegte sie im Süden einen dreimal stärkeren Feind; unsicher im Norden geführt unterlag sie dort dem kaum stärkeren Gegner. Feldmarschall Erzherzog Albrecht war ein Stratege und Taktiker und hatte einen kühnen Generalstabs-Chef, Feldzeugmeister Ritter Ludwig von Benedek hingegen war ein guter Korpskommandant und tüchtiger Truppenoffizier, dem man am Tag der Schlacht dazu noch seine Generalstabs-Chefs wegnahm, die mit ihm den ungünstigen Kampfplatz ausgewählt hatten und somit ebenso schuld an der Niederlage der Armee waren. Einer Armee, die trotz ihres Unglücks im Norden noch immer imstande war, sich an ihren Siegen im Süden wieder aufzurichten.

Für die Verteidigung Tirols waren, da die im Venezianischen und in den nordwestlichen Provinzen des Reiches aufzustellenden Armeen auf die möglichste Stärke gebracht werden mußten, nur geringfügige Streitkräfte zu erübrigen.Einen intergrierenden Teil der unter dem Kommando des Erzherzogs Albrecht stehenden Süd-Armee bildend, betrugen dieselben im Ganzen nur 11 Bataillons, 1 Eskadron und 32 Geschütze. Diese wenigen Truppen reichten wohl, um bei Beginn der Feindseligkeiten die Grenzpässe Südtirols angemessen zu besetzen und zu decken, mußten aber unzulänglich werden, wenn das Kriegsglück in der venezianischen Ebene sich gegen die kaiserlichen Fahnen wendete. Mehr denn je sah sich die österreichische Regierung nach der Verlegung des 5. und 9. Armeekorps an die Donau genötigt, auf die so oft bewährte Tapferkeit der Bevölkerung von Tirol zu zählen, ein Vertrauen, das diese im Verein mit den unter GM. Baron Kuhn stehenden Truppen, die alles an die Verteidigung des Landes setzten, in vollstem Maß rechtfertigte. Die Bevölkerung Tirols war durch ein besonderes Gesetz vom Jahr 1864 zur Verteidigung des heimatlichen Bodens verpflichtet. Nach diesem Gesetz gliederte sich die territoriale Streitmacht in drei Aufgebote, und zwar in:

1. Die Landesschützenkompanien mit dem systemisierten Gesamtstand von 6200 Mann;

2. die Scharfschützenkompanien und

3. den Landsturm.

Die Landesschützenkompanien wurden bezirksweise zusammengestellt, und zwar aus Reservemännern des Tiroler Jägerregiments, aus Freiwilligen und aus den sonstigen Bewohnern vom 20. Lebensjahr aufwärts, die das Los hiezu traf. Die Offiziere wurden von der Mannschaft gewählt und von der Landesverteidigungs-Oberbehörde bestätigt.

Die Scharfschützenkompanien ergänzten sich durch freiwilligen Eintritt. Deren Offiziere wurden ebenfalls gewählt und bestätigt.

Zum Landsturm gehörten alle Waffenfähigen des Landes vom 20. - 50. Lebensjahr, die weder in der Armee, noch in den beiden ersten Aufgeboten dienten. Die Sturmmannschaft bildete man erst nach dem Aufruf zur Bereithaltung von Kompanien, deren jede ihre Offiziere wählte.

Diese Organisation der Landesverteidigung war zwar bis zum Jahr 1866 nicht praktisch ins Leben getreten, doch war die Einreihung der Schützen in die Kompanien und die Wahl der Offiziere bereits erfolgt. Aber die Haupt-Waffenübungen waren im Herbst 1865 aus ökonomischen Gründen nicht erfolgt. Erst am 3. Mai 1866 bewilligte das Kriegsministerium die Verteilung von Gewehren, sowie die nötigen Geldmittel zur Bekleidung und Ausrüstung der Landesschützen und zur Vornahme größerer Übungen. Diese Übungen begannen am 1. Juni und mit Ende des Monats waren sämtliche Landesschützenkompagnien, mit Ausnahme jener von Südtirol, an den ihnen vom Truppenkommando bezeichneten Bestimmungsorten eingetroffen.

Dem FML. Graf Castiglione war die Organisierung der Landesverteidigung übertragen; GM. Baron Kuhn war mit dem Truppenkommando von Tirol betraut. Sein Generalstabs-Chef war Oberstleutnant Baron Dumoulin als Artillerie-Chef Oberstleutnant Barth, als Genie-Direktor Oberstleutnant von Wolfer. Eine der ersten Verfügungen des durch seine mehrjährige Dienststellung als Regimentskommandant und Brigadier mit den Eigentümlichkeiten des Landes sehr vertrauten GM. Baron Kuhn war die Einteilung der Truppen in 6 Gruppen, und zwar in 4 Halb-Brigaden die je einen der Hauptabschnitte Südtirols zu besetzen, und in 2 Reserve-Brigaden, die im Etschtal für alle Fälle bereit zu stehen hatten.

Alle Abschnittskommandanten wurden in einer besonderen Instruktion angewiesen, sich hauptsächlich die energische Verteidigung der ihnen speziell zugewiesenen Territorien angelegen sein zu lassen und nach anderen Richtungen nur dann zu Hilfe zu eilen,wenn die Sicherheit des eigenen Anschnittes außer Frage stünde. Die entscheidende Unterstützung war von der im Etschtal stehenden Reserve zu erwarten.

Von den italienischen Streitkräften waren, während das Gros der regulären Armee sich gegen die im Venezianischen stehende kaiserliche Süd-Armee zu wenden hatte, die unter Garibaldi stehenden Freiwilligen zum Angriff auf Tirol bestimmt. Diese erreichten im Lauf des Krieges die beträchtliche Höhe von 35-40.000 Mann. Die Errichtung von Freiwilligen-Bataillons à 4 Kompanien in der Normalstärke von je 188 Mann wurde durch königliches Dekret vom 6. Mai angeordnet. Am 16. wurden aus diesen Bataillons 10 Regimenter zu 2 Bataillons formiert, die aber wegen des großen Andranges von Freiwilligen aufgestockt werden mußten, so daß jedes Bataillon aus 6 Kompanien bestand.

Vom Beginn der Feindseligkeiten bis zum Abmarsch der Süd-Armee an die Donau kam es zu mehreren Gefechten. Am 25. Juni bei Ponte di Caffare, am 3. Juli am Monte Suello, am 7. Juli zum ersten und am 10. Juli zum zweiten Gefecht bei Lodrone. Am 11. Juli wurde bei Ponte del Diavolo, Bagnivecechi und Spondalunga gekämpft. Menotti Garibaldi hatte die Absicht, sich mit dem größten Teil seiner Truppen durch die Judicarien, sowie durch die Vall Ampola und Valle di Ledro den Weg nach Trient zu bahnen. Am 16. Juli kam es zum zweiten Gefecht bei Spandalunga und zu Kämpfen bei Cimego, am Monte Castello, bei Storo und San Lorenzo. In all diesen Gefechten hatten sich die Österreicher nach hinhaltendem Widerstand Schritt für Schritt vor der Übermacht zurückziehen müssen. Am 18. Juli kam es zu Gefechten bei Pieve di Ledro und am Monte Nottap und das österreichische Fort Ampola mußte am 19. Juli, nachdem es drei Tage lang dem Artilleriebeschuß der Italiener standgehalten hatte, kapitulieren. Somit gerieten die Verhältnisse der Verteidigung Tirols in eine schwierige Phase.

Am 12. Juli war GM. Baron Kuhn gleichzeitig mit der Nachricht, daß sich Erzherzog Albrecht in den nächsten Tagen nach Wien begebe, auf sein Ansuchen um Verstärkungen, dahin verständigt worden, daß in Folge der bereits tätigen französischen Vermittlung kein ernstlicher Angriff auf Südtirol mehr zu gewärtigen sein dürfte. Diese Erwartung schien sich nicht zu erfüllen, denn Garibaldi setzte seine Operationen fort. Am 17. Juli erhielt GM. Baron Kuhn die Nachricht, daß mit Ausnahme der Festungsbesatzungen und eines Armeekorps, das den Isonzo zu besetzen hatte, die kaiserliche Armee das Venezianische räumte, um an die Donau zu eilen und die Meldung, daß die italienische Armee in das von den kaiserlichen Truppen verlassene Land einrückte.

Erfolgreicher als in den Judicarien war der Kampf am 21. Juli im Conzei- und Ledrotal, wo unter dem Kommando des Oberst Baron Montluisant, dem an diesem Tag auch die Halb-Brigade Grünne unterstellt worden war, agierte. Vom Monte Piecha rückte Major Graf Grünne mit 5 Jägerkompanien und

2 Kompanien Großherzog von Hessen, den Landesschützen-Kompanien Kitzbühel-Hopfgarten, Rattenberg, Schwaz, den Raketenbatterien Nr. 1 und 2 auf dem unteren, - Major von Krynicki mit dem 1. Bataillon Tiroler Jäger, dem 3. Bataillon Kronprinz von Sachsen und der Gebirgsbatterie Nr. 2/V auf dem oberen Weg gegen Lesumo vor. 4 Kompanien Großherzog von Hessen, die sich der Kolonne Krynicki als Reserve anschließen sollten, wurden, da der Feind starke Abteilungen von Pieve gegen den Monte Saval (südlich des Monta Piechaß vorschob, gegen diese Höhe dirigiert, und hatten sich dann nach Zulässigkeit auch am allgemeinen Angriff zu beteiligen. Alle Kolonnen brachen um 4 Uhr Morgens auf; jene des Major Graf Grünne langte zuerst bei Lesumo an, und verdrängte mit der Avantgarde den Feind aus dem Ort. Dieser zog sich nach Enguiso zurück, mußte aber, als die Vorausabteilungen der Kolonne Krynicki eintraf, auch diesen Ort aufgeben. Die Raketenbatterien wurden nun östlich Enguiso, die Gebirgsbatterie auf der Straße plaziert, und richteten ihr Feuer gegen die starke feindliche Stellung, welche von der Höhe östlich Locca bis zur oberen Kirche von Bececa reichte und vom 5. Freiwilligen-Regiment, das Oberst Chiassi befehligte, besetzt war; dessen Reserve (das 9. Regiment und das 4. Bataillon des 6. Regiments) stand in Bececa und auf der Straße nach Tiarno. Zwei Geschütze waren zunächst der Kirche von Locca, andere 2 Geschütze auf dem Hügel zwischen Locca und Bececa in Stellung. Nachdem diese Stellung durch die Wirkung der österreichischen Batterien erschüttert worden war, rückte Major Graf Grünne mit 3 Jäger-Kompagnien, 2 Kompanien Großherzog von Hessen und den Landeschützen sowohl auf der Straße, als auch oberhalb derselben zum Sturme vor, während eine zur Umgehung des dominierenden rechten feindlichen Flügels entsendete Kompanie durch ihr rechtzeitiges Erscheinen entscheidend mitwirkte. Der Feind räumte die Höhen, erreichte fliehend Locca, wurde aber auch von dort durch die unaufhaltsam nachstürmenden österreichischen Truppen hinausgeworfen. Während eine Einheit der Tiroler Jäger von der Kolonne Krynicki vom Westen her in das Dorf eindrang, kam die schon erwähnte gegen den rechten feindlichen Flügel detachierte Umgehungskolonne dem Gegner in den Rücken. Die Folge dieses energischen und umfassenden Gegenstoßes war, daß nach hartnäckigem Kampf beinahe ein ganzes Bataillon des 5. Freiwilligen-Regiments (über 600 Mann) gefangen wurde.

Oberst Baron Montluisant ließ nun sofort auch Bececa angreifen, wo der Feind, 9 Bataillons stark, Stellung bezogen hatte. Nachdem ein wirksames Geschützfeuer unterhalten worden war, drang Major Graf Grünne gegen die Nordseite Bececas vor, während Tiroler Jäger (von der Kolonne Krynicki) gegen den unmittelbar nördlich des Ortes befindlichen Felsenriß dirigiert wurde. Trotz des heftigen Gewehrfeuers seitens des Feindes wurde dieser auf

403

allen Punkten überwältigt; er verließ, gegen Santa Lucia retirierend, Bececa und verlor dabei, kräftig verfolgt, abermals bei 500 Gefangene. Oberst Baron Montluisant mußte sich auf den erreichten Erfolg beschränken, weil zwischen Tiarno und Ampola der Feind mit 12-15.000 Mann stand und den eigenen Truppen die Munition ausging. Der Kampf wurde um 12 Uhr 30 abgebrochen und dann, unter Mitnahme aller Verwundeten und völlig unbelästigt vom Feind, der Rückmarsch auf den Monte Piecha ausgeführt. Eine halbe Jäger-Kompanie, die während des Kampfes den dicht besetzten Monte Viesch erstürmt hatte, lief während des Rückmarsches Gefahr, abgeschnitten zu werden und mußte sich über den Gebirgsrücken nach Roncone wenden. Tagsdarauf rückte sie über Bondo wieder zu ihrer Truppe ein.

Der Verlust der Österreicher in diesem hartnäckigen Kampf betrug an Toten 6 Offiziere, 19 Mann, an Verwundeten 7 Offiziere und 75 Mann. Die Italiener verloren circa 100 Mann Tote (darunter Oberst Chiassi), 250 Mann Verwundete und über 1100 Gefangene, unter diesen 2 Stabs- und 17 Oberoffiziere.

Unabhängig von diesem Kampf hatte die permanente Paßbesatzung am Monte Saval (1 Kompagnie Kronprinz von Sachsen) einen Zusammenstoß mit dem Feind, der bei Tagesanbruch ungefähr 1 Bataillon gegen den Paß entsendet hatte. Die Besatzung rückte auf einen günstig gelegenen Punkt vor, und warf den Feind zurück, wobei dieser bei 40 Mann an Toten und Verwundeten verlor. Nachmittags gelang es noch einer Patrouille dieser Kompanie einen italienischen Offizier und 35 Mann gefangenzunehmen. Die Kämpfe dieses Tages waren auch für General Garibaldi und seine Truppen eine blutige, Lektion.

Aber die Übermacht der Italiener war so groß, daß sich die österreichischen Truppen nach hinhaltenden Kämpfen bei Cismon, Primolano und le Tezze über Grigno bis Borgo zurückziehen mußten. Die mit den Österreichern im Kampfe verwickelten italienischen Truppen befehligte GL. Medici. Im Gefecht bei Borgo, in welchem von seiten des Gegners nahezu 5000 Mann, dann 180 Pferde und 6 Geschütze, gegen 857 Mann und 4 Raketengeschütze auf österreichischer Seite im Kampfe standen, mußten die kaiserlichen Truppen auch Borgo und in einem Nachtgefecht auch am 23. Juli Levico räumen. Das Gros der feindlichen Division brach um Mittag von Levico auf. Die Avantgarde passierte zwischen 4 und 5 Uhr nachmittags Pergine. GL. Medici erfuhr hier, daß in Civezzano alles zur hartnäckigen Verteidigung vorbereitet würde und beschloß nach Einziehung genauer Nachrichten über Stellung und Stärke der Österreicher, die Position anzugreifen. Seine Vortruppen besetzten die Linie von Viarago über Vignalzano gegen den Caldonazzo-See, das Gros der Division blieb bei Pergine.

Bei Trient hatten sich indessen in dem Maße als der Feind in der Val Sugana Fortschritte machte, die kaiserlichen Truppen zusammengezogen. Die von Riva in die Val Sorda disponierten Abteilungen waren am Morgen des 24. in der Position bei Vigolo eingetroffen. Die beiden Reserve-Brigaden, von GM. Baron Kuhn zur Beschleunigung des Marsches angewiesen, trafen im Laufe des Vormittags bei Trient ein. Die beiden Halb-Brigaden Höffern und Grünne hatten Stenico und tre arche erreicht.

Als um 6 Uhr nachmittags die Meldung vom Einrücken des Feindes in Pergine eintraf, wurden zur Deckung der nördlichen Höhen 2 Kompagnien des 3. Bataillons Kronprinz von Sachsen nach Martignano, 2 Kompagnien nach Gardolo verlegt. Die Übrigen bei Trient versammelten Truppen blieben unter dem Kommando des Oberst Baron Montluisant während der Nacht in vollster Gefechtsbereitschaft. GM. von Kaim wurde angewiesen, im Falle eines feindlichen Angriffes in der Vorposition bei Civezzano den energischten Widerstand zu leisten. Die Befestigungsarbeiten bei Trient wurden Tag und Nacht fortgesetzt.

GM. Baron Kuhn erfuhr indessen um 5 Uhr abends durch ein Telegramm aus Verona, daß die telegraphische Korrespondenz wegen einer Waffenruhe zwischen dem Erherzog Albrecht und GL. La Marmora im Gange seit und erhielt um 8 Uhr Abends folgendes Telegramm des Erzherzogs: „Nach vorläufiger Übereinkunft soll der Waffenstillstand am 25. Juli Morgens auf 8 Tage beginnen. Die Armeespitzen verbleiben in ihren gegenwärtigen Aufstellungen. Trient sohin bis zum Äussersten halten." Infolge dieses Telegramms hielt es GM. Baron Kuhn für notwendig, die Zeit zu nützen, um so rasch als möglich die stellenweise verlassenen Grenzpositionen wieder zu gewinnen. An die Halb-Brigaden Höffern und Grünne, die sich an diesem Tag weiter in das Landesinnere bewegen sollten, erging das Telegramm, für erstere bei Stenico zu bleiben, für letztere nach Trient zu marschieren. Die Halb-Brigaden Metz und Albertini wurden gleichfalls noch am 24. angewiesen, sich in ihren Stellungen am Stilfser-Joch und am Tonal zu behaupten. Bei Trient ließ GM. Baron Kuhn am Morgen des 25. die Höhen von Sopramonte durch 4 Kompagnien des 1. Bataillons Tiroler Jäger besetzen, um die Verbindung zur Halb-Brigade Höffern herzustellen. Dafür wurden die 2. Depot-Einheit Erzherzog Rainer und die in Villa Montagna stehenden 2 Kompanien des Regiments nach Trient verlegt. Oberst Baron Montluisant übernahm das Kommando über die Truppen, die auf der Einsattelung bei Roncogno Stellungen bezogen hatten. Das Festungskommando von Verona wurde um Zusendung von 2 Bataillons Infanterie und 1 Batterie ersucht, die in der Nacht zum 26. in Trient eintrafen. Endlich erließ Baron Kuhn an die Truppenkommandanten bei Trient einen Befehl, in dem er den Gang der Verteidigung vorzeichnete, falls der Gegner zum Angriff schritte. „Sollten," hieß es in diesem Befehl, „die vornstehenden Truppen genötigt werden, sich zurückzuziehen, so hat dies nur Schritt für Schritt, mit hartnäckigster Verteidigung jedes Terrainabschnittes, jedes Gehöftes, jedes Hauses zu geschehen. Nach Räumung der ersten Linie, in der die Truppen jetzt stehen, ist von der Brigade Kaim, natürlich nach Verteidigung der Zwischenabschnitte, die Linie Martignanalle-Laste, von Oberst Möraus (von Erzhzg. Rainer), der das Kommando in dem Abschnitt zwischen Povo und Roncogno erhält, die Strecke beim Kapuzinerkloster auf der Straße nach Pergine um jeden Preis zu behaupten. Die Pionierabteilungen der Brigaden Kaim und Monluisant haben die Häuser von alle Laste, das Kloster etc. zur Verteidigung herzurichten. Die dritte Linie ist endlich die Stadt selbst. Obstlt. Woller erhielt den Auftrag, die nötigen Befestigungen sogleich ausführen zu lassen.

Ich mache jeden der Herrn Kommandanten persönlich verantwortlich, daß die Verteidigung nach den Befehlen Seiner kaiserlichen Hoheit des Erzherzog Albrecht auf das Tapferste durchgeführt werde." Gleichzeitig erließ GM. Baron Kuhn an die Bewohner Trients eine energische Proklamation.

Vom Feind war am 25. Juli vormittags das 4. Bataillon des 61. Regiments von Calceranica vorgerückt und um Mittag bei Vigolo eingetroffen. Oberst Negri, der mit 2 Kompagnien seines Regiments und 1 Kompanie des 25. Bersaglieri-Bataillons folgte, ließ nun das 4. Bataillon südlich des Weges nach Val Sorda Stellung nehmen und rückte mit den anderen 5 Kompanien auf dem Weg selbst vor. Hier wurde er aber von einer Kompanie des 7. Bataillons Tiroler Jäger, der Landesschützenkompagnie Zell-Fügen und der halben Innsbruck-Sonnenberger Scharfschützenkompanie, welche die Höhen nördlich des Weges besetzt hatten, empfangen, und mußte sich nach dreimal wiederholten Angriff zurückziehen. Auch das 4. Bataillon Negris, das mittlerweile am linken Flügel vorgegangen war, wurde, nachdem ihm der erste Angriff gelungen war, von einer Kompanie des 7. Bataillons Tiroler Jäger und den Innsbruck-Sonnenberger Scharfschützen zurückgedrängt. Oberst Negri nahm nun auf den Höhen zwischen Vigolo und Vattaro-Bosentino Stellung und ließ den Rest des Regiments vorrücken, ohne aber einen weiteren Angriffsversuch zu machen.

GL. Medici, der um 3 Uhr nachmittags das 23. Bersaglieri-Bataillon gegen Roncogno disponierte, war eben im Begriffe, mit der ganzen Division zur Unterstützung Negris aufzubrechen, als ihm von Seite La Mamoras die Verständigung zukam, daß eine achttägige Waffenruhe abgeschlossen worden sei, die bereits um 4 Uhr morgens begonnen habe. Oberst Negri wurde hievon sogleich verständigt, das 23. Bersaglieri-Bataillon zur Umkehr befehligt, und die ganze Division nahm Stellung zwischen Pergine und Levico unter

Verstärkung des linken Flügels, der nötigenfalls die Kolonne des Oberst Negri aufnehmen sollte.

GM. Baron Kuhn hatte, sobald er die Meldung erhielt, daß in der Val Sorda gekämpft werde, sogleich Major von der Lühe mit 1 Kompanie des 4. Bataillons Erzhzg. Rainer, den Landesschützenkompanien Telfs und Hall und 2 4pfd. Geschützen nach San Rocco zur Unterstützung Cramolinis beordert, erhielt aber auch bald darauf sowohl aus Wien, als aus Legnano, wo GM. von Woinovic die Verhandlungen führte, die offizielle telegraphische Verständigung vom Abschluß der Waffenruhe. Der Schluß dieses Telegramms lautete: „Die Kolonnenspitzen beider kriegführender Armeen haben dort stehen zu bleiben, wo sie sich im Augenblick des Empfanges dieses Telegramms befinden, die nachrückenden Truppen dürfen diese Kolonnenspitzen nicht überschreiten." Hierauf wurde nach gegenseitiger Verständigung durch Parlamentäre am 26. zwischen GM. Baron Kuhn und GL. Medici die Demarkationslinie vertragsgemäß festgesetzt.

Der Versuch einer Brigade Garibaldis auf der Ponalstraße gegen Riva vorzudringen wurde durch die kaiserliche Gardasee-Flotille und die Batterie bei San Nicolo vereitelt.

Obschon zwischen Österreich und Preußen am 21. Juli in Nikolsburg vorerst ein fünftägiger Waffenstillstand, beginnend mit 22. Juli, 12 Uhr und am 26. Juli die Verlängerung des Waffenstillstandes auf weitere vier Wochen abgeschlossen worden war, der dann in den Präliminarfrieden mündete, wollte die italienische Regierung sich lange nicht zum Abschluß eines längeren Waffenstillstandes auf einer anderen, als der Grundlage des uti possidetis entschließen, die ihr bei dem momentanen Standort ihrer Truppen in Südtirol wenigstens einen Teil dieses Landes überantwortet hätte. Da die italienische Regierung hartnäckig an dieser Forderung festhielt und auf diplomatischem Wege sogar ihre Ansprüche auf die Erwerbung ganz Südtirols durchzusetzen suchte, sah sich die kaiserliche Regierung genötigt, eine Armee von der Donau gegen Italien wieder in Marsch zu setzen, um die italienische Regierung nötigenfalls mit Gewalt zum Aufgeben ihrer Ansprüche zu zwingen. Schon am 29. Juli wurde die Brigade Kleudgen von Wien nach Tirol transportiert, die mit 6219 Mann und 8 Geschützen am 30. und 31. Juli in Innsbruck eintraf und den Weitermarsch nach Bozen in 2 Tagen auszuführen hatte, um nach Ablauf der am 2. August endenden Waffenruhe eingesetzt werden zu können. GM. Baron Kuhn war seinerseits bemüht, die Zeit der Waffenruhe auf das Tätigste zur Erhöhung der Verteidigungsfähigkeit Tirols zu nützen. Im Cembra- und Fleimsertal wurden die Stellungen bei Cembra, Fadana und Molna befestigt und die Kommunikation in den Seitentälern ungangbar gemacht. Auf dem Rücken zwischen dem Fleismer-Etsch- und

Eisacktal wurden ebenfalls die wichtigsten Pässe befestigt. Die Schanzen in der Vall' Arsa, dann jene bei Caliano und Riva wurden verstärkt. Trient selbst wurde durch das Anlegen von Außenwerken, bei deren Armierung 27 von Mantua zurückbeförderte Geschütze in Verwendung kamen, zu einem ansehnlichen Waffenplatz umgeschaffen.

Einem von Seiner Majästet dem Kaiser ergangenen Aufruf, den Heimatboden auf das Hartnäckigste zu verteidigen, folgte das treue kriegerische Gebirgsvolk Tirols mit Begeisterung. Nicht nur, daß sich der Landsturm überall sammelte, auch einzelne Städte und Genossenschaften bildeten sofort noch freiwillige Scharfschützenkompanien, und zwar das Ötztal, das Stubital, Schwaz, Ampezzo, Imst, Hall, die Berg- und Salinenarbeiter von Kitzbühel und Hall und das vereinte Unterinntal je eine, Innsbruck mit Umgebung 2 Kompanien, welche in einer Gesammtstärke von etwa 1500 Mann die kaiserlichen Truppen verstärkt und zum Teil schon in den letzten Gefechten mitgekämpft haben.

Auch die Bevölkerung Südtirols die, trotz der von Garibaldi versuchten Agitation, während des ganzen Feldzuges ihre loyale Gesinnung in jeder Art bestätigt hatte, eilte, als GM. Baron Kuhn mit Ermächtigung Kaiser Franz Josephs ihren Landsturm aufbot, herbei, und lieferte damit den besten Beweis ihrer Anhänglichkeit an das Kaiserhaus beziehungsweise an Österreich. Binnen 48 Stunden zählte der versammelte Landsturm Südtirols schon über 2200 Mann. Aus diesen bildete GM. Baron Kuhn 8 Bataillons, die auf die Brigaden aufgeteilt wurden. Die italienischen Arbeiter der Brennerbahn wurden aus Sicherheitsgründen in ihre Heimat zurückgeschickt.

Nach dem Eintreffen der Brigade Kleudgen bei Trient betrugen dort die gesammten Streitkräfte bei 19000 Mann und GM. Baron Kuhn beabsichtigte mit diesen die Division Medici in der Val Sugana, noch bevor sie durch die - wie es hieß im Anmarsch befindliche Division Cosenz verstärkt werden konnte, gleich nach Ablauf der Waffenruhe anzugreifen. Nach seiner Disposition sollte das Gros, fast 12 Bataillons und 20 Geschütze, in 3 Kolonnen über Vigalzano, Rocogno und Vigolo gegen Pergine-Levico vorrücken; Major Jósa sollte mit 8 Kompagnien und 2 Geschützen von Cavalese und Baselga über Madrano und Vigalzano gegen Pergine, die Halb-Brigade Pichler die nach Auflösung der Halb-Brigaden Möraus und Grünne für das Fleimsertal gebildet worden war, über Paneveggio, Primiero und Ronco gegen Strigno, endlich Hauptmann Walter mit 6 Kompagnien und 2 Geschützen von Sankt Sebastian aus über Lavarone vordringen. Die im Anmarsch befindliche Brigade Kleudgen hatte dem Gros als Reserve zu folgen. Da jedoch die Waffenruhe bis 10. verlängert wurde, mußten die Truppen, die zum Teil schon gegen die Demarkationslinie in Marsch gesetzt worden waren, wieder umkehren.

Am 8. und 9. wurden die Brigaden Kleudgen und Erhardt (bisher Zastavnikovic) in Trient konzentriert und am 9. traf GM. Baron Kuhn die letzten Anordnungen für den Angriff in der Val Sugana, der am Morgen des 10. stattfinden sollte. Um dabei mit größtmöglicher Truppenstärke auftreten zu können, bestimmte er zur Verteidigung der Vall Arsa, die durch eine bei Schio und Tione stehende feindliche Abteilung von 6-8000 Mann bedroht war, nur 1 Bataillon, 2 Landesschützenkompagnien und 2 Geschütze, ersuchte aber gleichzeitig das Festungskommando Verona, durch Vorschieben entsprechender Truppenabteilungen in die Val Ronchi und gegen die Nebenübergänge der Vall Arsa deren Verteidigung zu erleichtern.

Noch vor Ablauf der Waffenruhe erhielt das Truppenkommando die offizielle Mitteilung von einer abermaligen Verlängerung derselben bis 11. und am 10. Abends folgendes Telegramm vom Kommando der operierenden Armeen: „Feindliche Truppen sollen morgen, den 11., Südtirol räumen; wenn dies langsam erfolgt, bis an die Grenz folgen, wenn aber nicht, nach Ablauf der Waffenruhe energisch angreifen." Am Morgen des 11. August rückten demgemäß die kaiserlichen Truppen in der Gesamtstärke von 18.882 Mann, 60 Pferden und 42 Geschützen (ohne den Landsturm) nach der bekannten Disposition in der Val Sugana vor, ohne jedoch auf den Feind zu stoßen, der schon im Laufe des vorigen Tages und der vergangenen Nacht den Rückmarsch angetreten hatte. Die Division Medici, die in den letzten Tagen mit dem 23. und 25. Bersaglieri-Bataillon, dem 27. und 28. Regiment und 2 Batterien bei Pergine, mit dem 61. Regiment in Calceranica und auf den Höhen von Ischia, mit dem 62. Regiment und 1 Batterie in Levico gestanden, hatte schon am Morgen des 10. den Rückmarsch angetreten, und räumte im Laufe des 11. den Boden Tirols zur selben Zeit, als sich das Gros des italienischen Heeres vom Isonzo hinter die venezianische Landesgrenze zurückzog.

GM. Baron Kuhn beließ nur ein Detachement unter Kommando des Obstlt. Krautwald, bestehend aus 3 Bataillons König der Niederlande, der Gebirgsbatterie Nr. 4/V, 1 Zug der Fußbatterie Nr. 1/V, 1 Kavallerieabteilung und 4 Schützenkompagnien in der Val Sugana zur Beobachtung der Landesgrenze und verlegte die übrigen Truppen im Laufe der nächsten Tage wieder in Kantonierungen (Standorte). Obstlt. von Höffern war auch am 11. über Tione, Lardaro gegen die Grenze gerückt, fand aber ebenfalls keinen Gegner mehr und nahm hierauf Stellung ähnlich jener bei Beginn des Feldzuges ein. Die Halb-Brigaden Metz und Albertini wurden vom lombardischen Boden bis Brad und Cusiano zurückgezogen.

Mit dem vierwöchigen Waffenstillstand, der am 13. August begann, erreichten, wie überhaupt auf dem italienischen Kriegsschauplatz so auch in Tirol, die Feindseligkeiten ein Ende.

Die außerordentliche Überlegenheit an Streitmitteln, welche Italien im Krieg gegen Österreich, für den es sich mit Preußen verbündet hatte, zu Gebote standen, wurde noch durch den Besitz einer verhältnismäßig mächtigen Flotte erhöht. Gleich dem Landheer, das seit 1859 von 83.000 auf 354.000 Mann verstärkt wurde, also mehr als vervierfacht hatte, war auch die Flotte durch die Erwerbung der Kriegsmarine des ehemaligen Königreichs beider Sizilien und durch außerordentliche Energie im Bau neuer Kriegsschiffe zu einer ansehnlichen Macht emporgewachsen. Am 3. Mai 1866 befahl ein Dekret König Viktor Emanuels die Formation einer Operationsflotte aus 31 der besten Schiffe der gesammten Marine, welche eine Macht von 13.520 Pferdekräften (PS) mit 669 Schiffs- 103 Landungskanonen, 10.793 Mann, und eine Gesamttonnage von 82.732 Tonnen repräsentieren sollte. Diese Flotte teilte sich nach Gattung und Stärke ihrer Schiffe in: 12 Panzerschiffe, 7 ungepanzerte Schraubenfregatten, 3 Schraubenkorvetten, 1 Raddampferkorvette, 3 Schraubenkanonenboote und 3 Rad-Dampf-Aviso (alle ungepanzert), also 29 Kriegsschiffe mit 772 Kanonen und 2 Transportschiffe. Die Armierung der Schiffe mit Geschützen neuen Systems wurde beschleunigt betrieben, und das erste Paar gezogener 300pfd. Armstrongkanonen eingeschifft, welches die Panzerfregatte Re di Portogallo an Bord nahm. Am 20. Juni befand sich die italienische Flotte, sowohl der Zahl der Schiffe nach, als auch mit Rücksicht auf deren Ausrüstung, in einem Zustande, der sie allem Anschein nach befähigen hätte können, unverzüglich nach erfolgter Kriegserklärung die Feindseligkeiten auf dem Adratischen Meer zu eröffnen.

Österreich war, seitdem beinahe die ganze Halbinsel und mit ihr ein Stamm des vorzüglichsten Marinematerials in den Besitz des savoyeschen Hauses gelangt war, bemüht, den maritimen Kräften seines Gegners möglichst nahe zu kommen. Nachdem im Jahr 1860 die ersten beiden Panzerfregatten Drache und Salamander vollendet worden waren, bot für das nächste Jahr ein auf 7 Millionen Gulden erhöhtes außerordentliches Marine-Budget die Mittel, den Bau von 3 anderen größeren Panzerschiffen: Don Juan de Austria, Kaiser Max und Prinz Eugen zu beginnen, die Segelfregatten Novara und Schwarzenberg in Schraubenschiffe umzuwandeln und 10 neue Schrauben-Kanonenboote zu bauen. Der jüngere Bruder Kaiser Franz Josephs, Erzherzog Ferdinand Max, wandte bis zu dem Augenblick, da er seine tragische Mission in Mexiko antrat, alle seine Tätigkeit und Sorgfalt der beständigen Entwicklung und Vervollkommnung des ihm unterstellten Marinewesens zu. Seines rastlosen Einsatzes war es zu danken, daß der Bau einer ansehnlichen Flotte, vor allem eines Panzergeschwaders, für Österreich möglich wurde, und daß sich auf den Kriegsschiffen jener echt seemännische, patriotische und aufopfernde Geist entfalten konnte, der ihnen bald die Achtung der anderen

Seemächte einbrachte. Ihre Feuerprobe erlebte ein Teil der Flotte 1664 im Kampf mit der dänischen Flotte vor Helgoland. Einer der geachtesten kaiserlichen Seeoffiziere, der Kommandant der Avantgarde, die bei Helgoland kämpfte, Linienschiffs-Kapitän Wilhelm von Tegetthoff, gab dabei so außergewöhnliche Proben von rücksichtsloser Kühnheit und Befähigung zu noch höheren Aufgaben, daß ganz Österreich mit Stolz auf ihn dafür war, diesen tapferen Mann zum Kommandanten seiner gesammten Flotte zu machen. An Schiffskraft war diese aber der italienischen noch lange nicht gewachsen, als es das Geschick wollte, daß sie in entscheidender Weise den Kampf für Österreich auf der Adria aufnehmen sollte.

Am 1. April 1866 verfügte die österreichische Flotte über 7 Panzerschiffe (davon 2 noch in Ausrüstung), 21 Schraubenschiffe (darunter ein Linienschiff, 5 Fregatten, 2 Korvetten, 3 Schooner, 10 Kanonenboote), 11 Raddampfer und 11 ältere Segelschiffe, zusammen 50 Kriegsschiffe mit 11.730 PS, 792 Kanonen, 9890 Mann und einer Gesamttonnage von 69.612 Tonnen. Seit dem Jahr 1848 wurde Pola durch die Anlage zahlreicher Befestigungen gegen die See- und Landseite, zu einem großartigen See-Areal mit den nötigen Werften und Docks, zum Haupthafen der Flotte ausgebaut und war die Stütze der operierenden Geschwader geworden. Die dalmatinische, insel-, buchten und hafenreiche Ostküste der Adria war, obgleich sie an einzelnen Plätzen, wie Porto Re (Buccari), Zara, Sebenico, Ragusa (Dubrovnik), Kastelnuovo, Budua und die Insel Lissa (heute: Vis), befestigt worden, bei den schwachen Besatzungen nur zu halten, wenn es der kaiserlichen Flotte gelang, ihren maritimen Gegner zu bezwingen.

Am 9. Mai 1866 wurde Konteradmiral Wilhelm von Tegetthoff zum Kommandanten der Eskader ernannt und begann sofort mit deren Ausrüstung mit neuen Geschützen und der Verbesserung der Panzerung, und am 21. Juni war der Zustand der Flotte durchaus befriedigend. Der Haupthafen Pola war zu dieser Zeit mit 510 Geschützen armiert. Die Besatzung bestand aus 3 Bataillons Infanterie, 6 Kompagnien Küsten- und Festungsartillerie und anderen kleineren Einheiten. Auch die anderen schon genannten Küstenplätze verfügten über zahlreiche Batterien, und bei Kriegsbeginn wurden die Leuchtfeuer eingestellt. Gegen die mächtige italienische Flotte hätte, außer Pola, kaum eine Bastion einen wirklichen Angriff abwehren können.

Am 24. Juni schiffte sich Konteradmiral Tegetthoff mit seinem Stab von der Fregatte Schwarzenberg auf die Panzerfregatte Ferdinand Max um, die somit zum Flaggschiff der k. k. Eskader wurde. Erzherzog Albrecht gab nach seinem Erfolg bei Custoza Tegetthoff freie Hand für dessen Operationen auf dem Meer, riet aber, diese nicht über Lissa hinaus auszudehnen. Die italienische Flotte lag zu dieser Zeit am Ankerplatz Ancona, wie eine Rekognition ergab. Sie auf der Reede anzugreifen, schien Tegetthoff wegen deren Über-macht und den Landbatterien zu riskant. Er führte seinen Schiffsverband wie-der in den Hafen von Fasana zurück und wartete ab.

Am 16. Juli war es noch immer zu keiner Konfrontation mit dem Feind gekommen und Tegetthoff mußte, nachdem bekannt wurde, daß die Süd-Armee an die Donau marschiert sei und Venezien an Frankreich abgetreten werden solle, damit rechnen, daß die 800 aus Venezien stammenden Seeleute mißmutig werden könnten und schlug dem Kriegsministerium vor, diese auszuschiffen. Doch die Antwort lautete: „Venedig noch nicht abgetreten, Aufgabe der Escadre unverändert." Aber am 17. Juli griffen um 12 Uhr 12 italienische Schiffe die Befestigungen von Comisa (auf der Insel Lissa) an, und kaum eine Stunde später wurde der Hafen von Lissa angegriffen. Um 1 Uhr 15 wurde Tegetthoff, der noch immer im Hafen von Fasana lag, gemel-det, daß Lissa von 10 Panzerfregatten bombardiert werde. Aus den einlangen-den Telegrammen sah Tegetthoff, daß das Gros der italienischen Flotte vor Lissa stehe. Als Depeschen vom 19. Juli bestätigten, daß die italienische Flot-te noch immer Lissa bedränge und bereits 22 Schiffe zähle, war offenbar geworden, daß der Feind weder Istrien noch Venedig angreife, sondern Lissa bezwingen wolle. Das veranlaßte Tegetthoff nun auszulaufen, die feindliche Flotte anzugreifen und Lissa zu entsetzen. Ein großer Teil der Flotte war bereits in See gegangen, als vom Kriegsministerium Tegetthoff die Weisung zukam, nach eigenem Ermessen zu handeln.Um Mittag verließ das Flagg-schiff Erzherzog Ferdinand Max die Reede von Fasana, stieß um 1 Uhr 30 zu der bereits auf einige Meilen in See gesammelten Flotte, und nahm unter den Klängen der Volkshymne und unter donnernden Hurra's der auf Relings und Wanten aufgeenterten Mannschaften seinen Posten an der Spitze der Aufstel-lung ein.

Die italienische Flotte wurde von Admiral Graf Persano befehligt. Der italienische Kriegsminister hatte stark darauf gedrängt, daß die Flotte endlich den Hafen von Ancona verlasse und tätig werde. Der Auftrag an Persano lau-tete:

1. Persano solle den Feind aufsuchen, ihn angreifen und den Kampf bis an die äußerste Grenze fortführen, um ein entscheidendes Resultat zu erlangen.

2. Halte sich die feindliche Flotte in Pola, oder zöge sie sich vor der italie-nischen dahin zurück, so solle Persano mit hinreichenden Kräften blockieren, sich aber außerhalb des Schußbereiches der Pola und die Reede von Fasana verteidigenden Werke halten.

3. Der wesentliche Zweck des Seekrieges sei vor allem die Herrschaft über die Adria und daher die Befreiung dieses Meeres von der österreichischen Flotte; begegne er dieser, so müsse sie verfolgt, angegriffen und besiegt oder

wenigstens in die Häfen gejagt und dort in einer Weise blockiert werden, daß sie nicht mehr aus denselben herauskäme.

Indessen war beim Angriff auf Lissa besonders das Fort Georg und seine Nebenwerke unter den Beschuß der Flotte Persanos geraten. Am 20. Juli, um 10 Uhr, waren auch die Schraubenfregatten Principe Umberto, mit 125 Mann Marineinfanterie an Bord und Carlo Alberto, dann die Raddampf-korvette Governolo und etwas später das Widderschiff Affondatore angekommen. Die mit diesen Schiffen angekommenen Verstärkungen erhöhten die Landungstruppen auf 2600 Mann, und Admiral Persano, der nun den Erfolg nicht mehr bezweifelte und auch aus bloßer, nur auf ein Gerücht gegründeter Besorgnis, die kaiserliche Flotte könne erscheinen, nicht untätig bleiben zu dürfen glaubte, hielt es nun an der Zeit, seinen Angriff zu erneuern, und sich teils durch kräftige Beschießung, teils durch Landung der Insel zu bemächtigen. Er erließ dazu folgende Dispositionen:

„1. Das ungepanzerte Geschwader, 7 Fregatten, 4 Korvetten, unterstützt von 3 Kanonenbooten, bewerkstelligt unter der Leitung von VA. Albini mit den Truppen sogleich die Landung bei Porto Karober.

2. Die Panzerschiffe Terible und Varese begeben sich vor Comisa, um die Besatzung der dortigen Batterien zu beschäftigen.

3. Der Formidabile dringt in den Hafen S. Giorgio ein, um die noch kampffähigen Batterien zum Schweigen zu bringen.

4. CA. Vacca unterstützt mit den Panzerschiffen Principe Carignano, Castelfidardo und Ancona den Angriff des Formidabile.

5. Die Panzerschiffe Re di Portogallo und Palestro greifen mitihren 300 und 150pfd. Geschützen den Telegraphenturm (Wellington) an

6. Re Italia, S. Martino und Maria Pia, unter den Befehlen des Ober-Commandanten, verhindern, dass die Werke der westlichen Hafenbefestigungen die Landung bei Karober stören, für den Fall, dass deren Geschütze noch kampffähig sind."

Auf der Insel waren alle Werke, außer der Batterie Schmid, trotz der heftigen Beschießung, verteidigungsfähig und konnten einem neuen Angriff noch zwei Drittel der Festungsgeschütze entgegenstellen. Die notwendigen Herstellungen an den Brustwehren, die Auswechslung der zerschossenen Lafetten und die Ergänzung der Munition in den nur mit Handmagazinen versehenen Werken ließen die Besatzung auch nach dem Kampf nicht zur Ruhe kommen. Die Arbeiten wurden bis zum Morgen des 19. fortgesetzt.

Um 4 Uhr 30 näherte sich die feindliche Flotte abermals der Insel und nahm den Kampf gegen die Werke von Comisa und S. Giorgio im Hafen auf. Unter dem schweren Beschuß litt zwar der Turm Wellington, der unausgesetzt seine schweren Bomben nach den Schiffen warf, wenig, dafür litten aber die meisten anderen Batterien sehr. Die italienische Flotte hatte den Triumph, außer der schon tagsvorher zerstörten Batterie Schmids alle Geschütze der westlichen Befestigungsgruppe (Fort Georg, Batterie Mamula, Turm Robertson, Bentink, Batterie Zupparina) bis auf 1 Haubitze und 3 Kanonen der Batterie Zupparina zum Schweigen gebracht zu haben. Persano durfte hoffen, wenn noch die Zerstörung der inneren Hafenbatterie von S. Giorgio gelang, mit den Panzerschiffen einzudringen und nach der Ausbarkierung der Landungtruppen bei Karober, die die Werke von S. Giorgio im Rücken angreifen sollten, die Insel Lissa in seine Gewalt zu bekommen. Während die feindliche Flotte ihr Feuer verdoppelte, das Admiralsschiff Re Italia am Fuße der Höhe Wellinton sich der Batterie Zupparina gegenüberlegte und sie durch volle Lagen zu vernichten suchte, nahmen die 4 Panzerschiffe Formidabile, Principe Carignano, Castelfidardo und Ancona die entschiedene Richtung auf die Mitte des Hafens. Die österreichische Besatzung brachte in aller Eile die Geschütze der Reservestellungen nahe an den Höhenrand und die 10. Kompanie besetzte in dichter Plänklerlinie den Hang beiderseits der Hafenbatterie Madonna und die Häuserreihe des vor dieser liegenden Ortes Kut. An der Spitze der Panzerschifte zeichnete sich besonders der Formidabile aus, der, einige Schüsse nach Zupparina sendend, kühn bis auf 500-600 Schritte auf der Batterie Madonna aufdrehte und seine vollen Lagen gegen deren Stellungen feuerte. Die Hohlgeschosse der Batterie Zupparina, die gegen die Luken der Formidabile abgefeuert wurden, trafen nicht in diese Luken und blieben wirkungslos. Dazu mußte sich die Batterie Zupparina gegen das Feuer des Admiralschiffes wehren. Nun schwenkten auch die übrigen drei Panzerschiffe auf und sandten Lage auf Lage gegen die Batterie Madonna. Die österreichischen 30 pfd. Granaten zerschellten zwar auf den Schiffswänden des Fomidabile, konnten aber weder diesem noch den anderen Eisenkolossen etwas anhaben. Als aber auch die Infanterie auf die Stückpforten schoß, mußte der Formidabile diese schließen und sein Feuer einstellen und sich zurückziehen. Mit 5 Toten und 55 Verwundeten wurde der Formidabile nun die Zielscheibe aller Geschütze der Hafenbatterie. Mit dem Formidabile verließen auch die anderen drei Panzerschiffe das Hafenbecken. Aber die Entscheidung lag nicht da, sondern bei VA. Albini, der mit 2600 Mann landen und die Werke, die bereits arg gelitten hatten, im Rücken hätte angreifen sollen. Es kann nicht bezweifelt werden, daß die schwache und an vielen Punkten zerstreut aufgestellte Inselbesatzung beim Erscheinen dieser Angriffskolonne den Kampf hätte aufgeben müssen. Doch VA. Albini führte den ihm erteilten wichtigen Auftrag nicht durch. Vizeadmiral Albini meldete nur, daß die unruhige See die Landung unmöglich gemacht habe. Mit dem Einbruch der Nacht verstummten die den ganzen Tag über andauernden

Artillerieduelle um die Insel Lissa, durch die das Fort Georg, die Batterie Mamula und der Turm Robertson zum Schweigen gebracht worden waren.

Admiral Persano entschied sich am Morgen des 20. Juli für einen abermaligen Angriff auf die Insel und wies VA. Albini an, die Ausschiffung der Landungstruppen bei Karober vorzunehmen, während die übrige Flotte, wie am Tag vorher, die österreichischen Batterien niederkämpfen sollte. Um 8 Uhr Morgens war die Division Albinis und die Kanonenbootflottile rings um den Hafen Karober mit Vorbereitungen zur Landung beschäftigt, da dampfte plötzlich der Esploradore von der Punta Planka mit dem Signal: „Verdächtige Schiffe in Sicht" heran. Admiral Persano war nun keinen Augenblick im Zweifel, daß er die kaiserliche Flotte vor sich habe und verlor keine Zeit, sich gegen diesen neuen Gegner zu wenden. Er gab, als er sah, daß die Rauchsäulen der kaiserlichen Flotte im N. N. O. auftauchten den Befehl, sich in Frontlinie zu entwickeln. VA. Albini wurde signalisiert, die Landung der Marineinfanterie nicht durchzuführen. Als sich um 10 Uhr der Morgennebel hob, bot sich der Inselbesatzung das unerwartetste Schauspiel. Während die italienischen Schiffe von allen Seiten herandampften, um sich nördlich der Insel zu vereinigen, näherte sich von Nordwest in festem entschlossenen Anlauf die österreichische Flotte. Ein Freudenhurra gab der ersten Überraschung Ausdruck, dann aber harrte die Besatzung lautlos und in höchster Spannung des furchtbaren Kampfes, der sich nun unter ihren Augen zwischen ihrem Bedränger und ihrem Retter ereignen sollte, aber im stolzen Bewußtsein, wie immer auch die Würfel fallen würden, der blutigen Entscheidung ungebrochen und erfolgreich vorgekämpft zu haben.

Die österreichische Flotte war seit 19. Juli 2 Uhr nachmittags mit 27 Schiffen mit Kurs gegen Lissa auf See. In 3 Divisionen geteilt, bildeten 7 Panzerschiffe die vorderste und erste, 7 größere Holzschiffe (1 Linienschiff, 5 Fregatten und 1 Korvette) die zweite, 10 Schraubenkanonenboote und Schoner (zweimastiges Segelschiff) die dritte und letzte Division. Jeder Division war ein Raddampfer als Begleitschiff beigegeben. Die einzelnen Divisionen waren im vorspringenden Winkel formiert und folgten einander in Kielwasserlinie. Diese Formation eignete sich vorzüglich für das Gefecht, da sie die ganze verfügbare Macht in kompakter Masse in die Aktion zu bringen erlaubte und den Übergang in andere Formationen erleichterte. Der Instruktion des Konteradmirals Tegetthoff gemäß, hatte beim Zusammenstoß mit dem Feind die Division der Panzerschiffe in dessen Aufstellung hinein zu rennen, und womöglich feindliche Schiffe in den Grund zu bohren, jedenfalls aber den Kampf auf kürzeste Entfernung mit vollen konzentrierten Lagen zu führen, da nur bei solcher Kampfart die Überlegenheit des Gegners an Schiffen und Armierung einigermaßen paralysiert werden konnte.

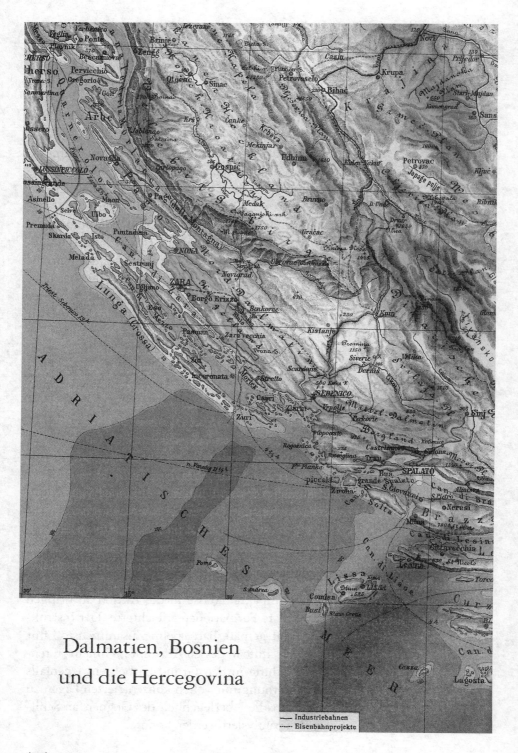

Dalmatien, Bosnien
und die Hercegovina

Am 20. Juli um 7 Uhr Morgens meldete Kaiser Max, der wie Prinz Eugen und Stadium als Auslugger vorangeeilt war: „6 Dampfer in Sicht"; auch vom Flaggschiff wurden in südöstlicher Richtung Rauchsäulen bemerkt, doch hüllte bald darauf eine Regenböe aus Südwest die Flotte in dichten Nebel und nahm dieser jede Sicht. Als sich gegen 10 Uhr endlich der Nebel völlig senkte, sah die österreichische Eskader gerade vor sich die feindliche Flotte, eben im Begriff, sich an der Nordküste von Lissa zu sammeln. „Klar Schiff zum Gefecht", „Distanzen schließen", „Auslugger auf ihre Posten", „mit ganzer Kraft fahren", endlich um 10 Uhr 35: „Panzerschiffe den Feind anrennen und zum Sinken bringen", waren die Signale des k. k. Flaggschiffes, die rasch nacheinander gegeben und von der ganzen Eskader mit einem begeisterten „Hurra!" begrüßt wurden. In wenigen Augenblicken war alles zum Gefecht bereit und im raschesten Lauf, die kleine Flaggengala auf den Masten, stürzten sich die kaiserlichen Schiffe mit Kurs S S O der feindlichen Panzerflotte entgegen, die sich, rasch gesammelt, in Kielwasserlinie mit Kurs N N O näherte. Von der italienischen Panzerflotte waren 9 zum Kampf bereit. Das Panzerschiff Formidabile war wegen seiner Havarien, die es im Kampf mit der Küstenartillerie erlitten hatte, gefechtsuntüchtig und am Weg nach Ancona. Varese und Terribile dampften von Comisa herbei; ersterer kam nach Beginn des Kampfes in die Kolonne, letzterer schloß sich der Holzflotte an der Nordküste der Insel in der Nähe der Bucht Travna an, und kam gleich dieser nicht in Aktion.

Admiral Persano fand es für Zweckmäßig, sein bisheriges Admiralschiff Re d'Italia zu verlassen und sich samt seinem Generalstabs-Chef auf den Affondatore zu begeben, den er für das schnellste, steuerungsfähigste und zum Rammen geeignetste Schiff hielt. Während Persano das Schiff wechselte, eröffnete um 10 Uhr 43 die an der Spitze der italienischen Flotte steuernde Panzerfregatte Prinzipe Carignano (Flaggschiff des VA. Vacca), auf einige Kabel (1 Kabel = 100 Klafter) Entfernung das Feuer und bald nahmen es auch alle anderen feindlichen Schiffe auf.

Die kaiserliche Panzerdivision, die indessen ihren linken Flügel etwas vorgenommen hatte, erwiderte das Feuer, ohne jedoch in ihrem Lauf innezuhalten. Dichter Rauch hüllte bald die beiden Flotten ein, wodurch es geschah, daß mehrere österreichische Panzerschiffe, darunter das Admiralschiff, die eigentlichen Standpunkte der feindlichen Schiffe außer Augen verlierend, in die Intervalle zwischen der ersten und zweiten feindlichen Gruppe, das ist zwischen den Panzerfregatten Ancona und Re d'Italia hineingerieten und auf diese Art eine förmliche Trennung der feindlichen Spitze von den übrigen Gruppen bewirkten. Inzwischen hatten auch die österreichischen Holzschiffe in das Gefecht eingegriffen. Doch die österreichischen Panzerschiffe, die sich in der Nähe der Holzschiffe aufhielten, kamen diesen zu Hilfe und so entspann sich im Zentrum und auf den österreichischen rechten Flügel eine Seeschlacht im vollsten Sinn des Wortes, welche allmählich immer gewaltigere Dimensionen annahm und dieser, seit Anwendung der Dampfkraft und der modernen Zerstörungsmittel ersten großen Kampf auf hoher See, ein eigentümlich wildes Gepräge verlieh. Bis zur Entscheidung verfolgten sich die Schiffe unaufhörlich und versuchten sich anzurennen, dem drohenden Rammstoß auszuweichen, oder durch Breitseiten einem bedrängten Nachbarn zu Hilfe zu eilen. Unter fortwährendem Donner der Geschütze kreuzten sich Freund und Feind, glitten häufig auf Pistolenschußweite oder sogar Bord an Bord aneinander ab, um sich dann mit konzentrierten Breitseiten zu überschütten. In Wolken von Pulverdampf und Kohlenrauch gehüllt, waren die an den Masten wehenden Nationalflaggen nicht zu erkennen und es war als ein für beide Teile günstiger Zufall zu erachten, daß die Schiffe durch eine verschiedene Farbe erkennbar waren (Persano hatte seine Schiffe grau anstreichen lassen).

Während sich Kommodore von Petz, der Kommandant der österreichischen Holzschiff-Flotte, der von vier italienischen Panzerschiffen angegriffen wurde, mit seinen 7 Schiffen tapfer zur Wehr setzte, wurde sein Linienschiff Kaiser zum Hauptangriffsziel des Feindes. Kaum hatte hier der Kampf begonnen, als auch plötzlich steuerbord des Kaiser der Affondatore erschien (Flaggschiff Persanos), welcher mitten in das Gewühl der Kanonenboote und Fregatten hineinrannte und nach manch vergeblichen Rammversuch, sich endlich auf das Linienschiff stürzte, dieses zweimal anzurennen versuchte und gleichzeitig einige 300pfd. Geschoße abfeuerte, deren eines von verheerender Wirkung war, litt das Linienschiff sehr. Eines der 300pfd. Geschoße demontierte ein Deckgeschütz vollkommen, setzte 6 Steuerleute außer Gefecht, und riß Peilscheibe, Maschinentelegraph und Steuerkompaß mit sich fort. Das Linienschiff Kaiser wußte aber durch geschickte Manöver dem Stoß des Affondatore auszuweichen, gab ihm 2 konzentrierte Breitseiten, die auf dem Deck und im Takelwerk Schaden anrichteten. Als nach dem zweiten Rammversuch beide Schiffe nahe aneinander vorbeiglitten, sandten sie sich gegenseitig Kleingewehrfeuer zu. Kaum hatte sich Kaiser von diesem gefährlichen Gegner befreit, als er der Panzerfregatte Re di Portogallo ansichtig wurde. Dichthagelnd sausten die Kugeln über Kaiser hinweg und überschütteten Novara, Friedrich und Elisabeth. Dichter Pulverrauch verhüllte die Kämpfenden derart, daß Kaiser den Re di Portogallo erst gewahr wurde, als dieser schon auf ganz kurze Distanz mit voller Kraft auf ihn zudampfte, in der unverkennbaren Absicht, ihn anzurennen. Nun hätte das Linienschiff durch eine rasche Wendung dem gefährlichen Stoß ausweichen können, doch wären dann die Elisabeth und Friedrich Gefahr gelaufen, von der mächtigen Panzerfregatte in den Grund gebohrt zu werden. Kommodore von Petz zog es daher, im Vertauen auf die Größe und Stärke seines, wenngleich nicht gepanzerten Schiffes, vor, sich dem feindlichen Panzerschiff selbst entgegenzuwerfen. Kaiser fiel zuerst etwas nach steuerbord ab, gab dann das Ruder backbord an Bord und rannte, während er eine volle Lage des Gegners auszuhalte hatte, demselben mit aller Kraft ungefähr in der Höhe der Maschine an. Es war Punkt 11 Uhr 17, seit der erste Schuß seitens der Italiener gefallen war. Linienschiffskapitän Ribotti, das kühne Manöver erkennend, ließ sein bedrohtes Panzerschiff im letzten Augenblick rasch backbord wenden, wodurch die Gewalt des Stoßes abgeschwächt wurde, wogegen Kaiser, indem er backbord an der gepanzerben Bordwand des Re di Portogallo vorbeistreifte, sowie durch die Rückwirkung des eigenen Stoßes und eine auf kürzeste Distanz abgegebene volle Breitseite des Gegners sehr bedeutende Havarien erlitt. Doch auch die Re di Portogallo war bedeutend, wenngleich nicht in gefährlicher Weise beschädigt. Er verlor zwei Anker, mehrere Boote und von vier Landungskanonen, welche sich achten befanden, wurden die Lafetten zertrümmert, ebenso 11 Stück-Pfortendeckel an Backbord, endlich wurde die Schanzverkleidung auf eine Länge von mehr als 60 Fuß vollkommen zertrümmert. Trotz seiner eigenen Schäden sendete Kaiser dem Re di Portogallo, der nach dem Rammstoß sehr stark nach steuerbord überkrengte, von der vorderen Division der 1. Batterie, die augenblicklich Bord gewechselt hatte, eine Lage auf die Entfernung von kaum einigen Klaftern nach, die unter der Panzerung traf, dann auf das feindliche Deck ein 24pfd. Projektil und hierauf wiederholte Lagen der ganzen Flanke. Doch kaum hatte sich Kaiser auf diese wahrhaft heroische Weise von einem nicht minder herzhaften Gegner befreit, der ihm nun außer Sicht blieb, als sich auf 4 Kabel eine feindliche Panzerfregatte (wahrscheinlich Maria Pia) zeigte, mit der sich Kaiser, obschon bereits das über dem Schlot liegende Holz und Tauwerk heftig zu brennen begann, sogleich engagierte. Da trafen zwei feindliche Hohlgeschoße das Linienschiff so unglücklich, daß die 2. Sektion der 2. Batterie fast vollkommen außer Gefecht gesetzt, das Dampfrohr zerschossen, ein Teil der Achterdeck-Division stark verheert wurde und diese noch ihren Kommandanten verlor. Endlich wurde die Bordwand backbord in Brand geschossen und die Maschine meldete, daß sie nicht mehr verläßlich und, des zerschossenen und verdeckten Schlotes wegen, nur mehr mit kleinem Feuer arbeiten könne. Das Linienschiff war damit kampfunfähig und mußte aus dem Schußbereich gebracht werden. Kaiser nahm nun Kurs auf den Hafen San Giorgio, gefolgt von den meisten größeren Holzschiffen und einigen Kanonenbooten, die schon während des großartigen Zweikampfes das Linienschiff durch ihr Feuer auf das Kräftigste unterstützt und dadurch die Aufmerksamkeit der anderen feindlichen Panzerschiffe auf sich gezogen hatten. Einige der österreichischen Holzschiffe wurden dabei schwer beschädigt (Schwarzenberg, Adria und Novara).

Während in dieser Weise das Gros der italienischen Panzerschiffe durch die kaiserliche Holzschiff-Flotte und deren kühnes Eingreifen in Schach gehalten wurde, waren zwei Panzerschiffe von CA. Vacca, nach erfolgten Durchbruch Tegetthoffs vom Gros der österreichischen Panzerflotte angegriffen und in eine bedenkliche Lage geraten. Das kaiserliche Admiralschiff Ferdinand Max hatte indessen 2 feindliche Panzerschiffe angerannt, jedoch, da der Stoß in schiefer Richtung erfolgt war, ohne erhebliche Wirkung. Das Teteschiff (Spitzenschiff) der feindlichen Flotte, die Panzerfregatte Re d'Italia wurde nach dem Durchbruch Tegetthoffs von 4 österreichischen Panzerschiffen, unter diesen das Admiralschiff Ferdinand Max, umgeben. Das Panzerschiff Palestro wollte dem bedrängten Schiff zu Hilfe eilen, aber zwei österreichische Panzerschiffe verlegten ihm den Weg und beschossen es auf das Heftigste. Die gepanzerten Flanken des Palestro widerstanden den österreichischen Kugeln mit gutem Erfolg. Auch ein Rammstoß des Ferdinand Max scheint ihn nicht besonders beschädigt zu haben, doch drang ihm eine Granate durch das ungepanzerte Heck in den Offiziersraum nächst der Pulverkammer und zündete dort, so daß das Schiff sogleich gezwungen war backbord zu wenden um aus dem Gedränge zu kommen und den entstandenen Brand zu unterdrücken.

Unterdessen schien dem Re d'Italia das Steuerruder zerschossen worden zu sein, denn von diesem Augenblick lag das Schiff isoliert inmitten mehrerer kaiserlicher Panzerschiffe. Palestro brannte und hielt nur für seine Sicherheit besorgt nordwärts ab. San Martino schlug sich in ziemlicher Entfernung südwestwärts, wahrscheinlich mit Don Juan, später auch mit Kaiser Max herum. Dem Konteradmiral Tegetthoff der von seiner Hütte herab, umgeben von seinem Stab mit klarem Blick den Gang des Gefechtes beobachtete, konnte die bedenkliche Situation des Re d'Italia nicht entgangen sein, dessen Bewegungen, seit ihm das Steuerruder zertrümmert worden, auf jene nach vor und rückwärts beschränkt waren. Das Schiff suchte sich zu retten, indem es volle Breitseiten nach rechts und links abfeuerte und die Equipage (Schiffsbesatzung) auf Deck berief, um eine Enterung abzuwehren. Linienschiffskapitän Baron Sterneck, der das kaiserliche Admiralschiff von der halben Höhe der Besahnwandten aus manövrierte, dirigierte dieses mit ganzer Kraft auf die linke Flanke des Re d'Italia und ließ auf die Entfernung von 30 Faden die Maschine plötzlich stoppen, wozu er den leitenden Maschinisten durch heftig anhaltendes Läuten mit der Telegraphenglocke den Befehl gab. Re d'Italia, welcher das kaiserliche Admiralschiff gerade auf seine Mitte losstürzen sah, ließ mit aller Anstrengung nach vorwärts arbeiten, um womöglich dem Stoß zu entgehen, oder ihn abzuschwächen, doch da verlegte ihm eine österreienisone Panzerfregatte den Weg; er ließ nun wieder die Maschine mit voller Kraft nach rückwärts wirken, aber in dem Augenblick, als sich die beiden entgegengesetzten Bewegungen paralysierten und das Schiff gewissermaßen regungslos dalag, erhielt es den verhängnisvollen Stoß durch den mächtigen Rammsporn von Ferdinand Max, der seine gewaltige Masse von 4500 Tonnen mit einer Geschwindigkeit von 11 1/2 Knoten in die linke Flanke des Gegners, nahe an der Maschine, bohrte, alles zerschmetternd, Panzer und Fütterung, Planken und Rippen, in einem Ausmaß von 137 Quadratschuh, worunter 79 Quadratschuh unter der Wasserlinie klafften.

Der Stoß, der in den unteren Räumen des Ferdinand Max, wo niemand darauf vorbereitet war, alles zu Boden schleuderte, war kaum erfolgt, als der Maschinist, den früher erhaltenen Weisungen gemäß, die Maschine auf ganze Kraft rückwärts einstellte, wodurch es gelang, den Sporn, der 6 1/2 Fuß tief eingedrungen war, zurückzuziehen und so den Ferdinand Max aus der Flanke des tödlich getroffenen Gegners zu befreien. Re d'Italia neigte sich zuerst langsam auf etwa 25 Grad gegen Steuerbord, dann kam ein plötzliches Überkrengen nach Backbord, wobei das Schiff seine entsetzlich klaffende Wunde in die sich rasch hinein ergießenden Wogen tauchte und dann fast augenblicklich versank. Es war für den Sieger ein furchtbarer und doch großartiger Anblick, als das ganze Deck des feindlichen Schiffes sich dicht vor seinen Augen aufrichtete, die wackere Bemannung, welche noch in diesem Augenblick von Deck und Marsen ihre letzte Salve abgab, allmälig an Boden verlor, Menschen nach Lee hinabglitten und endlich das schöne Schiff in einem Abgrund von 200 Faden Tiefe für immer verschwand. Mit hochflatternder Nationalflagge ging das Schiff in sein Grab. Es war 11 Uhr 20, 37 Minuten seit Beginn des Kampfes. Lautlos starrten die Sieger auf die Stelle hin, wo kurz vorher noch ein mächtiger Gegner gestanden und wo nunmehr zahlreiche Schiffbrüchige, denen es gelungen war ins Wasser zu springen bevor sie

Tegetthoff

vom reißenden Wirbel ergriffen wurden, mit dem Tod rangen. Bald aber erscholl ein tausendstimmiges Hurra von den kaiserlichen Schiffen, die Zeugen der furchtbaren Tat ihres Admiralschiffes waren, das aus diesem Angriff, abgesehen von einer Verletzung des Vorderteiles, unversehrt hervorging.

Rettungsversuche der im Wasser treibenden Matrosen des Re d'Italia durch österreichische Schiffe waren unmöglich, weil die italienischen Kriegsschiffe diese ständig zu rammen versuchten. So erging es auch dem Panzerschiff Ferdinand Max, als es das einzige noch schwimmfähige Boot streichen wollte. Noch während der Arbeit erschien das Panzerschiff Ancona und nahm, mit der unverkennbaren Absicht zu rammen, Kurs gegen Ferdinand Max. Linienschiffskapitän Baron Sterneck, rasch gefaßt, wußte dem gefährlichen Stoß auszuweichen. Die beiden Schiffe glitten so dich aneinander vorbei, daß die Bedienungsmannschaft der Backbordbatterie die Setzer nicht mehr in die Geschützmündungen einführen konnte. Das feindliche Panzerschiff feuerte einige Schüsse ab, deren Rauch in die Stückpforten des Ferdinand Max drang; von Geschoßen war jedoch nichts zu bemerken, und es ist, wie dies auch aus den Angaben des Kapitäns der Ancona mit großer Wahrscheinlichkeit hervorgeht, anzunehmen, daß die Geschütze blind geladen waren. Der italienische Kapitän schreibt ein solches Versehen dem Umstand zu, daß die 40 und 80 pfd sowohl Eisen- als Stahlprojektile feuern, welche verschiedene Pulverladungen bedingen. Da erst im letzten Augenblick die Wahl des Projektils erfolgt, kann es in der Hitze des Gefechts vorkommen, daß man vergißt das Geschoß auf die Ladung zu setzen. Die beiden Gegner trennten sich hierauf ohne weitere Feindseligkeit.

Inzwischen wandte sich Ancona gegen den Re di Portogallo, welchen sie von mehreren österreichischen Schiffen bedroht sah und stieß dabei mit Varese, welche im Gedränge etwas zurückgeblieben war und nun ebenfalls zur Unterstützung des Führerschiffes der Gruppe herbeieilte, zusammen. Beide Schiffe erlitten einige Beschädigungen und gerieten mit ihrem Takelwerk so ineinander, daß eine geraume Zeit verstrich, ehe sie sich losmachen konnten. Re di Portogallo, welchem die Hilfe der beiden Schiffe zugedacht gewesen, war, bald nach seinem Zusammenstoß mit Kaiser, backbord von einigen österreichischen Holzschiffen, steuerbord von 2 Panzerschiffen bedroht und für einige Zeit von den Schiffen seiner Gruppe getrennt, in einer bedenklichen Lage, so daß er sich nur mit der größten Anstrengung seiner Gegner erwehren konnte. Während die Besatzung noch mit der Ausbesserung der beim Zusammenstoß erlittenen Schäden beschäftigt war, wollte es eine österreichische Holz-Fregatte anrennen, um sich Bahn zu brechen, erhielt aber von dieser eine konzentrierte Breitseite, wobei Rumpf und Masten neuerdings beschädigt wurden. Sehließlich gelang es dem wackeren

Kapitän doch noch, sich frei zu machen und mit den Schiffen VA. Vaccas zu vereinigen, der seiner Gruppe mittlerweile das Signal gegeben hatte: „Die Kielwasserlinie, ohne Rücksicht auf den Standort der Schiffe, formieren". Die gleichfalls zur Gruppe Ribottis gehörige Maria Pia war der Varese ebenfalls in der Absicht gefolgt, dem Re di Portogallo Hilfe zu bringen, mußte aber, um den beiden ineinander geratenen Panzerschiffen Ancona und Varese Raum zu geben, in weitem Bogen ausweichen, wodurch so viel Zeit verlorenging, daß die beabsichtigte Unterstützung des Re di Portogallo, der sich mittlerweile selbst Luft gemacht hatte, überflüssig geworden war. Sie wollte dann 2 österreichischen Panzerschiffen, die scheinbar Kurs gegen die italienische Holzschiff-Flotte nahmen, den Weg verlegen, kam aber dabei, da noch 2 andere österreichische Schiffe folgten, hart ins Gedränge. Nun wollte Maria Pia eines der österreichischen Panzerschiffe anrennen, dies jedoch wich rasch nach steuerbord aus, von Maria Pia eine volle Breitseite und Gewehrsalve in dem Augenblick erhaltend, als beide Schiffe ganz nahe bei einander vorbeikamen. Maria Pia nahm hierauf die Richtung gegen die eigenen Panzerschiffe, die sich indessen schon in westlicher Richtung aus dem Gefecht gezogen hatten. Vielleicht war es bei dieser Gelegenheit, daß Maria Pia mit S. Martino zusammenstieß und beide Schiffe Beschädigungen davontrugen.

Hiemit hatte der kurze, aber hartnäckige Kampf der Panzerflotten seinen Abschluß gefunden. Konteradmiral Tegetthoff gab zu dieser Zeit, 12 Uhr 10, das Signal: „Sammeln". Während die österreichischen Panzerschiffe sich zu vereinigen suchten, war ein großer Teil der Holzflotte bereits auf dem Weg nach dem Hafen von Lissa. Dabei wurde das Linienschiff Kaiser, das wegen seiner Havarien aus dem Gefecht ausgeschieden war, von den Holzschiff-Fregatten Friedrich, Schwarzenberg, Radetzky, Adria, Donau und den Kanonenbooten Seehund, Reka, Hum, Wall, Streiter und dem Raddampfer Andreas Hofer begleitet. Während Kaiser bei seiner Fahrt bemüht war, die ausgebrochenen Brände zu löschen, fand sich neuerdings und plötzlich an der Steuerbordseite der österreichischen Holzschiffe der Affondatore ein, der nach dem vergeblichen Rammversuch auf Kaiser einen großen Bogen über Backbord beschreibend, seine Havarien möglichst ausbesserte, und nun längs der Nordküste der Insel steuernd, dem Linienschiff den Weg zu verlegen drohte. Dreimal schien er einen Anlauf zu nehmen, um Kaiser zu rammen. Doch das schwer beschädigte Schiff wehrte sich auf das Tapferste, gab trotz Brand und Havarien Breitseite auf Breitseite ab, und hielt sich den gefährlichen Gegner vom Leib. Kaiser wurde dabei durch die nachfolgenden Holzschiffe, später durch die 2 Panzerfregatten Don Juan und Prinz Eugen auf das Nachhaltigste unterstützt, die den Affondatore mit einem wahren Hagel von Projektilen aller Art überschütteten, unbekümmert um mehrere Panzerschiffe, wie:

Carignano, Castelfidardo, Re di Portogallo, Ancona und Varese, welche, auf das Signal Vaccas sich sammelnd, aus der Entfernung ein wirkungsloses Feuer unterhielten. Nach dem dritten erfolglosen Rammversuch drehte der Affondatore ab und kehrte endlich mit beschädigten Ankern, mehreren Kugeln durch Deck, deren eine im unteren Schiffsraum gezündet hatte, gegen die italienische Holzflotte um. Kaiser sandte ihm noch auf 10 Kabel den letzten Schuß nach. In diesem Gefecht erhielt die Panzerfregatte Don Juan mehrere Treffer durch die 300pfd. Geschoße des Affondatore. Die anderen österreichischen Holzschiffe nahmen, nachdem der Affondatore sich entfernt hatte, unter Führung des Schwarzenberg, wieder den Kurs in nördlicher Richtung, um sich mit der Panzerdivision zu vereinigen, die aber mittlerweile auf das Signal „Sammeln" und „dem Kommandierenden im Kielwasser folgen" herbeeilte, und der nordwärts steuernden Holzflotte auf halbem Weg entgegenkam. Nachdem auf diese Weise die Vereinigung der ganzen Flotte gelungen war, ließ Konter-Amiral Tegetthoff, um möglichst schnell die Ordnung herzustellen, zunächst 3 Kolonnen in Kielwasserlinie mit nordöstlichem Kurs formieren, die Panzerschiffe zunächst dem Feind.

Admiral Persano eilte zu diesem Teil seiner Streitmacht, der eben beschäftigt war, längs der Nordwestküste von Lissa einen Kontremarsch auszuführen, um ihn zur Teilnahme am Kampfe zu bestimmen. Vizeadmiral Albini behauptete nachher, während der Schlacht dreimal versucht zu haben sich dem Kampfplatz zu nähern, aber jedesmal durch österreichische Panzerschiffe daran gehindert worden zu sein. Tatsache ist, daß Albinis ganze Flotte, darunter auch das Panzerschiff Terribile, mit ihren 400 Kanonen während des ganzen Kampfes sozusagen nur ein müßiger Zuschauer geblieben war.

Die passive Haltung Albinis war Persano unverständlich, denn die österreichische Holzschiff-Flotte nahm sehr wohl an den Kämpfen teil. Vergeblich waren seine Signale: „Geht dem Feind auf den Leib" und „umfaßt die feindliche Arrieregarde", womit er jene österreichischen Panzerschiffe meinte, die das letzte Engagement mit Maria Pia gehabt hatten. Persano war besorgt, daß seine Signale nicht verstanden worden seien und lief mit diesem am Topp die ganze Linie der bereits nordwestlich der Insel Lissa vereinigten Flotte ab, doch der wichtigste Moment war versäumt, denn die kaiserliche Flotte stand bereits in Formation. Der brennende Palestro allerdings, den Tegetthoff einholen wollte, war bereits zu weit entfernt.

Die italienische Flotte wechselte nun einigemale den Kurs. Es fielen von beiden Seiten noch einige Schüsse, aber die Entfernung der beiden Geschwader nahm immer mehr zu. Einmal schien es, als wollte der Feind, das Admiralschiff an der Spitze, neuerdings einen Angriff unternehmen. Es dürfte dies jene Bewegung gewesen sein, die auf die Signale Persanos: „Auf kurze Distanz kämpfen" und „der Admiral erinnert die Flotte, daß das Schiff, das nicht kämpft, nicht auf seinem Posten ist" von einigen Schiffen erfolgte. Doch mußte Persano endlich jeden Gedanken, den Kampf zu erneuern, aufgeben. Er erfuhr mittlerweile, daß der Re d'Italia untergegangen, sah den Palestro in der bedenklichsten Lage und S. Martino gab das Signal, daß er wegen Havarien seinen Posten nicht mehr behaupten könne. Die italienische Flotte nahm nun Kurs gegen den Kanal zwischen Lissa und Busi, und die Feindseligkeiten erreichten damit faktisch ihr Ende. Während die österreichische Flotte in voller Gefechtsordnung auf dem Schlachtfeld stand, hielt sich die italienische Flotte westlich der Insel Lissa. Eine Verfolgung des retirierenden Feindes konnte nicht in der Absicht Tegetthoffs liegen, denn ein Fernkampf war zu riskant, weil der Feind noch immer über viele intakte Schiffe verfügte, und es wäre verwegen gewesen, den errungenen Erfolg aufs Spiel zu setzen. Da alles darauf hindeutete, daß auch der Feind an eine Wiedereröffnung des Kampfes, an diesem Tag nicht denke, ließ Tegetthoff seine drei Divisionen nach und nach in den Hafen von S. Giorgio einlaufen. Als die Division der Kanonenboote auf dem Weg war, hörte man eine heftige Detonation und sah in der Richtung der feindlichen Flotte den Palestro in die Luft gehen. Der Kommandant dieses feindlichen Schiffes, Fregattenkapitän Capellini, dem von den begleitenden Schiffen Governole und Indipendenza, sowie von CA. Vacca das Angebot gemacht wurde, die Besatzung des Palestro in Sicherheit zu bringen und ihm hiezu einige Boote entgegensandte, hielt es für eine Ehrensache, trotz der immer größer werdenden Gefahr für seine Person das Schiff nicht zu verlassen und weigerte sich, das Angebot anzunehmen, indem er ausrief: „Wer gehen mag, gehe - ich bleibe." Dem Beispiel ihres todesmutigen Kommandanten folgend, verblieb die ganze Besatzung auf dem Schiff. Nur die Kranken und Verwundeten wurden auf den Governoto überschifft, dann begab sich jeder auf seinen Posten und es wurde alles in Bewegung gesetzt, um das Schiff vielleicht doch noch retten zu können. Schon war es gelungen, die Pulverkammer unter Wasser zu setzen, und schien von dieser Seite die Gefahr beseitigt, da näherte sich das trotz aller Bemühungen immer mehr überhandnehmende Feuer einem Verschlag, in welchem bei Beginn des Kampfes Granaten deponiert worden waren und zündete dort. Hierauf schlugen sogleich die Flammen von beiden Flanken lichterloh empor und unter einer furchtbaren Detonation flogen Schiffstrümmer und verstümmelte Leichen in die Höhe, um einen Augenblick darauf in den Wellen zu verschwinden.

Es war 2 Uhr 30 nachmittags, als angesichts der beiden Flotten dieser Schlußakt der Seeschlacht sich vollzog, der letzte schwere Verlust für die italienische Flotte und eine Bürgschaft mehr für den entscheidenden Sieg ihrer Gegner.

Die Havarien an den österreichischen Schiffen waren nicht bedeutend; ausgenommen das Linienschiff Kaiser, dessen Abräumung und Ausbesserung 24 Stunden in Anspruch nahm, war die ganze Flotte vollkommen kampffähig geblieben. Von der italienischen Flotte waren Re d'Italia und Palestro gesunken, S. Martino war in der Seeschlacht und Formidabile schon tags vorher kampfunfähig geworden, alle übrigen Panzerschiffe hatten mehr oder weniger erhebliche Beschädigungen erlitten, jene des Re di Portogallo waren schwer. Nur das Panzerschiff Terribile und die ansehnliche Holzflotte waren unversehrt geblieben. Betrugen die österreichischen Verluste insgesammt 18 Offiziere und 158 Mann an Toten und Verwundeten, so waren die Verluste der Italiener durch den Untergang zweier Schiffe bedeutend größer. Die italienische Flotte hat, nachdem sie am Nachmittag des 20. Juli noch hin und her gekreuzt, um 10 Uhr 30 abends die Gewässer der Insel verlassen und Kurs auf Ancona genommen, wo sie am Morgen des 21. einlief.

Um 2 Uhr Nachmittags kam der Lloyd-Dampfer Venezia von Zara mit dem Telegramm Seiner Majestät des Kaisers, welches den Offizieren und Mannschaften der Flotte den Allerhöchsten Dank aussprach und Tegetthoff zum Vize-Admiral ernannte. Ein tausendstimmiges Hurra erscholl auf allen Schiffen der kaiserlichen Eskader, welcher diese schnelle und huldvolle Anerkennung durch Hissen der Admiralsflagge am Vortopp bekannt gegeben wurde.

Gegen Sonnenuntergang wurden die Gefallenen unter dem Donner der Kanonen zu Grabe getragen, die Schwerverwundeten auf den Dampfer Venezia eingeschifft und dann nach Spalatto und Zara gebracht. Das Linienschiff war bis zum Abend des 21. ebenfalls instand gesetzt worden, ebenso die Forts auf der Insel. Abends um 8 Uhr 50 ging die kaiserliche Flotte mit Ausnahme der Schraubenschooner Narenta und Kerka, die zur Disposition des Inselkommandanten zurückblieben, in der gewohnten Formation, mit Kurs N N W in See und ankerte am 22. Juli abends auf der Reede von Fasana, vollzählig, wie sie vor drei Tagen ausgelaufen war.

Die Seeschlacht bei Lissa fiel in eine Zeit, als mit Preußen bereits Friedenspräliminarverhandlungen stattfanden. Es folgten ihr zwei Tage später im Norden nur noch das Treffen bei Blumenau am 22. Juli, welches aber durch die vereinbarte Waffenruhe unterbrochen wurde, und auf dem südlichen Kriegsschauplatz (in Tirol) die Gefechte in den Judicarien, im Val di Ledro am 21. Juli und in der Val Sugana vom 22.-25. Juli, worauf auch da eine wiederholt verlängerte Waffenruhe eintrat. Die kaiserliche Flotte nützte diese Frist für notwendige Reparaturen.

Als in Folge der Verzögerung der italienischen Regierung bei den Verhandlungen, die Wiederaufnahme der Feindseligkeiten unausweichlich schien und Erzherzog Albrecht der Flotte dabei die Ausführung einer Demonstration zuwies, meldete Vize-Admiral von Tegetthoff am 10. August, daß die Flotte zu jeder Unternehmung gerüstet sei. In der Tat setzte sie sich am 11. August um 5 Uhr morgens in Bewegung und ging abends um 5 Uhr 30 teils auf der Reede von Triest, teils in der Bucht von Muggia vor Anker. Doch es kam zu keinen Feindseligkeiten mehr, da die italienische Armee sich vor der kaiserlichen zurückzog und mit dieser einen vierwöchigen Waffen-stillstand vereinbarte. Damit fand auch die Tätigkeit der österreichischen Adria-Flotte ihren Abschluß, nachdem sie unter schwierigsten Verhältnissen die Küsten des Kaiserstaates geschützt und den Feind zurückgeworfen hatte.

Anmerkung: Der „Rammsporn" war ein kräftiger, am Bug eines Kriegs-schiffes unter der Wasserlinie vorspringender Sporn, um ein feindliches Schiff „rammen" das heißt dessen Außenhaut durchstoßen zu können. Diese „Rammtaktik" wurde, wir wir gesehen haben, in der Seeschlacht bei Lissa erfolgreich angewendet.

Der Friede mit Preußen und Italien –
Die Folgen des Krieges für Österreich
und die entthronten Souveräne Deutschlands

Noch vor Ablauf des fünftägigen Waffenstillstandes kam am 26. Juli der Abschluß des Präliminarfriedens von Nikolsburg zustande. Seine Hauptbestimmungen waren:

1. Österreich anerkennt die Auflösung des Deutschen Bundes.

2. Österreich gibt den von Preußen in Norddeutschland beabsichtigten Gebietsveränderungen im voraus seine Zustimmung.

3. Österreich erklärt sich mit der Neugestaltung Deutschlands ohne seine Mitwirkung einverstanden.

4. Österreich überträgt seine Rechte auf Schleswig-Holstein an Preußen.

5. Österreich verpflichtet sich zur Zahlung einer Kriegsentschädigung von 20 Millionen Talern.

Dieser Prälimarfrieden (Vorfrieden) der bei (der nach) der Einstellung der Feindseligkeiten die Grundlage des späteren endgültigen Friedens zwischen Österreich und Preußen, der am 23. August 1866 in Prag unterzeichnet wurde, verbindlich festlegte, beendete den „deutschen Bruderkrieg" und hatte schwerwiegende Folgen für Österreich.

An der Südfront war am 24. Juli ein Waffenstillstand auf 8 Tage, der am 25. um 5 Uhr früh beginnen sollte, geschlossen. Der mit 2. August begrenzte Waffenstillstand wurde aber bis 10. August verlängert und mit 11. August sollte die italienische Armee Südtirol räumen. Dies geschah und mit 15. August beann ein weiterer vierwöchiger Waffenstillstand, dem am 3. Oktober 1866 der Friede von Wien zwischen Italien und Österreich folgte. Östrereich anerkannte das Königreich Italien und trat Venetien an König Viktor Emanuel ab. Dazu hatte sich Österreich bereits im Prager Frieden Preußen gegenüber verpflichtet, während Kaiser Napoleon III. schon früher die Erklärung abgegeben hatte, daß er die Abtretung Venetiens an ihn nur deshalb angenommen habe, um es nach Friedensschluß an Italien herauszugeben.

Der Artikel IV des Prager Friedensvertrages zwischen Österreich und Preußen lautete: „Seine Majestät der Kaiser von Österreich anerkennt die Auflösung des bisherigen Deutschen Bundes an und gibt seine Zustimmung zu einer neuen Gestaltung Deutschlands ohne Beteiligung des österreichischen Kaiserstaates. Ebenso verspricht Seine Majestät, das engere Bundesverhältnis anzuerkennen, welches Seine Majestät der König von Preußen nördlich von der Linie des Mains begründen wird, und erklärt sich damit einverstanden, daß die südlich dieser Linie gelegenen deutschen Staaten in einen Verein zusammentreten, dessen nationale Verbindung mit dem Norddeutschen Bunde der näheren Verständigung zwischen beiden vorbehalten bleibt und der eine internationale unabhängige Existenz haben wird".

Bei den Präliminarien im Schloß Nikolsburg (Mähren) hatte Graf Bismarck ebensogroße Mühe, König Wilhelm I. zur Mäßigung zu bewegen, wie vor dem Krieg zum Bruch mit seinem kaiserlichen Herrn Bruder. Der Preußenkönig war sehr verärgert, daß er mit seinen siegreichen Truppen nicht in Wien einziehen, Kaiser Franz Joseph demütigen und weder Gebietsansprüche an Österreich noch an Sachsen stellen sollte. Wilhelms Generäle warfen Bismarck vor, ihren Sieg zu verschenken. Das war von den preußischen Generälen voreilig gedacht, denn bei Wien war abermals eine starke österreichische Armee in befestigten Stellungen voll kampfbereit und erst eine Schlacht um Wien hätte die letzte Entscheidung gebracht. Hätte Napoleon III. jetzt, wo alle Truppen Preußens vor Wien versammelt waren, in die Kämpfe eingegriffen, hätte er Deutschland kampflos besetzen können. Die österreichische Armee war zwar bei Sadowa geschlagen worden, aber besiegt war sie noch lange nicht! Da dachte Bismarck wohl weiter als sein König. Als aber Kaiser Napoleon III. für seine Neutralität im „deutschen Bruderkrieg" alle 1815 an Preußen abgetretenen Gebietsteile Frankreichs, den Austritt Luxemburgs aus dem Deutschen Bund und den Verzicht Preußens auf das Besetzungsrecht in der Feste Luxemburg forderte, lehnte Graf Bismarck glatt ab, so daß Napoleon, der in der Erwartung dieses Gebietszuwachses Viktor Emanuel Venetien überlassen hatte, für sein Stillesitzen leer ausging. Graf Bismarck, der mit einer sofortigen Kriegserklärung Frankreichs rechnen mußte und wußte, daß Erzherzog Albrecht, der neue Befehlshaber aller österreichischen Streitkräfte, während der praktisch fünfwöchigen Waffenruhe die kaiserliche Armee umgruppiert und diese wieder kampfbereit gemacht hatte, düpierte Kaiser Napoleon damit, daß er auf die zu Beginn des Waffenstillstandes beabsichtigte Demütigung Kaiser Franz Josephs verzichtet und damit auch einer Einmischung Frankreichs zuvorgekommen war. Bismarck hatte ja seine Ziele erreicht: Der Deutsche Bund, in dem Österreich den Ton angab, war zerstört, Österreich aus Deutschland hinausgedrängt und nördlich des Mains wurden Schleswig und Holstein, das Königreich Hannover, das Großherzogtum Kurhessen, Nassau und die Stadt Frankfurt, der bisherige Sitz des Deutschen Bundes, von Preußen annektiert, das heißt, Preußen gewaltsam einverleibt. Der Norddeutsche Bund, dem auch das Königreich Sachsen beitreten mußte, wurde gegründet und Preußen nötigte den restlichen süddeutschen Staaten geheime Schutz- und Trutzbündnisse auf, die die süddeutschen Staaten im Falle eines Krieges mit Frankreich dazu verpflichteten, ihre Truppen mobilzumachen und dem preußischen Oberkommando zu unterstellen. Eine so laxe Verpflichtung, wie Österreich sie mit diesen Staaten eingegangen war, schloß Bismarck daher von vornherein aus.

Bismarck ging, um sein Vorhaben, den Krieg mit Österreich, abzusichern, nicht nur soweit, die Habsburger um ihre jahrhunderte alte Machtstellung, die sie als deutsche Kaiser in Italien hatten, zu bringen, sondern sogar soweit, aus Kriegsgefangenen eine ungarische Legion zu bilden und den Tschechen und Kroaten die Befreiung vom habsburgischen Joch in Aussicht zu stellen, um diese zu einer Revolution gegen das Haus Österreich zu bewegen und den Hohenzollern zu dienen. Die Annexion des Königreiches Hannover und des Großherzogtums Kurhessen und die damit einhergehende Vertreibung der Dynastien dieser Länder durch Preußen wurden aber auch von Zar Alexander schärfstens verurteilt, wodurch eine russische Intervention durchaus im Bereich des Möglichen lag, denn der Landraub König Wilhelms von Preußen und seines Ministerpräsidenten Bismarck empörte Europa. König Georg V. von Hannover (jüngere Linie des Hauses Welf) und Kurfürst Friedrich Wilhelm von Hessen (Haus Brabant) wurden des Landes verwiesen, ebenso wie der Erbprinz Friedrich von Augustenburg, der Herzog von Schleswig-Holstein, der verbannt wurde.

Das Telegramm, mit dem Graf Bismarck Zar Alexander II. antwortete, lautete: „Pression des Auslandes wird uns zur Proklamation der Reichsverfassung von 1849 und zu wirklich revolutionären Maßnahmen treiben. Soll Revolution sein, so werden wir sie lieber machen als erleiden." Diese Drohung Bismarcks, die den Zar kaum beeindruckt haben dürfte, war eher als ebenso unernst einzustufen wie die angenommene Pression des Auslandes, die, hätten sich Rußland, Frankreich und Österreich verbündet, sehr wohl dazu geeignet gewesen wären, Bismarcks Unverschämtheiten wirksam zu begegnen und den preußischen Größenwahn in Schranken zu verweisen.

Franz Joseph, der Kaiser von Österreich war, selber militärisch geschlagen, nicht in der Lage, allein den Landraub der Preußen zu verhindern und seinen Verbündeten, die auf ihn gehofft hatten, Länder und Kronen zu erhalten. Die Okkupation, die Besetzung fremder Gebiete (Hannover, Kurhessen, Schleswig-Holstein usw.) durch preußische Truppen, die die Auslöschung dieser deutschen Fürstentümer zum Ziel hatte, um „Preußens schmalen Leib" zu vergrößern, war eine Usurpation, eine widerrechtliche Inbesitznahme durch den Usurpator König Wilhelm, die diesem recht übel anstand und andererseits die Grundlage für spätere Aktivitäten Preußens. In der Außenpolitik hatte Franz Joseph versucht, die Vorherrschaft Österreichs in Italien und Deutschland wieder herzustellen. Wie wir schon aus der Olmützer Punktation gesehen haben, war es ihm gelungen, damals, mit Hilfe Rußlands, die preußischen Hegemonieansprüche zurückzuweisen. Aber das gute Verhältnis zu Rußland zerstörte Franz Joseph durch seine schwankende Politik im Krimkrieg. Aber noch gab Franz Joseph seine Hoffnung nicht auf, die deutsche Kaiserkrone dem Hause Habsburg zurückgewinnen zu können, denn der „Norddeutsche Bund" war kein „Reich", wenn auch ein Vertreter Preußens als „Bundeskanzler" die Geschäfte des Rates dieses Bundes koordinierte. Dieser Kanzler, der die Politik des Bundes im „Reichstag" (einer gewählten Körperschaft) zu vertreten hatte, konnte natürlich nur Bismarck selber sein. Preußen sollte aber nicht, wie Piemont in Italien, im Norddeutschen Bund aufgehen, sondern dieser in Preußen. König Wilhelm I. war der „Präsident" dieses Norddeutschen Bundes und doch zugleich auch der halbabsolute Herrscher Preußens, der mit seiner imposanten Armee allein zu bestimmen hatte, was geschehen sollte. Offiziell war dieser Bund am 17. April 1867 gegründet worden und kraft des Prager Friedens war acht Millionen Deutschen unmißverständlich klar gemacht worden, daß sie im ins Auge gefaßten Reich unerwünscht seien.

Italien hatte im Krieg zwar wenig Glück gehabt, aber dennoch österreichische Armeen im Süden gebunden und damit den Sieg der Preußen bei Sadova (Chlum) erst wirklich möglich gemacht und somit seine Beute, Venetien, verdient. Österreich war zwar bei Sadova wieder, wie 1859, geschlagen worden, hatte abermals eine Provinz verloren und war dennoch nicht zerschmettert worden, denn seine reorganisierte Armee stand weiter, Gewehr bei Fuß, bereit, jeder neuen Aggression entgegenzutreten.

Kaiser Franz Joseph, der mit Österreich die führende Macht im Deutschen Bund gewesen, war der Schutzwall für die souveränen deutschen Regierungen gegen eine Vergewaltigung derselben durch Preußen; auf diese Rolle mußte er nun verzichten. Er, der Kaiser von Österreich, der immer die großdeutsche Lösung vertreten hatte, mußte nun zusehen, wie Preußen seine kleindeutsche Lösung durchsetzte. Die gewaltsame Einverleibung souveräner deutscher Staaten in „Preußens schmalen Leib", war keine „kleine Usurpation", wie heute noch deutsche Historiker glauben machen wollen, sondern beabsichtigter Landraub in großem Stil, der den restlichen süddeutschen Staaten in der Folge gar keine andere Wahl ließ, als sich Preußen unterzuordnen. Sie hatten keine politische Bedeutung mehr, weil Österreich sie nicht mehr schützte. Darüberhinaus waren sie durch den deutschen Zollverein an Preußen gekettet. Der Krieg zwischen Österreich und Preußen war kein „sportlicher Ausscheidungskampf", sondern kalte Großmachtpolitik, der blutigste Krieg, in dem Deutsche gegen Deutsche in Waffen standen, heraufbeschworen durch den arroganten preußischen Junker Otto Graf Bismarck, der, den möglichen Krieg mit Frankreich einkalkulierend, die süddeutschen Staaten für die Teilnahme am Krieg an der Seite Österreichs „großzügig begnadigte" und sie nur eine Geldbuße an Preußen zahlen ließ, um sie in einem wahrscheinlich werdenden Krieg mit Frankreich an Preußens Seite zu bringen.

Der Privatmann gewordene Oheim Franz Josephs, Kaiser Ferdinand, den man den Gütigen nannte, sagte zur Niederlage von Königgrätz und die bitteren Folgen, die diese für Österreich mit sich brachte, trocken: „Na, so gut hätt' i's a troffen."

Feldzeugmeister Ludwig, Ritter von Benedek, der glücklose Feldherr der Nordarmee, war seines Kommandos enthoben und vom Dienst suspendiert worden. Er sollte, wegen der strategischen Fehler vor das Kriegsgericht gestellt werden, aber die kaiserliche Regierung entschied dann doch anders: Man ersparte dem zum Sündenbock gemachten Feldherrn zwar den Prozeß, stellte ihn dafür aber als Esel hin. In der amtlichen Wiener Zeitung wurde die Begründung, warum Kaiser Franz Joseph im Falle Benedeks Gnade für Recht ergehen ließ abgedruckt. Sie lautete: „Es gibt kein Gesetzbuch, das den Mangel höchster geistiger Begabung straffällig erklärt."

König Wilhelms Truppen hatten das Gebiet der österreichischen Monarchie geräumt und waren nach Preußen zurückgekehrt. Österreich aber war immer noch der zweitgrößte Staat Europas und eine Großmacht. Franz Joseph aber mußte sich jetzt um das Verhältnis seiner Völker zueinander kümmern.

Nachdem am 3. Oktober 1866 im Frieden von Wien auch mit Italien Frieden geschlossen worden war, trat Graf Mensdorff-Pouilly, der österreichische Außenminister, der die Friedensverträge mit Preußen und Italien mitgestaltet hatte, am 30. Oktober von seinem Amt zurück und Freiherr Ferdinand von Beust, der früher in sächsischen Diensten gestanden hatte, wurde Nachfolger von Mennsdorff-Pouilly. Beust war ein heftiger Widersacher Graf Bismarcks und schon deswegen am Wiener Hof willkommen. Graf Mensdorff, der eine sehr gute Außenpolitik gemacht hatte, wurde vom Kaiser zum Statthalter von Böhmen ernannt.

Der verlorene Krieg des Jahres 1866 übte auf die inneren Verhältnisse Österreichs eine nachhaltige Wirkung aus. Es war nicht mehr möglich, ohne Herstellung geordneter verfassungsmäßiger Zustände die auseinanderstrebenden Kräfte des Vielvölkerstaates zusammenzuhalten. Ministerpräsident Belcredi löste zunächst am 2. Jänner 1867 den Reichsrat, in dem die Deutschnationalen die Mehrheit hatten, auf und schrieb für den 25. Februar Neuwahlen zu einem außerordentlichen Reichsrat aus. Belcredi hoffte, mit der Neuwahl die Mehrheit der Deutschnationalen brechen zu können. Da sich diese aber weigerten, an der Wahl teilzunehmen, mußte Belcredi demissionieren. Der seit 30. Oktober des Vorjahres im Amte befindliche Außenminister von Beust wurde jetzt auch, als Belcredis Nachfolger, Ministerpräsident und blieb auch Außenminister. Freiherr von Beust konnte in diesen beiden Funktionen einen nachhaltigen Einfluß auf die weitere Politik des Kaiserstaates nehmen. Innenminister war Graf Taaffe, ein Vertrauensmann des Kaisers, Finanzminister war Becke und Kriegsminister wurde GM. John, der Stabs-Chef Erzherzogs Albrecht bei der Südarmee. Freiherr von Beust, der bisher in sächsischen Diensten gestanden hatte, war, nachdem Sachsen dem Norddeutschen Bund hatte beitreten müssen, als energischer Gegner Bismarcks dort nicht mehr tragbar und war daher nach Österreich gegangen, hatte er doch Sachsen im Krieg an Österreichs Seite geführt.

Am Hof Kaiser Napoleons III. aber begann man langsam zu begreifen, daß der preußische Sieg über Österreich bei Sadowa (Chlum) auch eine Niederlage Frankreichs war. Hatte Graf Bismarck, Napoleon vor dem Krieg, ohne sich auf Präzisierungen einzulassen, auf einen Landzuwachs Hoffnungen gemacht, so wußte Bismarck jetzt, nach den erfolglosen Vermittlungsversuchen Napoleons und dem Sieg bei Sadova von diesem Versprechen nichts mehr. Napoleon und seinen Ministern wurde klar, daß sie der Preuße düpiert hatte und sie mußten sich eingestehen, nicht gerade klug gespielt zu haben. Als aber auch die französische öffentliche Meinung dies so kommentierte, wuchs der Unmut in den Tuilerien über die preußische Unverschämtheit, die man für eine Beleidigung, ja eine Verhöhnung Frankreichs auslegte. Noch aber war es nicht so weit, daß es zum Krieg mit Preußen kam, denn Napoleon litt schwer an Gallnsteinen und sein Heer war waffentechnisch nicht auf der Höhe. Nun schritt man unter dem Präsidium des Marschalls Niel zu einer Heeresreform. Eine Anleihe von 429 Millionen Franks ermöglichte die Einführung des neuen Chassepot-Gewehrs, das dem preußischen Zündnadelgewehr noch überlegen war. Zum Einsatz kam es vor allem im deutsch-französischen Krieg von 1870/71. Marschall Niel führte eine fünfjährige Dienstzeit ein, nach der die Soldaten weitere vier Jahre der Reserve und fünf Jahre der Mobilgarde angehörten. Napoleons Verhandlungen wurden aufgenommen aber nur schleppend geführt. Österreich und Italien wollten Napoleon in einem Krieg gegen Preußen beispringen, wenn seine Heere bei Nürnberg stünden.

Das Schicksal der entthronten Souveräne Deutschlands war hart.

König Georg V. von Hannover, seit 1833 erblindet, und seine Familie lebten nach ihrer Vertreibung in Wien, Gmunden und Paris,wo der König am 12. Juni 1878 in der französischen Hauptstadt starb. Der „Welfenfonds" von rund 48 Millionen Mark, wurde von der preußischen Regierung, auf Vorschlag-Bismarcks, 1868 aus dem beschlagnahmten Privatvermögen des blinden Königs gebildet. Die Beschlagnahme erfolgte, weil König Georg V. im österreichischen Exil eine „Welfenlegion", an deren Spitze der Kronprinz stand, aufgestellt hatte. Die „Welfenlegion" sollte der Kader einer künftigen hannoveranischen Armee sein, die an der Seite österreichischer Heere, im Falle eines weiteren Krieges zwischen Österreich-Ungarn und Preußen, kämpfen und das zur Provinz abgewertete Königreich Hannover von der preußischen Fremdherrschaft befreien sollte. Die Hoffnungen König Georgs gründeten in der Politik des österreichisch-ungarischen Außemimisters Graf Beust, die „Revanche für Sadowa" hieß und zu einem gemeinsamen Krieg Österreich-Ungarns und Frankreichs gegen Preußen führen sollte.

Hatten sich König Wilhelm I. von Preußen und sein Ministerpräsident Bismarck nicht gescheut, dem besiegten und blinden Welfenkönig Land und Krone zu rauben, so verwendete Bismarck nun einen Tell der Zinsen des „Welfenfonds" zur Bekämpfung der preußenfeindlichen Bestrebungen König Georgs, der erbittert um sein ihm geraubte Königreich rang. Der „Welfenfonds" wurde von Bismarck kaltschnäuzig als „Reptilienfonds" bezeichnet. Aber wer waren die „Reptilien?" Waren dies nicht eher die Land- und Kronenräuber Wilhelm I. und Bismarck, oder die um Land und Krone beraubten Welfen Georg V. und dessen Sohn Ernst August? Wer schnappte denn, wie ein gefräßiges Krokodil, nach Beute? Schon vier Jahre später schien der Traum König Georgs Wirklichkeit werden zu wollen, als der preußisch-französische Krieg bevorstand…

Ernst August, Herzog von Cumberland und zu Braunschweig-Lüneburg, einziger Sohn des König Georg V. von Hannover, * Hannover 21.9.1845, + Gmunden 14.11.1923, hielt auch nach der Annexion Hannovers durch Preußen (1866) an seinen Thronrechten und seinem Titel fest. Die Erbfolge im Herzogtum Braunschweig anzutreten (1884), scheiterte am Einspruch des Bundesrats auf Ablehnung Bismarcks vom 2.7.1885, dem der braunschweigische Landtag, in dem Bismarcks Leute saßen, beipflichtete. Erst sein Sohn, der ebenfalls Ernst August hieß, trat 1913 als Schwiegersohn Kaiser Wilhelms II., er hatte in diesem Jahr Viktoria Luise, die einzige Tochter des Kaisers geheiratet, die Regierung in Braunschweig an, ohne seinen Verzicht auf Hannover auszusprechen und regierte bis 1918. Aber schon 1892 wurde die Beschlagnahme des Vermögens der Welfen von Kaiser Wilhelm II. aufgehoben und den Erben des Königs Georg der Zinsgenuß des in eine preußische Staatsschuld umgewandelten Kapitals zugestanden. Das war aber erst möglich geworden, weil der Kaiser 1890 Bismarck sehr ungnädig entlassen, man könnte auch sagen „gefeuert" hatte.

Ebenso schlimm erging es Friedrich Wilhelm I., Kurfürst von Hessen-Kassel, der im Krieg von 1866 ebenfalls auf der Seite Franz Josephs I. gestanden hatte. Der Kurfürst wurde vom Preußenkönig, auf Betreiben Bismarcks, abgesetzt und das Großherzogtum Hessen-Kassel Preußen einverleibt. Kurfürst Friedrich Wilhelm wurde als Gefangener nach Stettin gebracht, und erst als er - nach der Niederlage Österreichs bei Königgrätz - seine Untertanen vom Treueid entband, aus der Haft entlassen. Der Kurfürst lebte bis zu seinem Tod im österreichischen Exil auf seinem Gut Horowitz (bei Prag) und in Prag. Die Benützung seiner Schlösser in der Provinz Hanau wurde ihm, der sich stets feindselig gegen Preußen verhielt, nicht gestattet. Der um Land und Thron beraubte Kurfürst war zu stolz, um sich dem einstigen „Kartätschenprinz" und seinem arroganten preußischen Junker Bismarck anzubiedern.

Auch Erbprinz Friedrich von Augustenburg erreichte als Friedrich VIII. von Schleswig, daß er vor 1864 vom größten Teil der Schleswig-Holsteiner als Landesfürst anerkannt wurde. Seine Ansprüche auf die „Elbherzogtümer" wurden durch das Eingreifen Preußens und Österreichs 1864 und die Ereignisse von 1866, die zur Einverleibung der Herzogtümer in Preußen führten,endgültig aufgehoben. Kaiser Franz Joseph mußte dies im Prager Frieden vom 23. August 1866 zur Kenntnis nehmen und das augustenburgische Haus mußte, gegen eine Entschädigung, auf die „Elbherzogtümer" verzichten. Die Einverleibung dieser Herzogtümer in das Königreich-Preußen erfolgte am 24. Januar 1867 durch die preußische Regierung.

Wohnsitz der Familie wurde, nachdem Herzog-Friedrich im Krieg von 1866 die kaiserliche Reiterei befehligt hatte, die Herrschaft Primkenau im österreichischen Schlesien.

Kaiser Franz Joseph hatte keinem der entthronten Souveräne zu seinem Recht verhelfen können und die anderen deutschen Fürsten, auf die Franz Joseph glaubte zählen zu dürfen,führten, wie wir gesehen haben, einen sehr laxen Krieg gegen Preußen, hatten König Georg im Stich gelassen als er bei Langensalza seine Würde verteidigte und krochen, von zahlenmäßig weit unterlegenen preußischen Truppen geschlagen, König Wilhelm I. und seinem „Kanzler" zu Kreuz.

Pius IX. im Kampf um den Kirchenstaat

Die Ereignisse in Italien im Jahr 1866 trugen sehr dazu bei, auch die Macht des Papstes Pius IX. zu schwächen, ebenso wie das Inkrafttreten der Verfassung in Österreich, durch deren Grundrechte die Macht des Konkordats wesentlich eingeschränkt wurde. Schon vor dem Krieg, 1859, hatten sich die Provinzen Parma, Modena und Florenz dem Königreich Piemont-Sardinien angeschlossen, ebenso wie die Bevölkerung der Romagna, die nicht mehr unter dem weltlichen Regiment des Heiligen Stuhls hatte leben wollen. Pius IX., der schon damals gegen die Losreißung der Romagna protestierte, hielt in einem geheimen Konsistorium eine Allokution (Rede), in der er die Ereignisse zum Nachteil der kirchlichen Rechte beklagte und erklärt hatte, das alles, durch seine aufständischen Untertanen Geschehene null und nichtig sei und fügte hinzu, daß diejenigen, die sich an diesen Bewegungen beteiligten, dem Strafgericht der Kirche anheimfallen sollen. Die geistlichen Hilfstruppen der päpstlichen Gewalt säumten in den darauffolgenden Jahren nicht, von der Kanzel herab Pius IX. beizustehen. Aber ein allgemeiner durchgreifender Erfolg scheiterte sowohl an der Wahl der Mittel, als an dem unter den Phrasen von „gefährdeter Religion und Seelenheil" nur schlecht verborgenem Streben, die weltliche Macht des Papsttums und die Schätze der toten Hand zu mehren. Während außerhalb Roms ein Spendenaufruf dem anderen folgte, seufzte in Rom die Bevölkerung unter allen Mängeln, man möchte sagen, Schrecknissen eines Priesterregiments, das sich überlebt hatte und sehnte die Stunde herbei, in der die Ringmauer stürzen würde, welche die ewige Stadt vom einigen Italien trennte, denn die Menschen ahnten, daß mit dem Fall der Mauer Rom zu neuer Macht und Größe gelangen werde. Piemont war der Träger einer großen Idee, die sich der Gemüter bemächtigte, der Idee der Einheit Italiens. In den früheren Jahrhunderten schienen die Päpste selbst dazu bestimmt zu sein, sie zu realisieren; im neunzehnten, eben unter Pius IX., war der päpstliche Stuhl versucht gewesen, das Banner der Einheit zu erheben. Jetzt kehrte der mächtige Gedanke seine Spitze gegen Rom. Indem auch Parma, Modena und die Toskana sich von ihren Dynastien, habsburgischen und bourbonischen, losgerissen hatten und die Franzosen die eroberte Lombardei Viktor Emanuel überließen, gewann die italienische Idee in dieser Macht Körper und Zukunft. Die französische Staatsgewalt richtete, hiermit einverstanden, die Aufforderung an Pius IX., die Autonomie der abgefallenen Provinzen anzuerkennen und in den übrigen Provinzen die schon beschlossenen Reformen einzuführen. Dafür würden ihn die katholischen Mächte mit Geld und Truppen unterstützen, damit er, der Papst, im Besitz derselben verbleiben könne. Pius IX. wies dies alles von sich: denn die Garantie eines Teiles seiner Gebiete annehmen, würde ein Aufgeben der losgerissenen in sich schließen, wozu er nimmermehr seine Einwilligung geben werde. Pius IX. meinte sogar, durch eigene Bewaffnung sich noch selbst helfen zu können. Nach 1860 hatte der Abfall von Rom auch die Marken und Umbrien ergriffen, um sich dem vereinten Italien zuzuwenden. Die zur Erhaltung der päpstlichen Ideen zusammengebrachte Truppe vormochte nichts dagegen auszurichten. Die päpstlichen Regimenter versagten ihren militärischen Dienst, sobald sie der Piemontesen ansichtig wurden. Überall wo man freie Hand hatte, pflanzte man die Trikolore auf und forderte ebenfalls Annexion. Nur die Hauptstadt wurde durch französische Okkupationstruppen noch gesichert. Als aber Viktor Emanuel, der König von Piemont-Sardinien den Titel eines Königs von Italien annahm, pochte Graf Cavour, sein leitender Minister, darauf, daß das neue Königreich Italien nur dann als begründet zu betrachten sei, wenn es Rom zur Hauptstadt habe. Napoleon III. fand es 1864 für ratsam seine Beziehungen mit Italien zu festigen. Es lag eine neue Anerkennung der italienischen Einheit vor, als er vorschlug, Florenz zur Hauptstadt des italienischen Reiches zu machen und versprach im „Septembervertrag", seine Truppen binnen zwei Jahren aus Rom abzuziehen. In dieser Zeit möge Pius IX. aufs neue hinreichende Truppen um sich versammeln, um die innere Ordnung in Rom aufrechterhalten zu können. Napoleon III. wollte seine guten Verhältnisse zum italienischen Hof ebenso aufrechterhalten wie zum Papst, den er zur Mäßigung in seinen Ansprüchen mahnte.

Die Konvention vom September 1864 aber gab Pius IX. nicht jene Sicherheit zurück, auf welcher das Ansehen seiner Vorgänger so viele Jahrhunderte beruhte. Sie war abgeschlossen worden, ohne daß man ihn zu den Beratungen zugezogen hatte. Pius IX. zögerte, nachdem er die Kardinäle konsultiert hatte, dazu eine Erklärung abzugeben, aber seine Berater, insbesondere die Jesuiten, bestärkten ihn darin. Den der kirchlichen Lehre feindseligen Meinungen dieser Zeit beschloß man mit einer umfassenden und authentischen Erklärung entgegenzutreten, wie das in der am 8. Dezember 1864 erlassenen Enzyklika „Quanta cura" geschah, die sich gegen die freien Anschauungen der Gegenwart über die Religion wandte. Dazu wurde ein Verzeichnis aller Irrlehren (Syllabus errorem) publiziert, das die unbedingte Unterordnung des Staates und der wissenschaftlichen Forschung unter die Autorität der katholischen Kirche forderte. Vor allem hielt man dabei die piemontesischen Neuerungen im Auge, die darauf abzielten, den Kirchenstaat

Italien einzuverleiben. Dagegen wollte sich Pius IX. mit allen Kräften wehren. Auch die Mehrzahl der Bischöfe war der Meinung, daß der Papst weder der Untertan noch der Gast eines anderen Fürsten sein dürfe: er müsse in seinem eigenen Königreich seinen Wohnsitz haben. Pius IX. sagte, er werde eher sein Leben lassen, als von dieser Sache, welche die Sache Gottes, der Gerechtigkeit und der Kirche sei, abzustehen; so sprachen die Bischöfe die Bereitwilligkeit aus, Gefangenschaft und Tod darüber mit ihm zu teilen. Pius IX. prangerte an, daß man annehme, daß der Staat ohne Rücksicht auf die Religion verwaltet werden müsse, daß man schließe, daß die katholische Kirche nur insoweit Schutz verdiene, als ihre Verletzung den öffentlichen Frieden stören würde; man unterwerfe die Akte des Oberhauptes der Kirche der Promulgation der weltlichen Gewalt und gestehe ihnen ohne solche keine Wirksamkeit zu; man hebe die geistlichen Genossenschaften und die gebotenen Feiertage auf, weil die neuere Staatswirtschaft das so fordere; man entreiße die Erziehung der Jugend der Aufsicht der Geistlichkeit, gleich als stehe diese dem Fortschritt der Wissenschaft und Zivilisation im Wege, während man dadurch nur verderblichen Meinungen freie Bahn schaffe. Die Bischöfe wurden aufgefordert, dagegen den Völkern nach den Lehren der ältesten Päpste einzuschärfen, daß die Reiche auf der Grundlage des katholischen Glaubens beruhen.

Allen Zumutungen in bezug auf den Kirchenstaat setzte Pius IX. fortwährend die Idee der kirchlichen Einheit und seiner pontifikalen Pflicht entgegen: „Denn das Recht des römischen Stuhles lasse sich nicht abtreten wie das Recht einer weltlichen Dynastie." So hatte er einst dem Kaiser der Franzosen geschrieben. Er zögerte nicht, über die Rebellen und Usurpatoren der abgefallenen Provinzen des Kirchenstaates die große Exkommunikation auszusprechen. Aber die öffentliche Meinung behauptete, der Kirche komme es gar nicht zu, die Verächter ihrer Anordnungen durch Androhung von Strafen heimzusuchen. Die Verbindlichkeit des auf den Kirchenstaat bezüglichen Dekrets des tridentinischen Konzils, auf die sich Pius IX. berief, wurde in Abrede gestellt, weil es auf einer Vermischung der geistlichen und der weltlichen Ordnung der Dinge beruhe und das göttliche Recht einer unabhängigen Kirchengewalt wurde überhaupt geleugnet. Pius IX. verwarf diese Meinungen und forschte nach den Ursachen der allgemeinen Verwirrung und fand sie in der Erhebung der Vernunft über die Offenbarung sowie in der Meinung, daß das oberste Gesetz nicht im kundgemachten Willen des Volkes liege, der Freiheit des Gewissens und des Kultus, die man jedermann zugestehe, der unbeschränkten Pressefreiheit, die man für das Erfordernis eines wohlgeordneten Staates halte; den Protestantismus erkläre man für eine kirchenform, bei der man Gott wohlgefällig leben könne. Pius IX. dagegen gibt nicht zu, daß man auf das ewige Heil derer, die außerhalb der katholischen Kirche sind, auch nur hoffen dürfe; festhaltend am Vorrecht des Stuhles Petri über allgemeine Konzilien, verdammt er noch mehr den Gedanken, streitige Fragen durch ein Nationalkonzil zur Entscheidung zu bringen. Er spricht sich aufs neue gegen Bibelgesellschaften aus, das echteste Produkt religiösen Geistes von Altengland, sowie gegen die Zivilehe, welche von der modernen Gesetzgebung gefordert wird und verteidigt den Zölibat. Diese päpstliche Kundgebung verursachte beträchtliches Aufsehen. Oft hatte man, selbst von klerikaler Seite, den Wunsch gehört, daß sich der Papst mit den liberalen Ideen versöhnen möge, allein die Enzyklika Quanta cura zeigte, daß es ein Irrtum war.

Am 6. Dezember 1864, in einer Sitzung der Kongregation de'ritti eröffnete Pius IX. den Kardinälen, er gehe mit dem Gedanken um, der sich auf das Wohl der gesamten Kirche beziehe, dem Gedanken, ein allgemeines Konzilium zu berufen, um durch dieses außerordentliche Mittel für die außerordentlichen Bedürfnisse des christlichen Volkes zu sorgen. Die Kardinäle schlossen sich in ihren Gutachten, die sie zu erstellen hatten, der Meinung des Papstes an, weil die Verurteilung der obwaltenden Irrtümer durch den Papst allein nicht zum Ziele führen würde. Dies habe man auch bei der Verurteilung der lutherischen Lehre durch die Päpste gesehen, die erst dann wirksam geworden sei, als das tridentinische Konzil sie adoptiert und bestätigt habe. Es sei auch jetzt notwendig, den indessen emporgekommenen falschen Lehren ein gleiches Bollwerk entgegenzustzen. Dies betreffe auch den Jansenismus, eine der größten Bewegungen der nachtridentinischen katholischen Theologie, die sich vor allem in Frankreich ausgebreitet hatte,und geht vom Augustinismus aus und wollte im Gnadenstreit zwischen Calvinismus und althergebrachter katholischer Lehre zu einem Kompromiß finden. Wichtig war die Unwiderstehlichkeit der Gnade. Das Zentrum dieser Lehre war das Kloster Port Royal bei Versailles. Die Führer dieser Bewegung waren Arnauld und Pascal. Theologisch betrachtet ist der Jansenismus an der Unmöglichkeit gescheitert, eine persönliche und unmittelbar auf Gott gerichtete Religiosität und Sittlichkeit mit dem Festhalten am katholischen Kirchenbegriff zu verbinden, dem eine Mittlerstellung der Kirche zu Gott und ihre Hinordnung auf eine diesseitige, politische Aufgabe wesentlich ist. Darum mußte der Jansenismus auch notwendig den Gallikanismus, der die weltliche Macht des Papstes bestritt und dessen Unfehlbarkeit an die Zustimmung der Bischöfe knüpfte, als eine in der Wurzel politische Einfügung der Kirche in das französische Staatssystem ablehnen und geriet so in einen Gegensatz zum Königtum, der seinen äußeren Untergang besiegelte. Der Begründer des Jansenismus war Cornelius Jansenius, auch Jansen, der Bischof von Ypern. In der gallischen (französischen) Kirche galt Jahrhunderte hindurch das Episkopalsystem, das im Gegensatz zum geltenden Papalismus den Papst auf einen Ehrenprimat beschränken wollte, indem es für die einzelnen Bischöfe alle Rechte beanspruchte, die diese vor der Zentralisierung der kirchlichen Jurisdiktion beim Papst besessen haben, und ihre durch das allgemeine Konzil repräsentierte Gesamtheit dem Papst überordnete. Dieses Episkopalsystem lebte auch im österreichischen Josephinismus fort. Die aus Frankreich nach Utrecht fliehenden Jansenisten begründeten dort die Altkatholische Kirche. Die gallische Kirche und das von ihr gehandhabte Episkopalsystem gehörten daher zu den Sorgen der Kardinäle um Pius IX., weil sie im vollen Widerspruch zur Kirchenlehre standen, denn diese begründete sich auf die geoffenbarte Wahrheit, während jene als Ausgeburten des sich selbst überlassenen und sich überhebenden menschlichen Denkens seien. Wenn Pius IX. seinen Begriff vom göttlichen Recht und der göttlichen Einwirkung so weit ausdehnte, daß er den Besitz des Kirchenstaates durch den päpstlichen Stuhl für geheiligt und unantastbar erklärte, war soeben auf Grund der entgegengesetzten Doktrinen die Absicht gefaßt worden, diesen Besitz dem Papst zu entreißen. Allenthalben wurden die religiösen, besonders die katholischen Meinungen von entgegengesetzten angegriffen. Der gesamte Lehrkörper der Kirche, der Episkopat, war von diesen Bestrebungen mitbetroffen. Im Mai 1865 stellte sich heraus, daß die Abhaltung eines Konzils erst in mehreren Jahren möglich sein würde, weil die Vorarbeiten lange Zeit in Anspruch nähmen.

Der Krieg zwischen Österreich und Preußen war ausgefochten. Die Schlacht von Sadowa hatte nicht allein über Deutschland, sondern auch über Italien entschieden. Venetien war an König Viktor Emanuel von Italien gekommen. Der aber erklärte, noch sei sein Programm nicht erfüllt. Viktor Emanuel wiederholte, was sein Minister Cavour schon seit langem ausgesprochen hatte, daß die Einheit Italiens die Einverleibung Roms notwendig fordere. Wenn man nun fragt, worauf sich dieser Intention zum Trotz das Bestehen des Kirchenstaates gründete, so war es allein der „Septembervertrag" den Kaiser Napoleon zunächst mit Tatkraft aufrechterhielt. Aber im Dezember 1866 verließen die französischen Truppen Rom, mußten jedoch, ehe noch ein Jahr vergangen war, dorthin zurückkehren, denn der italienischen Regierung gelang es kaum mehr, den nationalen Bewegungen zur Eroberung Roms zu widerstehen. Sie hatte die populäre Aggression der Garibaldianer zwar nicht hervorgerufen, war aber scheinbar gewillt, sie für sich selbst zu benutzen und die Grenzen des Kirchenstaates zu überschreiten. Der alte Garibaldi, seit dem Krieg, in dem er die Aufgabe hatte, Tirol anzugreifen, arbeitslos geworden, hielt es jetzt an der Zeit, Rom zu nehmen. Viktor Emanuels Truppen fingen ihn in der Toskana und brachten ihn wieder auf seine Ziegeninsel Caprera. Aber er floh bald und brach mit 3000 Mann in den Kirchenstaat. Napoleon sandte französische Truppen nach Civita Vecchia, die gemeinsam mit Schlüsselsoldaten Garibaldi bei Mentana schlugen. Er floh, wurde gefangen und kam in Haft. Aber schon 1870 zog Garibaldi wieder mit seinen Freischaren durchs Land und kam der jungen französischen Republik zu Hilfe. Für kurze Zeit war er sogar Mitglied der französischen Nationalversammlung. Garibaldi ist neben Cavour, Viktor Emanuel II. und Mazzini die Hauptgestalt des italienischen Risorgimento. Ruhm, Erfolg und seine Volkstümlichkeit verdankte er seinem Schwung, mit dem er seine Freischaren zu führen und zu begeistern verstand. Seine Züge unternahm er, wie vorhin geschildert, ohne Rücksicht auf die politische Lage, so daß er mehrmals auch die Truppen des eigenen Königs gegen sich hatte, dem er die Abtretung seiner Heimat Nizza an Frankreich nie verzieh. Die Garibaldianer, nach ihrer Tracht auch Rothemden genannt, waren die Mitkämpfer der Freischarenzüge Garibaldis.

Durch die französischen Waffen wurde Pius IX. noch einmal im Besitz des Kirchenstaates erhalten. Die abermals nach Rom berufenen Bischöfe aus aller Welt sollten nur auf einem Gebiet zusammenkommen, das der Gewalt des Papstes unterstehe, womit der Kirchenstaat wieder eine gewisse Bedeutung gewann. Dem Papst-König, sagten sie, müsse die Freiheit seiner Macht und die Macht seiner Freiheit bewahrt werden. Bei der Zusammenkunft der Bischöfe hielt der Papst die Zeit für gekommen, die Berufung eines allgemeinen Konzils definitiv anzukündigen. Man hätte ihn vielleicht nicht verstanden, wenn Pius IX. sie nur zur Rettung des weltlichen Fürstentums zusammengerufen hätte, obwohl die unabhängige Existenz des Kirchenstaates auf dem Spiel stand. Charakteristisch waren die Vorbereitungen für das Konzil, die die Kongregation vornahm. Ihre Sitzungen begannen am 28. Juli 1867, im selben Augenblick als das italienische Parlament sich aufs neue für das Prinzip der Nonintervention erklärte, das heißt der Nichtunterstützung des Papstes durch Kaiser Napoleon, denn König Viktor Emanuel und Pius IX. standen sich in unüberbrückbarem Gegensatz gegenüber.

Der „Ausgleich" mit Ungarn und seine Folgen

Der so unglücklich für Österreich verlaufene Krieg gegen Preußen war von bitteren Erfahrungen begleitet. Österreich war nunmehr aus Deutschland ausgeschlossen und hatte seine Jahrhunderte hindurch innegehabte Führungsrolle eingebüßt. Die Geschichte Deutschlands war während der letzten Jahrhunderte in der ganzen Neuzeit zugleich die Geschichte Österreichs vom Mittelalter ohne jegliche Unterbrechung bis zum Unglücksjahr 1866. Hatte in diesen Zeiträumen Deutschland Österreich und Österreich Deutschland Ansehen und Macht verliehen, so erlosch in der Schlacht bei Sadowa (Königgrätz) beider Glanz. Preußen, ein deutscher Staat unter vielen, hatte Österreich seine historische Führungsrolle entrissen, der Staat, dessen Souverän 1701 von Österreich die Königskrone erhalten hatte.

Kaiser Franz Joseph und sein neuer Ministerpräsident Freiherr Ferdinand von Beust, der zugleich österreichischer Außenminister und ein geschworener Gegner Graf Bismarcks war, mußten sich, bis zu einer neuen Chance gedulden, den Überfall Preußens auf Österreich, den Bismarck gemeinsam mit Italien inszeniert hatte, zu vergelten, mußten vorerst im eigenen Haus, der Monarchie, eine neue Ordnung machen, um die Voraussetzungen für eine etwaige Revanche schaffen zu können, so es zu einer solchen kommen sollte. Dazu gehörte, weil Österreich allein dazu wohl nicht imstande gewesen wäre, es den Preußen heimzuzahlen, der Friede, die Versöhnung, der „Ausgleich mit Ungarn". Nur gemeinsam mit Ungarn wäre Österreich, so es eine Chance bekommen und diese nützen wollte, in der Lage gewesen, die von Preußen gewaltsam okkupierten Staaten Deutschlands, die im Krieg auf kaiserlicher Seite gekämpft und dafür von Preußen ausgelöscht worden waren, von der Fremdherrschaft der Preußen zu befreien und deren vertriebene Souveräne wieder einzusetzen. Diesem Ziel diente vor allem die Versöhnung mit Ungarn, das seine Gleichstellung mit Österreich der Niederlage der kaiserlichen Heere bei Sadowa verdankt.

Franz Joseph I. nahm daher den einst fallengelassenen Faden der Versöhnung mit den Magyaren wieder auf und ließ Franz Deak zu sich in die Wiener Hofburg rufen, um sich mit diesem in Ungarn angesehenen Juristen zu beraten. Franz Deak riet dem Kaiser und Freiherr von Beust zweierlei: die Wiederherstellung der ungarischen Verfassung und die Ernennung des Grafen Julius Andrássy zum Ministerpräsidenten Ungarns. Dazu riet dem Kaiser auch Freiherr von Beust, weil er die neue Politik Österreichs auf die Basis des Ausgleichs und des Dualismus stellen wollte. Franz Joseph stimmte zu und Ungarn erhielt am 17. Februar 1867 sein eigenes Ministerium, dessen Leitung Graf Andrássy übernahm. Beust, Andrássy und Deak, die schon seit Oktober 1866 diesbezügliche Beratungen gepflogen hatten, vereinbarten nunmehr die Bedingungen für den Ausgleich. Die Verhandlungen wurden am 8. Februar 1867 in Wien zu Ende geführt und der ungarische Reichstag am 27. Februar wiederhergestellt. Das ungarische Ministerium, mit Graf Andrássy an der Spitze, leistete hierauf am 15. März in Ofen Franz Joseph als König von Ungarn den Treueid.

Das Reskript Franz Josephs vom 17. Februar 1867 enthielt die Anerkennung des Prinzips der Rechtskontinuität, stellte die ungarische Verfassung wieder her, akzeptierte als Basis des Ausgleichs das Elaborat der Siebenundsechziger- und Fünfzehnerkommission und betraute den Grafen Julius Andrássy mit der Bildung des ungarischen verantwortlichen Ministeriums. Das neue Kabinett (Graf Andrássy, Ministerpräsident und Landesverteidigung; Baron Joseph Eötvös, Kultus und Unterricht; Melchior Lónyay, Finanzen; Balthasar Horvath, Justiz; Graf Emerich Miko, öffentliche Arbeiten; Graf Georg Festetics, Minister um die Person des Königs; Bela Wenkheim, innere Angelegenheiten; Stephan Gorove, Handel; Coloman Bedekovich, kroatischer Minister) legte den Eid in die Hand Franz Josephs nieder, erschien am 28. Februar im Abgeordnetenhaus in Ofen und übernahm die effektive Leitung der Regierung.

Franz Deak hatte zwar die Rechtsgrundlage für den Ausgleich erarbeitet, aber Graf Andrássy sollte sie, das war der Wille Deaks, als neues System des staatlichen Lebens in die Praxis umsetzen. Das bisherige „Kronland Ungarn" des „österreichischen Einheitsstaates" war wieder als „Königreich Ungarn" erstanden, ein mit Österreich gleichberechtigter Staat in der neubegründeten „Doppelmonarchie". Graf Andrássy und seinen Ministern erwuchs somit die Aufgabe, die durch die Revolution von 1848 und die auf diese folgende Militärdiktatur in ihrer Freiheit eingeschränkte Nation durch radikale Reformen in den Stand zu setzen im Dualismus einerseits erfolgreich zu bestehen und andererseits den Ausgleich mit Österreich, den die Unzufriedenen bekämpften, zu verteidigen. Diese Unzufriedenen, die der Wiederinkraftsetzung der ungarischen Verfassung mißtrauten, gehörten teils den konservativen Kräften in Ungarn und teils dem Anhang Ludwig Kossuths an, die im Ausland gegen den Ausgleich agitierten.

Endlich kam der Tag der Sanktion der wiederhergestellten ungarischen Konstitution. Am 8. Juni 1867 wurde Franz Joseph I., Kaiser von Österreich, durch den Fürstprimas Johann Simor und den Ministerpräsidenten Grafen

Julius Andrassy unter unbeschreiblicher Begeisterung des Volkes in Ofen mit der heiligen Krone zum Apostolischen König von Ungarn, und seine Gemahlin Kaiserin Elisabeth zur Königin gekrönt. Zwei Tage nach der Herausgabe des die Hauptpunkte der Verfassung enthaltenden Inauguraldiploms, erlangte dieses am Tag der Krönung durch die königliche Sanktion Gesetzeskraft. In diesem Gesetz hieß es:

1. Der pragmatischen Sanktion gemäß ist der Herrscher zwar gemeinsam, insofern auch die Krone Ungarns demselben Monarchen zukommt, welcher in den übrigen Ländern regiert; dieses macht jedoch nicht notwendig, daß die Kosten des Hofhaltes des Monarchen gemeinsam festgestellt werden. Eine solche gemeinsame Feststellung erfordert der in der pragmatischen Sanktion bezeichnete Zweck nicht; wogegen es mit der verfassungsmäßigen Selbständigkeit Ungarns vereinbar ist, daß der ungarische Reichstag über Vorlage des verantwortlichen ungarischen Ministeriums die Kosten des Hofhaltes des ungarischen Königs abgesondert bewillige. Die Bewilligung und Bestreitung der Kosten des Hofhalts wird somit als eine gemeinsame Angelegenheit nicht betrachtet.

II. Hingegen sind die folgenden Angelegenheiten 1. die auswärtigen, 2. das Kriegswesen, 3. die auf diese zwei bezüglichen Finanzen gemeinsam und werden durch das Gesetz folgendermaßen geregelt:

1. Ein Mittel der aus der pragmatischen Sanktion fließenden und solidarischen Verteidigung ist die zweckmäßige Leitung der auswärtigen Angelegenheiten. Diese zweckmäßige Leitung erfordert Gemeinsamkeit bezüglich jener auswärtigen Angelegenheiten, welche sämtliche unter der Herrschaft Seiner Majestät stehenden Länder insgesamt betreffen. Deshalb gehören die diplomatische und kommerzielle Vertretung des Reiches gegenüber dem Ausland, sowie die hinsichtlich der internationalen Verträge erforderlichen Verfügungen im Einverständnis mit den Ministerien beider Teile und mit deren Zustimmung zu den Agenden des gemeinsamen Ministers des Auswärtigen. Die internationalen Verträge teilt jedes Ministerium seiner eigenen Gesetzgebung mit. Diese auswärtigen Angelegenheiten erkennt somit auch Ungarn als gemeinsam an und ist bereit, zu deren gemeinsam zu bestimmenden Kosten nach jenem Verhältnis beizutragen, welches auf die in den weiter unter folgenden Punkten umschriebene Weise festgestellt wird.

2. Ein zweites Mittel der gemeinsamen Verteidigung ist die Armee samt den auf dieselbe bezüglichen Anordnungen, mit einem Wort das Kriegswesen.

In Betreff der Gemeinsamkeit des Kriegswesens stellt das Gesetz folgende Prinzipien auf:

a) In Folge der verfassungsmäßigen Herrscherrechte Seiner Majestät in Betreff des Kriegswesens wird alles dasjenige, was auf die einheitliche Leitung, Führung und innere Organisation der gesamten Armee und somit auch des ungarischen Heeres, als eines ergänzenden Teiles der gemeinsamen Armee Bezug hat, als der Verfügung Seiner Majestät zustehend anerkannt.

b) Das Land behält sich jedoch vor, das Recht der zeitweisen Ergänzung des ungarischen Kriegsheeres und der Rekrutenbewilligung, die Bestimmung der Bedingungen dieser Bewilligung und der Dienstzeit, desgleichen auch die Verfügungen hinsichtlich der Dislokation und der Verpflegung der Truppen im Sinne der bisherigen Gesetze, sowohl im Bereich der Gesetzgebung als auch der Verwaltung.

c) Ferner erklärt das Land, daß die Feststellung oder Umgestaltung des Wehrsystens in Bezug auf Ungarn jederzeit nur mit Zustimmung der ungarischen Gesetzgebung stattfinden darf. Nachdem jedoch eine solche Feststellung, gleichwie die spätere Umgestaltung nur nach gleichartigen Prinzipien zweckmäßig durchzuführen ist, so wird in jedem solchen Falle nach vorangegangenem Einvernehmen beider Ministerien ein von gleichen Prinzipien ausgehender Gesetzentwurf beiden Gesetzgebungen unterbreitet werden. Zur Ausgleichung der etwa in den Anschauungen der Gesetzgebungen auftauchenden Differenzen werden die beiden Gesetzgebungen miteinander durch Deputationen in Berührung treten.

d) Über alle jene ungarischen bürgerlichen Verhältnisse, Rechte und Verpflichtungen der einzelnen Mitglieder des ungarischen Heeres, welche sich nicht auf Militärdienst beziehen, wird die ungarische Gesetzgebung, beziehungsweise die ungarische Regierung verfügen.

e) Sämtliche Kosten des Kriegswesens sind derart gemeinsam, daß jenes Verhältnis, nach welchem Ungarn zu diesen Kosten beizutragen hat, im Wege einer wechselseitigen Vereinbarung festgestellt werden wird.

(Die Gesetzartikel XL, XLI, XLII vom Jahr 1868 regeln die Organisation der Honvedschaft.)

3. Das Finanzwesen erkennt der Reichstag insoweit als gemeinsan an, als die Kosten gemeinsam sein werden, welche auf die im Obigen als gemeinsam anerkannte Gegenstände zu verwenden sind. Dies ist jedoch so zu verstehen, daß die zu den erwähnten Gegenständen erforderlichen Gesamtkosten durch die Delegationen gemeinschaftlich festgestellt werden sollen; allein über die Umlegung, die Einhebung und die an die betreffende Stelle zu veranlassende Überweisung jener Summe, welche von diesen Kosten den festgesetzen Verhältnis gemäß auf Ungarn entfällt, werden der Reichstag und das verantwortliche Ministerium Ungarns derart verfügen, wie dies in den von der Behandlung sprechenden nachfolgenden Punkten festgestellt ist.

Sämtliche sonstige Staatsbedürfnisse Ungarns wird über Vorschlag des ungarischen verantwortlichen Ministeriums der Reichstag auf verfassungsmäßigem Weg bestimmen. Dieselben, wie überhaupt alle Steuern, wird das ungarische Ministerium mit gänzlicher Ausschließung jedes fremden Einflusses unter eigener Verantwortlichkeit umlegen, einheben und verwalten.

Diese Angelegenheiten sind es, welche auf Grund der pragmatischen Sanktion von ungarischer Seite als gemeinsame anerkannt werden. In welchem Verhältnis Ungarn die Lasten und Kosten der als gemeinsam anerkannten Angelegenheiten zu tragen habe, wird durch gemeinschaftliche Vereinbarung festgesetzt.

Eine Währungs- und Zollunion sollte die wirtschaftliche Einheit beider Reichsteile gewährleisten. Für die Verwaltung dieser Angelegenheiten gab es drei k. u. k. gemeinsame Ministerien (Ministerium des Äußeren, Reichskriegsministerium und Reichsfinanzministerium), die den Delegationen - das waren je 60 Mitglieder der beiderseitigen Parlamente, die alljährlich, abwechselnd in Wien und Budapest, über die gemeinsamen Angelegenheiten zu beraten und Beschlüsse zu fassen hatten verantwortlich waren.

Am 14. November 1868 verfügte ein Handschreiben des Kaisers, daß das Reich fortan „Österreichisch-Ungarische Monarchie" zu heißen habe. Offizielle Bezeichnung der beiden Reichsteile: 1. „Die im Reichsrat vertretenen Königreiche und Ländern (Cisleithanien) für den hauptsächlich von Deutschen und Slaven bewohnten Gebietskomplex diesseits (links) der Leitha, dazu gehörten: Niederösterreich, Oberösterreich, Salzburg, Tirol, Vorarlberg, Steiermark, Kärnten, Krain, Görz und Gradiska, Istrien, Dalmatien, Böhmen, Mähren, Schlesien, Galizien und die Bukowina. Cisleithanien unterstand der Person des „Kaisers von Österreich". Die Sammelbezeichnung „Österreich" für die Cisleithanischen Gebiete wurde erst seit 1915 offiziell gebraucht. 2. „Die Länder der heiligen ungarischen Stephanskrone" (Transleithanien) umfaßten, mit dem „König von Ungarn" an der Spitze, Ungarn mit Siebenbürgen, sowie Kroatien und Slavonien.

Für die der österreichischen und ungarischen Reichshälfte gemeinsamen Behörden und Einrichtungen war fortan die Bezeichnung „k. u. k." (kaiserlich und königlich) üblich (z. B. „k. u. k. Heer") während für die Behörden und Einrichtungen der österreichischen Reichshälfte die Bezeichnung „k. k." (kaiserlich-königlich) gebraucht wurde, (z. B. „k. k. österreichische Landwehr"), entsprach dem in Ungarn die Bezeichnung „kgl." (königlich). Es gab daher zum Beispiel ein (gemeinsames) „k. u. k. Finanzministerium" und daneben ein „k. k. österreichisches Finanzministerium" sowie ein „kgl. ungarisches Finanzministerium".

Durch den Abschluß des Ausgleiches mit Ungarn wurde der bisherige österreichische Einheitsstaat in eine Doppelmonarchie umgewandelt („Dualismus"). Die österreichische Reichshälfte (Cisleithanien) und die ungarische

Reichshälfte (Transleithanien) wurden gleichberechtigte und selbständige Gebilde, die nur durch die Person des Herrschers und die vorerwähnten gemeinsamen Institutionen verbunden waren, über die, nach dem Delegationsgesetz vom November 1867, alle zehn Jahre ein Übereinkommen (ein „neuer Ausgleich") zu treffen war.

Der Ausgleich mit Ungarn und die Einführung des Dualismus brachten keine Lösung des Nationaltätenproblems, weder in Österreich noch in Ungarn. Im Gegenteil, die slavischen Völker beider Reichsteile verlangten immer stürmischer eine ähnliche Sonderstellung, wie sie die Magyaren erhalten hatten, und der Nationalitätenstreit nahm kein Ende. Alle Projekte, die Monarchie in eine aus drei („Trialismus") oder mehr Teilen bestehende Föderation aufzulösen, scheiterten am Widerstand der Deutschen und Ungarn. Die Folge der Nichtbefriedigung der slavischen Forderungen war das Überhandnehmen des besonders von Rußland genährten Panslavismus, eine Entwicklung, die der Tschechenführer Palacky durch folgende Worte seherisch zum Ausdruck brachte: „Der Tag der Ausrufung des Dualismus wird zugleich auch der Geburtstag des Panslavismus in seiner am wenigsten wünschenswerten Form sein. Wir waren vor Österreich und werden auch nach ihm sein."

In Ungarn war das Nationalitätengesetz, Artikel XLIV ex 1868, ein Versuch, die fremdsprachige Bevölkerung des Landes mit der neuen Konstitution und ihrer Ordnung auszusöhnen. Kroatien und Slavonien, die zur Zeit der Revolution unter der Führung des Banus Jellaćić gegen Kossuth und sein System die Waffen ergriffen hatten, wurden nach der Niederwerfung der Revolution damit belohnt, daß sie, von Ungarn getrennt und mit den kroatischen Litorale (Uferzone) und der Stadt Fiume vergrößert, ein eigenes Königreich bildeten (1849). Wie im niedergeworfenen Ungarn, das als erobertes Land behandelt worden war, wurden auch im neugeschaffenen Königreich Kroatien die österreichischen Gesetze eingeführt. Das Oktoberdiplom vom Jahr 1860 gab Kroatien-Slavonien die früheren Privilegien, politischen und nationalen Institutionen zurück und gewährte ihm auch das Recht der eigenen Gesetzgebung. Als nun, 1868, die ungarische Verfassung wieder hergestellt worden war, erstreckte sich das Recht der heiligen Krone auch auf dieses Land. Die von Ungarn unabhängige Stellung des Königreiches Kroatien-Slavonien, wie auch die Rechte seiner Institutionen, die nicht von der Stephanskrone ihren Ursprung genommen hatten, hörten auf. Der ungarische Ausgleich wurde in Kroatien und Slavonien keineswegs mit Freude aufgenommen. Es gab zwar eine Friedenspartei, die die Versöhnung mit Ungarn wünschte, aber die Mehrheit, von der Abneigung gegen Ungarn geprägt, wollte nicht zu Ungarn zurück, strebte die Unabhängigkeit an und wollte die Oberhoheit der ungarischen Krone nicht anerkennen. Franz Deak, der den ungarischen Reichstag in dieser extremen Situation beriet, war es zu danken, daß der kroatische Landtag den Ausgleich mit Ungarn dann doch annahm, der am 28. September 1868 zustande kam. Im Sinne dieses Ausgleichs wurde Kroatien-Slavonien durch 34 Mitglieder des kroatischen Landtags im ungarischen Reichsrat vertreten, an die Spitze des Landes ein Ban gesetzt, den über Vorschlag des ungarischen Ministerpräsidenten der König ernannte. An der Spitze der einzelnen Abteilungen der Regierung standen Sektions-Chefs, die im Verein mit dem Ban dem kroatischen Landtag verantwortlich waren. Auf dem Gebiet des Schulwesens und der Justiz genoß Kroatien-Slavonien ein vollständiges Selbstverfügungsrecht. In den übrigen Angelegenheiten unterstand Kroatien-Slavonien aber der ungarischen Regierung, in der ein kroatischer Minister die Interessen seines Landes vertrat.

Im Mai 1870 wurde endlich auch die Territorialfrage geregelt, wonach Stadt und Umgebung von Fiume, das die kaiserliche Regierung 1849, nach Niederschlagung der Rebellion Kossuths, von Ungarn abgetrennt hatte, dem Königreich Ungarn reinkorporiert und mit der Verwaltung den Gouverneur von Fiume betraute. Das Küstengebiet aber verblieb bei Kroatien-Slavonien. Die militärisch organisierte Militärgrenze verblieb noch ein Jahrzehnt unter dem Agramer Kommando und erlangte erst am 15. Juli 1881 eine Zivilverwaltung. Aber der erhoffte Ausgleich mit den Kroaten und Slavoniern gelang nicht, denn was die Ungarn als Großmut auslegten, wurde in Kroatien als Versuch neuer Unterdrückung gewertet und die nationalen Kräfte Kroatiens und Slavoniens schürten die Emotionen gegen Ungarn, das sie Jahrhunderte hindurch beherrscht hatte. Die extremen Elemente gewannen daher rasch an Boden, und immer mehr wuchs das Lager der Gegner des Ausgleiches, die sich in der Hoffnung wiegten, das kleine Land durch Hinzufügung der im Herbst 1878 annektierten Provinzen Bosnien und Herzegowina und des noch immer unter österreichischer Verwaltung stehenden Landes Dalmatien sich vergrößern zu können und Kroatien-Slavonien wieder zu einem selbständigen Königreich, losgelöst von Ungarn, zu erheben. Diese Bewegung gewann in jeder Richtung Verbreitung. Geistliche und Laien waren in gleichem Maße bestrebt, die Idee populär zu machen und es war vorauszusehen, daß die Anstrengungen der Gegner Ungarns zum Erfolg führen würden. Da der Ban Mazuranić (1873-1878), der schon zur Zeit des Illyrismus, der nationalen und kulturellen Wiedergeburtsbewegung der Kroaten (1830-1850), seine ungarnfeindlichen Gefühle so häufig zu erkennen gegeben hatte, nichts tat, um dieser Strömung entgegenzuwirken, andererseits aber die unter der Leitung Starchevich stehende extreme Partei des Landtages in dessen Versammlungen und auch außerhalb derselben unaufhörlich gegen Ungarn agitierte, wuchsen die Spannungen zwischen Ungarn und Kroaten ins Unerträgliche.

Unter dem Einfluß von Jan Kollars verfochten die Anhänger des Illyrismus den südslawischen Einheitsgedanken. Ihr Wortführer und Organisator war L. Gaj und seine Illyrier waren es, die die einheitliche serbokroatische Schriftsprache und damit die Grundlage der modernen kroatischen Literatur schufen, die, trotz des Verbotes von 1843, großen Einfluß auf die politische Entwicklung des Kroatentums hatte.

Gegen die ungarische Staatsidee agitierte auch Joseph Stroßmayer, der Bischof von Diakovár, der 1849, auf Vorschlag des Banus Jellasich, zum Bischof ernannt worden war. Stroßmayer benützte seine beträchtlichen Einkommen zur Vermehrung seiner Popularität und seines Einflusses. Sein scharfer Verstand, sein umfassendes Wissen und sein hervorragendes Rednertalent charakterisierten diesen aufgeschlossenen Kirchenfürsten. Sein Ehrgeiz und seine Weitsicht führten Stroßmayer auf dem vatikanischen Konzil in das Lager der Opposition, an deren Spitze er mit der ganzen Kraft seines lebhaften Geistes gegen die unumschränkte päpstliche Gewalt und das Dogma der Infallibilität ankämpfte, und so zu einem scharfen Kritiker Pius IX. wurde. Stroßmayer konnte dieses Unglück für die Christenheit zwar nicht abwenden, fand aber darin eine Befriedigung, daß sein Name in ganz Europa bekannt wurde. Stroßmayers ehrgeiziges Bestreben, der erste und einflußreichste Mann in Kroatien und Slavonien zu sein, veranlaßte ihn zur Freigebigkeit, zu reichen Schenkungen. Mit vollen Händen streute er das Einkommen seines reichen Bistums aus; er rief zahlreiche kirchliche, nationale und Kulturinstitutionen ins Leben und nährte bewußt die nationalen Aspirationen, wodurch er nicht nur den größten Teil des niederen Klerus um sich scharrte, aus dessen Gedächtnis die zur Zeit des Illyrismus entstandenen Träume noch nicht getilgt waren, sondern auch einen großen Teil des Volkes, der sich zwar nicht zur Höhe seiner Ideen aufschwingen konnte, aber desto mehr von der Verwirklichung derselben erwartete. So wurde Bischof Stroßmayer in Kroatien und Slavonien zu einem Faktor ersten Ranges und in Folge der Popularität, die er der Unterstützung der nationalen Aspirationen verdankte, ein gefährlicher Gegner der Ausgleichspartei.

Bischof Joseph Georg Stroßmayer konnte in seiner Haltung Pius IX. gegenüber weder von Freunden noch von Feinden zu einer Unterwerfungserklärung bewogen werden. Als Pater Augustin Theiner und Stroßmayers römischer Kontaktmann, der kroatische Domherr Nikolaus Vorsak, ihm zu einem bloßen Lippenbekenntnis rieten, da Rom zum äußersten entschlossen sei, wies Stroßmayer dieses Ansinnen entschieden zurück. „Lieber sterben", beteuerte er am 1. März 1871 Pater Theiner, „als gegen mein Gewissen und gegen meine Überzeugung handeln. Lieber jeder Humiliation ausgesetzt sein, als vor dem Baal, vor dem verkörperten Hochmut meine Knie beugen."

Rom schlug hart zurück. Als während des Konzils Kardinal Haulik, der Bischof von Agram und erste Erzbischof Kroatiens gestorben war, hatte Stroßmayer mit der Zuerkennung der erzbischöflichen Würde gerechnet. Der niedere Klerus und die öffentliche Meinung hielten ihn für den geeignetsten Mann, doch Stroßmayer hatte sich die Gunst des Papstes und der Kurie verscherzt. Da sich Stroßmayer auch die Gunst der ungarischen Regierung verscherzt hatte, wurde nicht er, sondern Josef Mihalovitsch, der sich auch während der Revolution gegen Österreich gestellt hatte, zum Bischof von Agram ernannt. Aber auch Stroßmayers Widerstand begann zu bröckeln und er begab sich schon 1871 wieder nach Rom, obwohl er ein Jahr vorher geschrieben hatte, Rom werde ihn nie wieder sehen. Es gelang Stroßmayer, Pius IX. seine Absicht, die Südslaven in den Schoß der römisch-katholischen Kirche zurückführen zu wollen, glaubhaft zu demonstrieren. Er führte später, 1881 und 1888 Pilgerscharen nach Rom und galt hierauf als neuer Slavenapostel. Daß es Stroßmayer in Rom gelang für die Südslaven den Gebrauch der slawischen Liturgie durchzusetzen, beweist den großen Einfluß Stroßmayers bei der Kurie. 1872 ließ sich Stroßmayer sogar herab, die vatikanischen Dekrete in seinem Diözesanblatt „Glasnik" zu veröffentlichen, allerdings ohne jeglichen Kommentar. 1875 söhnte er sich mit Pius IX. aus. Eine Art Bekenntnis zur Unfehlbarkeitsdefinition legte Stroßmayer jedoch erst 1881 unter dem Pontifikat Leos XIII. ab.

Schwere Tage politischer Kämpfe traten jetzt in Kroatien und Slavonien ein, denn Bischof Stroßmayer hatte sich an die Spitze der nationalen Bewegung gestellt. Die sich aufschaukelnden Leidenschaften konnte auch der Nachfolger des Bans Mazuranić, Graf Ladislaus Pejavich (1878-1885), nicht mehr zügeln. Unter sehr kritisch gewordenen Umständen übernahm 1883 Graf Karl Khuen-Héderváry die Banusstelle. Die extremen Parteien provozierten zwar einen Landtagsskandal nach dem anderen, doch alle ihre Anstrengungen scheiterten an dem jungen Banus, den die ungarische Regierung massiv unterstützte. Die durch den neuen Banus unterstützte proungarische Partei wies die Verdächtigungen der Nationalpartei entschieden zurück und protestierte gegen die Skandalhetze der Anhänger von Starchevich und als es hierauf im Landtag zu tätlichen Auseinandersetzungen kam, sprach man in Budapest von „schändlichen Umtrieben" David Starchevich wurde angeklagt und ins Gefängnis geworfen. Dies war zwar ein Schaden für seine Partei, aber der Versöhnung zwischen den verfeindeten Völkern diente dies nicht.

Später, 1885, als Rußland den eintausendsten Todestag des heiligen Method, des Slavenapostels, feierte, schickte Bischof Stroßmayer dem Moskauer Patriarchen ein Glückwunschtelegramm und erteilte der orthodoxen Kirche und ihren Bestrebungen seinen apostolischen Segen, ungeachtet dessen, daß die Feiern in Rußland als Demonstration der orthodoxen Kirche gegen die römisch-katholische Kirche und gegen Rom gewertet wurden. In ganz Europa wurde dies als Sensation, in Katholischen Kreisen als Skandal und in Rom und Budapest als Attentat eingestuft, konnte man doch jetzt den so ungeliebten Bischof schlecht machen.

Nicht besser als den Kroaten und Slavoniern erging es den Slowaken im sogenannten „Oberungarn", wo dieses Volk nicht einmal dem Namen nach existieren durfte und seit neunhundert Jahren unterdrückt wurde.

Im Jahr 1787 wurde die erste Norm der slowakischen Schriftsprache vom katholischen Priester Antonin Bernolák kodifiziert. Die revolutionären Ereignisse im Jahr 1848 hatten im Prozeß der Veränderungen das slowakische Volk mit der Forderung nach einem selbständigen kulturellen, weltlichen und politischen Programm vertraut gemacht. Das Preßburger Lyzeum war der Träger der Vorhaben. Ľudovit Stur verkörperte die nationale Wiedergeburt, vollzog den endgültigen Bruch mit dem Tschechischen und führte den mittelslowakischen Dialekt als Schriftsprache ein. In der Stadt Myjava tagte 1848 der erste slowakische Nationalrat und in der Stadt Martin war 1861 eine Nationalversammlung zusammengetreten, die das Memorandum vom „slowakischen Volk" annahm. Martin war zu dieser Zeit daß Zentrum des slowakischen gesellschaftlichen und kulturellen Lebens, zu dessen Unterstützung 1863 die „Matica slovenska", die die Pflege der Literatur, Sprache und Folklore zu ihrer Aufgabe machte, gegründet wurde. Aber der 1848/49 mit zeitweiliger Unterstützung der kaiserlichen Regierung in Wien begonnene Versuch regionaler slowakischer Autonomie scheiterte. Die Bestrebungen zu kultureller Selbständigkeit, denen wohl auch die politische folgen sollte, die in den 60er Jahren eingesetzt hatte, wurden nach der Durchführung des österreichisch-ungarischen Ausgleichs von 1867 von Budapest unterbunden, das heißt verboten, unterdrückt. Den Slowaken wurde von Ungarn weiterhin das Recht abgesprochen, als eigenes Volk in den Kreis der übrigen Nationen zu treten.

Den Slowaken mußte jeden dritten Sonntag ungarisch gepredigt, ihren Kindern der Religionsunterricht in ungarischer Sprache erteilt werden und wenn sie dagegen redeten, wurden sie unmenschlich geprügelt, „weil es die Würde der Nation", natürlich der ungarischen, „so will", antwortete ein Komitat der Statthalterei, die wegen einer auffallenden Prügelstarfe nach der Ursache fragte. So verstanden diese Herren die Gleichberechtigung! Gegen diese Sprachtyrannei traten nur die Grafen Stephan Szécnényi und Johann Mailath auf, aber niemand hörte auf sie.

Der österreichisch-ungarische Dualismus sicherte den Madjaren, besonders ihrem Adel, die Vorherrschaft in der transleithanischen Reichshälfte und zugleich einen wachsenden Einfluß auf die Außenpolitik der Monarchie. 1867 wurde die bürgerliche Gleichberechtigung der Juden ausgesprochen, Siebenbürgen mit dem Mutterland vereinigt und mit den Kroaten ein Ausgleich abgeschlossen, der bereits geschildert wurde; Kroatien und Slavonien waren mit beschränkter Autonomie an Ungarn zurückgefallen. Das Nationalitätengesetz (Gesetz-Artikel XLIV ex 1868) regelte die kulturellen Rechte der nichtmadjarischen Nationalitäten. Die liberale Gesetzgebung konnte aber die inneren nationalen, sozialen und politischen Spannungen, wie wir im Fall Kroatien-Slavonien gesehen haben, nicht überbrücken. Die Nationalitäten forderten immer stärker Kulturautonomie, aber die ungarischen Regierungen antworteten mit Madjarisierungsmaßnahmen. Während die jeweiligen Regierungen am Ausgleich festhielten, kämpfte die Opposition, die aus den Anhängern Kossuths bestand, für Ungarns volle staatliche Selbständigkeit weiter. Der Nationalitätenkonflikt, die gewaltsame Madjarisierung der Nichtmadjaren, loderte aber unter allen Regierungen weiter. Von den brutalen Madjarisierungsmaßnahmen wurde die starke deutschsprachige Minderheit in Szathmar, Siebenbürgen, dem Banat und der Batschka, Kroatien-Slavonien, dem Kernland Ungarn und da besonders in den wetlichen Komitaten Wieselburg, Ödenburg und Eisenburg und in der Zips, die damals insgesamt etwa 1.8 Millionen Menschen betrug, ebenso hart betroffen wie die anderen Minderheiten. Dies galt nicht nur für die Regierungszeit des Grafen Julius Andrássy, sondern auch für die seiner Nachfolger, der Grafen Kálmán (Koloman) Tisza und dessen Sohn Stephan Tisza. Kalman Tisza war von 1875-1890 und Stephan Tisza von 1903-1905 und von 1913-1917 Ministerpräsident Ungarns.

Ungarn betrieb, vom Ausgleich an, durch Jahrzehnte hindurch gegenüber seinen anderssprachigen Nationalitäten, die mehr als die Hälfte der Einwohnerschaft des Landes ausmachten, eine rücksichtslose Entnationalisierungspolitik. Besonders in Kroatien übte der Banus Graf Khuen-Héderváry eine wahre Gewaltherrschaft aus. Im ungarischen Reichstag waren die Nationalitäten (mit Ausnahme der deutschsprachigen Siebenbürger Sachsen) so gut wie überhaupt nicht vertreten, denn es gab kein allgemeines Wahlrecht.

Apponyi, Graf, Albert Georg (1846-1933) war seit 1878 der Führer der gemäßigten nationalen Opposition, der Unabhängigkeitspartei, die sich seit 1891 Nationalpartei nannte. Apponyi ging 1899 zur liberalen Regierungspartei und 1904 wieder zur nationalen Opposition über. Als Kultusminister von 1906-1910 führte er kompromißlos die Madjarisierung der deutschsprachigen Grenzgebiete in den westungarischen Komitaten Wieselburg, Ödenburg und Eisenburg durch.

Der Sprachenkampf in Ungarn entbrannte schon 1840 mit großer Heftigkeit und die Ungarn, die immer über die Beschränkungen ihrer Nationalität lärmten, wollten auf den Landtagen den Deputierten Kroatiens das Wort verbieten, weil diese lateinisch und nicht ungarisch sprachen.

Wenn auch in einer Gemeinde niemand ungarisch sprach, so mußten die Protokolle der Gemeinderatssitzungen und die Kirchenregister in dieser Sprache geführt werden und Protokollauszüge wurden dem Ausland nur ungarisch zugeschickt, man mochte sich dort beschweren, so viel man wollte.

Franz Joseph und der Advokat –
Mexikanische Tragödie – Franz Joseph und
Napoleon III. – Die Unfehlbarkeit des Papstes –
Der französisch-deutsche Krieg –
Rußland tritt auf den Plan

Kaiser Franz Joseph hatte zum Advokaten Franz Deak Vertrauen gefaßt, hatte Deak doch schon 1865 in der Budapester Tageszeitung „Pesti Naplo" vom 16. April 1865 in seinem „Oster-Leitartikel" als Wortführer der gemäßigten nationalen Kreise eine staatsrechtlich geregelte Versöhnung der Ungarn mit dem Herrscherhaus ernstlich angeregt. Hierauf hatten zwar in-offizielle Gespräche über den vorgeschlagenen Ausgleich stattgefunden, aber erst nach der Schlacht bei Sadowa (Königgrätz), und nachdem der sächsische Freiherr Friedrich Ferdinand von Beust österreichischer Außenminister geworden war, im Oktober 1866 ernstlich begonnen, überhastet, schon im März 1867 ihren Abschluß gefunden. Franz Joseph hatte Deák zu einer gehei-men Beratung in das Schloß Schöbrunn geladen, bei der Deak den Stand-punkt der Ungarn darlegte, daß das Haus Habsburg die nach ungarischer Version - unhaltbare Begründung, daß Ungarn ein rechtsgültiger erheirateter Besitz der Dynastie sei, aufgeben müsse. Dafür aber wäre Ungarn bereit, einen Vertrag auf der Basis der „Pragmatischen Sanktion" mit dem Herrscher zu schließen und Kaiser Franz Joseph von Österreich als „König von Ungarn" anzuerkennen. Die Pragmatische Sanktion, das grundlegende Hausgesetz der Habsburger, das von Kaiser Karl VI. am 19. April 1713 in Kraft gesetzt wurde, und auf Grund älterer Hausgesetze die Unteilbarkeit des habsburgi-schen Länderbesitzes und die Regelung der Erbfolge nach dem Erstgeburts-recht im männlichen und weiblichen Stamm festschrieb, war von 1720-1722 von den Landtagen der einzelnen Provinzen des Reiches angenommen wor-den. Dieses Angebot Deáks, das Franz Joseph annahm, war mit Fußangeln und Fallen gespickt, denn der ungarische Reichstag hatte 1722 zwar die Pragmatische Sanktion angenommen, aber nur für die Nachfolger Kaiser Leo-polds I., die damit als erbberechtigt anerkannt worden waren. Mit Franz Joseph als Apostolischer König von Ungarn, war daher auf der Basis der Prag-matischen Sanktion ein neuer Vertrag zu schließen, der die Unteilbarkeit der Länder der heiligen Stephanskrone zum Gegenstand hatte. Da aber auch Frei-herr von Beust auf den Ausgleich mit Ungarn drängte, um einerseits die

Doppelmonarchie wieder als europäische Großmacht zu festigen und andererseits Graf Bismarck, seinem persönlichen Feind, der ihn aus der sächsischen Hofkanzlei vertrieben hatte, die Möglichkeit zu nehmen in Ungarn wieder die Losreißung von Österreich betreiben zu können, was der Preuße ja schon einmal versucht hatte, hatte Franz Joseph dem von seiner Regierung nur mangelhaft vorbereiteten Ausgleich, den Deák und Andrassy bis ins Detail ausgearbeitet hatten, zugestimmt; zugestimmt, obwohl seine Mutter, Erzherzogin Sophie, gegen Verhandlungen mit dem „Rebellenpack" gewesen war, das sie, wegen der 1849 von Kossuth und seinem „Rebellenparlament" ausgesprochenen Absetzung ihres Sohnes, haßte. Zu den Vorwürfen, die man Franz Joseph und seiner Regierung machen mußte, gehörte aber auch die Auslieferung der Nationalitäten in den Ländern der Stephanskrone an die ungarischen Regierungen, obwohl die Nationalitäten mehr als die Hälfte der Bevölkerung des Landes ausmachten. Der schlaue Advokat Deák hatte mit seiner juridischen Formel „auf Basis der Pragmatischen Sanktion" erreicht, daß Franz Joseph den Abspaltungstendenzen der Kroaten und Slavonier ebenso entgegentreten mußte, wie den Freiheitsbestrebungen der Slowaken und Rumänen, von denen letztere aber auch nur indirekt, als Angehörige des Großfürstentums Siebenbürgen, durch dessen Vertreter im ungarischen Parlament vertreten waren. Unter den Teppich war gekehrt worden, daß der Habsburger Ferdinand I. praktisch eine Krone ohne Land im Kampf mit Türken und Zápolya errungen, daß die Kaiser Leopold I., Joseph I. und Karl VI. mit deutschen Waffen, deutschem Blut und deutschem Geld Ungarn nach 150jähriger Versklavung den Türken entrissen, daß Franz Rákoczy, zum Dank für die Befreiung Ungarns von den Türken, im Solde Ludwig XIV. im Spanischen Erbfolgekrieg den Habsburgern in den Rücken gefallen, vergessen war, daß vor der Rebellion Kossuths schon die Aufstände Stephan Bocskays und Gabor Bethlens die Habsburger und mit ihnen Österreich in größte Schwierigkeiten gebracht und viele Habsburger demnach „mit der Waffe in der Hand" Ungarn erst erobern mußten, um es zu besitzen.

Und nun sollte Franz Joseph, nach dem Willen Deáks, Graf Julius Andrassy, den seinerzeitigen Adjutanten General Artur Görgeys, der 1848/49 die Rebellenheere gegen Österreich befehligt hatte, zum Ministerpräsidenten Ungarns ernennen. Jenen Andrassy, der bei der Kapitulation Görgeys bei Vilagos in Kossuths Auftrag in Istanbul weilte, von dort nach Frankreich ins Exil gegangen, in Abwesenheit von General Haynaus Militärgericht als Hochverräter zum Tod durch den Strang verurteilt, am 21. September 1852 symbolisch gehenkt, aber nach sechs Jahren im Exil, weil er sich für die Versöhnung der Ungarn mit Franz Joseph eingesetzt, vom Wiener Hof begnadigt worden war, der ihm auch die Rückkehr nach Ungarn erlaubte.

Die Krönung Franz Josephs und seiner Gemahlin Elisabeth erfolgte am 8. Juni 1867 in der Matthiaskirche auf der Burg von Buda.Die Krönung geriet zu einem seltsamen Schauspiel, knieten doch der Kaiser von Österreich und seine Gemahlin, die von Johann Simor, dem Erzbischof von Esztergom (Gran) gesalbt worden waren, vor Graf Andrassy, der Franz Joseph die heilige Stephanskrone auf das Haupt setzte und diesen so zum Apostolischen König von Ungarn krönte und hierauf auch, indem er die Krone über Elisabeths Schulter hielt, Elisabeth, die Kaiserin von Österreich, zur Apostolischen Königin der Ungarn krönte. Franz Joseph, der Kaiser von Österreich, der als oberster Kriegsherr und oberster Richter das Todesurteil gegen den damaligen Hochverräter Andrassy bestätigt, diesen aber dann doch begnadigt und als Verhandlungspartner anerkannt hatte, war nun von diesem zum Ministerpräsidenten Ungarns und Vizepalatin ernannten Magnaten feierlich gekrönt worden. Das war ein von Deák und Graf Andrassy, der ein sehr gewiegter Diplomat geworden war, sorgsam ausgeklügelter protokollarischer Akt gewesen, der bei den anderen europäischen Höfen eher mit Peinlichkeit registriert worden war, aber auch zeigte, wie sehr der Kaiser von Österreich und auch die ungarischen Vertreter sich gewandelt hatten. Aber dazu hatte ja auch der Freiherr von Beust, der jetzt gemeinsame Außenminister der Doppelmonarchie, geraten.

Anfang 1867 schrieb Kaiserin Elisabeth, die Ungarnfreundin, an Franz Joseph: „Hoffe, bald von Dir hören zu können, daß die ungarische Sache endlich ins Reine kommt und wir uns bald in Ös-Budávara befinden werden. Wenn Du schreiben wirst, daß wir hingehen, wird mein Herz beruhigt sein, da ich dann weiß, daß das ersehnte Ziel erreicht ist."

Vierzehn Tage vor der Krönung, am 22. Mai 1867, war der neubestellte cisleithanische Reichstag eröffnet worden. Er hatte die Aufgabe, die verfassungsmäßigen Volksrechte wiederherzustellen und den Ausgleich mit Ungarn zu genehmigen. Graf Taaffe war mit der Bildung eines interemistischen Ministeriums betraut worden und hatte seine Aufgabe pflichtgemäß erfüllt. Hingegen war die Rolle, die Kaiserin Elisabeth beim Ausgleich spielte, eine sehr umstrittene. Diese zu romantisch veranlagte Frau, die in keiner Weise ihrer politischen Aufgabe am Wiener Hof entsprechen konnte oder wollte, hat zwar, in ihrer bekannten Vorliebe für alles Ungarische, das Band der ersten Honvedfahne mit eigener Hand gestickt und bei der Fahnenweihe des ersten Honvedbataillons in Ofen, die Erzbischof Simor vornahm, die Fahnenmutter gespielt, war aber, im Gegensatz zu ihrer Schwiegermutter, der Erzherzogin Sophie, in Sachen Politik ziemlich ahnungslos. Ob sie zum Ausgleich soviel beigetragen hat, wie ihr Legenden in Ungarn zubilligten, war und bleibt fraglich.

Das Krönungsgeschenk, das die ungarische Regierung Franz Joseph und Elisabeth machten, 50.000 Dukaten in Gold, überließ das Herrscherpaar großmütig den Invaliden der Revolutionszeit und den Kriegswaisen. Graf Andrassy und seine Regierung kauften hierauf die Gödöller Domäne und ließen das einstige Grassalkovich'sche Kastell in ein behagliches Schloß umgestalten, damit die Herrscherfamilie bei ihren Aufenthalten in Ungarn einen standesgemäßen Wohnsitz habe. Ansonsten war Kaiserin Elisabeth, eine ausgezeichnete Reiterin, oft mit ihrem eigenen Sonderzug mit ihren Reitpferden unterwegs in ganz Westeuropa, um an Reitturnieren teilzunehmen. Nach ihrer beachtlichen lyrischen Begabung hätte sie gewiß eher zu Ludwig II., den König von Bayern gepaßt als zu Kaiser Franz Joseph. Bei aller Sympathie, die sie für Andrassy und Ungarn an den Tag legte, war der Ausgleich zwischen Österreich und Ungarn eine hochgradige politische Angelegenheit, hinter der der neue Außenminister Franz Josephs stand. Daß Elisabeth als Königin von Ungarn die Versöhnungspolitik der Wiener und Budapester Regierung unterstützte und Franz Joseph ersuchte, den Ausgleich zuzulassen, war für den Ausgleich gewiß förderlich, aber nicht entscheidend.

Aber schon bald nach den Krönungsfeierlichkeiten am 8. Juni wurde Kaiser Franz Joseph vom tragischen Ende seines jüngeren Bruders Erzherzog Maximilian Ferdinand Joseph, des Kaisers von Mexiko, der am 19. Juni in Queretaro erschossen wurde, informiert. Zur Vorgeschichte dieser Ereignisse: Erzherzog Maximilian, am 6. Juli 1832 in Wien-Schönbrunn geboren, war mit der Prinzessin Charlotte von Belgien vermählt und übernahm am 1. Oktober 1854 als Konteradmiral das Oberkommando über die österreichische Kriegsmarine in Triest. Vom 28. Februar 1857 bis 20. April 1859 war Maximilian auch Generalgouverneur des Lombardo-Venetianischen Königreiches und legte, nach der Niederlage der österreichischen Truppen bei Solferino dieses Amt nieder und nahm mit seiner Gemahlin seinen Wohnsitz in dem von ihm erbauten Schloß Miramare in Triest. Liberalen Ideen zugänglich, geriet Erzherzog Maximilian in offenen Gegensatz zu seinem kaiserlichen Bruder und verlangte einen seiner Stellung im Kaiserhaus angemessenen

Tegetthoff

Wirkungsbereich. Er fand diesen im Ausbau der österreichischen Kriegsmarine, der unter seinem Kommando begann. Als aber Anfang Juli 1865 eine mexikanische Abordnung unter der Führung des Erzbischofs Pelagio Antonio de Lavastida von Mexiko-Citi nach Miramare kam und Maximilian die Kaiserkrone von Mexiko anbot, nahm der Erzherzog das Anerbieten an, ohne die politischen Hintergründe des Angebotes näher untersuchen zu lassen, um seinem Bruder, dem Kaiser von Österreich, ebenbürtig zu sein. Der Regierungsausschuß von Mexiko proklamierte daraufhin den Sturz der Republik, setzte die Monarchie ein und bot Maximilian am 3. Oktober 1863 offiziell die Krone an. Am 10. April 1864 verzichtete Maximilian auf seine Rechte als Erzherzog von Österreich und Mitglied des Hauses Habsburg-Lothringen, legte den Treueid auf Mexiko ab und nahm die Rechte, Pflichten und den Titel eines „Kaisers von Mexiko" an. Auf der Fregatte „Novara" verließen Maximilian und Charlotte am 14. April 1864 Triest und trafen am 28. Mai 1864 in Vera Cruz ein. Zu all dem kam es, weil Frankreich, England und Spanien im Jahr 1861 der republikanischen Regierung Mexikos, um diese zur Einhaltung vertraglicher Verpflichtungen zu zwingen, den Krieg erklärt hatten und den Vizeprasidenten Mexikos, Benito Juárez, der 1858 die Regierung übernommen hatte, bekämpften. Im Kampf gegen die klerikalen Generale setzte sich Juarez in Vera Cruz fest, wurde von den Vereinigten Staaten Nordamerikas anerkannt und erließ am 12. Juli 1859 Reformgesetze über die Trennung von Kirche und Staat, Religionsfreiheit, Aufhebung der Klöster und Zivilehe und die Nationalisierung der Kirchengüter. 1861 war Juárez zum Präsidenten gewählt und vom Kongreß mit der Diktatur ausgestattet worden. Die Einstellung der mexikanischen Zinszahlungen gab den Anlaß zur Intervention der Franzosen, Engländer und Spanier. Während die Franzosen 1864 das Kaisertum Maximilians errichteten, wurde Juárez bis in den äußersten Norden des Landes zurückgedrängt und führte einen jahrelangen Guerillakrieg. England und Spanien zogen sich aber schon im Frühjahr 1862 zurück, während Frankreich den Kampf fortsetzte und im Mai 1863 die Stadt Mexiko erobern konnte. Eine aus Gegnern des Präsidenten Juárez zusammengesetzte Notabelnversammlung hatte nun am 11. Juli 1863 die Monarchie ausgerufen und Erzherzog Maximilian von Österreich die Krone Mexikos angeboten. Es war daher kein Zufall daß der Erzbischof von Mexiko-City die Delegation anführte, die den Erzherzog, auf Wunsch Napoleons III., zu seinem tragisch endenden Abenteuer überredete. Maximilian zog am 12. Juni 1864 als Kaiser in Mexiko ein. Die Kämpfe gegen das republikanische Heer gingen aber weiter, und die Lage wurde kritisch, als auch die Franzosen, auf das bestimmte Verlangen der Vereinigten Staaten („Amerika den Amerikanern") im Frühjahr 1867 ihre Truppen zurückzogen. Kaiser Maximilian, der sich weigerte, mit den Franzosen das Land zu verlassen, kämpfte gegen die Übermacht der Republikaner tapfer, aber unglücklich, weiter. Er wurde schließlich in Queretaro eingeschlossen, nach hartem Kampf gefangengenommen, auf Juárez Befehl vor ein Kriegsgericht gestellt und am 19. Juni 1867 standrechtlich erschossen. Um sieben Uhr morgens war das Todesurteil auf dem „Cerro de las Campanas" vor Queretaro vollstreckt worden. Mit Maximilian waren auch dessen Generale Miramon und Mejia hingerichtet worden. Juárez hatte Europa eine Lektion erteilt und alle diplomatischen Interventionen abgeschmettert. Kaiserin Charlotte, die in Europa geweilt und die Hilfe Frankreichs erbat, fiel, auf die Nachricht vom Tod ihres Gemahls in geistige Umnachtung, starb aber erst am 19. Januar 1927 auf Schloß Bouchout in Belgien.

In die Zeit des Ausgleichs mit Ungarn fällt auch das Bestreben Kaiser Napoleons III. das Großherzogtum Luxemburg zu kaufen, doch Graf Bismarck, der dem Kaiser der Franzosen für eine wohlwollende Neutralität im Krieg gegen Österreich, Kompensationen in Aussicht gestellt, aber nach dem Sieg bei Sadowa nichts mehr davon hatte wissen wollen, wies den Wunsch Napoleons glatt ab, so daß der Kaiser der Franzosen völlig leer ausging. Napoleon hätte aber einen Erfolg gebraucht, um sagen zu können, daß er die Verträge von 1815 (Zweiter Friede von Paris), nach denen 17 französische Grenzfestungen auf mehrere Jahre von deutschen Bundestruppen besetzt blieben, zerrissen habe. Aber selbst dieses bescheidene Ziel, das Großherzogtum Luxemburg zu kaufen, vereitelte Preußen. Zu spät hatte Napoleon erkannt, daß bei Sadowa auch Frankreich eine Niederlage erlitten und war vom Verhalten König Wilhelms und Graf Bismarcks tief gekränkt. Als nun auch noch die Nachricht von der Exekution Kaiser Maximilians in Querezaro eintraf, die Napoleon für widerlich erklärte, suchte er, da die Großmacht Österreich-Ungarn in der Lage war erforderlichen Falls 800.000 Mann an Streitkräften auf die Beine zu bringen, zu Kaiser Franz Joseph Kontakte, um Franz Josef einerseits einen Kondolenzbesuch abzustatten und andererseits mit ihm die europäische Lage zu beraten. Das war für den neuen Außenminister Franz Josephs, Freiherrn von Beust, die sehnlich gewünschte Gelegenheit, eine Achse gegen Preußen zu schmieden. Die beiden Monarchen trafen sich in der Zeit vom 18. bis 25. August in Salzburg, wo es zwar zu keinem schriftlich vereinbarten Beistandspakt kam, bei dem aber die beiden Monarchen sich gegenseitige Hilfe zugesagt haben müssen, weil Frankreich später, im Krieg gegen Preußen, mit der Intervention Österreich-Ungarns rechnete. Freiherr von Beust sah sich seinem Ziel „Rache für Sadowa", näher denn je und für den Kaiser von Österreich eröffnete sich die reale Aussicht, den Deutschen Bund, unter Österreichs Führung, wieder herzustellen, die Souveräne von Hannover, Kurhessen und Holstein zu rehabilitieren und den Landraub der Preußen wiedergutzumachen, die geschädigten Fürsten also wieder in die ihnen geraubten Länder zurückzuführen. Franz Joseph I. und Napoleon III. kamen überein, die Beratungen über ein gemeinsames Vorgehen gegen Preußen fortzusetzen.

Am 21. Dezember 1867 bestätigte Kaiser Franz Joseph die vom Verfassungsausschuß des cisleithanischen Reichsrates ausgearbeiteten Staatsgrundgesetze über die allgemeinen Rechte der Staatsbürger, über die Ausübung der Regierungs- und Vollzugsgewalt, über die richterliche Gewalt und die Errichtung eines Reichsgerichtes. Die Verfassung vom 26. Februar 1861 wurde als Gesetz über die Reichsvertretung wieder in Kraft gesetzt. Dieses „Staatsgrundgesetz über die allgemeinen Rechte der Staatsbürger für die im Reichsrate vertretenen Königreiche und Länder umfaßte folgende Bestimmungen: Vor dem Gesetz sind alle Staatsbürger gleich. Die öffentlichen Ämter sind für alle Staatsbürger gleich zugänglich. Die Freizügigkeit der Person und das Vermögen innerhalb des Staatsgebietes unterliegt keiner Beschränkung. Das Eigentum ist unverletzlich. Jeder Staatsbürger kann an jedem Ort des Staatsgebietes seinen Aufenthalt und Wohnsitz nehmen. Das Hausrecht ist unverletzlich. Das Briefgeheimnis darf nicht verletzt werden. Die österreichischen Staatsbürger haben das Recht, sich zu versammeln und Vereine zu bilden. Jedermann hat das Recht, durch Wort, Schrift, Druck oder bildliche Darstellung seine Meinung innerhalb der gesetzlichen Schranken frei zu äußern. Die Presse darf weder unter Zensur gestellt noch durch das Konzessionssystem beschränkt werden. Die volle Glaubens- und Gewissensfreiheit ist jedermann gewährleistet. Die Wissenschaft und ihre Lehre ist frei. Es steht jedermann frei, seinen Beruf zu wählen und sich für denselben auszubilden, wie und wo er will. Alle Volksstämme des Staates sind gleichberechtigt, und jeder Volksstamm hat ein unverletzliches Recht auf Wahrung und Pflege seiner Nationalität und Sprache.

Am 24. Dezember 1867 wurde das neue Reichsministerium für die gemeinsamen Angelegenheiten ernannt. Freiherr von Beust wurde Minister des Auswärtigen, mit dem Titel „Reichskanzler", Becke wurde Reichsfinanzminister, GM. John Reichskriegsminister. Beust blieb bis November 1871 im Amt.

Mit 1. Januar 1868 wurde die erste parlamentarische Regierung in Cisleithanien, das „Doktoren- oder Bürgerministerium" gebildet, dem Fürst Carlos Auersperg vorstand. Auersperg folgten Graf Taaffe und Hasner als Ministerpräsidenten. Mit ihnen begann die Herrschaft der deutschliberalen Partei, die sich auch als Verfassungspartei bezeichnete, in Österreich. Als

Gegengewicht zur deutschliberalen Partei formierte sich die sozialdemokratische Partei, die am 12. April 1868 in Wiener Neustadt ihren ersten allgemeinen Arbeitertag abhielt. Dieser Arbeitertag sprach sich für eine von Ferdinand Lassalle vertretene deutschnationale sozialdemokratische Richtung aus. Ein Jahr später, am 11. April 1869 erschien erstmalig die „Volksstimme" als Organ der sozialdemokratischen Partei und schon am 13. Dezember 1869 zogen etwa 20.000 Arbeiter vor das Parlament und demonstrierten für das „Koalitionsrecht", das Recht zur Bildung von Gewerkschaften.

Die deutsche Arbeiterbewegung hatte ihren Vormarsch im Jahr 1848 begonnen. Marx und Engels verfaßten um diese Zeit das „Kommunistische Manifest". Sie vertraten einen internationalen Sozialismus, wogegen Ferdinand Lassalle für einen Sozialismus auf nationaler Ebene eintrat. Lassalle, der mit Graf Bismarck ein freundschaftliches Verhältnis unterhielt, war ein heftiger Gegner Österreichs. Er schrieb im Jahr 1859: „Österreich muß vernichtet werden; am Tage, wo der Sonderstaat Österreich vernichtet ist, ist Deutschland konstituiert." Bei einer solchen Einstellung Österreich gegenüber war es kein Wunder, daß Bismarck dem Sozialisten Lassalle zugetan war.

Kaiser Franz Joseph, der den Freiherrn Friedrich Ferdinand von Beust in den Grafenstand erhoben hatte, bestätigte am 25. Mai 1868 drei Kirchengesetze, die über Betreiben der deutschliberalen Partei vom Reichsrat angenommen wurden. Es waren dies:

1. Überweisung der Gerichtsbarkeit in Ehesachen an die weltlichen Gerichte (Einführung der Notzivilehe).

2. Zuerkennung der obersten Leitung und Aufsicht über das gesamte Unterrichts- und Erziehungswesen an den Staat (Erlassung des Reichsvolksschulgesetzes am 14. Mai 1869).

3. Regelung der interkonfessionellen Verhältnisse im Sinne der Gleichberechtigung; jedem Staatsbürger wird die Wahl seines Religionsbekenntnisses nach Vollendung des 14. LebensJahres freigestellt.

Durch diese Gesetze wurde die Wirksamkeit des Konkordates vom 18. August 1855 erheblich eingeschränkt. Papst Pius IX. nannte diese Gesetze „verwerflich, verdammenswürdig und abscheulich," was aber nichts an den Tatsachen zu ändern vermochte, die unter dem neuen Reichskanzler Graf Beust zustandegekommen waren.

Am 5. Dezember 1868 traten die Delegationen der österreichischen und ungarischen Reichshälfte zusammen, um für die Monarchie ein neues Wehrgesetz zu beschließen. Eingeführt wurde die zwölfjährige Dienstpflicht, davon dienten die Soldaten drei Jahre in der Linie. Im Rahmen der allgemeinen Wehrpflicht betrug das jährliche Rekrutierungskontingent für Österreich 55.000 Mann und für Ungarn 40.000 Mann. Die Kriegsstärke der Armee: 800.000 Mann. Daneben bestand in Österreichs Kronländern die Landwehr und in Ungarn die Honved. Die aktive Armee hingegen war gemeinsam.

Indessen griff 1868/69 unter den Slaven der österreichischen Kronländer ebenso eine Opposition um sich wie in Ungarn. Der heftige Protest der Tschechen gegen die Kompetenz des Reichsrats für die Länder der böhmischen Krone (Böhmen, Mähren und Schlesien) führte am 10. Oktober 1868 zur Verhängung des Belagerungszustandes über Böhmen und die Polen forderten Autonomie für Galizien, der der Reichsrat mit dem Zugeständnis der polnischen Sprache als Amtssprache entsprach und den Polen einen Minister im Kabinett zubilligte. Und wie die Tschechen und Polen im Norden, begehrten auch die Slowenen den Status eines Königreiches und die Bocchesen in Süddalmatien erhoben sich wegen des Wehrgesetzes von 1869.

Am 10. Mai 1869 kam es, unter der Regie des Reichskanzlers Graf Beust, zum Entwurf eines gegen Preußen gerichteten Bündnisvertrages zwischen Österreich-Ungarn, Frankreich und Italien. Der gemeinsame Außenminister der Österreicher und Ungarn, Graf Beust, hatte mit Frankreich und Italien auf der Grundlage der Gespräche zwischen Franz Joseph I. und Napoleon III. in Salzburg Verhandlungen aufgenommen, um für den Österreich 1866 von Preußen aufgezwungenen Krieg,der mit der Niederlage der kaiserlichen Armee bei Sadowa (Königgrätz) geendet hatte, Revanche zu nehmen. Österreich erstrebte die Wiedergewinnung Schlesiens und die alte Vormachtstellung im Deutschen Bund an und wäre bereit gewesen, Italien für die Teilnahme am Krieg gegen Preußen, den romanischen Teil Südtirols und das rechte Isonzoufer abzutreten. Ab dem Frühjahr 1870 wurden österreichisch-französische Verhandlungen über einen gemeinsamen Kriegsplan geführt, aber wegen der Opposition von Graf Andrassy, dem ungarischen Ministerpräsidenten, nicht zum Abschluß gebracht. Die Beratungen wurden aber fortgesetzt, denn Graf Beust war fest entschlossen, Österreichs Ehre wieder herzustellen und den preußischen Hochmut, der in Frankreich als preußische Unverschämtheit angeprangert wurde, zu bestrafen.

In Rom war indessen am 8. Dezember 1869 von Papst Pius IX. in der Peterskirche das 1. Vatikanische Konzil feierlich eröffnet worden. Pius IX., sein bürgerlicher Name war Giovanni Maria Mastai-Ferretti, war bereits im 78. Lebensjahr, als das Konzil begann, an dem etwa 680 Bischöfe und Kardinäle teilnahmen. Mit der Berufungsbulle „Aeteri Patris" vom 8. September 1868 waren die Bischöfe und Kardinäle zur Teilnahme am eben eröffneten Konzil aufgefordert worden. Sie waren, nachdem in der Berufungsbulle kein

Wort über die von Pius IX. mit aller Energie angestrebte „Unfehlbarkeit" stand, in der Absicht gekommen, dem Papst im Kampf um die Erhaltung des von der italienischen Revolution bedrohten Kirchenstaates beizustehen. Aber schon am 6. Februar 1869 ergriff die Zeitschrift des Vatikans „Civilta Cattolica" in bezug auf die Unfehlbarkeit des Papstes (die Infallibilität) für Pius IX. die Initiative. Sie publizierte einen vom Staatssekretariat in Paris bestellten Bericht, laut dem die „echten Katholiken Frankreichs" die Dogmatisierung der Unfehlbarkeit des Papstes wünschten und hofften, daß eine solche Erklärung durch die einstimmige Akklamation der Väter zustandekommen werde. Die durch diesen Artikel aufgeschreckten Gegner der Infallibilität befürchteten durch diese angefachte Diskussion über die Überhöhung der päpstlichen Herrschaft, schwere Schäden für die Christenheit, denn mit der Dogmatisierung der Unfehlbarkeit würden alle Wege zu einer erhofften Ökumene für immer verbaut werden. Würde das 1. Vatikanische Konzil diese Unfehlbarkeit zum Dogma, zum Glaubenssatz der katholischen Kirche machen, so wäre eine Versöhnung mit den Protestanten, den Orthodoxen und anderen christlichen Glaubensgemeinschaften nicht mehr möglich, denn keine von ihnen würde sich freiwillig der verteufelten Oberherrschaft der römischen Kurie unterwerfen. Aber die eigentlichen Urheber der Kampagne, Pius IX. und sein Kardinal-Staatssekretär Giacomo Antonelli wollten vorerst im Hintergrund bleiben und ließen ihre Avantgarde, die Jesuiten, in der „Civilta Cattolica", der offiziellen Zeitschrift des Vatikans, schon im Sommer 1867 den Bischöfen und Priestern ihr Gelübte zur Kenntnis bringen, daß sie für die Dogmatisierung der päpstlichen Unfehlbarkeit kämpfen, „usque ad effusionem sanguinis", bis zum Vergießen des Blutes. Mit Hirtenbriefen und einer ausgedehnten „Adressenbewegung" brachte die Kurie Klerus und Volk dazu, daß von den Diözesen verlangt wurde, daß dem Papst die Unfehlbarkeit zugesprochen werde. Pius IX. und Antonelli aber spielten den Diplomaten, die sich über diese Vorhaben erkundigten, gegenüber die Unwissenden. Sie wollten noch nichts davon gehört haben, daß dem Papst die Titel: „König", „Papst-König", „herrlichster der Fürsten", „höchster Herrscher der Welt", „König der Könige", ja „Vizegott der Menschheit" von den Infallibilisten zugedacht worden waren, obwohl auch die „Civilta Cattolica" schrieb: „Wenn der Papst meditiert, ist es Gott, der in ihm denkt." Pius IX., redete sich auf die Pressefreiheit aus, die er leider auch in seinem Staat tolerieren müsse. Es störte ihn aber keineswegs, daß ihn die Ultramontanen (ultra montan = jenseits der Berge; in Rom) als „Erlöser, der wie Christus am Kreuz hängt" bezeichneten, oder als das „fleischgewordene Wort (Gottes), das fortlebt". Und Don Bosco, der große Heilige der katholischen Kirche, sprach vom

Papst als vom „Gott auf Erden" und schrieb: „Jesus hat den Papst höher gestellt als die Propheten, den Vorläufer Johannes den Täufer und die Engel. Jesus hat den Papst auf die gleiche Stufe mit Gott gestellt." Don Bosco wurde in der Folge „heilig" gesprochen.

Die Infallibilisten sahen sich aber nach und nach einer beträchtlichen Opposition gegenüber. Nachdem die römischen Absichten immer deutlichere Formen annahmen, befragte der Ministerpräsident und Außenminister Bayerns, Chlodwig Fürst von Hohenlohe-Schillingfürst, in einer Zirkularnote vom 9. April 1869 die europäischen Regierungen, was sie von den Vorgängen in Rom halten würden, und regte Beratungen über die drohende Unfehlbarkeitserklärung an, um gemeinsam den Hochmut Pius IX. zurückzuweisen. Aber an den europäischen Höfen hatte man andere Sorgen und beachtete Hohenlohes Warnung kaum. Umso größer aber war die Aufregung unter den Katholiken, besonders in Deutschland und Frankreich. Bald tobte auf literarischem Feld eine heiße Auseinandersetzung. In dieser Situation richteten vierzehn von den zwanzig in Fulda versammelten Mitgliedern der deutschen Bischofskonferenz am 4. September 1869 ein vertrauliches Schreiben an Pius IX., in dem sie zu bedenken gaben, daß eine Dogmatisierung der päpstlichen Unfehlbarkeit für Deutschland große Gefahren in sich berge und daher für die gegenwärtige Zeit nur ungünstig sein könne. Ihre eigenen Gläubigen jedoch beschwichtigten sie in einem Hirtenbrief: „Nie und nimmer wird und kann ein allgemeines Konzil eine neue Lehre aussprechen, welche in der Heiligen Schrift oder der apostolischen Überlieferung nicht enthalten ist... Nie und nimmer wird und kann ein allgemeines Konzil Lehren verkünden, welche mit den Grundsätzen der Gerechtigkeit, mit dem Rechte des Staates und seiner Obrigkeiten, mit der Gesittung und mit den wahren Interessen der Wissenschaft oder mit der rechtmäßigen Freiheit und dem Wohle der Völker im Widerspruche stehen." Die Herren der Bischofskonferenz sollten sich in Pius IX., dem Epilektiker am Stuhl Petri, gewaltig irren, denn die Unfehlbarkeit des Papstes wurde von ihm persönlich angestrebt und ist ohne Einbeziehung seiner Person kaum zu verstehen. Das in die Zeit des Christentums hineinprojizierte Papstbild der Jesuiten und Infallibilisten hat sich aber zum größen Teil als Resultat von Fälschungen erwiesen und warf die katholische Christenheit weit hinter den Stand des damaligen Wissensstandes zurück.

Wahrscheinlicher ist, daß Pius IX. mit den Infallibilisten eine Tendenzwende in der Gesellschaft herbeiführen wollte, eine Kompensation für den Verlust seiner weltlichen Macht. Mit einbezogen hat Pius, daß er mit der Unfehlbarkeit der Päpste allgemein einen Damm gegen die Prinzipien der französischen Revolution und die sozialen Unruhen in ganz Europa aufrichte und selbst als Baumeister dieses Dammes gelte.

Bedenken wie Gustav Adolf Hohenlohe-Schillingfürst hatten auch 130 Bischöfe, die sich den Bestrebungen der Infallibilisten mutig widersetzten. Unter diesen war auch der Sohn Pius IX., Kardinal Filippo Maria Guidi, der mit seinem Vater, dem Papst, in schwere Zerwürfnisse geriet und diesem das Recht auf die Unfehlbarkeit absprach. Der Zölibat hat für Pius IX., wie wir sehen, zwar gegolten, denn die Mutter seines Kindes hat er nicht geheiratet, aber für „fleischliche Sünden" war er ebenso zugänglich, wie andere Päpste auch.

Am ehesten konnten die französischen Bischöfe in dieser Situation etwas erreichen, blieb doch der Kirchenstaat nur durch den militärischen Schutz Frankreichs am Leben. Tatsächlich brachten diese es fertig, daß die französische Regierung dem Vatikan im geheimen mit Truppenabzug drohte, falls die päpstliche Unfehlbarkeit dogmatisiert würde. Die erhoffte Wirkung, mit der die Opposition fest rechnete, blieb aber dieser Drohung ebenso versagt wie den beiden Protestnoten des französischen Außenministers Daru. Im April 1870 wurde Daru nicht ohne Mithilfe kurialer Kreise gestürzt. Ministerpräsident Emile Ollivier übernahm auch das Außenamt. Obwohl sich damit die Chancen einer Intervention wesentlich verringerten, versuchten die in Opposition stehenden Bischöfe, die die Unfehlbarkeit des Papstes verhindern wollten, die aber inzwischen als Minderheit einer dem Papst gefügigen Mehrheit gegenüberstanden, über die französische Regierung wenigstens eine Vertagung des Konzils zu erreichen, in der stillen Hoffnung, der 78jährige Papst könnte vor der Erreichung seines Zieles vielleicht doch noch sterben. Als mögliches Druckmittel dachte man in Paris an die Abberufung des französischen Botschafters aus Rom. Ein französischer Bischof schlug sogar vor, die Regierung solle wegen der dauernden Mißachtung ihrer Proteste die Trennung von Kirche und Staat in Frankreich vollziehen. Die deutschen, österreichischen und ungarischen Bischöfe unterstützten ihre französischen Amtsbrüder nach Kräften. Der preußische Botschafter beim Heiligen Stuhl, Harry Graf von Arnim-Suckow, stand im Zentrum der Bemühungen um eine gemeinsame Intervention der europäischen Regierungen. Sein harter Kurs fand auch bei den deutschen Bischöfen Zustimmung. Bischof Heinrich Förster zeigte Arnim gegenüber sogar Verständnis für die Trennung von Kirche und Staat, sollte die Unfehlbarkeit des Papstes definiert werden. Selbst der preußische Ministerpräsident Graf Otto von Bismarck wurde von der Mehrheit der deutschen, österreichischen, ungarischen und einigen französischen Prälaten um Unterstützung und Vorbereitung einer gemeinsamen Intervention der europäischen Mächte gebeten. Bismarck, der sich durch diese Bitten um Hilfe sehr geschmeichelt fühlte, sagte zum französischen Botschafter in Berlin, Vincent Benedetti, er sei erstaunt darüber, daß sich selbst die Bischöfe

Österreichs und Ungarns an ihn gewandt hätten, obwohl erst vor vier Jahren die Truppen ihrer Länder bei Königgrätz von den Preußen geschlagen worden seien. Solche Bittgesuche selbst an Staatsmänner, denen man nicht sehr viel Sympathie für die katholische Kirche nachsagen könne, zeigen, wie arg die Verzweiflung der Bischöfe sei. Mit ihren Demarchen bei den Regierungen hatten sich aber die Bischöfe gründlich verrechnet, denn Pius IX. wurde auf dem eingeschlagenen Weg nicht behindert. Dies war der Grund, daß Niedergeschlagenheit und Trauer die Bischöfe der Opposition erfüllten. Viele wurden krank, einige wollten sterben und Bischof Francois Lecourtier warf seine Konzilsdokumente in den Tiber. Der Primas von Ungarn, Erzbischof Johannes Simor, war über die Eingriffe des Papstes in die Rechte der Bischöfe so erregt, daß er längere Zeit weder essen noch schlafen konnte. Vom 22. Mai 1870 an besuchte er die Sitzungen der Glaubensdeputation nicht mehr. Andere Bischöfe, unter ihnen Joseph Georg Stroßmayer, wurden krank und Kardinal Friedrich Schwarzenberg, der Oberhirte von Prag, ergaben sich einer verzweifelten Erbitterung. Bischof Lecourtier wurde drei Jahre später abgesetzt. Mit ihm haben viele Bischöfe der Opposition gegen Pius IX. Rom verlassen, weil sie der Papst nicht nur wie Schüler behandelte, sondern psychisch vergewaltigte.

Trotz so massiver Bedenken von 130 Bischöfen verkündete am 18. Juli 1870 die in Rom versammelte Kirchenversammlung die Unfehlbarkeit des Papstes in Glaubenssachen. Die starke Opposition, die sich gegen das Zustandekommen dieses Dogmas gewehrt hatte, war von den österreichischen Erzbischöfen Rauscher (Wien), Schwarzenberg (Prag) und Stroßmayer (Diakovar) geführt worden.

Die Unfehlbarkeit, lateinisch Infallibilität, wurde katholische Glaubenslehre: Die auf den steten Beistand Christi (Matth. 28, 20) und des Heiligen Geistes (Joh. 14, 16 ff.) zurückgeführte Bewahrung der Kirche vor jedem Irrtum, wenn sie abschließend über diejenigen Gegenstände der Glaubens- und Sittenlehre entscheidet, die entweder formell geoffenbart sind oder als praeambula fidei, theologische Schlußfolgerungen, dogmatische Tatsachen mit der Offenbarung untrennbar zusammengehören, betreffen. Unfehlbarkeit eignet dem Papst, wenn er ex cathedra spricht, und der Gesamtheit der Bischöfe auf dem Ökumenischen Konzil oder bei allgemeiner Übereinstimmung untereinander und mit dem Papst in einer Glaubens- und Sittenlehre. Dieser aktiven Glaubenslehre des kirchlichen Lehramts entspricht die passive Unfehlbarkeit der hörenden Kirche, die als ganze nicht in einen Glaubensirrtum verfallen kann. Die Unfehlbarkeit des Gesamtepiskopats ist seit dem 1. ökumenischen Konzil (Nicäa 325) kirchliche Lehre gewesen, die persönliche Unfehlbarkeit des Papstes wurde seit dem Hochmittelalter, mit Ausnahme der Zeit der Reformkonzilien, immer mehr anerkannt, aber erst auf dem 1. Vatikanischen Konzil (1870) definiert. Die Gegner beriefen sich dogmengeschichtlich besonders auf die Fälle der Päpste Vigilius und Honorius. Vigilius, Papst (537-555) wurde als Anhänger der gegen die Beschlüsse von Kalchedon gerichteten Religionspolitik Kaiser Justinians I. von Byzanz auf kaiserlichen Druck hin Papst, geriet aber mit Justinian und der abendländischen Kirche die seine von Justinian veranlaßte Verurteilung der „Drei Kapitel" (Kapitelstreit) ablehnte, in Gegensatz. Honorius I., Papst (625-638), verbot von einem oder zwei Willen in Jesus zu sprechen. Darum und weil er selbst nur einen Willen annahm, wurde er vom 6. allgemeinen Konzil in Konstantinopel 681 als Häretiker verurteilt. Papst Leo II. bestätigte 582 die Verurteilung, weil Honorius durch unheilige Preisgabe zugelassen habe, daß die unbefleckte (römische Kirche) befleckt wurde. Auch im Papsteid lebte diese Verurteilung eine Zeitlang fort. Die Begünstigung der Häresie durch Vigilius und Honorius und deren Verurteilung als Häretiker spielten 1870 bei der Dogmatisierung der Unfehlbarkeit eine große Rolle, weil die Opposition mit diesen zwei Beispielen die Unfehlbarkeit als solche in Frage stellte. Im Dreikapitelstreit ging es um die Schriften der Theologen Theodor von Mopsuestia, Theodoret von Cyrus und Ibas von Edessa, die zum Nestorianismus neigten und von Kaiser Justinian I. deshalb bekämpft wurden.

Am 10. August 1870, drei Wochen nach der Verkündigung der Unfehlbarkeit des Papstes, erklärte Österreich das Konkordat mit dem Heiligen Stuhl von 1855 für nicht mehr verbindlich und am 20. September, die Franzosen waren inzwischen abgezogen worden, besetzten Truppen König Viktor Emanuels nach mehrstündigem Artilleriebeschuß, bei dem die Engelsburg schwer beschädigt wurde, Rom, entwaffneten die päpstlichen Truppen und beendeten gewaltsam die weltliche Herrschaft des Papstes. Der Kirchenstaat Pius IX. wurde dem Königreich Italien einverleibt und Rom zur Hauptstadt Italiens erklärt. Damit war Italien endgültig geeint und der um seine weltliche Macht ringende Papst vom König von Italien in seine geistlichen Schranken verwiesen worden. Die Unfehlbarkeitserklärung des Papstes aber war zum Felsen gwworden, an dem der Wille von Jesus Christus, daß ein Stall und eine Herde sei, zerschellte; zerschellte bis zum heutigen Tag.

Der russische Dichter und Philosoph Fedor Mihailowitsch Dostojewski schrieb 1922 in München in seinen „Politischen Schriften" auf Seite 49: Dieser überhebliche Machtanspruch des Geldkapitals erinnert in seiner Totalität an Papst Pius IX. (1846-1878), als er das Dogma von der Unfehlbarkeit des Papstes (1870) verkündete: „Ihr glaubt wohl, daß ich nur dem Titel nach Herrscher des Kirchenstaates bin? So wisset denn, daß ich mich immer als der Herrscher der ganzen Welt, aller Herrscher der Erde, der geistlichen wie der weltlichen, gefühlt habe, als ihren wirklichen Herren und Imperator. Ich bin der Zar aller Zaren und der Herrscher aller Herrscher, und mir allein auf der Erde gehören die Schicksale und die Zeiten: und das erkläre ich aller Welt jetzt im Dogma meiner Unfehlbarkeit."

Das ökumenische Konzil verkörpert die Gesamtheit der Kirche; es ist daher „mit der höchsten Gewalt über die ganze Kirche ausgezeichnet" und unfehlbar, jedoch nur, wenn es vom Papst berufen und geleitet wird und dieser seinen Beschlüssen zustimmt! Umgekehrt gibt es keine Frage, die dem ökumenischen Konzil vorbehalten wäre; der Papst hat persönlich genau die gleiche Jurisdiktionsgewalt wie das ökumenische Konzil. Daraus folgert, daß der Papst und die ihm verantwortliche Glaubenskongregation mit Hilfe ihrer Exposituren in den verschiedenen Staaten (auch Botschaften genannt) die Tätigkeiten der Bischofskonferenzen (Diözesansynoden) überwachen und mit Hilfe der Nuntien bei Bischofsernennungen die Ortskirchen (Diözesen) übergehen, das heißt, vergewaltigen und nur jene Geistlichen zu Bischöfen ernennen, die bereit sind, jede Weisung der Kurie zu vollstrecken. Da sich die Regierungen der Staaten in die Bischofsernennungen nicht einmischen, sind die Ortskirchen auch in unserer aufgeschlossenen Zeit (durch das Desinteresse der jeweiligen Regierungen) schutzlos der Willkür der Römer und ihrer Wasserträger ausgeliefert.

Das 1. Vatikanische Konzil von 1870 war kein freies Konzil, denn die Infallibilisten, Avantgarde Pius IX., haben mit Wahlmanipulation, geheimen Unterschriftensammlungen für das Unfehlbarkeitsdogma, Fälschungen und Fehlinterpretationen, sowie durch psychischen Terror (Absetzungen und Absetzungsdrohungen) eine Mehrheit für das Unfehlbarkeitsdogma erzwungen, die Opposition weitgehend mundtot gemacht und das Bild der römisch-katholischen Kirche in der Geschichte verdunkelt. Vergebens hatten auch jene französischen Bischöfe, die zur Opposition (Minorität) gehörten, versucht, die gallikanischen Thesen, die bis in die Mitte des 19. Jahrhunderts in Frankreich, Deutschland, England und Oberitalien maßgebend waren, ins Spiel zu bringen. Sie hatten sich auf Jaques Benigne Bossuet (1627-1704), den Hauptverfasser der Deklaration des französischen Klerus von 1682 berufen. Im zweiten dieser gallikanischen Artikel wird die Oberhoheit des Konzils über den Papst festgestellt und im vierten die Endgültigkeit päpstlicher Glaubensentscheidungen von der Zustimmung der Kirche abhängig gemacht. Die Lehre Bossuets wurde von den Infallibilisten und deren Speerspitze, den Jesuiten, abgelehnt und der hochmütige Epilektiker, Pius IX., „unfehlbar" und dem Konzil übergeordnet. Pius IX. hatte zwar seine weltliche Macht, den Kirchenstaat, verloren, aber durch die Tätigkeit der Infallibilisten die Weltherrschaft über die katholische Christenheit gewonnen.

468

Und Europa? Frankreich, Preußen, Österreich-Ungarn und die süddeutschen Staaten hatten andere Sorgen, die auf sie zukamen…

Am 10. Mai 1870 waren der österreichische (cisleithanische) Reichsrat und alle Landtage aufgelöst worden. Die Ursache für diesen Schritt des Reichskanzlers Graf Beust und seiner Regierung war, daß die slawischen Abgeordneten nach wie vor dem Reichsrat fernblieben. Auch Neuwahlen brachten keine Verbesserung der Lage, weil vor allem die Tschechen weiterhin die Teilnahme am Reichsrat ablehnten. Sie forderten den Ausgleich, wie mit Ungarn, und daß Franz Joseph mit der Wenzelskrone gekrönt werde. Die Tschechen sahen im Dualismus Österreich-Ungarns eine Diskriminierung der Länder der Wenzelskrone, die weiterhin nur „Kronländer" waren.

Reichskanzler Graf Beust war indessen seit einem Jahr unablässig bemüht, die Allianz mit Frankreich und Italien gegen Preussen zustande zu bringen, weil er genau wußte, daß die vom Preussenhaß geleiteten Hof- und Militärkreise Österreichs ebenfalls eine Revanche für Sadowa anstrebten. Die persönliche Gegnerschaft Graf Beusts mit Graf Bismarck und die Revanchegelüste der Militärpartei übersahen aber dabei, daß die Rheinfrage zwar für Österreich von Interesse war, aber den Ungarn gleichgültig sein mußte. Ungarns Interessen lagen am Balkan, wo Rußland, das Österreich den „Undank" im Krimkrieg noch immer nachtrug, eine immer aggressivere Politik betrieb. Graf Andrassy und seine Regierung betrachteten daher den Verlauf der Verhandlungen zwischen Frankreich und Österreich als verhängnisvoll und betrachteten voller Argwohn jeden Schritt Graf Beusts. Die Ungarn waren davon überzeugt, daß die Allianz Österreichs mit Frankreich Ungarn keinen Nutzen bringen würde, ja sogar den Ausgleich gefährden konnte. Im Falle eines Sieges der Franzosen und Österreicher über Preußen, würde Österreich die Führungsrolle im Deutschen Bund wieder anstreben

Reichskanzler
Friedrich Ferdinand
Freiherr von Beust

und den Ausgleich mit Ungarn, der die Großmachtstellung Österreich-Ungarns geschaffen hatte, fallen lassen. Im Falle einer Niederlage aber hätten sie, die Ungarn, die Lasten und die Schande gemeinsam mit Österreich zu tragen, ja den Sturz des neuen Systems verursachen können, wenn sie keine Gegenmaßnahmen träfen. Hieraus entwickelte sich ein scharfer Gegensatz zwischen Graf Andrassy und dem Reichskanzler wegen dessen Revanchepolitik. Andrassy nützte daher jede Gelegenheit, vor Franz Joseph zu betonen, daß Österreich-Ungarn nicht im Westen, sondern im Osten seine Interessen zu schützen habe, welche Rußland unablässig bedrohe. Nicht die Rheinfrage sondern die orientalische bilde das Problem, von dessen Lösung die Großmachtstellung Österreich-Ungarns abhänge. Damit war aber auch die außenpolitische Linie, der Graf Andrassy den Vorzug gab, pro-preußisch geworden. Sein Prinzip widersprach den politischen Traditionen Österreichs und war schon aus diesem Grund schwer zu verwirklichen. Der Idee Andrassys, Österreichs Interessen auf den Balkan zu lenken und mit denen Ungarns zu koordinieren, wollte man in Wien vorerst nicht näher treten, weil Beust und wohl auch Franz Joseph noch immer den Traum vom deutschen Kaisertum nicht entsagen wollten. Der Prager Friede hatte zwar Österreich aus dem alten Deutschland verdrängt, doch bisher war noch niemand an die einstige Stellung Österreichs getreten, noch immer war der deutsche Kaiserthron vakant, aber durch einen siegreichen Krieg gegen Preußen für die Habsburger, die eine sechshundertjährige Geschichte mit diesem verknüpfte, wieder zu gewinnen. An diese Politik knüpften die österreichischen Staatsmänner die Erinnerung an die Vergangenheit, deren Glanz auch deshalb so verlockend sein mochte, weil man von ihm bei Sadowa gewaltsam losgerissen worden war. Daß Österreich mit seiner Vergangenheit völlig brechen würde, glaubte Graf Andrassy vorerst selbst nicht, doch arbeitete er mit seiner Regierung unablässig daran, den Grund einer ungarischen nationalen Politik durch die innere Reorganisation Ungarns vorzubereiten, diese Politik zu entwickeln und eine Erstarkung Österreich-Ungarns im Sinne der Ungarn zu erwirken, die es in den Stand setzen sollte, Ungarns Interessen am Balkan gegen Rußland zu verteidigen.

Darum erklärte sich Andrassy schon 1868 für die Einführung der allgemeinen Wehrpflicht, förderte er die Reorganisation der Armee, machte er die Einheiten der Honved kampfbereit und setzte durch, daß die Militärverwaltung zwei Monitors zur Verteidigung der ungarischen Donauufer entsandte. Andrassy wollte mit dieser Taktik die Bereitschaft der Großmacht Österreich-Ungarn, ihre orientalischen Interessen im Auge zu behalten, demonstrieren, denn der Zar würde, nach seiner Meinung, nur auf den Ausbruch des deutsch-französischen Krieges warten, um am Balkan Rußlands Interessen auszuspielen. Als Andrassy 1869 Franz Joseph zur Eröffnung des Suezkanals begleitete erfuhr er während der Tage, die sie in Istanbul verbrachten, wie sehr die russische Botschaft die Hauptstadt des Sultans unterminiert hatte. Daran ermaß er die Gefahr, die Ungarns Interessen am Balkan drohten und folgerte, daß sich Österreich-Ungarn nicht an Komplikationen im Westen beteiligen könne, ohne daß der Kanonendonner am Rhein im Orient einen Widerhall fände. So reifte in Andrassy der Entschluß, entweder den Reichskanzler Graf Beust zum Fallenlassen der französischen Allianz zu zwingen oder diesen zu stürzen und dessen Stelle selbst einzunehmen.

„Der Gegenstand der diplomatischen Krise, schrieb der deutsche Historiker Golo Mann, „die, Juli 1870, zum Krieg zwischen Preußen und Frankreich führte, war, selbst wenn man diplomatisches Herkommen zum Maßstab nimmt, so ungewöhnlich töricht, daß man sich schämt, ihn zu erwähnen. In Spanien hatte eine, wenn man so sagen darf, Revolution stattgefunden, die Bourbonenkönigin das Weite gesucht. Die provisorische Regierung suchte nach einem König. Sie verfiel auf einen süddeutschen Aristokraten, Leopold von Hohenzollern, der mit den preußischen Hohenzollern wenig zu tun hatte und überdies ein naher Verwandter des Hauses Bonaparte war. Aus Gründen, die nicht ganz geklärt sind, auch gar nicht geklärt zu werden verdienen, einer antifranzösischen Bosheit jedoch keinesfalls entbehren, förderte Bismarck diese Kandidatur. Aus Motiven eines veralteten großsprechenden Staatsräsonnements, dem zufolge hier die Wiedererrichtung des Reiches Karls V." - einer Verbindung Deutschlands mit Spanien - drohte, reagierte die französische öffentliche Meinung voller Wut dagegen. Die preußische Regierung, Bismarck, bestritt jedes Wissen von, jedes Interesse an der Angelegenheit. König Wilhelm, bedrängt von dem französischen Botschafter, weigerte sich, von seiner Autorität als Haupt der Familie Gebrauch zu machen, riet aber seinem süddeutschen Vetter nichtsdesto weniger, auf die dargebotene Krone zu verzichten. Leopold verzichtete. Damit nicht zufrieden, begierig, aus einem geringfügigen Sieg einen schallenden Triuph zu machen, forderte nun die französische Diplomatie vom König von Preußen weitere Satisfaktionen: eine Zusicherung, wonach die Kandidatur nie erneuert werden würde, eine Art von Schuldgeständnis. Dies wurde verweigert, vom König auf das höflichste, von Bismarck, der das betreffende königliche Telegramm für die Öffentlichkeit edierte, auf das schärfste; ein Trick, dessen er sich noch nach Jahrzehnten in seinen Memoiren gerühmt hat. Nach dem Ehrenkodex der Diplomatie des 19. Jahrhunderts war die verstümmelte „Emser Depesche" keine Kriegserklärung, aber doch eine Provokation, auf die der Provozierte mit Krieg antworten mußte, um nicht übel dazustehen. Das französische Kabinett, gehetzt von der öffentlichen Hysterie, tat den Schritt, den Bismarck von ihm erwartete, Napoleon, ermattet und verzweifelt, ließ es geschehen. Die Straßen der Hauptstadt hallten von dem Rufe: „A Berlin!"

Die Spanier, die den Hohenzollern nicht erhielten, wählten sich bald darauf einen italienischen Prinzen, Amadeo von Aosta, zum König. Davon, daß diese Thronbesteigung zu einer Bindung Spaniens an Italien geführt und die Macht des letzteren gestärkt habe, wurde nie etwas gehört; und schon nach zwei Jahren reiste Amadeo, der sich in Madrid nicht hatte durchsetzen können, wieder ab. Was die süddeutschen Hohenzollern betrifft, so war ein Bruder des Prinzen Leopold ein paar Jahre früher zum Fürsten von Rumänien erhoben worden; die Dynastie Hohenzollern blieb bis 1947 in Bukarest." Soweit Golo Mann. Es ist aber bekannt, daß Kaiser Napoleon III., dem Bismarck auch den Kauf des Großherzogtums Luxemburg vermasselte, in der Niederlage Österreichs bei Sadowa auch eine Niederlage Frankreichs einbekennen mußte, und, um alle Zugeständnisse, die ihm Bismarck vor dem Krieg gegen Österreich gemacht hatte, von diesem betrogen, auf eine angemessene Genugtuung drängte. Der an den Haaren herbeigezogene Anlaß zum Krieg hingegen war wirklich töricht. Am 15. Juli 1870 ordnete Kaiser Napoleon, im Einvernehmen mit der Nationalversammlung, die Mobilmachung der französischen Streitkräfte an und am 19. Juli erklärte er, in der Annahme, daß Österreich-Ungarn in den Krieg gegen Preußen eintreten werde, an Preußen den Krieg.

Einen Tag vorher, am 18. Juli, beschloß der Kronrat in Wien aber über Antrag des ungarischen Ministerpräsidenten Andrassy, trotz der seit 1867 geführten Verhandlungen mit Frankreich im deutsch-französischen Krieg neutral zu bleiben. Diesem Beschluß war eine stürmische Auseinandersetzung wegen der Neutralität zwischen Graf Andrassy und Graf Beust vorangegangen und als sich Franz Joseph der Ansicht Andrassys anschloß, sah der Reichskanzler, der seine jahrelangen Bemühungen, im Dienst des Hauses

Graf Julius Andrássy d. Ä.

Habsburg eine erfolgversprechende Revanche für den Österreich 1866 aufgezwungenen Zweifrontenkrieg herbeiführen zu können, zusammenbrechen. Am 14. Juli hatte sich der ungarische Ministerpräsident in einer parlamentarischen Anfrage in der Sitzung des ungarischen Abgeordnetenhauses über die Haltung befragen lassen, welche die ungarische Regierung im deutsch-französischen Krieg einzunehmen gedenke. In der Beantwortung dieser parlamentarischen Anfrage hob er die friedlichen Absichten der ungarischen Regierung hervor, schilderte mit lebhaften Farben die Notwendigkeit der Erhaltung des Friedens und bat zugleich um die Unterstützung des Hauses. Das Abgeordnetenhaus erklärte hierauf einstimmig die Erhaltung des Friedens zu wünschen. Gestärkt durch diesen Beschluß des Abgeordnetenhauses war Andrassy nach Wien geeilt, um den Gegnern der Friedenspolitik entgegenzutreten. Im Kronrat unter dem Vorsitz Franz Josephs wies Andrassy darauf hin, daß Österreich keinen Grund habe Frankreich dankbar zu sein, daß Preußen ein zu gutes Verhältnis zu Rußland habe, daß Österreich-Ungarns Interesse nicht am Rhein liegen könne sondern am Balkan und endlich führte er den Nachweis, daß eine Einmischung Österreichs in den französisch-deutschen Krieg gegen die Interessen Ungarns gerichtet sein und den Ausgleich von 1867 mit Ungarn gefährden würde. Diese unverhüllte Drohung hat wohl Franz Joseph dazu veranlaßt, die Allianz mit Frankreich fallen zu lassen. Dazu kam noch, daß die Tschechen sich nach wie vor weigerten, Abgeordnete zum Reichsrat zu entsenden. Aber im Kronrat hatte Reichskanzler Beust mit allem Nachdruck darauf hingewiesen, „daß Frankreichs Sache auch die Sache Österreichs" sein müsse, wenn es im Deutschen Bund wieder eine führende Rolle einnehmen wolle. Die Verhandlungen Graf Beusts mit dem Außenminister Napoleons, Grammont, waren sehr weit gediehen gewesen und auch Italien war, wenn Frankreich gegen die Besetzung des Kirchenstaates keine Einwände erheben würde, bereit, am Krieg gegen Preußen teilzunehmen. Das wieder wollte Napoleon III. König Viktor Emanuel auch wieder nicht zusagen und so kam es, daß Frankreich, von der einen Tag vor der Kriegserklärung an Preußen erfolgten Neutralitätserklärung Österreichs geschockt, Preußen allein gegenüberstand.

Graf Andrassy hatte einen eindeutig pro-preußischen Kurs eingeschlagen und Graf Beust, der Reichskanzler, mußte Frankreich erklären, daß Österreich-Ungarn nicht ohne die Beteiligung Italiens am Krieg gegen Preußen bereit sei, an Frankreichs Seite zu treten.

Franz Joseph hatte die Allianz mit Frankreich wohl auch nur mit halbem Herzen gut heißen können, denn an Napoleon hatte ja Österreich 1859, in der Schlacht bei Solferino, das Königreich Lombardei verloren, denn Italien allein wäre nicht in der Lage gewesen, die kaiserlichen Heere zu schlagen.

Und 1866 hatte sich Napoleon für seine Vermittlungstätigkeit das König-reich Venetien überantworten lassen, das er hierauf an Viktor Emanuel abge-treten hatte. Dazu kam, daß Erzherzog Ferdinand Max sich auf die Zusiche-rung Napoleons hin, ihn in Mexiko zu schützen, in das tödlich endende Abenteuer eingelassen hatte. Hätte Frankreich das Großmachtstreben Preußens behindern wollen, so hätte es dies 1866 tun müssen. Aber damals war Bismarck noch der Freund Napoleons gewesen, der auf dessen vage Zusi-cherungen auf Gebietszuwachs für Frankreich noch vertraut hatte, wenn es nicht an die Seite Österreichs treten würde. In diesem Fall wäre auch Italien nicht an die Seite Preußens getreten, denn sonst hätte sich Viktor Emanuel einen Krieg mit Frankreich eingehandelt. Kaiser Franz Joseph hatte daher auch keinen wirklichen Grund zur Trauer um die Allianz mit Frankreich. Auch die Wiedererlangung der Vorherrschaft Österreichs, nach der Zerschla-gung des Norddeutschen Bundes, im Deutschen Bund, war nicht sehr aus-sichtsreich, hatten doch die süddeutschen Staaten mit Preußen noch 1866 ein geheimes Schutz- und Trutzbündnis geschlossen, das jetzt schlagend gewor-den war, denn Preußen forderte die süddeutschen Staaten auf, ihre Truppen gegen Frankreich, das sich Gebiete am Rhein aneignen wolle, also deutsche Gebiete, zu mobilisieren und dem preußischen Oberkommando zu unterstel-len. Aber Reichskanzler Graf Beust hatte sich durch die Entscheidung Franz Josephs für die Neutralität Österreich-Ungarns brüskiert gesehen, und war tief enttäuscht.

Der französisch-deutsche Krieg ist deshalb für die Geschichte Österreichs von Bedeutung, weil mit der Niederlage Frankreichs und der Ausrufung König Wilhelms zum Kaiser von Deutschland auch die Deutsche Frage im Sinne Bismarcks gelöst und irreversibel geworden war. Graf Bismarck hatte die „kleindeutsche" Lösung, die den Ausschluß Österreichs aus Deutschland inkludierte, durchgesetzt, während Kaiser Franz Joseph immer für eine „großdeutsche" Lösung, mit Einschluß aller deutschen Staaten, votiert hatte. Damit war auch der Traum der Habsburger, die deutsche Kaiserkrone, die Kaiser Franz 1806 niedergelegt hatte, ihrer Dynastie wieder gewinnen zu können, ausgeträumt. Die Jahre von 1848 bis 1870, die Franz Joseph I. mehr schlecht als recht über die Bühne brachte, waren wahrhaftig Schicksalsjahre Österreichs! Die geheimen Hoffnungen des Wiener Kabinetts, daß Preußen gegen Frankreich eine Niederlage erleiden und Österreich damit durch die Hintertür wieder auf den Plan treten könnte, erfüllten sich nicht.

Zum französisch-deutschen Krieg: Frankreich hatte drei Armeen aufge-stellt. Die Rheinarmee unter Mac Mahon bei Hagenau, 47.000 Mann, die zweite bei Metz unter General Bazaine, 129.000 Mann und die dritte zur Deckung von Paris bei Chalons-sur-Marne, 35.000 Mann. Mac Mahon kam über einen kleinen Vorstoß bei Saarbrücken nicht hinaus. Preußen hatte ebenfalls drei Armeen aufgestellt und setzte sie in Marsch. Die erste, 60.000 Mann stark stand bei Trier unter General Steinmetz, die zweite, 126.000 Mann stark stand zwischen Bingen und Worms unter dem Befehl von Prinz Friedrich Karl, die dritte, unter dem Kronprinzen Friedrich Wilhelm, 158.000 Mann stark, stand in der Pfalz. Sie war zur Deckung Kehls bestimmt. Den Oberbefehl führte König Wilhelm I., während die Aufmarsch- und Schlachtpläne von General der Infanterie Helmut von Moltke und Generalmajor Blumenthai ausgearbeitet wurden. Die Armee des Kronprinzen überschritt am 4. August die französische Grenze und schlug Mac Mahon an diesem Tag bei Weißenburg und am 6. August bei Wörth. Durch diese Operationen wurde Mac Mahon aus dem Elsaß hinausgedrängt und zog sich unter verlustreichen Kämpfen auf Chalons zurück. Die erste deutsche Armee unter General Steinmetz erfocht den schweren, verlustreichen Sieg bei der Erstürmung der Spichener Höhen bei Saarbrücken am 6. August. Das französische Korps Frossard wurde nach Metz zurückgenommen. Während der Kronprinz mit der dritten Armee weiter nach Frankreich eindrang, wandten sich die erste und zweite Armee gegen Metz. Bazain, dem Kaiser Napoleon am 12. August den Oberbefehl über seine Truppen übergab, vertrödelte den Rückzug auf Verdun. In Paris war indessen das Ministerium Olivier-Gramont, das vorschnell den Krieg vom Zaun gebrochen hatte, gestürzt und durch Graf Palikao ersetzt worden, der Mac Mahon den Befehl gab, die Festung Metz zu entsetzen. Die erste und zweite deutsche Armee schlugen nun einen Bogen nach Süden um die Festung und das erste und siebente preußische Armeekorps hielten den Feind bei Colombey-Nouilly fest. Am 16. August stieß preußische Kavallerie beim Vordringen von Gravelotte über Vionville auf starke französische Verbände. Durch die sich entwickelnde schwere, ausgedehnte Schlacht von Vionville-Mars-la-Tour wurde die Verbindung nach Verdun abgeschnitten. 32.000 Tote deckten die Schlachtfelder. Prinz Friedrich Karl nahm indessen Fühlung mit dem siebenten und achten Korps der ersten Armee, während Bazaine auf Amanvilers zurückgehen mußte. Als Bazain mit seinen Verbänden am 17. August nach Westen hinausstoßen wollte, versperrten ihm 21.000 Deutsche den Weg. Der Versuch einer Umfassung Bazains führte bei der Weite der französischen Front zur Schlacht des siebenten und achten Korps in Gegenwart König Wilhelms bei Gravelotte. Bei Amanvillers stand das Zentrum General Bazaines. Hier kam es zu den blutigen Stürmen auf St. Privat. Erst nach der Erstürmung Roncourts durch sächsische Truppen, gelang es der Garde, das hochgelegene Dorf zu nehmen. In der Dunkelheit führte Bazaine den linken Flügel und die Mitte nach Metz. Am 19. August begann die Einschließung der Festung. Die Preußen und die

Truppen der süddeutschen Staaten verloren hier die Hälfte aller Toten des Krieges, 900 Offiziere und 19.000 Mann. Die inzwischen nachgeschobene Maasarmee des Kronprinzen von Sachsen hatte Weisung mit der dritten Armee gegen die ehemalige Rheinarmee Mac Mahons zu kämpfen. Moltkes genialer Plan, die französische Armee von Paris abzuriegeln und nach Norden zu drängen, ging voll auf. Nur so war eine Vernichtung des Gegners aussichtsreich. Prinz Friedrich Karl bekam vor Metz den Oberbefehl. Mac Mahon wollte bei Reims Paris decken, als Bazaine ihm mitteilte, er werde versuchen, nach Nordwesten auszubrechen. Nun wollte Mac Mahon einen kühnen Schachzug wagen, wenn er die dritte deutsche Armee nördlich umging. Da machte die Maasarmee bei Chalons die Nordschwenkung, um Mac Mahon nicht an die Maas zu lassen. Mac Mahons noch nördlichere Umfassung aber mißlang an der Wachsamkeit der Maasammee. Bei Beaumont wurden die Franzosen am 30. August zum Stehen gebracht und Mac Mahon, bei dem Kaiser Napoleon weilte, ging in die Mausefalle von Sedan. Hier umzingelte ihn die dritte und die Maasarmee. Den Versuch, nach Mezieres zu entkommen, vereitelten die Bayern im mörderischen Straßenkampf von Bazeille.

Am 2. September 1870, nachmittags 4 Uhr, wurde von Mac Mahon die weiße Fahne gehißt. Die Übergabeverhandlungen des völlig kopflosen französischen Generalstabs führte der eben zum Oberbefehlshaber ernannte General Wimpffen. Aber König Wilhelm wurde dann noch davon überrascht, daß sich Kaiser Napoleon ihm in Donchery ergab, weil er wußte, was ihm bei seiner Rückkehr nach Paris bevorstand. Napoleon kam nach Schloß Wilhelmshöhe bei Kassel in ehrenhafte Gefangenschaft. Das hatte zur Folge, daß auf Antrag Lèon Gambettas und Favres die Monarchie in Frankreich gestürzt wurde. Der Senat und das Corps legislativ hörten auf. Kaiserin Eugenie floh mit ihrem Kind nach Chislehurst in England.

Natürlich legte die eben ausgerufene „Dritte Republik" die Waffen nicht nieder. Ein Ausfall Bazaines aus Metz nordöstlich nach Roisseville wurde von Generalmajor Manteuffel abgeschlagen.

Paris wurde ab 27. September zerniert und General Uhrich übergab am 28. September Straßburg nach schweren Kämpfen. In Paris schwang sich indessen Gambetta zum Diktator auf und stampfte südlich der Loire, bei Bourges ein Volksheer aus dem Boden und der alternde General Garibaldi eilte - mit seinen Söhnen -, die seine Freischaren führten, der Republik Frankreich zu Hilfe.

Als die französischen Truppen aus Rom in die Republik zurückbeordert wurden, ließ Viktor Emanuels General Cadornas Truppen in den Kirchenstaat einrücken. Am 20. September erfolgte nach mehrstündigem Bombardement der Engelsburg beim Eingang des Vatikans und kurzem Kampf mit Truppen des Papstes, die Pius IX. noch auf den Rat Kaiser Napoleons aufgestellt hatte, der Einzug der Italiener in ihre Hauptstadt, in der von nun an Viktor Emanuel residierte. Pius IX. ließ der König Italiens nur den Vatikan; die weltliche Macht des „unfehlbaren Papstes" war gebrochen, denn Viktor Emanuel mußte, nach dem Sturz des Kaisers Napoleon nicht mehr auf diesen Rücksicht nehmen und die Republik Frankreich hatte kein Interesse mehr an der künstlichen Aufrechterhaltung der weltlichen Macht des Papstes. Für König Viktor Emanuel war der Sturz Napoleons und der Abzug der französischen Truppen aus Rom der Moment, auf den er seit langem gewartet hatte. Erst jetzt war Italien wirklich geeint, Rom seine Hauptstadt.

Der deutsche Generalstab aber mußte nun im Nordwesten und Südosten Frankreichs versuchen, die Aufstellung neuer Heere zu verhindern. General von der Thann, den wir schon von 1866 her kennen, hatte bei Orleans schwere Kämpfe mit der dort aus dem Boden gestampften Loirearmee zu bestehen. General von Goeben eroberte Soissons und St. Quentin und am 27. Oktober ergab sich die Festung Metz mit 173.000 Mann und 1570 Geschützen. Von den bei Metz frei gewordenen Armeen ging die erste unter Manteuffel zur Unterstützung Goebens, die zweite gegen den am 9. November mit dem einzigen französischen Sieg des Krieges bei Coulmiers begonnenen Vormarsch der Loirearmee. Es gelang in neuen blutigen Kämpfen die Offensive der Franzosen bei Orleans am 3. und 4. Dezember zum Stehen zu bringen. Gambetta flog mit einem Ballon von Paris nach Tours und stellte dort zwei weitere Loirearmeen auf. General Bourbaki sollte die Franche Comté und die Vogesen militärisch mobilisieren, doch inzwischen hatte Schlettstadt kapituliert. Vergebens eilte nun Minister Thiers nach Petersburg, Wien und London, um Bundesgenossen zu finden. Niemand war bereit, der Republik, die das Kaisertum ausgelöscht hatte, Waffenhilfe zu leisten.

Nach den militärischen Erfolgen in Frankreich, traten die süddeutschen Staaten am 15. Nobember 1870 dem Norddeutschen Bund bei. Bayern und Württemberg durften ihre Post und Eisenbahnverwaltung, Bayern im Frieden auch seine eigene Heeresverwaltung behalten. König Ludwig II. von Bayern richtete im Namen der damit einverstandenen Fürsten, auf Bismarcks Anregung am 3. Dezember an König Wilhelm den Antrag, sich zum Kaiser Deutschlands ausrufen zu lassen. Er nahm schließlich, nach einigem Zureden, den Antrag an und wurde am 18. Januar 1871 im Spiegelsaal von Versailles zum Kaiser proklamiert.

Wilhelm I. war zwar in Versailles zum Kaiser von Deutschland ausgerufen worden, aber auf seine Krönung wurde verzichtet, denn die echte deutsche Kaiserkrone lag in Wien. Die Anfrage der Hohenzollern wegen der Überlassung der alten Reichskrone wurde vom Wiener Hof mit Recht abschlägig beantwortet, denn das preußisch-deutsche Kaiserreich konnte nicht für sich in Anspruch nehmen, der Erbe des Heiligen Römischen Reiches Deutscher Nation zu sein; es war nach so vielem Landraub nicht das Reich in dem sich die Deutschen geborgen fühlen konnten. Das preußisch-deutsche Kaiserreich wurde ein parlamentarisch verbrämter Militärstaat mit imperialistischem Machtgehabe. Graf Bismarck wurde von Kaiser WilhelmI. mit 400.000 Mark belohnt, am 21. März in den Fürstenstand erhoben und wurde Mitte April Reichskanzler.

Vom 10. bis 12. Januar 1871 wurde die Loirearmee von Prinz Friedrich Karl besiegt, nachdem am 24. Dezember 1870 Faidherbes Nordarmee bei Hallue und am 5. Januar bei Bapaume von Manteuffel und am 19. Januar von Goeben bei St. Quentin geschlagen worden war. General von Werder, der Belfort belagerte, hielt Bourbakis Angriff vom 15. bis 17. Januar an der Lisine auf. General Manteuffel zwang hierauf Bourbaki zum Rückzug auf Besancon. Am 27. Dezember 1870 begann das Bombardement auf Paris, worauf am 29. der Mont Avron erobert wurde. Ein großangelegter Ausfall General Ducrois nach dem Mont Valerien wurde am 19. Januar nach blutigen, langen Kämpfen zurückgeschlagen. Hierauf wurde Außenminister Jules Favre in das deutsche Hauptquartier gesandt, um zu verhandeln und am 28. Januar wurden sämtliche Forts von den Franzosen geräumt. Der 31. Januar 1871 brachte den ausgehandelten Waffenstillstand auf allen Kriegsschauplätzen; am südöstlichen trat er aber erst am 19. Februar in Kraft. Dort schnitt Manteuffel Bourbaki von Dijon ab, während eine seiner Brigaden Garibaldis Freischaren bekämpfte. Bourbaki überstieg mit seinen ausgemergelten Truppen, 85.000 Mann, den Jura bei Schnee und Eis und streckte am 2. Februar vor der Bundesarmee die Waffen. Die französische Nationalversammlung, die in Bordeaux tagte, schloß am 16. Februar 1871 den Vorfrieden. Am gleichen Tag erhielt die tapfere Besatzung von Belfort, nachdem sie kapituliert hatte, freien Abzug gewährt. Damit war der zehn Monate währende Krieg zu Ende und am 10. Mai 1871 wurde in Frankfurt am Main der Friede geschlossen, in dem Frankreich Elsaß und Teile Lothringens mit Diedenhofen und Metz an Deutschland abtreten und bis 1873 fünf Milliarden Franken Kriegsentschädigung an Deutschland zu zahlen hatte. Elsaß und Teile Lothringens, die an Deutschland abgetreten werden mußten, wurden kein eigenes Reichsland, sondern unter preußische Sonderverwaltung gestellt, obwohl die deutschsprechende Bevölkerung dieser Gebiete überhaupt nicht zu Deutschland wollte. Kaiser Napoleon III., der den Krieg gegen Preußen so leichtfertig vom Zaun gebrochen hatte, durfte nach Chiselhurst zu seiner Gemahlin ins Exil gehen und starb dort am 9. Jänner 1873. Auffällig war in diesem Krieg, daß die

Truppen der deutschen Südstaaten unter straffem preußischen Oberkommando beträchtliche Erfolge erzielen konnten, während sie 1866, wo sie sich weigerten, unter österreichischem Oberkommando zu kämpfen, auf allen Linien nur Mißerfolge einheimsten.

Die Verhandlungen, die der neue Ministerpräsident Adolphe Thier und Außenminister Jules Favre mit Bismarck führten, hatten den Waffenstillstand zur Folge. Gambetta, der nicht mehr der Regierung angehörte, raste und erinnerte Favre an seine Erklärung, daß Frankreich „keinen Zoll seines Gebietes, keinen Stein seiner Festungen" abtreten werde. Aber was half das Gebrüll des wunden Löwen? Man brauchte jetzt keine Tribunen, sondern Unterhändler und Sachwalter, die zu schweigen und ihr Gesicht zu beherrschen verstanden. Gambetta hatte sein Amt niedergelegt, aber ihm allein war es zu verdanken gewesen, daß Frankreich jetzt wenigstens moralisch besser dastand als beim Sturz Napoleons. Gleich nach der Kapitulation von Paris war die frischgewählte Nationalversammlung in Bordeaux zusammengetreten und hatte Adolphe Thiers zum Staatsoberhaupt und Chef der Regierung gewählt. Die Runde der Abgeordneten war buntscheckig, Rebellen, die die meiste Zeit der letzten zwei Jahrzehnte in Gefängnissen oder in der Verbannung zugebracht hatten, waren mit den Mächtigen des eben gestürzten Regimes und mit Royalisten gemischt. Viktor Hugo schüttelte seine schlohweiße Mähne, auch Louis Blanc war nicht mehr der jüngste, dagegen versprühte ein junger Arzt namens Georges Clemenceau, der Ministerstürzer, der seit 1874 der „Tiger" genannt wurde und gegen den Friedensvertrag in Frankfurt gestimmt hatte, puren Widerspruch um sich. Garibaldi in seinem roten Hemd saß ebenfalls da, aber nur einen Tag, weil Ausländer nicht wählbar waren. Gambetta war von den beiden Provinzen, die Frankreich an Deutschland abtreten mußte, als lebende Mahnung, sie nicht zu vergessen, triumphal gewählt worden. Thiers drängte darauf, daß das provisorische Parlament nach Versailles verlegt werde, nicht aber nach Paris, da er den wetterwendischen Charakter der Hauptstädter kannte und ihre Neigung, gesamtfranzösische Angelegenheiten ganz allein zu entscheiden. Paris nahm diese Entthronung sehr übel auf, aber Thiers wußte, was er tat. In der riesigen Stadt, deren Bevölkerung durch die Belagerung sehr gelitten hatte, die Pariser hatten alle Tiere ihres Zoos geschlachtet, mischten sich patriotische Empörung über den Waffenstillstand und soziale Gärung zu einem hochexplosivem Gemisch. Die Bürger zeigten für die Zwangslage der Regierung kein Verständnis, andererseits waren die sozialistischen Gruppen bereits organisiert, ja sogar international gelenkt und es schien, als ob die führenden Kreise der Sozialisten eine Kraftprobe mit der Regierung wünschten. Die Verquickung der Motive ergab den Pariser Aufruhr. Die Regierung von Versailles versuchte der Bevölkerung den auf dem Montmartre untergebrachten Artilleriepark wegzunehmen, was auf deren Widerstand stieß. Vergeblich warnte und vermittelte der Bürgermeister dieses Stadtviertels, der Arzt Clemenceau. Thiers war aber ein zu guter Kenner des Bürgerkrieges, um seine Truppen in der Stadt zu lassen, er zog sie nach Versailles zurück und ließ sie von dort aus den Brand überwachen. Die Kommune stellte soziale und politische Experimente an, die mehr und mehr ein kommunistisches Gepräge annahmen, aber das Unternehmen, in dem viel Idealismus und Schurkerei aufeinander trafen, erwies sich als rein intellektueller Versuch, der zum schnellen Scheitern verurteilt war. Die Kämpfe zwischen Regierungstruppen und Aufständischen waren von unfaßlicher Grausamkeit. Der Haß machte aus beiden Teilen Tiere. Über Paris wehte die rote Fahne. Ehe die wütenden Sieger sie herunterreißen konnten, erschossen die Untergehenden massenhaft Geiseln und setzten das Rathaus, das Tuilerienschloß, in dem die Bourbonen, Orleans und Bonapartes residiert hatten und viele andere Prachtbauten in Brand. Die Rache der Regierung war maßlos, aber die riesige Zahl der Hinrichtungen und Verbannungen wurde überwiegend gebilligt. Der soziale Riß, der sich im Juni 1848 gebildet hatte, verbreitete sich. „Was für eine unmoralische Bestie ist die Menge", kommentierte Flaubert die Ereignisse, „und wie demütigend ist es, ein Mensch zu sein."

Daß Frankreich sich mit dem Verlust der beiden Provinzen Elsaß und Lothringen niemals abfinden würde, war schon beim Friedensschluß in Frankfurt zu spüren, aber erst Clemenceau sollte den blutigen Traum, „Rache für 1871", vollstrecken. Inzwischen hatte es Bismarck gerne gesehen, daß Frankreich Brazza am Kongo, Gallieni am Niger, die Sahara erschlossen, Madagaskar gewonnen und so vorerst vom Vergeltungsgedanken abgelenkt worden war. Daß aber Frankreich 1881 auch Tunesien erwarb, trieb Italien an die Seite des „Zweibundes", der am 20. Mai 1882 zum „Dreibundvertrag zwischen Österreich-Ungarn, Deutschland und Italien" führte. Er sah den Eintritt des Bündnisfalles für alle drei Partner nur dann vor, wenn eine oder zwei der vertragschließenden Mächte von zwei oder mehreren Staaten angegriffen werde. Ein Ausnahmefall war vorgesehen: Wenn sich England den Gegnern Österreich-Ungarns oder Deutschlands anschließt, so behält Italien freie Hand.

Mit der Niederlage Frankreichs mußte auch der Reichskanzler, Graf Beust, seine bisherigen Ambitionen begraben.

Auf die Nachricht der Kapitulation von Sedan zerriß der russische Kanzler Gortschakoff den Pariser Vertrag, der dem russischen Reich verbot, auf dem Schwarzen Meer eine größere Flotte als die Türkei zu unterhalten und Kriegshäfen zu errichten. Gegen diese Verfügung protestierte jetzt Rußland und forderte freie Hand und freie Schiffahrt auf dem Schwarzen Meer. Worin also Rußland früher weder den Rat noch die Vermittlung Österreichs angenommen hatte, das tat es jetzt, nach dem Sieg der Preußen von selbst, eigenmächtig. Auffälliger konnte das Einvernehmen zwischen Preußen und Rußland kaum dokumentiert werden. Ganz Europa erschrak über dieses willkürliche Vorgehen und Österreich-Ungarn sah sich genötigt, von den Delegationen einen außerordentlichen Kredit zu verlangen, an die Nordgrenze ein Beobachtungskorps zu schicken und bei der unteren Donau die sich bedroht fühlenden Fürstentümer zu decken. Die Voraussage Andrassys, „daß der Kanonendonner am Rhein im Orient einen Widerhall finden würde", schien einzutreten, und der Reichskanzler Graf Beust rief aus: „Ich sehe nirgends ein Europa!"

Das unter preußischer Hegemonie zu neuem Leben erwachte Deutsche Reich erschien gerade jetzt in seiner furchterregenden Macht vor Europa, im Rücken durch Rußland gedeckt. Die Anerkennung durch Kaiser Wilhelm I. blieb nicht aus. Am 27. Februar 1871 drückte er dem Zar Alexander seinen Dank aus und maß diesem bei, daß der Krieg keine größeren Dimensionen angenommen hatte. Dem Einvernehmen dieser zwei Mächte gegenüber war das unvorbereitete Europa ohnmächtig und mußte, um den Krieg zu vermeiden, in die Londoner Konferenz einwilligen, wo die orientalischen Angelegenheiten durch ein Übereinkommen sämtlicher Großmächte geregelt werden sollten. Am 17. Januar 1871 wurde die erste Sitzung abgehalten und die Verhandlungen am 13. März abgeschlossen. Das Ergebnis war, daß die sechs Großmächte, auf Bismarcks Einfluß, die Forderungen Rußlands als berechtigt anerkannten und die erwähnten Punkte des Pariser Friedens dem Wunsch Rußlands entsprechend abgeändert wurden.

Beide, Reichskanzler Graf Beust und Ungarns Ministerpräsident Graf Andrassy sahen in der engen Kooperation Preußens mit Rußland eine Störung des Gleichgewichtes in Europa. Wenn man diese zwei Mächte nicht trennen können würde, konnten diese alle übrigen Mächte bedrohen. Frankreich war besiegt. Die englische Regierung unter Gladstone hatte im französisch-deutschen Krieg eine sehr unrühmliche Rolle gespielt, Italien hatte die Vorteile, die ihm dieser Krieg geboten hatte, ausgenützt und die Türkei war mit allem zufrieden. Die Interessen Rußlands standen aber denen Österreich-Ungarns diametral gegenüber. Beust und Andrassy wollten das europäische Gleichgewicht durch eine Allianz zwischen Deutschland und Österreich-Ungarn wiederherstellen. Beust sagte: „Wenn wir Deutschland und Rußland sich selbst überlassen, können sie uns gemeinschaftlich viele Unannehmlichkeiten bereiten." Dagegen gibt es nur eine Garantie, wenn unsere Monarchie als Dritte zwischen sie tritt und wenn wir das Vertrauen Rußlands suchen, um die Freundschaft Deutschlands zu finden."

Am 27. Februar 1871 ernannte Kaiser Franz Joseph Graf Karl Hohenwart (katholisch-konservativ) zum österreichischen Ministerpräsidenten. Hohenwart versuchte, mit den Tschechen und Polen eine Einigung zu erzielen. Am 5. Mai legte er dem Reichsrat einen Autonomieentwurf für Galizien vor und erklärte hiebei, daß er bereit wäre, dieselbe Autonomie den böhmischen Ländern einzuräumen. Auch Kaiser Franz Joseph gab seine diesbezügliche Zusage am 12. September und erklärte feierlich: „Eingedenk der unerschütterlichen Treue, mit welcher die Bevölkerung Böhmens jederzeit Unseren Thron stützte, erkennen wir gern die Rechte dieses Königreiches an und sind bereit, diese Anerkennung mit Unserem Königseid zu erneuern." Hohenwarts Regierung war bestrebt, die Selbstverwaltung der Kronländer selbst auf Kosten der Reichseinheit zu erweitern. Mit den Tschechen sollte nach dem Muster des Ausgleichs von 1867 ein Übereinkommen getroffen und diese damit zur Mitarbeit im Reichsrat bewogen werden. In der Prager Landstube wurde ein Nationalitätengesetz vorgelegt, das die historische und politische Sonderstellung Böhmens anerkannt und Österreich, dessen Einheit auflösend, in einen föderierten Staat umgewandelt hätte. Wie früher die Tschechen aus dem Reichsrat, traten jetzt die deutschen Abgeordneten aus dem tschechischen Landtag aus, um an diesem Gesetz, das die Aufhebung der deutschen Sprache als Amtssprache und die Aufsicht über die deutschen Schulen mitbeinhaltete, nicht beteiligt sein zu müssen. Jetzt, da die Böhmen noch größeren Spielraum hatten, arbeiteten die Abgeordneten im Landtag ein System aus, nach welchem Böhmen in allen wichtigen Angelegenheiten allein entscheiden wollte und an der Spitze des Landtages sollte ein Kanzler Böhmens stehen, der nur dem Landtag verantwortlich gewesen wäre. Ein neues Wahlgesetz sollte den Tschechen für immer das Übergewicht sichern. Diese neue Verfassung hätte der neuerwählte Krönungslandtag bestätigen und ein kaiserlicher Majestätsbrief dem Volke verkünden sollen. Außer den Böhmen traten jetzt aber auch die Tiroler, Mährer und Krainer mit ähnlichen Forderungen auf, so daß an die Stelle des einheitlichen Österreich die „konföderierten Staaten Österreichs" getreten wären. Da aber hiedurch der Ausgleich mit Ungarn nullisiert worden wäre, standen Österreich-Ungarn neue unabsehbare Entwicklungen bevor. Aber über Betreiben des Reichskanzlers und gemeinsamen Außenmisters Graf Beust und des ungarischen Ministerpräsidenten Graf Andrassy lehnte Kaiser Franz Joseph, trotz seiner früheren Zusage, die Bestätigung des „böhmischen Ausgleichs" am 21. Oktober 1871 ab und das Ministerium Hohenwart mußte am 26. Oktober um seine Entlassung ansuchen. Der ungarische Ministerpräsident Graf Andrassy hatte ohne Umschweife davon gesprochen, daß die Ungarn eine weitere Teilung der Macht innerhalb der Monarchie nicht hinnehmen und ihre Führungsrolle mit keinem anderen Volk zu teilen bereit seien. Damit blieb Böhmen weiterhin „nur ein Kronland" und Franz Joseph verschob die von Graf Hohenwart eingeleitete Lösung der „böhmischen Frage" auf den Sankt Nimmerleinstag. Die Tschechen, enttäuscht über den Wortbruch des Kaisers, bildeten Geheimbünde und es kam in den Städten Böhmens und Mährens zu Demonstrationen und im Verlauf dieser zu schweren Ausschreitungen gegen die deutschsprachige Bevölkerung in den böhmischen und mährischen Städten und Dörfern, so daß die kaiserlichen Behörden genötigt waren das Kriegsrecht auszurufen und das Standrecht zu verhängen. Aber auch die Tschechen, die sich in zwei Lager aufspalteten, waren sich nicht darüber einig, wieweit sie mit ihren Forderungen gehen und mit welchen Maßnahmen sie diese durchsetzen sollten. Während die „Alt-Tschechen", die mit dem böhmischen Hochadel und dem Klerus verbündet waren, vorhatten, im Verband der Monarchie zu verbleiben, drängten die radikaleren „Jung-Tschechen" darauf, aus der Monarchie auszuscheren. Sie orientierten sich an Rußland, blockierten den böhmischen Landtag durch ihr Fernbleiben und durch heraufbeschworene Skandale. Die radikalsten Gruppen der Jung-Tschechen die den Geheimbund „Oladina" (Jugend) gründeten, schreckten dabei auch nicht vor Mordanschlägen zurück. Den „Alt-Tschechen" aber ging es vor allem um die endliche Gleichstellung Böhmens, des einstigen mächtigen Königreiches, mit Ungarn, waren doch die früheren Habsburger nicht nur Könige von Ungarn sondern auch Könige von Böhmen gewesen. Mit dem Vorhaben von Hohenwart stand viel auf dem Spiel, denn die „konföderierten Staaten Österreichs" wären, samt der Aufwertung des Kronlandes Böhmen (seit 1620) zu einem Königreich Böhmen existenzfähiger gewesen als ein einheitliches Österreich, das nur aus Kronländern bestand. Da aber auch Graf Andrassy deponiert hatte, daß der ungarische Reichstag einem solchen Gesetz, das den Dualismus gefährde, nicht zustimmen würde, hatte der Kaiser abgelehnt. Die Ungarn wußten genau, was sie damit beabsichtigten. Die „konföderierten Staaten Österreichs" hätten zweifellos auch die „konföderierten Staaten Ungarns" zur Folge gehabt, und die Ungarn dachten gar nicht daran, den anderen Nationalitäten in den Ländern der Stephanskrone die gleichen Rechte zuzugestehen die sich für sich selbst in Anspruch nahmen, wie wir schon im Fall der Slowaken und Kroaten gesehen haben. Die Ungarn aber meinten wahrhaftig, mit ihrem Protest „die deutsche Idee zum zweitenmal gerettet zu haben, denn Fürst Bismarck wußte sehr wohl, wie der Reichskanzler Beust und der ungarische Ministerpräsident Andrassy zu ihm und zu Preußen standen.

Im August 1871 kam es in Gastein zu einer persönlichen Zusammenkunft zwischen Kaiser Franz Joseph I. von Österreich und Kaiser Wilhelm I. von Deutschland, bei der, in Anwesenheit der beiden Reichskanzler, Beust und Bismarck, ein sogenanntes vorläufiges Einverständnis zwischen den Monarchen und ihren Staaten hergestellt wurde. Hiebei scheint das Einvernehmen zwischen Beust und Bismarck nicht so gut gewesen zu sein als wie zwischen Franz Joseph und Wilhelm I., denn am 6. November wurde Beust aller seiner Ämter enthoben, was auf Wunsch Bismarcks geschehen sein dürfte, und als österreichischer Botschafter nach London versetzt. Mit dem königlichen Handschreiben vom 14. November 1871 wurde Graf Andrassy seines Postens als Ministerpräsident entbunden und zum gemeinsamen Außenminister Österreich-Ungarns bestellt. Der Vertreter des pro-deutschen Kurses hatte letztlich erreicht, was er wollte.

Dem war allerdings vorausgegangen, daß Kaiser Wilhelm I. nach seiner Badekur in Gastein den Wunsch äußerte, Graf Andrassy, der damals noch Ministerpräsident Ungarns war, kennenzulernen. Kaiser Franz Joseph stellte Andrassy hierauf dem deutschen Kaiser in Salzburg vor. Bei dieser Gelegenheit lernten sich auch Fürst Bismarck und Graf Andrassy persönlich kennen, denn Bismarck wußte sehr wohl auch, wer Franz Joseph dazu gebracht hatte, daß Österreich-Ungarn im französisch-deutschen Krieg neutral geblieben ist. Zwischen Bismarck und Andrassy begann eine freundschaftliche Zusammenarbeit und deren erstes Opfer war Graf Beust, dessen Devise immer „Revanche für Sadowa" geheißen hatte. Es gelang in der Folge dem neuen Außenminister Österreich-Ungarns, Graf Julius Andrassy, die ganze Monarchie für die Interessen Ungarns vor seinen Wagen zu spannen. Andrassy lehnte den Gedanken einer „Revanche für Sadowa" rundweg ab und es gelang ihm, den Kaiser für den Orient zu interessieren. Damit kollidierten die Interessen der Monarchie nicht mehr mit denen des jungen Deutschland. Graf Andrassy, Österreich-Ungarns gemeinsamer Außenminister, erkannte mit klarem Blick, daß Deutschland in nächster Zeit wohl nicht mehr an Gebietserwerbungen interessiert sein konnte, was auch für die Monarchie galt und daß aus dieser Gemeinschaftshaltung sich eine Freundschaft entwickeln lassen werde. Andrassy gelang es, über Bismarck, Deutschlands Freundschaft zu erwerben und damit auch das Vertrauen Rußlands wieder zu aktivieren, das der Monarchie und Franz Joseph noch immer, seit dem Krimkrieg mißtraute. Im Interesse Ungarns war Graf Andrassy zu einem Verfechter des „deutschen Kurses" geworden.

Fürst Adolf Auersperg wurde am 25. November 1871 mit der Bildung des deutschlibaralen Ministeriums (Regierung) betraut. Innenminister wurde Freiherr von Lasser. Auerspergs Ministerium blieb bis 1879 im Amt.

Es war noch kein ganzes Jahr verflossen, als Graf Andrassy als gemeinsamer Außenminister der Doppelmonarchie Österreich-Ungarn einen beachtlichen Erfolg erringen konnte. Zar Alexander II. von Rußland beabsichtigte

Kaiser Wilhelm I. einen Besuch in Berlin abzustatten. Graf Andrassy brachte es mit Hilfe Bismarcks zuwege, daß auch Kaiser Franz Joseph I. zur selben Zeit einen Besuch beim deutschen Kaiser absolvieren konnte. Alle Welt war der Ansicht, daß Franz Josephs Besuch in Berlin geeignet sein würde, die bitteren Erinnerungen des Jahres 1866 auszulöschen und der österreichische Kaiser als Nachkomme der früheren habsburgischen Kaiser die Einigung Deutschlands unter preußischer Hegemonie anerkennen und ratifizieren und damit die Versöhnung der durch den „Bruderkrieg" entzweiten Staaten Österreich und Preußen herbeiführen werde. Die Nachricht, daß der Kaiser von Österreich und König von Ungarn an dem Treffen Wilhelms I. und Alexanders II. teilnehmen werde, wurde, von allen deutschen Stämmen mit Genugtuung zur Kenntnis genommen.

Fürst Bismarck und Graf Andrassy richteten es so ein, daß Franz Joseph und der Zar zu gleicher Zeit in Berlin eintrafen. Ihrem Arrangement entsprechend, kamen am 5. September 1872 die beiden Monarchen in die Hauptstadt des neuen Deutschland. Durch die persönliche Begegnung der drei Monarchen wurde das bisherige Mißtrauen zwischen Deutschland und Rußland einerseits und Österreich-Ungarns andererseits, die bisherige Feindschaft, gebannt und den Völkern der drei Staaten der Friede gesichert. Zar Alexander II. versöhnte sich mit Franz Joseph I., Rußland mit Österreich-Ungarn. Die drei Kaiser einigten sich und verpflichteten sich gegenseitig, alle wichtigen, ihre Staaten betreffenden Angelegenheiten in gemeinsamen Konsultationen zu regeln. Während der Woche, die der Zar und Kaiser Franz Joseph in Berlin verbrachten, kam es nicht nur zu persönlichen Freundschaften, sondern Graf Andrassy und Fürst Gortschakoff eröffneten Fürst Bismarck auch, wo die Interessenslinien Österreich-Ungarns und Rußlands am Balkan verlaufen würden, so daß Graf Bismarck den Versuch unternehmen konnte, die bereits abgesprochenen Interessen der beiden befreundeten Außenminister den drei Kaisern zur Genehmigung vorzulegen. Das gelang und es kam noch in Berlin zum „Drei-Kaiser-Bündnis". In Europa konnte ab nun, ohne Zustimmung der drei Monarchen, keine größere Veränderung mehr erfolgen. Graf Andrassy war am Ziel seiner Politik angelangt. Das „Drei-Kaiser-Bündnis" war sein Triumph. Damit trat Graf Andrassy in die Reihe der großen europäischen Politiker.

Auf der Wiener Weltausstellung 1873, begrüßte Franz Joseph außer den bereits befreundeten Monarchen Wilhelm I. und Alexander II. aber auch König Viktor Emanuel von Italien. Diese Besuche brachten aber auch die Versöhnung der Dynastien der Habsburger, Hohenzollern, Romanow und des Hauses Sardinien-Piemont. Franz Joesph erwiderte den Besuch des Zaren und des Königs von Italien. Beim Besuch des Kaisers von Österreich und Königs von Ungarn in St. Petersburg wurde von Andrassy und Gortschakoff die orientalische Frage im Detail im gegenseitigen Einvernehmen gelöst.

König Viktor Emanuel empfing Franz Joseph in Venedig, womit dieser die Existenz des vereinigten Italiens anerkannte.

Während Graf Andrassy auf der politischen Bühne Europas so erfolgreich tätig war, brach in Deutschland, wo die Liberalen die Mehrheit in den gesetzgebenden Körperschaften hatten und einen antiklerikalen Kurs steuerten, der sogenannte „Kulturkampf" als Antwort auf die „Unfehlbarkeitserklärung" Pius IX. aus, die deren Gemüter zur Wallung gebracht hatte. Es hatte sich gezeigt, daß die „Ecclesia militans" auch nach der Zerstörung der weltlichen Macht des Papstes über den Glauben der Völker noch immer eine große Macht repräsentierte. In München demonstrierten 44 Professoren und Dozenten unter Ignaz Döllinger, dem Präsidenten der Bayerischen Akademie der Wissenschaften gegen das Dogma; als er die päpstliche Unfehlbarkeit nicht anerkannte, wurde er 1871 exkommuniziert. Döllinger hat sich aber Pius IX. nicht unterworfen, denn er war immer ein Gegner des Kirchenstaates, der kirchlichen Staatslehre und der Konzilsbeschlüsse von 1870 gewesen. Die 44 Professoren und Dozenten haben, wie Döllinger, trotz des Fuldaer Hirtenbriefes der deutschen Bischofskonferenz, bei der mehrere Bischöfe gefehlt hatten, die Unterwerfung ebenfalls abgelehnt. Döllinger unterstützte ab nun die „altkatholische" Kirche, die sich von der römisch-katholischen abgespalten hatte und auf Oberösterreich und Böhmen übergriff. Wegen der Unfehlbarkeitserklärung flammte auch die altpreußische Tradition der Staatshoheit gegenüber den Kirchen wieder voll auf, die von der freisinnigen liberalen Partei getragen wurde, die daher in scharfem Gegensatz zur konservativen Zentrumspartei stand. Fürst Bismarck nahm nun selbst den Kampf auf, weil ihm die staatliche Sicherheit im Hinblick auf die polnischen Katholiken im östlichen Staatsgebiet Preußens gefährdet schien, wo der Erzbischof von Posen-Gnesen, Ledochowski, die polnischen Katholiken gegen das „protestantische Kaiserreich" aufstachelte. Fürst Bismarck, der Reichskanzler, ernannte Dr. Falk zum „Kampfminister", der im Reichstag gegen die Zentrumspartei zu kämpfen hatte, deren Wortführer der welsische Kampfhahn Windthorst war. Schon im November 1871 beschloß der Reichstag den „Kanzelparagraph", einen Zusatz zum Strafgesetz, der den Mißbrauch des geistlichen Amts zur Gefährdung des öffentlichen Friedens mit Gefängnis bedrohte. Hierauf beschloß der preußische Landtag im März 1872 das „Schulaufsichtsgesetz", das die Aufsicht des Staates über alle Schulen in die Hände der staatlichen Behörden legte, damit die Schulaufsicht verstaatlichte und die katholischen Ordensangehörigen vom Lehrberuf in öffentlichen Schulen ausschloß. Im Mai 1873 beschloß der preußische Landtag, auf Antrag von Dr. Falk (im

Auftrag Bismarcks) die „Maigesetze", die unter anderem die wissenschaftliche Vorbildung der Geistlichen regelten und ein staatliches „Kulterexamen" für sie vorschrieben, das staatliche Aufsichtsrecht über die Kirche und ihre Orden verstärkten, den Gebrauch der kirchlichen Disziplinargewalt gegen Geistliche und Laien einengten und für die Anstellung von Geistlichen ein Einspruchsrecht der Oberpräsidenten festsetzten. Die Maigesetze galten auch für die Protestanten. Diesen Maigesetzen verweigerten die Katholiken, unter stärkster Unterstützung durch Pius IX. die Anerkennung. Pius IX. erklärte sie mit der Enzyklika vom 5. Februar 1875 für ungültig und ungesetzlich. Wegen dieser illegalen Einmischung in innerdeutsche Angelegenheiten, versuchte die Regierung den Widerstand der Katholiken mit schärfsten Mitteln zu brechen. War schon im Juni 1872 im Reichstag das „Jesuitengesetz" beschlossen worden, mit dem der Orden in Preußen verboten und die Ordensangehörigen des Landes verwiesen worden waren, so wurden, als Antwort auf die päpstliche Enzyklika jetzt zahlreiche Bischöfe und Geistliche abgesetzt, verhaftet und zu Geld- und Gefängnisstrafen verurteilt. Unter den Verhafteten waren auch die Erzbischöfe Ledochowski von Posen-Gnesen und Melchers von Köln. Welche Erbitterung sich innerhalb der katholischen Bevölkerung gebildet hatte, konnte man auch am Attentat, das der katholische Handwerksgeselle Kullmann im Juli 1874, auf Fürst Bismarck verübte, sehen. Nur hatte das Attentat noch schärfere Maßnahmen der Regierung zur Folge. Zeitweilig waren alle preußischen Bistümer und rund ein Viertel der katholischen Pfarren verwaist. Weitere „Kampfgesetze" folgten, so das „Sperrgesetz" vom 22. April 1875 (Brotkorbgesetz), mit dem die Einstellung aller Leistungen aus Staatsmitteln an die römisch-katholische Kirche verfügt wurde. Im Mai 1875 wurde das „Klostergesetz" erlassen, das in Preußen die Auflösung aller Ordensgemeinschaften außer den krankenpflegenden binnen 6 Monaten verfügte. Besonders böses Blut bei den Ultramontanen aber machte die obligatorische Einführung der Zivilehe in Deutschland mit dem Personenstandsgesetz von 1875, das festlegte, daß die kirchliche Trauung erst nach der standesamtlichen erfolgen durfte. Ein selbstbewußter Brief Pius IX. an Kaiser Wilhelm I. brachte keine Entspannung. Erst nach dem Tod Pius IX., der am 7. Februar 1878 starb, kam es zwischen dem Reichskanzler Fürst Bismarck und dem Nachfolger Pius IX., dem Papst Leo XIII., zu einem Interessenausgleich, der die stufenweise Aufhebung der Bestimmungen der „Maigesetze" zur Folge hatte. Die verwaisten Bistümer wurden neu besetzt, zuletzt 1885 und 1886 die Erzbistümer Köln und Posen-Gnesen. Schließlich beseitigten die im Zuge der Verhandlungen zustande gekommenen Friedensgesetze, die Bismarck und Leo XIII. vereinbarten und mit 21. Mai 1886 und 29. April 1887 in Kraft traten, die wesentlichsten Bestimmungen der „Maigesetze". Mit dem zweiten der Friedensgesetze wurden auch die Orden in Preußen wieder zugelassen, ausgenommen die Jesuiten, die verboten blieben. Damit endete der so erbittert geführte „Kulturkampf". Die Zivilehe blieb aber ebenfalls in Kraft, ebenso die Schulaufsicht, die weltliche Schulinspektoren versahen. Der Interessensausgleich zwischen dem preußischen Königreich und dem Vatikan war letztendlich kein Triumph für den Episkopat, wenn auch der Reichskanzler das Stärkerwerden der Zentrumspartei als Signal verstanden hatte. Der Kulturkampf war aber nicht auf Preußen beschränkt geblieben, sondern hatte auch Baden, Hessen und die Schweiz erfaßt. In der Zeit von 1873-1883 kam es besonders in Genf, Basel, und Solothurn zu heftigen antirömischen Reaktionen. 1874 brach die Bundesregierung die diplomatischen Beziehungen zum Vatikan ab. Erst 1883 trat auch hier eine gewisse Beruhigung ein.

In Österreich wurden im Mai 1874 vier neue Kirchengesetze erlassen, die die Rechtsverhältnisse der katholischen Kirche, das Aufsichtsrecht des Staates über die Klöster, die Regelung der Beiträge des Pfründenvermögens und die gesetzliche Anerkennung der Religionsgesellschaften betrafen. Seit dem Jahr 1858, in dem die antiklerikale deutschliberale Partei dominierend geworden war, gab es auch in Österreich erhebliche Spannungen zwischen der Regierung und der Kirche, die sich nicht ohne weiteres ihren starken Einfluß, vor allem in Ehe- und Schulangelegenheiten, nehmen lassen wollte. Der politische Katholizismus (Klerikalismus) sammelte sich in der Konservativen Partei, die nach dem Ende der liberalen Ära jahrzehntelang Regierungspartei blieb. Der Ausbruch eines offenen „Kulturkampfes", so wie er seit 1873 in Deutschland geführt wurde, konnte jedoch durch die gemäßigte Politik der Regierung und den Einfluß Kaiser Franz Josephs vermieden werden.

In Frankreich wurde der Kulturkampf (siehe gallikanische Kirche) ungleich schärfer geführt, weil der Protestantismus dort keinen großen Einfluß hatte. Der Gegensatz zwischen den römisch-katholischen Klerikalen und der gallikanisch orientierten Geistlichkeit verschärfte sich solange, bis die Kirche 1905 ganz vom Staat getrennt wurde (Combes Kampf gegen die Kirche) und in den Elementarschulen Moralunterricht zum Surrogat für Religion gemacht wurde.

Aus den heftigen Reaktionen in Italien, Frankreich, Deutschland und Österreich-Ungarn allein schon ist zu ersehen, welches Unheil der Epilektiker Pius IX., dem auch von seinem eigenen Sohn die Unfehlbarkeit abgesprochen wurde, mit seinem Unfehlbarkeitswahn angerichtet hatte. Natürlich haben die anderen christlichen Kirchen diesen Hochmut des Papstes, brüsk zurückgewiesen, weil er die Spaltung der christlichen Konfessionen verewigte. Nur fand sich, zum Schaden der römisch-katholischen Kirche kein Kaiser wie

Heinrich V. mehr, der an der Spitze eines Heeres nach Italien zog, Papst Paschalis gefangennahm und das Recht der Investitur und seine Krönung erzwang, der trotz Streit und Bann im Wormser Konkordat seine Herrschaft über die Reichskirche in Deutschland behaupten konnte und die Bischöfe selber ernannte. Dieses Konkordat blieb über hundert Jahre in Kraft.

Inzwischen ließ der russische Botschafter in Istanbul, Ignatieff, nichts unversucht, um für das Aufwerfen der orientalischen Frage das Terrain zu ebnen. Andrassy wußte von seiner Reise zur Eröffnung des Suezkanals noch, daß die Zeit eines großen Aufstandes nicht mehr fern sein konnte, der nach den früheren kleineren Erhebungen endlich zur russischen Intervention den Anlaß geben werde. Den Ausbruch des Aufstandes beschleunigte noch die Grausamkeit der Türken, die die christlichen Völker zur Empörung gegen ihre Unterdrücker aufreizte. So erhoben sich Bosnien und die Herzegowina nach mehreren erfolglosen Versuchen (1839, 1856, 1858, 1862) im Jahre 1875 abermals gegen die Pforte, und Serbien und Montenegro folgten dem Beispiel. Dem von beiden Seiten mit größter Erbitterung und Grausamkeit geführten Kampf konnte Rußland, das den Haß eigentlich schürte, nicht untätig zusehen und rüstete auch zum Krieg, dessen eingestandenes Ziel die Befreiung der christlichen Völker des Balkans vom türkischen Joch bildete. In Österreich-Ungarn aber, dem einzigen Staat, der der russischen Intervention Hindernisse in den Weg legen konnte, sahen die Völker mit geteilten Sympathien der russischen Einmischung entgegen. Die Ungarn, die Rußland wegen dessen Hilfe bei der Niederschlagung der Rebellion von 1848/49 haßten, befürchteten, daß das Anwachsen der Macht der Slaven Ungarn gefährlich werden könnte, veranstalteten türkenfreundliche Demonstrationen und wollten die Regierung zu einem Krieg gegen Rußland im Bund mit der Türkei bewegen. In Prag und Agram aber demonstrierte man gegen die Türken und forderte eine Allianz mit Rußland. Diese gegensätzlichen Demonstrationen erschwerten die Außenpolitik Andrassys, der die freie Donauschiffahrt für die Monarchie sichern, die kommerzielle Verbindung mit den Staaten der unteren Donau wahren und zugleich Ungarns Grenzen gegen den anwachsenden Panslavismus schützen wollte. Wenn die Vormachtstellung der Türkei am Balkan nicht weiter aufrechtzuerhalten wäre, dann sollte nicht Rußland allein die Rolle des Befreiers der christlichen Völker spielen, sondern mit Hilfe Österreichs eine Reihe von kleineren Staaten auf dem Balkan entstehen, die, wenn einmal im Besitz ihrer Unabhängigkeit, diese auch gegen Rußland verteidigen und, um dies tun zu können, die Freundschaft Österreich-Ungarns suchen würden.

Bevor aber Rußland die Lösung der orientalischen Frage unternahm, wollte Gortschakoff erfahren, welchen Standpunkt Österreich-Ungarn einnehme. Zu diesem Zweck organisierte der russische Außenminister eine Zusammenkunft Alexanders II. mit Franz Joseph I. in Reichstadt am 8. Juli 1876, wobei im Beisein der Außenminister beider Staaten die Frage entschieden werden sollte, ob Österreich-Ungarn im Falle eines russisch-türkischen Krieges neutral bleiben, oder als offener Feind gegen Rußland kämpfen werde. Franz Joseph versprach die Neutralität, stellte aber auf Andrassys Anraten schon damals die Bedingung, daß der definitive Friedensschluß vom Schiedsspruch aller europäischen Mächte abhängen müsse. Elf Tage später fand vom 18. bis 21. Juli eine Begegnung Franz Josephs mit Kaiser Wilhelm statt, der den Bedingungen Österreich-Ungarns ebenfalls beipflichtete. Während sich Zar Alexander II. die Neutralität Österreich-Ungarns gesichert hatte, schlugen die Türken die ausgebrochenen Aufstände gegen ihre Oberhoheit mit blutiger Strenge nieder. Doch dies hinderte den Zar nicht, in Istanbul auf die auch von den Mächten geforderten Konzessionen zu dringen und da Sultan Abd ul-Hamid II. die russische Vermittlung als Einmischung in die inneren Angelegenheiten der Türkei zurückwies, die jetzt nach der Niederwerfung der Aufstände erfolgt war, erklärte Zar Alexander II. 1877 der Türkei den Krieg. Die russischen Heere überschritten den Pruth und fielen zugleich in Armenien ein. Den von allen Mächten verlassenen Sultan hoffte der Zar rasch und erfolgreich zu schlagen. Aber die türkische Armee entfaltete eine Kraft, die ihr niemand zugetraut hätte. Mehrere Male wurden die russischen Truppen geschlagen und das von Osman Pascha verteidigte Plevna wies alle russischen Angriffe blutig ab. Als sich aber auch die rumänische Armee dem russischen Belagerungsheer anschloß und Osman Pascha verwundet wurde, fiel Plevna endlich am 10. Dezember 1877. Die Truppen der Verbündeten überstiegen nach dem Fall der Festung das Balkangebirge, umgingen Adrianopel und drangen geradewegs nach Istanbul vor, wodurch Sultan Abd ul-Hamid II. zum Friedensschluß genötigt wurde. Am 3. März 1878 kam der Friede von San Stefano zustande, kraft dessen der Türkei im Norden des Ägäischen- und Marmarameeres nur die Halbinsel Chalkidike mit Saloniki (Thessalonike), ferner Thrakien mit Adrianopel verblieb und der Sultan zur Bezahlung einer Kriegskontribution von 1410 Millionen Rubel verpflichtet wurde.

Damit war die Zeit gekommen, von welcher Außenminister Andrassy schon während der Reichstädter Zusammenkunft gesprochen hatte. Um dem Wort Franz Josephs Gewicht zu verleihen, ließ er, während er einerseits die Einberufung eines Kongresses der europäischen Mächte betrieb, wo die im Frieden von San Stefano nicht berücksichtigten ungarischen Interessen geschützt werden sollten, andererseits die Delegationen Cis- und Transleithaniens tagen und durch diese einen Kredit von 60 Millionen für den Fall bewilligen, daß die Monarchie gezwungen sein sollte, zur Verteidigung ihrer Interessen die Armee zu mobilisieren. Infolge dieses energischen Auftretens der Wiener Regierung, weigerte sich erst Lord Beaconsfield in London, auf die Intervention Graf Beusts, dann Frankreich und Italien den Frieden von San Stefano anzuerkennen. Auf Graf Bismarcks Vorschlag versammelten sich die Vertreter der Großmächte zum Kongreß von Berlin, der vom 13. Juni bis 15. Juli 1878 tagte. Unter Bismarcks Vorsitz kam folgende Einigung zustande: 1. Die beabsichtigten Gebietserweiterungen für Serbien und Montenegro werden beschränkt. - 2. Das neuzuerrichtende Großfürstentum Bulgarien wird auf das Gebiet zwischen Donau und Balkangebirge eingeengt; das Land zwischen Balkangebirge und Ägäis (Ostrumelien) verbleibt bei der Türkei. - 3. Bosnien und die Herzegowina werden, unbeschadet der Rechte des Sultans, unter den Schutz und die Verwaltung Österreich-Ungarns gestellt; die Monarchie erhält ferner die Ermächtigung, diese Gebiete militärisch zu besetzen, wenn nötig, mit Einschluß des Sandschaks (Bezirks) von Novibazar, worauf im Interesse Ungarns besonders Graf Andrassy gedrungen hatte. - 4. Rumänien erhält die Dobrutscha und tritt Beßarabien an Rußland ab. - 5. Thessalien und Teile von Epirus fallen an Griechenland. - 6. England erhält die bisher türkische Insel Cypern.

Am 13. Juli kam es zur geheimen Konvention zwischen Österreich-Ungarn und der Türkei: Die beabsichtigte Besetzung Bosniens und der Herzegowina durch österreichisch-ungarische Truppen soll völkerrechtlich nur als eine „Okkupation" von unbestimmter Dauer und nicht als „Annexion" (Einverleibung) gelten. Die Souveränität Sultan Abd ul Hamids soll daher auch weiterhin gewahrt bleiben. Am 29. Juli marschierten hierauf österreichisch-ungarische Truppen unter dem Befehl der Generale von Philippovich und Jovanovic in Bosnien und der Herzegowina ein. Die Besetzung der beiden Provinzen nach heftigen und nicht immer glücklichen Kämpfen mit der mohammedanischen Bevölkerung, die von Tewfik Bey und Hadschi Loja zum Widerstand aufgerufen worden war, ging schwierig vor sich. Infolge des unerwartet starken Widerstandes erwies es sich als notwendig, beträchtliche Streitkräfte, drei Armeekorps mit 150.000 Mann, einzusetzen. Am 19. August 1878 wurde Sarajewo erobert. Ende September waren Bosnien und die Herzegowina unterworfen und der Sandschak Novibazar besetzt. Im Besitze der zwei Provinzen schloß Österreich-Ungarn am 21. April 1879 mit Sultan Abd ul-Hamid II. eine Konvention ab, durch die der Sultan die Okkupation Bosniens, der Herzegowina und Novibazars zur Kenntnis nahm und diese Länder in der Hand Franz Josephs beließ, bis er die gesamten Ausgaben der Monarchie ersetzen können werde, zugleich aber alle seine Souveränitätsrechte über diese Provinzen aufrechterhalte. Hierauf wurden die okkupierten Gebiete in das gemeinschaftliche Zollgebiet Österreich-Ungarns aufgenommen und vom gemeinsamen Finanzminister verwaltet. Die Okkupation der beiden Provinzen kostete, abgesehen von den großen Blutopfern, 62 Millionen Gulden. Dies rief in beiden Reichshälften große Unzufriedenheit hervor und man lastete Graf Andrassy an, daß er auf den Erwerb der Provinzen gedrängt und die Schuld an allen Opfern und Lasten trage. In Ungarn gelang es dem Ministerpräsidenten Koloman Tisza zwar nach einiger Zeit die Unzufriedenheit zu dämpfen, allein in Österreich war die Regierung wegen der Außenpolitik Andrassys den heftigsten Angriffen der Deutschliberalen im Parlament ausgesetzt, die in der Okkupation der beiden Provinzen eine Stärkung des slawischen Elementes in der Monarchie erblickten. Die Führer der Deutschliberalen, Herbet und Giskra attakierten Andrassy frontal, aber Franz Joseph deckte seinen Außenminister.

Am 29. April 1879 wurde der hessische Prinz Alexander von Battenberg, ein Neffe des Zaren, zum Fürsten von Bulgarien gewählt, das mit diesem einen christlichen Herrscher erhielt und eine enge Freundschaft mit Rußland einging.

In Österreich verloren die Deutschliberalen bei den Neuwahlen im Juni und Juli die Mehrheit im Parlament, worauf ihr Regierungschef Fürst Adolf Auersperg demissionierte und das konservative Koalitionsministerium des Grafen Eduard Taaffe abermals die Regierungsgeschäfte in Österreich übernahm. Es gelang Taaffe zwar die Tschechen die jahrelang dem Reichsrat fern geblieben waren, zu gewinnen, aber seine Bemühungen um die Versöhnung der Nationalitäten blieben vergeblich.

Außenpolitisch war die Ära Taaffe durch die Bündnispolitik mit dem Deutschen Reich, die auf Graf Andrassys Linie zurückzuführen war, gekennzeichnet. Am 7. Oktober 1879 kam es zum geheimen Defensivbündnis zwischen Österreich-Ungarn und Deutschland, dem „Zweibund“, für den Fall, daß einer der beiden Vertragspartner von Rußland angegriffen werden sollte.

Das Verhältnis Deutschlands und Österreich-Ungarns zu Rußland hatte sich seit dem russisch-türkischen Krieg sehr verschlechtert. Das „Drei-Kaiser-Bündnis“ war wegen dem Frieden (Vorfrieden) von San Stefano zerfallen, weil Wilhelm I. und Franz Joseph I. am Berliner Kongreß den von Rußland dem Sultan aufgezwungenen Vorfrieden, revidierten. Dem „Zweibund“, dem Bündnis zwischen Deutschland und Österreich-Ungarn, gingen die Zusammenkünfte der beiden Monarchen am 9. und 10. März 1879 in Bad Gastein voraus, die Bismarck und Andrassy in Wien vorbereiteten und paraphierten. Erst am 3. Februar 1888 erfolgte die Veröffentlichung dieses bis dahin geheimgehaltenen Bündnisses, daß in der Folge beide Staaten bis zum Ende des Ersten Weltkrieges verbinden sollte. Aber Graf Andrassy mußte, kurz vor der Unterzeichnung des Bündnisses zwischen Deutschland und Österreich-Ungarn seinen Abschied nehmen. Er, der die Doppelmonarchie am Berliner Kongreß vertreten und dort das Mandat zur Besetzung Bosniens und der Herzegowina erlangt hatte, zog sich von jenem Terrain zurück, wo er inmitten bedrohlicher Verhältnisse nicht nur den Frieden erhalten, sondern auch die Großmachtstellung Österreich-Ungarns wieder hergestellt hatte. Fürst Gortschakoff sagte damals, als Andrassy das Mandat zur Besetzung Bosniens und der Herzegowina erlangt hatte: „Dieser Schritt wird eines Tages zum Grab der Monarchie werden." Ob er ein Hellseher war? Graf Julius (Gyula) Andrassy hat nicht nur die Politik seines Vorgängers, des Reichskanzlers Graf Beust, umgedreht, sondern mit seiner Variante, die befreiten Königreiche an der unteren Donau zu verteidigen, die Monarchie zu einem gefürchteten Rivalen Rußlands gemacht, das die christlichen Untertanen der Türkei wohl befreien, dann aber zum Lohn dafür diese mit Hilfe seiner Machtmittel und der gemeinsamen griechisch-orthodoxen Religion sich selbst unterwerfen wollte. Um dieses Ziel zu erreichen, aber auch um das Erstarken der Macht Österreich-Ungarns am Balkan zu verhindern, trachtete Rußland, die inneren Wirren in beiden Reichshälften der Monarchie zu nähren und bedrohte diese sogar mehrmals mit Krieg, den es wohl nur deshalb nicht vom Zaun brach, weil es sich dann auch Deutschland zum Feind gemacht hätte, was wieder auf die Politik Andrassys zurückzuführen war. Die durch den Grafen Andrassy geschaffene Situation war in der Tat geeignet, Rußland nervös zu machen, dem es auch nach so vielen Opfern versagt blieb, seine Ziele am Balkan zu erreichen. Anstatt zu wachsen, nahm der Einfluß Rußlands eher ab, und was Graf Andrassy vorhergesehen hat, trat wirklich ein. Die am unteren Ufer der Donau entstandenen kleinen, jungen und lebenskräftigen Fürstentümer und Königreiche, die ihr Dasein der Opferwilligkeit Rußlands im Krieg gegen die Türken verdankten, waren dennoch bereit, ihre-Unabhängigkeit auch gegen dasselbe zu wahren.

Nach den Neuwahlen zum österreichischen Abgeordnetenhaus im Juli 1879 hatte Kaiser Franz Joseph seinen Jugendfreund und Vertreter der Reichspolitik, Eduard Graf Taaffe zum leitenden Minister berufen. Um die von ihm gebildete Koalition der Rechten zusammenzuhalten, war er zu laufenden Kompromissen genötigt und förderte dadurch eher den Radikalismus bei den Nationalitäten. Aus Protest gegen die neue Innenpolitik Taaffes trat Graf Andrassy vom Amt des Außenministers zurück, nachdem er zuvor noch, wie wir schon sahen, den Zweibund zwischen Österreich-Ungarn und Deutschland am 7. Oktober 1879, der bis 1918 in Kraft blieb, abgeschlossen hatte. Graf Andrassy, der in der Literatur auch „der Ältere" genannt wird, lebte auf seinen Gütern und starb am 18. Februar 1890 in Volosca im Alter von 67 Jahren.

Friedrich Ferdinand, Graf von Beust, der als Reichskanzler der politische Gegner Graf Andrassys gewesen und 1871 von Franz Joseph über Wunsch des deutschen Kaisers und Graf Bismarcks und auf Betreiben Andrassys seiner Regierungsämter enthoben und nach London als Botschafter der Monarchie entsandt worden war, wirkte dort bis 1878 und dann bis 1882 als Botschafter in Paris. Nach seiner Rückkehr nach Österreich lebte Graf Beust auf seinem Schloß Altenberg in Niederösterreich, wo er am 24. Oktober 1886 starb. Graf Beust hatte 1867 den Ausgleich mit Ungarn durchgeführt und die Wiederherstellung der konstitutionellen Verfassung Österreichs veranlaßt. Seine Außenpolitik zielte auf die „Revanche für Sadowa", scheiterte aber mit der Niederlage Frankreichs gegen Preußen. Beust trat für die Vorherrschaft Österreichs im Deutschen Bund ein, war also für die „großdeutsche Lösung", mußte aber nach der Gefangennahme Napoleons III. bei Sedan mit Franz Joseph den Traum von der Wiedererlangung der deutschen Kaiserkrone begraben.

Preußens Ministerpräsident, Fürst Bismarck, und Ungarns Ministerpräsident, Graf Andrassy, der spätere Außenminister der Doppelmonarchie, der durchgehend eine pro-preußische Politik betrieb, hatten einen wesentlichen Faktor in ihren Bestrebungen zuwenig Beachtung geschenkt, der Wiedererstarkung der Republik Frankreich. Mit den Friedensbedingungen, die Bismarck in Frankfurt am Main der „Dritten Republik" auferlegt hatte, verletzte er Frankreichs Würde zu tief. Es waren nicht nur die fünf Milliarden Francs, die jetzt die „Republik" als Kriegskontribution „für den Krieg Kaiser Napoleons III." aufzubringen hatte, sondern vor allem der Verlust von Elsaß und Teilen Lothringens mit der Stadt und Festung Metz, die jetzt als „Reichsland Elsaß-Lothringen" direkt unter preußische Verwaltung gestellt worden waren, obwohl die Bevölkerung dieser Gebiete gar nicht zu Deutschland gehören wollte. Sie sprach zwar deutsch, gehörte aber lieber zu Frankreich.

Elsaß und Lothringen hatten seit der Stauferzeit zum Heiligen Römischen Reich Deutscher Nation gehört, waren aber im Westfälischen Frieden, 1648, an Frankreich abgetreten worden. Nach dem Sturz Kaiser Napoleon I. Bonaparte, erhob zwar Preußen 1815 die Forderung auf Rückgabe des Elsaß, war aber im zweiten Pariser Frieden mit seiner Forderung nicht durchgedrungen. 1871 hatte sich Wilhelm I., der schon 1866 mehreren deutschen Fürsten Kronen und Länder geraubt hatte, auch Elsaß-Lothringen gewaltsam angeeignet und hat damit den Franzosen, wie diese sich einredeten, ein Stück aus ihrem mystischen Körper herausgerissen, die diese Wunde, tief in ihrem Nationalstolz verletzt, mit schmerzlicher Erinnerung und auf Revanche sinnend, pflegten. Es war die Raffgier Bismarcks, die diese Deutschland auf Jahrzehnte belastende Annexion betrieben hatte, um den „schmalen Leib Preußens" zu vergrößern. Der 2. September, der Tag der französischen Kapitulation bei Sedan, war zum deutschen Nationalfeiertag erklärt worden, zum Triumph über Frankreich, zu dem Graf Andrassy wesentlich beigetragen hatte.

Leon Gambetta, einer jüdisch-genuesischen Familie entstammend, Advokat und radikaler Abgeordneter, proklamierte nach der Kapitulation Napoleons III. bei Sedan am 4. September 1870 in Paris die Republik. Er wurde in der Regierung der nationalen Verteidigung Innen-, später in Tours auch Kriegs- und Finanzminister und organisierte die 600.000 Mann starke Volksarmee zum Entsatz von Paris, das er wegen der Belagerung am 7. Oktober im Luftballon verlassen hatte. Nach dem Fall der Stadt am 28. Januar 1871 trat er am 6. Februar zurück. Als Führer der radikalen Opposition bekämpfte er stets die monarchistische Mehrheit in der Nationalversammlung und 1877 die Staatsstreichpläne Mac Mahons. Seitdem beherrschte Gambetta die gesamte Staatsverwaltung, förderte den Wiederaufbau der Armee und war die treibende Kraft des Revanchegedankens. Im November 1881 bildete er das „Große Ministerium", in dem Gambetta das Außenamt übernahm. Als am 18. Januar 1871 König Wilhelm von Preußen im Spiegelsaal von Versailles zum deutschen Kaiser ausgerufen wurde, sah Gambetta das Werk Richelieus, der die Vormachtstellung Frankreichs in Europa begründet und der französischen „Rheinpolitik" die Bahn gewiesen, vernichtet.

Die Battenbergkrise –
Das Bündnis mit Deutschland

In der Monarchie folgte auf Graf Andrassy der Freiherr von Haymerle als gemeinsamer Außenminister Österreich-Ungarns. Er war vom Oktober 1879 bis Oktober 1881 im Amt. Haymerle folgte Graf Gustav Kálnoky, der diese Stelle bis 1895 inne hatte.

In den Jahren, in denen Graf Julius (Gyula) Andrassy ungarischer Ministerpräsident und anschließend gemeinsamer Außenminister Ungarns und Österreichs war, also seit dem Ausgleich von 1867, der Versöhnung mit Österreich, hatten Julius Andrassy und Kálmán Tisza, der von 1875 bis 1890 als Andrassys Nachfolger ungarischer Ministerpräsident war, endgültig die Tür hinter der Feindschaft mit Österreich zugeschlagen, Ungarn das Tor zu Europa geöffnet, und, nach ungarischer Meinung aus den Schattenseiten seiner Geschichte, die seit den Tagen von König Matthias Corvinus angehalten, durch eine neue Balkan(Orient-)politik wieder auf die Sonnenseite der Welttribüne zurückgeführt. Tisza war im Sinne Andrassys tätig, festigte das System des österreichisch-ungarischen Dualismus von 1867, ordnete die Finanzen Ungarns und förderte den wirtschaftlichen Aufschwung des Landes. Da aber der in Lettowitz in Mähren geborene Gustav Graf Kálnoky von Köröspatak, der seit 1881 die Außenpolitik der Monarchie leitete, den Frieden mit Rußland zu erhalten suchte, mit Graf Bismarck in diesem Sinn zusammenarbeitete (Dreibund, Dreikaiserverhältnis, Pakt mit Rumänien und Serbien, Mittelmeer-, Orientpakt), wurde er wegen der Ereignisse in Bulgarien von den Ungarn angefeindet. Kálnokys Politik war vorsichtig und konservativ, nicht so stark ungarisch geprägt wie jene Andrassys. Bulgarien, an dessen Spitze, dem Beschluß des Berliner Kongresses gemäß, der Schützling Rußlands, Fürst Alexander von Battenberg gestellt und in dieser Würde auch durch einen Ferman (Erlaß) des Sultans Abd ul-Hamid II. bestätigt wurde, versuchte, die Vormundschaft Rußlands abzuschütteln. War Fürst Alexander in den ersten Jahren tatsächlich nur ein in Sofija residierender Statthalter des Zars und genötigt, die wichtigsten Portefeuilles mit Vertrauensmännern desselben zu besetzen, wie General Soboleff für das Innere, Baron Kaulbars für Kriegswesen, so änderte sich dies als diese zwei russischen Funktionäre alle Offiziersstellen der bulgarischen Armee mit Russen besetzen wollten. Diese beiden und der russische Gesandte Jonin bildeten in Sofija ein Triumvirat, das den Fürsten und das Land beherrschen wollte. Damit erreichten die Russen aber nur, daß der Nationalstolz der Bulgaren erwachte und Fürst Alexander die Bevormundung mit Hilfe der bulgarischen Nationalversammlung abschüttelte. Da Zar Alexander II. Nikolajewitsch mit Prinzessin Maria (Alexandrowna) von Hessen vermählt war, war Alexander, Prinz von Battenberg, der Sohn aus der morganatischen Ehe des Prinzen Alexander von Hessen mit der polnischen Gräfin Julie von Haucke, ein Verwandter der Zarin Maria und deshalb der Schützling des Zaren gewesen. Da aber Zar Alexander II. in St. Petersburg am 13. März 1881 ermordet worden war, folgte diesem dessen Sohn Alexander III. Alexandrowitsch, vermählt mit Prinzessin Dagmar (Maria Feodorowna) von Dänemark, 1881 als Zar. Auf Vorschlag Zar Alexanders II. war Fürst Alexander Battenberg am 29. April 1879 von der bulgarischen Nationalversammlung in Tirnowa einstimmig zum Fürsten gewählt worden. Als aber jetzt Battenberg die russische Bevormundung abschüttelte, wurde das Verhältnis zwischen ihm und dem inzwischen Zar gewordenen Alexander III. ein immer gespannteres. Die russische Presse überhäufte Battenberg und Bulgarien, das Dank der russischen Opferbereitschaft im Türkenkrieg selbständig geworden war, mit bitteren Vorwürfen und zieh Bulgarien der Undankbarkeit. Dies war die Lage, als in der Hauptstadt Rumeliens, in Philippopel, am 18. September 1885, ein Aufstand ausbrach, den der Arzt Stransky leitete. Dieser berief eine Volksversammlung, wo einstimmig die Vereinigung Rumeliens mit Bulgarien proklamiert wurde und an Fürst Alexander I. von Bulgarien die Aufforderung erging, die Regierung zu übernehmen. Am 20. September veröffentlichte Fürst Alexander eine Proklamation an das Volk, mit der die Vereinigung Bulgariens mit Rumelien als vollendete Tatsache bekanntgegeben wurde. Battenberg zeichnete diese Proklamatiom mit „Alexander I. von Gottes Gnaden und des Volkes Fürst des vereinigten Nord- und Südbulgarien." Am folgenden Tag, am 21. Septemter 1885, übernahm er die Regierung in Rumelien. Diese Nachricht überraschte ganz Europa, besonders aber Rußland, das in der ohne das Wissen und die Zustimmung Alexanders III. erfolgten Vereinigung einen neuen Verrat, eine neue Verletzung der Treue und des schuldigen Gehorsams erblickte. Zar Alexander III., der zwar dem russischen Nationalismus durch die weitere Russifizierung der Randländer entgegenkam, aber in der Battenberg-Krise (1885/86) keinen Krieg wollte, weil er sich nicht zum Krieg gerüstet und sich nicht stark genug fühlte, den Einfluß, den sein Vater, Alexander II. genommen hatte, wieder zurückzugewinnen, begnügte sich mit der Zurückberufung der in der bulgarischen und rumelischen Armee dienenden russischen Offiziere und ließ Alexander von Battenberg aus der Liste der russischen Generäle streichen. Allein Sultan Abd ul-Hamid II. wollte sich mit der geschaffenen Lage nicht abfinden und seine Armee in Rumelien einmarschieren lassen, um seine Macht in dieser abtrünnigen Provinz wieder herzustellen. Doch hielten ihn die Großmächte, die am Berliner Kongreß teilgenommen hatten, ab, um einen neuen Balkankrieg zu vermeiden, obwohl sie erklärt hatten, daß durch die Vereinigung Rumeliens mit Bulgarien die Berliner Beschlüsse verletzt worden seien. Die Großmächte Österreich-Ungarn, Deutschland, Frankreich, England, Italien und Rußland hielten aber in Istanbul, unter dem Vorsitz der Türkei, eine Beratung ab, die jedoch zu keinem Ergebnis führte. Dies jedoch war schon ein Glück für Bulgarien, denn durch die Konferenz von Istanbul wurde der Einmarsch der türkischen Armee in Rumelien verhindert, weil Bulgarien von den Großmächten auch gegen einen Angriff Rußlands in Schutz genommen wurde. Die Ungarn aber warfen Graf Kálnoky, dem Außenminister Franz Josephs, vor, den Einfluß Ungarns am Balkan nicht vergrößert und das Erbe Andrassys zu verspielen, weil er den Orient überhaupt nicht oder nur schlecht kenne. Die Vereinigung der beiden bulgarischen Länder stieß in Griechenland und Serbien auf heftigen Widerstand, weil man Bulgarien bezichtigte, das Gleichgewicht am Balkan gestört zu haben. Griechenland, das zu spät gerüstet hatte, wagte nicht, in Rumelien einzumarschieren, weil es ansonsten in einen Krieg mit der Türkei geraten wäre, aber Serbien verlangte von Bulgarien die Abtretung Altserbiens, worauf es schon am Berliner Kongreß Anspruch erhoben hatte, mobilisierte seine Streitkräfte und glaubte, die durch den Abzug der russischen Offiziere geschwächte bulgarische Armee rasch besiegen zu können. Am 13. November 1885 erklärte Serbien daher an Bulgarien den Krieg und am folgenden Tag überschritt das serbische Heer die Grenzen Bulgariens in zwei Kolonnen, deren eine unter General Horvatowitsch gegen Widdin und die zweite unter General Jowanowitsch gegen Sofija vorrückte. Aber die eilends an die Grenze geworfenen bulgarischen Truppen wurden durch die überall mit Übermacht auftretenden Serben in den Schlachten bei Zaribrod, Dragoman, Trn und Bresnik geschlagen, so daß Jowanowitsch schon am 17. bei Sliwnitza stand, hinter dessen Schanzwerken Major Gutscheff mit 8000 Mann den Angriff der Serben erwartete und die Schanzen drei Tage lang hielt. Diese Zeit genügte Battenberg, um aus Rumelien, wo er mit seiner gesamten Kriegsmacht aus Angst vor einer türkischen Intervention stand, nach Sliwitzna zu marschieren. Battenberg übernahm das Oberkommando und unter seiner Führung schritten jetzt die Bulgaren von Sieg zu Sieg und standen schon am fünften Tag, am 24. November vor Pirot, das sie nach blutigen Kämpfen am 27. und 28. November samt den umgebenden Höhen eroberten. Die serbische Armee wurde in diesen Kämpfen nicht nur besiegt, sondern war, weil ihr die Munition ausging, kampfunfähig geworden. Vor der völligen Vernichtung bewahrte der Botschafter Österreich-Ungarns in Belgrad, Graf Khevenhüller die serbische Armee, weil er, dem Bündnis mit der Monarchie gemäß, Battenberg aufforderte, die Feindseligkeiten, die die Serben begonnen hatten, gegen Serbien einzustellen, weil im entgegengesetzten Fall die österreichisch-ungarische Armee den Serben zu Hilfe kommen werde. Hierauf stellte der Fürst die Kampfhandlungen gegen die Serben ein und es kam am 21. Dezember zu einem Waffenstillstand und am 2. März 1886 zum Frieden von Bukarest, mit welchem die Grenzen, wie vor dem Krieg, wieder hergestellt wurden. Hiedurch machte sich aber die Monarchie Bulgarien zum Feind, ohne die Serben, die sie rettete, zu gewinnen. Zwischen dem Sultan und Fürst Alexander Battenberg kam es aber schon am 2. Februar 1886, vier Wochen vor dem Bukarester Frieden zu einer Vereinbarung, kraft welcher der Sultan den Fürsten durch kaiserlichen Ferman (Erlaß) zum Gouverneur von Ostrumelien ernannte und versprach, diesen alle fünf Jahre in dieser Würde zu bestätigen, und ferner mit Battenberg ein Schutz- und Trutzbündnis abzuschliessen. Am zweiten Istanbuler Kongreß gaben sich die Großmächte mit dieser Vereinbarung zufrieden und als Battenberg am 25. April den Ferman des Sultans in Empfang nahm, war die Einheit Doppelbulgariens eine vollendete Tatsache. Die Vereinigung der zwei Länder gelangte durch eine gemeinsame Nationalversammlung, der Sobranje, zum Ausdruck, die zum erstenmal am 14. Juni 1886 vom Fürsten mit einer Thron- und Begrüßungsrede eröffnet wurde.

Mit größten Ärger sah der Zar, welche Erfolge Alexander Battenberg erkämpfte, wie er ohne Unterstützung, ja gegen den Willen des Zaren die zwei Bulgarien vereinigte, Serbien zu Boden warf und inmitten dieser Ereignisse als Feldherr und Diplomat reüssierte. Die von den Panslavisten aufgereizte russische Regierung beschloß nun, den Fürsten zu stürzen, weil sie hoffte, nach Alexanders Entfernung Bulgarien wieder der russischen Ober-

Prinz Alexander von
Battenberg
Fürst von Bulgarien
(1879 – 1886)

hoheit unterwerfen zu können. Das böse Vorhaben gelang. Die Malkontenten unter dem Militär und bürgerlichen Ständen beschlossen, auf Anstiften Zankoffs, der früher der Vertreter des Fürsten in Istanbul gewesen und des Metropoliten Klement am 21. August 1886 zwischen 1 und 2 Uhr Nachts den Fürsten gefangenzunehmen. Die verräterischen Offiziere und Soldaten hatten den Palast Battenbergs umstellt, samt seinem Bruder Franz Joseph verhaftet, zum Thronverzicht gezwungen und in derselben Nacht nach Lompalanka und von dort auf einem Dampfer nach Reni gebracht. Dort wurden die beiden Battenbergs auf Weisung der russischen Behörde am 25. August freigelassen, worauf diese mit der Eisenbahn nach Lemberg fuhren und sich in den Schutz der Monarchie begaben. Das wäre, nachdem in Bulgarien das Gegenteil von dem eintrat, was die russische Regierung erhoffte, die beste Gelegenheit gewesen, der Monarchie und vor allem Ungarn die Freundschaft Bulgariens zurückzugewinnen. Die Verräter, die in Sofija eine Regierung gebildet hatten, wurden von einer gewaltigen Bewegung hinweggefegt und zur Flucht nach Rußland gezwungen. Die neue provisorische Regierung unter Stambuloff, rief, dem Wunsch des Volkes entsprechend, Battenberg von Lemberg zurück nach Sofija. Außenminister Graf Kalnoky hatte aber die Gelegenheit nicht genützt, dem Fürsten die Unterstützung Österreich-Ungarns anzubieten und so dessen und der Bulgaren Freundschaft zu erwerben, sondern hatte Battenberg sich selbst überlassen und damit die Gelegenheit, um es noch einmal zu sagen, ungenützt verstreichen lassen, den Einfluß der Monarchie am Balkan auszuweiten, was besonders die ungarische Regierung tadelte. Fürst Alexander Battenberg verließ Lemberg am 28., um dem Ruf der bulgarischen Nationalversammlung zu folgen und nach Bulgarien zurückzukehren. Am 29. wurde der Fürst in Rustschuk von der provisorischen Regierung und der Bevölkerung freudig willkommen geheißen. Beim Empfang war auch der russische Botschafter zugegen, der Alexander vormachte, der Zar werde die zum Frieden dargereichte Hand nicht zurückweisen, worauf der Fürst, der in seinem schweren Kampf von keiner Seite Hilfe erwarten konnte, der Verlockung nachgab und dem Zaren ein Huldigungstelegramm überschickte, das mit den Worten schloß: „Da mir Rußland die Krone gegeben hat, bin ich bereit, sie in die Hand Rußlands niederzulegen." Zar Alexander III. antwortete ebenfalls telegraphisch und wies die Huldigung des Fürsten zurück. Das Zarentelegramm wurde Battenberg am 3. September überreicht, gerade als er unter Freudenausbrüchen der Bevölkerung und der Armee in Sofija einzog. Die Antwort des Zaren brachte den Fürsten zum Entschluß, dem bulgarischen Thron zu entsagen, und diesen Entschluß teilte er schon am nächsten Tag dem Offizierskorps mit. Er konnte nicht überredet werden, zu bleiben, legte die Regierungsgewalt in die Hände der

Regenten Stambuloff und Mutkuroff nieder, machte dies in einer Proklamation am 7. September dem Volk bekannt und verließ Bulgarien.

Wegen dieser Ereignisse in Bulgarien, der sogenannten „Battenberg-Affäre", kam es auch nicht zur Verlobung des Fürsten mit Prinzessin Viktoria, der Tochter Kaiser Friedrich III., die Graf Bismarck mit Rücksicht auf die deutsch-russischen Beziehungen, verhinderte. Alexander von Battenberg starb am 17. November 1893 in Graz.

Nach der Abreise Battenbergs schickte der Zar sofort General Kaulbars nach Bulgarien, um die dortigen Verhältnisse seinem Wunsch gemäß zu ordnen. Kaulbars verweigerte die Anerkennung der Regenten und der Gesetzlichkeit der einberufenen Sobranje und begann in schonungslosester Weise seine Willkürherrschaft. Aber an Stambuloffs Widerstand scheiterten alle seine Anstrengungen und Kaulbars mußte das Land wieder verlassen. Hitrowo, der russische Gesandte in Bukarest, versuchte Bulgarien durch Attentate, die er anstiftete, zu destabilisieren, erreichte aber nur, daß die Attentäter, vorzeitig entdeckt, wegen ihrer Mordaufträge zur Rechenschaft gezogen wurden. Dies ließ die russische Freundschaft bei den Bulgaren in einem recht diffusen Licht erscheinen. Da Alexander von Battenberg nicht mehr zur Rückkehr nach Bulgarien zu bewegen war, wählte die Sobranje am 7. Juli 1887 einstimmig den Prinzen Ferdinand von Coburg zum Landesfürsten. Der Prinz leistete, nach einigem Zögern, am 14. August 1887 den Eid auf die bulgarische Verfassung und beauftragte Stambuloff mit der Bildung einer Regierung. Der Zorn des Zaren war ihm gewiß, und die russische Diplomatie erreichte, daß Fürst Ferdinand von Coburg nicht von den Großmächten anerkannt wurde. Aber der junge Staat Bulgarien konsolidierte sich und nach und nach gewann er die Sympathie Europas.

Österreich-Ungarns Außenpolitik hatte zwar wenig zu den Ereignissen der Balkankrise beigetragen, aber dafür den Haß der Bulgaren und Russen geerntet. Da Zar Alexander III. zum Krieg gegen die Monarchie rüstete, beschlossen die Regierungen von Deutschland und Österreich-Ungarn die Veröffentlichung des Wortlautes ihrer im Geheimen abgeschlossenen Allianz, um dadurch den Ausbruch des Krieges zu verhindern, oder - wenn das nicht gelingen sollte - die Last der Verantwortung auf Rußland abzuwälzen. Das hochwichtige Dokument erschien am 3. Februar 1888 zur gleichen Zeit in Berlin, Wien und Budapest in Extranummern der Amtsblätter. Der Wortlaut der geheimen Bündnisabsprache:

„Die Regierungen der österreichisch-ungarischen Monarchie und Deutschlands haben die Veröffentlichung ihres am 7. Oktober 1879 abgeschlossenen Bündnisses angemessen befunden, um den Zweifeln ein Ende zu machen, welche an den rein defensiven Intentionen desselben auf verschiedenen Seiten gehegt und zu verschiedenen Zwecken verwertet werden. Beide verbündete Regierungen sind in ihrer Politik von dem Bestreben geleitet, den Frieden zu erhalten und Störungen desselben nach Möglichkeit abzuwehren; sie sind überzeugt, daß die Bekanntgabe des Inhaltes ihres Bündnisvertrages jeden Zweifel hierüber ausschließen wird, und haben deshalb beschlossen, denselben zu veröffentlichen:

Der Text lautet: In Erwägung, daß ihre Majestäten der Kaiser von Österreich, König von Ungarn und der deutsche Kaiser, König von Preußen es als ihre unabweisliche Monarchenpflicht erachten müssen, für die Sicherheit ihrer Reiche und die Ruhe ihrer Völker unter allen Umständen Sorge zu tragen; in Erwägung, daß beide Monarchen, ähnlich wie in dem früher bestandenen Bundesverhältnisse, durch festes Zusammenhalten beider Reiche in Erwägung schließlich, daß ein inniges Zusammengehen von Österreich-Ungarn und Deutschland Niemanden bedrohen kann, wohl zu konsolidieren, haben Ihre Majestäten der Kaiser von Österreich, König von Ungarn, und der Kaiser von Deutschland, indem Sie einander feierlich versprechen, daß Sie ihrem rein defensiven Abkommen eine aggressive Tendenz nach keiner Richtung jemals beilegen wollen, einen Bund des Friedens und der gegenseitigen Verteidigung zu knüpfen beschlossen. Zu diesem Zwecke haben Allerhöchst dieselben zu Ihren Bevollmächtigten ernannt:

Seine Majestät der Kaiser von Österreich, König von Ungarn Allerhöchst Ihren wirklichen geheimen Rat, Minister des kaiserlichen Hauses und des Äußern, Feldmarschall-Lieulnant Julius Grafen Andrassy von Csik-Szentkirály und Kraszna-Horka u.s.w.

Seine Majestät der deutsche Kaiser Allerhöchst Ihren außerordentlichen und bevollmächtigten Botschafter General-Lieutenant Prinzen Heinrich VII. Reuß u. s. w. welche sich zu Wien am heutigen Tage vereinigt haben und nach Austausch ihrer gut und genügend befundenen Vollmachten übereingekommen sind, wie folgt:

Artikel I. Sollte wider Verhoffen und gegen den aufrichtigen Wunsch der beiden hohen Contrahenten Eines der beiden Reiche von Seite Rußlands angegriffen werden, so sind die hohen Contrahenten verpflichtet, Einander mit der gesammten Kriegsmacht Ihrer Reiche beizustehen und demgemäß den Frieden nur gemeinsam und übereinstimmend zu schließen.

Artikel II. Würde Einer der hohen contrahierenden Teile von einer anderen Macht angegriffen werden, so verpflichtet sich hiemit der andere hohe Contrahent, dem Angreifer gegen seinen hohen Verbündeten nicht nur nicht beizustehen, sondern mindestens eine wohlwollende neutrale Haltung gegen den Mitcontrahenten zu beobachten.

Wenn jedoch in solchem Falle die angreifende Macht von Seite Rußlands, sei es in Form einer activen Cooperation, sei es durch militärische Maßnahmen, welche den Angegriffenen bedrohen, unterstützt werden sollte, so tritt die im Artikel I. dieses Vertrages stipulierte Verpflichtung des gegenseitigen Beistandes mit voller Heeresmacht auch in diesem Falle sofort in Kraft und die Kriegführung der beiden hohen Contrahenten wird auch dann eine gemeinsame bis zum gemeinsamen Friedensschluß.

Artikel III. Dieser Vertrag soll in Gemäßheit seines friedlichen Charakters und um jede Mißdeutung auszuschließen, von beiden hohen Contrahenten geheimgehalten und einer dritten Macht nur im Einverständnisse beider Teile und nach Maßgabe spezieller Einigung mitgeteilt werden.

Beide hohe Contrahenten geben sich nach den bei der Begegnung in Alexandrowo ausgesprochenen Gesinnungen des Kaisers Alexander der Hoffnung hin, daß die Rüstungen Rußlands sich als bedrohlich für Sie in Wirklichkeit nicht erweisen werden und halten aus diesem Grunde zu einer Mitteilung für jetzt keinen Anlaß; sollte sich aber diese Hoffnung wider Erwarten als eine irrtümliche erweisen, so würden die beiden hohen Contrahenten es als eine Pflicht der Loyalität erkennen, den Kaiser Alexander mindestens vertraulich darüber zu verständigen, daß sie einen Angriff auf Einen von Ihnen als gegen Beide gerichtet betrachten müßten.

Urkund dessen haben die Bevollmächtigten diesen Vertrag eigenhändig unterschrieben und ihre Wappen beigedruckt.

Geschehen zu Wien, am 7. Oktober 1879.

| (L. S.) | Gezeichnet Andrassy |
| (L. S.) | Gezeichnet Heinrich VII. Reuß." |

Die Veröffentlichung des Allianzvertrages hatte die erwünschte Wirkung. Der Zar sah ein, daß er sich mit der Macht, über welche das auf Deutschland gestützte Österreich-Ungarn verfügte, nicht messen konnte. Ein Monat später, am 9. März 1888, starb Kaiser Wilhelm I. in Berlin; ihm folgte sein Sohn Friedrich III., als Kronprinz Friedrich Wilhelm genannt, als todkranker Mann in der Kaiserwürde. Kaiser Friedrich III. regierte nur 99 Tage und starb am 15. Juni 1888 an Kehlkopfkrebs. Er war gegen den Krieg von 1866, hatte aber dann mit der „Kronprinzenarmee" wesentlichen Anteil an der Schlacht bei Sadowa (Königgrätz) und unterstützte Fürst Bismarck bei den Vorfriedensverhandlungen in Nikolsburg. 1870/71 wirkte seine Armee an der Schlacht bei Sedan und der Einschließung von Paris entscheidend mit. Friedrich Wilhelm war kein Feldherr und blieb in beiden Kriegen von seinem Generalstabschef Blumenthal abhängig. Sein Verhältnis zu Bismarck war immer kühl. Kaiser Friedrich III. folgte als Kaiser dessen ältester Sohn Wilhelm II. Bald nach seiner Thronbesteigung am 15. Juni 1888, geriet Wilhelm II. durch seine sozialpolitischen Bestrebungen, von denen er eine Versöhnung der Arbeiterschaft mit dem Staate erhoffte, in schärfsten Gegensatz zu Bismarck, dessen Rücktritt er am 18. März 1890 zuließ, wobei er den alten Staatsmann mit seiner Überheblichkeit tief verletzte. Wilhelm II. war instinktlos gegen falsche Ratgeber und beging so, obwohl er den Frieden wollte, schwere Fehler. Seine Freude am Waffenglanz und seine Impulsivität, die in der Unbedachtheit seiner vielen Reden gipfelte, erweckte - vor allem im Ausland - den Anschein despotischer Neigungen und kriegerischer Absichten und schädigte so das deutsche Ansehen. Seine Bewunderung für das England seiner Großmutter (der Prinzessin Viktoria von England), in der auch seine Vorliebe für den Flottenbau wurzelte, wechselte mit der Hinneigung zu Rußland. Er führte, dem Bündnis mit Österreich-Ungarn getreu, das Deutsche Reich in den Ersten Weltkrieg.

Doch nun zurück zu den Anfängen seiner Zeit. Der Sohn Kaiser Franz Josephs, Kronprinz Rudolf, sagte von Wilhelm II.: „Dieser Wilhelm II. wird sich schon machen. Er dürfte schon bald die größte Konfusion in Europa anrichten, denn dafür ist er der geeignete Mann. Er hält sich selbst für ein großes Genie - mehr kann man nicht verlangen. In wenigen Jahren wird er das hohenzollernsche Deutschland dahin bringen, wo es hingehört."

In den ersten Tagen des Monats Oktober 1888 empfing Kaiser Franz Joseph den Besuch des deutschen Kaisers Wilhelm II, bei dem die aufrichtige Freundschaft und die gegenseitige Bundestreue erneut besiegelt wurden. Kronprinz Rudolf dürfte dabei den Charakter Wilhelms II. so negativ empfunden haben. Aber diese Meinung deckte sich bestimmt nicht mit der seines Vaters Franz Joseph, der am 2. Dezember sein 40. Regierungsjahr feierte. Aber schon zwei Monate später, am 30. Januar 1889, erschoß sich Kronprinz Rudolf in Mayerling. Damit verlor Franz Joseph seinen einzigen Sohn. Kronprinz Rudolf stand der Deutschliberalen Partei sehr nahe und war dadurch in starken Gegensatz zu Kaiser Franz Joseph, seinen Vater, geraten. Die Thronfolge ging nun auf Erzherzog Karl Ludwig, einen Bruder des Kaisers, über. Da dieser bereits am 9. Mai 1896 starb, sollte sein Sohn Erzherzog Franz Ferdinand, in die Thronfolge eintreten. Er strebte später bis zu seiner Ermordung am 28. Juni 1914, einen Ausgleich mit den Slawen an. Da er ein Lungenleiden hatte, mußte er vorerst dieses kurieren, ehe er in die Politik eingreifen konnte.

In Rumänien kam ein russenfreundliches Kabinett an die Macht und in Serbien träumte die radikale Partei von einem Großserbien. Zar Alexander III. scheute nicht davor zurück, diese Träume zu nähren und hätte gerne den serbischen Herrscherthron dem Fürsten von Montenegro zugeschanzt, der auch über Bosnien, die Herzegowina und die von Serben bewohnten Gebiete

Ungarns hätte herrschen sollen. Der Außenminister der Monarchie, Graf Kalnoky, schrieb am 25. Juni 1889 die Ungewißheit des Friedens nicht den rumänischen und serbischen Verhältnissen, sondern den zwei mit den europäischen Verhältnissen unzufriedenen Großmächten Frankreich und Rußland zu. Österreich-Ungarn sagte er, wünsche den Frieden und habe überhaupt keine kriegerische Absicht. In dieser Friedenspolitik unterstützen uns Verbündete, zu welchen wir vollständiges Vertrauen haben. Unser Verhältnis zu Deutschland ist ein so inniges und erstarkte im Laufe von zehn Jahren dermaßen, daß in dieser Beziehung alle Zweifel zerstreut werden können.

Bemerkenswert ist, wie Otto von Bismarck, der „Reichsgründer", der 1871 von Kaiser Wilhelm I. in den „Fürstenstand" erhoben worden war, die letzten zwei Dezennien sah: Mit der Reichsgründung erklärte er Deutschland für saturiert. Nur im Zeichen einer besonderen Weltlage, 1884/85, und einer kurzen französisch-deutschen Annäherung erwarb er einige Kolonien. Seine Außenpolitik war im ganzen auf den europäischen Kontinent beschränkt. Zunächst suchte er Frankreich, mit dessen Revancheabsichten er rechnete, zu isolieren und durch Begünstigung die republikanische Regierung bündnisunfähig zu erhalten. Das seinen konservativen Grundgedanken entsprechende Drei-Kaiser-Bündnis der 70er Jahre wurde durch den russisch-türkischen Krieg und durch den Berliner Kongreß von 1878 gefährdet. Bismarcks Maklerpolitik brachte mit sich, daß die öffentliche Meinung die russischen Zugeständnisse Deutschland zur Last legte. Angesichts heftiger panslawistischer Agitation und eines Drohbriefes des Zaren schloß Bismarck 1879 das Verteidigungsbündnis mit Österreich-Ungarn. Durch den Beitritt Italiens zu diesem Bündnis, im Jahre 1882, wurde dieses zum Dreibund, dem sich 1884 Rumänien anschloß. Zum Hintergrund dieses Dreierbündnisses: Papst Leo XIII. war fest entschlossen, den Kirchenstaat, der seinem Vorgänger Pius IX. von König Viktor Emanuel entrissen worden war, wieder herzustellen. Dazu erhoffte sich der Papst, nachdem Frankreich zur Republik geworden war, die militärische Hilfe Deutschlands, das, nach der Niederlage Frankreichs, die stärkste Militärmacht Europas war. Dies war der Grund, warum Leo XIII. im Kulturkampf, der in Deutschland vor sich ging, nachgab. Aber Fürst Bismarck lehnte es ab, seinen Verbündeten von 1866, den König von Italien anzugreifen, um diesem für den Papst die Gebiete des ehemaligen Kirchenstaates zu entreißen, um die „weltliche Macht" des Papstes wieder herzustellen. Hierauf begann die Unterstützung der kirchenfeindlichen Republikaner in Frankreich durch die päpstliche Diplomatie gegen die kirchenfreundlichen Monarchisten, die Pius IX. den Kirchenstaat so lange erhalten hatten. Der Haß Leos XIII. gegen Deutschland, das sich geweigert hatte, ihm im Kampf gegen Viktor Emanuel beizustehen, ging sogar so weit, daß er alles daran setzte, ein Bündnis zwischen Frankreich, das auf Revanche sann und Rußland zuwege brachte, das, wegen der Gebietsverluste am Berliner Kongreß, auf Österreich-Ungarn und Deutschland schlecht zu sprechen war. Dies hatte dazu geführt, daß Italien 1882 dem Zweibund von 1879 beitrat, den Österreich-Ungarn und Deutschland wegen der drohenden Haltung Rußlands geschlossen hatten, denn auch König Viktor Emanuel wollte sich gegen die Verschwörung des Vatikans absichern. Doch der politische Spagat, den die päpstliche Diplomatie, mit Kardinal Rampolla an der Spitze, versuchte, mißlang. Es blieb bei der Einheit Italiens.

Der mitteleuropäische Block sollte Rußland im Zaum halten. In der Tat kam es 1882 zu einem Dreikaiserbündnis, das 1885 erneuert wurde und die Balkanfragen bereinigte. Da Bismarck gleichzeitig die französische Kolonialpolitik ermunterte und da französische wie russische Ausdehnungslinien sich mit den englischen kreuzten, bestand um 1885 ein Maximum an Sicherheit für Europa. Die bulgarische Krise brachte neuen Zündstoff, aber Bismarck vermied sorgsam, sich im englischen oder österreichischen Interesse gegen Rußland aufbringen zu lassen. Während er das Mittelmeerabkommen Österreich-Ungarns und Italiens mit England förderte, schloß er 1887 den Rückversicherungsvertrag mit Rußland. Wichtig für Bismarck war auch, daß er zwar den Bestand Österreich-Ungarns deckte, nicht aber dessen Balkaninteressen. Weiters enthielt er sich in der außereuropäischen Politik der Franzosen, Russen und Engländer jedweder Frontstellung. Nach dem Tode seines „alten Herrn" und Friedrichs III. erfuhr Bismarck die Auswirkung des von ihm so gestärkten monarchischen Prinzips an sich selbst. Ein Konfliktsgrund war, daß Wilhelm II. das Verhältnis zu Österreich gefühlsmäßig betrachtete. Auch die sachlich berechtigte Versöhnung mit der Sozialdemokratie, brachte ihn in Gegensatz zum Kaiser. Der letzte Streitpunkt war die von Bismarck verweigerte Aufhebung der Kabinettsorder von 1852, auf der die Autorität des preußischen Ministerpräsidenten beruhte. Bismarcks Entfernung aus dem Amte erfolgte in so verletzender Form, daß der Fürst trotz der späteren Verleihung des Herzogstitels und der äußerlichen Versöhnung von 1894 die Bitternis des 18. März 1890 nie verwand. Als weitere Kränkung kam dazu, daß es der Reichstag 1895 ablehnte, Bismarck Glückwünsche zu seinem 80. Geburtstag auszusprechen. Bismarck schrieb an seinen Memoiren, bekämpfte in den Hamburger Nachrichten die Politik des Neuen Kurses und starb, als europäischer Staatsmann allseits anerkannt, am 30. Juli 1898 auf seinem Rittergut Friedrichsruh.

Bismarck verfügte, solange ihn Wilhelm I. von Hohenzollern als König von Preußen und späterer deutscher Kaiser deckte, als Reichskanzler über gewaltige Machtmittel. Bismarck war zwar kein Diktator, aber auch kein durch den preußischen Landtag gestützter Minister. Bismark war - Bismarck, der Erfolgreiche, der Länder- und Kronenräuber. 1866 hatte Wilhelm als König von Preußen, von Bismarck motiviert, Schleswig-Holstein, Hannover, Kurhessen, Nassau, Frankfurt und anderes gewaltsam Preußen einverleibt und 1871 ebenso gewaltsam Elsaß-Lothringen Frankreich entrissen und unter preußische Verwaltung gestellt, obwohl die Bevölkerungen der okkupierten und annektierten Länder gar nicht zu Preußen gehören wollten. Bismarck hat Wilhelm von Hohenzollern zum Land- und Kronenräuber gemacht, um den „schmalen Leib Preußens" zu vergrößern. Von der Vereinigung Italiens träumten alle Italiener, von der Vereinigung mit Preußen träumte keines der ausgelöschten deutschen Länder, schon gar nicht die Bevölkerung von Elsaß-Lothringen, die zwar deutsch sprach, aber lieber bei Frankreich geblieben wäre. Konnte man in den ehemals habsburgischen Königreichen Lombardei und Venetien noch von einem Befreiungskampf reden, und fand in den Fürstentümern Parma und Modena sowie in den Provinzen des Kirchenstaates Pius IX. eine Revolution nach der anderen statt, und scheute König Viktor Emanuel kein Mittel, um die Vereinigung Italiens durchzusetzen, so war die Vereinigung Deutschlands mit erobernder Gewalt nach außen und einem Verfassungsbruch in Preußen durch Bismarck vor sich gegangen. Bismarck, der eine Politik von „Blut und Eisen" einer friedlicheren vorgezogen, war 1871 „Reichskanzler" geworden, hatte seinen Frieden mit den Liberalen gemacht, aber auf seine so gut wie auf deren Bedingungen. Es stimmt nicht, daß die „Auflösung der deutschen Kleinstaaten kein Unglück war", denn die vertriebenen Fürsten und unterworfenen Völker dieser Kleinstaaten sahen das ganz anders. Wilhelm von Hohenzollern, der „Kartätschenprinz", der 1849 mit der preußischen Armee die Revolutionen in Deutschland niedergeschlagen,hatte als König von Preußen die deutschen Kleinstaaten ausgelöscht. Er schreckte nicht einmal davor zurück, den „Welfen", einem der ältesten Fürstengeschlechter Deutschlands, Land und Krone in Hannover zu entreißen, um auf deren Kosten Großmachtpolitik betreiben zu können. Die Vereinigung Deutschlands hätte sich auch anders, auf friedlichem Weg, im Verein mit Österreich, als „großdeutsche Lösung" durchführen lassen. Dies scheiterte an Bismarck, der bis ins hohe Alter der arrogante preußische Junker geblieben, der nur noch rücksichtsloser, wenn auch klüger geworden war, wie dies auch der seltsame Ausgleich mit Leo XIII. zeigt.

Wenn wir vor unserem geistigen Auge die Revolutionen in Prag, Wien, Mailand und Ungarn vorüberziehen lassen, den Verlust der russischen Freundschaft im Krimkrieg, den Verlust des lombardischen Königreiches 1859, den Krieg mit Preußen und Italien 1866, der Österreich den Verlust Venetiens brachte, den Ausschluß aus dem Deutschen Bund, den im Gefolge der Niederlage von Sadowa (Königgrätz) 1867 erfolgten Ausgleich mit Ungarn, die Vernachlässigung der Minderheitenrechte der vielen Nationalitäten in beiden Reichshälften zuliebe Ungarns, das mühevolle Ringen um den Einfluß am Balkan und die Entstehung Rumäniens und Bulgariens, so sehen wir, daß die Jahre von 1848 bis 1900 wahrhaftig „Schicksalsjahre Österreichs" waren.

Die Monarchie am Weg in die Katastrophe: Reorganisation der Gendarmerie – Papst Leo XIII. – Parteienkämpfe – Zwietracht im Kaiserhaus –Balkankriege – Vor dem Ersten Weltkrieg

In Wien regierte indessen seit dem 12. August 1879 das konservative Koalitionsministerium (Koalitionsregierung) des Grafen Eduard Taaffe, eines Jugendfreundes Kaiser Franz Josephs. Eduard Graf von Taaffe wurde am 24. Februar 1833 in Wien geboren und starb am 29. November 1895 in Ellischau in Böhmen. Taaffe, aus irischem Adel stammend, war 1867, 1870/71 und 1879 Innenminister, 1867 Minister für Landesverteidigung und Polizei, 1868-70 und 1879-93 Ministerpräsident. Taaffe stützte sich, von den Liberalen bekämpft, auf eine aus slawischen und konservativen Parteien gebildete Koalition. Im Nationalitätenkampf vertrat er eine ausgleichende Politik. Anfangs setzte sich das Kabinett Taaffes aus Vertretern aller Parteien zusammen. Bei den Neuwahlen zum Abgeordnetenhaus im Juli 1879 hatten die Liberalen aber die Mehrheit verloren und mußten den Konservativen weichen. Die Koalition Taaffes (die „Rechte") bestand sodann aus dem rechten Zentrum unter der Führung des Grafen Hohenwart, den Polen und Tschechen. Das rechte Zentrum wurde vorwiegend von Deutschkonservativen (Klerikalen) gebildet. Die Regierungsparteien wurden wegen ihrer langdauernden Zusammenarbeit auch als „Eiserner Ring" bezeichnet. Die „Linke" bestand aus den Deutschliberalen und der Vereinigten Fortschrittspartei. Beide Gruppen traten im November 1881 zur „Vereinigten Linken" zusammen und stellten etwa 150 Abgeordnete. Circa 40 Abgeordnete waren außerhalb der Gruppierungen.

Taaffe war es gelungen, die Tschechen, die jahrelang den Reichsrat boykottiert hatten, zu gewinnen. Doch versuchte auch er vergeblich, eine Versöhnung unter den Nationalitäten herbeizuführen. Um die von ihm gebildete Koalition der Rechten zusammenzuhalten, war Taaffe laufend zu Konzessionen genötigt, besonders gegenüber den Tschechen. Schon am 9. April 1880 kam es so zur Sprachenverordnung für Böhmen und Mähren. Die deutsche Sprache war ab nun nicht mehr alleinige Amtsprache. Die Behörden wurden dazu verpflichtet, Eingaben der Landesbewohner in deren Sprache zu erledigen. Damit war es unmöglich geworden, in Böhmen und Mähren Richter und Beamte zu beschäftigen, die nur der deutschen Sprache mächtig waren. Auch für die slowenischen Gebiete im Herzogtum Krain,und der Südsteiermark und Schlesien wurden am 20. April und am 20. Oktober 1882 gleichartige Sprachenverordnungen erlassen. 1882 wurde auch die Universität Prag in eine deutsche und eine tschechische Anstalt geteilt.

Aus Protest gegen diese neue Innenpolitik Taaffes trat Graf Julius Andrassy zurück und legte sein Amt als Außenminister der Monarchie nieder, nachdem er zuvor noch am 7. Oktober 1879 den Zweibund zwischen Österreich-Ungarn und Deutschland abgeschlossen hatte, der bis 1918 in Kraft blieb. Der neue Außenminister im Kabinett Taaffes war Gustav Graf Kálnoky von Köröspatak geworden, der 1880 Botschafter Österreich-Ungarns in St. Petersburg gewesen war. Taaffes außenpolitische Linie war durch die Bündnispolitlk mit dem Deutschen Reich gekennzeichnet, wobei sein Außenminister, Kálnoky, bestrebt war den Frieden mit Rußland zu erhalten und andererseits mit Fürst Bismarck zusammenzuarbeiten. Nur war, was Kálnokys Arbeit erschwerte, das Verhältnis Österreich-Ungarns und Deutschlands zu Rußland seit dem russisch-türkischen Krieg und der Korrektur des Friedens von San Stefano am Berliner Kongreß ein sehr ambivalentes geworden. Das „Drei-Kaiser-Bündnis" vom September 1872 zur Aufrechterhaltung der europäischen Ordnung und des europäischen Friedens war zerfallen und Österreich-Ungarn kam in verhängnisvoller Weise in einen immer größer werdenden Gegensatz zu Rußland. Dies war um so bemerkenswerter, als die österreicnische Regierung unter Taaffe nach dem Ende der deutschliberalen Ära stark in slawisches Fahrwasser geraten war.

Die Antwort auf diese Politik Taaffes war gewesen, daß sich die deutschen Parteien liberaler Richtung in Österreich im November 1881 zur „Vereinigten Linken" zusammenschlossen.

1882 gründete Georg Ritter von Schönerer den „Deutschnationalen Verein" und veröffentlichte das „Linzer Programm", das die späteren sozialdemokratischen Führer Viktor Adler, Pernersdorfer und Friedjung 1880 ausgearbeitet hatten. Darin wurden folgende Forderungen erhoben: Zusammenfassung der deutschsprachigen Länder Österreichs, einschließlich jener in Böhmen und Mähren, verbunden mit einem habsburgfeindlichen engen Anschluß an daß Deutsche Reich, Einführung des Deutschen als Staatssprache in ganz Österreich und bloße Personalunion mit Ungarn. Georg, Ritter von Schönerer wurde am 17. Juli 1842 in Wien geboren und starb am 14. Dezember 1921 auf seinem Gut Rosenau bei Zwettl in Niederösterreich. Der Gutsbesitzer war seit 1873 Mitglied des österreichischen Abgeordnetenhauses, schloß sich 1879 der Deutschnationalen Bewegung an, an deren Linzer Programm er maßgeblich beteiligt war. Mit gleicher Entschiedenheit kämpfte er gegen den großösterreichischen Klerikalismus wie gegen den Liberalismus. Schönerer war seit seinem Einzug in den Reichsrat in heftiger Opposition zu der herrschenden Deutschliberalen Partei, deren unsoziale und kapitalistische Haltung er entschieden ablehnte. Er war ein kompromißloser „Alldeutscher" und erwies sich bald als schärfster Gegner der Dynastie und des habsburgischen Staates überhaupt. Am 18. Dezember 1878 sagte er im Reichsrat: „Wenn wir nur schon zum Deutschen Reich gehören würden!", womit er Bismarck, der die österreichisch-ungarische Monarchie erhalten wissen wollte, sicher keinen Gefallen tat. In Wien hatte sich der „Deutsche Leseverein" indessen zu einem Zentrum radikaler deutschnationaler Bestrebungen entwickelt. Von diesem Kreis ging am 2. Juli 1880 die Gründung des „Österreichischen Schulvereines" aus, der sich dem am 15. August 1881 in Berlin gegründeten „Allgemeinen Deutschen Schulverein" anschloß. Der Schulverein hatte die Aufgabe, sich ideell und materiell für die Errichtung und Erhaltung deutscher Schulen in gemischtsprachigen Gebieten einzusetzen. Schönerer entwickelte sich aber auch zu einem radikalen Antisemiten und führte den Arierparagraph in seinem Deutschnationalen Verein ein und zwang dadurch seine engsten Mitarbeiter jüdischer Herkunft und Anhänger, wie zum Beispiel Viktor Adler, Friedjung und den Komponisten Gustav Mahler zum Ausscheiden aus seiner Bewegung. Die meisten dieser Persönlichkeiten schlossen sich später der Sozialdemokratischen Partei an, die am 30. Dezember 1888/1.Januar 1889 in Hainfeld in Niederösterreich gegründet wurde. Schönerer lehnte jedoch nicht nur Österreich (vor allem den Vielvölkerstaat), die Dynastie, den Kapitalismus und das Judentum ab, sondern auch die katholische Kirche. Eine Gewaltaktion gegen politische Gegner im Jahre 1888, er organisierte einen Anschlag auf ein liberales Zeitungsbüro, trug ihm eine Kerkerhaft, den Verlust des Adelstitels und des Abgeordnetenmandates ein. Erst 1897-1907 war Schönerer wieder Mitglied des Abgeordnetenhauses. Er wurde der Vorkämpfer der „Los-von-Rom-Bewegung" und trat zum Protestantismus über. Seine politische (großdeutsche) Einstellung hat neben anderen den jungen Hitler stark beeinflußt.

Der noch junge Adolf Hitler verschlang aber auch die zu dieser Zeit in Wien erscheinende antisemitische Zeitschrift der „Ostara"-Reihe, die von dem aus dem Zisterzienserorden des Stiftes Heiligenkreuz ausgetretenen Pater Georg Lanz, der am 15. August 1898 dort zum Priester geweiht worden war und vom September 1898 bis April 1899 im Stiftskonvikt als Lehrer (Alumnarum magister) unterrichtet hatte. Georg Lanz gründete nach seinem Austritt aus dem Zisterzienserorden den Neutempler-Orden, erwarb für diesen die Burg Werfenstein am Donaustruden (Oberösterreich), die sagenumwobene Burg der „Frau Helche", der Gemahlin König Etzels. Georg Lanz hißte auf dem Turm der Burg 1907 die „Hakenkreuzfahne", die Hitler, der von Lanz seine Ideen bezogen hatte, später als Symbol für seine NSDAP einführte.

Der Führer des rechten Zentrums im Reichsrat Karl Siegmund Graf von Hohenwart, der in Wien am 12. Februar 1824 geboren und am 26. April 1899 gestorben ist, war 1871 Ministerpräsident und Innenminister, gehörte seit 1873 dem Abgeordnetenhaus an, unterstützte Taaffe und wurde damit zum Gegner Schönerers. Der Hohenwart-Klub umfaßte die böhmischen Großgrundbesitzer, die Deutschklerikalen, die Slowenen, Kroaten und Rumänen. Graf Hohenwart vertrat die Ideen des Zentrums und des Vielvölkerstaates bis 1897.

Unter den Innenninistern Graf Taaffe, Freiherr von Lasser und Graf Hohenwart erfolgte, nach dem Ausgleich Österreichs mit Ungarn von 1867, die abermalige Umorganisation der Gendarmerie, deren 10 Regimenter zufolge Allerhöchster Entschließungen vom 28. Januar und 4. Februar 1866 in 15 Landesgendarmeriekommanden umgewandelt worden waren. Diese waren wie folgt disloziert worden: Nr. 1 für Nieder-, Oberösterreich und Salzburg in Wien, Nr. 2 für Böhmen in Prag, Nr. 3 für das venetianisch-lombardische Königreich, Tirol und Vorarlberg in Venedig mit einem detachierten Stabsoffizier in Trient, Nr. 4 für Mähren und Schlesien in Brünn, Nr. 5, 6, 7, 8 und 9 für Ungarn in Kaschau, Großwardein, Preßburg, Budapest und Temesvar, Nr. 10 für Siebenbürgen in Klausenburg mit einem detachierten Stabsoffizier in Hermannstadt, Nr. 11 für Ostgalizien und die Bukowina in Lemberg, Nr. 12 für Westgalizien in Krakau, Nr. 13 für Steiermark, Kärnten, Krain und das Küstenland in Laibach, Nr. 14 für Kroatien und Slawonien in Agram und Nr. 15 für Dalmatien in Zara. Gleichzeitig wurde die bisher durch eigene Gendarmerieregimentsauditoren ausgeübte Strafgerichtsbarkeit über die Gendarmerie aufgelassen, diese den ordentlichen Militärgerichten übertragen und nur ein Stabsoffizier des Auditoriats des Landesmilitärgerichtes in Wien der Gendarmeriegeneralinspektion als Beirat in Rechtsangelegenheiten zugewiesen. Gendarmeriegeneralinspektor war damals FML. Baron Schönberger. Im Jahre 1866 brach der Krieg Österreichs gegen Preußen und Italien aus. Obwohl damals keine eigene Feldgendarmerie bestand, wurden den höheren Militärkommanden Gendarmeriekontingente für den Feldpolizeidienst beigestellt, die sogenannten Gendarmerieflügelkommanden, die sich bestens bewährten. Infolge Abtretung Lombardo-Venetiens an Italien wurde im Oktober 1866 dieses Gebiet von der Gendarmerie geräumt und der Stab des dort dislozierten Kommandos mit 1. November 1866 nach Innsbruck verlegt. Nach dem Ausgleich mit Ungarn, 1867, durch den das bisher einheitliche Kaisertum in zwei staatsrechtlich getrennte und nur durch einzelne gemeinsame Angelegenheiten vereinte Gebiete zerfiel, verfügte das Allerhöchste Handschreiben vom 23. März 1867 die Auflassung der Gendarmerie in Ungarn. Die Landesgendarmeriekommanden Nr. 5 bis 9 wurden aufgelöst, was eine entsprechende Neunummerierung der übrigen Landesgendarmeriekommanden zur Folge hatte. Das Landesgendarmeriekommando Nr. 11 in Lemberg erhielt die Nr. 5, das Landesgendarmeriekommando Nr. 14 in Agram die Nr. 8, das Landesgendarmeriekommando Nr. 15 in Zara die Nr. 9. Schließlich erfolgte auch mit Allerhöchster Entschließung vom 23. August 1868 die Auflassung der Gendarmeriegeneralinspektion. Statt letzterer wurde die Stelle eines „Gendarmerieinspektors" errichtet, welchem der militärische Befehl und die Aufrechterhaltung der Zucht und Ordnung, die Disziplinargewalt, die Personalangelegenheiten der Offiziere und der Mannschaft, sowie die Inspizierung der ihm unterstehenden Gendarmerie oblagen. Alle anderen bisher von der Gendarmeriegeneralinspektion geführten Agenden gingen bezüglich der im Reichsrat vertretenen Königreiche und Länder an das k. k. Ministerium für Landesverteidigung und öffentliche Sicherheit, bezüglich der Gendarmerie in Siebenbürgen und Kroatien bis zur Entscheidung über deren Fortbestand an das Reichskriegsministerium über. Der Gendarmerieinspektor, und mit ihm die gesamte Gendarmerie, unterstand nun in militärischer Beziehung dem Reichskriegsministerium, in allen anderen Angelegenheiten dem Ministerium für Landesverteidigung und öffentliche Sicherheit. Am 7. Mai 1868 sprachen sich beide Häuser des Reichsrates für die Beibehaltung der militärischen Organisation und die Erhaltung des militärischen Charakters der Gendarmerie aus.

An die Spitze der Gendarmerie war mit 28. Dezember 1871 der zum Gendarmerieinspektor ernennte Oberst Heinrich Freiherr Giesl von Gieslingen berufen worden, ein Offizier, der sich durch Intelligenz und Tatkraft wiederholt ausgezeichnet hatte. Aber auch im neuen Landesverteidigungsminister, Oberst Horst, fand das Korps einen energischen Anwalt. Mit den Erlässen vom 2. April 1872 und vom 22. April dieses Jahres wurden an Stelle der hisherigen Flügel- und Zugskommanden erst versuchsweise und dann bei allen Landesgendarmeriekommanden Abteilungskommanden errichtet. Mit Erlaß vom 23. Oktober 1873 wurde am Sitze einer jeden politischen Landesbehörde ein eigenes Landesgendarmeriekommando errichtet, so daß nach Durchführung der Reorganisation mit 1. Januar 1874 14 Landesgendarmeriekommanden bestanden.

Das Gendarmeriekorps, das Oberst Giesl von Generalmajor Johann Ritter von Greipel übernahm, schien dem sicheren Niedergang und Siechtum verfallen zu sein. So sehr war das Gendarmeriekorps seinen Zwecken, der Aufrechterhaltung der öffentlichen Ordnung, Ruhe und Sicherheit durch Zuweisung nicht in diesen Bereich fallender Aufgaben (Spitzeldienste ect.) entfremdet worden, das Oberst Giesl das Korps, das keiner mehr wollte, praktisch neugründen mußte. Die erforderliche durchgreifende Reform auf einer rechtlich einwandfreien Basis, auf einem „Gendarmeriegesetz", war die Voraussetzung dafür, daß Giesl die Gendarmerie wieder auf ihren eigentlichen Auftrag zurückführen konnte. Diese schwere Aufgabe konnte Oberst Giesl aber nur im Einvernehmen mit dem Justiz- und Innenministerium durchführen. Es gelang ihm, die Gendarmerie wieder zu einem Elitekorps zu machen. Dafür wurde Giesl, einer der angesehensten Offiziere der Monarchie am 25. April 1874 zum Generalmajor und am 20. April 1879, nachdem er das „k. u. k. Gendarmeriekorps für Bosnien" in Sarajevo eingerichtet hatte, zum Feldmarschalleutnant befördert. Es war Giesl gelungen, dem Gendarmeriekorps wieder das volle Vertrauen der Politischen-, Verwaltungs- und Justizbehörden zu erwirken.

Mit dem Gesetz vom Jahre 1876 wurde die k. k. Gendarmerie gänzlich aus dem Verband des stehenden Heeres ausgeschieden und als ein militärisch organisierter, zur Aufrechterhaltung der öffentlichen Ruhe und Ordnung und Sicherheit bestimmter, einheitlicher Wachkörper mit Bezug auf Ausübung des Dienstes den k. k. politischen Bezirks- und Landesbehörden, in militärischen, ökonomischen und administrativen Angelegenheiten, sowie hinsichtlich des Unterrichtes und der Kontrolle des Exekutivdienstes ihren militärischen Vorgesetzten unterstellt. In beiden Richtungen aber war sie in letzter Linie dem k. k. Landesverteidigungsministerium untergeordnet, welches, wenn es sich um eine Verfügung besonderer Sicherheitsmaßregeln handelte, mit dem Ministerium des Inneren das Einvernehmen zu pflegen hatte.

Unter der zielbewußten Leitung der Gendarmerie durch FML. Freiherr Giesl von Gieslingen trat die Gendarmerie in die neue Epoche ihrer Entwicklung ein. Doch schieden mit 1. Mai 1876 das Landesgendarmeriekommando Nr. 14 für Kroatien und Nr. 10 für Siebenbürgen aus dem Verband des stehenden Heeres aus und wurden an das königlich ungarische Landesverteidigungsministerium übergeben. Die Bezeichnung dieser Landesgendarmeriekommanden erlosch. Mit 1. Juli 1876 erhielten das Landesgendarmeriekommando Nr. 11 in Linz die Nr. 8, Nr. 15 in Troppau die Nr. 10, die Nr. 16 in Salzburg die Nr. 11. Das abermals reorganisierte Korps bewährte sich und erlangte unter Giesl von Gieslingen in kurzer Zeit das Vertrauen der Bevölkerung, obwohl sie wiederholt zum Einschreiten genötigt war. Hatte die Gendarmerie zuerst das Vagabunden-, Landstreicher- und Bettlerwesen unter Kontrolle gebracht, so war es in den siebziger Jahren in den Industrieunternehmen zu den ersten größeren Streiks gekommen. Da die Organisationen der Fabriksarbeiter damals noch nicht ausgebaut waren, wurden die Streiks zumeist der Anlaß blutiger Unruhen, weil die Arbeitswilligen mit Gewalt an der Arbeit gehindert wurden. Im Mai 1878 intervenierte die Gendgrmerie hei den Arbeiterunruhen in Asch, 1885 in Mährisch-Trebitsch und in Leoben, Donawitz und Seegraben, im Jahr 1899. In den Völklabrucker Kohlengruben kam es von 1889 bis 1891 zu Unruhen und 1890 kam es zu den großen Arbeiteraufständen in Gablonz, Reichenberg und Teplitz. Überdies kam es zu großen Streiks in Wiener Neustadt, Pottendorf, Ebenfurt, Grammat-Neu-siedl und und Hochwolkersdorf.

Der große Reorganisator der Gendarmerie Heinrich Karl Freiherr Giesl von Gieslingen wurde am 7. August 1821 in Olmütz geboren und ist am 2. Juli 1905 im Alter von 84 Jahren als Feldzeugmeister und Freiherr in Wien gestorben. Er war 22 Jahre Gendarmerieinspektor. Am 27. Oktober 1833 wurde Giesl in die Wiener Neustädter Militärakademie aufgenommen und am 11. September 1840 als Leutnant zum 12. Feldjägerbataillon nach Ungarisch-Hradisch ausgemustert. 1843 wurde er Adjutant des Bataillons-kommandanten. Das 12. Feldjägerbataillon befand sich unter jenen Truppen,

Heinrich Giesl
Freiherr von
Gieslingen
Gendarmerieinspektor
(1872 – 1894)

die am 7. Oktober 1848 mit dem Hoflager Kaiser Ferdinands von Schönbrunn nach Mähren abrückten. Von Znaim wurde das Bataillon zur Okkupationsarmee nach Wien beordert, wo der Oberleutnant und Adjutant Giesl beim Angriff auf die von Insurgenten besetzte Leopoldstädter Kavalleriekaserne am rechten Arm verwundet wurde. Nach der Einnahme Wiens durch Fürst Windischgrätz erhielt das 12. Feldjägerbataillon seine Einteilung bei der Armee in Ungarn, und zwar bei der Brigade Fürst Colloredo-Mansfeld im zweiten Armeekorps. Am 7. Januar 1849 wurde dieses Korps zur Verfolgung Görgeys von Pest in die Bergstädte beordert und Oberst Collery von Leva aus mit seinen Truppen in das Grantal in Marsch gesetzt um die Flanke der nach Schemnitz vorrückenden Einheiten zu decken. Nachdem der erste Angriff auf Schemnitz nicht gelang, wurde das Streifkorps des Oberst Collery am 22. Januar 1849 im Bergdefilee zu Hodrich von überlegenen Kräften unter persönlicher Führung des Insurgentengenerals Artur Görgey von Zsarnowitz aus im Rücken angegriffen. Der Angriff wurde aber von der 2. Jägerdivision mit solcher Bravour abgeschlagen, daß Görgey dabei seine ganze Batterie und nebst sonstigen Verlusten an Infanterie, Honveds und Husaren auch seinen Generalstabschef, Oberst Heinrich Pustelnik einbüßte. Am 8. Februar 1849 zum Kapitänleutnant avanciert, kommandierte Giesl im Gefecht bei Waitzen am 10. April 1849 die Arrieregarde (Nachhut) der von Generalmajor Fürst Felix Jablonowsky kommandierten Armeedivision. In der Schlacht bei Nagy-Sarlo am 19. April war Kapitänleutnant Giesl als rangältester Offizier Kommandant des 12. Feldjägerbataillons. Am 1. Juni 1849 wurde Giesl zum Hauptmann befördert und das 12. Feldjägerbataillon der Brigade des Generalmajor Ludwig von Benedek des 4. Armeekorps zugeteilt. Giesl zeichnete sich, wie wir schon wissen, bei der Einnahme von Raab am 28. Juni, in der Schlacht bei Komorn am 2. Juli und bei der hartnäckigen Verteidigung des Dorfes Neu-Szöny aus. Am 3. August 1849, bei der Forcierung des Theißüberganges, überschiffte zuerst Hauptmann Giesl auf Pontons mit der ersten Jägerdivision unter den Augen des Armeekommandanten FZM. Baron Haynau vom rechten auf das linke Ufer im Angesicht des Feindes, griff diesen schneidig an und bildete sofort den Brückenkopf von Neu-Szegedin, welchen er so lange behauptete, bis die zweite Jägerdivision, die Grenadierdivision des 54. Infanterieregiments und die Rakentenbatterie Nr. 18 über den Fluß folgten. Im Jahr 1850 wurde Hauptmann Giesl, inzwischen dekoriert, dreimal mit Kompanien des 12. Feldjägerbataillons von Stuhlweißenburg aus in das Graner, Pester, Komorner, Tolnaer und Somogyer Komitat zur Herstellung der gesetzlichen Ordnung entsendet. Die bei diesen Aktionen verhafteten Rebellen wurden von Giesl den kaiserlichen Behörden (sprich: FZM Haynau) übergeben. Ihr tragisches Schicksal ist bekannt.

Nach mehrfacher anderer Verwendung wurde Giesl, schon Major, am 21. Juni 1863 in den Freiherrenstand erhoben. Am 22. Mai 1865 wurde er als Oberstleutnant Kommandant des Wiener Polizeiwachkorps und 1866 hat er sich, nach der Niederlage bei Sadowa (Königgrätz), durch die Beistellung geeigneter Kundschafter, Hilfe bei den Feldbefestigungen am linken Donauufer bei Floridsdorf, Bewachung der Tabor-Jochbrücke, der großen Fouragevorräte im Prater, der Feldtelegraphenleitung zum Leopoldsberg und weiter nach Greifenstein und beim Abtransport des Barschatzes der Nationalbank große Verdienste erworben. Am 30. August 1866 wurde Giesl zum Oberst befördert. Am 28. April 1869 wurde Oberst Giesl zum Reservekommandanten beim 72. und am 29. Oktober 1870 zum Regimentskommandanten beim 16. Infanterieregiment ernannt.

Am 26. Dezember 1871 war Oberst Giesl von Gieslingen mit Allerhöchster Entschließung zum „Gendarmerieinspektor" (mit Wahrung seiner eventuellen Rückkehr zum Heer) ernannt worden.

1894, anläßlich seiner Versetzung in den Ruhestand, wurde Generalleutnant Giesl, nachdem er 22 Jahre an der Spitze der Gendarmerie gestanden hatte, zum Feldzeugmeister ernannt. Feldzeugmeister Heinrich Giesl Freiherr von Gieslingen, der bewährte „Gendarmerieinspektor", starb am 2. Juli 1905 in Wien.

Bei der Ruhestandsversetzung des Feldzeugmeisters Giesl von Gieslingen gliederte sich die Gendarmerie der Monarchie wie folgt: Dislokationseinteilung der Gendarmerie in den im Reichsrat vertretenen Königreichen und Ländern (Landesgendarmeriekommanden):

LGK.	Nr.	1	Wien (Erzherzogtum Österreich unter der Enns)
LGK.	Nr.	2	Prag (Königreich Böhmen)
LGK.	Nr.	3	Innsbruck (Gefürstete Grafschaft Tirol und Vorarlberg)
LGK.	Nr.	4	Brünn (Markgrafschaft Mähren)
LGK.	Nr.	5	Lemberg (Königreich Galizien)
LGK.	Nr.	6	Graz (Herzogtum Steiermark)
LGK.	Nr.	7	Triest (Küstenland)
LGK.	Nr.	8	Linz (Erzherzogtum Österreich ob der Enns)
LGK.	Nr.	9	Zara (Königreich Dalmatien)
LGK.	Nr.	10	Troppau (Herzogtum Schlesien)
LGK.	Nr.	11	Salzburg (Herzogtum Salzburg)
LGK.	Nr.	12	Laibach (Herzogtum Krain)
LGK.	Nr.	13	Czernowitz (Herzogtum Bukowina)
LGK.	Nr.	14	Klagenfurt (Herzogtum Kärnten)

Königlich ungarische Gendarmerie (Distriktskommanden):

Nr. I   Kolozsvár (Klausenburg)
Nr. II   Szeged
Nr. III   Budapest
Nr. IV   Kassa (Kaschau)
Nr. V   Poszony (Preßburg)
Nr. VI   Székesfehervár (Stuhlweißenburg)
Nr. VII   Brasso (Kronstadt)
Nr. VIII Debreczen

Königlich ungarisch-kroatisch-slawonisches Gendarmeriekommando in Zagrab (Agram)

Kaiserlich-königliches Gendarmeriekorps für Bosnien in Sarajevo

Bei dieser Einteilung blieb es bis zum 1. Weltkrieg.

Zum Nachfolger des inzwischen zum Feldzeugmeister beförderten Freiherrn von Giesl wurde der ihm seit geraumer Zeit als Adlatus zugeteilt gewesene Generalmajor Johann Edler von Horrak bestimmt, der dieses Amt am 16. November 1894 antgetreten hat.

Mit der abermaligen Reorganisation des Gendarmeriekorps waren im Innenministerium entscheidende Maßnahmen für die weitere Ordnung, Ruhe und Sicherheit in Österreichs Ländern gesetzt worden. Während der hiezu erforderlichen Zeit war aber auch auf der politischen Bühne Europas einiges in Bewegung geraten. In Rom war am 7. Februar 1878 Papst Pius IX.

Leo XIII.

gestorben. Durch drei Ereignisse wurde sein Pontifikat für die katholische Kirche von größter Bedeutung: Das Dogma von der Unbefleckten Empfängnis von 1854 öffnete auch lehramtlich den Weg für eine theologische Entwicklung, die sich für die inhaltliche Grundlegung der Glaubenslehre nicht mehr bloß an die Heilige Schrift und die ununterbrochene Überlieferung seit der Urkirche band. Der Sylabus und die Enzyklika Quanta cura von 1864 legten der Sache nach die politische Eigengesetzlichkeit der Kirche gegenüber dem modernen, religiös neutralen Staat fest. Die überspitzten polemischen Formulierungen Pius IX. hat schon Papst Leo XIII., sein Nachfolger, stillschweigend preisgegeben. Das Vatikanische Konzil brachte durch das Dogma von der päpstlichen Unfehlbarkeit die Lehre vom Primat auch formell zum unwiderruflichen Abschluß. Mit diesen drei Regierungsakten hat Pius IX. glaubensmäßig, politisch und kirchenrechtlich den Weg der katholischen Kirche in die neue Zeit vorgezeichnet, den Leo XIII. dann entschieden beschritten hat. Pius IX. war es nicht gegeben, das Papsttum aus der weltlichen Verstrickung durch den Kirchenstaat zu lösen und sich der wandelnden Zeit als voranschreitender Führer des kirchlichen Lebens entgegenzutreten.

Papst Leo XIII. (1878-1903) wurde in Carpineto bei Anagni am 2. März 1810 geboren, hieß mit bürgerlichem Namen Vincenco Gioacchino Pezzi und stammte aus armem Landadel. Er war nach der Priesterweihe 1837 zunächst in der Verwaltung des Kirchenstaates, seit 1843 als Nuntius (Titularerzbischof) in Brüssel tätig. Von dort auf Drängen der belgischen Regierung 1845 abberufen, wurde er als Bischof von Perugia 1853 Kardinal doch bis 1877 von der erstrebten kurialen Betätigung ferngehalten. Um so nachdrücklicher bestimmte er als Papst die kirchliche Entwicklung. Zwar blieb sein politisches Wirken, das er selbst wohl als das Herzstück seiner Arbeit betrachtet hat, trotz der glänzenden diplomatischen Leistung, die er und seine Helfer, die Kardinäle Ludovico Jacobini, Galimberti, Rampolla und Ferrata vollbrachten, erfolglos, weil sein Hauptziel die Wiederherstellung des Kirchenstaates war. Diesem Bemühen opferte Leo XIII. den politischen Einfluß des Katholizismus in Italien durch sein Prinzip „Keine katholischen Wähler oder Abgeordnete". Diesem Ziel dienten das Nachgeben im Kulturkampf, das die erstrebte deutsche Hilfe gegen Italien doch nicht einbrachte, und die Versuche einer Union mit der Ostkirche, die die päpstliche Stellung gegenüber Rußland stärken sollte. Diesem Ziel zuliebe schaltete sich Leo XIII. in die große Politik der europäischen Kabinette ein und trug wesentlich zur Verfestigung des französisch-russischen Bündnisses gegen die Mittelmächte Deutschland und Österreich-Ungarn bei. Seinem Ziel zuliebe paktierte er sogar in Frankreich mit den republikanischen Kirchenfeinden gegen die kirchentreuen Monarchisten. Seine eigentliche Leistung vollbrachte Leo XIII., indem er die Grundlagen für die erfolgreiche Behauptung der katholischen Kirche inmitten der sozialen und weltanschaulichen Kämpfe seiner Zeit und des kommenden Jahrhunderts schuf die „Arbeiterenzyklika". Die Enzyklika „Rerum novarum" von Leo XIII. am 15. Mai 1891 erlassen, beschäftigte sich eingehend mit der Arbeiterfrage, die seitdem in mehreren päpstlichen Rundschreiben behandelt wurde. Auf dieser Basis ist die katholische Kirche entschieden für eine demokratische Lösung der Arbeiterfrage eingetreten, die von der Christlich-demokratischen Bewegung im Geiste der Christlichen Soziallehre getragen wurde. Weltanschaulich ist Leo XIII. schon im Jahr nach seiner Thronbesteigung, als er Newman zum Kardinal kreierte stillschweigend von der übertriebenen Zuspitzung abgerückt, die Pius IX. dem grundsätzlichen Protest gegen „Freiheit, Liberalismus und moderne Kultur" (Syllabus) gegeben hatte. Durch die Verpflichtung der katholischen Theologie und Philosophie auf die Lehre des heiligen Thomas hat er ihr auch kirchenamtlich die gedankliche Substanz gesichert, ohne die eine eigenständige und geistig bedeutsame katholisch-kirchliche Weltanscheuung nicht möglich ist. Leo XIII. hat der katholiaschen Kirche nach der ausweglosen Selbstisolierung unter Gregor XVI und Pius IX. den Weg in das 20. Jahrhundert geöffnet und den Grund zu ihrer seit Benedikt XV. wieder in ständigem Aufstieg begriffenen politischen und weltanschaulichen Bedeutung gelegt.

Unter der Christlich-demokratischen Bewegung versteht man die Bestrebungen politischer Parteien, eine Staats- und Gesellschaftsordnung auf dem Boden der christlichen Sozialethik zu schaffen. Es waren Versuche, die religiösen und sittlichen Kräfte des Christentums fruchtbar zu machen für das soziale Leben, vor allem aber zur Überwindung des im 19. Jahrhundert durch die

Bürgermeister
Lueger

520

Industrialisierung entstandenen wirtschaftlichen, sittlichen und geistigen Massenelends, und zwar nicht mit den Mitteln der christlichen Liebestätigkeit, sondern durch eine Änderung der wirtschaftlichen und gesellschaftlichen Lage des ökonomisch Schwächeren, dem die Möglichkeit zur Erreichung seines religiös-sittlichen Zieles auch in einer eigenständigen Wirtschaft gegeben werden müsse

Die Christlichsoziale Partei in Österreich wurde um 1880 gegründet. Einer ihrer Mitbegründer, Dr. Karl Lueger, Rechtsanwalt, geboren am 24. Oktober 1844 in Wien, gestorben am 10. März 1910 in Wien, war seit 1875 Mitglied des Wiener Gemeinderats. Zunächst war Lueger politisch mit Schönerer verbunden und gewann im Kampf gegen den herrschenden großbürgerlichen Liberalismus das Wiener Kleinbürgertum für sein demokratisch-antisemitisches Programm. 1885 kam er als Mitglied der Christlichsozialen Partei, die er seit 1888 führte, in den Reichsrat, wurde aber von der Kirche und vom Großbürgertum abgelehnt. Da Kaiser Franz Joseph die Ernennung Dr. Luegers zum Bürgermeister von Wien ablehnte, kam es nach jeweils vorausgegangener Auflösung des Stadtparlaments am 29. Oktober 1895 und am 8. April 1896 zu Neuwahlen, die Lueger aber einen steigenden Stimmenanteil brachten. Nach der dritten Wahl zwang der Kaiser Dr. Lueger zum Verzicht. Er mußte sich mit dem Amt des Vizebürgermeisters begnügen und konnte erst 1897 die Bestätigung durch Franz Joseph als Bürgermeister erreichen, nachdem er auch eine fünfte Wahl gewonnen hatte. Dr. Lueger war volkstümlich und erwarb sich große Verdienste wegen seiner sozialen Maßnahmen auf allen Gebieten kommunaler Verwaltung und um den Ausbau der Stadt. Als Abgeordneter im Reichsrat und im niederösterreichischen Landtag verbündete er sich als Gegner der ungarischen Sonderbestrebungen wiederholt mit den Slawen gegen die Deutschliberalen. Durch sein Bekenntnis zum österreichischen Reichsgedanken versöhnte er sich später mit dem Hof, weil auch er konservativer geworden war. Dr. Luegers imenses politischen Wirken wird aber, mit heutigen Augen gesehen, durch seinen Antisemitismus verdunkelt, obwohl er auch auf diesem Gebiet selektierte und einmal sagte: „Wer ein Jude ist, bestimme ich."

Jene Leute, die Schönerer mit seinem antisemitischen Kurs aus den Deutschnationalen Verein vertrieben hatte, waren mit dabei, als vom 30. Dezember 1886 bis 1. Januar 1889 der erste Parteitag der Sozialdemokratischen Partei in Hainfeld in Niederösterreich abgehalten wurde. Das von Viktor Adler verfaßte Parteiprogramm, die „Prinzipienerklärung", wurde von den Delegierten anerkannt. Die Sozialdemokraten waren in den Achzigerjahren in eine gemäßigte und eine radikale Gruppe zerfallen. Die Versöhnung der beiden Gruppen, die auf diesem Parteitag erfolgte, führten Viktor Adler und Engelbert Pernersdorfer herbei. Sie waren beide Vertreter der gemäßigten Richtung, die früher der „Schönerer-Bewegung" angehört hatten. Viktor Adler blieb der geistige Führer der Sozialdemokratischen Partei bis zu seinem Tod am 11. November 1918. Am 12. Juni 1889 erschien erstmalig die „Arbeiter-Zeitung" als Zentralorgan der Sozialdemokratischen Partei. Am 1. Mai 1890 fand die erste öffentliche sozialdemokratische Maifeier statt.

Indessen war am 11. April 1889 ein neues österreichisches Wehrgesetz auf Grund der allgemeinen Wehrpflicht von der Regierung Taaffe erlassen worden. Danach gliederte sich die bewaffnete Macht der Monarchie (der beiden Reichsteile) wie folgt: Gemeinsame Streitkräfte:

> „k. u. k. Heer und k. u. k. Marine"
> Österreichische Streitkräfte:
> „k. k. österreichische Landwehr", Landsturm
> Ungarische Streitkräfte:
> „kgl. ungarische Honved", Landsturm.
> Landsturmgesetz vom Jahre 1886.

Die Dienstsprache in der bewaffneten Macht war deutsch, nur bei der kgl. ungarischen Honved ungarisch und teilweise kroatisch. Die Militärpflicht begann mit dem 1. Januar desjenigen Jahres, in welchem der Staatsbürger sein 21. Lebensjahr vollendet hatte; sie dauerte 12 Jahre, und zwar 3 Jahre in der Linie (aktiv), 7 Jahre in der Reserve und 2 Jahre in der Landwehr. Der Landsturm erfaßte alle wehrfähigen Männer zwischen dem 19. und 42. (gewesene Offiziere bis zum 60.) Lebensjahr, sofern sie nicht in einem anderen Teil der bewaffneten Macht dienten. Die k. u. k. Armee war eine der ehernen Klammern, die die Monarchie, den Vielvölkerstaat zusammenhielten. Durch ihre überparteiliche, übernationale und kaisertreue Haltung war sie, die Stütze der Dynastie, der stärkste staatserhaltende Faktor.

1889/90 begann aber auch der weitere Aufstieg der liberal-nationalen Partei der „Jung-Tschechen", die der konservativ-gemäßigten Partei der „Alt-Tschechen", deren Führer bis 1876 Franz Palacky und als sein Nachfolger sein Schwiegersohn Rieger waren, 70 Prozent ihrer Mandate abnahmen. Sie verdrängten bei den Märzwahlen 1891 die Alt-Tschechen aus vielen Positionen. Dadurch, daß die Jung-Tschechen in die Opposition gingen, wurde die Regierungsmehrheit des Grafen Taaffe, der „Eiserne Ring", gesprengt. Taaffe war nun genötigt seine Basis durch die Hereinnahme der „Vereinigten Linken" zu verbreitern. Dies gelang Taaffe nur unter großen Schwierigkeiten und durch ständiges Lavieren. Der Justizminister Taaffes, Eduard Herbst, nannte dies bezeichnender Weise „Fortwursteln". Aber es gelang Taaffe, noch bis 1893 an der Spitze der Regierung zu bleiben. Der Führer der „Jung-Tschechen" wurde 1891 Tomas Masaryk. Aber auch er vermochte nicht den Widerspruch zwischen dem von ihm vertretenen idealistisch-demokratischen Humanismus und der Verweigerung des Selbstbestimmungsrechtes an Sudetendeutsche, Ungarn und autonomistische Slowaken zu lösen. Masaryk wurde von den Jung-Tschechen später, 1907, in den Reichsrat gewählt. Das im 19. Jahrhundert wiedererwachte nationale Selbstbewußtsein der Tschechen bestand aus einem Geschichtsbild, das auf dem Hussitentum aufbaute und sich gegen die Überordnung der österreichisch-ungarischen Oberherrschaft auflehnte.

Mit Entschließung des Kaisers vom 20. Dezember 1890 erfolgte die Einverleibung der vor dem Gürtel liegenden Vororte Wiens (Bezirke X bis XIX) in das Gemeindegebiet von Wien. Dadurch stieg die Einwohnerzahl von „Großwien" von 705.000 auf 1,087.000. Wien wuchs zur glänzenden Haupt- und Residenzstadt heran. Es entstanden die Prachtbauten entlang der 1865 eröffneten Ringstraße: Hofoper (vollendet 1869, erbaut von Van der Nüll und Siccardsburg), Votivkirche (1869, Ferstel), Börse (1877, Theophil Hansen), die beiden Hofmuseen (1881, Semper und Hasenauer), Universität (1883, Ferstel), Neues Rathaus (1883, Friedrich Schmidt), Parlament (1883 Hansen) und Hofburgtheater (1888, Hasenauer). 1873 wurde die Erste Wiener Hochquellenwasserleitung eröffnet (Erbauer Eduard Sueß) und 1881 die Donauwasserregulierung vollendet. Die großartige Kommunalpolitik des Bürgermeisters Dr. Karl Lueger setzte das Werk der Verschönerung und Vergrößerung Wiens, das seit etwa 25 Jahren im Gang war, fort.

Im Juli 1891 erfolgte ein Flottenbesuch der französischen Kriegsmarine im russischen Flottenstützpunkt Kronstadt bei St. Petersburg. Zar Alexander III. und der französische Staatspräsident Carnot tauschten Freundschaftskundgebungen aus und die französisch-russische Allianz nahm, angezettelt vom Vatikan, Gestalt an.

Am 11. August 1892 erfolgte die Einführung der Goldwährung und einer neuen Münzeinheit (1 Krone = 100 Heller) in Österreich-Ungarn. Die Finanzminister der Regierung Taaffe Dunajewski und später Steinbach, stellten das Gleichgewicht im Staatshaushalt wieder her. Während der Regierungszeit Taaffes wurde auch eine für die damalig Zeit großzügige und vorbildliche Sozialgesetzgebung durchgeführt: Am 17. Juni 1883 wurde das Statut über die Gewerbeinspektorate erlassen, die die Aufgabe hatten, die Einhaltung der zum Schutz der Arbeiter erlassenen Gesetze (über Arbeitsräume, Wohnungen, Maximalarbeitszeit pro Tag von 11 Stunden, Arbeitspausen, Sonntagsruhe, Lohn, Kündigung, Entlassung, Beschäftigung Jugendlicher und weiblicher Arbeitskräfte) zu überwachen. Schließlich wurde mit Gesetz vom 30. März 1888 die obligate Arbeiterkrankenversicherung und mit Gesetz vom 4. April 1889 die obligate Arbeiterunfallversicherung eingeführt, Errungenschaften, die in anderen Ländern erst viel später oder gar nicht erzielt wurden. Dazu kam, daß das österreichische Eisenbahnwesen, wegen Überschuldung, verstaatlicht und das System der Schutzzölle im Handelsverkehr mit anderen Staaten wieder eingeführt werden mußte.

Im Verlaufe des Jahres 1893 zeigte sich aber, daß die Regierungsmehrheit des Grafen Taaffe verlorengehen würde. Er und sein Finanzminister Steibach (ein konvertierter Jude) legten am 10. Oktober einen Reformplan vor, der durch eine großzügige Erweiterung des Wahlrechtes dem Parlament ein neues Gepräge geben sollte. Jeder Bürger sollte nach Vollendung des 24. Lebensjahres wahlberechtigt sein, wenn er des Lesens und Schreibens kundig ist oder in irgendeiner Form eine direkte Steuer entrichtet oder nachweisbar einer geregelten Beschäftigung nachgeht oder als Soldat jemals vor dem Feinde stand. Dadurch wären breite Wählermassen mobilisiert worden, vor allem Arbeiter, und Taaffe hätte nach Durchführung dieser Wahlen eine vollkommen veränderte politische Konstellation vorgefunden. Doch sein Plan scheiterte, da sich sowohl die Konservativen wie auch die „Vereinigte Linke" dagegen aussprachen und gemeinsam, weil sie um ihre Sitze im Parlament fürchteten, den Sturz Taaffes herbeiführten. Graf Taaffe, dessen Vorfahren von Irland nach Böhmen eingewandert waren, hatte 14 Jahre regiert. Über seine so lange Regierungszeit befragt, sagte er: „Das Geheimnis des Regierens in diesem Reich besteht darin, alle Nationalitäten in gleichmäßiger, wohltemperierter Unzufriedenheit zu erhalten." Zur Taktik Taaffes gehörte das behutsame taktieren, das Verzögern, Vertrösten, Entgegenkommen und Beharren - Basarmethoden. Es war, obgleich von seinem Justizminister „Fortwursteln" genannt, kein so schlechtes Rezept. Aber kaum drei Wochen nach seinen Wahlreformplänen, am 29. Oktober 1893, mußte er demissionieren.

Auf die Regierung Taaffe folgte das aus der „Vereinigten Linken" , dem „Hohenwartklub" und Polen gebildete Koalitionsministerium des Fürsten Alfred Windischgrätz, aus dem die Tschechen ausgeschaltet waren. Die neue Regierung erklärte am 23. November 1893 vor dem Abgeordnetenhaus, daß auch sie es als ihre vornehmste Pflicht ansehe, eine Wahlrechtsreform durchzuführen. Es kam aber nicht dazu, weil sich die Parteien nicht über grundsätzliche Fragen einigen konnten.

Im Mai 1895 wurde Graf Goluchowski von Ministerpräsident Windischgrätz zum gemeinsamen k. u. k. Außenminister vorgeschlagen und vom Kaiser bestätigt. Agenor von Goluchowski blieb bis Oktober 1896 im Amt. Aber schon im Juni 1895 mußte Fürst Windischgrätz als Ministerpräsident demissionieren. Seine Koalition zerfiel wegen einer geringfügigen Streitfrage, wegen der Errichtung einer slowenischen Parallelklasse am Untergymnasium in Cilli in der Südsteiermark. Nach einem interimistischen Beamtenministerium unter der Führung des niederösterreichischen Statthalters Graf Kielmannsegg (19. Juni bis 30. September 1895) ernannte Kaiser Franz Joseph Anfang Oktober den polnischen Grafen Kasinir Badeni zum Ministerpräsidenten. Kasimir Felix von Badeni wurde am 14. Oktober 1846 in Surochow in Galizien geboren und ist in Krasne, Galizien, am 9. Juli 1909 gestorben. Badeni war 1888 Statthalter von Galizien geworden und bildete nun, im September 1895, von Kaiser Franz Joseph zum Ministerpräsidenten ernannt, sein Kabinett. Badeni galt als starker Mann, der wegen seiner Unterdrückungsmaßnahmen als Statthalter Galiziens gegen die Ruthenen bekannt geworden war. Er wählte die Mitglieder seines Kabinetts aus Personen, die nicht dem Reichsrat angehörten und übernahm auch das Innenministerium. Am 14. Juni 1896 genehmigte Kaiser Franz Joseph die Wahlrechtsreform Badenis. Badeni schuf, neben den schon bestehenden vier Kurien, eine fünfte „allgemeinen Wählerklasse". Die neue Wählerklasse, die 72 Abgeordnete zu entsenden hatte, umfaßte 5,5 Millionen Wähler. Hingegen wählten bloß 5402 Großgrundbesitzer 85 Abgeordnete und 583 Mitglieder der Handelskammern 21 Abgeordnete. Auf die 383.500 Wähler der Städte entfielen 118 und auf die 1,378.572 Wähler der Landgemeinden 129 Mandate. Schon aus diesen Zahlen ist zu ersehen, daß die Wahlrechtsreform Badenis keine Demokratie im modernen Sinn begründete und die Forderung der breiten Massen des Volkes nach neuerlicher Reformierung des Wahlrechtes berechtigt war.

Zar Nikolaus II
von Rußland
(1894 – 1918)

Am 9. Oktober 1896 horchte man in den Staatskanzleien der Mittelmächte und in Rom auf. Zar Nikolaus II., der seit dem Tod seines Vaters Alexander III. am 1. November 1894 regierte, besuchte Paris, wo er mit den Klängen der Marseillaise freudig empfangen wurde. Anläßlich einer Truppenparade sprach der Zar von der Waffenbrüderschaft zwischen dem französischen und dem russischen Volk! Der Grund war die 1892 zwischen Zar Alexander III. und Ministerpräsident Carnot paktierte russich-französische Militärkonvention, die vorsah: Wenn ein Vertragspartner von einer der Dreibundmächte angegriffen wird und Deutschland daran teilnimmt, ist der andere zum Kampf gegen Deutschland verpflichtet. Dazu waren die gegenseitigen Flottenbesuche französischer Kriegsschiffe in Kronstadt bei St. Petersburg im Juli 1891 und russischer Kriegsschiffe in Toulon im Oktober 1893 gekommen, worauf 1894 das Militärbündnis zwischen Frankreich und Rußland ratifiziert worden war. 1892 hatte auch Papst Leo XIII. die französiscnen Katholiken aufgefordert, sich auf den Boden-der republikanischen-Verfassung zu stellen. Damit hatte die Dritte Republik beachtliche Außenpolitische Erfolge erzielt und sich aus der politischen Isolierung befreit.

Marie Francois Sadi Carnot (* 11.8.1837, + am 25.6.1894 vom italienischen Anarchisten Caserio in Lyon erstochen) war seit 1887 der 4. Präsident der französischen Republik, nachdem er vorher mehrere Ministerposten bekleidet hatte. Unter Carnots Präsidentschaft vollzog sich die Annäherung zwischen Frankreich und Rußland.

Erzherzog Karl Ludwig, der Bruder des Kaisers, der nach dem Tod von Kronprinz Rudolf die Stelle des Thronfolgers einnehmen sollte, starb, obwohl er um drei Jahre jünger war als Franz Joseph, am 19. Mai 1896 in Schönbrunn, erst 63 Jahre alt. Damit wurde Karl Ludwigs Sohn, Erzherzog Franz Ferdinand, 1896 der Thronfolger des Kaisers. Erzherzog Franz Ferdinand von Österreich d'Este wurde am 18. Dezember 1863 in Graz geboren und stand jetzt, 1896, im 33. Lebensjahr.

Erzherzog Franz Ferdinand, der Thronfolger Franz Josephs, war wegen des Zarenbesuches in Frankreich sehr besorgt. Aus einer erhaltengebliebenen Briefskizze des Erzherzogs, der wegen seiner Lungenkrankheit den Winter 1896/97 in Cannes verbrachte, verfaßt am 14. Februar 1897 und adressiert an den Botschafter Österreichs in St. Petersburg, Fürst Franz von Liechtenstein, geht die Grundeinstellung Franz Ferdinands zur Politik hervor. Der Erzherzog schrieb, weil er noch keine Aussicht hatte, daß ihn der Kaiser auffordern würde, ihn auf der bereits für 1897 geplanten Reise nach St. Petersburg mitzukommen an den Botschafter unter anderem:"... Eine volle Einigung mit Rußland, ein Bündnis der drei Kaiser, die Aufrechterhaltung des Friedens und die Kräftigung des monarchischen Prinzips, das ist das Ideal meines

Lebens, für das ich immer schwärmen und mit allen Kräften arbeiten werde." Und an einer anderen Stelle: ... „Minister Goluchowski, dessen Selbstbewußtsein alles bisher Dagewesene übersteigt, hetzt uns in eine Politik hinein, die, wenn sie fortgesetzt wird, nur verderbenbringend für uns sein kann. Ein Polack oder Ungar vertritt eben nie die Interessen Österreichs, sondern nur seine Sonderinteressen ... Goluchowski will es durchaus zum Krieg mit Rußland kommen lassen. Obgleich es mich nun nichts angeht, bitte und beschwöre ich Ew Durchlaucht, in diesem kritischen Moment Ihren Einfluß geltend zu machen, daß die Beziehungen zu Rußland wenigstens nicht schlechter werden. Es kann sich ja einfach um die Existenz der Monarchie handeln..." Und: „Glauben Durchlaucht ja nicht, daß ich zu schwarz sehe, es stehen leider Gottes die Sachen wirklich so in unserem Vaterlande. Desparat bin ich, daß ich, da ich den Winter im Süden zubrachte, im April Seine Majestät nicht nach Petersburg begleiten kann. Da täte ich alles, um in meinem, das heißt im österreichischen Sinne zu handeln..."

Das war die erste politische Wortmeldung des Erzherzog-Thronfolgers...

Die „Dritte Republik" (1870-1940) Frankreichs: Die von der Linken gebildete Regierung der nationalen Verteidigung, in der Jules Favre das Außenministerium übernahm, verweigerte die von Bismarck geforderte Abtretung Elsaß-Lothringens und setzte, 1870/71 den Krieg gegen Deutschland als Volkskrieg fort. Aber auch die Diktatur Gambettas änderte die Kriegslage nicht. Der Fall von Paris am 28. Januar 1871 führte zu Gambettas Sturz am 6. Februar und zur Wahl der Nationalversammlung in Bordeaux, die Adolphe Thiers an die Spitze der Regierung berief und den Vorfrieden von Versailles anerkannte, der Frankreich die Abtretung Elsaß-Lothringens und die Zahlung einer Kriegsentschädigung von 5 Milliarden Franc auferlegte. Abgeschlossen wurde der Krieg mit dem Frieden von Frankfurt. Erst Ende Mai 1871 wurde der jakobinisch-sozialistische Aufstand der Kommune in Paris von den Regierungstruppen Thiers niedergeworfen. Die Nationalversammlung hatte eine monarchistische Mehrheit. Nur weil diese in die Gruppen der Legitimisten, Orleanisten und Bonapartisten gespalten war, blieb die republikanische Staatsform zunächst erhalten. Am 31. August 1871 wurde Thiers zum 1. Präsidenten Frankreichs gewählt. Ihm gelang trotz der monarchistischen, konservativ-reaktionären und klerikalen Widerstände eine Festigung der innerfranzösischen Verhältnisse auf dem Wege zur Republik. Thiers verstand es, in kürzester Frist die Kriegsentschädigung abzuzahlen, und erlangte dadurch bereits im September 1873 den Abzug der deutschen Besatzungstruppen. Aber wegen seiner republikanischen Zielsetzung wurde er am 24. Mai 1873 von den Monarchisten gestürzt. Ihm folgte Marschall Mac-Mahon. Die Restauration der Bourbonen schien jetzt nahe bevorzustehen, zumal im Jänner 1873 der Exkaiser Napoleon III. starb und sich im August die Orleanisten und Legitimisten auf den Enkel Karls X., den Grafen von Chambord, Heinrich V., als legitimistisches Haupt des bourbonischen Gesamthauses einigten. Aber dessen Weigerung, die Trikolore, an der auch die Orleanisten festhielten, statt des weißen Lilienbanners der Bourbonen anzunehmen, zerschlug die Möglichkeit einer bourbonischen Restauration. Nunmehr verstanden sich auch die Royalisten zur Schaffung einer Verfassung ohne monarchistische Spitze. Die Verfassungsgesetze von 1875 schufen die parlamentarische Republik. Die republikanische Staatsform selbst wurde nur mit einer Stimme Mehrheit (353 : 352) angenommen. Danach löste sich die Nationalversammlung auf. Die Wahlen von 1876 verschafften zum ersten Male den Republikanern in der Kammer die Mehrheit über die Monarchisten.

Dieser Entwicklung nach links suchte Mac Mahon zu begegnen, indem er sein Recht der Ministerernennung ohne Rücksicht auf die parlamentarische Mehrheit wahrnahm und im Mai 1877 eine monarchistisch-klerikale Regierung unter dem Herzog Albert Viktor von Broglie berief. Der hieraus entstehende Konflikt führte zur Auflösung der Kammer und zu Neuwahlen, die wiederum den Republikanern die Mehrheit brachten. Da Mac Mahon keinen Staatsstreich wagte, mußte er ein republikanisches Ministerium berufen. Damit war auch der Sieg des Parlamentarismus in Frankreich entschieden. Am 30. Januar 1878 trat Mac Mahon zurück. Sein Nachfolger wurde der Republikaner Grevy. Jules Grevy, nach Mac-Mahon jetzt der 3. Präsident der französischen Republik, Rechtsanwalt, war schon 1848 Abgeordneter der Nationalversammlung, bekämpfte Louis Napoleon, war 1871-73 Präsident der Nationalversammlung und seit 1876 Kammerpräsident. Die Regierung, die Grevy berief, ging nunmehr an die entschieden liberalen (opportunistischen) Republikaner und deren führenden Staatsmann Gambetta über. Innenpolitisch war die Vorherrschaft der Opportunisten durch den Kampf gegen die Kirche gekennzeichnet (1880 Verteibung der Jesuiten, Schließung von Klöstern und 1882 die Einrichtung der staatlichen Volksschulen), außenpolitisch durch die Eroberung eines großen Kolonialreiches. 1881 wurde Tunis besetzt, später Madagaskar unterworfen und im Krieg mit (China das französische Protektorat über Annam und Tonking errichtet. Die Revanche-Idee hatte in der Zeit des „Kulturkampfes" in Deutschland durch den Klerikalismus der Monarchisten eine Verschärfung erfahren und in der Krieg-in-Sicht-Affäre 1875 durch die Unterstützung Rußlands einen ersten diplomatischen Erfolg über Bismarck davongetragen. Gambetta, der in der Kammer 1880 ausgerufen hatte: „Der Klerikalismus ist der wahre Feind!", hat „die blaue Linie der Vogesen" nie aus den Augen verloren und trotzdem den Aufstieg Frankreichs zur Kolonialmacht geschafft. Da sein Plan eines englisch-französischen Vorgehens in Ägypten scheiterte und die Kammer die Listenwahl, seine innenpolitische Hauptforderung ablehnte, trat Gambetta, von Georges Clemenceau attakiert, am 26. Januar 1882 zurück. Der Sturz Gambettas wurde in Europa zugleich als Absage an die Revanche-Idee aufgefaßt. Gambettas Tod noch im Jahr 1882 bewirkte ein Aufleben der royalistischen Agitation und der Bonapartisten bis unter Jules Ferry, dem nunmehr führenden Staatsmann der Opportunisten, das Staatsgrundgesetz von 1854 die Wahl eines Mitglieds der ehemaligen Dynastien zum Präsidenten der Republik verbot. Im Volk aber sagte man melancholisch: „Wie schön war doch die Republik unter dem Kaiserreich!" Auch jetzt war, wie man sieht, die Dritte Republik noch nicht gesichert. Die Kammerwahlen von 1885 brachten daher prompt ein Anwachsen der Monarchisten und zunehmend rückte die deutschfeindliche Politik der royalistischen und klerikalen Rechten und der radikalen Linken in den Vordergrund. Von beiden Seiten wurde der koloniale Imperialismus als Abkehr von der Revanche-Idee bekämpft, und die Regierung Ferry wurde am 30. März 1885 von Clemenceau, dem Führer der Radikalen gestürzt. Aber niemand wünschte eine Verschärfung der internationalen Lage um einer patriotischen Parole willen. Die wirtschaftlichen Verhältnisse waren vielversprechend und was nötig gebraucht wurde, waren Ruhe und Entspannung mit Deutschland. Clemenceau, der Mann der Linken, der sich auf jakobinische Töne verstand, empfand für das Ruhebedürfnis der Bevölkerung nur Verachtung. Er war, was die Revanche anging, der Erbe Gambettas geworden und war entschlossen, den reichen Leuten zu zeigen, was patriotische Pflichten sind. Dieser herausfordernde Einzelgänger mit seinem unfranzösischen Mongolengesicht, der sich schon früh zum Grundsatz gemacht hatte, daß man große Politik nur auf der Basis radikaler Menschenverachtung machen konnte, der zu wissen glaubte, daß Frankreich anbetungswürdig, die Franzosen aber verächtliche Egoisten seien, der andere Leute zu kränken liebte und selbst nie ein Zeichen der Eitelkeit von sich gab, dieser unbequeme und zähe Mann, dem niemand ins Herz sehen konnte, wünschte den Bequemen und Friedfertigen eine gründliche Lehre auf den Hals. Diese Lehre trug den Namen des Generals Boulanger. Diese stattliche Null, die prachtvoll zu Pferde saß und dem Publikum auf Paraden in die Augen stach, brachte die Republik in arge Verlegenheit und gab ihr, was noch schlimmer war, einen Hauch von Lächerlichkeit, weil der schöne General tatsächlich keinen Augenblick lang ein erstzunehmender Gegner war. Nie konnte völlig aufgeklärt werden, warum Boulanger, der zunächst ein scharfer republikanischer Kriegsminister war, plötzlich zum starken Mann, zum Abgott der patriotischen Menge und zum Symbol der Revanche werden konnte. Zwar hatte ein deutsch-französischer Grenzzwischenfall die Gemüter in Paris erhitzt, aber entscheidend war wohl, daß alle chauvitistischen Kräfte in diesem schmucken Soldaten plötzlich eine Gelegenheit sahen, sich zu einigen und ihren Leidenschaften ein Instrument zu geben. Der brave General wußte zunächst nicht, wie ihm geschah. Aber der Schriftsteller Déroulède, eine blecherne Trompete, die alles zum Tönen brachte, was am französischen Pathos leer und marktschreierisch sein kann, bemächtigte sich der Figur und setzte sie gegen die Republik ein. Dies wurde möglich, weil ein Skandal das Staatsoberhaupt soeben kompromittiert hatte. Der Schwiegersohn des Präsidenten Grevy hatte einen einträglichen Schacher mit Orden und Stellungen getrieben und sich dabei der Duldung des hohen Schwiegervaters erfreut. Der Skandal führte zu einer Krise, die Grevy zum Rücktritt nötigte. Das gab der Volkstümlichkeit des zum Staatsstreichkandidaten emporgejubelten Generals Auftrieb. Als ihn die Regierung Ferry aus dem Amt entließ, zog er als Abgeordneter von Paris pompös in die Kammer ein. Wohl jubelte die Menge ihm zu: „Auf, ins Elysee!", aber in der Kammer herrschte ihn Floquet an: „Wo sind Ihre Siege? In Ihrem Alter war Napoleon schon tot!" Indessen hatte sich auch Clemenceau von General Boulanger abgewandt. Beim ersten ernstlichen Widerstand der Regierung versagte Boulanger völlig und floh nach Brüssel zu seiner Geliebten, nach deren Tod er sich an deren Grab erschoß. Man zuckte die Achseln und schämte sich ein wenig, einer Null soviele Ziffern angehängt zu haben. Die Revanche, Clemenceau, mußte nach anderen Federbüschen Ausschau halten. Bald nach dem Tod brach die boulangistische Bewegung zusammen.

Frankreich wurde zwar von weiteren Krisen erschüttert, aber die republikanische Staatsform wurde nicht mehr in Frage gestellt. Frankreich ging es gut, es sparte Geld und zeichnete russische Anleihen. Sein Ansehen wuchs und es konnte auf Grund des Bündnisses mit Rußland seiner Revanchepolitik eine realistischere Grundlage geben, als es die Volkstümlichkeit des armen Boulanger gewesen war. Doch da erschütterte wieder ein Skandal das Land. Lesseps, der Erbauer des Suezkanals hatte zur Finanzierung seines noch größeren Vorhabens, des Baues des Panamakanals, Abgeordnete und sogar Minister bestochen, unter ihnen, zur allgemeinen Überraschung, auch Clemenceau. Der Pariser Spott machte es sich bald zur Gewohnheit, alle Parlamentarier für korrupt zu halten und dafür sogar ein augenzwinkerndes Verständnis zu zeigen. Erst der Dreyfus-Fall zerriß Frankreich in zwei Lager. Letztlich wurde Dreyfus, den man der Spionage für Deutschland beschuldigt hatte, in einem Revisionsverfahren freigesprochen. Die Republik wurde aber bald - nach der Frauenstatue, die sie in allen Schulen und Amtsgebäuden personifizierte - halb zärtlich, halb herablassend „Marianne" genannt.

Die allgemeine Aufwärtsentwicklung Frankreichs wurde durch den Pana-
maskandal nur vorübergehend gestört. Unter dem Übergewicht der liberalen
Opportunisten setzte der Außenminister Hanotaux die Kolonialpolitik, trotz
Clemenceaus Widerstand, fort, mit dem Ziel, ein geschlossenes Kolonialreich
in Afrika zu schaffen. Dies aber brachte Frankreich bald in Gegensatz zu England, der 1898 im „Faschoda-Konflikt" seinen Höhepunkt erreichte, aber
zugleich eine entscheidende Wendung des französischen außenpolischen Kurses zur Folge hatte. Die Kolonialpolitik war in Frankreich nie populär, rich-
tunggebend blieben die Fragen in Europa, besonders der Gegensatz zu
Deutschland. Daher verzichtete Frankreich im Kolonialausgleich mit England am 21. März 1899 auf Faschoda und das obere Niltal, beschränkte seine
nordafrikanischen Ziele auf die Eroberung Marokkos und näherte sich England an. Inzwischen hatte sich in der französischen Innenpolitik, aus dem
Dreyfus-Prozeß ein neuer Vorstoß der konservativ-nationalistischen Opposition gegen die parlamentarische Republik entwickelt.

Der Kampf zwischen Links und Rechts ging zuerst um die Armee, in der
immer noch der Einfluß der Royalisten und Klerikalen überwog, zu denen
jetzt die Patriotenliga Déroulédes und die junge antisemitische Bewegung
stieß. Die Radikalen (Clemenceaus) schlossen sich mit den republikanischen
Opportunisten, gestärkt durch die Kammerwahlen vom Mai 1898, zum „Bloc
républicain" zusammen, um durch die Revision des Dreyfus-Prozesses
zugleich die von der Reaktion bedrohte Republik zu verteidigen. Das neue
Kabinett des Blocks übernahm das Programm der Radikalen, dessen Kern der
schärfste Antiklerikalismus war. Sie führten die Auseinandersetzung über das
Verhältnis von Staat und Kirche, den „französischen Kulturkampf", zur Entscheidung. Das Vereinggesetz von 1901 beschränkte die Tätigkeit der geistlichen Orden und Kongregationen. Die Schulgesetze von 1903 und 1904
sicherten den ausschließlich weltlichen Unterricht. Dann wurde durch das
Gesetz vom 11. Dezember 1905 die Trennung von Staat und Kirche verkündet und unter dem Ministerpräsidenten Clemenceau (1906-1909) durch den
sozialistischen Unterrichtsminister Briand durchgeführt. Schon vorher waren
monarchistische und klerikale Einflüsse in der Armee zurückgedrängt worden.

Papst Leo XIII. erlebte noch den Kulturkampf, starb aber am 20. Juli
1903. Er hatte Frankreich und Rußland aus Haß gegen Deutschland zusam-
mengeführt, weil ihn Bismarck im Kampf um den weltlichen Kirchenstaat
keine Hilfe gegen Italien geleistet hatte. Nun hatte er seinen Lohn...

Auf Papst Leo XIII. folgte Papst Pius X. Sein bürgerlicher Name war
Guiseppe Sarto. Er wurde in Riese in der Provinz Treviso am 2. Juni 1835
geboren und ist in Rom am 20. August 1914 gestorben. Guiseppe Sarto war
1884 Bischof in Mantua, 1893 Patriarch von Venedig und Kardinal. Auch

nach seiner überraschenden Wahl auf den Papstthron, infolge des Ausschlusses des Kardinals Rampolla durch das österreichische Veto, blieb er als Pius X. der schlichte, tieffromme Landpfarrer. Zur Vorgeschichte: Der am 50. Januar 1889 erfolgte Freitod des Kronprinzen Rudolf und die Begleitumstände waren für das katholische Erzhaus Habsburg zu einem Skandal geworden. Kaiser Franz Joseph war über die Todesart seines Sohnes tief betroffen. Aber äußerst kritisch über den Mord und Selbstmord des Kronprinzen äußerte sich in Rom Kardinalstaatssekretär Rampolla, der die Politik Leos XIII. gegen die Mittelmächte konzipiert hatte. Auf Rampollas Betreiben blieben alle in Rom anwesendes Kardinäle den feierlichen Exequien für den Kronprinzen in Rom fern. 14 Jahre später, beim Konklave nach dem Tode Papst Leos XIII., sollte Rampolla den weitreichenden Arm des Kaisers von Österreich und Apostolischen Königs von Ungarn zu spüren bekommen und an seine Haltung beim Tod des Kronprinzen erinnert werden. Der politisch den Franzosen ebenso nahestehende Rampolla, der die Staatskanzlei Leos XIII. geleitet, hatte bereits beim zweiten Wahlgang 29 der notwendigen 42 Stimmen erhalten. Zu Beginn des dritten Wahlganges erhob sich Kardinal Jan Puzyna, Erzbischof von Krakau, wandte sich an den Kardinaldekan und verlaß folgende Adresse Franz Josephs I.: „Ich nehme es mir zur Ehre an, von Allerhöchster Stelle zu dieser Aufgabe berufen, Euer Eminenz als den Kardinaldekan und Camerlengo der Heiligen Römischen Kirche demütigst zu bitten, Sie möchte zu Ihrer Kenntnis nehmen und es in amtlicher Form mitteilen und erklären lassen im Namen und in der Autorität Seiner Apostolischen Majestät des Kaisers Franz Joseph von Österreich, Königs von Ungarn, daß Seine Majestät, sich eines alten Rechts und Privilegs bedienend, das Veto des Ausschlusses ausspricht gegen meinen hochwürdigsten Herrns den Kardinal Marianus Rampolla del Tindaro." Die Kardinäle im Konklave orientierten sich neu und wählten Guiseppe Kardinal Sarto, Patriarch von Venedig, als Pius X. zum Papst, der während seines Pontifikats engste Beziehungen zum Kaiserhaus unterhielt.

Pius X. steht außerhalb der Reihe der Päpste des 19. und 20. Jahrhunderts, die ihre gesamte Tätigkeit in den Rahmen der politischen Aufgabe spannten, der Kirche im öffentlichen Leben der Völker wieder Einfluß zu verschaffen. Pius X. sah alle Fragen, einfache wie schwierige, wissenschaftliche wie organisatorische, geistliche wie weltliche, nur religiös und innerkirchlich. So hat er die seit 1870 schwelende Auseinandersetzung mit der laizistischen Französischen Republik entschlossen und unter Opferung des zur leeren Form gewordenen Konkordats von 1801 zur offenen und gegensätzlichen Trennung von Kirche und Staat geführt (1904-1906) und durch diese Überordnung kirchlicher Grundsätze über politische Rücksichten die von

Leo XIII. mit großer Kunst gesponnenen und vom französischen Episkopat sorgfältig gehüteten Fäden eines dilatorischen Kompromisses zerrissen. Im kirchenpolitischen Bereich löste er sich vom politischen Katholizismus, den Leo XIII. gefördert hatte. In Frankreich wie in Deutschland schritt Pius X. gegen die christlich-demokratische Bewegung ein. Während diese beiden Entscheidungen ihn nicht überdauerten und unter Pius XI. durch eine nach den Gedanken Leos XIII. vollzogene Verständigung mit Frankreich und durch die Förderung der christlich-demokratischen Bewegung abgelöst wurden, bedeutet sein Pontifikat theologisch und organisatorisch einen säkularen Markstein für die Kirchengeschichte. Theologisch hat er die besonders von französischen Theologen getragenen Versuche, die definitorische und definitive Bedeutung der Dogmen und die scholastische Lösung der philosophischen Grundprobleme mit den neueren philosophischen, religionspsychologischen und geschichtskritischen Auffassungen auszugleichen, dadurch vereitelt, daß er von diesen eher tastenden Anschauungen den Modernismus als scharf umrissenes System ablöste und als Abweichung von der überlieferten Lehre verurteilte. Organisatorisch schuf Pius X. mit dem Codex Juris Canonizi die von den Fachleuten für undurchführbar gehaltene Kodifizierung des kirchlichen Rechts. Er verband damit einen der modernen Rechtsauffassung angeglichenen Neuaufbau der kirchlichen Verwaltung, besonders der römischen Kurie. Nimmt man seine unermüdliche Arbeit für die Erneuerung der Liturgie und der Kirchenmusik sowie für die sakramentale Verinnerlichung der Volksfrömmigkeit hinzu, schließlich die erfolgreiche Art, wie er gegen den zähen Widerstand der Kurie seine Pläne durchsetzte, beraten von seinem Kardinalstaatssekretät Merry del Val, kirchenrechtlich unterstützt von Kardinal Gasparri, so darf er als der bedeutendste Papst seit Sixtus V. bezeichnet werden, auf den die Malachias-Weissagung zutrifft: „Ignis ardens - brennendes Feuer".

Zunächst waren die Beziehungen Badenis, der seit 1895 Ministerpräsident war, zu den Deutschliberalen gut gewesen, weil Badeni dem Kaiser vorgeschlagen hatte Lueger als Bürgermeister von Wien abzulehnen und weil er die Deutschliberalen und Jung-Tschechen zur Unterstützung für sein Kabinett gewinnen wollte. Die Gewinnung der Jung-Tschechen hatte aber die Aufhebung des Ausnahmezustandes über Böhmen und Mähren zur Voraussetzung gehabt. Badeni mußte aber auch den Deutschen entgegenkommen. Damit stand aber auch er vor der Aufgabe, die Versöhnung zwischen Deutschen und Tschechen, die auch Taaffe nicht gelungen war, zu versuchen. Da aber die Christlichsozialen Luegers inzwischen sehr stark geworden waren, mußte Badeni im April 1896, zur Enttäuschung der Deutschliberalen, mit Vizebürgermeister Lueger eine Abmachung über das Bürgermeisteramt von

Wien treffen. Danach konnte Badeni die Deutschliberalen im Mai 1896 dafür gewinnen, daß sie der von ihm geplanten Wahlrechtsreform, die durch Franz Joseph am 14. Juni 1896 genehmigt wurde, zustimmten.

Auf Grund des nunmehr neuen Wahlrechts, demzufolge zu den bestehenden vier Kurien eine fünfte gekommen war, fanden im März 1897 Neuwahlen statt. Aber die Einführung der fünften Kurie bewirkte, daß alle deutschen Parteien zusammen auf nur 202 von 425 Sitzen kamen und damit im Reichstag in die Minderheit und die deutsche Linke in eine verzweifelte Lage geriet. Ministerpräsident Badeni verhandelte nach der Wahl mit den Deutschen und Tschechen, um eine Versöhnung der beiden Volksgruppen in Böhmen und Mähren herbeizuführen, um damit beide Gruppen für die Mitarbeit im Reichsrat gewinnen zu können, damit dieser arbeitsfähig bleibe. Badeni hatte vor, den Tschechen in Böhmen und Mähren zuzubilligen, daß sie ihre Anliegen bei Verwaltungsbehörden und Gerichten auch in ihrer Sprache einbringen könnten. Dazu wollte Badeni zwei Verordnungen erlassen: Die erste sollte dieses Sprachrecht der Tschechen gewährleisten, während die zweite die schon von Taaffe 1890 ins Auge gefaßte Teilung der beiden Länder Böhmen und Mähren in zwei nationale Hälften, und zwar in Bezirke entlang der Sprachgrenzen, vorsah. In Bezug auf das Recht der Tschechen ihre Anliegen bei den vorgenannten Behörden in tschechischer Sprache einbringen zu können, sollte 1.) die Festlegung der doppelsprachigen Amtsführung in ganz Böhmen und Mähren (außer Schlesien), aber einschließlich der deutschsprachigen Gebiete erfolgen. 2.) sollten alle Staatsbeamten (Deutsche und Tschechen) in diesen Ländern binnen dreier Jahre beide Landessprachen erlernen.

Während aber die Sprachenfrage durch eine Verordnung der Wiener Regierung erfolgen hätte können, wäre zur Teilung der beiden Länder in tschechische und deutsche Teile die Zustimmung des böhmischen Landtages, in dem die Abgeordneten beider Volksgruppen saßen, erforderlich gewesen. Allein schon dieses Vorhaben Badenis löste bei Deutschen und Tschechen Empörung aus, denn keine der beiden Seiten wollte sich dazu zwingen lassen, die Sprache der Anderen erlernen zu müssen, um ihre Ämter und Posten behalten oder solche erhalten zu können. Die Deutschen wollten über die Sprachverordnung erst dann in Verhandlungen eintreten, bis der Landtag in Prag der vorgeschlagenen Teilung der Länder nach der Sprachgrenze zugestimmt haben würde. Da sich aber im Reichsrat keine der deutschen Parteien bereit erklärte, Badenis Vorhaben zu unterstützen, sah er sich veranlaßt, seinen Rücktritt zu beantragen. Franz Joseph akzeptierte diesen aber nicht und Badeni mußte, trotz seines Scheiterns im Parlament, im Amt bleiben.

Im Reichsrat, wo jetzt die deutschen Parteien Cisleithaniens in der Minderheit waren, waren durch die Wahlen vor allem die Deutschliberalen

geschwächt worden. Die großen Wahlerfolge der Sozialisten, der Christlichsozialen, der Jung-Tschechen und der Deutschen Volkspartei hatten die Märzwahlen für die Deutschliberalen zu einem Fiasko werden lassen, die bisher
Badenis Stütze gewesen waren. Doch als Badeni am 5. April die Sprachverordnungen trotzdem erließ, kam es in den Städten und Dörfern Böhmens und
Mährens wieder, wie zu Taaffes Zeiten, zu schweren Tumulten und Ausschreitungen gegen die Deutschen. Badeni mußte das Kriegsrecht verhängen und
diese Ausschreitungen durch Polizei und Armee niederschlagen lassen. Badeni
ordnete an, daß alle Beamten bei den Verwaltungs- und Gerichtsbehörden in
allen habsburgischen Kronländern bis 1901 beide Sprachen jener Länder, in
denen sie tätig waren, zu erlernen hatten. Das bedeutet auch für die Deutschen
in Böhmen und Mähren (Sudetendeutsche), daß sie sich der tschechischen
Herrschaft unterzuordnen hatten. Die Deutschen faßten dies in allen Kronländern als existenzielle Bedrohung auf und die Behördenleiter antworteten
Badeni mit Notverordnungen, die aber an der Sprachverordnung nichts
ändern konnten. Sie blieben wirkungslos, weil Badeni erreichte, daß sich die
Christlichsozialen im Reichstag, bei der Abstimmung über die Sprachverordnungen der Stimme enthielten. Badeni beantragte als Dank hiefür beim Kaiser, daß dieser Lueger als Bürgermeister von Wien bestätige, was Franz Joseph
am 8. April 1897 tat. Der bisherige Bürgermeister Strobach (der Lueger nur
vertrat), trat zurück. Dazu kam, daß Lueger nach der Wahl am 31. März vom
Gemeinderat zum viertenmal mit großer Mehrheit gewählt worden war. Doktor Luegers engste Mitarbeiter waren Doktor Geßmann, Doktor Scheicher,
Doktor Pattei und Leopold Kunschak. Hatten die Tschechen in den vergangenen Jahren, während der Koalitionsregierung des Fürsten Alfred Windischgrätz durch Dauerreden und Störungen die Arbeit des Reichsrats gelähmt, so
taten dies nun die Deutschen, vor allem die deutsch-böhmischen Liberalen
und Alldeutschen Schönerers. Als aber die Abgeordneten von der Drangsalie-
rung der Deutschen in Böhmen und Mähren erfuhren, beteiligten sich immer
mehr an der Obstruktion. Da im Reichstag nichts mehr ging, unterbrach
Badeni die Sitzungsperiode und schickte die Abgeordneten über den Sommer
nach Hause. Wenn aber Badeni gehofft hatte, daß sich bis zur Herbstsession
die Gemüter beruhigt haben würden, so hatte er sich getäuscht. Es war
während der Sommerpause alles nur noch schlimmer geworden. Als der
Reichstag wieder zusammentrat, hatten sich die Fronten noch mehr verhärtet.
Versuche der Parlamentsmehrheit am 25. November mit einem Spezialgesetz
(der Lex Falkenhayn) die Obstruktion zu unterbinden, führten im Parlament
zu wüsten Szenen, denn auch die Sozialisten beteiligten sich jetzt an der
Obstruktion, um dieses Gesetz zu verhindern. Als Badeni hierauf durch die
Polizei Abgeordnete aus dem Parlament entfernen ließ, brach in den Straßen

Wiens und anderer Städte der Aufruhr aus und als dazu noch bekannt wurde, daß in Graz bosnische Truppen auf die Demonstranten geschossen hatten, schien ganz Cisleithanien am Rand eines Bürgerkrieges zu stehen. Selbst Bürgermeister Lueger, ein Verbündeter Badenis, erklärte, daß er nicht mehr für die Sicherheit auf Wiens Straßen garantieren könne. Sogar die Deutschkonservativen schlossen sich jetzt dem Widerstand gegen Badeni an, um das politische Überleben der deutschen Parteien zu gewährleisten.

Aber auch jenseits der Grenze, in Deutscnland, verfolgte man die Vorgänge in der österreichiscnen Reichshälfte mit Sorge, und Kaiser Wilhelm II. ließ es Franz Joseph mitteilen, daß er den Untergang der Deutschen in Cisleithanien nicht akzeptieren würde. Jetzt endlich griff Franz Joseph, der den Tschechen nicht im Wort geblieben war, ein und nahm den Rücktritt Badenis am 29. November an.

Im allgemeinen Chaos gab es nur mehr eine einzige Autorität, den Kaiser, der aus all diesen Wirren eher gestärkt hervorging.

Zu Beginn der Wirren, am 24. April, hatte Franz Joseph in Begleitung Graf Goluchowskis, seines Außenministers, Zar Nikolaus II. in St. Petersburg besucht. In einen mündlichen Abmachung waren beide Monarchen übereingekommen, für die Aufrechterhaltung des status quo am Balkan zu sorgen und in einer gemeinsamen Note teilten sie dies den Regierungen der Balkanstaaten mit. Damit hatte sich auch der österreichisch-russische Gegensatz vorläufig beruhigt.

Erzherzog Franz Ferdinand, bemerkte zu dieser Reise Franz Josephs sarkastisch: „Goluchowski mit seiner groß-polnischen Politik, seiner Anbetung Englands und seiner Maulmacherei ist jetzt der blamierte Europäer!" Dann stellte er sich den Ärzten zur Untersuchung und freute sich über deren Eröffnung, daß er wieder gesund sei.

Der Erzherzog rückte hierauf wieder zu seiner Truppe ein und befehligte als Oberstleutnant in Budweis eine Infanteriebrigade. Sein Generalstabsoffizier und persönlicher Berater war Baron Margutti. Als Franz Ferdinand zum Oberst befördert wurde, erfolgte seine Versetzung zu den Husaren nach Ödenburg. In Ödenburg wurde seine Abneigung gegen alles Ungarische verstärkt, denn die ungarischen Offiziere zeigten dem Haus Habsburg gegenüber nicht den geringsten Respekt. Wenn er einen von ihnen in deutscher Sprache anredete, antworteten sie alle nur in ungarischer Sprache, obwohl die Kommandosprache in der kaiserlichen Armee, zu der auch die Husarenregimenter gehörten, deutsch war. Aber die ungarischen Offiziere provozierten den Habsburger bewußt und machten sich so diesen zum Feind. Aber ganz Ungarn sollte noch vom Thronfolger zu spüren bekommen, was die ungarischen Offiziere in Ödenburg heraufbeschworen hatten.

In Wien folgte auf das Kabinett Badenis Ende November das Kabinett I des Freiherrn von Gautsch und schon am 7. März 1898 das Kabinett des Grafen Franz Anton Thun und Hohenstein, der seit 1881 Mitglied des österreichischen Herrenhauses war. Als Statthalter von Böhmen (1889-96) hatte er die Verhandlungen über den böhmischen Ausgleich unterstützt und zwischen Tschechen und Deutschen vermittelt, doch der Versuch scheiterte am Einspruch der Ungarn. Graf Thun war nun Ministerpräsident und Innenminister Cisleithaniens. Franz Anton Thun und Hohenstein, der in Teschen 1847 geboren worden war, gehörte dem böhmischen Adel an. Noch im März 1898 bildete Graf Thun ein Kabinett, das sich aus Mitgliedern der „Rechten", also aus Deutschkonservativen, Tschechen und Polen zusammensetzte. Da sich Thun weigerte, die umstrittene Sprachverordnung Badenis aufzuheben, lebte die Obstruktion der Deutschen im Parlament wieder auf. Da sich die katholische Geistlichkeit vielfach den Bestrebungen der Slawen anschloß, erhob sich gegen den politischen Katholizismus die „Los-von-Rom-Bewegung", deren eifrigste Vorkämpfer Anhänger Schönerers waren. Durch die abermalige Lahmlegung des Reichstags konnte auch die seit 1897 fällige Verhandlung mit den Ungarn über den Ausgleich nicht erfolgen, die sich zusätzlich weigerten,einer Erhöhung der Quote über die gemeinsamen Angelegenheiten zuzustimmem.

Ministerpräsident Graf Thun regierte hierauf mit Notverordnungen, wie ihm dies § 14 der Verfassung ermöglichte, bis er im September 1899 von den deutschen Parteien zum Rücktritt gezwungen wurde. Vergeblich war Kardinal Franz von Schönborn (aus der Prager Linie des Geschlechtes) für Thuns slavischen Kurs eingetreten und hatte vehement die christlichsoziale Partei Luegers wegen dessen antisemitischen Kurs attackiert. Aber damit hatte Schönborn den Katholisch-Konservativen keinen guten Dienst erwiesen, denn sie wurden als die „Ultramontanen" (die über die Berge nach Rom Schauenden) noch härter angegriffen.

Erst Ministerpräsident Graf Manfred Clary-Aldringem, der bisher Statthalter in der Steiermark gewesen war und am 23. September sein Amt als Regierungschef angetreten hatte, hob die Sprachenverordnung Badenis wieder auf. Seine Frau, eine geborene Aldringen, war die Schwester des in Luxemburg geborenen kaiserlichen Generals Johann Aldringen, der bei der Verteidigung von Landshut gegen die Schweden gefallen war. Graf Clary-Aldringen erreichte mit der Aufhebung der Sprachenverordnung die Verständigung zwischen seiner Regierung und den deutschen Parteien. Aber die hierauf ausbrechende Erregung der Tschechen führte wieder zu blutigen Unruhen in den böhmischen Städten und zur Obstruktion der tschechischen Abgeordneten im Reichsrat, der damit wieder arbeitsunfähig wurde.

1902 erst konnte - nach 4 Jahren - der Staatshaushalt in parlamentarisch ordnungsgemäßer Weise erledigt werden. Die Erneuerung des Ausgleichs mit Ungarn erfolgte ebenfalls erst 1902 zunächst nur durch ein vorläufiges Abkommen über den Fortbestand des gemeinsamen Wirtschaftsgebietes, das 1903 trotz der tschechischen Obstruktion vom österreichischen Abgeordnetenhaus angenommen wurde. Der ungarische Reichstag verschleppte aber nicht nur den endgültigen Abschluß des Ausgleichs, sondern verhinderte, da der Kaiser die Forderung nach einer madjarischen Kommandosprache bei den ungarischen Regimentern abgelehnt hatte, die Bewilligung der Wehrvorlage. Dieser Kampf zog sich bis 1912 hin.

Graf Julius (Gyula) Andrassy der Jüngere, der Sohn des ehemaligen Außenministers, war 1892 Staatssekretär im Ministerium des Inneren, 1894/95 Minister am königlichen Hoflager gewesen und gehörte inzwischen zu den Führungspersönlichkeiten der Opposition und forderte 1897 die Führungsrolle Ungarns in der Doppelmonarchie, weil Ungarn, nach seinen Worten, einen einheitlichen Staat mit großer historischer Vergangenheit darstelle, während Cisleithanien ein Nationalitäten- und Provinzmosaik sei. Andrassy übersah dabei aber gefließentlich, daß auch in Ungarn mehr als die Hälfte der Bevölkerung nicht der ungarischen Nationalität angehörte und von den Madjaren radikal unterdrückt wurde, wie die Slowaken, Kroaten, Rumänen in Siebenbürgen und die Deutschen. Die Forderung des jüngeren Andrassy nach der Führungsrolle in der Monarchie war daher eine Anmaßung, denn er wußte wohl, daß Ungarn nicht dicht bevölkert, ärmer war und sich nur mit seinen slowakischen deutschen Bergstädten industriell mit den Erbländern und Böhmen messen konnte. Obwohl Ungarn seit dem Ausgleich nie mehr als ein Drittel der gemeinsamen Auslagen bestritten hatte, war es seinem Vater, Andrassy dem Älteren, gelungen, über die Krone in Österreich mitzuregieren, wie wir 1870 beim französich-preußischen Krieg und beim Wortbruch Franz Josephs den Tschechen gegenüber gesehen haben. Hatte sich der Kaiser 1870 selber die Möglichkeit verbaut, wieder im Deutschen Bund eine führende Rolle zu spielen, so hatte er sich mit der offensichtlichen Benachteiligung der Tschechen alle eben geschilderten Probleme aufgehalst. In Cisleithanien wurde es beinahe unmöglich, ohne die Zustimmung der Ungarn noch etwas zu bewegen. Umgekehrt verbaten sie sich jede Einmischung in die Auseinandersetzungen, die die Ungarn mit ihren eigenen Nationalitäten hatten, die sie rücksichtslos madjarisierten. Ihr „Apostolischer König", Franz Joseph, war auf ihrer Seite und nur auf den Machterhalt der Dynastie bedacht, wie ein Vorkommnis von 1892 beweist: Franz Joseph weigerte sich, eine Deputation cisleithanischer Rumänen zu empfangen, die sich wegen der Madjarisierung ihrer Landsleute in Siebenbürgen an ihn um Abhilfe wenden wollten. Sich in ungarischen Angelegenheiten an den Kaiser von Österreich wenden zu wollen, verbot er, weil dies die Verantwortung des ungarischen Königs berührte, der er ja auch war. Franz Joseph mischte sich aber auch als Apostolischer König von Ungarn nie in die ungarischen Angelegenheiten ein, wenn es sich „nur um nationale Minderheiten handelte". Damit opferte Franz Joseph in Ungarn das Schicksal der Nationalitäten ebenso den Interessen der Dynastie wie in Cisleithanien die Rechte der Tschechen, die sich zurecht zurückgesetzt fühlten. Kroatien wurde nach wie vor von Ban Khuen-Hederváry niedergehalten und die Deutschen, Slowaken und Rumänen waren im ungarischen Reichstag überhaupt nicht vertreten, die gab es von rechtswegem und politisch gar nicht. Dazu kam, daß der gemeinsame Außenminister der Monarchie, Benjamin Kálley, ein Ungar, praktisch Bosnien beherrschte und diesem Land seine ungarische Politik aufzwang. Wenn auch die Chauvinisten Ungarns unter sich uneinig waren, nach außenhin, Österreich gegenüber, bildeten sie fast immer eine geschlossene Front.

Persönlich trafen Kaiser Franz Joseph schwere Schicksalsschläge: 1889 wählte, wie wir schon wissen, Franz Josephs einziger Sohn, Kronprinz Rudolf den Freitod und nun, es war am 10. September 1899, wurde seine Gemahlin Elisabeth, Kaiserin von Österreich und Königin von Ungarn, vom italienischen Anarchisten Luigi Luccheni mit einer Feile, die in das Herz Elisabeths drang, am Steg der Dampferanlegestelle in Genf im 61. Lebensjahr erstochen. Den 68jährigen, persönlich integeren Monarchen, der sich vor allem für die Dynastie Habsburg-Lothringen verantwortlich fühlte, blieb, wie er selbst schmerzgebeugt sagte, nichts erspart. Das Franz Joseph sein Reich nach dem Tod seines Sohnes nicht mehr in gerader Linie weitervererben konnte, ließ ihn vom geachteten europäischen Staatsmann zum obersten Verwaltungsbeamten der Monarchie werden.

Die Ermordung der Kaiserin und die Überführung und die Zeremonien des Begräbnisses warfen düstere Schatten über die im Jahr 1898 erfolgten Jubiläumsfeierlichkeitem anläßlich des 50. Regierungsjahres Franz Josephs.

Mit dem Tod „ihrer Königin" verloren aber auch die Ungarn eine warmherzige Fürsprecherin am Wiener Hof. Dennoch gelang es dem ungarischen Ministerpräsidenten Baron Dezsö Banffy der von 1895 bis 1899 regierte im Verlauf der Badenikrise dem Wiener Hof Zugeständnisse abzuringen, obgleich er mit dem österreichischen Finanzminister, dem Tschechen Joseph Kaizl die „Ischler Klausel", den praktisch unbegrenzten Fortbestand der Zollunion der beiden Reichshälften, ratifizierte, die wohl verschiedene Probleme des Ausgleichs entschärft hätte. Diese Zollunion sollte nur von einem der beiden Parlamente der Doppelmonarchie aufgekündigt werden können und einer solchen Aufkündigung hätte der Kaiser zustimmen müssen; damit wäre die geschäftsmäßige Funktion der Zollunion gewährleistet worden. Da dies, was Bánffy in Ischl unterfertigt hatte, die Empörung der chauvinistischen Kreise im ungarischen Parlament hervorrief, mußte Bánffy demissionieren. Kálmán Szélls, der Bánffy folgte, der von 1899 bis 1903 im Amt war, verweigerte die Anerkennung des Ischler Übereinkommens und nützte den Widerstand der chauvinistischen Kreise, denen er angehörte, dazu, die 1897 wieder fälligen Ausgleichsverhandlungen (alle zehn Jahre) bis 1902 zu verschleppen. Jetzt erinnerte man sich am Wiener Hof wieder an das geflügelte Wort des früheren Außenministers Kálnoky, der, empört über das Verhalten der ungarischen Parteiführer gesagt hatte, „diese Bande muß beaufsichtigt werden."

In Wien führte, da das Kabinett Clary-Aldringen im Dezember 1899 demissioniert hatte, seit 18. Januar 1900 Ernest von Koerber die Regierung. Koerber hatte, wegen der Arbeitsunfähigkeit des Reichsrats infolge der Obstruktion der tschechischen Abgeordneten, das Abgeordnetenhaus aufgelöst und regierte, gemäß § 14 des Staatsgrundgesetzes, mit Notverordnungen. Er hatte zwar den Gegensatz zwischen Deutschen und Tschechen auch nicht lösen können, aber durch den Eisenbahn- und Kanalbau, großen Wirtschaftsprojekten, den Nationalkonflikt etwas in den Hintergrund drängen können.

Am 28. Juni 1900 erfolgte die Verzichtserklärung des Erherzog-Thronfolgers Franz Ferdinand für die aus seiner „morganatischen" Ehe mit Gräfin Sophie Chotek zu erwartenden Kinder auf die Thronfolge und auf alle Rechte des kaiserlichen Hauses, weil diese nicht den „Hausgesetzen der Dynastie" entsprach.

1901 kam es zum Verteidigungsbündnis zwischen Österreich-Ungarn und dem Königreich Rumänien, das wegen der auf den Balkan übergreifenden Politik Rußlands in Sorge war und am 28. Juni 1902 zur dritten Erneuerung des Dreibundes zwischen der Monarchie, Deutschland und Italien, der aber mit 1. November 1902 praktisch seine Bedeutung verlor, weil Italien wegen seiner Aspirationen auf die türkischen Gebiete von Tripolis und der Cyrenaika mit Frankreich einem Geheimvertrag schloß, demzufolge Italien versprach im Falle eines deutsch-französischen Krieges neutral zu bleiben. Bald darauf begann im Trentino und in Istrien eine österreichfeindliche „Irredenta", die sich den Anschluß dieser Gebiete an Italien zum Ziel setzte, ihre von Rom geduldete Tätigkeit. Den Papst brauchte ja nun der König von Italien nicht mehr zu fürchten.

Innenpolitisch brachte es Ministerpräsident Koerber aber erst am 31. Dezember 1902 zuwege, ein Abkommen zwischen der cisleithanischen Reichshälfte und Ungarm über den Fortbestand des gemeinsamen und einheitlichen Wirtschaftsgebietes der Doppelmonarchie abzuschließen. In

Ungarn regierte von 1892 bis 1895 Alexander Wekerle mit seinem Kabinett I. Wekerle war wegen seiner Fähigkeit Kompromißlösungen auch in schwierigen Situationen zu finden, geachtet. Als er aber 1895 die Einführung der obligaten Zivilehe per Gesetz ermöglichte und die Mischehen zwischen Katholiken, Protestanten und Juden, gesetzlich toleriert wurden, und das gegen den geharnischten Widerstand der von den Religionsgemeinschaften gesteuerten konservativen Parteien, denen seine Liberalen wieder vorwarfen, die Gewissensfreiheit zu unterdrücken, geriet Wekerle in Bedrängnis und demissionierte. Wekerle folgte Baron Deszö Bánffy von 1895 bis 1899 als Ministerpräsident. Bánffy setzte die antiklerikale Politik Wekerles fort und betrieb in Siebenbürgen eine rücksichtslose Madjarisierung. Als er aber seine Einwilligung dazu gab, den zehnjährigen Ausgleich mit Cisleithanien im Parlament bestätigen zu lassen, verlor er das Vertrauen der das Parlament beherrschenden Liberalen und mußte zurücktreten.

Auf Banffy folgte von 1899 bis 1903 Kálman von Szell. Aber auch sein Kabinett geriet, wie früher das Kabinett Tiszas, über den Versuch das Wehrgesetz durchzusetzen und den heftigen Widerstand der Abgeordneten gegen die deutsche Kommandosprache bei den ungarischen Armeekontingenten in Schwierigkeiten, sodaß Graf Khuen-Héderváry für 1903 ebenfalls ein Übergangskabinett bilden mußte. Die ungarische Unabhängigkeitspartei unter der Führung von Julius (Gyula) von Kossuth des Jüngeren (Sohn des Revolutionärs von 1848) und des Grafen Albert Georg Apponyi, der 1899 von der gemäßigten nationalen Oppositionspartei (seit 1891 Nationalpartei) deren Führer er seit 1878 war, zur liberalen Regierungspartei übergetreten und mit Kossuth dem Jüngeren (zu dem er 1904 übertritt) sympathisierte, verlangten unter anderem eine eigene ungarische Armee sowie die finanzielle und wirtschaftliche Trennung von der österreichischen Reichshälfte. Nur dem hartnäckigen Festhalten des Kaisers an der Erhaltung der gemeinsamen Armee (Armeebefehl von Chlopi vom 16. September 1903: „Gemeinsam und einheitlich, wie sie ist, so soll mein Heer bleiben"), sowie dem diplomatischem Geschick von Koerber war es zu danken, daß beide Hauptforderungen der ungarischen Nationalisten unerfüllt blieben. Dennoch litt die Monarchie schweren Schaden, weil die Ungarn die Erledigung der Wehrvorlagen (insbesonders die Erhöhung des jährlichen Rekrutenkontingents auf 125.000 Mann) und die Beiträge zur waffenmäßigen Modernisierung der Armee bis 1912 verschleppten und auch dem Ausgleich vom 31. Dezember 1902 die Zustimmung im Budapester Reichstag vorerst versagten. Weiteren Schaden erlitt die Monarchie durch die andauernde kaltschnäutzige Madjarisierungspolitik gegenüber der starken rumänischen Minderheit in Siebenbürgem, durch die das Verteidigungsbündnis der Monarchie mit Rumänien ausgehöhlt wurde. Da in Ungarn, zum Gegensatz von Cisleithanien, kein allgemeines Wahlrecht bestand, waren die Minderheiten (außer den siebenbürger Sachsen) so gut wie gar nicht im ungarischen Reichsrat vertreten und die chauvinistische Phalanx der Madjaren dachte gar nicht daran, dies zu ändern. Und der Kaiser? - Er nahm es hin, er war 1902 schon 72 Jahre alt…

Als am 11. Juni 1903 der österreichfreundliche Serbenkönig Alexander Obrenowitsch und seine Gattin Draga in Belgrad, wegen dieser Politik, ermordet wurden, änderte sich für die Monarchie die Lage am Balkan.

Peter I. aus dem Hause Karageorgewitsch brach mit dem österreichfreundlichen Kurs seiner Vorgänger und betrieb in der Folgezeit mit russischer, französischer und englischer Rückendeckung eine aggressive Politik gegen die Monarchie. Serbien machte sich zum Vorkämpfer für die (spätere) Errichtung eines südslavischen Staates mit Einschluß der von den Südslaven bewohnten österreichisch-ungarischen Gebiete. Maßgebender Leiter dieser Politik wurde Pašić, von dem der Ausspruch stammt: „Der Balkan den Balkanvölkern!"

Im Mürzsteger Reformplan, der anläßlich der Zusammenkunft Kaiser Franz Josephs mit Zar Nikolaus II., der vom 30. September bis 3. Oktober als Gast Franz Josephs in Mürzsteg in der Steiermark weilte, wurde zwischen den beiden Monarchen vereinbart, die Türkei zur Durchführung bestimmter Reformen in Mazedonien, wo seit 1895 fast ununterbrochen erbitterte Kämpfe der griechisch-orthodoxen aber gemischten Bevölkerung untereinander und gegen die türkische Herrschaft tobten, zu veranlassen. 1902 war es zu einem von Bulgarien unterstützten Aufstand gekommen, der Österreich-Ungarn und Rußland auf den Plan gerufen hatte. Diese richteten am 1. Februar 1903 Reformvorschläge an die Türkei, aber diese wurden vom Sultan Abd ul-Hamid abgelehnt. Der Mürzsteger Plan sah, neben einem Finanzprogramm, vor, daß ausländische Offiziere an die Spitze der im Mazedonien stationierten Gendarmerie gestellt werden und daß österreichische und russische Beamte die Durchführung der verlangten Reformen überwachen sollten.

Indessen erreichte die russische Eroberungspolitik in Ostasien einen Höhepunkt und stieß auf den Widerstand des ebenfalls imperialistischen Kaiserreiches Japan. Nachdem sich Kaiser Mutsuhito (Meiji Tenno) 1902 durch das Bündnis mit England die diplomatische Rückendeckung gesichert hatte, begann er im Februar 1904 den Krieg gegen Zar Nikolaus II., mit dem er seit Oktober 1903 wegen der Mandschurei ergebnislos verhandelte, mit dem Überfall japanischer Kriegsschiffe auf die im Hafen von Port Arthur liegende russische Ostasienflotte in der Nacht vom 8. auf den 9. Februar 1904. Port Arthur wurde hierauf von den Japanern vom 30. Mai 1904 bis 2. Januar

1905 belagert. Die entscheidenden Siege erkämpften die Japaner in der großen Schlacht bei Mukden, die vom 24. Februar bis 10. März 1905 tobte und in der Seeschlacht bei Tsushima am 28. und 29. Mai 1905. Der Friedensschluß erfolgte am 5. September 1905 durch die Vermittlungen des Präsidenten der U. S. A. Theodor Roosevelt in Portsmouth in den Vereinigten Staaten. Rußland mußte nach diesen Niederlagen seine Pachtrechte auf das Kwantung-Gebiet mit der südmandschurischen Bahnzone und die Südhälfte der Insel Sachalin an Japan abtreten und Korea wurde gleichzeitig Japan als Protektorat unterstellt. Nikolaus II. und Mutsuhito einigten sich auch über die Aufteilung der Mandschurei in eine nördliche (russische) und eine südliche (japanische) Interessensphäre. So wurde Japan, das sich 1900 an der Niederwerfung des Boxeraufstandes in China beteiligt hatte, noch vor dem 1. Weltkrieg zur Großmacht und zur anerkannten Vormacht in Ostasien.

Nach der Niederlage gegen Japan brach noch 1905 in Rußland eine gegen das zaristische System gerichtete Revolution aus, die Nikolaus II. nur mehr mit Mühe niederschlagen lassen konnte. Der Zar mußte aber die Einführung einer Volksvertretung, der „Duma" zulassen, die jedoch aus Wahlen der gehobeneren Bevölkerungsschichten hervorging. Obwohl der verlorene Krieg und die Revolution das Zarenreich schwächten, wandte sich der Zar wieder seiner panslawistischen Balkanpolitik zu. Es scheint, daß sich Nikolaus II. in Mürzsteg lediglich Rückenfreiheit für seinen Krieg in Ostasien verschaffen wollte.

Im Abkommen vom 8. April 1904 hatten sich Frankreich und England geeinigt, daß England in Ägypten freie Hand habe und England Frankreich in Marokko Handlungsfreiheit einräume. Diesem Vertrag, der „Entente cordiale" (herzliches Einvernehmen) folgte auch eine Verbesserung der englisch-russischen Beziehungen, die durch den russisch-japanischen Krieg belastet gewesen waren und führten schließlich zu einem Abkommen über die gegenseitige Abgrenzung der Interessensphären in Ostasien. Infolge der engen Verbindung Frankreichs mit England und der englisch-russischen Annäherung kam es zur Gründung der „Triple-Entente" (Dreiverband), die dem „Dreibund" entgegentrat und in den Jahren bis 1914 auch andere Staaten in ihr Bündnissystem einbezog, vor allem Serbien und Italien. Die Gründe für den engen Zusammenschluß Englands, Frankreichs und Rußlands gegen Österreich-Ungarn und Deutschland lagen vor allem in den englisch-deutschen Flotten- und Handelsrivalitäten, in der französischen Revanchepolitik für 1870/71 und den seit Jahrzehnten bestehenden österreichisch-russischen Gegensätzen in den Balkanfragen, vor allem aber der Unterstützung Rußlands für den neuen Serbenkönig und dessen feindseliger Politik gegen die

Monarchie. Es begann ein Wettrüsten der beiden Machtblöcke, bei dem Österreich-Ungarn durch die Verhinderung der Wehrvorlagen durch die Ungarn waffentechnisch stark ins Hintertreffen geriet.

Im Dezember 1904 war die erste Regierung Ernest von Koerbers zurückgetreten und am 2. Januar 1905 hatte Freiherr Paul von Gautsch sein zweites Kabinett gebildet. In diesen Jahren kam es zur ersten Marokkokrise. Kaiser Wilhelm II. war am 31. März 1905 überraschend in Tanger erschienen und dokumentierte damit, daß Deutschland nicht bereit sei, die französich-englische Aufteilung der Interessensphären in Afrika widerspruchslos hinzunehmen, was Europa schon in diesem Jahr an den Rand eines Krieges brachte.

Im November 1905 kam es aber zu einer anderen Flottendemonstration der Großmächte (ohne Deutschland) aber unter der Führung Österreich-Ungarns gegen die Türkei, um die Annahme des von Österreich-Ungarn und Rußland in Mürzsteg vereinbarten Finanzprogramms für Mazedonien durchzusetzen. Die türkischen Inseln Mytilene und Lemnos wurden von Truppen der Großmächte besetzt, worauf am 14. Dezember 1905 Sultan Abd ul-Hamid II. das Programm annahm.

Am 30. April 1906 trat das Kabinett Gautsch II. zurück und auf die interimistische Regierung des Prinzen Konrad Hohenlohe-Schillingfürst folgte am 3. Juni das Kabinett Max Freiherr von Beck, eines fähigen Politikers, der sich für die Einführung des allgemeinen Wahlrechts einsetzte. Beck bildete eine Koalitionsregierung aus Deutschen, Tschechen und Polen und hoffte damit die nationalen Gegensätze doch noch überwinden zu können. Im Oktober 1906 wurde Freiherr Lexa von Aehrenthal gemeinsamer Außenminister der beiden Reichshälften. Aehrenthal war, in Böhmen geboren, von 1885 bis 1889 Botschafter der Monarchie in Bukarest und von 1889 bis 1906 Botschafter in St. Petersburg gewesen. Aehrenthal war wie der Freiherr Franz Conrad von Hötzendorf, der am 18. November 1906 Chef des k. u. k. Generalstabs wurde, ein Vertrauensmann des im Schloß Belvedere residierenden Erzherzog-Thronfolgers Franz Ferdinand. Ministerpräsident Beck gelang es, die Parteien im Parlament für die Einführung des allgemeinen Wahlrechts zu gewinnen, worauf am 1. Dezember 1906 das Gesetz über das allgemeine Wahlrecht beschlossen und am 26. Januar 1907 von Franz Joseph genehmigt wurde. Hierauf erfolgten vom 14. bis 25. Mai 1907 die „Ersten allgemeinen Wahlen", von denen jedoch die Frauen ausgeschlossen waren. Von den 516 zu vergebenden Sitzen (Mandaten) für das Abgeordnetenhaus entfielen 98 auf die Deutsche Christlichsoziale Luegerpartei und Altklerikale, 79 auf den Verband der Deutschnationalen, Deutschfortschrittlichen und Deutschradikalen, 87 auf die Sozialdemokraten aller Nationalitäten, 82 auf die Tschechen, 71 auf die Polen, 37 auf die Südslawen, 30 auf die Ruthenen, 18 auf die Italiener und 14 auf Sonstige. Von den 516 Abgeordneten waren der Nationalität nach 233 Deutsche, 107 Tschechen, 82 Polen, 33 Ruthenen, 24 Slowenen, 19 Italiener, 13 Kroaten und 5 Rumänen. Präsident des am 8. Juni 1907 eröffneten ersten Volksparlaments wurde Dr. Weißkirchner von der Christlichsozialen Partei. Am 8. Oktober darauf gelang es Ministerpräsident Beck, das seit Jahren umkämpfte Übereinkommen über den wieder fälligen Ausgleich, das heißt die gemeinsamen Auslagen mit dem ungarischen Ministerpräsidenten Wekerle zustande zu bringen, der, wie wir noch sehen werden, sich zum Einlenken genötigt sah. Damit übernahm die ungarische Reichshälfte mit 1. Januar 1908 36,4% der gemeinsamen Auslagen, dafür mußte aber das seit 1867 bestehende Zoll- und Handelsbündnis (Zollunion) zwischen den beiden Reichshälften über Drängen der Magyaren durch einen bloßen Handelsvertrag und zwei besondere, allerdings inhaltlich vollkommen gleichlautende Zolltarife ersetzt werden.

In Ungarn hatte indessen der von Franz Joseph 1905 ernannte Ministerpräsident Graf Istvan (Stephan) Tisza, Sohn des Kálmán (Koloman) Tisza, der bis 1905 im Amt blieb im Budapester Parlament eine Rede gehalten. In dieser bezeichnete Tisza den Versuch des österreichischen Ministerpräsidenten Koerber, der im Wiener Parlament einen Ausgleich mit den Forderungen der Ungarn hatte herbeiführen wollen als „dilettantische Bemerkungen eines distinguierten Ausländers". Darauf trat der Thronfolger, Erzherzog Franz Ferdinand, dem österreichischen Ministerpräsidenten mit den schärfsten Worten zur Seite, die er je im öffentlichen Leben gebrauchte. Er schrieb an Koerber: „Ganz empört bin ich über die freche, ganz unqualifizierte Weise, in der dieser Tisza von Eurer Exellenz gesprochen hat. Dies ist schon die höchste Potenz von Frechheit und Infamie. Abgesehen davon, daß sich ein Minister … der erst einige Wochen Minister ist, nie unterstehen dürfte, einen Mann wie Sie … zu bekritteln, ist es ein unmöglicher Präzedenzfall, daß ein Minister eines und denselben Gesamtstaates von einem anderen per „Ausländer" spricht und ihn unter dem Jubelgeheul der ihn umgebenden Bagage beschimpft. Nun weiß der Himmel, was noch alles für Unglücke geschehen werden und was diese Patenthochverräter noch zum Verderben der Monarchie durchsetzen werden, bis der so dringend notwendige Krach eintritt!"

Es kam zu keinen Maßnahmen Franz Josephs gegen Tisza. Das Memorandum Franz Ferdinands lag in der Schublade des Kaisers. Ernest von Koerber mußte am 13. Dezember 1904 zurücktreten und Freiherr Paul von Gautsch bildete am 2. Jänner 1905 sein Kabinett II. Koerbers Außenpolitik scheiterte, weil Franz Joseph keine Eskalation wollte. Monate um Monate zog sich der ungute Zustand mit Ungarn hin. Aber während Franz Joseph mit den Ungarn weiterverhandelte, arbeitete der Generalstab in Wien Pläne für den

„Kriegsfall Ungarn" aus. Der Kaiser ließ bekanntwerden, „wenn Ungarn ihn zwinge, Gewalt anzuwenden, würde der Thronfolger das österreichische Kommando führen." Tisza versuchte, im Sommer 1904 selber einen Kompromiß zwischen Franz Joseph und den madjarischem Parteiführern in Bezug auf die anstehenden Wehrvorlagen zu finden; aber im Herbst loderten die Gegensätze wieder voll auf. Tisza setzte hierauf ein Obstruktionsverbot in Kraft, das aber nur zu weiteren Unruhen führte. Im Januar 1905 ließ Tisza Wahlen abhalten, die aber für seine liberalen Parteigänger eine schwere Niederlage brachten. Den Sieg errangen die Oppositionsparteien, die gegen eine gemeinsame Armee der Monarchie waren und, wie wir schon gehört haben, eine eigene ungarische Armee haben wollten. Da Tisza nach 1905 demissionierte, lud Franz Joseph die Führer der ungarischen Oppositionsparteien Gyula (Julius) Andrassy den Jüngeren und Ferenc (Franz) Kossuth den Jüngeren ein, eine Regierung zu bilden, aber diese weigerten sich, zu den Bedingungen des Königs, den Fortbestand der kaiserlichen Armee zu sichern, dies zu tun, worauf Franz Joseph den General Baron Géza Fejerváry, der ihm loyal diente, zum Regierungskommissär in Ungarn ernannte. Die Oppositionsführer riefen hierauf die Bezirksbeamten zum passiven Widerstand und die „Patrioten" zum Steuerstreik auf. Nach Jahrzehnten der Unterdrückung der nationalen Minderheiten in Ungarn, um die sich Franz Joseph bisher überhaupt nicht gekümmert hatte, brachte jetzt, über seine Weisung, Fejervárys Innenminister Josef Kristoffy die Ausweitung des bisherigen Wahlrechts von sieben Prozent der Bevölkerung auf 16 Prozent ins Spiel. Kristóffy, der Führer des loyalen Flügels der Magyaren, forderte in den Hauptpunkten seines Programms das gleiche Wahlrecht für die Bauern und die nationalen Minderheiten. Das war in den Augen der Nationalisten allerdings noch schlimmer als der Vergleich mit Franz Josephs Regierung. Sie wiesen daher dieses Ansinnen ebenso empört zurück, wie Istvan Tisza, weil dann auch die nationalen Minderheiten hätten wählen dürfen und im Parlament, entsprechend ihrer Stärke, vertreten gewesen wären und die verhaßten Spielchen der Chauvinisten nicht mitgespielt hätten. Und das fürchteten die Nationalisten so, wie der Teufel den Weihwasserbrunnen. Die Absicht Franz Josephs, ein erweitertes Wahlrecht einführen zu wollen genügte, um auch die Unabhängigkeitspartei zum Einlenken zu bewegen. Die Tätigkeit der neuen Gendarmerie und die Anweisung Fejervárys den aufgewiegelten Komitaten die finanzielle Unterstützung zu entziehen und den widerspenstigen Gemeindebeamten die Gehälter zu streichen, führte zum raschen Zusammenbruch des nationalen Widerstandes. Fejerváry stützte sich auf Gendarmerie und Armee und den König, der seine Maßnahmen deckte. Am 19. Februar 1906 löste Fejerváry mit Hilfe der Armee das Parlament auf. Als sich hierauf die Oppositionsführer doch entschlossen mit Franz Joseph ein teilweises Übereinkommen einzugehen, nahm dieser von der Drohung einer radikalem Wahlrechtsreform Abstand. Eine Erweiterung des Wahlrechtes hätte wahrscheinlich für die Chauvenisten verheerende Folgen gehabt, denn dann hätten auch die Nicht-Magyaren, die mehr als die Hälfte der Bevölkerung Ungarns ausmachten, auf einmal eine Stimme gehabt und hätten ihre Anliegen nicht nur artikulieren, sondern sogar mit dem Parlament der österreichischen Reichshälfte koordinieren, zumindest aber die Absichten der Oppositionsparteien durchkreuzen können. Und dazu durfte es, wenn die Chauvinisten ihren Einfluß retten wollten, auf gar keinen Fall kommen. So kam es zu einem Kompromiß, der Franz Joseph einigermaßen zufriedenstellte und, nachdem es zu keiner Erweiterung des Wahlrechts kam, den Chauvinisten die Macht in Ungarn sicherte. Franz Joseph behielt seine Armee im bisherigen Zustand, aber auf Kosten der Schicksals der nationalen Minderheiten in Ungarn, die er abermals der madjarischen Willkür preisgab. Das spätere Kabinett II. des Alexander Wekerle, das aus den Maiwahlen des Jahres 1906 siegreich hervorging, schloß mit dem österreichischen Ministerpräsidenten Beck im Oktober 1907 den schon genannten Ausgleich, ließ aber zu, daß die weitere Madjarisierung der Nicht-Magyaren in den Schulen noch intensiviert wurde, das heißt, daß alle Kinder aller Nationalitäten in den Schulen ungarisch lernen mußten, was besonders auf Apponyis Reformen, er war Unterrichtsminister, zurückzuführen war, der zu Kossuths Unabhängigkeitspartei übergetreten und damit wieder, wie schon vorher zweimal, die Farbe gewechselt hatte. Wir kommen noch darauf zurück, was alles auf sein Konto gehen sollte. Wekerle regierte von 1906 bis 1909.

1906 hatte auch Erzherzog Franz Ferdinand, der im Schloß Belvedere eine Art Gegenregierung zur Hofburg gebildet hatte, beachtliche Erfolge zu verzeichnen. Nachdem das Kabinett des Freiherrn Paul von Gautsch am 30. April demissioniert und Prinz Hohenlohe-Schillingfürst nur ein Übergangskabinett führte, bildete Maximilian Wladimir Freiherr Dr. Beck, der bisher für den Thronfolger gearbeitet und auch dessen Ausgleich in der Angelegenheit seiner morganatischen Ehe mit dem Erzhaus zuwege gebracht hatte, am 3. Juni ein neues Kabinett. Im Oktober 1906 war Freiherr Lexa von Aehrenthal, der bisher Botschafter in St. Petersburg gewesen war, gemeinsamer Außenminister der Gesamtmonarchie. Lexa von Aehrenthal war ein Vertrauter des Thronfolgers und sein Mann. Im November konnte der Erzherzog noch durchsetzen, daß Franz Conrad von Hötzendorf, den er in seinen Kreis einbezogen hatte, Chef des k. u. k. Generalstabs wurde. Damit hatte der Thronfolger drei wichtige Positionen in der Hand.

Wegen einer in Schwebe befindlichen Änderung der ungarischen Verfassung, die im Zuge der Ausgleichsverhandlungen zwischen den beiden

Reichshälften zwischen dem österreichischen Ministerpräsidenten Dr. Beck und dem ungarischen Ministerpräsidenten Istvan Tisza im Gange war, hinterlegte Franz Ferdinand im Außenministerium einen feierlichen Protest. Er schrieb an Aehrenthal: „Ich halte es für meine heilige Pflicht, nicht Seiner Majestät, ferner mir und allen meinen Nachfolgern die Hände für ewig zu binden und die Herrschergewalt einfach auszuschalten, weil es einer Clique von Hochverrätern in Ungarn so paßt!"

Aber auch die Ungarn wußten bald, wie der Thronfolger und ihr wahrscheinlicher späterer König zu ihnen stand, weshalb sie ihn bald, nicht nur wegen seiner angeblichen Äußerung „Nach Ungarn muß man einmarschieren", haßten.

Mit Ministerpräsident Dr. Beck, den Franz Joseph vom Belvedere in die Hofburg geholt hatte, verschlechterte sich nach und nach die Gesprächsbasis, weil Beck die Entschließungen des Kaisers vollstreckte, ohne auf den Thronfolger Rücksicht zu nehmen.

Franz Ferdinand hatte sich indessen wieder rein militärischen Fragen zugewendet und Conrad von Hötzendorf redete ununterbrochen vom Krieg: von militärischen Schritten gegen Ungarn und vom Angriff auf Italien, das der Irredenta in Trient und Istrien freien Lauf lasse. Beide müsse man in Präventivkriegen zwingen, die österreichischen Interessen anzuerkennen. Franz Ferdinand reiste deshalb nach Berlin, um zu erfahren, wie sich Kaiser Wilhelm II. zu einem Präventivkrieg gegen das noch mit den Mittelmächten verbündete Italien verhalten würde. Er dürfte nicht das gehört haben, was ihm vorschwebte.

Zum Kommandanten eines russischen Kavallerieregiments, das seinen Namen trug, sagte der Thronfolger bei einem Gespräch im Belvedere: „Sagen Sie nur jedem, daß ich Rußlands Freund bin! Österreichische und russische Soldaten sind sich noch nie auf einem Schlachtfeld begegnet und, solange ich ein Wort zu sagen habe, soll es so bleiben."

Am 8. Juni 1907 fanden in Budapest große Feierlichkeiten zum 40sten Jahrestag der Krönung Franz Josephs zum König von Ungarn statt. Der Thronfolger hatte auf Wunsch Franz Josephs an diesen Feierlichkeiten teilzunehmen. Vergebens hatte er versucht, nicht nach Budapest mitreisen zu müssen und dem Kaiser geschrieben: „Ich halte diese Feier eigentlich für eine Verwirrung der Begriffe. Dieses 40jährige Jubiläum in einem Moment, wo diese Leute regieren, Leute, die ich nur als Hochverräter bezeichnen kann, und die fort gegen alles, Dynastie, Reich, Armee etc. hetzen. Alles was sie versprochen haben, halten sie nicht, wie Wahlrecht, Rekruten, Geld etc." Und persönlich beklagte er sich darüber, was für eine Hetze im ganzen Land gegen ihn veranstaltet werde. Franz Ferdinand verließ sofort, nach dem offiziellen Teil, Budapest.

Außenpolitisch war zu vermerken, daß König Eduard VII. von England vom 9. bis 10. Juni 1908 Zar Nikolaus II. in Reval einen Besuch abstattete, bei dem, im Beisein der beiden Außenminister Sir Hardinges und Graf Iswolkis, eine weitere Festigung der englisch-russischen Beziehungen erfolgte, während die Bemühungem Deutschlands, mit Rußland wieder freundlichere Beziehungen herzustellen, scheiterten.

Im Juli kam es auch zu einem Aufstand der „Partei der JungTürken" im Osmanischen Reich und Sultan Abd ul-Hamid wurde von dieser gezwungen, eine moderne Verfassung zu proklamieren. Diese Bewegung hatte zum Ziel, „dem kranken Mann am Bosporus" wieder Geltung zu verschaffen. Diese Schwächeperiode während des Umbruchs in der Türkei wollte der Außenminister der Monarchie Lexa von Aehrenthal dazu nützen, das besetzte Bosnien und die Herzegowina der Monarchie durch die Umwandlung der Okkupation in eine Annexion einzuverleiben, wozu der „Dreikaiservertrag" Franz Joseph berechtigte. Während der Vorbereitung der Annexion, die ausgesprochen werden sollte, ehe die Türkei wieder stärker würde, besuchte König Eduard VII. von England am 13. August 1908 Franz Joseph in Ischl und versuchte diesen für die Einkreisungspolitik der Entente gegen Deutschland zu gewinnen, die England, Frankreich und Rußland betrieben. Franz Joseph aber hielt „als deutscher Fürst" am Bündnis mit Kaiser Wilhelm II. fest und versäumte, wenn man es so sehen will, nach 38 Jahren die letzte Möglichkeit sich, der Dynastie und der Monarchie im deutschen Raum abermals mehr Geltung verschaffen zu können.

Selbst der russische Außenminister Iswolski, mit dem sich Aehrenthal am 15. September in Buchlau bei Brünm traf, erhob zunächst gegen die Absicht Aehrenthals am Balkam klare Verhältnisse zu schaffen, keine Einwände; vermutlich deshalb, weil das Zarenreich nach dem verlorenen Krieg in Ostasien und der Revolution in Rußland noch zu schwach war, um am Balkan intervenieren zu können. Hierauf, vom 25. bis 30. September zeigte Aehrenthal die Annexionsabsicht den Außenministern der Großmächte mittels Handschreiben an und der Kaiser tat dies am 3. Oktober in einem Handschreiben an die Staatsoberhäupter der Großmächte. Schon zwei Tage darauf, am 5. Oktober, zeigte die Wiener Regierung den Signatatstaaten des Berliner Kongresses von 1878 die erfolgte Annexion und den Rückzug der kaiserlichen Truppen aus dem Sandschak von Novibazar an. Jetzt aber distanzierte sich Rußland, völlig unerwartet, von der Verständigung vom 15. September zu Buchlau. Diesem Schritt folgten umgehend England, Frankreich, Serbien, Montenegro und die Türkei, die zum Boykott österreichischer Waren aufrief. Nur Kaiser Wilhelm II. stand zu Franz Joseph, seinem treuen Verbündeten, zog sich aber damit selber den Unmut der „Entente-Mächte" zu.

Durch die Annexion Bosniens und der Herzegowina (51.200 km² mit 1,932.000 Einwohnern) erreichte die Monarchie eine Flächenausdehnung von 676.600 km² mit 51.4 Millionen Einwohnern. 1910 entfielen auf die österreichische Reichshälfte 300.000 km² mit 28.6 Millionen Einwohnern und auf die ungarischen Länder 325.400 km² mit 20.9 Millionen Einwohnern.

Mit der Annexion Bosniens wurden aber die mohammedanischen Bogomilen, Bogumilen (slaw. „Gottesfreunde"), auch Babunier, eine große dualistisch-manichäische, mit den Paulicianern verwandte Sekte, die, seit dem 10. Jahrhundert in den Balkanländern verbreitet und wahrscheinlich mit kleinasiatisch-gnostischen Gruppen der altchristlichen Zeit zusammenhängt, Österreich eingemeindet. Die Bogomilen lehrten einen guten und bösen Gott, verwarfen die Taufe, das Abendmahl, die religiösen Bilder und die Verehrung des Kreuzes. Seit dem 12. Jahrhundert vom byzantinischen Staat bekämpft, hielten sie sich besonders in Bosnien („Bosnische Kirche") bis ins späte Mittelalter. Bekehrungs- und Bekämpfungsversuche der katholischen Kirche (mit Unterstützung der ungarischen Könige) blieben erfolglos. Nach der türkischen Eroberung (1465) ging die Mehrzahl der Bogomilen zum Islam über. Spuren der bogomilischen Lehre begegnen uns auch heute noch in abgelegenen Gebieten. Ihre Anschauungen finden wir auch bei den Patarenern Oberitaliens und den Albigiensern Südfrankreichs (Katharer). Die Türken betrieben keine Missionstätigkeit, dafür erpreßten sie von den Christen hohe Steuern, von denen die Moslems befreit waren. Für dieses Privilegien wurden die Moslems von ihren christlichen Nachbarn beneidet und gehaßt. Aber mit der Unterwerfung unter türkische Herrschaft im Spätmittelalter verschwanden die Balkanvölker für Jahrhunderte aus der europäischen Geschichte, um erst wieder im 19. Jahrhundert auf der Weltbühne zu erscheinen. Was in der dazwischenliegenden Zeit über diese unterdrückten Völker hereinbrach, bildet bis zur Gegenwart Zündstoff für Haß, gegenseitige Anklagen, eigenen bitteren Komplexen und mörderischen Kriegen.

Die Annexion Bosniens und der Herzegowina nützte aber auch Fürst Ferdinand von Bulgarien, der am gleichen Tag, dem 5. Oktober, sein Land als unabhängiges Königreich proklamierte und diese Unabhängigkeit gleichzeitig auf Ostrumelien ausdehnte. Was wohl der Zar von dieser (zufällig?) gleichzeitigen Aktion gehalten haben wird?

In Wien trat anfangs November 1908 Freiherr von Beck als Ministerpräsident zurück, weil ihm der „Ausgleich mit den Tschechen" trotz vieler Bemühungen nicht gelang. Es folgte ihm als Ministerpräsident Freiherr von Bienerth, der am 11. November seim Amt antrat und zu Beginn seiner Amtstätigkeit ein nur aus Beamten bestehendes Kabinett bildete. Aber schon im Dezember brachen Streitigkeiten um Sprachen- und Schulfragen im Abgeordnetenhaus aus und es kam wieder zur Obstruktion durch die Tschechen und zu schweren Tumulten in Böhmen und Mähren, die sich wieder gegen die Deutschen richteten, so daß Bienerth am 2. Dezember 1908, den Tag des 60jährigen Regierungsjubiläums Franz Josephs, über Prag das Standrecht verhängte und die Unruhen durch die Armee niederschlagen ließ. Es war üblich für die Taktik des Generalstabs der k. u. k. Armee, daß immer ungarische Regimenter in Böhmen und Mähren und böhmische und mährische Regimenter in Ungarn stationiert wurden. Auf diese Weise war es der Armeeführung möglich, Unruhen dort oder da militärisch niederzuschlagen, denn es würden Tschechen wahrscheinlich nicht auf Tschechen und Ungarn nicht auf Ungarn geschossen haben.

Im Februar 1909 wurde die Obstruktion der tschechischen Abgeordneten im Reichsrat, durch ein ohne die Tschechen aber dennoch mit großer Mehrheit gefaßten Beschluß, der für ein Jahr gelten sollte, ausgeschaltet und Bienerth gelang es, führende Persönlichkeiten der anderen Parteien zum Eintritt in sein Kabinett zu gewinnen, so daß dieses mit 10. Februar 1909 endgültig fixiert war.

Dazu gelang es Lexa von Aehrenthal am 26. Februar 1909 eine Verständigung mit der Türkei über die Annexion Bosniens und der Herzegowina zu erzielen. Die Monarchie verzichtete in diesem Abkommen auf alle Rechte im Sandschak (Militärbezirk) Novibazar und verpflichtete sich, für die annektierten Länder der Türkei eine Abfindungssumme von 56 Millionen Goldkronen zu zahlen. Außerdem wurde das Abkommen vom 21. April 1879, der Artikel 25 des Berliner Vertrages sowie alle anderen der Annexion widersprechenden Abkommen für aufgehoben erklärt. Ferner wurde die Feststellung getroffen, daß alle Meinungsverschiedenheiten bezüglich der beiden Provinzen beseitigt sind und die türkische Regierung den neuen Zustand als definitiv betrachtet. Dieses Abkommen wurde von den Großmächten anerkannt und auch von Rußland am 25. März 1909 vorbehaltlos angenommen. Serbien, das am längsten opponierte, gab am 30. März 1909 ebenfalls seine Zustimmung und das türkische Parlament billigte das Abkommen in der geheimen Sitzung am 5. April. Damit war die Annexion Bosniens und der Herzegowina abgeschlossen und international waren die beiden Provinzen als zur Monarchie gehörig anerkannt. Dennoch schlossen Rußland und Italien am 24. Oktober 1909 in Racconighi einen gegen die Monarchie gerichteten Vertrag über die Aufrechterhaltung des status quo am Balkan, mit dem sie eine weitere Ausdehnung Österreich-Ungarns am Balkan verhindern wollten.

Am 17. Februar 1910 wurde von Franz Joseph eine eigene Verfassung für Bosnien und die Herzegowina in Kraft gesetzt. Beide Provinzen erhielten eine Sonderstellung bildeten einen eigenen Verwaltungskörper und wurden keiner der beiden Reichshälften angeschlossen.

Bald darauf, am 10. März starb Dr. Lueger, der populäre Bürgermeister der Haupt- und Residenzstadt Wien. Lueger war seit 1906 schwer leidend und zuletzt vollkommen erblindet gewesen. Während seiner Amtszeit wurde Wien eine moderne Stadt mit der Errichtung der Gaswerke (1896/99), der Elekrizitätswerke (1897/1902) die Elektrifizierung der Straßenbahn (1898/1902), der Bau der zweiten Hochquellenwasserleitung, die Errichtung von mehr als 100 Schulen, von Waisenhäusern, der Heil- und Pflegeanstalt Am Steinhof, der Zentralsparkasse der Gemeinde Wien, von Volksbädern und der Ausbau des Kanalsystems, um nur die wichtigsten seiner Maßnahmen zu nennen. Der Nachfolger Dr. Luegers als Bürgermeister wurde Dr. Richard Weißkirchner.

Ende März 1911 erfolgte die Auflösung des Abgeordnetenhauses in der cisleithanischen Reichshälfte durch die Regierung des inzwischen in den Grafenstand erhobenen Richard von Biemerth. Die von ihm ausgeschriebenen Neuwahlen erbrachten folgendes Resultat: Die Deutschnationalen und Deutschliberalen, die sich im Deutschen Nationalverband, aus dem sie die jüdischen Liberalen ausgeschlossen hatten, vereinigten, erzielten 104 Mandate, die Deutschen Christlichsozialen 76, die Sozialdemokraten aller Nationalitäten 82, die Tschechen 82, die Polen 75, die Ruthenen 30, die Slowenen 21, die Italiener 16, die Kroaten 11 und Sonstige 16.

Die Sozialdemokraten aller Nationalitäten waren bisher ein übernationaler Block. Doch nach den Wahlen von 1911 zeigten sich auch in dieser Partei die nationalen Gegensätze. Vor allem strebten die Tschechen danach, aus diesem übernationalen Verband auszuscheren und lehnten es ab, Direktiven von der Parteileitung in Wien - von Deutschen und Juden - entgegenzunehmen. Anfang Juni trat Graf Bienerth von seinem Amt zurück und am 11. Juni bildete Freiherr Paul von Gautsch sein drittes Kabinett, wurde aber schon im November von Graf Karl von Stürgkh als Ministerpräsident abgelöst, der bis Oktober 1916 im Amt blieb. Während der Regierungszeit von Graf Stürgkh kam der Reichsrat Cisleithaniens zu keiner positiven Arbeit mehr. Da sich dieselbe Obstruktion auch seit Jahren im böhmischen Landtag abspielte, sah sich Stürgkhs Regierung veranlaßt den Landtag 1913 aufzulassen und für Böhmen eine Landesverwaltungskommission einzusetzen, die Böhmen wie in Zeiten des Absolutismus regierte.

In Ungarn war die Situation kaum besser. Ministerpräsident Wekerle trat im April 1909 zurück, weil auch unter seiner Regierung die Gegensätze zwischen den Chauvinisten und Franz Joseph wieder aufbrachen. Nach dieser Krise wurde Graf Karl Khuen-Héderváry im Januar 1910 Präsident und schrieb Neuwahlen aus. Aus diesen Wahlen ging die bisher liberale Partei Istvan Tiszas, die sich jetzt „Arbeiterpartei" nannte, als Siegerin hervor. Khuen-

Héderváry blieb zwar Präsident, aber Tisza beherrschte mit seiner Mehrheit das Parlament. Da aber Khuen-Héderváry die Opposition der Unabhängigen gegen das Wehrgesetz nicht brechen konnte, übergab er Anfang 1912 die Regierung an Georg von Lukács, der sie aber noch im Dezember 1912 dem Parlamentspräsidenten überlassen mußte. Tiszas Kabinett war einerseits durch die Zusammenarbeit mit König Franz Joseph und andererseits durch eine vom Chauvinismus geprägte Innenpolitik gekennzeichnet. Das Wehrgesetz wurde am 31. Dezember 1912 mit seiner Mehrheit im Parlament beschlossen, weil sich die politische Lage in Europa zuspitzte. Doch Tisza war auch entschlossen, wegen der dauernden Obstruktion der Oppositionsparteien im Parlament, dem Durcheinander und der Unabhängigkeit des Parlaments ein Ende zu setzen. Durch restriktive Maßnahmen engte er den Spielraum der Opposition erheblich ein. Als im Mai 1913 die Anhänger Ferenc Kossuths wieder Unruhe stifteten, ließ Tisza sie durch die Polizei hinauswerfen. Als hierauf, am 23. Mai, die Oppositionsparteien vor dem Parlament gegen die harte Vorgangsweise Tiszas demonstrierten, setzte dieser die Armee ein, die die Demonstranten und protestierenden Abgeordneten mit Waffengewalt auseinander trieb. Dieser 23. Mai ging als „blutiger Donnerstag" in die neuere Geschichte ein. Istvan Tisza regierte ab jetzt wie ein Diktator und fühlte sich nur mehr dem König verantwortlich. Das Bündnis zwischen dem König und dem Diktator bewährte sich und hielt auch noch über den Ausbruch des Ersten Weltkrieges hinaus an. Die Sicherung der ungarischen Hegemonie wurde Tiszas Lebenswerk, das er gegen alle Anfeindungen der radikalen Chauvinisten verteidigte. Das stehende Heer wurde nach dem Inkrafttreten des Wehrgesetzes von 1912 um 22% verstärkt, das heißt von 404.120 auf 494.120 Mann aufgestockt. Istvan (Stephan) Tisza blieb Franz Joseph bis zu dessen Tod treu. Nach dem Thronwechsel mußte er aber zurücktreten.

Aber trotz des neuen Wehrgesetzes hatte General Moritz Auffenberg, der Kriegsminister, die größten Schwierigkeiten, die notwendigen Budgeterhöhungen für die Modernisierung der Armee zu erhalten. Die solange Verhinderung der Wehrvorlagen durch die Ungarn brachte, da ab 1912 bis 1914 die Zeit für die erforderlichen Nachrüstungen zu kurz war und die Teilmobilisierung während der beiden Balkankriege kostspielig gewesen war, der Monarchie beim Ausbruch des Ersten Weltkrieges schwere Nachteile.

Als Graf Lexa von Aehrenthal am 17. Februar 1912 starb, ernannte der Kaiser Graf Leopold von Berchtold zum gemeinsamen Außenminister der Monarchie. Er wurde sofort mit neuen Balkanproblemen konfrontiert, denn am 13. März schlossen, auf Rußlands Wunsch, Serbien und Bulgarien ein Bündnis, das sich vorerst gegen Österreich-Ungarn richtete und dem in der

Folge auch Griechenland und Montenegro beitraten. Sie begründeten gemeinsam den „Balkanbund". Der Artikel III des Bündnisses sah den gemeinsamen Kampf gegen jede Großmacht vor, die türkisches Gebiet besetzen würde. Aber schon am 30. September mobilisierten die Staaten des Balkanbundes gegen die Türkei, worauf Österreich-Ungarn durch eine Teilmobilmachung den Stand seiner Streitkräfte erhöhte und an den Südgrenzen der Monarchie militärische Vorkehrungen traf, worauf Zar Nikolaus II. zur „Probemobilisierung" der russischen Armee schritt. Im Auftrag der Großmächte unternahmen aber hierauf Österreich-Ungarn und Rußland am 8. Oktober gemeinsame Schritte in Istanbul zur Erhaltung des Friedens. Aber dazu war es bereits zu spät, denn am gleichen Tag, dem 8. Oktober, erklärte Montenegro an die Türkei den Krieg und seine Bündnispartner taten dies in den darauffolgenden Tagen. Der Erste Balkankrieg war ausgebrochen und führte rasch zum Zusammenbruch der Türkenherrschaft am europäischen Festland. Die türkischen Truppen, von der Heeren des Balkanbundes geschlagen, mußten sich auf die Tschataldschalinie, knapp vor Istanbul zurückziehen. Der Waffenstillstand, der Anfang Dezember in London geschlossen wurde sollte in den ausgehandelten Präliminarfrieden (Vorfrieden), der für den 13. Mai 1913 vereinbart wurde, aber nicht zum endgültigen Frieden führen, weil zwischen den siegreichen Balkanbundstaaten, wegen der Aufteilung der eroberten Gebiete Streitigkeiten ausbrachen.

Infolge der Weigerung Österreich-Ungarns, einer von Frankreich, England und Rußland vorgeschlagenen Erklärung (vom 4. November 1912) des „Desinteressements" der Großmächte an der Balkanfrage beizutreten, trafen Frankreich und Rußland eine Vereinbarung, jeder Gebietserweiterung einer Großmacht auf dem Balkan entgegenzutreten.

Es kam am 5. Dezember 1912 aber auch zur vierten und letzten Erneuerung des „Dreikaiservertrages" zwischen Österreich-Ungarn, Deutschland und Italien, der bis 1926 gelten sollte. Doch Italien, das 1911 die Gebiete um Tripolis und die Cyreneika mit französischer und britischer Duldung erobert und der Türkei abgenommen hatte, war auch diesen Mächten verpflichtet.

Wegen der Spannungen am Balkan wurde General Conrad von Hötzendorf, den der Kaiser am 30. November 1911 als Chef des Generalstabs ab- und zur Truppe zurückversetzt hatte, auf Wunsch des Thronfolgers von Franz Joseph wieder zurückgeholt und in seine Funktion eingesetzt. In der Weihnachtswoche 1912 schrieb Hötzendorf an Außenminister Graf Berchtold: „Ausgehend von der Erwägung, daß weitere Passivität den Ruin der Monarchie herbeiführt, verlange ich die militärische Niederwerfung Serbiens ohne Scheu vor möglichen Konsequenzen." Und am 31. Dezember 1912 erklärte Hötzendorf, die Situation sei zu einer Kraftprobe zwischen der Monarchie und Serbien geworden. Am 2. Januar 1913 erschien der General im Belvedere und eröffnete dem Thronfolger: „Die Kraftprobe muß ausgestanden werden." Franz Ferdinand, der zwar Hötzendorfs militärische Kenntnisse schätzte, hatte hingegen für dessen politische Ambitionen wenig übrig. „Hötzendorfs Idee ist ein Wahnsinn", ärgerte er sich und sagte zu Oberst Bardolff, der in der Militärkanzlei im Belvedere arbeitete, „ein Krieg mit Rußland ist unser Ende. Wenn wir gegen Serbien auftreten, so steht Rußland hinter ihm, und wir haben Krieg mit Rußland. Sollen sich der Kaiser von Österreich und der Zar gegenseitig vom Thron stoßen und der Revolution freie Bahn geben? Sagen sie Hötzendorf, daß ich weitere Schritte in dieser Richtung ablehne."

Bei einem Diner im Belvedere sagte Franz Ferdinand, weil die Balkankrise alle Gespäche beherrschte, zu seinem Vetter Erzherzog Eugen und zu seinem Schwager Albrecht von Württemberg: „Nehmen wir sogar den Fall an, daß sich Rußland in einen Krieg gegen Serbien nicht einmengt und wir in aller Ruhe mit Serbien abrechnen könnten, was hätten wir davon? Nur einen Haufen Diebe und Mörder und Halunken mehr und ein paar Zwetschkenbäume." Oberst Bardolff berichtete dem Chef des Generalstabs: „Der Thronfolger hat auf der ganzen Linie abgeblasen. Er will unter gar keinen Umständen einen Krieg gegen Rußland, er wird ihn nicht zugeben. Er will von Serbien nicht einen Zwetschkenbaum, nicht ein Schaf, es fällt ihm nicht ein." Aber Hötzendorf kämpfte erbittert weiter. Im letzten Moment wurde eine Mobilisierung weiterer Kontingente, die er veranlassen wollte, zurückgezogen und am 11. März ließ der Kaiser die Heeresstärke in Galizien auf den Friedensstand reduzieren.

Kaiser
Wilhelm II.

„Bravo, Mein Freund!" telegraphierte Kaiser Wilhelm II. „Das hast Du brillant gefingert und durchgeführt! Leicht ist das gewiß nicht gewesen ... Du hast Europa von seinem Bann, der es bedrückte, erlöst - Millionen dankbarer Herzen werden Deiner im Gebet gedenken. Ich denke, der Kaiser Nikolaus wird auch froh sein, daß er seine Reserven nach Hause schicken kann. Alles wird aufatmen, wenn das erfolgt."

Die Botschafterkonferenz von London zur Regelung der durch den Ersten Balkankrieg aufgeworfenen Streitfragen tagte vom 17. Dezember 1912 bis 11. August 1913. Die beiden Hauptprobleme, die nach diesem Krieg die einstigen Verbündeten entzweiten, waren die neuen Grenzen Serbiens und Bulgariens sowie die beabsichtigte Errichtung eines selbständigen Staates Albanien. Österreich-Ungarn und Italien widersetzten sich gemeinsam der serbischen Forderung nach einem direkten Zugang zur Adria und traten für die Schaffung eines albanischen Staates von der österreichischen bis zur griechischen Grenze ein. Serbien wurde nur das Benützungsrecht eines albanischen Hafens und der Bau einer Eisenbahnlinie zu diesem zugestanden. Als Staatsoberhaupt des neugeschaffenen Albaniens wurde der deutsche Prinz Wilhelm zu Wied eingesetzt (der aber noch vor dem Ersten Weltkrieg vom Thron vertrieben wurde).

Im Mai 1913 wurde die k. u. k. Armee von einem Spionagefall erschüttert. Der Chef des VIII. Armeekorps in Prag, Oberst Alfred Redl, beging Selbstmord. Redl stand (vermutlich schon seit zwölf Jahren) in russischen Diensten und hatte die geheimen Mobilmachungspläne der kaiserlichen Armee an Rußland verkauft. Redl wurde im Auftrag von General Hötzendorf von den Offizieren seines Korps verhaftet. Über Hötzendorfs Weisung, legten sie ihm einen Revolver auf den Tisch und forderten Redl auf, sich zu erschießen. Aber damit entzog Hötzendorf den Spion einem Kriegsgerichtsverfahren, durch das dessen Tätigkeit aufgehellt werden hätte können; so blieb vieles unaufgeklärt, worüber der Thronfolger besonders erbost war. Franz Ferdinand hätte den Spion vor seinem Korps hängen lassen.

Noch während der Botschafterkonferenz in London brach indessen am 3. Juli 1913 der Zweite Balkankrieg aus, der bis 10. August dauerte. Besonders die neuen Grenzen Bulgariens wurden von Serbien, Rumänien und Griechenland als ungerechtfertigt abgelehnt. Sie schlossen ein Angriffsbündnis gegen Bulgarien und erklärten diesem am genannten 3. Juli den Krieg. Schon nach wenigen Wochen wurde Bulgarien besiegt, worauf am 21. Juli 1913 auch türkische Truppen das schwergeschlagene Bulgarien angriffen und Adrianopel besetzten. Am 10. August mußte Bulgarien mit Serbien und Rumänien in Bukarest und am 29. September mit der Türkei in Adrianopel Frieden schließen und der Türkei einen Teil des Gebietes, den diese im Ersten Balkankrieg verloren hatte, überlassen.

Am 8. Juli 1913 kam es, weil Rumänien Zar Nikolaus nicht vertraute, zur Erneuerung des Verteidigungsbündnisses Rumäniens mit Österreich-Ungarn und Deutschland, das bis 1920 gelten sollte.

In Wien kam es im März 1914 zur Vertagung des cisleithanischen Reichsrats, der wegen der abermaligen Obstruktion der tschechischen Abgeordneten wieder arbeitsunfähig geworden war. Graf Stürgkh regierte mit Notverordnungen und Kaiser Franz Joseph herrschte wieder, wie im ersten Jahrzehnt seiner Regierung, als absoluter Monarch.

Österreich hatte 1908 den Sandschak an die Türkei zurückgegeben, dafür Bosnien und die Herzegowina annektiert und damit Serbien vom Meer abgeschnitten. Seit dieser Zeit säte der russische Gesandte in Belgrad von Hartwig unablässig Haß gegen Österreich und einmal mußte die böse Saat wohl aufgehen. Es war am 28. Juni 1914, dem Jahrestag der Schlacht auf dem Amselfeld (serbisch: Kosovo polje) bei Pristina am 28. Juni 1389, in der die Türken die Serben besiegten und Serbien unterwarfen, als der österreichische Thronfolger Erzherzog Franz Ferdinand und seine Gemahlin Herzogin Sophie von Hohenberg in Sarajevo durch den bosnischen Studenten Gavrilo Princip ermordet wurden.

Eine in Chikago erscheinende serbische Zeitung hatte einige Zeit vorher folgenden Aufruf an die Serben daheim erlassen: „Der österreichische Thronfolger hat für das Frühjahr seinen Besuch in Sarajevo angesagt. Jeder Serbe möge sich das merken. Wenn der Thronfolger nach Bosnien will bestreiten wir die Kosten." Gesperrt gedruckt folgte: „Serben, ergreift alles, was ihr könnt, Messer, Gewehre, Bomben, Dynamit, nehmt heilige Rache! Tod der Habsburgerdynastie, ewiges Angedenken jenen Helden, die gegen sie die Hände erheben!"

Franz Ferdinand hatte großen Manövern der Armee in Bosnien, die wegen der Balkankrise stattgefunden hatten, beigewohnt. Auf der Gegenseite hatte die „Narodna Odbrana", die Vereinigte Front für eine südslawische Union eine heftige Agitation gegen Österreich entwickelt und die „Mlada Bosna", der bosnische Jugendverband, der junge Fanatiker zu Attentätern erzog, hatte seine Wurzeln in Belgrad, in der rebellischen Militärpartei, die 1903 bereits die Ermordung König Alexanders und seiner Gemahlin Draga durchgeführt hatte. Die geheime Führung nannte sich „Schwarze Hand" und ihr Leiter war der Chef des serbischen Militärinformationsdienstes Oberst Dragutini Dimitrijević. Princip hatte das Thronfolgerpaar durch Revolverschüsse getötet, nachdem kurz vorher ein Bombenanschlag seines Mitverschwörers Cabrinović mißglückt war. Die Attentäter gehörten der serbischen Geheimorganisation „Schwarze Hand" (crna ruka) an. Der serbische Eisenbahnbedienstete Ciganowitsch hatte die Attentäter, nachdem sie ihre Waffen von Major Tankesitsch erhalten hatten, mit genauen Anweisungen über die Grenze bringen lassen. Es sei vorweggenommen, daß der serbische Ministerpräsident Pašić lang nach dem 1. Weltkrieg, 1928, öffentlich erklärt hat, daß Serbien den Krieg gewollt habe.

Nach der Ermordung des Thronfolgerpaares forderte General von Hötzendorf die sofortige Mobilmachung gegen Serbien. Nicht nur wegen des Doppelmordes sondern auch weil die Monarchie dies ihrer Reputation als Großmacht schulde. Noch während der Überführung der beiden Toten teilte Kaiser Franz Joseph seinem Verbündeten Kaiser Wilhelm mit, daß die österreichische Politik in Zukunft darin bestehen werde „Serbien als Balkanmacht" auszuschalten. Am 4. Juli, dem Tag der Beisetzung der Ermordeten in Artstetten, verlangte Kaiser Wilhelm die „Abrechnung mit Serbien" und ließ sich von seinen Generälen und Admirälen vom Zustand der Streitkräfte informieren. Diese meldeten, daß die Streitkräfte für alle Eventualitäten gerüstet seien. Hierauf trat Kaiser Wilhelm am 6. Juli seine Skandinavienreise und der Chef des deutschen Generalstabs Helmut von Moltke seine Kur in Karlsbad an.

Franz, Graf Conrad von Hötzendorf
als General der Infanterie und Chef des Generalstabes.

Beim Ministerrat in Wien am 7. Juli lagen die Pläne General Hötzendorfs bereits vor. Alle Anwesenden traten, mit einer einzigen Ausnahme, für eine militärische Überrumpelung Serbiens oder ein Ultimatum mit für Serbien unannehmbaren Forderungen ein. Nur der ungarische Ministerpräsident Graf Tisza warnte, daß ein Angriff auf Serbien Rußlands Eingreifen zur Folge haben und einen Weltkrieg auslösen würde. Außerdem sollte es nicht von Deutschland abhängen, ob die Monarchie gegen Serbien Strafmaßnahmen treffen werde oder nicht. In einem Memorandum, das Tisza Franz Joseph überreichen ließ, sagte er, daß nicht genug Beweise dafür vorlägen, um Serbien für das Attentat verantwortlich zu machen und daß die Lage am Balkan zu verworren sei, um einen Krieg zu provozieren. Nach dem Ministerrat begab sich Franz Joseph von Wien nach Ischl, um abzuwarten. Außenminister Graf Berchtold wurde angewiesen, den Sektionsrat seines Ministeriums Ritter von Wiesner nach Sarajevo zu schicken, um Erhebungen zu pflegen. Gleichzeitig hatte der Chef des Generalstabs Graf Conrad von Hötzendorf nach Karlsbad zu reisen und sich mit dem Chef des deutscher Generalstabs Graf Helmut von Moltke zu beraten.

Am 13. Juli telegraphierte Sektionsrat Wiesner aus Sarajevo: „Die Mitwisserschaft serbischer Regierungsleitung am Attentat oder dessen Vorbereitung und Beistellung von Waffen sei durch nichts erwiesen oder auch nur zu vermuten." Doch schrieb General Potiorek, der Befehlshaber der kaiserlichen Truppen in Bosnien am 14. Juli an Hötzendorf, er halte es für unmöglich, daß nicht die eine oder andere Person der demokratischen Regierung eines so kleinen Landes wie Serbien Kenntnis von den Vorbereitungen des Attentats und den hochverräterischen Arbeitsmethoden der ganzen Propaganda hat." Am 14. Juli gab auch Graf Tisza seinen Widerstand gegen den Krieg gegen Serbien auf, worauf am 19. Juli der Ministerrat einstimmig dem Ultimatum gegen Serbien zustimmte. Im Ultimatum wurde verlangt, „daß die serbische Regierung in ihrem offiziellen Presseorgan die gegen Österreich-Ungarn gerichtete Propaganda verurteile, die Folgen aus solchen Handlungen bedaure und erkläre, daß an dieser Propaganda serbische Offiziere und Beamte teilgenommen und damit die freundschaftlich-nachbarlichen Beziehungen verletzt hätten. Die „Narodna Odbrana" sei aufzulösen und auch gegen andere Vereine, die sich mit Propaganda gegen Österreich-Ungarn beschäftigen, einzuschreiten. Gegen die am Komplott vom 28. Juni beteiligten Personen sei eine gerichtliche Untersuchung einzuleiten, wobei sich k. u. k. Organe an den diesbezüglichen Erhebungen beteiligen, sowie die Ausmerzung unsicherer Elemente aus Beamtenschaft und Heer." Das Ultimatum wurde mit 48 Stunden befristet und sollte vom Gesandten der Monarchie in Belgrad Freiherr Giesl von Gieslingen, dem Sohn des Gendarmeriegenerals, am 23. Juli der Regierung in Belgrad überreicht werden.

Am 22. Juli fragte Außenminister Graf Berchtold in Berlin an, wann die Kriegserklärung erfolgen solle und das deutsche Außenamt anwortete, daß am 23. Juli die französische Regierungsdelegation, die in St. Petersburg weile, ihren Besuch beim Zaren beenden werde. Daher solle das Ultimatum erst nach der Abreise der Franzosen aus Rußland überreicht werden. Das Ultimatum, das erst vier Wochen nach dem Attentat erfolgte, schlug in Europa, das durch die Abreise Kaiser Franz Josephs von Wien nach Ischl und Kaiser Wilhelms in die skandinavischen Staaten und der Generalstabschefs beider Armeen zur Kur nach Karlsbad beruhigt gewesen war, wie eine Bombe ein.

Sir Edward Grey, Viscount of Fallodon, seit 1905 Außenminister König Georgs V. von England, erklärte dem deutschen Botschafter in London, Fürst Lichnowsky, er werde die Russen und Serben zügeln, wenn Kaiser Wilhelm Franz Joseph von unerfüllbaren Forderungen abhalte. Kaiser Wilhelm aber antwortete seinem Botschafter: „Wie käme ich dazu? Geht mich gar nichts an! Was heißt hier unerfüllbar? Die Kerls haben Agitation und Mord getrieben und müssen geduckt werden". Am 24. Juli warnte Grey nochmals vor dem herausfordernden Ton der österreichischen Note und der 48-Stundenfrist: „Falls Österreich serbischen Boden betritt, droht ein Krieg zu viert" (zwischen Österreich-Ungarn, Deutschland, Rußland und Frankreich). Im Falle kriegerischer Maßnahmen Österreichs gegen Serbien, könne er für Rußlands Haltung nicht gutstehen. Grey regte eine sofortige Vermittlung durch England, Frankreich, Deutschland und Italien an und ersuchte um eine Verlängerung der 48-Stundenfrist. Dieses Ersuchen des englischen Außenministeriums wurde vor der österreichischen Botschaft, von Graf Mensdorff-Poully, dem Sohn des einstigen Ausenministers, zu spät weitergeleitet.

Die serbische Antwort auf das Ultimatum erfolgte kurz vor dessen Ablauf am 25. Juli, befriedigte aber nicht in allen Punkten. Freiherr Giesl von Gieslingen, der die Antwort im serbischen Außenamt entgegennahm, leitete diese telegraphisch nach Wien weiter und brach auf Weisung Graf Berchtolds die diplomatischen Beziehungen zwischen der Monarchie und Serbien ab. Hierauf ordnete die serbische Regierung die allgemeine Mobilmachung an. Als Oberst Albert Margutti, der Adjutant des Kaisers, Franz Joseph das Telegramm aus Belgrad überreichte, sagte der greise Monarch: „Nun, der Abbruch der diplomatischen Beziehungen bedeutet noch immer nicht den Konflikt."

Kaiser Wilhelm hatte indessen einen weiteren Vorschlag von Sir Grey und König Georg V. erhalten, diesen aber mit der Bemerkung zurückgewiesen, „daß er Österreich in seinem Serbenhandel nicht vor ein europäisches Gericht zitieren könne. Die serbische Regierung hatte bis auf zwei Punkte das Ultimatum angenommen. Diese waren, daß einer der Verhafteten entflohen sei und die Teilnahme österreich-ungarischer Beamter an der Aufklärung des Attentats, weil dies die Souveränität Serbiens verletze. Diese „Kontrolle" war der wunde Punkt. Präsident Pasić lehnte es entschieden ab, daß österreichisch-ungarische Beamte auf serbischem Boden an den Erhebungen mitwirken, weil er gefürchtet haben muß, daß diese für ihn unliebsame Zusammenhänge aufdecken würden, was Pasić aber unbedingt verhindern wollte. Doch Außenminister Berchtold meinte, daß ohne diese Kontrolle die Aufklärung des Verbrechens im Sande verlaufen würde und brachte am 27. Juli dem Kaiser die Kriegserklärung Österreich-Ungarns an Serbien nach Ischl zur Unterfertigung. Berchtold befürchtete seinerseits, daß die Mächte der Entente die serbische Antwort zu Vermittlungsvorschlägen nützen könnten, wenn der Kaiser nicht sofort die Kriegserklärung unterschreiben würde. Aber Franz Joseph zögerte noch. Er hatte einmal gesagt, „wir gewinnen Schlachten und verlieren Provinzen". Franz Joseph wollte noch einen Tag überdenken, was geschehen solle und am nächsten Tag nach Wien zurückkehren und unterschreiben.

Am 27. Juli kehrte auch Kaiser Wilhelm vorzeitig von seiner Nordlandreise zurück nach Berlin, doch der Text der serbischen Note wurde ihm erst am 28. Juli überreicht. Sie war 24 Stunden im deutschen Außenamt liegen geblieben. Kaiser Wilhelm glaubte, daß mit der entgegenkommenden Antwort der serbischen Regierung jeder Kriegsgrund entfalle und riet Franz Joseph in einer Depesche, den letzten englischen Vorschlag anzunehmen.

An diesem 28. Juli hatte aber Kaiser Franz Joseph, noch vor dem Eintreffen der Ratschläge Kaiser Wilhelms, die Kriegserklärung unterschrieben und an seine Völker folgendes Manifest erlassen:

„An meine Völker!

Es war mein sehnlichster Wunsch, die Jahre, die Mir durch Gottes Gnade noch beschieden sind, Werken des Friedens zu weihen und Meine Völker vor den schweren Opfern und Lasten des Krieges zu bewahren. Im Rate der Vorsehung ward es anders beschlossen ...

Kaiser
Franz Joseph I.

In dieser ernsten Stunde bin Ich Mir der ganzen Tragweite Meines Entschlusses und Meiner Verantwortung vor dem Allmächtigen bewußt.

Ich habe alles geprüft und erwogen.

Mit ruhigem Gewissen betrete Ich den Weg, den die Pflicht Mir weist.

Ich vertraue auf Meine Völker, die sich in allen Stürmen stets in Einigkeit und Treue um Meinen Thron geschart haben und für die Ehre, Größe und Macht des Vaterlandes zu schweren Opfern immer bereit waren.

Ich vertraue auf Österreich-Ungarns tapfere und von hingebungsvoller Treue erfüllte Wehrmacht.

Und Ich vertraue dem Allmächtigen, daß Er Meinen Waffen den Sieg verleihen werde.

Franz Joseph"

Die Ermordeten erwähnte der Kaiser mit keinem Wort.

Franz Joseph sagte bei der Unterzeichnung der Kriegserklärung: „Wenn Österreich zugrunde gehen soll, dann soll es in Ehren geschehen."

Graf Conrad von Hötzendorf schlug hierauf vor, daß Erzherzog Friedrich das Oberkommando über die Armee übernehmen und General Potiorek die Truppen im Süden gegen Serbien und Montenegro führen solle. Am 31. Juli erfolgte die Gesamtmobilmachung Österreich-Ungarns.

Die französischen Staatsmänner waren natürlich nicht bereit zu gestatten, daß sich Österreich in die inneren Angelegenheiten Serbiens einmische. Msr. Paleologue unterstellte sogar, daß Deutschland die Schuld am österreichischen Ultimatum habe. Aber in Frankreich, das das meiste Interesse an einem Revanchekrieg gegen Deutschland hatte, kam die Sache erst nach der Rückkehr von Jules Martin Cambon, der von 1907-1914 Botschafter in Berlin gewesen war, aus England in Fluß. Auf Cambons Rat erklärte Sir Grey in Berlin, daß es ihm bei der Kürze der Frist und den exorbitanten Forderungen Österreichs nicht möglich sei, in St. Petersburg zu intervenieren. Auf direkte Verhandlungen mit Rußland ging aber Österreich nicht ein, weil die Auseinandersetzung nur die Monarchie und Serbien betraf. Als durchdrang, daß Rußland mobilisiere, wies Deutschland darauf hin, daß Österreich keine Annexion in Serbien beabsichtige, sondern nur sein Recht suche und daß, da Deutschland eine weitere Mobilisierung nicht ruhig hinnehmen könne, alle Schuld auf Rußlands Konto fallen würde. Rußland mobilisierte vier Militärkreise im Osten und seine Flotte, um Serbien zu stützen, während Österreich eine Verlängerung des Ultimatums ablehnte, weil es sich bloß um eine interne Auseinandersetzung der Monarchie mit Serbien handle.

Raymond Poincaré, der von 1913-1920 Präsident der Republik Frankreich war, hatte schon bei seinem Staatsbesuch im Juli 1913 in St. Petersburg vom Geheimvertrag zwischen Rußland und Serbien, der gegen die Donaumonarchie gerichtet war, erfahren. Außenpolitisch bekämpfte Poincaré den Frankfurter Frieden von 1871 und hatte sich als überzeugter Lothringer der Revanchepolitik gegen Deutschland ebenso verschrieben, wie viele Chauvinisten in Frankreich. Es sah so aus, daß Rußland und Serbien mit dem Attentat auf Franz Ferdinand zum Krieg reizen wollten und bedrängten auch Rumänien, das Bündnis mit den Mittelmächten aufzugeben. In Berlin glaubte Theobald von Bethmann-Hollweg, der seit 1909 Reichskanzler war, daß sich keine Macht zugunsten Serbiens einmischen werde, wenn Franz Joseph von Serbien für den Dynastenmord Genugtuung fordern werde, und ließ zu, daß Deutschland noch 1914 Getreide an Frankreich lieferte, anstatt seine Rohstoffe zu ergänzen. Er dachte nicht an Krieg.

In Frankreich aber war in Parlament und Presse die Agitation gegen Deutschland wieder verschärft worden und der Schrei nach Revanche für 1870/71 war zum vielstimmigen Chor des Hasses geworden, von den grobschlächtigen Artikeln des „Matin" bis zu den eher romantischen Schlachtrufen „gegen die Barbaren", wie Maurras und Barres sie angestimmt hatten. Die wilde Gehässigkeit dieses Treibens richtete sich gegen jene Macht, der sie alle Brutalität unterstellten und die angeblich nur auf eine Gelegenheit lauerte, um Frankreich wieder überfallen zu können. Nur Joseph Caillaux, der im Kabinett des Ministerpräsidenten Jean Louis Barthou Finanzminister war, wagte es, für einen Ausgleich mit Deutschland einzutreten. Barthou führte auf Weisung des Präsidenten Poincaré 1913 die Verlängerung der Dienstpflicht bei den französischen Streitkräften von zwei auf drei Jahre ein. Die Kriegstreiber waren vor allem Raymond Poincaré, der Präsident der Republik, der Nachfolger Barthous, der im Dezember 1913 Ministerpräsident gewordene René Viviani und Außenminister Theophile Delcassé, der 1913 Botschafter in St. Petersburg gewesen war, sowie Paul Cambon, der Bruder des Jules Martin Cambon, die das verhaßte deutsche Kaiserreich zertrümmern wollten.

Noch stand England abseits und weder König Georg V. noch Sir Grey waren bereit, wegen Serbien in einen Krieg gegen die Mittelmächte einzutreten. Aber Präsident Poincaré und sein Botschafter Jules Martin Cambon bedrängten den britischen Außenminister Sir Edward Grey mit allen Imponderabilien, ihren Überredungskünsten, erinnerten ihn an das gemeinsame Vorgehen gegen die Türkei, die Gründung der Entente und brachten es zuwege, daß die britische Flotte, die Winston Churchill als Erster Lord der Admiralität auf höchste Bereitschaft gebracht hatte, nach den Manövern, ab 29. Juli, gefechtsbereit blieb. Dazu kam, daß es Churchill 1911 nicht gelungen war, mit Deutschland ein Übereinkommen über den Flottenbau, die Stärke der Flotten beider Staaten, zu erzielen, was die Franzosen klug zu nützen wußten. Edward Grey, der als Viscount dem britischen Hochadel angehörte, tat aber trotzdem nicht mehr als daß er es deckte, daß die Flotte auf Kriegsstärke blieb.

Auf den Hinweis des deutschen Botschafters in Paris, Freiherr von Schoen, Frankreich möge in Wien vorstellig werden und auf Vermittlung drängen, wichen Poincaré und Delcassé aus.

Eine Anregung des Zaren Nikolaus II., den Fall vor das Haager Schiedsgericht zu bringen, wurde von seinem Außenminister Sergej Dimitrijewitsch Sasonow, der 1910 Iswolski gefolgt war, unterdrückt, weil ihm Poicaré versprochen hatte, daß Frankreich bei der Stange bleiben werde. Am 29. Juli wurde in Rußland die allgemeine Mobilmachung angeordnet und beschlossen 13 Korps gegen die Grenzen Österreich-Ungarns marschbereit zu machen. In Rußland aber war es weniger Zar Nikolaus II. als die Kriegspartei, die zum Krieg hetzte. Zu dieser gehörte außer der Zarenmutter Maria Feodorowna, die frühere Prinzessin Dagmar von Dänemark, die wegen des Krieges von 1864 Deutschland haßte, und den montenegrinischen Großfürstinnen auch der Großfürst Nikolaus Nikolajewitsch, der Onkel des Zaren, der das russische Feldheer befehligte. Eine Gegenorder des Zaren gegen die allgemeine Mobilisierung wurde von Außenminister Sasanow trotz der Versicherung des deutschen Botschafters Graf Pourtales, daß Serbiens Integrität von Deutschland gerantiert werde, ignoriert. Sasanows Forderung alle Serbien betreffenden Punkte aus dem Ultimatum Österreich-Ungarns zu streichen, war eine Unverschämtheit.

Großfürst
Nikolaijewitsch

Hierauf forderte der deutsche Reichskanzler Theobald von Bethmann-Hollweg den österreichischen Ministerpräsidenten Stürgkh und Außenminister Graf Berchtold auf, direkte Verhandlungen mit Rußland anzuknüpfen und nochmals auf Gebietserwerbungen in Serbien zu verzichten. Aber Graf Berchtold schob dies bis 30. Juli hinaus.

Auf nochmaligen Vorschlag des britischen Außenministers Grey an Sasonow, daß die Mächte entscheiden sollten, wie weit man Österreich Satisfaktion geben könne, verlangte Sasonow die Einstellung der österreichischen Feindseligkeiten gegen Serbien und die Unterwerfung des Kaisers von Österreich unter den Entscheid der Großmächte. Am 30. Juli morgens erwirkten Sasonow und der russische Chef des Generalstabs Januschkiewitsch von Zar Nikolaus II. die Zustimmung zur Fortführung der Gesamtmobilisierung.

Da aber Kaiser Franz Joseph bereits am 28. Juli den Krieg an Serbien erklärt hatte, nahm der Mechanismus der europäischen Bündnissysteme seinen unerbittlichen Ablauf. Eine Lokalisierung des Krieges zwischen Österreich-Ungarn und Serbien war dadurch ausgeschlossen. Am 1. August 1914 erfolgte die Kriegserklärung Deutschlands an Rußland. Am 2. August richtete Deutschland ein zwölfstündiges Ultimatum an Belgien mit der Forderung nach freiem Durchmarsch seiner Truppen über belgisches Gebiet nach Frankreich. An diesem 2. August wurde auch ein Beistandspakt Österreich-Ungarns und Deutschlands mit der Türkei abgeschlossen. Am 3. August erfolgte die Kriegserklärung Deutschlands an Belgien wegen der Verweigerung des Durchmarschrechtes und der Einmarsch deutscher Truppen in Belgien sowie die Kriegserklärung Deutschlands an Frankreich. Am 3. August erklärte auch Rumänien seine Neutralität mit der Begründung, daß Österreich-Ungarn seinen Bundesgenossen vom beabsichtigten Vorgehen gegen Serbien nicht verständigt habe und deshalb der „casus foederis" nicht eingetreten sei. Am 4. August erfolgte die Kriegserklärung Englands an Deutschland wegen des Einmarsches deutscher Truppen in Belgien. Der deutsche Reichskanzler Bethmann-Hollweg sagte am Tag der Kriegserklärung Englands an Deutschland im Reichstag das oft geschmähte Wort „vom Unrecht, das man Belgien getan habe und wiedergutmachen müsse." Bethmann-Hollweg hatte an die Neutralität Englands geglaubt und sagte voraus, daß der Kriegserklärung Englands auch noch die der Vereinigten Staaten von Amerika folgen werde. Aber der deutsche Generalstab, der nach Kriegsplänen Generalfeldmarschalls Graf Alfred von Schlieffen hatte operieren wollen, der die höchste Führungskunst in doppelseitiger Umfassung des Gegners sah. Wenn Deutschland in einen Zweifrontenkrieg verwickelt werden sollte, gedachte er zunächst die Masse des Feldheeres im Westen einzusetzen und mit Schwerpunkt auf dem Nordflügel den linken französischen Flügel zu umfassen und das französische Heer gegen die Schweiz zu drängen. Im Osten wollte er sich anfangs mit einem Mindestmaß an Kräften strategisch defensiv verhalten. Mit dem Angriff auf Frankreich über Belgien sollten die massiven Sperranlagen der Franzosen an der Ostgrenze Frankreichs umgangen werden. Am 4. August erfolgte auch die Neutralitätserklärung Italiens. Als Begründung wurde angegeben, daß der „Dreibund", der am 28. Mai 1882 zwischen Österreich-Ungarn, Deutschland und Italien geschlossen, aber am 5. Dezember 1912 zum Viertenmal verlängert worden war, ein Defensivbündnis gewesen sei, Österreich-Ungarn aber habe gegen Serbien einen Angriffskrieg begonnen. Für Italien wurde im Vertrag von 1882 sogar ein Ausnahmefall vorgesehen: „Wenn sich England den Gegnern Österreich-Ungarns oder Deutschlands anschließt, so behält Italien freie Hand" Dieser Ausnahmefall war mit der Kriegserklärung Englands an Deutschland eingetreten. Am 5. August erfolgte die Kriegserklärung Montenegros an Österreich-Ungarn, am 6. August die Kriegserklärung Serbiens an Deutschland und am 12. August erfolgte die Kriegserklärung Frankreichs und Englands an Österreich-Ungarn sowie die Kriegserklärung Montenegros an Deutschland. Das war der Beginn des Ersten Weltkrieges, in dessen Verlauf in der Folge noch viele andere Staaten zu den Waffen griffen. Ausgelöst hat dieses gewaltige blutige Ringen, an dessen Ende nicht nur die Zerstörung der Donaumonarchie sondern auch das Ende der Dynastien der Habsburger, Hohenzollern und Romanows stand, Kaiser Franz Joseph I. mit seiner Kriegserklärung an Serbien für einen ungeliebten Thronfolger,der in Sarajevo ermordet worden war, dessen Namen er aber in seinem Aufruf an seine Völker nicht einmal erwähnte.

Bethmann-Hollweg sagte man nach, daß er sich von der österreichischen Politik habe überspielen und in den Krieg hineinziehen lassen und daß er voreilig den Krieg an Rußland und Frankreich erklärte. Sein Engagement für Belgien im Reichstag aber zeigt, daß der Reichskanzler sehr wohl etwas von Ehrenhaftigkeit gehalten hat, nur konnte er sich weder gegen den Generalstab, besonders gegen General-Oberst Helmut von Moltke durchsetzen, noch den uneingeschränkten U-Boot-Krieg verhindern, der die Vereinigten Staaten von Amerika zum Eintritt in den Krieg gegen die Mittelmächte veranlaßte.

Von vielen Historikern wurden Theorien darüber versucht, ob es nicht auch hätte anders kommen können, wie es gekommen ist. Manche der Theorien haben etwas für sich, so auch die, ob der Kriegseintritt Italiens gegen die bisherigen Verbündeten des „Dreibundes" durch mehr Flexibilität Franz Josephs hätte vermieden werden können. Aber eine größere Gebietsabtretung an Italien, wie dies die Irridenta in Istrien und im Trentino forderte, kam für Franz Joseph deshalb nicht in Frage, weil die Erhaltung des gesamten Staatsgebietes der Monarchie eines seiner Hauptziele in diesem Krieg war. Er wollte sich, obwohl auch die deutschen Verbündeten zu größeren Gebietsabtretungen an Italien rieten, nicht „erpressen" lassen. „Ich ziehe es vor, antwortete Franz Joseph Kaiser Wilhelm, „alles zu verlieren und in Ehren zugrunde zu gehen, lieber das, als daß ich mich auf diesen Räuberhandel einlasse." Und nach einer zweiten Ermahnung durch die Deutschen schrieb er: „Ich kann es verstehen, daß man nach einer Niederlage oder gar nach einem verlorenen Feldzug ein Stück Land abtreten muß, dies aber zu tun, bloß daß sich der Nachbar nicht an unsere Feinde anschließe, erscheint mir unbegreiflich." Franz Joseph fühlte sich als Eigentümer der ererbten Ländereien und Völker, als Großmacht, und eine Großmacht mußte eben wie eine Großmacht handeln, wenn sie der Welt beweisen wollte, daß sie eine Großmacht war. Franz Josephs Weigerung auch nur die italienisch sprechenden Teile Tirols, das Trentino, an Italien abzutreten, bewog seinen Außenminister, der ein Abspringen Italiens verhindern wollte, dazu, am 11. Januar 1915 zurückzutreten. Stephan Graf Burian folgte Graf Berchttold im Außenamt. Als Bethmann-Hollweg Italien, trotz des Geredes von Ehre und Anständigkeit Franz Josephs, größere Gebietsabtretungen Österreichs in Norditalien in Aussicht stellte, und das gegen den Willen Franz Josephs, war es bereits zu spät. Obwohl in Italien die große Mehrheit der öffentlichen Meinung sich für den Beibehalt der Neutralität gegenüber den Verbündeten ausgesprochen hatte (Neutralisten), war eine kleine nationalistische Minderheit (Interventionisten) für den Anschluß an die Entente. Nach der Marneschlacht und den österreichischen Niederlagen in Galizien gewannen aber die Intervenisten unter Führung des bisherigen Sozialistenführers Benito Mussolini und des Dichters d'Annuzio an Boden; und da Österreich-Ungarn (Graf Berchtold) auf die geforderten Kompensationen für die Niederwerfung Serbiens (Abtretung des Trentino, Erklärung Triests zur Freistadt) trotz deutschen Drucks lange ausweichend antwortete, die Entente aber bereitwillig (auf Kosten Österreichs) die Erfüllung der irredentistischen Forderungen anbot, schloß die Regierung Salandra am 26. April 1915 den Londoner Vertrag ab, in dem sie sich verpflichtete, binnen Monatsfrist in den Krieg einzutreten. Gegen die Mehrheit der Kammer erklärte Salandra Österreich-Ungarn am 23. Mai 1915 den Krieg. An das deutsche Reich erfolgte die Kriegserklärung Italiens aber erst am 26. August 1916.

Es kam wieder wie 1866. Wäre Italien auch nur neutral gebliebe hätten sich die Mittelmächte diese Front erspart. So aber gingen diese Gebiete für Österreich trotzdem verloren und der Krieg auch.

General Graf Hötzendorf versagte als Oberbefehlshaber an der Ostfront und sagte nachher: „Wäre der Erzherzog Franz Ferdinand bei Ausbruch des Krieges Armeeoberkommandant gewesen, so hätte er mich spätestens nach den Lemberger Schlachten füsilieren lassen."

General August von Mackensen rettete mit seiner 11. Armee die geschlagenen Verbände Hötzendorfs in Galizien, und besiegte im Herbst 1915 mit einer deutsch-österreichischen Heeresgruppe Serbien und 1916 mit einer deutsch-bulgarischen Heeresgruppe Rumänien, das nach seinem Kriegseintritt am 2. August 1916 ganz Siebenbürgen erobert hatte. Mackensen stand im Dezember 1916 in Bukarest. Am 3. August 1916 übernahmen die Deutschen das Kommando an der ganzen Ostfront und am 6. September mußten Franz Josephs Generäle einem gemeinsamen Oberkommando zustimmen, das Wilhelm II. unterstand, von den Generälen Hindenburg und Ludendorff geleitet wurde und nicht nur die deutschen sondern auch die Streitkräfte Franz Josephs befehligte. Damit hatte Österreich-Ungarn noch ehe der Krieg zu Ende war, als Großmacht abgedankt.

Franz Joseph I. war die Verkörperung der dynastischen Machtidee schlechthin und daher, weil er den Gesamtstaat als „sein Erbe" ansah, nicht in der Lage den Vielvölkerstaat, sein „Eigentum" in einen modernen föderalistischen Staat umzubauen, der, auf der Basis der Gleichberechtigung aller Völker der Monarchie, vielleicht hätte Bestand haben können indem er ihre wirtschaftlichen Interessen hätte bündeln können. Es ging Franz Joseph (die nationalen Minderheiten in beiden Reichsteilen ausgenommen) wohl auch um das Wohl „seiner Völker", aber vor allem und immer um die Macht der Dynastie, des Herrscherhauses Habsburg-Lothringen. Aber so dachten damals wohl alle Dynastien . . .

Kaiser Franz Joseph I., der den Weltkrieg begonnen hatte, starb am 21. November 1916 in Wien, er war 86 Jahre alt geworden und hatte 68 Jahre regiert. „Seine Monarchie" ging, wie es Franz Joseph geahnt hatte, in Ehren unter.

Der Erzherog-Thronfolger

Franz Ferdinand, Erzherzog von Österreich d'Este wurde am 18. Dezember 1865 in Graz geboren. Seine Eltern waren Erzherzog Karl Ludwig, der jüngere Bruder des Kaisers und Margarethe, Prinzessin von Sachsen, Tochter Johann I., König von Sachsen. Der Erzherzog-Thronfolger wurde am 28. Juni 1914 in Sarajevo ermordet. Vermählt war Franz Ferdinand mit Sophie Josephine Albina Gräfin Chotek von Chotkova und Wognin in „morganatischer", nach den Hausgesetzen des Erzhauses Habsburg-Lothringen, in nicht standesgemäßer Ehe. Nach dem Tod des Kronprinzen Rudolf, des einzigen Sohnes des Kaisers am 30. Januar 1889 in Mayerling, hielt Kaiser Franz Joseph die Frage der Thronfolge zunächst offen, weil der zwar kranke aber jüngere Bruder des Kaisers, Erzherzog Karl Ludwig, noch lebte. Nachdem Erzherzog Karl Ludwig aber am 19. Mai 1896 im Schloß Schönbrunn in Wien verstarb, ging die Thronfolge mit seinem Tod auf seinen Sohn Erzherzog Franz Ferdinand über, der somit 1896 der Thronfolger Kaiser Franz Josephs I. wurde.

Vorher, vom 15. Dezember 1892 bis Ende Oktober 1893 unternahm Erzherzog Franz Ferdinand im Alter von 29 Jahren unter dem Namen „Graf Hohenberg" eine Weltreise, um einerseits andere Völker und Kulturen kennenzulernen und andererseits sein Lungenleiden zu kurieren. Die Reise führte ihn von Triest, wo er sich am 15. Dezember 1892 einschiffte, durch den Suez-Kanal nach Ceylon, Bombay, durch Indien bis in die Gegend vor dem Himalaja, wieder übers Meer nach Singapur, durch den Sunda-Archipel nach Sydney, nach Hongkong, Japan und von dort in die Vereinigten Staaten, die er durchquerte, um sie von New York aus am 7. Oktober 1893 auf einem französischen Schiff Richtung Europa wieder zu verlassen. Die Verfassung der Vereinigten Staaten hatte es dem jungen Erzherzog angetan, und er dachte oft darüber nach, ob man die österreichisch-ungarische Monarchie nicht nach diesem System umbauen könnte.

Erzherzog Franz Ferdinand war Offizier, befehligte als Oberstleutnant eine Infanteriebrigade in Budweis, wurde vorübergehend nach Ödenburg als Oberst zu den Husaren versetzt, kehrte wieder zu seiner Brigade nach Budweis zurück, wurde 1899 zum General der Kavallerie befördert und übernahm das Oberkommando über die k. u. k. Armee.

Wegen seiner nicht hausgesetzmäßigen Ehe mit Gräfin Sophie Chotek, die Franz Ferdinand gegen den Willen des Kaisers und des ganzen Erzhauses am 1. Juli 1900 in Reichenberg mit einer zwar edlen Braut, die aber aus keinem ebenbürtigen Geschlecht stammte und deshalb eine „morganatische" war, mußte der Erzherzog eine eidliche Verzichtserklärung für die Thronfolge seiner Nachkommen unterschreiben, die vom Außenminister Graf Goluchowski vor dem Kaiser, sämtlichen volljährigen männlichen Mitgliedern des Kaiserhauses, den Kardinälen Dr. Gruscha, Fürstbischof von Wien und Dr. Schlauch, Primas von Ungarn, dem gesamten österreichischen und ungarischen Ministerrat, den Präsidenten der Abgeordneten- und Herrenhäuser und einem Ritter des Maria-Theresien-Ordens verlesen wurde. Der Text der Urkunde:

„Wir, Erzherzog Franz Ferdinand Karl Ludwig Josef Maria von Österreich-Este, erklären als unseren festen und wohlerwogenen Entschluß, uns mit der hochgeborenen Gräfin Sophia Maria Josefina Chotek von Chotkova und Wognin, Dame des hochadeligen Sternkreuzordens und Tochter des verstorbenen Geheimen Rates, Kämmerers und Oberstabsmeisters ... Bohuslav Grafen Chotek von Chotkova und Wognin und dessen gleichfalls in Gott ruhender Gemahlin Gräfin Wilhemine, geborene Gräfin Kinsky von Wichnitz und Tettau ... ehelich zu verbinden.

Erzherzog Franz Ferdinand von Österreich-Este
als Oberst des 6. Korps-Artillerieregimentes (1901)

Zu dieser ehelichen Verbindung haben wir in Beobachtung der seit altersher in dem durchlauchtigsten Erzhaus bestehenden Observanz und der Bestimmungen der uns bindenden Hausgesetze die Einwilligung Seiner kaiserlich und königlichen Apostolischen Majestät, des glorreichen regierenden Kaisers und Königs Franz Joseph I., unseres erhabenen Oheims als des durchlauchtigsten obersten Hauptes des gesamten Erzhauses, erbeten und eingeholt ...

Bevor wir aber zur Schließung des ehelichen Bundes schreiten, fühlen wir uns veranlaßt, unter Berufung auf die oben erwähnten Hausgesetze des durchlauchtigsten Erzhauses, ... festzustellen, daß unsere Ehe mit Gräfin Sophie Chotek nicht eine ebenbürtige, sondern eine morganatische Ehe ist und als solche für jetzt und alle Zeiten anzusehen ist, demzufolge weder unsere Frau Gemahlin noch den mit Gottes Segen aus dieser Ehe zu erhoffenden Kindern und deren Nachkommen jene Rechte, Ehren, Titel, Wappen, Vorzüge usw. zustehen und von denselben beansprucht werden können und solle die den ebenbürtigen Gemahlinnen und den aus ebenbürtiger Ehe stammenden Nachkommen der Herren Erzherzoge zukommen.

Insbesondere erkennen und erklären wir aber noch ausdrücklich, daß unserem aus obenerwähnter Ehe stammenden Kindern und deren Nachkommen, nachdem dieselben nicht Mitglieder des Allerhöchsten Erzhauses sind, ein Recht auf die Thronfolge in den im Reichsrate vertretenen Königreichen und Ländern und somit auch im Sinne der Gesetzesartikel 1723, I und II, in den Ländern der ungarischen Krone nicht zusteht und selbe von der Thronfolge ausgeschlossen sind.

Wir verpflichten uns mit unserem Worte, daß wir die gegenwärtige Erklärung, deren Bedeutung und Tragweite wir uns wohl bewußt sind, als für alle Zeiten sowohl für uns wie für unsere Kinder und deren Nachkommen bindend anerkennen und daß wir niemals versuchen werden, diese unsere gegenwärtige Erklärung zu widerrufen oder etwas zu unternehmem, welches darauf hinzielen sollte die bindende Kraft derselben zu schwächen oder aufzuheben.

Zur Befestigung gegenwärtiger, in zwei Exemplaren auszustellender Erklärung haben wir diese Urkunden eigenhändig gefertigt und mit unserem erzherzoglichen Insiegel versehen lassen.

Gegeben zu Wien, am 28. Juni 1900."

Am Tag der Eheschließung in Reichenberg wurde die Gemahlin Franz Ferdinands vom Kaiser mit einem Handschreiben in den erblichen Fürstenstand mit dem Namen „Hohenberg" und dem Prädikat „Fürstliche Gnaden" erhoben. Das junge Ehepaar nahm seinen Wohnsitz im renovierten Schloß Belvedere, das einst Prinz Eugen von Savoyen hatte erbauen lassen. Von nun an sollten Sophie von Hohenbeg und ihre Nachkommen den Namen der Stammutter des Hauses Habsburg, Königin Gertrud Anna von Hohenberg, der Gemahlin König Rudolf I., führen. Am 4. Oktober 1909 erfolgte die Verleihung der Herzogwürde an Sophie unter dem Titel „Herzogin von Hohenberg mit dem Prädikat „Hoheit".

Im Schloß Belvedere richtete sich Erzherzog Franz Ferdinand, Generalinspektor der Armee geworden, eine eigene Militärkanzlei ein, die bald zu einer Nebenregierung wurde. Neben der „Hofpartei" bestand bald eine „Belvederepartei". Da Kaiser Franz Joseph den Thronfolger von der Reichspolitik ausschloß, sammelte der Erzherzog einen erlesenen Kreis jüngerer österreichischer Politiker um sich, die Pläne für die Zeit nach Franz Joseph schmiedeten. Diesem Kreis schwebte die Ablösung des „Dualismus", des Ausgleichs von 1867, vor. An dessen Stelle sollte ein „Trialismus" treten, der die Schaffung eines südslawischen Reichsteiles neben Österreich und Ungarn vorsah. In diesem dritten Reichsteil sollte den Kroaten eine besondere Rolle zufallen. Außenpolitisch war der Thronfolger von der Feindseligkeit Italiens überzeugt und befürwortete ein Bündnis der drei Kaiserreiche Österreich-Ungarn, Deutschland und Rußland.

In der Außenpolitik arbeitete Franz Ferdinand mit Außenminister Lexa von Aehrenthal und in militärischen Fragen mit dem General der Infanterie Graf Franz Conrad von Hötzendorf eng zusammen. Nach den Plänen für den „Trialismus" sollten Kroatien und Slawonien von Ungarn getrennt und mit den Ländern Bosnien, Herzegowina und dem Herzogtum Krain (dem heutigen Slowenien) zu einem Südslawenreich vereinigt werden, das neben den österreichischen Kronländern und den Ländern der Stephanskrone den dritten Reichsteil bilden sollte. Diese Pläne wurden von Serbien, das befürchtete, daß das Südslawenreich eine Alternative für die Balkanvölker werden könnte, entschieden bekämpft. Dieses Südslawenreich entstand in der Konzeption vor allem auch aus der Abneigung Franz Ferdinands gegen alles Ungarische, weshalb er auch den „Dualismus" verteufelte. Das ging soweit, daß Franz Ferdinand selbst Maßnahmen des Papstes scharf kritisierte, soweit sie Ungarn betrafen. Pius X., der nach dem Veto Franz Josephs bei der Papstwahl Papst geworden war, war dem Kaiser in allen Fragen, die Österreich-Ungarn betrafen, gefällig. Er besetzte daher die Bistümer der Donaumonarchie nach den Wünschen des Kaisers. Als Pius X. einmal, wieder auf Wunsch Franz Josephs, im rumänischen Gebiet Siebenbürgens statt eines rumänischen einen ungarischen Geistlichen als Bischof einsetzte und Papst und Kaiser wieder, wie schon so oft, eine Minderheit zugunsten der ungarischen Vorherrschaft unterdrückte, schrieb der Thronfolger an den Nuntius in Wien: „Ich bin gewiß ein guter Sohn der römischen Kirche, aber wenn es sich darum handelt, die elementaren Rechte der Völker zu gewährleisten, deren Gebiete ich einmal, so Gott es will, zu lenken berufen sein könnte, kenne ich keine Rücksichten und scheue mich auch durchaus nicht, auch mit dem Heiligen Vater meine Beziehungen zu lösen, falls er seine Machtbefugnisse in einer Richtung betätigen sollte, die meinen, nur dem Wohle meiner künftigen Landeskinder geweihten Intentionen entgegenläuft." Diese Note zeigt, daß die liberalen Kreise den Thronfolger zu unrecht einen „Pfaffenknecht" nannten.

Die Hauptpunkte der Reform, die Franz Ferdinand für die Zeit nach Franz Joseph plante, waren: Wirtschaftliche Freiheit des einzelnen, politische Freiheit der Nationen und ein gleiches Wahlrecht in der gesamten Monarchie, um die Interessen aller Volker, Klassen und Berufe zu wahren. Franz Ferdinand beauftragte den österreichischen Innenminister Baron Eichdorff dieses Konzept, nach welchem alle Kronländer unter einer zentralen Leitung erhalten bleiben sollten, noch einmal zu überarbeiten. Der Innenminister machte sich zwar gleich an die Arbeit, nur dieses Konzept für die „Vereinigten Staaten von Großösterreich" wurde vor der Bosnienreise des Thronfolgers nicht mehr fertig.

Wegen der Großmanöver in Bosnien kam Franz Ferdinand am 4. Juni 1914 zum Kaiser und wies darauf hin, daß die Hitze in Bosnien für seine Gesundheit abträglich sei (Lungenleiden). Franz Joseph sagte nur: „Mache es wie Du es willst." Damit erlaubte der Kaiser seinem Neffen, selbst die Entscheidung zu treffen, ob er zu den Manövern fahre oder nicht. Einen Befehl zur Teilnahme kann man daraus nicht gut ableiten, doch der Erzherzog scheint dies als Befehl aufgefaßt zu haben und fuhr nach Bosnien. Am 5. Juni 1914 hatte sich der serbische Gesandte in Wien, Jovan Jovanović an den Verwalter Bosniens in Wien, Ritter von Bilinski gewandt und diesen persönlich gewarnt, daß er befürchte, daß man einen Anschlag auf den Thronfolger machen werde, da junge Leute in ihrem großserbischen Fanatismus besonders am „Vidovdan" (Tag der Schlacht am Amselfeld), also am 28. Juni, sich zu einem solchen Abenteuer hinreißen lassen könnten, oder daß ein Soldat, statt einer Platzpatrone eine scharfe Patrone laden und auf den Thronfolger schießen könnte. Bilinski nahm diese Warnung nicht ernst und meinte nur: „Hoffen wir, daß nichts passiert." Bilinski, der als Finanzminister mit Franz Ferdinand oft Kontroversen hatte, leitete die Warnung des serbischen Gesandten weder an Graf Berchtold im Außenamt noch an die Militärkanzlei des Belvedere weiter. Aber auch im Außenministerium gingen Warnungen ein, eine davon aus Ungarn, doch schenkte man dieser, weil sie aus Ungarn kam, keine Beachtung. Aber auch Oberst Margutti, der Adjutant des Kaisers, nannte die beabsichtigte Reise des Thronfolgers nach Bosnien ein Spiel mit dem Feuer.

Am 12. und 13. Juni besuchte Kaiser Wilhelm den Thronfolger auf dessen Schloß Konopischt, wo die Familie Franz Ferdinands im Sommer wohnte. Ob der deutsche Kaiser und der österreich-ungarische Thronfolger auch politische Gespräche geführt haben, wurde nicht aufgezeichnet, waren aber der Anlaß zu vielen Spekulationen.

Franz Ferdinand reiste am 23. Juni mit seiner Gemahlin Sophie, in Begleitung des Chefs des Generalstabs Graf Conrad von Hötzendorf nach Bosnien, von wo er dem Kaiser am 27. Juni telegraphisch meldete, daß die Truppen in einem hervorragenden Zustand seien. Franz Ferdinand hatte gemeint, „man müsse jetzt augenfällig zeigen, daß wir die Herren im Lande sind." Das war auch als Warnung an Serbien gedacht. Unter dem Kommando des Armeeinspektors Potiorek hatten 22.000 Mann des 15. und 16. Korps im Manöver gestanden. Am 28. Juni wollten der Thronfolger und seine Gemahlin die angekündigte Rundfahrt durch Sarajevo unternehmen. Die Fahrt sollte durch die Bahnhof- und Mastajbegstraße über den Apelquai, die Franz-Josephs-, Rudolfs-, Franz Ferdinand und Gor Hiestastraße zum Konak (Militärspital) gehen. Als die Wagenkolonne die Cumurjabrücke passierte, flog ein kleiner schwarzer Gegenstand auf den Thronfolgerwagen, den Franz Ferdinand geistesgegenwärtig wegstieß und dann unter den Rädern des dritten Wagens explodierte. Es war eine Bombe, die einige Offiziere und Zivilisten verletzte. Der Attentäter wurde gefaßt, er hieß Cabrinović. Nach dem hierauf erfolgten Besuch des Rathauses ging die Fahrt weiter, über die Latainerbrücke zur Franz Josephsstraße. Aber Potiorek, der Armeeinspektor, der im Wagen des Thronfolgers saß, rief dem Chauffeur zu, er solle über den Apelquai fahren. Der Chauffeur mußte den Wagen anhalten und wenden. In diesem Moment, wo der Wagen stillstand, trat aus der jubelnden Volksmenge ein junger Mann vor und feuerte auf den Thronfolger und dessen Gemahlin mehrere Schüsse ab. Beide wurden tödlich verwundet. Ärztliche Hilfe kam zu spät. Beide verstarben im Militärspital.

Als Kaiser Franz Joseph am späten Nachmittag des 28. Juni vom Tod des Thronfolgers und dessen Gemahlin erfuhr, sagte er mehr zu sich selbst: „Entsetzlich! Der Allmächtige läßt sich nicht herausfordern! Eine höhere Gewalt hat wieder jene Ordnung hergestellt, die ich leider nicht zu erhalten vermochte." Am Tag darauf, dem 29. Juni, kehrte der Kaiser von Ischl nach Wien zurück, ordnete die Schließung der Militärkanzlei im Belvedere an, und ließ die Akten beschlagnahmen und für fünfzig Jahre sperren.

Franz Joseph verlangte keine Untersuchung gegen Potiorek wegen der mangelnden Sicherheitsvorkehrungen in Sarajevo. Aber noch am 29. begrüßte der Kaiser mit sichtlicher Freude den neuen Thronfolger, Erzherzog Karl, der mit Prinzessin Zita von Bourbon-Parma (die dem Hochadel angehörte) in

Wien. Zu seiner Lieblingstochter Valerie sagte der Kaiser: „Karl wird sich gut einarbeiten. Es ist für mich eine große Sorge weniger." Die Kinder des ermordeten Thronfolgerpaares empfing der Kaiser nur einmal, um ihnen sein Beleid auszudrücken, dann nie wieder. Mit dem Tod Franz Ferdinands war also die „dynastische Ordnung" wieder hergestellt.

Am 30. Juni wurden die beiden Toten mit dem Schlachtschiff „Viribus Unitis" nach Triest gebracht, mußten aber bis 2. Juli morgens an Bord bleiben und durften erst dann, auf Weisung des Obersthofmeisters Fürst Montenuovo, per Bahn nach Wien gebracht werden, wo sie spät am Abend einzutreffen hatten. Erzherzog Karl, der neue Thronfolger, mußte beim Kaiser vorstellig werden, daß auch der Sarg der Herzogin von Hohenberg, der Morganatin, in die Holkapelle zur Einsegnung gebracht werden durfte, wo beide Franz Ferdinand und Sophie am 3. Juli eingesegnet wurden. Franz Ferdinand, dem Befehlshaber der ganzen k. u. k. Armee wurde aber die feierliche militärische Einholung vom Bahnhof zur Hofkapelle nicht zugestanden. Am Abend des 3. Juli wurden beide Särge auf gewöhnlichen Leichenwagen, also nicht auf den Leichenwagen des Hofes, zum Westbahnhof und von dort per Bahn nach Pöchlarn gebracht. Es war das erste und einzigemal, daß ein österreichisch-ungarischer Thronfolger kein Hofbegräbnis erhielt. Aber Fürst Starhemberg, der die Weisungen des Obersthofmeisters ignorierte, folgte mit allen Erzherzogen und militärischen Würdenträgern den Leichenwagen von der Burg zum Westbahnhof. Am 4. Juli, um 2 Uhr morgens, trafen die Särge in Pöchlarn ein und wurden mit einer Fähre über die Donau nach Artstetten gebracht, wo Erzherzog Franz Ferdinand mit seiner Gemahlin Sophie beigesetzt wurde, wie es der Erzherzog in seinem Testament angeordnet hatte, weil nur er allein in der Kapuzinergruft, der Begräbnisstätte der Habsburger, hätte beigesetzt werden dürfen. Der Sockel, der die beiden Sarkophage trägt erhielt die dem Schicksal des Paares gerecht werdende Inschrift: „Verbunden durch das Band der Ehe - Vereint durch das gleiche Geschick."

Fremde Souveräne waren gebeten worden, nicht zum Begräbnis des Thronfolgers zu kommen. Die Waisen der Ermordeten nahm die Schwester der Herzogin Sophie, Henriette Chotek, in ihre Obhut.

Der Attentäter von Sarajevo Gavrilo Prinzip, der erst neunzehn Jahre alt war, konnte nicht wie die anderen Verschwörer zum Tod verurteilt werden. Er wurde zu lebenslangem Kerker verurteilt und erlag auf der Festung Theresienstadt zwei Jahre später der Tuberkulose. In der Gerichtsverhandlung sagte Princip „Es tut mir nicht leid, was ich getan habe, ich habe ein Übel aus dem Weg geräumt."

Die großen Nationalitätenprobleme in den Ländern der Stephanskrone – Die radikalen Madjarisierungsmaßnahmen der Chauvinisten

Das Nationalitätengesetz vom 4. Dezember 1868 deklarierte Ungarn zum einheitlichen Nationalstaat und seine Bevölkerung zur einheitlichen ungarischen politischen Nation und anerkannte nur mehr verschiedensprachige ungarische Staatsbürger. Das Gesetz verkündete die bürgerliche Gleichberechtigung der Nationalitäten, den freien Gebrauch der Muttersprache auf der niederen Verwaltungsebene (Gemeinde), bei den Gerichten, in den Volks- und Mittelschulen und gewährleistete prinzipiell das Recht zu Vereinsgründungen sowie die kirchliche Autonomie. Als ausschließliche Staatssprache wurde das Ungarische erklärt, so daß die Gemeinden untereinander, die weltlichen und geistlichen Jurisdiktionen in ihren Protokollen, die Grundbuchämter, alle Prozesse auf die offizielle Staatssprache angewiesen waren. Ende 1868 erging auch das Volksschulgesetz und wurde im Gesetzartikel (GA) XXXVIII/1868 verankert. Dieses Gesetz ermächtigte die ungarische Regierung, staatliche Volksschulen einzurichten, wo es keine gab bzw. wo die konfessionellen Schulen den gesetzlichen Anforderungen nicht entsprachen. Das Gesetz sah auch die Errichtung weiterer Lehrerbildungsanstalten vor, erweiterte die Aufsicht über die Konfessionsschulen, schrieb die Unterrichtsgegenstände vor und regelte so in gewissem Sinn auch den Unterricht und den Lehrstoff. Das Gesetz bestimmte auch die allgemeine Schulpflicht für alle Kinder vom 6. bis zum 12. Lebensjahr und den Unterricht in der Muttersprache der ortsansässigen Bevölkerung. Im großen und ganzen war die Volksschule zur Gemeindesache mit subsidiärer finanzieller Haftung des Staates erklärt worden.

Nach der Niederschlagung der Rebellion in Ungarn erhielt das Schulwesen in Ungarn ein vollkommen österreichisches Gepräge.

Das Toleranzedikt Kaiser Joseph II. brachte den Protestanten die Möglichkeit der freien Religionsausübung, wenn auch mit Einschränkungen. An Selbständigkeit und Eigeninitiative gewöhnt, nützten die Protestanten die Möglichkeiten, die ihnen dieses Dokument einräumte, aus. Ein neuerliches Aufblühen der protestantischen Schule äußerte sich in neuen Schulbauten und Schulgründungen. 1875 wurde eine evangelische Bürgerschule in der deutschen Stadt Ödenburg gegründet, nachdem schon 1845 eine Lehrerbildungsanstalt in Oberschützen und 1857 eine solche in Ödenburg ihre Tätigkeit aufgenommen hatte.

Das Jahr 1860 brachte eine Wende im ungarischen Schulwesen. Durch ein Patent Kaiser Franz Josephs wurde die oberste Leitung des ungarischen Schulwesens, das seit 1849 immer stark dem österreichischen angeglichen war, von Wien nach Ofen/Pest abgetreten. Von diesem Zeitpunkt an ging die Entwicklung im Schulwesen in Österreich und Ungarn in verschiedene Richtungen. In der weiteren Folge erhielt Ungarn 1867 mit dem Ausgleich noch das eigene Gesetzgebungsrecht, welches sich schon im darauffolgenden Jahr auf schulischem Gebiet durch das Schulgesetz von 1868 auswirkte. Dieses für das niedere Schulwesen geltende Gesetz war für die starken nichtmadjarischen Nationalitäten von großer Wichtigkeit. Das höhere Schulwesen wurde erst 1883 gesetzlich geregelt. Nach 1880 wurden in den Städten und Märkten vierklassige Bürgerschulen für Knaben und Mädchen mit madjarischer Unterrichtssprache errichtet.

Durch das Schulgesetz Graf Albert Georg Apponyis, der von 1906-1910 Kultusminister war, wurde zwar der unentgeltliche Volksschulunterricht eingeführt, aber die deutschen Elementarschulen mußten verschwinden. Die Folgen dieses Gesetzes für die Bevölkerung, 1,8 Millionen Deutsche, waren deprimierend. Die in ungarischen Schulen unterrichteten deutschen Schulkinder, oder die deutschen Schulkinder, denen in deutschsprachigen Gemeinden ungarische Lehrer, die kein Wort deutsch verstanden, vor die Nase gesetzt worden waren, konnten schließlich weder richtig deutsch noch richtig ungarisch. Dies wieder führte in den deutschsprachigen Bauerndörfern zu einem empfindlichen Kulturrückgang. Die unter Apponyi einsetzende radikale Madjarisierung betraf aber auch die anderen Nationalitäten der Länder der Stephanskrone, die ebenfalls empört auf den madjarischen Chauvienismus reagierten.

Ein weiteres Gesetz betraf die Gemeinden unmittelbar, und zwar der Gesetzesartikel IV/1898 über die Gemeinde- und sonstigen Ortsnamen. Es legte fest, daß jede Gemeinde nur einen amtlichen Ortsnamen führen durfte, und zwar den vom ungarischen Innenministerium in der Staatssprache festgestellten Namen, ohne Rücksicht darauf, daß gewisse Urkunden nicht in der Staatssprache ausgestellt werden. Zum Zweck der Evidenthaltung der Gemeinde- und sonstigen Ortsnamen wurde beim königlich Ungarischen Statistischen Zentralamt ein ständiges Landes-Gemeindestammbuch errichtet. In Hinkunft war in allen Staats-, Munizipal- und sonstigen amtlichen Akten, auf Gemeindesiegeln, Stampiglien und Bezeichnungstafeln, ferner in der Geschäftsgebarung ausschließlich der amtliche ungarische Name der

Gemeinde nach jener Schreibart zu verwenden, wie sie im Landes-Gemeinde-stammbuch eingetragen war. Im Text gerichtlicher Firmeneintragungen in den eine regierungsbehördliche Genehmigung oder Vidimierung erfordern-den Urkunden und sonstigen Schriften sowie in einer jeden öffentlichen Glaubwürdigkeit und einen amtlichen Charakter besitzenden anderen Rela-tion war die Benützung des amtlichen Namens zwar obligatorisch, doch konnte neben diesen Namen die hievon abweichende Benennung in Klam-mern ersichtlich gemacht werden. Ausgenommen von diesen gesetzlichen Bestimmungen waren nur die in den Lehrbüchern neben den amtlichen Namen erklärend angeführten abweichenden geschichtlichen oder in allge-meiner Benützung stehenden Namen. Daß auch diese radikalen Madjarisie-rungsmaßnahmen bei allen nichtmadjarischen Nationalitäten in Ungarn für beträchtliche Unruhen sorgten, war nicht verwunderlich. Ein Beispiel: Im Protokoll der deutschen Gemeinde Gschieß (Schützem am Gebirge) vom 12. August 1905 sehen wir, daß der Vizegespan des Komitates Ödenburg unter Zahl 11.045 den Vertretungskörper der Gemeinde auffordert, seine Generalversammlungsprotokolle in Hinkunft in ungarischer Sprache abzufas-sen: „Der Gemeindevertretungskörper möge seiner patriotischen Gesinnung Ausdruck verleihen und beschließen, die Sitzungsprotokolle in Hinkunft in ungarischer Sprache zu verfassen." Dieser Aufforderung entgegen wurde im Gemeinderat mit Stimmenmehrheit beschlossen: „Der Gemeindevertre-tungskörper wünscht einstweilen die Protokolle weiter in deutscher Sprache zu verfassen, nachdem gegenwärtig die Repräsentanz kaum einige Mitglieder zählt, die der ungarischen Sprache mächtig sind und somit die korrekte Lega-lisierung des ungarisch verfaßten Protokolls kaum möglich wäre. Wenn nach Ergänzung des Vertretungskörpers mehrere der ungarischen Sprache mächti-ge Mitglieder sein sollten, ist diesbezüglich der Generalversammlung ein neuer Antrag zu stellen." In diesem Gemeinderatsbeschluß spiegelt sich wohl der Widerstand der deutschsprachigen Gemeinde Gschieß, der der ungari-sche Ortsname „Sercz" aufgezwungen worden war, gegen die von den ungari-schen Behörden angestrebte Madjarisierung der Gemeinde. Das Sitzungspro-tokoll vom 27. Juli 1906 mußte auf Anordnung des Oberstuhlrichters Wolf (auf Weisung des Komitats) als erstes Sitzungsprotokoll in ungarischer Spra-che abgefaßt werden und die Gemeinderäte, die das Protokoll auf seine Rich-tigkeit zu überprüfen hatten, waren darauf angewiesen, daß ihnen der Kreis-notär (Gemeindesekretär) dessen Richtigkeit verbürgte. Der Kreisnotär der Gemeinde Gschieß durfte in weiterer Folge die Sitzungsprotokolle des Gemeinderats nur mehr in ungarischer Sprache schreiben. Die ungarischen Behörden hatten sich über den Einspruch der Gemeinde einfach hinwegge-setzt. Und es war den ungarischen Behörden egal, ob die deutschsprechenden

Gemeinderäte die ungarisch geschriebenen Sitzungsprotokolle lesen konnten oder nicht. Damit war dem Gemeinderat das Ungarische ebenso aufgezwungen worden wie die ungarische Schreibweise des Ortes,der seit 1390 Gschieß geheißen hatte.

Graf Apponyi, der als Kultusminister dem Kabinett II des ungarischen Ministerpräsidenten Alexander Wekerle angehörte, wurde von Wekerle, der von 1906-1910 regierte, in bezug auf seine radikalen Madjarisierungsmaßnahmen, die keiner der Vorgänger Apponyis so konsequent durchgezogen hatte, völlig freie Hand gelassen, weil Wekerle die Unterstützung der Nationalpartei Apponyis im Parlament benötigte. Apponyi, der schon einige Male die Farbe gewechselt hatte, entpuppte sich nicht nur als Opportunist sondern auch als Chauvinist übelster Sorte, und hunderttausende Schulkinder aller nichtmadjarischen Nationalitäten mußten in den Schulen ungarisch lernen, obwohl den nichtmadjarischen Nationalitäten Ungarns im Landesgesetz- und Regierungsblatt für das Königreich Ungarn Nr. 18/1850 zugesichert worden war, daß in Amtsgebieten mit gemischter Bevölkerung jedem Volksstamm der gleiche Schutz seiner Rechte und die Pflege seiner sprachlichen und sonstigen Interessen im Sinne der Reichsverfassung vom 4. März 1849 gewährleistet und verfügt und überwacht werden mußte, daß jeder Sprachzwang in Kirche und Schule beseitigt und die Gleichstellung der landesüblichen Sprachen erfolgt. Weiters wurde in diesem Landesgesetz- und Regierungsblatt verfügt, daß alle Kundmachungen und Erlässe der öffentlichen Organe und Behörden in den in ihrem Distrikt oder Bezirk üblichen Landessprachen veröffentlicht werden und daß bei allen politischen Behörden die Geschäfte mit den Parteien in den in ihrem Amtsgebiet üblichen Sprachen verhandelt, folglich sowohl schriftliche Eingaben als auch mündliche Bitten und Beschwerden in jeder im Amtsgebiet üblichen Sprache angenommen und ebenso die Bescheide und Erlässe an die Parteien in der bezüglichen Sprache hinausgegeben werden. Dies alles hatte Ungarn beim Augleich von 1867 anerkannt. Apponyis Madjarisierungsmaßnahmen waren daher madjarische Willkür an allen nationlen nichtmadjarischem Völkern Ungarns, die mehr als die Hälfte der Gesamtbevölkerung ausmachten.

Durch den von Franz Joseph I. am 12. Juni 1867 genehmigten ungarischen Gesetzesartikel XII des Jahres 1867 wurde eine selbständige ungarische Reichshälfte mit selbständiger Gesetzgebung und Verwaltung und einem eigenen ungarischen Ministerium geschaffen. Diese staatsrechtliche Neuordnung führte zur Vorherrschaft der Magyaren gegenüber den anderen in Ungarn lebenden Völkern, was naturgemäß auch für die politische und kulturelle Entwicklung auf dem Boden des heutigen Burgenlandes lebenden deutschsprechenden und kroatischsprechenden Bevölkerung von weittragender Bedeutung wurde. Konnte bisher die volklich-kulturelle Entwicklung der deutschsprechenden Mehrheitsbevölkerung und der kroatischen Minderheit ziemlich ungestört vor sich gehen, so änderte sich dies seit dem Zeitpunkt, da die magyarische Intelligenz und mit ihr breitere Schichten der magyarischen Bevölkerung von der Ausschließlichkeit der nationalmagyarischen Idee erfaßt wurden.

Das Schulwesen Ungarns und damit auch des Gebietes, das das heutige Burgenland darstellt, lag damals fast ausschließlich in der Hand der katholischen und der evangelischen Kirche und beruhte hinsichtlich der katholischen Schulen auf der 1845 erlassenen „Systema scholarum" und bezüglich der evangelischen und israelischen Schulen auf dem Gesetzartikel XXVI vom Jahre 1791, nach dem allen nichtkatholischen Kirchen die Schulselbstverwaltung eingeräumt war und diese berechtigt waren, auf ihre Kosten überall Schulen zu errichten, Lehrer anzustellen und die Schulverwaltung selbst zu führen. Im Rahmen dieser Entwicklung konnte 1845 durch Pastor Gottlieb August Wimmer mit Unterstützung der evangelischen Kreise des Auslandes und des Königs Friedrich Wilhelm IV. von Preußen in Oberschützen eine evangelische Lehrerbildungsanstalt errichtet werden, aus der der Lehrernachwuchs für viele deutschsprachige evangelische Schulen des heutigen Burgenlandes und des übrigen damaligen Ungarns hervorging. Ebenso hatten auch die Juden des heutigen Burgenlandes, die bis zur Mitte des 19. Jahrhunderts im Verband der „Siebengemeinden" (Eisenstadt, Mattersburg, Deutschkreuz, Lackenbach, Kobersdorf, Frauenkirchen und Kittsee) eine administrativ-rechtliche Vertretung besaßen, ihr eigenes Schulwesen, doch hörten nach der im Jahre 1867 erfolgten gesellschaftlichen und politischen Gleichberechtigung der jüdischen Bevölkerung die Ghettos im eigentlichen Sinne auf; nur in Eisenstadt deckte sich der Bereich der israelischen Kultusgemeinde mit dem der Gemeinde-Eisenstadt-Unterberg. Nach der Niederwerfung der ungarischen Revolution unterstand das Schulwesen dem Unterrichtsministerium in Wien, das seit 1850 bedeutende Reformen in der Schulverwaltung durchführte.

Das änderte sich schlagartig, als mit dem Inkrafttreten des sogenannten „Ausgleiches" die Schulgesetzgebung und Schulverwaltung ausschließlich in die Zuständigkeit des ungarischen Ministeriums fiel. Durch die Erlassung der vom Unterrichtsminister Eötvös veranlaßten Gesetzesartikel XXXVIII und XLIV aus dem Jahr 1868 vorerst den sprachlichen Minderheiten und damit auch der deutschsprechenden und kroatischsprechenden Bevölkerung des heutigen Burgenlandes ihre kulturellen Rechte verbürgt und die Errichtung von Staats-, Gemeinde-, konfessionellen und Privatschulen ermöglicht. Während die Staats-, Gemeinde und Privatschulen der unmittelbaren Aufsicht des Unterrichtsministeriums in Budapest unterstanden, lag die Führung der konfessionellen Schulen in der Hand der betreffenden Religionsgemeinschaften, doch war auch bezüglich dieser Schulen dem Staat das Recht der obersten Aufsicht eingeräumt. Allerdings wurden die minderheitsrechtlichen Bestimmungen des erwähnten Gesetzesartikels kaum jemals in die Praxis umgesetzt. War 1867 noch verordnet worden, daß jedes Kind lernen müsse, sich in seiner Muttersprache und in der magyarischen Sprache klar auszudrücken, so wurde zwei Jahre später die magyarische Staatssprache obligatorisch eingeführt; Lehrer, die nicht magyarisch konnten oder diese Sprache nur mangelhaft beherrschten, mußten in den Ruhestand treten oder einen mehrwöchigen magyarischen Sprachkurs besuchen. Schon vorher waren zur Pflege der magyarischen Sprache sogenannte „Ungarische Lesevereine" gegründet worden - so auch in Eisenstadt im Jahre 1835 - und viele deutsche Stadtbürger hatten ihre Kinder auf ein bis zwei Jahre nach Innerungarn geschickt, damit sie sich dort die Staatssprache aneigneten. Diese Bestrebungen wurden alsbald auch von den Komitaten eifrig gefördert. Im November 1884 erließ das Eisenburger Komitat, zu dem ehedem das ganze heutige südliche Burgenland gehörte, eine Anordnung (Reglement) über die Verwaltung der sogenannten ungarischen Sprachfudation, aus der künftighin diejenigen Lehrkräfte belohnt werden sollten, die in nichtmagyarischen Gemeinden sämtliche Lehrgegenstände in der ungarischen Sprache unterrrichteten. Außerdem wurde diese Stiftung, aus der jährlich die Zinsenerträgnisse eines Kapitals von 15.000 fl. zur Verfügung standen, für den Ankauf magyarischer Schulbücher und die Unterbringung von Schülern nichtmagyarischer Volkszugehörigkeit in magyarischen Gemeinden verwendet. Der Gestzartikel XXVI aus dem Jahr 1895 griff stark in die Rechte der konfessionellen Schulerhalter hinsichtlich der Lehrerernennungen und der Disziplinargewalt ein. Den schulerhaltenden Religionsgemeinschaften wurden die vielfach sehr begehrten und oft dringend benötigten Staatssubventionen nur unter der Bedingung gewährt, daß gegen eine „staatsfeindliche Einstellung" der Lehrer eingeschritten werde, worunter nichts anderes zu verstehen war als das Mißachten der Madjarisierungsmaßnahmen. Die Muttersprache wurde nur noch in wenigen Wochenstunden unterrichtet. Ein Beispiel für das Vorgehen der ungarischen Regierung in dieser Hinsicht ist die Behandlung der Frage der Gewährung einer Staatssubvention an die evangelischen Lehranstalten in Oberschützen, die bis zu ihrer völligen Madjarisierung vom ungarischen Unterrichtsministerium aus kleinlichen Beweggründen Verwarnungen über Verwarnungen erhielten und denen die Gewährung einer Staatssubvention nur unter der Bedingung in Aussicht gestellt wurde, daß die Unterrichtssprache ausschließlich die magyarische sei, die bisher gebrauchten deutschen Lehrbücher entfernt, alle der magyarischen Sprache nicht vollkommen mächtigen Lehrer entlassen und die Hilfe des Gustav-Adolf-Vereines nicht mehr in Anspruch genommen werde. Die völlige Madjarisierung des heute burgenländischen Schulwesens brachte aber das im Jahre 1907 erlassene Schulgesetz (Gesetzartikel XLIV) des damaligen ungarischen Unterrichtsministers Graf Apponyi, wodurch der Gebrauch der Muttersprache als Unterrichtssprache völlig unterbunden und die Bestimmungen des Schulgesetzes aus dem Jahr 1868 völlig gegenstandslos gemacht wurden. Der Geist dieser Maßnahmen geht auch aus einem vom Vizegespan des Ödenburger Komitates, zu dem damals die Bezirke Eisenstadt, Mattersburg und Oberpullendorf gehörten, im Jahr 1908 erlassenen Aufruf hervor, in dem zur Spendensammlung zwecks Belohnung der Verbreitung der ungarischen Sprache aufgerufen wurde. Dieser Aufruf schloß mit den Worten: „Das Komitat will die patriotische Arbeit besonders ehren , die der Lehrer in der Schule verrichtet, indem er die magyarische Sprache beliebt und populär macht im Kreise jener Jugend, die an der Grenzlinie des Landes, in der gefährlichen Nähe einer fremden Kultur, von den Lippen ihrer Väter bisher nur fremdes Wort gehört hat." Im Zuge dieser Bestrebungen wurden im Grenzgebiet, im heutigen Burgenland, zu Niederösterreich und der Steiermark und in den Bezirksvororten sowie größeren Siedlungen des Landes Staatsvolksschulen und Staatsbürgerschulen errichtet, deren vornehmste Aufgabe es war, die Madjarisierung vorwärtszutreiben.

Als Folge dieser Maßnahmen wurden die deutschsprechende und die kroatischsprechende gebildete Schicht des Landes, die nunmehr rein magyarische Schulen besuchten, bewußt ihrem eigenen Volk entfremdet; sie gingen zum großen Teil im magyarischen Staatsvolk auf. Diese Intelligenzschicht, Lehrer, Pfarrer und öffentliche Beamte, gab vielfach unter Zulegung eines magyarischen Namens die von ihren Vorfahren überkommenen deutschen und kroatischen Familiennamen auf, ihre Umgangssprache wurde gleich der Amtssprache das Magyarische.

Von dieser Entwicklung blieb die bäuerliche deutsche und kroatische Bevölkerung unberührt und konnte sich durch ihr Abseitsstehen vom politischen und kulturellen Leben der gebildeten Schichten ihre Muttersprache und ihr überliefertes Brauchtum erhalten. Es kann aber auch nicht wundernehmen, wenn in diesen Jahrzehnten die literarische Erzeugnisse in deutscher Sprache immer seltener wurden und sich größten Teils auf die Mundartdichtung beschränkten. Es seien die Gedichtbände „Ungarland, mein Vaterland" und „Gedichte aus Kukmirn" von Johannes Ebenspanger und die Sagenumdichtungen des Robert Zisper (beide aus Oberschützen) sowie die mundartlichen Gedichte des um die Angliederung des Burgenlandes an Österreich verdienten Josef Reichl („Hinter Pfluag und Aarn" u. a.) erwähnt. In gleicher

Weise hatten die Kroaten des Burgenlandes in Mate Miloradic einen dichterischen Verkünder ihres Volkstums und ihrer burgenländisch-kroatischen Sprache gefunden.

Die 1882 gegründete „Eisenstädter Zeitung" mußte ab 1. Januar 1899 den Namen „Kismartoner Zeitung" führen; weiters wurden 1902 die Behörden verständigt, daß der offizielle Name von Eisenstadt von nun an „Kismarton" ist. Eisenstadt ist auf den amtlichen Zuschriften nicht mehr zu gebrauchen (Eisenstädter Zeitung 1902/38). Der Casino-Verein beschloß 1907 die Eliminierung des „Budapester Tagblattes", weil durch die Beseitigung der deutschsprachigen Blätter die Bewohnerschaft leichter zu madjarisieren sein wird (Eisenstädter Zeitung 1907/49). Laut Eisenstädter Zeitung 1909/1, Seite 3 wurden im Krankenhaus der Barmherzigen Brüder die Gesangsmessen und Litaneien seit zwei Monaten ausschließlich mit ungarischen Gesängen und Gebeten abgehalten. Laut Eisenstädter Zeitung 1909/25, Seite 3 erfolgte die Madjarisierung der Straßennamen und Hausnummerierungen, während laut derselben Zeitung 1891/30 die deutschen Firmentafeln zu entfernen und durch ungarische Aufschriften zu ersetzen waren. Die den deutschen und kroatischen Gemeinden aufgezwungenen ungarischen Ortsnamen wurden in der lokalen Presse verlautbart. Die territoriale Regulierung der Komitate wurde ebenfalls in Angriff genommen und betrafen Enklaven, Exklaven und privilegierte Distrikte. So wurden mit dem Gesetzartikel XX/1876, also schon neun Jahre nach dem Ausgleich, 47 königliche Freistädte bzw. mit der Juristiktion ausgestattete Städte als selbständige Munizipien aufgehoben - darunter auch Eisenstadt und Rust - und jenen Komitaten einverleibt, in deren Territorien sie lagen. Diese aufgehobenen Munizipien wurden in die Kategorie der „Städte mit geordnetem Magistrat" versetzt, wie sie Gesetzartikel XVIII/1871, das erste Gemeindegesetz, vorschrieb.

Nach dieser ungarischen Gemeindeordnung von 1871 war Eisenstadt keine „Königliche Freistadt" mehr, sondern eine „Stadt mit geordnetem Magistrat" und den ungarischen Komitatsbehörden unterstellt. Dies hatte einen Zuzug von ungarischen Beamten zur Folge zu denen sich noch zahlreiche ungarische fürstliche Beamte gesellten. Eisenstadt war 1648 „Königliche Freistadt" geworden und nun, 1871, nach 223 Jahren der Selbständigkeit zur „Stadt mit geordnetem Magistrat" abgewertet worden, obwohl sich die Eisenstädter 1648 die Freistadtrechte teuer genug erkauft hatten. Das Madjarische sollte in Eisenstadt zur Umgangssprache werden und so gesehen war es fast selbstverständlich, daß auf Apponyis Maßnahmen auch in der Eisenstädter Volks- und Hauptschule der Ungarischunterricht eingeführt wurde.

Mit der ungarischen Gemeindeordnung war auch die „Königliche Freistadt Rust" den Komitatsbehörden unterstellt und zur „Stadt mit geordnetem Magistrat" abgewertet worden, weil die Freistädte einfach nicht mehr in der Lage waren, dem immer stärker werdenden Druck der ungarischen Behörden zu widerstehen. Hatte die Einführung der madjarischen Amtssprache an Stelle des Lateinischen 1844 ein Durcheinander zur Folge, indem zum Beispiel die Liste der bei Stadtratsitzungen Anwesenden und das Datum in der Staatssprache, die Verhandlung selbst aber sowie die Beschlüsse in deutscher Sprache eingetragen wurden, hatte Rust 1843 und später wegen des Badhauses mit dem Fürsten Esterházy und noch weit über 1867 mit dem Komitat Ödenburg deutsch verhandelt, so hörte dies gegen 1880 endgültig auf. Madjarisch wurde auch in Rust alleinige Unterrichtssprache; Spuren des „Österreichertums" mußten verschwinden, so auch der Adlerbrunnen und deutsche Aufschriften; die schwarzen Teile der schwarzgelben Schnüre der Urkundenlibelle des Stadtarchivs wurden haarscharf abgeschnittem, nur am alten Luster der evangelischen Pfarrkirche erhielt sich ein Doppeladler. Die Straßennamen wurden patriotisch-madjarisch: Arpad- und Rákoczy-ut (Hauptstraße und Rathausplatz). Doch erhielten sich alte Straßentafeln, Ankündigungstafeln und die grüngelben Tore des Feuerwehrhauses wie Spuren einer „guten alten Zeit" bis heute. Rust war 1681 „Königliche Freistadt"; mit Sitz und Stimme im Reichsrat geworden und 1871 zur „Stadt mit geordnetem Magistrat" abgewertet worden, nachdem es 190 Jahre „Königliche Freistadt" gewesen war. Erst mit dem Anschluß des „Burgenlandes" an Österreich wurden Eisenstadt und Rust wieder richtige Freistädte. Der ungarische Ortsname war „Ruszt".

In der Marktgemeinde Neusiedl am See (ungarisch: Nezsider) mußte schon 1878/79 in der Oberstufe der Volksschule und der Bürgerschule der gesamte Unterricht in ungarischer Sprache erfolgen, obwohl Neusiedl am See deutsch war. 1880/81 wurden Lehrer für besondere Erfolge beim Oktroyieren der ungarischen Sprache Geldprämien aus der Szitasy-Stiftung als Belohnung ausgezahlt. Nur in der Unterstufe der Volksschule war noch die Verwendung der deutschen Muttersprache erlaubt worden. Das zeigt die Vielfalt der Methoden, mit denen die ungarische Regierung versuchte, den Deutschen Ungarns ihre Sprache aufzudrängen.

In Kittsee, einer kroatischen Gemeinde, hatten die Madjarisierungsmethoden ebenfalls wenig Erfolg. Der 1869 empfohlene madjarische Lehrer Pfeffermann wurde schon nach einem Jahr abgelehnt, weil er nicht kroatisch konnte. Die Klassenbücher der Jahre 1881/82 und 1882/83 weisen durchwegs schlechte Noten aus „Ungarischer Sprache" aus. Aber auch die Erwachsenen wurden schikaniert. Sie durften an keinen Wallfahrten nach Österreich teilnehmen. Trotz des Verbotes schlossen sich die Kittseer einer Prozession aus der Schüttinsel nach Wolfsthal an, wurden aber von den ungarischen

Grenzwächtern zurückgewiesen. Hatten die Kroaten in Kroatien, also in großen geschlossenen kroatischen Sprachgebieten eher die Möglichkeit, der madjarischen Willkür zu trotzen, so waren die Kroaten in den weit von Kroatien entfernten Sprachinseln meist auf sich allein gestellt, also in einer weit schwierigeren Position wie ihre Landsleute in der alten Heimat. Trotzdem sehen wir aus den vorangeführten Klassenbüchern und der sechs Jahre später erfolgten Ablehnung des ungarischen Lehrers, daß auch die Kroaten in der Diaspora ihre nationale Identität zu wahren wußten.

Aber auch der große Orden der Zisterzienser, der schon 700 Jahre segensreich in Ungarn wirkte, kam nach dem Ausgleich von 1867 in Ungarn durch Chauvinisten in große Schwierigkeiten. Die Zisterzienserabtei St. Gotthard im Komitat Eisenburg wurde 1878 dem Zisterzienserstift Heiligenkreuz gewaltsam weggenommen und mit der Abtei Zircz vereinigt, damit der österreichische Einfluß unterbunden werden konnte, weil die Zisterzienser des Stiftes Heiligenkreuz zum Unterschied der Zisterzienser in Zircz, Ausländer (Deutsche) waren.

Ähnlich war es auch im Komitat Wieselburg: Am Ufergelände des Neusiedlersees, dem 700jährigen Arbeitsfeld der Zisterzienser, bestanden zur gleichen Zeit 4 Pfarren (jetzt drei), welche der Abtei Heiligenkreuz inkorporiert waren und mit Stiftspriesern besetzt wurden. Die vier Orte: Winden, Steinbruch, Podersdorf und Mönchhof waren in den Achtzigerjahren blühende Klosterdörfer, die vom rühmlichen Einsatz der Ordensmitglieder zeugten. Die in diesen Gemeinden wirkenden fünf Zisterzienserpriester waren, nach Ansicht des Ordens, keine Fremdlinge in Ungarn oder Eindringlinge und hatten in ihrer Tätigkeit „keinen ausländischen Anstrich". Die fünf Ordenspriester waren alle Eingeborene des Landes, sie hatten ein ungarisches Obergymnasium absolviert, waren also, der Staatsangehörigkeit nach, Ungarn. Die theologischen Studien hatten sie an der Universität Wien oder an der Hauslehranstalt des Stiftes absolviert und ist deswegen ihrer Nationalität ebenso wenig Abbruch geschehen, wie jener großen Anzahl von Ungarn, die als Zöglinge des Pazmaneums in Wien studierten. Die Abtei Heiligenkreuz erwies Ungarn damit wohl einen Dienst, daß sie ungarische Abiturenten aufnahm, zu Ordenspriestern ausbilden ließ und diese, nach dem Abschluß ihrer Studien wieder zur Seelsorge nach Ungarn zurückschickte.

Sieben Jahrhunderte hindurch teilten die Zisterzienser am Neusiedlersee Freud und Leid mit den Bewohnern dieses deutschsprachigen Grenzlandes, das ihnen zur zweiten Heimat geworden war. Unschätzbare Dienste haben die Zisterzienser dem Land erwiesen, indem sie die Zivilisation, Förderung der Landwirtschaft und Kultur zum Blühen brachten. Generationen fleißiger Mönche arbeiteten hier und konnten auf eine 700jährige Tätigkeit zurückblicken. Und nun sollten sie das Bürgerrecht nicht ebenso besitzen, wie andere Landesbewohner, die es schon nach einigen Jahren ersessen hatten?

Besondere Schwierigkeiten gab es auch um den zum Klostergut Königshof gehörenden Steinbruch (Kaisersteinbruch). Der ungarische, lutherische Abgeordnete des Wahlkreises Zurndorf Czerny machte in der Revolutionszeit dem Orden in seiner Rede vor dem Pester Parlament den Vorwurf, daß auch die in Königshof stationierten Ordensmitglieder Ausländer (Österreicher) seien, die sich in das ungarische Milieu nicht hineinfinden können und plädierte dafür, daß man dem Stift Heiligenkreuz die in Ungarn befindlichen Güter und Pfarren ablösen möge, um diese dem ungarischen Haus des Ordens, der Zisterzienserabtei Zircz zu überantworten. Im Stift fragte man sich, ob diejenigen, die ihre Abstammung auf über 700 Jahre zurück urkundlich beweisen können, noch nicht das Staatsbürgerrecht in den Klosterdörfern der Komitate Eisenburg und Wieselburg erworben haben sollten? Hätte der Abgeordnete nachgefragt, so hätte er erfahren müssen, daß alle sechs Kapitulare - denen er vorwarf Ausländer zu sein - , die aber im Komitat Wieselburg die Stelle eines Pfarrers oder Gutsverwalters bekleiden, geborene Ungarn sind, die, wie jene in St. Gotthard, ihre Gymnasialstudien in Ungarn absolviert und im Stift zur Priesterausbildung aufgenommen worden waren, um nach diesen Studien in Ungarn zu wirken. Sie waren gewiß ebenso gute ungarische Staatsbürger wie der Deputierte selbst, der wissend das Gegenteil behauptete und damit eine haarsträubende Ungerechtigkeit beging. Diejenigen also sollten ausgewiesen werden, die in Ungarn uneigennützige Arbeit leisteten, was man vom parteiischen Abgeordneten Czerny wohl nicht behaupten konnte, weil dies sozialistischen Hetzern, die das Klostergut unter sich aufteilen möchten, genehm wäre, schrieb Pater Winkler.

Czerny war von den reichen Steinmetzmeistern in Kaisersteinbruch, die sich wegen einer geringfügigen Erhöhung des Pachtzinses gegen das Stift, dem der Steinbruch gehörte, erhoben hatten, beauftragt, dem Stift Schwierigkeiten zu bereiten, ja sie klagten sogar das Stift. Der Vizegespan des Komitates Wieselburg Joseph Öshegyi untersuchte im Auftrag der Komitatsversammlung die gegen das Stift erhobenen Vorwürfe und fand, daß diese vor Lügen strotzten, worauf das Komitat das Verfahren gegen das Stift einstellte. Das Stift stimmte aber, weil die Steinmetzmeister ständig Schwierigkeiten ersannen 1912 dem Kaufantrag des k. u. k. Militärlagers Bruck an der Leitha zu, das den Stiftsbesitz erwerben wollte, worauf der Stiftsbesitz in den Truppenübungsplatz einbezogen wurde. Die Steinmetze, die sich, wie Pater Winkler in seinem Buch „Die Zisterzienser am Neusiedlersee" schreibt, nach dem sozialistischen Grundsatz „Gewalt geht vor Recht" ein Verfügungsrecht über die Stiftsgründe anmaßen wollten, gingen leer aus. Nach dem Verkauf von Kaisersteinbruch blieben dem Stift, bis zum heutigen Tag, nur die Pfarren Mönchhof, Podersdorf am See und Winden am See mit den zu diesen Pfarren gehörenden Besitzungen, deren Ausdehnung in keiner Weise mehr mit mit jener der Schenkungsurkunde von König Andreas II. übereinstimmt.

Auch der Ortspfarrer der Zisterzienserpfarre Winden am See Pater Franz Xaver Wennes wurde, weil er als Zisterzienser als „Ausländer" galt, im Revolutionsjahr 1848 als Spion bezichtigt und von umherstreifenden ungarischen Revolutionären gefangengenommen, nach Neusiedl am See und von dort nach Preßburg und nach Pest gebracht, wo er nach sechswöchiger Gefangenschaft wieder entlassen wurde, weil man ihm nicht nachweisen konnte, daß er für Österreich spioniert habe. Pater Franz Xaver erhielt später, für sein aufrechtes Verhalten, von der Wiener Hofkammer eine Belobigung.

NACHTRAG

Die Ereignisse nach dem Zusammenbruch der Monarchie – Der Kampf um das Burgenland

Am 28. Oktober 1918 erfolgte die Ausrufung der Tschechoslowakischen Republik, mit der die 392jährige habsburgische Herrschaft über Böhmen und Mähren zu Ende ging.

Am 29. Oktober 1918 beschloß der kroatische Sabor in Agram den Zusamsenschluß der südslawischen Gebiete der Monarchie zu einem unabhängigen Staat und dessen Anschluß an Serbien. Am 1. Dezember erfolgte in Belgrad die feierliche Vereinigung dieser Länder mit Serbien und Montenegro zum „Königreich der Serben, Kroaten und Slovenen" unter der Dynastie Karegeorgewitsch.

Am 30. Oktober 1918 hat die „provisorische Nationalversammlung für Deutschösterreich" die von dem Sozialdemokraten Dr. Karl Renner ausgearbeitete provisorische Verfassung angenommen („Deutschösterreich ist ein Bestandteil der deutschen Republik"). Die Nationalversammlung wählte aus ihrer Mitte einen 22gliedrigen Staatsrat unter dem Vorsitz der drei Präsidenten Dr. Dinghofer (Deutschnationaler), Prälat Hauser (Christlichsozialer) und Karl Seitz (Sozialdemokrat). In der Nacht vom 30. zum 31. Oktober wurde die erste deutschösterreichische Regierung unter dem Vorsitz von Dr. Karl Renner berufen. Der letzte kaiserliche Ministerpräsident, Dr. Heinrich Lammasch, übergab am 31. Oktober der provisorischen Regierung die Regierungsgewalt. Der förmliche Rücktritt von Lammasch erfolgte am 11. November nach der Abdankung Kaiser Karls. Die provisorische Regierung erklärte über Antrag des Christlichsozialen Wilhelm Miklas die Farben rot-weiß-rot als Staatsfarben.

Am 2. November 1918 war der letzte gemeinsame Außenminister der Monarchie Graf Julius Andrassy der Jüngere ebenfalls zurückgetreten, der sich daran gemacht hatte, das Bündnis mit Deutschland, das Werk seines Vaters (von 1871) zu lösen und sofortigen Frieden zu schließen. Am 16. November 1918 wurde die Republik Ungarn unter der Führung des Grafen Michael Károly ausgerufen. Er begrüßte die vor dem Parlament in Budapest harrende Menschenmenge mit den Worten: „Mitbürger, die ungarische Nation hat gesiegt!" Zu dieser Stunde war aber bereits der größte Teil des damaligen Königreiches auf Grund der Bestimmungen des Waffenstillstandes, den Károly mit der Entente am 13. November in Belgrad geschlossen hatte, von fremden Truppen (Tschechen, Rumänen, Serben) besetzt. Károly wurde am 31. Oktober 1918 von Erzherzog Joseph, den Vertreter Kaiser Karls in Ungarn, mit dem Amt des Ministerpräsident betraut. Dem war vorausgegangen, daß Ministerpräsident Graf Stephan Tisza am 23. Mai 1917 auf Druck Kaiser Karls demissionierte. Tiszas Nachfolger waren vom 23. Mai bis 20. August 1917 Graf Moritz Esterházy und vom August 1917 bis 30. Oktober 1918 Alexander Wekerle, der wieder, wie schon früher, amtiert hatte. Am 30. Oktober 1918 war aber Graf Stephan Tisza von drei meuternden Soldaten in seinem Wohnhaus erschossen worden. Graf Tisza war von 1903-05 und von 1913-17 ungarischer Ministerpräsident, gründete 1910 die Nationale Arbeiterpartei, bekämpfte als Präsident des Abgeordnetenhauses 1912 die Opposition und widerstand in der Innenpoltik der Radikalisierung, der Erweiterung des Wahlgesetzes und den kulturellpolitischen Bestrebungen der um ihre Gleichstellung mit den Madjaren ringenden nationalen Minderheiten. Er war ein treuer Anhänger Kaiser Franz Josephs gewesen und hatte bei Ausbruch des Weltkrieges die erhöhten Kriegsanstrengungen Ungarns im ungarischen Parlament durchgesetzt.

Staatskanzler
Dr. Karl Renner

Am 11. November 1918 erließ Kaiser Karl I. an das deutsch-österreichische Volk folgendes Manifest: „Nach wie vor von unwandelbarer Liebe für alle meine Völker erfüllt, will ich ihrer freien Entfaltung meine Person nicht als Hindernis entgegenstellen. Im voraus erkenne ich die Entscheidung an, die Deutschösterreich über seine künftige Staatsform trifft. Das Volk hat durch seine Vertreter die Regierung übernommen. Ich verzichte auf jeden Anteil an den Staatsgeschäften. Gleichzeitig enthebe ich die österreichische Regierung ihres Amtes." Da sich Kaiser Karl weigerte, einen formellen Thronverzicht abzugeben, mußte er am 24. März 1919 Österreich verlassen. Er begab sich mit seiner Familie unter englischem Schutz in die Schweiz.

Von Feldkirch aus erließ Karl I. vor dem Grenzübertritt ein nicht veröffentliches Manifest vom 24. März 1919, in dem er feierlichen Protest gegen alle Maßnahmen erhob, die von der Nationalversammlung getroffen wurden. Nachhaltig protestierte er gegen die Thronentsetzung und erklärte alle getroffenen Maßnahmen für sich und sein Haus für null und nichtig.

Durch den Ausgang des Weltkrieges (1914-1918) der die Auflösung der Österreichisch-Ungarischen Monarchie bewirkte, erfuhr auch das Schicksal der Bewohner der Komitate Wieselburg, Ödenburg und Eisenburg, aus denen das heutige Burgenland hervorgegangen ist, eine jähe Wende. In dem Augenblick, als die Tschechen und Slowaken, Kroaten, Slovenen und Ungarn darangingen, eigene nationale Staaten zu bilden, war auch für die deutschsprechende und kroatischsprechende Bevölkerung Westungarns, die in ihrer Masse seit jeher kulturell und wirtschaftlich mit den angrenzenden altösterreichischen Ländern verbunden war, der Zeitpunkt gekommen, um für sich das vom amerikanischen Präsidenten Woodrow Wilson verkündete Selbstbestimmungsrecht in Anspruch zu nehmen. Bereits im alten österreichischen Parlament machten sich Bestrebungen geltend, die durch Nationalitätenkämpfe erschütterte Donaumonarchie in einen föderativen Bund von Nationalstaaten umzuwandeln, und ein Entwurf des Rumänen Aurel Popovici über die Bildung der „Vereinigten Staaten von Großösterreich" sah die Einbeziehung der deutschsprachigen Teile Westungarns in einen deutschösterreichischen Föderativstaat vor. In diesem Sinn forderte auch der Wiener Lehrer Josef Patry bereits im Jahr 1906 in seiner Schrift „Westungarn zu Deutschösterreich" die Angliederung der Komitate Preßburg, Wieselburg, Ödenburg und Eisenburg an die österreichische Reichshälfte. Ausgelöst wurden diese Bertrebungen vor allem durch die neuen, schon im vorigen Kapitel genannten Schulgesetze Graf Apponyis von 1906/07, mit denen der Druck auf die nichtmadjarischen Volksgruppen immer stärker geworden war, worauf sich diese zu organisieren begannen. Dies mußten auch die 1.8 Millionen Deutschen Ungarns, die, ebenso wie die anderen Minderheiten, gar keine andere Wahl hatten, wenn sie überleben wollten. Edmund Steinacker gründete daher schon am 30. Oktober 1906 in Werschetz im Banat die „Ungarländische Deutsche Volkspartei", welche die Anliegen aller Deutschen in den Ländern der Stephanskrone vertreten sollte. In den deutschsprachigen Gebieten Westungarns vertraten der Neusiedler Rechtsanwalt Dr. Karl Amon, der Heiligenkreuzer Karl Wollinger und der Frauenkirchner Dr. Meidlinger die Bestrebungen dieser Partei. Sie strebten vorerst die Autonomie innerhalb Ungarns die Gleichstellung neben dem magyarischen Staatsvolk sowie die Anerkennung und Erhaltung ihrer eigenen Kultur und politischen Vertretung an.

In Wien gründete der Lehrer Patry 1907 den „Verein zur Erhaltung des Deutschtums in Ungarn", während Thomas Polz aus Mönchhof seine burgenländischen Landsleute im Jahr 1913 zu einer Ortsgruppe „Deutsche Landsleute in Ungarn" zusammenfaßte. Eine gleichgerichtete Bewegung konnte damals freilich in Westungarn selbst trotz günstiger Ansatzpunkte angesichts der außerordentlich scharfen, völlig einseitig ausgerichteten madjarischen Nationalitätenpollitik der ungarischen Regierung nicht Platz greifen. Das änderte sich erst mit des Zusammenbruch der alten Monarchie. Der siebenbürgische Abgeordnete Brandsch forderte in der letzten Sitzung des alten ungarischen Reichstags an 23. Oktober 1918 für die deutsche Bevölkerung Ungarns das Recht der freien Betätigung ihrer eigenen Kultur und den Gebrauch ihrer Muttersprache. As 10. November 1918 wurde der „Deutsche Volksrat für Ungarn" gegründet, dem aus Westungarn Magister Adalbert Wolf aus Neusiedl am See und der schon genannte Karl Wollinger angehörten. Sie verlangten für die deutschsprechende Bevölkerung die Gewährung einer Kulturautonomie unter gleichzeitiger Erhaltung der „Unversehrtheit des ungarischen Vaterlandes". Aber bereits damals trat Wollinger im Namen der südlichen Bezirke des Landes für den Anschluß an die Steiermark ein. In Deutschwestungarn bildete sich unter dem Vorsitz von Géza Zsombor der „Deutsche Volksrat für Westungarn", um die Interessen der Bevölkerung dieser Komitate zu vertreten.

Hatte das durch die tatsächliche Entwicklung freilich rasch überholte Manifest des letzten österreichischen Herrschers Kaiser Karl infolge ungarischen Einspruchs darauf verzichten müssen, auch Ungarn in den geplanten Bund von Nationalstaaten innerhalb der Monarchie einzubeziehen, so forderten die Abgeordneten Lodgman und Heilinger noch in der letzten Sitzung des alten österreichischen Abgeordnetenhauses am 22. und 25. Oktober das Selbstbestimmungsrecht für die Deutschen Westungarns. Fünf Tage später wurde in einer Sitzung der inzwischen gebildeten provisorischen österreichischen Nationalversammlung folgende Entschließung des Abgeordneten Heilinger dem Vollzugsausschuß zur weiteren Behandlung zugewiesen: „In Vertretung des ungarischen Deutschtums, das einer parteipolitischen Vertretung entbehrt, fordern wir auch für dieses das freie Selbstbestimmungsrecht einschließlich des Rechtes der Bewohner der westungarischen Komitate Eisenburg, Wieselburg, Ödenburg und der Stadt Preßburg, die einen Teil des geschlossenen deutschen Sprachgebietes bildeten sich für den Anschluß an den deutsch-österreichischen Staat zu entscheiden." Mitte November befaßte sich die provisorische österreichische Nationalversammlung im Zusammenhang mit der Beratung über das österreichische Staatsgebiet neuerdings mit Westungarn. Auch diesmal war es der Abgeordnete Heilinger, der in der Sitzung am 14. November auf die unter der Bevölkerung Westungarns herrschende Anschlußstimmung hinwies und zum § 1 des Gesetzesentwurfes über das Gebietsgesetz folgenden Zusatz beantragte: „Zu Deutschösterreich gehören weiters auch die deutschen Gespanschaften Ungarns: Wieselburg, Ödenburg und Eisenburg und die durch ein späteres Gesetz näher zu bezeichnenden Teile des Komitates Preßburg". Die österreichische Regierung wollte jedoch angesichts der damaligen Situation diplomatische Auseinandersetzungen mit Ungarn vermeiden und erklären, man werde dem Antrag Rechnung tragen, aber in anderer Form. So wurde in der Staatserklärung über Umfang, Grenzen und Bezeichnung des Staatsgebietes von Deutschösterreich vom 22. November 1918 für die Republik Österreich die Gebietshoheit nur für das geschlossene deutsche Siedlungsgebiet innerhalb der bisher im Reichsrat vertretenen Länder in Anspruch genommen, doch bezüglich Deutsch-Westungarns ausdrücklich hinzugefügt: Die geschlossenen deutschen Siedlungsgebiete der Komitate Preßburg, Wieselburg, Ödenburg und Eisenburg gehören geographisch, wirtschaftlich und national zu Deutschösterreich, stehen seit Jahrhunderten in innigster wirtschaftlicher und geistiger Gemeinschaft mit Deutschösterreich und sind insbesondere der Stadt Wien zur Lebensmittelversorgung unentbehrlich. Darum muß bei den Friedensverhandlungen darauf bestanden werden, daß diesen deutschen Siedlungen das gleiche Selbstbestimmungsrecht zuerkannt werde, das nach wiederholten Erklärungen der ungarischen Regierung allen anderen Völkern Ungarns eingeräumt ist."

Inzwischen hatte die Anschlußbewegung an Österreich im Burgenland selbst immer mehr an Boden gewonnen. Am 28. November weigerte sich der größte Teil des neugebildeten Ödenburger Nationalrats, den Eid auf den Pester Nationalrat abzulegen, und verließ die Sitzung. Drei Tage vorher hatte der Bauer aus St. Margarethen namens Unger im Komitatshaus in Ödenburg die erste deutsche Rede seit fünfzig Jahren gehalten. Immerhin glaubte man damals im nördlichen Landesteil, die Interessen der Bevölkerung durch Einrichtung einer Selbstverwaltung (Autonomie) für dieses Gebiet innerhalb des ungarischen Staatswesens wahren zu können. So wurde in einer Volksversammlung in Neusiedl am See am 1. Dezember nach einer Ansprache des Abgeordneten Brandsch beschlossen, die Einberufung einer deutschen Nationalversammlung für Westungarn zu fordern, die über die Einrichtung einer Selbstverwaltung beraten sollte. Dagegen verlangte eine am 4. Dezember im Eltendorf (Bezirk Jennersdorf) stattgefundene Versammlung bereits den bedingungslosen und sofortigen Anschluß des südlichen Burgenlandes an Steiermark. Am 7. Dezember kam es in Mattersburg nach einer spontanen Kundgebung zur Ausrufung der „Republik Heinzenland"; die freilich nicht als selbständiges staatliches Sondergebilde gedacht war, sondern deren Errichtung nur den Anschluß an Österreich vorbereiten sollte. Ungarisches Militär konnte diese Bewegung nochmals mit Waffengewalt niederhalten.

Trotz alledem breitete sich die Anschlußbewegung immer mehr aus. Am 15. Dezember tagten in Heiligenkreuz die Vertreter von mehr als vierzig Gemeinden des südlichen Landesteiles und verlangten neuerlich den Anschluß dieses Gebietes an Österreich. Karl Wollinger wurde nach Wien gesandt, um Staatskanzler Dr. Renner und den österreichischen politischen Parteien diese Willenskundgebung des burgenländischen Volkes zur Kenntnis zu bringen. Gleichzeitig wurden in diesem Gebiet in einer großen Anzahl von Gemeinden schriftliche Volksabstimmungen durchgeführt mit dem Ergebnis, daß sich diese Gemeinden teils einstimmig, teils mit überwältigender Mehrheit für den Anschluß aussprachen. Aus den Abstimmungen, die heute im Burgenländischen Landesarchiv verwahrt werden, geht hervor, daß schon damals Gemeinden mit kroatischer Bevölkerungsmehrheit für den Anschluß stimmten.

Aber auch die in Wien lebenden Burgenländer waren nicht untätig geblieben. Am 15. Dezember fand hier im Rahmen des Vereines zur Erhaltung des Deutschtums in Ungarn die erste Vertrauensmännerversammlung der burgenländischen Landsleute statt und beschloß, alle Kräfte in den Dienst der Anschlußbewegung zu stellen, insbesondere durch Aufklärung der Wiener und der österreichischen Bevölkerung. Anfangs Januar 1919 befaßte sich eine neue Versammlung mit der westungarischen Frage, doch war auch hier, gleich wie im Burgenland selbst, die Auffassung noch keine einheitliche: Während der deutsch-ungarische Publizist Edmund Steinacker für die Erlangung der Selbstverwaltung eintrat, sah der bekannte Dichter des ungarländischen Deutschtums Adam Müller-Gutenbrunn die einzige Lösung im Anschluß an Österreich.

Die inzwischen begonnenen Verhandlungen zwischen der ungarischen Regierung und dem „Deutschen Volksrat" über die Erlassung des geforderten

Autonomiegesetzes nahmen infolge der Haltung der Regierung, der jedes Zugeständnis abgerungen werden mußte, einen langwierigen Verlauf. Im Lande selbst trat die Frage „Selbstverwaltung oder Anschluß" immer mehr in den Vordergrund. Ende Dezember lehnten die Vertreter des Güssinger und Jennersdorfer Bezirkes neuerlich die Errichtung einer Selbstverwaltung ab und wiederholten ihren Willen, sich Österreich anzuschließen. Das führte bei der Sitzung des deutschen Volksrates in Ödenburg am 30. Dezember 1918 zu Gegensätzen mit den Vertretern der nördlichen Landesteile.

Da brachte die am 1. Januar 1919 erfolgte Besetzung Preßburgs durch tschechische Truppen und der Rücktritt Jaszys als Nationalitätenminister der ungarischen Regierung eine neue Lage, die die Vertreter Westungarns zu raschem Handeln drängte. Die am 20. Januar 1919 in Ödenburg stattgefundene Volksversammlung der westungarischen Deutschen stellte ein Ultimatum, in dem gefordert wurde, das Autonomiegesetz bis 29. Januar zu erlassen, widrigenfalls Westungarn zu einer unabhängigen Republik erklärt oder der Anschluß an Österreich vollzogen werden würde. Nun gab die Regierung nach. Am 27. Januar 1919 wurde vom Ministerrat das sogenannte Autonomiegesetz (Volksgesetz Nr. 6 von 1919) verabschiedet. Auf Grund des Gesetzes, das von der Mehrheit der davon betroffenen Bevölkerung abgelehnt wurde, bildete sich ein deutscher Landesregierungsrat; Johann Junker trat als deutscher Minister in die Regierung ein, und Géza Zsombor wurde zum Gouverneur Westungarns bestellt. Aber sofort traf man ungarischerseits Gegenmaßnahmen. Das Gesetz wurde mit der „Serbischen Invasion" verglichen. Man war bestrebt, Ödenburg aus dem Autonomiegesetz auszuschließen, und schon trat eine „Propagandastelle für die Erhaltung der Integrität (Unversehrbarkeit) Ungarns" in Tätigkeit. So ist es nicht verwunderlich, daß das Autonomiegesetz die erwarteten Hoffnungen nicht erfüllte. In der Sitzung des deutschen Landesregierungsrates am 7. März wurden von den Vertretern Deutsch-Westungarns zahlreiche Beschwerden vorgebracht und die Übergabe der Vollzugsgewalt an die deutschen Selbstverwaltungskörper gefordert.

Auch die am 21. März erfolgte Übernahme der Regierungsgeschäfte durch die kommunistische Räteregierung änderte an der Lage nicht viel. Es wurde zwar ein deutscher Volkskommissar bestellt und in Ödenburg ein Gaurat für Deutsch-Westungarn eingesetzt, doch konnte auch jetzt bezüglich der Lösung der so brennenden westungarischen Frage kein nennenswerter Fortschritt erzielt werden. Dies veranlaßte Karl Wollinger, der jetzt entschieden für den Aschluß Deutschwestungarns an Österreich eintrat, zur Gründung der „Deutschen Freiheitspartei", die sich nicht damit zufrieden gab, daß die Deutschen Westungarns von den Siegermächten einfach einem Staat zugeordnet wurden. Wollinger verlangte das Selbstbestimmungsrecht. Er war der Vertreter des südlichen Westungarn im „Deutschen Volksrat für Ungarn" und im „Deutschen Volksrat für Westungarn". Während der Herrschaft der Räterepublik Béla Kuns wurde Wollinger von den Kommunisten in Budapest eingekerkert und während der Horty-Regierung als Hochverräter geächtet. Es gelang aber Wollinger, in die Steiermark zu fliehen.

Béla Kun, ungarischer Kommunist, * Szilágycseh (Siebenbürgen) 1855, + in der Sowjetunion um 1937, radikalsozialistischer Journalist; geriet im 1. Weltkrieg in russische Gefangenschaft, trat in Verbindung mit Lenin, erhielt ein Kommando in der Roten Armee und trieb bolschewistische Propaganda unter den ungarischen Kriegsgefangenen. 1918 kehrte er nach Ungarn zurück, organisierte die Kommunistische Partei und rief am 21. März 1919 in Budapest die Diktatur des Proletariats aus. Als Volkskommissar für auswärtige Angelegenheiten war er der leitende Kopf der Räteregierung. Nach dem Zusammenbruch der Räterepublik am 1. August 1919 floh Kun nach Wien und ging 1920, das sei vorweggenommen nach Rußland, wo er einer Säuberungsaktion Stalins zun Opfer fiel.

Erst die Ereignisse von 1919 bis 1921, der Terror der Räterepublik und des auf diesen folgenden „weißen Gegenterrors" hatten die Deutschen Westungarns dazu gebracht auch für sich das Selbstbestimmungsrecht zu fordern. Am 21. März 1919 hatten in Budapest die Komnunisten und die mit ihnen verbündeten Sozialisten handstreichartig die Macht übernommen und nach sowjetischem Vorbild eine Räterepublik errichtet. Schon einen Tag später, am 22. März, einigten sich auch in Ödenburg Kommunisten und Sozialisten und bildeten ein fünfköpfiges Direktorium, dem Berczeller, Knapp, Fischl, Farago und Entzbruder angehörten. Aber schon am 28. März war es mit der westungarischen Variante der Volksfront vorbei, denn Sandor Kellner traf als „Bevollmächtigter Volkskommissär mit diktatorischer Gewalt für Stadt und Komitat Ödenburg" ein und begann sofort mit der „Diktatur des Proletariats". Er erklärte: „Die Macht halten wir in den Händen! Die Diktatur ist zwar nicht unser Hauptziel, doch wir können ihrer nicht entbehren. Wir haben die Rohstoffe, fertigen Waren und Lebensmittel beschlagnahmt. Die Großbetriebe werden wir kommunisieren. Die Kleinbetriebe werden vorderhand belassen... Der freie Handel wird ausgeschaltet, denn den Handel wird der Staat übernehmen. Der freie Handel erwies sich ja als Erpressung und Raub... Das Wahlrecht wird nur jenem zustehen, der arbeitet. Die Bauernräte werden nur aus solchen zusammengesetzt, die keinen eigenen Boden haben. Die Mittelgrundeigentümer haben keinen Platz in den Räten ... Die Produktion werden Produktionsgenossenschaften leiten. Auch die Polizei wird einer Säuberung unterzogen. Männer, die dem alten Regime mit Leib und Seele ergeben waren, werden entfernt... Das Erscheinen klerikaler Blätter wird eingestellt... Nur dem Proletarier steht die Autononie zu, der früher besitzenden Klasse keine... Museen und Kirchengüter werden unter Sperre genommen..." Bald erschienen Volksbeauftragte in den Dörfern und installierten „Arbeiter-, Soldaten- und Bauernräte". Die gestandenen Sozialdemokraten, wie der tapfere Hans Suchard in Mattersburg wehrten sich nach allen Kräften gegen die „mit Ringen geschmückten" Volkskommissare, die offenbar alles andere als „echte Proletarier" waren. Der Großgrundbesitz wurde enteignet, nicht aber wie viele Klein- und Kleinstbauern hofften - aufgeteilt, sondern in „Genossenschaften" umgewandelt, tatsächlich aber den „Produktionskommissaren" unterstellt. Die Bauern weigerten sich, ihre Produkte „abzuliefern", nahmen das „Geld" der Räteregierung, einseitig bedruckte Zettel, nicht an. Die „Räte" reagierten so wie die russischen Bolschewiken: „Sonderbeauftragte" plünderten mit Unterstützung von „Roten Garden", Spezialtruppen des brutalen Tobor Szamuely, die Dörfer aus. Die Bauern begannen sich zu wehren, wie sie es immer getan hatten, wenn ihnen Unrecht geschah. Joseph Roth, Journalist und Schriftsteller, der mit der Räteregierung sypathisierte, stellte fest: „Der Kommunismus fand gerde in Deutsch-Westungarn am spätesten Eingang ‚..., und der zähe Konservativismus der west-ungarischen Bauernschädel machte der Budapester Räteregierung mehr zu schaffen als die politischen Umtriebe der gestürzten Magnaten und Junker...".

Die größte Gefahr sahen die Deutschen Westungarns in der geistigen Bedrohung, in der Umerziehung, in der Unterstellung ihrer Schulen unter die Kultursektion. Gausekretär der Kultursektion war Ludwig Leser, der spätere Führer der burgenländischen Sozialdemokratie, dem persönlich aber nichts vorzuwerfen ist. Sein Eintreten vor allem für die kulturelle Autonomie der Deutschen innerhalb Ungarns hat ihm viel Sympathie gebracht. Gegen die Auflösung der kirchlichen Schulen wehrten sich die Dörfer, zuerst die rein bäuerischen Gemeinden des Mittelburgenlandes. Daraufhin wurde der Pfarrer von Nikitsch, Anton Szemeliker, standrechtlich erschossen, um ein Exempel zu statuieren. Womit man genau das Gegenteil erreichte: es kam zu regelrechten Aufständen, im Raum Lockenhaus-Güns, in St. Margarethen, Eisenstadt und Pöttsching... Die Räteregierung setzte wieder die brutalen Spezialtruppen des Tobor Szamuely ein, die die Aufstände niederschlugen.

In dieser Situation verzichtete der Mönchhofer Thomas Polz, dessen Verein „Deutsche Landsleute aus Ungarn" während des Anschlußkampfes auf 600 Mitglieder angewachsen war, auf die Obmannstelle und trat sie am 28. März 1919 an den Gymnasialprofessor Dr. Alfred Walheim ab. Damit übernahm eine dynamische Persönlichkeit, schreib- und redegewandt, die Leitung des Vereins. Erst jetzt wurden die „Deutschen Landsleute" zu einer

Organisation, die viel zum Anschluß des Burgenlandes an Österreich beitrug. Walheim, Politiker und Poet, erkannte wie Josef Reichl, unser südburgenländischer Dichter, daß mit dem Zerfall der Donaumonarchie auch für Deutsch-Westungarn eine Wende möglich wurde. Um diese Chance zu nützen, war Walheim rastlos tätig. In drei Jahren schrieb er etwa 250 Zeitungsartikel und auch größere Publikationen, hielt unzählige Reden und organisierte zahlreiche Versammlungen. Walheim gründete sofort ein „Aktionskommitee für die Befreiung Westungarns", gerade rechtzeitig, denn es begann nun die entscheidende Phase in der Auseinandersetzung um Westungarn. Zugleich begannen die „Deutschen Landsleute" sich vom „Verein zur Erhaltung des Deutschtums" in Ungarn abzusetzen, denn dieser trat für einen Verbleib aller Deutschen bei Ungarn ein, um das Deutschtum nicht zu schwächen. Walheim wirkte aber auch mäßigend und riet von Äufständen in Westungarn ab. Walheim und sein Kommitee bearbeiteten die Botschaften der Siegermächte, legten Beweise für den Anschlußwillen der Burgenländer vor, sammelten Unterschriften und verfaßten Denkschriften. Ein Argument spielte dabei immer wieder die Hauptrolle: Das von Präsident Woodrow Wilson proklamierte Selbstbestimmungsrecht der Völker. So bereitete Walheim und die „Deutschen Landsleute", die für das Burgenland und seine Bevölkerung günstige Entscheidung der Pariser Friedenskonferenz vor. Walheim ist aber auch als Poet in die Kulturgeschichte des heutigen Burgenlandes eingegangen. Sein großartiger Balladenband gehört zum bleibenden Kulturgut des Burgenlandes.

Nikolaus Horthy
Ungarischer
Reichsverweser

Die Zeit der Räteregierung in Budapest lief ab. Am 1. August 1919 brach sie nach kaum fünfmonatiger Terrorherrschaft zusammen, und Béla Kun mußte, wie schon erwähnt, nach Österreich fliehen, wo ihm die Regierung Renner Asyl gewährte. Auch dem Terroristenboß Szamuely glückte die Flucht. Er hatte die Grenze bei Neudörfl schon überschritten, als er sich in einer Panikreaktion selbst erschoß. Kein Wunder, daß sich um diesen nicht gerade heroischen Tod viele Legenden rankten. Zu viele Menschen gab es in Westungarn, die ihm gerne diesen letzten Dienst erwiesen hätten.

Die Folgen der Räteherrschaft waren katastrophal. Jetzt kam mit dem „Horthy-Regime" eine Regierung an die Macht, die zusammen mit den „Roten" auch gleich alle deutschen „Vaterlandsverräter" verfolgte. Vor allem bekamen jene Kräfte in den Kirchen und christlich orientierten Parteien Auftrieb, die im neuen Ungarn einen Garanten gegen alle linken Experimente sahen. Die Christlichsozialen und die Kirchen wurden zu Bollwerken gegen den Anschluß des Burgenlandes an Österreich.

Nikolaus Horthy von Nagybánya, * Kenderes am 18. 6. 1868, war österreichisch-ungarischer Marineoffizier, 1909 Flügeladjutant Kaiser Franz Josephs. Er führte im 1. Weltkrieg den Kreuzer „Novara" und wurde 1918 Konteradmiral und Oberbefehlshaber der österreichisch-ungarischen Flotte. Während der Räterepublik betraute ihn die gegenrevolutionäre Regierung mit der Bildung einer Nationalarmee, an deren Spitze er am 16. November 1919 in Budapest einmarschierte. Horthy wurde am 1. März 1920 von der Nationalversammlung als „Reichsverweser" gewählt. Am 23. September 1919 hielt Horthy in Ödenburg eine Rede, in der er sagte, man werde mit den Österreichern wie mit einer Räuberbande verfahren. Die Christlichsozialen Westungarns traten nunmehr massiv für Ungarn ein. Nahezu die gesamte Geistlichkeit, ob katholisch oder evangelisch, war für Ungarn. Die wenigen, die wie der Kaplan Stehlik - für Österreich eintraten, hatten kein leichtes Leben. Der Einfluß der Geistlichkeit in den Dörfern war groß, dies umsomehr, als die Großdeutschen und Sozialdemokraten für den Anschluß waren, flüchten mußten oder eingesperrt waren

Am 2. Juni 1919 hatten die Friedensverhandlungen in St. Germain bei Paris begonnen, die bis 10. September 1919 währten. Am 10. September 1919 unterzeichnete Staatskanzler Dr. Karl Renner den Staatsvertrag von St. Germain-en-Laye zwischen der Republik Österreich und den alliierten und assoziierten Mächten. Der Vertrag bestehend aus 381 Artikeln und einer Karte, wurde der unter Führung des Staatskanzlers Dr. Renner stehenden deutsch-österreichischen Delegation, die aus Vertretern der drei führenden Parteien zusammengesetzt war, am 2. September 1919 übergeben. Am 6. September gab die Nationalversammlung mit großer Mehrheit, jedoch

„unter feierlichem Protest vor aller Welt" ihre Zustimmung. Am 10. September fand die Unterzeichnung in St. Germain statt. Die endgültige Annahme durch die österreichische Nationalversammlung erfolgte am 17. Oktober 1919, der Austausch der Ratifikationsurkunden am 16. Juli 1920. Deutschösterreich trat während der Verhandlungen nicht als Gleichberechtigter Partner in Erscheinung und mußte, von einigen Ausnahmen abgesehen, die vorgelegten Bedingungen unverändert annehmen. Der Staatsvertrag von St. Germain gliederte sich in 14 Teile. Im Teil II. erfolgte die Festsetzung der Grenzen der „Republik Österreich". Die Bezeichnung „Republik Deutschösterreich" wurde gemäß dem Vertrag, abgeschafft. Die deutschsprachigen Teile Westungarns („Burgenland") sollen mit Österreich vereinigt werden.

In Wien hatte inzwischen am 2. März eine machtvolle Kundgebung stattgefunden, bei der Redner aus Deutsch-Westungarn und Sprecher der österreichischen politischen Parteien für den Anschluß eintraten. Die Versammelten verliehen durch einen Demonstrationszug über den Ring ihren Forderungen äußerlich Nachdruck. Von der österreichischen Regierung wurden in diesen Wochen die Vorbereitungen für die Friedensvertragsverhandlungen getroffen. Der am 12. Mai 1919 unter Leitung des Staatskanzlers Dr. Renner nach St. Germain abreisenden Friedensdelegation gehörte als Sachverständiger für Deutsch-Westungarn Dr. Ernst Beer an. Das zähe Ringen um die Heimkehr des Burgenlandes war nunmehr auf die diplomatische Ebene verlagert worden.

Der in St. Germain eingetroffenen Delegation waren am 2. Juni Friedensbedingungen überreicht worden, nach denen die österreichisch-ungarische Grenze unverändert geblieben wäre. Das war das Ergebnis der am 8. Mai in Paris stattgefundenen Besprechungen der Großmächte, in denen zwar die Frage der Änderung der österreichisch-ungarischen Grenze aufgeworfen und beschlossen wurde, eine Kommission zum Studium dieser Frage einzusetzen, jedoch selbst keine Initiative in dieser Richtung zu ergreifen, nachdem der von Eduard Benesch in der Sitzung des Rates der Vier am 15. Februar vorgebrachte Plan der Schaffung einer tschechisch-südslawischen Landverbindung (Korridor), die Teile der westungarischen Komitate hätte umfassen sollen und auf eine Denkschrift Masaryks aus dem Jahr 1915 zurückging, aber am italienischen Widerstand gescheitert war. So war es in den weiteren Beratungen der Alliierten dazu gekommen, daß man von einer Grenzänderung Abstand nahm. Daraufhin forderte die österreichische Regierung am 16. Juni die Angliederung Deutsch-Westungarns. Dem Verhandlungsgeschick des österreichischen Delegationsführers Dr. Renner unterstützt vom burgenländischen Sachverständigen, ist es gelungen, daß die Alliierten der Angliederung Deutsch-Westungarns (einschließlich Ödenburg) in der Antwortnote vom

20. Juli zustimmten, mit Ausnahme der Bahnlinie Preßburg-Csorna, die bei Ungarn verbleiben sollte. Ebenso wurde der Antrag der österreichischen Delegation auf Durchführung einer Volksabstimmung abgelehnt. Die weiteren Bemühungen, die Alliierten umzustimmen, blieben erfolglos, die Durchführung einer Volksabstimmung wurde mit dem Hinweis abgelehnt, daß eine solche mit Rücksicht auf die ohnehin ganz klaren nationalen Verhältnisse in diesem Gebiet nicht notwendig sei. Auf dieser Grundlage kam der Friedensvertrag von St. Germain-en-Laye zustande. Das damit an Österreich anzuschließende Gebiet - das Burgenland - umfaßte eine Fläche von 4312,53 km^2 mit einer Gesamtbevölkerung von 340.917 Einwonnern. Obwohl der österreichische Friedensvertrag bereits am 16. Juli 1920 in Kraft trat, konnte an die Übergabe des Gebietes erst nach dem Inkrafttreten des am 4. Juni 1920 mit Ungarn abgeschlossenen Friedensvertrages von Trianon gedacht werden, was aber erst am 26. Juli 1921 der Fall war. Am 28. und 29. August 1921 sollte das Burgenland von der Interalliierten Generalskommission an Österreich übergeben werden.

So war es wohl nach dem Staatsvertrag von St. Germain vorgesehen, nur dachten die Ungarn gar nicht daran, dieser Anordnung zu entsprechen. Mit Duldung der ungarischen Regierung wurden Freischärlerverbände gegründet, deren Aufgabe es war, den Anschluß der deutschsprachigen Gebiete Westungarns an Österreich zu verhindern.

Am 18. März 1920 war indessen vom österreichischen Parlament in dem die Christlichsozialen 72, die Sozialdemokraten 69, die Großdeutschen und die Deutsche Bauernpartei 26 und Sonstige 3 Mandate hatten, ein neues Wehrgesetz auf Grund der Bestimmungen des Staatsvertrages von St. Germain beschlossen worden. Der § 1 dieses Gesetzes lautete: „Das Heer wird durch Anwerbung gebildet und ergänzt." Der erlaubte Höchststand dieses österreichischen Söldnerheeres von 30.000 Mann wurde aber in der Zeit der ersten Republik nur während weniger Jahre erreicht. Der Normalstand betrug, wegen Mangels an finanziellen Mitteln etwa 21.000 Mann.

Am 4. Juni 1920 wurde der Friedensvertrag von Trianon (bei Paris) zwischen Ungarn und der Entente abgeschlossen.

Die Regierungszeit Dr. Karl Renners endete am 11. Juni 1920. Er hatte seit dem 12. November 1918 an der Spitze der Regierung gestanden und mit den Christlichsozialen gemeinsam drei Kabinette gebildet. Wegen Differenzen um einen Erlaß, der die Wahl von Heeresvertrauensmännern betraf, kam es zum Bruch in der Koalition. Am 7. Juli bildete hierauf Dr. Michael Mayr (Christlichsozialer) sein erstes Kabinett. Unter seiner Regierung nahm die österreichische Nationalversammlung am 1. Oktober 1920 die neue „Verfassung für die Republik Österreich" an; sie trat am 10. November in Kraft. Die Republik Österreich wurde mit dieser Verfassung ein „Bundesstaat".

Die Nationalratswahlen vom 17. Oktober 1920 ergaben, einschließlich der im Jahr 1922 durchgeführten Nachwahlen im Burgenland folgende Sitzverteilung in der Nationalversammlung: Christlichsoziale 85 Mandate, Sozialdemokraten 69, Großdeutsche und Deutsche Bauernpartei 28 und Sonstige 1 Mandat. Am 22. Oktober erfolgte die Sprengung der seit 30. Oktober 1918 bestehenden Koalition zwischen Christlichsozialen und Sozialdemokraten. Die sozialistischen Minister Hanusch (Vizekanzler und Soziales), Renner (Äußeres) und Deutsch (Heerwesen) schieden aus der Regierung aus. Seither blieb die Sozialdemokratische Partei in ständiger Opposition gegenüber allen Regierungen der ersten Republik und die ursprüngliche Zusammenarbeit der beiden führenden Parteien wich einer heftigen Gegnerschaft.

Béla Kun, der sich seit etwa fünf Monaten in Österreich aufhielt, fühlte sich nach dem Ausscheiden der Sozialdemokraten aus der Regierung in Österreich nicht mehr sicher und begab sich in die Sowjetunion.

Mit 8. November 1920 hob Exkaiser Karl in einem Schreiben an den ungarischen Reichsverweser Nikolaus von Horthy die Pragmatische Sanktion und damit die dynastische Verbindung zwischen Österreich und Ungarn förmlich auf. Karl erklärte, nur noch König von Ungarn sein zu wollen.

Am 20. November 1920 wurde der „Völkerbund" mit Sitz in Genf errichtet; am gleichen Tag bildete Dr. Mayr sein zweites Kabinett

und am 9. Dezember wurde Dr. Michael Hainisch (parteilos) zum Bundespräsidenten gewählt. Die einstimmige Aufnahme Österreichs in den Völkerbund erfolgte am 16. Dezember 1920.

Von seinem Exil aus versuchte Exkaiser Karl am 26. März 1921 die Macht in Ungarn wiederzugewinnen. An diesem Tag begab er sich über Wien, wo er sich unerkannt aufhielt nach Budapest. Der ungarische Reichsverweser Nikolaus von Horthy, weigerte sich, dem König die Macht zu übergeben, und verwies auf die ablehnende Haltung der Entente. Da Exkaiser Karl, der zu dieser Zeit noch immer König von Umgarn war, allein nach Budapest gekommen war, mußte er unverrichteter Dinge in die Schweiz zurückkehren. Karls einstiger Admiral und Oberbefehlshaber der österreichisch-ungarischen Flotte, hatte inzwischen Gefallen an der Macht gefunden. Horthy, der für König Karl IV., den Apostolischen König von Ungarn, als Reichsverweser das Königreich Ungarn verwaltete, stellte sich gegen seinen Herrn. Als Karl IV. in die Schweiz zurückkkam, entzog ihm der Kanton Waadt die Aufenthaltsbewilligung, und Karl mußte mit seiner Familie die Villa Prangins verlassen. Sein nächster Aufenthaltsort wurde das Schloß Hertenstein am Vierwaldstättersee.

Am 28. April 1921 wurde Carl Vaugoin (Christlichsozialer) Heeresminister und leitete dieses Ressort bis 21. September 1933 (mit Unterbrechung vom Jänner bis Mai 1922). Vaugoin wurde der Schöpfer des österreichischen Bundesheeres.

Das Kabinett Mayr II demissionierte am 1. Juni 1921 und Dr. Johannes Schober (parteilos), seit 1918 Polizeipräsident von Wien, bildete seine erste Regierung. Obwohl die Sozialdemokraten aus der Regierung ausgeschieden waren, begannen die Christlichsozialen Ungarns im Frühjahr 1921 mit einer wilden Kampagne gegen Österreich. Sie traten, wie fast die gesamte Geistlichkeit Westungarns, für den Verbleib der deutschsprachigen Gebiete Westungarns bei Ungarn ein. Beispiele: Der Pfarrer von Neufeld an der Leitha Johann Sabel, der zu dieser Zeit bereits Abgeordneter im Budapester Parlament war, erklärte bei einer Großkundgebung in Ödenburg: „…wenn wir auch deutsch sprechen, im Herzen waren und bleiben wir für ewig Ungarn." Sabel war von 1915-1921 Pfarrer in Neufeld, von 1921-1929 Pfarrer in Mannersdorf an der Rabnitz und von 1929-1932 Pfarrer in Schützen am Gebirge, wo er im Alter von 56 Jahren am 21. Jänner 1932 starb. Sabel war, nach der Heimkehr des Burgenlandes nach Österreich, burgenländischer Abgeordneter und in einer Legislaturperiode sogar 2. Landtagspräsident und erhielt 1931 das „Silberne Ehrenkreuz für Verdienste um die Republik Österreich". Ob Sabel, ein geborener Bayer, bei seinen Reden im Burgenländischen Landtag da wohl noch an seine Treueschwüre für Ungarn dachte???

Dr. Johannes Huber, der katholische Pfarrer von Neusiedl am See und spätere Ödenburger Domherr, ein gebürtiger Donnerskirchner, und der evangelische Pastor von Agendorf und frühere Abgeordnete im Budapester Reichstag, Edmund Scholz, redeten und schrieben gegen den Anschluß Deutschwestungarns an Österreich. Sie unternahmen sogar Reisen nach Deutschland, um dort gegen Österreich und den Anschluß Deutschwestungarns an Österreich zu agitieren. Obwohl gerade Neusiedl im See mit Dr. Amon und Mag. Wolf zu einem Zentrum des Kampfes für den Anschluß der deutschsprachigen Gebiete Westungarns an Österreich gewesen war, wetterte Pfarrer Huber: „…der wirtschaftliche Ruin dieser Gebiete, sind sie einmal bei Österreich, wird unausbleiblich sein … Wien ist der Mittelpunkt des verworfensten kommunistischen Gesindels der Welt…" Huber verkündete, daß er aus verläßlicher Quelle wisse, das kommunistische Gesindel stände in Wien und Wiener Neustadt bereit, um sich auf das reiche Westungarn zu werfen. Er fragt weiter: „Sollen wir unsere Schulen den roten Religionshassern zur Beute hinwerfen?" Und er ruft zum Widerstand gegen den Anschluß auf. Und zu dem sollte es wahrhaftig kommen. Was diese ehrenwerten Herren Grafen und Prälaten nicht begriffen: ihre Zeit und ihre Vormachtstellungen von Ungarn war längst abgelaufen. Der neue madjarische Nationalismus hatte keinen Platz mehr für ein „christlich-deutsches" Westungarn. Andere Führertypen waren im Vormarsch. Wenige Christlichsoziale nur erkannten, daß der Anschluß an Österreich der bessere Weg war, darunter Dr. Alfred Ratz aus Rust. Mit ihrem zähen Kampf gegen die Anschlußwilligen haben die Christlichsozialen Ungarns und die proungarische Geistlichkeit Mitschuld an der antiösterreichischen Stimmung, die zum Verlust Ödenburgs führte, auf sich geladen. Aber auch die Wiener Christlichsozialen, die nunmehr die Regierung übernommen, hatten der Horthy-Regierung verbindliche Zusagen gemacht, auf Westungarn zu verzichten. Die Ungarn hatten es verstanden, in Wien, vor allem bei den Christlichsozialen, richtige Zweifel am Nutzen einer Erwerbung Deutschwestungarns zu wecken. Dies galt vor allem für die „karlistischen", also habsburgtreuen Christlichsozialen. Als die Christlichsozialen nach der Wahl von 1920 mit einer starken Mehrheit im Nationalrat saßen, erwarteten sich die Ungarn eine Lösung der Westungarischen Frage in ihrem Sinne, weil der einflußreiche Christlichsoziale und frühere Wiener Bürgermeister Dr. Weißkirchner dem ungarischen Außenminister Csáky versichert hatte, daß man den Grenzstreit im Einvernehmen mit der ungarischen Regierung beilegen werde. Er hatte versprochen, man werde sich allen Bemühungen, das österreichische Militär zur Besitznahme der Österreich in St. Germain zugesprochenen Gebiete einzusetzen, widersetzen!

Nachdem Ungarn den Friedensvertrag von Trianon ratifiziert hatte erklärte Bundeskanzler Mayr allerdings, daß Österreich auf eine Lösung der Burgenlandfrage im Sinne des Staatsvertrages bestehen müsse. In Budapest war die Empörung angesichts der geweckten Erwartungen groß. Interessant ist, wie Seipel und Weißkirchner den Schwenk begründeten: wegen der Sozialdemokraten und der Großdeutschen könne man nicht anders…

Am 26. Juli 1921 wurden die zwischen Ungarn und den Siegermächten in Trianon geschlossenen Verträge, nachdem sie vom Budapester Parlament ratifiziert worden waren, ausgetauscht. Mit diesem Friedensvertrag nahm die ungarische Regierung die Verpflichtung auf sich, das Burgenland ohne Verzögerung an Österreich abzutreten. Aber die Hothy-Regierung versuchte nun einen Widerstand zu organisieren, denn die Freischaren, die „Banditen", wie sie im Burgenland genannt wurden, waren längst aufgestellt und bestens bewaffnet. Arbeitslose Soldaten und madjarisch-chauvinistische Offiziere, unter ihnen Söldnertypen, Abenteurer, Gewalttäter, die sich schon in der „weißen" Gegenrevolution ausgetobt hatten, gab es genug. Aber auch Jugendliche deren Idealismus von diesen „Führern" bedenkenlos mißbraucht wurde. Nicht nur Studenten aus Schemnitz, deren Bergbauakademie nach Ödenburg verlegt worden war, nicht selten deutscher Herkunft, Flüchtlinge und Vertriebene aus der Slowakei, aus Siebenbürgen und Jugoslawien, die hier ihren „Stellvertreterkrieg" führten und sich an Unschuldigen für das Unrecht rächten, das sie erlitten hatten. Aber es waren auch Studenten aus dem heutigen Burgenland, die zum Beispiel in Eisenstadt auf österreichische Gendarmen schossen und später höchste Würden und Ämter in Österreich einnahmen, wie der Eisenstädter Historiker Josef Klampfer dem Autor dieser Arbeit mitteilte. Die wichtigsten ungarischen Freischarführer waren: Paul von Pronay und Iwan Hejjas, die im südlichen Deutschwestungarn gegen Österreich kämpften. Dazu kamen die königstreuen Verbände des Majors Julius Moravek von Osztenburg, die als reguläres Militär oder Gendarmerie getarnt waren. So sollte der Welt das Theater vorgespielt werden, daß die Bevölkerung Deutschwestungarns selbst gegen den Anschluß ihrer Gebiete an Österreich auftrete. Die heftigsten Kämpfe sollte es denn auch im Südburgenland geben.

In dieser Situation wurde die Gendarmeriegrenzschutzleitung beauftragt, die Errichtung des künftigen Landesgendarmeriekommandos für das Burgenland vorzubereiten. Hervorragende Verdienste erwarb sich hiebei Gendarmerieoberinspektor Rudolf Scyskowitz, der Stellvertreter des Landesgendarmeriekommandanten von Steiermark, ein glänzender Organisator, mit gründlicher Kenntnis des Feldgendarmeriedienstes. Er übernahm als Stellvertreter des Gendarmerielandesdirektors Georg Ornauer den größten Teil der

Gendarmerielandesdirektor Georg Ornauer (1922–1924)
(Der erste Landesgendarmeriekommandant für das Burgenland)

umfangreichen Vorbereitungsarbeiten. Zunächst wurde die Gliederung des künftigen Landesgendarmeriekommandos in fünf Abteilungen (Neusiedl am See, Eisenstadt, Ödenburg, Oberwart und Güssing) durchgeführt. Entsprechend diesen Abteilungen wurden fünf Grenzabschnitte (Bruck a. d. L. I. und II., Wiener Neustadt, Hartberg und Fehring) gebildet, unter denen 11 Bezirksgendarmerie-Exposituren und 65 Gendarmerie-Grenzexposituren standen. Hierauf wurde an die Festsetzung der Postenrayone geschritten.

Schon geraume Zeit vor dem für die Übernahme in Aussicht genommenen Termin hatten alle Beamten ihre Einteilung und standen, postenweise gegliedert, in den Exposituren möglichst nahe ihrem künftigen Wirkungsbereich. Nachdem bekannt geworden war, daß die in Ödenburg amtierende interalliierte Militärkommission die Verwendung von Militär abgelehnt hatte, wurden im Juli 1921 die endgültigen Dispositionen für den Vormarsch ausgearbeitet. Den Ententeoffizieren war aber bei jeder Gelegenheit mitgeteilt worden, daß die österreichische Gendarmerie nicht mehr militärisch organisiert sei, daß sie daher über keine schweren Kampfmittel, wie Maschinengewehre, Handgranaten usw. verfüge. Der österreichischen Regierung wurde aber immer wieder versichert, daß die Übernahme der Verwaltung des Burgenlandes reibungslos vor sich gehen werde. Hiedurch beruhigt, hatten die Zentralstellen dem Ansuchen der Gendarmeriegrenzschutzleitung um wesentliche Erhöhung der zugesagten Verstärkung keine Folge gegeben. Insgesamt belief sich daher das Gendarmeriekontingent auf bloß 1950 Beamte.

Auch als Anfang August 1921 aus verläßlichen Quellen mitgeteilt wurde, daß die Bildung von Freischärlergruppen im Zuge und daß daher mit einem bewaffneten Widerstand zu rechnen sei, wurden die Nachrichten als falsch erklärt und die von der österreichischen Regierung vereinbarungsgemäß bekanntgegebene Anzahl der für die Landnahme bestimmten Beamten als hinreichend bezeichnet. Die Aufbruchstationen, die Marschrichtungen und die Stärke der einzelnen Kolonnen wurden in Besprechungen zwischen der Gendarmeriegrenzschutzleitung und Ententeoffizieren genau vereinbart, wobei die Ententeoffiziere sorgfältig darauf achteten, daß die Zahl der österreichischen bewaffneten Kräfte (Gendarmerie und Zollwache) nicht das notifizierte Maß übersteige. Die Übernahme des Burgenlandes sollte in zwei Tagen durchgeführt werden. Das Burgenland wurde zu diesem Zweck durch eine etwa die Längsseite des Landes darstellende Demarkationslinie in die Zonen A und B geteilt. Nach den mehrsprachig gedruckten Dispositionen hatten die Ententeoffiziere die österreichischen Gendarmen jeweils an der alten Grenze zu empfangen und sie am ersten Tag bis zur Demarkationslinie, am zweiten Tag bis zur neuen Grenze zu begleiten. Unterwegs sollten die Gendarmerieposten aufgestellt und die Ämter den österreichischen Funktionären übergeben werden. Die hiezu ausersehenen Beamten und Richter hatten sich daher den nach ihren Bestimmungsorten marschierenden Kolonnen anzuschließen. Das Personal und der sonstige Apparat der Landesverwaltung, weiters eine für den Sicherheitsdienst in Ödenburg bestimmte Gendarmerieabteilung, sollten mittels Sonderzuges befördert werden. Das gesamte übrige Personal (Gendarmerie, Zollwache und alle anderen Beamten) hatten in elf Kolonnen in Fußmärschen vorzurücken.

Endlich wurde der Zeitpunkt der Angliederung durch die interalliierte Militärkommission bekanntgegeben: am 28. August 1921 sollte die Übernahme beginnen und am folgenden Nachmittag beendigt sein. Trotz der immer bedrohlicher lautenden Nachrichten mußte daher der von der Entente vorgeschriebene Termin angenommen werden. Die noch in den letzten Tagen unternommenen Versuche des Bundeskanzlers Schober, die Sicherung des Vormarsches durch die Beigabe von Militärformationen zu verstärken, verliefen ebenso ergebnislos wie die vorhergegangenen Bemühungen der gleichen Art.

Am frühen Morgen des 28. August 1921 setzten sich vereinbarungsgemäß elf Kolonnen, deren schwächste 18 Beamte umfaßte, in Bewegung. Aufmarschstationen waren: Berg, Bruck a. d. L., Ebenfurt, Wiener Neustadt, Hochwolkersdorf, Kirchschlag, Friedberg, Hartberg, Burgau, Fürstenfeld und Fehring. Die stärkste Gruppe, bestehend aus den Kolonnen Nr. 4a und 4b, zusammen 367 Gendarmen und 27 Zollwachen, unter dem Kommando der Gendarmerieoberinspektoren Weiß und Rueber, rückte um halb 5 Uhr früh von Wiener Neustadt ab. Der Gendarmerielandesdirektor Georg Ornauer rückte mit dieser Gruppe vor. Die Gruppe erreichte um 2 Uhr 15 Minuten nachmittags programmgemäß die Nächtigungsstation Agendorf. Eine Viertelstunde später wurde die durch Agendorf vorrückende Vorpatrouille von zwei Seiten her von Freischärlern beschossen, die sich am östlichen Ortsrand festgesetzt hatten. Die Spitze erwiderte das Feuer, tötete einen der Freischärler und ging, auf Befehl Ornauers, in Schwarmlinie vor. Hierauf zogen sich die Freischärler auf die von den Ententeoffizieren angegebene Demarkationslinie zurück. Schon vor diesem Gefecht hatte der Landesverwalter Dr. Davy und Hofrat Rauhofer versucht, mit ihrem Auto nach Ödenburg zu gelangen, waren aber von Freischärlern zur Umkehr genötigt worden. Bei einem zweiten Versuch, in Begleitung von zwei Ententeoffizieren, mußten sie alle von der Gendarmerie befreit werden, weil sie Freischärler mit dem Tod bedrohten. Abends erhielt Landesdirektor Ornauer vom Vorsitzenden der interalliierten Kommission in Ödenburg, dem italienischen Oberst Ivaldi, die Verständigung, daß der Vormarsch aller Kolonnen einzustellen sei. Die nördlichen Kolonnen 1 bis 5 hatten ihre Marschziele erreicht, ohne auf Widerstand zu stoßen, doch wurden im Bereich der Kolonne 3 im Laufe des Abends des

28. August die Gendarmerieposten St. Margarethen und Siegendorf überfallen, die Gendarmen von Siegendorf gefangengenommen und nach Ödenburg verschleppt. In St. Margarethen ist ein Gendarm gefallen. Die Kolonnen 5 und 6 konnten den Bezirk Oberpullendorf besetzen und in Kobersdorf, Lackenbach, St. Martin, Draßmarkt und Oberpullendorf, Pilgersdorf und Unterrabnitz Posten aufstellen. Der Rest der Kolonne (25 Gendarmen und 25 Zollwachbeamte) nächtigte in Deutsch-Gerisdorf. Die vom Gendarmerieoberinspektor Vycichl kommandierte Kolonne 7, 202 Gendarmen und 22 Zollwachbeamte, erhielt gegen 13 Uhr, kurz vor Pinkafeld, heftiges Gewehr und Maschinengewehrfeuer. Die Kolonne entwickelte sich zum Gefecht und brachte den Freischärlern erhebliche Verluste bei. Über Weisung des die Kolonne begleitenden Ententeoffiziers mußte aber Vycichl das Gefecht abbrechen und den Rückmarsch in die Ausgangsstation Friedberg antreten. Die Kolonne 8, die ebenfalls von einem Ententeoffizier begleitet wurde, erhielt, als dieser außer Sicht war, weil er der Kolonne vorausfuhr, bei Markt Allhau von drei Seiten Gewehr und Maschinengewehrfeuer und mußte sich an eine Brücke in Grenznähe zurückziehen. Im Einverständnis mit dem inzwischen wieder zurückgekehrten Ententeoffizier wurde die Kolonne wieder nach Hartberg zurückgenommen. Die Kolonne 9, bestehend aus 40 Gendarmen, war von Burgau aufgebrochen, wurde jedoch etwa 1000 Schritte jenseits der Grenze von einer überlegenen Freischärlerbande heftig beschossen. Über Weisung des Ententeoffiziers mußte die Kolonne in ihre Ausgangsstellung zurückkehren und versah wieder den Grenzdienst. Die Kolonne 10, unter dem Kommando des Gendarmerieoberinspektors Dimmel war von Fürstenfeld aufgebrochen und errichtete, ohne Widerstand, die Gendarmerieposten Rudersdorf, Königsdorf und Heiligenkreuz. Das Gros nächtigte in Gerersdorf bei Güssing. Die Kolonne 11 marschierte mit 86 Gendarmen von Fehring ab und stellte die Posten Welten, Jennersdorf, Neuhaus, Neumarkt a. d. Tauka und Mogersdorf auf.

Im Laufe des Nachmittags des 28. August waren die Nachrichten von den Zusammenstößen bei Agendorf, Pinkafeld, Alhhau und Burgau in Wiener Neustadt eingetroffen. Es wurde daher beim Bundesministerium für Inneres beantragt, daß das Personal und die Einrichtung des Landesverwaltungsamtes in Wien verbleiben und der für deren Beförderung an diesem Abend bereitgestellte Sonderzug nur für die den Sicherheitsdienst in Ödenburg bestimmte Gendarmerieabteilung von 200 Mann nach Agendorf bringen sollte. Der Bitte wurde entsprochen und der Sonderzug mit der Verstärkung, befehligt vom Adjutanten Ornauers Oberinspektor Anton Kremen, traf in den Morgenstunden des 29. August in Agendorf ein.

Im nördlichen Abschnitt, Bezirke Neusiedl am See, Eisenstadt und Mattersburg ereignete sich am 29. August nichts Wesentliches. Die Marschziele waren ohne Störung erreicht worden.

In der Gemeindechronik von Pamhagen, die mir Herr Josef Gelmann zur Verfügung stellte, ist über diese Zeit vermerkt: „Am 28. August wartete die Bevölkerung von Pamhagen ebenfalls auf die österreichischen Gendarmen. Aber anstatt der Österreicher kamen ungarische Freischärler auf „Rollwagerl", auf denen sie Maschinengewehre montiert hatten auf den Bahnschienen angefahren. Die ungarischen Freischärler durchsuchten den ganzen Ort nach österreichischen Gendarmen, die aber noch nicht gekommen waren. Hierauf setzten die Freischärler ihren Vormarsch auf der Bahnlinie fort und bezogen, zwischen St. Andrä und Frauenkirchen, bei der Kapelle, Stellungen, in denen sie bis 5. Oktober blieben. Erst an diesem Tag zogen sich die Freischärler wieder hinter den Einserkanal zurück.

Am 18. November, um 3 Uhr nachmittags, besetzte das österreichische Bundesheer mit einer Kompanie in der Stärke von 120 Mann Infanterie Pamhagen, zog an den Ortseinfahrten Posten auf und wurde in der Schule einquartiert. Am 19. November folgte eine Maschinengewehrabteilung mit einer Tragtierkolonne als Verstärkung nach. Damit war der südlichste Ort im Bezirk Neusiedl am See fest in österreichischer Hand.

Am 12. Dezember, einem nebeligen Tag, verirrte sich eine Patrouille von drei Soldaten über die Grenze, wurde von den Freischärlern gefangengenommen und nach Zinkendorf, der einzigen ungarischen Gemeinde im Abstimmungsgebiet, getrieben. Dort wurden die drei Soldaten derart von den Freischärlern mißhandelt, daß sie, nach ihrer Rücküberstellung am 15. Dezember vom Kompaniekommandanten in ein Spital eingewiesen werden mußten.

Am 2. März 1922 war eine Grenzkommission in Pamhagen, obwohl der Ort schon drei Monate zu Österreich gehörte. Fürst Paul Esterházy, der durchgesetzt hatte, daß der Meierhof Mexiko bei Ungarn verblieb, wollte die neue Grenze nicht akzeptieren und diese vom Hottergraben bei den Weißseen zu der Burg und von der Burg zu den Zweibüheln und von diesen bis zum Wallener Hotter und von diesem bis zur Ikwamündung verschieben lassen. Damit wäre Panhagen wieder an Ungarn zurückgefallen. Aber Bürgermeister Johann Fleischhacker, der englisch sprach, weil er längere Zeit in den USA gewesen war, konnte die aus je einem Engländer, Franzosen, Italiener, Schweizer und Japaner bestehende Grenzkommission nachdrücklich davon überzeugen, daß die deutschsprechende Bevölkerung zu Österreich gehören wollte. Er rief die ganze Ortsbevölkerung vor dem Gemeindeamt zusammen, die lautstark den Verbleib Pamhagens bei Österreich forderte.

So konnte Bürgermeister Fleischhacker, der mit der Kommission in englischer Sprache verhandelte, durchsetzen, daß die intriganten Pläne Paul Esterházys unwirksam blieben. Ob der Fürst aber froh darüber war, daß sein Meierhof Mexiko nach 1945 verstaatlicht wurde? Soweit die Ortschronik.

Die Kolonne 7 rückte über die Versicherung des Ententeoffiziers, daß das Gebiet nun bandenfrei sei, bis nach Oberwart vor. Dort wurde sie jedoch während der Rast unvermutet beschossen. Nunmehr erklärte der Ententeoffizier, welcher den früheren Führer abgelöst hatte, die Bürgschaft für die Sicherheit der Beamten nicht mehr übernehmen zu können. Es wurde daher der Rückmarsch angetreten. Die Kolonne 8 wurde am Nachmittag des 29. August durch einen neuen Ententeoffizier ohne Belästigung durch Freischärler über Allhau vorgeführt und bezog die Posten Allhau, Grafenschachen und Kemeten. Die Kolonne wurde aber am 30. August wegen des Gefechtes bei Oberwart wieder in die Ausgangsstation zurückgenommen und versah ebenfalls wieder Grenzdienst.

Gendarmerieoberinspektor Dimmel war bereits in den frühen Morgenstunden des 29. August von seinen Ententeoffizier verständigt worden, daß der weitere Vormarsch zu unterbleiben habe. Er erhielt auch Nachrichten vom Überfall auf den Posten Heiligenkreuz und daß starke feindliche Gruppen aus dem Süden, Osten und Norden im Anmarsch seien. Da dazu die Lage in Gerersdorf taktisch höchst ungünstig war, entschloß sich Dimmel am Nachmittag den Rückmarsch anzutreten. Der von der Kolonne 11 aufgestellte Posten Mogersdorf wurde in den Morgenstunden des 29. August von einer überlegenen Bande überfallen und mußte sich zurückziehen. Auch die Kolonne 11 mußte am 31. August wieder nach Fehring zurückgenommen werden. Entlang der ganzen steiermärkisch-burgenländischen Grenze war daher seit dem 31. August die ganze für die Landnahme bestimmte Gendarmerie wieder in den Grenzdienst gestellt worden.

Am 31. August besetzte Oberinspektor Franz Berger die verloren gegangenen Posten in St. Margarethen und Siegendorf mit stärkeren Kräften und errichtete auch in Wulkaprodersdorf und in Zagersdorf Exposituren. Am 1. September wurde auch Rust besetzt. Somit war der Bezirk Eisenstadt als erster und einziger, der zur Gänze innerhalb der Zone A lag, vollständig von der Gendarmerie besetzt.

Sehr nachteilig gestaltete sich die Situation bei der Kolonne 6 in dem der Stadt Kirchschlag vorgelagerten (heute burgenländischen) Gebiet, die in Deutsch Gerisdorf mit 80 Mann, in Pilgersdorf mit 40 Mann, in Lebenbrunn mit 25 Mann und beim Mauthaus Steibach sowie in Unterrabnitz und in Draßmarkt je 10 Mann stehen hatte. Da ihre Nachbarkolonne die vorgesehenen Ziele nicht erreicht hatte, mußte die Kolonne 6 auch die Front nach

Süden halten. Dies war umso schwieriger als das waldreiche und unübersichtliche Gelände einem Angreifer aus dieser Richtung große Vorteile bot.

Bekannt war, daß auf der Gegenseite in Bernstein eine Freischar unter dem Kommando des ehemaligen Obergespans von Szolnok und Békés, Dr. Emmerich Egan, Stellung bezogen hatte. Egan war übrigens gebürtiger Bernsteiner; seine Familie, die aus Irland eingewandert war, hatte hier ein Gut gepachtet. Als er vom bevorstehenden Einmarsch der Österreicher hörte, begab er sich sofort an der Spitze einer berittenen Freischar nach Bernstein. Egan wurde die Aufgabe zugeteilt, mit seiner Reiterabteilung - etwas mehr als 30 Mann - während der Kämpfe im Pinkatal die nördliche Flanke der Freischärleroperationen zu decken und durch kleinere Angriffe die Gendarmerieposten im Zöberntal daran zu hindern, in das Kampfgeschehen einzugreifen. Egan ging zwar mit großer Bravour ans Werk, doch die geschickt geführte Gendarmerie brachte seinen Leuten erhebliche Verluste bei. Bei einem dieser Angriffe, am 2. September, wurde er selbst in der Nähe von Bubendorf verwundet und gefangengenommen.

An Egans und Paul von Pronays Seite (Pronay befehligte in Oberwart), kämpfte auch die Freischargruppe des Grafen Paul Erdödy, der in Eberau begütert war und eine weitere Gruppe eines magyarischen Franziskaner Paters. In der Freischargruppe, die Graf Erdödy auf eigene Kosten aufgestellt hatte, kämpften vor allem Leute, die auf seinen Besitzungen arbeiteten. Selbst die Gemahlin Erdödys, die Gräfin Paula (geborene Zichy), kämpfte gegen die österreichischen Gendarmen und wurde bei einem der Gefechte verwundet. Erdödy haßte alles Deutsche derart, daß er in Eberau nichteinmal Gottesdienste besuchte, wenn diese in deutscher Sprache abgehalten wurden (auch noch nach 1945!!!).

Inzwischen wurde in Oberwart, dem Hauptquartier der Freischaren im südlichen Kampfabschnitt, beschlossen, die Front der Österreicher im Zöbern- und im Rabnitztal durch einen massiven Angriff aufzurollen. Zu diesem Zweck stellte Oberleutnant Arpad Taby („Oberleutnant Rot") - übrigens ein Ritter des Maria-Theresia-Ordens - eine zirka 300 Mann starke und in drei Abteilungen gegliederte Kampfgruppe auf. Die erste Abteilung bestand hauptsächlich aus Hochschülern der Ungarisch-Altenburger Landwirtschaftsakademie, die zweite aus Freischärlern aus Kecskemet und die dritte aus einem Günser Detachement, das durch Leute aus Kecskemet verstärkt worden war. Bei den Leuten aus Kecskemet handelte es sich um Teile des berüchtigten Hejjas-Detachements.

Am 4. September wurde Tabys Kampfgruppe mit requirierten Autos und Pferdewagen nach Günseck und Langeck verlegt. Sie sollte von hier aus entlang des Zöberntales angreifen und vor allem die Posten von Deutsch Gerisdorf und Pilgersdorf ausschalten. Parallel dazu sollte Hauptmann Miklos Budaházi, der nach der Gefangennahme Egans dessen Nachfolge angetreten hatte, von Bernstein aus einen Angriff über Redlschlag und Kogl nach Lebenbrunn führen. Budaházis Abteilung wurde für dieses Unternehmen durch die Freischärlergruppe des Láhner Istvan (Freischärler aus Debrecen und Adony) verstärkt.

Die österreichischen Posten in Deutsch Gerisdorf und Pilgersdorf merkten schon am 4. September, daß sich die Freischärler verstärkt hatten. Patrouillen, die man wegen der ständigen Bedrohung immer wieder gegen das Bernsteiner Gebirge vorfühlen ließ, stießen bei Salmannsdorf und Günseck auf gegenerische Gruppen, die jedoch nach kurzem Feuerwechsel verschwanden. Aus den Meldungen der Patrouillen konnte klar erkannt werden, daß ein größerer Angriff bevorstand. Der als Bezirkskommandant von Oberpullendorf vorgesehene Bezirksinspektor Rauscher, der die vorerwähnten Gendarmerieposten aufgestellt hatte, beschloß auf Bitten der Dorfbewohner, zu bleiben, obwohl er schon am 2. September von der Gendarmeriegrenzschutzleitung in Wiener Neustadt die Erlaubnis bekommen hatte, sich vor einer feindlichen Übermacht zurückzuziehen, um größeres Blutvergießen zu vermeiden.

Im Morgengrauen des 5. September tauchten vor den Feldwachen von Deutsch Gerisdorf plötzlich Freischärler auf. Es gelang den Feldwachen gerade noch, den Posten zu alarmieren, als die Freischärler von zwei Seiten mit mehreren Maschinengewehren und großer zahlenmäßiger Übermacht angriffen. Schon nach kurzem Kampf war es für Rauscher klar, daß jeder weitere Kampf sinnlos sein mußte. Während noch ein Teil der Gendarmen und Zollwachen einen Rückzug nach Pilgersdorf versuchte, mußten sich 17 Mann, teils leicht, teils schwer verwundet, gefangengeben. Aber auch der Rest der Beamten, deren Rückzug bald zur wilden Flucht wurde, geriet bei Bubendorf, in größere und kleinere Gruppen zersprengt, in die Gefangenschaft der Freischärler. Nur wenige schlugen sich bis hinter die niederösterreichische Grenze durch. Der Posten von Pilgersdorf, der ebenfalls heftig angegriffen wurde, hatte schon vorher schleunigst den Rückzug angetreten. Den Freischärlern fielen neben einer großen Zahl von Gefangegenen, die Gewehre der Gendarmen, Munition und zwei Maschinengewehre in die Hände. Nach Kirchschlag kam die Meldung vom Überfall auf den Posten Deutsch Gerisdorf um 5 Uhr früh durch. Fast zur gleichen Zeit traf die Nachricht ein, daß auch der Gendarmerieposten Lebenbrunn von Banditen beschossen werde; hier griff Budaházi mit 80 Mann an.

Das Grenzraumkommando des Bundesheeres in Kirchschlag, wo das II. Bataillon des Infanterieregiments 5 lag, versetzte sofort alle Truppen seines Verteidigungsbereiches in Alarmbereitschaft, und Oberst Sommer entschloß sich, den Angegriffenen unverzüglich zu Hilfe zu kommen. Seine 5. Kompanie schickte Sommer, es war inzwischen 7 Uhr geworden, auf der Straße nach Pilgersdorf an die Landesgrenze, wo sie Stellungen beziehen sollte, um ein Vorrücken der Freischärler nach Kirchschlag zu verhindern. Die 6. Kompanie erhielt den Befehl, zwei Züge mit Maschinengewehren nach Lebenbrunn zu schicken und mit der übrigen Mannschaft den Niklasberg, den taktisch wichtigsten Punkt des Gebietes zu besetzen. Teile der Bereitschaftskompanie Kirchschlag sollten mit einen Auto bis Pilgersdorf vorstoßen und die zurückgehenden Gendarmen und Zollwachen aufnehmen, da man zunächst mit einem geordneten Rückzug des Postens Deutsch Gerisdorf bis zu diesem Ort rechnete. Doch inzwischen wurde heftiger Gefechtslärm aus Richtung Pilgersdorf hörbar, und nach unerwartet kurzer Zeit trafen die ersten versprengten Gendarmen ein. Sie berichteten atemlos, daß starke ungarische Kräfte - man sprach von mindestens 500 Mann - rasch gegen die österreichische Grenze vorstießen und das alle österreichischen Posten im Vorfeld von Kirchschlag entweder gefangen oder auf der Flucht seien.

Die MG-Kompanie erhielt den Auftrag, an den Höhen beiderseits der Pilgersdorfer Straße in Stellung zu gehen, um den Anmarschweg der Freischärler unter flankierendes Feuer nehmen zu können; ein MG wurde als Deckung gegen eventuelle Angreifer aus Richtung Karl aufgestellt. Um bei einem Angriff aus Kirchschlag selbst eine größere Reserve zu haben, versuchte das Grenzraumkommando des Bundesheeres die zurückflutenden Gendarmen zu sammeln. Doch Bezirksinspektor Rauscher weigerte sich, sich dem militärischen Kommando zu unterstellen und rückte mit den ihm verbliebenen Gendarmen nach Wiener Neustadt ab. Dies löste unter der ohnehin bereits höchst beunruhigten Bevölkerung offene Panik aus. In Wagen und zu Fuß begann die Zivilbevölkerung Kirchschlag in Richtung Westen zu verlassen. In der allgemeinen Verwirrung brach auch die Telefonverbindung mit Wiener Neustadt ab; sie wurde erst am Abend, lange nach Beendigung des Gefechtes, wiederhergestellt.

Inzwischen ging die 5. Kompanie längs der Pilgersdorfer Straße gegen die Landesgrenze vor. Kaum hatte sie das Grenzkreuz erreicht, als die ihr vorausgehende Patrouille überraschend auf eine Radfahrgruppe der Freischärler stieß, die sofort das Feuer eröffnete. Sogleich ließ Hauptmann Dini seine Soldaten beiderseits der Straße in Stellung gehen. Am linken Flügel nahmen der 1. und 2. Zug der Kompanie in einem Jungwald Deckung, der 3. Zug bezog im Tal Stellung. Dinis Vorhaben, auch am südlichen Talhang ein MG in Stellung zu bringen, konnte nicht mehr durchgeführt werden. Als die Soldaten über den Zöbernbach gehen wollten, erhielten sie MG-Feuer aus Richtung Höhe 535 und mußten zurück. Fast gleichzeitig setzte auch vor dem 3. Zug

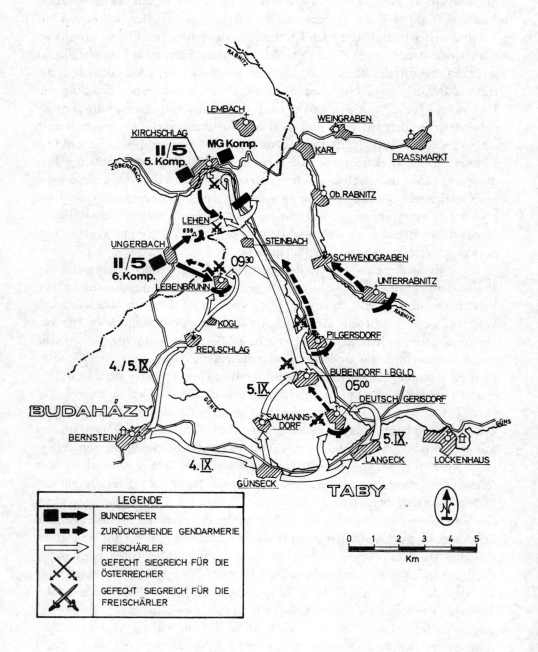

Das Gefecht von Kirchschlag am 5. September 1921

heftiges Feuer ein. Zwei feindliche MGs beschossen die Stellung, eines frontal, ein anderes seitlich aus südlicher Richtung. Die Stellung der Kompanie war äußerst ungünstig, da sie sich gegen die vom Südhang des Tales aus überhöhter Stellung feuernden Freischärler nur schlecht wehren konnte. Ihre Verluste waren entsprechend groß. Auch im Talgrund kämpften sich die Gegner immer weiter vor. Nur das fast pausenlose Dauerfeuer des österreichischen MGs hielt sie nieder. Als aber dieses infolge Überhitzung des Laufes ausfiel, stürmten die Ungarn vor. Der im Tal liegende rechte Flügel der Verteidiger wehrte sich verzweifelt wurde aber aufgerieben. Da auch für die übrigen Züge die Stellung kaum mehr zu halten war, befahl Hauptmann Dini um 12.30 Uhr den Rückzug durch den schützenden Jungwald bis zur Karler Straße, wo die MG-Kompanie lag. Überraschenderweise drängten die Freischärler nicht nach. Nur die im Tal durchgebrochene Gruppe stieß entlang des Baches bis an den Ortsrand von Kirchschlag vor. Als sie auf der Höhe des Bildstockes am Ortsrand angelangt war, wurde sie von dem an der Karler Straße postierten MG unter Feuer genommen. Der Führer des MG-Trupps, er war Hochschüler und Reserveoffizier, fiel, der Rest zog sich im Schutze des Gebüsches am Zöbernbach zurück. Taby befahl nun den Rückzug, und knapp vor 13 Uhr endete das Gefecht.

Während des Gefechtes an der Landesgrenze meldeten Bewohner von Lehen, einem Gehöft südlich von Kirchschlag, daß Freischärler im Anmarsch seien, und baten um militärischen Schutz. Da die Gefahr bestand, daß der Gegner den österreichischen Sperriegel im Zöberntal hier umgehen könnte, entsandte Oberst Sommer seine letzte Reserve, den technischen Zug, zu dem Gehöft. Dieser sollte unter allen Umständen ein Vordringen der Freischärler über den Hutkogel verhindern und die Verbindung mit der 6. Kompagie, die am Niklasberg stand, herstellen. Nach einem kurzen Gefecht mit einer Freischärlerpatrouille bezogen die Pioniere in Lehen Stellung. Sie wurden jedoch, ebenso wie die 6. Kompanie am Niklasberg, in keine Kampfhandlungen mehr verwickelt.

In Lebenbrunn hatten die Freischärler inzwischen die Österreicher fast gänzlich umzingelt. Als um 9.50 Uhr die Gendarmerie den Befehl bekam, hinter die österreichische Grenze zurückzughen, mußten sich die Soldaten und Gendarmen den Rückweg erst freischießen. Sie kamen jedoch ohne Verluste hinter die niederösterreichische Grenze. Während sich die Gendarmerie weiter zurückzog, bezog das Militär südlich von Ungerbach eine neue Stellung, die aber unbehelligt blieb.

Vom II. Bataillon des Infanterie-Regiments 5, das mit 12 Offizieren, 15 Unteroffizieren und 465 Mann aus Wien abgegangen war, hatten 270 Mann am Kampf teilgenommen. Die Verluste betrugen 7 Tote und

15 Verwundete. Zwei Mann, die in Gefangenschaft gerieten, wurden aber später auf burgenländischem Gebiet tot aufgefunden - einer war erhängt, der andere erschossen worden. Wie später aus Aussagen von gefangen gewesenen Gendarmen, die von den Ungarn bis nahe hinter die Gefechtslinie mitgenommen worden waren, hervorging, hatten Hejjas-Leute die beiden Gefangenen getötet, weil bei ihnen angeblich Dinge gefunden worden waren, die sie als Mitglieder der Kommunistischen Partei auswiesen. Die gefangenen Gendarmen und Zollbeamten, die übrigens von Ungarisch-Altenburger Hochschülern vor Mißhandlungen durch Hejjas-Leute geschützt wurden, kamen nach dem Rückzug der Freischaren nach Oberwart und wurden später freigelassen.

Die Freischärler hatten beim Gefecht von Kirchschlag neun Tote und eine nicht näher eruierbare Zahl von Verwundeten zu verzeichnen.

Während das Bundesheer laufend Verstärkungen zum Schutz der Grenzen Niederösterreichs und der Steiermark erhielt und das Heeresministerium zum Schutze Wiens, Truppen aus Oberösterreich und Tirol in die Hauptstadt verlegte, nahm die Tätigkeit der ungarischen Freischaren weiter zu. Sie überschritten stellenweise die Staatsgrenze, unterbrachen Bahnlinien und überfielen Gendarmerieposten. Besonders schwere Angriffe richteten sie gegen die Lafnitzbrücken, deren Besitznahme oder mindestens deren Zerstörung sie anstrebten. Auch im Raum Ödenburg nahmen die Angriffe wieder zu. Hier hatten inzwischen die „Karlisten" (Kaisertreue) die Oberhand bekommen. Als am 28. August die ersten Kämpfe zwischen Gendarmerie und Freischärlern ausgebrochen waren, war es nämlich Sigray gelungen, bei der Generalskommission durchzusetzen, daß der Rückzug von Osztenburgs „Reservegendarmeriebataillon" gestoppt und dieses mit der „Sicherung von Ruhe und Ordnung" beauftragt wurde. Osztenburg, der auf diese Weise Stadtkommandant von Ödenburg wurde, schien auch seine Aufgabe ernst zu nehmen. Als Hejjas-Freischärler am 28. August bei Agendorf die österreichisch Gendarmerie angriffen und sich dann nach Ödenburg zurückzogen, ließ sie Osztenburg entwaffnen und aus der Stadt abschieben. Während er aber so durch das Abschieben seiner Gegner die Ruhe wieder herstellte und damit anscheinend dem Ententeauftrag entsprach, unterstützte er die Aufstellung „legitimistischer Freischaren", die hauptsächlich aus Ödenburger Hochschülern („Ifjusági Kör") und aus ungarischen Offizieren bestanden, die die Monarchie erhalten wollten. Diese bildeten später das V. Freischärlerkorps, das zunächst unter dem Kommando des aus Siebenbürgen kommenden Hauptmanns Viktor Madersbach bzw. später unter dem von Hauptmann Paul Gebhardt (der aus Walbersdorf stammte) stand.

Am 4. September griffen die Freischärler Hohenbrugg bei Fehring an, wurden aber von der Gendarmerie zurückgeschlagen. Am 6. September wurde der Posten St. Margarethen angegriffen, aber der Angriff von den Gendarmen zurückgeworfen. Am 7. September wurde die Expositur Zagersdorf von überlegenen Banden angegriffen und aufgerieben, wobei einige Ortsbewohner mit den Banden den Überfall sorgsam vorbereitet hatten. Die Verräter flohen nach dem Überfall.

In den Morgenstunden des 8. September 1921 wurde Agendorf, wo sich ca. 400 Gendarmen befanden, im Norden, Osten und Süden von Freischärlern angegriffen. Die durch die anstrengende Dienstleistung der letzten Tage stark hergenommene Gendarmerie war sofort auf ihrem Posten und es entwickelten sich Kämpfe an der Nord- und Südlisiere der Ortschaft. Bald darauf ertönten militärische Hornsignale und hinter den Freischärlern marschierte die sogenannte Osztenburg-Formation aus Ödenburg an. Da die interalliierte Kommission bei den vorbereitenden Beratungen über die Landnahme die strikte Weisung erteilt hatte, daß der Kampf mit Militär zu vermeiden sei, wurde das Gefecht abgebrochen und der Rückzug angetreten. Ein bereitgestellter Bahnzug wurde in Ordnung bestiegen und Agendorf geräumt. Dabei hatte die Verstärkung aus Wien, junge Gendarmen, den Feind am Südrand der Ortschaft unter starkes Feuer genommen und diesen gehindert, zum Bahnhof vorzudringen. Als der Zug den Ort bereits verlassen hatte, zog sich diese von einer Umzingelung bedrohte Gruppe zur Bahn zurück. Dort angelangt traf sie eine kleinere Anzahl von Gendarmen, die seitwärts noch im Feuergefecht mit den Freischärlern standen. Nun schlossen sich die provisorischen Gendarmen dieser Gruppe an und versuchten sogar, neuerlich gegen Agendorf vorzugehen. Sie gerieten aber in starkes Kreuzfeuer und mußten zurückgehen, um - völlig erschöpft - vor Loipersbach endlich den Räumzug zu besteigen. Bei diesen Kämpfen wurden fünf Gendarmen schwer und mehrere leicht verletzt. Von den Schwerverletzten starben zwei Beamte. Zur gleichen Zeit wie Agendorf wurde auch Schattendorf von starken Banden angegriffen, der Angriff aber vorerst abgewehrt. Die Freischärlerverbände, die Agendorf angegriffen hatten, waren unter dem Kommando von Viktor Madersbach, Paul Gebhardt und Elemér Székely gestanden. Als die Gendarmen bei Mattersburg neuerlich Verteidigungslinien aufbauen sollten, meuterte ein Großteil der Männer mit der Begründung, sie seien Beamte und keine Soldaten und daher zu keinen weiteren kriegsmäßigen Unternehmen mehr bereit. Es gelang erst dem aus Wiener Neustadt herbeigeeilten Gendarmeriezentraldirektor Dr. Gampp und Landesdirektor Ornauer, mit einigen Freiwilligen Sicherungen aufzustellen, die einen geordneten Rückzug der zivilen Dienststellen ermöglichten. Um weiteren Verlusten vorzubeugen,

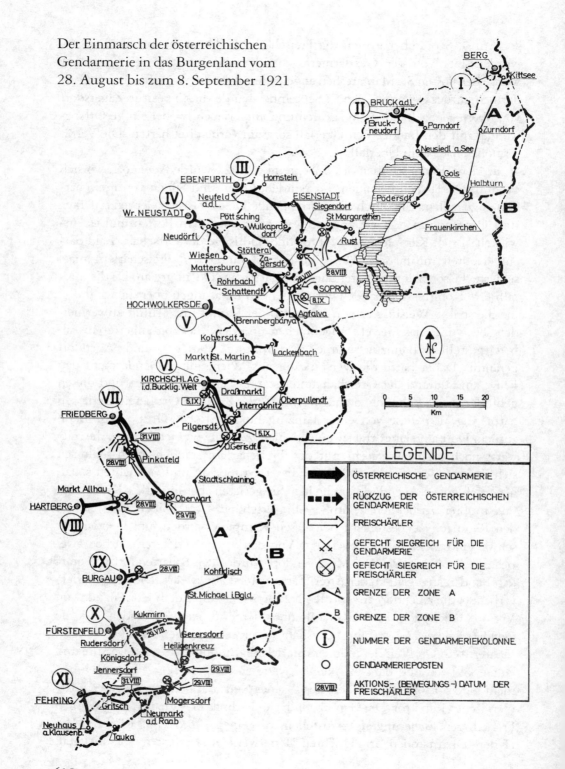

Der Einmarsch der österreichischen
Gendarmerie in das Burgenland vom
28. August bis zum 8. September 1921

BERG
Kittsee
I
II BRUCK a.d.L.
Bruck-
neudorf
Parndorf
Zurndorf
A
Neusiedl a.See
Gols
Halbturn
B
III
EBENFURTH
Hornstein
IV Neufeld
a.d.L.
EISENSTADT
Siegendorf
Pödersdf
Wr. NEUSTADT
Pöttsching
St Margarethen
Neudörfl
Wulkaprd.
dorf
Frauenkirchen
Wiesen
Stöttera
Rust
Mattersburg
Za-
gersdf.
28.VIII
28.VIII
Rohrbach
Schattendf
SOPRON
HOCHWOLKERSDF.
8.IX
Agfalva
V
Brennbergbánya
Kobersdf.
Markt St. Martin
Lackenbach
VI
KIRCHSCHLAG
i.d.Bucklig. Welt
Draßmarkt
Oberpullendf.
5.IX
Unterrabnitz
VII
Pilgersdf
5.IX.
FRIEDBERG
D.Gerisdf
31.VIII
Pinkafeld
28.VIII
Stadtschlaining
Markt Allhau
Oberwart
A
B
HARTBERG
28.VIII
VIII
29.VIII
IX
Kohfidisch
BURGAU
28.VIII
St.Michael i.Bgld.
X
Kukmirn
FÜRSTENFELD
Rudersdorf
Gerersdorf
29.VIII
Königsdorf
Heiligenkreuz
Jennersdorf
29.VIII
XI
31.VIII
29.VIII
FEHRING
Gritsch
Mogersdorf
Neumarkt
a.d. Raab
Neuhaus
a.Klausenb.
Tauka

0   5   10   15   20
Km

LEGENDE

ÖSTERREICHISCHE GENDARMERIE

RÜCKZUG DER ÖSTERREICHISCHEN
GENDARMERIE

FREISCHÄRLER

GEFECHT SIEGREICH FÜR DIE
GENDARMERIE

GEFECHT SIEGREICH FÜR DIE
FREISCHÄRLER

A   GRENZE DER ZONE A

B   GRENZE DER ZONE B

I   NUMMER DER GENDARMERIEKOLONNE

O   GENDARMERIEPOSTEN

28.VIII   AKTIONS- (BEWEGUNGS-) DATUM DER
FREISCHÄRLER

618

wurden am 9. September alle Gendarmerieposten südlich von Eisenstadt hinter die Grenze zurückgenommen. Nur in Mattersburg und nordwestlich von Eisenstadt verblieben noch einzelne Posten. Landesverwalter Dr. Davy beantragte, die seit 15 Tagen ohne Unterbrechung im Einsatz stehende, erschöpfte Gendarmerie, die bisher einen Verlust von 6 Toten, 12 Schwerverwundeten und 18 Leichtverwundeten erlitten hatte, durch das Heer abzulösen.

Da die Entente jedoch noch immer den Einsatz des Bundesheeres im Burgenland ablehnte, beschloß die österreichische Regierung die endgültige Räumung des Landes. Alle noch auf westungarischem Boden stehenden Gendarmerieposten wurden daher am 10. September hinter die Staatsgrenze zurückgezogen. Die Freischaren folgten in das geräumte Gebiet nach. Von den Freischaren, die sich in sechs Korps gegliedert hatten, besetzte das V. Korps unter seinem Kommandanten Hauptmann Viktor Madersbach den Raum Mattersburg, das VI. Korps, die Friedrich-Freischärler, den Raum Eisenstadt. Im Bezirk Neusiedl am See setzte sich das IV. Korps unter seinem berüchtigten Koxmandanten Ivan Hejjas fest.Den Bezirk Oberpullendorf besetzte Hauptmann Miklos Budaházy mit dem III. Korps. Das Südburgenland war schon früher geräumt worden.

Am 22. September wurde bekannt, daß sich in Parndorf Aufständische sammelten um einen Angriff auf Bruck an der Leitha zu unternehmen. Einen Tag zuvor war in Parndorf eine zirka 90 Mann starke Freischar unter dem persönlichen Kommando von Ivan Hejjas aufgetaucht, die schon am 22. einen Schußwechsel mit dem Bundesheer hatten. Die zivilen Behörden in Bruck baten daher um ein Bataillon Verstärkung, und der Kommandant des III. Bataillons des Infanterieregimens 1 beantragte die Ablösung seiner durch den fortwährenden Bereitschaftsdienst ermüdeten Leute. So wurde von der Heeresleitung der Abmarsch des Radfahr-Bataillons 2 von Wien nach Bruck an der Leitha für den 24. September verfügt.

In den ersten Morgenstunden des 24. September wurde das III. Bataillon an seiner Front, an seiner Flanke und im Rücken überfallen, wobei die Freischärler bei den bewaffneten ungarischen Eisenbahnern des Bahnhofes Bruck nützliche Helfer fanden. Die 7. Kompanie wurde, nachdem der Alarmposten niedergemacht worden war, in einer Lagerbaracke überrumpelt. Die überraschte Mannschaft wehrte sich zwar, mußte sich aber dann, ebenso wie die anderen Kompanien, aus dem Lager hinter die Leitha zurückziehen. Das Brigadekommando 1 schickte sofort die in Götzendorf stehende 3. Kompanie des Infanterieregiments 6 gegen Bruck, und das Heeresministerium beschleunigte die Verlegung des Radfahr-Bataillons 2 aus Wien. In der Tat griffen die Verstärkungen bei Bruck erfolgreich ein, vertrieben im Verein mit dem III. Bataillon die in den Schloßpark eingedrungenen Freischärler, säuberten den Bahnhof und besetzten im Laufe des Nachmittags den Leithakanal und den Bahnhof, wo 60 ungarische Eisenbahner verhaftet wurden.

Nach dem Rückzug der Gendarmerie aus dem Neusiedler Bezirk hatten sich bei Bruck an der Leitha besonders ungünstige Verhältnisse eingestellt. Die Leitha trennte die auf niederösterreichischem Boden liegende Stadt Bruck vom dem noch auf burgenländischem Gebiet befindlichen Bahnhof und dem ehemaligen k. u. k. Truppenübungslager Bruckneudorf (Királyhida). Hier waren mehrere Flüchtlingsfamilien untergebracht worden, die nun, weil sie Plünderungen durch Freischärler zu befürchten glaubten, um militärischen Schutz baten. Auf diese Bitten hin und im Einvernehmen mit den Ententeoffizieren bezog das III. Bataillon des Infanterieregiment 1 am 11. September das Lager und schob Sicherungen auf die vorgelagerten Höhen Spitalberg, Gaisberg und Ungerberg vor. Die Lage des Bataillons war äußerst ungünstig, da auf dem in seinem Rücken liegenden Bahnhof noch immer ungarische Eisenbahner Dienst machten, die alle Maßnahmen und Bewegungen der Österreicher ungehindert telefonisch ungarischen Stellen weitergeben konnten. Die Anregung des Brigadekommandos, den Bahnhofsdienst durch österreichische Eisenbahner besorgen zu lassen, wurde von der Regierung in Wien nicht stattgegeben. Einfach die Telefonleitungen zu unterbrechen ging auch nicht, weil damit die wichtige Bahnlinie Wien-Budapest unterbrochen worden wäre. Durch diese Umstände begünstigt, kam es zum Überfall der Freischärler auf Bruck an der Leitha.

Der Vorschlag der interalliterten Kommission in Ödenburg, das österreichische Bundesheer nur bis zur Linie Loretto-Hornstein-Steinbrunn-Pöttsching-Sauerbrunn vorrücken zu lassen, wurde vom Heeresministerium mit der Begründung abgelehnt, daß man damit auf große Teile des Burgenlandes verzichten würde. Man betonte daher neuerlich mit Nachdruck, daß es Aufgabe der Siegermächte sei, die Angliederung des ganzen Burgenlandes an Österreich, gemäß den Bestimmungen des Staatsvertrages von St. Germain durchzuführen. Auf wiederholte Intervention der österreichischen Bundesregierung sah nun die Botschafterkonferenz in Paris doch ein, daß sie als Hüterin der Pariser Verträge energischer einschreiten müsse. So richtete sie am 22. September ein scharfes Ultimatum an Ungarn, in dem sie die Räumung des Burgenlandes bis 4. Oktober forderte. Die Budapester Regierung zog tatsächlich bis 3. Oktober alle ihre regulären Verbände aus dem Burgenland ab) auch aus der Zone B, und übergab das geräumte Gebiet formell der Interalliierten Generalkommission. Diese nun einzige Regierungsgewalt im Lande mußte aber, da sie weder über Truppen noch Polizeikräfte verfügte, tatenlos zusehen, wie die Freischäler nun überall die Macht an sich rissen und am 4. Oktober in Oberwart den unabhängigen Staat „Lajta Bánság" ausriefen.

So konnte Ungarn den vollen Wortlaut des Ultimatums erfüllen, ohne daß sich etwas an der verfahrenen Lage in Westungarn geändert hatte. Eine provisorische gesetzgebende Versammlung aus Freischaroffizieren und pro-ungarischen Zivilisten wählte Paul von Pronay zum Oberhaupt des neuen Staates und stellte dem „Banus" einen Regierungsrat zur Seite. Allerdings zeigte sich bald, daß der neue Staat nur eine Fiktion war, denn er brachte nicht einmal eine Aktionseinheit aller Freischaren zuwege. Zwistigkeiten zwischen „Karlisten" und „freien Königswählern" brachen wieder hervor und hatten Gefechte zwischen Friedrich-Freischärlern und Hejjas-Leuten bei Donnerskirchen, Rust und St. Margarethen zur Folge. Die Freischaren blieben im Grenzbereich aktiv und fügten dem österreichischen Grenzschutz oft empfindliche Verluste bei, weil sie punktuell mit überlegenen Kräften angreifen konnten.

Inzwischen verlor aber auch Ungarn die Kontrolle über die Freischärlerbanden und Horthy brachte in Erfahrung, daß König Karl einen neuen Rückkehrversuch plane und erwog, das Detachement des Majors Julius Moravek von Osztenburg, das als reguläres Militär getarnt war und als Elitetruppe der „Karlisten" galt, nach Innerungarn abzukommandieren. Diese Absicht der Regierung Horthy verursachte tatsächlich die überstürzte Rückkehr König Karls nach Ödenburg. Es bestand für Horthy die Gefahr, daß in und wegen Westungarn ein Krieg ausbrechen könnte. Diese Umstände führten in Ungarn und Österreich dazu, daß man einen Vermittlungsvorschlag Italiens folgte und vom 11. bis zum 13. Oktober in Venedig verhandelte. Für das Versprechen der ungarischen Regierung, das Grenzgebiet von Banden zu säubern und für die ordnungsgemäße Übergabe des Burgenlandes an Österreich zu sorgen, mußte Österreich in eine Volksabstimmung in der Stadt Ödenburg und in acht benachbarten Gemeinden (Kroisbach, Agendorf, Wandorf, Har-

Paul von Pronay

621

kau, Kohlnhof, Wolfs, Holling und Zinkendorf) zustimmen. Es handelte sich bei diesen Vereinbarungen um das „Venediger Protokoll". Ehe diese Vereinbarung noch Früchte tragen konnte, erfolgte die in Budapest und Wien erwartete Rückkehr König Karls nach Ödenburg am 22. Oktober. Er hatte die Herrschaft wieder übernommen und war mit königstreuen Freikorps sowie mit Truppen aus Ödenburg und Raab am Marsch gegen Budapest. Baron Oberst Anton von Lehar, der wegen seiner Tapferkeit 1918 mit dem Ritterkreuz des Militär-Maria-Theresien-Ordens ausgezeichnet und damit auch in den Adelsstand erhoben worden war, hatte zum Sturz der Räteregierung Béla Kuns erheblich beigetragen und war von seinem „Feldbacher Lager" in der Steiermark, wo er Truppen gesammelt hatte, in Westungarn einmarschiert, entpuppte sich aber, wie viele Monarchisten, bald als Gegner des Anschlusses des Burgenlandes an Österreich. Lehar wurde in Westungarn zum Steigbügelhalter Horthys. Beim zweiten Restaurationsversuch König Karls war Lehar nun maßgeblich beteiligt, denn seine Truppen waren das Rückgrat der Streitmacht Karls. Aber schon einen Tag später scheiterten die Hoffnungen Karls, weil ihm Horthy und Gömbös bei Budaörs Truppen entgegenwarfen. Sie umzingelten die Streitkräfte Karls und dieser gab zaghaft, weil er es zu keinem Bürgerkrieg kommen lassen wollte, sein Vorhaben auf und ergab sich Horthy. Das Detachement des Majors Julius Moravek von Osztenburg und das V. und VI. Freischärlerkorps waren ebenfalls ihrem König bei seinem Marsch auf Budapest gefolgt, Nach dem Debakel von Budaörs wurden sie von Horthys Truppen entwaffnet und gefangengesetzt. Aber auch die Freischärler Paul von Pronays und die Scharen von Ivan Hejjas waren, bis auf geringfügige Sicherungskräfte, König Karl gefolgt. Die Entscheidung der Freischarführer König Karl zu folgen, hatte die Auflösung ihrer Korps zur Folge. Pronay, der „Banus" des „Lajta Bansag" wurde am 31. Oktober nach

Karl I.
Kaiser von Österreich

Budapest geladen. Es wurde ihm befohlen, bis zum 6. November das Lajta-Banat aufzugeben. Sollte er sich weigern, sähe die Regierung sich gezwungen, reguläres Militär gegen ihn einzusetzen. Tatsächlich begannen die Freischaren Pronays am 5. November das südliche Burgenland zu räumen und auch Hejjas zog am 6. November aus dem Bezirk Neusiedl am See ab.

König Karl aber und seine Gemahlin Zita wurden von der Regierung Horthy im Kloster Tihany interniert. Auf Druck Italiens, Frankreichs und Englands sprach die ungarische Nationalversammlung die Absetzung König Karls IV. als König von Ungarn aus und beschloß seine Auslieferung. Dagegen protestierte Karl IV. von Tihany aus mit folgendem Schreiben: „Den unter ausländischem Druck und Zwang zustande gekommenen Beschluß der Nationalversammlung, der die Entthronung ausspricht, erkläre ich im Sinne der ungarischen Verfassung und der ungarischen Gesetze für ungesetzlich und unwirksam und lege dagegen Verwahrung ein. Ich halte die nach der ungarischen Verfassung mir, als dem mit der Krone St. Stephans gekrönten Apostolischen König, zustehenden Rechte nachdrücklich auch weiter aufrecht. Gegen das Vorgehen der ungarischen Regierung, mit dem sie mich aufgrund des Beschlusses der Botschafterkonferenz dem Befehlshaber der britischen Donauflotte ausliefert, lege ich Verwahrung ein, da ich, nach ungarischem Gesetz Ungar, das unbestreitbare Recht habe, mich auf ungarischem Gebiet aufzuhalten.

Am 3. November beschloß das ungarische Parlament folgendes, am 6. November verlautbarte Gesetz:

„1. Die souveränen Rechte König Karl IV. sind erloschen.

2. Die in den Gesetzartikeln I und II des Jahres 1713 verkündete Pragmatische Sanktion, welche die Sukzessionsrechte des Hauses Österreich regelt, tritt außer Kraft. Demzufolge gewinnt die Nation das Recht der freien Königswahl zurück.

3. Die Nation behält die alte Staatsform, das Königreich. Doch verschiebt sie die Besetzung des Throns auf spätere Zeiten und ermächtigt die Regierung, zur entsprechenden Zeit eine diesbezügliche Vorlage zu erstatten.

4. Das vorliegende Gesetz tritt mit dem Tage der Promulgation in Kraft."

Damit waren die Herrscherrechte des Hauses Habsburg auch in Ungarn erloschen. Die Krone des heiligen Stephan sollte nie wieder getragen werden.

Nach dem Debakel von Budaörs, Oberst Baron Lehar hatte geglaubt, daß Nikolaus Horthy König Karl die Macht übergeben werde, begriff dieser zu spät das Doppelspiel des Reichsverwesers. Er floh nach Prag und dann nach Bayern. In der Zwischenkriegszeit war Anton Lehar, der mit einer Wienerin verheiratet war, Verleger in Berlin und ab 1938 bis zu seinem Tod im Jahre 1962 lebte er wieder in Wien. Er, der so heftig gegen den Anschluß des Burgenlandes an Österreich gekämpft hatte, fand jetzt in diesem Land Zuflucht. Anton Lehar war der Bruder des Operettenkomponisten Franz Lehar.

Am 13. Oktober 1921 unterzeichneten der österreichische Bundeskanzler Dr. Johannes Schober, die Vertreter Ungarns, Graf Bethlen und Graf Bánffy, und der italienische Außenminister Marchese della Torretta in Venedig den verhängnisvollen Vertrag, der das Schicksal Ödenburgs besiegelte. Die österreichfreundlichen Ödenburger und die vielen deutschsprachigen Menschen in den acht Stadtdörfern, die fast geschlossen für Österreich waren und an eine echte Chance bei der Volksabstimmung glaubten, wurden Opfer des „Venediger Protokolls". Die Chauvinisten vergaßen nicht. 1946, das sei vorweggenommen, war es dann soweit. Es wurden alle deutschsprechenden Menschen, egal ob sie 1921 für Ungarn oder Österreich waren, rücksichtslos ihrer Besitzungen beraubt, in Lagern zusammengetrieben und in Viehwaggons aus dem Land gebracht. Dabei hatte die Horthy-Regierung der Stadt Ödenburg den Titel, „Die treueste Stadt Ungarns" verliehen.

Am 11. November verständigten endlich die Generäle der Interalliierten Kommission von Ödenburg aus die österreichische Bundesregierung davon, daß das Burgenland gänzlich von den ungarischen Banden gesäubert worden sei. Gleichzeitig forderten sie Österreich auf, das Gebiet bis zu der im Vertrag von Trianon festgelegten Grenze - mit Ausnahme des Abstimmungsgebietes von Ödenburg - zu besetzen. Das Heeresministerium befahl hierauf den Ein-

Bundeskanzler
Dr. Johann Schober

624

marsch für den 13. November 1921. Die Gefechtsstärke der österreichischen Truppen betrug aber nur 7200 Gewehre, 230 Maschinengewehre und 48 Geschütze. Deshalb sollte die Besetzung des Burgenlandes in zwei Teilen erfolgen. Erst sollte das Gebiet nördlich von Ödenburg und in der zweiten Phase das südlich von Ödenburg besetzt werden. Am 13. November trat das Bundesheer mit drei Brigaden (16 Bataillone, 2 Schwadronen, 6 Batterien, 2 technischen Kompanien und 5 Verbindungskompanien) den Vormarsch in den nördlichen Teil des Burgenlandes an. Kommandant war Oberst Vidossich. Die 6. Brigade rückte mit 7 Bataillonen und 2 Batterien von Wiener Neustadt, Ebenfurth und Landegg in vier Kolonnen gegen Sauerbrunn, Zillingtal, Großhöflein und Eisenstadt vor. Die 3. Brigade rückte mit 6 Bataillonen und 2 Batterien von Wilfleinsdorf, Bruck, Rohrau, Hollern und Hainburg in fünf Kolonnen nach Jois, Neusiedl am See, Parndorf, Neudorf, Pama und Edelstal vor. Die 4. Brigade mit 3 Bataillonen und 2 Batterien folgte hinter der 6. Brigade in den Raum Neudörfl-Neufeld. Die Reserve stand mit 4 Bataillonen, 2 schweren Batterien und einer Verbindungskompanie im Raum Wiener Neustadt-Hochwolkersdorf-Krumbach. Die 5. Brigade mit 4 Bataillonen, einer halben Schwadron, 1 Batterie, einer halben technischen Kompanie und 1 Verbindungskompanie blieb in ihrem Abschnitt an der steiermärkischen Grenze stehen. Außerdem hielt das Heeresministerium in Wien noch das Brigadekommando 2 und eine Reserve von 3 Bataillonen, einer halben Schwadron und 5 Batterien bereit. Trotz ungünstigen Winterwetters erreichten die Truppen planmäßig ihre Marschziele, ohne dem geringsten Widerstand zu begegnen.

Der Einmarsch in den südlichen Teil des Burgenlandes sollte vom 25. bis zum 30. November 1921 erfolgen. Die Besetzung des südlichen und mittleren Burgenlandes durch die 5., die 4. und die 3. Brigade. Um das Herausziehen der 3. und 4. Brigade aus dem nördlichen Landesteil zu erleichtern, verlegte das Heeresministerium zunächst 4 Bataillone und 3 Batterien in den Raum Wiener Neustadt-Eisenstadt-Parndorf. Diese Einheiten wurden der 6. Brigade zugeteilt, die nun mit 10 Bataillonen, 1 Schwadron, 4 Batterien und 1 Verbindungskompanie das nördliche Burgenland zu halten hatte.

Vom 20. bis zum 22. November wurden 10 Bataillone, 2 Schwadronen, 4 Batterien und 2 technische Kompanien der 3. und 4. Brigade per Bahn nach Süden in den Raum Aspang-Hartberg-Fehring vorgeschoben, und am 23. und 24. wurden die Gruppierungen für den Vormarsch durchgeführt. Am 25. November wurde der Vormarsch mit 17 Bataillonen, 2 Schwadronen, 9 Batterien, zweieinhalb technischen Kompanien und 4 Verbindungskompanien angetreten. Die 5. Brigade nahm von Fehring, Fürstenfeld und Bierbaum mit 4 Bataillonen und 2 Batterien in vier Kolonnen ihren Weg nach

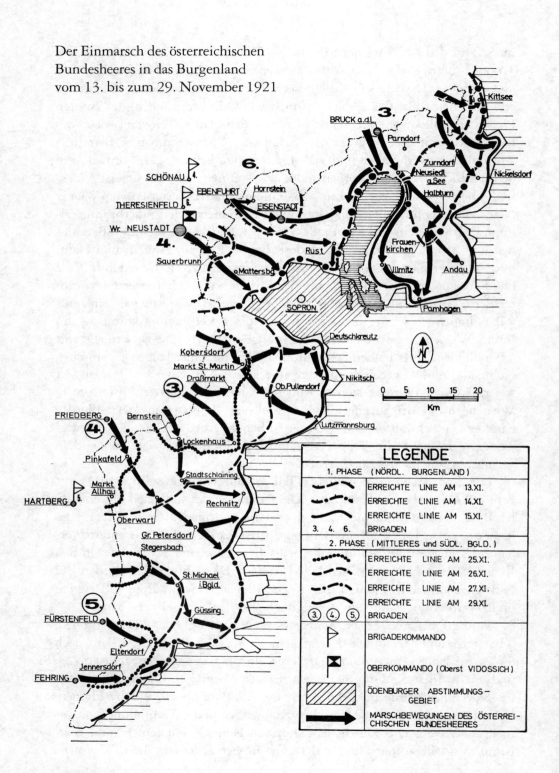

Der Einmarsch des österreichischen
Bundesheeres in das Burgenland
vom 13. bis zum 29. November 1921

Kittsee

BRUCK a.d.L. 3.

Parndorf

Zurndorf/
Neusiedl
a.See

Nickelsdorf

Halbturn

SCHÖNAU 4.

EBENFURTH

Hornstein

THERESIENFELD

EISENSTADT

Wr. NEUSTADT

6.

Frauen-
kirchen

4.

Sauerbrunn

Rust

Ullmitz

Andau

oMattersbg.

SOPRON

Pamhagen

Deutschkreutz

Kobersdorf

Markt St. Martin

Drassmarkt

Ob.Pullendorf

Nikitsch

3.

N

FRIEDBERG

Bernstein

Lutzmannsburg

4.

Lockenhaus

0 5 10 15 20
Km

Pinkafeld

Markt
Allhau

Stadtschlaining

HARTBERG 5.

Rechnitz

Oberwart

Gr. Petersdorf

Stegersbach

St.Michael
i.Bgld.

5.

Güssing

FÜRSTENFELD

Eltendorf

Jennersdorf

FEHRING

LEGENDE		
1. PHASE (NÖRDL. BURGENLAND)		
	ERREICHTE LINIE AM 13.XI.	
	ERREICHTE LINIE AM 14.XI.	
	ERREICHTE LINIE AM 15.XI.	
3. 4. 6.	BRIGADEN	
2. PHASE (MITTLERES und SÜDL. BGLD.)		
	ERREICHTE LINIE AM 25.XI.	
	ERREICHTE LINIE AM 26.XI.	
	ERREICHTE LINIE AM 27.XI.	
	ERREICHTE LINIE AM 29.XI.	
3. 4. 5.	BRIGADEN	
	BRIGADEKOMMANDO	
	OBERKOMMANDO (Oberst VIDOSSICH)	
	ÖDENBURGER ABSTIMMUNGS-GEBIET	
	MARSCHBEWEGUNGEN DES ÖSTERREI-CHISCHEN BUNDESHEERES	

626

Jennersdorf, Eltendorf und Stegersbach. Die 4. Brigade rückte in drei Kolonnen mit 5 Bataillonen und 3 Batterien von Hartberg, Lafnitz und Friedberg nach Allhau, Riedlingsdorf und Pinkafeld vor. Die 3. Brigade gelangte mit 8 Bataillonen und 3 Batterien in vier Kolonnen von Krumbach. Kirchschlag und Hochwolkersdorf nach Bernstein, Lockenhaus, Draßmarkt, St. Martin und Lackenbach. Am 26. Noverber erreichte die 5. Brigade Tschantschendorf, St. Michael und Stegersbach, die 4. Brigade erreichte Rotenturm, Oberwart und Oberschützen und zugleich mit einem Bataillon der 3. Brigade Stadtschlaining; die 3. Brigade schließlich gelangte bis Lockenhaus, Liebing, Oberpullendorf, Stoob, Neckenmarkt und Kobersdorf. Am 27. November gewann die 3. Brigade die neue Staatsgrenze bei Lutzmannsburg, Nikitsch und Deutschkreutz, die 4. und 5. Brigade hingegen schalteten einen Rasttag ein, um Waldungen und Ortschaften nach Freischärlern zu durchstreifen. Trotz des Wintereinbruchs konnte die 5. Brigade am 28. November nur mit Vorausabteilungen Güssing und am 29. November Strem erreichen, während die 4. Brigade erst am späten Abend des 28. November ihre Endziele Rechnitz, Schachendorf, Hannersdorf und Kohfidisch besetzte. Die südliche Gruppe der 5. Brigade besetzte am 30. November Heiligenkreuz und die benachbarten Orte. Damit war die Besetzung des südlichen Burgenlandes beendet. Am 3. Dezember unterzeichneten die Truppenbefehlshaber und die Ententekomission die Schriftstücke über die Übergabe der besetzten Bezirke an die österreichische Staatshoheit. Am gleichen Tag erklärte die Interalliierte Generalskommission die Befriedung des Burgenlandes für beendet. Oberst Vidossich hatte den nördlichen Landesteil bereits am 25. November an den Landesverwalter Dr. Davy übergeben. Das südliche Burgenland wurde am 6. Dezember ebenfalls vom Landesverwalter übernommen. Mitte Dezember erreichte der Stand des Bundesheeres im Burgenland mit 25 Infanterie-Bataillonen, 4 Radfahr-Bataillonen, 3 Schwadronen, 17 Batterien, zweieinhalb-technischen Kompanien und 6 Verbindungskompanien seinen Höchststand. Die Gesamtstärke betrug 800 Offiziere und 14.000 Mann.

Jeder Brigade war ein politischer Beamter als Zivilkommissär zugeteilt gewesen, der als Dienstchef für die in seinem Bereich befindliche Kordongendarmerie zu fungieren hatte. Diese Formationen führten die Bezeichnung „Gendarmerie für den Feldpolizeidienst" Ihre Aufgabe bestand in der Rückensicherung des Bundesheeres, im Verbindungsdienst und in der Vornahme von Streifungen. Die Besetzung der organisationsmäßig bestimmten Gendarmerieposten und Exposituren hatte erst nach der Pazifizierung der einzelnen Landesteile zu erfolgen. Jeder Gruppe waren 100 Gendarmen für den „Feldpolizeidienst" beigegeben, die unter dem Kommando der Oberinspektoren Kern, Neubauer und Di Gaspero standen. Am 19. November

war die Pazifizierung der Bezirke Neusiedl am See, Eisenstadt und Matters-
burg beendet und die Gendarmerie bezog für den Landdienst ihre Posten. Der
Vormarsch in das mittlere und südliche Burgenland begann am 25. Novem-
ber in je drei Kolonnen, deren jeder eine Abteilung der Gendarmerie für den
Feldpolizeidienst unter dem Kommando der Oberinspektoren Neubauer,
Dworźak und Di Gaspero für den Bezirk Oberpullendorf und unter der
Führung der Oberinspektoren Kern, Albert und Hadrboletz für die Bezirke
Oberwart, Güssing und Jennersdorf beigegeben war. Am 28. und 29. Novem-
ber bezog die Gendarmerie für den Landdienst ihre Posten in diesen Bezirken.
Am 30. November 1921 war sonach der Sicherheitsdienst im ganzen Burgen-
land von der Gendarmerie aufgenommen worden.

In der Zeit vom 14. bis 16. Dezember 1921 wurde die im „Venediger
Protokoll" vereinbarte Volksabstimmung in Ödenburg und den acht schon
genannten Gemeinden durchgeführt, einem Gebiet von 356.82 km^2 mit
48.191 Einwohnern, von denen sich selbst nach der ungarischen Volkszählung des Jahres 1910 27.361 (56.7%) zur deutschen und 2.538 (5.25%) zur
kroatischen Muttersprache bekannten. Die Volksabstimmung sollte unter
alliierter Aufsicht erfolgen und über die staatliche Zugehörigkeit der Stadt
und der acht Gemeinden entscheiden. Obwohl die Alliierten am 8. Dezember
500 Mann Ententetruppen nach Ödenburg gebracht hatten, die den Sicherheitsdienst für einen ordnungsgemäßen Verlauf der Volksabstimmung
gewährleisten sollten, ließ es die alliierte Kommission in Ödenburg zu, daß
die örtlichen Behörden ausschließlich in ungarischer Hand blieben, und daß
diese ungestört „in ihren Sinne" die Volksabstimmung vorbereiten konnten.
Dazu kam, daß sich in Ödenburg 2.200 bewaffnete Freischärler aufhalten
konnten, obwohl General Arpád Guillaume nach dem mißglückten zweiten
Restaurationsversuch König Karls die Freischärler weitgehend entwaffnet
hatte. Diese erhielten starken Zuzug von Studenten der Berg- und Forstaka-
demie Schemnitz, die die Ungarn nach Ödenburg verlegten, weil Schemnitz
von den Tschechen besetzt und der neuen Tschechoslovakei eingegliedert
worden war und weiters von Studenten der Landwirtschaftsakademie Unga-
risch-Altenburg. Sie alle, ungarische Behörden, Freischärler und Studenten
übten auf die deutschsprechenden Bürger des Abstimmungsgebietes einen
unerhörten moralischen und wirtschaftlichen Druck aus, um diese dazu zu
bewegen, für den Verbleib der Stadt bei Ungarn zu votieren. Aber bei allem
Druck, bei allen Manipulationen und Schwindeleien, die es durch die ungarischen Behörden und ihre Helfer gegeben hat, muß man anerkennen, daß ein
erheblicher Teil der Deutschen Ödenburgs ihre Stimme für Ungarn abgab,
weil sie sich einreden ließen, daß es für sie besser sein wurde, im „Königreich
Ungarn" zu leben als in der „Republik Österreich". Auch die Geistlichkeit

beider Kirchen, der katholischen vor allem, aber auch der evangelischen, hatten sich massiv für den Verbleib der Stadt bei Ungarn ausgesprochen. Die deutschen Ödenburger wollten aber alles andere als den madjarischen Nationalstaat, der ihnen zu Graf Apponyis Zeiten, Lektionen genug erteilt hatte. Die deutschen Ödenburger wollten lediglich bleiben, was sie schon immer waren, gute, loyale, fleißige Deutsche im Königreich Ungarn, das ja zu einem wesentlichen Teil früher auch „ihr Ungarn" gewesen war. Diese Denkweise sollte sich als gravierender Fehler herausstellen. Viele tausend deutsche Familien Ödenburgs haben ihren Irrtum bitter bezahlt, mit der Enteignung und der Vertreibung von 1946.

Für den Anschluß Ödenburgs an Österreich warb vor allem der „Ödenburger Heimatdienst", der sich mit ganzer Kraft und vollem Einsatz in den Kampf um die Stadt warf. Dieser Heimatdienst wurde sofort nach dem Bekanntwerden des Venediger Protokolls gegründet. Es waren wieder jene Männer, die schon in den Jahren zuvor für den Anschluß Deutschwestungarns an Deutschösterreich gekämpft hatten: Dr. Alfred Walheim, der Ödenburger Paul Eitler, der Mattersburger Josef Rauhofer, der Journalist Hans Ambroschitz, der Schriftleiter der „Ödenburger Zeitung" und der Sozialdesokrat Dr. Ludwig Leser, der sich als entschiedener Vertreter des deutschen Volkstums in Ungarn erwiesen hatte. Diese Vertreter des Ödenburger Heimatdienstes legten Bundeskanzler Dr. Schober ihre Pläne vor und bekamen Büros und Hilfspersonal zugewiesen. In Wiener Neustadt und Loipersbach wurden Außenstellen eingerichtet. Geschäftsführer des Heimatdienstes wurde Paul Eitler. Ihm zur Seite stand der Kärntner Dr. Viktor Mietschinsky, der schon bei der Kärntner Volksabstimmung einschlägige Erfahrungen gesammelt hatte. Er wurde österrreichischer Abstimmungskosmissär bei der Volksabstimmung in Ödenburg. Der Heimatdienst brachte schon am 11. November 1921 eine eigene Zeitung, „Der Freie Burgenländer", heraus, die Hans Ambroschitz als Chefredakteur leitete und die vehement für den Anschluß Ödenburgs an Österreich warb.

Aber die vom 14. bis 16. Dezember 1921 durchgeführte Volksabstimmung ergab, daß im Abstimmungsgebiet insgesamt 65.1% Stimmen für den Verbleib bei Ungarn und nur 34,9% für den Anschluß an Österreich abgegeben wurden. Es ist bezeichnend, daß in der Stadt Ödenburg mehr Stimmen für Ungarn abgegeben wurden, als es dort Magyaren gab, während die Österreichischgesinnten vielfach in den Abstimmungslisten nicht aufgenommen worden waren (kaum ein Zehntel der Stimmlisten konnte dem Richtigstellungsverfahren unterzogen werden) und rund 2.800 deutschsprechende Ödenburger (11.17 % aller abgegebenen Stimmen) wurden von der Abstimmung ferngehalten. Ein Bild von der tatsächlichen Willensmeinung der

Bevölkerung bietet das Abstimmungsergebnis in den acht Landgemeinden, wo durchschnittlich 63% aller Stimmen (mit Ausnahme der ungarischen Gemeinde Zinkendorf) auf Österreich entfielen. Es war eben so, daß die Abstimmung die Aufgabe hatte, einen legalen Akt - wie sich der italienische Vorsitzende der Abstimmungskommission Ferrarto ausdrückte - für einen von Österreich geforderten Verzicht zu setzen. Es scheint, daß Bundeskanzler Dr. Schober bei den Verhandlungen in Venedig Ödenburg opfern mußte, um das Burgenland zu erhalten. Auch eine noch so objektive und einwandfreie Gewährsfrau, wie es die Völkerbundexpertin Miß Sarah Wambaugh ist, kam in ihren Untersuchungen über die Ödenburger Volksabstimmung zu dem Schluß, daß infolge Fehlens „eigener Schutzmaßregeln für eine freie und ehrliche Volksabstimmung, die Abstimmung weder nach der einen noch nach der anderen Seite überzeugend ist".

Im „BURGENLAND" war im nördlichen Landesteil am 25. November und im südlichen Landesteil am 6. Dezember 1921 die Verwaltung abschnittsweise von den österreichischen Zivilbehörden übernommen worden. Es war ein Gebiet von 3.967.19 km^2 mit 285.609 Einwohnern (unter ihnen 216.751 deutschsprechende, 42.010 kroatisch und 16.848 ungarischsprechende Personen), das zum guten Teil bereits mehr als 200 Jahre (1440-1647) gebietlich an Österreich unter der Enns (Niederösterreich) angegliedert gewesen war und dessen Bevölkerung sich seit jeher wirtschaftlich und kulturell mit Österreich verbunden fühlte, heimgekehrt, um im Rahmen der demokratischen Republik Österreich als autonomes und gleichberechtigtes Bundesland seine wertvollen Kräfte entfalten zu können.

Die Vorkehrungen des Bundesheeres, das zu dieser Zeit seinen schon aufgezeigten Höchststand im Burgenland erreicht hatte, um im Falle eines für Österreich günstigen Volksentscheides auch eine rasche Inbesitznahme des Abstimmungsgebietes durchführen zu können, erübrigten sich ebenso wie die starke Grenzsicherung, die auf österreichischer Seite um das Abstimmungsgebiet aufgezogen worden war.

Während der Einmarsch im November im wesentlichen völlig glatt und reibungslos vor sich gegangen war, fanden in den ersten Monaten des Jahres 1922 an einzelnen Stellen der neuen Grenze Zwischenfälle statt, die darauf hinwiesen, daß die Bandentätigkeit noch nicht zur Gänze erloschen war. Am Ostufer des Neusiedler Sees hatten sich wiederholt Freischärler gezeigt, die entweder als Feldarbeiter oder unter einem anderen Deckmantel auf den im Ödenburger Komitat befindlichen großen Gutsherrschaften untergekommen waren. Eine solche Gruppe hielt sich am Esterházyschen Meierhof Mexiko, südlich der neuen Grenze, auf und belästigte die burgenländische Ortschaft Apetlon. Sie überfielen die am Meierhof Apetlon zum Schutz der Ortschaft aufgestellte Gendarmerie-Expositur. In diesen Kämpfen wurde ein Gendarm (Jüttner) durch einen Brustschuß getötet. Er war das letzte, das 10. Todesopfer, das die Gendarmerie für die Angliederung des Burgenlandes an Österreich (in der Nacht vom 24. auf den 25. März 1922) erbracht hatte. Der Überfall auf Apetlon ermöglichte es, daß einerseits durch das Bundesministerium für Äußeres bei der ungarischen Regierung entsprechend interveniert, andrerseits durch die Landesverwaltung auf die Verwaltung des Esterházyschen Familienfideikommisses nachdrücklich eingewirkt werden konnte. Bald darauf trat aber Ruhe ein, die nur noch einmal, im Sommer 1922, durch einen mißglückten Überfall durch Banditen auf die Gemeinde Hagensdorf im Südburgenland gestört wurde.

Ein großer Teil der kommandierten Gendarmen konnte schon in der ersten Hälfte des Jahres 1922, der Rest im Laufe des Sommers zu ihren Landesgendarmeriekommanden zurückkehren. Noch bevor sich der unheilvolle erste Einmarschtag gejährt hatte, war die Burgenlandgendarmerie nicht mehr auf die Unterstützung der Beamten aus anderen Bundesländern angewiesen. Fest stand sie auf dem von ihrem Blute getränkten Boden des neuen Bundeslandes, ebenso fest in der stützenden Achtung und Zuneigung der burgenländischen Bevölkerung. Ebenso wurde das Bundesheer allmählich reduziert. Nach dem Gefecht bei Hagensdorf und Luising im Juli 1922 wurden die ungarischen Freischaren von der ungarischen Regierung restlos aufgelöst und deren Führer Hejjas und Apáthy verhaftet und aus Westungarn weggebracht.

Schlußbetrachtung:

1921 war ein „Schicksalsjahr des Burgenlandes" und vor allem seiner deutschsprechenden Menschen, denen, zum Unterschied von jenen Deutschen, die in Ungarn verblieben, 1946 Enteignung und Vertreibung von Haus und Hof durch die Madjaren erspart blieb. Zweifellos wären auch sie 1946 ebenso um Haus und Hof gekommen und aus ihrer Heimat, unserem Burgenland, vertrieben worden, wie hunderttausende Deutsche aus Ungarn, hätten sie das Unglück gehabt 1921 bei Ungarn bleiben zu müssen.

1930 gab es in Ungarn bei insgesamt 8.69 Millionen Einwohnern „nach ungarischer Statistik" 479.000 Deutsche, 105.000 Slowaken, 28.000 Kroaten, 16.000 Rumänen und 6.000 andere Nationalitäten. 1949, nach den Vertreibungen, lebten in Ungarn nur mehr 29.000 Slowaken, 20.000 Deutsche und 18.000 Rumänen. 58.000 gehörten anderen Volksgruppen an. Aus diesen Zahlen ergibt sich das Ausmaß der „ethnischen Säuberungen".

In der Zeit vom 16. Juli bis 2. August 1945 fand in Potsdam in Anwesenheit von Churchill (Großbritanien), Stalin (Sowjetunion) und Truman (Vereinigte Staaten) die „Dreimächtekonferenz" statt, auf der schwerwiegende Entscheidungen über das künftige Schicksal Deutschlands und Österreichs getroffen wurden. Im am 2. August 1945 veröffentlichten Schlußkommunique lautet der Artikel 8: „Ferner haben sich die drei Regierungen völlig darüber geeinigt, daß die noch in der Tschechoslowakei, in Polen und in Ungarn lebenden Deutschen nach Deutschland überführt werden müssen. Sie stimmen darin überein, daß diese Überführung in ordnungsgemäßer und humaner Weise vor sich gehe". Damit haben die drei alliierten Mächte die „ethnische Säuberung", die Vertreibung von mehr als 14 Millionen Deutschen, ob am Krieg und der NS-Herrschaft und ihrer Greuel schuldig oder nicht, angeordnet. Gebilligt, daß alle diese Menschen ihres Besitzes beraubt wurden. Keine der drei Mächte hat sich darum gekümmert, was die Vertreiber der Deutschen aus Jahrtausende von diesen bewohnten Gebieten, unter „ordnungsgemäßer und humaner Weise" der Überführung verstanden haben. Die Potsdamer Beschlüsse gaben den Tschechen, Polen und Ungarn jene Trümpfe in die Hand, die es ihnen gestatteten, ihre oft gehegten Absichten schneller und radikaler, als je erhofft, zu Ende zu führen. Die Potsdamer Beschlüsse haben ihnen die völkerrechtliche Absicherung für die Vertreibung, die mit Raub, Mord und Totschlag einherging und schon Ende August 1945 begann, gegeben. In konspirativer Überheblichkeit sahen die drei Siegermächte England, Sowjetunion und die Vereinigten Staaten diesem unmenschlichen Treiben zu, wie 14 Millionen allen Besitzes beraubter Menschen als Bettler in ein vom Krieg völlig zerstörtes bettelarmes Land vertrieben wurden.

Ein Beispiel: Im dem Bezirk Neusiedl am See benachbarten Komitat Wieselburg sah das so aus: Alle Familienmitglieder von SS-Angehörigen, von Mitgliedern des „Volksbundes der Ungarndeutschen", alle die sich bei der Volkszählung von 1941 zur deutschen Muttersprache bekannten und schließlich alle, die Deutsch als Umgangssprache verwendeten also alle Deutschen, wurden bei der „Aussiedlung" vorerst im Sammellager Zanegg, im „Zanegger Getto", interniert. Wie sehr Ungarn die Gunst der Stunde zu nutzen gewillt war und wie rasch und gründlich sie ihre räuberischen Absichten umsetzten, ist auch einem Artikel der „Wieselburger Zeitung" vom 1. August 1945 zu entnehmen. Überschrift: „25000 Schwaben werden aus unserem Komitate ausgewiesen". Text: „Im Sinne der Potsdamer Beschlüsse kommen in Kürze auch die Schwaben in Ungarn zur Aussiedlung ... Und eine besondere Genugtuung empfindet das Magyarentum unseres Komitates ... Von den 28 Gemeinden des Komitates sind 14 fast rein schwäbischer Zunge. Die Zahl der aus diesen Gemeinden zur Aussiedlung anstehenden Deutschen beträgt annähernd 25.000 ... Dass diese baldmöglichst ausgewiesen werden, ist eine allererste Voraussetzung dafür, dass die westlichen Randgebiete rein magyarisch werden".

Ab August 1945 wurden die Heidebauern aus ihren Häusern hinausgeworfen und im Lager zusammengepfercht, wo sie auf ihren Abtransport in Viehwaggons warteten. Die neuen Siedler, Madjaren, zogen in die Häuser ein, die alten mit maximal 50 kg Gepäck aus. Die Deportation begann am 12. April 1946 (eine Woche vor den Ostern) und wurde mit dem 11. Transport am 20. Mai 1946 abgeschlossen. Vertieben wurden die deutschen Heidebauern, die 1921 bei Ungarn verbleiben mußten, aus Karlburg, Ragendorf, Straß-Sommerein, Kaltenstein, Ungarisch Altenburg/Wieselburg, Maria-Gahling, Ungarisch-Kimling, Zanegg, St. Johann, St. Peter, Leiden und Plankenhausen. Mehr als 20.000 Menschen allein aus dem Komitat Wieselburg standen beraubt, bettelarm und heimatlos vor dem nichts. So ging es den Deutschen in allen ungarischen Komitaten, wie dies die Zahlen aus den vorgenannten ungarischen Statistiken beeindruckend belegen.

Wenn auch die Vertriebenen ein schweres Los zu tragen hatten, so äußern sie sich heute doch auch zufrieden darüber, daß ihnen auf diese Weise wenigstens 4 Jahrzehnte kommunistischer Schreckensherrschaft erspart geblieben sind. Ungarn hat sein Verbrechen an den Vertriebenen zwar schwer gebüßt, doch sollten die Burgenländer und ihre Politiker niemals darauf vergessen, wozu die Madjaren fähig waren. Die Spirale des Hasses wurde 1956 - nur 10 Jahre nach der Vertreibung - durch eine beispiellose Hilfsbereitschaft auf burgenländischer Seite gebrochen, indem man die Flüchtlingslawine aus Ungarn aufnahm und ihr menschlich begegnete, ohne nach Vergeltung zu sinnen. Bleibt zu hoffen, daß Einsicht auch Ungarn frei und reif macht für ein friedliches, tolerantes Miteinander in einem geeinten Europa.

Der heute (1998) in Sopron (Ödenburg) amtierende Bürgermeister Dr. Szabolos Gimesi sagte in einem Interview in der Zeitung „Die Furche" - Wochenzeitung für Thesen der Zeit - Nr. 43 vom 24. Oktober 1996 auf die Frage „Wie ist das Verhältnis zwischen Ungarn und deutschsprachiger Minderheit im heutigen Sopron?" zu Franz Gansrigler dem Chefredakteur „Der Furche" unter anderem: „In Sopron existiert eine Selbstverwaltung für die deutschsprachige Minderheit, die auf die Minderheitengesetze der ungarischen Regierung nach 1921 zurückgeht. 1946 wurden über 6.000 deutschsprachige Soproner vertrieben. Es sind aber auch welche hiergeblieben. Bei den nachfolgenden Volkszählungen, die letzte war 1980, hatten die Leute Angst, sich als deutschsprachig zu deklarieren. Ich habe das selbst miterlebt, die alte Oma konnte fast kein Wort ungarisch, hat aber trotzdem gesagt: ich bin Ungarin, magyar vagyok. Jetzt im Wahlprozeß haben 14.000 für die Selbstverwaltung der Deutschsprachigen gestimmt, aber da haben viele aus Sympathie mitgemacht. Nach unseren Schätzungen gibt es heute ungefähr 5.000 Deutschsprachige in Sopron, etwa zehn Prozent der Einwohnerschaft. Der Leiter der Selbstverwaltung, jetzt Herr Hirschler, der frühere Bürgermeister, ist von Rechts wegen Mitglied im Gemeinderat."

Zeittafel

(ausgesuchte Jahreszahlen zur vorliegenden Arbeit)

1814 1. März: „Zur Wahrung des Gleichgewichts in Europa" schließen Österreich, Preußen, Rußland und England die Quadrupelallianz von Chaumont, ein Offensiv- und Defensivbündnis gegen Kaiser Napoleos I.

31. März: Nach der Erstürmung des Montmartre in Paris am 30. März ziehen die Verbündeten in Paris ein. Von den drei Monarchen zogen nur der König von Preußen, Friedrich Wilhelm III. und Zar Alexander I. von Rußland in die französische Hauptstadt ein. Kaiser Franz I. von Österreich hielt sich bei der Armee Schwarzenbergs in Dijon auf. Nach dem Fall von Paris wollte Napoleon, der rasch herbeigeeilt war, um die Stadt zu retten, einen Verzweiflungskampf wagen, doch versagten ihm seine Generäle den Gehorsam.

2. April: Der französische Senat erklärt Napoleon und seine Familie des Thrones verlustig und entbindet das Volk vom Treueid.

6. April: Ludwig XVIII. wird vom Senat zum König von Frankreich proklamiert.

11. April: Vertrag von Fontainebleau: Napoleon behält den Kaisertitel; ferner wurde ihm die Insel Elba als souveränes Fürstentum überlassen und eine jährliche Rente von zwei Millionen Francs zugestanden. Seine Gemahlin Marie Louise, behielt ebenfalls den kaiserlichen Titel außerdem wurde ihr das Herzogtum Parma verliehen.

7.-8. Mai: Einzug österreichischer Truppen in Venedig und Mailand. Venetien und die Lombardei werden besetzt.

30. Mai: Erster Friede von Paris. Frankreich behielt im wesentlichen die Grenzen vom 1. Januar 1792 und mußte auch keine Kriegskosten zahlen. Die Neuordnung Europas sollte auf dem Wiener Kongreß festgelegt werden.

3. Juni: Vertrag von Paris zwischen Österreich und Bayern über die Rückgabe Tirols, Vorarlbergs und Salzburgs sowie des Inn- und Hausruckviertels an Österreich.

Unter dem Jubel der Bevölkerung wurde am 26. Juni in Tirol und am 7. Juli in Vorarlberg die Besitznahme der Länder durch Kaiser Franz I. verkündet.

Juli: Einnahme von Ragusa und Cattaro durch österreichische Truppen. Damit war die Wiederbesetzung Dalmatiens beendet.

18. September: Der Wiener Kongreß beginnt. Fürst Metternich, der Kutscher „Europas", führt den Vorsitz.

1815 5. März: In Wien trifft die Nachricht ein, daß Kaiser Napoleon I. am 1. März mit 900 Mann im Golf von Jouan, bei Cannes, gelandet und nach Frankreich zurückgekehrt ist. Er sei auf dem Vormarsch durch das Rhonetal nach Lyon und die ihm entgegengeworfenen Truppen laufen zu ihm über.

20. März: Napoleon zieht in Paris ein. Beginn seiner „Herrschaft der hundert Tage".

Ende März: Die Alltierten rücken mit vier Armeen gegen Frankreich vor: Die Österreicher unter Schwarzenberg am linken Flügel (Oberrhein); die Russen unter Barclay de Tolly im Zentrum (Mittelrhein); den rechten Flügel (Belgien) bildet ein englisch-deutsches Heer unter Wellington und die Preußen unter Blücher.

April: Der König von Neapel, Murat, Schwager Napoleons, bricht nach der Rückkehr Napoleons das mit Österreich eingegangene Bündnis, erklärt Österreich den Krieg und ruft die Völker Italiens zu den Waffen.

2.-3. Mai: Schlacht bei Tolentino. Niederlage Murats gegen die Österreicher unter dem Grafen Neipperg. Murat floh nach Südfrankreich und später nach Korsika. Nach einer abenteuerlichen Landung in Kalabrien wurde er am 13. Oktober 1815 gefangengenommen, vor ein Kriegsgericht gestellt und bald darauf zu Pizzo erschossen. Neapel wurde mit Sizilien zum „Königreich beider Sizilien" vereinigt und dem früheren König Ferdinand II. von Aragonien zurückgegeben.

8. Juni: Deutsche Bundesakte (ergänzt durch die Wiener Schlußakte vom 15. Mai 1820) über die Neuordnung Deutschlands. Gründung des „Deutschen Bundes" (Staatenbund von 39 souveränen Staaten). Die „Bundesregierung" wurde vom „Bundestag" mit Sitz in Frankfurt am Main ausgeübt. Die Bundesakte wurden als Artikel 15 bis 64 in die Schlußakte des Wiener Kongresses aufgenommen. Da auch die Könige von England, Dänemark und Holland auf deutschem Gebiet Länder besaßen (Hannover, Holstein und Luxemburg), stand ihnen im Bundestag ebenfalls Sitz und Stimme zu.

18. Juni: In der Schlacht bei Waterloo (Belle Alliance). Napoleon wird von den Engländern unter Wellington und den Preußen unter Blücher nach erbitterten Kämpfen vollständig geschlagen und dankt am 22. Juni zum zweiten Mal ab.

8. Juli: Zweite Einnahme von Paris durch die verbündeten Truppen.

10. Juli: Die Monarchen Österreichs, Preußens und Rußlands halten ihren Einzug in Paris.

15. Juli: Napoleon, der nach Rochefort geflohen war, begibt sich an Bord des englischen Kriegsschiffes „Bellerophon". Er wurde auf Beschluß der verbündeten Mächte als Kriegsgefangener nach St. Helena (britische Insel im Atlantik) gebracht, wo er am 5. Mai 1821 starb.

26. September: Abluß der „Heiligen Allianz". Die drei verbündeten Herrscher, Kaiser Franz I. von Österreich, König Friedrich Wilhelm III. von Preußen und Zar Alexander I. von Rußland, verpflichten sich durch eine in Paris unterzeichnete Urkunde, die Regierung ihrer Länder nach den Grundsätzen der heiligen Religion zu führen und ein Reich des Friedens in Europa aufzurichten. Der Allianz traten außer England, dem Kirchenstaat und der Türkei alle übrigen europäischen Staaten bei.

20. November: Zweiter Friede von Paris zwischen Frankreich und den Verbündeten. Frankreich wurde auf die Grenzen von 1790 beschränkt und mußte 700 Millionen Franken Kriegsentschädigung zahlen. 17 französische Grenzfestungen sollten auf die Dauer von fünf Jahren durch deutsche Bundestruppen besetzt bleiben.

1819 3. bis 31. August: Karlsbader Kongreß der deutschen Bundesstaaten unter dem Vorsitz Metternichs. Die „Karlsbader Beschlüsse" richteten sich gegen revolutionäre Bestrebungen. Sie trafen folgende Maßnahmen: Beaufsichtigung der Universitäten; Verbot aller Hochschulverbindungen (vor allem der „Deutschen Burschenschaft"; strenge Zensur aller Druckschriften und Einrichtung einer Zentraluntersuchungskommission in Mainz.

20. September: Die „Karlsbader Beschlüsse" werden vom Bundestag in Frankfurt einstimmig angenommen. Sie sollten ursprünglich für fünf Jahre gelten, doch wurden sie am 16. August 1824 auf unbestimmte Zeit verlängert.

25. November: Wiener Konferenz aller Bundesstaaten unter dem Vorsitz Metternichs. Die Karlsbader Beschlüsse wurden verschärft und weitere Beschlüsse gegen Umsturzbewegungen in Deutschland gefaßt. Die Zensur wurde in Österreich jahrzehntelang (1817-1848) durch den Polizeiminister Graf Sedlnitzky ausgeübt. Zensuriert wurden nicht nur Briefe, sondern auch Zeitungen aller Art und auch literarische Werke, die nach Ansicht der Zensurbehörden geeignet waren, Herrschergestalten oder die Kirche herabzusetzen. Tausende von Spitzeln und Vertrauten waren Werkzeuge dieser Polizeiherrschaft.

1820 15. Mai: „Wiener Schlußakte", als Ergänzung der Deutschen Bundesakte, zur Sicherung der Souveränität der deutschen Bundesfürsten.

8. Juni: Die Wiener Schlußakte werden von der Bundesversammlung in gleicher Weise wie die Bundesakte als deutsches Grundgesetz bestätigt.

23. Oktober bis 24. Dezember: Kongreß zu Troppau. Die verbündeten Monarchen von Österreich, Rußland und Preußen verpflichten sich zur Bekämpfung der revolutionären Bewegungen in Spanien, Portugal und Italien. Ferdinand, der König beider Sizilien, in dessen Ländern eine Revolution ausgebrochen war (Juli 1820) wurde zum Kongreß nach Laibach eingeladen, um seine Sache zu vertreten.

1821 Jänner: Kongreß zu Laibach. Der Plan Metternichs zu einer bewaffneten Intervention in Italien wurde, ungeachtet der Einsprüche Englands und Frankreichs, angenommen.

März: Einmarsch österreichischer Truppen unter General Frimont in das Königreich beider Sizilien. Die Österreicher siegen am 7. März bei Rieti über die Neapolitaner und ziehen am 24. März in Neapel ein. Besetzung Neapels und Siziliens durch österreichische Truppen.

8. April: Österreichische Truppen siegen bei Novara über die Aufständischen im Königreich Piemont-Sardinien, das aus Savoyen, Piemont, Genua und der Insel Sardinien besteht. Am 10. April wurde Turin besetzt.

25. Mai: Ernennung des Fürsten Metternich zum Staatskanzler.

1822 Oktober: Kongreß in Verona der drei verbündeten Mächte sowie der Vertreter von England und Frankreich. Beschlußfassung gegen die Stimme Englands über eine französische Intervention in Spanien, wo es zu einem revolutionären Umsturz gekommen war.

1823 2. Dezember: Der Präsident der Nordamerikanischen Staaten, James Monroe (1817-1825), lehnt jede europäische Einmischung in amerikanische Angelegenheiten ab: „Amerika für die Amerikaner" (Monroe-Doktrin). Damit wurde die Interventionspolitik der „Heiligen Allianz" auch von dieser Seite her abgelehnt, nachdem sich bereits England zweimal entschieden dagegen gewandt hatte.

1826 Oktober: Ernennung des Grafen Anton Kolowrat zum dirigierenden Staats- und Konferenzminister. Kolowrat erhielt fast unbeschränkten Einfluß auf die gesamte innere Verwaltung und wurde Metternichs erbittertster persönlicher und sachlicher Gegner. Franz Anton Graf Kolowrat-Liebsteinsky war das Haupt der liberalen Hofpartei und sah voraus, daß Metternichs Unterdrückungspolitik den Staat in eine Katastrophe führen werde.

1830 3. Februar: Londoner Konferenz. Die seit Jahren um ihre Freiheit ringenden Griechen erfreuten sich der Sympathien und Unterstützung aller Großmächte - mit Ausnahme von Österreich. Sowohl Kaiser Franz wie auch Metternich vertraten nämlich den Standpunkt, daß sich der Kampf der Griechen gegen die „Legitimität" des Sultans richtete und daher nicht gerecht sein konnte. Österreich nahm daher an der Londoner Konferenz nicht teil. Metternich zeigte auch in allen anderen Balkanfragen eine ausgesprochene Passivität, denn er anerkannte das „Gottesgnadentum" des Sultans und seine daraus entspringenden Souveränitätsrechte über die ihm unterworfenen Völker des Balkans. Dies nützte Rußland, um sich der unterdrückten Christen des Balkans anzunehmen und als deren Schutzmacht aufzutreten.

25. Juli: König Karl X. von Frankreich, der Nachfolger von Ludwig XVIII., erläßt die „fünf Ordonnanzen", Verordnungen ohne Mitwirkung der Kammern. Die erste Ordonnanz hob die Pressefreiheit auf.

28.-30. Juli: Pariser Julirevolution. Wegen des Versuches des Königs, die parlamentarische Opposition auszuschalten, kam es in Paris zu blutigen Straßenkämpfen.

2. August: König Karl X. entsagt der Krone Frankreichs.

9. August: Herzog Ludwig Philipp von Orleans wird König der Franzosen („Bürgerkönig"). Die blauweißrote Fahne der großen Revolution wurde zum Symbol des neuen „Bürgerkönigtums". Metternich erblickte im Sieg dieser Revolution eine persönliche Niederlage und erklärte: „Die Arbeit meines ganzen Lebens ist zerstört!"

18. November: Der belgische Nationalkongreß spricht die Unabhängigkeit Belgiens und die Ausschließung des Hauses Oranien vom belgischen Thron aus. Leopold I. von Sachsen-Koburg wurde zum König (1831-1865) gewählt.

1831 5. Februar: Ausbruch eines Aufstandes in Rom, ausgelöst durch die Pariser Julirevolution. Die Erhebung breitete sich bald auch auf Modena und Parma aus.

25. Februar: Der österreichische General Frimont rückt in Parma ein, schlägt die Aufständischen bei Firenzuola und besetzt hierauf Parma.

9. März: Die Österreicher ziehen, nachdem auch die aufständischen Mondenesen bei Novi geschlagen worden waren, in Modena ein.

29. März: Österreichische Truppen besetzen, nach der blutigen Schlacht bei Rimini am 25. März, die zum Kirchenstaat gehörende Provinz Ancona, um Gregor XVI. zu unterstützen.

1832 26. Februar: Polen verliert, durch das „organische Statut" Verfassung und Reichstag und wird als russische Provinz dem Reich des Zaren einverleibt. Nach den Bestimmungen des Wiener Kongresses war der größte Teil des Großherzogtums Warschau als „Königreich Polen" mit Rußland durch Personalunion verbunden worden. Polen hatte jedoch eine eigene Verwaltung und ein eigenes Heer behalten.

1833 3. April: Aufständische, Studenten und Handwerker, unternehmen in der Absicht die Bundesversammlung (in Frankfurt) zu sprengen, sich der Bundeskasse zu bemächtigen und einen allgemeinen Aufstand in Süd- und Westdeutschland zu entfachen, einen Sturm auf die Haupt- und Konstablerwache in Frankfurt am Main.Der Aufstand wurde niedergeschlagen.

August: Konferenz in Münchengrätz (Böhmen) zwischen Kaiser Franz I., Zar Nikolaus I. und dem Kronprinzen von Preußen. Es wurde ein Plan zum gemeinsamen Vorgehen gegen Umsturzbewegungen und gegenseitigen Beistand im Falle von Empörungen beschlossen.

1835 2. März: Tod des Kaisers Franz I. Ihm folgt sein Sohn, der 41jährige Erzherzog Ferdinand auf den Thron. Der neue Kaiser ist seit 28. September 1830 - als Ferdinand V. - König von Ungarn.

1836 12. Dezember: Für den geistig und körperlich kranken Kaiser Ferdinand I., dem Gütigen, regiert eine am 12. Dezember 1836 errichtete „Staatskonferenz" unter dem Vorsitz des sehr konservativen Erzherzogs Ludwig, einem Bruder des Kaisers. Der Staatskonferenz gehören als ständige Mitglieder Metternich (Stellvertreter des Erzherzogs Ludwig), Erzherzog Franz Karl (Bruder des Kaisers) und Graf Kolowrat an. Daneben gab es nicht ständige Mitglieder.

Außenpolitisch war Österreich zu dieser Zeit sehr stark im Schlepptau Rußlands, das seit dem Wiener Kongreß in Europa immer stärker in den Vordergrund trat. Jetzt war Zar Nikolaus I. der „Kutscher Europas".

1840 7. Juni: Tod König Friedrich Wilhelms III. von Preußen. Mit König Friedrich Wilhelm III. verlor Metternich eine seiner festesten Stützen in Deutschland. Friedrich Wilhelm IV. (1840-1861) aber war in Metternichs Augen ein Romantiker, der seinem Volk eine liberale Verfassung geben wollte.

15. Juli: Londoner Vertrag zur Beilegung des türkisch-ägyptischen Krieges.

1841 13. Juli: Dardanellenvertrag zwischen den Großmächten Österreich, England, Rußland, Frankreich und Preußen und der Türkei mit dem die Meerengen (Dardanellen und Bosporus) für die Kriegsschiffe aller Staaten gesperrt wurden.

1846 15. April: Einverleibung des Freistaates Krakau in die österreichische Monarchie.

1848 1.-2. Januar: Blutige Ausschreitungen in Mailand, Padua und Brescia (Zigarrenrummel).

17. Februar: Großherzog Leopold II. von Toskana gibt seinem Lande eine freiheitliche Verfassung.

22. Februar: Österreich verhängt über die Lombardei das Kriegsrecht.

23.-24. Februar: Pariser Februarrevolution. König Ludwig Philipp dankt zugunsten seines Enkels, des Grafen von Paris, ab. Diese Thronentsagung wird jedoch nicht beachtet und am Abend des 24. Februar kam es zur Ausrufung der Republik.

3. März: Reichstagsrede des Führers der ungarischen Opposition Ludwig Kossuth, in Pest. Er führte Klage über „den erstickenden Dampf des tödlichen Windes, der aus den Bleikammern des Wiener Regierungssystems, alles niederdrückend, lähmend, vergiftend einherwehe". Diese Rede Kossuths gilt als Taufrede der österreichischen Revolution.

5. März: Ein Vorparlament von über 500 Abgeordneten aus allen deutschen Ländern wird zur Vorbereitung einer großen deutschen Nationalversammlung in die Paulskirche in Frankfurt am Main für den 31. März eingeladen.

6.-12. März: Petitionen bürgerlicher Vereine und der Studenten an die kaiserliche Regierung, in denen unter anderem die Teilnahme des Volkes an der Regierung, Öffentlichkeit des Gerichtsverfahrens, Einführung der Geschworenengerichte, Pressefreiheit, eine neue Gemeindeverfassung, Befreiung der Bauernschaft von der Untertänigkeit, Festsetzung der staatsbürgerlichen Grundrechte, Gleichstellung der Konfessionen sowie Lehr- und Lernfreiheit gefordert wurden.

13. März: Zusammentritt des niederösterreichischen Landtages in Wien. Demonstrationen wegen der Nichterledigung der Petitionen. Bürger und Studenten besetzen das Landhaus, zerstören das Inventar und Dr. Fischhof läßt Kossuths Rede verlesen. Als Arbeiter aus den Vorstädten ebenfalls erscheinen, kommt es zu Zusammenstößen mit dem Militär, das Erzherzog Albrecht befehligt. Fünf Demonstranten werden erschossen. Schwerer waren die blutigen Unruhen in den Vorstädten, wo Arbeiter Fabriken stürmen und Maschinen zerstören. Bei den Zusammenstößen mit dem Militär werden weitere 45 Menschen getötet („Märzgefallene").

Fürst Metternich tritt unter dem Druck der Ereignisse zurück.

14. März: Studenten stürmen das Zeughaus und bewaffnen sich eigenmächtig. Gründung der Akademischen Legion. Kaiser Ferdinand gestattet auch die Aufstellung einer Nationalgarde, hob die Zensur auf und erließ ein freiheitliches Pressegesetz. Am Tag darauf verspricht der Kaiser eine freiheitliche Verfassung.

16. März: Die Ungarn fordern eine nationale Regierung.

17. März: Aufstand in Venedig. Ausrufung der Republik am 22. März. Einsetzung einer provisorischen Regierung unter dem Advokaten Daniel Manin.

18. März: Aufstand in Mailand. Ausbruch der Revolution in Berlin.

21. März: Bildung eines provisorischen Staatsministeriums unter dem Vorsitz des Grafen Kolowrat an Stelle der 1836 eingesetzten Staatskonferenz.

22. März: Bildung eines liberalen Ministeriums unter der Führung des Grafen Ludwig Batthyany in Ungarn. Oberst Joseph von Jellačić wird zum Banus von Kroatien ernannt. Aufstand der ungarischen Slawen (Kroaten, Banater Serben, Slowaken und der Rumänen Siebenbürgens) gegen den Zentralismus der ungarischen Regierung.

25. März: König Karl Albert von Piemont-Serdinien rückt in die Lombardei ein und besetzt Mailand. Papst Pius IX., Großherzog Leopold II. von Toskana, der König von Neapel und zahlreiche Freischaren schlossen sich dem Kampf gegen Österreich an.

31. März: Eröffnung des deutschen Vorparlaments in der Paulskirche in Frankfurt. Aufhebung der „Karlsbader Beschlüsse" und Ausschreibung für Wahlen zur Nationalversammlung für den 18. Mai.

8. April: Truppen Karl Alberts siegen bei Goito über die Österreicher.

9. April: Eintreffen der österreichischen Vertreter für das Vorparlament in Frankfurt.

11. April: König Ferdinand genehmigt in Preßburg eine ungarische Verfassung, verweigerte aber die Zustimmung bezüglich der Sonderstellung Ungarns im Finanz- und Kriegswesen.

Die Tschechen verweigern die Teilnahme am Frankfurter Vorparlament.

25. April: Verkündigung der „Pillersdorfschen Verfassung". die vom Volk, weil oktroyiert, abgelehnt wurde.

26. Mai: Dritter Aufstand in Wien. hervorgerufen durch die beabsichtigte Auflösung der Akademischen Legion. Die Wiener Regierung mußte nicht nur den Fortbestand der Akademischen Legion anerkennen, sondern auch die Bildung eines Sicherheitsausschusses, der aus Bürgern, Nationalgardisten und Studenten bestand. Der Sicherheitsausschuß. der nach Abzug des Militärs das Regiment in der Stadt übernahm, wurde von Dr. Fischhof geführt.

29 Mai: Bildung einer provisorischen böhmischen Regierung in Prag unter dem Grafen Leo Thun.

2. Juni: Slawenkongreß in Prag.

10. Juni: Der Banus von Kroatien Joseph von Jellaćić wird auf persönliches Betreiben des Grafen Batthyany bei Kaiser Ferdinand I. seiner Ämter und Würden entsetzt. Jellaćić gelang es jedoch einige Tage später, den Hof vollkommen umzustimmen und seine Wiedereinsetzung zu erreichen.

12. Juni: Revolution (Pfingstaufstand) in Prag.

26. Juni: Erzherzog Johann übernimmt die Regierung in Wien für den abwesenden Kaiser.

29. Juni: Wahl Erzherzogs Johann zum „unverantwortlichen Reichsverweser" durch die Deutsche Nationalversammlung in Frankfurt am Main.

2. Juli: Der neugewählte ungarische Reichstag wird von Palatin Erzherzog Stephan im Namen des Königs von Ungarn in Pest eröffnet. Der Reichstag beschloß die Aufstellung von ungarischen Nationaltruppen (Honveds), die Einhebung von Steuern und die Ausgabe ungarischen Papiergeldes, der sogenannten „Kossuthnoten".

8. Juli: Rücktritt Pillersdorfs.

22. Juli: Erzherzog Johann eröffnet als Stellvertreter des abwesenden Kaisers den konstituierenden Reichstag in Wien, auf dem auch der Antrag auf die Bauernbefreiung gestellt wurde.

25. Juli: Schlacht bei Custozza (südlich des Gardasees). Entscheidender Sieg der Österreicher unter Feldmarschall Radetzky über Karl Albert von Piemont-Sardinien.

6. August: Radetzky besetzt Mailand und Karl Albert schließt mit ihm Waffenstillstand.

10. August: Franz von Modena wird von österreichischen Truppen in sein Land zurückgeführt. Österreichische Truppen ziehen auch in Parma ein.

12. August: Rückkehr Kaiser Ferdinands von Innsbruck nach Wien

21.-23. August: Vierter Aufstand in Wien. Die Ruhe wird von der Stadtgarde wieder hergestellt (22 Tote und über 300 Verwundete).

9. September: Kaiser Ferdinand bestätigt die Aufhebung der ländlichen Untertänigkeit und Entlastung des bäuerlichen Besitzes.

11. September: Banus Jellaćić überschreitet mit seinen Truppen die Drau und rückt gegen Ofen vor.

12. September: Rücktritt des ungarischen Ministerpräsidenten Graf Batthyany und Übernahme der Regierung durch den radikilen Kossuth Ludwig.

21. September: Palatin Erzherzog Stephan legt seine Würde zurück.

28. September: Der neuernannte Stellvertreter des Kaisers in Ungarn und Oberbefehlshaber der kaiserlichen Truppen, Graf Lamberg, wird in Pest ermordet.

29. September: Jellaćić wird von den Ungarn bei Velencze gestoppt.

3. Oktober: Auflösung des ungarischen Reichstages durch Kaiser Ferdinand I. Verhängung des Belagerungszustandes über Ungarn. Der Kaiser erklärt alle von ihm nicht bestätigten Beschlüsse des Reichstages für ungültig und ernennt Banus Jellaćić zum Statthalter und Oberbefehlshaber über alle kaiserlichen Truppen in Ungarn und seinen Nebenländern. Darauf erklärt der ungarische Reichstag das kaiserliche Manifest für ungesetzlich, Jellaćić für einen Hochverräter und sich selbst für unauflösbar.

6. Oktober: Oktoberrevolution in Wien. Kriegsminister Graf Latour wird ermordet.

7. Oktober: Flucht des Kaisers und der kaiserlichen Familie nach Olmütz. Jellaćić rückt von der Raab aus gegen Wien vor und der in Wien kommandierende General von Auersperg bezieht im Belvedere und im Schwarzenberggarten eine feste Stellung. Fürst Windischgrätz wird zum Oberbefehlshaber über alle kaiserlichen Truppen - außer jenen Radetzkys in Italien - ernannt und rückt von Prag gegen Wien vor.

20. Oktober: Fürst Windischgrätz erscheint vor Wien und verhängt über die Stadt den Belagerungszustand.

23. Oktober: Eine Aufforderung des Fürsten Windischgrätz zur bedingungslosen Kapitulation wird von den Aufständischen abgelehnt. Die Verteidigung Wiens leiten Wenzel Messenhauser, ein ehemaliger Leutnant, als Oberbefehlshaber und der polnische General Bem.

29. Oktober: Die kaiserlichen Truppen (drei Armeekorps) dringen bis zur inneren

Stadt vor. Wien kapituliert und der Gemeinderat beschloß die Übergabe der Stadt auf Gnade und Ungnade.

30. Oktober: Gefecht bei Schwechat zwischen dem ungarischen Heer, geführt von Ludwig Kossuth und Generalmajor Moga, mit der kaiserlichen Armee. Banus Jellaćić schlägt, durch kaiserliche Truppen verstärkt, die Ungarn. Kapitulationsbruch der Wiener, die die vereinbarte Kapitulation brechen als sie merken, daß ihnen die Ungarn zuhilfe kommen wollen.

31. Oktober: Wien wird von Windischgrätz und Jellaćić im Sturm genommen.

9. November: Messenhauser und Blum werden standrechtlich erschossen, Bem floh nach Ungarn.

22. November: Eröffnung des Reichstages zu Kremsier.

21. November: Ernennung des Fürsten Schwarzenberg zum Ministerpräsidenten und Außenminister.

2. Dezember: Kaiser Ferdinand dankt in Olmütz ab. Kaiser von Österreich wird Franz Joseph I.

10. Dezember: Prinz Louis Napoleon, ein Neffe Napoleons I., wird durch Volksabstimmung zum Präsidenten der französischen Republik gewählt.

16. Dezember: Ausbruch der Revolution in Ungarn, Fürst Windischgrätz marschiert in Ungarn ein.

1849 5. Januar: Kossuth und der ungarische Reichstag flüchten nach Debrecen. Windischgrätz besetzt Budapest.

4. Februar: Österreich lehnt jede Unterordnung des Kaisers von Österreich unter eine von einem anderen Fürsten gehandhabte Zentralgewalt ab.

26.-27. Februar: Schlacht bei Kápolna. Die Ungarn und polnische Freischaren werden von Windischgrätz und Schlick zurückgeschlagen, aber General Puchner erleidet in Siebenbürgen eine Niederlage gegen General Bem.

4. März: Kaiser Franz Joseph sanktioniert eine zentralistische Verfassung (Märzverfassung). Neuer Absolutismus in Österreich.

7. März: Gewaltsame Auflösung des Reichstages von Kremsier.

12. März: König Karl Albert kündigt den Waffenstillstand mit Radetzky.

21. März: Schlacht bei Mortara. Radetzky siegt über Karl Albert.

23. März: Schlacht bei Novara. Entscheidender Sieg Radetzkys über die Italiener. Karl Albert entsagt der Krone zugunsten seines Sohnes Viktor Emanuel.

3. April: Vorläufige Ablehnung der deutschen Kaiserkrone durch König Friedrich Wilhelm von Preußen.

6. April: Schlacht bei Gyöngyös. Das ungarische Revolutionsheer unter dem polnischen General Dembinski besiegt die Kaiserlichen unter Schlick. Auch Jellaćić und andere kaiserliche Feldherren werden bei Czegled. Hatvan, Gödöllö und Isaszeg geschlagen. Komorn hält sich gegen die Österreicher.

10. April: Die Ungarn erobern Waitzen.

14. April: Der ungarische Reichstag in Debrecen erklärt das Haus Habsburg-Lothringen der ungarischen Krone verlustig.

Abberufung des Fürsten Windischgrätz. Baron Welden übernimmt das Oberkommando der Kaiserlichen.

19. April: General Görgey siegt über den österreichischen General Wohlgemuth bei Nagy-Sarlo und entsetzt Komorn.

23. April: Die österreichischen Truppen verlassen Pest.

21. Mai: Görgey erstürmt die Festung Ofen. Das österreichische Heer mußte sich bis Preßburg zurückziehen.

Zusammenkunft Kaiser Franz Josephs mit Zar Nikolaus I. von Rußland. Gemeinsamer Operationsplan gegen die aufständischen Ungarn.

6. Juni: Kossuth und der ungarische Reichstag kehren nach Budapest zurück.

8. Juni: Errichtung der Gendarmerie in Österreich.

20. Juni: Niederlage Görgeys gegen österreichische Truppen unter Wohlgemuth und Haynau in verschiedenen Gefechten an der Waag.

28. Juni: Die Ungarn müssen die Stadt Raab räumen und sich auf die Festung Komorn zurückziehen.

2. Juli: Schlacht bei Komorn. Niederlage der Ungarn unter Görgey.

9. Juli: Kossuth und die ungarische Regierung fliehen nach Szegedin. Rücktritt Görgeys als ungarischer Kriegsminister; der Versuch Kossuths, Görgey auch vom Oberkommando zu entfernen, mißlang.

31. Juli: Schlacht bei Schäßburg. Niederlage des polnischen Generals Bem. Siebenbürgen fiel daraufhin in die Hände des russischen Befehlshabers Lüders. Die Russen waren mit einem zweiten Heer auch von der Walachei aus gegen die aufständischen Ungarn vorgegangen.

5. August: Niederlage der Ungarn bei Groß-Scheuern.

6. August: Friede von Mailand zwischen Österreich und Piemont-Sardinien. Piemont-Sardinien verpflichtet sich zur Zahlung einer Kriegsentschädigung von 75 Millionen Francs.

9. August: Schlacht bei Temesvár. Sieg Haynaus über die Ungarn, die von den verbündeten Österreichischen und russischen Armeen immer weiter zurückgedrängt wurden.

11. August: Kossuth legt seine Gewalt nieder. Görgey übernimmt die Diktatur.

13. August: Kapitulation von Világos. Görgey streckte nach einem Beschluß des ungarischen Kriegsrats mit einer Armee von 30 000 Mann vor dem russischen General Rüdiger die Waffen. Die übrigen Korps und Festungen, mit Ausnahme von Komorn, folgten seinem Beispiel. Nunmehr ging der ungarische Krieg rasch zu Ende. Kossuth, Bem, Dimbinski und andere flohen in die Türkei. Görgey wurde auf Fürsprache des russischen Zaren begnadigt und lebte noch viele Jahre in Klagenfurt.

22. August: Kapitulation Venedigs nach langem hartem Widerstand. Manin floh nach Frankreich.

30. August: Feldmarschall Radetzky hält seinen feierlichen Einzug in Venedig. Ende des oberitalienischen Aufstandes.

27. September: Die ungarische Festung Komorn, die von General Klapka tapfer verteidigt wurde, kapituliert nach ehrenvollen Bedingungen.

6. Oktober: „Arader Blutgericht". Hinrichtung von 14 Führern der ungarischen Revolution. Im Lande wurden weitere 114

Todesurteil darunter auch an dem Grafen Batthyany, vollstreckt. Über 2000 Personen erhielten Freiheitsstrafen. Die Truppen, welche die Ordnung im Lande wieder herstellten, wurden von Major Giesl von Gieslingen befehligt. Die Festgenommenen den kaiserlichen Behörden, die Haynau unterstanden, übergeben. Widerstände wurden gebrochen.

Nach der Niederwerfung der Aufstände in Italien und Ungarn stand Ministerpräsident Fürst Schwarzenberg auf dem Höhepunkt seiner Macht. War während der Metternichschen Ära die Polizei die Hauptstütze des Thrones gewesen, so nahm nunmehr das Heer, das unter seinen bewährten Führern Windischgrätz, Jellačić und Radetzky alle Revolutionen niedergeschlagen hatte, diese Stelle ein. Es ist berechtigt, Schwarzenbergs System als Militärdiktatur zu bezeichnen, zumal auch er selbst - als Feldmarschalleutnant - aus dem Militärstand kam. Aber unter seiner Amtsführung wurden viele Reformen durchgeführt, die unter Metternichs Leitung nicht denkbar gewesen wären.

1850 26. April: Österreich ladet die Vertreter der deutschen Staaten zu einer außerordentlichen Plenarversammlung des alten Deutschen Bundes nach Frankfurt am Main, um die vorläufige deutsche Zentralgewalt durch ein endgültiges Bundesorgan zu ersetzen.

1. Mai: Preußen, das die Frankfurter Bundesversammlung ablehnte ladet zu einem Kongreß sämtlicher Unionstaaten nach Berlin, um eine Entscheidung über die Unionsverfassung herbeizuführen.

26. Juni: Provisorische Neuordnung Ungarns. Abtrennung von Siebenbürgen, Kroatien und Slawonien sowie der Woiwodina als eigene Kronländer. Einteilung des übrigen Ungarn unter Aufhebung der Verfassung in fünf Distrikte (45 Komitate). Generalgouverneur wurde Baron Haynau.

19. Juli: Österreich erläßt, auf Vorschlag der in Frankfurt versammelten Delegierten der Plenarversammlung und bestärkt durch die Uneinigkeit der Unionsfürsten, eine Note zur Wiedereröffnung des Deutschen Bundestages am 1. September 1850.

25. August: Preußen spricht sich gegen die Wiederherstellung des aufgehobenen Deutschen Bundestages aus.

1. September: Österreich eröffnet den Deutschen Bundestag von neuem. Damit bestanden, ohne allgemeine Anerkennung, zwei Bundesregierungen nebeneinander: das Fürstenkollegium unter der Führung Preußens und der Bundestag unter der Führung Österreichs.

21. September: Der Bundestag gewährt Kurfürst Friedrich Wilhelm von Hessen, dem sein Landtag die ausgeschriebenen Steuern verweigert hatte, den Schutz des Bundes. Da der Kurfürst Mitglied der Union war, versuchte König Friedrich Wilhelm I. von Preußen die Bundesexekution zu verhindern, weil er sonst den Bundestag anerkannt hätte.

11. Oktober: Zusammenkunft Kaiser Franz Josephs mit den Königen von Bayern und Württemberg in Bregenz. Die drei Monarchen beschlossen, dem „Aufruhr" in Kurhessen entgegenzutreten.

28. Oktober: Zusammenkunft Kaiser Franz Josephs mit Zar Nikolaus I. in Warschau. Rußland trat in der deutschen Frage auf die Seite Österreichs.

1. November: Ein aus Österreichern und Bayern bestehendes Bundesexekutionsheer unter dem Fürsten von Thurn und Taxis überschreitet die Grenzen von Kurhessen.

2. November: Preußische Truppen unter Graf von der Göben dringen von Thüringen, Westfalen und Wetzlar in Kurhessen ein und besetzen Kassel.

8. November: Vorpostengefecht bei Bronzell, unweit Fulda, zwischen österreichisch-bayerischen und preußischen Truppen. Es kam nicht zum Krieg, weil König Friedrich Wilhelm I. unter russischem Druck in Verhandlungen mit Österreich eintrat. Göben zog sich zurück.

15. November: Preußen erklärt die Union für aufgehoben.

25. November: Fürst Schwarzenberg fordert in einem Ultimatum die vollständige Räumung Hessens durch die preußischen Truppen binnen 48 Stunden.

29. November: Olmützer Punktation. Preußen räumt Hessen.

21. Dezember: Österreichische und bayerische Truppen ziehen in Kassel ein und stellen die Rechte des Kurfürsten wieder her.

23. Dezember: Auf der Konferenz in Dresden wird, die vollständige Wiederherstellung des Deutschen Bundestages beschlossen. Damit hatte Österreich seinen Standpunkt in der deutschen Frage durchgesetzt.

1851 Jänner: Regelung im Streit zwischen Schleswig-Holstein und Dänemark.

14. April: Errichtung des „Reichsrates" in Österreich, einer beratenden Körperschaft zur Begutachtung wichtiger Gesetze. Der Reichsrat sollte ein Ersatz für die nicht bestehende Volksvertretung sein.

16. Mai: Geheimer Allianzvertrag auf drei Jahre zwischen Österreich und Preußen. Gegenseitige Garantierung des Besitzstandes mit Einschluß der italienischen Provinzen Österreichs.

20. August: Festlegung der Verantwortung der österreichischen Minister nur gegenüber dem Kaiser. Franz Joseph baute damit seine absolute Regierungsgewalt entscheidend aus.

31. Dezember: Kaiser Franz Joseph unterzeichnet das sogenannte „Sylvesterpatent".

1852 5. April: Tod des Ministerpräsidenten Fürst Felix Schwarzenberg. Franz Joseph übernimmt selbst die oberste Gewalt. Außenminister wurde Graf Buol-Schauenstein.

25. April: Errichtung der „Obersten Polizeibehörde" in Wien, der die Polizeidirektionen in den einzelnen Kronländern unterstellt wurden. Die Gendarmerie - sie stand unter der Leitung des Barons Kempen von Fichtenstamm - übte in den Fünfzigerjahren ähnliche Methoden aus wie zu Zeiten Metternichs. Es blüten das „Nadertum", die Pressezensur und die Einschränkung der persönlichen Freiheitsrechte.

8. Mai: „Londoner Protokoll". Dänemark muß ungeteilt bleiben.

2. Dezenber: Louis Napoleon wird als Napoleon III. zum Kaiser der Franzosen ausgerufen.

1853 11. Februar: Ultimatum Österreichs an die Türkei mit der Forderung auf Einstellung der von der Türkei eröffneten Feindseligkeiten gegen Montenegro, um ein Einschreiten Rußlands zu verhindern.

18. Februar: Mordversuch des Ungarn János Libeni an Kaiser Franz Joseph.

7. Juli: Russische Truppen rücken unter dem Befehl des Fürsten Michael Gortschakow in die Donaufürstentumer Moldau und Walachei ein.

24. September: Zusammenkunft Kaiser Franz Josephs mit Zar Nikolaus I. in Olmütz.

4. Oktober: Türkisches Ultimatum an Rußland zur Räumung der Donaufürstentümer.

23. Oktober: Kriegserklärung der Türkei an Rußland.

5. Dezember: Wiener Konferenz der vier Großmächte Österreich, Preußen, England und Frankreich, um den russisch-türkischen Konflikt friedlich beizulegen. Rußland lehnt die Räumung der Donaufürstentümer entschieden ab.

1853-1856: Der Krimkrieg.

1854 12. März: England und Frankreich schließen mit der Türkei ein Offensiv- und Defensivbündnis.

27. März: England und Frankreich erklären an Rußland den Krieg.

20. April: Verlängerung des geheimen Allianzvertrages zwischen Österreich und Preußen auf die Dauer des Krimkrieges.

24. April: Vermählung Kaiser Franz Josephs mit Elisabeth, Prinzessin von Bayern.

28. April: Zusatz zum österreichisch-preussischen Allianzvertrag: Die Vertragspartner verpflichten sich, Rußland mit Waffengewalt entgegenzutreten, falls es die Donaufürstentümer annektieren oder seine Heere über den Balkan führen sollte.

3. Juni: Österreich verlangt von Rußland die sofortige Räumung der Donaufürstentümer.

14. Juni: Österreich schließt mit der Türkei einen Vertrag über die Besetzung der Donaufürstentümer durch österreichische Truppen.

21. Juni: Zar Nikolaus I. erklärt sich bereit, die Donaufürstentümer unter gewissen Bedingungen zu räumen.

20. August: Der österreichische Außenminister Buol-Schauenstein verlangt von Rußland die bedingungslose Räumung der Donaufürstentümer. Österreichische Truppen rücken in die Walachei und Moldau ein.

Oktober: Belagerung von Sebastopol durch die Franzosen, Engländer und Türken.

2. Dezember: Österreich tritt dem Bündnis der Westmächte bei. Preußen bleibt neutral.

1855 15. Januar: Piemont-Sardinien tritt dem Bündnis der Westmächte bei und entsendet Truppen auf die Krim.

2. März: Tod Zar Nikolaus I. von Rußland. Sein Nachfolger wird Zar Alexander II. Nikolajewitsch, mit gleichem Tag.

15. März bis 4. Juni: Friedensverhandlungen in Wien zur Beendigung des Krimkrieges.

18. August: Abschluß eines Konkordates zwischen Österreich und dem Heiligen Stuhl.

8. September: Erstürmung des Malakowturmes in Sebastopol.

11. September: Die Verbündeten besetzen Sebastopol.

16. Dezember: Graf Buol-Schauenstein übermittelt an Zar Alexander II. die Forderung der Verbündeten auf Beendigung des Krieges.

1856 10. Januar: Rußland nimmt die Forderungen der Verbündeten an.

26. Februar: Beginn des Friedenskongresses in Paris. Er wird am 30. März beendet. Den Vorsitz führte der französische Außenminister Graf Walewski. Das Übergewicht Rußlands in Europa war damit zwar beseitigt, doch Kaiser Franz Joseph, der die Außenpolitik seines Außenministers Buol-Schauenstein deckte, hatte sich mit Buols Politik die jahrhundertealte Freundschaft Rußlands verscherzt. Hätte Zar Nikolaus I. die Truppen, die durch die österreichischen Maßnahmen gebunden gewesen waren, an die Front vor Sebastopol werfen können, hätte sein Heer die Franzosen und Engländer ins Meer gejagt. Nikolaus I. war über Franz Josephs Politik sehr verärgert gewesen, denn er hatte sich für die zweimalige Hilfe den Dank des Habsburgers erwartet.

1857 20. Dezember: Wiener Stadterweiterung.

1858 5. Januar: Tod Radetzkys.

20. Juli: Geheime Zusammenkunft Kaiser Napoleons III. mit Graf Cavour, dem Ersten Minister König Viktor Emanuels.

1859 1. Januar: Aufsehen-erregende Neujahrsansprache Kaiser Napoleons III., die gemäß den Verabredungen mit Cavour, gegen Österreich gerichtet war.

10. Januar: König Viktor Emanuel, der die Vereinigung Italiens vor hat, erklärt, daß er gegenüber dem „Schmerzensschrei seiner Landsleute in Oberitalien nicht länger gleichgültig sein könne". Hierauf verhängt Franz Joseph das Kriegsrecht über die Lombardei, aber auch die Italiener und Franzosen rüsten zum Krieg. Doch die Preußen und Engländer, auf deren Hilfe der Kaiser von Österreich rechnete, blieben schwankend.

25. April: Dreitägiges Ultimatum Österreichs an Viktor Emanuel mit der Forderung nach sofortiger Entwaffnung der Truppen und Auflösung der Freikorps unter Giuseppe Garibaldi.

25. April: Viktor Emanuel lehnt Franz Josephs Ultimatum ab. Hierauf marschieren österreichische Truppen in Piemont ein. Ihr Befehlshaber ist der unfähige Feldmerschall Gyulay.

26. April: Erklärung Napoleons III., daß er den Übergang österreichischer Truppen über den Tessin als Kriegserklärung Österreichs an Frankreich auffasse.

4. Mai: Rücktritt Buol-Schauensteins als Außenminister. Ihm folgt Graf Johann Bernhard Rechberg-Rothenlöwen. Buols Politik kostete Franz Joseph die Freundschaft Rußlands, ohne daß er dafür die Freundschaft der Westmächte hatte erlangen können.

4. Juni: Niederlage der Österreicher unter Gyulay bei Magenta.

8. Juni: Napoleon III. und König Viktor Emanuel ziehen in Mailand ein.

11. Juni: Tod des Fürsten Metternich in Wien.

18. Juni: Kaiser Franz Joseph übernimmt den Oberbefehl über die österreichischen Truppen.

24. Juni: Schlacht bei Solferino. Neuerliche Niederlage der Österreicher nach erbittertem Ringen und Rückzug in das Festungsviereck. General Ludwig von Benedek hatte sich in diesen Kämpfen besonders ausgezeichnet und Viktor Emanuel bei San Martino zweimal zurückgeschlagen.

8. Juli: Waffenstillstand zwischen Österreich und seinen Gegnern

11. Juli: Zusammenkunft Franz Josephs mit Napoleon III. in Villafranca. Preußen hat sich nicht an den Beistandsvertrag und die gegenseitige Besitzgarantie, einschließlich der italienischen Provinzen Österreichs, gehalten. Die Lombardei ging Franz Joseph verloren.

21. August: Sturz des Innenministers Bach. An seine Stelle trat der Pole Graf Agenor Goluchowski. Bald darauf wurde auch der Gründer der österreichischen Gendarmerie, Feldmarschalleutnant von Kempen entlassen.

10. November: Friede von Zürich zwischen Österreich einerseits und Frankreich und Piemont-Sardinien andererseits.

1860 30. März: Wiederherstellung der Einheit Ungarns und der alten Komitatsverfassung auf Betreiben des Generalgouverneurs Ludwig von Benedek.

20. Oktober: Erlassung des „Oktoberdiploms". Ernennung Goluchowskis zum Staatsminister (Regierungschef).

13. Dezember: Entlassung Goluchowskis. Berufung des Deutschliberalen Anton Ritter von Schmerling an die Spitze der Regierung. Rechberg-Rothenlöwen blieb im Amt. Beginn der liberalen Ära.

1861 26. Februar: Verlautbarung des „Februarpatents", einer vorwiegend zentralistischen Verfassung für den Gesamtstaat. Einführung des Zweikammersystems, das sich in Herrenhaus und Abgeordnetenhaus gliedert.

1. Mai: Eröffnung des Reichsrates in Wien.

Dezember: Proklamierung der Donaufürstentümer Walachei und Moldau zum Königreich Rumänien.

1862 9 Oktober: Otto von Bismarck wird preußischer Außenminister.

1863 30. März: Vereinigung Schleswigs mit Dänemark unter einer Verfassung. Österreich und Preußen protestieren.

11. Juli: Einführung der Monarchie in Mexiko. Erzherzog Ferdinand Maximilian von Habsburg-Lothringen wurde Kaiser und zog am 12. Juni in die Hauptstadt des Landes ein.

16. August: Fürstentag in Frankfurt am Main unter dem Vorsitz Kaiser Franz Josephs. Die Bestrebungen Österreichs scheitern am Widerstand Preußens.

1864 16. Januar: Österreich und Preußen schließen einen Vertrag und fordern die dänische Regierung auf, binnen 48 Stunden die am 1. Januar in Kraft getretene Verfassung zurückzunehmen.

18. Januar: Dänemark lehnt das österreichisch-preußische Ultimatum ab. Beginn des deutsch-dänischen Krieges.

20. Januar: Österreichische und preußische Truppen marschieren in Holstein ein.

1. Februar: Die verbündeten Truppen überschreiten die Eider.

6. Februar: Schlacht bei Oeversee. Sieg der Österreicher unter Gablenz über die Dänen.

18. April: Preußische Truppen erstürmen die Düppeler Schanzen und zwingen die Dänen zum Rückzug auf die Insel Alsen.

25. April: Londoner Konferenz zur Beilegung des dänischen Konflikts.

29. Juni: Preußische Truppen erobern die Insel Alsen. Friedensangebote des dänischen Königs.

22. August: Genfer Konvention zum Schutz der Verwundeten und Kranken sowie der Zivilbevölkerung im Kriege (Rotes Kreuz).

27. Oktober: Rücktritt des Grafen Rechberg-Rothenläwen und Ernennung des Generals Graf Mensdorff-Pouilly zum österreichischen Außenminister.

30. Oktober: Friede von Wien zwischen Österreich, Preußen und Dänemark.

1865 Juni: Besuch Kaiser Franz Josephs in Budapest. Ernennung des konservativen Grafen Mailath zum ungarischen Hofkanzler. Ende des zentralistischen Kurses Schmerlings und Rücktritt Schmerlings.

27. Juli: Bildung des „Drei-Grafenministeriums": Graf Richard Belcredi Ministerpräsident, Graf Larisch Finanzminister und Graf Mensdorff-Pouilly Außenminister.

14. August: Gasteiner Konvention zur Regelung der Schleswigholsteinischen Frage.

20. September: Aufhebung (Sistierung) der Februarverfassung. Rückkehr zum absolutistischen Staat mit Einzellandtagen in den Kronländern.

1866 26. Januar: Scharfe Note Bismarcks an das österreichische Kabinett wegen dessen Politik in Holstein, die den preußischen Plänen zuwiderlief. Spannung zwischen Österreich und Preußen, die ihre innere Ursache in dem Streben Bismarcks nach größerer Macht in Deutschland hatte.

7. Februar: Mensdorff-Pouilly weist die preußische Note energisch zurück. Ein Angebot Italiens, Venetien gegen eine Entschädigung von einer Milliarde Lire abzutreten, wurde von Franz Joseph ebenfalls abgelehnt.

28. Februar: Der preußische Ministerrat entscheidet sich für Krieg gegen Österreich.

14. März Franz Joseph ordnet die Aufstellung einer Nord- und Südarmee an.

8. April: Preußen schließt mit Italien ein Schutz- und Trutzbündnis gegen Österreich.

21 April: Franz Joseph ordnet die Mobilisierung der Südarmee unter Erzherzog Albrecht (dem Sohn Erzherzog Karls, des Siegers von Aspern) an.

26. April: König Viktor Emanuel ordnet die Mobilmachung der italienischen Armee an.

27. April: Franz Joseph ordnet die Mobilmachung der Nordarmee an, ihr Oberbefehashaber wird, entgegen seinem Willen, Feldzeugmeister Ludwig Rilter von Benedek.

1. Juni: Österreich wendet sich an den Bundestag in Frankfurt um einen Schiedsspruch in der schleswig-holsteinischen Frage und beruft die holsteinischen Landstände für den 11. Juni nach Itzehoe ein, um ihnen Gelegenheit zu geben, ihre Wünsche bezüglich der Regierung ihres Landes darzulegen.

3. Juni: Protest Preußens gegen diesen österreichischen Schritt vom 1. Juni,der als Bruch der Gasteiner Konvention ausgelegt wurde.

7. Juni: Der preußische General von Manteuffel rückt, trotz des Protestes des österreichischen Statthalters von Gablenz mit Truppen in Holstein ein.

9. Juni: Österreich klagt Preußen beim Bundestag in Frankfurt, wegen Bruches des Wiener und Gsteiner Vertrages und beantragt die Mobilmachung der außerpreußischen Teile des deutschen Bundesheeres.

11. Juni: Feldmarschalleutnant von Gablenz zieht sich mit seiner Besatzungsarmee, begleitet von der holsteinischen Regierung, nach Altona zurück; von dort begab er sich mit seinen Truppen zur österreichischen Nordarmee in Böhmen.

12. Juni: Neutralitätsvertrag zwischen Österreich und Frankreich.

14. Juni: Der Bundestag ordnet über Antrag Österreichs die Mobilmachung der gesamten Bundesarmee (mit Ausnahme des preußischer Kontingents) gegen Preußen an. Preußen erklärt hierauf den Deutschen Bund für aufgelöst.

15. Juni: Preußisches Ultimatum an Hannover, Sachsen und Hessen-Kassel, bis zum 16. Juni vom Bundesbeschluß zurückzutreten, widrigenfalls militärische Maßnahmen ergriffen würden. Alle drei Staaten lehnten das Ultimatum ab, und auch Bayern, Württemberg und Baden traten an die Seite Österreichs.

16. Juni: Preußische Truppen rücken in Hannover, Sachsen und Kurhessen ein.

18. Juni: Preußische Truppen besetzen Dresden. Das sächsische Heer begann bereits am 15. Juni das Königreich zu räumen, um sich in Böhmen mit der österreichischen Nordarmee zu vereinen. Mit dem sächsischen Heer verließ auch König Johann mit seiner Regierung das Land.

20. Juni: Kriegserklärung Italiens an Österreich.

22.-25. Juni: Einmarsch von drei preußischen Armeen in Böhmen.

24. Juni: Schlacht bei Custozza. Sieg der österreichischen Südarmee unter Erzherzog Albrecht über die Italiener unter Lamarmora.

26.-29. Juni: Siege der preußischen Armeen über die österreichischen Truppen bei Hühnerwasser, Podol, Nachod, Skalitz, Soor, Münichgrätz, Gitschin und Schwein-schädel. Am 27. Juni errangen die Österreicher einen Abwehrerfolg im Gefecht bei Trautenau.

29. Juni: Kapitulation der hannoveranischen Armee bei Langensalza. König Georg V. und Kronprinz Ernst August begaben sich nach Wien.

3. Juli: Schlacht bei Sadowa (Königgrätz). Sieg der vereinten preußischen Armeen über die österreichische Nordarmee unter Benedek.

4. Juli: Ablehnung eines österreichischen Waffenstillstandsangebotes durch König Wilhelm I. von Preußen.

Kaiser Franz Joseph ruft die Vermittlung Frankreichs an und tritt Venetien an Napoleon III. ab.

10. Juli: Erzherzog Albrecht wird zum Oberbefehlshaber über sämtliche kaiserliche Truppen ernannt. Konzentrierung aller österreichischen Armeen im Raume Wien.

13. Juli: Preußische Truppen erreichen die Thaya und rücken in Niederösterreich vor.

17. Juli: König Wilhelm I. von Preußen schlägt sein Hauptquartier in Nikolsburg auf.

20. Juli: Seeschlacht bei der Insel Lissa (heute: Vis). Sieg der österreichischen Flotte unter Admiral Tegetthoff über die italienische unter Persano.

21. Juli: Abschluß einer fünftägigen Waffenruhe zwischen Österreich und Preußen in Nikolsburg, beginnend mit 22. Juli, 12 Uhr mittags.

22. Juli: Gefecht bei Blumenau, unweit Preßburg, zwischen österreichischen und preußischen Truppen.

26. Juli: Präliminarfriede von Nikolsburg zwischen Österreich und Preußen.

2. August: Waffenstillstand von Cormons zwischen Österreich und Italien.

23. August: Friede von Prag zwischen Österreich und Preußen.

3. Oktober: Friede von Wien zwischen Österreich und Italien.

30. Oktober: Freiherr Ferdinand von Beust wird als Nachfolger des Grafen Mensdorff-Pouilly österreichischer Außenminister. Beust stand vorher in sächsischen Diensten.

1867 7. Februar: Rücktritt des Ministeriums Belcredi. Bildung des Ministeriums des Freiherrns von Beust.

17. Februar: Ungarn erhielt ein eigenes Ministerium unter der Leitung des Grafen Julius Andrassy.

15. März: Das ungarische Ministerium unter der Leitung des Grafen Andrassy leistet in Ofen Kaiser und König Franz Joseph den Treueid. „Ausgleich mit Ungarn". Einführung des Dualismus.

17. April: Gründung des Norddeutschen Bundes. Er setzte sich aus 22 Staaten zusammen, die durch einen „Bundesrat" vertreten wurden. Bundespräsident war der König von Preußen, Bundeskanzler der preußische Ministerpräsident Bismarck.

22. Mai: Eröffnung des neubestellten cisleithanischen Reichsrates. Er hatte die Aufgabe, die verfassungsmäßigen Volksrechte wiederherzustellen und den Ausgleich mit Ungarn zu genehmigen. Graf Taaffe wurde mit der Bildung eines interrimistischen Ministeriums betraut.

8. Juni: Feierliche Krönung Kaiser Franz Josephs und seiner Gemahlin Elisabeth in der Matthiaskirche in Budapest zum Apostolischen König (Königin) von Ungarn. Franz Joseph hatte dem Ausgleich mit Ungarn (Würde eines Königreiches mit eigenem Parlament und eigener Regierung) zustimmen müssen, um seiner Monarchie den Status einer Großmacht erhalten zu können. Daß Franz Joseph dabei vor dem einstigen 1849 zum Tod verurteilten und symbolisch gehenkten Andrassy kniete, der ihm die Stephanskrone auf das Haupt setzte, verwunderte alle Höfe Europas.

19. Juni: Kaiser Maximilian von Mexiko, ein Bruder Franz Joesphs I., wird in Queretaro erschossen.

21. Dezember: Kaiser Franz Joseph bestätigt die vom Verfassungsausschuß des cisleithanisches Reichsrates ausgearbeiteten Staatsgrundgesetze über die allgemeinen Rechte des Staatsbürger, über die Ausübung der Regierungs- und Vollzugsgewalt, über die richterliche Gewalt und die Errichtung eines Reichsgerichtes. Wiederinkraftsetzung der Februarverfassung vom 26. Februar 1861 als Gesetz über die Reichsvertretung.

24. Dezember: Ernennung des neuen Reichsministeriums für gemeinsame Angelegenheiten. Freiherr von Beust wird „Reichskanzler" und gemeinsamer Außenminister der k. u. k. Monarchie.

1868 1. Jänner: Ernennung des „Doktoren- oder Bürgerministeriums" (erste parlamentarische Regierung) in Cisleithanien. Ministerpräsident wurde Fürst Carlos Auersperg. Damit begann die Herrschaft der deutschliberalen Partei.

12. April: Erster allgemeiner Arbeitertag in Wiener Neustadt.

25. Mai: Kaiserliche Sanktionierung von drei Kirchengesetzen

26. September: Rücktritt von Carlos Auersperg.

5. Dezember: Neues Wehrgesetz für die Österreichisch-Ungarische Monarchie.

1869 10. Mai: Entwurf eines gegen Preußen gerichteten Bündnis vertrages zwischen Österreich-Ungarn, Frankreich und Italien. Im Frühjahr 1870 wurden österreichisch-französische Beratungen über einen gemeinsamen Kriegsplan geführt, aber nicht zum Abschluß gebracht. Frankreich rechnete aber mit dem Kriegseintritt Franz Josephs, um, wie Beust es wollte, „Rache für Sadowa" nehmen zu können.

8. Dezember: Eröffnung des Vatikanischen Konzils in der Peterskirche in Rom.

1870 Mai: Auflösung des Reichsrates und aller Landtage, weil die slawischen Abgeordneten den Sitzungen fernblieben

18. Juli: Der Kronrat in Wien beschließt über Antrag des ungarischen Ministerpräsidenten Andrassy, trotz der seit 1867 geführten Verhandlungen mit Frankreich, im deutsch-französischen Krieg neutral zu bleiben.

18. Juli: Papst Pius IX. nimmt die „Unfehlbarkeit" der Päpste für sich in Anspruch und erhebt diese zum Dogma.

19. Juli: Kriegserklärung Frankreichs an Preußen. Beginn des deutsch-französischen Krieges.

10. August: Österreich erklärt nach Verkündigung der päpstlichen Unfehlbarkeit das Konkordat mit dem Heiligen Stuhl von 1855 für nicht mehr verbindlich.

2. September: Kapitulation der französischen Armee in Sedan. Gefangennahme Kaiser Napoleons III. Sturz des zweiten französische Kaisertums. Ausrufung der „Dritten französischen Republik".

20. September: Truppen Viktor Emanuels ziehen in Rom ein. Ende der weltlichen Herrschaft des Papstes.

8. Oktober: Einverleibung des Kirchenstaates in das Königreich Italien. Rom wird neue Hauptstadt Italiens.

1871 18. Januar: Köniz Wilhelm I. von Preußen wird im Spiegelsaal des Schlosses zu Versailles zum deutschen Kaiser proklamiert.

27. Februar: Graf Karl Hohenwart (katholisch-konservativ) wird Ministerpräsident. Franz Joseph sagt den „Ausgleich mit Böhmen" zu, der Böhmen eine ähnliche Stellung geben sollte wie der Ausgleich von 1867 den Ungarn, nimmt aber seine Zusage auf Anraten von Beust und Andrassy zurück.

August: Zusammentreffen Franz Josephs mit Wilhelm I. in Gastein.

6. November: Reichskanzler Graf Beust wird seines Amtes enthoben und als Botschafter nach London versetzt. Ihm folgt Graf Julius Andrassy als gemeinsamer Außenminister der Monarchie.

1872 5.-11. September: Zusammenkunft Kaiser Franz Josephs mit Zar Alexander II. und Kaiser Wilhelm I. in Berlin. Drei-Kaiserbündnis.

1873 Mai bis November: Wiener Weltausstellung. Finanzkrach.

1875 Juli: Ausbruch von Aufständen in Bosnien, der Herzegowina und in Bulgarien gegen die türkische Herrschaft

1876 10.-13. Mai: Zusammenkunft Graf Andrassys mit Bismarck und Gortschakow in Berlin zur Beratung der orientalischen Krise.

1877 15. Januar: Geheimvertrag zwischen Österreich und Rußland. Österreich-Ungarn erhielt, gegen das Versprechen der Neutralität im bevorstehenden russisch-türkischen Krieg, das Recht zur Besetzung Bosniens und der Herzegowina nach dem Krieg.

1877-1878: Der russisch-türkische Krieg.

1878 3. März: Vorfriede von San Stefano.

13. Juni bis 13. Juli: Berliner Kongreß zur Bereinigung der orientalischen Frage.

13. Juli: Geheime Konvention zwischen Österreich und der Türkei. Die beabsichtigte Besetzung Bosniens und der Herzegowina durch österreichisch-ungarische Truppen sollte völkerrechtlich nur als eine „Okkupation" von unbestimmter Dauer und nicht als eine „Annexion" (Einverleibung) gelten.

29. Juli: Österreichisch-ungarische Truppen rücken in Bosnien und der Herzegowina ein.

1879 29. April: Wahl Alexander Battenbergs zum Fürsten von Bulgarien.

12. August: Konservatives Koalitionsministerium des Grafen Eduard Taaffe.

7. Oktober: Defensivbündnis zwischen Österreich-Ungarn und Deutschland („Zweibund") für den Fall eines russischen Angriffes auf einen der beiden Vertragspartner.

1880 9. April: Sprachverordnung für Böhmen und Mähren.

1881 Oktober: Graf Kálnoky wird gemeinsamer Außenminister.

November: Zusammenschluß der deutschen Parteien liberaler Richtung zur „Vereinigten Linken".

1882 20. Mai: Dreibundvertrag zwischen Österreich-Ungarn, Deutschland und Italien.

Georg Ritter von Schönerer gründet den „Deutschnationalen Verein".

1885 20. September: Fürst Alexander von Battenberg erklärt sich durch Übernahme der Regierung in Ostrumelien zum „Fürsten beider Bulgarien".

13. November: Kriegserklärung Serbiens an Bulgarien wegen der Besetzung Ostrumeliens.

1886 3. März: Friede von Bukarest zwischen Bulgarien und Serbien.

21. August: Staatsstreich in Bulgarien.

1887 7. März: Gründung des „Christlichsozialen Vereins" für Wien.

1888 30. Dezember: Erster Parteitag der Sozialdemokratischen Partei in Hainfeld.

1889 30. Januar: Selbstmord des Kronprinzen Rudolf von Österreich im Jagdschloß Mayerling.

11. April: Neues österreichisches Wehrzesetz.

1889/90: Die liberal-nationale Partei der „Jungtschechen" beginnt ihren Aufstieg.

1690 20. März: Entlassung des deutschen Reichskanzlers Fürst Otto von Bismarck durch Kaiser Wilhelm II.

1891 Juli: Französischer Flottenbesuch in Kronstadt (St.Petersburg). Austausch von Freundschaftskundgebungen zwischen Zar Alexander III. und dem französischen Staatspräsidenten Carnot. Einleitung der französisch-russischen Allianz.

1892 4. Dezember: Konstituierung des Christlichsozialen Arbeitervereines in Wien durch Leopold Kunschak.

1893 29. Oktober: Rücktritt der Regierung Taaffe. Es folgt das Koalitionsministerium des Fürsten Alfred Windischgrätz.

1895 Mai: Graf Agenor von Goluchowski wird gemeinsamer k. u. k. Außenminister.

Juni: Rücktritt der Regierung Windischgrätz. Nach einem Beamtenministerium folgt die Ernennung des Grafen Kasimir Badeni zum Ministerpräsidenten durch den Kaiser.

September: Die Christlichsoziale Partei erobert im Wiener Gemeinderat mit 92 von 138 Sitzen die Zweidrittelmehrheit.

1896 14. Juni: Kaiser Franz Joseph sanktioniert die Wahlrechtsreform des Ministeriums Badeni.

9. Oktober: Staatsbesuch des Zaren Nikolaus II. in Paris.

1897 März: Wahlen zum Abgeordnetenhaus.

5. April: Erlassung von zwei Sprachverordnungen für Böhmen und Mähren durch das Ministerium Badeni.

8. April: Dr. Karl Lueger wird Bürgermeister von Wien.

24. April: Kaiser Franz Joseph besucht Zar Nikolaus II. in St. Petersburg. Balkanentente.

28. November: Entlassung der Regierung Badeni.

1898 10. September: Ermordung der Kaiserin Elisabeth durch den italienischen Anarchisten Luccheni in Genf.

1900 28. Juni: Erzherzog Thronfolger Franz Ferdinand verzichtet auf die Nachfolgerechte seiner Kinder.

1902 1. November: Geheimvertrag zwischen Italien und Frankreich.

31. Dezember: Abkommen zwischen der cisleithanischen Reichshälfte und Ungarn über den Fortbestand des gemeinsamen und einheitlichen Wirtschaftsgebietes.

1903 30. September: Zusammenkunft Kaiser Franz Josephs mit Zar Nikolaus II. in Mürzsteg wegen der Lage der Christen in der Türkei.

1904/05: Der russisch-japanische Krieg.

1906 Nach mehreren Regierungswechseln wird Max Freiherr von Beck Ministerpräsident.

Oktober: Freiherr Lexa von Ährenthal wird gemeinsamer Außenminister der Monarchie. Der Thronfolger Franz Ferdinand wird Befehlshaber der kaiserlichen Streitkräfte.

18. November: Franz Freiherr Conrad von Hötzdendorf wird Chef des k. u. k. Generalstabs.

1907 26. Januar: Gesetz über die Einführung des allgemeinen, gleichen, geheimen und direkten Wahlrechtes in Österreich.

14. bis 25 Mai: Erste allgemeine Wahlen in Österreich.

8. Oktober: Unterzeichnung eines neuen „Ausgleiches" mit Ungarn.

1908 5. Oktober: Annexion (Einverleibung) Bosniens und der Herzegowina. Scharfe Reaktion Rußlands.

November: Rücktritt der Regierung Beck. Es folgt das Ministerium des Freiherrn von Bienerth.

2. Dezember: 60jähriges Regierungsjubiläum Franz Josephs. Am gleichen Tag mußte über Prag das Standrecht verhängt werden, weil es zu schweren Ausschreitungen zwischen Deutschen und Tschechen gekommen ist.

1909 26. Februar: Verständigung Österreich-Ungarns mit der Türkei über die Annexion Bosniens und der Herzegowina.

1911 Ende März: Auflösung des Abgeordnetenhauses in der cisleithanischen Reichshälfte.

Juni: Ministerium des Grafen Karl von Stürgkh nach Rücktritt des dritten Ministeriums Gautsch.

1912 Februar: Graf Leopold von Bertold wird gemeinsamer Außenminister der Monarchie.

30. September: Der „Balkanbund" mobilisiert gegen die Türkei.

8. Oktober: Kriegserklärung Montenegros an die Türkei. Ausbruch des Ersten Balkankrieges. Zusammenbruch der türkischen Herrschaft auf der Balkanhalbinsel.

1913 3. Juli bis 10. August: Zweiter Balkankrieg.

1914: 28. Juni: Ermordung des Thronfolgers Erzherzog Franz Ferdinand und seiner Gemahlin Herzogin Sophie von Hohenberg in Sarajevo.

Erläuterungen zu den wichtigsten Personen dieser Arbeit:

Albrecht von Habsburg, Erzherzog, * Wien 3. 8. 1817, † Arco 18. 2. 1895, ältester Sohn des Erzherzogs Karl, des Löwen von Aspern, 1844 Kmd. General in Wien, schritt er am 13. 3. 1848 gegen die Revolution ein; 1851-59 GenGouverneur in Ungarn. 1859 zum Oberbefehlshaber der für einen Rheinfeldzug bestimmten österreichischen Armee ausersehen, suchte er in Berlin vergeblich, Preußen zur Mitwirkung am Krieg zu gewinnen. Am 24. 6. 1866 schlug er die Italiener bei Custozza; nach der Niederlage bei Königsgrätz Oberbefehlshaber aller österreichischen Streitkräfte, versammelte Erzherzog Albrecht zur Verteidigung von Wien an der Donau 231.000 Mann Infanterie, 19.000 Mann Kavallerie und 1350 Geschütze, denen die preußische Armee in der Stärke von 160.000 Mann Infanterie, 19.700 Mann Kavallerie und 744 Geschütze gegenüberstand. Die österreichische Armee in starken Verteidigungsstellungen wäre bestimmt in der Lage gewesen, eine Schlacht um Wien zu ihren Gunsten zu entscheiden. Vom Friedensschluß bis zu seinem Tod war Erzherzog Albrecht Generalinspekteur des Heeres. Um die Reorganisation und Neubewaffnung der österreichischen Armee hat sich der Erzherzog sehr verdient gemacht.

Alexander II. Nikolajewitsch, Zar, * Moskau 29. 4. 1818, † St. Petersburg 13.3.1881, vermählt 1841 mit Maria (Alexandrowna) von Hessen, bestieg während des Krimkrieges 1855 den Thron. Alexanders Außenpolitik zielte darauf, die Isolierung Rußlands und die Bedingungen, vor allem die Pontusklausel des Pariser Friedens (1856) zu überwinden. Nach Außenminister Gortschakows vergeblichem Versuch einer liberalen frankophilen Politik, führte Alexander eine Neuorientierung durch, indem sich Rußland mit Preußen verständigte und trotz der nationalistisch-liberalen und panslawistischen Strömungen auf Bismarcks Monarchenpolitik einging; so

kam es zur Rückendeckung Preußens 1866 und 1870 und zum Dreikaiserbündnis von 1872. Mit dieser Sicherung konnte Rußland 1876/77 den Türkenkrieg führen. Doch weckten das russische Vordringen in Zentralasien und die russischen Erfolge auf dem Balkan und im Kaukasus die Gegnerschaft Großbritanniens, so daß Rußland auf dem Berliner Kongreß 1878 auf die Erfolge des Vorfriedens von San Stefano verzichten mußte. Die seit dem Türkenkrieg radikalisierte „volkssozialistische" Bewegung der jungen Intelligenz ließ Alexander durch Polizeigewalt beschränken. Er wurde das Opfer des individuellen Terrors einer anarchistischen Aktionsgruppe (Volkswille) durch Bombenanschlag.

Alexander III. Alexandrowitsch, Zar, * Petersburg 10. 3. 1845, † Liwadia 1. 11. 1894, vermählt 1866 mit Prinzessin Dagmar (Maria Feodorowna) von Dänemark, trat nach der Ermordung seines Vaters 1881 die Regierung an. Alexander stellte die Macht des Zarentums nochmals her, wobei er dem russischen Nationalismus durch seine Russifizierungspolitik in den Randländern entgegenkam. Dagegen hielt Alexander außenpolitisch gegen die öffentliche Meinung an der Monarchenpolitik Bismarcks durch Geheimverträge fest und ging erst nach der Nichterneuerung des Rückversicherungsvertrages auf das Bündnis mit Frankreich (1891-1894) ein. In der bulgarischen Battenbergkrise (1885/86) vermied Alexander, der einzige Zar, der keinen Krieg geführt hat, die Kriegsgefahr.

Andrássy Gyula (Julius) d. Ä., Graf, österr.-ung. Staatsmann, * Kaschau 3.3.1823, † Volosca 18.2.1890. Im ungarischen Unabhängigkeitskrieg (Kossuth-Revolution) 1848/49 kämpfte er als Honvedmajor und ging dann als diplomatischer Agent der Debreciner Regierung nach Istanbul. In Abwesenheit zum Tod verurteilt, wurde er 1857 amnestiert. Er trat 1861 wieder in den ungarischen Reichstag ein. Mit

Franz Deak brachte er den österr.-ung. Ausgleich zustande und wurde 1867 ungar. Ministerpräsident und zugleich Honvedminister. 1868 setzte er den Ausgleich mit Kroatien und die Einverleibung der Militärgrenze in Ungarn durch. Zu Beginn des deutsch-französischen Kriegs trat er entschieden für die Neutralität der Monarchie ein. Andrássy wurde 1871 an Stelle von Beust gemeinsamer Außenminister. Mit Bismarck und Gortschakow brachte er das Dreikaiserbündnis von 1872 zustande. Das gute Einvernehmen mit Rußland schien bei der Kaiserzusammenkunft in Reichstadt (1876) erfolgreich angebahnt zu sein, wurde aber durch den Berliner Kongreß (1878) wieder gestört. Andrassy, der auf diesem Kongreß die Doppelmonarchie vertrat, erlangte auf ihm das Mandat zur Besetzung Bosniens und der Herzegowina. Die großen Opfer der Okkupation zogen ihm in den Parlamenten beider Reichshälften heftige Angriffe zu. Er schloß mit Bismarck das deutsch-österreichische Bündnis vom 7.10.1879 ab, mußte aber kurz vor dessen Unterzeichnung den Abschied nehmen.

Apponyi Georg, Graf, * Wien 29.5.1846, † Genf 7.2.1933, wurde 1878 Führer der gemäßigten nationalen Oppositionspartei (seit 1891 „Nationalpartei"), ging 1899 zur liberalen Regierungspartei, 1904 wieder zur nationalen Opposition („Unabhängigkeitspartei") über. Als Kultusminister (1906-1910) führte Apponyi zwar den unentgeltlichen Volksschulunterricht ein, geriet aber wegen seiner radikalen Madjarisierungsmaßnahmen bei allen Nationalitäten in den Ländern der Stephanskrone in Verruf. 1920 leitete er die ungarische Friedensdelegation in Paris und trat mehrfach als ungarischer Delegierter im Völkerbund hervor.

Bach, Alexander, Freiherr von (1854), Jurist, österreichischer Staatsmann, * Loosdorf 4.1.1813, † Schönberg 12.11.1893. Unter Ministerpräsident Fürst Felix Schwarzenberg wurde er 1848 Justizminister und 1849 Minister des Inneren. Auf die Idee von Schwarzenberg legte Bach am 8. Juni 1849 Kaiser Franz Joseph den Plan für die Errichtung eines Gendarmeriekorps für die ganze Monarchie vor. Der Kaiser genehmigte am gleichen Tag die Errichtung eines Gendarmeriekorps, worauf Feldmarschalleutnant Johann Kempen Freiherr von Fichtenstamm mit dem Aufbau und der Organisation des Gendarmeriekorps, das 16 Regimenter umfassen sollte, beauftragt wurde. Dr. Bach, zuerst freiheitlich gesinnt, näherte sich bald reaktionären und slawischen Kreisen und führte als Vertreter eines streng absolutistischen und klerikalen Regierungssystems eine gleichmäßige Organisation der Verwaltung in allen Reichsteilen durch; zugleich unternahm er innere Reformen, wie die Aufhebung der Patrimonialgerichte. Seit Schwarzenbergs Tod im April 1852 war Dr. Bach der leitende Kopf der österreichischen Regierung. Nach der Niederlage Österreichs im Italienischen Krieg von 1859 mußte Dr. Bach zurücktreten. Von 1859 bis 1867 war Bach Botschafter beim Vatikan.

Badeni, Kasimir, Felix, Graf, österr. Staatsmann, * Suruchow (Galizien) 14.10.1846, † Krasne (Galizien) 9.7.1909, wurde 1888 Statthalter von Galizien und bildete im September 1895 ein Ministerium. Die tschechenfreundlichen Sprachverordnungen für Böhmen vom 5. 4. 1897 zogen ihm die Feindschaft der Deutschen zu und führten bald zu seiner Entlassung.

Battenberg, Prinzentitel, den Nachkommen des Prinzen Alexander von Hessen aus seiner morganatischen Ehe mit der polnischen Gräfen Julie von Haucke 1858 vom Großherzog von Hessen verliehen. Prinz Alexander von Battenberg, ein Verwandter der aus Hessen stammenden Zarin Maria, Gemahlin des Zaren Alexander II., wurde am 29. April 1879 von der bulgarischen Nationalversammlung auf Vorschlag des Zaren, in Tirnowa einstimmig zum Fürsten Bulgariens gewählt. Nach der Ermordung des Zaren am 13. März 1881 in St. Petersburg und dem Versuch der Russen unter Zar Alexander III. Bulgarien wie eine russische Provinz zu beherrschen, erwachte der Nationalstolz der Bulgaren und Fürst Alexander wollte die russische Bevormundung abschütteln. Das führte zu schweren Spannungen mit dem Zaren, der Fürst Alexander bekämpfte. Dies hatte auch zur Folge, daß Graf Bismarck die vom Fürsten von Bulgarien angestrebte Eheverbindung mit Prinzessin Viktoria von Preußen, dem Zaren zuliebe, scheitern ließ (Battenberg-Affäre), um das Verhältnis Preußens zu Rußland nicht zu belasten. Der Zar ließ den Fürsten, der sich nicht mehr als sein Statthalter fühlte, stürzen.

Benedek, Ludwig August, Ritter von, österreichischer General, * Ödenburg 14.7.1804, † Graz 27.4.1881, zeichnete sich 1859 in der Schlacht bei Solferino aus, wurde im Januar 1860 Chef des Generalstabs, April Gouverneur von Ungarn, Oberbefehlshaber in Venetien und den Alpenländern; 1866 wurde ihm das Kommando der Nordarmee übertragen; er übernahm den Oberbefehl nur widerwillig und auf ausdrücklichen Befehl Kaiser Franz Josephs. Nach der Niederlage bei Königgrätz am 3.7.1866 wurde er des Kommandos enthoben. Eine kriegsgerichtliche Untersuchung gegen ihn wurde auf Befehl des Kaisers eingestellt.

Bismarck-Schönhausen, Otto, Graf (später Fürst) von, der Gründer des Deutschen Reichs von 1871, * Schönhausen 1.4.1815, † Friedrichsruh 30.7.1892, preußischer Staatsmann. Als schroffer Royalist, ging er doch in der Revolution von 1848/49 dem absolutistischen Denken fremde Wege. Als Abgeordneter in der Zweiten Kammer und im Erfurter Parlament kehrte er den „Stockpreußen" hervor und verteidigte die Olmützer Punktation. Bismarck wurde preußischer Vertreter in Frankfurt und erstrebte ein Zusammengehen mit Habsburg bei Gleichberechtigung Preußens an, wurde aber wegen seiner Unverträglichkeit 1859 als Gesandter in St. Petersburg ehrenvoll kaltgestellt. Erst der heraufziehende Verfassungskonflikt gab Kriegsminister Roon die Gelegenheit, Bismarck, der inzwischen Botschafter in Paris geworden war, zum Ministerpräsidenten vorzuschlagen.

Bismarck wurde vom König am 23.9.1862 zum Ministerpräsidenten und am 8.10. zum Minister des Auswärtigen ernannt. Entschlossen, den Verfassungskon-

flikt für König Wilhelm durchzufechten, ließ Bismarck es nach einem vergeblichen Verhandlungsversuch zum Bruch mit der Mehrheit des Abgeordnetenhauses kommen; er regierte ohne Budget, ergriff scharfe Maßnahmen gegen Presse- und Versammlungsfreiheit und näherte sich, um die Machtstellung der Fortschrittspartei zu brechen, dem Gedanken des allgemeinen, gleichen Wahlrechts. Während sein sozialpolitischer Ansatz steckenblieb, gelang es Bismarck, seine Gegner in der deutschen Frage zu überspielen und vereitelte im August 1863 Österreichs Versuch, durch einen Fürstentag die Führung im Deutschen Bund neuerlich an sich zu reißen.Sein Ausspruch, daß die großen Fragen der Zeit nicht durch Versammlungsbeschlüsse, sondern durch „Blut und Eisen" zu lösen seien, trug ihm viel Kritik ein. Den liberalen „Kreuzzug gegen Rußland" lehnte Bismarck scharf ab, verpflichtete sich Rußland beim Polenaufstand 1863 und sicherte sich so für seine Politik die Rückendeckung im Osten. Dann gab der Vertragsbruch Dänemarks in Schleswig-Holstein Gelegenheit zum Krieg von 1864. Bismarck führte diesen im Bunde mit Österreich durch und nutze sie nicht, wie die Liberalen wollten, dazu, einen neuen deutschen Mittelstaat zu errichten, sondern für die Vergrößerung Preußens, dessen Leib ihm zu schmal war. Dies führte zum Konflikt mit Österreich, das keine solchen Interessen hatte, und zum „deutschen Bruderkrieg" von 1866; Bismarck trat in ein Militärbündnis mit Italien gegen Österreich, um Österreich eine zweite Front aufzwingen und seine eigenen landräuberischen Absichten in Deutschland durchsetzen zu können. So kam es, weil Österreichs Armee an zwei Fronten kämpfen mußte, zum preußischen Sieg bei Königgrätz. Im Frieden von Nikolsburg zwang Bismarck Kaiser Franz Joseph auf seine Rechte im Deutschen Bund zu verzichten. Hierauf fuhr Bismarck, nach der Niederlage Österreichs, mit den deutschen Staaten, die sich ihm entgegenstellten, Schlitten. Der Deutsche Bund wurde zerstört und alle Länder zwischen der Nord- und Ostsee und dem Main Preußen gewaltsam eingegliedert. Dies waren Schleswig und Holstein, das Königreich Hannover, Kurhessen, Nassau und die Stadt Frankfurt. Das Königreich Sachsen zwang Bismarck, seinem Norddeutschen Bund beizutreten. Durch geheime Schutz- und Trutzbündnisse sicherte sich Bismarck, der auch die Staaten südlich des Mains hätte Preußen einverleiben können, sich deren Ergebenheit, indem er sie weiterbestehen ließ. Der Gegensatz Preußens zu Frankreich verschärfte sich unterdessen (Luxemburgerkrise), die militärische Auseinandersetzung mit Frankreich schien unvermeidlich, und es kam zum deutschfranzösischen Krieg von 1870/71, den Preußen deshalb gewann, weil Kaiser Franz Joseph auf die Revanche für Königgrätz verzichtete und Frankreich, mit dem jahrelang über ein gemeinsames Vorgehen gegen Preußen verhandelt wurde, im Stich ließ. Nach der Niederlage der Franzosen wurde König Wilhelm I. von Preußen am 18.1.1871 in Versailles zum „Deutschen Kaiser" ausgerufen, Elsaß und Lothringen den Franzosen weggenommen, Preußen als Verwaltungsgebiet angeschlossen und Bismarck, der Konstrukteur des neuen Deutschland, zum Fürsten erhoben.

Zunächst versuchte Bismarck, der mit den Revancheabsichten Frankreichs rechnete, die republikanische Regierung Frankreichs, die Napoleon III. vom Thron vertrieben hatte, zu isolieren, aber nach dem Berliner Kongreß von 1878, der den russisch-türkischen Krieg beendete, schloß Rußland, das sich um die Früchte seines Sieges geprellt sah, mit Frankreich ein Bündnis, und Bismarck, der die Freundschaft Rußlands verwirkt hatte, verbündete sich mit Österreich-Ungarn. Bismarck regierte als „deutscher Reichskanzler" bis Kaiser Wilhelm II. auf den Thron gelangte und Bismarck sehr ungnädig entließ.

Beust, Friedrich Ferdinand, Graf von (1868), sächs. und österr. Staatsmann, * Dresden 13.1.1809, † Schloß Altenberg (Niederösterreich) 24.10. 1886. Vertrat als sächs. Außenminister seit 1849 und als Ministerpräsident seit 1858 die Triasidee. Seine antipreußische Politik führte Sachsen 1866 auf die Seite Österreichs. Nach der Niederlage bei Königgrätz aus sächs. Dien-

sten entlassen, wurde Beust im Oktober 1866 zum österr. Außenminister und bald zum Ministerpräsidenten ernannt. Beust führte 1857 den Ausgleich mit Ungarn durch; zugleich veranlaßte er die Wiederherstellung der konstitutionellen Verfassung. Seine Außenpolitik zielte auf Revanche für 1866. Da sie durch den preußischen Sieg über Frankreich und die Haltung Rußlands aussichtslos geworden war (Graf Julius Andrassy d. Ä. hintertrieb das Bündnis Österreichs mit Frankreich), trat er 1871 zurück und wirkte bis 1878 als Botschafter in London, bis 1882 in Paris.

Conrad von Hötzendorf, Franz, Graf (1918), österreichisch-ungarischer Feldmarschall, * Penzing (bei Wien) 11.11.1852, † Mergentheim 25.8.1925. Seit November 1906 mit kurzer Unterbrechung (November 1911 bis Dezember 1912) Chef des österreichisch-ungarischen Generalstabes und Vertrauter des Thronfolgers Franz Ferdinand. Er leitete im 1. Weltkrieg bis Februar 1917 die Operationen des österreichisch-ungarischen Heeres und war nach seiner Ablösung Oberbefehlshaber in Tirol. Hötzendorf wurde am 15.7.1918, nach einem mißglückten Angriff bei Asiago in den Ruhestand versetzt.

Elisabeth Amalie Eugenie, Kaiserin von Österreich und Königin von Ungarn, * 24.12.1837 in München, † 10.9.1898 in Genf. Die bayerische Prinzessin Elisabeth heiratete 1854 Kaiser Franz Josph I., dem sie vier Kinder, und zwar Kronprinz Rudolf und die Erzherzoginnen Sophie Friederike, Gisela und Marie Valerie schenkte. Elisabeth, eine der schönsten Frauen ihrer Zeit (sie ließ sich nur solang sie jung war fotografieren), litt unter dem spanischen Hofzeremoniell am Wiener Hof, stand fortschrittlich-liberalen Ideen positiv gegenüber. Sie genoß beim ungarischen Adel großes Ansehen, das eine gewisse „Volkstümlichkeit" nach sich zog. Nach dem Selbstmord ihres einzigen Sohnes, Kronprinz Rudolf, 1889 im kaiserlichen Jagdschloß Mayerling führte Elisabeth ein ruheloses Reiseleben; sie war mit einem eigenen Sonderzug und ihren Reitpferden ständig von einem Reitturnier zum anderen unterwegs. Darüberhinaus war

Kaiserin Elisabeth eine begabte Lyrikerin, die ihre Gedichte in der Schweiz verwahren ließ. Um das Leid der starken Nationalitäten in Ungarn, die mehr als die Hälfte der Gesamtbevölkerung ausmachten, und die sich gegen die radikalen Madjarisierungsmaßnahmen der jeweiligen ungarischen Regierungen zur Wehr setzten und um ihre kulturelle und politische Autonomie rangen, kümmerte sie sich ebenso wenig wie der Kaiser. Am 10.9.1898 wurde die reisende Kaiserin in Genf vom italienischen Anarchisten Luigi Lucheni ermordet.

Engels, Friedrich, * Barmen 28.11.1820, † London 5.8.1895, Sohn eines Fabrikanten, trat schon als kaufmännischer Lehrling dem „Jungen Deutschland" nahe, dann in Berlin der radikalen „Hegelschen Linken", 1842 begegnete er Karl Marx in Köln. Seit 1844 war Engels Mitarbeiter an den „Deutsch-Französischen Jahrbüchern" und vollzog mit Marx den Bruch mit dem Linkshegelianismus. Engels und Marx schlossen sich danach dem „Bund der Kommunisten" in Brüssel an, in dessen Auftrag beide 1847 das „Kommunistische Manifest" verfaßten. Während der Revolution von 1848 redigierte Engels mit Marx die „Neue Rheinische Zeitung" in Köln. 1849 beteiligte sich Engels am Pfälzer Aufstand; nach dessen Scheitern kehrte er in das väterliche Geschäft in Manchester zurück. Er unterstützte Marx seitdem finanziell und förderte ihn bei seinen Auseinandersetzungen zwischen den verschiedenen sozialistischen Richtungen. Seit 1870 war Engels Sekretär im Generalrat der „Internationalen Arbeiterassoziation". Seine zahlreichen sozialpolitischen, geschichtlichen und militärwissenschaftlichen Schriften trugen zur Vertiefung und Ausbreitung des Marxismus bei, dessen führender Kopf er nach dem Tod von Marx (1883) war.

Franz Ferdinand, Erzherzog von Österreich, Neffe Kaiser Franz Josephs, Sohn des Erzherzogs Karl Ludwig, * Graz 18.12.1863, † Sarajewo 28.6.1914, wurde nach dem tragischen Tod des Kronprinzen Rudolf (1889) Thronfolger. Er war mit der zur Fürstin von Hohenberg erhobenen böhmischen Gräfin Sophie Chotek

(* 1.3.1868, † 28.6.1914 bei einem Attentat in Sarajevo) verheiratet. Franz Ferdinand mußte auf Grund seiner nicht standesgemäßen Ehe auf die Thronfolge seiner Kinder verzichten. Sein Einfluß, den er anfangs nur langsam durchsetzen konnte, stieg seit 1906. Besonders die Leitung der Armee kam allmählich ganz in seine Hände, 1913 wurde er Generalinspekteur aller Streitkräfte. In den militärischen Fragen stand ihm vor allem General Conrad von Hötzendorf zur Seite. Franz Ferdinand stand im politischen Gegensatz zu Kaiser Franz Joseph, denn seine Politik zielte auf eine Einschränkung der ungarischen Macht innerhalb der Doppelmonarchie zugunsten aller anderen Völker des Habsburgerreiches. Der Dualismus sollte durch einen Trialismus oder durch einen Staatenbund ersetzt werden, durch die „Vereinigten Staaten von Großösterreich". Diese Politik brachte Franz Ferdinand nicht nur in Gegensatz zu den großserbischen Plänen des serbischen Ministerpräsidenten Pasić, sondern auch zu Ungarn und den Großdeutschen in den deutschsprachigen Erbländern, die ein Übergewicht der Slawen in der Staatsführung verhindern wollten. Außenpolitisch wünschte er das Zusammengehen mit Deutschland und die Verständigung mit Rußland. Franz Ferdinand war konservativ-katholisch erzogen, seine Berater im Belvedere galten als Schattenkabinett, das zum Kaiser in Opposition stand Franz Ferdinand und seine Gemahlin wurden am 28. Juni 1914 vom Attentäter Gavrilo Prinzip in Sarajewo ermordet. An diesem Attentat entzündete sich der 1. Weltkrieg.

Franz Joseph I., Kaiser von Österreich (1848-1916), König von Ungarn (1867-1916), Enkel von Kaiser Franz II./I., Sohn des Erzherzogs Karl Ludwig, * Schloß Schönbrunn (Wien) 18.8.1850, † Ebenda 21.11.1916, kam durch die erzwungene Abdankung seines Onkels Kaiser Ferdinand I. am 2.12.1848 in Olmütz zur Regierung (wohin der Hof geflohen war). Franz Joseph wurde schon durch seine 67jährige Regierungszeit zu einer österreichischen Legende. Gegen den ungarischen Aufstand 1848/49 rief er die Hilfe Zar Nikolaus I. an und ließ, nach der Niederschlagung der Rebellion die härteste Bestrafung der Rebellenführer zu. Unter dem Einfluß seines ersten Ministerpräsidenten, des Fürsten Felix Schwarzenberg, begann Franz Joseph ein absolutistisches und zentralistisches Regiment. In der auswärtigen Politik suchte er die Vorherrschaft Österreichs in Italien und Deutschland wiederherzustellen. Das gute Verhältnis zu Rußland zerstörte er durch seine schwankende Politik im Krimkrieg. Das System der Reaktion und Polizeiherrschaft brach mit der Niederlage bei Solferino 1859, in welcher Schlacht der Kaiser selbst den Oberbefehl gegen die französischen und italienischen Truppen führte, zusammen. Die Lombardei ging verloren. Das Jahr 1866 brachte durch die Niederlage bei Königgrätz gegen Preußen den Verlust der österreichischen Vormachtstellung im Deutschen Bund und den Verlust Venetiens, das die Preußen den Italienern für den Kriegseintritt gegen Österreich versprachen. 1867 willigte Franz Joseph in den Ausgleich mit Ungarn ein, das damit vom Kronland (1849-1867) wieder zum Königreich aufstieg, womit die Doppelmonarchie geschaffen war. 1867 wurden Franz Joseph und seine Gemahlin Elisabeth in Budapest von dem 1849 in Abwesenheit zum Tod verurteilten Graf Gyula Andrassy und Fürstbischof Simon gekrönt, wobei das Kaiserpaar vor dem einstigen Hochverräter kniete.

Im deutsch-französischen Krieg von 1870/71, in dem Napoleon III. mit dem Kriegseintritt Österreich-Ungarns gegen Preußen rechnete, erklärte Franz Joseph, einen Tag vor dem Kriegsausbruch, die Neutralität Österreich-Ungarns, obwohl die Generalstäbe beider Mächte jahrelang über die gemeinsame Aktion gegen Preußen verhandelt hatten. Mit dieser Entscheidung, zu der ihn auch der ungarische Ministerpräsident Gyula Andrassy drängte, verzichtete Franz Joseph endgültig auf die Revanche für Königgrätz und die Wiederherstellung der Schirmherrschaft Österreichs und der Wiederaufrichtung des Deutschen Bundes, die sein Außenminister Graf Beust mit größtem Einsatz betrieben hatte. Damit war der Traum von der Wiedererlangung der deut-

schen Kaiserkrone für das Haus Habsburg-Lothringen ausgeträumt. Nachdem sich Franz Joseph seit 1871 mit der Existenz eines kleindeutschen Reiches abgefunden hatte, schloß er 1879 mit diesem ein Bündnis, dem er bis zu seinem Tod treu blieb.

Franz Joseph war mit Prinzessin Elisabeth von Bayern vermählt, die ihm zwar vier Kinder schenkte, aber auch nach dem Tod ihrer Schwiegermutter nicht bereit war, ihren staatspolitischen Verpflichtungen bei Hof als Kaiserin und Königin zu entsprechen und ihren Gemahl mit seinen Sorgen meist allein ließ.

Seit 1867 wandelte sich Franz Joseph immer stärker zu einem konstitutionellen Monarchen. Er hielt am dualistischen Aufbau der Donaumonarchie fest, ließ aber auch an der Einheit der Armee, die die ungarischen Politiker aufbrechen wollten, nicht rütteln. Doch dieses System versagte angesichts der wachsenden Gegensätze der Nationalitäten. Überließ Franz Joseph in der ungarischen Reichshälfte als König von Ungarn, das Schicksal der um kulturelle und politische Autonomie ringenden starken nichtungarischen Völker der Willkür der ungarischen Regierungen, so verweigerte er den Tschechen die Wiederherstellung des Königreiches Böhmen in der österreichischen Reichshälfte als Kaiser von Österreich, obwohl die böhmische Königswürde älter war als die der Habsburger. Diese Zurücksetzung der Tschechen führte in der Folge zu wiederholten schweren Ausschreitungen zwischen Tschechen und Deutschen in Böhmen, die bis 1914 andauerten.

Das schwere persönliche Leid, das Franz Joseph zu tragen hatte (Erschießung seines Bruders Maximilian in Mexiko 1867, Selbstmord des Kronprinzen Rudolf 1889, Ermordung der Kaiserin Elisabeth 1898 und des Erzherzogs Franz Ferdinand 1914), machte ihn mit der Zeit immer volkstümlicher. Seine lange Regierungszeit und seine fast mythisch gewordene Greisengestalt hielten schließlich allein noch die Donaumonarchie zusammen. In den 1. Weltkrieg tart er schweren Herzens ein, überzeugt, daß sich sein Reich selbst aufgebe, wenn es weitere Herausforderungen über sich ergehen ließe.

Fischhof, Adolf, Dr., lebte von 1816 - 1893. Fischhof war gebürtiger Ofener, studierte ab 1836 in Wien Medizin und war nach seiner Promotion 1845 als Sekundärarzt für Gynäkologie am Allgemeinen Krankenhaus tätig. Mit seiner Rede im Hof des niederösterreichischen Landhauses tat er den Schritt in die Politik. Er wurde Kommandant des Mediziner-Korps der Akademischen Legion. Später übernahm er die Präsidentschaft des Sicherheitsausschusses. Fischhof kandidierte schließlich für den Reichsrat, wurde Abgeordneter und gehörte dem Verfassungsausschuß an. In dieser Zeit arbeitete er auch im Innenministerium, wo er das Sanitätsreferat leitete. Nach Aufhebung des Reichsrates kam er in Untersuchungshaft, wurde aber nach neun Monaten wieder freigelassen und 1867 vollständig rehabilitiert. Er praktizierte nun wieder als Arzt, nahm aber weiterhin laufend zu politischen Fragen publizistisch Stellung. Besonders widmete er sich dem Nationalitätenproblem. Fischhof liegt in der Jüdischen Sektion des Wiener Zentralfriedhofs begraben.

Friedrich Wilhelm I., Kurfürst von Hessen-Kassel, * Hanau 20.8.1802, † Prag 6.1.1875, seit 1851 Mitregent seines Vaters Wilhelm II. Die Kurwürde erlangte er 1847. Als Friedrich Wilhelm 1860 die alte Verfassung aufhob und gegen den Widerstand der Bevölkerung eine neoabsolutistische einführen wollte, bot sich für Preußen die Möglichkeit, in die inneren Angelegenheiten Hessens einzugreifen. Es mobilisierte seine Armee und zwang Friedrich Wilhelm zur Wiederherstellung der alten Ordnung. Im preußisch-österreichischen Krieg stand der Kurfürst an der Seite Österreichs. Nach der Niederlage von Königgrätz wurde Friedrich Wilhelm vom Preußenkönig abgesetzt und Hessen-Kassel von Preußen annektiert. Friedrich Wilhelm wurde als Gefangener nach Stettin gebracht, und erst als er 1866 seine Untertanen von ihrem Eid entband, aus der Haft entlassen. Er lebte bis zu seinem Tod im österreichischen Exil auf seinem Gut Horzowitz (bei Prag) und in Prag. Die Benützung seiner Schlösser in der Provinz Hanau wurde ihm, da er sich stets feindselig gegen Preußen verhielt, nicht gestattet.

Friedrich III., deutscher Kaiser und König von Preußen, * Potsdam 18.10.1831, † ebenda 15.6.1888, befehligte (als Kronprinz Friedrich Wilhelm genannt) im Krieg gegen Österreich 1866 die Zweite Armee und entschied durch ihr rechtzeitiges Eintreffen die Schlacht bei Königgrätz; er zeichnete sich auch im deutsch-französischen Krieg 1871, aus. Friedrich war ein hochgebildeter liberaler Regent, der oft in Gegensatz zur Politik Bismarcks geriet. 1887 erkrankte er an einem schweren Kehlkopfleiden, trat aber dennoch nach dem Tod seines Vaters, Kaiser Wilhelm I., dessen Nachfolge an, den er nur um 99 Tage überlebte. Friedrich war mit der englischen Prinzessin Viktoria verheiratet.

Friedrich Wilhelm IV., König von Preußen von 1840-61, * Berlin 15.10.1795, † Sanssouci 2.1.1861, hob die Zensur auf, beendete den Streit mit der katholischen Kirche und ließ 1848 eine liberale Verfassung ausarbeiten. Außerdem legte er das Versprechen ab, sich an die Spitze der deutschen nationalen Einigungsbewegung zu stellen. Beraten von Bismarck, Moltke und Roon schwenkte Friedrich Wilhelm nach der Niederschlagung der revolutionären Bewegungen in Europa wieder auf einen absolutistischen Kurs ein und trat auch außenpolitisch für die „kleindeutsche Lösung" Bismarcks ein, das heißt für die Vereinigung Deutschlands ohne Österreich. 1858 erkrankte er an einem Gehirnleiden und mußte die Regierung seinem Bruder König Wilhelm (I.) von Preußen überlassen.

Gagern, Heinrich, Freiherr von, Politiker, * Bayreuth 20.8.1799, † Darmstadt 22.5.1880, Mitglied der Burschenschaft, trat 1821 in hessisch-darmstädtischen Dienst, mußte als Liberaler 1833 seinen Dienst quittieren. 1848 trat er kurze Zeit an die Spitze des hessischen Ministeriums, war Mitglied des Vorparlaments und wurde am 19.5. zum Präsidenten der Frankfurter Nationalversammlung gewählt. Gagern führte in erster Linie die Wahl des österreichischen Erzherzogs Johann zum Reichsverweser herbei. Nach dem Rücktritt Schmerlings übernahm Gagern am 18.12.1848 selbst die Leitung des Reichsministeriums und versuchte durch das Gagernsche Programm des engeren und weiteren Bundes zu vermitteln. Als dieser Versuch scheiterte, entstand unter seiner Mitwirkung eine „kleindeutsche" Reichsverfassung. Nach der Ablehnung der Kaiserkrone durch den preußischen König trat er am 20.5. aus der Nationalversammlung aus, unterstützte aber die preußische Politik der Union. 1862 wirkte er auf Seiten Österreichs und warf Preußen vor, im Krieg von 1859 seinen Verpflichtungen gegenüber Österreich nicht nachgekommen zu sein.

Gambetta, Leon, französischer Staatsmann, * Cahors 3.4.1838, † Ville d'Avray (bei Paris 31.12.1882, aus einer jüdisch-genuesischen Familie stammend, bekämpfte als Advokat und radikaler Abgeordneter das Zweite Kaiserreich. Nach der Kapitulation von Sedan proklamierte Gambetta am 4.9.1870 in Paris die Republik. Er wurde in der Regierung der nationalen Verteidigung Innen-, später in Tours auch Kriegs- und Finanzminister und organisierte die Volksheere zum Entsatz von Paris, das er am 7.10. im Luftballon verlassen hatte. Nach dem Fall der Hauptstadt (28.1.1971) trat er am 6.2.1871 zurück. Als Führer der radikalen, dann auf Seiten der gemäßigten Republikaner bekämpfte Gambetta die monarchistische Mehrheit der Nationalversammlung, dann in der Kammer die Bonapartisten und die Klerikalen und leitete 1877 die Opposition der Republikaner gegen die Staatsstreichpläne Mac Mahons und des Ministeriums Broglie. Seitdem beherrschte er die gesamte Staatsverwaltung; er förderte den Wiederaufbau der Armee und war eine treibende Kraft des Revanchegedankens. Im November 1881 bildete Gambetta das „Große Ministerium", in dem er das Auswärtige übernahm. Da die Kammer die Listenwahl, seine innenpolitische Hauptforderung, ablehnte, trat Gambetta am 26.1.1882 zurück.

Garibaldi, Giuseppe, italienischer Freiheitsheld, * Nizza 4.7.1807, † Caprera 2.6.1882, war zunächst piemontesischer Marineoffizier, ging dann 1834 als politischer Flüchtling nach Frankreich, später nach Südamerika. Erst 1848 kehrte er nach Italien zurück, kämpfte mit einem Freikorps in der Lombardei gegen die Österreicher, dann im revolutionären Rom. Nach der Ausrufung der römischen Republik im Februar 1849 leitete er deren Verteidigung gegen die Franzosen, mußte jedoch abermals nach Amerika auswandern. 1853 durfte er zurückkehren und lebte als Landwirt auf der Ziegeninsel Caprera. 1859 Führer eines Alpenjägerkorps, unternahm Garibaldi 1860 mit Cavours Unterstützung den „Zug der Tausend" gegen Sizilien: in kurzer Zeit eroberte er die ganze Insel, setzte nach dem Festland über und stürzte mit den von Norden anrückenden Piemontesen auch hier die Bourbonenherrschaft; am 7. November zog er neben König Viktor Emanuel II. in Neapel ein. Zweimal versuchte Garibaldi vergebens auch den Kirchenstaat dem neuen Königreich Italien einzugliedern; 1862 wurde er bei Aspromonte von piemontesischen, 1867 bei Mentana von französischen Truppen geschlagen. Mit einem Freikorps kämpfte er 1866 im Krieg gegen Österreich in Südtirol und zog 1870 der französischen Republik zu Hilfe; er war sogar für kurze Zeit Mitglied der französischen Nationalversammlung. Garibaldi ist neben Cavour, Viktor Emanuel II. und Mazzini die Hauptgestalt des italienischen Risorgimento.

Georg V., König von Hannover (1851-1866), * Berlin 27.5.1819, † Paris 12.6.1878, entsproß der großen deutschen Fürstendynastie der Welfen; im Krieg von 1866 trat er auf die Seite Österreichs und kämpfte gegen Preußen. Nach seiner Niederlage bei Langensalza wurde ihm sein Königreich geraubt und gewaltsam Preußen einverleibt. Nach dem Ende seines Königtums lebte Georg, seit 1833 erblindet, in Wien, Gmunden und Paris. König Georg V. unterhielt im Exil eine aus Hannoveranern bestehende „Welfische Legion", mit der er sein Königreich zurückerobern wollte.

Görgey, Arthur von, Oberbefehlshaber der ungarischen Revolutionsarmee 1848/49, * Toporc (Zips) 30.1.1818, † Budapest 20.5.1916, deutscher Abstammung, bis 1845 ungarischer Gardeoffizier, trat 1848 in die Honvedarmee, organisierte als Major die Nationalgarde westlich der

Theiß und erhielt dann als General den Oberbefehl über die ungarische Nordarmee, 1849 über die Gesamtarmee. Er kämpfte schon unter Feldmarschalleutnant Moga am 30. Oktober 1848 gegen die Österreicher, lieferte diesen 1849 schwere Kämpfe, aus denen er meist siegreich hervorging und mußte, da sich nach dem Einmarsch der Russen das Kriegsglück gewendet hatte, am 13.8.1849 bei Világos die Waffen strecken. Von den Anhängern Kossuths wurde seine Kapitulation als Verrat gebrandmarkt. Auf Fürsprache von Zar Nikolaus I. wurde Görgey nur interniert und entging damit dem Blutgericht von Arrad. Er lebte bis 1866 in Graz und war nach seiner Rückkehr nach Ungarn 1867 Eisenbahningenieur.

Jellaćić Josip (Joseph), Graf - 1855, österreichischer General, * Peterwardein 16.10.1801, † Agram 19.5.1859, führte als Banus (Vizekönig) von Kroatien und Slawonien 1848/49 die kaisertreuen kroatischen Truppen gegen die ungarische Revolution. Seine Armee beteiligte sich an der Niederwerfung der Revolution in Wien (Oktober) und am 30. Oktober an der Schlacht bei Schwechat, in der das von Kossuth angeführte ungarische Entsatzheer für die Wiener Aufständischen geschlagen wurde. Der Ban, der gemeinsam mit Fürst Windischgrätz und Graf Auersperg kämpfte, befehligte das 1. Armeekorps, das die Schlacht bei Schwechat entschied.

Haynau, Julius, Freiherr von, österreichischer General, * Kassel 14.10.1786, † Wien 14.3.1853, natürlicher Sohn des Kurfürsten Wilhelm I. von Hessen, bekannt durch seine rücksichtslose Strenge bei der Niederwerfung des Aufstandes in Brescia und als Oberkommandierender in Ungarm 1849, wo er als Feldzeugmeister die kaiserlichen Truppen zu den entscheidenden Siegen führte. Haynau hat Ungarn mit Kugel und Strick (Arrad) zur Ruhe gebracht.

Karl I., Kaiser von Österreich und König von Ungarn als Karl IV., * Persenbeug, Niederösterreich 17.8.1887, † Funchal (Madeira) 1.4.1922, seit 1911 mit Zita von Bourbon-Parma vermählt. Karl war nach der Ermordung Erzherzog Franz Ferdinands am 28. Juni 1914 Kronprinz seines Großonkels Kaiser Franz Joeseph I. und bestieg nach dessen Tod am 21.11.1916 den Thron. Um seinen Völkern den inneren und äußeren Frieden zu verschaffen, leitete er während des Weltkrieges geheime Verhandlungen (1917) mit der Entente ein und geriet durch diese Sixtusaffäre gegenüber Kaiser Wilhelm II. in eine peinliche Situation. Seinem betont religiösen Geist entsprangen die Amnestie von 1917 sowie das Manifest vom 17. Oktober 1918, das eine föderative Neugestaltung der Monarchie vorsah, von der aber Ungarn ausgenommen sein sollte. Es war jedoch bereits zu spät. Am 11. November 1918 verzichtete der Kaiser unter dem Druck der Revolution auf die Ausübung seiner Herrscherrechte. Das österreichische Parlament entsetzte ihn am 3. April 1919 des Thrones. Karl zog sich in die Schweiz zurück, von wo aus er zweimal vergeblich die Restauration der Monarchie in Ungarn (1921) versuchte. Er wurde danach von der Entente auf die Insel Madeira verbannt.

Karl Albert, König von Sardinien-Piemont, Prinz von Carignano, * Turin 2.10.1798, † Porto 28.7.1849, bestieg 1831 den Thron. Die Hoffnungen der Patrioten enttäuschte er durch eine reaktionäre Politik. 1848 endlich erließ er eine Verfassung und erklärte Österreich den Krieg. Von Feldmarschall Graf Radetzky am 25.7.1848 bei Custozza und am 23.3.1849 bei Novara geschlagen, mußte Karl Albert zugunsten seines Sohnes Viktor Emanuel abdanken. Karl Alberts Charakter ist umstritten; er scheint die Einigung Italiens von Anfang an erstrebt zu haben, erwies sich jedoch dazu nicht stark genug.

Kossuth Ludwig (Gyula) von, Führer der ungarischen Unabhängigkeitsbewegung von 1848/49, * Monok (Komitat Zemplén) 19.9.1802, † Turin 20.3.1894, Advokat, nahm an den ungarischen Landtagen von 1825-27 und 1832-36 teil. 1837 wurde er wegen Hochverrats veruteilt, 1840 amnestiert; bis 1844 leitete er dann die Zeitungsredaktion Pesti Hirlap, die als Organ der der nationalen Reformpolitik die öffentliche Meinung beherrschte. Im Landtag 1847/48 forderte er die Beseitigung der Privilegien der oberen Stände und der bäuerlichen Lasten, Pressefreiheit und konstitutionelle Regierung. 1848 wurde Kossuth Finanzminister im Ministerium Batthyány. Er organisierte die Honved und wurde 1849 nach der Thronentsetzung der Habsburger zum Reichsverweser Ungarns gewählt, mußte aber nach dem Zusammenbruch der Revolution abdanken und außer Landes gehen. Als Haupt der ungarischen Emigranten agierte er in England und den Vereinigten Staaten für Ungarns Unabhängigkeit. In Italien organisierte Kossuth eine ungarische Legion, die unter Garibaldi kämpfte. Gegen den österreichisch-ungarischen Ausgleich von 1867 legte er Protest ein und blieb auch in Italien, obwohl er wiederholt zum Abgeordneten gewählt worden war. In Ungarn gilt Kossuth als Nationalheld.

Kronländer, Erbländer eines Fürstenhauses, im besonderen von 1867 bis 1918 die dem Haus Habsburg-Lothringen zugezählten „im Reichsrat vertretenen Königreiche und Länder". Die Bezeichnung Kronland für die einzelnen Landesteile des österreichischen Erbkaisertums wurde bereits durch die sogenannte Märzverfassung (4.3.1849) eingeführt. Es waren dies: Niederösterreich, Oberösterreich, Salzburg, Steiermark, Kärnten, Krain, das kroatische Küstenland, Tirol, Vorarlberg, Böhmen, Mähren, Schlesien, Galizien, Bukowina und Dalmatien. Nach dem österreichisch-ungarischen Ausgleich von 1867 wurden die Gebiete der ungarischen Reichshälfte als „Länder der ungarischen Krone" bezeichnet.

Leo XIII. (1878-1903), * Carpineto bei Anagni 2.3.1810, † Rom 20.7.1903. Sein Name war Vincenzo GioacchinoPecci; er entstammte armem Landadel und war als Nuntius tätig, wurde 1853 Kardinal aber bis 1877 von der erstrebten kurialen Betätigung ferngehalten. Um so nachdrücklicher bestimmte er als Papst die kirchliche Entwicklung. Zwar blieb sein politisches wirken, das er selbst wohl als das Herzstück seiner Arbeit betrachtet hat, trotz der glänzenden diplomatischen Leistung, die er und seine Helfer, die Kardinäle Ludovico Jacobini (seit 1880 Kardinal-Staatssekretär), Galimperti, Rampola und Ferrata vollbrach-

ten, erfolglos, weil sein Hauptziel die Wiederherstellung des Kirchenstaates war. Diesem Bemühen opferte er den politischen Einfluß des Katholizismus in Italien durch sein Prinzip „Keine (katholischen) Wähler oder Abgeordneten"; diesem Ziel dienten das Nachgeben im Kulturkampf, das die erstrebte deutsche Hilfe gegen Italien doch nicht einbrachte, und die Versuche einer Union mit der Ostkirche, die die päpstliche Stellung gegenüber Rußland stärken sollte; diesem Ziel zuliebe schaltete sich Leo in die große Politik der europäischen Kabinette ein und trug wesentlich zur Verfestigung des französich-russischen Bündnisses gegen die Mittelmachte Österreich-Ungarn und Deutschland bei; ihm zuliebe paktierte er in Frankreich mit den republikanischen Kirchenfeinden gegen die kirchentreuen Monarchisten. Seine eigentliche Leistung vollbrachte der Papst, indem er die Grundlagen für die erfolgreiche Behauptung der katholischen Kirche inmitten der sozialen und weltanschaulichen Kämpfe seiner Zeit und des kommenden Jahrhunderts schuf. Ihm sind vor allem zuzuschreiben das nunmehrige entschiedene Eintreten der katholischen Kirche für eine demokratische Lösung der Arbeiterfrage und die damit verbundene Hinwendung zur politischen Demokratie. Stillschweigend ist Leo XIII. von der übertriebenen Zuspitzung abgerückt, die Pius IX. dem grundsätzlichen kirchlichen Protest gegen „Freiheit, Liberalismus und moderne Kultur (Syllabus) gegeben hatte. Durch die Verpflichtung der katholischen Theologie und Philosophie auf die Lehre des heiligen Thomas hat er ihr auch kirchenamtlich die gedankliche Substanz gesichert, ohne die eine eigenständige und geistig bedeutsame katholisch-kirchliche Weltanschauung nicht möglich ist. So muß er als einer der großen Päpste gelten: er hat der katholischen Kirche nach der ausweglosen Selbstabschließung unter Gregor XVI. und Pius IX. den Weg ins 20. Jahrhundert geöffnet und den Grund zu ihrer seit Benedikt XV. wieder in ständigem Aufstieg begriffenen politischen und weltanschaulichen Bedeutung gelegt. Auf sozialem Gebiet hat er sich mit der sogenannten „Arbeiterenzyklika" verewigt.

Lueger, Karl, österreichischer Politiker, * Wien 24.10.1844, † Wien 10.3.1910, Rechtsanwalt, seit 1875 Mitglied des Wiener Gemeinderates, war zunächst politisch mit Schönerer verbunden und gewann im Kampf gegen den herrschenden großbürgerlichen Liberalismus das Wiener Kleinbürgertum für sein demokratisch-antisemitisches Programm. 1885 kam er als Mitglied der Christlichsozialen Partei (seit 1888 deren Vorsitzender) in den Reichsrat. Nach seiner mehrfachen Wahl zum Bürgermeister von Wien 1895-97 wegen des Widerstandes des Hofes, des hohen Klerus und des Beamtentums viermal die kaiserliche Bestätigung verweigert worden war, wurde diese endlich nach seiner fünften Wahl zugestanden. Lueger war volkstümlich und erwarb sich große Verdienste wegen seiner sozialen Maßnahmen auf allen Gebieten kommunaler Verwaltung und um den Ausbau der Stadt. Als Abgeordneter im Reichsrat und im niederösterreichischen Landtag verbündete er sich als Gegner der ungarischen Sonderbestrebungen wiederholt mit den Slawen geben die Deutschliberalen; durch sein Bekenntnis zum österreichischen Reichsgedanken söhnte er sich später, konservativer geworden, mit dem Hof aus.

Messenhauser, Wenzel Cäsar, österreichischer Schriftsteller, * Proßnitz (Mähren) 4.1.1811, † Wien 16.11.1848, wurde 1848 als Revolutionär Kommandant der Wiener Nationalgarde. Er leitete, gemeinsam mit dem polnischen Genral Bem, den Aufstand im Oktober 1848 in Wien. Am 30. Oktober schloß er eine Kapitulation mit dem Feldmarschall Fürst Windischgrätz ab und wurde standrechtlich erschossen, als die Aufständischen den Widerstand gegen die kaiserlichen Belagerungstruppen wieder aufnahmen, weil sie meinten, daß die im Anmarsch befindlichen Ungarn den Belagerungsring der kaiserlichen Armee aufbrechen würden. Die Neuaufnahme des Widerstandes erfolgte gegen den Willen Messenhausers, der als ehemaliger Offizier wußte, was der Kapitulationsbruch für die Verteidiger und die Stadt bedeuten würde.

Metternich, Klemens, Wenzel, Nepomuk, Lothar, Fürst von Metternich-Winneburg, österreichischer Staatsmann, * 15.5.1773, † 11.6.1859 in Wien, studierte in Straßburg und Mainz und vermählte sich 1795 mit der Enkelin des österreichischen Staatsministers Kaunitz. 1801 wurde er österr. Gesandter in Dresden, 1803 in Berlin und von 1806-1809 in Paris. 1809 wurde Metternich Außenminister und 1821 zum Haus-, Hof- und Staatskanzler ernannt. Er blieb in diesen Funktionen bis 1848 und war damit praktisch der Chef der österr. Innen- und Außenpolitik. Metternich leitete den Wiener Kongreß und war der Gründer des Deutschen Bundes. Metternich verfolgte eine absolutistische Politik (alles für das Volk, aber nichts durch das Volk) und bekämpfte alle nationalen und liberalen Tendenzen mit Polizei- und Zensurmethoden („Metternichsches System"). Außenpolitisch verfolgte Metternich seine Ziele im Zeichen der „Geheimdiplomatie" und hatte damit großen Einfluß auf die gesamteuropäische Politik.

Napoleon III., Kaiser der Franzosen (1852-1870), eigentlich Charles Louis Napoleon, Sohn des Königs Louis von Holland und der Königin Hortense, war der Neffe von Kaiser Napoleon I., * Paris 20.4.1808, † Chislehurst (bei London) 9.1.1873, vermählt mit Eugenie de Montijo, ging 1815 mit seiner Mutter in die Verbannung nach Genf, dann nach Augsburg, wo er das Gymnasium besuchte, zuletzt nach Arenenberg (Thurgau). Seit dem Tod des Herzogs von Reichstadt (1832) galt er als das Haupt der napoleonischen Familie und verfolgte leidenschaftlich die Wiedererrichtung des napoleonischen Kaisertums in modernem Geist. Nach vergeblichen Putschversuchen gegen das Bürgerkönigtum (Straßburg 30.10.1836, Boulogne 6.8.1840) wurde er zu lebenslanger Haft verurteilt, entfloh aber 1846 aus der Festung Hamm nach London.

Die Februarrevolution 1848 bahnte seinem Ehrgeiz den Weg, er wurde in die Nationalversammlung gewählt. Bei der Präsidentenwahl siegte er über Cavaignac und wurde am 20.12.1848 Präsident der Zweiten Republik. Der Staatsstreich von 1851 und die neue Verfassung von 1852 brachten ihn an sein Ziel: am 2.12.1852 wurde er zum Kaiser der Franzosen ausgerufen.

Mit England verbündet, unterstützte er die Türkei im Krimkrieg. Auf Seite der von Graf Cavour, des italienischen Ministerpräsidenten, der die italienische Freiheitsbewegung leitete, führte Napoleon III. 1859 den Krieg gegen Österreich und siegte bei Magenta und Solferino. 1860 verleibte er dafür Savoyen und Nizza Frankreich ein. Sein Eintreten für Erzherzog Maximilian von Habsburg, den er als Kaiser von Mexiko installierte, endete in einem Fiasko. Im Inneren versuchte Napoleon III. 1870 das absolutistische Regiment durch ein parlamentarisches Ministerium zu ersetzen. Im Deutsch-Französischen Krieg von 1870/71 geriet Napoleon durch die Kapitulation von Sedan in preußische Kriegsgefangenschaft (Schloß Wilhelmshöhe bei Kassel). Nach seiner Entlassung am 9. März 1871 ging er nach Chislehurst bei London, wo sich der gestürzte Kaiser weiterhin mit Plänen für die Rückkehr auf den französischen Thron beschäftigte. Napoleon III. wurde im Mausoleum zu Farnborough in der Grafschaft Hampshire bestattet. Sein einziger Sohn, Louis Napoleon, * 1856, genannt Loulou, fiel 1879 im englischen Kolonialdienst in Südafrika.

Pius IX. (1846-78), Giovanni Maria Mastei-Ferretti, * Sinigaglia 13.5.1792, † Rom 7.2.1878, wurde 1827 Erzbischof von Spoleto, 1832 Bischof von Imola, 1840 Kardinal. Als Souverän des Kirchenstaates sah man in ihm einen Führer und Förderer der italienischen Einheitsbewegung. Aber seit der Revolution von 1848 wurde er, beraten von seinem Staatssekretär, dem Kardinal Giacomo Antonelli, zum reaktionären Verteidiger des Status quo, der sich für die Erhaltung seiner weltlichen Herrschaft gegen sein eigenes Volk auf die militärische Hilfe Österreichs und Frankreichs stützte. In den Kriegen König Karl Alberts und Viktor Emanuels stellte er sich aber (inoffiziell) auf die Seite der Feinde Österreichs und untersagte nicht, daß die päpstlichen Truppen in Österreichs italienische Ländereien einfie-

len.Seit 1859 mußte Pius IX. ohnmächtig zusehen, wie der Kirchenstaat sich auflöste. 1870 mußte er die Eroberung Roms durch König Viktor Emanuel, der die Engelsburg durch seine Artillerie schwer bombardieren ließ und die päpstlichen Truppen zur Kapitulation zwang, wütend aber hilflos zur Kenntnis nehmen. Viktor Emanuel machte Rom zur Hauptstadt Italiens, wie es sein Ministerpräsident Graf Cavour wollte. Die geistliche Gewalt der Kirche und des Papsttums in Italien erstickte im unfruchtbaren Protest gegen diesen „Raub".

Für die katholische Kirche wurde sein Pontifikat von höchster Bedeutung, und zwar durch drei Ereignisse: Das Dogma von der Unbefleckten Empfängnis (1854) öffnete auch lehramtlich den Weg für eine theologische Entwicklung, die sich für die inhaltliche Grundlegung der Glaubenslehre nicht mehr bloß an die Heilige Schrift und die ununterbrochene Überlieferung seit der Urkirche band. Der Sylabus und die Enzyklika Quanta cura von 1864 legten der Sache nach die politische Eigengesetzlichkeit der Kirche gegenüber dem modernen, religiös neutralen Staat fest. Das Vatikanische Konzil brachte durch das Dogma von der päpstlichen Unfehlbarkeit die Lehre vom Primat auch formell zum unwiderruflichen Abschluß. Mit diesen drei Regierungsakten hat Pius IX. glaubensmäßig, politisch und kirchenrechtlich den Weg der katholischen Kirche in die neue Zeit vorgezeichnet, den Leo XIII. dann entschieden beschritten hat. Ihm selbst war es nicht gegeben, das Papsttum aus der weltlichen Verstrickung durch den Kirchenstaat zu lösen und der sich wandelnden Zeit als voranschreitender Führer des kirchlichen Lebens gegenüberzutreten.

Schmerling, Anton, Ritter von, österreichischer Staatsmann, * Wien 23.8.1805, † Wien 23.5.1893, war 1848 in der Frankfurter Nationalversammlung Führer der Österreicher und Großdeutschen, wurde im Juli 1848 Reichsinnenminister, dann auch Reichsministerpräsident; als Gegner der Erbkaiserlichen trat er am 15.12.1848 zurück. Darauf war er österreichischer Bevollmächtigter in Frankfurt am Main, 1849-51 österreichischer Justizminister, dann

Senatspräsident am Obersten Gerichtshof. Nach Einführung der konstitutionellen Verfassung von 1860 (Oktoberdiplom) wurde er im Dezember Staatsminister und hatte großen Anteil an der Ausarbeitung der zentralistisch-liberalen Verfassung (Februarpatent vom 26.2.1861). Gegen die föderalistischen Forderungen der nichtdeutschen Nationalitäten vermochte er sich nicht durchzusetzen; er trat am 27.7.1865 zurück. Seit 1879 führte Schmerling im Herrenhaus die Opposition gegen Taaffe.

Schönborn: Die Schönborn waren ein rheinisches Uradelsgeschlecht, das sich nach dem Dorf Schönborn bei Nassau nannte. Der Aufstieg des Geschlechtes begann im 17. Jahrhundert mit dem Schwerpunkt im fränkischen Raum. 1701 wurde es in den Reichsgrafenstand erhoben. Seit dem 19. Jahrhundert bestanden die Wiener, Prager und Wiesentheider Linie. Eine Reihe von Kirchenfürsten aus dem Hause Schönborn waren bedeutende Politiker, Bischöfe (fast immer mehrerer Bistümer zugleich) und Förderer von Kunst und Wissenschaft. Johann Philipp (1605-73) wurde 1642 Bischof von Würzburg, 1647 Erzbischof und Kurfürst von Mainz und 1663 Bischof von Worms; er war der Urheber der „Rheinischen Allianz", französisch „Alliance du Rhin", (Erster) Rheinbund, eines 1658 in Frankfurt auf betreiben des Mainzer Kurfürsten Johann Philipp von Schönborn zustandegekommenen Bündnisses zwischen mehreren südwestdeutschen Fürsten sowie Braunschweig-Lüneburg und dem schwedischen Bremen-Verden, dem auch Frankreich beitrat. Die Rheinische Allianz, vor allem gegen Österreich gerichtet, bezweckte die Aufrechterhaltung des Westfälischen Friedens und blieb bis zu ihrer Auflösung (1667) ein Instrument der französischen Politik im Heiligen Römischen Reich Deutscher Nation. Anders agierten Lothar Franz, Erzbischof und ebenfalls Kurfürst von Mainz, der Reichskanzler war, Johann Philipp Franz, Bischof von Würzburg und sein Bruder Friedrich Karl, der ihm in der Diözese folgte, Damian Hugo, Deutschordensritter und Kardinal sowie Franz Georg, Erzbischof und Kurfürst von Trier.

Kardinal Franz von Schönborn (aus der Prager Linie des Geschlechtes), der 1883-85 Bischof von Budweis, dann Erzbischof von Prag war und 1889 Kardinal geworden war, trat für die Katholisch-Konservativen in die Schranken, verteidigte den „slawischen Kurs" des Grafen Thun und attackierte die christlich-soziale Partei Luegers heftig wegen deren antisemitischen Propaganda.

Schönerer, Georg, Ritter von, österreichischer Politiker, * Wien 17.7.1842, † Rosenau bei Zwettl, Niederösterreich 14.12.1921, Gutsbesitzer, seit 1873 Mitglied des österreichiscnen Abgeordnetenhauses, schloß sich seit 1879 der Deutschnationalen Bewegung an, an deren Linzer Programm er 1882 maßgeblich mitwirkte. Mit gleicher Entschiedenheit kämpfte er gegen den großösterreichischen Klerikalismus wie gegen den Liberalismus; zugleich wandte er sich einem radikalen Antisemitismus zu. In habsburgfeindlichem Sinn trat er für engsten Anschluß Österreichs an das Deutsche Reich ein. Schönerers Radikalismus führte zur Spaltung der Deutschnationalen. Eine Gewaltaktion gegen politische Gegner trug ihm 1888 eine Kerkerhaft, Verlust des Adels und des Abgeordnetenmandates ein. 1897-1907 war er wieder Mitglied des Abgeordnetenhauses. Schönerer wurde der Vorkämpfer der Los-von-Rom-Bewegung und trat zum Protestantismus über. Seine politische Einstellung hat neben anderen auch den jungen Hitler stark beeinflußt.

Schwarzenberg, Felix, Fürst zu, österreichischer Staatsmann, * Krumau (Böhmen) 2.10.1800, † Wien 5.4.1852, wurde 1848 Feldmarschalleutnant, im November 1848 Ministerpräsident; er führte die Thronbesteigung Kaiser Franz Josephs herbei. Mit Energie und diplomatischem Geschick ging er daran, die 1848 erschütterte staatliche Autorität, die Einheit des Donaureiches und dessen europäische Machtstellung wiederherzustellen. Er löste den in Kremsier tagenden Reichsrat kurzerhand auf und oktroyierte eine gesamtstaatliche Verfassung (4.3.1849), die am 31.12.1851 wieder außer Kraft gesetzt wurde, so daß von da an eine neue absolutistische und streng zentralistische Regierung folgte. Die führende Stellung Österreichs im Deutschen Bund verteidigte Schwarzenberg mit Energie gegen die kleindeutschen Bestrebungen. Im Mai 1850 wurde der deutsche Bundestag wiederhergestellt, Preußen mußte in der Olmützer Punktation auf seine Unionspolitik verzichten. Die Aufnahme des gesamten österreichischen Staatsgebietes in den Deutschen Bund oder auch nur in den Deutschen Zollverein gelang Schwarzenberg nicht. Die Schwarzenberg waren ein fränkisches Uradelsgeschlecht, erschienen urkundlich zuerst 1172, erhielten 1670 die Reichsfürstenwürde und erwarben reichen Besitz in Steiermark, Krain und Böhmen (Herzogtum Krumau 1719); ferner erbte es 1687/88 die Grafschaft Sulz in Württemberg und die gefürstete Landgrafschaft Kleggau (Klettgau).

Taaffe, Eduard, Graf von, österreichischer Staatsmann, * Wien 24.2.1833, † Ellischau (Böhmen) 29.11.1895, aus irischem Adelsgeschlecht, ein Jugendgefährte Kaiser Franz Josephs, war 1867, 1870/71 und 1979 Innenminister, 1867 Minister für Landesverteidigung und Polizei, 1868-70 und 1879-93 Ministerpräsident. Taaffe stützte sich, von den Liberalem bekämpft, auf eine aus slawischen und konservativen deutschen Parteien gebildete Koalition. Im Nationalitätenkampf vertrat er eine ausgleichende Politik. Für Taaffe bestand die Kunst, den Vielvölkerstaat zu regieren darin, alle Nationalitäten „in wohltemperierter Unzufriedenheit" zu erhalten.

Tegetthoff, Wilhelm von, österreichisch-ungarischer Admiral, * Marburg an der Drau 23.12.1827, † Wien 7.4.1871, führte im Gefecht bei Helgoland am 9.5.1864 das zur Unterstützung der preußischen Schiffe eingesetzte österreichische Geschwader gegen die dänischen Blockadestreitkräfte, siegte in der großen Seeschlacht vor der Insel Lissa (heute: Vis) gegen die mächtige italienische Flotte unter Admiral Persano und versenkte im Rammstoß mit seinem Flaggschiff „Erzherzog Ferdinand Max" das starke Panzerschiff „Re d'Italia", während das schwer beschädigte Panzerschiff „Palestro" nach einer heftigen Explosion ebenfalls sank. Nach dem Verlust von zwei großen Panzerschiffen drehte Admiral Persona ab und zog sich mit der Flotte nach Ancona zurück. Nach diesem Sieg bei Lissa am 20.7.1866 wurde Tegetthoff ab 1868 Chef der Marinesektion des Kriegsministeriums.

Tisza, Kálmán (Koloman), ungarischer Staatsman, * Geszt 10.12.1830, † Budapest 23.3.1902, war 1875 bis 1890 Ministerpräsident, festigte das System des österreichisch-ungarischen Dualismus von 1867, ordnete die Finanzen und förderte den wirtschaftlichen Aufschwung des Landes.

Tisza, Istvan (Stephan), Graf, ungarischer Staatsmann, Sohn des Kálmán Tisza, * Budapest 22.4.1861, † (von meuternden Soldaten ermordet) daselbst 30.10.1918, Ministerpräsident 1903-1905 und wieder 1913, gründete 1910 die Nationale Arbeiterpartei, bekämpfte als Präsident des Abgeordnetenhauses 1912 die Opposition und widerstand in der Innenpolitik der Radikalisierung, der Erweiterung des Wahlgesetzes und den kulturellpolitischen Bestrebungen der nationalen Minderheiten, das heißt, daß er deren Unterdrückung und damit vor allem die gewaltsame Madjarisierung förderte. 1912 hat Tisza gemeinsam mit dem österreichischen Ministerpräsidenten Graf Karl von Stürgkh das Wehrgesetz zuwege gebracht, mit dem die Armee um 22% aufgestockt wurde. 1913 ließ Tisza die von Ferenc Kossuth (Sohn des Revolutionärs von 1848) und seiner Unabhängigkeitspartei angezettelten Unruhen in Budapest durch die Armee niederschlagen. Dieser 23. Mai ging als „blutiger Donnerstag" in die neuere Geschichte Ungarns ein. Istvan Tisza regierte ab jetzt wie ein Diktator und fühlte sich nur mehr dem König verantwortlich. Die Sicherung der ungarischen Hegemonie in den Ländern der Stephanskrone wurde Tiszas Lebenswerk, das er gegen alle Anfeindungen der radikalen Chauvinisten verteidigte. Im 1. Weltkrieg förderte Tisza zwar die erhöhten Kriegsanstrengungen Ungarns, doch konnten die durch die Verschleppung der Wehrvorlagen erfolgten zeitlichen Nachteile von der Rüstungsindustrie nicht mehr aufgeholt werden. Tisza blieb Kaiser Franz Joseph, seinem König, bis zu dessen Tod im Jahr 1916 treu. Nach dem Thronwechsel, als Kaiser Karl I., als König von Ungarn Karl IV., die Regierung angetreten hatte, mußte Tisza aber 1917 zurücktreten.

Viktor Emanuel II., König von Italien (1861-1878), vorher König von Sardinien-Piemont (1849-1861), * Turin 14.3.1820, † Rom 9.1.1878, blieb als einziger itaienischer Herrscher nach 1848 der liberalen Verfassung treu. Trotz mancher Bedenken ließ er Graf Cavour, seinem Ministerpräsidenten, schließlich freie Hand für die Einigung Italiens. Im Krieg von 1859 entriß Viktor Emanuel mit Hilfe Kaiser Napoleons III. den Österreichern die Lombardei und 1866, im Bund mit Preußen, Venetien. Am 17. März 1861 nahm er den Titel eines „Königs von Italien" an und entriß, in schweren Kämpfen, Papst Pius IX. 1870 den Kirchenstaat, ließ dabei die Engelsburg durch seine Artillerie bombardieren und beschränkte die weltliche Macht des Papstes auf die Territorien des Vatikans.

Wekerle, Alexander, ungarischer Staatsmann, * Mor 14.11.1848, † Budapest 26.8.1921, donauschwäbischer Abstammung, war 1889-95 Finanzminister, 1892-95 zugleich Ministerpräsident, setzte die liberalen kirchenpolitischen Gesetze von 1894 durch. 1906-09 leitete er ein Koalitionskabinett mit der radikalen Unabhängigkeitspartei und ließ die radikalen Madjarisierungsmaßnahmen seines Ministers für Kult und Unterricht, des Grafen Georg Apponyi, zu, dessen Unterstützung er im Parlament brauchte. Wekerle schloß 1907 mit dem österreichischen Ministerpräsidenten den längst fälligen „Ausgleich", der alle zehn Jahre erfolgen sollte. 1907 leitete er auch die Feierlichkeiten in Budapest anläßlich dez 40jährigen Jubiläums der Krönung Franz Josephs zum König von Ungarn.

Wilhelm I., deutscher Kaiser 1871-1888, König von Preußen 1861-1888, * Berlin 22.3.1797, † Berlin 9.3.1888, zweiter Sohn Friedrich Wilhelms III. und der Königin Luise. Nach der Thronbesteigung seines Bruders Friedrich Wilhelms IV. erhielt er als wahrscheinlicher Nachfolger des kinderlosen Bruders den Titel eines „Prinzen von Preußen". Er war mit Augusta, der Tochter des Großherzogs Karl Friedrich von Sachsen-Weimar, verheiratet. Wilhelm war in erster Linie Offizier und als solcher maßgeblich an der Niederschlagung der Revolution von 1848 in Berlin beteiligt. Obwohl man ihm allgemein persönliche Tapferkeit und Geradlinigkeit zugestand, mußte der „Kartätschenprinz" (Blutbad beim Brandenburger Tor) vor den erbosten Berlinern fliehen. Wilhelm ging nach England, wo er für einige Zeit unter dem bürgerlichen Namen Lehmann untertauchte. Nach seiner Rückkehr führte er jene Bundestruppen, die 1849 den republikanischen Aufstand in der Pfalz und in Baden niederschlugen. Von 1849 bis 1854 war er Gouverneur des Rheinlandes mit Sitz in Koblenz. In dieser Zeit zeigte er unter dem Einfluß seiner Frau Verständnis für den Liberalismus, der auch in seiner Regierungspolitik als Regent für seinen geisteskranken Bruder (ab 1858) einen Niederschlag fand. Am 2. Januar 1861 wurde Wilhelm König von Preußen und geriet nach der Entlassung seines liberalen Ministeriums der „Neuen Ära" weitgehend unter den politischen Einfluß seines neuen Ministerpräsidenten und Außenministers Bismarck. Er führte die Heeresreform durch und unterstützte die Bismarcksche Außenpoltik, die die Einheit Deutschlands unter preußischer Führung und dem Ausschluß Österreichs anstrebte. 1866, im preußisch-österreichischen Krieg, verbündete sich König Wilhelm mit König Viktor Emanuel von Italien, um Österreich eine zweite Front aufzwingen zu können. Nach dem Sieg bei Königgrätz und der Niederwerfung der mit Österreich verbündeten deutschen Souveräne gliederte er gewaltsam das Königreich Hannover, das Kurfürstentum Hessen-Kassel und die Elbherzogtümer seinem Königreich Preußen ein, drängte Österreich aus dem Deutschen Bund hinaus und zwang die geschlagenen deutschen Südstaaten dazu, ihre Truppen im Falle eines französisch-preußischen Krieges dem preußischen Oberkommando zu unterstellen, während alle deutschen Staaten nördlich des Mains in den Norddeutschen Bund eintreten mußten. Im deutsch-franzosischen Krieg 1870/71 führte König Wilhelm den Oberbefehl über die gesamten Truppen der deutschen Nord- und Südstaaten. Am 18. Januar 1871 wurde Wilhelm in Versailles auf Betreiben Bismarcks zum erblichen deutschen Kaiser proklamiert. Nach dem Sieg über die Franzosen raubte Wilhelm auch noch Elsaß und Lothringen, die der preußischen Verwaltung direkt unterstellt wurden und legte damit den Grundstein zur Todfeindschaft mit Frankreich, den 1. Weltkrieg und der Niederlage Deutschlands.

Wilhelm II., deutscher Kaiser und König von Preußen, * Potsdam 27.1.1859, † Haus Doorn in den Niederlanden 4.6.1941; Sohn Kaiser Friedrich III. und der königlichen Prinzessin Viktoria von England. Er war in erster Ehe bis 1921 mit Augusta Viktoria von Schleswig-Holstein und in zweiter Ehe mit Prinzessin Hermine von Schönaich-Carolath vermählt. Wilhelm war in jungen Jahren ein überzeugter Anhänger der Bismarckschen Politik. Nach seinem Regierungsantritt am 15. Juni 1888 versuchte Wilhelm, ein zwar begabter, aber mit wenig politischem Fingerspitzengefühl ausgestatteter Herrscher, in der Innenpolitik eine Synthese zwischen der Politik Bismarcks und den sozialen Erfordernissen der Zeit zu finden. Er wollte - wenngleich ein militanter Gegner der Sozialdemokratie - die Arbeiterschaft durch eine soziale Gesetzgebung an den Staat, das heißt an das Kaiserhaus binden. Diese Politik entfremdete ihn von Bismarck, den er 1890 zum Rücktritt zwang. In der Innenpolitik zwang ihn das Parlament, nach seinem „Persönlichen Regiment", zur Beachtung der Verfassung. Durch seine wiederholt getätigten unbedachten Äußerungen verschlechterte sich die außenpolitische Lage Deutschlands erheblich.

Wilhelm ließ die traditionelle Freundschaft mit Rußland außer acht, indem er den Rückversicherungsvertrag nicht mehr erneuerte und beunruhigte England durch seine Flottenpolitik, einen Ehrgeiz, den er wohl von seiner britischen Großmutter mitbekommen hat. Die Bündnisverpflichtungen gegenüber Österreich-Ungarn mündeten in den Ersten Weltkrieg. Während des Weltkrieges mußte Kaiser Wilhelm seinen innen- und militärpolitischen Einfluß innerhalb der Reichsführung an die „Oberste Heeresleitung" abgeben, die unter Ausschaltung des Reichstages praktisch die politische Verantwortung in Deutschland trug. Nach dem Ausbruch der Novemberrevolution 1918 wurde Wilhelm am 9. November 1918 zum Rücktritt gezwungen und emigrierte nach den Niederlanden, wo er am 28. November 1918 auf den Thron verzichtete. Die niederländische Regierung lehnte eine Auslieferung Wilhelm nach Deutschland ab und gewährte ihm politisches Asyl.

Windischgraetz, Alfred, Fürst zu, österreichischer Feldmarschall, * Brüssel 11.5.1787, † Wien 21.3.1862, wurde 1848 Generalkommandant in Böhmen und unterdrückte im Juni 1848 den Aufstand in Prag. Als Oberbefehlshaber aller österreichischen Truppen außerhalb Italiens schlug er am 30.10.1848, nachdem schon in den Tagen vorher die Wiener Vorstädte erobert worden waren, in der Schlacht bei Schwechat ein ungarisches Entsatzheer, das Ludwig Kossuth und Feldmarschalleutnant Moga anführten, im Verein mit Banus Baron Jellačić zurück, womit die Rebellion in Wien aussichtslos geworden war. Am 31. Oktober wurde Wien, dessen Verteidiger die vereinbarte Kapitulation gebrochen hatten im Sturm erobert. Windischgraetz stand mit drei Armeekorps vor Wien und rückte nach der Eroberung der Stadt in Ungarn ein. Er wurde aber am 12.4.1849 wegen militärischer Mißerfolge vom Oberkommando in Ungarn abberufen. 1859 wurde Fürst Windischgraetz (Windischgrätz) Gouverneur der Bundesfestung Mainz, 1861 erbliches Mitglied des österreichischen Herrenhauses und Führer der konservativen föderalistischen Richtung des Hochadels. Die Windischgraetz waren ein steiermärkisches Uradelsgeschlecht mit Wurzeln in Oberbayern und wurden urkundlich erstmals um 1220 in der Steiermark erwähnt.

Wahlspruch der Gendarmen

Es dröhnten an des Himmels Tür
Drei Schläge, kurz und kräftig.
St. Petrus trat erstaunt herfür:
„Wer pocht und lärmt so heftig ?"
Zur Antwort schallt's von draußen gleich:
„He Torwart, aufgeschlossen!
Bin ein Gendarm aus Österreich,
von Mörderhand erschossen!"
Laß ich ihn ein? Herr gib Bescheid
Gar viel solch wunder Helden
erscheinen hier seit jüngster Zeit,
zur Heimkehr sich zu melden.
Empfängst du, gütig wie du bist,
Sie all' mit offnen Armen,
So haben wir in kurzer Frist
den Himmel voll Gendarmen.
St. Petrus ruft's. Der Herrgott spricht:
„Tu auf des Friedens Hafen
und führe vor mein Angesicht
Die Bravsten aller Braven!
St. Michel, unser Feldmarschall,
laß flugs die Trommel rühren
und seine Engel allzumal
Die Waffen präsentieren!
Denn solcher Gruß geziemt der Schar,
die einst den Mut besessen,
als Recht und Treu im Wanken war,
der Treu nicht zu vergessen.
Der Stern, der Weg und Richtung wies,
das war die Pflicht, die hehre,
die Losung der Gendarmen hieß:
Für Heimat, Volk und Ehre !
So lange diesen Spruch im Schild
Der Ordnung Hüter tragen,
solange sie dafür, wenn's gilt,
Ihr bestes Herzblut wagen,
So lange - tost's auch sturmesgleich,
Als wollt' es schwer gewittern -
brauchst du, mein Volk in Österreich,
nicht für dein Heil zu zittern".

Von Dr. Ottokar Kernstock

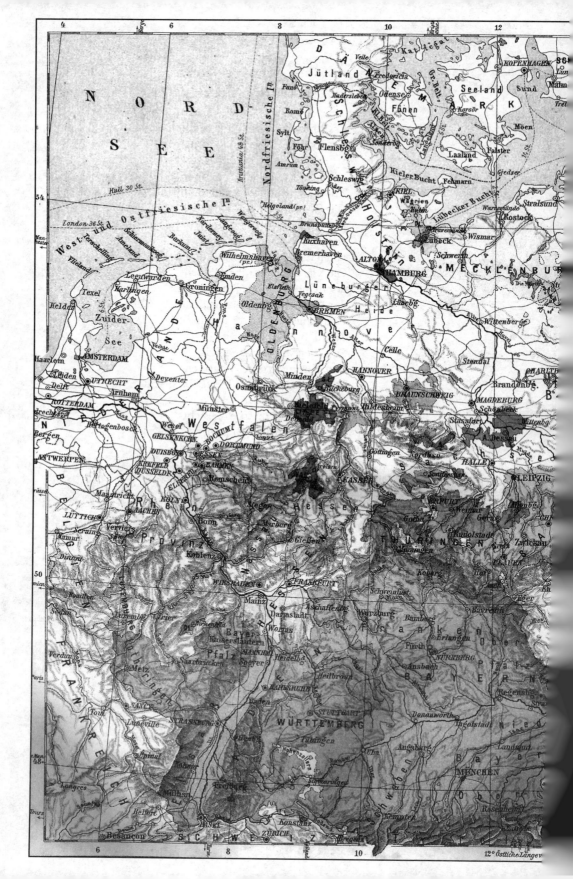

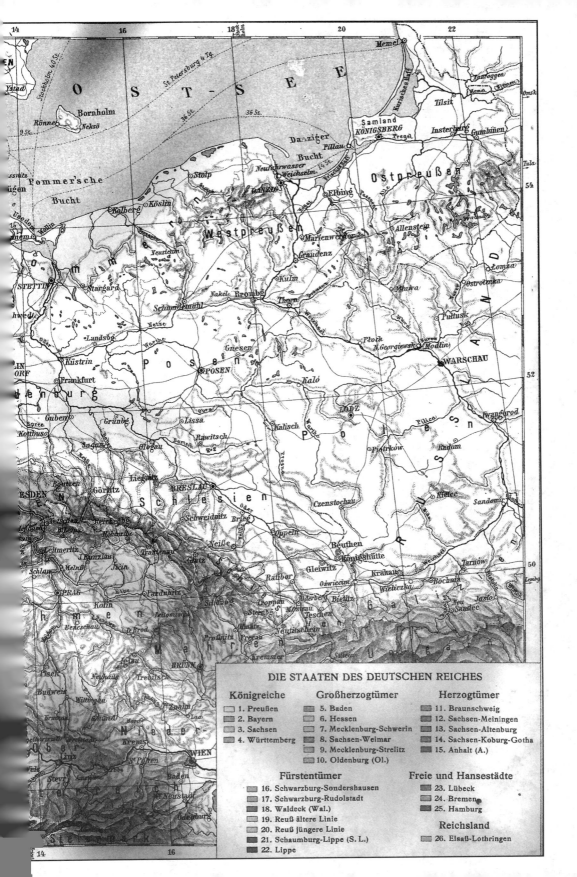

DIE STAATEN DES DEUTSCHEN REICHES

Königreiche
1. Preußen
2. Bayern
3. Sachsen
4. Württemberg

Großherzogtümer
5. Baden
6. Hessen
7. Mecklenburg-Schwerin
8. Sachsen-Weimar
9. Mecklenburg-Strelitz
10. Oldenburg (Ol.)

Herzogtümer
11. Braunschweig
12. Sachsen-Meiningen
13. Sachsen-Altenburg
14. Sachsen-Koburg-Gotha
15. Anhalt (A.)

Fürstentümer
16. Schwarzburg-Sondershausen
17. Schwarzburg-Rudolstadt
18. Waldeck (Wal.)
19. Reuß ältere Linie
20. Reuß jüngere Linie
21. Schaumburg-Lippe (S. L.)
22. Lippe

Freie und Hansestädte
23. Lübeck
24. Bremen
25. Hamburg

Reichsland
26. Elsaß-Lothringen

Mitglieder des Hauses HABSBURG-LOTHRINGEN
(soweit sie in dieser Arbeit vorkommen)

Franz II. (I.)

* 12.2.1768, † 2.3.1835
Kaiser d. HRRDN 1792-1806
König v. Ungarn 1792-1835
König v. Böhmen 1792-1835
Kaiser v. Österreich als Franz I. 1804-1835
∞ 1 Elisabeth Wilhelmine v. Württemberg
2 Maria Theresia v. Bourbon-Parma
3 Maria Ludiwika v. Modena
4 Karoline Augusta v. Bayern
(Kinder aus 2. Ehe)

Maria Luise

* 12.12.1791, † 17.12.1847
∞ Napoleon I. Bonaparte
Kaiser v. Frankreich

Ferdinand I. der Gütige

* 19-4-1793, † 29.6.1875
Kaiser v. Österreich 1835-1848
König v. Ungarn 1830-1848
König v. Böhmen 1830-1848
∞ Maria Anna v. Sardinien-Piemont
Thronverzicht 2.12.1848

Franz Karl

* 17.12.1802, † 8.3.1878
∞ Sophie Friderike v. Bayern
(verzichtet am 2.12.1848 auf
die Thronfolge)

Franz Joseph I.

* 18.3.1830, † 21.11.1916
Kaiser v. Österreich 1848-1916
König v. Ungarn 1848-1916
(gekrönt 8.6.1867)

Ferdinand Maximilian

* 6.7.1832, † 19.6.1867
(in Mexiko erschossen)
∞ Charlotte v. Belgien

Karl Ludwig

* 30.7.1833, † 19.5.1896
∞ 1 Maria Anna v. Bourbon-Parma
2 Maria Theresia v. Portugal
(Kinder aus 2. Ehe)

Rudolf, Kronprinz

* 21.8.1858, † 30.1.1889
∞ Stephanie v. Belgien

Elisabeth

* 2.9.1883
† 22.3.1963

Marie Valerie

* 22.4.1868
† 6.9.1924

Franz Ferdinand d'Este

* 18.12.1863, † 28.6.1914
Thronfolger seit 1896
(in Sarajevo ermordet)
∞ Sophie, Gräfin Chotek
Herzogin v. Hohenberg

Otto Franz Joseph

* 21.4.1865, † 1.11.1906
∞ Maria Josefa v. Sachsen

Karl I.

* 17.8.1887, † 1.4.1922
Thronfolger v. 1914-1916
Kaiser v. Österreich 1916-1918
König v. Ungarn 1916-1918
∞ Zita v. Bourbon-Parma
(verzichtet am 11.11.1918 nur
auf den österreichischen Thron)

673

STAMMTAFEL DER PREUSSISCHEN HOHENZOLLERN
(soweit sie in dieser Arbeit vorkommen)

Friedrich Wilhelm III.
* 3.8.1770, † 7.6.1840
König v. Preußen 1797-1840
∞ 1 Luise v. Mecklenburg-Strelitz
2 Augusta v. Harrach

Charlotte
† 1860
∞ Nikolaus I. Pawlowitsch
Zar 1825-1855

Friedrich Wilhelm IV.
* 15.10.1795, † 2.1.1861
König v. Preußen 1795-1861
∞ Elisabeth v. Bayern

Wilhelm I.
* 22.3.1797, † 9.3.1888
König v. Preußen 1861-1888
dt. Kaiser 1871-1888
∞ Augusta v. Sachsen-Weimar

Friedrich III.
(Friedrich Wilhelm)
* 18.10.1831, † 15.6.1888
(führte als Kronprinz 1866 die 2. Armee)
dt. Kaiser u. König v. Preußen (99 Tage)
∞ Prinzessin Victoria v. England

Wilhelm II.
* 27.1.1859, † 4.6.1941
dt. Kaiser u. König v. Preußen 1888-1918
(hat am 28.11.1918 dem Thron entsagt)
∞ 1 Auguste Viktoria v. Schleswig-Holstein
2 Hermine v. Schönaich-Carolath

Pjotr Alexejewitsch (Peter I. der Große)

* 9.6.1672, † 8.2.1725
Sohn des Zaren Alexej Michailowitsch,
wurde 1682 nach dem Tod seines Halbbruders,
des Zaren Feodor III., zusammen mit seinem
schwachsinnigen Halbbruder Iwan V. zum Zaren
ausgerufen, während seine Halbschwester Sofja
mit Hilfe der Strelizen die Regentschaft an
sich riß. Peter erzwang aber 1689 das Ende ihrer
Regentschaft. Zar war Peter I. wirklich von
1689-1725.
∞ 1 Ludoxia Lopuchina, Bojarentochter, die er verstieß
     2 Katharina, Tochter des litauischen Bauern Skawronski,
        die von 1725-1727 als Zarin Katharina I. regierte.

Peter II. Alexejewitsch

* 23.10.1715, † 30.1.1730
Zar 1727-1730
Mit Peter II. erlosch das Haus Romanow
im Mannesstamm. Ihm folgte auf dem Thron
Peter I. der Großen Nichte Anna.

Alexej
† 1718

Anna Iwanowa, Tochter von Peter I.
Halbbruder Iwan V.

* 25.1.1693, † 28.10.1740
∞ Herzog Friedrich v. Holstein-Gottorp.
Zarin 1730-1740 (von ihrer Halbschwester
Elisabeth gestürzt)

Elisabeth Petrowna

* 28.12.1709, † 5.1.1762
Zarin 1741-1761
Elisabeth konnte ihre Thronansprüche
gegen die Regentin Anna erst durch die
Palastrevolution vom 6.12.1741
druchsetzen.

Peter III. Feodorowitsch

* 21.2.1728, † 17.7.1762 (ermordet)
Thronfolger der Zarin Elisabeth von 1742-1760
Zar 1761-1762 (am 11.7.1762 durch die Garde gestürzt)
∞ Sophia Auguste v. Anhalt-Zerbst, die von der Garde als
   Katharina II. zur Zarin ausgerufen wurde und bis 1796 regierte.
   Katharina, die später „die Große" genannt wurde, war die Tochter
   des preußischen Generals Fürst Christian August v. Anhalt-Zerbst.
   Katharina die Große, * 2.5.1729, † 17.11.1796 war mit Peter III.
   seit 1745 vermählt.

Paul I. (Pawel) Feodorowitsch

* 1.10.1754, † 23.8.1801 (erdrosselt)
Zar 1796-1801
∞ 2 Sophie Dorothea Auguste v. Württemburg

Alexander I. Pawlowitsch

* 23.12.1777, † 1.12.1825
Zar 1801-1825
∞ Luise Marie (Jelisaweta Alexejewna) v. Baden
(Krieg mit Napoleon I.)

Konstantin

Nikolaus I. Pawlowitsch

* 6.7.1796, † 2.3.1855
Zar 1825-1855
∞ Charlotte, Tochter Friedrich
   Wilhelms III. v. Preußen.
Nikolaus I. machte 1831/32 Polen zur
russischen Provinz, marschierte 1849
in Ungarn ein, scheiterte mit seiner
Orientpolitik aber im Krimkrieg

Alexander II. Nikolajewitsch

* 29.4.1818, † 13.3.1881
Zar 1855-1881 (ermordet)
∞ Maria (Alexandrowa) v. Hessen
Zar Alexander II. deckte 1866 und 1870
Bismarcks Politik

Konstantin   Nikolaus   Michail

Nikolaus

Alexander III. Alexandrowitsch

* 10.3.1845, † 1.11.1894
Zar 1881-1894
∞ Dagmar (Maria Feodorowna) v. Dänemark
Bündnis mit Frankreich, Krieg mit Japan

Wladimir   Alexej   Sergej   Paul

Nikolaus II. Alexandrowitsch

* 18.5.1868, † 16.7.1918
Zar 1894-1917 (Weltkrieg)
∞ Alix von Hessen (Alexandra Feodorowna),
dankte am 15.3.1917 ab und wurde am 16.7.1918
zusammen mit der Zarin, dem Thronfolger und 4 Töchtern
in Jekaterinburg ermordet.

Verzeichnis

in welchen derzeitigen Staaten die wichtigeren Orte dieser Arbeit liegen
und deren jeweilige Schreibweise:

Agram, Zagreb, Zágráb HR

Altona D

Arad RO

Artstetten, NÖ. A

Baden D

Belgrad, Beograd, Nándorfehervár YU

Berlin D

Blumau, Lama, bei Preßburg SK

Bologna I

Bordeaux F

Bruck a. d. Lth., NÖ. A

Budapest H

Chilehurst bei London GB

Custozza I

Debrezin, Debrecen H

Dresden D

Eisenburg, Vasvár H

Eisenstadt, Bgld. A

Ferrara I

Florenz I

Frankfurt a. M. D

Gaeta I

Gastein A

Gödöllö H

Hannover D

Innsbruck A

Istanbul TR

Josefstadt (Festung) CZ

Kissingen D

Köln D

Komorn, Komárom, Komarna SK

Königgrätz, Hradec Kralove CZ

Kremsier, Kromeriz CZ

Langensalza D

Lissa, Vis HR

London GB

Magenta I

Mailand, Milano I

Mainz a. R. D

Mantua I

Metz F

Mexiko MEX

Mukden TJ

Neapel I

Nickelsdorf, Bgld. A

Nikolsburg, Mikulow CZ

Novara I

Ödenburg, Sopron H

Omütz, Olomouc CZ

Orleans F

Orschowa, Orosháza H

Paris F

Parndorf, Bgld. A

Pola HR

Prag, Praha CZ

Preßburg, Bratislava, Pozsony SK

Queretaro MEX

Raab, Györ H

Rastatt D

Rom I

Sadowa CZ

Salzburg A

Sarajevo BIH

Schwechat, NÖ. A

Sevastopol (Sebastopol) UA

Sedan F

Sofija BG

Solferino I

St. Petersburg RUS

Szegedin, Szeged H

Szöregh H

Temessvár, Timisoara RO

Trient I

Triest I

Turin I

Venedig I

Verona I

Vilagos H

Waitzen, Vac H

Warschau, Warszawa PL

Wien A

Wien - Floridsdorf A

Wiener Neustadt A

Wieselburg, Moson H

Würzburg D

Literaturverzeichnis

Allgemeine Landestopographie des Burgenlandes, Bde. I, II/1/2, III/1/2/3. Herausgeber: Amt der Burgenländischen Landesregierung - Landesarchiv. Eisenstadt 1963-1993

Beller, Steven: Franz Joseph - Eine Biographie (übers. v. Ulrike Döcker) Wien 1997

Csuday, Eugen: Die Geschichte der Ungarn (übers. v. M. Darvai). Wien 1898

Ernst, August: Die Geschichte des Burgenlandes. Wien 1987

Fessler, Ignaz - Aurelius: Geschichte der Ungarn (bearb. v. Ernst Klein), Bd. 5. Leipzig 1874

Floiger, Michael: Vierburgenland zu Deutschösterreich. Serie. In: Burgenländische Nachrichten. Eisenstadt 1997/98

Gagern, Benno, von: Zwischen Metternich und Bismarck. In: „Zur Zeit", Wochenzeitung für Politik, Wirtschaft und Kultur, Nr. 12/98. Wien 1998

Gerhartl, Gertrude: Wiener Neustadt - Geschichte-Kultur-Witschaft. Wien 1978

Größing, Helmut: Der Kampf um Wien im Oktober 1848. In: Militärhistorische Schriftenreihe. Herausgeb. v. Heeresgeschichtlichen Museum (Militärwissenschaftliches Institut) 2. Auflage. Wien 1983

Gutkas, Karl: Geschichte des Landes Niederösterreich - 3. Teil. Herausgeb. Amt der Niederösterreichischen Landesregierung - Kulturreferat. Wien 1959

Hasler, August Bernhard: Wie der Papst unfehlbar wurde. Macht und Ohnmacht eines Dogmas. München 1979

Häusler, Wolfgang: Das Gefecht bei Schwechat am 30. Oktober 1848. In: Militärhistorische Schriftenreihe. Herausgeb. v. Heeresgeschichtliches Museum (Militärwissenschaftliches Institut). Wien 1977

Herm, Gerhard: Der Aufstieg des Hauses Habsburg. Düsseldorf - Wien - New-York, 1993

Husovska, Ludmilla (Leiterin des Autorenkollektivs): Slowakei - Spaziergang durch die Jahrhunderte der Städte und Städtchen. Bratislava 1994/96

Kaluser, Heinrich: Lexikon der deutschen Herrscher und Fürstenhäuser. Salzburg 1982

Kann, Robert: Geschichte des Habsburgerreiches 1526-1918. Wien 1977

Kasamas, Alfred: Österreichische Chronik. Buchreihe Österreichische Heimat. Bd. 4. Wien 1949

Kunerth, Heinrich: Im ungarischen Nationalstaat. In: Burgenland - Landeskunde. Herausgeb. Burgenländische Landesregierung. Eisenstadt 1951

Lunzer, Hans: Zur Vertreibung der Heidenbauern vor 50 Jahren. In: Volk und Heimat, Zeitschrift für Kultur und Bildung, 51. Jg. Nr. 4/1996. Herausgeb. Volksbildungswerk für das Burgenland. Eisenstadt 1996

Mann, Golo: Politische Entwicklung Europas und Amerikas 1815-1871. In: Propyläen Weltgeschichte. Bd. 8, Frankfurt a. M. 1991

Neubauer, Franz: Die Gendarmerie in Österreich 1849-1924. Wien-Graz 1925

Österreichs Kämpfe im Jahre 1866. Nach Feldakten, bearb. durch das k. k. Generalstabs-Bureau für Kriegsgeschichte. Bde. I-VI. Wien 1868

Patuzzi, Alexander: Geschichte Österreichs. Wien (keine weiteren Angaben).

Patuzzi, Alexander: Geschichte der Päpste. Wien (keine weiteren Angaben).

Paul, Friedrich: Weltgeschichte nach Leopold von Ranke. Wien-Zürich 1928

Pauli, Hertha: Das Geheimnis von Sarajevo. Berlin-Darmstadt-Wien 1966

Prickler, Harald: Die Obere Wart in der Neuzeit. In: Festschrift „Die Obere Wart". Herausgeb. Stadtgemeinde Oberwart 1977

Ranke, Leopold, von: Die römischen Päpste in den letzten vier Jahrhunderten. Wien (keine weiteren Angaben)

Reifenscheid, Richard: Die Habsburger in Lebensbildern - Von Rudolf I. bis Karl I. Graz-Wien-Köln 1982

Scheuch, Manfred: Sturmjahr 1848. Serie. In: DER STANDARD - Österreichs unabhängige Tageszeitung für Wirtschaft, Politik und Kultur. Wien 1998

Schlag, Gerald: Die Kämpfe um das Burgenland 1921. In: Militärhistorische Schriftenreihe. Herausgeb. v. Heeresgeschichtlichen Museum (Militärwissenschaftliches Institut) Wien 1992 (4. Auflage)

Semmelweis, Karl: Eisenstadt - Ein Führer durch die Landeshauptstadt. Eisenstadt 1975

Sieburg, Friedrich: Französische Geschichte. Frankfurt a. M. 1968

Theuer, Franz: Protokolle der Sitzungen des Gemeinderates der Gemeinde Schützen am Gebirge (Gschieß) von 1905 und 1906. In: Chronik der Gemeinde Schützen am Gebirge - Von der Frühzeit bis zur Gegenwart. Herausgeb. Gemeinde 7081 Schützen am Gebirge. Eisenstadt 1996

Tuider, Othmar u. Rüling Johannes: Die Preußen in Niederösterreich 1866. In: Militärhistorische Schriftenreihe. Herausgeb. v. Heeresgeschichtlichen Museum (Militärwissenschaftliches Institut) Wien 1983

Vajda, Stefan: Felix Austria - Eine Geschichte Österreichs. Wien-Heidelberg 1980

Volz, Achim: Die Freiheit steht auf dem Spiel. In: „Zur Zeit", Wochenzeitung für Politik, Wirtschaft und Kultur Nr. 8/98, Wien

Weißensteiner, Johann: Die Kirche im Sturmjahr 1848. In: Eisenstädter Kirchenzeitung, 54 Jg. Nr. 11. Wien 1998

Wiesner, A. C.: Ungarns Fall und Görgeys Verrat. In mehreren Aktenstücken. Zürich 1849

Winkler, Adolf: Die Zisterzienser am Neusiedlersee und die Geschichte dieses Sees. St. Gabriel b. Mödling 1923

Österreich

Cechen u. Slowaken 23.0%
Polen 17.8%
Deutsche 35.6%
Ruthenen 12.0%
Slowenen 4.5%
Kroaten u. Serben 2.8%
Italiener u. Räto-Romanen 2.8%
Rumänen u. Magyaren 0.9%

Bevölkerung nach Sprachen
(Nationalitäten) in Prozenten

Oberdeutsche.
☐ schwäb.-alemannisch
☐ bayrisch-österreichisch

Mitteldeutsche.
☐ östliche Gruppe
☐ westliche Gruppe

Slawen.
☐ Čechen ⎫
☐ Slowaken ⎬ nördliche
☐ Polen ⎭ Gruppe
☐ Ruthenen
☐ Slowenen ⎫
☐ Kroaten u. Serben ⎬ südliche
☐ Bulgaren ⎭ Gruppe

Romanen.
☐ Italiener
☐ Rumänen
☐ Ladiner und Räto-Romanen
☐ Friauler

☐ Albanesen

☐ Magyaren

☐ Türken

Ungarn

Deutsche 9.8%
Slowaken 9.4%
Rumänen 2.3%
Slowenen 0.5%
Rumänen 14.1%
Magyaren 48.1%
Serbo-Kroaten 14.1%
Italiener, Bulgaren u. andere 1.7%

Bevölkerung nach Sprachen
(Nationalitäten) in Prozenten

Charakteristische Minoritäten sind durch farbige Unterstreichungen bezeichnet

16° östliche Länge v. Greenwich

III 3 km Liquate

ADRIATISCHES MEER